JUS PUBLICUM

Beiträge zum Öffentlichen Recht

Band 184

Gregor Kirchhof

Die Allgemeinheit des Gesetzes

Über einen notwendigen Garanten der Freiheit, der Gleichheit und der Demokratie

Mohr Siebeck

Gregor Kirchhof, geboren 1971; Studium der Rechtswissenschaften in Freiburg i.Br., München und London; Erste und Zweite Juristische Staatsprüfung in München (1998 und 2000); Master of Laws (LL.M., University of Notre Dame, USA); Prüfung zum Fachanwalt für Steuerrecht; Wissenschaftlicher Mitarbeiter von Professor Dr. Dr. Udo Di Fabio am Institut für Politik und Öffentliches Recht der Ludwig-Maximilians-Universität München; seit 2003 Wissenschaftlicher Assistent am Lehrstuhl von Professor Dr. Dr. Udo Di Fabio am Institut für Öffentliches Recht der Rheinischen Friedrich-Wilhelms-Universität Bonn, seit 2009 Akademischer Oberrat an diesem Institut; 2005 Promotion und 2008 Habilitation (Rechts- und Staatswissenschaftliche Fakultät der Rheinischen Friedrich-Wilhelms-Universität Bonn).

ISBN 978-3-16-150149-4
ISSN 0941-0503 (Jus Publicum)

Die Deutsche Nationalbibliothek verzeichnet diese Publikation in der Deutschen Nationalbibliographie; detaillierte bibliographische Daten sind im Internet über *http://dnb.d-nb.de* abrufbar.

Das Buch wurde von Gulde-Druck in Tübingen aus der Garamond Antiqua gesetzt, auf alterungsbeständiges Werkdruckpapier gedruckt und von der Buchbinderei Spinner in Ottersweier gebunden.

Vorwort

Die Idee des Gesetzes ist die der Allgemeinheit. Dieser ideengeschichtliche Befund, der schon im antiken Gesetzesrecht greifbar und insbesondere im 13. und 18. Jahrhundert hervorgehoben wurde, droht heute in Vergessenheit zu geraten. Auch ausdrückliche Allgemeinheitsforderungen wie die des Art. 19 Abs. 1 Satz 1 GG werden kaum befolgt. Gesetz ist das, was das rechtsetzende Organ als Gesetz erlässt. Dieser formale Gesetzesbegriff beschreibt die Kernkompetenz und zentrale Handlungsform des Parlaments. Er scheint aber die Unparteilichkeit des Gesetzes zu gefährden, die Lehren vom guten Gesetz zu vernachlässigen und der zentralen Aufgabe, die dem Parlamentsgesetz im modernen Staat zukommt, nicht gerecht zu werden. Das Gesetz soll Freiheit stärken, Gleichheit gewähren, Rechtssicherheit und Rechtsvertrauen schaffen, demokratische Legitimation vermitteln, die Einheit der Rechtsordnung wahren und die innere Sicherheit, letztlich den Frieden festigen.

Gegenwärtig stellen zwischenstaatliche Kooperationen, sich wandelnde gesellschaftliche Erwartungen und technische Neuerungen hohe Ansprüche an die Rechtsetzung und erteilen schwierige rechtliche Koordinationsaufträge. Hierauf wird nicht selten mit einer Vielzahl von Spezialgesetzen reagiert, welche die Rechtssicherheit und das Rechtsvertrauen eher schwächen als stärken. Das dichte Gesetzesrecht, das aus nationalen, aber auch aus inter- und supranationalen Quellen fließt, scheint die Autorität des Rechts zu mindern, den Raum des Parlaments und der individuellen Freiheit zu verengen. In dieser Situation könnte die Gesetzesallgemeinheit den Zusammenhalt der Rechtsgemeinschaft stärken, den Grundrechtsschutz ergänzen und die parlamentarische Demokratie erneuern.

Seit dem Epochenwechsel im 18. Jahrhundert zum individuellen Grundrechtsschutz wurde dieser verfeinert und individualgerecht zur Geltung gebracht. Zu der klassischen abwehrrechtlichen Funktion traten Einrichtungsgarantien, Schutz- und Teilhaberechte sowie die Drittwirkung der Grundrechte. In dieser Ausrichtung auf den konkreten Fall, in der Subjektivierung des Rechts wurde der Blick auf das Ganze, auf die freiheitliche Rechtsordnung, wurde ein unverzichtbares Instrument zum Schutz der Grundrechte und der Demokratie beiseite geschoben: die Allgemeinheit des Gesetzes. Das 18. Jahrhundert hat die grundrechtlichen Gewährleistungen und die rechtsstaatliche Demokratie, aber auch die Gesetzesallgemeinheit als Garanten der Menschenrechte entfaltet. Das allgemeine Gesetz wurde zum Vorboten, später zuweilen zum alleinigen Garanten grundrechtlicher Freiheit und Selbstbestimmung.

Das Grundgesetz stellt sich in diese Tradition, wenn es die Grundrechte und die Demokratie, aber auch die Allgemeinheit des Gesetzes zum Schutz der Freiheit und Gleichheit ausdrücklich fordert. Nur vor einem allgemeinen Gesetz können die Menschen gleich sein. Die verallgemeinernde Regel garantiert Freiheit. Sie entfaltet ihre schützende Kraft insbesondere im Vorfeld der grundrechtlichen Betroffenheit, weil sie Belastungen wie Begünstigungen auf alle verteilt und so von vornherein ein zumutbares Maß zu bewirken sucht. Die Gesetzesallgemeinheit stärkt die Verständlichkeit des Rechts, die Konsistenz der Rechtsordnung, die Wirkung der Gesetze und damit die parlamentarische Demokratie. Die auf den Einzelfall konzentrierten grundrechtlichen Gewährleistungen werden durch das auf das Ganze ausgerichtete allgemeine Gesetz notwendig ergänzt, die Menschen durch Gesetzgeber und Richter, als Individuum und als Teil der Gemeinschaft geschützt.

Aber nicht nur das Grundgesetz, sondern auch das europäische Recht fordert eine verallgemeinernde Regelbildung. Europäische Richtlinien und Verordnungen wollen in einer Allgemeinheit der 27 Mitgliedstaaten mit unterschiedlichen Rechtsordnungen wirken. Der europäische Grundrechtsschutz bleibt im Dienst einer Freiheit begrenzt, die allgemein für rund 490 Millionen Menschen erreicht werden soll. Er setzt daher in besonderer Weise auf ein weiteres, ein präventiv wirkendes Element des Menschenrechtsschutzes – auf die Allgemeinheit europäischer Rechtssätze.

Das Grundgesetz und das Europarecht erheben Allgemeinheitsforderungen verschiedener Verbindlichkeit. Teilweise sind die Allgemeinheitspostulate justitiable Forderungen des Rechts, teilweise rechtsverbindliche Maßstäbe für Exekutive und Legislative, nicht jedoch für die Richter. Diese rechtlichen Vorgaben wirken ohne richterliche Kontrolle, gewinnen als nicht justitiable Aufträge zuweilen an Kraft. Die Allgemeinheit des Gesetzes begründet zudem Klugheitsregeln, die aus der Rechtstradition schöpfen und sich an die rechtsetzenden Organe wenden, diese zu neuen Erkenntnissen führen wollen – das Recht ist Quelle der Gesetzesallgemeinheit und Adressat der aus dem Allgemeinheitsprinzip gewonnenen Erkenntnisse. In der Allgemeinheit des Gesetzes, in den rechtlichen Forderungen nach einer allgemeinen Regelbildung ruhen gewichtige Chancen für den Schutz der Grundrechte und der Demokratie. Deshalb lohnt der Versuch, die alte Idee des Gesetzes wieder zu beleben. Hier soll ein neuer Schritt in diese Richtung gewagt werden.

Die Rechts- und Staatswissenschaftliche Fakultät der Rheinischen Friedrich-Wilhelms-Universität Bonn hat diese Arbeit im Wintersemester 2008/2009 als Habilitationsschrift angenommen. Die Untersuchung entstand während meiner Tätigkeit als Wissenschaftlicher Assistent am Lehrstuhl von Bundesverfassungsrichter Professor Dr. Dr. Udo Di Fabio. Ihm bin ich in besonderer Weise dankbar. Sein wissenschaftlicher Tatendrang und seine persönliche Anteilnahme prägten meine Arbeit an seinem Lehrstuhl. Mein Dank richtet sich auch an Professor Dr. Christian Waldhoff, der das Zweitgutachten erstellt hat. Bei der Marga und Kurt Möllgaard-Stiftung und dem Stifterverband für die Deutsche Wissenschaft bedanke ich mich für die großzügige Übernahme der Druckkosten.

Bad Godesberg, im Juli 2009 *Gregor Kirchhof*

Goerlich, DV 10, 593, Badura, DVBl 10, 903, [illegible], DÖV 10, 234

Inhaltsübersicht

Inhaltsverzeichnis

Erstes Kapitel: Allgemeinheit in Recht und Rechtswissenschaft

Zweites Kapitel: Das allgemeine Gesetz

Drittes Kapitel
Drei exemplarische Rechtsfragen
493

Viertes Kapitel
Der Schutz des allgemeinen Gesetzes – Zusammenfassung
605

Erstes Kapitel

Allgemeinheit in Recht und Rechtswissenschaft

A. Gesetz, Grundrechte und Demokratie

I. Der Schutz der Freiheit und Gleichheit

Das allgemeine Gesetz schützt die Grundrechte und stärkt die Demokratie. Der technische Fortschritt, soziale Erwartungen und dichte zwischenstaatliche Kooperationen richten gegenwärtig anspruchsvolle Rechtsetzungsaufträge und rechtliche Koordinationsanliegen an die Rechtsgemeinschaft. Diese antwortet hierauf nicht selten mit einer Fülle von Regelungen, mit der vermeintlichen Rechtssicherheit des Spezialgesetzes. Diese Rechtsetzungspraxis scheint die Autorität des Rechts zu mindern, den Raum des Parlaments und der grundrechtlichen Freiheit in der Dichte und Vielfalt des Gesetzesrechts zu verengen. In dieser Entwicklung könnte die Gesetzesallgemeinheit zu einem wichtigen Garanten des Zusammenhalts der Rechtsgemeinschaft, der parlamentarischen Demokratie und der Freiheit und Gleichheit werden. Im Dienst dieser Kernanliegen des Rechts verdient die alte Idee des Gesetzes wieder belebt zu werden.[1]

[1] Zu diesen Kernanliegen des Rechts *Hesse*, Grundzüge des Verfassungsrechts der Bundesrepublik Deutschland, 20. Auflage 1995, Rdn. 114 ff.; *Stern*, Das Staatsrecht der Bundesrepublik Deutschland, Band I, 2. Auflage 1984, insbes. S. 94; *Wahl*, Die Entwicklung des deutschen Verfassungsstaates bis 1866, in: HStR I, 3. Auflage 2003, § 2 Rdn. 1 ff.; insbes. zur Ausrichtung auf die Freiheit und Demokratie: *Di Fabio*, Die Kultur der Freiheit, 2005, S. 71 ff.; *Stern*, Die Idee der Menschen- und Grundrechte, in: HGR I, 2006, § 1; *Häberle*, Die Menschenwürde als Grundlage der staatlichen Gemeinschaft, in: HStR II, 3. Auflage 2004, § 22 insbes. Rdn. 56 ff.; *Starck*, Grundrechtliche und demokratische Freiheitsidee, in: HStR III, 3. Auflage 2005, § 33; zur „Einheitsbildung durch Gesetz (und damit auch dem klassischen Grundgedanken der Allgemeinheit des Gesetzes)" insbes. angesichts der neuen Gesetzgebungsaufträge *Schulze-Fielitz*, Einheitsbildung durch Gesetz oder Pluralisierung durch Vollzug, in: Trute/Groß/Röhl, H. C./Möllers, Chr. (Hg.), Allgemeines Verwaltungsrecht – zur Tragfähigkeit eines Konzepts, 2008, S. 135 (147); *H. H. Klein*, Verfassungsgerichtsbarkeit und Gesetzgebung, in: Badura/Scholz (Hg.), Verfassungsgerichtsbarkeit und Gesetzgebung, 1998, S. 49 (61); mit Blick auf die neuen Rechtsetzungs- und Verwaltungsaufgaben sowie die zu treffenden Risikoentscheidungen fordert *Di Fabio* ein „neues funktionsgerechtes Verständnis von Gesetzesbindung zu erreichen. Die Lehre vom Beurteilungsspielraum erscheint als das geeignete Gehäuse für die ausgleichende Zusammenführung von Gesetzmäßigkeitsanforderungen, Rechtsschutzgarantie und Funktionserfordernissen der Risikoverwaltung [... Der Gesetzgeber kann] dem Gesetzvorbehalt bei komplexen Risikoentscheidungen nur dann noch genügen, wenn er die Grundlinien von Rechtsgüterabwägungen vorentscheidet, Entscheidungsfreiräume der Verwaltung präzisiert [...]. Dem verfassungsrechtlich geforderten Gesetzesvorbehalt wird dann nicht mehr durch eine Einzeleingriffsermächtigung genügt, sondern durch ein abgestimmtes Normsystem, bestehend aus Abwägungsdirektiven, Orga-

Die europäische Rechtsgeschichte hat unterschiedliche Instrumente zum Schutz der Menschenrechte[2] hervorgebracht,[3] die heute fester Bestandteil zahlreicher europäischer Verfassungsstaaten sind.[4] Das Grundgesetz stellt sich in die freiheitsichernde Rechtstradition, wenn es diesen Menschenrechtsschutz übernimmt und in seinen Grundsätzen für unveränderlich erklärt.[5] Der erste Teil der Verfassung entfaltet die individuellen Grundrechte und damit unmittelbare Garantien der Freiheit und Gleichheit.[6] Die parlamentarische Demokratie sichert die „*freie Selbstbestimmung aller*",[7] die politische Mitbestimmung durch Wahlen.[8] Der Gesetzesvorbehalt verbindet Demokratie und Rechtsstaat

---

nisations- und Verfahrensvorschriften" (*ders.*, Risikoentscheidungen im Rechtsstaat, 1994, S. 464 f.).

[2] Der Begriff des Menschenrechtsschutzes wird hier als Oberbegriff für die verschiedenen Elemente des Schutzes der individuellen Freiheit und Gleichheit verwendet, greift also über den zentralen Grundrechtsschutz hinaus. In ihm ruht daher kein besonderer Ausgriff auf das Naturrecht oder eine spezielle Bezugnahme auf das internationale Recht. Zur Bedeutung der Menschenrechte im Völkerrecht wie im Verfassungsrecht *Stern*, Idee der Menschenrechte und Positivität der Grundrechte, in: HStR V, 1. Auflage 1992, § 108 Rdn. 54 ff.; *Frowein*, Übernationale Menschenrechtsgewährleistungen und nationale Staatsgewalt, in: HStR VII, 1. Auflage 1992, § 180 Rdn. 33 ff.; *Isensee*, Staat und Verfassung, in: HStR II, 3. Auflage 2004, § 15 Rdn. 57 ff.

[3] Siehe zu dieser Entwicklung *H. Hattenhauer*, Europäische Rechtsgeschichte, 4. Auflage 2004, Rdn. 1466 ff.; *Berman*, Recht und Revolution, 1991.

[4] Unterschiede bestehen aber insbes. im Schutz der Grundrechte. Siehe insgesamt *Schwarze*, Europäisches Verwaltungsrecht, 2. Auflage 2005, S. 198 ff., insbes. 216 f.; *H. W. Kopp*, Inhalt und Form der Gesetze als ein Problem der Rechtstheorie, Band I, 1958, S. 227 ff.; siehe jüngst die Zusammenfassungen von *D. Zacharias*, Verfassungsrechtliche Terminologie und Begrifflichkeit im europäischen Rechtsraum, in: IPE II, 2008, § 40 Rdn. 14 ff., 50 ff., und *Cruz Villalón*, Grundlagen und Grundzüge staatlichen Verfassungsrechts: Vergleich, in: IPE I, 2007, § 13 Rdn. 73 ff., 106 ff., sowie die einzelnen Länderberichte: *H. Dreier*, Deutschland, ebenda, § 1 Rdn. 104 ff.; *Jouanjan*, Frankreich, ebenda, § 2 Rdn. 100 ff.; *Koutnatzis*, Griechenland, ebenda, § 3 Rdn. 83 ff.; *Loughlin*, Großbritannien, ebenda, § 4 Rdn. 79 ff.; *Dogliani/Pinelli*, Italien, ebenda, § 5 Rdn. 91 ff.; *Besselink*, Niederlande, ebenda, § 6 Rdn. 120 ff., 134 ff.; *Wiederin*, Österreich, ebenda, § 7 Rdn. 68 ff., 90 ff.; *Tuleja*, Polen, ebenda, § 8 Rdn. 62 ff.; *H.-H. Vogel*, Schweden, ebenda, § 9 Rdn. 104, 109 ff.; *Biaggini*, Schweiz, ebenda, § 10 Rdn. 58 ff.; *Medina Guerrero*, Spanien, ebenda, § 11 Rdn. 50 ff.; *Halmai*, Ungarn, ebenda, § 12 Rdn. 39 ff.

[5] Art. 79 Abs. 3 des Grundgesetzes für die Bundesrepublik Deutschland vom 23. Mai 1949 (BGBl. S. 1), zuletzt geändert durch das Gesetz vom 28. August 2006 (BGBl. I, S. 2034), im Folgenden: GG. Art. 79 Abs. 3 GG sichert insgesamt die Kernmerkmale der grundgesetzlichen Ordnung (*Lücke/Sachs*, in: Sachs [Hg.], Grundgesetz. Kommentar, 4. Auflage 2007, Art. 79 Rdn. 48 ff. m. w. H.).

[6] Siehe hierzu wie zu der struktursichernden Bedeutung der Grundrechte *Di Fabio*, Grundrechte als Werteordnung, JZ 2004, 1; *ders.*, Zur Theorie eines grundrechtlichen Wertesystems, in: HGR II, 2006, § 46.

[7] BVerfGE 44, 125 (142) – Öffentlichkeitsarbeit (Hervorhebung übernommen).

[8] Siehe für die grundgesetzliche Ordnung Art. 20 Abs. 2 GG; *Hesse*, Grundzüge des Verfassungsrechts der Bundesrepublik Deutschland, 20. Auflage 1995, Rdn. 130 ff.; *Di Fabio*, Demokratie im System des Grundgesetzes, in: Festschrift für Peter Badura, 2004, S. 77 (77 f.); *Starck*, Grundrechtliche und demokratische Freiheitsidee, in: HStR III, 3. Auflage 2005, § 33 insbes. Rdn. 8 ff.; insgesamt *E.-W. Böckenförde*, Demokratie als Verfassungsprinzip, in: HStR

im Schutz der Grundrechte.[9] Der Rechtsstaat gewährleistet Rechtssicherheit, Rechtsvertrauen und Gerichtsschutz, dass keiner über dem Gesetz steht – und damit ebenfalls Bedingungen der Freiheit.[10] Der soziale Staat schafft und stärkt Voraussetzungen der Grundrechtsentfaltung.[11] Der Grundsatz der Gewaltenteilung trennt die einheitliche staatliche Gewalt, damit jede Teilgewalt zum Wohl des Einzelnen und der Gemeinschaft ihre freiheitsichernde Kraft funktions- und qualifikationsgerecht ausübt.[12] Alle diese Rechtsprinzipien erwachsen aus dem Ursprungsgedanken des Verfassungsrechts, der Unantastbarkeit der Menschenwürde, die dem Recht ein allgemeines Maß gibt.[13] Hinzu tritt die freiheitsichernde Kraft der supranationalen europäischen Integration und der internationalen Zusammenarbeit, welche zwar nicht als unveränderlich erklärt werden, deren Bedeutung aber durch das Grundgesetz hervorgehoben wird.[14]

II, 3. Auflage 2004, § 24; *Badura*, Die parlamentarische Demokratie, ebenda, § 25; zur Verbindung zwischen demokratischer Selbstbestimmung und dem Gesetz: *Ossenbühl*, Gesetz und Recht – Die Rechtsquellen im demokratischen Rechtsstaat, in: HStR V, 3. Auflage 2007, § 100 insbes. Rdn. 4: „Der Wille des Volkes kommt im Gesetz zum Ausdruck."

[9] Siehe zum Vorbehalt des Gesetzes *Ossenbühl*, Vorrang und Vorbehalt des Gesetzes, in: HStR V, 3. Auflage 2007, § 101 Rdn. 11 ff.; *Pietzcker*, Vorrang und Vorbehalt des Gesetzes, JuS 1979, 710; *M. Kloepfer*, Der Vorbehalt des Gesetzes im Wandel, JZ 1984, 685; *Schmidt-Aßmann*, Der Rechtsstaat, in: HStR II, 3. Auflage 2004, § 26 Rdn. 63 ff.

[10] Siehe hierzu Art. 20 Abs. 3 GG; *Schmidt-Aßmann*, Der Rechtsstaat, in: HStR II, 3. Auflage 2004, § 26; *Sommermann*, in: von Mangoldt/Klein/Starck, Kommentar zum Grundgesetz, Band 2, 5. Auflage 2005, Art. 20 Abs. 3 Rdn. 288, betont diesen Befund für die Rechtssicherheit; zu diesem Grundauftrag der Rechtsetzung *G. Müller*, Elemente einer Rechtssetzungslehre, 2. Auflage 2006, S. 10 ff.; insgesamt *Sobota*, Das Prinzip Rechtsstaat, 1997.

[11] Dies gewährleistet Art. 20 Abs. 1 GG; *Zacher*, Das soziale Staatsziel, in: HStR II, 3. Auflage 2004, § 28 insbes. Rdn. 72 f.; *Hesse*, Grundzüge des Verfassungsrechts der Bundesrepublik Deutschland, 20. Auflage 1995, Rdn. 209 ff.; *Di Fabio*, Die Kultur der Freiheit, 2005, S. 51 f.

[12] Siehe für das Grundgesetz: Art. 20 Abs. 3, Art. 1 Abs. 3 GG; BVerfGE 95, 1 (15) – Südumfahrung Stendal; *Di Fabio*, Gewaltenteilung, in: HStR II, 3. Auflage 2004, § 27 Rdn. 1 ff.; *Schmidt-Aßmann*, Der Rechtsstaat, ebenda, § 26 insbes. Rdn. 1; *E.-W. Böckenförde*, Gesetz und gesetzgebende Gewalt, 2. Auflage 1981, insbes. S. 20; *Chr. Möllers*, Gewaltengliederung, 2005, S. 68 ff.; *Poscher*, Die Funktionenordnung des Grundgesetzes, in: Hoffmann-Riem/Schmidt-Aßmann/Voßkuhle (Hg.), GVwR I, 2006, § 8 Rdn. 23 ff.

[13] Siehe hierzu *Di Fabio*, Grundrechte als Werteordnung, JZ 2004, 1; *Isensee*, Menschenwürde: Die säkulare Gesellschaft auf der Suche nach dem Absoluten, AöR 131 (2006), 173 (179); *Starck*, in: von Mangoldt/Klein/ders., Kommentar zum Grundgesetz, Band 1, 5. Auflage 2005, Art. 1 Abs. 1 Rdn. 10 ff.; *Häberle*, Die Menschenwürde als Grundlage der staatlichen Gemeinschaft, in: HStR II, 3. Auflage 2004, § 22 Rdn. 5 ff.; *H. Dreier*, in: ders. (Hg.), Grundgesetz. Kommentar, Band 1, 2. Auflage 2004, Art. 1 Abs. 1 Rdn. 62 ff.; *H. Hofmann*, Die versprochene Menschenwürde, 1993; *Gröschner*, Menschenwürde als Konstitutionsprinzip der Grundrechte, in: Siegetsleitner/Knoepffler (Hg.), Menschenwürde im interkulturellen Dialog, 2005, S. 17.

[14] Siehe Satz 1 der Präambel des Grundgesetzes: „Im Bewußtsein seiner Verantwortung vor Gott und den Menschen, von dem Willen beseelt, als gleichberechtigtes Glied in einem vereinten Europa dem Frieden der Welt zu dienen, hat sich das Deutsche Volk kraft seiner verfassunggebenden Gewalt dieses Grundgesetz gegeben." Siehe zu der Weitsicht, welche der Parlamentarische Rat insofern zeigte, deutlich *Carlo Schmid* und *Süsterhenn* in der zweiten

Dieser Menschenrechtsschutz wird um ein weiteres notwendiges Element ergänzt, das den Zusammenhalt der Schutzinstrumente sichern will und in einem besonderen Maßstab die Grundrechte zu schützen und die Demokratie zu stärken sucht: die Allgemeinheit des Gesetzes.

Der Grundrechtsschutz reagiert auf die individuelle Betroffenheit des Einzelnen, konzentriert sich auf die Besonderheiten des speziellen Falls, dient der Einzelfallgerechtigkeit und mündet in der Verantwortung der Richter. Seit dem Epochenwechsel zum individuellen Grundrechtsschutz Ende des 18. Jahrhunderts[15] wurden die grundrechtlichen Gewährleistungen verfeinert und individualgerecht zur Wirkung gebracht. Zu der klassischen abwehrrechtlichen Funktion traten Einrichtungsgarantien, Schutz- und Teilhaberechte sowie die Drittwirkung der Grundrechte.[16] Der Einzelne, Verwaltung und Gerichte richten ihren Blick in der Prüfung grundrechtlicher Betroffenheit auf den konkreten Lebensbereich, weniger auf die allgemeinen Lebensbedingungen.[17] Diese Spezialisierung nach den Besonderheiten des Einzelfalls, diese „Subjektivierung des Rechts", der „nahezu omnipräsente Grundrechtsschutz im gesamten öffentlichen Recht",[18] laufen Gefahr, den Blick auf das Ganze, auf die freiheitliche

---

Sitzung des Plenums vom 8. September 1948 sowie *Menzel*, *Seebohm* und *Brockmann* in der dritten Sitzung vom 9. September 1948, Deutscher Bundestag/Bundesarchiv (Hg.), Der Parlamentarische Rat 1948–1949, Band 9, Plenum, 1996, S. 40 f., 51 ff.; siehe hierzu *Hillgruber*, Der Nationalstaat in übernationaler Verflechtung, in: HStR II, 3. Auflage 2004, § 32 Rdn. 36 ff., 75 ff.; zum Integrationsanliegen und den Folgerungen hieraus für die staatliche Ordnung insgesamt *K. Vogel*, Die Verfassungsentscheidung des Grundgesetzes für eine internationale Zusammenarbeit, 1964; *Tomuschat*, Die staatsrechtliche Entscheidung für die internationale Offenheit, in: HStR VII, 1. Auflage 1992, § 172; *Di Fabio*, Das Recht offener Staaten, 1998.

[15] Siehe hierzu *Fenske*, Der moderne Verfassungsstaat, 2001, insbes. S. 185; *Grimm*, Ursprung und Wandel der Verfassung, in: HStR I, 3. Auflage 2003, § 1 insbes. Rdn. 31 f.; jeweils m. w. H.

[16] Siehe hierzu *Jarass*, Funktionen und Dimensionen der Grundrechte, in: HGR II, 2006, § 38 Rdn. 5 ff.; *H. H. Klein*, Grundrechte am Beginn des 21. Jahrhunderts, in: HGR I, 2004, § 6 Rdn. 7 ff.; zur objektiven Grundrechtsdimension *Bryde*, Programmatik und Normativität der Grundrechte, ebenda, § 17 Rdn. 35 ff.; für die internationale Perspektive: *Wahl*, Die objektiv-rechtliche Dimension der Grundrechte im internationalen Vergleich, ebenda, § 19; *Rupp*, Vom Wandel der Grundrechte, AöR 101 (1976), 161.

[17] Diese Ausrichtung wird insbes. bei Einrichtungsgarantien zurückgenommen (siehe hierzu *Gellermann*, Grundrechte in einfachgesetzlichem Gewande, 2000; *Mager*, Einrichtungsgarantien, 2003; *Cornils*, Die Ausgestaltung der Grundrechte, 2005; zu dem Gedanken, dass jedenfalls die Institutsgarantien durch ein zu regelndes Mehrpersonenverhältnis auf privater Seite, einen vom Gesetzgeber zu leitenden Interessenausgleich etwa zwischen den Mitgliedern einer Familie, zwischen Erblasser und den Erben gekennzeichnet sind, *G. Kirchhof*, Der besondere Schutz der Familie in Art. 6 Abs. 1 des Grundgesetzes, AöR 129 [2004], 542 [566 ff.]; *ders.*, Grundrechte und Wirklichkeit, 2007, S. 49 ff.).

[18] *Di Fabio*, Risikoentscheidungen im Rechtsstaat, 1994, S. 16 ff., insbes. auch 38 ff., 41 ff., Zitate: S. 16 und 19, der davon spricht, dass das Verwaltungsrecht letztlich der Struktur der grundrechtlichen Statuslehre *Georg Jellineks* gefolgt ist (22 ff.); mit *Jestaedt*, Grundrechtsentfaltung im Gesetz, 1999, S. 54 ff., wurde aus dem Gesetzesstaat ein Grundrechtsstaat.

Rechtsordnung, auf die Gemeinwohlausrichtung der Strukturprinzipien zu vernachlässigen. Der demokratische Rechtsstaat baut auf den individuellen Grundrechtsschutz. Doch stellt sich die Frage, ob die Grundrechte allein Freiheit und Gleichheit vor dem Gesetz garantieren können,[19] ob im Sog des Grundrechtsdenkens ein zentraler Garant der Freiheit und Gleichheit beiseitegeschoben wird. Der Eigentümer mag die Enteignung seines Grundstücks abwehren, aber die Entwicklung seines Eigentumsrechts durch Bauplanung, Immissionsschutz und Wasserrecht, die Konsistenz und Sachgerechtigkeit der Eigentumsordnung sind individualrechtlich kaum steuerbar. Der Bedürftige wird seinen Anspruch auf Sozialhilfe einklagen können, die Entwicklung der Leistungsfähigkeit von Staat und Gesellschaft und damit das allgemeine Maß der Sozialhilfe entziehen sich seinem Einfluss. Der Einzelne mag sich gegen eine unzulässige Subvention des Konkurrenten wehren, aber die Staatsverschuldung, die Lasten für die gegenwärtige und kommende Generation werden dadurch nicht verhindert.

Im Rahmen des sich auf den Einzelfall konzentrierenden individuellen Grundrechtsschutzes könnte das allgemeine Gesetz das staatliche Handeln auf das Ganze ausrichten, den Grundrechtsberechtigten als Teil der Gemeinschaft schützen und damit die grundrechtlichen Garantien durch ein Schutzinstrument ergänzen, das schon vor der individuellen Betroffenheit greift.[20] Der Schutz der Menschenrechte durch gesetzliche Verallgemeinerung kann mit einem Wall verglichen werden, der verhindert, dass Fabrik- oder Straßenlärm das einzelne Haus in der Nachbarschaft unmittelbar erreicht. Belastender Lärm, aber auch Wohlklänge werden verteilt und so für alle akzeptabel, eine unmittelbare Belastung oder Begünstigung des Einzelnen wird vorbeugend verhindert oder durch die Breitenwirkung gemäßigt. Die Gesetzesallgemeinheit leitet die Gesetzgebung an, freiheitsichernde Schutzwälle zu bauen, stabile Strukturen für die Gemeinschaft zu schaffen. Der Einzelne wird nicht unmittelbar zum Gegenstand eines Gesetzesbeschlusses, die parlamentarische Mehrheitsentscheidung trifft nicht mit rechtlicher Verbindlichkeit direkt auf das Individuum. Die öffentliche parlamentarische Debatte und Entscheidung entfaltet sich nicht in der Erörterung individueller Fälle. Die starke demokratische Legitimation der Mehrheitsentscheidung läuft im Zugriff auf den Einzelnen Gefahr, des-

[19] Dies verneint *Di Fabio*, Gewaltenteilung, in: HStR II, 3. Auflage 2004, § 27 Rdn. 84; siehe zur Ermöglichung der Freiheit durch Gesetze grundlegend *Lerche*, Übermaß und Verfassungsrecht, 1961; *Häberle*, Die Wesensgehaltsgarantie des Art. 19 Abs. 2 Grundgesetz, 3. Auflage 1983.

[20] *Starck*, Vorwort, in: ders. (Hg.), Die Allgemeinheit des Gesetzes, 1987, S. 5 (5), betont, dass kein „ungehemmter Individualismus obwalten", dass sich der Richter nicht „so sehr mit Einzelheiten beschäftigen" darf, dass „das Allgemeine aus dem Blick gerät"; siehe zum „Menetekel der Individualisierung" mit Blick besonders auf die Solidarität *Volkmann*, Solidarität – Programm und Prinzip der Verfassung, 1998, S. 7 ff.

sen Interessen zu vernachlässigen,[21] die sie im Allgemeinen erfasst. Die Gesetzesallgemeinheit entzieht dem Parlament damit aber keine Kompetenzen; dieses wird und soll Probleme anhand von Einzelfällen erkennen und verdeutlichen. Sie fordert aber, dass die verbindliche parlamentarische Antwort auf diese Fälle verallgemeinert, dass sie Notwendigkeit, Last und Gunst in einer Allgemeinheit misst. Es entsteht ein Schutzwall, der vermeidet, dass Lärm ungedämpft auf ein Haus trifft und dieses deshalb unbewohnbar wird. Hinzu treten müssen jedoch individuelle Schutzmaßnahmen, lärmdichte Fenster und Türen. Diese wären ohne den Wall nicht hinreichend wirksam, jener wiederum kann die Ruhe in jedem einzelnen Haus allein nicht garantieren. Das allgemeine Gesetz und die grundrechtlichen Gewährleistungen, der Schutz durch Parlament und Richter ergänzen sich.

Die verallgemeinernde Regel gewährt jedem nur die Vorteile, die grundsätzlich auch den anderen zuteil werden, mutet dem Einzelnen nur die Last zu, die alle tragen müssen, verteilt Begünstigungen wie Belastungen auf alle Schultern, um so ein zumutbares Maß zu finden. Diese Breitenwirkung nimmt auch Beeinträchtigungen zurück, welche die Grundrechte nicht abwehren. So schützt das Parlament die Rechte der Menschen im Vorfeld, ergänzt durch das allgemeine Gesetz den Grundrechtsschutz aber auch in der Situation der grundrechtlichen Betroffenheit. Das allgemeine Gesetz regelt im Presse- und Rundfunkrecht die Rahmenbedingungen der Meinungsäußerungs- und Medienfreiheit, wendet sich dabei aber nicht gegen eine bestimmte Meinung und wahrt so die Freiheit.[22] Es schafft eine Gerichtsorganisation und ein Gerichtsverfahren, gibt dadurch dem Recht auf Gerichtsschutz[23] die rechtliche Grundlage. Es beugt den Gefahren des Straßenverkehrs oder der Umweltbelastung vor und bietet dem Einzelnen damit einen Schutz, den der nachherige individuelle Grundrechtsschutz nicht gewähren kann. Die verallgemeinernde Regel wendet sich gleichheitsgerecht an jeden Bürger und will dauerhaft, verständlich und überzeugend wirken, beansprucht Verbindlichkeit für den gesamten Geltungsbereich, dient so dem Anliegen, Rechtszersplitterung zu verhindern, die Struktur und Konsistenz der Rechtsordnung zu wahren. Sie leitet die grundrechtliche Verhältnismäßigkeitsprüfung, wenn das Gesetz das Ziel und den rechtlichen Rahmen der Einzelfallanwendung vorgibt, das Parlament die Struktur der Rechtsordnung garantiert und – auch als Erstinterpret der Verfassung[24] – den Rahmen der

---

[21] Dieser Gedanke wird gegenwärtig betont, wenn der Steuergesetzgeber in bewusster Zuspitzung gefragt wird: „Was gilt das kleine Interesse an der Verteidigung des eigenen Vermögens gegen das große Ganze des um seine Funktionsfähigkeit ringenden Staates?" (*Di Fabio*, Steuern und Gerechtigkeit, JZ 2007, 749 [752]).

[22] Art. 5 Abs. 2 GG.

[23] Art. 19 Abs. 4 GG.

[24] Siehe zu diesem Auftrag des Gesetzgebers *P. Kirchhof*, Der allgemeine Gleichheitssatz, in: HStR V, 1. Auflage 1992, § 124 Rdn. 238; *ders.*, Verfassungsgerichtsbarkeit und Gesetzge-

Grundrechtskonkretisierung setzt. Ohne das allgemeine Gesetz würde der Schutz des Gleichheitssatzes gehemmt, auf eine Willkürkontrolle reduziert.[25]

Im Vergleich zu der breiten Forschung zum Grundrechtsschutz,[26] zu einer Grundrechtsdogmatik und Grundrechtstheorie, die in Formenreichtum und Gestaltungsreife weit ausgebaut wurde,[27] blieb die schützende Kraft des allgemeinen Gesetzes, der Gedanke der verallgemeinernden Regelbildung in Rechtsprechung und Rechtswissenschaft bisher eher unbeachtet.[28] Er wird von der Rechtsetzungspraxis kaum genutzt und ist in seiner Bedeutung bis heute nicht geklärt.[29] Das geltende Recht entfaltet gleichwohl den Gedanken der Allgemeinheit auf unterschiedliche Weise, ist insgesamt „darauf eingerichtet, daß das vom Parlament erlassene Gesetz allgemein ist."[30] Die Demokratie macht den einzelnen Bürger zu einem Mitgesetzgeber. Sie gestattet die Ausübung dieses Rechts aber nur in allgemeinen Wahlen, in einer Beteiligungsallgemeinheit.[31] Die politische Selbstbestimmung schützt jeden Einzelnen, mündet im Parlamentsbeschluss, in einer Entscheidung des Gesetzgebers, die insbesondere an

---

bung, in: Badura/Scholz (Hg.), Verfassungsgerichtsbarkeit und Gesetzgebung, 1998, S. 5 (16).

[25] Siehe hierzu insgesamt im Zweiten Kapitel insbes. unter C. VI. und VII. (S. 343 ff.).

[26] Siehe hierzu *H.H. Klein*, Grundrechte am Beginn des 21. Jahrhunderts, in: HGR I, 2004, § 6, für die Kritik an der „expandierenden Grundrechtsauslegung" insbes. Rdn. 70 ff.; *Bryde*, Programmatik und Normativität der Grundrechte, ebenda, § 17; *Jarass*, Funktionen und Dimensionen der Grundrechte, in: HGR II, 2006, § 38 Rdn. 5 ff.

[27] *Nettesheim*, Demokratisierung der Europäischen Union und Europäisierung der Demokratietheorie, in: Bauer/Huber, P.M./Sommermann (Hg.), Demokratie in Europa, 2005, S. 143 (168), spricht hier von einer „Imposanz", die an eine „gotische Kathedrale" erinnert.

[28] BVerfGE 4, 219 (245 ff.) – Junktimklausel; 25, 371 (398 f.) – lex Rheinstahl; 74, 264 (297) – Boxberg; 85, 360 (374) – Akademie-Auflösung; 95, 1 (17) – Südumfahrung Stendal; *Hesse*, Grundzüge des Verfassungsrechts der Bundesrepublik Deutschland, 20. Auflage 1995, Rdn. 330; diesen Befund bestätigen – wenngleich nicht selten kritisch – auch die wissenschaftliche Analysen der Gesetzesallgemeinheit: *Starck*, Der Gesetzesbegriff des Grundgesetzes, 1970, S. 195 ff., insbes. S. 241; *H. Hofmann*, Das Postulat der Allgemeinheit des Gesetzes, in: Starck (Hg.), Die Allgemeinheit des Gesetzes, 1987, S. 9 (insbes. 11, 48), weist letztlich auf die vordringliche Rolle des Grundrechtsschutzes und des Vorrangs der Verfassung hin; *Stern*, Das Staatsrecht der Bundesrepublik Deutschland, Band III/2, 1994, S. 712 ff., insbes. S. 733; *H. Schneider*, Gesetzgebung, 3. Auflage 2002, Rdn. 32 ff., insbes. Rdn. 44 ff.

[29] *Stern*, Das Staatsrecht der Bundesrepublik Deutschland, Band III/2, 1994, S. 733; *Sachs*, in: ders. (Hg.), Grundgesetz. Kommentar, 4. Auflage 2007, Art. 19 Rdn. 20.

[30] *Starck*, Vorwort, in: ders. (Hg.), Die Allgemeinheit des Gesetzes, 1987, S. 5 (5); *ders.*, Der Gesetzesbegriff des Grundgesetzes, 1970, S. 195 ff., insbes. S. 241; *H. Hofmann*, Das Postulat der Allgemeinheit des Gesetzes, in: Starck (Hg.), Die Allgemeinheit des Gesetzes, 1987, S. 9; *Stern*, Das Staatsrecht der Bundesrepublik Deutschland, Band III/2, 1994, S. 712 ff.; *H. Schneider*, Gesetzgebung, 3. Auflage 2002, Rdn. 32 ff.

[31] Art. 20 Abs. 2, Art. 38 Abs. 1 Satz 1 GG; siehe hierzu *Rousseau*, Vom Gesellschaftsvertrag oder Grundsätze des Staatsrechts [Du contrat social ou principes du droit politique, 1762], 2004, II. Buch insbes. Kapitel 6 und 4; *H. Dreier*, in: ders. (Hg.), Grundgesetz. Kommentar, Band 1, 2. Auflage 2004, Art. 19 Rdn. 1, nach dem das „Konzept demokratischer Beteiligungsallgemeinheit" von *Rousseau* von „nachhaltiger Bedeutung für die Neuzeit" ist; siehe zudem im Zweiten Kapitel unter C. III. (S. 258 ff.).

die Grundrechte gebunden ist, aber auch durch die Gesetzesallgemeinheit geleitet und gestärkt wird. Die Gewaltenteilung[32] unterscheidet den Auftrag des Gesetzgebers, die Verfassung als Erstinterpreten zu konkretisieren und den rechtlichen Rahmen für die Entfaltung der Freiheit zu schaffen, von der Aufgabe der Verwaltung, diese Maßstäbe für jeden Betroffenen individuell zur Wirkung zu bringen,[33] und von der richterlichen Kompetenz, individuelle Konflikte am Maßstab des Gesetzes verbindlich zu lösen.[34] Ohne eine Idee davon, was Gesetzgebung ist, könnte dieser Grundsatz Gefahr laufen, lediglich Organe zu benennen, ohne ihnen konzeptionell Funktionen zuzuweisen und diese zu trennen, ohne die spezifische, insbesondere auch freiheitsichernde Kraft der einzelnen Teilgewalten zu entfalten.[35] Das allgemeine Gesetz gewährleistet, dass „Gesetzgebung und Gesetzesanwendung von verschiedenen Staatsfunktionen wahrgenommen werden, was immer eine Hauptforderung der Gewaltenteilungslehre war, die damit die Berechenbarkeit des Rechts und die Freiheit des Bürgers zu sichern bestrebt war."[36] Das Rechtsstaatsprinzip[37] fordert die Verständlichkeit, die Klarheit und Beständigkeit, auch die Bestimmtheit der allgemeinen Gesetze und die Konsistenz der Gesamtrechtsordnung, wird so zu einem Garanten der Freiheit und zum Maß der gesetzlichen Verallgemeinerung.[38] Der Gesetzesvorbehalt ist nur wenn allgemeine Gesetze erlassen werden mehr als ein Entscheidungsvorbehalt des Parlaments. Er würde bei einer allgemeinen Regelbildung die Grundrechte besser achten und verhindern, dass in der Autorität von Parlament und Gesetz Grundlagen der Freiheit gefährdet werden. Wenn die Gesetzesallgemeinheit das Verständnis für die Gesetze stärkt, entfaltet sie ein Kernanliegen des Parlamentsvorbehalts: Der Gesetzgeber muss jedenfalls im Grundsatz erfassen, was er tut, und der Gesetzesadressat begreifen, was er tun soll.[39] Art. 19 Abs. 1 Satz 1 GG gibt vor, dass ein grundrechtsbeeinträchtigendes Gesetz allgemein sein muss.[40] Art. 5 Abs. 2 GG betont dieses Allgemeinheitspostulat in besonderer Ausprägung für die Meinungs- und Pressefreiheit.[41] Nur vor einem allgemeinen Gesetz können alle Menschen gleich

---

[32] Art. 20 Abs. 3, Art. 1 Abs. 3 GG.

[33] *Schulze-Fielitz*, Das Parlament als Organ der Kontrolle im Gesetzgebungsprozeß, in: Dreier, H./Hofmann, J. (Hg.), Parlamentarische Souveränität und technische Entwicklung, 1986, S. 71; insgesamt: *ders.*, Theorie und Praxis parlamentarischer Gesetzgebung, 1988; *H. Dreier*, Hierarchische Verwaltung im demokratischen Staat, 1991, insbes. S. 196 ff.

[34] Insgesamt *Di Fabio*, Gewaltenteilung, in: HStR II, 3. Auflage 2004, § 27.

[35] *Kelsen*, Allgemeine Staatslehre [1925], 1966, S. 231 ff.; siehe hierzu im Zweiten Kapitel unter C. IV. (S. 298 ff.).

[36] *Starck*, Vorwort, in: ders. (Hg.), Die Allgemeinheit des Gesetzes, 1987, S. 5 (5).

[37] Art. 20 Abs. 3 GG.

[38] Siehe hierzu im Zweiten Kapitel unter C. V. (S. 315 ff.).

[39] Siehe hierzu im Zweiten Kapitel unter C. II., hier insbes. unter 4. und 5. (S. 245 ff.).

[40] Siehe hierzu im Zweiten Kapitel unter C. II. 1. (S. 196 ff.).

[41] Siehe hierzu im Zweiten Kapitel unter C. II. 2. (S. 238 ff.).

sein.[42] Das allgemeine Gesetz wahrt Distanz zu jedem Einzelnen, schützt so die Freiheit.[43] Die Gesetzesallgemeinheit wirkt insgesamt als eine notwendige Ergänzung des Schutzes der Freiheit und Gleichheit vor dem Gesetz.[44]

Das europäische Recht entwickelt in verwandten, aber zu unterscheidenden Bestimmungen über Demokratie und Rechtsstaat, über die Freiheit und Gleichheit vor dem Gesetz eine eigene Idee der allgemeinen Regelbildung.[45] Das Primärrecht ordnet ausdrücklich die „allgemeine Geltung" der Verordnungen in „jedem Mitgliedstaat" an.[46] Die an alle Mitgliedstaaten adressierte Richtlinie erhebt einen vergleichbaren Geltungsanspruch, den die übliche Bezeichnung als „allgemeine Richtlinie" aufnimmt.[47] Das Regelungsinstrument der Richtlinie verdeutlicht in besonderer Weise, dass das Europarecht durch eine eigene Rationalität der Regelbildung gekennzeichnet ist, die mit den mitgliedstaatlichen Rechtsordnungen in Verbindung steht.[48] Das europäische Recht muss in 27 Mitgliedstaaten mit ihren unterschiedlichen Rechtsordnungen und Rechtskulturen wirken, in zahlreiche Sprachen übersetzt werden. Entsprechende Anpassungsentscheidungen sind vorzunehmen, Friktionen zu vermeiden. Das Anliegen, eine konsistente Gesamtrechtsordnung zu schaffen, erwartet daher eine auf Übersetzbarkeit in zahlreiche Rechtsordnungen und Rechtssprachen ausgerichtete europäische Rechtsetzung, scheint deshalb die Richtlinie der Verordnung vorzuziehen, könnte insgesamt eine besondere Zurückhaltung vom Europarecht fordern.[49] Seit der Einheitlichen Europäischen Akte sind die Kompetenzen und Mitgliedstaaten der Union, ist diese Gemeinschaft in Tiefe und Breite erheblich gewachsen. So stellt sich die Frage nach der Demokratie auf der

---

[42] Art. 3 Abs. 1 GG; siehe hierzu im Zweiten Kapitel unter C. VII. (S. 362 ff.).

[43] Siehe hierzu im Zweiten Kapitel unter C. VI. (S. 343 ff.).

[44] Siehe hierzu insgesamt im Folgenden, insbes. im Zweiten Kapitel unter C. VI. und VII. (S. 343 ff.).

[45] Siehe hierzu im Zweiten Kapitel insgesamt unter D. (S. 386 ff.).

[46] Art. 249 Abs. 2 und Abs. 3 des Vertrags zur Gründung der Europäischen Gemeinschaft (EG) in der Fassung des Vertrags über die Europäische Union vom 7. Februar 1992 (BGBl. II, S. 1252; im Folgenden: EUV), zuletzt geändert durch den Vertrag über den Beitritt der Republik Bulgarien und Rumäniens zur Europäischen Union vom 25. April 2005 (BGBl. II, S. 1146), im Folgenden: EGV. Im Anschluss werden auch die entsprechenden Artikel des Vertrags von Lissabon vom 13. Dezember 2007 (ABl. C 306/1 vom 17. Dezember 2007) analysiert, obgleich der Vertrag bislang nicht ratifiziert wurde. Nach dem Vertrag von Lissabon wird sich das Primärecht aus dem geänderten Vertrag über die Europäische Union (im Folgenden: EU) und dem geänderten EG-Vertrag als Vertrag über die Arbeitsweise der Europäischen Union (im Folgenden: AEU) zusammensetzen. Siehe zur Verordnung und Richtlinie Art. 288 Abs. 2 AEU; siehe hierzu im Zweiten Kapitel unter D. II. (S. 398 ff.).

[47] Siehe zur Richtlinie Art. 249 Abs. 3 EGV (Art. 288 Abs. 3 AEU); die „allgemeine Richtlinie" findet in Art. 254 Abs. 2 Satz 1 EGV (Art. 297 Abs. 2 Satz 1 AEU) Erwähnung; siehe hierzu im Zweiten Kapitel unter D. III. (S. 411 ff.).

[48] Siehe hierzu im Zweiten Kapitel unter D., insbes. unter I., II., III., VIII. und IX. (S. 386 ff.).

[49] Siehe hierzu im Zweiten Kapitel unter D., insbes. unter III. (S. 411 ff.).

europäischen Ebene mit neuem Nachdruck. Die Frage könnte auch Allgemeinheitserwartungen an das europäische Sekundärrecht richten.[50] Das Primärrecht vermittelt ein hohes Maß an sachlicher demokratischer Legitimation. Sind daher die primärrechtlichen Allgemeinheitsgedanken in einer Zeit strikter zu befolgen, in welcher die Demokratie in Europa zu stärken ist? Zielen der Grundsatz der begrenzten Einzelermächtigung, das Subsidiaritätsprinzip und die europäische Rechtsstaatlichkeit auf allgemeine europäische Rechtsakte?[51] Hegt das „institutionelle Gleichgewicht“ vergleichbare Erwartungen, wenn es auch auf die Mitgliedstaaten bezogen wird?[52] Die Grundfreiheiten und Diskriminierungsverbote wirken sektoral begrenzt, scheinen aber in ihrem Anwendungsbereich mit individualrechtlicher, justitiabler Kraft eine Allgemeinheit des europäischen Sekundärrechts zu fordern.[53] Trotz ihrer Verschiedenheit sind die Rechtsquellen in den sich supranational bindenden europäischen Staaten zusammen zu denken. Die Gesetzesallgemeinheit könnte dazu beitragen, sie zu einer konsistenten Gesamtrechtsordnung zu verbinden.[54] Der Grundrechtsschutz gegenüber Maßnahmen der Europäischen Union ist insbesondere im Vergleich zum deutschen Schutzniveau zurückgenommen.[55] Diese Mäßigung folgt dem Gedanken, dass ein überdehnter Individualrechtsschutz eine Freiheit gefährden würde, die in Europa für rund 490 Millionen Menschen gewährleistet werden soll. Dieser Befund legt aber nahe, in Europa zum Schutz der Freiheit und Gleichheit nicht allein auf den Grundrechtsschutz, sondern zudem und in besonderer Weise auf ein zweites Element des Menschenrechtsschutzes zu setzen – auf die Allgemeinheit europäischer Rechtssätze.[56]

Diese Sicherung der Menschenrechte durch die verallgemeinernde Regel soll den grundrechtlichen Garantien vorausgehen, soll wirken, bevor ein Individualrecht verletzt wird, es zu einem Gerichtsverfahren kommen kann. Allgemeine Rechtssätze könnten wirksamer und deutlicher die Freiheit sichern, Gleichheit vor dem Gesetz schaffen und das Ganze, das gemeine Wohl in den Blick nehmen. Der Allgemeinheitsgedanke sucht Interventions- und Maßnahmeregelungen zu vermeiden, die dem Einzelnen die Bedingungen seiner Freiheit zuteilen. Er soll die Gefahr eindämmen, im Namen der Freiheit der Individualität und den Besonderheiten des Einzelfalls zu enge Grenzen zu setzen. Die Verallgemeinerung schafft Distanz zum Einzelfall, sucht in der Abstraktion aber auch die Rationalität des Rechts zu stärken. Sie mäßigt in der Regelung allein

[50] Siehe hierzu im Zweiten Kapitel unter D. IV. (S. 421 ff.).

[51] Siehe hierzu im Zweiten Kapitel unter D. V. und VII. (S. 444 ff. und 466 ff.).

[52] Siehe hierzu im Zweiten Kapitel unter D. VII. 1. (S. 466 ff.).

[53] Siehe hierzu im Zweiten Kapitel unter D. VI. (S. 453 ff.).

[54] Siehe hierzu im Zweiten Kapitel unter A. II. und V., sowie unter D., hier insbes. unter I. bis III. und IX. (S. 47 ff., 57 ff., 386 ff. und 489 ff.).

[55] Art. 23 Abs. 1 GG; BVerfGE 37, 271 – Solange I; 73, 339 – Solange II; 89, 155 – Maastricht.

[56] Siehe hierzu im Zweiten Kapitel unter D. VIII. (S. 473 ff.).

des Allgemeinen die Zahl und Intensität gesetzlicher Vorschriften, könnte so der Freiheit dienen. Eine Gemeinschaft baut auf ein allgemeines Rechtsbewusstsein, das durch eine Fülle von Normen fragwürdig werden könnte. Die freiheitliche Rechtsgemeinschaft braucht auch einen Raum für ungeschriebene Regeln, die eine gute Gewohnheit, Handelsbräuche, Ethos zur Wirkung bringen. Die Rechtsgemeinschaft schöpft aus einem identitätsstiftenden Raum der Gesellschaft, der Freiheit, der Kultur, der durch eine zunehmende Normierung in Gefahr geraten könnte.[57] Das Recht kann die Gemeinschaft nicht stiften. Die allgemeine Regel sucht aber in ihrer Zurückhaltung die problemlösende und identitätsstiftende Kraft der Gesellschaft und damit die Freiheit und Gemeinschaft zu stärken.[58] So stellt sich die Frage, ob die Gesetzesallgemeinheit ein vernachlässigtes Element des Menschenrechtsschutzes ist, ob sie als Stütze der rechtsstaatlichen Demokratie, auch als Garant der Sicherheit und des inneren Friedens neu zu lesen ist.

Diese Arbeit bemüht sich, die Idee des allgemeinen Gesetzes neu zu beleben und an die Rechtsordnung heranzutragen. Das geltende Recht bildet den Ausgangspunkt rechtlicher Argumentation, ist aber insbesondere auch Adressat der gewonnenen Erkenntnisse. Die Frage nach dem Gesetz soll ideengeschichtlich und normativ entwickelt, die rechtlichen Erwartungen und Forderungen an die Gesetzgebung und ihre Folgen für das Rechtssystem sollen benannt werden. So könnte ein Anstoß geben werden, die Bedeutung des Gesetzes für die rechtsstaatliche Demokratie, für die Freiheit und Gleichheit neu zu entfalten.

---

[57] *De Tocqueville*, Über die Demokratie in Amerika [De la démocratie en Amérique, 1835–1840], 1985, S. 343 f., 364; *Grimm*, Ursprung und Wandel der Verfassung, in: HStR I, 3. Auflage 2003, § 1 Rdn. 11 ff., 70; *Di Fabio*, Die Kultur der Freiheit, 2005; *Ladeur*, Der Staat gegen die Gesellschaft, 2006, insbes. S. 388 ff.; *Voßkuhle*, Gesetzgeberische Regelungsstrategien der Verantwortungsteilung zwischen öffentlichem und privatem Sektor, in: Schuppert (Hg.), Jenseits von Privatisierung und „schlankem" Staat, 1999, S. 47 (50); *Volkmann*, Freiheit und Gemeinschaft, in: HGR II, 2006, § 32 Rdn. 44; *F. Reimer*, Das Parlamentsgesetz als Steuerungsmittel und Kontrollmaßstab, in: Hoffmann-Riem/Schmidt-Aßmann/Voßkuhle (Hg.), GVwR I, 2006, § 9 Rdn. 100; Der Mandelkern-Bericht, in: Bundesministerium des Innern (Hg.), Moderner Staat – Moderne Verwaltung, 2002, S. 24.

[58] *Di Fabio*, Die Kultur der Freiheit, 2005, insbes. S. 77: „Nach dem Verlust einer Anstandsregel ist die Bilanz für die Freiheit negativ. Es schnappt eine Falle zu, die derjenige stellt, der sittliche und ästhetische Regeln als altväterlich verlacht und an ihrer Stelle bei jeder politisch bemerkten Unsittlichkeit ein Schutzgesetz erlassen will und so nach und nach die Freiheit auf der Suche nach dem politisch korrekten Idealbild zu Tode schützt."

II. Die Idee der verallgemeinernden Regelbildung

Der Gedanke an das Gesetz ist der Gedanke an die Allgemeinheit.[59] Dieser ideengeschichtliche Befund stellt Forderungen an das Gesetz, die von alters her Verbindungen zu der rechtsstaatlichen Demokratie und zum Menschenrechtsschutz aufweisen.[60]

Das Gesetz war ursprünglich die in Stein gehauene oder in Bronze gegossene Regel, die auf übersichtlichen und „unvergänglichen Tafeln" dauerhaft allen bewusst werden sollte.[61] Das römische Zwölftafelgesetz wurde von Generation zu Generation weitergegeben, die Kinder lernten es als rechtliches Rüstzeug für das weitere Leben auswendig.[62] Das Recht wurde aufgenommen, im lebendigen Bewusstsein überliefert und allen gemein. Der Sachsenspiegel[63] bildete das Gewohnheitsrecht ab, um dieses zu einem begreifbaren Maßstab zur Lösung von Rechtskonflikten zu machen.[64] Die Schriftlichkeit des Rechts war Garant der Rechtssicherheit und später der Freiheit.[65] Doch schon in der Antike wurden schriftliche Detailregelungen, unübersichtliche Kodifikationen als Gefahren für die selbstverständliche Vermittlung des Rechtswissens ausgemacht.[66] Die Rechtsetzungspraxis stand schon damals im Widerspruch zu der wissenschaftlichen Überzeugung, dass ein auf „langen Überlegungen" beruhendes, nicht

---

59 *H. Hofmann*, Das Postulat der Allgemeinheit des Gesetzes, in: Starck (Hg.), Die Allgemeinheit des Gesetzes, 1987, S. 9 (9f., 14f., 19), zum „klassischen", „in der Theorie dominierenden" Gesetzesbegriff; *Ossenbühl*, Gesetz und Recht – Die Rechtsquellen im demokratischen Rechtsstaat, in: HStR V, 3. Auflage 2007, § 100 Rdn. 11f.; *H. Schneider*, Gesetzgebung, 3. Auflage 2002, Rdn. 14, 32ff.; *Kelsen*, Allgemeine Staatslehre [1925], 1966, S. 232; *Maihofer*, Europäisches Rechtsdenken heute, in: Festschrift für Helmut Coing, Band I, 1982, S. 579 (580); *A. Kaufmann*, Rechtsphilosophie, 2. Auflage 1997, S. 134ff.

60 Siehe hierzu insgesamt im Zweiten Kapitel unter B (S. 67ff.).

61 Zu dieser „großen Festigkeit", der „materialen Basis des Rechts" *Fögen*, Römische Rechtsgeschichten, 2002, S. 79f.: Bronzetafeln konnte man nicht zerbrechen oder zerschmettern, sie kamen allenfalls abhanden; siehe zudem *dies.*, Das Lied vom Gesetz, 2007.

62 *Montesquieu*, Vom Geist der Gesetze [De l'esprit des lois, 1748], 2003, 29. Buch 16. Kapitel.

63 *Eike von Repgow*, Der Sachsenspiegel [1224/1225], 2002.

64 „‚Spiegel der Sachsen' sei deshalb dies Buch genannt, weil mit ihm das Recht der Sachsen allgemein bekannt wird, wie durch einen Spiegel den Frauen das Antlitz, das sie erblicken. [...] Dieses Recht habe ich mir nicht selbst ausgedacht. Es ist uns vielmehr seit alters von unseren rechtschaffenen Vorfahren überliefert worden. Wenn ich es vermag, will auch ich es bewahren ..." (zitiert nach *Lück*, Über den Sachsenspiegel, 2. Auflage 2005, S. 18; siehe zum Sachsenspiegel *Laufs*, Rechtsentwicklungen in Deutschland, 6. Auflage 2006, S. 11ff., 17f.; *K. Richter*, Rechtsbücher: Sachsenspiegel und Schwabenspiegel, in: Wolff, J. [Hg.], Kultur- und rechtshistorische Wurzeln Europas, 2005, S. 119; *Kannowski*, Der Sachsenspiegel im Kontext europäischer Rechtsgeschichte, ebenda, S. 139).

65 *Hegel*, Grundlinien der Philosophie des Rechts [1820], 1995, §§ 185ff., 211ff.

66 *Montesquieu*, Vom Geist der Gesetze [De l'esprit des lois, 1748], 2003, 29. Buch 16. Kapitel; *Liebs*, Das Gesetz im spätrömischen Recht, in: Sellert (Hg.), Das Gesetz in Spätantike und frühem Mittelalter, 1992, S. 11; *Drath*, Der Gesetzesbegriff in den Rechtswissenschaften, Studium Generale 19 (1966), 679 (683).

„dem Augenblick" entspringendes Gesetz auf Dauer wirkt[67] und Vertrauen sowie Rechtssicherheit schafft. Gesetze, die in ihrer Allgemeinheit von jedermann verstanden werden und in allen Menschen die gleichen Vorstellungen wecken,[68] erzeugen eine Kultur des allgemeinen und deshalb auch einfachen Rechts. Die Gesetzesallgemeinheit deutete schon damals auf Gedanken des Rechtsstaats.

Die Schriftlichkeit des Rechts richtete verstärkt den Blick auf die Autorität, das Recht schreiben zu dürfen, und damit auf den potentiellen Unterschied zwischen gesetztem und „richtigem" Recht.[69] Die Kraft, das richtige Recht zu finden, wurde zunächst eher einer Elite, nicht einer allgemeinen Versammlung zugesprochen. Die „Männer in der Versammlung" urteilen – so ein gängiger Befund – nur über „gegenwärtig vorliegende und individuelle Fälle", über „Spezielles", blenden dabei aber „Liebe, Haß und den etwaigen Vorteil" nicht aus; daher drohen „eigene Annehmlichkeiten", die Entscheidung „zu verdunkeln". Deswegen können – so die Folgerung – nur Experten „das Wahre hinreichend" sehen und im Gesetz „das Allgemeine schriftlich niederlegen".[70]

Als in der Neuzeit die Idee der Demokratie für den „Geist der Gleichheit" eintrat[71] und jeder Mensch nicht Gegenstand des Gesetzes, sondern „Mitgesetzgeber" sein sollte,[72] wurde vom demokratischen Gesetz eine „gewisse Arglosigkeit" und die „größte Unschuld" erwartet. Das Gesetz solle, wenn nicht unbedingt nötig, „Ausnahmen, Begrenzungen, Abwandlungen" nicht vorsehen, weil dergleichen Einzelheiten zu neuen Einzelheiten verleiten.[73] Der „Gegenstand der Gesetze ist immer allgemein", weil jedes Gesetz „die Untertanen als Gesamtheit und die Handlungen als abstrakte betrachtet, nie jedoch einen Menschen als Individuum oder eine Einzelhandlung"; der Gemeinwille muss „von allen ausgehen, um sich auf alle zu beziehen".[74] Aber auch losgelöst von demokratischen Gedanken wurde erwogen, dass sich jedes Gesetz auf die Gemeinschaft und das gemeine Wohl beziehen müsse, es allein in dieser Ausrichtung

---

[67] *Aristoteles*, Rhetorik [De arte rhetorica, wahrscheinl. zw. 340 u. 335 v. Chr.], 2005, 1354a31 f.

[68] *Montesquieu*, Vom Geist der Gesetze [De l'esprit des lois, 1748], 2003, 29. Buch 16. Kapitel.

[69] *Drath*, Der Gesetzesbegriff in den Rechtswissenschaften, Studium Generale 19 (1966), 679 (680).

[70] *Aristoteles*, Rhetorik [De arte rhetorica, wahrscheinl. zw. 340 u. 335 v. Chr.], 2005, 1354a31 ff.; *ders.*, Politik [Politica, zw. 329 u. 326 v. Chr.], 1989, 1282b1 ff., 1287a25 ff.

[71] *Montesquieu*, Vom Geist der Gesetze [De l'esprit des lois, 1748], 2003, 5. Buch; der Demokratie bereiteten insbes. den Boden: *Rousseau*, Vom Gesellschaftsvertrag oder Grundsätze des Staatsrechts [Du contrat social ou principes du droit politique, 1762], 2004, und *Sieyès*, Was ist der dritte Stand? [Essai sur les privilèges. Qu'est-ce que le tiers état?, 1789], 1968.

[72] *Kant*, Über den Gemeinspruch: Das mag in der Theorie richtig sein, taugt aber nicht für die Praxis. Zum ewigen Frieden. Ein philosophischer Entwurf [1793, 1795], 1992, 294 f.

[73] *Montesquieu*, Vom Geist der Gesetze [De l'esprit des lois, 1748], 2003, 29. Buch 16. Kapitel.

[74] *Rousseau*, Vom Gesellschaftsvertrag oder Grundsätze des Staatsrechts [Du contrat social ou principes du droit politique, 1762], 2004, II. Buch Kapitel 6.

verpflichtende Kraft gewinne.[75] Die wissenschaftliche Suche nach allgemeinen Regeln[76] wurde zum Auftrag staatlicher Gesetzgebung: „Das Gesetz muss über alles zusammen herrschen". Der einzelne Mensch aber gibt „in Einzelfällen besser Rat".[77] In diesem Gesetzgebungsauftrag ruht die Idee der Gewaltenteilung.[78] Die Allgemeinheit des Gesetzes wurde als Garant der Demokratie, der Mäßigung der Gewalten und als ein Instrument verstanden, das die staatliche Macht auf das gemeine Wohl ausrichtet.[79]

Bevor der individuelle Menschenrechtsschutz entfaltet war, baute der Schutz der Freiheit auf die mäßigende Kraft der Gesetzesallgemeinheit. „Der Geist des Gesetzgebers muß der Geist der Mäßigung sein".[80] Nur dann sei Freiheit möglich. Eine gesetzliche Regelung verallgemeinert, schafft rechtliche Ähnlichkeiten, nimmt sich in der Allgemeinheit aber zurück und erhält so den Raum für Individualität.[81] Ein Staat, der ein „Netz kleiner, verwickelter, enger und einheitlicher Regeln" spannt, steht „ständig dem Handeln im Wege", lähmt die freiheitliche Kraft des Menschen.[82] Dieser allgemeine Gesetzgebungsauftrag gilt umso mehr, als der Staat seit dem 18. Jahrhundert seine Existenzberechtigung nicht mehr nur aus einem ihm anvertrauten Gemeinwohl ableitet, sondern die Freiheit selbst Gemeinwohlbedingung wurde.[83]

Die Gesetzesallgemeinheit sichert die Freiheit und das gleichheitsgerechte Recht, weil die Gleichheit vor dem Gesetz die allgemeine Regel fordert.[84] Die Demokratie erwartet den Geist der Gleichheit, aber auch, dass der ‚Geist über-

[75] *Thomas von Aquin*, Summa Theologica [1265–1273], I-II, Das Gesetz, Band 13, 1977, Fragen 92, 95 und 96.

[76] *Aristoteles*, Die Nikomachische Ethik [Ethica Nicomachea, wahrscheinl. zw. 335 u. 323 v.Chr.], 7. Auflage 2006, 1140b30ff.; *Baumgartner*, „Wissenschaft", in: Krings/ders./Wild (Hg.), Handbuch philosophischer Grundbegriffe, 1974, S. 1740; für wissenschaftliche Gesetzesaussagen: *Bunge*, Arten und Kriterien wissenschaftlicher Gesetze, in: Kröber (Hg.), Der Gesetzesbegriff in der Philosophie und den Einzelwissenschaften, 1968, S. 117 (145).

[77] *Aristoteles*, Politik [Politica, zw. 329 u. 326 v.Chr.], 1989, 1292a30f.

[78] *Aristoteles*, Rhetorik [De arte rhetorica, wahrscheinl. zw. 340 u. 335 v.Chr.], 2005, 1354a31–1354b15; *ders.*, Politik [Politica, zw. 329 u. 326 v.Chr.], 1989, 1282b1ff.; *Locke*, Über die Regierung [Two Treatises of Government. The Second Treatise, 1690], 2003, insbes. 12. Kapitel §§ 143ff.; *Montesquieu*, Vom Geist der Gesetze [De l'esprit des lois, 1748], 2003, 11. Buch.

[79] *Thomas von Aquin*, Summa Theologica [1265–1273], I-II, Das Gesetz, Band 13, 1977, Fragen 92, 95 und 96.

[80] *Montesquieu*, Vom Geist der Gesetze [De l'esprit des lois, 1748], 2003, 29. Buch 1. Kapitel.

[81] *W. von Humboldt*, Ideen zu einem Versuch, die Grenzen der Wirksamkeit des Staates zu bestimmen [1791], 2006, insbes. S. 30f., 201ff.

[82] *De Tocqueville*, Über die Demokratie in Amerika [De la démocratie en Amérique, 1835–1840], 1985, S. 343f., 364.

[83] *Grimm*, Ursprung und Wandel der Verfassung, in: HStR I, 3. Auflage 2003, § 1 Rdn. 11ff.

[84] *Kant*, Über den Gemeinspruch: Das mag in der Theorie richtig sein, taugt aber nicht für die Praxis. Zum ewigen Frieden. Ein philosophischer Entwurf [1793, 1795], 1992, 289ff., 349ff.

triebener Gleichheit' nicht Platz greift.[85] Die klassische Forderung, das Gesetz müsse zum „Heil der Bürger, der Unversehrtheit der Staaten und zum ruhigen und glücklichen Leben der Menschen" erlassen werden,[86] suchte zunächst Orientierung in der Gesetzmäßigkeit der Natur, führte dann aber auch zu einem konkreteren Maßstab für willentlich gesetztes Recht: zur Allgemeinheit des Gesetzes.[87] Es ist „*ein* Maß für Reich und Arm, für den Günstling am Hofe ebenso wie für den Bauern am Pflug" anzulegen.[88] Die Rechtsgeschichte lehrt, dass ein den Einzelfall regelnder Gesetzgeber die Gleichheit vor dem Gesetz verhindert[89] und Einzelfallgesetze zur Entrechtlichung führen.[90] Das den Geist der Freiheit atmende Gesetz beschränkt hingegen die Freiheit eines jeden nur auf „die Bedingung ihrer Zusammenstimmung mit der Freiheit von jedermann, insofern diese nach einem allgemeinen Gesetze möglich ist".[91]

Diese schützende Kraft der Gesetzesallgemeinheit wurde dort verdeutlicht, wo sich der Menschenrechtsschutz auch nach der Epochenwende Ende des 18. Jahrhunderts kaum entwickelte: Das Preußische Allgemeine Landrecht machte die Allgemeinheit zu ihrem Programm.[92] Preußen war keine Demokratie. Die preußischen Herrscher ließen sich nicht an Grundrechte binden. Der Schutz der Menschenrechte blieb daher von vornherein kraftlos, letztlich dem Wohlwollen der Herrscher überlassen, hing von deren Selbstbeschränkung ab. Die Idee der Freiheit vom Staat konnte sich nicht durchsetzen, es herrschte die Freiheit durch den Staat. In dieser Situation wurde die Gesetzgebung zum Schutz der Menschenrechte an Vorgaben, an ein Verbot des Einzelfallgesetzes gebunden. Diese Bindung sollte durch eine Gesetzgebungskommission institutionell gesichert werden. Obwohl in Preußen zentrale Forderungen des modernen Verfassungsstaats nicht erfüllt wurden, verdeutlicht das Landrecht – im Schatten der epochalen Wende zum individuellen Grundrechtsschutz[93] – einen für das heutige

---

[85] *Montesquieu*, Vom Geist der Gesetze [De l'esprit des lois, 1748], 2003, 5. Buch 5. Kapitel.

[86] *Cicero*, Fragmente über die Rechtlichkeit [De legibus, 58–57 v. Chr.], 1969, II. Buch 11.

[87] *Thomas von Aquin*, Summa Theologica [1265–1273], I-II, Das Gesetz, Band 13, 1977, Fragen 92, 95 und 96.

[88] *Locke*, Über die Regierung [Two Treatises of Government. The Second Treatise, 1690], 2003, 11. Kapitel § 142.

[89] Siehe bereits *Thomas von Aquin*, Summa Theologica [1265–1273], I-II, Das Gesetz, Band 13, 1977, Fragen 92, 95 und 96; deutlicher: *Kant*, Über den Gemeinspruch: Das mag in der Theorie richtig sein, taugt aber nicht für die Praxis. Zum ewigen Frieden. Ein philosophischer Entwurf [1793, 1795], 1992, 289ff., 349ff.

[90] *Liebs*, Das Gesetz im spätrömischen Recht, in: Sellert (Hg.), Das Gesetz in Spätantike und frühem Mittelalter, 1992, S. 11; siehe zudem unter B. II. 5. m. w. H. (S. 87ff.).

[91] *Kant*, Über den Gemeinspruch: Das mag in der Theorie richtig sein, taugt aber nicht für die Praxis. Zum ewigen Frieden. Ein philosophischer Entwurf [1793, 1795], 1992, 289f.

[92] Siehe hierzu Allgemeines Landrecht für die Preußischen Staaten von 1794, 1970; siehe zu der für die Allgemeinheitsforderung zentralen Einleitung des Landrechts *Schwennicke*, Die Entstehung der Einleitung des preussischen allgemeinen Landrechts von 1794, 1993.

[93] Die Virginia Bill of Rights vom 12. Juni 1776, die „amendments" zur Verfassung der

Rechtssystem fruchtbaren Gedanken. Ende des 18. Jahrhunderts wurden drei Elemente des Menschenrechtsschutzes geltendes Recht: die politische Mitbestimmung in demokratischen Wahlen, der individuelle Grundrechtsschutz und die Allgemeinheit des Gesetzes. In der Zeit des Absolutismus war das Gesetz nichts anderes als der in Worte gegossene Wille des Fürsten. Jetzt aber, im 18. Jahrhundert, gab man ihm „einen neuen Zweck, den der Freiheitsicherung."[94] Das Grundgesetz sollte später in den grundrechtlichen Garantien, in Art. 20 Abs. 2 und Art. 19 Abs. 1 Satz 1 GG diese drei Elemente aufnehmen.

Im 19. Jahrhundert war es ein zentrales Anliegen in Deutschland, den Einfluss des Repräsentationsorgans zu stärken und eine Demokratie zu errichten. In diesem Prozess, in dem der Grundrechtsschutz kraftvoller wurde und später auch gerichtlich durchgesetzt werden konnte, vernachlässigte die Rechtswissenschaft die Allgemeinheit des Gesetzes. Durch ein Gesetz kann – so *Paul Laband* – auch „Verbannung oder der Verlust der Staatsangehörigkeit ausgesprochen [... sowie] eine schwebende Rechtsstreitigkeit entschieden" werden. Es gebe „keinen Gegenstand des staatlichen Lebens, ja man kann sagen, keinen Gedanken, welcher nicht zum Inhalte eines Gesetzes gemacht werden könnte."[95] Das Gesetz wurde schlicht zur Handlungsform des Gesetzgebers und definierte sich allein aus dieser Rechtsquelle. Der Gesetzesvorbehalt wurde zum Kompetenzvorbehalt, sicherte dem Parlament die Entscheidung über bestimmte Sachbereiche und Gegenstände,[96] leitete aber nicht den Gesetzgeber zu einer allgemeinen Regelbildung an. Selbst bei Eingriffen in „Freiheit und Eigentum"[97] wurden die Grundrechte eher durch den Entscheidungsvorbehalt des Repräsentativorgans als durch eine allgemeine Regelbildung geschützt. In der Sache allerdings blieb das allgemeine Gesetz weiterhin der Garant für den inneren Frieden, für die rechtliche und soziale Infrastruktur der Demokratie, sicherte die rechtliche Rahmenordnung individueller Freiheit und die Gleichheit vor dem Gesetz. Dies war der Rechtsetzungspraxis bewusst, als sie die großen Kodifikationen in der zweiten Hälfte des 19. Jahrhunderts schuf. Die Gesetzge-

---

Vereinigten Staaten vom 17. September 1787 und die Déclaration des Droits de L'Homme et du Citoyen vom 26. August 1789 bereiteten dem individuellen Grundrechtsschutz den Weg (siehe hierzu *Grimm*, Ursprung und Wandel der Verfassung, in: HStR I, 3. Auflage 2003, § 1 insbes. Rdn. 31 f.; *Fenske*, Der moderne Verfassungsstaat, 2001, insbes. S. 185; jeweils m. w. H.).

[94] *H. Hattenhauer*, Europäische Rechtsgeschichte, 4. Auflage 2004, Rdn. 1527; *H. Hofmann*, Die Grundrechte 1789–1949–1989, NJW 1989, 3177 (3181); *ders.*, Menschenrechte und Demokratie, JZ 2001, 1 (7).

[95] *Laband*, Das Staatsrecht des Deutschen Reiches, Band II, 5. Auflage 1911, S. 62 f.; siehe bereits *ders.*, Das Budgetrecht [1871], 1971, S. 3 f.

[96] *Ossenbühl*, Vorrang und Vorbehalt des Gesetzes, in: HStR V, 3. Auflage 2007, § 101 Rdn. 11 f.

[97] Zu dieser Formel der spätkonstitutionellen Staatsrechtslehre vgl. *Ossenbühl*, Vorrang und Vorbehalt des Gesetzes, in: HStR V, 3. Auflage 2007, § 101 Rdn. 21 f.; *Grimm*, Ursprung und Wandel der Verfassung, in: HStR I, 3. Auflage 2003, § 1 Rdn. 51 f.

bung im Kaiserreich übertraf „an Umfang, Bedeutung und fortdauernder Wirkung [...] alle sonst in vergleichbaren Zeiträumen in Deutschland geleistete legislatorische Arbeit".[98] Die allgemeine Regelbildung stärkte die Wirkkraft des Gesetzes und damit den Parlamentarismus – die Gesetzesallgemeinheit wurde zu einer Kraftquelle der Demokratie. Insbesondere das Strafgesetzbuch[99] und das Bürgerliche Gesetzbuch[100] – im 20. Jahrhundert auch das allgemeine Verwaltungsrecht[101] – bilden bis heute das rechtliche Fundament für Frieden, Wohlstand und Freiheit.[102]

Das Grundgesetz stellt den Grundrechtsschutz in den Mittelpunkt der Rechtsordnung.[103] Es setzt aber insbesondere in Art. 19 Abs. 1 Satz 1 GG auch auf die freiheitsichernde Kraft der Gesetzesallgemeinheit. Bei den Beratungen im Parlamentarischen Rat betonte *Thomas Dehler*, die Gesetzesallgemeinheit sei „besonders bedeutsam", weil sie vor allem verhindere, dass der Gesetzgeber „mit leichter Hand" über Grundrechte hinweggehen könne. Das Allgemeinheitspostulat begründe bewusst „Fesseln des Gesetzgebers". *Hermann von Mangoldt*, im Parlamentarischen Rat einer der Kritiker des Allgemeinheitspostulats,[104] hob in einer frühen Kommentierung des Grundgesetzes hervor, dass die individuellen Grundrechte die Freiheit nicht hinreichend schützten und der Rechtsstaat daher auch auf die Gesetzesallgemeinheit baue. Diese betone die Gemeinschaftsbezogenheit des Individuums und sei „Pfeiler des Gewaltenteilungsprinzips" sowie „der wahre, bisher verkannte Eckstein des Rechtsstaates".[105] Das Grundgesetz folgt in Art. 19 Abs. 1 Satz 1 GG auch der Einsicht *Werner Maihofers*, der das Recht „seiner Form nach als allgemeine Gesetzlich-

---

[98] *E. R. Huber*, Das Kaiserreich als Epoche verfassungsstaatlicher Entwicklung, in: HStR I, 3. Auflage 2003, § 4 Rdn. 43 f.

[99] Strafgesetzbuch (Ausfertigungsdatum: 15. Mai 1871) in der Fassung der Bekanntmachung vom 13. November 1998 (BGBl. I, S. 3322), zuletzt geändert durch das Gesetz vom 11. März 2008 (BGBl. I, S. 306), im Folgenden: StGB.

[100] Bürgerliches Gesetzbuch (Ausfertigungsdatum: 18. August 1896) in der Fassung der Bekanntmachung vom 2. Januar 2002 (BGBl. I, S. 42, 2909; 2003 I, S. 738), zuletzt geändert durch das Gesetz vom 26. März 2008 (BGBl. I, S. 441), im Folgenden: BGB.

[101] Verwaltungsverfahrensgesetz (Ausfertigungsdatum: 25. Mai 1976) in der Fassung der Bekanntmachung vom 23. Januar 2003 (BGBl. I, S. 102), zuletzt geändert durch Gesetz vom 5. Mai 2004 (BGBl. I, S. 718), im Folgenden: VwVfG, und Verwaltungsgerichtsordnung (Ausfertigungsdatum: 21. Januar 1960) in der Fassung der Bekanntmachung vom 19. März 1991 (BGBl. I, S. 686), zuletzt geändert durch das Gesetz vom 12. Dezember 2007 (BGBl. I, S. 2840), im Folgenden: VwGO.

[102] Siehe hierzu wie zu weiteren bedeutenden Gesetzgebungsakten der Bundesrepublik *H. Schneider*, Gesetzgebung, 3. Auflage 2002, Rdn. 427 ff.

[103] Art. 1 ff., Art. 79 Abs. 3 GG.

[104] Siehe für die Diskussion *Stern*, Das Staatsrecht der Bundesrepublik Deutschland, Band III/2, 1994, S. 712 ff. m. w. H.

[105] *Von Mangoldt/Klein*, Das Bonner Grundgesetz, 2. Auflage 1955, Art. 19 Anm. III (S. 542 ff. m. w. H.).

keit" versteht und den Grund für diese Form des Rechts in der Freiheit sieht.[106] „Generellität und Abstraktheit der Normen" schaffen – so *Hasso Hofmann* – einen „heilsamen Abstand von Personen und Situationen", gründen zuallererst „Rechtsstrukturen" und geben „ein Mittleres als Maß".[107] Allgemeine Gesetze schützen die Freiheit und Gleichheit und „tendieren" so „auf eine gerechte Lösung der unter ihm aufkommenden einzelnen Rechtsfälle" (*Christian Starck*).[108] Art. 19 Abs. 1 Satz 1 GG ist eine „zwingende" Bestimmung des Grundgesetzes „ohne historisches Vorbild". Wird sie verletzt – so fährt *Klaus Stern* fort – entsteht ein „Gerechtigkeitsproblem".[109]

III. Die gegenwärtige Rechtsetzungspraxis

Die Gegenwart weiß um die Bedeutung des allgemeinen Gesetzes,[110] um die freiheitsichernde Kraft der Kodifikation,[111] sucht bestimmte Rechtsbereiche – etwa das Umwelt-[112] und Arbeitsrecht[113] oder das Steuerwesen[114] – in langfristig geltenden Maßstäben zu formen. Nicht selten trifft der Gesetzgeber aber auch Regelungen, die eher verbindliche Antworten auf tagesaktuelle Fragen geben und weniger Regeln für eine langfristige Zukunft setzen. In den Jahren 1998 bis 2004 traten jährlich mehr als 500 Bundesgesetze und Rechtsverordnungen zu den bestehenden ca. 100.000 Einzelvorschriften des Bundes. In diesen sechs Jahren hat die Europäische Union den rund 100.000 Seiten umfassenden „acquis communautaire" um täglich mehr als acht Verordnungen ergänzt.[115] Allein

[106] *Maihofer*, Europäisches Rechtsdenken heute, in: Festschrift für Helmut Coing, Band I, 1982, S. 579 (580 f.).

[107] *H. Hofmann*, Das Postulat der Allgemeinheit des Gesetzes, in: Starck (Hg.), Die Allgemeinheit des Gesetzes, 1986, S. 9 (46 m. w. H.).

[108] *Starck*, Vorwort, in: ders. (Hg.), Die Allgemeinheit des Gesetzes, 1987, S. 5 (5).

[109] *Stern*, Das Staatsrecht der Bundesrepublik Deutschland, Band III/2, 1994, S. 727, 731, 742, 744.

[110] *Starck*, Der Gesetzesbegriff des Grundgesetzes, 1970, S. 195 ff., insbes. S. 241; *H. Hofmann*, Das Postulat der Allgemeinheit des Gesetzes, in: Starck (Hg.), Die Allgemeinheit des Gesetzes, 1987, S. 9; *Stern*, Das Staatsrecht der Bundesrepublik Deutschland, Band III/2, 1994, S. 712 ff.; *H. Schneider*, Gesetzgebung, 3. Auflage 2002, Rdn. 32 ff., insbes. Rdn. 44 ff.; *Di Fabio*, Gewaltenteilung, in: HStR II, 3. Auflage 2004, § 27 Rdn. 50 ff.; *Ossenbühl*, Gesetz und Recht – Die Rechtsquellen im demokratischen Rechtsstaat, in: HStR V, 3. Auflage 2007, § 100 Rdn. 12.

[111] Den Wert der Kodifikation betonte bereits vor über 20 Jahren insbes. *K. Schmidt*, Die Zukunft der Kodifikationsidee, 1985.

[112] Siehe den Referentenentwurf des Bundesministeriums für Umwelt, Naturschutz und Reaktorsicherheit vom 19. November 2007.

[113] Siehe hierzu den aktuellen Entwurf eines einheitlichen Arbeitsvertragsgesetzbuches von *Martin Henssler* und *Ulrich Preis* (www.avg.de).

[114] Siehe *Lang*, in: Tipke/ders., Steuerrecht, 19. Auflage 2008, § 8 Rdn. 70 ff., für die gesamte Reformdiskussion.

[115] Zu den Zahlen: Antwort der Bundesregierung auf die Anfrage verschiedener Abgeord-

diese Quantität der Rechtssätze deutet auf ein zu hohes, jedenfalls stetig steigendes Maß an Regelungsdichte hin, das oft beklagt wird.[116] Hinzu tritt die ebenfalls häufig bemängelte Qualität der europäischen und deutschen Rechtssätze.[117] Der gegenwärtige „Gesamteindruck" der Rechtsetzung wird – so der gängige Befund – durch „die große Zahl der kurzlebigen und aus aktuellen Zweckmäßigkeitsgründen erlassenen Spezialvorschriften", durch ein steigendes Maß an Detaillierung geprägt. Die Regelungen sind „nicht nur reichhaltig und üppig, sondern auch dicht gewebt." Die „kurzfristige Zweckhaftigkeit" verdränge „die Suche nach dauerhafter Gerechtigkeit".[118] Der europäischen Interinstitutionellen Vereinbarung „Bessere Rechtsetzung" liegt eine vergleichbare Analyse zu Grunde, wenn sie die Europäische Union beauftragt, das geltende Recht zu „verringern", „erheblich zu vereinfachen" und letztlich in einer „Kodifizierung oder Neufassung" neu zu setzen.[119] Auch eine Untersuchung der

---

neter und der Fraktion der FDP vom 9. Oktober 2007, BTDrs. 16/6672; Antwort des Parlamentarischen Staatssekretärs *Hartenbach* vom 29. April 2005 auf die Anfrage des Abgeordneten *Singhammer*, BTDrs. 15/5434; Antwort der Bundesregierung auf eine Große Anfrage vom 7. Oktober 2002, BTDrs. 14/9993, insbes. S. 5; Antrag von verschiedenen Abgeordneten und der Fraktion der FDP vom 25. Juni 2003, BTDrs. 15/1233; *Plehwe*, WZB-Mitteilungen, Heft 117, 2007, 7.

[116] Siehe hierzu die aktuelle Analyse von *Karpen*, Gesetzescheck (2005–2007): Empfehlungen zur Qualitätsverbesserung von Gesetzen, ZRP 2008, 97, sowie die Frage von *Isensee* nach mehr Recht durch weniger Gesetze (*ders.*, Mehr Recht durch weniger Gesetze?, ZRP 1985, 139); zur alten Frage nach der Gesetzesflut, die man sich in zahlreichen Staaten stellt: *Schulze-Fielitz*, Theorie und Praxis parlamentarischer Gesetzgebung, 1988, S. 17ff., 132f.; *Eichenberger*, Gesetzgebung im Rechtsstaat, VVDStRL 40 (1982), 7 (15f.); *M. Kloepfer*, Gesetzgebung im Rechtsstaat, ebenda, 63 (76); *Schreckenberger*, Krise der Gesetzgebung?, in: ders./König/Zeh (Hg.), Gesetzgebungslehre, 1986, S. 21 (21f.); *Horn*, Experimentelle Gesetzgebung unter dem Grundgesetz, 1989, S. 16ff.; *Stern*, Das Staatsrecht der Bundesrepublik Deutschland, Band I, 2. Auflage 1984, S. 786f.; *ders.*, ebenda, Band II, 1980, S. 639f.; *Zeh*, Impulse und Initiativen zur Gesetzgebung, in: Schreckenberger/Merten (Hg.), Grundfragen der Gesetzgebungslehre, 2000, S. 33 (33f.); *E. Bülow*, Gesetzgebung, in: HdbVerfR, Teil 2, 2. Auflage 1995, § 30 Rdn. 70; *Holtschneider*, Normenflut und Rechtsversagen, 1991, S. 28ff.

[117] Das Erfordernis, die Qualität der europäischen und der mitgliedstaatlichen Gesetzgebung zu verbessern, betonen nicht nur zahlreiche Analysen besonderer Rechtsbereiche, sondern insgesamt *Karpen*, Gesetzescheck (2005–2007): Empfehlungen zur Qualitätsverbesserung von Gesetzen, ZRP 2008, 97; *Jacqué*, La simplification et la consolidation des traités, Revue trimestrielle de droit européen, 1997, 903; *Blanchet*, Transparence et qualité de la législation, Revue trimestrielle de droit européen, 1997, 207; *Mengel*, Gesetzgebung und Verfahren, 1997, S. 379f.; *Müller-Graff*, The quality of european and national legislation, in: Kellermann/Azzi/Jacobs/Deighton-Smith (ed.), Improving the quality of legislation in Europe, 1998, S. 111; *Piris*, The quality of community legislation: the viewpoint of the Council Legal Service, ebenda, S. 25; *Timmermans*, How to improve the quality of Community Legislation: the Viewpoint of the European Commission, ebenda, S. 39; *Lenaerts/Desomer*, Towards a hierarchy of legal acts in the European Union?, European Law Journal, 2005, 744; *Tietje*, Autonomie und Bindung der Rechtsetzung in gestuften Rechtsordnungen, VVDStRL 66 (2007), 45 (insbes. 89).

[118] *H. Schneider*, Gesetzgebung, 3. Auflage 2002, Rdn. 427ff., insbes. Rdn. 433.

[119] Interinstitutionelle Vereinbarung „Bessere Rechtsetzung" vom 31. Dezember 2003, ABl. C 321, S. 4f.

europäischen Rechtsetzung durch eine staatenübergreifende Expertengruppe von 28 Vertretern der Mitgliedstaaten und der Europäischen Kommission bestätigt diese Einschätzung der Gesetzgebungswirklichkeit und mündet in vergleichbaren Forderungen. Das Europarecht mache es allein auf Grund der Masse und der starken Vermehrung von Rechtstexten „nicht nur für den einfachen Bürger, sondern auch für die Angehörigen der Rechtsberufe praktisch unmöglich, ein genaueres Verständnis oder auch nur einen allgemeinen Überblick über alle Rechtsvorschriften zu erlangen, die sie betreffen." Sobald das Recht zu sehr „in das Leben der Bürger eingreift, besteht die Gefahr, dass dadurch der spontanen Initiative, dem Verantwortungsbewusstsein und dem Selbstverständnis der Bürger Abbruch getan wird." Der europäische Raum der Freiheit und des Rechts, die „Glaubwürdigkeit" der europäischen Integration geraten in Gefahr. Das „Gebot der Stunde" sei daher, weniger Recht zu setzen und das geltende Recht „in geordneter Form zusammenzufassen". Notwendig sei ein „neues Denken und Handeln", eine „Vereinfachungskultur" der Rechtsetzung.[120]

In der Allgemeinheit des Gesetzes könnte ein Schlüssel zu einem solchen Neuanfang liegen. Denn „nichts trägt so sehr zur Vereinfachung der Gesetzgebung bei, wie die Zusammenfassung der einzelnen Anordnungen in wenige, klare Grundsätze."[121] „Es ist ein alter Wunsch," – so *Kant* – „der, wer weiß wie spät, vielleicht einmal in Erfüllung gehen wird: daß man doch einmal statt der endlosen Mannigfaltigkeit bürgerlicher Gesetze ihre Prinzipien aufsuchen möge; denn darin kann alleine das Geheimnis bestehen, die Gesetzgebung, wie man sagt, zu simplifizieren."[122]

Die eindringlichen Befunde über die gegenwärtige Rechtsetzungspraxis weisen darauf hin, dass das Gesetz Gefahr läuft, ein Stück seiner Autorität zu verlieren, in seiner Flüchtigkeit und Änderbarkeit das Gesetzesvertrauen zu mindern, seine Kraft zur langfristigen Gestaltung der Rechtsgemeinschaft und damit die Entfaltung der Freiheit zu schwächen. Der Kompetenzgrundsatz, der dem Gesetzgeber die Regelbildung, der Verwaltung die Regeldifferenzierung und der Rechtsprechung die nachträgliche Prüfung des Einzelfalls zuweist, droht sich umzukehren, wenn der Gesetzgeber Einzelfallregelungen erlässt und so das Bundesverfassungsgericht – und auch den Europäischen Gerichtshof – zu der unterlassenen Regelbildungen und deren Verkündung in Leitsätzen veran-

[120] Den Vorsitz der Expertengruppe führte *D. Mandelkern*, weswegen die Analyse Mandelkern-Bericht genannt wird; Der Mandelkern-Bericht, in: Bundesministerium des Innern (Hg.), Moderner Staat – Moderne Verwaltung, 2002, S. 10ff., 18f., 24, 42, 47, 52f., 63f.; siehe zur europäischen Gesetzgebungswissenschaft: *Karpen*, Zum Stand der Gesetzgebungswissenschaft in Europa, in: Schreckenberger/Merten (Hg.), Grundfragen der Gesetzgebungslehre, 2000, S. 11; siehe zu dieser Gesetzgebungswirklichkeit insgesamt im Zweiten Kapitel unter A (S. 39ff.).

[121] *E. Huber*, Schweizerisches Civilgesetzbuch. Erläuterungen zum Vorentwurf des Eidgenössischen Justiz- und Polizeidepartements, Heft 1, 1901, S. 9.

[122] *Kant*, Kritik der reinen Vernunft [1781], Band 1, 1974, B 358.

lasst. Die Demokratie wird aber geschwächt, wenn das Parlament seinen Auftrag zur Erstinterpretation der Verfassung immer seltener erfüllt und die notwendige Regelbildung zu oft den Richtern überlässt. Freiheit und Gleichheit vor dem Gesetz geraten in Not, wenn der Gesetzesvorbehalt nicht mehr freiheitschonend wirkt, zu einem Richtervorbehalt zu werden droht. Rechtssätze werden nicht selten so verfasst, dass die rechtsetzenden Organe sie kaum verstehen und verantworten können, ihr Erlass deshalb auch den Gesetzgeber entmachtet. Die dichten gesetzlichen Vorgaben verengen nicht selten den Entscheidungsraum der Verwaltung, auch der Richter – letztlich verlieren dann alle drei Gewalten an Einfluss. Die Vernachlässigung der Gesetzesallgemeinheit scheint daher den Einfluss des Bundestags und damit der Demokratie zu verringern, den eigenständigen Schutz der Freiheit durch die drei grundgesetzlichen Gewalten zu hemmen und auch eine der Ursachen für das viel beschriebene Demokratiedefizit in der Europäischen Union zu sein.[123]

IV. Gesetz und Recht

Die vorliegende Arbeit bemüht sich, dieser Entwicklung den Gedanken des allgemeinen Gesetzes gegenüberzustellen und so – dies ist die Hoffnung – einen Beitrag zu einer neuen ‚Rechtsetzungskultur' und einer Stärkung der Demokratie zu leisten. Die historisch gewachsene und bewährte Idee des Gesetzes zielt auf die verallgemeinernde Regelbildung durch den Gesetzgeber, die Rechte und Pflichten für jedermann begründet. Die Gesetzgebungswirklichkeit scheint demgegenüber immer mehr zur Einzelfallregelung zu neigen. Der Versuch, den Gedanken der Gesetzesallgemeinheit zu erneuern, soll deswegen nicht Defizite oder gar einen Verfall der Gesetzgebungskultur aufdecken – die Gesetzgebungspraxis begegnet seit der Antike der Klage über zu viele Gesetze und eine zu hohe Zahl an Einzelfallregelungen[124] –, sondern eine Grundidee des Rechtsdenkens wieder aufnehmen, die Demokratie und Freiheit stärken könnte.

Das allgemeine Gesetz setzt eine bewusste Verallgemeinerung, also Kompetenz und Kompetenzwahrnehmung durch den Gesetzgeber voraus. *Carl Schmitt* betont in seiner Verfassungslehre, dass die Herrschaft des Gesetzes zu

---

[123] Siehe hierzu insgesamt im Zweiten Kapitel unter C und D (S. 174ff.).

[124] *Schreckenberger*, Krise der Gesetzgebung?, in: ders./König/Zeh (Hg.), Gesetzgebungslehre, 1986, S. 21 (21f.); *H. Dreier*, in: ders. (Hg.), Grundgesetz. Kommentar, Band 1, 2. Auflage 2004, Art. 19 Rdn. 1, betont, dass dem „neuzeitlichen Staat" die „konkrete, einzelfallbezogene gesetzliche Regelung niemals fremd war," und dass sich das „klassische" Gesetz als „historische Fiktion, bestenfalls als programmatisches Leitbild einer kurzen Epoche nach der französischen Julirevolution" erweise. *Schulze-Fielitz*, Theorie und Praxis parlamentarischer Gesetzgebung, 1988, S. 17ff., 132f.; *Horn*, Experimentelle Gesetzgebung unter dem Grundgesetz, 1989, S. 16ff.; *Stern*, Das Staatsrecht der Bundesrepublik Deutschland, Band I, 2. Auflage 1984, S. 786f.; *ders.*, ebenda, Band II, 1980, S. 639f.; jeweils m. w. H.

einer „leeren Redensart" verkomme, nicht mehr die Freiheit, die Gleichheit vor dem Gesetz und die anderen „Kennzeichen des Rechtsstaates" sichere, wenn alles, was „mit dem Zauberstab des Gesetzgebungsverfahrens berührt würde, sich nun in ein Gesetz" verwandle, wenn Gesetze nicht „gewisse Qualitäten" besäßen, „durch welche der Unterschied einer Rechtsnorm von einem bloß willensmäßigen Befehl oder einer Maßnahme möglich wird." Von diesem Ausgangspunkt aus gelangt *Carl Schmitt* jedoch zu einer ‚Souveränität des vernünftigen Gesetzes', zu einer „Ablehnung der Herrschaft von Menschen" und des Gesetzgebers, letztlich zu einer Absage an die Demokratie.[125] Diese Folgerungen sind mit dem geltenden Recht nicht vereinbar. Es gilt demgegenüber die Idee des allgemeinen Gesetzes als Auftrag zur Regelbildung, als Aufgabe parlamentarischer Gesetzgebung, als Grundlage der Demokratie und des freiheitlichen Rechtsstaats bewusst zu machen.

Der moderne Verfassungsstaat hat die Kompetenz zur gesetzlichen Regelbildung dem Parlament übertragen, die europäischen Rechtssätze werden in der Regel vom Rat unter Mitwirkung des Parlaments auf Initiative der Kommission erlassen. Die Gesetzgebung ist durch Repräsentation und Legitimationserfordernisse geformt, rechtlich insbesondere durch Grundrechte gebunden und im Rahmen des Bundesstaats und der europäischen Integration in unterschiedliche Räume der Verallgemeinerung aufgeteilt. Dadurch gewinnt der Gedanke des allgemeinen Gesetzes einen neuen Gehalt. Die Gesetzesallgemeinheit schöpft aus einer langen Rechtstradition, begründet zunächst aber nur eine Klugheitsregel für eine gute Gesetzgebung, ist nicht von vornherein Inhalt des geltenden Rechts. Doch wehrt sich das Recht nicht gegen diese Klugheit, die in dem von der Verfassung übernommenen Begriff des Gesetzes angelegt ist. Das Grundgesetz zeichnet seine Tatbestände in Begriffen, die in der vorgefundenen Kultur wurzeln und Erkenntnisse dieser Quelle an die Gegenwart weitergeben. Das Verständnis des Grundgesetzes – wie des Rechts insgesamt – baut schon deshalb auf eine Analyse seiner Ideengeschichte und der Realität, auf die sich die Rechtsaussage bezieht. Ein Sollen lässt sich „nur angesichts eines Seins formulieren", nimmt „insoweit Seinselemente in sich auf", ist nur aus der Wirklichkeit zu begreifen, welche die Rechtsnorm erfasst.[126] Diese Wirklichkeit einer allge-

---

[125] *C. Schmitt*, Verfassungslehre [1928], 4. Auflage 1965, S. 138 ff.

[126] *Grimm*, Grundrechte und soziale Wirklichkeit, in: Hassemer/Hoffmann-Riem/Limbach (Hg.), Grundrechte und soziale Wirklichkeit, 1982, S. 39 (43); *F. Müller*, Normstruktur und Normativität, 1966, S. 185 f.; *ders./Christensen*, Juristische Methodik, Band 1, 8. Auflage 2002, Rdn. 84 ff.; *Radbruch*, Die Natur der Sache als juristische Denkform, in: Festschrift für Rudolf Laun, 1948, S. 157 (171 f.); *Hesse*, Die normative Kraft der Verfassung, 1959, insbes. S. 22; *Starck*, Die Verfassungsauslegung, in: HStR VII, 1. Auflage 1992, § 164 Rdn. 16; *Schmidt-Aßmann*, Wissenschaftsplanung im Wandel, in: Festschrift für Werner Hoppe, 2000, S. 649 (653); *Hoffmann-Riem*, Sozialwissenschaftlich belebte Rechtsanwendung, in: Festschrift für Thomas Raiser, 2005, S. 515 (525 ff.); *G. Kirchhof*, Grundrechte und Wirklichkeit, 2007, S. 7 ff.

meinen oder spezialisierenden Gesetzgebung[127] wird durch die Ideengeschichte des Gesetzes verständlich, auch in Frage gestellt, rechtlich aber durch den Verfassungsgeber verbindlich beurteilt.[128] So sehr ein Tatbestand der Verfassung aber, dies betont *Konrad Hesse* mit Blick auf das Demokratieprinzip des Grundgesetzes, „auf bestimmten geschichtlichen – auch ‚ideengeschichtlichen' – Voraussetzungen beruht und so wenig verfassungsrechtliches Verstehen sich von den geschichtlichen Bedingungen und den konkreten Problemen seines Gegenstands ablösen läßt, muß dieser normative Ausgangspunkt festgehalten werden, wenn die juristische Aufgabe, um die es geht, nicht verfehlt werden soll."[129] *Fritz Ossenbühl* hebt hervor, dass „der Inhalt des Rechts" und „seine Terminologie traditionsbeladen" sind. „Will man ‚Gesetz und Recht' als Rechtsquellen des demokratischen Rechtsstaates begreifen, so ist es unumgänglich, sich der Begriffsinhalte zu vergewissern." Die Idee des Gesetzes ist deshalb in dem Bewusstsein zu entfalten, dass der Gesetzesbegriff nicht „verfassungsunabhängig und damit gleichsam raum- und zeitlos" definiert werden kann.[130] Die rechtsetzende, die verfassungsgebende Gewalt entscheidet, ob und inwieweit sie einen Begriff im Vergleich zu anderen Rechtstexten, einem Vorverständnis, zu seiner Ideengeschichte anders besetzen will. Die Rechtsentscheidung für die Grundrechte und die rechtsstaatliche Demokratie gibt dem Gesetz einen eigenen Inhalt.

Damit stellt sich der Rechtswissenschaft für den Tatbestand des „allgemeinen Gesetzes" die Aufgabe, Grenzen zwischen einer Verstehenshilfe für das Recht, einem verbindlichen Verfassungsauftrag und einem justitiablen Maßstab zu zie-

---

[127] Siehe hierzu sogleich im Zweiten Kapitel unter A (S. 39ff.).

[128] *R. Schulze*, Geschichte der neueren vorkonstitutionellen Gesetzgebung, Zeitschrift der Savigny-Stiftung für Rechtsgeschichte 98 (1981), Germanische Abteilung, 157 (159), betont dies für das bürgerliche Rechtsdenken des 18. und 19. Jahrhunderts, und führt sodann aus (235): Die gesetzgebungsgeschichtliche Forschung sollte „den eigenen Gegenstand in seiner historischen Vielgestaltigkeit umfassender" begreifen und so „dazu beitragen, die Geschichtlichkeit von Prämissen und Postulaten im Gesetzgebungsdenken der Gegenwart schärfer zu erkennen." Nach *Bleicken*, Lex publica, 1975, S. 52ff., ist der Gesetzesbegriff ein historischer; siehe hierzu mit Blick auf die europäische Identität: *J. Wolff*, Kulturhistorische Grundlagen der Europäischen Rechtsgeschichte, in: ders. (Hg.), Kultur- und rechtshistorische Wurzeln Europas, 2005, S. 9; siehe zur Ideengeschichte der Gesetzesallgemeinheit im Zweiten Kapitel unter B. (S. 67ff.).

[129] *Hesse*, Grundzüge des Verfassungsrechts der Bundesrepublik Deutschland, 20. Auflage 1995, Rdn. 127, siehe insgesamt Rdn. 49ff.; *E.-W. Böckenförde*, Demokratie als Verfassungsprinzip, in: HStR II, 3. Auflage 2004, § 24 Rdn. 4: Art. 20 Abs. 2 Satz 1 GG knüpft insbes. an die „geistige und politische Tradition" an, die von *Rousseau* und der Déclaration des Droits de L'Homme et du Citoyen vom 26. August 1789 bestimmt wurde, „und stellt sich in sie hinein. Wie weit damit auch die in dieser Tradition enthaltenen theoretischen Postulate aufgenommen und anerkannt worden sind, läßt sich allerdings nicht schon hieraus, sondern erst aus der näheren Augestaltung und Begrenzung entnehmen, die das Prinzip der Volkssouveränität im Grundgesetz erfahren hat."

[130] *Ossenbühl*, Gesetz und Recht – Die Rechtsquellen im demokratischen Rechtsstaat, in: HStR V, 3. Auflage 2007, § 100 Rdn. 4f.

hen. Verstehenshilfen leiten den Gesetzgeber an, die Verfassung auch als Erstinterpret besser zu entfalten. Verfassungsaufträge setzen dem Parlament verbindliche Vorgaben. Justitiables Recht gibt dem Richter Kontrollauftrag und Kontrollmaßstab. Die Bedeutung dieser Grenzen wird bewusst, wenn die hergebrachte Idee des allgemeinen Gesetzes mit der gegenwärtigen Gesetzgebungswirklichkeit kontrastiert wird. Die Gesetzgebungspraxis weicht deutlich von dieser Idee ab,[131] wäre also – würde man diese zum justitiablen Verfassungsrecht erklären – zu großen Teilen vom Verfassungsgericht für nichtig, jedenfalls für unvereinbar mit dem Grundgesetz zu erklären. Der Rechtsgemeinschaft würden wesentliche Rechtsgrundlagen entzogen, der verbleibende Rechtstorso Unrecht statt Recht schaffen. Daran ist niemandem gelegen. Dies fordert das geltende Recht nicht. Doch darf der Gedanke an das allgemeine Gesetz einer Rechtspraxis zu ihrer Verbesserung vor Augen gestellt, vielleicht eine alltägliche Übung in ihrer Fehlentwicklung bewusst gemacht und der Gesetzgeber in einer kaum mehr in Frage gestellten Routine beunruhigt werden. Dieser Allgemeinheitsgedanke richtet sich insbesondere an das Parlament, wenn es das geltende Recht erneuert.

Der gegenwärtige Gesetzesbegriff veranlasst rechtswissenschaftliche Fragen, soweit er das Gesetz kaum noch an dem Begriffspaar generell-abstrakt ausrichtet, vielmehr nach Kompetenz und Verfahren definiert. Gesetz ist hiernach, was das Parlament als Gesetz erlässt.[132] In Auslegung der Bestimmungen, welche den Allgemeinheitsgedanken aufnehmen, bietet eine Lehre vom allgemeinen Gesetz eine Verstehenshilfe für den Gesetzgeber, der diese entfalten mag. Daneben können verfassungsrechtliche Allgemeinheitsforderungen dem Gesetzgeber gebieten, eine Gesetzesallgemeinheit zu verwirklichen und so einen der

[131] Siehe zuvor unter III. sowie sogleich im Zweiten Kapitel unter A. (S. 20ff. und 39ff.).

[132] *E.-W. Böckenförde*, Gesetz und gesetzgebende Gewalt, 2. Auflage 1981, S. 381; *P. Kunig*, Einzelfallentscheidungen durch Gesetz, Jura 1993, 308 (309); *Starck*, Der Gesetzesbegriff des Grundgesetzes, 1970, S. 21ff., 234ff., nach dem aber nur in Ausnahmefällen keine abstrakt-generelle Regel erlassen werden darf; *Scheuner*, Die Aufgabe der Gesetzgebung in unserer Zeit, DÖV 1960, 601; *Vesting*, Rechtswissenschaftliche Beobachtung des Rechtssystems: Einheitsbildung und Differenzerzeugung, in: Trute/Groß/Röhl, H.C./Möllers, Chr. (Hg.), Allgemeines Verwaltungsrecht – zur Tragfähigkeit eines Konzepts, 2008, S. 233 (243), spricht davon, dass „sich die herrschende Lehre gewissermaßen gegen den ‚rationalen' und für einen ‚politischen' Gesetzesbegriff entschieden" hat. Das „parlamentarische Gesetz" sei nur noch ein „Medium politischer Rechtsgestaltung", ein „Akt parlamentarischer ‚Souveränität', ganz gleich wozu und wofür das Parlament die Form des Gesetzes in Anspruch nimmt." Jüngst: *Chr. Möllers*, Die drei Gewalten, 2008, S. 97; *Franz*, Der Begriff des Gesetzes, ZG 2008, 140 (insbes. 160); siehe für diese überwiegende Meinung – wenngleich kritisch – *Horn*, Die grundrechtsunmittelbare Verwaltung, 1999, S. 59ff.; *Roellecke*, Der Begriff des positiven Gesetzes und das Grundgesetz, 1969, insbes. S. 286ff., beschreibt das Gesetz als „offenes Verfahren"; *Schulze-Fielitz*, Theorie und Praxis parlamentarischer Gesetzgebung, 1988, S. 157, stellt fest, dass die Rechtsdiskussion nicht auf den Gesetzesbegriff zielt; *G. Müller*, Elemente einer Rechtssetzungslehre, 2. Auflage 2006, S. 11ff., stellt auf Grund eines fehlenden Gesetzesbegriffs auf die Funktionen der Rechtsetzung ab.

richterlichen Kontrolle vorgelagerten Schutz von Demokratie und Freiheit errichten. Adressaten dieser Verfassungsgebote sind insbesondere Bundestag, Bundesrat, Bundesregierung und Bundespräsident, die hier nicht einen Gestaltungsraum bis zur Grenze einer Intervention des Bundesverfassungsgerichts ausnutzen, sondern als Verfassungsorgane eigenständige Verfassungsgebote erfüllen. Nur Kernforderungen der Allgemeinheit bieten dem Richter einen justitiablen Maßstab. Anderenfalls wäre das Grundanliegen der Gesetzesallgemeinheit verkannt: Das Allgemeinheitspostulat sucht Gesetz und Verfassungsrecht aus der Individualisierung der richterlichen Perspektive, des Grundrechtsschutzes und der Einzelfallanwendung zu lösen. Die verallgemeinernde Regelbildung zielt auf die demokratische Aufgabe des Gesetzgebers gesetzliche Regeln zu bilden und so die Freiheit und Gleichheit vor dem Gesetz zu gewährleisten. Wenn der Bundestag als Erstinterpret des Grundgesetzes Verfassungsgebote zur Wirkung bringt, ohne dass sie vom Bundesverfassungsgericht eingefordert werden können, sind Demokratie und Rechtsstaat auf einem guten Weg.

Der westlichen Rechtstradition wird gegenwärtig eine Krise bescheinigt, zugespitzt gar ein drohender Zusammenbruch prognostiziert, weil die charakterisierenden Überzeugungen, die strukturelle Integrität des Rechts, seine Konsistenz und Kontinuität, weil der Entwicklungscharakter und die Ausrichtung auf das „gute Recht“ im Schwinden begriffen seien.[133] Das Allgemeinheitspostulat sucht nicht nach einem solchen Krisenbefund, sondern könnte einen Maßstab bieten, um den auf Entwicklung und Verbesserung bedachten Rechtsstaat zu erneuern. Die Forderung nach einer verallgemeinernden Regelbildung zielt auf die parlamentarische Verantwortung des Gesetzgebers und damit auf die Stärkung der Demokratie. Sie will den grundrechtlichen Garantien im allgemeinen Gesetz einen demokratisch-parlamentarischen Schutz an die Seite stellen. Die Gesetzesallgemeinheit birgt gewichtige Chancen für die moderne Rechtsgemeinschaft in sich. Deshalb lohnt der Versuch, einen neuen wissenschaftlichen Anstoß für eine neue Rechtsetzungskultur verallgemeinernder Regelbildung zu geben.

---

[133] *Berman*, Recht und Revolution, 1991, insbes. S. 73 f.

B. Verallgemeinerung als Kategorie wissenschaftlichen Denkens

Die Wissenschaft erfasst das Allgemeine. Dieser Befund von *Aristoteles*[1] wird durch wissenschaftstheoretische Untersuchungen,[2] aber auch durch Beschreibungen des alltäglichen Denkens bestätigt.[3] Wer den Menschen als solchen bezeichnet, wer Tiere in Arten einteilt, Sachen nach ihrer Funktion unterscheidet, denkt im Allgemeinen und Besonderen. Wer beurteilt, sucht ein Geschehen in seiner Verschiedenheit – dem Abweichen vom Allgemeinen – zu erklären und zu verstehen. Das Erklären und Verstehen verallgemeinert, braucht Maßstäbe, enthält Gesetzesaussagen.[4]

Wissenschaftler suchen aus der Beobachtung auf eine allgemeine Regel zu schließen. Als *Galilei* seine Fallgesetze entwickelte, hat er unmittelbares Erfahrungswissen von den beobachteten Fällen gelöst und verallgemeinert, in dieser Verallgemeinerung Gesetzmäßigkeiten entdeckt – über die Anziehungskraft der Erde, die Schwere einer Sache, den Einfluss der Umwelt auf den Vorgang des

---

[1] *Aristoteles*, Die Nikomachische Ethik [Ethica Nicomachea, wahrscheinl. zw. 335 u. 323 v. Chr.], 7. Auflage 2006, 1140b30ff.

[2] *Bunge*, Arten und Kriterien wissenschaftlicher Gesetze, in: Kröber (Hg.), Der Gesetzesbegriff in der Philosophie und den Einzelwissenschaften, 1968, S. 117 (145), nach welchem die Allgemeingültigkeit eine Eigenschaft ist, die der gesamten Gattung der Gesetzesaussagen zukommt; *Baumgartner*, „Wissenschaft", in: Krings/ders./Wild (Hg.), Handbuch philosophischer Grundbegriffe, 1974, S. 1740; *Welcker*, „Gesetz", in: von Rotteck/ders. (Hg.), Das Staats-Lexikon, Band 5, 1847, S. 695; *Grawert*, „Gesetz", in: Brunner/Conze/Koselleck (Hg.), Geschichtliche Grundbegriffe, Band 2 E-G, 1975, S. 863 (863 m. w. H.): Das Gesetz ist zentraler Baustein der meisten Sozialsysteme und Wissenschaften; *Wohlgenannt*, Was ist Wissenschaft, 1969, S. 197; siehe zudem *Sacharow*, Mein Land und die Welt, 2. Auflage 1975, S. 82, über den Auftrag der Gelehrten, der sich auf das Allgemeine und Grundlegende, nicht auf die spezielle Ausführung bezieht.

[3] „Der Denkvorgang der Abstraktion [...] gehört zu jeder menschlichen Vernunft- oder Verstandestätigkeit [...]" (*H. W. Kopp*, Inhalt und Form der Gesetze als ein Problem der Rechtstheorie, Band II, 1958, S. 407f.; *W. Brugger*, Liberalismus, Pluralismus, Kommunitarismus, 1999, S. 320f.).

[4] *Hegel*, Grundlinien der Philosophie des Rechts [1820], 1995, § 211 (Hervorhebungen im Original): Etwas „Allgemeines zum Bewusstsein bringen" ist „bekanntlich *Denken*"; *H. Hofmann*, Das Postulat der Allgemeinheit des Gesetzes, in: Starck (Hg.), Die Allgemeinheit des Gesetzes, 1987, S. 9 (19), spricht vom „vernunftrechtlichen Denken in allgemeinen Regeln"; deutlich im rechtsphilosophischen Blick auf *Kant*: *J. Braun*, Einführung in die Rechtsphilosophie, 2006, S. 228: „Vernunft ist für *Kant* nichts anderes als das Allgemeine, welches dem Denken aller Menschen zugrunde liegt, letztlich also die *Form des Denkens* selbst."

Fallens. Er suchte logische Zusammenhänge zwischen den verschiedenen Gesetzmäßigkeiten, entwickelte eine Abstufung von allgemeinen und besonderen Gesetzmäßigkeiten.[5] Derartige Gesetzesaussagen können nur selten allein durch Erfahrungen vollständig belegt werden, weil der Beobachter nur eine begrenzte Zahl von Fällen erfassen, vergleichen und bewerten kann, während die Zahl der tatsächlich sich ereignenden Fälle potentiell unendlich ist. Naturwissenschaftler zielen deshalb nicht auf eine in allen Fällen belegte Gesetzmäßigkeit, sondern auf eine zur Verallgemeinerung fähige Wahrscheinlichkeitsdichte. Aus dem Beobachten wird ein Beurteilen, ein Bewerten, eine Prognose. Naturwissenschaftler betonen dabei, dass die Körper in der Natur Gesetzmäßigkeiten aufweisen, die rational zu ergründen sind. Auch das Wundersame – so die aufgeklärte Forderung von *Francis Bacon* – harre einer Erklärung, die gefunden werden könne.[6] Die Aussage, alle Menschen seien sterblich, ist durch Erfahrung bestätigt, bleibt aber eine aus der Vergangenheit abgeleitete Zukunftserwartung. Demgegenüber ist der Befund, alle Menschen können sprechen und sehen, eine Regelvermutung, von der es nach gesicherter Erfahrung Ausnahmen gibt. So unterscheidet menschliches, insbesondere wissenschaftliches Denken die beschreibende von der einschätzenden und beobachtenden Deutung, sucht mehr Erkenntnisgewissheit, indem es das Beobachtete und Beschriebene erklärt.[7] Jede Erklärung aber erwartet Gesetzmäßigkeiten, nach denen aus früheren Erfahrungen Voraussagen für die Zukunft abgeleitet, oder aus gegenwärtigen Erfahrungen Schlüsse für die Vergangenheit gezogen werden können. Die Wissenschaft scheint sich vor allem um Maßstäbe für Aussagen zu bemühen, die empirisch bestätigt und logisch erklärt werden können. Sie bildet Prinzipien über das, was immer oder meistens sich ereignet, und Akzidentia, die etwas betreffen, was außerhalb der Reichweite wissenschaftlicher Erklärung liegt. Die Gesetze werden unter dem Anspruch empirischer und theoretischer Konsistenz geschaffen, die Regularitäten und Zusammenhänge, die in der Natur beobachtet werden, in Sprache und Mathematik übersetzt.[8]

---

[5] Siehe hierzu *Stegmüller*, Der Begriff des Naturgesetzes, Studium Generale 19 (1966), 649 (649f.).

[6] *Bacon*, Neues Organon [Novum organum, 1620], Teilband 2, 1990, Aphorismen 3 und 4 (S. 281ff.), Aphorismus 17 (S. 353ff.), Aphorismus 28 (S. 409), Aphorismus 52 (S. 607ff.); *Descartes*, Abhandlungen über die Methode des richtigen Vernunftgebrauchs und der wissenschaftlichen Wahrheitsforschung [Discours de la méthode pour bien conduire sa raison et chercher la vérité dans les sciences, 1637], 1952, insbes. S. 53ff., konstatierte eine Übereinstimmung der Regeln der Mechanik mit den Gesetzen der Natur (siehe hierzu *H. Hofmann*, Das Postulat der Allgemeinheit des Gesetzes, in: Starck [Hg.], Die Allgemeinheit des Gesetzes, 1987, S. 9 [19]).

[7] *Stegmüller*, Der Begriff des Naturgesetzes, Studium Generale 19 (1966), 649 (653).

[8] *Stamatescu*, Vom Wesen physikalischer Gesetze, in: Bock (Hg.), Gesetz und Gesetzlichkeit in den Wissenschaften, 2006, S. 169 (169), für die Physik; *Grawert*, „Gesetz", in: Brunner/Conze/Koselleck (Hg.), Geschichtliche Grundbegriffe, Band 2 E-G, 1975, S. 863 (863).

Aber nicht nur die Naturwissenschaften drängen zum Denken in Gesetzmäßigkeiten. In den Geschichtswissenschaften stellt sich die Grundsatzfrage, ob zu verschiedenen Zeiten und Orten aus gleichen oder weitgehend ähnlichen Bedingungen gleiche oder ähnliche Abläufe folgen, ob – weitergreifend – der Gesamtprozess der Weltgeschichte oder jedenfalls einzelner Kulturen in seinen Grundzügen sich nach einem in Stufen und Formen streng bestimmten Plan vollzieht.[9] Zu Beginn der europäischen Geschichtsschreibung herrschte die Überzeugung, dass das Verhalten von Gruppen und Einzelpersonen in bestimmten Lebenslagen bestimmten Gesetzmäßigkeiten folge, aus den Beobachtungen der Vergangenheit also Erwartungen an die Zukunft abgeleitet werden könnten. Die Geschichtsschreibung empfand sich als Lehrerin für das Leben. Diese Selbstbeschreibung drängte danach, die Gegenwartserkenntnisse für die Zukunft zu verallgemeinern.[10] Später wurden der einzelne Mensch, die Völker oder die Staaten als Diener übergreifender Gesetzmäßigkeiten verstanden,[11] zumindest die Geschichte selbst in bestimmten Gesetzmäßigkeiten gedeutet. Der Mensch sollte sich selbst auch historisch verstehen, Erfahrungen über sich durch Geschichte gewinnen.[12] Demgegenüber vermochte ein anderes Geschichtsverständnis kein historisches Gesetz zu entdecken. Geschichtswissenschaftliche Gesetze wurden als unmögliche Spekulationen angesehen, die zu meiden seien.[13] Es galt, in der geschichtlichen Welt die Herrschaft des Zufalls und des freien Willens des Einzelnen zu beobachten.[14] In der Gegensätzlichkeit von einer alle Gesetzmäßigkeiten ausschließenden und einer Geschichtsgesetze verkündenden Geschichtsdeutung könnte ein Grundverständnis von Freiheit oder Determiniertheit des Menschen sichtbar werden, das bis in die gegenwärtigen Debatten der Gehirnforschung und der Sozialwissenschaften hineinreicht. Jedenfalls drängt es auch Historiker und andere über Geschichte nachdenkende Menschen zur Erkenntnis von Geschichtsgesetzen, zur Verallgemeinerung.[15]

Gegenwärtig ist vielen Geschichtswissenschaftlern bewusst, dass eine Verallgemeinerung aus unsicheren Ausgangspunkten entwickelt wird. Das „historische Faktum" hängt von den Quellen ab. Tatsachen, Ereignisse, Entscheidungen, Wirkungszusammenhänge werden nur als Ausschnitt und oft in der

---

[9] *F.-G. Maier*, Der Gesetzesbegriff in den historischen Wissenschaften, Studium Generale 19 (1966), 657 (659).

[10] *F.-G. Maier*, Der Gesetzesbegriff in den historischen Wissenschaften, Studium Generale 19 (1966), 657 (659).

[11] *K. Marx*, Zur Kritik der politischen Ökonomie, hg. von K. Kautsky, 2. Auflage 1907, S. 105.

[12] *Jaspers*, Vom Ursprung und Ziel der Geschichte, 1949.

[13] Vgl. *E. Meyer*, Geschichte des Alterthums, Band I, 1884, S. 15; *Burckhardt*, Weltgeschichtliche Betrachtungen, hg. von R. Marx, 3. Auflage 1935, S. 4.

[14] Vgl. *Wittram*, Das Interesse an der Geschichte, 1958, S. 45 f.; *F.-G. Maier*, Der Gesetzesbegriff in den historischen Wissenschaften, Studium Generale 19 (1966), 657 (658 f.).

[15] *F.-G. Maier*, Der Gesetzesbegriff in den historischen Wissenschaften, Studium Generale 19 (1966), 657 (660).

Zufälligkeit des Geschichtsschreibers und der Überlieferung festgehalten, so dass die Geschichtswissenschaft nur Einzelfälle in der begrenzten Perspektive ihres Materials beschreiben kann. Gleichwohl sucht sie Verallgemeinerungen, Regeln insbesondere zu Epochen oder Handlungsstrukturen zu bilden. Zudem kann der heutige Beobachter der Geschichte die historische Wirklichkeit nur aus dem heutigen Denken begreifen. Schon seine Frage führt ihn wertend und deutend an das historische Geschehen heran.[16] Die Geschichte der Menschen ist vor allem durch ihre Freiheit bestimmt, die sich historischen Wahrscheinlichkeitssaussagen in exakten Gesetzen entzieht. Der Mensch handelt nicht allein nach rationalen Gesetzmäßigkeiten, sondern auch nach Motiven, die nicht belegbar, sondern nur widerlegbar sind, die allerdings Erklärungen seines Verhaltens erlauben. Wenn die Geschichtswissenschaften das Vergangene für den Menschen der Gegenwart zu verstehen versuchen und dabei Vorgefundenes und menschliche Freiheit wirklichkeitsgerecht aufnehmen, dürften sie sich ein Stück der rechtswissenschaftlichen Frage nähern, was – rechtlichen Maßstäben folgend – sein soll.

Das Bemühen der Wissenschaft, das Allgemeine zu begreifen, beziehen die Sozialwissenschaften unmittelbar auf den Menschen. Sie beobachten Verhalten, stellen kulturgeprägte Verhaltensweisen fest und vermuten zuweilen bestimmte Gesetzmäßigkeiten insbesondere auf Grund menschlicher Verhaltensmotive.[17] Dabei ist ihnen die Abhängigkeit vom Grad menschlichen Wissens wie die wechselseitige Bedingtheit von Wahrheit und Methode bewusst. Hier wird deutlich, dass die methodisch betriebene Wissenschaft gegenüber der zu Grunde liegenden Lebenswelt immer etwas Künstliches ist.[18] Gleichwohl wird der Anspruch, Gesetzmäßigkeiten aufzustellen, nicht aufgegeben.[19]

„Das Prinzip der Verallgemeinerung [...] der Wertungen spielt [auch] in der Ethik eine bedeutende Rolle“ und wird als Gebot der Rechtsphilosophie und der Rechtslogik verstanden.[20] So suchen Wissenschaftler Allgemeinbegriffe, die eine logische Deduktion erlauben, entwickeln hypothetische, aus Erfahrung schöpfende Verallgemeinerungen. Der vielfach verflochtene Wissenschaftsbetrieb, die zahlreichen Disziplinen verlangen dabei Prüfbarkeit, neutrale Distanz, Vorurteilsfreiheit, die Offenheit für Kritik, letztlich wissenschaftliche Redlichkeit. Diese Grundzüge bestimmen – manchen Stimmen folgend – „fast

[16] Siehe hierzu *Chr. Lorenz*, Geschichtswissenschaft und Gesetze: eine zwiespältige Geschichte, in: Bock (Hg.), Gesetz und Gesetzlichkeit in den Wissenschaften, 2006, S. 185 (186 ff. m. w. H.).

[17] *M. Weber*, Wirtschaft und Gesellschaft [1922], 5. Auflage 1976, 1. Halbband, S. 11 ff.

[18] *Bubner*, Welche Rationalität bekommt der Gesellschaft?, 1996, S. 88 f., 170 ff.

[19] *Grawert*, „Gesetz“, in: Brunner/Conze/Koselleck (Hg.), Geschichtliche Grundbegriffe, Band 2 E-G, 1975, S. 863 (897 f. m. w. H.); kritisch *Josephy*, Der Gesetzesbegriff in den Sozialwissenschaften, Jahrbücher für Nationalökonomie und Statistik, 1929, 161.

[20] *Tipke*, Mehr oder weniger Entscheidungsspielraum für den Steuergesetzgeber?, JZ 2009, 533 (534 f. m. w. H., 538), Hervorhebungen nicht übernommen.

exklusiv etwa seit dem 19. Jahrhundert das Selbstverständnis wissenschaftlichen Wissens."[21] Der Rechtswissenschaft stellt sich hieraus insbesondere der Auftrag, prüfbare Rechtssätze in neutraler Distanz zu finden, allgemeine Gesetze zu entwerfen, die der Gesetzgeber erlassen kann. „Grosse Gedanken, allgemeine Wahrheiten liegen unserer Rechtsüberzeugung bewusst oder unbewusst zu Grunde, und der Gesetzgeber vermag durch nichts den Eindruck seines Werkes mehr zu vertiefen und zu befestigen, als wenn es ihm gelingt," diesen „Ausdruck zu geben."[22]

Wenn die Naturwissenschaften – im Bewusstsein stets unvollständiger Belegbarkeit – feststellen, was ist, die Geschichte Vergangenes in Epochen, Persönlichkeiten und Freiheiten deutet, die Sozialwissenschaften Umfeldbedingungen und Antriebsstruktur menschlichen Verhaltens zu verallgemeinern suchen, steht das Recht vor der Frage, welche allgemeinen Verhaltensanforderungen sich aus diesem Wissen vom Menschen und seiner Umwelt ergeben und welche Autorität berechtigt ist, solche Regeln verbindlich zu setzen und durchzusetzen. Recht handelt von dem Gesetz, das gilt, ist kulturell durch bestimmte Entstehensbedingungen geprägt, lebt vom geschriebenen Text, orientiert sich aber auch an einem „höheren Sollen, sei dieses ein ethisches oder ein religiöses Gebot". Recht hängt mit „richtig" zusammen, Gesetz mit Gesetztem.[23] Diese Zusammenhänge legen den Gedanken nahe, dass Recht zwar Übereinstimmung mit der Wirklichkeit, der gegenwärtigen Kultur und ihren Überzeugungen beansprucht,[24] Recht aber von einer Autorität gesetzt wird, also auf einer bewussten Entscheidung beruht. Die Allgemeinheit des Gesetzes will das Gesetz als demokratische, von Selbstbestimmung geprägte Setzung entfalten, in dem Versuch, die Entscheidung auf das gemeine Wohl,[25] auf die Freiheit und Gleichheit auszurichten.

---

[21] *Baumgartner*, „Wissenschaft", in: Krings/ders./Wild (Hg.), Handbuch philosophischer Grundbegriffe, 1974, S. 1740 (1744 f. m. w. H.).

[22] *E. Huber*, Schweizerisches Civilgesetzbuch. Erläuterungen zum Vorentwurf des Eidgenössischen Justiz- und Polizeidepartements, Heft 1, 1901, S. 9; *Tipke*, Steuergerechtigkeit unter besonderer Berücksichtigung des Folgerichtigkeitsgebots, StuW 2007, 201 (219): „Infolge der Vernachlässigung von Rechtsprinzipien ist mit der Gesetzesflut auch die Rechtsidee mehr und mehr weggespült worden."

[23] Insgesamt *Drath*, Der Gesetzesbegriff in den Rechtswissenschaften, Studium Generale 19 (1966), 679 (680 ff.).

[24] *Montesquieu*, Vom Geist der Gesetze [De l'esprit des lois, 1748], 2003, insbes. Vorwort und 1. Buch.

[25] Zu diesem Auftrag der Gesetzesallgemeinheit *Thomas von Aquin*, Summa Theologica [1265–1273], I-II, Das Gesetz, Band 13, 1977, Fragen 92, 95 und 96.

C. Spezialität und Freiheit

Die Forderung nach dem allgemeinen Gesetz, nach der Allgemeinheit des rechtswissenschaftlichen Denkens trifft auf eine Gesellschaft, die ihre Anliegen durch Aufgaben- und Arbeitsteilung verwirklicht. Jeder spezialisiert sich durch eine besondere Qualifikation und durch besondere Einrichtungen für eine Teilaufgabe. Erst im Zusammenwirken dieser Spezialisten wird die Hochkultur der Gegenwart, wird unsere Freiheit möglich.[1] Ob Bäcker, Arzt, Mechaniker oder Journalist, jeder verfügt über besonderes Wissen und über besondere Werkzeuge. Seine Aufgabe hält ihn zwar von anderen Aufgaben ab, doch wird ihm so – als Mitglied der Gesellschaft – Freiheit ermöglicht. Ein Mensch allein kann kaum ein Haus bauen, ein Kraftfahrzeug konstruieren und seine Familie mit Nahrung und Medikamenten versorgen. In der arbeitsteiligen Gesellschaft wird dies aber – durch die Hilfe der anderen – jedem Spezialisten gelingen. Die funktionenteilende Gesellschaft ermöglicht Freiheit.

Der notwendigen Spezialisierung folgt das Recht. Der Gesetzgeber erlässt Regeln für die Zulassung von Kraftfahrzeugen, für das Medizin- und Arzneimittelrecht oder die Journalistenausbildung. Dadurch entstehen Probleme. Die Spezialisierung des Rechts fragt nach einem inneren Zusammenhalt, einer einheitlichen Grundausrichtung. Die Grundrechte bestimmen zwar jede Teilrechtsordnung, das Verfassungsrecht regelt das Entstehen, die Legitimation und die Grenzen dieses Rechts. Die Teilrechtsordnungen kennen ihrerseits oft einen allgemeinen Teil und besondere Teile, etwa im Bürgerlichen Gesetzbuch oder im Verwaltungsrecht. Doch bedarf es einer Grundordnung für all diese Regelungen, damit das spezielle Recht nicht in der Perspektive des Einzelfalls und des speziellen Regelungsauftrags die Gesamtrechtsordnung und damit die Freiheit und Gleichheit gefährdet. Je mehr Normen der Gesetzgeber hervorbringt, desto eher entsteht eiliges Recht und verliert das Gesetz an Qualität. Überspezialisierung und Überdifferenzierung vermehren die Gesetze und drohen damit, das Recht zu schwächen.[2] Auch für das Gesetz scheint daher das Prinzip zu gelten, dass nur ein rares Gut wertvoll ist, dass die Inflation den Wert des Gutes schwächt. Es stellt sich die Frage nach mehr Recht durch weni-

---

[1] Hierzu *Di Fabio*, Die Kultur der Freiheit, 2005, S. 87f. m. w. H.

[2] Siehe hierzu zuvor unter A. III. (S. 20ff.).

ger Gesetze.[3] Eine überspezialisierte und detaillierte Gesetzgebung überfordert nicht selten den Adressaten des Parlamentsgesetzes. Die Gesetzesallgemeinheit erwartet auch die allgemeine Verständlichkeit der Regelungen, wenngleich Gesetzesrecht, insbesondere Expertenrecht wie das Atom- und Arzneimittelgesetz mit guten Gründen in einer Fachsprache gefasst wird, die nicht für jedermann verständlich ist. Gleichwohl bleibt das verfassungsrechtliche Gebot, das Gesetz müsse verständlich sein. Es deutet so auf den Anspruch, in einer komplizierter werdenden Welt das Recht zu vereinfachen. Grundaussagen des Zivil- und Strafrechts, auch des Verfassungsrechts kennt der Bürger, ohne das Recht je gelesen zu haben. Sie sind Teil der Kultur, in welcher der Mensch heranwächst. Andere Teile der Rechtsordnung werden für den Betroffenen aber erst vertraut und verlässlich, wenn er die in dem von ihm gewählten Lebensbereich greifenden Regeln erkennt, wenn Gesetze erlassen werden, welche der Bürger erfassen kann. Das spezielle Recht ermöglicht so auch Freiheit und erleichtert das Leben. Der Autofahrer kennt das Straßenverkehrsrecht, der Architekt das Baurecht, der Arzt das Medizinrecht. Die Teilrechtsordnungen stützen in der Überschaubarkeit und Sicherheit die Freiheit. Müsste der Rechtsbetroffene die gesamte Rechtsordnung kennen und beachten, wäre er überfordert und könnte seine Freiheit nicht entfalten. Die Spezialisierung des Rechts dient der Freiheit, wenn sie dem Menschen nur rechtliche Teilverantwortlichkeiten zuweist, ihn damit von der Kenntnis der Gesamtrechtsordnung entlastet, ihm die Folge- und Fernwirkungen eigenen Tuns nicht zurechnet.

Diese Parzellierung des Rechts begrenzt rechtliche Verantwortlichkeit. Der Unternehmer entlässt den Arbeitnehmer, rettet damit sein Unternehmen und andere Arbeitsplätze, ist aber für die dadurch entstehende Notlage des nunmehr Arbeitslosen rechtlich nicht mehr verantwortlich. Das Recht trennt die Kündigungswirkung von den Folgen der Arbeitslosenhilfe und der vorgezogenen Rente. Die Idee der individuellen Freiheit begrenzt rechtliche Teilverantwortlichkeiten auf die eigenen Angelegenheiten, macht damit den Freiheitsbereich überschaubar und verantwortbar. Diese Spezialisierung ist eine Bedingung der Freiheit. Eine rechtliche Totalverantwortlichkeit würde den Freiheitsberechtigten lähmen, den Rechtsverantwortlichen in der Fülle seiner Verantwortlichkeit erdrücken, die Freiheit zerstören. Die Forderung nach dem allgemeinen Gesetz muss diese unterschiedlichen Bereiche der Allgemeinheit aufnehmen, die freiheits- und demokratienotwendige Spezialisierung anerkennen.

[3] *Isensee*, Mehr Recht durch weniger Gesetze?, ZRP 1985, 139.

D. Allgemeinheit und Gerechtigkeit

Auch wenn die rechtliche Spezialisierung Bedingung der Freiheit ist, bleibt der Rechtsstaat für die Gesamtrechtsordnung verantwortlich. Die Gesetzesallgemeinheit versucht den Gesetzgeber bei der Erfüllung dieser Gesamtverantwortung zu leiten und das Gesetz auf Freiheit, Gleichheit und Gemeinwohl auszurichten. Das allgemeine Gesetz erwartet dabei die Konkretisierung und Differenzierung des Allgemeinen durch die Verwaltung für den Einzelfall. Der Staat gewährt Frieden und Sicherheit, garantiert jedem die Existenzgrundlage, dient so der individuellen Würde und Freiheit. Ihm entglitte aber die Gerechtigkeit, wenn diese in verschiedene Gerechtigkeiten aufgelöst und damit der Zusammenhalt des Rechts, von Staat und Gesellschaft gefährdet würde.

Die Gerechtigkeit kann nicht geteilt, in eine soziale Gerechtigkeit, eine Steuer- und Generationengerechtigkeit gegliedert werden.[1] Die „soziale" Gerechtigkeit konzentriert ihren Blick auf die Stelle, die Bedürftigen Finanzhilfe gewährt, lässt aber die Frage unberücksichtigt, wie der Steuerstaat das zu verteilende Geld vorher erlangt. Die Steuergerechtigkeit fragt hingegen, wem welche Steuerlasten zuzumuten sind, wo die Grenze für eine Gesamtbelastung liegt. Sie erwartet bei steigenden Staatseinnahmen eine Steuersenkung und keine neuen Sozialleistungen. Die Generationengerechtigkeit fordert, den ernormen Schuldensockel abzutragen, Sozialleistungen zu reduzieren, Steuern zu erhöhen, jedenfalls nicht zu senken, damit die Gemeinschaft ihren Überfluss nicht auf Kosten ihrer Kinder finanziert. Das jeweils verengte Blickfeld lässt einerseits die Leistungserwartungen an den Staat ständig wachsen, fordert andererseits Steuerentlastung und schließlich eine Erhöhung der Steuern bei reduzierten Soziallasten.

Das Grundgesetz verlangt hingegen vom Gesetzgeber, in der Allgemeinheit einer Regel zu verharren. Durch Expertenrecht, durch Rechtsverordnungen können zwar spezielle rechtliche Bereiche errichtet und mit einem dichteren Normengefüge ausgefüllt werden. Soweit der Gesetzgeber das Spezielle regelt, drängt aber die Gesamtrechtsordnung auf Prinzipien des inneren Zusammenhalts, der inhaltlichen Widerspruchsfreiheit und Folgerichtigkeit, letztlich der allgemeinen Geltung. „Gerechtes Recht setzt Prinzipien und diese ausführende

---

[1] Siehe hierzu *Isensee*, Recht als Grenze – Grenze des Rechts, 2009, S. 280 ff., insbes. S. 287 f.

Regeln voraus. Das ist in der Ethik, auch in der Rechtsphilosophie anerkannt." Das Verallgemeinerungsgebot und der Gerechtigkeitsgedanke hängen – so fährt *Klaus Tipke* fort – unmittelbar zusammen.[2] Ziel der gesetzlichen Verallgemeinerung ist mit *Christian Starck* „eine gerechte Ordnung und gerechte Entscheidungen zu gewährleisten." Dabei findet das „Gleiche oder Gemeinschaftliche [...] in der vom Gesetz vorgenommenen Verallgemeinerung Ausdruck."[3] Das Prinzip der Gegenseitigkeit bezieht die Verhaltensanforderungen auf einen Gegenüber, das Prinzip der Allseitigkeit hingegen – der kategorische Imperativ[4] – auf alle anderen. Die Gesetzesallgemeinheit dient beiden Prinzipien, wenn unter der Voraussetzung der Allgemeinheit eine Verfügung gerechtfertigt wird, „sei es als gegenseitiges verbindendes Wollen im Vertrag, sei es als allseitig verbindendes Wollen im Gesetz" (*Werner Maihofer*).[5] Die Gegenseitigkeit entfaltet sich in der individuellen Freiheit, in der Gesellschaft. Auch der Gedanke der Allseitigkeit setzt auf die Gesellschaft. In rechtlicher Verbindlichkeit ist sein Instrument das allgemeine Gesetz.

---

[2] *Tipke*, Mehr oder weniger Entscheidungsspielraum für den Steuergesetzgeber?, JZ 2009, 533 (534 ff. m. w. H.).

[3] *Starck*, Vorwort, in: ders. (Hg.), Die Allgemeinheit des Gesetzes, 1987, S. 5 (5).

[4] *Kant*, Grundlegung zur Metaphysik der Sitten [1785], 2005, 421: „Handle nur nach derjenigen Maxime, durch die du zugleich wollen kannst, daß sie ein allgemeines Gesetz werde." Siehe *ders.*, Metaphysik der Sitten [1797], 1954, 214.

[5] *Maihofer*, Europäisches Rechtsdenken heute, in: Festschrift für Helmut Coing, Band I, 1982, S. 579 (582 f., 592, 594); siehe hierzu *Kant*, Über den Gemeinspruch: Das mag in der Theorie richtig sein, taugt aber nicht für die Praxis. Zum ewigen Frieden. Ein philosophischer Entwurf [1793, 1795], 1992, 289 ff., 349 ff.

Zweites Kapitel

Das allgemeine Gesetz

A. Gesetzgebungswirklichkeit

I. Schwer überblickbares Recht

Normen werden mit Blick auf eine Wirklichkeit gesetzt und sollen in dieser wirken. Das Verständnis des normativen Sollens baut bereits deshalb auf eine Analyse des Seins.[1] Dieser Befund legt als Ausgangspunkt der Entfaltung des rechtlichen Allgemeinheitspostulats den Auftrag nahe, eine Idee von der Gesetzgebungswirklichkeit, von der Quantität und Qualität der deutschen und europäischen Rechtsetzung zu gewinnen.[2]

In den Jahren 1998 bis 2004 wurden auf Bundesebene 1.195 Gesetze und 3.055 Rechtsverordnungen erlassen. Jährlich traten – nach Abzug der außer Kraft gesetzten Rechtsakte – mehr als 500 Gesetze und Rechtsverordnungen zu den bestehenden rund 100.000 Einzelvorschriften des Bundesrechts. Das geltende europäische Recht, der „acquis communautaire", erfasst in groben Richtwerten 20.000 Rechtsakte auf über 100.000 Seiten und damit eine kaum überblickbare Menge an Einzelvorschriften. Die Europäische Union erlässt trotzdem deutlich mehr Rechtsakte als der deutsche Gesetzgeber. Ebenfalls in den Jahren 1998 bis 2004 wurden 18.167 europäische Verordnungen und 750 Richtlinien in Kraft

---

[1] *F. Müller*, Normstruktur und Normativität, 1966, S. 185 f.; *ders./Christensen*, Juristische Methodik, Band 1, 8. Auflage 2002, Rdn. 84 ff.; *Grimm*, Grundrechte und soziale Wirklichkeit, in: Hassemer/Hoffmann-Riem/Limbach (Hg.), Grundrechte und soziale Wirklichkeit, 1982, S. 39; *Starck*, Die Verfassungsauslegung, in: HStR VII, 1. Auflage 1992, § 164 Rdn. 16; *Radbruch*, Die Natur der Sache als juristische Denkform, in: Festschrift für Rudolf Laun, 1948, S. 157 (171 f.); *Hesse*, Die normative Kraft der Verfassung, 1959, insbes. S. 22; *Wahl*, Forschungs- und Anwendungskontrolle technischen Fortschritts als Staatsaufgabe? – dargestellt am Beispiel der Gentechnik, UTR 14 (1991), 7 (8 f.), und *Schmidt-Aßmann*, Wissenschaftsplanung im Wandel, in: Festschrift für Werner Hoppe, 2000, S. 649 (653), analysieren vor der eigentlichen Grundrechtsprüfung zunächst den „Lebensbereich" des Grundrechts; *E.-W. Böckenförde*, Schutzbereich, Eingriff, verfassungsimmanente Schranken, Der Staat 42 (2003), 165, fordert – in Anlehnung an *Wahl* und *Schmidt-Aßmann* –, im ersten Schritt den Sach- und Lebensbereich eines Grundrechts zu entfalten; *G. Kirchhof*, Grundrechte und Wirklichkeit, 2007, insbes. S. 7 ff.; *H.-P. Schneider*, Artikel 12 GG – Freiheit des Berufs und Grundrecht der Arbeit, VVDStRL 43 (1985), 7 (12 ff.), untersucht zunächst die „Berufswirklichkeit"; *R. Breuer*, Freiheit des Berufs, in: HStR VI, 1. Auflage 1989, § 147 Rdn. 26, beginnt mit einer „Realanalyse"; *Hoffmann-Riem*, Sozialwissenschaftlich belebte Rechtsanwendung, in: Festschrift für Thomas Raiser, 2005, S. 515 (525 ff.), analysiert den „Realbereich" der Normen.

[2] Siehe hierzu bereits im Ersten Kapitel unter A. III. (S. 20 ff.).

gesetzt, also in sechs Jahren mehr als acht Verordnungen täglich.[3] Zwar geben diese Zahlen nur eine grobe Orientierung, weil jeder Rechtsakt mitgezählt wird, unabhängig davon, ob eine nebensächliche oder grundlegende Regelung getroffen wird. Gleichwohl stellt diese Rechtsetzungspraxis erneut die alte Frage: Wer soll diese Rechtssätze verantworten, verstehen und befolgen? Wer soll das Recht in Zukunft überschauen, wenn die Rechtsetzungsorgane in Deutschland wie in Europa wie bisher weiterarbeiten?[4]

Gegenwärtig wird aber nicht nur die Quantität, sondern auch die Qualität der Rechtsetzung von zahlreichen Wissenschaftlern kritisiert. Der Gesetzgeber erlässt nicht selten kaum begreifbare, kaum systembildende oder systemergänzende Regelungen, beschließt Gesetze, die selbst Experten nicht oder nur schwer verstehen, überfordert den Gesetzesadressaten und letztlich sich selbst, will er den Gesetzesbeschluss aus eigener Anschauung verantworten.[5] Untersu-

---

[3] Zu den Zahlen: Antwort der Bundesregierung auf die Anfrage verschiedener Abgeordneter und der Fraktion der FDP vom 9. Oktober 2007, BTDrs. 16/6672; Antwort des Parlamentarischen Staatssekretärs *Hartenbach* vom 29. April 2005 auf die Anfrage des Abgeordneten *Singhammer*, BTDrs. 15/5434; Antwort der Bundesregierung auf eine Große Anfrage vom 7. Oktober 2002, BTDrs. 14/9993, insbes. S. 5; Antrag von verschiedenen Abgeordneten und der Fraktion der FDP vom 25. Juni 2003, BTDrs. 15/1233; *Plehwe*, WZB-Mitteilungen, Heft 117, 2007, 7; *Karpen*, Gesetzgebungslehre – neu evaluiert, 2006, S. 30; *Immerfall/Schöne*, Gurkenverordnung und Europamüdigkeit, in: Sander/Vetter (Hg.), Regelungswut in der EU – Wahrheit oder Mythos?, 2007, S. 29 (32 m. w. H.), gehen davon aus, dass für das Europarecht 80.000 Seiten reichen; *H. Schneider*, Gesetzgebung, 3. Auflage 2002, Rdn. 156; *von Bogdandy/Bast/Arndt*, Handlungsformen im Unionsrecht, ZaöRV 62 (2002), 77; *Schulze-Fielitz*, Theorie und Praxis parlamentarischer Gesetzgebung, 1988, insbes. S. 255 ff.

[4] Siehe zu der alten Frage nach der Gesetzesflut, die man sich in zahlreichen Staaten stellt, *Schulze-Fielitz*, Theorie und Praxis parlamentarischer Gesetzgebung, 1988, S. 17 ff., 132 f. m. w. H., der insbes. vorschlägt, nach Sachbereichen zu differenzieren; *Eichenberger*, Gesetzgebung im Rechtsstaat, VVDStRL 40 (1982), 7 (15 f.); *Horn*, Experimentelle Gesetzgebung unter dem Grundgesetz, 1989, S. 16 ff.; *Stern*, Das Staatsrecht der Bundesrepublik Deutschland, Band I, 2. Auflage 1984, S. 786 f.; *ders.*, ebenda, Band II, 1980, S. 639 f.; *Zeh*, Impulse und Initiativen zur Gesetzgebung, in: Schreckenberger/Merten (Hg.), Grundfragen der Gesetzgebungslehre, 2000, S. 33 (33 f.); *E. Bülow*, Gesetzgebung, in: HdbVerfR, Teil 2, 2. Auflage 1995, § 30 Rdn. 70.

[5] Das Erfordernis, die Qualität der europäischen und der mitgliedstaatlichen Gesetzgebung zu verbessern, betonen nicht nur zahlreiche Analysen besonderer Rechtsbereiche, sondern insgesamt *H. Schneider*, Gesetzgebung, 3. Auflage 2002, Rdn. 425 ff.; *Mengel*, Gesetzgebung und Verfahren, 1997, S. 379 f.; *Müller-Graff*, The quality of european and national legislation, in: Kellermann/Azzi/Jacobs/Deighton-Smith (ed.), Improving the quality of legislation in Europe, 1998, S. 111; *Horn*, Experimentelle Gesetzgebung unter dem Grundgesetz, 1989, S. 16 ff.; *Stern*, Das Staatsrecht der Bundesrepublik Deutschland, Band I, 2. Auflage 1984, S. 786 f.; *ders.*, ebenda, Band II, 1980, S. 639 f.; *Zeh*, Impulse und Initiativen zur Gesetzgebung, in: Schreckenberger/Merten (Hg.), Grundfragen der Gesetzgebungslehre, 2000, S. 33 (33 f.); eine aktuelle Studie gelangt zu dem Ergebnis, dass 277 der 698 in der laufenden Legislaturperiode erlassenen Gesetze und Verordnungen unverständlich sind: *Karpen*, Gesetzescheck (2005–2007): Empfehlungen zur Qualitätsverbesserung von Gesetzen, ZRP 2008, 97 (99); *E. Bülow*, Gesetzgebung, in: HdbVerfR, Teil 2, 2. Auflage 1995, § 30 Rdn. 70; *Holtschneider*, Normenflut und Rechtsversagen, 1991, S. 28 ff.; *Kingreen*, in: Calliess/Ruffert (Hg.), EUV/EGV, 3. Auflage 2007, Art. 28–30 EGV Rdn. 110, nennt die Rechtsetzungspraxis

chungen, die diesen Befund in einer Entwicklungsanalyse entfalten, kommen zu dem Ergebnis, dass bereits nach dem Ersten Weltkrieg, aber insbesondere in der Gesetzgebung der Bundesrepublik sog. Maßnahmegesetze größeren Einfluss gewinnen, die nicht „ein System gerechter und dauerhafter Ordnung, sondern das jeweils gerade Zweckmäßige und Praktikable" normieren. „Der Verlust an Rechtsgehalt wird durch einleuchtend erscheinende Zweckmäßigkeitserwägungen ersetzt." Es bedarf „ständiger Anpassung an die rasch wechselnden Verhältnisse", der „permanenten Novellierung, die häufig ein Paket von Änderungen in anderen Bereichen nach sich zieht." Die in kurzen Abständen aufeinander folgenden Gesetzesänderungen machen „aus so manchem Gesetz einen Film mit wechselndem Szenarium" und stellen so „den verwaltungsmäßigen Vollzug in Frage". „Die ständigen Novellierungen führen zu absonderlichen Fehlern im legislativen Verfahren", wenn eine gesetzliche Ergänzung zweimal vorgenommen, ein Paragraph doppelt aufgehoben oder eine Vorschrift binnen einer Woche dreimal geändert wird. Solche Extremfälle stehen zwar nicht für den Regelfall, mögen aber ein Indiz für die Risiken schnell wechselnder Spezialgesetzgebung sein. Die Bundesrepublik hat bedeutende Gesetzgebungswerke hervorgebracht, die Verwaltungsgerichtsordnung, das Verwaltungsverfahrensgesetz oder die Abgabenordnung 1977 – um nur wenige im Bereich des Öffentlichen Rechts zu nennen. Doch wird der „Gesamteindruck" – so das Fazit *Hans Schneiders*, von welchem er die europäische Rechtsetzung nicht ausnimmt – durch „die große Zahl der kurzlebigen und aus aktuellen Zweckmäßigkeitsgründen erlassenen Spezialvorschriften", durch ein steigendes Maß der Detaillierung bestimmt.[6] *Werner Maihofer* kam im Jahre 1980 zu dem Befund, dass – „um es hart und klar zu sagen" – „nicht nur viel zu viele, sondern auch viel zu schlechte, ja, viel zu viele schlechte Gesetze" erlassen werden.[7] Eine aktuelle Analyse der Gesetzgebung der ersten Hälfte der Legislaturperiode des 16.

---

in Deutschland und Europa in bewusster Zuspitzung die Folge einer „Regelungswut"; *Hedemann*, Wesen und Wandel der Gesetzgebungstechnik, in: Festschrift für Walter Schmidt-Rimpler, 1957, S. 23 (26), spricht von einer „*Überflutung* durch Gesetze und *Buntscheckigkeit*" (Hervorhebung übernommen); *Kormann*, Rechtsstaat und Gesetzesstaat – Konsequenz oder Alternative?, in: Festschrift für Ludwig Fröhler, 1980, S. 23; siehe zum demokratischen Element der fehlenden Qualität der Gesetze jüngst *Chr. Möllers*, Methoden, in: Hoffmann-Riem/Schmidt-Aßmann/Voßkuhle (Hg.), GVwR I, 2006, § 3 Rdn. 11 m. w. H.

Das unverständliche Umwandlungsteuergesetz, neugefasst durch Bek. vom 15. Oktober 2002 (BGBl. I, S. 4133, I 2003, 738), geändert durch das Gesetz vom 5. Mai 2003 (BGBl. I, S. 660), im Folgenden: UmwStG, und § 1 Abs. 3 Satz 9 des Gesetzes über die Besteuerung bei Auslandsbeziehungen (Außensteuergesetz) vom 8. September 1971 (BGBl. I, S. 1713), zuletzt geändert durch das Gesetz vom 20. Dezember 2007 (BGBl. I, S. 3150 [Nr. 69], textlich nachgewiesen, dokumentarisch noch nicht bearbeitet), im Folgenden: AStG, der die Besteuerung von Funktionsverlagerungen regelt (dazu *Lang*, Kritik der Unternehmensteuerreform, in: Festschrift für Wolfram Reiß, 2008, S. 379 [394]), bilden hier nur zwei Beispiele von vielen.

[6] Insgesamt *H. Schneider*, Gesetzgebung, 3. Auflage 2002, Rdn. 427 ff.

[7] *Maihofer*, Gesetzgebungswissenschaft, in: Winkler/Schilcher (Hg.), Gesetzgebung, 1980, S. 3 (4).

Deutschen Bundestages gelangt ebenfalls zu dem Ergebnis: „Wir haben zu viele und qualitativ zu schlechte Gesetze". *Ulrich Karpen* fügt hinzu, dass dies im „Großen und Ganzen für alle hochentwickelten parlamentarischen Staaten" gelte. Allerdings sei „auch richtig, dass die deutsche Rechtsordnung einige Vorschriften und Regelungsbereiche enthält, die in ihrem Umfang, ihrer Komplexität und sprachlichen Unverständlichkeit weltweit einmalig sind."[8] Die Fülle an Einzelfallgesetzen bringt – so weitere Untersuchungen – unklare Regelungen mit sich und erhöht damit die „Willküranfälligkeit" der Gesetzesanwendung.[9] Das mitgliedstaatliche, aber auch das europäische Recht sind zu selten von einer Klarheit in Sprache und Regelungskonzept geprägt.[10] Neuere Monographien zur europäischen Rechtsetzung beklagen die „Rechtszersplitterung", eine „Beschädigung der Rechtskultur", einen schwindenden Rechtsgehorsam und mangelndes Rechtsvertrauen, die „faktische Außerkraftsetzung von Normen durch ihren Nichtvollzug", konstatieren auf Grund der Rechtsetzungspraxis eine Krise der repräsentativen Demokratie und fordern, die Rechtsetzung zu verbessern.[11] In Einklang mit diesen Stimmen ist auf europäischer Ebene in jüngerer Zeit eine Expertengruppe von Vertretern der Mitgliedstaaten und der Europäischen Kommission im sog. Mandelkern-Bericht zu dem Fazit gelangt, dass die gegenwärtige Rechtsordnung von keinem zu überschauen, geschweige denn zu verstehen ist.[12]

Auch auf Grund dieser Mahnungen verstärkten sich in den letzten Jahren die Bestrebungen in Deutschland und Europa, die Zahl der Rechtsakte zu reduzieren und ihre Qualität zu verbessern. Die innere Ordnung des Rechts, seine Einheit und Widerspruchsfreiheit sollten gestärkt, der Verständlichkeit und damit

---

[8] *Karpen*, Gesetzescheck (2005–2007): Empfehlungen zur Qualitätsverbesserung von Gesetzen, ZRP 2008, 97 (97).

[9] *F. Reimer*, Das Parlamentsgesetz als Steuerungsmittel und Kontrollmaßstab, in: Hoffmann-Riem/Schmidt-Aßmann/Voßkuhle (Hg.), GVwR I, 2006, § 9 Rdn. 102 m. w. H.

[10] *Timmermans*, How to improve the quality of Community Legislation: the Viewpoint of the European Commission, in: Kellermann/Azzi/Jacobs/Deighton-Smith (ed.), Improving the quality of legislation in Europe, 1998, S. 39 (56); *Lange*, Gesetzesfolgenabschätzung auf der Ebene der Europäischen Union, ZG 2001, 268 (269); *Th. M. J. Möllers*, Die Rolle des Rechts im Rahmen der europäischen Integration, 1999, S. 12ff.; *H. Schneider*, Gesetzgebung, 3. Auflage 2002, Rdn. 433.

[11] Zugespitzt: *Grams*, Zur Gesetzgebung der Europäischen Union, 1998, S. 266ff., insbes. 267 und 276f.: Das Gemeinschaftsrecht führe zu einer „heillosen Rechtszersplitterung", was sich leicht am Beispiel der „Unzahl marginaler Agrarvorschriften" belegen lässt, aber auch andere Rechtsbereiche treffe. Hieraus resultiere die erwähnte „Beschädigung der Rechtskultur", die „Verwahrlosung der Sprache und Gesetzestechnik", die „faktische Außerkraftsetzung von Normen durch ihren Nichtvollzug", ein „schwindender Rechtsgehorsam", ein „kränkelndes Vertrauen in die Existenzberechtigung der repräsentativen Demokratie"; *Härtel*, Handbuch Europäische Rechtsetzung, 2006, S. 19ff., begründet, dass ein „wohlgeordnetes Recht [...] Leitbild für die europäische Rechtsetzung" sei.

[12] Der Mandelkern-Bericht, in: Bundesministerium des Innern (Hg.), Moderner Staat – Moderne Verwaltung, 2002, S. 10ff., 18f., 24, 42, 52f., 63f.

der Steuerungskraft des Rechts gedient werden. Politik und Wissenschaft wollen in Deutschland die „Wirksamkeit und Überzeugungskraft staatlichen Handelns“ durch Regelungsverzicht, Rechtsvereinfachung und Beseitigung von Überreglementierung mehren.[13] Die Gesetzesfolgenabschätzung wurde zum Gebot moderner Gesetzgebung.[14] Nach der Gemeinsamen Geschäftsordnung der Bundesministerien sollen neue Gesetzentwürfe zum Zweck der Rechtsbereinigung die Aufhebung überholter Vorschriften vorsehen. Gerade in jüngerer Zeit wurden zahlreiche Rechtsbereinigungsgesetze erlassen und wird an weiteren derartigen Gesetzen gearbeitet.[15] Gleichwohl haben diese Bemühungen bislang nicht dazu geführt, dass weniger Gesetze in Kraft treten. Der Bund hat auch in der ersten Hälfte der derzeitigen Legislaturperiode den Gesetzgebungstakt nicht entscheidend verlangsamt. Die Rechtsbereinigung hatte allerdings zur Folge, dass fast ebenso viele Gesetze außer Kraft gesetzt wie erlassen wurden.[16] Die aktuelle Bilanz bescheinigt gleichwohl weiterhin einen Zuwachs des Gesetzesrechts.

Die Rechtsbereinigungsgesetze konzentrieren sich gegenwärtig auf nicht mehr anwendbare Bestimmungen, auf alte, wenig bekannte Regeln sowie auf

---

[13] Siehe hierzu die Übersicht von *H. Schneider*, Gesetzgebung, 3. Auflage 2002, Rdn. 691 ff., über die Rechtsbereinigungsvorhaben, die bereits wenige Jahre nach Gründung der Bundesrepublik als dringlich empfunden und seitdem wiederholt wurden. In seiner Regierungserklärung vom 4. Mai 1983 brachte Bundeskanzler *Kohl* das Anliegen wie folgt auf den Punkt: „Wirksamkeit und Überzeugungskraft staatlichen Handelns wachsen, wenn der Staat darauf verzichtet, zu viele Bereiche des Lebens zu regeln. In der Vergangenheit hat der Staat im Übermaß Aufgaben an sich gezogen. Umkehr ist dringend geboten. Es muss uns gelingen, das Recht zu vereinfachen und Überreglementierung zu beseitigen“ (zitiert nach *H. Schneider*, ebenda, Rdn. 697).

[14] §§ 42 Abs. 2 Satz 2, 44 der Gemeinsamen Geschäftsordnung der Bundesministerien, hg. vom Bundesministerium des Innern, 2006 (Stand: November 2006, im Folgenden: GGO); siehe zur Gesetzesfolgenabschätzung *Böhret/Konzendorf*, Handbuch Gesetzesfolgenabschätzung (GFA), 2001.

[15] Siehe hierzu z. B. das Erste Gesetz über die Bereinigung von Bundesrecht im Zuständigkeitsbereich des Bundesministeriums der Justiz vom 19. April 2006, BGBl. I, S. 866 ff.; das Zweite Gesetz über die Bereinigung von Bundesrecht im Zuständigkeitsbereich des Bundesministeriums der Justiz vom 23. November 2007, BGBl. I, S. 2614 ff.; das Erste Gesetz über die Bereinigung von Bundesrecht im Zuständigkeitsbereich des Bundesministeriums für Wirtschaft und Technologie und des Bundesministeriums für Arbeit und Soziales vom 19. April 2006, BGBl. I, S. 894 ff.; das Zweite Gesetz über die Bereinigung von Bundesrecht im Zuständigkeitsbereich des Bundesministeriums für Wirtschaft und Technologie und des Bundesministeriums für Arbeit und Soziales vom 25. April 2007, BGBl. I, S. 594 ff.; siehe zu weiteren Gesetzen die Übersicht des *Wissenschaftlichen Dienstes des Deutschen Bundestages*, Initiative Bürokratieabbau: Rechtsbereinigung, Der aktuelle Begriff 15/06, S. 1 f.; siehe für eine Übersicht der Rechtsbereinigung in Bund und Ländern *H. Schneider*, Gesetzgebung, 3. Auflage 2002, Rdn. 691 ff., 707 ff.; *Schulze-Fielitz*, Theorie und Praxis parlamentarischer Gesetzgebung, 1988, S. 20, bemerkt, dass nicht selten die Rechtsbereinigungsgesetze zur Gesetzesflut beitragen, die Rechtsbereinigung als „Daueraufgabe“ zu verstehen ist.

[16] Antwort der Bundesregierung auf die Anfrage verschiedener Abgeordneter und der Fraktion der FDP vom 9. Oktober 2007, BTDrs. 16/6672.

Sonderregelungen, die anderen Gesetzen zugeordnet oder – auf Grund ihres vernachlässigbaren Anwendungsbereichs – problemlos aufgehoben werden können. Themen der Bereinigung sind primär überflüssige Gesetze, die als solche leicht außer Kraft zu setzen sind.[17] Eine solche Rechtsbereinigung dient eher der Konsistenz des Bundesgesetzblatts als dem Kampf gegen ein schwer überblickbares Recht. Die geplanten Folgegesetze werden daher voraussichtlich weniger Regelungen außer Kraft setzen, aber einen größeren rechtsstaatlichen Erfolg erreichen, wenn sie die für die Rechtspraxis maßgeblichen Gesetze vereinfachen. Doch werden auch sie den Anstieg der sog. Normenflut und Normenänderungsflut[18] nur bremsen. Ein Kampf gegen ein Hochwasser kann nicht allein dadurch bestritten werden, dass ein Abfluss geschaffen wird, insbesondere wenn dieser kleiner als der Zufluss ist. Zwar bedarf es auch eines Abflusses, doch wird das Gebiet nicht trocken, wenn nicht der Zufluss auf ein Maß reduziert wird, das verkraftbar ist.[19]

Auf europäischer Ebene hat in jüngerer Zeit der Mandelkern-Bericht die Notwendigkeit einer Entdifferenzierung und Zurückhaltung der Gesetzgebung betont. Der Europäische Rat hat den Bericht begrüßt und der Europäischen Union wie den Mitgliedstaaten nahegelegt, die vorgeschlagenen Maßnahmen rasch umzusetzen. Es gehe um die – so die Expertengruppe – „Wettbewerbsfähigkeit der Wirtschaft", das „Wohlergehen der Bürger" und die „Glaubwürdigkeit und Legitimation" des Rechts.[20] Dieser Auftrag für die Zukunft und der Krisenbefund für die Gegenwart werden durch zahlreiche Bemühungen der Europäischen Union um eine verständlichere, strukturiertere und „benutzerfreundliche" Rechtsetzung und eine entsprechende Neugestaltung des acquis communautaire bestätigt, die insbesondere seit den 90er Jahren voranschreiten und gegenwärtig einen neuen Impuls erleben.[21] Sie bleiben aller-

---

[17] So hebt das Zweite Gesetz über die Bereinigung von Bundesrecht im Zuständigkeitsbereich des Bundesministeriums der Justiz vom 23. November 2007, BGBl. I, S. 2614ff., u. a. die Gesetze über die Eingliederung des Saarlands und die Einführung des Bundesrechts im Saarland sowie besatzungsrechtliche Bestimmungen auf; siehe insgesamt *Wissenschaftlicher Dienst des Deutschen Bundestages*, Initiative Bürokratieabbau: Rechtsbereinigung, Der aktuelle Begriff 15/06, S. 1f.

[18] *M. Kloepfer*, Gesetzgebung im Rechtsstaat, VVDStRL 40 (1982), 63 (68ff.); *Isensee*, Mehr Recht durch weniger Gesetze?, ZRP 1985, 139; *H. Schneider*, Gesetzgebung, 3. Auflage 2002, Rdn. 427; *F. Reimer*, Das Parlamentsgesetz als Steuerungsmittel und Kontrollmaßstab, in: Hoffmann-Riem/Schmidt-Aßmann/Voßkuhle (Hg.), GVwR I, 2006, § 9 Rdn. 99f.; jeweils m. w. H.; zu diesem Phänomen insgesamt *Brandner*, Gesetzesänderung, 2004.

[19] *M. Kloepfer*, Gesetzgebung im Rechtsstaat, VVDStRL 40 (1982), 63 (76), fordert die „Drosselung des Normenzuwachses".

[20] Der Mandelkern-Bericht, in: Bundesministerium des Innern (Hg.), Moderner Staat – Moderne Verwaltung, 2002, S. 11.

[21] Insbes. in den Jahren 1993 und 1998 hat der Europäische Rat Entschlüsse über die redaktionelle Qualität der Rechtsvorschriften erlassen, nach welchen das Gemeinschaftsrecht systematisch kodifiziert werden soll (ABl. C 166/1 vom 17. Juni 1993, ABl. C 73/1 vom 17. März 1999). Seit 1995 veröffentlicht die Kommission jährlich Berichte zur besseren Rechtsetzung

dings nicht selten hinter den selbst gesetzten Zielen zurück, suchen das mit der Schwierigkeit des Vorhabens und der notwendigen Abstimmung zwischen den europäischen Institutionen und den Mitgliedstaaten zu erklären.[22] Die Mahnungen der Interinstitutionellen Vereinbarung „Bessere Rechtsetzung“ und des Mandelkern-Berichts, das europäische Recht zu reduzieren und zu strukturieren, sind auch deshalb weiterhin aktuell.[23]

Gegenwärtig werden aber nicht nur die Quantität und Qualität der Rechtssätze kritisiert, sondern – im Zusammenhang hiermit – auch ein besonderes Augenmerk auf die steigenden Bürokratielasten gelegt. So soll in Deutschland ein neu gegründeter Nationaler Normenkontrollrat die Bürokratielasten für die deutsche Wirtschaft messen und Vorschläge für ihre Reduzierung unterbreiten.[24] Die europäischen Bestrebungen zur Wirtschaftsentlastung verdichteten sich seit Mitte der 80er Jahre und werden derzeit in der ehrgeizigen Zielvorgabe

---

(siehe hierzu jüngst die Mitteilung vom 23. Oktober 2007, KOM [2007], 640). Das Projekt „Simpler Legislation for the Internal Market“ (SLIM) wurde 1996 gestartet und hat zu Aufhebungen von europäischen Rechtsakten zum Binnenmarkt geführt (siehe hierzu KOM [1996], 204). Die sog. Task Force zur Vereinfachung des Unternehmensumfelds (BEST) unterbreitete 1998 in einem Bericht 19 Empfehlungen in diesem Bereich. 1999 wurde eine Interinstitutionelle Vereinbarung über die redaktionelle Qualität von Rechtstexten getroffen und zwei Jahre später das Weißbuch Good Governance für weniger und klarere europäische Rechtsakte verkündet (KOM [2001], 428). Diese Ansätze suchen wie neue Verfahren zur Abschätzung der Folgen europäischer Rechtsakte die Rechtsetzung in Zukunft zu verbessern (siehe hierzu zudem den Zwischenbericht zur Verbesserung und Vereinfachung der Rahmenbedingungen für die Rechtsetzung, KOM [2001], 130, und den Aktionsplan der Kommission über die Vereinfachung und Verbesserung des Regelungsumfelds, KOM [2002], 278). Im Jahre 2003 legte die Kommission ein Rechtsvereinfachungsprogramm vor (KOM [2003], 71) und im Dezember des gleichen Jahres wurde die Interinstitutionelle Vereinbarung „Bessere Rechtsetzung“ beschlossen (ABl. C 321 vom 31. Dezember 2003 und das Corrigendum, ABl. C 4 vom 8. Januar 2004). Die „Aktualisierung und Vereinfachung des Acquis communautaire“ soll zudem durch ein Rahmenprogramm der Kommission aus dem Februar 2003 auf den Weg gebracht werden, das einem aktuellen, klaren, verständlichen und benutzerfreundlichen Europarecht dienen soll (siehe hierzu KOM [2003], 71, sowie die Berichte über die Umsetzung des Programms KOM [2003], 623: KOM [2004], 432). Den entscheidenden Durchbruch konnten diese Maßnahmen bislang auch in ihrem Zusammenwirken jedoch noch nicht erzielen. Deshalb hat die Kommission neue Maßnahmen angekündigt (siehe hierzu und zu den Rechtsetzungsbestrebungen insgesamt: *Robinson*, Drafting of EU Acts: A View from the European Commission, EJLR 2008, 151 [158 ff.]; *Ahrens/Leier*, Bessere Rechtsetzung in der EU nach der deutschen EU-Ratspräsidentschaft, ZG 2007, 383, m.w.H.; Der Mandelkern-Bericht, in: Bundesministerium des Innern (Hg.), Moderner Staat – Moderne Verwaltung, 2002, S. 12 ff., 72 ff.; *Smeddinck*, Integrierte Gesetzesproduktion, 2006, S. 233 ff.).

[22] Siehe hierzu die Mitteilung der Kommission vom 23. Oktober 2007, KOM (2007), 640; insgesamt *Ahrens/Leier*, Bessere Rechtsetzung in der EU nach der deutschen EU-Ratspräsidentschaft, ZG 2007, 383 (insbes. 398).

[23] Interinstitutionelle Vereinbarung „Bessere Rechtsetzung“ vom 31. Dezember 2003, ABl. C 321, S. 4 f.; Der Mandelkern-Bericht, in: Bundesministerium des Innern (Hg.), Moderner Staat – Moderne Verwaltung, 2002, S. 10 ff. et passim.

[24] Der Rat prüft Gesetze auf ihre Bürokratielasten für Unternehmer und sucht diese Lasten abzubauen (siehe §§ 1 ff. des Gesetzes zur Einsetzung eines Nationalen Normenkontrollrates vom 14. August 2006 [BGBl. I, S. 1866], im Folgenden: NKRG). Das statistische Bun-

deutlich, 25 Prozent der Verwaltungslasten bis zum Jahre 2012 zu reduzieren.[25] Nach einer Studie des Statistischen Bundesamtes musste die Wirtschaft in Deutschland jährlich rund 10.000 Informationspflichten befolgen. Hierdurch entstanden im Jahr Kosten in Höhe rund 47 Milliarden Euro. Für das Jahr 2009 ist aber mit einer geringeren Last zu rechnen, weil Verpflichtungen zurückgenommen wurden. Die Lasten, die durch das internationale und supranationale Recht auferlegt werden, wiegen schwerer als die nationalen Verpflichtungen.[26] Entsprechende Messungen der Bürokratielasten der Bürger in Deutschland will das Statistische Bundesamt in einer weiteren Studie erheben.[27] Dabei ist zum einen die Bemessung der Kosten schwierig. Zum anderen wurden vor der abgeschlossenen Studie die Rechtspflichten der Wirtschaft und werden bislang die Lasten der Bürger nicht überblickt. Bereits die Zusammenstellung der Pflichten fordert einen hohen Arbeitsaufwand von Experten. Die Rechtsordnung ist – jedenfalls hier – schwer zu begreifen.

Die genannten nationalen und europäischen Analysen zeichnen insgesamt ein kritisches Bild der aktuellen Rechtsetzungspraxis: Die Abgeordneten, die europäischen Ratsmitglieder – auch die Kommission – können die gegenwärtige Gesetzesfülle kaum überschauen, können nur schwer in eigener Verantwortung und nach eigenständiger Prüfung den erlassenen Rechtsakten zustimmen. Die Adressaten der Regelungen nehmen dieses Recht kaum noch vollständig zur Kenntnis, können es vielfach nicht verstehen. Aber auch durchaus verständliche Regelungen werden von höchsten Gerichten übersehen.[28] Das Recht ist für die staatlichen und europäischen Organe sowie für die Bürger schwer zu überblicken.[29] Selbst wenn man – auch ohne widersprechende wissenschaftliche Darstellungen vorlegen zu können – der einen oder anderen zitierten Analyse nicht zu folgen vermag, beunruhigt der übereinstimmende Gesamtbefund: In

desamt erarbeitete eine Studie, welche die Bürokratiekosten in Deutschland für die Wirtschaft misst (siehe hierzu die Nachweise in Fn. 26 auf dieser Seite).

[25] Mitteilung der Kommission vom 14. Januar 2007, KOM (2007), 23; siehe insgesamt *European Commission, Enterprise Directorate General*, Ex-Post Evaluation of EC Legislation and its Burden on Business. Final report, 2005; *Nationaler Normenkontrollrat*, Kostenbewusstsein stärken, 2007, S. 39f.; *Ahrens/Leier*, Bessere Rechtsetzung in der EU nach der deutschen EU-Ratspräsidentschaft, ZG 2007, 383 (insbes. 393ff. m.w.H.).

[26] Bundesregierung, Zeit für das Wesentliche: Bürokratieabbau schafft Freiräume, 2008, siehe für eine Übersicht S. 128; Statistisches Bundesamt, Pressemitteilung Nr. 148 vom 16. April 2009; Presse- und Informationsamt der Bundesregierung (Hg.), Bürokratiekosten: Erkennen – Messen – Abbauen, 2007, insbes. S. 20f.; Statistisches Bundesamt (Hg.), Programm Bürokratieabbau und bessere Rechtssetzung, 2006.

[27] Siehe insgesamt Presse- und Informationsamt der Bundesregierung (Hg.), Bürokratiekosten: Erkennen – Messen – Abbauen, 2007, zu den Zahlen insbes. S. 20f.

[28] Siehe hierzu EuGH, EuZW 2007, 150, zur Nichtbeachtung der Handelsvertreterrichtlinie (Nr. 86, 653 EWG).

[29] Der Mandelkern-Bericht, in: Bundesministerium des Innern (Hg.), Moderner Staat – Moderne Verwaltung, 2002, S. 10ff., 18f., 24, 42, 52f., 63f.; *H. Schneider*, Gesetzgebung, 3. Auflage 2002, Rdn. 425ff., 691ff.

Deutschland und Europa werden zu viele Rechtssätze, zu kurzlebige, zu unverständliche und zu spezielle Regelungen getroffen, die kaum systembildend wirken. Die Menschen leben in der Gefahr des unerkannten Rechtsbruchs. Diese Rechtsunsicherheit droht die Freiheitsentfaltung zu lähmen, den Geltungs- und Gestaltungsanspruch des demokratischen Gesetzgebers zu schwächen.

II. Neue Anforderungen an das Recht

Die Kritik an Quantität und Qualität der Gesetzgebung ist alt.[30] Oft gehen die Bestandsaufnahmen mit der Feststellung einher, dass der moderne Staat keine andere Wahl habe, wenn er die an ihn gestellten Erwartungen erfüllen will.[31] In Reaktion auf den naturwissenschaftlich-technischen Fortschritt und die steigende Ausdifferenzierung der Gesellschaft müssten die Parlamentsgesetze komplizierter werden. Insbesondere die Regelungsaufträge des Regulierungsrechts, des Sozial-, Technik- und Steuerrechts seien durch allgemeine Kategorien, durch systematisch aufeinander bezogene Ordnungsleistungen nicht mehr zu erfüllen. Der verteilende und gestaltende Sozialstaat dürfe nicht in abstrakt-generellen Formulierungen des Gesetzes soziale Ungleichheiten verstetigen, sondern müsse Gesetze mit eingeschränkten, zuweilen auch punktuellen und befristeten Zwecksetzungen und Anwendungsbereichen erlassen.[32] Durch ein abstrakt-generelles Parlamentsgesetz ließen sich weder das sozial Gerechte noch das wissenschaftlich Richtige hinreichend abbilden und erreichen. Detaillierte Regelungen würden die Voraussetzungen der Freiheitsentfaltung formen, seien „notwendige Bedingung der Freiheit".[33] *Friedrich Kübler* stellte bereits vor rund 40 Jahren in diesem Sinn fest, dass der „Wandel vom autoritären Kodifikationsstaat zu einem auf demokratische Offenheit angelegten System", die „demokratisch verfaßte Industriegesellschaft" die Epoche der großen Gesetzbü-

---

[30] *Schreckenberger*, Krise der Gesetzgebung?, in: ders./König/Zeh (Hg.), Gesetzgebungslehre, 1986, S. 21 (21 f.), weist darauf hin, dass bereits die Römer das Problem der Übernormierung beklagten; *Schulze-Fielitz*, Theorie und Praxis parlamentarischer Gesetzgebung, 1988, S. 17 ff., 132 f. m. w. H.

[31] Siehe hierzu *Grams*, Zur Gesetzgebung der Europäischen Union, 1998, S. 266 ff. m. w. H.; zu den Erwartungen an den Staat *G. Müller*, Elemente einer Rechtssetzungslehre, 2. Auflage 2006, S. 5 ff.

[32] Siehe hierzu bereits *K. Huber*, Maßnahmegesetz und Rechtsgesetz, 1963, S. 166 ff. m. w. H.

[33] *Von Bogdandy*, Gubernative Rechtsetzung, 2000, S. 47 ff., Zitat S. 52 und S. 55: „Zusammenfassend bleibt festzuhalten, daß jede Gleichsetzung von Freiheit mit der Abwesenheit von Regelung in die Irre weist. Es gibt noch nichtmal eine in diese Richtung weisende Vermutung. Vielmehr verlangen viele der Handlungsoptionen, die zu schützen das Grundgesetz aufgibt, zu ihrer Realisierung ein dichtes Netz rechtlicher Regelung. Doch auch diese Aussage gilt nicht ohne Vorbehalt: Das Netz, soll sich in ihm die Freiheit nicht verfangen, mus zahlreichen inhaltlichen und strukturellen Anforderungen entsprechen."

cher beendet“ und zu einer „Normalität“ des „fragmentarischen und periodischen Charakters des Gesetzes“ geführt hat.[34]

Karsten Schmidt hat demgegenüber rund 15 Jahre nach *Friedrich Kübler* die Zukunft der Kodifikationsidee betont.[35] Der freiheitliche Rechtsstaat, die repräsentative Demokratie bauen mit *Dieter Grimm* darauf, dass sich auch in komplizierten Bereichen „Rechtsstrukturen entwickeln lassen, die wieder höhere Bindungskraft versprechen“.[36] Eine komplizierter werdende Welt, eine offene, ausdifferenzierte Gesellschaft braucht „verbindende Gemeinsamkeiten und dauerhafte Haltepunkte“, eine rechtliche Stabilität, einfachere Regelungen, eine „systematische Ordnung des Rechtsstoffes mit begrifflichen Unterscheidungen und bestimmenden Prinzipien“ – so gewänne die Gesetzgebung „einen wissenschaftlichen Zug, den jeder systematisch denkende Jurist einem fallbezogenen Suchen“ vorziehe. „Die Flüchtigkeit und Spezialität der vielen Gesetze erweckt den Wunsch nach der dauerhaften Ordnung“.[37] Ein Spezialgesetz erfasst nur wenige Fälle, erwartet daher weitere Gesetze für die nicht geregelten Bereiche, führt so zu neuen speziellen Regelungen und damit tiefer in eine Normenflut, die eine Entrechtlichung mit sich bringt. Es wird der „Verlust der Fähigkeit“ beklagt, sich an der „Rechtsordnung zu orientieren“, der uns – so die bewusste Zuspitzung – „zu treuen Trägern des Nachlasses von Kafka“ mache.[38] „Wenn eine Regelung sowohl als Teil eines formellen Gesetzes, als auch mit distinktivem Normbefehl und einfacher Rechtsfolge auftritt, wird man als Jurist wegen der klaren Verbindlichkeit die Befolgungs- und Bewirkungsaussichten höher einschätzen, als bei dynamischen Verweisungen, Abwägungs- und Optimierungsgeboten, Staatszielen, Berücksichtigungs- und Generalklauseln.“[39] Pragmatisch fügt *Christian Starck* hinzu, dass das „Parlament den

---

[34] *F. Kübler*, Kodifikation und Demokratie, JZ 1969, 645 (insbes. 649 und 651).

[35] *K. Schmidt*, Die Zukunft der Kodifikationsidee, 1985; siehe hierzu zudem Stimmen, die die Rechtsbereiche zu durchdringen und vereinfachen suchen: *Axer*, Normsetzung der Exekutive in der Sozialversicherung, 2000, S. 52 ff.; zum Steuerrecht: *P. Kirchhof*, Der sanfte Verlust der Freiheit, 2004; zur technischen Entwicklung: *Marburger*, Die Regeln der Technik im Recht, 1979; siehe zu den neuen Beurteilungssituationen, welche Gesetzgebern wie Richtern Schwierigkeiten bereiten: *Di Fabio*, Risikoentscheidungen im Rechtsstaat, 1994, insbes. S. 69 ff.

[36] *Grimm*, Der Wandel der Staatsaufgaben und die Krise des Rechtsstaats, in: ders. (Hg.), Wachsende Staatsaufgaben – sinkende Steuerungsfähigkeit des Rechts, 1990, S. 291 (301).

[37] *H. Schneider*, Gesetzgebung, 3. Auflage 2002, Rdn. 432; der gegenwärtige Drang zu Detailregelungen stellt die Frage, ob heute die Form des Gesetzes nicht mehr „wie für den großen *Ihering* als Feindin der Willkür, sondern eher als Antipode der Freiheit“ erscheint (*Di Fabio*, Form und Freiheit, DNotZ 2006, 342 [344], der die freiheitsichernde Kraft der Form des Gesetzes hervorhebt).

[38] *Holländer*, Hypertrophie der Gesetzgebung – Entmachtung der Richter?, in: Schwarze (Hg.), Globalisierung und Entstaatlichung des Rechts, Teilband 1, 2008, S. 91 (95).

[39] *Di Fabio*, Verlust der Steuerungskraft klassischer Rechtsquellen, NZS 1998, 449 (450).

ungeheuren Regelungsbedarf" nicht anders als mit dem „Instrument des allgemeines Gesetzes" bewältigen könne.[40]

Doch können die Regelungsaufträge, die an das Recht gestellt werden, durch allgemeine Gesetze erfüllt werden? Lassen sich Private mit ihren spezifischen Interessen durch allgemeine Gesetze in die Verwaltungstätigkeit einbinden, lassen sich die regulativen Kräfte der Selbstverwaltung und Selbstregulation, der Märkte durch allgemeine Gesetze nutzen?[41] Können von Expertenwissen geprägte Umweltstandards, technische Regelungen, Produktharmonisierungen oder soziale Versorgungssysteme in allgemeine Parlamentsgesetze gegossen werden, mit klaren Maßstäben und Rechtsfolgen?[42] Die Gesetzgebung scheint gegenwärtig eher Verfahren zu regeln, als Standards zu setzen, „um die Einheitsbildung durch Gesetz (und damit auch den klassischen Grundgedanken der Allgemeinheit des Gesetzes) unter veränderten Normierungszwängen und Normierungsmöglichkeiten heutiger Gesetzgebung zu bewahren." Das bedeutet aber nicht – dies stellt *Helmuth Schulze-Fielitz* klar –, dass es unmöglich ist, große Kodifikationen, allgemeine Gesetze zu erlassen, doch ist es ein anspruchsvolles Unterfangen. Angesichts sektoraler Interessen und unterschiedlicher Marktstrukturen sei die Gefahr „groß, dass jede kodifikatorische Neuregelung weniger interessengerecht oder sektorangemessen ausfällt, als es eine Vielzahl von speziellen Teilgesetzen derzeit leisten kann."[43] Unter diesen Vorzeichen wird auch gegenwärtig – bei allen Schwierigkeiten – der Wert der Kodifikation herausgestellt.[44] „Die moderne Gesetzgebung neigt zu tagesaktuellen Maßnahmen und kann dabei leicht ihre wertgesetzten Systemgrundlagen aus dem Auge verlieren."[45] Wer versucht, durch das Gesetz punktgenau zu steuern, eine fein abgestimmte Individualgerechtigkeit zu erzeugen, verfange „sich im Gestrüpp von Sachaufklärungsnöten und Prognoseschwierigkeiten, Rechtszweckannahmen und Bewertungsunsicherheiten. [...] Individualisierung will dem einzelnen Menschen gerecht werden; damit verliert sie oft die Nachbarn und Mitbürger aus dem Blick und dringt ab einem bestimmten Punkt auch in die geschützte

[40] *Starck*, Vorwort, in: ders. (Hg.), Die Allgemeinheit des Gesetzes, 1987, S. 5 (5).

[41] Siehe hierzu *Di Fabio*, Verwaltung und Verwaltungsrecht zwischen gesellschaftlicher Selbstregulierung und staatlicher Steuerung, VVDStRL 56 (1997), 235; *Schmidt-Preuß*, Verwaltung und Verwaltungsrecht zwischen gesellschaftlicher Selbstregulierung und staatlicher Steuerung, ebenda, 160.

[42] Siehe für diese Fragen, ohne jedoch das klassische Gesetz zu verabschieden (hierzu sogleich) *Di Fabio*, Verlust der Steuerungskraft klassischer Rechtsquellen, NZS 1998, 449 (450f.).

[43] *Schulze-Fielitz*, Einheitsbildung durch Gesetz oder Pluralisierung durch Vollzug, in: Trute/Groß/Röhl, H.C./Möllers, Chr. (Hg.), Allgemeines Verwaltungsrecht – zur Tragfähigkeit eines Konzepts, 2008, S. 135 (147ff., Zitate: 147, 159f.).

[44] *Sellner*, Der systematische Ertrag einer Kodifikation für das allgemeine Verwaltungsrecht am Beispiel des Umweltgesetzbuches, in: Trute/Groß/Röhl, H.C./Möllers, Chr. (Hg.), Allgemeines Verwaltungsrecht – zur Tragfähigkeit eines Konzepts, 2008, S. 191.

[45] *Di Fabio*, Form und Freiheit, DNotZ 2006, 342 (347).

Sphäre des Einzelnen ein."[46] „Das Gesetz im klassischen Sinne ist" – in den Worten *Udo Di Fabios* – „nach wie vor ein scharfes Instrument, aber es kann nicht alles bewirken – im Glauben an die gesetzgeberische Allmacht steckt viel Aberglaube." Der Gesetzgeber könne sich im Erlass allgemeiner Gesetze „in einem Fall entlasten oder im anderen Fall zusätzliche Steuerungseffekte erzielen", zwischen „imperativer Schärfe" und „kooperativer Qualität" changieren. Dabei müsse aber bewusst bleiben, „welchen Freiheitswert klassische Rechtsformen und klassische Rechtsgehalte mit ihren klaren Grenzziehungen und ihrer rechtsrationalen Beherrschbarkeit besitzen."[47] Die neuen Verwaltungsaufgaben fordern gerade keinen Abschied von der Gesetzesbindung. Vielmehr ist diese in einem „neuen funktionsgerechten Verständnis" zu entfalten, sind durch Gesetze keine „Einzeleingriffsermächtigungen", sondern „Grundlinien der Rechtsgüterabwägungen", „abgestimmte Normsysteme" zu errichten.[48] Geht es also nicht um den Abschied vom allgemeinen Gesetz, sondern darum, seinen Auftrag neu zu zeichnen, es wieder zu beleben? Ist die Normenflut eine unvermeidbare, eine schicksalhafte Begleiterscheinung des Sozialstaats im Zeitalter der Industriegesellschaft,[49] oder fragt der moderne Staat mehr als früher nach dem Kodifikationsgedanken, nach der Allgemeinheit des Gesetzes? Ruht im Allgemeinheitspostulat eine Kraftquelle der parlamentarischen Demokratie, ein Garant der Freiheit und Gleichheit, welche gerade in der Industriegesellschaft, in einer Zeit der dichter werdenden internationalen Kooperation zu entfalten sind?

III. Parzellierendes Wissen

Die im Bundestag verabschiedeten Gesetze werden – mit vernachlässigbaren Ausnahmen – jeweils auch verkündet. Diese erfolgreichen Gesetzesvorhaben gehen zu rund 86 Prozent auf Gesetzesinitiativen der Regierung und der sie tragenden Koalition im Bundestag zurück. Die Initiativen der Regierung machen dabei rund 71 Prozent, die der Koalition rund 15 Prozent aus. Die verblei-

[46] *F. Reimer*, Ohne Ansehen der Person? Die Aporie der Gleichheit zwischen Generalisierung und Individualisierung, in: Festschrift zum 150jährigen Bestehen des Bonner Kreises, 2004, S. 215 (222f.).

[47] *Di Fabio*, Verlust der Steuerungskraft klassischer Rechtsquellen, NZS 1998, 449 (453, 455); *Holländer*, Hypertrophie der Gesetzgebung – Entmachtung der Richter?, in: Schwarze (Hg.), Globalisierung und Entstaatlichung des Rechts, Teilband 1, 2008, S. 91 (94), spricht von der „naiven Vorstellung, dass jedes gesellschaftliche Problem durch die Verabschiedung einer Rechtsvorschrift lösbar sei."

[48] *Di Fabio*, Risikoentscheidungen im Rechtsstaat, 1994, S. 464f.; *ders.*, Wege zu besserer Gesetzgebung – sachverständige Beratung, Begründung, Folgeabschätzung und Wirkungskontrolle, 65. DJT 2004, Band II/1, S. 47 (49ff.).

[49] Siehe zu dieser Frage *Ossenbühl*, Gesetz und Recht – Die Rechtsquellen im demokratischen Rechtsstaat, in: HStR V, 3. Auflage 2007, § 100 Rdn. 77f.

benden Vorhaben brachte im Gros der Bundesrat ein oder sie wurden als vereinigte und abgespaltete Initiativen behandelt. Die Opposition war in der 13. Wahlperiode mit einem Entwurf, in der 14. Wahlperiode mit keinem Entwurf erfolgreich. Die Entwürfe, die auf Empfehlung von Ausschüssen des Bundestags diskutiert wurden, fallen statistisch ebenso nicht ins Gewicht.[50] Nach einem – wenngleich recht groben – Richtwert nimmt sich der Bundestag je Gesetzesvorlage rund eine halbe Stunde Zeit. Diese Zeit ist bei etwa 60 Prozent der Entwürfe auf mehrere Lesungen zu verteilen.[51] Diese Zahlen deuten darauf hin, dass die Mehrheit der Gesetze die Lesungen im Bundestag durchläuft, ohne dass hinreichend Zeit für eine Sachdiskussion bleibt, dass hier kaum ein Gesetzesvorhaben mit möglichen Alternativen und Folgen entfaltet wird, dass die

---

[50] In der 13. Wahlperiode wurden nur 0,6 Prozent, in der 14. Wahlperiode nur 1,1 Prozent der diskutierten Gesetzesvorhaben von den Ausschüssen des Bundestags und den Vermittlungsausschüssen vorgeschlagen. Von diesen Vorhaben wurde in der 13. Wahlperiode keines, in der 14. Wahlperiode wurden acht, d.h. etwa drei Viertel beschlossen. Der Bundesrat hat jeweils nur rund 20 Gesetzesvorhaben die Zustimmung versagt. Diese Zahlen spiegeln aber nicht wider, dass Vorhaben von vornherein nicht im Bundestag eingebracht oder von diesem nicht verabschiedet wurden, wenn mit einer Bundesratszustimmung nicht gerechnet werden konnte (insgesamt *Feldkamp*, Datenhandbuch zur Geschichte des Deutschen Bundestages 1994 bis 2003, 2005, S. 572ff., insbes. S. 572, 574, 578).

[51] Dieser Durchschnittswert lässt als solcher unberücksichtigt, dass wichtige Debatten deutlich mehr Raum beanspruchen, für einen weniger wichtigen Gesetzentwurf auch deshalb weniger Zeit bleibt. Der Richtwert ergibt sich zum Teil aus – insgesamt zurückhaltenden – Schätzungen, die auf Grundlage von präzisen Daten des Datenhandbuchs zur Geschichte des Bundestages vorgenommen wurden: Die Sitzungszeit betrug abzüglich der Zeit für Regierungserklärungen in der 13. Wahlperiode 1807, in der 14. Wahlperiode 1937 Stunden. Hiervon ist die Dauer der Reden von Persönlichkeiten wie Nelson Mandela und Václav Havel in der 13. und Wladimir Putin, Kofi Annan oder George W. Bush in der 14. Wahlperiode abzuziehen, die jeweils mit einer Stunde veranschlagt wurden (insgesamt vier und neun Stunden). Zudem ist die Zeit für Sondersitzungen zu subtrahieren (13 und 15 Stunden), für vereinbarte Debatten (wiederum wurde jeweils eine Stunde veranschlagt: 18 und 13 Stunden) und für selbständige politische Anträge, die jeweils nicht mit einem Gesetzesvorhaben auch nicht als Hintergrundinformation in Verbindung standen. Die letztgenannten Anträge wurden jeweils mit 15 Minuten veranschlagt. Sodann ist die Dauer der Gedenksitzungen (drei und vier), der sog. „Hammelsprünge" (jeweils sechs) und der namentlichen Abstimmungen (177 und 170) mit jeweils einer Stunde in Abzug zu bringen. Andere Abstimmungen wurden nicht berücksichtigt. Ebenfalls mit einer Stunde wurden die aktuellen Stunden und Regierungsbefragungen veranschlagt, die nicht – auch nicht zur Ausleuchtung des Hintergrunds – mit einem Gesetzesvorhaben in Verbindung gebracht werden können (nach zurückhaltender Auswertung jeweils 30 von 103 und 141 aktuellen Stunden und jeweils vier von 41 und 60 Regierungsbefragungen). Schließlich sind die *mündlichen* großen und kleinen Anfragen in Abzug zu bringen, denen im Schnitt jeweils 15 Minuten eingeräumt wurden. Es bleiben in der 13. Wahlperiode für die Diskussion von Gesetzesvorhaben 369, in der 14. Wahlperiode 581 Stunden. In der 13. und 14. Wahlperiode wurden 923/864 Gesetzentwürfe in den Bundestag eingebracht, davon 890/839 in erster Beratung behandelt und 566/559 verabschiedet. Für jeden Gesetzentwurf blieben dem Bundestag daher im Schnitt 25 Minuten in der 13. Wahlperiode und 40 Minuten in der 14. Wahlperiode. Insgesamt wurden rund 98 Prozent der verabschiedeten Gesetze verkündet (siehe für die Daten *Feldkamp*, Datenhandbuch zur Geschichte des Deutschen Bundestages 1994 bis 2003, 2005, S. 400ff., 571ff., 613ff.).

Regierung die Gesetzgebung maßgeblich leitet, dass in der Regel im Kabinett und in der Regierungsfraktion, nicht im Bundestag, auch nicht in seinen Ausschüssen Gesetze entworfen werden. Das Parlament scheint insgesamt zwar „Gesetzgeber, aber nicht Gesetzesmacher" zu sein.[52]

Der Bundestag hat aber über die Ausschüsse beachtlichen Einfluss auf die Gesetzesvorhaben. Die parlamentarische Sacharbeit entfaltet sich hier. Doch stellt sich die Frage, ob diese – notwendige – Arbeitsteilung hinreichend auf die Gesamtverantwortung des Parlaments angelegt ist, wenn für eine Gesetzesdebatte im Plenum wenig Zeit bleibt und auf eine Plenarsitzung zehn Ausschusssitzungen kommen.[53] Es liegt der Schluss nahe, dass das Plenum die Beschlüsse der Ausschüsse weniger nachvollzieht, sich mehr auf die Einschätzungen der Ausschüsse verlässt. Im Bundestag werden dann – so könnte man zugespitzt bemerken – Gesetzesvorhaben der Öffentlichkeit lediglich vorgestellt und beschlossen, die von der Regierungskoalition entworfen und in den Fraktionen und Ausschüssen diskutiert wurden. Letztlich deuten diese Gesetzgebungsdaten darauf, dass nicht die Abgeordneten im Plenum, sondern die jeweiligen Fachpolitiker als Teil der Regierung, als zuständige Politiker in der Fraktion oder als Mitglieder im Ausschuss die Gesetzgebung bestimmen.[54]

Eine Dominanz von Spezialisten in einer Gesetzgebung, welche die Bundestagsdebatte nicht in ihr Zentrum rückt, wird durch die europäische Rechtsetzung noch gestärkt. Die Fachpolitiker der Kommission initiieren in der Regel die europäische Rechtsetzung, ohne dass sich die Generaldirektionen – so der Mandelkern-Bericht – hinreichend abstimmen. Insbesondere der Rat und das Europäische Parlament nehmen Einfluss und stimmen zu – ohne jedoch die Zeit zu haben, alle Rechtsakte zu prüfen.[55] Hinzu treten internationale Verträge, welche die Regierung aushandelt und über die der Gesetzgeber nicht selten „als

---

[52] *H. Schneider*, Gesetzgebung, 3. Auflage 2002, Rdn. 131; *Schulze-Fielitz*, Theorie und Praxis parlamentarischer Gesetzgebung, 1988, insbes. S. 280 ff.; *ders.*, Das Parlament als Organ der Kontrolle im Gesetzgebungsprozeß, in: Dreier, H./Hofmann, J. (Hg.), Parlamentarische Souveränität und technische Entwicklung, 1986, S. 71 (79 ff.), zur „Dominanz der Ministerialbürokratie(n)"; *Ossenbühl*, Gesetz und Recht – Die Rechtsquellen im demokratischen Rechtsstaat, in: HStR V, 3. Auflage 2007, § 100 Rdn. 82; *H. Dreier*, Hierarchische Verwaltung im demokratischen Staat, 1991, S. 196 ff.

[53] Den 248 und 253 Plenarsitzungen in der 13. und 14. Wahlperiode stehen 2.479 und 2.848 Fachausschusssitzungen, zuzüglich der Sonder- und Untersuchungsausschüsse sowie der Enquête-Kommissionen 2.898 und 3.208 Ausschusssitzungen gegenüber. In der 13. Wahlperiode wurden 20,2 Prozent, in der 14. Wahlperiode 25,7 Prozent der Gesetzentwürfe in öffentlichen Ausschussanhörungen beraten. Rund 60 Prozent der öffentlichen Anhörungen haben Gesetzentwürfe zum Thema (insgesamt *Feldkamp*, Datenhandbuch zur Geschichte des Deutschen Bundestages 1994 bis 2003, 2005, insbes. S. 403 ff., 453, 507).

[54] Siehe hierzu *Zeh*, Impulse und Initiativen zur Gesetzgebung, in: Schreckenberger/Merten (Hg.), Grundfragen der Gesetzgebungslehre, 2000, S. 33 (42 f.); *Busse*, Gesetzgebungsarbeit der Bundesregierung – Politik und Planung, ebenda, S. 47.

[55] Insgesamt Der Mandelkern-Bericht, in: Bundesministerium des Innern (Hg.), Moderner Staat – Moderne Verwaltung, 2002, S. 78 ff.; siehe zur Rechtsetzung in der Europäischen

Paket" beschließt. All diese Befunde deuten darauf hin, dass die Rechtsetzung unter dem Primat der Spezialisten steht.

Dieses Primat kann als eine Ursache für den gegenwärtigen Hang zur Spezialisierung gelesen werden. Die fachliche Vorbereitung von Gesetzen ist unverzichtbar und von alters her geläufig.[56] Führt diese Vorbereitung allerdings nicht zu grundsätzlichen Gesetzen, sondern zu Spezialregelungen, verstärkt sie die Tendenz zur Normenflut.[57] Dieser Befund wurde schon in den ersten Jahren der Bundesrepublik festgestellt[58] und seitdem regelmäßig bestätigt.[59] Er hat eine weitere Ursache darin, dass Gesetzesinitiativen durch eine große Zahl von Verbänden begleitet werden, die mit ihren Sonderinteressen Zugang zu Bundestag und Bundesministerien haben.[60] Zudem nehmen die stetigen außerparlamentarischen Debatten, die Massenmedien,[61] die kontinuierliche sachverständige Beratung durch rund 120 Beiräte,[62] durch private Verbände,[63] durch „kooperatives Regierungshandeln"[64] wesentlichen Einfluss. Das Fachwissen scheint sich mit Interessentenwissen zu vermischen, der für die Gesetzgebungsinitiative zuständige Beamte in einem steten Austausch mit den jeweiligen Referenten des Fach-

---

Union insgesamt *Härtel*, Handbuch Europäische Rechtsetzung, 2006; *Oppermann*, Europarecht, 3. Auflage 2005, § 8; *Streinz*, Europarecht, 7. Auflage 2005, Rdn. 500ff.

[56] Siehe hierzu bereits *Aristoteles*, Politik [Politica, zw. 329 u. 326 v. Chr.], 1989, 1282b1 ff., 1286a10ff., 1287b15ff., insbes. aber die Praxis des Zwölftafelgesetzes der späteren römischen Republik, das von Experten entwickelt und von einer Versammlung angenommen wurde, und *Marsilius von Padua*, Der Verteidiger des Friedens [Defensor Pacis, 1324], 1958, der – anders als *Aristoteles* – diese Forderung im Rahmen einer demokratischen Allgemeinheit des Gesetzgebers und Repräsentation zeichnete (siehe insgesamt sogleich unter B. II. 1., 3., 5. und III. 5., S. 69ff., 82ff., 87ff. und 111ff.).

[57] Siehe oben unter II. (S. 47ff.).

[58] *Forsthoff*, Über Maßnahmegesetze [1955], in: ders., Rechtsstaat im Wandel, 1964, S. 78; *Zeidler*, Massnahmegesetz und „klassisches" Gesetz, 1959; *K. Huber*, Maßnahmegesetz und Rechtsgesetz, 1963 (siehe hierzu sogleich unter B. V. 4., S. (S. 152ff.).

[59] *Schmidt-Aßmann*, Der Rechtsstaat, in: HStR II, 3. Auflage 2004, § 26 Rdn. 34; *F. Reimer*, Das Parlamentsgesetz als Steuerungsmittel und Kontrollmaßstab, in: Hoffmann-Riem/Schmidt-Aßmann/Voßkuhle (Hg.), GVwR I, 2006, § 9 Rdn. 102; *Winkler*, Gesetzgebungswissenschaft, in: ders./Schilcher (Hg.), Gesetzgebung, 1980, S. 100 (125ff.); siehe zudem die Übersicht der Entwicklung von *H. Schneider*, Gesetzgebung, 3. Auflage 2002, Rdn. 426ff.; jeweils m. w. H.

[60] Im Jahr 2002 waren 1.760 Verbände registriert, 2004 bereits 1.847. Bei 600 Bundestagsabgeordneten kommen hiernach drei Verbände auf einen Abgeordneten (*Feldkamp*, Datenhandbuch zur Geschichte des Deutschen Bundestages 1994 bis 2003, 2005, S. 508; *Horn*, Verbände, in: HStR III, 3. Auflage 2005, § 41 Rdn. 24, Rdn. 47ff. m. w. H.).

[61] Hierzu *M. Kloepfer*, Öffentliche Meinung, Massenmedien, in: HStR III, 3. Auflage 2005, § 42; zum Einfluss der Medien mit Blick auf gelungene Kodifikationen *Zeh*, Kodifikation oder Kommunikation – Rechtssetzung in der Mediendemokratie, in: Merten/Schreckenberger (Hg.), Kodifikation gestern und heute, 1995, S. 135.

[62] Siehe hierzu insgesamt *Voßkuhle*, Sachverständige Beratung des Staates, in: HStR III, 3. Auflage 2005, § 43.

[63] *Voßkuhle*, Sachverständige Beratung des Staates, in: HStR III, 3. Auflage 2005, § 43 Rdn. 38 m. w. H.; *F. Kirchhof*, Private Rechtsetzung, 1987.

[64] Hierzu *Anderl*, Gesetzgebung und kooperatives Regierungshandeln, 2006.

verbands zu stehen. Der „Staat des reinen Wissens“ trifft auf eine kundige und mächtige „Wissensgesellschaft“,[65] auf „gemeinsames Wissen“.[66] Die wichtigen Informationsquellen sollten aber die Qualität der Rechtssätze stärken, nicht in einer zu engen Spezialisierung schwächen. Der auf „Versachlichung der Herrschaftsformen“,[67] auf eine Verwissenschaftlichung und insofern auf eine Verallgemeinerung[68] seiner Tätigkeit angelegte Verfassungsstaat[69] begibt sich sonst in die Gefahr, sich in der Vielfalt des Detailwissens, der Prinzipienarmut und des parzellierenden Interessentenwissens zu verheddern. Das Verfügungswissen als „anwendungsfähiges kognitives Wissen“ bindet die Rezeptionskraft des Gesetzgebers so sehr, dass seine Kernaufgabe, Orientierungswissen zu vermitteln und zu entfalten,[70] vernachlässigt zu werden droht. Der Gesetzgeber sucht zu oft Optimierungsgebote zu erfüllen[71] und gerät damit in einen stets unerfüllten Abwägungsauftrag,[72] verliert so auch an Steuerungsanspruch und Steuerungskraft.[73] Die Aufteilung des gesetzlichen Rationalitäts- und Gerechtigkeitsanspruchs in Teilrationalitäten und Teilgerechtigkeiten,[74] eine Rationalität des Verteilens und Umverteilens[75] veranlassen den Gesetzgeber zudem, den Raum des Prinzipiellen und Grundsätzlichen zu verlassen. Die Allzuständigkeit, die Kompetenz-Kompetenz des Staats verleitet zu dem Schluss, dass der Staat mit Gesetzen grundsätzlich jeden Lebensbereich bis ins Detail erschließen kann.[76] Hierin wird eine weitere Ursache für die ausgemachte Normenflut gesehen.[77]

---

[65] *B. Fassbender*, Wissen als Grundlage staatlichen Handelns, in: HStR IV, 3. Auflage 2006, § 76 Rdn. 4.

[66] *Ladeur*, Das Umweltrecht der Wissensgesellschaft, 1995, S. 31 ff.

[67] *M. Weber*, Wirtschaft und Gesellschaft [1922], 5. Auflage 1976, 2. Halbband, S. 681.

[68] Siehe hierzu im Ersten Kapitel unter B. (S. 28 ff.).

[69] Zu dem steigenden Wissensbedarf des Staates *Voßkuhle*, Neue Verwaltungsrechtswissenschaft, in: Hoffmann-Riem/Schmidt-Aßmann/ders. (Hg.), GVwR I, 2006, § 1 Rdn. 11 m. w. H.

[70] *B. Fassbender*, Wissen als Grundlage staatlichen Handelns, in: HStR IV, 3. Auflage 2006, § 76 Rdn. 14.

[71] *Alexy*, Theorie der Grundrechte, 2. Auflage 1994, S. 75 f.; *Franzius*, Modalitäten und Wirkungsfaktoren der Steuerung durch Recht, in: Hoffmann-Riem/Schmidt-Aßmann/Voßkuhle (Hg.), GVwR I, 2006, § 4 Rdn. 9 f.

[72] Vgl. *W. Leisner*, Der Abwägungsstaat, 1997, S. 11 f.; *Th. Würtenberger*, Rechtliche Optimierungsgebote oder Rahmensetzungen für das Verwaltungshandeln? VVDStRL 58 (1999), 139 (154 f.).

[73] *Franzius*, Modalitäten und Wirkungsfaktoren der Steuerung durch Recht, in: Hoffmann-Riem/Schmidt-Aßmann/Voßkuhle (Hg.), GVwR I, 2006, § 4 Rdn. 9 f.

[74] Siehe hierzu oben im Ersten Kapitel unter D. (S. 35 f.).

[75] Siehe hierzu *Di Fabio*, Die Kultur der Freiheit, 2005, S. 51 f., 71 ff., 96 ff.

[76] Siehe hierzu bereits *Laband*, Das Staatsrecht des Deutschen Reiches, Band II, 5. Auflage 1911, S. 62 f.

[77] *M. Kloepfer*, Gesetzgebung im Rechtsstaat, VVDStRL 40 (1982), 63 (128 f.); *Ossenbühl*, Gesetz und Recht – Die Rechtsquellen im demokratischen Rechtsstaat, in: HStR V, 3. Auflage 2007, § 100 Rdn. 77; *F. Reimer*, Das Parlamentsgesetz als Steuerungsmittel und Kontrollmaßstab, in: Hoffmann-Riem/Schmidt-Aßmann/Voßkuhle (Hg.), GVwR I, 2006, § 9 Rdn. 99; *Günther*, Der Wandel der Staatsaufgaben und die Krise des regulativen Rechts, in:

Der Gesetzgeber scheint unter dem Einfluss des parzellierten Wissens insgesamt geneigt, den individuellen Fall, die kleine Gruppe gesetzlich zu erfassen.[78] Das Ergebnis der gegenwärtigen Rechtsetzungspraxis ist – so der nahezu einhellige Befund[79] – eine Vielzahl an unübersichtlichen Einzelfallgesetzen, die kaum ein System verbindet, deren direktive Kraft bereits deshalb begrenzt ist. Die Folge ist weniger eine Zunahme der Wirkkraft des Rechts, sondern eher eine Entrechtlichung. Die Frage nach dem Auftrag, allgemeine Regeln zu setzen, drängt sich auf.

IV. Entscheidungsmacht nichtparlamentarischer Entscheidungsträger

Der Gesetzgeber dürfte diese Entwicklung noch verstärken, wenn er die Formenstrenge des Gesetzgebungsverfahrens und die Distanz zu den Betroffenen und ihren Anliegen aufgibt, wenn er die Formlosigkeit, das Einvernehmen, das abgestimmte Verhalten wählt, sich auf außerhalb des Parlaments entwickelte Regelungen stützt. Koalitionsausschüsse, „Elefantenrunden", Konsensrunden, Bündnisse,[80] „Thinktanks",[81] Normanwendungsabsprachen und das Auspaktieren von Gesetzen[82] entmachten das Parlament[83] – und dieses wirkt aktiv an seiner Entmachtung mit. In den deutlichen Worten *Dieter Grimms* werden „fast alle Vorkehrungen, die die Verfassung zur Gewährleistung des Demokratieprinzips und des Rechtsstaatsprinzips trifft, [...] durch den paktierenden Staat unterlaufen."[84]

Grimm (Hg.), Wachsende Staatsaufgaben – sinkende Steuerungsfähigkeit des Rechts, 1990, S. 51; *Schulze-Fielitz*, Staatsaufgabenentwicklung und Verfassung, ebenda, S. 11 (30): Die Frage nach den Grenzen staatlicher Aufgabenerfüllung sei dringlich.

78 *Hufen*, Gesetzesgestaltung und Gesetzesanwendung im Leistungsrecht, VVDStRL 47 (1989), 142 (154).

79 Siehe zu diesen Befunden über die Gesetzgebungswirklichkeit oben unter I. (S. 39 ff.).

80 *Blum*, Wege zu besserer Gesetzgebung – sachverständige Beratung, Begründung, Folgenabschätzung und Wirkungskontrolle. Gutachten, 65. DJT 2004, Band I, S. I 64 f.

81 *Blum*, Wege zu besserer Gesetzgebung – sachverständige Beratung, Begründung, Folgenabschätzung und Wirkungskontrolle. Gutachten, 65. DJT 2004, Band I, S. I 67 f.

82 *Herdegen*, Informalisierung und Entparlamentarisierung politischer Entscheidungen als Gefährdungen der Verfassung?, VVDStRL 62 (2003), 7 (13 f.).

83 *Herdegen*, Informalisierung und Entparlamentarisierung politischer Entscheidungen als Gefährdungen der Verfassung?, VVDStRL 62 (2003), 7 (15 ff.); *Morlok*, Informalisierung und Entparlamentarisierung politischer Entscheidungen als Gefährdungen der Verfassung?, ebenda, 37 (44 ff.); siehe hierzu jüngst *Anderl*, Gesetzgebung und kooperatives Regierungshandeln, 2006.

84 *Grimm*, Das Grundgesetz nach 50 Jahren, DRiZ 2000, 148 (158); *ders.*, Bedingungen demokratischer Rechtsetzung, in: Festschrift für Jürgen Habermas, 2001, S. 489; mit Blick auf die Parlamentsstrukturen: *H.-P. Schneider*, Entscheidungsdefizite der Parlamente. Über die Notwendigkeit einer Wiederbelebung des Parlamentsreform, AöR 105 (1980), 4, der Reformen einfordert; insgesamt zudem: *E. Klein*, Gesetzgebung ohne Parlament?, 2003; *Ruffert*, Entformalisierung und Entparlamentarisierung politischer Entscheidungen als Gefähr-

Das Parlament handelt im Formlosen.[85] Es duldet die Verlagerung von Gesetzgebungsaufgaben auf nichtstaatliche Ausschüsse, aber auch auf die Europäische Union, ohne den möglichen eigenen Einfluss wahrzunehmen oder um ihn zu ringen. So erklärte ein Abgeordnete des Bundestags vor dem Bundesverfassungsgericht, dass im Rechtsausschuss „alles, was aus Europa" kommt, schon wegen des Umfangs „von den meisten Abgeordneten schnell bei Seite gelegt" werde, dass man sich in diesen Sachen ohnehin „normativ unfrei" fühle, weil europäisches Recht umzusetzen sei, die Vorgaben aus Brüssel ohne Abstriche befolgt werden müssten.[86] In seinem Urteil zum Lissabon-Vertrag betont das Gericht, dass der Vertrag das Grundgesetz zwar nicht verletze, die Begleitgesetze aber verfassungswidrig sind, weil insbesondere der Bundestag seine Mitwirkungsrechte auf europäischer Ebene nicht hinreichend entfalte und damit die Demokratie schwäche.[87] Auf diese Weise wirkt der Bundestag an der Aushöhlung des parlamentarischen Einflusses, auch seines Budgetrechts und damit der parlamentarischen Demokratie mit.[88]

Die weltweiten Interdependenzen insbesondere im Bereich der Sicherheit und der Wirtschaft, die sozialen und industriellen Veränderungen, die – auch hieraus folgende – Zunahme an internationalen und supranationalen Vorgaben verengen den nationalen Gesetzgebungsraum und mehren die „Zweifel an der Leistungsfähigkeit und Regierbarkeit der Demokratien".[89] Doch darf und kann der moderne Verfassungsstaat von dem grundrechtsgebundenen, von dem demokratischen und rechtsstaatlichen, von dem parlamentarischen Regierungssystem, vom Gesetzesstaat nicht abrücken, will er sich selbst und diese Errungenschaften der Rechtsentwicklung nicht preisgeben.[90] Das Grundgesetz macht

---

dungen der Verfassung?, DVBl. 2002, 1145; insgesamt: *F. Becker*, Kooperative und konsensuale Strukturen in der Normsetzung, 2005.

[85] *Schoch*, Entformalisierung staatlichen Handelns, in: HStR III, 3. Auflage 2005, § 37 Rdn. 96f.

[86] So der Abgeordnete *Ströbele* in der mündlichen Verhandlung am 13. und 14. April 2005 vor dem Bundesverfassungsgericht im Verfahren zum Europäischen Haftbefehl, in: Schorkopf (Hg.), Der Europäische Haftbefehl vor dem Bundesverfassungsgericht, 2005, S. 246 (247, 249); zum notwendigen Ringen der Abgeordneten um einen größeren Einfluss *Di Fabio*, Wege zu besserer Gesetzgebung – sachverständige Beratung, Begründung, Folgeabschätzung und Wirkungskontrolle, 65. DJT 2004, Band II/1, S. 47 (52ff.); *Kahl*, Parlamentarische Steuerung der internationalen Verwaltungsvorgänge, in: Trute/Groß/Röhl, H.C./Möllers, Chr. (Hg.), Allgemeines Verwaltungsrecht – zur Tragfähigkeit eines Konzepts, 2008, S. 71 (83ff.).

[87] BVerfG, 2 BvE 2/08 vom 30. Juni 2009, Absatz-Nr. 207ff. – Lissabon.

[88] *Puhl*, Entparlamentarisierung und Auslagerung staatlicher Entscheidungsverantwortung, in: HStR III, 3. Auflage 2005, § 48 Rdn. 64.

[89] Insgesamt zu dieser „Realanalyse" *Stern*, Das Staatsrecht der Bundesrepublik Deutschland, Band I, 2. Auflage 1984, insbes. S. 597; siehe zur Veränderung des Staatsbilds *Stolleis*, Entwicklungsstufen der Verwaltungsrechtswissenschaft, in: Hoffmann-Riem/Schmidt-Aßmann/Voßkuhle (Hg.), GVwR I, 2006, § 2 Rdn. 111ff.

[90] Siehe für die Stärkung des Parlaments gerade mit Blick auf die Internationalisierung jüngst *Kahl*, Parlamentarische Steuerung der internationalen Verwaltungsvorgänge, in: Tru-

dies in einzigartiger und unmissverständlicher Weise deutlich, wenn es die Grundrechte, den sozialen Rechtsstaat und die parlamentarische Demokratie für unantastbar erklärt.[91] Im Kampf um diese Errungenschaften sind Staat, Europäische Union und die Bürger gefordert.[92] Die Antwort auf die gegenwärtigen Probleme wird deshalb in Kernanliegen des modernen Rechts zu suchen sein – dem Menschenrechtsschutz und der parlamentarischen Demokratie.[93] Diese sind aber neu zu entfalten, um den aktuellen Entwicklungen und Zweifeln angemessen zu begegnen.

V. Koordinationsauftrag

1. *Demokratiedefizit und Koordination der Rechtsquellen*

Das in Deutschland gültige Recht fließt aus unterschiedlichen Quellen. Das Verfassungsrecht, das Europarecht, das Bundes- und Landesrecht sowie das Völkerrecht und die diese Rechtsbereiche entfaltenden Institutionen bestimmen das Rechtsleben. Hinzu tritt eine Vielzahl von Rechtsnormen, die von privater Hand geprägt werden.[94] So wurde jüngst vor einer Rückkehr der vorstaatlichen Rechtsquellenvielfalt gewarnt, mit welcher auch – so der eindringliche Befund – „die vorstaatlichen Übel wiederkehren“ könnten, jedoch „mit dem historischen Unterschied,“ dass heute anders als in der frühen Neuzeit kaum ein „Tugendkatalog“ die „Konflikte bremsend“ und „homogenisierend“ wirken wird. „Wenn die zivilisatorischen Mittel nicht mehr prinzipielle Gleichheit und Gewaltfreiheit, rechtliche Formalisierung und Distanzierung durch Grundrechte heißen, kehren Ungleichheit und Gewalt massiv zurück.“ Eine „für das europäische historische Bewusstsein unverzichtbare Basis“ bilden diejenigen Räume, „in denen ein demokratisch kontrolliertes und durch Verfassungsbindungen gezähmtes Gewaltmonopol herrscht.“[95]

---

te/Groß/Röhl, H.C./Möllers, Chr. (Hg.), Allgemeines Verwaltungsrecht – zur Tragfähigkeit eines Konzepts, 2008, S. 71.

[91] Siehe Art. 79 Abs. 3, Art. 20, Art. 1, auch Art. 23 und 28 GG.

[92] Insgesamt: *Stern*, Das Staatsrecht der Bundesrepublik Deutschland, Band I, 2. Auflage 1984, S. 598: „Der demokratische Staat ist der Staat aller Bürger. Ist er bedroht – von innen oder außen –, so sind wir alle gefordert.“

[93] Siehe hierzu im Ersten Kapitel unter A. I. (S. 3 ff.).

[94] Siehe hierzu *Ossenbühl*, Gesetz und Recht – Die Rechtsquellen im demokratischen Rechtsstaat, in: HStR V, 3. Auflage 2007, § 100 Rdn. 34 ff.; *Stolleis*, Vormodernes und postmodernes Recht, Merkur 2008, 425; insgesamt *Teubner/Fischer-Lescano*, Regime-Kollisionen, 2006; *Di Fabio*, Verwaltung und Verwaltungsrecht zwischen gesellschaftlicher Selbstregulierung und staatlicher Steuerung, VVDStRL 56 (1997), 235; *Schmidt-Preuß*, Verwaltung und Verwaltungsrecht zwischen gesellschaftlicher Selbstregulierung und staatlicher Steuerung, ebenda, 160; *F. Kirchhof*, Private Rechtsetzung, 1987.

[95] *Stolleis*, Vormodernes und postmodernes Recht, Merkur 2008, 425 (428 f.).

Diese klar gezeichnete, warnende Analyse der Rechtsentwicklung kann für das gesetzte europäische und mitgliedstaatliche Recht die Bedeutung der Grundrechtsbindung und Demokratie, der Formalisierung des Rechts bewusst machen. Die Erfolgsgeschichte der europäischen Integration begleitet von Anfang an nicht nur die Kritik an der Quantität und Qualität ihrer Rechtssätze, sondern auch die Frage nach der Freiheit, dem Grundrechtsschutz und der Demokratie.[96] Die repräsentative Demokratie muss erklären, dass den mitgliedstaatlichen Parlamenten Teile ihres Handlungsauftrags und ihrer Handlungsverantwortlichkeiten zugunsten der europäischen Organe genommen werden. Dieses vieldiskutierte Problem verschärft der Bundestag, wenn er in Bereichen, in denen er entscheiden könnte, seine Verantwortung nicht wahrnimmt.[97] Diese Entwicklung und ein solches Selbstverständnis schwächen die Demokratie und veranlassen die Frage, ob eine neue Rechtsetzungskultur des allgemeinen Gesetzes die parlamentarische Demokratie stärken könnte. Kann das Allgemeinheitspostulat den angesichts der Rechtsquellenvielfalt wichtigen gesetzgeberischen Auftrag leiten, das aus diesen Quellen entspringende Recht zu koordinieren? Die Systematik, Folgerichtigkeit und Widerspruchsfreiheit der Gesamtrechtsordnung erwarten bewusste Anpassungsentscheidungen. Dieser Koordinationsauftrag wird als notwendig, aber auch als unerfüllt,[98] jedenfalls als vernachlässigt beschrieben.[99] Doch darf die Kritik nicht verkennen, dass die

---

[96] Siehe zu der insbes. auch im historischen Kontext ihrer Entstehung beeindruckenden europäischen Integration *Oppermann*, Europarecht, 3. Auflage 2005, § 1 Rdn. 19; *ders.*, Von der Gründungsgemeinschaft zur Mega-Union – Eine europäische Erfolgsgeschichte? –, DVBl. 2007, 329; *Vitzthum*, Der Staat der Staatengemeinschaft, 2006; siehe zur Quantität und Qualität der Rechtssätze oben unter I und insgesamt unter D. (S. 39 ff. und 386 ff.).

[97] Siehe soeben unter IV. (S. 55 ff.).

[98] Dies ist eine Kernthese des Mandelkern-Berichts; siehe bereits oben unter I. und III. (S. 39 ff. und 50 ff.) sowie Der Mandelkern-Bericht, in: Bundesministerium des Innern (Hg.), Moderner Staat – Moderne Verwaltung, 2002, S. 10 ff., 18 f., 24, 42, 47, 52 f., 63 f.; eine aktuelle Studie über die Gesetzgebung in der laufenden Legislaturperiode untersucht auch den Einfluss des Europarechts: *Karpen*, Gesetzescheck (2005–2007): Empfehlungen zur Qualitätsverbesserung von Gesetzen, ZRP 2008, 97 (98).

[99] *Herdegen*, Europarecht, 10. Auflage 2008, S. 1 ff.; *K. Schmidt*, Einheit der Rechtsordnung – Realität? Aufgabe? Illusion?, in: ders. (Hg.), Vielfalt des Rechts – Einheit der Rechtsordnung?, 1994, S. 9; *Hilf*, Einheit der Rechtsordnung: EG-Recht und nationales Recht, ebenda, S. 219 (236); *Odersky*, Vertrauen in die Rechtsordnungen der Europäischen Union und in die Rechtsordnungen der Mitgliedstaaten, in: Festschrift Münchener Juristische Gesellschaft, 1996, S. 273; *W. Schroeder*, Das Gemeinschaftsrechtssystem, 2002; *Hoffmann-Riem*, Gesetz und Gesetzesvorbehalt im Umbruch, AöR 130 (2005), 5 (insbes. 11 ff.); *Schmidt-Aßmann*, Verfassungsprinzipien für den Europäischen Verwaltungsverbund, in: Hoffmann-Riem/ders./Voßkuhle (Hg.), GVwR I, 2006, § 5 Rdn. 10 f.; *H. Wißmann*, Verfassungsrechtliche Vorgaben der Verwaltungsorganisation, ebenda, § 15 Rdn. 2 ff.; *Burgi*, Rechtsregime, ebenda, § 18 Rdn. 30 ff.; zum Einfluss des Europarechts auf das Verfassungsrecht: *Hain*, Zur Frage der Europäisierung des Grundgesetzes, DVBl. 2002, 148; über das Europarecht hinausgreifend: *Schorkopf*, Grundgesetz und Überstaatlichkeit, 2007; siehe insgesamt: *Th. M. J. Möllers*, Die Rolle des Rechts im Rahmen der europäischen Integration, 1999, S. 12 ff.; *Nettesheim*, Europäischer Verfassungsverbund?, in: Festschrift für Josef Isensee, 2007, S. 733 (737 ff.).

Koordination des europäischen und mitgliedstaatlichen Rechts ein anspruchsvolles Unterfangen ist. Zwischen den Rechtsbereichen besteht eine „weitgehende wechselseitige Verflochtenheit", eine „Interdependenz", die sich darin zeigt, dass jede Veränderung „zu einer Kettenreaktion von notwendigen Anpassungen und zu gewünschten Hilfsmaßnahmen in andern Bereichen führt."[100]

2. *Der Einfluss des Europarechts*

Das deutsche Recht wird vom Europarecht vielfältig und unterschiedlich beeinflusst. Die Intensität dieser Europäisierung lässt sich nicht präzise messen.[101] Bereits die Fragen, in welchem Ausmaß Gesetze von der Europäischen Union initiiert sind, inwieweit der Bundestag europäische Vorgaben gleichsam nur nachzeichnet, wie groß sein verbleibender eigenständiger Gestaltungsraum ist, sind nicht geklärt. Ende der 80er Jahre waren nach Schätzung des damaligen Präsidenten der Kommission *Delors* 50 Prozent aller mitgliedstaatlichen Gesetze und 80 Prozent der Wirtschaftsgesetzgebung durch Europa veranlasst.[102] Die Höhe dieser vielzitierten Richtwerte entbehrt aber einer verlässlichen wissenschaftlichen Grundlage.[103] Der Einfluss des europäischen Rechts auf die nationale Gesetzgebung ist schwierig zu messen. Den europäischen Ursprung legt nicht jedes Gesetz offen, das Europarecht umsetzt. Der fehlende Hinweis auf die europarechtlichen Vorgaben ist der Regelfall, wenn das Gesetz Entscheidungen des Europäischen Gerichtshofs oder Vorgaben des Rats oder der Kommission folgt, die nicht in einen Rechtssatz gegossen wurden. Der europäische Impuls wird jedoch nicht selten auch dann verschwiegen, wenn Richtlinien umgesetzt werden. Artikelgesetze fassen zuweilen verschiedene Gesetze mit europäischem Ursprung zusammen, legen dabei die unterschiedlichen europäischen Grundlagen nicht immer offen. Die bestehenden Übersichten lassen zudem die Umsetzung europäischer Vorgaben durch deutsche Rechtsverordnungen außen vor. Auch die Wirkung europäischer Verordnungen bleibt unberücksichtigt, wenn diese keine Änderung des deutschen Rechts fordern, den Entscheidungsraum des Bundestags aber gleichwohl einschränken, insbesondere weil nationale Regelungen untersagt werden. In Deutschland wird darüber hinaus die Europäisierung der Gesetzgebung der Länder nicht abgebildet.[104] Zudem erfas-

[100] *H. Schneider*, Gesetzgebung, 3. Auflage 2002, Rdn. 433.

[101] Siehe hierzu jüngst *Töller*, Mythen und Methoden, ZParl 2008, 3; *Plehwe*, WZB-Mitteilungen, Heft 117, 2007, 7; *T. Hoppe*, Die Europäisierung der Gesetzgebung: Der 80-Prozent-Mythos lebt, EuZW 2009, 168.

[102] BVerfGE 89, 155 (172 f. m. w. H.) – Maastricht.

[103] Zu den Schwierigkeiten, den Einfluss des Europarechts in einem Politikbereich zu ermitteln, jüngst *Plehwe*, WZB-Mitteilungen, Heft 117, 2007, 7; *Töller*, Mythen und Methoden, ZParl 2008, 3.

[104] Siehe insgesamt *Töller*, Mythen und Methoden, ZParl 2008, 3 (13 ff.); zu den Besonder-

sen die Übersichten die Dichte der europäischen Vorgaben nicht. Eine europäische Richtlinie mit weiten Vorgaben greift weitaus geringer in den Gestaltungsraum des Bundestags ein als ein entsprechender Rechtsakt mit Detailvorgaben. Die in Umsetzung beider Vorgaben erlassenen Gesetze aber werden in den Übersichten als Rechtsakt mit europäischem Impuls ausgewiesen. In den Statistiken bleibt auch offen, ob der europäische Impuls zentrale Rechtsfragen oder nur Randbereiche einer Gesetzgebungsmaterie erfasst. Diese Frage ist aber für die Analyse des Einflusses des Bundestags maßgeblich, weil die parlamentarische Demokratie kaum an Kraft verliert, wenn das Parlament Kernprobleme selbst regelt, auch wenn unabhängig hiervon zahlreiche Gesetze mit europäischem Impuls erlassen werden.

Die vom Bundestag veröffentlichte Zahl der Gesetze mit europäischen Wurzeln spiegelt daher auch nach eigenen Angaben den Einfluss des Europarechts nicht treffend, gibt gleichwohl eine hilfreiche Orientierung. Beispielsweise stieg der Anteil der auf europäische Impulse zurückzuführenden Gesetze im Bereich der Wirtschaft und Technologie von 21,7 Prozent in der zwölften Wahlperiode über 34,8 Prozent in der dreizehnten auf 47,2 Prozent in der 14. Wahlperiode.[105] Das Dokumentations- und Informationssystem für Parlamentarische Vorgänge (DIP) des Deutschen Bundestags und Bundesrats[106] hat nunmehr auf einige der genannten Fehlerquellen reagiert und die unterschiedlichen europäischen Impulse der in Kraft gesetzten Bundesgesetze genauer aufgeführt. Auf Grundlage dieser Daten wurde jüngst eine – im Vergleich zu den bisherigen Analysen – präzisere Übersicht der „Europäisierung der Gesetzgebung" erstellt. Hiernach liegt derzeit der Anteil der auf Grund eines europäischen Impulses erlassenen deutschen Gesetze im Bereich der Umweltpolitik bei 81,3 Prozent, in der Landwirtschafts- und Ernährungspolitik bei 75 Prozent, in Fragen der Regionalplanung bei 50 Prozent und in der Wirtschaftspolitik bei 40 Prozent. Neben diesen eher klassischen europarechtlichen Materien mag der Umfang des europäischen Einflusses im Bereich Familie und Gesundheit (42,3 Prozent), Justiz (42,4 Prozent), Finanzen (42,6 Prozent), Verkehr (40 Prozent), in Fragen der Arbeit und des Sozialen (15,6 Prozent) und des Inneren (12,9 Prozent) erstaunen. Insgesamt folgen – so die Analyse – knapp 40 Prozent der Bundesgesetze einem europäischen Impuls.[107] Diese Übersicht vermeidet zwar viele der genannten Fehlerquellen, jedoch bleiben auch hier Ungenauigkeiten. Die Wirkung europäischer Verordnungen, die keine unmittelbare Änderung des nationalen Rechts zur Folge haben, bleibt unberücksichtigt. Ebenso wird die Umsetzung europäischer

---

heiten anderer Mitgliedstaaten der Europäischen Union siehe die Übersicht von *Th. König/Mäder*, Bürokratisierung oder Politisierung?, 2007, S. 14ff.

[105] Insgesamt *Feldkamp*, Datenhandbuch zur Geschichte des Deutschen Bundestages 1994 bis 2003, 2005, S. 601f.

[106] Siehe hierzu unter www.bundestag.de/bic/standgesetzgebung/index.html.

[107] *Töller*, Mythen und Methoden, ZParl 2008, 3 (11, 17).

Vorgaben durch deutsche Rechtsverordnungen und durch die Rechtsetzung der Länder weiterhin nicht in die Statistik miteinbezogen. So dürfte der Einfluss des Europarechts nicht nur in Bereichen wie dem Agrarrecht, das durch europäisches Verordnungsrecht geprägt ist, sondern auch insgesamt deutlich höher sein, weil in den Jahren 1998 bis 2004 24 Mal mehr Verordnungen als Richtlinien erlassen wurden.[108] Für den Parlamentarismus in den Mitgliedstaaten sind neben diesen quantitativen Messungen insbesondere die Fragen entscheidend, wie detailliert die europäischen Vorgaben sind und ob sie wichtige Politikbereiche treffen. Verflochtenheit und Zusammenwirken der sich überschneidenden Rechtskreise sind so vielfältig, dass sie kaum analysiert, deswegen nur schwer politisch und rechtlich gesteuert werden können.

3. Abstimmungsprobleme

Mitgliedstaatliches und europäisches Recht wirken zusammen, sind aufeinander abzustimmen, in Rang und Aussage in eine verständliche Ordnung einzufügen.[109] Die Koordinationsprobleme steigern sich noch, wenn verschiedene Organe die Rechtssätze konkretisieren, wenn die Tätigkeiten der Verwaltung und Rechtsprechung in einer gemeinsamen Rechtsordnung zu koordinieren sind.[110] Sie beginnen aber bereits bei der Suche nach dem einschlägigen Rechtstext und dessen Verlässlichkeit. Das Lehrbuchbeispiel bilden hier die Fristenregelungen der §§ 48 f. VwVfG, die in Fällen mit europarechtlichem Bezug schlicht nicht zur Anwendung kommen – entgegen dem Wortlaut und ohne einen Hinweis hierauf im Gesetz.[111] Zahlreiche Gesetze wie das Bürgerliche Gesetzbuch

---

[108] Siehe hierzu bereits oben unter I. (S. 39 ff.) sowie die Antwort der Bundesregierung auf die Anfrage verschiedener Abgeordneter und der Fraktion der FDP vom 9. Oktober 2007, BTDrs. 16/6672; siehe insgesamt *Töller*, Mythen und Methoden, ZParl 2008, 3 (13 ff. m. w. H.); *Plehwe*, WZB-Mitteilungen, Heft 117, 2007, 7.

[109] Siehe hierzu oben unter 1. (S. 57 ff.).

[110] Siehe zu den Problemen der Verwaltungskooperation: *Groß*, Die Verwaltungsorganisation als Teil organisierter Staatlichkeit, in: Hoffmann-Riem/ders./Voßkuhle (Hg.), GVwR I, 2006, § 13 Rdn. 34 ff.; *Sydow*, Verwaltungskooperation in der Europäischen Union, 2004; *Pietzcker*, Zur Nichtanwendung europarechtswidriger Gesetze seitens der Verwaltung, in: Festschrift für Ulrich Everling, 1995, S. 1095; zur Koordination im Rahmen des Rechtsschutzes: *O. Dörr*, Der europäisierte Rechtsschutzauftrag deutscher Gerichte, 2003; *ders.*, Rechtsprechungskonkurrenz zwischen nationalen und europäischen Verfassungsgerichten, DVBl. 2006, 1088; *Gundel*, Rechtsschutzlücken im Gemeinschaftsrecht?, VerwArch 92 (2001), 81; mit einem besonderen Blick auf Richtlinien: *J.-P. Schneider*, Effektiver Rechtsschutz Privater gegen EG-Richtlinien nach dem Maastricht-Urteil des Bundesverfassungsgerichts, AöR 119 (1994), 294.

[111] *Sachs*, in: Stelkens/Bonk/ders. (Hg.), Verwaltungsverfahrensgesetz, 6. Auflage 2001, § 48 Rdn. 236 ff.; *Kopp, F. O./Ramsauer*, Verwaltungsverfahrensgesetz, 10. Auflage 2008, § 48 Rdn. 151; insgesamt *Götz*, Der knapp bemessene Vertrauensschutz bei der Rückforderung gemeinschaftsrechtswidriger staatlicher Beihilfen, in: Festschrift für Christian Starck, 2007, S. 555; siehe hierzu mit einer kritischen Analyse des „effet utile"-Gedankens, die den

oder das Aufenthaltsgesetz[112] stellen zu Beginn lapidar fest, dass sie der Umsetzung bestimmter, im Einzelnen aufgezählter europäischer Vorgaben „dienen". Der Rechtsuchende wird ermahnt, den aufgezählten Rechtsquellen nachzugehen, insbesondere wenn er die Gesetze europarechtskonform auslegen will. Die notwendigen Hinweise verdeutlichen das Problem der Koordination des Rechts, die Mühen, die einschlägigen Vorschriften zusammenzutragen, noch bevor die rechtlichen Vorgaben erfasst sind. Hinzu treten Regelungen, die lediglich auf das europäische Recht verweisen und dem Rechtsuchenden von vornherein verwehren, durch den Blick in den Gesetzestext die Rechtsaussage zu erfassen – etwa wenn der Gesetzgeber die das Gesetz prägenden Begriffe nicht mit einer aus sich heraus verständlichen Definition regelt. So ist ein Betriebsbereich im Sinn des § 3 Abs. 5a des Bundes-Immissionsschutzgesetzes[113] „der gesamte unter der Aufsicht eines Betriebes stehende Bereich, in dem gefährliche Stoffe im Sinn des Artikels 3 Nr. 4 der Richtlinie 96/82/EG des Rates vom 9. Dezember 1996 zur Beherrschung der Gefahren bei schweren Unfällen mit gefährlichen Stoffen (ABl. EG 1997 Nr. L 10 S. 13), geändert durch die Richtlinie 2003/105/EG des Europäischen Parlaments und des Rates vom 16. Dezember 2003 (ABl. EU Nr. L 345 S. 97), in einer oder mehreren Anlagen einschließlich gemeinsamer oder verbundener Infrastrukturen und Tätigkeiten einschließlich Lagerung im Sinn des Artikels 3 Nr. 8 der Richtlinie in den in Artikel 2 der Richtlinie bezeichneten Mengen tatsächlich vorhanden oder vorgesehen sind oder vorhanden sein werden, soweit davon auszugehen ist, dass die genannten gefährlichen Stoffe bei einem außer Kontrolle geratenen industriellen chemischen Verfahren anfallen; ausgenommen sind die in Artikel 4 der Richtlinie 96/82/EG angeführten Einrichtungen, Gefahren und Tätigkeiten." Diese und vergleichbare Regelungen[114] erfüllen letztlich ihren Regelungsauftrag der Begriffsbestimmung kaum. Sucht ein Ausländer zu erfahren, ob ein Verbot der Abschiebung nach § 60 Abs. 1 Satz 1 des Aufenthaltsgesetzes besteht, legt das Gesetz ihm nicht die maßgeblichen Tatbestandsvoraussetzungen offen, sondern belässt

---

Vertrauensschutz hervorhebt, *Ladeur*, Die Bedeutung eines Allgemeinen Verwaltungsrechts für ein Europäisches Verwaltungsrecht, in: Trute/Groß/Röhl, H.C./Möllers, Chr. (Hg.), Allgemeines Verwaltungsrecht – zur Tragfähigkeit eines Konzepts, 2008, S. 795 (799 ff.).

[112] Aufenthaltsgesetz in der Fassung der Bekanntmachung vom 25. Februar 2008 (BGBl. I, S. 162), zuletzt geändert durch das Gesetz vom 13. März 2008 (BGBl. I, S. 313), im Folgenden: AufenthG.

[113] Gesetz zum Schutz vor schädlichen Umwelteinwirkungen durch Luftverunreinigungen, Geräusche, Erschütterungen und ähnliche Vorgänge (Bundes-Immissionsschutzgesetz), in der Fassung der Bekanntmachung vom 26. September 2002 (BGBl. I, S. 3830), zuletzt geändert durch das Gesetz vom 23. Oktober 2007 (BGBl. I, S. 2470), im Folgenden: BImSchG.

[114] Siehe hierzu auch § 10 Abs. 1 Nrn. 3 ff., Abs. 2 Nrn. 7 ff. des Gesetzes über Naturschutz und Landschaftspflege (Bundesnaturschutzgesetz) vom 25. März 2002 (BGBl. I, S. 1193), zuletzt geändert durch das Gesetz vom 8. April 2008 (BGBl. I, S. 686), im Folgenden: BNatSchG.

es in Satz 3 bei dem Hinweis, dass für die entsprechende Feststellung die „Artikel 4 Abs. 4 sowie die Artikel 7 bis 10 der Richtlinie 2004/83/EG des Rates vom 29. April 2004 über Mindestnormen für die Anerkennung und den Status von Drittstaatsangehörigen oder Staatenlosen als Flüchtlinge oder als Personen, die anderweitig internationalen Schutz benötigen, und über den Inhalt des zu gewährenden Schutzes (ABl. EU Nr. L 304 S. 12) ergänzend anzuwenden" sind. Die Inbetriebnahme oder Weiterführung einer genehmigungsbedürftigen Anlage ist nach § 20 Abs. 1a BImSchG zu untersagen, „solange und soweit die von dem Betreiber getroffenen Maßnahmen zur Verhütung schwerer Unfälle im Sinn des Artikels 3 Nr. 5 der Richtlinie 96/82/EG oder zur Begrenzung der Auswirkungen derartiger Unfälle eindeutig unzureichend sind." Zahlreiche weitere Fälle vergleichbarer Verweise verdeutlichen den Koordinationsauftrag innerhalb der geltenden Rechtsordnung.[115] Die Verständlichkeit des Rechts wird gegenwärtig durch Verweise auf das Recht der Europäischen Union geschwächt.

Hinzu treten europäische Rechtsakte, welche nicht hinreichend auf die Rechtsdogmatik achten, etwa zu Friktionen im Verwaltungsrecht[116] oder im Zivilrecht[117] führen, oder zu genaue Vorgaben zeichnen, wie z. B. die berühmte Festlegung des Krümmungsgrads von Gurken – die aber nunmehr aufgehoben wird –[118] oder die „Richtlinie 77/311/EWG des Rates vom 29. März 1977 zur Angleichung der Rechtsvorschriften der Mitgliedstaaten über den Geräuschpegel in Ohrenhöhe der Fahrer von land- oder forstwirtschaftlichen Zugmaschinen auf Rädern".[119]

Diese Gesetzgebungstechnik lässt an das Mittelalter und die frühe Neuzeit denken, als das lokale Gewohnheitsrecht, das Stadtrecht, das Fürstenrecht, das

---

[115] Siehe hierzu etwa auch §§ 7 Abs. 4, 25 Abs. 1a, 47c Abs. 2, 47d Abs. 2, 50 BImSchG, §§ 21a Abs. 2 bis 5, 42 Abs. 3 bis 5, 43 Abs. 3 BNatSchG, §§ 20a Abs. 2, 64b Abs. 2, 111b Abs. 2 des Gesetzes über Urheberrecht und verwandte Schutzrechte (Urheberrechtsgesetz) vom 9. September 1965 (BGBl. I, S. 1273), zuletzt geändert durch das Gesetz vom 13. Dezember 2007 (BGBl. I, S. 2897), im Folgenden: UrhG.

[116] Siehe bereits oben und für weitere Beispiele *Ladeur*, Die Bedeutung eines Allgemeinen Verwaltungsrechts für ein Europäisches Verwaltungsrecht, in: Trute/Groß/Röhl, H.C./Möllers, Chr. (Hg.), Allgemeines Verwaltungsrecht – zur Tragfähigkeit eines Konzepts, 2008, S. 795 (799 ff., 815).

[117] *Honsell*, Die Erosion des Privatrechts durch das Europarecht, ZIP 2008, 621 (622 f.).

[118] „Gurken dieser Klasse müssen von guter Qualität sein. Sie müssen: [...] ziemlich gut geformt und praktisch gerade sein (maximale Krümmung: 10 mm auf 10 cm Länge der Gurke" (II. B. 2. [Gurken Klasse I] des Anhangs der Verordnung [EWG] Nr. 1677/88 der Kommission vom 15. Juni 1988 zur Festsetzung von Qualitätsnormen für Gurken, ABl. L 150 vom 16. Juni 1988, S. 21 ff.).

[119] Insgesamt *Honsell*, Die Erosion des Privatrechts durch das Europarecht, ZIP 2008, 621 (622 f.); *R. Wieland*, „Brüssler Regelungswut"? – Facetten einer politischen Schimäre, in: Sander/Vetter (Hg.), Regelungswut in der EU – Wahrheit oder Mythos?, 2007, S. 9 (11 ff.); siehe zu diesen und weiteren Beispielen auch im Zweiten Kapitel unter D., hier unter II., III., V., VII. und VIII. (S. 398 ff., 444 ff. und 446 ff.).

römische und kanonische Recht, auch besondere Rechtsmaterien wie das Handelsrecht nebeneinander galten und zu Rechtskonflikten führten. *Johann von Buch* versuchte in einer beispielhaften Anstrengung einen Teil dieser Konflikte zu vermeiden, jedenfalls offenzulegen, als er den Sachsenspiegel mit Verweisen auf andere einschlägige Rechtsquellen versah. Die über 6.500 Verweise auf das Gesetzeswerk *Justinians* verdeutlichen die Schwierigkeit dieses Unterfangens.[120] Die gegenwärtige Verweistechnik und das historische Beispiel machen bewusst, dass eine Koordination des Rechts bei der Rechtsetzung beginnen sollte. Recht sollte Zusammenhalt und systematische Verständlichkeit im Gesetz finden.

VI. Die Frage nach dem Gesetz

Die deutschen wie die europäischen Rechtsetzungsorgane arbeiten kontinuierlich in einer hohen Schlagzahl. Der Bundestag erlässt zahlreiche Einzelfallgesetze, spezielle Regelungen, welche die Abgeordneten im Plenum nur schwer verstehen und verantworten können.[121] Zu oft scheint er seinen Gestaltungsraum zu verkennen, gerade wenn europäisches Recht umzusetzen ist, ringt nur selten um größeren Einfluss. Die Europäische Union setzt häufig detaillierte Vorgaben, erlässt deutlich mehr Verordnungen als Richtlinien, reduziert auf Grund der Vielzahl und Dichte der Rechtsetzung den Gestaltungsraum des mitgliedstaatlichen Gesetzgebers. Angesichts dieser Rechtsetzungswirklichkeit warnen Mitglieder der Kommission und weitere Experten aus zahlreichen Mitgliedstaaten ganz im Sinn *Wilhelm von Humboldts* und *Alexis de Tocquevilles*, dass ein zu enges Regelungsnetz die Freiheit der Bürger, die gemeinschaftstärkende Kraft der Gesellschaft lähmt.[122] Die schwer überschaubare Rechtsordnung, eine Dominanz des parzellierenden Wissens, die Zurücknahme parlamentarischer Zuständigkeiten veranlassen die Fragen, ob die verschiedenen Rechtskulturen hinreichend zur Entfaltung gebracht werden, ob die Rechtsordnungen genügend koordiniert, die Grundrechte bereits bei der Rechtsetzung gebührend beachtet werden. Regelungsinhalte verbergen sich hinter Verweisen, klare Gesetzesaussagen verlieren an Verlässlichkeit. Der Bürger steht einer

[120] Siehe hierzu *Kroeschell*, Von der Gewohnheit zum Recht, in: Boockmann/Grenzmann/Moeller/Staehelin (Hg.), Recht und Verfassung im Übergang vom Mittelalter zur Neuzeit, I. Teil, 1998, S. 68; *Laufs*, Rechtsentwicklungen in Deutschland, 6. Auflage 2006, S. 1 ff.; *Köbler*, Das Recht im frühen Mittelalter, 1971, insbes. S. 232; jeweils m. w. H.

[121] *H. H. Klein*, Stellung und Aufgaben des Bundestages, in: HStR III, 3. Auflage 2005, § 50 insbes. Rdn. 21 und 46.

[122] *W. von Humboldt*, Ideen zu einem Versuch, die Grenzen der Wirksamkeit des Staates zu bestimmen [1791], 2006, insbes. S. 30 f., 201 ff.; *de Tocqueville*, Über die Demokratie in Amerika [De la démocratie en Amérique, 1835–1840], 1985, S. 343 f., 364 ; Der Mandelkern-Bericht, in: Bundesministerium des Innern (Hg.), Moderner Staat – Moderne Verwaltung, 2002, S. 10 ff., 18 f., 24, 42, 47, 52 f., 63 f.

schwer zu verstehenden Rechtsordnung gegenüber, lebt in einer Gefahr des Rechtsbruchs, die Freiheit lähmt.

Diese Gesetzgebungswirklichkeit gibt zu erwägen, ob Demokratie und Rechtsstaat, ob der Menschenrechtsschutz eine bestimmte Qualität der Rechtssätze verlangen.[123] Sollen die Gesetze auf die Allgemeinqualifikation von Abgeordneten und Parlament abgestimmt sein? Verlangt die Geltung eines Gesetzes, dass die Mehrheit des Parlaments den Gesetzesbeschluss verstehen kann? Muss das Recht für den Gesetzesadressaten mit seinen allgemeinen Sprach- und Erkenntnisfähigkeiten jedenfalls im Grundsatz erschließbar sein und grundsätzlich dauerhaft gelten? Wie weit reicht der Regelungsauftrag einer Europäischen Union der 27 Mitgliedstaaten, der 27 unterschiedlichen Rechtsordnungen? Kommt der Union wie den mitgliedstaatlichen Gesetzgebern insbesondere die Aufgabe eines Mittlers zwischen den verschiedenen Rechtsquellen, eines Koordinators zu? Wer steht in der Verantwortung für die Konsistenz der Gesamtrechtsordnung? Ruht im Gesetz der Auftrag, allgemeine Regelungen zu erlassen und damit eine rationalisierende Kraft zu entwickeln, die der sog. Normenflut und wachsenden Unverständlichkeit des Rechts entgegenwirken könnte?[124] Ist die Normenflut eine zwingende Begleiterscheinung des modernen Sozialstaats? Muss der Gesetzgeber auf den naturwissenschaftlich-technischen Fortschritt, auf die zunehmende Ausdifferenzierung der Gesellschaft mit komplizierteren Gesetzen reagieren, oder sollte er der Kompliziertheit als Lösung einfachere, grundlegendere, allgemeine Gesetze gegenüberstellen? Aus den Ursachen und vermeintlichen Erfordernissen entwicklungsbegleitender, gegensteuernder und ausgleichender Normen folgt jedenfalls nicht notwendig das parlamentarische Einzelfallgesetz.

Es wäre angesichts dieser Entwicklungen naiv, jedes spezielle Recht aus der Rechtsordnung verbannen zu wollen. Elastisches, situativ bewegliches untergesetzliches Recht[125] kann das Parlament entlasten, das Parlamentsgesetz und damit die Demokratie stärken.[126] Allerdings darf die Quelle der Normenflut nicht einfach auf eine untere Ebene, etwa die der Rechtsverordnungen, verschoben werden[127] – dann wäre die parlamentarische Demokratie zusätzlich gefährdet.

---

[123] *Stern*, Das Staatsrecht der Bundesrepublik Deutschland, Band I, 2. Auflage 1984, S. 787: „Ein Niedergang des Gesetzes ist immer auch ein Niedergang des Rechtsstaats."

[124] Zur Gesetzesallgemeinheit als Mittel gegen die Übernormierung ausdrücklich *Imboden*, Das Gesetz als Garantie rechtsstaatlicher Verwaltung, 1954, S. 39f., der insgesamt die Wiederbelebung des allgemeinen Gesetzes betont.

[125] Siehe hierzu *Ossenbühl*, Rechtsverordnung, in: HStR V, 3. Auflage 2007, § 103; *ders.*, Autonome Rechtsetzung der Verwaltung, ebenda, § 104; *ders.*, Satzung, ebenda, § 105; *Schmidt-Preuß*, Das Allgemeine des Verwaltungsrechts, in: Festschrift für Hartmut Maurer, 2001, S. 777, verdeutlicht in dieser Situation den Wert des Allgemeinen Verwaltungsrechts.

[126] Insgesamt *Di Fabio*, Gewaltenteilung, in: HStR II, 3. Auflage 2004, § 27 Rdn. 53ff.; *Grimm*, Ursprung und Wandel der Verfassung, in: HStR I, 3. Auflage 2003, § 1 Rdn. 69ff., 81ff.

[127] Siehe zu dieser Mahnung *Ossenbühl*, Gesetz und Recht – Die Rechtsquellen im demo-

Zudem kann und soll das Parlament zentrale Spezialvorgaben selbst setzen. Diese Erwägungen legen die Frage nahe, ob das Parlament grundsätzlich in Sachferne allgemeine Regeln erlassen und die Exekutive ermächtigen soll, in der notwendigen Sachnähe und mit dem maßgeblichen Spezialwissen Detailvorgaben zu zeichnen. Entfaltet das allgemeine, die exekutive Rechtsetzung erlaubende Parlamentsgesetz eine orientierende, systematisierende Kraft, welche die regulative Kraft der Gesetze und damit den Einfluss des Parlaments sowie die Konsistenz der Gesamtrechtsordnung stärkt? Können systembildende gesetzliche Vorgaben verhindern, dass die Zahl der Parlamentsgesetze und der auf ihrer Grundlage erlassenen Rechtsverordnungen wächst? Vermögen solche Ermächtigungen zur exekutiven Rechtsetzung die Konsistenz der Gesamtrechtsordnung und damit auch die direktive Kraft der Rechtsverordnungen zu stärken? Das Parlament, das allgemeine Gesetze erlässt, könnte sich wieder vermehrt mit grundsätzlichen Fragen befassen, den Auftrag zur Erstinterpretation der Verfassung durch allgemeine Regeln – auch gegenüber dem Verfassungsgericht – mit neuer Kraft erfüllen. Die Gesetzesallgemeinheit könnte auf europäischer Ebene bewirken, dass weniger Rechtssätze erlassen, verständlichere und systematisierendere Strukturen geschaffen werden, welche der eigenen Kultur und Rationalität der 27 mitgliedstaatlichen Rechtsräume besser gerecht werden und eine Koordination der Rechtsordnungen erlauben, jedenfalls erleichtern.

Das allgemeine Gesetz wird diese Fragen nicht vollständig beantworten. Der Gedanke der verallgemeinernden Regelbildung könnte aber der Suche nach Antworten dienen, einen Beitrag zu der geforderten neuen Rechtsetzungskultur[128] leisten. Die Gesetzgebungswirklichkeit stellt so die Frage nach der Idee des Gesetzes.

---

kratischen Rechtsstaat, in: HStR V, 3. Auflage 2007, § 100 Rdn. 77f.; siehe für die Beedinung der Normgeltung als Abhilfe *Heckmann*, Geltungskraft und Geltungsverlust von Rechtsnormen, 1997.

[128] Der Mandelkern-Bericht, in: Bundesministerium des Innern (Hg.), Moderner Staat – Moderne Verwaltung, 2002.

B. Die Idee des Gesetzes

I. Rechtstradition und normative Forderung

Der Gedanke an das Gesetz ist der Gedanke an die Allgemeinheit.[1] Dieser rechtshistorische, dieser ideengeschichtliche Befund soll im Folgenden geprüft, ihm soll in den bestimmenden Merkmalen des Gesetzes nachgespürt werden. Der Suche nach diesem für die rechtliche Analyse grundlegenden Ausgangspunkt[2] bleibt bewusst, dass der Gesetzesbegriff immer mit der politischen Struktur der jeweiligen Gemeinschaft verbunden ist, für welche das Gesetz gilt, dass er in der jeweiligen historischen Situation und aus den eigenen traditionalen Wurzeln zu begreifen ist.[3] Das Recht folgt keinem vorgefundenen und zeitlosen Gesetzesbegriff, sondern setzt und entfaltet eigene Aussagen über das

---

[1] *Kelsen*, Allgemeine Staatslehre [1925], 1966, S. 232; *Maihofer*, Europäisches Rechtsdenken heute, in: Festschrift für Helmut Coing, Band I, 1982, S. 579 (580); *H. Hofmann*, Das Postulat der Allgemeinheit des Gesetzes, in: Starck (Hg.), Die Allgemeinheit des Gesetzes, 1987, S. 9 (9f., 14f., 19); *A. Kaufmann*, Rechtsphilosophie, 2. Auflage 1997, S. 134ff.; *H. Schneider*, Gesetzgebung, 3. Auflage 2002, Rdn. 14, 32ff.; *Ossenbühl*, Gesetz und Recht – Die Rechtsquellen im demokratischen Rechtsstaat, in: HStR V, 3. Auflage 2007, § 100 Rdn. 11f.

[2] Speziell zu Art. 19 Abs. 1 GG *Menger*, in: Dolzer/Vogel/Graßhof (Hg.), Bonner Kommentar zum Grundgesetz, Art. 19 Abs. 1 (1979) Rdn. 32; allgemein: *Hesse*, Grundzüge des Verfassungsrechts der Bundesrepublik Deutschland, 20. Auflage 1995, Rdn. 127, siehe insgesamt Rdn. 49ff.; *Ossenbühl*, Gesetz und Recht – Die Rechtsquellen im demokratischen Rechtsstaat, in: HStR V, 3. Auflage 2007, § 100 Rdn. 4f.; *R. Schulze*, Geschichte der neueren vorkonstitutionellen Gesetzgebung, Zeitschrift der Savigny-Stiftung für Rechtsgeschichte 98 (1981), Germanische Abteilung, 157 (insbes. 159, 235); mit Blick auf Europa: *J. Wolff*, Kulturhistorische Grundlagen der Europäischen Rechtsgeschichte, in: ders. (Hg.), Kultur- und rechtshistorische Wurzeln Europas, 2005, S. 9.

[3] Dies betont *R. Schulze*, Geschichte der neueren vorkonstitutionellen Gesetzgebung, Zeitschrift der Savigny-Stiftung für Rechtsgeschichte 98 (1981), Germanische Abteilung, 157 (insbes. 159, 235); *Bleicken*, Lex publica, 1975, S. 52ff., spricht davon, dass der Gesetzesbegriff ein historischer sei; siehe hierzu mit Blick auf die europäische Identität: *J. Wolff*, Kulturhistorische Grundlagen der Europäischen Rechtsgeschichte, in: ders. (Hg.), Kultur- und rechtshistorische Wurzeln Europas, 2005, S. 9; zur Entwicklungsgeschichte des Gesetzes *Ebel*, Geschichte der Gesetzgebung in Deutschland, 2. Auflage 1958; *E.-W. Böckenförde*, Gesetz und gesetzgebende Gewalt, 2. Auflage 1981; *Gagnér*, Studien zur Ideengeschichte der Gesetzgebung, 1960; *Zeidler*, Massnahmegesetz und „klassisches" Gesetz, 1959, S. 77ff.; *Roellecke*, Der Begriff des positiven Gesetzes und das Grundgesetz, 1969; *Starck*, Der Gesetzesbegriff des Grundgesetzes, 1970; *Grawert*, „Gesetz", in: Brunner/Conze/Koselleck (Hg.), Geschichtliche Grundbegriffe, Band 2 E-G, 1975, S. 863; jüngst konzentriert auf die Gesetzgebungskunst *Mertens*, Gesetzgebungskunst im Zeitalter der Kodifikationen, 2004; *Emmen-*

G. Kirchhof, DVBl 11, 1068 (1071ff.)

Gesetz.[4] Gleichwohl sollte der Allgemeinheitsgedanke nicht von vornherein durch eine normative Prägung, durch eine gegenwartsgegebene Lesart, durch einen bestimmten Blickwinkel verengt werden. Das Gesetz schöpft aus einer tief greifenden und „vielschichtigen ideen- und rechtsgeschichtlichen Tradition",[5] ist ein facettenreiches,[6] bisher nicht klar bestimmtes Phänomen,[7] in den „teils expliziten, teils nur impliziten Postulaten der Gesetzesallgemeinheit in Rechtstheorie und Staatsrechtslehre" wirken zuweilen „heterogene" Quellen. Die ideengeschichtliche Suche nach dem Gesetz wird schon deshalb – so fährt *Hasso Hofmann* fort – nicht zu einem „einheitlichen, konsistenten und tragfähigen", zu einem allgemeingültigen Gesetzesbegriff führen. Gleichwohl darf und muss der Versuch unternommen werden, die „Bedeutungsvielfalt schematisch zu strukturieren".[8] Es ist zu fragen, welche Erkenntnisse, welche Forderungen im allgemeinen Gesetz ruhen, welche kulturellen Wurzeln zum gegenwärtigen Verständnis des Gesetzes beitragen können. Dabei wird der Gesetzgeber jeden Rechtsbegriff mit eigenem Inhalt füllen, sich auch im jeweiligen Gesetzesbegriff – sei es bewusst oder unbewusst – für oder gegen ein Vorverständnis, eine ideengeschichtliche Prägung entscheiden.[9]

Die Allgemeinheit des Gesetzes wird gegenwärtig kaum als kennzeichnendes und notwendiges Merkmal des Gesetzes begriffen. Die Stimmen, die das Allge-

---

egger, Gesetzgebungskunst, 2006; *Franz*, Der Begriff des Gesetzes, ZG 2008, 140 (141 ff., 163 f.); siehe zudem *D. R. Kelley*, The human measure, 1990.

[4] *Ossenbühl*, Gesetz und Recht – Die Rechtsquellen im demokratischen Rechtsstaat, in: HStR V, 3. Auflage 2007, § 100 Rdn. 4 f.; *Hesse*, Grundzüge des Verfassungsrechts der Bundesrepublik Deutschland, 20. Auflage 1995, Rdn. 127, siehe insgesamt Rdn. 49 ff.; *E.-W. Böckenförde*, Demokratie als Verfassungsprinzip, in: HStR II, 3. Auflage 2004, § 24 Rdn. 4.

[5] *H. Dreier*, in: ders. (Hg.), Grundgesetz. Kommentar, Band 1, 2. Auflage 2004, Art. 19 Rdn. 1; *H. Hofmann*, Das Postulat der Allgemeinheit des Gesetzes, in: Starck (Hg.), Die Allgemeinheit des Gesetzes, 1987, S. 9 (48), spricht von einer „großen zweihundertjährigen Rechtstradition", die im Allgemeinheitspostulat „nachschwingt".

[6] Zum Gesetz: *Grawert*, „Gesetz", in: Brunner/Conze/Koselleck (Hg.), Geschichtliche Grundbegriffe, Band 2 E-G, 1975, S. 863 (863); *Sellert*, Vorwort des Herausgebers, in: ders. (Hg.), Das Gesetz in Spätantike und frühem Mittelalter, 1992, S. 7 (7); *Stern*, Das Staatsrecht der Bundesrepublik Deutschland, Band II, 1980, S. 560 ff.; *Karpen*, Verfassungsgeschichtliche Entwicklung des Gesetzesbegriffs in Deutschland, in: Gedächtnisschrift für Wolfgang Martens, 1987, S. 137 (137); für das Mittelalter *Köbler*, Das Recht im frühen Mittelalter, 1971; insgesamt *Fögen*, Morsche Wurzeln und späte Früchte, Rechtshistorisches Journal 6 (1987), 349; *Diestelkamp*, „An ihren Früchten sollt ihr sie erkennen", Rechtshistorisches Journal 7 (1988), 427.

[7] *Stern*, Das Staatsrecht der Bundesrepublik Deutschland, Band III/2, 1994, S. 733; *Grawert*, „Gesetz", in: Brunner/Conze/Koselleck (Hg.), Geschichtliche Grundbegriffe, Band 2 E-G, 1975, S. 863 (863).

[8] *H. Hofmann*, Das Postulat der Allgemeinheit des Gesetzes, in: Starck (Hg.), Die Allgemeinheit des Gesetzes, 1987, S. 9 (15).

[9] *H. Dreier*, in: ders. (Hg.), Grundgesetz. Kommentar, Band 1, 2. Auflage 2004, Art. 19 Rdn. 1, betont, dass das Grundgesetz „keinen bloßen Abzug" bestimmter „staatsphilosophischer Entwürfe" des Allgemeinheitspostulats bietet; siehe hierzu bereits oben im Ersten Kapitel unter A. IV. (S. 55 ff.).

meinheitspostulat ideengeschichtlich und normativ entfalten,[10] betonen insbesondere seine Ausrichtung auf das gemeine Wohl und verstehen die Allgemeinheit in einer personalen, sachlichen, zuweilen auch in einer zeitlichen Wirkung.[11] Die in der Gesetzesallgemeinheit ruhende Rechtstradition deutet jedoch auf weitere Gehalte dieser Idee des Gesetzes.

II. Allgemeinheit als Wesensmerkmal des Gesetzes

1. ‚Römische Aufklärung' – Gesetzgebung als weltliche Setzung allgemeiner Regeln

Der Begriff des Gesetzes wurde in der Antike von *Platon* und *Aristoteles* geprägt.[12] Doch noch bevor *Aristoteles* betonte, dass das Wesensmerkmal des Ge-

[10] *Starck*, Der Gesetzesbegriff des Grundgesetzes, 1970, S. 49 ff., 109 ff., 195 ff.; *Menger*, in: Dolzer/Vogel/Graßhof (Hg.), Bonner Kommentar zum Grundgesetz, Art. 19 Abs. 1 (1979); *H. Hofmann*, Das Postulat der Allgemeinheit des Gesetzes, in: Starck (Hg.), Die Allgemeinheit des Gesetzes, 1987, S. 9; *Stern*, Das Staatsrecht der Bundesrepublik Deutschland, Band III/2, 1994, S. 692 ff.; *H. Schneider*, Gesetzgebung, 3. Auflage 2002, S. 22 ff.; siehe zudem bereits *H. W. Kopp*, Inhalt und Form der Gesetze als ein Problem der Rechtstheorie, 2 Bände, 1958, insbes. Band II, S. 384 ff.

[11] *H. Hofmann*, Das Postulat der Allgemeinheit des Gesetzes, in: Starck (Hg.), Die Allgemeinheit des Gesetzes, 1987, S. 9 (34 ff.), entwickelt unter Rückgriff auf *Thomas von Aquin* (siehe zu diesem sogleich unter III. 4., S. 105 ff.) den personalen, sachlichen und zeitlichen Geltungsbereich des allgemeinen Gesetzes, stellt aber die temporale Allgemeinheit letztlich als „eigene formale Kategorie" in Frage und lässt die territoriale Forderung im personalen Kriterium aufgehen (37); *P. M. Huber*, in: von Mangoldt/Klein/Starck, Kommentar zum Grundgesetz, Band 1, 5. Auflage 2005, Art. 19 Abs. 1 Rdn. 8, stellt fest, dass der verfassungsrechtliche Topos auf die personale und sachliche Dimension zielt, während die „zeitlichen Grenzen" der Allgemeinheit durch den „lex posterior-Satz" gezogen werden; er geht nur von zwei Allgemeinheitsmerkmalen aus, die insofern als Mindestforderung verstanden werden können, weil sie im das Gesetz kennzeichnenden Begriff der abstrakt-generellen Regelung enthalten sind (siehe hierzu *H. Dreier*, in: ders. [Hg.], Grundgesetz. Kommentar, Band 1, 2. Auflage 2004, Art. 19 Rdn. 1); *H. W. Kopp* geht in seiner Analyse zahlreichen konkretisierenden Stimmen insbes. aus dem 19. sowie der ersten Hälfte des 20. Jahrhunderts nach und unterscheidet letztlich die personale, gegenständliche, temporale und territoriale Allgemeinheit; die „Allgemeinheit der Handlungen und Unterlassungen" und die Allgemeinheit der „Sachverhalte und Tatbestände" gehen hierin auf (*ders.*, Inhalt und Form der Gesetze als ein Problem der Rechtstheorie, 2 Bände, 1958, insbes. Band II, S. 384 ff., 386, 389). Diese – vierteilige – Lehre wird von Rechtsprechung und Rechtswissenschaft bislang kaum aufgenommen.

[12] Die Frage, ab wann es ein Gesetzesverständnis in Griechenland gab, das in eine Vorstellung von Recht eingebettet und so insbes. von Religion und Moral zu unterscheiden war, ist kaum präzise zu beantworten. Der Begriff „Nomoi" war und ist mehrdeutig. Siehe hierzu und zu der Entwicklung vor *Platon* und *Aristoteles*: *Hölkeskamp*, Schiedsrichter, Gesetzgeber und Gesetzgebung im archaischen Griechenland, 1999, S. 30 ff., der die zahlreichen, zum Teil auch monographisch entfalteten antiken Stimmen analysiert und auf dieser Grundlage die wissenschaftlich prägende Kraft von *Platon* und *Aristoteles* hervorhebt (S. 30); *E.-W. Böckenförde*, Geschichte der Rechts- und Staatsphilosophie, 2. Auflage 2006, S. 20 ff., 57 ff., be-

setzes die Allgemeinheit ist,[13] wurde in Rom mit dem Zwölftafelgesetz die erste Kodifikation geschaffen, die auf allgemeine Regelungen ausgerichtet war.[14] So entfalteten die Römer in einem Regelwerk eine vielschichtige, theoretisch allerdings kaum fundierte und in Teilen auch unbewusste Lehre der Gesetzesallgemeinheit.

Bis zum Jahre 450 v. Chr. regelten mündlich überlieferte Gesetze, ein von Sitten und sakralem Brauch kaum trennbares Gewohnheitsrecht das Leben in Rom. Es war die Aufgabe weniger Rechtswahrer, dieses Recht zu erkennen und auszulegen. Insbesondere Plebejer wehrten sich gegen die hieraus folgende Rechtsunsicherheit, beklagten die kaum begrenzte Macht der Juristen, willkürliche Entscheidungen und Benachteiligungen gegenüber den Patriziern. Der Konflikt zwischen Plebejern und Patriziern, der so geschürt wurde, sollte durch ein Gesetzeswerk befriedet werden. Eine Kommission von zehn Personen, das Dezemvirat, schrieb die für die Bürger maßgeblichen Regeln auf letztlich zwölf Bronzetafeln, die vom Volk in einer Abstimmung angenommen wurden.[15] Die

---

tont u.a. die rationalisierenden Lehren der Sophisten (S. 61 f.) und des *Sokrates*, welcher die ordnende Kraft der „vereinbarten und niedergeschriebenen" Nomoi in der Polis hervorhob, die jedoch nicht notwendig das Gerechte nachzeichneten (S. 65 ff.); *G. Jellinek*, Gesetz und Verordnung [1887], 1919, S. 35 ff., unterstreicht, dass die Idee der Allgemeinheit des Gesetzes vor *Aristoteles* geboren wurde: Das Gesetz war „seinem Inhalte nach die allgemeine, der Menschen Thun und Lassen beherrschende Regel, seinem Ursprung nach Wille der höchsten Gewalt" (S. 35); gleichwohl konstatiert auch *G. Jellinek*, dass *Aristoteles* eine erste klare Lehre vom Gesetz entwarf (S. 37 f.); *Wismann*, Der Begriff des Gesetzes bei Hesiod und den Vorsokratikern, in: Bock (Hg.), Gesetz und Gesetzlichkeit in den Wissenschaften, 2006, S. 1; *Grawert*, „Gesetz", in: Brunner/Conze/Koselleck (Hg.), Geschichtliche Grundbegriffe, Band 2 E-G, 1975, S. 863 (864); *Dihle*, Der Begriff des Nomos in der griechischen Philosophie, in: Behrends/Sellert (Hg.), Nomos und Gesetz, 1995, S. 117; *ders.*, Gesetz, Gerechtigkeit und Billigkeit bei Aristoteles, in: Bock (Hg.), Gesetz und Gesetzlichkeit in den Wissenschaften, 2006, S. 23 (23 ff.), betont, dass deutlich vor *Platon* das Phänomen der von Menschenhand erlassenen Gesetze in Geltungsgrund und Funktion analysiert wurde; siehe zur Entwicklung des Naturrechts *Welzel*, Naturrecht und materiale Gerechtigkeit, 4. Auflage 1962, S. 9 ff.

[13] Siehe hierzu sogleich unter 3. (S. 82 ff.).

[14] Siehe zu den Wechselwirkungen der griechischen Philosophie und des römischen Rechts *Behrends*, Gesetz und Sprache, in: ders./Sellert (Hg.), Nomos und Gesetz, 1995, S. 135.

[15] Siehe zu den Zwölf Tafeln *Wieacker*, Römische Rechtsgeschichte, 1988, S. 287 ff.; *Düll*, Das Zwölftafelgesetz, 7. Auflage 1995, S. 1 ff.; *Magdelain*, Les XII tables et le concept de ius, in: Behrends/Link (Hg.), Zum römischen und neuzeitlichen Gesetzesbegriff, 1987, S. 14; *Behrends*, Der römische Gesetzesbegriff und das Prinzip der Gewaltenteilung, in: ders./Link (Hg.), Zum römischen und neuzeitlichen Gesetzesbegriff, 1987, S. 34 (insbes. 93 ff.); *ders.*, Der Zwölftafelprozess, 1974, S. 1 ff., 207 ff.; *Liebs*, Römisches Recht, 6. Auflage 2004, S. 20 ff.; *D. Flach/A. Flach*, Das Zwölftafelgesetz, 2004, S. 3 ff.; *H. Hattenhauer*, Europäische Rechtsgeschichte, 4. Auflage 2004, Rdn. 221 ff.; *Meder*, Rechtsgeschichte, 2. Auflage 2005, S. 13 ff.; *Voigt*, Die XII Tafeln, Band 1, Neudruck der Ausgabe Leipzig 1883, 1966. Siehe zu den bestehenden Unsicherheiten insbes. *Kunkel/Schermaier*, Römische Rechtsgeschichte, 14. Auflage 2005, S. 31 ff.; *Fögen*, Römische Rechtsgeschichten, 2002, S. 63 ff. m. w. H., insbes. zu den Unsicherheiten, ob die Tafeln aus Bronze, Erz oder Elfenbein bestanden oder ob die Kommission die Gesetze zunächst auf zehn Tafeln festschrieb und erst später – durch ein neues Dezem-

auf diese Weise festgeschriebenen gesetzlichen Regeln versöhnten die Stände weitgehend und schufen damit die Voraussetzung für ihre lange Geltung sowie für den Aufstieg Roms zu einer Weltmacht.[16]

Die Rechtsetzung durch die Zwölf Tafeln war nicht religiös legitimiert, sondern „durch und durch profan". Es wurde eine pragmatische Kodifikation zur Lösung von Konflikten geschaffen. Das römische Recht war auch später – bis in die Kaiserzeit – ein primär irdisch-praktisches Instrument, um das Rechtsleben zu lenken.[17] In dieser ‚römischen Aufklärung' liegt ein maßgeblicher Unterschied zum bis dahin geltenden griechischen Recht.[18]

Den Zwölf Tafeln können verschiedene Merkmale der Gesetzesallgemeinheit entnommen werden, die einerseits von vornherein festgelegt und eingehalten wurden – wie die unmittelbare Verbreitung der Regelungen –, andererseits aber auch aus der Natur der Gesetzgebung folgten, unbewusst, fast selbstverständlich befolgt, dann aber auch wieder vernachlässigt wurden – wie die Forderung, keine Einzelfälle zu regeln. Das Zwölftafelgesetz lässt nahezu ohne theoretisches, ohne rechtswissenschaftliches Fundament eine differenzierte Lehre der Allgemeinheit des Gesetzes erkennen.

a) *Das allen zugängliche, das gegenständliche und verständliche Recht*

Durch die Zwölf Tafeln wurde die in Griechenland geprägte Idee gesetzlicher Regelungen, die dem Volk unmittelbar bekannt zu machen sind, in das römische

---

virat – zwei weitere Tafeln hinzugefügt wurden. Über diese neuen „ungerechten Gesetze" sei ein Streit entbrannt, der sich insbes. auch auf den Machtanspruch des zweiten Dezemvirats erstreckte, dessen Mitglieder wie Könige herrschen wollten, jedoch entmachtet wurden. Erst nach diesem Schritt schufen die Zwölf Tafeln – so *Fögen* – Rechtsfrieden. *Fögen* nährt unabhängig von diesen Ausführungen grundlegende Zweifel an der Existenz der Zwölf Tafeln, insbes. weil die Erzählung stark an Vorkommnisse erinnert, die bei der Suche der Römer nach dem Anfang ihrer Rechtstradition zur Lückenfüllung der eigenen Geschichtsschreibung als Mythos gedient haben könnten (S. 76ff. m. w. H.; *dies.*, Das Lied vom Gesetz, 2007, S. 51ff., insbes. S. 53: Tafeln, die kein „Römer je sah"; dagegen insbes. *Kunkel/Schermaier*, Römische Rechtsgeschichte, 14. Auflage 2005, S. 31f.; *Bretone*, Geschichte des römischen Rechts, 2. Auflage 1998, S. 59; siehe zu dem „Skelett dieser Erzählung", das vollen Glauben verdient: *Wieacker*, Römische Rechtsgeschichte, 1988, S. 289ff.).

[16] *Von Ihering*, Geist des römischen Rechts auf den verschiedenen Stufen seiner Entwicklung, 2. Teil erste Abteilung, 8. Auflage 1954, S. 62ff.; *Gehrke/Zwölfer*, Leitfaden der Geschichte Roms, in: Krefeld (Hg.), Res Romanae, 2005, S. 7 (7).

[17] Die römischen Gesetze beruhten auch in der späteren Republik und Kaiserzeit auf einer lediglich stützenden religiösen Legitimation (siehe hierzu sogleich unter 5., S. 87ff., sowie *Liebs/Kummer*, Recht, in: Krefeld (Hg.), Res Romanae, 2005, S. 46 [46]; *Honsell*, Das Gesetzesverständnis in der römischen Antike, in: Festschrift für Helmut Coing, Band I, 1982, S. 129 [131f.]).

[18] *Honsell*, Das Gesetzesverständnis in der römischen Antike, in: Festschrift für Helmut Coing, Band I, 1982, S. 129 (131f.); *Wieacker*, Römische Rechtsgeschichte, 1988, S. 299; *von Ihering*, Geist des römischen Rechts auf den verschiedenen Stufen seiner Entwicklung, 2. Teil erste Abteilung, 8. Auflage 1954, S. 50ff.

Recht aufgenommen.[19] Die Tafeln wurden auf dem Forum Romanum angebracht und so der Gemeinschaft der Rechtsbetroffenen bekannt gegeben, waren für jeden jederzeit einsichtig. So erfüllten die Römer eine zentrale Forderung, die begrifflich unmittelbar im Allgemeinheitspostulat ruht, heute aber kaum mehr Beachtung findet. Ein Gesetz kann von vornherein nur allen gemein werden, wenn es die Betroffenen auch erreicht, wenn es vergegenständlicht und bekannt gegeben wird, wenn es verständlich ist, wenn das Gesetz befolgt und seine Anwendung geprüft werden kann. Dieser Gedanke soll in der folgenden Suche nach einer Struktur der Bedeutungsvielfalt des Gesetzes[20] als *sprachliche Allgemeinheit* begriffen und entfaltet werden. In diesem Merkmal ruht auch die Erkenntnis, dass verständliche und verbreitete Regelungen befolgt werden, die Rechtssicherheit und das Willkürverbot stärken, andere Regelungen hingegen Gefahr laufen, ins Leere zu greifen.

Das Leben in Rom gewann durch die Tafeln die Rationalität einer geregelten Privatrechtsordnung.[21] Die Gesetze waren auf Beständigkeit angelegt. Sie wurden in Bronze gegossen und damit für eine lange Zeit festgeschrieben. Es konnte kaum etwas ergänzt, gelöscht oder verfälscht werden. Bereits diese Verbreitungstechnik legte nahe, kurz gefasste Regelungen mit dauerhafter Geltung zu setzen. Die stabilen, die „unvergänglichen" Bronzetafeln sicherten die Existenz des Rechts, seine Authentizität und nachhaltige Wirkung.[22] Die Forderung der Beständigkeit einer Regelung kann als *temporale Allgemeinheit* verstanden werden. Sie fordert aber nicht die Unveränderlichkeit. Das machen auch die Bronzetafeln bewusst: Letztlich soll als Recht gelten, was dem Willen des Volks entspricht.[23] Diese Regelung der Zwölf Tafeln deutet bereits auf den – viel später erst betonten[24] – Zusammenhang zwischen der Gesetzesallgemeinheit und der Allgemeinheit des Gesetzgebungswillens.

Die Gesetzesallgemeinheit erwartet, dass das Gesetz von einer göttlichen Legitimation gelöst wird.[25] Ein Gesetz mit transzendenter Legitimation kann in der Regel nur den Bürgern gemein werden, welche an den das Gesetz legitimie-

---

[19] Siehe zu den griechischen Kodifikationen sogleich unter 4. (S. 84 ff.).

[20] *H. Hofmann*, Das Postulat der Allgemeinheit des Gesetzes, in: Starck (Hg.), Die Allgemeinheit des Gesetzes, 1987, S. 9 (15); siehe bereits oben unter I. (S. 67 ff.).

[21] *Magdelain*, Les XII tables et le concept de ius, in: Behrends/Link (Hg.), Zum römischen und neuzeitlichen Gesetzesbegriff, 1987, S. 14.

[22] *Fögen*, Römische Rechtsgeschichten, 2002, S. 79 f.

[23] „... ut quodcumque postremum populus iussisset, id ius ratumque esset" (Tafel XII, siehe *Düll*, Das Zwölftafelgesetz, 7. Auflage 1995, der versucht, auch aus zahlreichen mittelbaren Quellen den Text der Tafeln möglichst umfassend zu zeichnen, dabei aber ausdrücklich auf die aus diesem Unterfangen zwangsläufig folgenden Unsicherheiten hinweist; *Behrends*, Der römische Gesetzesbegriff und das Prinzip der Gewaltenteilung, in: ders./Link [Hg.], Zum römischen und neuzeitlichen Gesetzesbegriff, 1987, S. 34 [94 f., insbes. Fn. 185 m. w. H.]).

[24] Siehe hierzu insbes. *Rousseau* (sogleich unter IV. 4., S. 121 ff.).

[25] Siehe zu dieser Besonderheit des Zwölftafelgesetzes oben vor a) (S. 71 ff.).

renden Gott glauben. Moderne westliche Gesellschaften bestehen oft aus Anhängern ganz unterschiedlicher Religionen. Die moderne Gesellschaft erwartet auch deshalb – anders als etwa die griechische Polis – in der Forderung des allgemeinen Gesetzes, dass das Gesetz nicht einer transzendenten Legitimation entspringt. In einer aufgeklärten Gesellschaft müssen Gesetze rational erklärbar sein und so ihren Geltungsanspruch legitimieren. Die Allgemeinheit des Gesetzes fordert im Anspruch, alle Rechtsbetroffenen zu erreichen, eine säkulare Gesetzgebung, wie sie das Zwölftafelgesetz bewirkte.

Die Zwölf Tafeln wurden von der Erwägung geleitet, dass auch gut gesetzte und dauerhafte Regelungen kaum beachtet werden können, wenn ihre Anzahl zu hoch ist. Die Aufnahmekapazität der Menschen ist nicht nur qualitativ, sondern auch quantitativ beschränkt. Der Umfang des Regelungswerks war durch die Anzahl der Tafeln begrenzt. Die Gesetze regelten nicht jeden Lebensbereich, sondern zielten auf das Grundsätzliche und Notwendige, beantworteten die vordringlichen Rechtsfragen, die sich den Bürgern des damaligen Agrarstaats stellten,[26] d.h. Fragen des Straf- und Zivilprozessrechts, des Kreditwesens, der Verkehrsfähigkeit des Eigentums, des Erb- und des Eherechts.[27] Sie suchten – in weiten Teilen – wesentliche Rechtsaussagen zu treffen. Es wurde ausgelassen, was als mitgemeint, als selbstverständlich vorausgesetzt werden konnte. In verallgemeinernden Regeln wurde die Vertrags- und Testierfreiheit festgeschrieben, ohne aber auf den konkreten Vertragsschluss oder die Testamentserrichtung näher einzugehen. Im Bereich des Strafrechts wurden die Rechtsfolgen, nicht aber die einzelnen Voraussetzungen eines Diebstahls normiert.[28] Das nunmehr geschriebene Recht verwies insoweit auf die ungeschriebenen, überlieferten Gesetze, löste diese nicht gänzlich ab. An dieser Regelungstechnik ist zu kritisieren, dass so Rechtsunsicherheiten bestehen blieben. Doch wird deutlich, dass ein Gesetz – in den Grenzen der Rechtssicherheit – Selbstverständliches weglassen kann, um verständlich zu sein.[29] Die Zwölf Ta-

---

[26] *Honsell*, Das Gesetzesverständnis in der römischen Antike, in: Festschrift für Helmut Coing, Band I, 1982, S. 129 (134 f. m. w. H.); *Behrends*, Der römische Gesetzesbegriff und das Prinzip der Gewaltenteilung, in: ders./Link (Hg.), Zum römischen und neuzeitlichen Gesetzesbegriff, 1987, S. 34 (93 ff.); siehe zum primären Ziel der Verständlichkeit *Kunkel/Schermaier*, Römische Rechtsgeschichte, 14. Auflage 2005, S. 34 f.

[27] Insgesamt *Behrends*, Der römische Gesetzesbegriff und das Prinzip der Gewaltenteilung, in: ders./Link (Hg.), Zum römischen und neuzeitlichen Gesetzesbegriff, 1987, S. 34 (93 ff.); *A. Flach*, Fortgeltung des Zwölftafelgesetzes, 2004; *Kunkel/Schermaier*, Römische Rechtsgeschichte, 14. Auflage 2005, S. 31 ff.; *D. Flach/A. Flach*, Das Zwölftafelgesetz, 2004, S. 96 ff., 120 ff.; *Düll*, Das Zwölftafelgesetz, 7. Auflage 1995.

[28] Tafeln 6 und 8, siehe hierzu auch sogleich sowie *Düll*, Das Zwölftafelgesetz, 7. Auflage 1995; *A. Flach*, Fortgeltung des Zwölftafelgesetzes, 2004, S. 58 ff., *D. Flach/A. Flach*, Das Zwölftafelgesetz, 2004, S. 96 ff., 120 ff.; *Kunkel/Schermaier*, Römische Rechtsgeschichte, 14. Auflage 2005, S. 35 ff.

[29] *Karpen*, Gesetzescheck (2005–2007): Empfehlungen zur Qualitätsverbesserung von Gesetzen, ZRP 2008, 97 (insbes. 100): „Eine Definition, was ein ‚Gefahrgut' im Sinne von

feln brachten durch die Vorgabe, den Umfang der Gesetze überschaubar zu gestalten, verständliche, erfassbare, aber auch in sachlicher Hinsicht allgemeine Regeln hervor.

b) Abstraktionsanspruch

Die Tafeln suchten verständliche und beständige Regeln zu setzen. Sie folgten in Teilen und auch unbewusst einem Abstraktionsanspruch, der sich auf das Gesetzgebungsziel und den Gesetzgebungsgegenstand bezog. Im Vergleich zu der damaligen griechischen Gesetzgebungspraxis wird deutlich,[30] dass der Erlass von Einzelfallgesetzen zur Übernormierung, zur Unverständlichkeit und bereits deshalb zur Rechtsunsicherheit neigt. Rechtsfälle unterscheiden sich, die Wirklichkeit ist vielfältig. Ein Einzelfallgesetz fragt daher nach weiteren Regelungen, weil es nur einen Fall normiert, vergleichbare Fälle ausschließt und diese so anderen Lösungen zugänglich macht. Eine rechtliche Ordnung, die auf lediglich zwölf Tafeln Platz finden soll, erwartet schon auf Grund des beschränkten Raums verallgemeinernde Regeln. So wurden hinsichtlich des Vertragsschlusses nicht alle denkbaren Hindernisse oder Gegenstände geregelt, sondern es wurde – in einer finalen und gegenständlichen Verallgemeinerung – die Vertragsfreiheit normiert: „Wenn jemand eine Darlehensverpflichtung und ein Kaufgeschäft vornimmt, so soll das rechtens sein, was er mündlich bedungen hat."[31] Auch andere Regelungen folgten einem allgemeinen Ziel und verallgemeinerten im Regelungsgegenstand, wenn etwa bestimmt wurde, dass die Wirksamkeit der Ersitzung „bei einem Grundstück zwei Jahre, bei allen übrigen Sachen ein Jahr" erfordert und dass eine gestohlene Sache nicht ersessen werden kann.[32] Doch machen die Zwölf Tafeln nicht nur den Wert der Verallgemeinerung deutlich, sondern fragen auch nach der Rechtssicherheit, die nach Einzelfallregelungen zu drängen scheint. So wurde die Ersitzung weiter konkretisiert und ausdrücklich geregelt, dass man einen fremden „Balken, der mit einem Gebäude oder einem Weingarten fest verbunden ist und fortlaufend stützt," nicht losmachen darf.[33] Die Regelung beschränkt sich auf Balken, obgleich andere Gegenstände ähnliche Fragen aufwerfen könnten. Ein zu enger Anwendungsbereich macht aus einem Gesetz ein Ausnahmephänomen. Aber auch ein zu generelles Gesetz folgt dem Gleichheitsgedanken nicht, wenn es Unterschiede nicht hinreichend wahrnimmt. Der Korridor zwischen der allge-

---

Transportvorschriften ist, ist hilfreich; eine Definition, was ein Feuerzeug oder Fahrrad ist, ist entbehrlich."

[30] Siehe zu dieser sogleich unter 4. (S. 84 ff.).

[31] „Cum nexum faciet mancipiumque uti lingua nuncupassit, ita ius esto" (Tafel 6, *Düll*, Das Zwölftafelgesetz, 7. Auflage 1995).

[32] Tafeln 6 und 8 (*Düll*, Das Zwölftafelgesetz, 7. Auflage 1995).

[33] „Tignum iunctum aedibus vineave et concapit ne solvito" (Tafel 6, siehe zur Ersitzung die Tafeln 6 ff., *Düll*, Das Zwölftafelgesetz, 7. Auflage 1995).

meinen Regel und dem Einzelfallgesetz ist rechtlich maßgeblich und in der Theorie weit, in der praktischen Regelsetzung aber enger, als diese Befunde vermuten lassen. Die Allgemeinheit des Gesetzes lehnt das Einzelfallgesetz ab, verlangt aber eine sachgerechte und maßvolle Verallgemeinerung, die konkreten Vorgaben nicht im Weg steht, wenn das Gesetz gleichwohl die zu regelnden Fälle erfasst. So wurde durch die Tafeln die Wegbreite genau bestimmt und sachgerecht zwischen geraden Wegstücken (8 Fuß) und Biegungen (16 Fuß) differenziert.[34]

Dem Zwölftafelgesetz kann hier die Erwartung entnommen werden, dass eine allgemeine Regelung einem grundsätzlichen Regelungsziel folgt und zahlreiche Gegenstände erfasst. Diese Erwägungen sollen im Folgenden als *finale* und *gegenständliche Allgemeinheit* begriffen und präzisiert werden. Es bedarf des richtigen Maßes der Verallgemeinerung, damit die Regel nicht selbst als Ausnahmeregelung wahrgenommen wird oder von vornherein Ausnahmen mitgedacht und daher vorgesehen werden müssen, um ein Umgehen zu erschweren. Das allgemeine Regelungsziel ist mit einem sachgerechten Regelungsinstrument zu verfolgen. Diesem Gedanken nach dem Regelungsinstrument soll unter dem Begriff der *instrumentellen Allgemeinheit* nachgespürt werden. Die Zwölf Tafeln suchten die für das Zusammenleben wesentlichen Rechtsfragen verbindlich zu lösen, dauerhaft Rechtssicherheit zu schaffen. Sie beanspruchten eine grundsätzlich ausnahmslose Geltung. Diese Forderung baut auch auf die Vollständigkeit einer Regelung. Nicht nur die Allgemeinheit im Sinn einer allgemeinen Publizität ist Fundament der Rechtssicherheit, sondern auch die Vollständigkeit, die Stringenz und Beständigkeit des Gesetzes. Die Zwölf Tafeln gewährleisteten ein Maß an Rechtssicherheit, welches in Rom später nicht mehr erreicht wurde. Die Gesetzgebung der späteren Republik errichtete anders als die Tafeln keine umfassende und stringente Ordnung, sondern war durch veränderliches Recht und Mehrfachregelungen geprägt.[35] Ein Gesetz aber, das dauerhaft gilt und die Rechtskonflikte tatsächlich löst, wird selbstverständlicher Teil des Gemeinschaftslebens – und das Zwölftafelgesetz wurde zum „allgemeinen Kulturgut" der Römer.[36]

Die Zwölf Tafeln gehen von allen und nicht von Einzelnen aus, suchen alle Rechtsbetroffenen zu erreichen (*personale Allgemeinheit*). Die Gleichheit fordert – in den deutlichen Worten *von Iherings* zum römischen Recht – die „rücksichtslose Herrschaft der abstracten Regel, entschiedene Abneigung gegen alles Individualisieren im Recht."[37] Auch wenn die Tafeln in Teilen besondere Rechts-

---

[34] Tafel 7 (*Düll*, Das Zwölftafelgesetz, 7. Auflage 1995).

[35] *Honsell*, Das Gesetzesverständnis in der römischen Antike, in: Festschrift für Helmut Coing, Band I, 1982, S. 129 (133).

[36] *Söllner*, Einführung in die römische Rechtsgeschichte, 5. Auflage 1996, S. 35.

[37] Insgesamt *von Ihering*, Geist des römischen Rechts auf den verschiedenen Stufen seiner Entwicklung, 2. Teil erste Abteilung, 8. Auflage 1954, S. 88 ff., Zitat auf S. 95.

akte regelten, waren sie allgemeingültig, weil die Regelungen grundsätzlich alle Bürger erfassten.[38] Der Gedanke der Gleichheit vor dem Gesetz[39] und mit ihm die Absage an eine Ergebnisgleichheit waren Merkmale der Zwölf Tafeln. Es bestand ein Bewusstsein dafür, dass die Gleichheit etwa der intellektuellen Fähigkeiten oder der Vermögensverhältnisse nicht herstellbar sei und auch nicht erreicht werden soll.[40] So entwickelte sich der Begriff „ius" im Sinn eines allgemein verbindlichen Verhaltens oder Zustands,[41] jedenfalls einer „kollektiven Garantie profaner Rechtszustände".[42] Die Gleichheitsforderung wurde ausdrücklich in dem Verbot gesetzlicher Privilegien festgeschrieben. „Vorrechte" sollten nicht gewährt werden, über die „bürgerliche Existenz", den Bürgerstatus als Voraussetzung der Berechtigung, durfte nur die „höchste Volksversammlung" entscheiden.[43] So wird deutlich, dass die Gleichheitsforderung zwar ausdrücklich aufgestellt, aber gleichwohl unerfüllt blieb, weil die Tafeln nur die Bürger Roms erfassten, insbesondere für Sklaven nicht galten.[44]

Das Zwölftafelgesetz entfaltete in seiner Allgemeinheit eine die Freiheit und Gleichheit sichernde Rechtskultur.[45] Um 450 v. Chr. wurden in einigen Regelungen der Zwölf Tafeln ein Abstraktionsanspruch, die Normativität, letztlich eine personale, gegenständliche, finale und instrumentelle Allgemeinheit angedeutet und in Teilen erfolgreich umgesetzt. Dies geschah zuweilen ohne theoretische Grundlage; die Denkform des hypothetischen allgemeinen Gesetzes war noch nicht herrschend.[46] In verschiedenen Einzelfallregelungen wurde der Gedanke der Verallgemeinerung auch vernachlässigt, blieb aber gleichwohl als Grundforderung insgesamt bestehen. In der hierdurch erreichten grundsätzlichen Zurückhaltung konnten die Tafeln ein insgesamt verständliches und

---

[38] Hierzu *Magdelain*, Les XII tables et le concept de ius, in: Behrends/Link (Hg.), Zum römischen und neuzeitlichen Gesetzesbegriff, 1987, S. 14 (28f. – Zusammenfassung); siehe zudem *ders.*, Diskussion, ebenda, S. 30 (33); *Behrends*, Diskussion, ebenda, S. 30 (30); *ders.*, Der römische Gesetzesbegriff und das Prinzip der Gewaltenteilung, ebenda, S. 34 (61); *Michaelis*, Diskussion, ebenda, S. 30 (33).

[39] So insbes. die Wortwahl des Art. 3 Abs. 1 GG, nicht der Tafeln.

[40] *Honsell*, Das Gesetzesverständnis in der römischen Antike, in: Festschrift für Helmut Coing, Band I, 1982, S. 129 (132f. m. w. H.); *A. Flach*, Fortgeltung des Zwölftafelgesetzes, 2004, S. 11ff.

[41] *Mayer-Maly*, Diskussion, in: Behrends/Link (Hg.), Zum römischen und neuzeitlichen Gesetzesbegriff, 1987, S. 30 (31).

[42] *Magdelain*, Diskussion, in: Behrends/Link (Hg.), Zum römischen und neuzeitlichen Gesetzesbegriff, 1987, S. 30 (31).

[43] Tafel 9 (*Düll*, Das Zwölftafelgesetz, 7. Auflage 1995).

[44] *Behrends*, Der römische Gesetzesbegriff und das Prinzip der Gewaltenteilung, in: ders./Link (Hg.), Zum römischen und neuzeitlichen Gesetzesbegriff, 1987, S. 34 (94).

[45] *Von Ihering*, Geist des römischen Rechts auf den verschiedenen Stufen seiner Entwicklung, 2. Teil erste Abteilung, 8. Auflage 1954, S. 88ff.

[46] *Wieacker*, Die XII Tafeln in ihrem Jahrhundert, in: in: Les origines de la république romaine. Entretiens 13 (1967), S. 291 (320ff., insbes. 330).

überschaubares Regelwerk errichten. Sie wurden zu einem „einzigartigen Dokument" der Rechtsgeschichte.[47]

c) *Das festgeschriebene Gesetz und seine Deutung*

Mit der Gegenständlichkeit des Rechts begann die klare Differenzierung zwischen dem festgeschriebenen, kaum veränderbaren Gesetz und der Deutung, der Interpretation des Gesetzes. Bei der Anwendung des ungeschriebenen Gewohnheitsrechts fielen diese Schritte nicht selten zusammen. Der fixierte, auf Dauer angelegte Rechtstext zwang den Adressaten, die Gesetzesaussage auf den zu lösenden Fall anzuwenden und sie auszulegen. Die Auslegung bedurfte wiederum einer Kontrolle. Hierfür wurden Mechanismen entwickelt, insbesondere die Bindung an den Wortlaut. Es entstand die rechtswissenschaftliche Hermeneutik.[48]

Die Zwölf Tafeln suchten als eine auf allgemeine Gesetze bauende Kodifikation Rechtssicherheit zu schaffen. Allgemeine Gesetze können anders als Einzelfallregelungen eine umfassende, dauerhafte und daher rechtssichere Rahmenordnung für das Rechtsleben einer Gemeinschaft errichten. Sie bedürfen aber der Konkretisierung, der Anwendung auf den Rechtsfall durch hierzu berufene Stellen. Würde der Akt der Konkretisierung im Belieben dieser Stellen stehen, wäre er nicht an bestimmte Regeln gebunden, würde das allgemeine Gesetz unter dem Postulat der Rechtssicherheit das Gegenteil bewirken. Es bedarf daher bestimmter Regeln zur Konkretisierung der Gesetze. Das allgemeine Gesetz baut auf sichere, festgeschriebene Auslegungsregeln und hierin auf eine rechtswissenschaftliche Methodik und Dogmatik. Diese konnte nur entstehen, weil die Gesetze vergegenständlicht und allgemein waren. Die griechischen Kodifikationen – in Stein gemeißelte Einzelfallgesetze – setzten auf eine schwer durchschaubare göttliche Legitimation und Interpretation der Gesetze. Hierin liegen Gründe, warum sich – trotz der tief greifenden philosophischen Analysen – nicht im antiken Griechenland, sondern erst in Rom eine Lehre von der Auslegung der Gesetze und mit dieser eine Rechtswissenschaft entwickelte. Das Zwölftafelgesetz wurde zum ersten Gegenstand einer hermeneutischen Rechtswissenschaft, weil es auf allgemeine Regelungen zielte und in dieser Ausrichtung die Rechtswissenschaft als Objekt derselben schaffen konnte. Dabei wurde der zentrale Auftrag dieser Wissenschaft, die Rechtssicherheit, deutlich. Der Gegenstand und die diesen analysierende Wissenschaft bedingen sich gegenseitig. Die Rechtswissenschaft setzt insofern auf allgemeine Regeln.

---

[47] *Wieacker*, Römische Rechtsgeschichte, 1988, S. 297, 299.
[48] *Fögen*, Römische Rechtsgeschichten, 2002, S. 82 ff.

d) Rationale Kraft der Gesetzgebungspraxis

Die Zwölf Tafeln zielten auf die Allgemeinheit des Gesetzes. In Erfüllung dieses Gesetzgebungsauftrags verdeutlichte das Dezemvirat – teilweise bewusst, teilweise unbewusst – die Gesetzesallgemeinheit in der gegenständlichen Verbreitung der verständlichen, geschriebenen und beständigen Regelungen (sprachliche und temporale Allgemeinheit). Der räumliche Anwendungsbereich der Tafeln, die *territoriale Allgemeinheit*, trat nicht in den Mittelpunkt der Diskussion.[49] Die Gesetze wurden von einem weltlichen Gesetzgeber erlassen, der abstrakt Grundsätzliches in einem rechten Maß der Verallgemeinerung zu regeln suchte und deshalb auf eine Rechtswissenschaft zur rechtssicheren Konkretisierung der Regelungen angewiesen war (personale, gegenständliche, finale und instrumentelle Allgemeinheit). Die Zwölf Tafeln schufen so eine wirklich bürgerliche Kodifikation. Sie waren – so *Montesquieu* – „ein Muster an Präzision: die Kinder lernten sie auswendig. Die ‚Novellen' des Justinian sind [hingegen] so verschwommen, dass sie gekürzt werden mussten."[50] Diese „Leistung ohne Vorbild" lässt sich dadurch erklären, dass die Urheber als Berater der Jurisdiktion gewohnt waren, ihren Blick auf die Lebensbedingungen als Ganzes, auf die rechtlichen Institute in ihrer Verbundenheit, letztlich auf das Allgemeine zu richten.[51]

2. Das allen dienende Gesetz

Das Zwölftafelgesetz schuf die Forderung der Gesetzesallgemeinheit durch einen Akt der Rechtsetzung. Die griechischen Denker, insbesondere *Platon* und *Aristoteles*, prägten den *theoretischen* Ausgangspunkt der Gesetzeslehre.[52] Gesetze waren hiernach eher Hilfen zu Vernunft, Wissen und Tugend und auf das Wohl der Polis ausgerichtet. Sie dienten nicht der Entfaltung der Freiheit – die Idee der Freiheit wirkte noch nicht. Die Ausführungen *Platons* zielten – anders als die Lehre des *Aristoteles* – nicht auf eine Allgemeinheit des Gesetzes. *Platons* Gesetzeslehre stützt gleichwohl das Verständnis auch dieses Gesetzesmerkmals.

Die Herrschaft des Gesetzes war für *Platon* nicht die erste Wahl. Vernunft, Wissen und Tugend müssen regieren, weil Gesetze nicht den zahlreichen unvorhersehbaren Einzelfällen des Lebens gerecht werden können. Diese Schwäche der Gesetze beantwortete *Platon* nicht mit der Forderung nach deren Allge-

[49] Siehe hierzu sogleich unter III. 1. (S. 95 ff.).

[50] *Montesquieu*, Vom Geist der Gesetze [De l'esprit des lois, 1748], 2003, 29. Buch 16. Kapitel.

[51] *Behrends*, Der römische Gesetzesbegriff und das Prinzip der Gewaltenteilung, in: ders./Link (Hg.), Zum römischen und neuzeitlichen Gesetzesbegriff, 1987, S. 34 (93 ff.).

[52] Siehe oben unter 1. vor a) m. w. H. (S. 69 ff.).

meinheit, sondern nach dem „Philosophenkönig". Doch besteht auch bei einem weisen Herrscher die Gefahr, dass er seine Macht missbraucht. Um diesen Missbrauch zu verhindern, ist auch der König an die Gesetze gebunden. Nur wenn das Gesetz regiert, lebt die Polis in Frieden, Stabilität, Wohlstand und mit der Gunst der Götter. In den Zwängen der Praxis wird die zweitbeste Form der Herrschaft zum besten Weg, um das zentrale Ziel, das allgemeine Beste, zu erreichen. Jedes Gesetz muss auf das Wohl der Polis, auf ihre Ordnung, auf ihren Frieden, auf das Ganze ausgerichtet sein, weil das Gemeinwohl alles zusammenhält, das Sonderinteresse aber die Polis zerreißt. *Platon* forderte deshalb gesetzliche Regelungen, die das gesamte Leben der Bürger erfassen, auch ihre Privatsphäre leiten, eine Erziehung zum Guten und Gerechten, ein engmaschiges Gesetzeswerk, um dem Wohl der Polis zu dienen. Die Gesetze müssen dabei Anordnungen treffen, die zu befolgen sind, aber auch eine Drohung hinzufügen, damit die Befolgung gesichert wird.[53]

Auch für *Aristoteles* hingen Stabilität und Wohlstand der Polis von den Gesetzen ab. Ohne Gesetze wird der Mensch zum „schlechtesten Lebewesen von allen", zerbricht die Polis. *Aristoteles* entfaltete wie *Platon* einen zweckrationalen, auf das Wohl der Polis ausgerichteten Gesetzesbegriff. Die Rechtsregeln sollen der Polis, der Gemeinschaft und nur so den besonderen Interessen des Einzelnen dienen. Es ist eine planvolle Ordnung des Gesamten zu errichten, in welche sich jedes Gesetz integrieren muss. *Platon* nannte die Polis ein Gewebe, ein Bauwerk, in welches die Gesetze wie einzelne Fasern oder Steine eingepasst werden müssen.[54] *Aristoteles* verglich sie mit einem Schiff, in welches die gesetzlichen Regelungen wie Planken einzusetzen sind und das in der Gesamtheit gut zu konstruieren ist. Die Vernunft des Gesetzgebers ermöglicht diesem, die „Wohlgesetzlichkeit", die „gute Ordnung" der Polis zu erkennen. Das Gesetz muss – um dieser Ordnung Willen – die Bürger zu einem tugendhaften Leben verpflichten, sie „gut und gerecht machen", „jede einzelne Tugend" gebieten.

[53] *Platon*, Nomoi [365–348 v. Chr.], Sämtliche Werke, Band IX, 1991, 875a ff. (Zitat), siehe insgesamt 625c ff., insbes. 628c, d, 631d ff., 701d a.E., siehe zudem 715d, 875a-d; *ders.*, Der Staat [Politeia, ca. 370 v. Chr.], 2000, 473d ff.; siehe insgesamt *Hölkeskamp*, Schiedsrichter, Gesetzgeber und Gesetzgebung im archaischen Griechenland, 1999, S. 34 ff.; *E.-W. Böckenförde*, Geschichte der Rechts- und Staatsphilosophie, 2. Auflage 2006, S. 94 ff.; *Zeidler*, Massnahmegesetz und „klassisches" Gesetz, 1959, S. 81 ff.; *G. Jellinek*, Gesetz und Verordnung [1887], 1919, S. 36 f.; *Laks*, Form und Inhalt des platonischen Gesetzes, in: Bock (Hg.), Gesetz und Gesetzlichkeit in den Wissenschaften, 2006, S. 11 (insbes. 12 ff., 18 f.), der mit Blick auf den Inhalt des Gesetzes die Ausrichtung auf die Natur, auf die Seele in den „Nomoi" und der „Politeia" und zudem die Zweiteilung des Gesetzes in Anordnung und Drohung hervorhebt; *Grawert*, „Gesetz", in: Brunner/Conze/Koselleck (Hg.), Geschichtliche Grundbegriffe, Band 2 E-G, 1975, S. 863 (864); siehe zu den Grundzügen *Dihle*, Gesetz, Gerechtigkeit und Billigkeit bei Aristoteles, in: Bock (Hg.), Gesetz und Gesetzlichkeit in den Wissenschaften, 2006, S. 23 (26); jeweils m. w. H.

[54] *Platon*, Nomoi [365–348 v. Chr.], Sämtliche Werke, Band IX, 1991, 734e1 ff. (Gewebe), 858b1 ff. (Bauwerk).

Das Gesetz ist nicht nur eine „Übereinkunft", ein Bürge „gegenseitigen Rechts",[55] sondern „Vernunft ohne Streben" und zielt auf die „Glückseligkeit" der Polis. Hier verschwimmen ethische und juristische Vorgaben – es gibt nichts, was das Gesetz nicht regeln dürfte.[56] Der Gesetzgeber muss, um diesen allumfassenden Regelungsauftrag zu erfüllen, voll der Tugend sein, in seiner Vernunft „wie ein Gott unter den Menschen" herausstechen. Für solche überragende Persönlichkeiten gibt es „kein Gesetz". Die Herrscher sind daher nicht mit den Gesetzgebern identisch, sondern „Diener der Gesetze" und an diese gebunden.[57]

Der erdrückende Regelungsauftrag, der auch das Privatleben einschließt und gegen den sich später insbesondere *Montesquieu* und *Kant* stellen werden,[58] dieses Postulat zur Überregulierung ist mit dem heutigen Freiheits- und Gemeinwohlverständnis nicht vereinbar. Eine Rechtskultur, die auf die individuelle Freiheit setzt, kannte das antike Griechenland jedoch nicht. Einzelfallgesetze werden zukünftige Rechtskonflikte kaum lösen, wenn sich diese von den geregelten Fällen unterscheiden. Das allgemeine Beste der Polis, dieses zentrale Ziel kann daher – so der antike Befund – nur durch zahlreiche Gesetze erreicht werden, die aber alle auf dieses Ziel ausgerichtet sein müssen. Ein modernes, freiheitsgerechtes Rechtsverständnis wird hier einwenden, dass allgemeine Gesetze eine Vielzahl von Fällen regeln können, so einer Überregulierung vorbeugen und der Freiheit dienen. Die Allgemeinheit wehrt sich gegen zu konkrete Vorgaben für den Einzelfall und erlaubt so den Bürgern, das Leben nach ihren Vorstellungen zu gestalten, ihre Freiheit zu entfalten. Gleichwohl hob *Platon* – wie *Aristoteles* – ein zentrales Merkmal der Allgemeinheit hervor. Die Allgemeinheit des Gesetzes fordert, dass jedes Gesetz auf ein allgemeines Ziel ausgerichtet wird, dass es allen dient. Für *Platon* und *Aristoteles* hatte jedes Gesetz dem allgemeinen Besten der Polis zu dienen, wobei *Aristoteles* diesen Auftrag stärker auf die konkrete Polis, *Platon* mehr auf das Göttliche, auf die Vernunft ausrichtete.[59] Dem Vorrang der Gemeininteressen vor der individuellen Freiheit kann ein modernes freiheitsgerechtes Rechtsdenken zwar nicht zustimmen. Gleichwohl fragt auch die Allgemeinheit des Gesetzes, welchem grundlegenden gemeinen Ziel die Gesetze dienen. Die bereits angedeutete Antwort scheint na-

---

[55] Hierzu *Honsell*, Das Gesetzesverständnis in der römischen Antike, in: Festschrift für Helmut Coing, Band I, 1982, S. 129 (130).

[56] Zu Aristoteles: *Bien*, Die Grundlegung der politischen Philosophie bei Aristoteles, 1973, S. 223 ff.

[57] Insgesamt *Aristoteles*, Politik [Politica, zw. 329 u. 326 v. Chr.], 1989, 1253a32, 1280b5 ff., 1282b10 ff., 1284a10 ff., 1287a20 u. 33, 1287b4, 1294a5 f., 1324b5 ff., 1325b28 ff., 1326b29 f.; *ders.*, Die Nikomachische Ethik [Ethica Nicomachea, wahrscheinl. zw. 335 u. 323 v. Chr.], 7. Auflage 2006, 1112b10 ff., 1129a32 f., 1129b10 ff., 1130b21 ff., 1179b31 ff., 1180a25 ff., 1181b1 ff.

[58] Siehe unter IV. 3. und 6. (S. 119 ff. und 136 ff.).

[59] *Grawert*, „Gesetz", in: Brunner/Conze/Koselleck (Hg.), Geschichtliche Grundbegriffe, Band 2 E-G, 1975, S. 863 (864).

heliegend: der Freiheit – dem Freiheitsrecht, das die Freiheit in der Begegnung mit anderen und damit in der Rechtsgemeinschaft schützt. Der Mensch verlangt individuellen Grundrechtsschutz, aber auch eine die individualisierende Perspektive verlassende Grundordnung, eine Ausrichtung auf die Gemeinschaft, einen Gemeinwohlbezug. Diesem Gemeinwohlbezug könnten insbesondere die allgemeinen Gesetze dienen und in der Erfüllung dieses Auftrags die Freiheit und Gleichheit vor dem Gesetz schützen. Der Gedanke einer freiheitsgerechten, finalen Allgemeinheit des Gesetzes wird erneut deutlich.

Die Gesetze waren für *Platon* „Satzungen der Vernunft". Ihr Inhalt ist folglich nicht einfach dem Willen des Gesetzgebers überlassen, sondern geschriebener Ausdruck der Wahrheit, der göttlichen Weisheit. Neben diesem allgemeinen, die Demokratie verneinenden materiellen Maßstab der Gesetzgebung stellte *Platon* aber auch konkrete Forderungen an die Gesetze, welche einerseits für den heutigen Rechtsstaat selbstverständlich sind, andererseits aber diesen auch weiterführen könnten. Der Gesetzgeber darf nicht „zwiefältig über einen (und denselben) Gegenstand" sprechen, sondern muss „sich über einen (und denselben) Gegenstand auch in einer (und derselben) Weise erklären." *Platon* forderte hier die Rechtsklarheit, die Widerspruchsfreiheit der Rechtsordnung und damit Elemente der instrumentellen Allgemeinheit. Zudem muss – so *Platon* – neben dem gesetzlichen Befehl eine Einleitung zum Gesetz treten, in welcher Inhalt und Sinn des Gesetzes einfach erklärt und dieses den Bürgern „zugänglich" wird. So kann das Gesetz befolgt werden und die geforderte Widerspruchsfreiheit die Menschen erreichen. Das Gesetz muss den Bürger „überreden", es zu befolgen. Nicht allein der Befehl wird das Handeln der Bürger leiten, sondern auch die Ratio des Gesetzes selbst, die offenzulegen ist.[60] *Platon* betonte, dass die Gesetze die Bürger erreichen müssen. Der Gedanke, die Gesetze mit einer Einleitung zu versehen, wird heute unmittelbar in der Forderung aufgenommen, Gesetze zu begründen.[61] Die sprachliche Allgemeinheit stützt aber diesen Gedanken letztlich nicht, weil sie erwartet, dass die Regelung selbst für ihre Befolgung wirbt.

[60] *Platon*, Nomoi [365–348 v.Chr.], Sämtliche Werke, Band IX, 1991, 713e-714a, 719d, 722d-723a, 772e; siehe hierzu *Hölkeskamp*, Schiedsrichter, Gesetzgeber und Gesetzgebung im archaischen Griechenland, 1999, S. 58f., der Beispiele für Gesetze nennt, die solche Einleitungen hatten.

[61] Siehe hierzu *Lücke*, Begründungszwang und Verfassung, 1987; kritisch: *Kischel*, Die Begründung, 2003, S. 260ff.; *Waldhoff*, „Der Gesetzgeber schuldet nichts als das Gesetz", in: Festschrift für Josef Isensee, 2007, S. 325.

3. Erste Lehre der Allgemeinheit des Gesetzes

Aristoteles forderte wie *Platon*, dass die Gesetze zum Wohl der Polis das gesamte Leben dirigieren,[62] nahm dabei aber den Regelungsanspruch des Gesetzes zurück. Er beschränkte gesetzliche Regelungen auf das Allgemeine, schloss Einzelfallgesetze aus und entfaltete so die erste differenzierte Lehre der Gesetzesallgemeinheit.

Die Allgemeinheit war für ihn das zentrale Merkmal eines „gerecht erlassenen Gesetzes": „Der Kern der Sache aber liegt darin, daß der Gesetzgeber nicht nach dem Einzelfall, sondern zukunftsorientiert und für die Allgemeinheit entscheidet". In seiner Absage an das Einzelfallgesetz wies *Aristoteles* auf die personale und gegenständliche Allgemeinheit, entfaltet in der Forderung nach dauerhaften Gesetzen ein Kernanliegen des temporalen Merkmals. Die Urteile der Richter „sind für alle nur in Bezug auf Einzelfälle getroffen", entspringen „dem Augenblick". Gesetze hingegen beruhen auf „langen Überlegungen". *Aristoteles* kritisierte, dass die Richter, die Männer „in der Versammlung" nur über „gegenwärtig vorliegende und individuelle Fälle", über „Spezielles" urteilen, dabei aber „Liebe, Hass und den etwaigen Vorteil" nicht ausblenden, den „wahren Sachverhalt" nicht mehr hinreichend erkennen können, „eigene Annehmlichkeiten" das Urteil zu „verdunkeln" drohen. Eine Versammlung dürfe daher – so *Aristoteles* – keine Gesetze erlassen, auch nicht wenn sie demokratisch legitimiert ist, weil ein Abstimmungsbeschluss „nicht das Allgemeine betreffen" könne. Die Gesetze müssen in ihrer Allgemeinheit „nach Möglichkeit alles selbst entscheiden", damit die Richter nur noch prüfen, „ob etwas vorgefallen ist oder nicht, sein wird oder nicht". Nur Experten werden „das Wahre hinreichend" sehen, im Gesetz „das Allgemeine schriftlich" niederlegen. Die Ämter müssen darüber entscheiden, „worüber die Gesetze nicht in der Lage sind, sich genau zu äußern, weil es nicht gleich ist, allgemein über alles Klarheit zu bringen." Der Mensch gibt „in Einzelfällen besser Rat" als das Gesetz, das ihn aber „hinreichend unterweisen" muss. „Denn das Gesetz muss über alles zusammen herrschen, über die Einzelfälle aber müssen die Ämter urteilen".[63]

Aristoteles hob hervor, dass nur ein allgemeines Gesetz der Gerechtigkeit, der Gleichheit dient. Er trennte die gesetzgebende Gewalt von den Ämtern und Gerichten, entwarf so – *Locke* und *Montesquieu* weit vorausgreifend[64] – eine

---

[62] Siehe oben unter 2. (S. 78ff.).

[63] Insgesamt *Aristoteles*, Rhetorik [De arte rhetorica, wahrscheinl. zw. 340 u. 335 v. Chr.], 2005, 1354a31–1354b15; *ders.*, Politik [Politica, zw. 329 u. 326 v. Chr.], 1989, 1269a11, 1282b1ff., 1286a10ff., 1287a25, 1287b15ff., 1292a34; *ders.*, Die Nikomachische Ethik [Ethica Nicomachea, wahrscheinl. zw. 335 u. 323 v. Chr.], 7. Auflage 2006, 1180b10ff.

[64] Siehe zu diesen unter IV. 2. und 3. (S. 116ff.).

Lehre der Gewaltenteilung.[65] Das Gesetz konzentriert sich wie die Wissenschaft auf das Allgemeine. Der Gesetzgeber muss „aus der Natur der Sache“ heraus Lücken lassen, kann nur die Mehrzahl der Fälle regeln, wird nicht jedem Einzelfall gerecht. Er hat je nach Regelungsgegenstand zu typisieren. Hier werden auch Grundzüge der Gesetzesallgemeinheit deutlich, die *Aristoteles* mit der Gleichheitsforderung verknüpfte. Für Menschen „in unterschiedlicher Stellung“ sind auch „das Gerechte und die Würdigkeit“ verschieden. Die Klugheit der Menschen, die Billigkeit ist notwendiges Korrektiv der allgemeinen Gesetze. Beide dienen der „Korrektur des Gesetzes, soweit es auf Grund seiner Allgemeinheit mangelhaft ist“. *Aristoteles* entwickelte in Parallelität zu der Gewaltenteilung ein differenziertes Gleichheitsverständnis, um Gerechtigkeit zu erreichen. Die Gleichheit verlangt zunächst die Allgemeinheit des Gesetzes. Konkrete Einzelfälle fordern dann aber Konkretisierungen, damit ihre Besonderheiten berücksichtigt werden. Die billige Einzelfallentscheidung beruht auf einem Vergleich von Menschen in der jeweiligen Zuordnung zu einem Gegenstand, besteht folglich „mindestens“ aus „vier Gliedern“, ist „etwas Proportionales“, verlangt „eine Gleichheit der Verhältnisse.“[66]

Aristoteles entfaltete Kernaussagen der temporalen, personalen, gegenständlichen und instrumentellen Allgemeinheit, welche die spätere griechische Philosophie prägten,[67] zog die Verbindung zwischen der Allgemeinheit des Gesetzes und der Gerechtigkeit und setzte so Grundlagen einer Lehre des allgemeinen Gesetzes.[68] Manche Folgerungen sind dabei mit der demokratischen Ordnung und der Idee der Freiheit nicht vereinbar: Allgemeine Regelungen können ihm zufolge nur Experten erlassen, auch die demokratisch legitimierte Versammlung sei dafür funktional nicht in der Lage. Die Gesetze der Polis sollen das Gerechte anordnen, regeln jeden Lebensbereich der Menschen. Auch wenn sich das Gesetz durch die Lehre der Allgemeinheit zurücknimmt, wird letztlich ein Diktat der Vernunft in Ausrichtung auf die Polis errichtet, unter welchem sich die Freiheit der Menschen nicht zu entfalten vermag.

Aristoteles hob hervor, dass gute Gesetze von der Qualität des Gesetzgebers abhängen.[69] Diese Mahnung hat auch heute noch, nach rund 2.500 Jahren, Ak-

[65] Siehe hierzu *C. Maier*, Gewaltenteilung bei Aristoteles und in der Verfassung Athens, 2006; *G. Jellinek*, Gesetz und Verordnung [1887], 1919, S. 39.

[66] *Aristoteles*, Politik [Politica, zw. 329 u. 326 v. Chr.], 1989, 1280b, 1282b20ff., 1292a35f.; *ders.*, Die Nikomachische Ethik [Ethica Nicomachea, wahrscheinl. zw. 335 u. 323 v. Chr.], 7. Auflage 2006, 1131a18ff., 1137b9ff., 1140b30ff., 1141b24ff.; siehe hierzu *Dihle*, Gesetz, Gerechtigkeit und Billigkeit bei Aristoteles, in: Bock (Hg.), Gesetz und Gesetzlichkeit in den Wissenschaften, 2006, S. 23 (31ff.); siehe zu der Entwicklung des Gedankens der „Natur der Sache“ *Schambeck*, Der Begriff der „Natur der Sache“, 1964.

[67] Hierzu *G. Jellinek*, Gesetz und Verordnung [1887], 1919, S. 39f.

[68] *Thomas von Aquin*, der die Lehre vom allgemeinen Gesetz fortschreiben sollte, bezog sich ausdrücklich auf *Aristoteles* (siehe unter III. 4., S. 105ff.).

[69] Zu dieser Unterscheidung der Lehren von *Platon* und *Aristoteles*: *Kamp*, Die politische

tualität. Das Verfassen eines allgemeinen Gesetzes bedarf langer Überlegung, darf nicht aus dem Augenblick heraus geschehen, ist selbst für Experten eine anspruchsvolle Aufgabe.

Aristoteles ging es in erster Linie um die Qualität des Gesetzes. In Orientierung auf diese Leitidee gerät der Gesetzgeber in das Blickfeld dieser Philosophie. Rechtsprechung und Lehre gehen heute in der Regel umgekehrt vor. Ist das rechtsetzende Organ demokratisch legitimiert, kann es jede Regelung erlassen. Abstrakte Kriterien, welche ein Rechtsakt losgelöst von den grundrechtlichen Gewährleistungen erfüllen muss, werden dann kaum mehr gefordert. Aber auch der unmittelbar demokratisch legitimierte Gesetzgeber kann Recht setzen, das rechtsstaatlichen Ansprüchen nicht genügt, das den Grundrechten widerspricht. Es stellt sich daher die Frage, welche Vorgaben eine verbindliche Allgemeinheitsforderung Rechtsakten setzt, welche Anforderungen eine abstrakt-generelle Regelung erfüllen muss. *Aristoteles* folgend wäre dann zu prüfen, ob die gegenwärtigen rechtsetzenden Organe funktional in der Lage sind, diese Vorgaben zu erfüllen, rechtsstaatliches Recht zu setzen.

4. *Schriftliche, dauerhafte, gemeinschaftsichernde Gesetze*

Aristoteles erkannte, dass die Realität in der Polis weit davon entfernt war, seine Forderung nach allgemeinen Gesetzen zu erfüllen.[70] Im antiken Griechenland wurde das Fundament der abendländischen Wissenschaft gelegt, jedoch keine methodische Rechtswissenschaft entwickelt. Zentraler Grund hierfür ist, dass das Recht entgegen den Vorgaben von *Aristoteles* und *Platon* auf kein System angelegt war. Die griechischen Gesetze waren gerade nicht allgemein, sondern ordneten in Einzelfallregelungen tugendhaftes Handeln an. Gerichte waren – in der klassischen Epoche der Polis – mit mehreren hundert Schöffen besetzt. Ihre Entscheidungen gründeten im Gerechtigkeitsempfinden des Volks mit Blick auf den Einzelfall, strebten nach Genauigkeit, nach der Regelung jedes konkreten Falls. Oft standen daher nicht die gesetzlichen Grundaussagen, sondern zahlreiche Ausnahmen im Vordergrund. Die geltenden Gesetze trugen nicht zu einer systematischen Entwicklung des Rechts bei, standen dieser eher im Weg.[71]

Philosophie des Aristoteles und ihre metaphysischen Grundlagen, 1985, S. 223; zur geforderten Expertise: *Ritter*, „Naturrecht" bei Aristoteles, 1961, S. 17.

[70] *Aristoteles*, Politik [Politica, zw. 329 u. 326 v. Chr.], 1989, 1324b5 ff.

[71] *Hölkeskamp*, Schiedsrichter, Gesetzgeber und Gesetzgebung im archaischen Griechenland, 1999, S. 11 ff.; *Dihle*, Gesetz, Gerechtigkeit und Billigkeit bei Aristoteles, in: Bock (Hg.), Gesetz und Gesetzlichkeit in den Wissenschaften, 2006, S. 23 (26 ff.), hebt die hieraus resultierende Verknüpfung von Politik und Ethik, die fehlende Unterscheidung zwischen Recht und Moral hervor; siehe insgesamt *G. Jellinek*, Gesetz und Verordnung [1887], 1919, S. 37 ff.; *Welzel*, Naturrecht und materiale Gerechtigkeit, 4. Auflage 1962, S. 28 ff.; *Sellert*, Einführung, in: Behrends/ders. (Hg.), Nomos und Gesetz, 1995, S. 7 (7); *H. J. Wolff*, „Normenkont-

Die oft unübersichtlichen Gesetze beanspruchten Verbindlichkeit, erwarteten eine wortlautgetreue Umsetzung, die regelmäßig durch Durchsetzungs-, Kontroll- und Strafpflichten gesichert wurde. Die antike Gesetzgebung in Griechenland war situationsgebunden verbindlich. Es gab Institutionen, die Gesetze setzten, und solche, die sie anwendeten und durchsetzten. Insoweit wurden rechtsstaatliche Forderungen der Rechtsverbindlichkeit und der Gewaltenteilung erfüllt, die Klarheit und Allgemeinheit der Gesetze aber vernachlässigt. So entbehrten auch die griechischen Kodifikationen einer rationalen Durchdringung, einer systematischen Ordnung des Rechts und erfüllten damit den ersten Auftrag nicht, der an eine Kodifikation gestellt wird. Im antiken Griechenland bestanden noch nicht die intellektuellen und institutionellen Voraussetzungen für ausgereifte Kodifikationen, hatten die Gesetzgeber noch nicht den notwendigen Abstand zur Realität, um allgemeine Regeln zu erlassen.[72] Dieser Befund führt zu der Frage, inwieweit die Rechtsetzung gegenwärtig diesen Abstand einnimmt, ob sie der griechischen Praxis mehr ähnelt, als es die Theorie vermuten lässt.

Auch die These von *Aristoteles* – die *Thomas von Aquin* später aufgreifen sollte[73] –, der Mensch habe Gesetze zu erlassen, konnte sich nicht durchsetzen. Der Begriff Nomos zielte auf die gottgegebene Grundordnung, welche den Menschen durch die Tradition, durch Sitte und Brauch gegenwärtig war. Diese Quelle göttlicher Legitimation versiegte in der griechischen Polis nicht. Die Tyrannen machten sie sich zu Nutzen, änderten die Ordnung in ihrem Sinn und beanspruchten dafür transzendente Legitimation. Andernorts entbrannten heftige Konflikte zwischen verschiedenen Gruppen, die sich teilweise zu Bürgerkriegen entwickelten. Um diese Konflikte zu lösen, um Frieden zu schaffen und die innere Ordnung wiederherzustellen, wurden oft Schlichter berufen, welche über der institutionellen Ordnung der Polis standen. Ihre Machtposition glich insoweit der von Tyrannen. Ihre Autorität beruhte auf ihrer Stellung, ihrer geistigen Kraft, aber auch auf einer religiösen Grundlage, wenn sie etwa mit dem Orakel in Delphi in Verbindung standen. Auch die Schlichter beanspruchten als Gesetzgeber göttliche Legitimation. Ihre Setzungen wurden daher mit ihrem Tod oder einem Exil unveränderbar. Das Einzelfallgesetz konnte nicht mehr verändert werden, eine methodische Rechtswissenschaft sich nicht bilden. Insgesamt griffen Sitte und Gesetz ineinander.[74]

---

rolle" und Gesetzesbegriff in der attischen Demokratie, 1970, S. 9ff.; *Zeidler*, Massnahmegesetz und „klassisches" Gesetz, 1959, S. 83ff.

[72] Insgesamt *Sellert*, Einführung, in: Behrends/ders. (Hg.), Nomos und Gesetz, 1995, S. 7 (7); *Hölkeskamp*, Schiedsrichter, Gesetzgeber und Gesetzgebung im archaischen Griechenland, 1999, S. 16f., 24f., 266f. m. w. H.

[73] Siehe hierzu unter III. 4. (S. 105ff.).

[74] Siehe insgesamt *Sellert*, Einführung, in: Behrends/ders. (Hg.), Nomos und Gesetz, 1995, S. 7 (7f.); *Hölkeskamp*, Schiedsrichter, Gesetzgeber und Gesetzgebung im archaischen Griechenland, 1999, S. 11f., 44ff. m. w. H., der bemerkt, dass die Schiedsrichter in Griechen-

Die Gesetze suchten die Konflikte in der Polis zu lösen. Die Richter, welche hierfür berufen waren, waren auch Gesetzgeber. Auch in Reaktion auf richterliche Willkür wurden die richterlichen Lösungen der Rechtsfälle immer öfter in Gesetzesform aufgeschrieben und öffentlich gemacht. Selbst wenn es geschriebene Gesetze gab, waren die Richter immer auch Gesetzgeber, weil sie neue, von den Gesetzen nicht behandelte Fälle lösen mussten und in dieser Lösung neues Recht setzten. Diese Gesetzgebungspraxis setzte – schon vor dem Zwölftafelgesetz[75] – eine zentrale Forderung der sprachlichen Allgemeinheit des Gesetzes durch. Das Recht wurde auf Stein- oder Erztafeln, auf Wänden und Stelen zur Schau gestellt und so allen zugänglich. Die Auslegung und Anwendung des Rechts wurden kontrollierbar. Allein die öffentliche Vergegenständlichung, die greifbare Existenz des Rechts, förderte zentrale Forderungen des modernen Rechtsstaats. In den folgenden Jahrhunderten entwickelte sich hieraus ein Gesetzespositivismus, mit dem Rechtssicherheit und Gleichheit vor dem Gesetz verbunden waren. Das Gesetz wandte sich gegen die vom Belieben des Regierenden geprägte Herrschaft von Menschen über Menschen. Voraussetzung war die Schriftlichkeit und mit dieser die Verbindlichkeit der Gesetze.

Die Ordnung der Polis gründete in der Gesetzesbindung auf bürgerliche Gleichheit und Partizipation. Die Fixierung der Gesetze führte zu einer Dauerhaftigkeit der Regelungen – sie waren in Stein gemeißelt. Die Gesetze verselbstständigten sich so gegenüber dem Gesetzgeber und wurden – in gewissem Maß – unveränderlich. Diese temporale Allgemeinheit wurde insbesondere deutlich, wenn Regelungen an Tempeln ausgestellt wurden und so eine vom Gesetzgeber entrückte sakrale, eigene Legitimation beanspruchten. Die Gesetze wurden permanent greifbar, Rechtsstreitigkeiten in rationalen Verfahren an einem transparenten Maßstab gelöst, die Sicherheit und der Frieden in der Polis gestärkt. Die bestehende religiöse Legitimation des Gesetzes und die Einzelfallregelungen schwächten allerdings diese Entwicklung. Das griechische Gesetz war nicht selten an ungeschriebenes, höheres Recht gebunden. So wurde die Bindung an den Wortlaut des Gesetzes relativiert. Obwohl die Gesetze in Stein gemeißelt waren, entstand – anders als in Rom[76] – keine Auslegungskultur, kaum eine rechtswissenschaftliche Hermeneutik. Es gab kein einheitliches griechisches Recht, dieses war vielmehr in den einzelnen Stadtstaaten verschieden. Das Recht der griechischen Polis gewann keinen Einfluss, der über die Stadt hinaus reichte, obgleich es göttliche Legitimität und damit eine erweiterte Geltung beanspruchte. Der Grund hierfür liegt nicht allein in den Stadtmauern, die den Geltungsbereich des Gesetzes beschränkten, sondern auch im Fehlen einer

land hohes Ansehen genossen, die gesamte Epoche prägten; *Dihle*, Gesetz, Gerechtigkeit und Billigkeit bei Aristoteles, in: Bock (Hg.), Gesetz und Gesetzlichkeit in den Wissenschaften, 2006, S. 23 (23 ff.).

[75] Siehe hierzu oben unter 1. (S. 78 ff.).

[76] Siehe hierzu oben unter 1. (S. 69 ff.).

einheitlichen systematischen Rechtsdeutung, welche das Recht einer Polis einer anderen hätte zugänglich machen, eine Analyse der Gesetze anderer Städte hätte ermöglichen können. Das griechische Recht erreichte auch deshalb nie den Einfluss, den das römische Recht erlangen sollte.[77] Die Erfahrungen des griechischen und römischen Rechts deuten insgesamt auf eine Verbindung zwischen der Allgemeinheit des Gesetzes und der rechtswissenschaftlichen Methodik.

Die Mehrheit der Bürger erkannte dennoch in den geschriebenen Gesetzen und in der Polis eine Kraft, welche ihnen Sicherheit und Frieden garantierte. Die Polis wuchs, ihre Bauwerke wurden mächtiger, die politische, institutionelle und urbane Entwicklung schritt voran. Es verfestigte sich die Erkenntnis, dass das Gesetz ein Instrument ist, das dauerhaft den Frieden sichern kann und erlaubt, die Zukunft zu gestalten. Das Recht wurde in dieser Entwicklung immer mehr mit dem positiven Gesetz gleichgesetzt. Die Rechtsklarheit, die Öffentlichkeit und Zugänglichkeit, d.h. Erwartungen der sprachlichen und auch instrumentellen Allgemeinheit wurden zu den zentralen Erfordernissen des Gesetzes.[78] Das Gesetz wurde zuweilen auch zu einem Instrument zur Sicherung der Demokratie gegenüber der Oligarchie.[79]

5. *Rechtsquellen und römische Allgemeinheitslehren*

Die Denker des antiken Griechenlands entwickelten die Idee des allgemeinen Gesetzes, kannten gleichwohl keine Gesetzgebungspraxis, die – über einzelne Allgemeinheitsmerkmale hinausgreifende – allgemeine Gesetze hervorbrachte.[80] In Rom war das anders. Hier entfaltete sich – ohne wissenschaftliches Fundament – mit den Zwölf Tafeln[81] eine bemerkenswerte Kultur allgemeiner Gesetzgebung. Diese hat das römische Recht später nicht mehr erreicht. Das Recht war schon bald sehr kompliziert, nur Experten, nicht den Bürgern verständlich. Die Rechtsfindung wurde mit dem Fortgang der Republik eher eine von Rechtsunsicherheit geprägte mündliche Veranstaltung auf dem Forum als eine regelge-

---

[77] *Fögen*, Römische Rechtsgeschichten, 2002, S. 85f. m.w.H., siehe insbes. Fn. 140.

[78] Insgesamt *Hölkeskamp*, Schiedsrichter, Gesetzgeber und Gesetzgebung im archaischen Griechenland, 1999, S. 11f., 24f., S. 262ff., der von einer „Kodifikationswelle" im antiken Griechenland spricht; *Sellert*, Einführung, in: Behrends/ders. (Hg.), Nomos und Gesetz, 1995, S. 7 (7f.); *Gehrke*, Der Nomosbegriff der Polis, ebenda, 1995, S. 13; *H. Hattenhauer*, Europäische Rechtsgeschichte, 4. Auflage 2004, insbes. Rdn. 26ff., betont die Friedenssicherung durch das Gesetz; *H.J. Wolff*, „Normenkontrolle" und Gesetzesbegriff in der attischen Demokratie, 1970, S. 71ff.; *Ehrenberg*, Die Rechtsidee im frühen Griechentum [1921], 1966, S. 103ff., 108ff., 122ff. 139f.; *Bock*, Das Gesetz in der griechischen Polis und der Ursprung des modernen Gesetzes im hohen Mittelalter, in: ders. (Hg.), Gesetz und Gesetzlichkeit in den Wissenschaften, 2006, S. 39 (40ff.); jeweils m.w.H.

[79] *Bleicken*, Die athenische Demokratie, 4. Auflage 1995, S. 217f.

[80] Siehe hierzu oben unter 2. bis 4. (S. 78ff.).

[81] Siehe oben unter 1. (S. 69ff.).

rechte Deutung der Rechtstexte.[82] Die nachfolgende Entwicklung verdeutlicht die – bereits von *Aristoteles* hervorgehobene[83] – Abhängigkeit des Gesetzes von seiner Quelle.

Das allgemeine Gesetz verlangt nach einem gesetzgebenden Gremium, das in der Lage ist, beständige, verständliche, grundsätzliche, der Gleichheit verpflichtete Regelungen zu schaffen. In Rom wurde diese Forderung im Laufe der Zeit vernachlässigt.

a) *Die prägende Kraft des Gesetzgebers, Gesetz als Akt des Wollens*

Das Zwölftafelgesetz war durch das Dezemvirat, d.h. durch Experten erlassen worden. In der römischen Republik wurde das Recht später hingegen nicht aus einer Hand gesetzt. Gesetze, welche die Verhältnisse des römischen Volks regelten,[84] mussten die Magistrate – nach einer Befassung durch den Senat und öffentlicher Bekanntgabe – der Volksversammlung vorlegen, die dann ohne Debatte und ohne die Möglichkeit, das Gesetz zu ändern, dieses annehmen oder ablehnen konnte.[85] Nicht jeder Bürger hatte eine Stimme. Die Bürger wurden vielmehr nach bestimmten Kriterien in Gruppen eingeteilt, die dann jeweils als Einheit abstimmten. Ausschlaggebend waren die Wohnbezirke oder militärische Merkmale, welche der ursprünglichen Versammlung des Bürgerheers folgten.[86] So wurde die rationalisierende Kraft der Versammlung, die in der jeweils individuellen Betroffenheit ihrer Mitglieder zu allgemeinen Regelungen hätte führen können, nicht genutzt.

Die Macht der Magistrate hatte keine kriegerischen, sondern religiöse Wurzeln. Das Magistrat musste, damit ein Gesetz in Kraft treten konnte, das ‚reli-

[82] *Fögen*, Römische Rechtsgeschichten, 2002, S.77, 146ff. m.w.H.; *Cicero*, Über den Staat [De re publica, 58–57 v.Chr.], Nachdruck 2006; insgesamt *Knütel*, Zur Rechtsfindung der Römer, in: Gedächtnisschrift für Meinhard Heinze, 2005, S.475.

[83] Siehe oben unter 3. (S. 82ff.).

[84] Zu den verschiedenen Arten von Gesetzen in der Römischen Republik *Grawert*, „Gesetz“, in: Brunner/Conze/Koselleck (Hg.), Geschichtliche Grundbegriffe, Band 2 E-G, 1975, S.863 (865f. m.w.H.).

[85] Hierzu und zur Abhängigkeit des Willens des Volks vom Magistraten *Bleicken*, Lex publica, 1975, S.244ff.

[86] Die militärische Prägung der Versammlung wird auch darin deutlich, dass eine Diskussion nicht stattfand, „militärisch diszipliniert“ entweder mit ja oder nein entschieden wurde, sprachlich der Begriff populus auf den Kriegsverband verweist. Das im Folgenden beschriebene Verfahren fand nur auf die sog. lex rogata Anwendung, nicht auf die lex data, die primär das Gemeinwesen der von Rom abhängigen Stadtgemeinden und Provinzen organisierten, das römische Volk daher kaum betrafen und deshalb ohne seine Beteiligung in Kraft treten konnten (insgesamt *Behrends*, Der römische Gesetzesbegriff und das Prinzip der Gewaltenteilung, in: ders./Link [Hg.], Zum römischen und neuzeitlichen Gesetzesbegriff, 1987, S.34 [41f., 48, 54ff., 64, 68ff., 77, 91, 111, 113]; siehe zudem *Heuss*, Diskussion, in: ders./Link [Hg.], Zum römischen und neuzeitlichen Gesetzesbegriff, 1987, S.115 [115], *Bleicken*, ebenda, S.115 [116]; *Wieacker*, ebenda, S.115 [119], der hervorhebt, dass die jeweilige lex nach dem Magistrat benannt war).

giöse Charisma des „auspicium“ tragen‘, mit den göttlichen Mächten in Beziehung treten können. Um diese Beziehung nicht zu stören, hatte der Tag der Gesetzgebung im religiösen Sinn rein zu sein, frei von bedenklichen Naturerscheinungen. Die entsprechenden Feststellungen eines „fulmen“ waren verbindlich, wodurch sich ein nicht selten willkommenes Mittel bot, Gesetzgebungsvorhaben zu verhindern. Hierauf wurde später pragmatisch mit dem Verbot reagiert, an Gesetzgebungstagen den Himmel zu beobachten. Dieses Vorgehen verdeutlicht, dass die religiöse Legitimation des Gesetzes – jedenfalls in der spätrepublikanischen Zeit – machtpolitischen Erwägungen weichen musste,[87] weder die Rationalität des Gesetzgebungsverfahrens noch des Gesetzes stützte. Das rationale, das allgemeine Gesetz ist ein weltliches. In der Forderung der „Reinheit“ des Gesetzgebungstags schwingen allerdings auch die Objektivität, der Gleichheitsgedanke und damit Forderungen der Allgemeinheit des Gesetzes mit.

Hier wird deutlich, dass die Zusammensetzung des gesetzgebenden Organs und die Ausgestaltung des Verfahrens Folgen für die erlassenen Gesetze haben. In der Theorie wurden Gesetze, die allgemeine, für alle gleichartigen Fälle geltende Regelungen trafen, deutlich von solchen unterschieden, die lediglich einen Einzelfall regelten.[88] Doch schon bei dem von den Magistraten und der Volksversammlung erlassenem Recht war ein allgemeines Gesetz der Sonderfall. Die Magistrate suchten regelmäßig konkrete Fälle zu entscheiden, formulierten die Lösung in dem Gesetz, das die Volksversammlung nicht mehr verändern konnte.[89] Sie mussten ihre Vorschläge, wenn die Volksversammlung zustimmte, nicht an materiellen Maßstäben messen lassen, weil durch die Magistrate selbst eine kaum hinterfragbare religiös-charismatische Legitimität gesetzt wurde. Insgesamt wurden die Rechtstradition des Zwölftafelgesetzes, die in diesem entwickelte Rationalität, die Allgemeinheit des Gesetzes nicht weitergeführt.

b) *Römische Lehren zur Gesetzesallgemeinheit*

Die Auslegung des Gesetzes haftete am Wortlaut, stand so in der Tradition des Zwölftafelgesetzes und der in diesem angelegten Hermeneutik.[90] Die strenge

---

[87] *Honsell*, Das Gesetzesverständnis in der römischen Antike, in: Festschrift für Helmut Coing, Band I, 1982, S. 129 (131 f.); *Behrends*, Der römische Gesetzesbegriff und das Prinzip der Gewaltenteilung, in: ders./Link (Hg.), Zum römischen und neuzeitlichen Gesetzesbegriff, 1987, S. 34 (44 f.).

[88] *Mommsen*, Römisches Staatsrecht, Band 3, II. Abtheilung, 1888, S. 1228 ff., auch zu unterschiedlichen Folgen für das Gesetzgebungsverfahren; siehe zudem *Honsell*, Das Gesetzesverständnis in der römischen Antike, in: Festschrift für Helmut Coing, Band I, 1982, S. 129 (130 f.).

[89] *Wieacker*, Vom römischen Recht, 2. Auflage 1961, S. 68 ff.; *Nörr*, Rechtskritik in der römischen Antike, 1974, S. 32 f., S. 62 ff., betont die Lückenhaftigkeit der Gesetze und dass das Gesetz als Instrument des politischen Kampfs seine Rationalität einbüßte.

[90] *Söllner*, Einführung in die römische Rechtsgeschichte, 5. Auflage 1996, S. 83.

Wortlautinterpretation wurde oft kritisiert. Sie führte regelmäßig zu Fehlentwicklungen, weil sie die eingegrenzte Regelungskraft der Einzelfallgesetze nicht weitete, die Gesetze daher regelmäßig neue Rechtsfragen nicht beantworten konnten. Einen Ausweg sah man in neuen Gesetzen, welche in der Anwendungspraxis jedoch wiederum nicht überzeugten, zukünftige Fälle nicht vorausgesehen hatten und folglich zahlreiche Rechtsfälle unzureichend lösten, weitere Gesetzesnovellen forderten. Die fehlende Lehre vom allgemeinen Gesetz[91] war – verbunden mit einer strikten Bindung an den Wortlaut der Einzelfallgesetze – der Ursprung dieser Entwicklung.

Eine freiere, aber den Rechtsstaat insofern nicht entfaltende Auslegung setzte sich erst im Laufe des ersten Jahrhunderts v. Chr. durch. Sie baute auf die griechische Philosophie, auf die Dialektik, auf die Rhetorik,[92] verlangte aber insbesondere allgemeine, der Auslegung fähige Gesetze. In dieser Situation forderte *Cicero* Gesetze zu erlassen „zum Heil der Bürger, der Unversehrtheit der Staaten und zum ruhigen und glücklichen Leben der Menschen". Die Gesetze müssten das „Gerechte vom Ungerechten" unterscheiden und würden „geformt nach jener uralten und am Anfang aller Dinge stehenden Natur", nach einer allgemeinen Regel. Das Vertrauen in den Gesetzgeber war gesunken und ein Maßstab für richtiges Recht wurde gesucht. Zudem betonte *Cicero* den Wert dauerhafter und genereller Regelungen und damit Kernforderungen der Gesetzesallgemeinheit.[93]

Im Anschluss mehrten sich die Stimmen der römischen Rechtsgelehrten zum Gesetz. *Papinian* definierte das Gesetz als „eine allgemeine Vorschrift," einen „Beschluß kluger Männer," als „ein gemeinschaftliches Versprechen der Bürgerschaft".[94] In dem gemeinschaftlichen Versprechen, dem „allgemein für alle geschaffenen" Recht (*Ulpian*)[95] ruht eine personale, auch eine gegenständliche

---

[91] Siehe hierzu *G. Jellinek*, Gesetz und Verordnung [1887], 1919, S. 3, 41, der die Gesetzeslehre als unbestimmten Bezug auf griechische Redner und Philosophen beschreibt, weswegen selbständige, rationale Untersuchungen des Gesetzes fehlten, ein rein formaler Gesetzesbegriff herrschte.

[92] Insgesamt *Honsell*, Das Gesetzesverständnis in der römischen Antike, in: Festschrift für Helmut Coing, Band I, 1982, S. 129 (135 ff., insbes. 143 und 145 m. w. H.).

[93] Die Forderungen beziehen sich auf die temporale, personale und gegenständliche Allgemeinheit; *Cicero*, Fragmente über die Rechtlichkeit, [De legibus, 58–57 v. Chr.], 1969, II. Buch 11 ff.; siehe zudem *ders.*, Über den Staat [De re publica, 58–57 v. Chr.], II. Buch, Nachdruck 2006; *F. Neumann*, Die Herrschaft des Gesetzes [The governance of the rule of law, 1936], 1980, S. 77 f.; *E.-W. Böckenförde*, Geschichte der Rechts- und Staatsphilosophie, 2. Auflage 2006, S. 165; *Zeidler*, Massnahmegesetz und „klassisches" Gesetz, 1959, S. 86 ff.; *G. Jellinek*, Gesetz und Verordnung [1887], 1919, S. 41.

[94] *Behrends/Knütel/Kupisch/Seiler*, Corpus Iuris Civilis, Band II, Digesten 1–10, 1995, D. 1.3.1.

[95] *Behrends/Knütel/Kupisch/Seiler*, Corpus Iuris Civilis, Band II, Digesten 1–10, 1995, D. 1.3.8.

Verallgemeinerung sowie – verbunden mit der „Klugheit des Gesetzes“[96] – eine dem Gemeinwohl dienende Finalität der gesetzlichen Regelung.[97] Zudem wird hervorgehoben, dass Recht nach dem gesetzt werden muss, das „in der Regel, nicht nach dem, das ausnahmsweise geschieht.“[98] Bei Regelungslücken „ist das zu befolgen, das durch Sitte und Gewohnheit eingeführt ist“.[99] Zudem wurde der Gedanke der kontinuierlichen Wirkung in der Zeit, der temporalen Allgemeinheit, hervorgehoben: Man müsse stets annehmen, „in den Gesetzen sei gleichsam die Bestimmung enthalten, daß sie auch für die Personen und für die Dinge gelten, die später einmal [den von ihnen gemeinten] ähnlich sind.“[100]

c) Gewaltenteilung und allgemeines Gesetz

Am Ende der Republik zogen die Herrscher die Gesetzgebungsmacht immer stärker an sich. Die Kaiser erließen schließlich die Gesetze selbst,[101] ohne Beteiligung des Volks oder besonderer Gremien, ohne eine mäßigende Kraft. Die Bereitschaft zur Ausnahme, die schwindende, fast zur Unverbindlichkeit geschwächte Kraft des Wortlauts, machten sie zur Regel, um das geltende Recht nach ihrem Willen nutzen zu können. Sie legten die Gesetze schließlich nach ihrem Gutdünken aus, brachen endgültig mit der Tradition der strengen Wortlautinterpretation. Das römische Gesetz, dessen Anfänge mit der Forderung der Allgemeinheit verbunden waren, entwickelte sich zu einem reinen Herrschaftsinstrument eines allmächtigen Regenten.[102] Die Gesetze des Kaisers waren regelmäßig autoritäre Anordnungen, die auf die Bedürfnisse der tagespoli-

---

[96] Siehe hierzu auch *Marcian* (*Behrends/Knütel/Kupisch/Seiler*, Corpus Iuris Civilis, Band II, Digesten 1–10, 1995, D. 1.3.2.).

[97] Siehe hierzu auch *Celsus*: „Gesetze kennen heißt nicht, die Worte kennen, sondern ihren Sinn und Zweck.“ Siehe zudem *Paulus* (*Behrends/Knütel/Kupisch/Seiler*, Corpus Iuris Civilis, Band II, Digesten 1–10, 1995, D. 1.3.17. und 29.).

[98] *Pomponius*; siehe hierzu auch *Celsus*, *Paulus* und *Julian* (*Behrends/Knütel/Kupisch/Seiler*, Corpus Iuris Civilis, Band II, Digesten 1–10, 1995, D.1.3.3. bis 6. und 10.)

[99] Insbes. *Julian* (*Behrends/Knütel/Kupisch/Seiler*, Corpus Iuris Civilis, Band II, Digesten 1–10, 1995, D. 1.3.32, siehe aber auch 33. bis 41.).

[100] *Tertullian*, so aber auch *Ulpian* und *Paulus* (*Behrends/Knütel/Kupisch/Seiler*, Corpus Iuris Civilis, Band II, Digesten 1–10, 1995, D. 1.3.27, sowie 22. und 23.: „Was stets eine bestimmte Auslegung gehabt hat, sollte keinesfalls geändert werden.“).

[101] *Liebs*, Das Gesetz im spätrömischen Recht, in: Sellert (Hg.), Das Gesetz in Spätantike und frühem Mittelalter, 1992, S. 11 (11 f. m. w. H. et passim); *Kussmaul*, Pragmaticum und Lex, 1981, S. 97 f. et passim; *Kunkel/Schermaier*, Römische Rechtsgeschichte, 14. Auflage 2005, S. 198 f.; *Bretone*, Geschichte des römischen Rechts, 2. Auflage 1998, S. 149 ff., betont, dass die Kaiser von Juristen beraten wurden.

[102] Siehe *Liebs*, Das Gesetz im spätrömischen Recht, in: Sellert (Hg.), Das Gesetz in Spätantike und frühem Mittelalter, 1992, S. 11; *Wieacker*, Römische Rechtsgeschichte, 1988, S. 388 ff., 411 ff.; *Behrends*, Der römische Gesetzesbegriff und das Prinzip der Gewaltenteilung, in: ders./Link (Hg.), Zum römischen und neuzeitlichen Gesetzesbegriff, 1987, S. 34 (114 m. w. H.); *Stolleis*, Diskussion, in: ders./Link (Hg.), Zum römischen und neuzeitlichen Gesetzesbegriff, 1987, S. 115 (119); *Behrends*, ebenda, S. 115 (119); *ders.*, Der römische Gesetzesbegriff und das Prinzip der Gewaltenteilung, ebenda, S. 34 (38 ff., 104 ff., 113 f.); *H. Hatten-*

tischen Fragen zugeschnitten waren.[103] In Rom entstand – das mag aus heutiger Sicht erstaunen – aus einer Republik eine Monarchie. Der Verzicht auf die Allgemeinheit des Gesetzes ebnete nicht zuletzt diesen Weg.[104] Die Erlasse des Kaisers waren aber insofern allgemein, als sie für alle verbindlich galten.[105]

Diese Entwicklung macht den Zusammenhang zwischen dem gesetzgebenden Organ und dem Gesetz erneut bewusst.[106] Der allmächtige Kaiser hatte weder Anlass noch Interesse, allgemeine Gesetze zu erlassen. Seine Entscheidungen wurden auch nicht an einem Maßstab gemessen, welcher die Allgemeinheit hätte sichern können. Damit wird nochmals deutlich, dass die Allgemeinheit des Gesetzes durch einen vom Einzelfall distanzierten Gesetzgeber gesichert wird, was wiederum durch eine ‚Allgemeinheit des Gesetzgebers' gewährleistet werden könnte. Das gesetzgebende Gremium muss den erforderlichen Sachverstand besitzen, allgemeine Gesetze überhaupt erarbeiten zu können, wenngleich es nicht – wie im Fall des Zwölftafelgesetzes – durch spezialisierte Sachverständige geprägt sein muss. Das allgemeine Gesetz baut auf eine Gewaltenteilung, welche die zur Verfügung stehenden Handlungsinstrumente jeweils einer Gewalt zuweist.[107] Wenn Einzelfallentscheidungen und zu konkretisierende allgemeine

---

hauer, Europäische Rechtsgeschichte, 4. Auflage 2004, insbes. Rdn. 294 ff.; *G. Jellinek*, Gesetz und Verordnung [1887], 1919, S. 41 f.

[103] *Liebs*, Römisches Recht, 6. Auflage 2004, S. 83 ff.; *ders.*, Unverhohlene Brutalität in den Gesetzen der ersten christlichen Kaiser, in: Behrends/Diesselhorst/Voss (Hg.), Römisches Recht in der europäischen Tradition, 1985, S. 89, nach welchem die Gesetzgebung mit Konstantin „brutale Züge" angenommen hat.

[104] Auch *Augustinus* entwarf in dieser Situation bei aller ordnenden Kraft seiner Forschung keine rationale Gesetzgebungslehre, nicht die Allgemeinheit des Gesetzes, betonte vielmehr die Eigenständigkeit der Gesetzgebung durch die Menschen, *ders.*, Die wahre Religion [De vera religione, 390], Kapitel XXXI, 58 (S. 51); *ders.*, Der freie Wille [De libero arbitrio, 388–395], 3. Auflage 1961, I. Buch, 6 ff., insbes. 15 (S. 7 ff.); hierzu insgesamt *E.-W. Böckenförde*, Geschichte der Rechts- und Staatsphilosophie, 2. Auflage 2006, S. 203 ff. m. w. H.; *Welzel*, Naturrecht und materiale Gerechtigkeit, 4. Auflage 1962, S. 52 ff.

[105] Dies betont *Grawert*, „Gesetz", in: Brunner/Conze/Koselleck (Hg.), Geschichtliche Grundbegriffe, Band 2 E-G, 1975, S. 863 (866).

[106] In der Zeit zwischen dem 1. und 3. Jahrhundert n. Chr. wird der Gesetzesbegriff nicht in den Gesetzen selbst definiert – dies war Aufgabe der Rechtswissenschaft. Seit dem 3. Jahrhundert waren die Gesetze fast gänzlich der kaiserlichen Kontrolle unterworfen. Allgemeine Anordnungen, die vom Kaiser erlassen wurden, wurden zunächst mit unterschiedlichen Begriffen bezeichnet, bis *Konstantin* für seine Anordnungen den Begriff lex verwandte. Die im römischen Recht ohnehin kaum vorhandenen Gesetzesdefinitionen verloren so gänzlich ihre Konturen. In der Spätantike beschreiben die großen Kodifikationen die Rechtsquellen, der Codex Theodosianus, der Codex Justinianus sowie *Justinians* Digesten lassen aber einen einheitlichen Gesetzesbegriff nicht erkennen (*Liebs*, Das Gesetz im spätrömischen Recht, in: Sellert [Hg.], Das Gesetz in Spätantike und frühem Mittelalter, 1992, S. 11 [11 f. m. w. H. et passim]; *Kussmaul*, Pragmaticum und Lex, 1981, S. 97 f. et passim; *Honsell*, Das Gesetzesverständnis in der römischen Antike, in: Festschrift für Helmut Coing, Band I, 1982, S. 129 [130]).

[107] Wird im römischen Recht von einer Gewaltenteilung gesprochen, meint dieser Begriff – so *Starck* – nicht die Teilung der Kompetenzen, sondern das Zusammenwirken verschie-

Gesetze aus einer Hand stammen, verschwimmen die Unterschiede zwischen den Rechtsakten, wird sich eine auf allgemeine Gesetze ausgerichtete Gesetzgebungskultur kaum entwickeln können.[108] Auch insofern blieb das Vorbild des Zwölftafelgesetzes, das von einem mit Experten besetzten Gremium erarbeitet worden war, aber von anderen Stellen ausgelegt wurde, unbeachtet.

6. *Kodifikationen und ‚kluges Gesetz'*

Erst die römische Spätantike besann sich der Kodifikationsidee wieder. Am Ende der antiken Zeit stehen verschiedene Gesetzessammlungen – wobei ein fundamentales Werk hervorsticht, das die Renaissance veranlasste, das Recht Roms wiederzuentdecken:[109] Das justinianische Gesetzeswerk, das im 6. Jahrhundert in der Trias von Codex Justinianus, Digesten und Institutionen entstand, prägt das kontinental-europäische Recht, sichert den Einfluss des römischen Rechts bis heute. Dem Werk fehlte aber die systematische Ordnung, es war eine Rechtssammlung und keine Kodifikation im modernen Sinn.[110]

Der prägende Gedanke einer Kodifikation, die geltenden Gesetze umfassend und transparent darzulegen, sie zu systematisieren, deutet auf die instrumentelle Allgemeinheit eines Gesetzes. Eine allgemeine Regelung ist umfassend, sucht ihren Gegenstand vollständig zu regeln. Sie bedarf hierfür aber anderer Regelungen. So baut die Regelung des Wahlrechts auf die Staatsangehörigkeit, der Straftatbestand des Diebstahls auf die rechtliche Zuordnung eines Gegenstands zu einer Person. Ein allgemeines Gesetz erwartet eine Rechtsordnung, um seinen Regelungsauftrag als deren Teil zu erfüllen. Insofern hebt die Kodifikation ein Merkmal des römischen Gesetzes hervor: Es ist in eine bereits vorhandene Rechtsordnung integriert, bezieht aus dieser seinen Geltungsgrund, deutet oder erneuert sie, wenn jüngere Gesetze älteren vorgehen.[111] Ein umfassendes Gesetz ist Teil eines funktionierenden Gesamtsystems. Zwar ließ die Kodifikation eine Systematik vermissen, fand aber ein funktionierendes Rechtssystem vor und

---

dener Institutionen im Bereich einer Kompetenz (*ders.*, Diskussion, in: ders./Link [Hg.], Zum römischen und neuzeitlichen Gesetzesbegriff, 1987, S. 115 [117]).

[108] Für das römische Recht *Liebs*, Das Gesetz im spätrömischen Recht, in: Sellert (Hg.), Das Gesetz in Spätantike und frühem Mittelalter, 1992, S. 11 (14), der aber auch entgegenstehende Bemühungen betont (etwa S. 19ff.).

[109] Hierzu *F. Schulz*, Geschichte der römischen Rechtswissenschaft, 1961, S. 417.

[110] *Liebs*, Das Gesetz im spätrömischen Recht, in: Sellert (Hg.), Das Gesetz in Spätantike und frühem Mittelalter, 1992, S. 11 (26f.); *ders.*, Römisches Recht, 6. Auflage 2004, S. 96ff.; siehe zur modernen Idee der Kodifikation *R. Breuer*, Betrachtungen zur Lage der Gesetzgebung, in: Festschrift für Josef Isensee, 2007, S. 345 (345ff. m. w. H.).

[111] Hierzu *Behrends*, Das staatliche Gesetz in biblischer und römischer Tradition, in: ders. (Hg.), Der biblische Gesetzesbegriff, 2006, S. 225 (226 et passim); *Grawert*, „Gesetz", in: Brunner/Conze/Koselleck (Hg.), Geschichtliche Grundbegriffe, Band 2 E-G, 1975, S. 863 (867 m. w. H.).

suchte zudem die fehlende Systematik über eine Auslegung zu ersetzen, die letztlich – erst im Mittelalter – ausgehend von den Schulen in Byzanz und Bologna auch systembildend wirkte.[112] Dieser Auftrag an die Auslegung war angesichts der unsystematischen Kodifikationen anspruchsvoll. Die juristische Hermeneutik wurde verfeinert und ist bis heute zentrales Merkmal des deutschen rechtswissenschaftlichen Denkens.

Justinian festigte ein Merkmal des römischen Gesetzes, das als Abkehr von der Idee des Zwölftafelgesetzes und als Rückkehr zur griechischen Tradition verstanden werden kann.[113] Er schuf eine Brücke zwischen der weltlichen und der religiösen Herrschaft, der diesseitigen und der jenseitigen Legitimität des Gesetzes. Das ‚aufgeklärte' Recht der Zwölf Tafeln war im Laufe der römischen Republik und Kaiserzeit in den Bann der göttlichen Legitimation geraten. Dies zeigt sich in der religiös-charismatischen Herrschaft der Magistrate und auch darin, dass die römischen Priester regelmäßig die Politik berieten, Rechtsgelehrte waren.[114] *Justinian* folgend sollen Gesetze in einem Dreischritt entstehen: Nach der Erinnerung an das Geschehene bedarf es der Einsicht in die Gegenwart und eines verantwortlichen, in die Zukunft schauenden Willens. *Justinian* knüpfte hiermit an die christliche Kardinaltugend der Klugheit an,[115] weil ein kluger Mensch sich an die Vergangenheit erinnert, die Gegenwart wahrnimmt und verantwortlich den Blick in die Zukunft richtet. Er bezog diese Tugend auf die Gesetzgebung, welche bislang primär von dem kaum präzisen Begriff der Gerechtigkeit geleitet worden war, kaum von der Mäßigung und auch nicht von der Tapferkeit.[116] So wurde eine Vorgabe für das Verfahren der Rechtsfindung, aber auch für ein kluges, ein gutes Gesetz entwickelt. Insbesondere die Sicht in die Zukunft, dieser Gedanke der temporalen Allgemeinheit, erschien am Ende der Republik als eine Neuerung, weil die römische Gesetzgebung bis dahin von einem Traditionalismus geprägt war, der nicht als Boden für zukunftsweisende

---

[112] *F. Schulz*, Geschichte der römischen Rechtswissenschaft, 1961, S. 417; siehe hierzu auch sogleich unter III. 2. (S. 101 ff.).

[113] Insofern nennt *de Coulanges* das griechische und römische Gesetz in einem Atemzug, *ders.*, Der Antike Staat [La cité antique, 1864], 1907, S. 222 ff.

[114] *Gehrke/Zwölfer*, Leitfaden der Geschichte Roms, in: Krefeld (Hg.), Res Romanae, 2005, S. 7 (10); *Guyon*, Der Gesetzesbegriff der christlich gedeuteten römischen Monarchie unter besonderer Berücksichtigung der Wende Konstantins, in: Behrends (Hg.), Der biblische Gesetzesbegriff, 2006, S. 73 (75); *Fögen*, Römische Rechtsgeschichten, 2002, S. 133; *de Coulanges*, Der Antike Staat [La cité antique, 1864], 1907, S. 223.

[115] Siehe für die römische Forderung nach klugen Gesetzen aber bereits unter 5. b) (S. 89 ff.).

[116] *Justinian* griff hier auf Erkenntnisse *Ciceros* und *Augustinus* zurück, bezog aber anders als diese nicht nur die Gerechtigkeit, sondern alle drei Tugenden auf das Recht (insgesamt *Behrends*, Das staatliche Gesetz in biblischer und römischer Tradition, in: ders. [Hg.], Der biblische Gesetzesbegriff, 2006, S. 225 [241 ff., 267, 278, 303 f. m. w. H. et passim]).

reformierende Gesetze genutzt wurde.[117] Die römische Gesetzgebungskultur hatte sich weit von ihrem Ausgangspunkt entfernt.

Das Recht gewann durch *Justinian* religiöse Wurzeln. Diese wurden auch durch die Trinität der ‚klugen' Gesetzgebung betont. Auch das religiös inspirierte Gesetz wurde aber von Menschen für bestimmte Adressaten erlassen, wenn es sich etwa nur an Römer oder ausschließlich an bestimmte Provinzen richtete.[118] *Justinian* suchte in der religiösen Inspiration einen Maßstab für kluge Gesetze zu entwickeln, so eher die Rationalität des Gesetzes als dessen göttliche Legitimation zu stützen. Diese allerdings sollte für die Entwicklung des Gesetzesdenkens im Mittelalter nicht unmaßgeblich sein.

III. Allgemeinheit als Ausrichtung auf das gemeine Wohl

1. *Weltliche und transzendente Gesetze, funktionales Gesetzesverständnis*

Die römische Rechtstradition wirkte zunächst nur vereinzelt im Mittelalter fort, beeinflusste – bis zu ihrer Wiederentdeckung im 11. Jahrhundert – insbesondere das germanische Rechtsdenken kaum. Hier entwickelte sich eine Rechtskultur, in der ein funktionaler Gesetzesbegriff prägend war.[119] Die Gesetzgebungspraxis entfaltete die Allgemeinheit des Gesetzes nicht, doch die Wissenschaft entwarf diese Idee des Gesetzes insbesondere durch *Thomas von Aquin*[120] neu.

a) *Gewohnheitsrecht*

Das germanisch-fränkische Recht wurde im Mittelalter primär mündlich überliefert. Es überwog die Vorstellung, dass das über Generationen weitergegebene Recht alt und gut, unabänderlich sei. Das Recht existierte, war jedoch kaum schriftlich fixiert und deshalb zur Lösung von Rechtsfällen von den Recht sprechenden Gremien zu finden, von diesen auf die Fälle anzuwenden und dabei zu

---

[117] *Honsell*, Das Gesetzesverständnis in der römischen Antike, in: Festschrift für Helmut Coing, Band I, 1982, S. 129 (136).

[118] Die religiösen Wurzeln werden insbes. in der Konstitution „Deo auctore" deutlich, mit welcher *Justinian* die Arbeit an den Digesten ankündigt (insgesamt *Behrends*, Das staatliche Gesetz in biblischer und römischer Tradition, in: ders. [Hg.], Der biblische Gesetzesbegriff, 2006, S. 225 [241 ff. et passim]; siehe zur „Christianisierung des Rechts" in der römischen Antike und im Mittelalter *H. Hattenhauer*, Europäische Rechtsgeschichte, 4. Auflage 2004, insbes. Rdn. 373 ff.).

[119] Siehe hierzu *A. Wolf*, Gesetzgebung und Kodifikationen, in: Weimar, (Hg.), Die Renaissance der Wissenschaften im 12. Jahrhundert, 1981, S. 143 (147, 157 ff.), der von einer Renaissance der Gesetzgebung im 12. und 13. Jahrhundert spricht.

[120] Hierzu sogleich unter 4. (S. 105 ff.).

konkretisieren. Die Rechtsregeln wurden dabei oft erst im Konfliktfall transparent.[121]

Dieses Gewohnheitsrecht, dieses den Kodifikationen vorausliegende und insofern ursprüngliche Recht[122] entwickelte sich aus einer anhaltenden und allgemeinen Übung („longa consuetudo"), die als Rechtssatz formuliert und von der Überzeugung der Beteiligten getragen war, die Übung sei rechtmäßig („opinio iuris"). Die Rechtsbetroffenen schufen in ihrer Rechtspraxis selbst Recht, brachten im Gegensatz zu dem von einer Autorität geplant und gewollt gesetzten Recht Verbindlichkeiten durch die Allgemeinheit der Übung hervor. Das Gewohnheitsrecht beanspruchte allgemeine Beachtung, weil es sich zu einer Rechtsüberzeugung verallgemeinert hatte, dadurch von einem Gruppeninteresse und zeitgebundenen Anliegen gelöst war.[123]

b) Rechtszersplitterung

Das im frühen Mittelalter überlieferte Recht unterschied sich von Region zu Region, war primär Stammesrecht. Dieser regional begrenzte Anwendungsbereich war den Menschen aber oft nicht bewusst, weil sie in für sie selbstverständliche Regeln hineingeboren wurden, diese und ihren Anwendungsbereich nicht hinterfragten.[124] Der Geltungsbereich des Rechts war aber nicht nur durch die Stammesgrenzen geteilt. Eine weitere Zersplitterung brachte das Ständedenken mit sich. Bestimmte Regeln galten nur für Geistliche, andere nur für Bauern, wieder andere für den Adel, für Kaufleute oder Handwerker. Zudem entwickelten die Städte ihr eigenes Recht, unterschieden zwischen Land- und Stadtrecht. Die Allgemeinheit des Rechts wurde durch räumliche und personale Unterscheidungen erodiert. Das mittelalterliche Recht hob insoweit – in der Negation – das Gleichheitspostulat der personalen Allgemeinheit hervor, das einer Teilung der Rechtsbetroffenen nach Alter, der Herkunft, nach der Religion oder anderen Kriterien grundsätzlich entgegensteht. Neben dem Gleichheitspostulat wird – ebenfalls in der Negation – die räumliche Forderung, die territoriale Allgemeinheit deutlich, die eine einheitliche Geltung einer Regel in einem bestimmten Gebiet erwartet.[125]

---

[121] Siehe insgesamt *Grawert*, „Gesetz", in: Brunner/Conze/Koselleck (Hg.), Geschichtliche Grundbegriffe, Band 2 E-G, 1975, S. 863 (867ff. m.w.H.); *Gagnér*, Studien zur Ideengeschichte der Gesetzgebung, 1960.

[122] Siehe zur griechischen und römischen Antike unter II. 1. und 4. (S. 69ff. und 84ff.).

[123] Siehe hierzu *Ossenbühl*, Gesetz und Recht – Die Rechtsquellen im demokratischen Rechtsstaat, in: HStR V, 3. Auflage 2007, § 100 Rdn. 57ff.

[124] Siehe insgesamt *Grawert*, „Gesetz", in: Brunner/Conze/Koselleck (Hg.), Geschichtliche Grundbegriffe, Band 2 E-G, 1975, S. 863 (867ff. m.w.H.); *Gagnér*, Studien zur Ideengeschichte der Gesetzgebung, 1960.

[125] *Grawert*, „Gesetz", in: Brunner/Conze/Koselleck (Hg.), Geschichtliche Grundbegriffe, Band 2 E-G, 1975, S. 863 (867ff. m.w.H.); zum Stadtrecht: *Dilcher*, Das mittelalterliche Stadtrecht als Forschungsproblem, in: Wolff, J. (Hg.), Kultur- und rechtshistorische

c) *Aufspüren hergebrachten Rechts und Sicherheit des schriftlichen Rechts*

Die Zersplitterung des mittelalterlichen Rechts war nicht Resultat eines rationalen Rechtsetzungs-, sondern eines Rechtsfindungsprozesses, eines Aufspürens des hergebrachten Rechts. Auch Rechtsänderungen in Urteilsverfahren wurden nicht als Erzeugung neuen Rechts wahrgenommen, sondern dienten der Wiederherstellung der schon immer geltenden Regeln. In der christlichen Tradition dieser Zeit verschmolz dieses hergebrachte Recht mit der gottgewollten Ordnung. Durch die Rechtsprechung wurden die Regeln dieser Ordnung verdeutlicht. Die Gerichte übernahmen so Aufgaben der Rechtsetzung, wenn sie das ungeschriebene und oft unbestimmte Recht konkretisieren mussten. Ein eigenständiger Gesetzgeber, eine rechtschöpfende, eine rechtbegründende Macht musste sich im Laufe des Mittelalters erst etablieren.[126] Diese Entwicklung begann mit der Vorherrschaft des Gewohnheitsrechts und endete in der „Technisierung des Rechts als geschriebenes und staatliches Recht und seiner Verselbstständigung gegenüber dem Herkommen und dem Guten."[127]

Auch als Antwort auf die Rechtszersplitterung und Rechtsunsicherheiten wurde die rationalisierende Kraft eines im sprachlichen, territorialen und personalen Sinn allgemeinen Rechts, eines weltlichen Gesetzgebers bewusst. Bereits im 8. Jahrhundert beanspruchten die von *Karl dem Großen* erlassenen „Kapitularien"[128] gegenüber allen Menschen im Herrschaftsbereich Geltung. Sie deuteten insoweit auf eine personale und territoriale Allgemeinheit. Die Krone konnte sich in dieser Zeit als Gesetzgeber etablieren, diese Rolle aber im Anschluss nicht sichern und nur selten eine eigene, autonome Rechtsetzungsmacht durchsetzen. In der Regel war die Rechtsetzung auf einen Konsens angewiesen, insbesondere wenn das gesetzte Recht über die Amtszeit eines Herrschers hinaus wirken sollte. Ihre Gesetzgebungsmacht musste die Krone gegenüber Papst und Kirche, den Landesherren und Städten verteidigen. Dieser Machtkonflikt wurde unterschiedlich, oft nur in einem Kompromiss entschieden. Die Krone musste sich dann die Gesetzgebungsgewalt mit anderen teilen.

Wurzeln Europas, 2005, S. 227; grundlegend *Gagnér*, Studien zur Ideengeschichte der Gesetzgebung, 1960; für die Entwicklung *H. Hofmann*, Das Postulat der Allgemeinheit des Gesetzes, in: Starck (Hg.), Die Allgemeinheit des Gesetzes, 1987, S. 9 (15 ff. m. w. H.); *Lück*, Über den Sachsenspiegel, 2. Auflage 2005, S. 13 ff.; *H. Hattenhauer*, Europäische Rechtsgeschichte, 4. Auflage 2004, insbes. Rdn. 696 ff.

[126] *Grawert*, „Gesetz", in: Brunner/Conze/Koselleck (Hg.), Geschichtliche Grundbegriffe, Band 2 E-G, 1975, S. 863 (870); *Kern*, Recht und Verfassung im Mittelalter, 1953.

[127] *Kern*, Recht und Verfassung im Mittelalter, 1953, S. 109.

[128] Benannt nach der Einteilung des Textes in Kapitel (hierzu *Lück*, Über den Sachsenspiegel, 2. Auflage 2005, S. 13; *Bock*, Das Gesetz in der griechischen Polis und der Ursprung des modernen Gesetzes im hohen Mittelalter, in: ders. [Hg.], Gesetz und Gesetzlichkeit in den Wissenschaften, 2006, S. 39 [46]; *Sellert*, Aufzeichnung des Rechts und Gesetz, in: ders. [Hg.], Das Gesetz in Spätantike und frühem Mittelalter, 1992, S. 67; *Grawert*, „Gesetz", in: Brunner/Conze/Koselleck [Hg.], Geschichtliche Grundbegriffe, Band 2 E-G, 1975, S. 863 [868]).

Die erforderliche Zustimmung kann zwar nicht eindeutig als Wirksamkeitsvoraussetzung oder Instrument der Durchsetzungssicherung interpretiert werden. Ihr Maß wurde aber kennzeichnend für die Macht des Herrschers.[129]

Die oft auch von Laien vorgenommene Deutung des Gewohnheitsrechts führte zu Rechtsunsicherheiten, die insbesondere die unterlegenen Parteien nicht ertragen wollten. So beriefen sich die Bauern im Rechtskonflikt mit den Grundbesitzern einerseits auf das überlieferte göttliche Recht, forderten andererseits aber auch die Rechtssicherheit der geschriebenen Vereinbarung als Mittel gegen eine nachteilige Konkretisierung des Gewohnheitsrechts durch die Gerichte, welche die Grundbesitzer nicht selten bevorzugten. Zur Lösung verschiedener Konflikte gingen die Betroffenen Selbstverpflichtungen ein, die teilweise insbesondere in den Landfrieden einen weiten Anwendungsbereich hatten. Durch solche Vereinbarungen wurde schriftliches Recht geschaffen, das aber – wie das Herrscherrecht – im Rahmen des hergebrachten Rechts bleiben musste, durch eine geübte Gewohnheit verdrängt wurde. Zahlreiche Gemeinschaften, insbesondere die Städte, begannen sich rechtlich zu verfassen, setzten schriftliches Recht. Zudem forderte der sich verbreitende Handel rechtssichere Regelungen und damit die Schriftlichkeit der Gesetze. Die wirtschaftliche Entwicklung trug maßgeblich zur Rationalisierung des Rechts bei. Neben dem von Menschen erlassenen Gesetzesrecht entstanden schriftliche Sammlungen des Stammesrechts, welche jedoch von den Herrschern nicht unerheblich beeinflusst wurden. Auf Grund der rationalisierenden Kraft des schriftlichen Rechts und bestärkt durch Zentralisierungsbestrebungen begannen diese bald das ungeschriebene Gewohnheitsrecht zu verdrängen.[130]

Zu Beginn des 13. Jahrhunderts setzte insbesondere *Friedrich II.* – wie schon *Karl der Große* – Recht aus eigener Gesetzgebungsgewalt, das im Herrschaftsgebiet galt. In dieser Zeit wurden in der Kanonistik Urteile deutlich von Gesetzen unterschieden. Letztere zeichneten sich durch eine dauerhafte Wirkung in der Zukunft für zahlreiche Fälle aus. Es wurde – wenngleich nicht in einer einheitlichen Lehre – die personale, gegenständliche, temporale und territoriale Allgemeinheit des Gesetzes unterschieden.[131] *Thomas von Aquin* fasste diese

[129] Siehe hierzu *Bock*, Das Gesetz in der griechischen Polis und der Ursprung des modernen Gesetzes im hohen Mittelalter, in: ders. (Hg.), Gesetz und Gesetzlichkeit in den Wissenschaften, 2006, S. 39 (49ff.); *Grawert*, „Gesetz“, in: Brunner/Conze/Koselleck (Hg.), Geschichtliche Grundbegriffe, Band 2 E-G, 1975, S. 863 (867ff.); *Sellert*, Aufzeichnung des Rechts und Gesetz, in: ders. (Hg.), Das Gesetz in Spätantike und frühem Mittelalter, 1992, S. 67.

[130] Siehe insgesamt *Bock*, Das Gesetz in der griechischen Polis und der Ursprung des modernen Gesetzes im hohen Mittelalter, in: ders. (Hg.), Gesetz und Gesetzlichkeit in den Wissenschaften, 2006, S. 39 (49ff.); *Sellert*, Aufzeichnung des Rechts und Gesetz, in: ders. (Hg.), Das Gesetz in Spätantike und frühem Mittelalter, 1992, S. 67; *Grawert*, „Gesetz“, in: Brunner/Conze/Koselleck (Hg.), Geschichtliche Grundbegriffe, Band 2 E-G, 1975, S. 863 (867ff.).

[131] Insgesamt *Grawert*, „Gesetz“, in: Brunner/Conze/Koselleck (Hg.), Geschichtliche Grundbegriffe, Band 2 E-G, 1975, S. 863 (867ff. m. w. H.).

Elemente des Gesetzes zusammen, wobei er – der damaligen Personalherrschaft entsprechend – die territoriale Allgemeinheit nicht als eigenständiges Merkmal neben der personalen hervorhob, auch andere Allgemeinheitsmerkmale zeichnete, ohne sie ausdrücklich zu benennen.[132] Ein rationaler Gesetzesbegriff konnte sich trotz dieser Erkenntnisse in der Praxis nicht durchsetzen. Die Entwicklung zur Schriftlichkeit des Rechts und damit die Verfestigung eines rationalen Rechts und des weltlichen Gesetzgebers waren aber nicht mehr aufzuhalten. Die Herrscher konnten zwar noch lange nur innerhalb der gewohnheitsrechtlichen Ordnung handeln, durften das Gewohnheitsrecht nicht verletzen und hatten auch sonst nur selten eine selbstständige Rechtsetzungsmacht – am Ende des Dreißigjährigen Krieges gestand die Krone ein, dass sie für die Rechtsetzung auf einen Konsens angewiesen ist, was förmlich im Westfälischen Frieden festgestellt wurde. Gleichwohl entfalteten hiernach kaiserliche Rechtsakte auch ohne Zustimmung oder nur mit einer Scheinzustimmung Gesetzeskraft, auch weil sie allein auf Grund ihrer Schriftform Rechtssicherheit schafften, und schon deshalb neben dem Gewohnheitsrecht akzeptiert wurden. Die Verbreitung der Gesetze in Schriftform, die Öffentlichkeit des Gesetzes entwickeln sich in dieser Zeit zwar nicht zur Geltungsbedingung, werden aber gleichwohl üblich. Auch die Gleichheit vor dem Gesetz als eine weitere Kernforderung der Allgemeinheit des Gesetzes wird zunehmend ausdrücklich hervorgehoben.[133]

Diese Entwicklung verlief nicht gradlinig, lässt aber zwei markante Punkte erkennen. Zunächst gab es im Mittelalter kaum eigenständiges, von einer weltlichen Macht autonom gesetztes Recht – es herrschte das ungeschriebene Gewohnheitsrecht. Insbesondere die Schriftlichkeit des Herrscherrechts und die damit verbundene Rechtssicherheit und Rationalisierung führten dazu, dass die Krone eigene Rechtsakte nach ihrem Willen erlassen konnte. Ihre Gesetze wurden – in einem schleichenden Prozess – zum akzeptierten und effektiven Instrument weltlicher Herrschaft. Am Ende dieser Entwicklung war ihre Geltung nicht mehr an die Amtszeit des Herrschers gebunden; die Gesetze konnten schließlich das alte, hergebrachte Recht verdrängen. Es entwickelte sich der ‚lex posterior-Grundsatz'. Die rationalisierende Kraft der sprachlichen Allgemeinheit wird mit Blick auf diese Entwicklung und die gesamte Rechtsordnung erkennbar. Gleichwohl blieb das – nun verdrängbare – Gewohnheitsrecht noch

---

[132] Siehe hierzu sogleich unter 4. (S. 105 ff.); siehe zur Entwicklung der Idee des Rechtsstaats im Mittelalter *von Gierke*, Johannes Althusius und die Entwicklung der naturrechtlichen Staatstheorien, 3. Ausgabe 1913, S. 264 ff.

[133] Insgesamt *Grawert*, „Gesetz", in: Brunner/Conze/Koselleck (Hg.), Geschichtliche Grundbegriffe, Band 2 E-G, 1975, S. 863 (867 ff. m.w.H.); *Mohnhaupt*, Gesetzgebung des Reichs und Recht im Reich vom 16. bis 18. Jahrhundert, in: Dölemeyer/Klippel (Hg.), Gesetz und Gesetzgebung im Europa der Frühen Neuzeit, 1998, S. 83; *Willoweit*, Gesetzgebung und Recht im Übergang vom Spätmittelalter zum frühneuzeitlichen Obrigkeitsstaat, in: Behrends/Link (Hg.), Zum römischen und neuzeitlichen Gesetzesbegriff, 1987, S. 123.

weit über das Mittelalter hinaus bis ins 19. Jahrhundert wirkmächtig, auch in seiner eine rationale Lehre vom weltlichen Gesetz hemmenden Kraft.[134]

d) Funktionales Gesetzesverständnis und Gewaltenteilung

So entwickelte sich nur in der Theorie und nicht in der Praxis ein rationaler Gesetzesbegriff. Die zentralen Gesetze waren heterogen und nicht an eine Form gebunden. Es herrschte ein primär funktionales Gesetzesverständnis, nach welchem wie selbstverständlich ein Vertrag ein Gesetz sein konnte. Die Gesetze folgten insgesamt keinem Idealtyp, nicht bestimmten Kriterien einer allgemeinen Gesetzgebung, sondern der politischen Machtlage. Es bildeten sich Mischformen auch zwischen den Polen des Gebots- und Vertragsrechts, wenn etwa ein Vertrag von einer Seite diktiert wurde und daher faktisch Gebotsrecht war oder das Gebotsrecht – jedenfalls im Vorfeld – der Zustimmung bedurfte. Auch die Landfrieden waren kein klassisches Konsensrecht, weil sie mitunter ohne den Kaiser ‚ausgehandelt' wurden. Sie können zudem nicht als eigener Typus klar von der Reichsgesetzgebung getrennt werden, weil sie oft in den Reichsabschieden enthalten waren und daher zu den Reichsgesetzen gezählt wurden. Der Streit um die Macht, aber auch das einflussreiche Gewohnheitsrecht hemmten die Entwicklung einer Gesetzgebungslehre.[135]

So ist der Gesetzesbegriff immer mit der politischen Struktur der Gemeinschaft verbunden, für welche das Gesetz gilt. Ein rationaler Gesetzesbegriff, eine Lehre vom allgemeinen Gesetz baut – wie schon *Aristoteles* betonte[136] – insbesondere auf eine Gewaltenteilung und hierin auf eine klare Verantwortungszurechnung, auf einen selbstständigen Gesetzgeber. Machtkämpfe zwischen Institutionen erwarten von der Gesetzgebung eine Streitbefriedung, verführen die verschiedenen Parteien zu streitstrategischen Maßnahmen und geraten so in Konflikt zu einer freiheitsichernden Lehre des allgemeinen Gesetzes. Ein Allgemeinheitspostulat drängt auf eine Grundentscheidung darüber, was ein Gesetz ist. Doch konzentriert sich z.B. das Vertragsgesetz eher auf den Konsens zwischen den Vertragsparteien und weniger auf abstrakte Vorgaben wie die Allgemeinheit. Die verschiedenen Formen der Gesetzgebung standen einer einheitlichen Gesetzeslehre und auch einer Entwicklung der Allgemeinheit des Gesetzes entgegen.

---

[134] *Grawert*, „Gesetz", in: Brunner/Conze/Koselleck (Hg.), Geschichtliche Grundbegriffe, Band 2 E-G, 1975, S. 863 (867ff., insbes. 880 m.w.H.); insgesamt *Gagnér*, Studien zur Ideengeschichte der Gesetzgebung, 1960, S. 356ff., m.w.H., nennt als Väter der Entwicklung eines eigenständigen Herrschergesetzes *Edward I.*, *Bonifaz VIII.* und *Philipp den Schönen*; *H. Hofmann*, Das Postulat der Allgemeinheit des Gesetzes, in: Starck (Hg.), Die Allgemeinheit des Gesetzes, 1987, S. 9 (16 m.w.H.), hebt hier die Rolle der staufischen Kaiser hervor.

[135] Hierzu insgesamt *Grawert*, „Gesetz", in: Brunner/Conze/Koselleck (Hg.), Geschichtliche Grundbegriffe, Band 2 E-G, 1975, S. 863 (870ff., insbes. 877f., 879f. m.w.H.).

[136] Siehe hierzu oben unter II. 3. (S. 82ff.).

2. *Kraft des schriftlichen, verständlichen, territorial allgemeinen Gesetzes*

a) Schriftlichkeit und territoriale Allgemeinheit

Die Kraft des schriftlich fixierten Rechts wuchs beträchtlich durch die Renaissance des römischen Rechts und den steigenden Einfluss des kanonischen Rechts, welche von den oberitalienischen Städten, insbesondere von Bologna, ausgingen. Der unmittelbare Anlass der Wiederentdeckung des römischen Rechts[137] wird darin gesehen, dass im 11. Jahrhundert das Kernstück des Gesetzeswerks *Justinians* wiedergefunden und so zum Gegenstand zahlreicher Studien wurde.[138] Anders als das mittelalterliche Recht war die Sammlung *Justinians* nicht territorial zersplittert, sondern eine Rechtssammlung, die das Rechtsstudium trotz ihres Umfangs erheblich erleichterte. Das komplizierte römische Recht musste aber mit nicht geringem Aufwand erlernt werden. Das Studium konzentrierte sich auf eine widerspruchsfreie Auslegung der Gesetze. Die Anzahl römischer Rechtsschulen stieg, die Kenntnis des römischen Rechts verbreitete sich.

Etwa zeitgleich und ebenfalls in Bologna fand die zunehmende Kraft des kanonischen Rechts ihren Ursprung in einer geordneten Zusammenstellung päpstlicher Rechtsakte, dem sog. Decretum Gratiani. Wie das römische Recht zeichnete sich das kirchliche Recht im Vergleich zum geltenden mittelalterlichen Recht durch eine umfassende Gesetzessammlung aus, die territorial einheitliche Geltung beanspruchte. Studenten aus Deutschland interessierten sich zunächst eher für das kirchliche Recht, weil dessen Kenntnis als Sprungbrett für eine Karriere, als Eintrittskarte in angesehene kirchliche Ämter galt. Sie ließen das römische Recht gleichwohl nicht unberücksichtigt. Das kanonische, aber auch das römische Recht wurden in Deutschland insbesondere durch die Kirche und Klerikerjuristen verbreitet.[139]

---

[137] In erster Linie gewann die unter Kaiser Justinian entstandene Rechtsammlung steigenden Einfluss (*Lück*, Über den Sachsenspiegel, 2. Auflage 2005, S. 27).

[138] So *Sellert*, Zur Rezeption des römischen und kanonischen Rechts in Deutschland von den Anfängen bis zum Beginn der frühen Neuzeit: Überblick, Diskussionsstand und Ergebnisse, in: Boockmann/Grenzmann/Moeller/Staehelin (Hg.), Recht und Verfassung im Übergang vom Mittelalter zur Neuzeit, I. Teil, 1998, S. 115 (insbes. 127 ff.); *Rütten*, Das Recht im Spätmittelalter und in der Frühen Neuzeit, in: Festschrift für Karl-Heinz zur Mühlen, 2000, S. 30 (34 ff.); *Bock*, Das Gesetz in der griechischen Polis und der Ursprung des modernen Gesetzes im hohen Mittelalter, in: ders. (Hg.), Gesetz und Gesetzlichkeit in den Wissenschaften, 2006, S. 39 (51 ff.); *Otte*, Die Rechtswissenschaft, in: Weimar(Hg.), Die Renaissance der Wissenschaften im 12. Jahrhundert, 1981, S. 123.

[139] Insgesamt *Sellert*, Zur Rezeption des römischen und kanonischen Rechts in Deutschland von den Anfängen bis zum Beginn der frühen Neuzeit: Überblick, Diskussionsstand und Ergebnisse, in: Boockmann/Grenzmann/Moeller/Staehelin (Hg.), Recht und Verfassung im Übergang vom Mittelalter zur Neuzeit, I. Teil, 1998, S. 115 (insbes. 127 ff.); *ders.*, Rechtsbildung in Deutschland im Zeitalter der Rezeption, in: Wolff, J. (Hg.), Kultur- und rechtshistorische Wurzeln Europas, 2005, S. 181; *H. Schlosser*, Vom Rechtskundigen zum ge-

Die kirchlichen Gerichte zogen das kanonische Recht, subsidiär auch das römische Recht, kaum das Gewohnheitsrecht zur Konfliktlösung heran. Die Gesetzessammlungen verdrängten das überlieferte Recht nicht, doch wuchs ihr Einfluss insbesondere mit der Zahl der Juristen, die sie studierten, aber auch auf Grund der Schriftlichkeit, der fehlenden Rechtszersplitterung, der damit verbundenen und im Vergleich zum mittelalterlichen Recht beachtlichen Rechtssicherheit. Mit dem römischen Recht gewann eine historische Rechtssammlung mit ihrer wissenschaftlichen Rezeption Einfluss auf das tägliche Rechtsleben, ohne dass sie von einer berufenen Stelle autorisiert worden wäre, ohne dass ein rechtlicher Geltungsgrund diesen Einfluss legitimierte.[140] Das kanonische Recht hingegen legitimierte sich aus sich heraus in den Gerichten der Kirche. Die Verbreitung dieses Rechts geht gleichwohl auch auf die umfassenden Rechtssammlungen, auf die Schriftlichkeit und die territoriale Allgemeinheit zurück. Dieser Ursprung der Rechtsgeltung verwundert aus heutiger Perspektive, die den Gesetzgeber und seine Legitimation in den Blick nimmt. Er betont aber die Kraft der sprachlichen und territorialen Allgemeinheit.

Die Rationalität des geschriebenen Rechtstextes wurde den Menschen im römischen Recht bewusst. Wie in Rom in Zeiten vor dem Zwölftafelgesetz ertönte insbesondere in Reaktion auf die Rechtsunsicherheiten, die das hergebrachte Recht mit sich brachte, der Ruf, dieses zu kodifizieren. Zudem festigte sich die Einsicht, dass nach der zerstörenden Kraft der Bürgerkriege der Neuaufbau am besten mit Hilfe einer allgemeinen schriftlichen Ordnung gelingen werde. Das germanische Stammesrecht wurde aufgezeichnet und so – vergleichbar mit den Zwölf Tafeln – eine auf Dauer angelegte, verbindliche Rechtsordnung geschaf-

---

lehrten Juristen: Die Professionalisierung des Juristenstandes in Deutschland im Mittelalter, ebenda, S. 103; *Rütten*, Das Recht im Spätmittelalter und in der Frühen Neuzeit, in: Festschrift für Karl-Heinz zur Mühlen, 2000, S. 30 (34 ff.); *Bock*, Das Gesetz in der griechischen Polis und der Ursprung des modernen Gesetzes im hohen Mittelalter, in: ders. (Hg.), Gesetz und Gesetzlichkeit in den Wissenschaften, 2006, S. 39 (52 ff.); zum wachsenden Einfluss des römischen Rechts insbes. *Knütel*, Roms Recht – „und erstaunlich ist es nicht, dass die bedeutendsten europäischen Völker sich der Herrschaft diese Rechts gebeugt haben", in: Rosen (Hg.), Das Mittelmeer – die Wiege der europäischen Kultur, 1998, S. 130 (insbes. 139 ff.); siehe zum Gesetzesverständnis der Patristik *Staats*, Kanon und Kapitaldelikte, in: Sellert (Hg.), Das Gesetz in Spätantike und frühem Mittelalter, 1992, S. 28; *Troianos*, Das Gesetz in der griechischen Patristik, ebenda, S. 47.

[140] Zuweilen wird angenommen, dass die Geltung des römischen Rechts in der Vorstellung fußte, der deutsche Kaiser sei Nachfolger der antiken Imperatoren (*Dilcher*, Gesetzgebungswissenschaft und Naturrecht, JZ 1969, 1 [1]). Dieser Auffassung wird aber widersprochen, die Rezeption des römischen Rechts sei ein „geheimnisvoller Vorgang" (*Rütten*, Das Recht im Spätmittelalter und in der Frühen Neuzeit, in: Festschrift für Karl-Heinz zur Mühlen, 2000, S. 30 [34 ff., Zitat mit Verweis auf *Krause*: 35 Fn. 24]), „der in den Kategorien der Rechtsquellenlehre als Entstehen von Gewohnheitsrecht eingeordnet werden muss". *Rütten* betont zudem, dass es „keinen ‚Kampf' und kein ‚Ringen' um das römische Recht wie um die anderen großen Themen der Zeit [gab], so tiefgreifend die Veränderung des Rechtswesens auch war" (*ders.*, ebenda, Zitate: 35, 42).

fen. Die geschriebenen Sammlungen des Gewohnheitsrechts wurden zwar oft von den jeweiligen Herrschern beeinflusst, blieben dabei aber Aufzeichnungen des existierenden Rechts. Daneben traten schriftliche Kodifikationen, die nicht primär dem Gewohnheitsrecht entsprangen. Die Schriftlichkeit des Rechts, seine sprachliche Allgemeinheit, führte insgesamt zu einer Rationalisierung des Rechts und letztlich auch seiner Quellen. Es mussten Menschen gefunden werden, die das Gewohnheitsrecht aufschrieben. Von dort war es nur noch ein Schritt zur einer autonomen, das hergebrachte Recht verdrängenden weltlichen Gesetzgebungsautorität, die nicht nur Gewohntes in die Rationalität des Sprachlichen fasst, sondern in eigener gestaltender Kraft Recht setzt. Ein solcher Gesetzgeber veranlasst die Frage nach seiner Legitimität.[141]

b) Verständlichkeit der Rechtssprache

Eine der berühmtesten Kodifikationen des Gewohnheitsrechts ist der Sachsenspiegel,[142] das erste Prosawerk in deutscher Sprache, durch welches das Gewohnheitsrecht sichtbar werden sollte – wie durch einen Spiegel dem Gespiegelten sein Antlitz bekannt wird.[143] *Eike von Repgow* schrieb dieses Werk im ersten Drittel des 13. Jahrhunderts. Die Rechtssammlung wurde nie von einer Autorität in Kraft gesetzt, als Kodifikation des hergebrachten Rechts aber gleichwohl von Gerichten, Herrschaftsträgern und Bauern angewandt. Der Sachsenspiegel gewann an Einfluss und Autorität. *Von Repgow* formulierte die Rechtssätze nach dem Leben, nach den Fällen, die es zu lösen galt und die er dem Gemeinschaftsleben und den Gerichtsverfahren entnahm. Die Sprachkunst des Verfassers führte zu einprägsamen, spruchartigen Reimen und anschaulichen Beispielen. Die hieraus resultierende Verständlichkeit des Werks, die primäre Ausrichtung des geschriebenen Rechts, allen gemein werden zu können, die sprachliche Allgemeinheit ist zentraler Grund für die weitreichende Wirkung des Sachsenspiegels. Dieser regelte das Rechtsleben in Preußen bis zum Inkrafttreten des Allgemeinen Landrechts im Jahre 1794,[144] galt in Sachsen bis zur Einführung des Sächsischen Bürgerlichen Gesetzbuchs im Jahre 1863, in

---

[141] Insgesamt *Grawert*, „Gesetz", in: Brunner/Conze/Koselleck (Hg.), Geschichtliche Grundbegriffe, Band 2 E-G, 1975, S. 863 (867 ff. m. w. H.); *H. Hofmann*, Das Postulat der Allgemeinheit des Gesetzes, in: Starck (Hg.), Die Allgemeinheit des Gesetzes, 1987, S. 9 (15 ff. m. w. H.); *Gagnér*, Studien zur Ideengeschichte der Gesetzgebung, 1960; *Behrends*, Das staatliche Gesetz in biblischer und römischer Tradition, in: ders. (Hg.), Der biblische Gesetzesbegriff, 2006, S. 225 (insbes. 226, 229); *Sellert*, Aufzeichnung des Rechts und Gesetz, in: ders. (Hg.), Das Gesetz in Spätantike und frühem Mittelalter, 1992, S. 67 (102); *ders.*, Vorwort des Herausgebers, ebenda, S. 7; *Lück*, Über den Sachsenspiegel, 2. Auflage 2005, S. 13 ff.

[142] *Eike von Repgow*, Der Sachsenspiegel [1224/1225], 2002.

[143] Siehe hierzu *Lück*, Über den Sachsenspiegel, 2. Auflage 2005, S. 18.

[144] Siehe zu diesem sogleich unter IV. 5. (S. 125 ff.).

Holstein, Lauenburg, Anhalt und Thüringen als subsidiäre Rechtsquelle sogar bis zur Einführung des Bürgerlichen Gesetzbuchs.[145]

Das römische und das kirchliche Recht hatten auf Grund umfassender Gesetzeswerke gegenüber dem ungeschriebenen mittelalterlichen Recht an Einfluss gewonnen. Der Sachsenspiegel sicherte demgegenüber langfristig die Bedeutung des mittelalterlichen Rechts insbesondere auf Grund seiner einfachen, verständlichen und einprägsamen Sprache.

3. *Verbindlichkeit und Koordination des Rechts*

Trotz verschiedener Kodifikationen des Gewohnheitsrechts wuchs der Einfluss des römischen und kirchlichen Rechts – das geltende Recht entsprang verschiedenen Quellen.[146] So entstand das Bedürfnis, diese nebeneinander gültigen Rechtsordnungen zu koordinieren. Hierfür wurden Randbemerkungen, Glossen eingesetzt. In der Kommentierung geschriebener Rechtstexte entwickelte sich die europäische Rechtswissenschaft, die bis heute das deutsche Recht prägt.

Johann von Buch versah den Sachsenspiegel im 14. Jahrhundert mit Randbemerkungen, um das sächsische Recht in Einklang mit dem römischen und kirchlichen Recht zu bringen und die Anwendung des Sachsenspiegels durch kirchliche Gerichte zu stärken. Das „gespiegelte" Gewohnheitsrecht wurde – jedenfalls in Teilen – gleichsam kirchenrechtskonform ausgelegt und so sein Einfluss gegenüber dem römisch-kirchlichen Recht gesichert. Es ging *von Buch* auch darum, den Sachsen das geltende Recht offenzulegen. Diesem Ziel standen aber insbesondere die rund 6.500 Verweise auf das Gesetzeswerk *Justinians* entgegen. Einen anderen Weg, den Sachsenspiegel zu verbreiten, wählten die Verfasser der Bilderhandschriften. Die Regeln wurden durch Bilder erläutert, wobei die Zeichnungen die Funktion der Glossen übernahmen, als Erinnerungshilfen dienten.[147]

---

[145] Insgesamt *Laufs*, Rechtsentwicklungen in Deutschland, 6. Auflage 2006, S. 11 f., 17 f. m. w. H.; *K. Richter*, Rechtsbücher: Sachsenspiegel und Schwabenspiegel, in: Wolff, J. (Hg.), Kultur- und rechtshistorische Wurzeln Europas, 2005, S. 119; *Kannowski*, Der Sachsenspiegel im Kontext europäischer Rechtsgeschichte, ebenda, S. 139; siehe für die Kraft, die *Eike von Repgow* durch eine verständliche und einprägsame Sprache zu erreichen suchte, insbes. die Reimvorrede des Sachsenspiegels (*ders.*, Der Sachsenspiegel [1224/1225], 2002, S. 9 ff.); *E. Wolf* beginnt sein Werk über die großen deutschen Rechtsdenker mit *Eike von Repgow*, *ders.*, Große Rechtsdenker der deutschen Geistesgeschichte, 4. Auflage 1963, S. 1 ff.

[146] Siehe oben unter 2. (S. 101 ff.).

[147] Insgesamt *Kroeschell*, Von der Gewohnheit zum Recht, in: Boockmann/Grenzmann/Moeller/Staehelin (Hg.), Recht und Verfassung im Übergang vom Mittelalter zur Neuzeit, I. Teil, 1998, S. 68; *Laufs*, Rechtsentwicklungen in Deutschland, 6. Auflage 2006, S. 1 ff.; *Lück*, Über den Sachsenspiegel, 2. Auflage 2005, S. 17 ff.; *Köbler*, Das Recht im frühen Mittelalter, 1971, insbes. S. 232; jeweils m. w. H.

Die Entstehung der zentral-europäischen Rechtswissenschaft zeigt, dass allgemeine Gesetze umfassend und rechtssicher den entsprechenden Gegenstand zu regeln suchen. Sollen verschiedene Rechtsquellen – wie im Mittelalter das kirchlich-römische und das hergebrachte Recht – in Einklang gebracht werden, liegt es in der Verantwortung des Gesetzgebers, diese Koordinationsleistung zu erbringen und das Ergebnis in einen Gesetzestext zu gießen. Die überragende Kraft der Schriftlichkeit des Rechts, die Verbreitung und Rationalisierung, die der nun erfundene Buchdruck ermöglichte,[148] bauten darauf, dass die geschriebenen Gesetze umfassende und gültige Regelungen treffen.

4. *Erweiterung der Lehre vom allgemeinen Gesetz*

a) Die Notwendigkeit des weltlichen, des zurückhaltenden Gesetzes

Thomas von Aquin betonte in einer Zeit, in welcher das Gewohnheitsrecht Vorrang beanspruchte,[149] dass der Mensch selbst Recht setzen muss. Diese prämoderne Forderung verdeutlicht, dass es nicht lediglich Auftrag des Menschen ist, das hergebrachte Recht aufzuspüren und anzuwenden. Die *lex humana* besteht aus eigenständigen Anordnungen der Vernunft, die auf das Gemeingut, auf die gemeinsame Glückseligkeit ausgerichtet sind und von dem erlassen und öffentlich bekannt gegeben werden, der die Sorge für die Gemeinschaft trägt. Wer diese Gesetze erlässt, stand für *Thomas* nicht im Vordergrund. Zwar unterschied er die Gesetze auch nach dem Gesetzgeber, doch ist entscheidend, dass das Gesetz der Vernunft folgt. *Thomas* hob hervor, dass etwa ein Tyrann von vornherein kein Gesetz erlassen kann, weil seine Anordnungen nicht dem allgemeinen Wohl dienen. Im gleichen Atemzug betonte er aber die Vorzüge eines Einzelherrschers, weil dieser eher als eine Versammlung vernünftige Gesetze erlassen wird,[150] ohne jedoch in der Vehemenz der griechischen Antike den Philosophenkönig zu fordern.[151] *Thomas* zeichnete weder besondere Anforderungen an den Gesetzgeber noch an das Gesetzgebungsverfahren. Maßgeblich ist allein das Ergebnis, das vernünftige, dem gemeinen Wohl dienende Gesetz. Hier wird die finale Allgemeinheit hervorgehoben, wenn jedes Gesetz allen dienen, das Gesetzgebungsziel allgemein sein muss. Die Gesetze sind zu verkünden, weil sie sonst ihre verpflichtende Kraft nicht entfalten können.[152] In dieser

---

[148] *Schmoeckel*, Auf der Suche nach der verlorenen Ordnung, 2005, S. 244 f.

[149] Siehe oben unter 2. (S. 101 ff.).

[150] Siehe hierzu bereits *Aristoteles* oben unter II. 3. (S. 82 ff.).

[151] Siehe hierzu oben unter II. 2. und 3. (S. 78 ff.).

[152] *Thomas von Aquin*, Summa Theologica [1265–1273], I-II, Das Gesetz, Band 13, 1977, Frage 90 Artikel 2 und 4, Frage 92 Artikel 1, Frage 95, Frage 96 Artikel 1 und 6, Frage 97; siehe insgesamt zur Gesetzeslehre von *Thomas von Aquin*: *Kuhlmann*, Der Gesetzesbegriff beim Hl. Thomas von Aquin im Lichte des Rechtsstudiums seiner Zeit, 1912; *E.-W. Böckenförde*, Geschichte der Rechts- und Staatsphilosophie, 2. Auflage 2006, S. 222 ff.; *Schaede*, Ge-

Forderung wies *Thomas* auf die sprachliche Allgemeinheit des Gesetzes, ohne diese jedoch – das gilt auch für die finale Allgemeinheit – in einer eigenen Kategorie zu fassen. Insgesamt knüpfte er insbesondere an *Aristoteles*[153] an und entwickelte eine Idee von der Allgemeinheit des Gesetzes, die im Zusammenwirken der verschiedenen Arten der Gesetze verständlich wird.

Das von Menschenhand erlassene Gesetz muss anderen Gesetzen folgen, ist an das ewige, das natürliche und das göttliche Gesetz gebunden, an die „lex aeterna", die „lex naturalis" und die „lex divina". *Thomas* nahm das Gewohnheitsrecht in diesen Vierklang seiner Gesetzeslehre zwar nicht ausdrücklich auf, wies ihm aber gleichwohl einen bedeutenden Platz. Eine Gewohnheit kann Gesetzeskraft erlangen, wenn sie beständig, ein überlegtes Urteil der Vernunft ist, wenn sie zu Tage bringt, dass das Gesetz dem gemeinen Wohl nicht nutzt. Die Orientierung am Gemeinwohl hat oberste Priorität. Die ewigen, natürlichen und göttlichen Gesetze entspringen – wie das mittelalterliche Gewohnheitsrecht – einer göttlichen Quelle. Das ewige Gesetz existiert in Gott, erfasst damit die gesamte Welt, ist der ungeschriebene, transzendente Plan der göttlichen Vorsehung. Durch das Naturgesetz hat der Mensch am ewigen Gesetz teil, soweit dies die beschränkte Auffassungsgabe der menschlichen Natur erlaubt – es ruht im Menschen. Das göttliche Gesetz ist in der Heiligen Schrift niedergelegt und schon auf Grund der Schriftform konkreter als das ewige und natürliche Gesetz. Es gibt dem fehlbaren Menschen daher klarere Vorgaben und ergänzt das von Menschenhand gesetzte Recht. Die „lex humana" kann nicht jedes Unrecht bestimmen, nicht jede Tugend anordnen, weil sonst die Ordnung in der Fülle der Regelungen untergehen würde. Das weltliche Gesetz hat den Menschen lediglich „Schritt für Schritt" zur Tugend zu führen. Nur so kann es seinen weiteren Auftrag erfüllen, Frieden und Sicherheit zu wahren.[154] Pragmatische Gründe, die konkrete Lebenswelt des Menschen,[155] fordern eine notwendige Zurückhaltung des Gesetzgebers, ein Maßhalten – wie es später

---

setz und neues Gesetz bei Thomas von Aquin, in: Bock (Hg.), Gesetz und Gesetzlichkeit in den Wissenschaften, 2006, S. 61; *Slenczka*, Thomas von Aquin und die Synthese zwischen dem biblischen und dem griechisch-römischen Gesetzesbegriff, in: Behrends (Hg.), Der biblische Gesetzesbegriff, 2006, S. 107; siehe zur Allgemeinheit des Gesetzes bei *Thomas von Aquin* insbes. *Starck*, Der Gesetzesbegriff des Grundgesetzes, 1970, S. 109 ff.; *H. Hofmann*, Das Postulat der Allgemeinheit des Gesetzes, in: Starck (Hg.), Die Allgemeinheit des Gesetzes, 1987, S. 9 (33 ff.); siehe zu den Gesetzesbegriffen insbes. mit Blick auf das Naturrecht *Welzel*, Naturrecht und materiale Gerechtigkeit, 4. Auflage 1962, S. 57 ff.; mit Blick auf die Unterscheidung zwischen Gerechtigkeit und Zweckmäßigkeit bei *Thomas von Aquin*: *Von der Pfordten*, Über Gerechtigkeit und Zweckmäßigkeit bei Thomas von Aquin, in: Festschrift für Christian Starck, 2007, S. 99.

[153] Siehe oben unter II. 3. (S. 82 ff.).

[154] *Thomas von Aquin*, Summa Theologica [1265–1273], I-II, Das Gesetz, Band 13, 1977, Fragen 90 ff.; siehe speziell zum ewigen Gesetz Frage 93, zum natürlichen Frage 94, zum göttlichen oder alten Gesetz Fragen 98 ff.; Zitat: Frage 96 Artikel 2.

[155] Die Errungenschaft, die in diesem Bezug liegt, betont *E.-W. Böckenförde*, Geschichte der Rechts- und Staatsphilosophie, 2. Auflage 2006, S. 246.

Montesquieu betonen sollte.[156] Diese Forderung spiegelt sich in dem Gebot der finalen Allgemeinheit, nur grundlegende Regelungen zu treffen, aber auch in dem Gedanken der sprachlichen und instrumentellen Allgemeinheit, wenn diese auf in Sprache und Regelungsstruktur verständliche Regelungen zielen.

Das ewige und das natürliche Gesetz existieren nicht in Schriftform und beziehen sich nicht auf konkrete Lebensverhältnisse. Diese Gesetze sind daher durch die „lex humana" zu konkretisieren. Die Konkretisierung ist an den Lebensbedingungen auszurichten und bei einer Änderung der Normsituation den neuen Umständen im Gesetzgebungsgebiet anzupassen. Hier wird ein Gedanke der territorialen Allgemeinheit deutlich. Das menschliche Gesetz ist veränderbar, auch wenn es dem natürlichen und ewigen Gesetz folgen muss, aus diesen abzuleiten ist. Diese Ableitung folgt entweder als Folgesatz einem transzendenten Grundsatz oder ist eigenständige Konkretisierung: Der Satz „du sollst nicht töten" folgt aus dem Grundsatz „niemanden Leid anzutun". Das göttliche Gesetz gibt hier dem menschlichen Gesetz eine klare Leitlinie. Es bezieht sich dabei aber – wie beschrieben – oft auf Bereiche, welche nicht Gegenstand der weltlichen Gesetzgebung sind. Insbesondere in diesen Fällen muss der gesetzgebende Mensch eigenständige Konkretisierungen vornehmen, wie ein Künstler, der „die allgemeine Vorform ‚Haus' zu dieser oder jener Form des Hauses ausarbeiten" muss. Die „lex humana" muss aber auch dann den transzendenten Gesetzen folgen. Ein Gesetz, das vom natürlichen Gesetz abweicht, ist „nicht mehr Gesetz, sondern eine Zerstörung des Gesetzes".[157]

Das von Menschenhand erlassene Gesetz gewinnt so einen transzendenten Maßstab. In dieser Bindung wird aber die Notwendigkeit der „lex humana" hervorgehoben. *Thomas* ging so einen Schritt auf dem Weg zu einer weltlichen Gesetzgebung mit eigener Rationalität,[158] den das Zwölftafelgesetz bereits ge-

---

[156] Siehe hierzu sogleich unter IV. 3. (S. 119 ff.); auch *W. von Humboldt* war bewusst, dass die Rücknahme des Staats auf „das Notwendige" allmählich zu erfolgen hat, dass man die „Fesseln" der Freiheit „nach und nach gerade in eben der Folge, wie das Gefühl der Freiheit erwacht," lösen muss (*ders.*, Ideen zu einem Versuch, die Grenzen der Wirksamkeit des Staates zu bestimmen [1791], 2006, insbes. S. 199).

[157] *Thomas von Aquin*, Summa Theologica [1265–1273], I-II, Das Gesetz, Band 13, 1977, siehe insgesamt Fragen 91, 93, 94, 97 ff.; Zitate: Frage 95 Artikel 2; *Pesch*, Kommentar, ebenda, S. 550 ff., 588 ff., der den von *Thomas von Aquin* gezeichneten Auftrag des Gesetzgebers betont, Frieden und Sicherheit zu wahren; siehe insgesamt zu der Diskussion der einzelnen Gesetzesbegriffe *E.-W. Böckenförde*, Geschichte der Rechts- und Staatsphilosophie, 2. Auflage 2006, S. 233 ff. m. w. H.; *Zeidler*, Massnahmegesetz und „klassisches" Gesetz, 1959, S. 87 ff.; *Schaede*, Gesetz und neues Gesetz bei Thomas von Aquin, in: Bock (Hg.), Gesetz und Gesetzlichkeit in den Wissenschaften, 2006, S. 61 (insbes. 64), der betont, dass die Präzision der Gesetzesdefinitionen und die Klarheit der Beziehung des weltlichen Gesetzes zu den transzendenten Gesetzen die entscheidende Innovation der Lehre ist.

[158] *E.-W. Böckenförde* betont, dass hier nicht von Säkularisierung gesprochen werden sollte, weil *Thomas von Aquin* die Gesetzgebung an den transzendenten Maßstab bindet, folglich die Gesetzgebung nicht aus einer religiösen Zuständigkeit entlassen wird. Die Säkularisie-

wiesen hatte.[159] Bei der Erfüllung seines Gesetzgebungsauftrags muss der weltliche Gesetzgeber aber bestimmte Regeln beachten.[160]

b) Das allgemeine Gesetz dient dem gemeinen Wohl

Die „lex humana" setzt Richtlinien für menschliches Verhalten. Alles menschliche Handeln dient – so *Thomas* – der Glückseligkeit. Jeder Mensch ist Teil einer Gemeinschaft. Jedes Gesetz bezieht sich auf diese Gemeinschaft und muss deshalb der gemeinsamen Glückseligkeit, d.h. dem allgemeinen Wohl dienen, sonst besitzt es keine verpflichtende Kraft. Der Mensch ist zwar von Natur aus zur Tugend veranlagt, gleichwohl muss das Gesetz ihn verbindlich zum tugendhaften Verhalten erziehen, weil nur so das gemeinsame Glück erreicht werden kann.[161]

Doch wie wird gewährleistet, dass die „lex humana" dem gemeinen Wohl dient? Dies ist die Aufgabe der Gesetzesallgemeinheit. *Thomas* suchte zu entfalten, dass ein allgemeines Gesetz das gemeine Wohl fördert und in dieser Ausrichtung die Freiheit von vornherein nicht beschränken wird. Die Vernunft geht – so *Thomas* – dem Willen voraus, die entfaltete Freiheit bleibt im Rahmen des Vernünftigen und damit der Gesetze. Hier ist einzuwenden, dass das Gemeinwohl nicht präzise gefasst werden kann – und in der Demokratie durch die Setzung des Parlaments konkretisiert wird[162] –, der Gesetzestext hingegen eine konkrete Vorgabe erwartet. Das Gesetz wird bereits deshalb nicht immer dem gemeinen Wohl dienen. Aber selbst wenn ein Gesetz die Gemeinwohlverpflichtung nachzeichnen würde, kann es hierin in unzulässiger Weise die individuelle Freiheit beschränken. Der Mensch entwickelt eine konkrete Vorstellung, nach der er seine Freiheit zu entfalten sucht. Die Gemeinwohlverpflichtung ist im Vergleich hierzu – auch wenn sie in einen konkreten Gesetzestext gefasst würde – auf Grund ihrer Gemeinschaftsausrichtung abstrakter, vager. Es bleibt daher regelmäßig eine Ungewissheit, ob das freiheitliche Verhalten des Individuums dem Gemeinwohl schadet. Selbst wenn diese Ungewissheiten ausgeräumt werden könnten, fordern – so würde man heute einwenden – die Grundrechte auch ein Abweichen von der Gemeinwohlorientierung. Die grundrechtlichen Gewährleistungen der Freiheit erlauben, dass das Individuum nicht dem Gemeinwohl dient, sondern seinen Interessen folgt. Das gemeine und das individuelle Wohl laufen nicht immer parallel und müssen dies auch nicht.

---

rung erfolge „später im Vernunftrecht" (*ders.*, Diskussion, in: Behrends [Hg.], Der biblische Gesetzesbegriff, 2006, S. 139).

[159] Siehe oben unter II. 1. (S. 69ff.).

[160] *Thomas von Aquin*, Summa Theologica [1265–1273], I-II, Das Gesetz, Band 13, 1977, Frage 92 Artikel 2, Fragen 95ff.

[161] *Thomas von Aquin*, Summa Theologica [1265–1273], I-II, Das Gesetz, Band 13, 1977, Frage 90 Artikel 2, Frage 92 Artikel 1, Frage 95, Frage 96 Artikel 1ff.

[162] *Starck*, Der Gesetzesbegriff des Grundgesetzes, 1970, S. 114.

Dieser Befund darf aber nicht dazu führen, die Lehre von *Thomas* von vornherein gänzlich als freiheitsfern und demokratiefremd abzulehnen. *Thomas* entfaltete aus der Allgemeinheit des Gesetzes eine Vorgabe für das Ziel der gesetzlichen Regelung und bietet so einen möglichen Baustein einer modernen Lehre des allgemeinen Gesetzes. Ein allgemeines Gesetz muss dem Gemeinwohl dienen, darf hierbei aber grundsätzlich die Freiheit des Einzelnen nicht gefährden. *Thomas* entwickelte eine ausgearbeitete Gesetzgebungslehre,[163] die Regeln zeichnet, wie die Gemeinwohlorientierung gelingen kann.

c) *Notwendige Normierung des Regelfalls*

Menschliche Handlungen beziehen sich jeweils auf bestimmte Dinge, deren Zahl ins Unendliche geht. Soll das menschliche Verhalten gelenkt werden, bedarf es – so *Thomas* – eines Weisen, der die Bezugspunkte überschaut. Die Gesetzgebung darf daher nicht in den Händen der Richter liegen. Es ist leichter, wenige weise Gesetzgeber zu finden, als zahlreiche weise Richter. Der Gesetzgeber trifft dauerhafte Entscheidungen, der Richter hingegen muss plötzlich auftauchende Einzelfragen beantworten. Die Entscheidung über Einzelfälle läuft Gefahr, mit Blick auf die konkreten Personen, durch Liebe und Hass, durch Begehrlichkeiten verbogen zu werden.[164] Der Gesetzgeber hat demgegenüber „ein allgemeingültiges und zukünftige Fälle entscheidendes Urteil" zu fällen, erkennt in der notwendigen Beobachtung vieler Fälle leichter, „was rechtens ist". Das Gesetz zeichnet sich dadurch aus, dass es auf eine Vielzahl von Personen und Sachverhalte anwendbar ist (personale und gegenständliche Allgemeinheit), zahlreiche Fälle leitet und so eine grundlegende orientierende Kraft entfaltet (finale Allgemeinheit). Erfasst ein Gesetz nur „einen einzelnen Akt," so ist „es ohne jeden Nutzen." Das allgemeine Gesetz muss dem Richter soweit wie möglich, soweit es die Allgemeinheit erlaubt, konkrete Vorgaben geben, damit dieser durch die Vernunft des Gesetzes geleitet wird. Es kann nur in der Allgemeinheit für die Zukunft gelten. Nur eine dauerhafte Regelung kann sich erfolgreich verbreiten, fester Bestandteil des gemeinschaftlichen Lebens werden. Ein Gesetz von kurzer Geltung ist schon aus rein zeitlichen Gründen eine Ausnahmeerscheinung. Zwar sind die menschlichen Gesetze wandelbar, insbesondere wenn sich die Normsituation ändert. Doch bringt jede Gesetzesänderung einen Nachteil für das allgemeine Wohl. Ein Gesetz, das befolgt wird, wird zur Gewohnheit. Wenn ein Gesetz geändert wird, „verringert sich seine zwingende Kraft", muss sich seine Regelung erst wieder als Gewohnheit etablieren. Daher darf das menschliche Gesetz nur geändert werden, wenn die-

---

[163] Hierzu *Gagnér*, Studien zur Ideengeschichte der Gesetzgebung, 1960, S. 197 ff., 267 ff.; *E.-W. Böckenförde*, Geschichte der Rechts- und Staatsphilosophie, 2. Auflage 2006, S. 243 ff.

[164] Siehe hierzu bereits *Aristoteles* (unter II. 3., S. 82 ff.), an den *Thomas* ausdrücklich anknüpft.

se „Beeinträchtigung des gemeinen Wohls in dem Maß ausgeglichen wird, in dem sie erfolgt", wenn „entweder ein überaus großer und ganz offensichtlicher Nutzen aus der Gesetzesverfügung erwächst, oder in äußerster Notwendigkeit gegeben ist, weil das überkommene Gesetz klares Unrecht enthält oder seine Beobachtung sich sehr häufig höchst schädlich auswirkt." Ein allgemeines Gesetz beansprucht dauerhafte Geltung. Dieses Postulat der Rechtssicherheit greift mit *Thomas* sogar, wenn das Gesetz nicht präzise den Vorgaben der Vernunft folgt. Um Verwirrung und Ärger zu vermeiden, muss auch einem solchen Gesetz grundsätzlich gefolgt werden, außer es verletzt die göttliche Vernunft.[165] Erfüllt der Gesetzgeber diese Vorgaben, wird er allgemeine und daher vernünftige Gesetze erlassen, die dem gemeinen Wohl dienen. Es wird deutlich, dass in dieser Gesetzgebungslehre die finale Allgemeinheit durch die anderen Allgemeinheitsforderungen geleitet und konkretisiert wird.

Eine verallgemeinernde Regelbildung wird dem Gesetzgeber aber nur gelingen, wenn er zahlreiche Anwendungsfälle vor Augen hat. Weil er jedoch nicht alle Einzelfälle kennen kann, „gibt er das Gesetz entsprechend dem, was meistens eintritt". Der Gesetzgeber muss sich am Regelfall orientieren. *Thomas* zeichnet hier einen Gedanken der instrumentellen Allgemeinheit. In atypischen, kaum vorhersehbaren Ausnahmefällen oder für bestimmte Personen ist aber von den allgemeinen Regeln abzuweichen. Gibt es etwa ein Gesetz, nach welchem in einer belagerten Stadt die Tore geschlossen bleiben, dient dies dem allgemeinen Wohl. Werden aber Bürger, welche die Stadt retten wollen, vom Feind verfolgt, müssen ihnen die Tore auch im Belagerungszustand zum gemeinen Wohl geöffnet werden, darf die befugte Stelle, „die Obrigkeit", Ausnahmen von der gesetzlichen Regel bestimmen. Die Eigenarten jedes Ausnahmefalls kann und darf der Gesetzgeber nicht berücksichtigen. Er muss das Gesetz nach dem Regelfall zeichnen.[166]

Thomas hob insgesamt hervor, dass die Allgemeinheit des Gesetzes in ihren verschiedenen Merkmalen ein Garant für dessen Qualität ist.[167] Gleichzeitig er-

---

[165] Insgesamt *Thomas von Aquin*, Summa Theologica [1265–1273], I-II, Das Gesetz, Band 13, 1977, insbes. Frage 96 Artikel 1 und Frage 97; insgesamt Frage 90 Artikel 2, Frage 92, Frage 95 Artikel 1, Fragen 96f.; Zitate: Frage 96 Artikel 1 und Frage 97 Artikel 2; *Starck*, Der Gesetzesbegriff des Grundgesetzes, 1970, S. 112ff. Der Gedanke, dass jede Gesetzesänderung als solche das Gemeinwohl beeinträchtigt, wurde später immer wieder aufgegriffen, ohne jedoch die Gesetzgebungspraxis zu erreichen; siehe z.B. *Conring*, Über die Gesetzgebung [Dissertatio politica de Nomothetica, seu recta legum ferendarum ratione, 1663], in: Mohnhaupt (Hg.), Prudentia legislatoria, 2003, S. 7 (67f.), sowie *Montesquieu* (sogleich unter IV. 3., S. 119ff.).

[166] *Thomas von Aquin*, Summa Theologica [1265–1273], I-II, Das Gesetz, Band 13, 1977, Frage 92 Artikel 2, Frage 96 Artikel 1 und 6, Frage 97; Zitate: Frage 96 Artikel 6.

[167] *Starck*, Der Gesetzesbegriff des Grundgesetzes, 1970, S. 115, betont, dass „ein gerechtes Gesetz i.d.R. generell sein wird, [jedoch ...] nicht jedes generelle Gesetz gerecht" ist; *Charondas le Caron* hob – gleichsam im Nachgriff auf *Thomas von Aquin* – im 16. Jahrhundert die sachliche, personale und zeitliche Allgemeinheit hervor, unterschied klar das allgemeine Ge-

kannte er, dass die notwendige Regelbildung am Regelfall Ausnahmefällen nicht gerecht werden kann. In die ausnahmslose Forderung der Allgemeinheit des Gesetzes integrierte er die Möglichkeit, in besonderen Fällen von einer Regel abweichen zu dürfen. Es bedarf eines Korrektivs für besondere Einzelfälle und damit einer hierfür zuständigen Instanz. Wie *Aristoteles*[168] verband *Thomas* die Forderung nach dem allgemeinen Gesetz so mit der Erwartung geteilter Gewalten.

d) Gemeinwohlbezug und Allgemeinheit des Gesetzes

Das allgemeine Gesetz dient nach *Thomas* dem allgemeinen Wohl und ist auf die transzendenten Gesetze ausgerichtet. Weil dieses Ziel und der göttliche Maßstab nicht präzise zu greifen sind, formulierte *Thomas* in den Kategorien der personalen, gegenständlichen und temporalen Allgemeinheit, in den Forderungen, die gesetzliche Normierung am Regelfall der konkreten Lebensverhältnisse zu orientieren (territoriale und instrumentelle Allgemeinheit) und die Gesetze zu verbreiten, konkrete Vorgaben für die Gesetzgebung, nach welchen dem allgemeinen Wohl dienende Gesetze gelingen können (finale Allgemeinheit). *Thomas* entfaltete so Grundzüge einer Lehre vom allgemeinen Gesetz.

5. Die Allgemeinheit des Gesetzgebers

Die auf die Rechtswirklichkeit bezogene Gesetzeslehre von *Thomas von Aquin* war für die damalige Zeit einzigartig und prägt auch heute noch die Forschung zur Allgemeinheit des Gesetzes.[169] Die Lehre wurde im Anschluss nur vereinzelt weiterentwickelt. Hierfür bot sich der Blick auf den Gesetzgeber an, auf den sich *Thomas* nicht konzentriert hatte.[170]

---

setz vom Einzelfallgesetz (*Grawert*, „Gesetz", in: Brunner/Conze/Koselleck [Hg.], Geschichtliche Grundbegriffe, Band 2 E-G, 1975, S. 863 [890f. m. w. H.]).

[168] Siehe hierzu oben unter II. 3. (S. 82ff.).

[169] *H. Hofmann*, Das Postulat der Allgemeinheit des Gesetzes, in: Starck (Hg.), Die Allgemeinheit des Gesetzes, 1987, S. 9 (33ff.); *E.-W. Böckenförde*, Geschichte der Rechts- und Staatsphilosophie, 2. Auflage 2006, S. 243ff., insbes. S. 243 und 246.

[170] *E.-W. Böckenförde*, Geschichte der Rechts- und Staatsphilosophie, 2. Auflage 2006, S. 290ff.; *Zeidler*, Massnahmegesetz und „klassisches" Gesetz, 1959, S. 91; *Welzel*, Naturrecht und materiale Gerechtigkeit, 4. Auflage 1962, S. 66ff. *Wilhelm von Ockham* ging nicht davon aus, dass das von Menschen geschaffene Gesetz aus einem transzendenten Recht abzuleiten ist, sondern dass das Menschengesetz dem höheren Recht lediglich nicht widersprechen darf. Die Gesetze Gottes und der Natur räumen dem menschlichen Gesetzgeber daher eine nicht geringe Entscheidungsfreiheit ein. So stärkt er im Vergleich zu *Thomas von Aquin* die Eigenständigkeit des menschlichen Gesetzes und des – an das höhere Recht gebundenen – Gesetzgebers. Im Anschluss an *Marsilius von Padua* sollte insbes. *Francisco Suárez* – anders als *Martin Luther* – den eigenständigen Willen des Gesetzgebers herausstellen, diesen an die Ziele des Friedens, des Gemeinwohls, der Gerechtigkeit binden (*Wilhelm von Ockham*, Dialogus [1332–1334], 2. Auflage 1994, III Dialogus I ii, cc. 6, S. 103ff.; insgesamt: *Welzel*, ebenda,

Für *Marsilius von Padua* sind Gesetze „alle Regeln für das Gerechte und Nützliche im Staatsleben [...], die durch menschliche Autorität aufgestellt sind." Die abstrakte Beschreibung des Gesetzgebers als Autorität weist bereits darauf, dass diese Lehre nicht nur vom Inhalt des Gesetzes, sondern auch vom Gesetzgeber und der Durchsetzbarkeit der Rechtsregeln handelt. Gesetze sind zu veröffentlichen (sprachliche Allgemeinheit), „damit kein Bürger oder Fremder beim Verstoß gegen sie sich mit deren Unkenntnis entschuldigen kann". Die Entscheidung des Gesetzgebers kann im Blick auf den Einzelfall – auch hier übernimmt *Marsilius* eine Formulierung von *Aristoteles*[171] – durch „Liebe und Hass" verfälscht werden. Die Gesetze müssen daher Einzelfallentscheidungen präzise und verbindlich leiten. Der Gesetzgeber wird in der Forderung gestärkt, dass dieser auch jede Auslegung „nach dem Erfordernis von Zeit, Ort und anderen Umständen" vorzunehmen habe. Die Notwendigkeit der Auslegung deutet die Zurückhaltung der allgemeinen Regel an, die sich letztlich in allen Allgemeinheitsforderungen entfaltet.[172] In erster Linie wird aber die Eigenständigkeit des Gesetzgebers hervorgehoben und ihm in Bindung an das Gerechte und Nützliche ein weiter Gestaltungsraum eingeräumt, das Gesetz in besonderer Weise als Willensakt des Menschen herausgestellt. Die Bindung an transzendente Maßstäbe ist im Vergleich zu *Thomas von Aquin* gelockert. Das transzendente Recht hat im Diesseits eine zurückgenommene Kraft, ist primär moralisch verbindlich, eher eine orientierende Lehre, entfaltet unmittelbare Bindungswirkung nur in der „künftigen Welt", wenngleich im Fall des unmittelbaren Konflikts mit den Gesetzen der Menschen „mehr nach dem göttlichen" Recht zu entscheiden ist. Die Stärkung, die Eigenständigkeit des Gesetzgebers steht im Zentrum dieser Überlegungen. Die notwendige, die Gesetzgebung leitende Kraft liegt nicht mehr im Jenseits, sondern beim Gesetzgeber selbst.[173]

Die Erkenntnis der Unzulänglichkeiten von Einzelfallentscheidungen führte *Marsilius* nicht zur Forderung nach der Allgemeinheit des Gesetzes, sondern zu einer Gesetzgebung durch die Mehrheit des Volks. Die Gesamtheit der Bürger erlässt die Gesetze, weil einzelne mit Blindheit geschlagen oder aus Bosheit gegen das Interesse der Allgemeinheit, gegen das Gemeinwohl handeln und daher Einzelfallentscheidungen zu leicht fehlgeleitet werden können. Die Gesetze dienen dem gemeinen Wohl. Dieses kann aber am besten die Mehrheit der Bürger beurteilen, weil die Mehrheitsentscheidung aus sich heraus nicht den indivi-

---

S. 81 ff.; *Hübner*, Gesetz und Evangelium bei Luther, in: Bock [Hg.], Gesetz und Gesetzlichkeit in den Wissenschaften, 2006, S. 87 [insbes. 103 ff.]; *Grawert*, „Gesetz", in: Brunner/Conze/Koselleck (Hg.), Geschichtliche Grundbegriffe, Band 2 E-G, 1975, S. 863 [872 ff. m. w. H.]; *E.-W. Böckenförde*, ebenda, S. 305 ff., insbes. 313, 380 ff., 390 f., 416 ff.; *Zeidler*, ebenda, S. 91).

171 Siehe zu dieser oben unter II. 3. (S. 82 ff.).

172 Siehe hierzu sogleich unter VI. (S. 160 ff.).

173 *Marsilius von Padua*, Der Verteidiger des Friedens [Defensor Pacis, 1324], 1958, Teil I, Kapitel X, § 6 (S. 99), Kapitel XII § 3 (S. 119 f.), Kapitel XIII § 8 (S. 135 ff.); Teil II, Kapitel XII § 3 (S. 475 ff.)

duellen Vorteil, sondern die allgemeinen Interessen in den Vordergrund rückt. Die Gesetzgebung durch das Volk sichert zudem, dass die Gesetze befolgt werden. Bürger halten Regeln eher ein, die sie sich gleichsam „selbst auferlegt" haben. Das Volk kann die Gesetzgebung auch „einem oder einigen zur Erledigung überweisen, die an und für sich nicht Gesetzgeber sind und es nicht sein können, sondern nur zu einem bestimmten Zwecke und nur manchmal und nur kraft Ermächtigung durch den primären Gesetzgeber" tätig werden können. Es ist insgesamt nützlich, wenn wenige Kluge und Weise den Gesetzgeber beraten, die Gesetze begutachten oder vorab entwerfen und diese dann von der Vollversammlung beschlossen werden müssen, damit jeder Bürger Änderungen vorschlagen kann.[174]

Die Lehre des *Aristoteles* konzentriert sich auf das Gesetz, sucht durch dessen Allgemeinheit eine gerechte Gesetzgebung zu sichern und diese von der fehlleitenden Kraft des Einzelfalls zu lösen. Die Gesetzgebung legte *Aristoteles* in die Hände weniger kluger Menschen, eines Philosophenkönigs und nicht einer Bürgerversammlung. *Marsilius* überlässt aus parallelen Erwägungen den Gelehrten nur die Beratung des Gesetzgebers und die Vorbereitung der gesetzlichen Regelungen. Die Rationalität, die Ausrichtung auf „das Gerechte" wird nicht durch ein Gesetzesmerkmal, sondern durch die Allgemeinheit des Gesetzgebers gesichert. Die Beteiligung aller gewährleistet, dass die Gesetze dem Wohl der Allgemeinheit dienen. Diese rationale Kraft der Versammlung kann sich aber nur voll entfalten, wenn ihre Teilnehmer die Gesetze, die sie erlassen sollen, auch verstehen. In der Forderung der Allgemeinheit des Gesetzgebers ruht daher auch die sprachliche Allgemeinheit. Die Volksgesetzgebung sichert die Befolgung der Gesetze. Durch Volksgesetze wird der Staat – so *Marsilius* – seine primäre Aufgabe erfüllen, das Glück im Diesseits zu stärken und auf das Jenseits vorzubereiten. Die Erfüllung beider Aufgaben setzt den Frieden voraus. Die Friedenssicherung ist das zentrale Anliegen, das *Marsilius* durch die Volksgesetzgebung zu sichern suchte.

Die Demokratie verbietet die von *Aristoteles* vorgeschlagene Gesetzgebung. *Marsilius* nahm nicht hinreichend auf, dass die Mehrheitsentscheidung den Schutz der Minderheit, des Individuums und seiner Würde[175] fordert. Zudem deutete er die Möglichkeit einer Repräsentation des Volks nur punktuell an und verengte dessen Zuschnitt – so manche Deutungen[176] – zu stark, verletzte so das Kernanliegen der Demokratie, die Beteiligung aller. Den demokratischen Ge-

---

[174] *Marsilius von Padua*, Der Verteidiger des Friedens [Defensor Pacis, 1324], 1958, Teil I, Kapitel X, § 6 (S. 99), Kapitel XII § 3 (S. 119 f.), § 5 (S. 125), Kapitel XIII § 3 ff., insbes. § 8 (S. 135 ff.); Teil II, Kapitel XII § 3 (S. 475 ff.) und § 9 (S. 483); *E.-W. Böckenförde*, Geschichte der Rechts- und Staatsphilosophie, 2. Auflage 2006, S. 330 ff.

[175] Die Idee der Menschenwürde sollte später insbes. *Pico della Mirandola* betonen (*ders.*, Oratio de hominis dignitate [1486], 2005).

[176] *F. Neumann*, Die Herrschaft des Gesetzes [The governance of the rule of law, 1936], 1980, S. 91 f.

danken, dass der selbstbestimmte Mensch im Staat auch selbst bestimmen muss, dass das Gemeinwesen den Menschen in seiner individuellen Freiheit in den Mittelpunkt rückt, entfaltete *Marsilius* nicht. *Rousseau* verband später – wenngleich mit deutlichen Abstrichen[177] – die Lehren von *Thomas* und *Marsilius* dahingehend, dass allgemeine Gesetze von einem demokratisch legitimierten allgemeinen Gesetzgeber zu erlassen sind.

IV. Allgemeinheit als Sicherung der Freiheit und Gleichheit vor dem Gesetz

1. Konstitutionalisierung: Rechtsförmlichkeit, Vertrauensschutz, Rechtssicherheit

Der Sachsenspiegel, die Anmerkungen eines *Johann von Buch*, die Koordination von Gewohnheitsrecht und kirchlich-römischen Recht zeigen, dass dem Gesetz eine Grundforderung der Rechtsklarheit, der Verbindlichkeit immanent ist. Diese Forderung gewann im 16. Jahrhundert an Kraft.

Jean Bodin entwarf die Idee einer einheitlichen Staatsgewalt, die aber gerade angesichts eines absolutistischen Herrschers Gefahren mit sich brachte,[178] deshalb zu begrenzen war. Der Herrscher – regelmäßig der Fürst – beanspruchte die Souveränität, d.h. grundsätzlich unbegrenzte Macht. Doch mit dem Griff nach dieser Gewalt ging der Fürst nach der Lehre *Bodins* Bindungen ein. Die Sicherung des Friedens war der zentrale Auftrag des Souveräns und dabei Bedingung seiner Souveränität, eine verbindliche Vorgabe. Das Gesetz war das Instrument der Herrschaft. Der Fürst musste ein bestehendes Gesetz ändern, wenn er von diesem abweichen wollte. Seine absolute und zeitlich unbegrenzte Gewalt war in dieser rechtlichen Form gebunden. Die Richter entschieden am Maßstab der Gesetze. In dieser Rechtsförmlichkeit ruhen Vertrauensschutz und Rechtssicherheit, d. h. wesentliche Merkmale des modernen Rechtsstaats.[179] Hier entwickelten sich die Grundzüge des heutigen Rechtsdenkens, der Entwurf eines modernen Gesetzgebungsstaats und der „staatstheoretische Übergang vom Mittelalter zur Neuzeit“.[180]

---

[177] Hierzu sogleich unter IV. 4. (S. 121 ff.).

[178] Siehe hierzu *Stolleis*, Diskussion, in: ders./Link (Hg.), Zum römischen und neuzeitlichen Gesetzesbegriff, 1987, S. 115 (119).

[179] Das Gesetz vermittelte aber anders als in modernen Demokratien zu Zeiten *Bodins* noch keine demokratische Legitimation (siehe hierzu *Schmidt-Aßmann*, Der Rechtsstaat, in: HStR II, 3. Auflage 2004, § 26).

[180] *Quaritsch*, Souveränität, 1986, S. 47, 50; siehe zum rechtsstaatlichen Gehalt der zuvor geschlossenen Landfrieden *Schmidt-Aßmann*, Der Rechtsstaat, in: HStR II, 3. Auflage 2004, § 26 Rdn. 11.

Der Begriff „Gesetz" erfasste zu dieser Zeit nicht nur allgemeine, nicht nur abstrakt-generelle Regelungen, sondern auch „Privilegien",[181] die nur „für einen einzelnen oder eine kleine Zahl von Einzelpersonen" galten – der Herrscher hätte eine entsprechende Beschränkung seiner Gesetzgebungsmacht kaum akzeptiert.[182] Jeder Fürst war aber an das Gesetz Gottes, das Naturrecht und die verschiedenen, von den Menschen gemachten Gesetze gebunden, die allen Völkern gemeinsam sind. Wenn „der Zweck des Gesetzes die Gerechtigkeit, das Gesetz Werk des Fürsten und dieser Ebenbild Gottes ist, dann folgt daraus logischerweise, daß das Gesetz des Fürsten dem Vorbild des Gesetzes Gottes entsprechen muß." *Bodins* Gerechtigkeitskonzept bleibt nicht bei einer abstrakten Bindung und Gerechtigkeitsverpflichtung stehen. Das Naturrecht und das Recht Gottes verpflichten den Souverän, „gut zu regieren", dem „Wohl des Landes" zu dienen, „ein Freier", „ein Richter", ein „ehrenwerter" und „gläubiger Mann" zu sein, so dass der Staat unter der Leitung des Fürsten „in Ehre und Tugend" gedeiht. Der Souverän darf zudem – und hier wird die Lehre vergleichsweise konkret – keine neuen Steuerlasten ohne vernünftigen Grund auferlegen, kein fremdes Eigentum grundlos entziehen, keine geldwerten Rechte, kein Land der Krone verkaufen, über die Thronfolgeordnung nicht verfügen und die „grundlegenden Verfassungsgesetze" nicht ändern. Der Souverän ist aber insgesamt „niemandem außer Gott Rechenschaft schuldig" – die Bindungen waren gegen den Willen des Souveräns daher praktisch kaum durchsetzbar.[183]

Die Vorgaben sind dem Souverän nicht von außen auferlegt, sondern Bestandteil der Souveränität, konstituieren diese. Insofern entfaltet *Bodin* den Gedanken der Konstitutionalisierung, wenn der absolute Herrscher die Souveränität und damit die absolute Macht an sich zieht, sich dabei aber auf bestimmte, ihm vorgegebene Bindungen einlässt. *Bodin* zwang den Fürsten das Instrument des Gesetzes auf. Insoweit wurde die antike, insbesondere von *Aristoteles* gezeichnete Tradition der Gesetzesherrschaft wieder aufgenommen.[184] Sie bestimmt in der Rechtsförmlichkeit, der Rechtssicherheit, dem Vertrauensschutz,

---

[181] Das Privileg ist ein Beispiel dafür, wie ein Maßnahmegesetz zur Bevorzugung drängt. Der Begriff „Privilegium" bedeutet bei *Cicero* noch ein Sondergesetz zu Lasten der Betroffenen, das die Zwölf Tafeln verboten; in der römischen Republik waren die privilegia dann leges ad personam, insoweit Maßnahmegesetze, und wurden erst später zu Bevorzugungen (*Fögen*, Das Lied vom Gesetz, 2007, S. 51 ff.).

[182] Siehe aber zu der Bindung des Herrschers an die Gesetzesallgemeinheit durch das Preußische Allgemeine Landrecht sogleich unter 5. (S. 125 ff.).

[183] *Bodin*, Sechs Bücher über den Staat [Six livres de la République, 1576], Buch I-III, 1981, Vorwort S. 93, I. Buch 8. Kapitel, S. 207, 210 ff., S. 233 ff., insbes. S. 235 f. und 239, 10. Kapitel, S. 292, Buch IV-VI, 1986, VI. Buch 1. Kapitel, S. 398; siehe zudem *Quaritsch*, Souveränität, 1986, S. 61; *G. Jellinek*, Gesetz und Verordnung [1887], 1919, S. 43 f.

[184] Siehe oben unter II. 2. und 3. (S. 78 ff.) sowie *H. Hofmann*, Das Postulat der Allgemeinheit des Gesetzes, in: Starck (Hg.), Die Allgemeinheit des Gesetzes, 1987, S. 9 (15 f.).

in diesen Forderungen der instrumentellen und temporalen Allgemeinheit den Wert und das Fundament des Rechtsstaats.

2. *Freiheitsicherung als zentrales Ziel des allgemeinen Gesetzes*

Auf dieser Grundlage entwickelte sich die große und einfache Idee von der Notwendigkeit des Staats und der weltlichen Gesetze für die Existenz der bürgerlichen Gesellschaft. Das Gesetz wurde maßgebliches Instrument der Friedenssicherung.

Hobbes stellte diesen Auftrag in den Vordergrund. Das Gesetz wird vom Gesetzgeber zur Friedenssicherung erlassen und ausgelegt. Dieser ist dabei an kein höheres, an kein transzendentes Recht gebunden. Die Grundlage für die Gesetzgebung bildet ein Vertrag, durch den alle Menschen dem fiktiven Naturzustand, dem Krieg aller gegen alle, entkommen wollen. Durch den Vertrag übergeben die Menschen ihr Recht, sich „selbst zu beherrschen", einem Menschen oder einer Gesellschaft unter der Bedingung, dass alle anderen ebenfalls ihr entsprechendes Recht abtreten. Der so gegründete „große Leviathan" beherrscht mit seiner „großen Macht und Gewalt" die Bürger, sichert als weltlicher Gesetzgeber den Frieden, damit jeder die „Früchte des Fleißes genießen" kann.[185] Eine rechtsstaatliche, freiheitsichernde Kraft des allgemeinen Gesetzes blieb hinter der Betonung des Gesetzgebungswillens in dieser Zeit zurück.[186]

---

185 „Auf diese Weise werden alle einzelnen eine Person und heißen *Staat* oder *Gemeinwesen*. So entsteht der *große Leviathan* oder, wenn man lieber will, der *sterbliche Gott*, dem wir unter dem ewigen Gott allein Frieden und Schutz zu verdanken haben. Dieses von allen und jedem übertragene Recht bringt eine so große Macht und Gewalt hervor, daß durch sie die Gemüter aller zum Frieden unter sich gern geneigt gemacht und zur Verbindung gegen auswärtige Feinde leicht bewogen werden." *Hobbes* unterscheidet die natürlichen von den bürgerlichen Gesetzen. Die natürlichen Gesetze müssen von jedem Menschen befolgt werden. Sie sind nicht schriftlich fixiert und in dem Satz enthalten: „Was ihr wollt, daß euch die Leute tun sollen, das tut ihr ihnen auch". Den bürgerlichen Gesetzen, die auch Einzelfälle erfassen können, muss jeder Bürger Gehorsam leisten. Sie sind Regeln, „welche der Staat mündlich oder schriftlich oder sonst auf eine verständliche Weise jedem Bürger gibt, um daraus das Gute und Böse zu erkennen und danach zu handeln." Sie werden von demjenigen im Staate erlassen und ausgelegt, der die höchste Macht hat und als Gesetzgeber nicht an die Gesetze gebunden ist. Weil der Leviathan zwar jeden Einzelfall regeln darf aber nicht kann, braucht er Beamte, Richter. Die Gewaltenteilung entfaltet *Hobbes* nicht. Das Gesetz ist funktionales Instrument der Friedenssicherung (*Hobbes*, Leviathan [1651], 2003, II. Teil, Kapitel 17 [S. 151ff., Zitat S. 155], Kapitel 26 [S. 228ff., Zitate S. 232 und 228]; siehe hierzu *H. Hofmann*, Der Begriff des Gesetzes in der politischen Theologie von Thomas Hobbes, in: Behrends [Hg.], Der biblische Gesetzesbegriff, 2006, S. 151 [168ff.]; *Starck*, Der Gesetzesbegriff des Grundgesetzes, 1970, S. 116ff.; *Roellecke*, Der Begriff des positiven Gesetzes und das Grundgesetz, 1969, S. 44ff., 87, der den Aspekt der Gesetzesallgemeinheit bei *Hobbes* herausstellt; *Zeidler*, Massnahmegesetz und „klassisches" Gesetz, 1959, S. 94ff.).

186 *G. Jellinek*, Gesetz und Verordnung [1887], 1919, S. 44f.; *Welzel*, Naturrecht und materiale Gerechtigkeit, 4. Auflage 1962, S. 123ff., insbes. 129, der aber den Wirklichkeitsbezug der Lehre von *Grotius* hervorhebt (siehe hierzu sogleich *Montesquieu* unter 3., S. 119ff.).

Die naturwissenschaftliche Forschung bemühte sich aber, allgemeine Gesetzesmäßigkeiten, eine Rationalität des Gesetzes zu zeichnen, und setzte sich mit der Gesetzgebungsmacht des Herrschers auseinander.[187]

John Locke ging – wie *Hobbes* – von einem Naturzustand aus, in welchem alle Menschen frei und gleich sind. Doch führt dieser Naturzustand nicht automatisch zu einem Krieg aller gegen alle. Nach *Locke* hat jeder Mensch das fundamentale Recht zur Selbsterhaltung, zum Eigentum, muss in Ausübung dieses Rechts aber das Selbsterhaltungsrecht und das Eigentum der anderen respektieren. Der Naturzustand ist gleichwohl fragil, es drohen Eigentumsübergriffe und Körperverletzungen, sobald die Freiheit missbraucht wird – jederzeit kann ein Krieg ausbrechen. Die Menschen suchen daher zur Sicherung ihrer Freiheit den Urzustand zu überwinden und durch eine gemeinsame Übereinkunft eine politische Gemeinschaft zu gründen, „mit dem Ziel, behaglich, sicher und friedlich miteinander zu leben – in dem sicheren Genuß des Eigentums und in größerer Sicherheit gegenüber allen, die ihr nicht angehören."[188] Durch diesen Vertrag unterwirft sich jeder nicht einer absoluten Macht, sondern der Entscheidung einer gesetzgebenden Gewalt und damit Gesetz und Richter. Durch den Vertrag und damit „einzig durch das Volk"[189] wird die Staatsform bestimmt. Die gesetzgebende Gewalt sollte in den Händen einer Versammlung liegen. Dann wird der Staat nicht nur demokratisch geschaffen, sondern die Demokratie auch als Staatsform gewählt. Hier werden Rechtsstaat und Demokratie, die Bindungen staatlicher Gewalt an die fundamentalen Rechte der Freiheit, der Gleichheit, des Eigentums und der Würde entworfen.[190]

---

[187] *Francis Bacon* betonte als Naturwissenschaftler, dass die Natur zwar nur individuelle Körper schaffe, dies aber in Gesetzmäßigkeiten, die rational zu ergründen seien; dass auch das Wundersame einer Erklärung harre, die gefunden werden könne; in den Naturwissenschaften herrsche ein rationaler, weltlicher Gesetzesbegriff (*ders.*, Neues Organon [Novum organum, 1620], Teilband 2, 1990, Aphorismen 3 und 4 [S. 281 ff.], Aphorismus 17 [S. 353 ff.], Aphorismus 28 [S. 409], Aphorismus 52 [S. 607 ff.]; siehe zudem *Descartes*, Abhandlungen über die Methode des richtigen Vernunftgebrauchs und der wissenschaftlichen Wahrheitsforschung [Discours de la méthode pour bien conduire sa raison et chercher la vérité dans les sciences, 1637], 1952, insbes. S. 53 ff.); siehe zu *Bacon*: *Menger*, Das Gesetz als Norm und Maßnahme, VVDStRL 15 (1957), 3 (8 f.); insgesamt *Grawert*, „Gesetz", in: Brunner/Conze/Koselleck (Hg.), Geschichtliche Grundbegriffe, Band 2 E-G, 1975, S. 863 (870 ff., insbes. 880 m. w. H.), der den Traditionszusammenhang zwischen *Hobbes* und *Ockham* betont; *Gagnér*, Studien zur Ideengeschichte der Gesetzgebung, 1960, S. 356 ff. m. w. H.; siehe hierzu insgesamt *Zeidler*, Massnahmegesetz und „klassisches" Gesetz, 1959, S. 92 ff.; *G. Jellinek*, Gesetz und Verordnung [1887], 1919, S. 3 ff., insbes. zu dem in England vorherrschenden formellen Gesetzesbegriff.

[188] *Locke*, Über die Regierung [Two Treatises of Government. The Second Treatise, 1690], 2003, 8. Kapitel § 95.

[189] *Locke*, Über die Regierung [Two Treatises of Government. The Second Treatise, 1690], 2003, 11. Kapitel § 141.

[190] Insgesamt *Locke*, Über die Regierung [Two Treatises of Government. The Second Treatise, 1690], 2003, 2. und 3. Kapitel § 4 ff., 8. Kapitel §§ 95 ff., 11. Kapitel §§ 134 ff.; siehe zu der

Die Freiheit wird nicht nur durch die Mehrheitsentscheidung, sondern auch durch das Gesetz gesichert. Der Sinn der Gesetze ist, das Leben sowie Eigentum und Freiheit aller zu erhalten. Gesetze sind daher „auf das öffentliche Wohl der Gesellschaft" auszurichten, müssen in diesem Sinn allgemein sein, zudem „im Einklang mit dem Naturgesetz, d.h. mit dem Willen Gottes stehen".[191] Kein Gesetz kann einem „Menschen irgendeinen Teil seines Eigentums ohne seine Zustimmung nehmen."[192] Steuern bedürfen der Zustimmung des Volks. Gesetze sind unvoreingenommen auf alle anzuwenden, dürfen „nicht für besondere Fälle geändert werden", sondern es ist „*ein* Maß" anzulegen „für Reich und Arm, für den Günstling bei Hof wie für den Landmann am Pflug".[193] Gesetzliche Regelungen entfalten schließlich eine beständige, eine dauerhafte Kraft, werden fortwährend vollstreckt und sind öffentlich zu verkünden. Schließlich wird auf Grund „der Schwäche der menschlichen Natur, die stets bereit ist, nach der Macht zu greifen," eine Gewaltenteilung notwendig, die Trennung der gesetzgebenden von der vollziehenden Gewalt. Der Gesetzgeber kommt nur zeitweise zusammen, die vollziehende Gewalt muss aber dauerhaft die Gesetze vollziehen. Dem Gesetzgeber ist es nicht möglich, alles vorauszusehen und gesetzlich zu regeln, „was der Gemeinschaft nützlich sein könnte".[194] Die sog. Prärogative kann daher zum Wohl der Gemeinschaft ohne und auch gegen das Gesetz handeln. Die Forderung nach allgemeinen Gesetzen fragt nach der Ermächtigung, Ausnahmen von der gesetzlichen Regelung zuzulassen. Die Notwendigkeit dieses Korrektivs lässt Rückschlüsse für das Gesetz zu, das nicht nur dauerhafte, sondern auch grundlegende Regelungen treffen soll – eine Erwägung der finalen Allgemeinheit.[195]

Der Staat und die allgemeinen Gesetze werden auf die Menschenwürde und Freiheit ausgerichtet, die Demokratie in der Allgemeinheit des Staatsgründers und Gesetzgebers entfaltet. Hier wird ein demokratischer, rechtsstaatlicher, freiheitsichernder allgemeiner Gesetzesbegriff deutlich. Die Gemeinwohlori-

---

Ausrichtung auf die Würde des Menschen bereits *Pico della Mirandola*, Oratio de hominis dignitate [1486], 2005.

[191] *Locke*, Über die Regierung [Two Treatises of Government. The Second Treatise, 1690], 2003, 11. Kapitel § 135.

[192] *Locke*, Über die Regierung [Two Treatises of Government. The Second Treatise, 1690], 2003, 11. Kapitel § 138.

[193] *Locke*, Über die Regierung [Two Treatises of Government. The Second Treatise, 1690], 2003, 11. Kapitel § 142.

[194] *Locke*, Über die Regierung [Two Treatises of Government. The Second Treatise, 1690], 2003, 14. Kapitel § 159.

[195] Insgesamt *Locke*, Über die Regierung [Two Treatises of Government. The Second Treatise, 1690], 2003, 2. und 3. Kapitel § 4ff., 11. und 12. Kapitel §§ 134ff. sowie 14. Kapitel §§ 159ff.; siehe hierzu bereits *Aristoteles* und *Thomas von Aquin* (unter II. 3. und III. 4., S. 82ff. und 105ff.); die Rückschlüsse aus der Notwendigkeit des Korrektivs betont *Starck*, Der Gesetzesbegriff des Grundgesetzes, 1970, S. 125; siehe insgesamt *Zeidler*, Massnahmegesetz und „klassisches" Gesetz, 1959, S. 96ff.

entierung muss immer auch die Rechte des Einzelnen mitdenken. Das allgemeine Gesetz zielt auf das Gemeinwohl, auf die Sicherung der Freiheit und Gleichheit. Das Konzept der Sicherung der Menschenrechte, das auf das allgemeine Gesetz und die individuellen Menschenrechte baut, wird bereits hier erkennbar.

3. *Das auf die „Natur der Dinge" bezogene Gesetz*

Charles-Louis de Secondat, Baron de Montesquieu entwickelte die Gedanken von *Locke* über die Gewaltenteilung und die Sicherung der Freiheit zu der bis heute grundlegenden Lehre der Gewaltenteilung fort, wenngleich der Richter – so das vielzitierte Wort – nur der „Mund des Gesetzgebers" sein sollte. Die gesetzgebende Gewalt ist von der vollziehenden und der richterlichen Gewalt zu trennen. Die Gewalten sollen sich gegenseitig kontrollieren, um so die Freiheit zu sichern.[196] *Montesquieu* entfaltete zudem eine Lehre vom guten Gesetz und in dieser insbesondere den Gedanken der instrumentellen Allgemeinheit, wenngleich seine Ausführungen nicht unmittelbar auf dieses Gesetzesmerkmal bezogen sind. Zentrale Aufmerksamkeit erlangte der Ausgangspunkt seiner Gesetzeslehre,[197] der in der Wissenschaft schon vorher angedeutet wurde:[198] Gesetze sind keine Konkretisierung eines transzendenten göttlichen Gesetzes, sondern folgen der Natur.

„Die Gesetze sind die notwendigen Bezüge, die sich aus der Natur der Dinge ergeben." Sie müssen „dem Volk, für das sie gelten", seinem Wohl dienen, hierfür diesem eigentümlich sein, auf die Natur der Regierung bezogen, an die physische Beschaffenheit des Landes, an die Lage und Größe, an das Klima, die Güte des Bodens, die Lebensverhältnisse der Menschen, die Religion, ihre Neigungen, an ihre Sitten und Lebensgewohnheiten angepasst sein. Die Gesetze hängen von der Ordnung der Dinge, aber auch von der Absicht des Gesetzgebers ab. Die Folgen der Gesetze können je nach den Umständen variieren, dieselben Formulierungen mal diese, mal die entgegengesetzte Wirkung haben. Der konkrete Anwendungsbereich, die konkreten Verhältnisse sind maßgeblich

---

[196] Siehe hierzu *Montesquieu*, Vom Geist der Gesetze [De l'esprit des lois, 1748], 2003, 11. Buch; zur Entwicklung der Gewaltengliederung *E.-W. Böckenförde*, Gesetz und gesetzgebende Gewalt, 2. Auflage 1981, S. 20ff.

[197] Siehe zur Rezeption der Lehre *Montesquieus*: *Weigand*, Einleitung, in: *Montesquieu*, Vom Geist der Gesetze [De l'esprit des lois, 1748], 2003; *Dilcher*, Gesetzgebungswissenschaft und Naturrecht, JZ 1969, 1 (3); *Grawert*, „Gesetz", in: Brunner/Conze/Koselleck (Hg.), Geschichtliche Grundbegriffe, Band 2 E-G, 1975, S. 863 (896f.); *H. W. Kopp*, Inhalt und Form der Gesetze als ein Problem der Rechtstheorie, Band I, 1958, S. 177ff.; jeweils m. w. H.

[198] Siehe hierzu *Conring*, Über die Gesetzgebung [Dissertatio politica de Nomothetica, seu recta legum ferendarum ratione, 1663], in: Mohnhaupt (Hg.), Prudentia legislatoria, 2003, S. 7 (22ff.); *Mohnhaupt*, Nachwort: Zu den fünf Schriften über die Gesetzgebung, ebenda, S. 459 (483).

für die Gesetze. Diese Bezüge bilden zusammen den „Geist der Gesetze". Die Natur ist der prägende Gesetzgeber.[199]

In diesem Kerngedanken *Montesquieus* ist die Allgemeinheitserwägung erkennbar, dass ein Gesetz nur verständlich ist und akzeptiert wird, wenn es auf eine konkrete Gemeinschaft bezogen ist und ihre Besonderheiten aufnimmt, d.h. Gedanken der personalen und der territorialen Allgemeinheit, jedoch nicht in der Forderung eines möglichst allgemeinen Geltungsgebiets, weil der transzendenten, der göttlichen und damit grenzüberschreitenden Legitimation Grenzen gesetzt werden. *Montesquieu* betont, dass in dem personalen und territorialen Anwendungsbereich des Gesetzes spezifische Regelungserwartungen ruhen, dieser – so könnte man anknüpfen – daher nicht zu weit sein darf, jedenfalls ein Gesetz mit weitem Geltungsraum Instrumente vorsehen sollte, um den Eigenarten Rechnung zu tragen. So scheint der „Geist der Gesetze" nahezulegen, dass sich ein Gesetz mit einem weiten Anwendungsbereich zurückhalten sollte, will es den unterschiedlichen Besonderheiten nicht in einer bestimmten Vorgabe entgegenwirken, sondern ihre Entfaltung zulassen. Hier wird – insbesondere wenn solche Eigenarten die Gemeinschaft ausmachen – deutlich, dass ein Gesetz die Gemeinschaft kaum stiften kann, eine allgemeine Regelung sie aber womöglich zu kräftigen und bestätigen vermag.

Montesquieu zeichnete eine Gesetzgebungslehre, in der verschiedene Allgemeinheitsforderungen erkennbar sind. Der Stil der Gesetze muss bündig und einfach sein, unmittelbar, klar und stringent, nicht hochtrabend im Ausdruck. „Wesentlich ist, daß der Wortlaut der Gesetze in allen Menschen die gleichen Vorstellungen erweckt", nicht „zu ausgetüftelt" ist. *Montesquieu* erweiterte hier die Forderung der Verständlichkeit des Rechts, wenn der Wortlaut allgemein das gleiche Verständnis hervorrufen soll. Schließlich schreibt er über die „Art der Gesetzesabfassung". „Wenn bei einem Gesetz Ausnahmen, Begrenzungen, Abwandlungen nicht unbedingt nötig sind, ist es sehr viel besser, keine hinzuzusetzen. Dergleichen Einzelheiten verleiten zu neuen Einzelheiten." „Ein Gesetz muß seine Wirkung tun; eine Beeinträchtigung durch eine Sonderabmachung darf nicht gestattet werden." Der Gesetzgebungsgrund muss eines Gesetzes würdig sein. „Überflüssige Gesetze schwächen notwendige Gesetze." Das Gesetz muss sich in Wortlaut, Regelungsgrund und Ziel auf das Grundlegende beschränken und eine verbindliche Regelung treffen. Zudem darf an einem Gesetz – wie bereits *Thomas von Aquin* betonte[200] – „ohne zureichenden Grund keine Änderung angebracht werden." Gesetze müssen eine „gewisse Arglosigkeit", die „größte Unschuld" besitzen, sachfremde Erwägungen sind

[199] *Montesquieu*, Vom Geist der Gesetze [De l'esprit des lois, 1748], 2003, insbes. Vorwort und 1. Buch; *Weigand*, Einleitung, ebenda, 2003, S. 7; *Zeidler*, Massnahmegesetz und „klassisches" Gesetz, 1959, S. 98ff.; siehe zur Gesetzesgebungslehre *Montesquieus*: *H. Hattenhauer*, Europäische Rechtsgeschichte, 4. Auflage 2004, insbes. Rdn. 1524ff.

[200] Siehe oben unter III. 4. (S. 105ff.).

ausgeschlossen. Hierin liegt eine Objektivität, aber auch eine Zurückhaltung des Gesetzes und der Zuständigkeit des Gesetzgebers, die auch das Allgemeinheitspostulat zu sichern sucht. „Je umfangreicher die Staatsangelegenheiten werden, desto weniger beratschlagt man über sie“. Aber das gute Gesetz will wohl überlegt sein, baut schon deshalb auf eine zurückgenommene Zuständigkeit des Staats. Die Demokratie verlangt, dass „der Geist der Gleichheit“ nicht abhanden kommt, aber auch, dass der „Geist übertriebener Gleichheit“ nicht Platz greift. „Die politische Freiheit ist nur unter maßvollen Regierungen möglich.“ *Montesquieu* schließt mit der Bemerkung, er habe das Werk über den Geist der Gesetze nur geschrieben, um eines zu beweisen: „Der Geist des Gesetzgebers muß der Geist der Mäßigung sein.“[201]

Der Ursprung der Gesetze war nicht mehr ein göttliches Recht, nicht ein Naturrecht, sondern die Natur der Dinge, die Wirklichkeit. Die Entwicklung der Idee des Gesetzes gewann einen rationalen und greifbaren Ausgangspunkt, einen Rationalitätsanspruch,[202] der u. a. auch in Deutschland im 18. Jahrhundert aufgenommen wurde[203] und auf die Allgemeinheit zielte.[204]

4. *Allgemeinheit des Gesetzes und des Gesetzgebers*

Jean-Jacques Rousseau verknüpfte die Allgemeinheit des Gesetzes mit der Allgemeinheit des Gesetzgebers.[205] Im Naturzustand sind alle Menschen frei und gleich. Hierin besteht aber – wie bei *Hobbes* und *Locke*[206] – eine Gefahr für Freiheit und Eigentum. Die Menschen müssen daher, um zu überleben, einen Gesellschaftsvertrag schließen. Der Einzelne unterwirft sich durch den Vertragsschluss der Gemeinschaft, der „volonté générale“, dem Willen aller für alle.

---

[201] Insgesamt *Montesquieu*, Vom Geist der Gesetze [De l'esprit des lois, 1748], 2003, Vorwort, 1., 5. und 29. Buch, hier insbes. 1. und 16. Kapitel; siehe hierzu auch *ders.*, Betrachtungen über die Ursachen von Größe und Niedergang der Römer [Considérations sur les causes de la grandeur des Romains et de leur décadence, 1734], 1957, insbes. S. 115.

[202] Dies betont *H. W. Kopp*, Inhalt und Form der Gesetze als ein Problem der Rechtstheorie, Band I, 1958, S. 177.

[203] *Dilcher*, Gesetzgebungswissenschaft und Naturrecht, JZ 1969, 1 (3 m. w. H.); siehe sogleich unten unter 5. (S. 125 ff.) m. w. H.

[204] *Hegel*, Vorlesungen über die Philosophie des Rechts [1819/1820], 2000, S. 131: „Montesquieu hat ein Buch geschrieben, der ‚Geist der Gesetze'. Darunter hat er das Allgemeine gefasst“; *H. Hattenhauer*, Europäische Rechtsgeschichte, 4. Auflage 2004, Rdn. 1524 ff.

[205] Siehe zur Allgemeinheit des Gesetzes bei *Rousseau H. Hofmann*, Das Postulat der Allgemeinheit des Gesetzes, in: Starck (Hg.), Die Allgemeinheit des Gesetzes, 1987, S. 9 (20 ff.); *Starck*, Der Gesetzesbegriff des Grundgesetzes, 1970, S. 128 ff.; *Roellecke*, Der Begriff des positiven Gesetzes und das Grundgesetz, 1969, S. 54 ff.; *Zeidler*, Massnahmegesetz und „klassisches“ Gesetz, 1959, S. 100 ff.; *H. W. Kopp*, Inhalt und Form der Gesetze als ein Problem der Rechtstheorie, Band I, 1958, S. 182 ff.; jeweils m. w. H.; zu *Rousseau* insgesamt *Welzel*, Naturrecht und materiale Gerechtigkeit, 4. Auflage 1962, S. 156 ff.; *G. Jellinek*, Gesetz und Verordnung [1887], 1919, S. 53 f.; *Zippelius*, Geschichte der Staatsideen, 10. Auflage 2003, S. 106 ff.

[206] Siehe oben unter 2. (S. 116 ff.).

Rousseau sah die Schwierigkeit dieses Vertrags, „eine Form des Zusammenschlusses [zu finden], die mit ihrer ganzen gemeinsamen Kraft die Person und das Vermögen jedes einzelnen Mitglieds verteidigt und schützt und durch die doch jeder, indem er sich mit allen vereinigt, nur sich selbst gehorcht und genauso frei bleibt wie zuvor." Jeder Bürger stimmt dem Vertrag zu und unterwirft sich so ohne Vorbehalt der Gemeinschaft und dem Gemeinschaftsvertrag.[207]

Aristoteles und *Thomas von Aquin* entwarfen eine ausdifferenzierte Lehre von der Rationalität allgemeiner Gesetze.[208] *Marsilius von Padua* suchte eine rationale Gesetzgebung durch die Allgemeinheit des Gesetzgebers zu garantieren.[209] *Rousseau* verknüpfte diese Lehren, wenn nur die Versammlung aller Bürger, d.h. nur ein allgemeiner Gesetzgeber, Gesetze erlassen darf und diese Gesetze allgemein sein müssen. „In Bezug auf einen einzelnen Gegenstand [gibt] es keinen Gemeinwillen". Der Blick auf einen Gegenstand trenne die notwendige Ausrichtung auf das Gesamte in zwei Teile, einen mit und einen ohne diesen Gegenstand. Wenn aber „das ganze Volk über das ganze Volk bestimmt", betrachtet es automatisch das Ganze unter einem bestimmten Gesichtspunkt, teilt dieses nicht. „Dann ist die Sache, über die man bestimmt, so allgemein wie der Wille, der bestimmt. Diesen Akt nenne ich Gesetz". Der „Gegenstand der Gesetze ist immer allgemein", weil alle Gesetze die „Untertanen als Gesamtheit und die Handlungen als abstrakte betrachten, nie jedoch einen Menschen als Individuum oder eine Einzelhandlung." Der Gemeinwille muss „von allen ausgehen, um sich auf alle zu beziehen". Dieses Postulat betont hier nicht nur die Zweckmäßigkeit, sondern auch die Notwendigkeit von Generellität und Abstraktheit der Volksgesetzgebung.[210] Es verbindet die Allgemeinheit des Gesetzgebers mit Kriterien, die denen der gegenständlichen, personalen und der finalen Allgemeinheit des Gesetzes entsprechen.[211]

Diese Allgemeinheitsforderungen werden gleichsam selbstverständlich befolgt, weil die Volksversammlung aus sich heraus nur allgemeine Gesetze erlässt. Sie gelten aber für jede Regierungsform, die vom Gemeinwillen, vom öf-

---

[207] *Rousseau*, Vom Gesellschaftsvertrag oder Grundsätze des Staatsrechts [Du contrat social ou principes du droit politique, 1762], 2004, I. Buch Kapitel 2, Kapitel 6, Kapitel 7.

[208] Siehe oben unter II. 3. und III. 4. (S. 82ff. und 105ff.).

[209] Siehe oben unter III. 5. (S. 111ff.).

[210] *H. Hofmann*, Das Postulat der Allgemeinheit des Gesetzes, in: Starck (Hg.), Die Allgemeinheit des Gesetzes, 1987, S. 9 (20f.), hebt diese Notwendigkeit hervor und bemerkt deshalb, dass *Rousseau* als erster eine Theorie der Gesetzesallgemeinheit entwirft.

[211] „So kann das Gesetz wohl bestimmen, dass es Vorrechte geben wird, aber es kann niemandem namentlich welche einräumen; das Gesetz kann verschiedene Klassen von Bürgern schaffen und selbst die Eigenschaften festlegen, die das Recht auf diese Klassen geben, aber es kann nicht diesen oder jenen zur Aufnahme benennen; es kann eine königliche Regierung und eine Erbfolge festlegen, aber es kann weder einen König wählen noch eine königliche Familie benennen" (insgesamt *Rousseau*, Vom Gesellschaftsvertrag oder Grundsätze des Staatsrechts [Du contrat social ou principes du droit politique, 1762], 2004, II. Buch Kapitel 6 und 4).

fentlichen Interesse geleitet wird. Das Volk muss der Urheber der Gesetze sein. Doch bleiben Zweifel, ob der Beschluss der Vollversammlung die Gemeinwohlorientierung hinreichend sichert. „Wie soll eine verblendete Menge, die oft nicht weiß, was sie will, weil sie nur selten weiß, was ihr zum Guten gereicht, durch sich selbst ein derart großes, derart schwieriges Unternehmen ausführen, wie ein System der Gesetzgebung es ist?" *Rousseau* forderte deshalb den einen Weisen, der dem Volk den Weg zum gemeinen Besten, zur „volonté générale" weist, der nicht in der Verfassung vorkommt, sondern vorab die klugen Gesetze entwirft, die das Volk beschließt. Die Rationalität einer Versammlung entfaltet sich hiernach nicht darin, Gesetze zu entwerfen – dies sei Sache der Experten –, sondern diese zu diskutieren, sie zu verändern und zu beschließen. Der Gemeinwillen *Rousseaus* ist also ein materieller, nicht der Wille aller oder die demokratische Entscheidung der Mehrheit.[212] Es zeigt sich ein Misstrauen in die rationale Kraft der Versammlung. *Rousseau* ging den Schritt, den auch *Marsilius von Padua*[213] in Teilen gegangen ist: Er erlaubte eine Volksvertretung.[214] Die Gesetze müssen das Volk erreichen. Die Gesetzessprache dürfe daher nicht zu gelehrt sein, nicht zu „allgemeine Gesichtspunkte", „allzu entfernte Gegenstände" erfassen, weil sie dann nicht von den Bürgern verstanden werde, die in ihrer Lebenswelt an ihren Sonderinteressen orientiert sind.[215] Hier ruht einerseits die Forderung der sprachlichen Allgemeinheit, andererseits aber die Beschränkung des Gegenstands und Ziels des Gesetzes auf das Grundlegende (gegenständliche und finale Allgemeinheit).

Gesetze sollen ein Volk erreichen. Sie müssen hierfür aber – so *Rousseau* – „die menschliche Natur" ändern, weil „jedes Individuum, das von sich aus ein vollendetes und für sich bestehendes Ganzes ist, in den Teil eines größeren Ganzen zu verwandeln" ist. Wenn „kein Bürger mehr etwas ist oder vermag außer durch alle anderen, und wenn die durch die Gesamtheit erworbene Kraft der Summe der natürlichen Kräfte aller Individuen gleichkommt oder sie übersteigt, dann ist die Gesetzgebung auf dem höchsten Punkt der ihr möglichen Vollkommenheit angelangt." „Die Einzelnen sehen das Gute und weisen es zurück: die Öffentlichkeit will das Gute und sieht es nicht. Beide bedürfen gleicherweise der Führung. Die einen müssen gezwungen werden, ihren Willen der Vernunft anzupassen, die andere muß erkennen lernen, was sie will. Dann führt die öffentliche Aufklärung die Einheit von Urteilskraft und Wille im Gemein-

---

212 *Grawert*, „Gesetz", in: Brunner/Conze/Koselleck (Hg.), Geschichtliche Grundbegriffe, Band 2 E-G, 1975, S. 863 (900).

213 Siehe oben unter III. 5. (S. 111 ff.).

214 *H. Hofmann*, Das Postulat der Allgemeinheit des Gesetzes, in: Starck (Hg.), Die Allgemeinheit des Gesetzes, 1987, S. 9 (22), betont, dass mit der Gesetzgebung durch Repräsentanten des Volks „nicht nur die halbe, sondern die ganze Theorie *Rousseaus* verraten" wird.

215 *Rousseau*, Vom Gesellschaftsvertrag oder Grundsätze des Staatsrechts [Du contrat social ou principes du droit politique, 1762], 2004, II. Buch Kapitel 6 und 7, III. Buch Kapitel 14.

schaftskörper herbei, was das reibungslose Zusammenspiel der Teile und schließlich die höchste Kraft des Ganzen ergibt. Daraus entsteht die Notwendigkeit eines Gesetzgebers."[216] Hier scheint das Ideal der Vollkommenheit den Einzelnen in seiner Freiheit zu unterwerfen, die menschliche Gemeinschaft das Menschliche zu verfehlen. Selbst wenn der Gesetzgeber gute, tugendhafte Gesetze erlässt und durch diese das Volk zum Besten erzieht,[217] ist doch die Freiheit des Individuums damit nicht gewährleistet, auch in der Vereinigung mit der Gemeinschaft den eigenen Lebensweg, den – wie es *Kant* später betonte[218] – eigenen Weg zum Glück zu gehen. Hierin liegt ein Rückschritt insbesondere im Vergleich zu den Lehren, die das Gesetz auf den Schutz der individuellen Freiheit ausrichteten.[219] *Rousseau* vernachlässigte letztlich das freiheitliche und auch das demokratische Verständnis der Gesetzesallgemeinheit, wenn diese gerade dem Einzelnen einen Raum der Freiheit öffnen und in der demokratischen Mitbestimmung seine politische Freiheit entfalten wollen. In der verfassten Demokratie erlässt die Mehrheit die Gesetze, die gültig sind, wenn sie dem höherrangigen Recht folgen, auch wenn sie – wer auch immer dies prüfen mag – dem „gemeinen Besten", dem „Gemeinwohl" nicht dienen. *Rousseau* gab gleichwohl – mit *Abbé Sieyès*[220] – der Durchsetzung der Demokratie einen entscheidenden Impuls.

---

[216] *Rousseau*, Vom Gesellschaftsvertrag oder Grundsätze des Staatsrechts [Du contrat social ou principes du droit politique, 1762], 2004, II. Buch Kapitel 6 und 7, III. Buch Kapitel 14.

[217] Diesen Aspekt der Lehre *Rousseaus* betont *Roellecke*, Der Begriff des positiven Gesetzes und das Grundgesetz, 1969, S. 57ff.

[218] Siehe sogleich unter 6. (S. 136ff.).

[219] Siehe *Locke* oben unter 2. (S. 116ff.); *Welzel*, Naturrecht und materiale Gerechtigkeit, 4. Auflage 1962, S. 156ff., nennt *Rousseau* daher – wie *Hobbes* – einen Totalitaristen; kritisch im diesem Sinn auch *H. Hattenhauer*, Europäische Rechtsgeschichte, 4. Auflage 2004, Rdn. 1478ff.; *Starck*, Der Gesetzesbegriff des Grundgesetzes, 1970, S. 133ff.; *E.-W. Böckenförde*, Demokratie als Verfassungsprinzip, in: HStR II, 3. Auflage 2004, § 24 Rdn. 3: Bei *Rousseau* „geht das Autonomieprinzip von den einzelnen auf das Volk über; dieses stellt sich nun als Einheit und Ganzes dar. Es übernimmt jene Freiheit, Selbstbestimmung und Souveränität, die im Naturzustand dem einzelnen zukamen. Die Freiheit der einzelnen verwirklicht sich in ihrer vollen Teilhabe am kollektiven souveränen Willen. Für die andere Richtung, durch John Locke und die Unabhängigkeitserklärung der Neu-England-Staaten von 1776 repräsentiert, bestimmt das Autonomieprinzip neben der Entstehung politischer Herrschaft auch ihren Zweck, der in der Gewährleistung der natürlichen Rechte des einzelnen gesehen wird und darin herrschaftsbegrenzend wirkt."

[220] *Sieyès*, Was ist der dritte Stand? [Qu'est-ce que le tiers état?, 1789], 1968, der die Unterscheidung zwischen der „pouvoir constituant" und der „pouvoir constitué" entfaltete (hierzu *K. Ipsen*, „Pouvoir constituant" – relevant für den EU-Verfassungsvertrag?, in: Gedächtnisschrift für Peter J. Tettinger, 2007, S. 719 [720ff.]).

5. *Volkssouveränität, Mehrheitswille, Grundrechte und Allgemeinheit des Gesetzes*

a) Epochenwende

Die Gesetzgebungspraxis entwarf im Zwölftafelgesetz eine differenzierte Forderung allgemeiner Gesetzgebung ohne theoretisches Fundament.[221] Die Wissenschaft entwickelte insbesondere durch *Aristoteles*, die römischen Juristen, *Thomas von Aquin* und *Montesquieu* die Idee des allgemeinen Gesetzes.[222] Doch gewannen diese Autoren auf die Gesetzgebungspraxis keinen maßgeblichen Einfluss. Die Gesetze, auch die Kodifikationen entfalteten kaum die Allgemeinheit und damit die Idee des Gesetzes.[223] Der Gedanke an das Gesetz als dauerhafte, generell-abstrakte und daher freiheitsichernde Regel gründete aber in den bedeutenden Rechtsdokumenten dieser Zeit, in den Menschenrechtserklärungen der nordamerikanischen Staaten, der Verfassung von 1787, in der Déclaration des Droits de l'Homme et du Citoyen, im Preußischen Allgemeinen Landrecht und in den französischen Verfassungsurkunden, gewann mit den revolutionären Umbrüchen von 1776 und 1789, mit der modernen Verfassung an Kraft.[224] „Während im Staat des Absolutismus das Gesetz nichts anderes gewesen war als der Wille des Fürsten, kam mit dem Gesetzesbegriff der Aufklärung etwas Neues. Zwar verwandte man dasselbe Wort ‚Gesetz', zumal es seit den Tagen der Antike große Verehrung genoß, aber gab ihm einen neuen Zweck, den der Freiheitsicherung."[225] Für den Umbruch in Frankreich wird betont, dass die Freiheit primär durch eine „allgemeine, für alle gleiche Gesetzgebung" garantiert wurde.[226] Das von *Rousseaus* „volonté générale" getragene[227] „gerechte Gesetz" wurde zu einem Zentralbegriff in der neuen Staatsordnung und führte zu einem „heute unvorstellbaren Gesetzeskult".[228] In der Folgezeit sollte

---

[221] Siehe oben unter II. 1. (S. 69 ff.).

[222] Siehe oben unter II. 2., 5. b), III. 4. und IV. 3. (S. 78 ff., 89 ff., 105 ff. und 119 ff.).

[223] Siehe oben unter II. 2. bis 6. und III. 1. bis 3. (S. 78 ff. und 95 ff.).

[224] Siehe hierzu *Grimm*, Ursprung und Wandel der Verfassung, in: HStR I, 3. Auflage 2003, § 1 Rdn. 9 ff.; *Grawert*, „Gesetz", in: Brunner/Conze/Koselleck (Hg.), Geschichtliche Grundbegriffe, Band 2 E-G, 1975, S. 863 (901 ff.); *G. Jellinek*, Gesetz und Verordnung [1887], 1919, S. 73 ff.; siehe zum Landrecht *Schreckenberger*, Die Gesetzgebung der Aufklärung und die europäische Kodifikationsidee, in: Merten/ders. (Hg.), Kodifikation gestern und heute, 1995, S. 87 (insbes. 106 ff.); *M. W. Fischer*, Rationalität in der Gesetzgebung?, in: Schäffer/Triffterer (Hg.), Rationalisierung der Gesetzgebung, 1984, S. 251 (257).

[225] *H. Hattenhauer*, Europäische Rechtsgeschichte, 4. Auflage 2004, Rdn. 1527.

[226] *H. Hofmann*, Die Grundrechte 1789–1949–1989, NJW 1989, 3177 (3181); *E.-W. Böckenförde*, Staat Nation Europa, 1999, S. 16 f.

[227] Siehe Art. 6 der Déclaration des Droits de L'Homme et du Citoyen vom 26. August 1789: „Das Gesetz ist der Ausdruck des allgemeinen Willens." Siehe für den Rechtstext Gosewinkel/Masing (Hg.), Die Verfassungen in Europa 1789–1949, 2006, S. 165 ff.; zu *Rousseau* soeben unter 4. (S. 121 ff.).

[228] *Schlette*, Die Konzeption des Gesetzes im französischen Verfassungsrecht, JöR n. F. 33

– so *Hasso Hofmann* – „trotz der eklatanten Defizite an sozialer Gleichheit und demokratischer Herrschaftsteilhabe allein durch die Allgemeinheit bürgerlicher Gesetze und die Gewaltenteilung [... ein] ungeheurer Gewinn an rechtlicher Freiheit und Selbstbestimmung" errungen werden.[229]

Aus heutiger Sicht standen im Vordergrund der Entwicklung die zentralen grundrechtlichen Forderungen, die für die Bürger, für den modernen Staat herausragenden Errungenschaften der Gleichheit und Freiheit, die Gewährleistung des Eigentums und der Sicherheit. Im Unterschied zu der revolutionären Parole ergänzte die französische Menschenrechtserklärung die Kerngedanken der „liberté" und „égalité" nicht um „fraternité", sondern um „sûreté" und „propriété".[230] Insbesondere durch die Menschenrechtserklärungen sollten die Grundrechte ihren Siegeszug antreten und damit eine Epochengrenze markieren. Die Verkündung der Menschenrechte in Frankreich wurde zu einer „Sternstunde" für Europa.[231] Insbesondere die Déclaration des Droits de l'Homme et du Citoyen bereitete im kontinentalen Europa zudem der Demokratie den Weg – gestützt auf die Ausführungen von *Rousseau* und *Abbé Sieyès*.[232] So wurden tragende Säulen des Freiheitschutzes im modernen Verfassungsstaat sichtbar: die Volkssouveränität, die politische Mitbestimmung in Wahlen, die demokratische Mehrheitsentscheidung und der Grundrechtsschutz. Eine Gesetzgebungslehre, die im Dienst der Grundrechte und der Demokratie diese Forderungen zu stärken, die Brüderlichkeit nicht im Sinn einer sozialtechnischen Zugehörigkeit, sondern der Bestätigung der Gemeinschaft zu kräftigen sucht, war in diesem

---

(1984), 279 (281 m.w.H.), der von diesem historischen Ausgangspunkt die Entwicklung kritisch beleuchtet, die mit der Verfassung von 1958 zu einem eigenständigen Gesetzgebungsrecht der französischen Regierung geführt hat.

229 *H. Hofmann*, Menschenrechte und Demokratie, JZ 2001, 1 (7).

230 Art. 2 der Déclaration des Droits de L'Homme et du Citoyen vom 26. August 1789, der zudem das Recht auf Widerstand gegen Unterdrückung nennt (siehe für den Rechtstext Gosewinkel/Masing [Hg.], Die Verfassungen in Europa 1789–1949, 2006, S. 165 ff.); *Ozouf*, Brüderlichkeit, in: Furet/dies. (Hg.), Kritisches Wörterbuch der Französischen Revolution, Band II, 1996, S. 1037 (1038, 1040): „Zwischen der Freiheit und der Gleichheit auf der einen Seite und der Brüderlichkeit auf der anderen gibt es daher keine Statusgleichheit. Die beiden ersten sind Rechte, der dritte Begriff hingegen meint eine moralische Verpflichtung. Ganz konsequent nimmt die Erklärung der Rechte nicht einmal das Wort Bürderlichkeit auf. [...] Außerhalb offizieller Verlautbarungen ist sie aber überall gegenwärtig." *Unruh*, Der Verfassungsbegriff des Grundgesetzes, 2002, S. 199; *H. Hofmann*, Die Grundrechte 1789–1949–1989, NJW 1989, 3177 (3179 ff.); *Sommermann*, Zweihundert Jahre Französische Verfassung von 1793: Die Verfassungstradition des Jahres I, Der Staat 32 (1993), 611 (623 ff.).

231 *Fenske*, Der moderne Verfassungsstaat, 2001, S. 185; *H. Hofmann*, Menschenrechte und Demokratie, JZ 2001, 1 (1), der – *Hegel* zitierend – von einem welthistorischen Ereignis, von einem „herrlichen Sonnenaufgang" spricht.

232 *E.-W. Böckenförde*, Demokratie als Verfassungsprinzip, in: HStR II, 3. Auflage 2004, § 24 Rdn. 3 (siehe zu *Rousseau*, Vom Gesellschaftsvertrag oder Grundsätze des Staatsrechts [Du contrat social ou principes du droit politique, 1762], 2004, und *Sieyès*, Was ist der dritte Stand? [Qu'est-ce que le tiers état?, 1789], 1968, bereits oben unter 4., S. 121 ff.).

Aufbruch zu Individualrechten und Demokratie deutlich sichtbar.[233] Das 18. Jahrhundert entfaltet und betont auch dieses Element des Menschenrechtsschutzes, die Allgemeinheit des Gesetzes.

Die deutsche Rechtswissenschaft entwickelte zwar kaum den individuellen Grundrechtsschutz, jedoch eine eigene Gesetzgebungslehre, welche – vom Naturrecht kommend – die Notwendigkeit der von Menschen erlassenen Gesetze mit praktischer Zielrichtung hervorhob und insbesondere die Geschichte als Erfahrungsmaterial nutzte. Auf dieser Grundlage verdichteten sich die Forderungen, den Rechtsunsicherheiten, welche insbesondere von den verschiedenen zu koordinierenden Rechtsquellen rührten, durch eine einheitliche und umfassende Kodifikation zu begegnen, das Recht zu systematisieren und in eine übersichtliche, der Rechtspraxis dienende Ordnung zu bringen. Die rationale Kraft des Gesetzes entfaltet sich hiernach in einer vollständigen, eindeutigen und einheitlichen Kodifikation, die Widersprüche vermeidet, durch eine klare, knappe und gemeinverständliche Sprache geprägt ist und eine geringe Zahl an Regelungen, jedenfalls nicht zu viele setzt. Die Allgemeinheit des Gesetzes wurde in ihrer sprachlichen und instrumentellen, auch in der finalen Forderung hervorgehoben, der Kodifikationsidee wissenschaftlich der Weg bereitet.[234]

[233] Siehe §§ 5 und 7 der Virginia Bill of Rights vom 12. Juni 1776 und § 1 des vierten Artikels der Verfassung der Vereinigten Staaten vom 17. September 1787; Art. 6 der Déclaration des Droits de L'Homme et du Citoyen vom 26. August 1789: „Das Gesetz ist Ausdruck des allgemeinen Willens." Die Erklärung beginnt – wie die Französische Verfassung vom 3. September 1791 – mit der Freiheit und Gleichheit, rückt die Menschenrechte in den Vordergrund (zu den Rechtstexten: Gosewinkel/Masing [Hg.], Die Verfassungen in Europa 1789–1949, 2006, S. 134 f., 146 ff., 165 ff., 193 ff.). Siehe zu der damaligen „liberal-bürgerlichen Freiheitskonzeption" *Sommermann*, Zweihundert Jahre Französische Verfassung von 1793: Die Verfassungstradition des Jahres I, Der Staat 32 (1993), 611 (626 ff.); *Jouanjan*, Grundrechte und Konstitutionalismus in Frankreich, in: Wolff, J. (Hg.), Kultur- und rechtshistorische Wurzeln Europas, 2005, S. 373.; *Grimm*, Ursprung und Wandel der Verfassung, in: HStR I, 3. Auflage 2003, § 1 insbes. Rdn. 31 f.

[234] *Leibniz*, Nova methodus discendae docendaeque iurisprudentiae, ex artis didacticae prinicipiis in parte generali preamissis, experientiaeque luce [1667], 1974, Pars II § 22; *Moser* definierte Gesetze als „landesherrliche Befehle, Verordnungen, Gebote und Verbote, welche entweder alle Landesuntertanen, oder doch eine ganz gewisse Gattung derselbigen, verbinden. Landesherrliche Rescripte, Dekrete, u. a. welche in einzelnen Fällen ergehen, machen also kein eigentliches Gesetz aus." (*ders.*, Neues teutsches Staatsrecht. Neudruck der Ausgabe 1766–1782, 1967, Band 16,1 S. 303; siehe hierzu *H. Hofmann*, Das Postulat der Allgemeinheit des Gesetzes, in: Starck [Hg.], Die Allgemeinheit des Gesetzes, 1987, S. 9 [17, siehe auch Fn. 32]); für *Ch. von Wolff* waren Gesetze eine Festsetzung dessen, was zur Erhaltung einer Gesellschaft „allezeit auf einerley Weise geschehen soll", *ders.*, Grundsätze des Natur- und Völkerrechts worin alle Verbindlichkeiten und alle Rechte aus der Natur des Menschen in einem beständigen Zusammenhange hergeleitet werden [Institutiones iuris naturae et gentium, in quibus ex ipsa hominis natura continuo nexu omnes obligationes et iura omnia deducuntur, 1754], S. 623 (§ 846); siehe zudem *ders.*, Vernünfftige Gedancken von dem Gesellschaftlichen Leben der Menschen und insonderheit dem gemeinen Wesen zur Beförderung der Glückseligkeit des menschlichen Geschlechts [„Deutsche Politik", 1721], 2004, insbes. S. 430 f.; *Conring*, Über die Gesetzgebung [Dissertatio politica de Nomothetica, seu recta le-

Der Kerngedanke der Lehre *Montesquieus*[235] wurde in der Erkenntnis aufgenommen, dass kaum ein weltweit gültiges Naturrecht bestimmte Gesetze hervorbringen kann, sondern Gesetze die konkreten Situationen in den Staaten aufnehmen müssen. Gleichwohl blieb der naturrechtliche Gedanke eines Maßstabs für die Gesetzgebung bestehen. Das Gesetz wurde nicht nur als Setzung des Gesetzgebers gedacht, sondern an allgemeinen Erkenntnissen gemessen, die jedoch auf die konkreten Umstände des Staats zu beziehen waren. Der ungeordnete und kaum überschaubare Rechtsstoff, den das römische Recht bot, und seine zahlreichen mehrdeutigen Regelungen, welche den Einfluss der Justiz gegenüber dem Gesetzgeber stärkten, wurden zunehmend kritisiert. Die Lehre *Montesquieus* wurde daneben insbesondere in dem Begriff der „Natur der Sache“ gefasst und spiegelte sich in der grundlegenden Öffnung für die Geschichtswissenschaft, die nicht selten der Ausgangspunkt der Gesetzgebungslehren war. Eine rationale Gesetzgebung stand im Vordergrund, ein liberales Grundrechtsverständnis war noch nicht bestimmend.[236] Dabei hatte insbeson-

---

gum ferendarum ratione, 1663], in: Mohnhaupt (Hg.), Prudentia legislatoria, 2003, S. 7 (67 f.), fordert einen neuen *Justinian*, der die unnützen Gesetze wegschneidet, die Anzahl der Gesetze insgesamt auf ein erträgliches Maß reduziert; *Thomasius*, Lectiones de prudentia legislatoria [Über die Gesetzgebungsklugheit, Vorlesung von 1702], ebenda, S. 95 (insbes. 203 ff.), hebt hervor, dass die guten Sitten und nicht die Gesetze die – von ihm entdeckte – Verdorbenheit im Land lindern werden, weswegen ungeschriebene Gesetze wichtiger seien als geschriebene. Von diesem Ausgangspunkt aus betont er: „Je weniger und grundsätzlicher und einfacher die geschriebenen Gesetze sind, um so besser sind sie. [...] Es ist töricht, nicht über Gesetze in dem Sprachgebrauch zu verfügen, den das Volk versteht. [...] Es ist töricht, einander widersprechende Gesetze zu haben. [...] Ein Gesetz muß kurz und klar sein. Je mehr Wörter, um so größer sind die Unverständlichkeit und leeres Gerede.“ Zudem müssen „gebildete Männer“ die Gesetzgebung beraten; die Kernaussagen von *Conring* und *Thomasius* bestätigt *Kestner*, Conspectus prudentiae legislatoriae [Betrachtungen zur Gesetzgebungsklugheit, 1710], ebenda, S. 217; ebenso *Freyberger*, Meditationes seu consilium de novo codice conficiendo [Überlegungen oder Vorschlag, ein neues Gesetzbuch abzufassen, 1696, Ausgabe von 1716], ebenda, S. 325; für die Erhaltung des Corpus Iuris Civilis *Leisching*, De novo corpore iuris faciendo vana doctorum hominum consilia [Unbrauchbare Vorschläge von Gelehrten über die Schaffung eines neuen „Corpus Juris“, 1756], ebenda, S. 411; insgesamt: *Gagnér*, Studien zur Ideengeschichte der Gesetzgebung, 1960, S. 188 ff.; *Mertens*, Gesetzgebungskunst im Zeitalter der Kodifikationen, 2004, S. 287 ff., 312 ff., 325 ff., 354 ff., 380 ff., 406 ff.; *Mohnhaupt*, Nachwort: Zu den fünf Schriften über die Gesetzgebung, in: ders. (Hg.), Prudentia legislatoria, 2003, S. 459 (459 ff.); *M. W. Fischer*, Rationalität in der Gesetzgebung?, in: Schäffer/Triffterer (Hg.), Rationalisierung der Gesetzgebung, 1984, S. 251 (255 ff.); zum Verfassungsdenken der damaligen Zeit *Th. Würtenberger*, Staatsverfassung an der Wende vom 18. zum 19. Jahrhundert, in: Wendemarken in der deutschen Verfassungsgeschichte, Beiheft 10 zu Der Staat, 1993, 85 (86 ff.); zur damaligen Gesetzespraxis *Grawert*, „Gesetz“, in: Brunner/Conze/Koselleck (Hg.), Geschichtliche Grundbegriffe, Band 2 E-G, 1975, S. 863 (889 ff.).

[235] Siehe zu dessen Gesetzgebungslehre oben unter 3. (S. 119 ff.).

[236] Insgesamt zu der deutschen Staatsrechtslehre in dieser Zeit *Link*, Aufgeklärtes Naturrecht und Gesetzgebung, in: Birtsch/Willoweit (Hg.), Reformabsolutismus und ständische Gesellschaft, 1998, S. 21 (insbes. 45 f.); *Grawert*, „Gesetz“, in: Brunner/Conze/Koselleck (Hg.), Geschichtliche Grundbegriffe, Band 2 E-G, 1975, S. 863 (881 ff.); *E.-W. Böckenförde*,

dere *Wilhelm von Humboldt* bereits deutlich auf die Freiheit als die Kraftquelle der Gesellschaft hingewiesen. Diese werde gestärkt, wenn sich der Gesetzgeber auf „das Notwendige“ beschränkt, auch weil notwendige Gesetze jeder akzeptieren und deshalb befolgen werde.[237] Das Preußische Allgemeine Landrecht sollte diese rationale Gesetzeslehre aufnehmen, sie aber gleichzeitig in einer Vielzahl von Regelungen negieren.[238]

b) Ein Allgemeinheitspostulat wird geltendes Recht

Der erste Teil des Preußischen Allgemeinen Landrechts, die Einleitung, handelt nicht von den Menschenrechten, sondern „Von den Gesetzen überhaupt“, sucht eine rationale Gesetzgebungslehre zu entfalten. Die Überschrift des Gesetzeswerks hebt nicht – wie die Menschenrechtserklärungen – die Freiheit der Bürger hervor, sondern die territoriale Allgemeinheit des Gesetzbuchs. *Friedrich der Große*, inspiriert von der „Art der Gesetzesabfassung“ von *Montesquieu*,[239] war der maßgebliche Initiator des Werks. Er hatte u.a. erkannt, dass die Gesetzes-

Gesetz und gesetzgebende Gewalt, 2. Auflage 1981, S. 55 ff.; *H. Hattenhauer*, Europäische Rechtsgeschichte, 4. Auflage 2004, insbes. Rdn. 1482 ff., mit Blick besonders auf *Chr. von Wolff*; *Dilcher*, Gesetzgebungswissenschaft und Naturrecht, JZ 1969, 1 (2 m. w. H.); *Conrad*, Richter und Gesetz im Übergang vom Absolutismus zum Verfassungsstaat, 1971, S. 8 ff.; siehe zu dieser Entwicklung insbes. mit Blick auf das Naturrecht *Kullmann*, Antike Vorstufen des modernen Begriffs des Naturgesetzes, in: Behrends/Sellert (Hg.), Nomos und Gesetz, 1995, S. 36; *Hammerstein*, Die Naturrechtslehre an den deutschen, insbesondere den preußischen Universitäten, in: Birtsch/Willoweit (Hg.), Reformabsolutismus und ständische Gesellschaft, 1998, S. 3; *Klippel/Pahlow*, Freiheit und aufgeklärter Absolutismus, ebenda, S. 215; *Krause*, Die Überforderung des aufgeklärten Absolutismus Preußens durch die Gesetzgebung, ebenda, S. 131 (insbes. 185 ff. und 204 ff.).

237 *W. von Humboldt*, Ideen zu einem Versuch, die Grenzen der Wirksamkeit des Staates zu bestimmen [1791], 2006, insbes. S. 30 f., 202 f., 205; siehe zu weiteren Freiheitsdenkern der damaligen Zeit *J. Braun*, Einführung in die Rechtsphilosophie, 2006, insbes. S. 122 ff. m. w. H.

238 *M. W. Fischer*, Rationalität in der Gesetzgebung?, in: Schäffer/Triffterer (Hg.), Rationalisierung der Gesetzgebung, 1984, S. 251 (257); *Schreckenberger*, Die Gesetzgebung der Aufklärung und die europäische Kodifikationsidee, in: Merten/ders. (Hg.), Kodifikation gestern und heute, 1995, S. 87 (insbes. 106 ff.); *Krause* kritisiert den Begriff des „aufgeklärten Gesetzbuches“ auch mit Blick auf die Codices Maximiliani Bavarici und den Code Civil, weil gerade kein Vernunftrecht kodifiziert werden sollte, *ders.*, Warum und mit welchem Recht sprechen wir von vernunftrechtlichen Gesetzbüchern der Aufklärung?, in: Wolff, J. (Hg.), Kultur- und rechtshistorische Wurzeln Europas, 2005, S. 297; zur Entwicklung des Preußischen Allgemeinen Landrechts sogleich sowie insbes. *ders.*, Die Überforderung des aufgeklärten Absolutismus Preußens durch die Gesetzgebung, in: Birtsch/Willoweit (Hg.), Reformabsolutismus und ständische Gesellschaft, 1998, S. 131; *Schwennicke*, Die Entstehung der Einleitung des preussischen allgemeinen Landrechts von 1794, 1993; zum Gesetzesbegriff *M. Albrecht*, Die Methode der preußischen Richter in der Anwendung des preußischen allgemeinen Landrechts von 1794, 2005, S. 73 ff.

239 Siehe oben unter 3. (S. 119 ff.); *Dilcher*, Gesetzgebungswissenschaft und Naturrecht, JZ 1969, 1 (4); *H. Hattenhauer*, Einführung, in: Allgemeines Landrecht für die Preußischen Staaten von 1794, Textausgabe, 1970, S. 11; *ders.*, Das ALR im Widerstreit der Politik, in: Wolff, J. (Hg.), Das Preußische Allgemeine Landrecht, 1995, S. 31.

auslegung eine eigenständige, nicht selten kaum mehr auf den Gesetzestext rückführbare Kraft entwickelt hatte, Juristen vom Gesetz gelöste eigenständige Machtansprüche verwirklichten, der Geschäftsgang der preußischen Justiz zu langatmig und deshalb das existierende Rechtssystem zu reformieren war.[240] Das Preußische Allgemeine Landrecht suchte diesen Missständen entgegenzuwirken. Das geltende Recht sollte zusammengefasst, umfänglich und für jeden verständlich, transparent und in allgemeinen Grundsätzen kodifiziert werden, Widersprüche waren auszuräumen. Zwar wurde dieser umfassende Auftrag nicht erfüllt,[241] gleichwohl wurde das Landrecht später als „Akt der Gerechtigkeit" gepriesen.[242]

Die Einleitung regelte die Arten und den Rang der Rechtsquellen, die Gültigkeitsvoraussetzungen und die Auslegung der Gesetze, ihre gegenständliche, personale und territoriale Anwendung.[243] Das Gesetz sollte so auf die Sicherung der Freiheit ausgerichtet werden. Darüber hinaus wurden Individualrechte normiert, welche die Gleichheit der Mitglieder des Staats und „der Fremden" sowie die Freiheit, die ihre Grenzen in den Rechten der anderen fand, gewährleisteten. Anders als in der amerikanischen Verfassung war die Sklaverei ausdrücklich verboten. Die Herrschenden mussten ihre Handlungen auf das gemeinschaft-

---

[240] Hier wird dem sog. „Müller-Arnold-Fall" eine zentrale Rolle zugewiesen, siehe hierzu *H. Hattenhauer*, Das ALR im Widerstreit der Politik, in: Wolff, J. (Hg.), Das Preußische Allgemeine Landrecht, 1995, S. 31 (insbes. 34); *Luig*, Ungestörter Gebrauch der Freiheit und Erfüllung der Pflichten des Wohlwollens im Privatrecht des Preußischen Allgemeinen Landrechts von 1794, in: Ebel (Hg.), Gemeinwohl – Freiheit – Vernunft – Rechtsstaat, 1995, S. 17 (insbes. 24 ff.).

[241] Besonderes Territorialrecht ging dem Preußischen Allgemeinen Landrecht vor. Zudem waren den Architekten des Landrechts von vornherein Bereiche bewusst, welche dieses nicht regelte, insbes. die konkurrierenden Rechte der Stände und Vorschriften, die den Monarchen unmittelbar banden (*Schwennicke*, Die Entstehung der Einleitung des preussischen allgemeinen Landrechts von 1794, 1993, S. 70 ff., insbes. 80, 85; zum Auftrag des Landrechts zudem *Mertens*, Gesetzgebungskunst im Zeitalter der Kodifikationen, 2004, S. 289; *Krause*, Die Überforderung des aufgeklärten Absolutismus Preußens durch die Gesetzgebung, in: Birtsch/Willoweit [Hg.], Reformabsolutismus und ständische Gesellschaft, 1998, S. 131 [155]).

[242] *Hegel* betont, dass umfassende Kodifikationen wie die von „Justinian, noch mehr aber ein *Landrecht*" ein „großer *Akt der Gerechtigkeit*" sind. „Der Umfang der Gesetze soll einerseits ein fertiges geschlossenes Ganzes sein, andererseits ist er das fortgehende Bedürfnis neuer gesetzlicher Bestimmungen" – ein Gesetzbuch ist daher nie vollendet (*Hegel*, Grundlinien der Philosophie des Rechts [1820], 1995, §§ 215 f. [Hervorhebungen im Text]).

[243] Siehe insgesamt *Koselleck*, Preußen zwischen Reform und Revolution, 1967, S. 23 ff., insbes. 25 und 30; *H. Hattenhauer*, Einführung, in: Allgemeines Landrecht für die Preußischen Staaten von 1794, Textausgabe, 1970, S. 11; *Schwennicke*, Die Entstehung der Einleitung des preussischen allgemeinen Landrechts von 1794, 1993, S. 1 ff.; siehe zunächst insbes. den Überblick auf den S. 3 ff. über das Gesetzbuch und seine Bedeutung; siehe insgesamt *Luig*, Das Privatrecht des ALR und seine Stellung unter den Naturrechtsgesetzbüchern der Aufklärung, in: Birtsch/Willoweit (Hg.), Reformabsolutismus und ständische Gesellschaft, 1998, S. 255.

liche Wohl ausrichten, Sonderopfer Einzelner waren zu entschädigen.[244] Die freiheitsichernde Kraft dieser Regelungen blieb aber deutlich hinter dem Schutz durch die demokratische Selbstbestimmung und die liberalen Grundrechte in Frankreich und Nordamerika zurück. Selbst die Ansätze eines grundrechtlichen Freiheitschutzes, welche die bestimmenden Rechtsdenker *von Carmer*, *Svarez* und *Klein* im Landrecht aufzunehmen suchten – sie waren jedoch keine Anhänger eines kraftvollen liberalen Grundrechtsverständnisses[245] –, wurden nicht umgesetzt. Die vorgeschlagene Vorschrift, dass der Staat die Freiheit der Bürger nur einschränken darf, soweit dies das Gemeinwohl erfordert, wurde nicht in das Landrecht aufgenommen. Auch Regelungen der Unabhängigkeit der Rechtspflege und der strikt auf die Freiheit und das allgemeine Wohl ausgerichteten Gesetzgebung wurden nur diskutiert, traten nie in Kraft. Insgesamt wurden zahlreiche rechtliche Bindungen des Monarchen, welche der Entwurf noch kannte, nicht Teil des Landrechts.[246] Die Garantien der Freiheit und Gleichheit vor dem Gesetz standen letztlich unter einem – vom Herrscher definierten – Gemeinwohlvorbehalt. Preußen war keine Demokratie. Es herrschte das Verständnis der Freiheit durch den Staat, nicht der Freiheit vom Staat.

Die durch die Einleitung gesetzten Garantien entfalteten nicht die gleiche rechtliche Kraft wie die französischen und nordamerikanischen Menschenrechte. Sie litten unter der Ständegesellschaft, insbesondere aber unter der fehlenden demokratischen Mitbestimmung, unter der kaum beschränkten Macht des Herrschers. Entscheidend für den Schutz der Freiheit waren die Selbstbeschränkung des Monarchen und sein Streben nach dem allgemeinen Besten; durchsetzbare grundrechtliche Garantien und demokratische Mitbestimmung waren nicht rechtlicher Maßstab. Das liberale Grundrechtsverständnis konnte sich nicht durchsetzen. Auch eine aktive Beteiligung der Bürger an der Staatsgewalt gewann keinen Raum. Insgesamt wurde das monarchische System durch das Landrecht nicht in Frage gestellt.

Preußen folgte den rechtlichen Errungenschaften der Epochenwende Ende des 18. Jahrhunderts, der Demokratie und dem individuellen Grundrechtsschutz nicht.[247] Trotz dieser schwerwiegenden Defizite verdeutlicht das Land-

---

[244] §§ 22, 34ff., 74ff. und 82ff. der Einleitung und §§ 196ff. des Zweiten Theils, Fünfter Titel des Allgemeinen Landrechts für die Preußischen Staaten; das Allgemeine Landrecht wird im Folgenden zitiert nach: Allgemeines Landrecht für die Preußischen Staaten von 1794, 1970.

[245] *Hellmuth*, Noch einmal: Freiheit und Eigentum, in: Birtsch/Willoweit (Hg.), Reformabsolutismus und ständische Gesellschaft, 1998, S. 63; *Willoweit*, Die Revisio Monitorum des Carl Gottlieb Svarez, ebenda, S. 91.

[246] *Schwennicke*, Die Entstehung der Einleitung des preussischen allgemeinen Landrechts von 1794, 1993, S. 70ff., insbes. 80, 85; *Merten*, Die Rechtsstaatsidee im Allgemeinen Landrecht, in: Ebel (Hg.), Gemeinwohl – Freiheit – Vernunft – Rechtsstaat, 1995, S. 109 (insbes. 116ff.).

[247] Siehe hierzu oben unter a) (S. 125ff.).

recht eine auch heute noch wertvolle Erkenntnis: die freiheitsichernde Kraft des allgemeinen Gesetzes, die Idee, die Menschenrechte durch eine rationale Gesetzgebung zu stärken.[248] In den ersten Paragraphen wird das Verhältnis zu den bestehenden Rechtsquellen geregelt. Das Gesetzbuch fand nur subsidiäre Anwendung. Das Landrecht musste sich dem Paradox beugen, dass es als „allgemeines" Recht nur selten Anwendung fand.[249] Es stellte in dieser Zurückhaltung aber Forderungen an das vorrangig anzuwendende Recht. Dieses musste schriftlich fixiert sein. Dadurch sollten insbesondere die durch das ungeschriebene Gewohnheitsrecht geschaffenen Rechtsunsicherheiten ausgeräumt werden. Eine Ausnahme griff aber für Gewohnheitsrecht, das zwischen bestimmten Personen oder für kleinere Gebiete galt. Der in den Beratungen zum Gesetzbuch maßgebliche Auftrag, das Recht Preußens insgesamt schriftlich zu fixieren, wurde nicht vollständig in das Gesetz aufgenommen und konnte sich auch in der aufgenommenen zurückhaltenden Form nicht gänzlich durchsetzen. Das Gewohnheitsrecht blieb Gegner der rechtsstaatlichen Bestrebungen.[250] Gleichwohl wurde die Rechtsförmlichkeit gestärkt. Gesetze behielten so lange ihre Gültigkeit, bis sie ausdrücklich aufgehoben wurden.[251] Die in der Vergangenheit sehr eigenständige Auslegungspraxis der Rechtsgelehrten wurde in Schran-

---

[248] *Klippel/Pahlow*, Freiheit und aufgeklärter Absolutismus, in: Birtsch/Willoweit (Hg.), Reformabsolutismus und ständische Gesellschaft, 1998, S. 215; *Krause*, Die Überforderung des aufgeklärten Absolutismus Preußens durch die Gesetzgebung, ebenda, S. 131 (insbes. 185 ff. und 204 ff.); *Hammerstein*, Die Naturrechtslehre an den deutschen, insbesondere den preußischen Universitäten, ebenda, S. 3; zur Rolle *Friedrichs* siehe *Birtsch*, Reformabsolutismus und Gesetzesstaat, ebenda, S. 47; zu den Ständen: *Kleinheyer*, Das herkömmliche Verständnis der Stände und die kodifikatorische Regelung des Ständerechts im Preußischen Allgemeinen Landrecht von 1794, ebenda, S. 273; *Frevert*, Der Bürgerstand – Funktionsstand in der geburtsständischen Gesellschaft?, ebenda, S. 291 ff.; *Harnisch*, Bauer und bürgerliche Gesellschaft, ebenda, S. 305; *Schwennicke*, Der Einfluß der Landstände auf die Regelungen des Preußischen Allgemeinen Landrechts von 1794, ebenda, S. 113; *Willoweit*, Die bürgerlichen Rechte und das gemeine Wohl, in: Ebel (Hg.), Gemeinwohl – Freiheit – Vernunft – Rechtsstaat, 1995, S. 1 (insbes. 15), der mit Blick auf die Individualrechtsgarantien das Landrecht gleichwohl lobt; *Merten*, Die Rechtsstaatsidee im Allgemeinen Landrecht, ebenda, S. 109; siehe insgesamt: *Schwennicke*, Die Entstehung der Einleitung des preussischen allgemeinen Landrechts von 1794, 1993, S. 333 ff., 370 ff.; *Vierhaus*, Das Allgemeine Landrecht für die Preußischen Staaten als Verfassungsersatz?, in: Dölemeyer/Mohnhaupt (Hg.), 200 Jahre Allgemeines Landrecht für die preußischen Staaten, 1995, S. 1 (insbes. 21); *Conrad*, Das Allgemeine Landrecht von 1794 als Grundgesetz des friderizianischen Staates, 1965, S. 26 ff.; zur Rezeption des Gesetzbuchs durch die Rechtsprechung *M. Albrecht*, Die Methode der preußischen Richter in der Anwendung des preußischen allgemeinen Landrechts, 2005.

[249] Dies betont *Grawert*, „Gesetz", in: Brunner/Conze/Koselleck (Hg.), Geschichtliche Grundbegriffe, Band 2 E-G, 1975, S. 863 (894).

[250] Nur für „Observanzen", d. h. für zwischen einzelnen Personen oder nur für bestimmte „Gemeinheiten" wirksames Gewohnheitsrecht, galt nach § 4 der Einleitung des Allgemeinen Landrechts für die Preußischen Staaten etwas anderes, wenn die geschriebenen Gesetze etwas unbestimmt ließen; siehe insgesamt ausführlich *Schwennicke*, Die Entstehung der Einleitung des preussischen allgemeinen Landrechts von 1794, 1993, S. 91 ff., insbes. 105 und 117.

[251] Siehe hierzu bereits *Bodin* oben unter 1. (S. 114 ff.).

ken gewiesen, wenn „auf Meinungen der Rechtslehrer, oder älterer Aussprüche der Richter" bei „künftigen Entscheidungen keine Rücksicht" zu nehmen war, Richter den Sinn der Gesetze nur „aus den Worten, und dem Zusammenhange derselben, in Beziehung auf den streitigen Gegenstand, oder aus dem nächsten unzweifelhaften Grunde des Gesetzes" auslegen durften. Alle Rechte und Pflichten mussten durch die Gesetze angeordnet sein. Handlungen, welche nicht gesetzlich verboten waren, waren erlaubt. Wer den Gesetzen folgte, war nicht zu einem Schadenersatz verpflichtet. Kein Gesetz konnte rückwirkende Kraft entfalten.[252]

Dieses beeindruckende Maß an Rechtsförmlichkeit, an ausdrücklich geregelter Rechtssicherheit, letztlich an Rechtsstaatlichkeit[253] – an instrumenteller, auch temporaler Allgemeinheit – wurde dadurch ergänzt, dass jedes Gesetz „gehörig bekannt" zu machen, d.h. „an den gewöhnlichen Orten öffentlich angeschlagen, und im Auszuge in den Intelligenzblättern der Provinz, für welche sie gegeben sind," zu verbreiten war. Jeder Einwohner war gehalten, „sich um die Gesetze, welche ihn oder sein Gewerbe und seine Handlungen betreffen, genau zu erkundigen".[254] Diese Verbreitung, dieser Vorrang des schriftlichen Rechts und die verständliche Sprache[255] des Gesetzbuchs sollten sicherstellen, dass das Recht den Bürger erreicht. Der akribische Regelungsperfektionismus, allein die Anzahl der annähernd 20.000 Paragraphen wirkten dem aber entgegen – doch deutete insbesondere die sprachliche Allgemeinheit in eine rechtsstaatliche Zukunft.[256]

Die Rationalität der Gesetzgebung sollte zudem durch ein Expertengremium gesichert werden. Gesetzentwürfe, welche die Rechte der Bürger betrafen,

---

[252] Siehe §§ 1ff., insbes. §§ 6, 10ff., 46ff., 60, 85ff., 94 der Einleitung des Allgemeinen Landrechts für die Preußischen Staaten. Nach § 87 werden „Handlungen, welche weder durch natürliche noch durch positive Gesetze verboten worden [sind]", erlaubt. Hierin ist aber weder eine umfassende Gültigkeitserklärung des Naturrechts noch eine subsidiäre Anwendbarkeit zu sehen. Insgesamt hierzu *Schwennicke*, Die Entstehung der Einleitung des preussischen allgemeinen Landrechts von 1794, 1993, S. 122ff., 129ff., 271ff.

[253] Wenngleich es bis zum modernen Rechtsstaat insbes. auf Grund der monarchischen Allmacht und der ständischen Ordnung noch ein weiter Weg war, war ein maßgeblicher Schritt in diese Richtung hier gelungen. Siehe hierzu *Merten*, Die Rechtsstaatsidee im Allgemeinen Landrecht, in: Ebel (Hg.), Gemeinwohl – Freiheit – Vernunft – Rechtsstaat, 1995, S. 109; *Link*, Aufgeklärtes Naturrecht und Gesetzgebung, in: Birtsch/Willoweit (Hg.), Reformabsolutismus und ständische Gesellschaft, 1998, S. 21 (34ff.).

[254] §§ 10–13 der Einleitung des Allgemeinen Landrechts für die Preußischen Staaten von 1794.

[255] *Kiefner*, Zur Sprache des Allgemeinen Landrechts, in: Dölemeyer/Mohnhaupt (Hg.), 200 Jahre Allgemeines Landrecht für die preußischen Staaten, 1995, S. 23.

[256] Siehe insgesamt *Schwennicke*, Die Entstehung der Einleitung des preussischen allgemeinen Landrechts von 1794, 1993, S. 70ff., 176ff., insbes. auch zur Entstehung und Wirkung der Paragraphen; zu diesem Befund: *U. Wesel*, Geschichte des Rechts, 3. Auflage 2006, S. 417.

mussten der sog. Gesetzeskommission zur Prüfung vorgelegt werden.[257] Die Kommission sollte gutachterlich die „Billigkeit und Nutzbarkeit" des Vorschlags prüfen und sich vergewissern, ob dieser hinreichend „Rücksicht" auf die „vorhandenen Gesetze und Rechte" nimmt. Zudem sollte eine „deutliche bestimmte Fassung des zu gebenden Gesetzes in Vorschlag" gebracht werden.[258] Die Gesetzeskommission hatte keine echten Zustimmungs- oder Beteiligungsrechte, konnte insbesondere den Monarchen nicht binden, war nicht mit einem Parlament vergleichbar, kein Organ der Demokratie. Kernaufgabe war – wie eine diskutierte Fassung des Landerechts noch ausdrücklich bestimmte –, eine sachgerechte, systematische Weiterbildung des Gesetzbuchs nach den maßgeblichen Prinzipien zu sichern, die Einheitlichkeit und systematische Geschlossenheit des Rechts zu gewährleisten. Die Kommission sollte Garant einer in das bestehende Rechtssystem eingepassten verständlichen Gesetzgebung sein.[259]

Dieser Gedanke der institutionellen Beratung des Gesetzgebers wurde in Preußen später wieder aufgegriffen. Die im 19. Jahrhundert von *Friedrich Carl von Savigny* initiierte „Fassungskommission" für den Preußischen Staatsrat sollte die politische Entscheidung in Gesetze gießen, welche sich in Form, Sprache und Systematik in die Rechtsordnung einpassen. Sie war daher, so *von Savigny*, für das rechtswissenschaftliche Element der Gesetzgebung zuständig. Hierfür war eine klare und verständliche Sprache zu wählen, waren die Eigenarten des Zeitalters, in welchem das Gesetz wirken sollte, zu erfassen und ein systematisches Verständnis erforderlich, „um jeden Begriff und jeden Satz in lebendiger Verbindung und Wechselwirkung mit dem Ganzen anzusehen, d.h. in dem Verhältnis, welches das allein wahre und natürliche ist."[260] So wurde institutionell hervorgehoben, dass die Entwicklung einer konsistenten Gesamtrechtsordnung eine schwierige und wichtige wissenschaftliche Aufgabe ist.[261]

Diese Gremien geben einen Impuls für die Gegenwart, in welcher insbesondere das europäische und mitgliedstaatliche Recht, das Völkerrecht und das Recht der Bundesländer zu koordinieren ist. Dieser von zahlreichen Stimmen hervorgehobene und dringliche Koordinationsauftrag ist vor allem wegen des Zusammenhangs und der Abhängigkeit der Rechtsbereiche, wegen der bei einer Rechtsänderung notwendigen Anpassungsentscheidungen ein selbst für Experten anspruchsvolles Unterfangen.[262] So scheint gegenwärtig die von alters her

---

[257] Vgl. hierzu bereits *Rousseau* oben unter 4. (S. 121 ff.).

[258] §§ 7 f. der Einleitung des Allgemeinen Landrechts für die Preußischen Staaten.

[259] *Schwennicke*, Die Entstehung der Einleitung des preussischen allgemeinen Landrechts von 1794, 1993, S. 176 ff. m. w. H., auch zu der Ideengeschichte der Kommission.

[260] *Savigny*, Vom Beruf unserer Zeit für Gesetzgebung und Rechtswissenschaft, 3. Auflage 1840, S. 48 ff., Zitat S. 48.

[261] Insgesamt zu dieser Kommission *H. Schneider*, Gesetzgebung, 3. Auflage 2002, Rdn. 125 f.

[262] Jüngst *Stolleis*, Vormodernes und postmodernes Recht, Merkur 2008, 425; *Herdegen*, Europarecht, 10. Auflage 2008, S. 1 ff.; *Schmidt-Aßmann*, Verfassungsprinzipien für den Eu-

übliche wissenschaftliche Beratung des Gesetzgebers,[263] und damit das – so *von Savigny* – rechtswissenschaftliche Element der Gesetzgebung in besonderer Weise gefordert zu sein.

Schließlich bestimmte § 5 des Gesetzbuchs, dass Regelungen, die „in einzelnen Fällen, oder in Ansehung einzelner Gegenstände" getroffen wurden, „in anderen Fällen oder bei anderen Gegenständen, als Gesetze nicht angesehen" werden können.[264] Diese Regelung wird oft vor dem Hintergrund des lang andauernden rechtswissenschaftlichen Streits gedeutet, ob ein Herrscher durch Machtsprüche einen Konflikt regeln und in laufende Verfahren eingreifen darf. Doch wurde dieser Streit letztlich nur durch Vorfassungen des Landrechts gelöst, nicht durch das eigentliche Gesetzeswerk von 1794. Dem König blieb es rechtlich wie faktisch unbenommen, Machtsprüche zu setzen, schon weil sich die Regelung nur auf die „Landesherren" bezog. Aber auch diesen war es nicht gänzlich verwehrt, in laufende Rechtsstreitigkeiten durch eine Einzelfallanordnung zu intervenieren. Anliegen der in Kraft getretenen Vorschrift war, dass diese Anordnungen in ihrem Anwendungsbereich nicht ausgedehnt und so die Zuständigkeiten der Gesetzeskommission umgangen werden. Doch wurde die Allgemeinheit des Gesetzes ausdrücklich geregelt. Dies geschah zu einer Zeit, in welcher vor allem die ständischen Rechte der Gesetzesallgemeinheit zuwiderliefen; ein Konflikt, der sich durch die gesamte Einleitung des Landrechts zieht. Das Preußische Allgemeine Landrecht betonte als schriftlich fixiertes geltendes Recht, dass Einzelfallanordnungen keine Gesetze sind – es setzte rechtsverbindlich auf die Allgemeinheit des Gesetzes.[265]

---

ropäischen Verwaltungsverbund, in: Hoffmann-Riem/ders./Voßkuhle (Hg.), GVwR I, 2006, § 5 Rdn. 10f.; *Burgi*, Rechtsregime, ebenda, § 18 Rdn. 30ff.; *H. Schneider*, Gesetzgebung, 3. Auflage 2002, insbes. Rdn. 433; Der Mandelkern-Bericht, in: Bundesministerium des Innern (Hg.), Moderner Staat – Moderne Verwaltung, 2002; *W. Schroeder*, Das Gemeinschaftsrechtssystem, 2002; *K. Schmidt*, Einheit der Rechtsordnung – Realität? Aufgabe? Illusion?, in: ders. (Hg.), Vielfalt des Rechts – Einheit der Rechtsordnung?, 1994, S. 9; *Hilf*, Einheit der Rechtsordnung: EG-Recht und nationales Recht, ebenda, S. 219 (236); *Odersky*, Vertrauen in die Rechtsordnungen der Europäischen Union und in die Rechtsordnungen der Mitgliedstaaten, in: Festschrift Münchener Juristische Gesellschaft, 1996, S. 273; siehe insgesamt oben unter A. V. (S. 57ff.) m. w. H.

[263] Siehe hierzu die Praxis in der römischen Republik und die Forderung von *Marsilius von Padua*, Der Verteidiger des Friedens [Defensor Pacis, 1324], 1958. Das Zwölftafelgesetz wurde von Experten gezeichnet und von einer Versammlung angenommen. *Aristoteles*, Politik [Politica, zw. 329 u. 326 v. Chr.], 1989, betonte, dass Gesetze besser von Experten entworfen und erlassen werden sollen (siehe insgesamt oben unter II. 1., 3., 5. und III. 5., S. 69ff., 82ff., 87ff. und 111ff.).

[264] § 5 der Einleitung des Allgemeinen Landrechts für die Preußischen Staaten von 1794: „Die von dem Landesherrn in einzelnen Fällen, oder in Ansehung einzelner Gegenstände, getroffenen Verordnungen können in anderen Fällen, oder bey andern Gegenständen, als Gesetze nicht angesehen werden."

[265] Hierzu *Schwennicke*, Die Entstehung der Einleitung des preussischen allgemeinen Landrechts von 1794, 1993, S. 140ff. m. w. H.

Das Landrecht suchte in dieser Allgemeinheitsforderung und in der Institution der Gesetzeskommission durch eine rationale Gesetzgebung die Freiheit der Menschen zu sichern. Es begab sich dabei aber auf noch nicht genau vermessenes Terrain, kannte insgesamt keinen eindeutig bestimmbaren Gesetzesbegriff.[266]

6. *Der „Geist der Freiheit" des allgemeinen Gesetzes*

Der Übergang zum aufgeklärten Individualismus, zum Glauben an die Vernunft, zur Begrenzung der Staatsmacht, zur Sicherung der individuellen Freiheit, zur Konstitutionalisierung und rechtsstaatlichen Demokratie, letztlich zu den Kernelementen des modernen Verfassungsstaats, empfing einen wesentlichen Impuls durch die Lehre von den Gesetzen der Freiheit bei *Immanuel Kant*.[267]

Das oberste Gesetz der Freiheit ist der kategorische Imperativ: „Handle nur nach derjenigen Maxime, durch die du zugleich wollen kannst, daß sie ein allgemeines Gesetz werde."[268] *Kant* unterschied innerhalb der Gesetze der Freiheit die ethischen von den „juridischen" Gesetzen. Die Rechtsgesetze beziehen sich „nur auf bloße äußere Handlungen und deren Gesetzmäßigkeit", auf die Legalität, und nicht – wie die ethischen Gesetze – auf die „Bestimmungsgründe der Handlungen", auf ihre „Moralität".[269] Durch diese Unterscheidung wird die juristische Gesetzgebung von vornherein auf die Anordnung von Handlungen, nicht von Motiven und Überzeugungen, von Absichten und Gesinnungen ein-

---

[266] Hierzu *Zeidler*, Massnahmegesetz und „klassisches" Gesetz, 1959, S. 122 f. m. w. H.; *H. Hattenhauer*, Preußen auf dem Weg zum Rechtsstaat, in: Wolff, J. (Hg.), Das Preußische Allgemeine Landrecht, 1995, S. 49, betont, dass das Landrecht den Weg zum Rechtsstaat wies.

[267] *Zaczyk*, Zur Einheit von Freiheit und Sozialität, in: Gedächtnisschrift für Meinhard Heinze, 2005, S. 1111 (1112 ff.); *J. Braun*, Einführung in die Rechtsphilosophie, 2006, S. 227 ff.; siehe zu den Grundlinien dieser Entwicklung im konkreten Zusammenhang mit dem Gesetzesbegriff: *Zeidler*, Massnahmegesetz und „klassisches" Gesetz, 1959, S. 104 ff.; *H. Hofmann*, Das Postulat der Allgemeinheit des Gesetzes, in: Starck (Hg.), Die Allgemeinheit des Gesetzes, 1987, S. 9 (27); jeweils m. w. H.; den Hintergrund der Lehre *Kants* beleuchtet *Schapp*, Die Grenzen der Freiheit, JZ 2006, 581 (insbes. 584).

[268] *Kant*, Grundlegung zur Metaphysik der Sitten [1785], 2005, 421; siehe zudem *ders.*, Metaphysik der Sitten [1797], 1954, 214.

[269] *Kant*, Metaphysik der Sitten [1797], 1954, 214 (Hervorhebungen aus dem Text wurden nicht übernommen); *ders.*, Grundlegung zur Metaphysik der Sitten [1785], 2005, 387 f., 427; siehe insgesamt *Alexy*, Kants Begriff des praktischen Gesetzes, in: Behrends (Hg.), Der biblische Gesetzesbegriff, 2006, S. 197 (197 ff.); *Welzel*, Naturrecht und materiale Gerechtigkeit, 4. Auflage 1962, S. 167 ff.; siehe zur Allgemeinheit des Gesetzes bei *Kant H. Hofmann*, Das Postulat der Allgemeinheit des Gesetzes, in: Starck (Hg.), Die Allgemeinheit des Gesetzes, 1987, S. 9 (22 ff.); *K. Huber*, Maßnahmegesetz und Rechtsgesetz, 1963, S. 133 ff.; *Alexy*, ebenda, S. (197) 207 ff.; grundlegend insgesamt *Höffe*, Immanuel Kant, 5. Auflage 2000.

geschränkt.[270] Für das Rechtsgesetz folgt aus dem kategorischen Imperativ, dass die Gesetze nicht nur auf Grund des Durchsetzungszwangs, sondern auch aus Vernunftgründen zu befolgen sind,[271] dass insgesamt „äußerlich" so zu handeln ist, dass „der freie Gebrauch deiner Willkür mit der Freiheit von jedermann nach einem allgemeinen Gesetze zusammen bestehen" kann.[272] Hier wird das Recht auch von seiner Form, von der Allgemeinheit her legitimiert – das Recht sichert so die Freiheit und Gleichheit vor dem Gesetz.[273]

Auf dieser Grundlage entwickelte *Kant* aus der „reinen Vernunft" Grenzen für die juristische Gesetzgebung in einer bürgerlichen Verfassung. Die Menschen schließen in der bürgerlichen Verfassung einen Gesellschaftsvertrag, unterwerfen sich „öffentlichen Zwangsgesetzen", um ihre Freiheit vor Übergriffen anderer zu sichern. „Recht ist die Einschränkung der Freiheit eines jeden auf die Bedingung ihrer Zusammenstimmung mit der Freiheit von jedermann, insofern diese nach einem allgemeinen Gesetze möglich ist". Die Gesetzesallgemeinheit meint hier nicht nur die Generellität und Abstraktheit, sondern auch eine auf jeden bezogene notwendige Freiheitsausformung und Freiheitsbeschränkung um der Freiheit willen, eine Verallgemeinerungsfähigkeit im Sinn der Freiheit. Hier wird die finale Allgemeinheit deutlich auf ein Ziel ausgerichtet: Das allgemeine Gesetz dient der Freiheit aller. Jeder wird zum Schutze der eigenen Freiheit dem in diesem Sinn allgemeinen Gesetz zustimmen. Das Gesetz wird so allen Vernunftbegabten gemein. Das Recht muss zwingend den Prinzipien der Freiheit, der Gleichheit und der Selbstständigkeit jedes Bürgers folgen.[274] Diese Ausrichtung wird als „kopernikanische Wende",[275] als „revolutionär" für die damalige Zeit bezeichnet.[276]

---

270 Dies betont *Kersting*, Kant über Recht, 2004, S. 13, siehe zudem 136f., 174f.

271 *Zaczyk*, Zur Einheit von Freiheit und Sozialität, in: Gedächtnisschrift für Meinhard Heinze, 2005, S. 1111 (1113), der den Freiheitsgedanken wie folgt zusammenfasst: „Im Vermögen des Menschen zur vernünftigen Selbstbestimmung erweist sich ihm seine Freiheit."

272 *Kant*, Metaphysik der Sitten [1797], 1954, 231, 214, 226, 230f.; *ders.*, Grundlegung zur Metaphysik der Sitten [1785], 2005, 420ff.; *Alexy*, Kants Begriff des praktischen Gesetzes, in: Behrends (Hg.), Der biblische Gesetzesbegriff, 2006, S. 197 (202ff.).

273 *Maihofer*, Europäisches Rechtsdenken heute, in: Festschrift für Helmut Coing, Band I, 1982, S. 579 (582); siehe insgesamt zur Gesetzgebung bei *Kant*: *J. Braun*, Einführung in die Rechtsphilosophie, 2006, S. 228, 233ff.

274 Insgesamt *Kant*, Über den Gemeinspruch: Das mag in der Theorie richtig sein, taugt aber nicht für die Praxis. Zum ewigen Frieden. Ein philosophischer Entwurf [1793, 1795], 1992, 289ff., 349ff., siehe hier insbes. Fn. bei 350 (Hervorhebungen wurden nicht übernommen); die „Metaphysik der Sitten" folgt in ihren Ausführungen über das Rechtsgesetz – siehe hierzu sogleich – den früher entfalteten Grundgedanken (*H. Hofmann*, Das Postulat der Allgemeinheit des Gesetzes, in: Starck [Hg.], Die Allgemeinheit des Gesetzes, 1987, S. 9 [24ff.]; *Alexy*, Kants Begriff des praktischen Gesetzes, in: Behrends [Hg.], Der biblische Gesetzesbegriff, 2006, S. 197 [207]).

275 *Zaczyk*, Zur Einheit von Freiheit und Sozialität, in: Gedächtnisschrift für Meinhard Heinze, 2005, S. 1111 (1113).

276 *R. Dreier*, Diskussion, in: Starck (Hg.), Die Allgemeinheit des Gesetzes, 1987, S. 76.

Die Freiheit fordert, dass das Gesetz keinen zwingt, auf eine bestimmte Art sein Glück zu finden. Jeder entscheidet selbst, wie er glücklich wird, muss dabei aber die Freiheit der anderen wahren. Der Staat, der den Bürgern – wie der Vater dem Kinde – vorschreibt, was „wahrhaft nützlich oder schädlich ist", wie sie „glücklich sein sollen", begründet den „größten denkbaren Despotismus", hebt alle Freiheit auf. Anordnungen der Glückseligkeit darf der Gesetzgeber nicht vornehmen. Ausnahmen sind nur möglich, um die Bürger, um den „rechtlichen Zustand, vornehmlich gegen äußere Feinde des Volks zu sichern."[277] Diese Forderungen laufen parallel zu der grundsätzlichen Einschränkung der juristischen Gesetzgebung, nur äußere Handlungen und keine Motive anordnen zu dürfen. Die Anordnung des wahrhaft Nützlichen erfasst auch die Gedanken des Menschen und nicht allein die Handlungen. An anderer Stelle definierte *Kant* Freiheit mit der „Befugnis, keinen äußeren Gesetzen zu gehorchen, als zu denen ich meine Beistimmung habe geben können". Hier verband er die Freiheitsforderung mit dem Postulat der „Selbständigkeit", betonte dabei aber, dass eine gesetzliche Anordnung bestimmter Motive nie die potentielle Zustimmung aller gewinnen wird, weil sich die Motive freier Menschen, ihre Gedanken unterscheiden.[278] Hier ruht ein Merkmal des allgemeinen Gesetzes. Ein juristisches Gesetz, das Motive anordnet, kann nicht allen gemein werden, weil sich die Freiheit gerade auf die Gedankenwelt bezieht.

Nach dem Gebot der Gleichheit darf das Recht zwischen den Untertanen nicht unterscheiden, müssen die Gesetze für alle unterschiedslos gelten. Keiner kann einen anderen zu etwas rechtlich verpflichten, ohne dass er sich zugleich selbst „dem Gesetz unterwirft, von diesem wechselseitig auf dieselbe Art verbunden werden zu können". Jedes Gesetz muss potentiell jeden in der gesetzlich geregelten Situation erfassen – diese Forderung entspricht der personalen und gegenständlichen Allgemeinheit, dem Verbot des Einzelfallgesetzes. Vor dem Einzelfallgesetz können nicht alle gleich sein, weil es von vornherein bestimmte Personen, bestimmte Begebenheiten nicht erfasst. In der „Selbständigkeit" betonte *Kant*, dass jeder „Mitgesetzgeber" ist, nicht Gegenstand eines Gesetzes sein soll, das er nicht miterlassen hat, dass für die Gesetzgebung „kein anderer Wille als der des gesamten Volks" möglich ist. Das „Grundgesetz", der ursprüngliche Vertrag, kann nur aus dem „allgemeinen Volkswillen" entspringen.

---

[277] Diese Gedanken erinnern an ebenfalls pointierte Ausführungen *Montesquieus* zu Größe und Niedergang Roms: „Es gibt keine grausamere Tyrannei als jene, die man unter dem Deckmantel der Gesetze und mit dem Anschein der Gerechtigkeit ausübt, denn das heißt sozusagen Schiffbrüchige noch auf der Holzplanke zu ertränken, auf die sie sich gerettet hatten" (*ders.*, Betrachtungen über die Ursachen von Größe und Niedergang der Römer [Considérations sur les causes de la grandeur des Romains et de leur décadence, 1734], 1957, S. 115).

[278] *Kant*, Über den Gemeinspruch: Das mag in der Theorie richtig sein, taugt aber nicht für die Praxis. Zum ewigen Frieden. Ein philosophischer Entwurf [1793, 1795], 1992, 290f., 294ff., Fn. bei 350 (Hervorhebungen wurden nicht übernommen).

Jeden „Privatwillen" zu einem öffentlichen Willen zusammenzubringen ist jedoch „nicht möglich" und auch „keineswegs als ein Faktum vorauszusetzen nötig". Es „ist eine bloße Idee der Vernunft, die aber ihre unbezweifelte (praktische) Realität hat: nämlich jeden Gesetzgeber zu verbinden, daß er seine Gesetze so gebe, als sie aus dem vereinigten Willen eines ganzen Volks haben entspringen können", als dies jedenfalls möglich erscheint, auch wenn in einer gegenwärtigen „Lage oder Stimmung" keine Zustimmung erteilt wird. Dies ist der „Probierstein der Rechtmäßigkeit eines jeden öffentlichen Gesetzes." Hier geht es um eine finale Allgemeinheit, welche potentiell den Interessen aller, dem Gemeinwohl dienen muss, jedenfalls kein Interesse derart verletzen darf, dass eine Zustimmung nach den Vorgaben der Vernunft von vornherein ausgeschlossen wäre. Damit ist der Gesetzgebungsauftrag reduziert. Ein Gesetz kann nur jeden als potentiellen „Mitgesetzgeber" hinter sich wissen, wenn es notwendig zum Erhalt der Freiheit ist. Die Untertanen müssen die Gesetze strikt befolgen, der allgemeine Wille des Volks steht aber über dem Gesetz. *Kant* setzte dabei auf ein repräsentatives System. Schließlich betonte er, dass Gesetze bekannt gegeben werden müssen.[279]

Der Gesetzgeber wird insgesamt in enge Grenzen gewiesen, wird – um der Freiheit aller Willen – gleichsam Werkzeug der Vernunft. Durch das Rechtsgesetz dürfen nur äußere Handlungen vorgegeben, keine Anordnungen über das Glücklichsein, keine Einzelfallgesetze erlassen und schließlich nur Regelungen gesetzt werden, welche notwendig sind, um die Freiheit aller zu garantieren. *Kant* setzte so einen für die damalige Zeit und die späteren Entwicklungen notwendigen und prägenden Kontrapunkt, wenn er die Gesetzgebung nicht mehr an einen göttlichen Maßstab, an ein Naturrecht, sondern an die Vernunft bindet. Ein Diktat der Vernunft weist aber in die Richtung eines rationalen Optimierungsgebots, welches in der Praxis nicht befolgt werden kann, den Entscheidungsraum des demokratischen Gesetzgebers zu stark einschränken würde. Den Raum gesetzgeberischer Gestaltung, der ausgehend von *Thomas von Aquin* gegenüber den göttlichen Maßstäben errungen wurde,[280] würde ein solches Gebot zurückschneiden. Der demokratische Gesetzgeber ist nicht an ein Optimierungsgebot gebunden, auch nicht zur Sicherung der Freiheit, sondern kann und wird im Ringen um politische Mehrheiten auch suboptimale Lösungen wählen können, ohne das Recht zu verletzen.[281]

---

[279] Insgesamt: *Kant*, Über den Gemeinspruch: Das mag in der Theorie richtig sein, taugt aber nicht für die Praxis. Zum ewigen Frieden. Ein philosophischer Entwurf [1793, 1795], 1992, 289ff., 349ff., Fn. bei 350; *ders.*, Metaphysik der Sitten [1797], 1954, 214, 230f., 311, 313ff. (Hervorhebungen wurden nicht übernommen); *H. Hofmann*, Das Postulat der Allgemeinheit des Gesetzes, in: Starck (Hg.), Die Allgemeinheit des Gesetzes, 1987, S. 9 (22ff. m.w.H.).

[280] Siehe hierzu oben unter III. 4. (S. 105ff.).

[281] Siehe hierzu *Welzel*, Naturrecht und materiale Gerechtigkeit, 4. Auflage 1962, S. 178: Es ist weder „der ausschließlich materialen Sozialethik des Naturrechts", noch „der formalen

Kant verdeutlichte in einer Grundorientierung auf die Freiheit aller, auf ihre potentielle Zustimmung, die finale Allgemeinheit in ihrem Auftrag, durch Gesetz nur grundsätzliche Regelungen zu erlassen, welche der Entfaltung der Menschenrechte dienen. Die individuelle Freiheit wird „durch das Kriterium des allgemeinen Gesetzes im kategorischen Imperativ mit der Allgemeinheit der Menschen verbunden." Zudem deutete *Kant* den Befund an, dass die „Freiheit der einzelnen Person und ihre Verbindung mit anderen" nur „zusammen gedacht" werden können. „Freiheit und Sozialität sind kein Gegensatz, sondern gleichermaßen bedeutsame Elemente eines einheitlichen Begriffs vom Menschen." Wer diese Verbindung löst, verrät „die Grundlage der Freiheit".[282]

7. *Individuelle Freiheit und Gemeinschaft*

Diesen Gemeinschaftsbezug hob auch *Hegel* hervor.[283] Das Gesetz müsse der individuellen Freiheit in der Gemeinschaft dienen. In Erfüllung dieses Auftrags regelt es „das dem Inhalte nach ganz Allgemeine", bestätigt und sichert die staatliche Ordnung. Zwar gebe es kaum etwas, das nicht allgemein in ein Gesetz gefasst werden könne. Ein gesetzliches Allgemeinheitspostulat laufe daher Gefahr – dies wird als Kritik gegenüber *Kant* gelesen[284] –, leicht umgangen zu werden. Doch betonte *Hegel*, dass der Staat „die Wirklichkeit der konkreten Freiheit" sei, die mit dem Allgemeinen zusammenhängt. Das Allgemeine kann weder „ohne das besondere Interesse, Wissen und Wollen" gelten und vollbracht werden, noch „die Individuen bloß für das letztere als Privatpersonen leben, und nicht zugleich in und für das Allgemeine wollen und eine dieses Zwecks bewusste Wirksamkeit haben. Das Prinzip des modernen Staats hat diese ungeheure Stärke und Tiefe, das Prinzip der Subjektivität sich zum selbstständigen Extreme der persönlichen Besonderheit vollenden zu lassen und zugleich es in die substantielle Einheit zurückzuführen und so in ihm selbst diese zu erhalten." Hierin kann eine Bestätigung der finalen Allgemeinheit gesehen werden, die der individuellen Freiheit im gemeinen Wohl dient. Die Allgemeinheit wird

---

Gesinnungsethik Kants" zu folgen, vielmehr der Auftrag des Gesetzgebers im gesellschaftlichen und historischen Kontext hervorzuheben.

[282] Zu dieser Richtung bei *Kant*: *Zaczyk*, Zur Einheit von Freiheit und Sozialität, in: Gedächtnisschrift für Meinhard Heinze, 2005, S. 1111 (1112ff., insbes. 1113); zu *Kant* zudem *ders.*, Freiheit und Recht – Immanuel Kant zum 200. Todestag, JuS 2004, 96 (insbes. 99); vgl. hierfür auch *H. Hofmann*, Menschenrechte und Demokratie, JZ 2001, 1 (8).

[283] Siehe zu den Andeutungen bei *Kant* und zu den Lehren *Fichtes*, die in diese Richtung weisen, *Zaczyk*, Zur Einheit von Freiheit und Sozialität, in: Gedächtnisschrift für Meinhard Heinze, 2005, S. 1111.

[284] Siehe hierzu mit Blick besonders auf die Allgemeinheit des Gesetzes *Roellecke*, in: Umbach/Clemens (Hg.), Grundgesetz. Mitarbeiterkommentar und Handbuch, Band 1, 2002, Art. 19 I-III Rdn. 5.

bei *Hegel* zur „entscheidenden Garantie der Freiheit."[285] Der Mensch lebt in der Gemeinschaft, ist deshalb auf gesetzliche Regelungen angewiesen, die der Freiheit in ihrer Ausrichtung auf die Gemeinschaft und in ihrer Ordnung verpflichtet sind.[286] Freiheit entfaltet sich nicht in Einsamkeit, sondern in sozialer Bindung, baut auf die negative Freiheit, aber auch auf den sich bindenden Menschen und die freiheitsgerechte Gesellschaft.[287]

Die Sicherung der Freiheit durch das Gesetz erwartet dessen sprachliche Allgemeinheit sowie den auf Grundsätzliches zurückgenommenen Regelungsauftrag des Gesetzgebers.[288] Die Verbindlichkeit des Gesetzes schließt „die Notwendigkeit ein, dass die Gesetze allgemein bekannt gemacht werden." Die Gesetze dürfen weder „so hoch aufgehängt" werden, „daß sie kein Bürger lesen" kann, noch „in den weitläufigen Apparat von gelehrten Büchern, Sammlungen von Dezisionen abweichender Urteile und Meinungen, Gewohnheit u. s. f. und noch dazu in einer fremden Sprache vergraben" werden, „so daß die Kenntnis des geltenden Rechts nur denen zugänglich ist, die sich gelehrt darauf legen". „Es ist die Garantie der Freiheit, daß das Gesetz einen Buchstaben hat." Es bedarf „einfacher allgemeiner Bestimmungen". Der Gesetzgeber hat die Gewalt inne, „das Allgemeine zu bestimmen und festzusetzen", die Gesellschaft zu ordnen. Das „Besondere und die Art und Weise der Exekution", die Anwendung des Gesetzes nach „Zeit und Raum" ist die Sache anderer Instanzen. Das Gesetzbuch erfasst „die Rechtsprinzipien in ihrer Allgemeinheit und damit in ihrer Bestimmtheit". „Gesetze sollten einfach sein, und einfach sind sie nur, insofern sie allgemeine sind." So wird die Gesetzesallgemeinheit als Forderung des grundsätzlichen und verständlichen Gesetzes deutlich und mit dem Auftrag verbunden, der Freiheit in Gemeinschaftsgebundenheit zu dienen. „Gesetze machen heißt: was an sich recht ist, denken, zum Bewußtsein bringen. Eben damit erhält das, was Recht ist, die Form für [die] Allgemeinheit; erst dadurch ist es fähig, seine wahrhafte Bestimmtheit zu erhalten. Das ist die Notwendigkeit eines Gesetzes". Wird das Recht nicht gesetzt, nicht aufgeschrieben, „bleibt

---

[285] *F. Neumann*, Die Herrschaft des Gesetzes [The governance of the rule of law, 1936], 1980, S. 189.

[286] *Hegel*, Grundlinien der Philosophie des Rechts [1820], 1995, §§ 185 ff., 211 bis 216 (Hervorhebungen im Text wurden ausgelassen). Siehe hierzu *Welzel*, Naturrecht und materiale Gerechtigkeit, 4. Auflage 1962, S. 173 ff., Zitat: S. 178; siehe hierzu zudem *Böhm*, Wettbewerb und Monopolkampf [1933], 1964, dessen Freiheitsverständnis allerdings als zu wirtschaftsliberal kritisiert wurde; insgesamt *E.-W. Böckenförde*, Gesetz und gesetzgebende Gewalt, 2. Auflage 1981, S. 132 ff., insbes. S. 141: „Nicht jede äußerlich allgemeine [abstrakt-generelle], sondern nur die innerlich, substantiell allgemeine und darum ordnungsstiftende Regel ist Gesetz"; *K. Huber*, Maßnahmegesetz und Rechtsgesetz, 1963, S. 146 ff.; *Grawert*, „Gesetz", in: Brunner/Conze/Koselleck (Hg.), Geschichtliche Grundbegriffe, Band 2 E-G, 1975, S. 863 (916 f.); jeweils m. w. H.

[287] *Di Fabio*, Die Kultur der Freiheit, 2005, S. 71 ff.

[288] Diesen Gedanken *Hegels* betont *H. Hofmann*, Das Postulat der Allgemeinheit des Gesetzes, in: Starck (Hg.), Die Allgemeinheit des Gesetzes, 1987, S. 9 (29).

die Allgemeinheit des Gedankens ein Getrübtes." Aber auch das aufgeschriebene Recht ist eine „unförmliche Sammlung", wenn „die Prinzipien in konkreten Fällen mehr ausgedrückt und enthalten sind". Es entsteht „große Verwirrung in Ansehung der Gesetzgebung". Das Gesetz muss allgemein sein, Allgemeingültiges setzen – und das „Allgemeine an und für sich ist das Allgemeine des Gedankens."[289]

Die staatliche Gemeinschaft und die individuelle Freiheit bauen auf die Demokratie und den Grundrechtsschutz, sichern durch diese Instrumentarien die Rechte der Menschen. Sie fragen dabei aber nach gesetzlichen Regeln, die diese Elemente des Menschenrechtsschutzes stärken und Gemeinschaft und Individualität zusammenhalten. Hier wird der Grundauftrag des Gesetzes deutlich: die Sicherung der Freiheit und Gleichheit vor dem Gesetz in ihrem Gemeinschaftsbezug, der individuelle und daher individualisierte Schutz der Menschenrechte in Bestätigung der Demokratie und der Gemeinschaft. Die Allgemeinheit des Gesetzes dient dem Ziel, diesen Auftrag zu erfüllen. Sie erwartet die Suche und Setzung von Allgemeingültigem und stärkt damit die Wissenschaftlichkeit der Gesetzgebung.[290]

Der moderne Verfassungsstaat setzt auf den individuellen Schutz der Menschenrechte, auf die liberale Grundrechtsidee der Menschenrechtserklärungen, auf die Volkssouveränität, auf die demokratische Mitbestimmung durch Wahlen und Mehrheitsentscheidungen. Das 18. Jahrhundert hat aber nicht nur diese Elemente des modernen Schutzes der Freiheit und Gleichheit vor dem Gesetz zu einem Siegeszug geführt, sondern in den maßgeblichen Rechtstexten und durch die Lehre *Kants* auch die Gesetzesallgemeinheit als Garanten der Menschenrechte entfaltet. Die Freiheit verlangt das allgemeine Gesetz, die Menschen können nur vor einem allgemeinen Gesetz gleich sein. *Hegel* sah in der Gesetzesallgemeinheit die entscheidende Garantie der Freiheit, weil sie die Individualität und den Gemeinschaftsbezug zugleich sicherte.

In der rechtsstaatlichen Demokratie herrscht die Mehrheit und setzt ihren Willen insbesondere durch die Gesetze um. Die Minderheit, der Einzelne, wird durch die demokratische Mitbestimmung, durch Rechtsstaat und Gewaltenteilung, insbesondere aber durch die Grundrechte geschützt. Jedes Gesetz, jede Konkretisierung der Gesetze, darf die Grundrechte nicht verletzen. Diese unverzichtbare Ausrichtung auf das Individuum, auf einzelne Rechtsfälle, ist zentrales Merkmal unserer Verfassungsordnung, die mit den Grundrechten, mit der Menschenwürdegarantie beginnt.[291] Die grundrechtliche Prüfung auch der Gesetze richtet das Augenmerk auf die individuelle Betroffenheit, auf den Ein-

[289] *Hegel*, Grundlinien der Philosophie des Rechts [1820], 1995, §§ 185ff., 211–216, 260 und 299 (Hervorhebungen im Text wurden nicht übernommen); *ders.*, Vorlesungen über die Philosophie des Rechts [1819/1820], 2000, S. 127ff., insbes. S. 131.

[290] Siehe hierzu im Ersten Kapitel unter B. (S. 28ff.).

[291] Siehe hierzu Art. 1 und den ersten Teil des Grundgesetzes.

zelfall, um die Freiheit in ihrer Individualität zu garantieren. Die freiheitsgerechte Rechtsordnung baut jedoch auf ein weiteres Element, verlangt, dass die Gesetze nicht nur dieses individuelle Maß wahren, sondern auch auf das Ganze, auf die Gesamtrechtsordnung ausgerichtet sind. Der Gesetzgebung muss die „allseitige Würdigung der Verhältnisse" zur Seite stehen.[292] Jeder Bürger beansprucht Freiheit und Gleichheit vor dem Gesetz, wehrt sich gegen freiheitswidrige Differenzierungen und Sonderregelungen. Freiheit kann in politischen Gemeinschaften aber nicht allein durch den jeweils individualisierten Schutz der Grundrechte gesichert werden.[293] Die Demokratie fordert, dass die parlamentarischen Regelungen umgesetzt werden, ihre Wirkung nicht durch ein dichtes Regelungsnetz, durch rechtliche Friktionen von vornherein gelähmt wird, die rechtlichen Folgen kaum vorhersehbar werden, sondern sich die gewollte Setzung der Mehrheit entfalten kann. Eine unstrukturierte, engmaschige Rechtsordnung vermag die Entfaltung der individuellen Freiheit und der Demokratie zu bremsen. Demokratie und Freiheit stützen sich daher auf eine Gesetzesordnung, die ihnen den notwendigen Rahmen bietet. Die Allgemeinheit des Gesetzes könnte diese Ordnung und die Ausrichtung auf das Ganze garantieren. Sie scheint die demokratische Mitentscheidung und den individuellen Grundrechtsschutz als ein weiteres Element des Menschenrechtsschutzes zu einer tragfähigen Architektur der Freiheit zu ergänzen. Dem Grundgesetz war es vorbehalten, nach dieser Architektur einen Staat zu verfassen.

V. Allgemeinheit als Fundament des Friedens und der Demokratie

1. *Ringen um Demokratie und Freiheit*

Die Idee des allgemeinen Gesetzes wurde in der weiteren Entwicklung in Deutschland von einigen Autoren hervorgehoben,[294] wenngleich kaum mehr

[292] *Bähr*, Der Rechtsstaat [1864], Neudruck 1961, S. 12f.

[293] *Di Fabio*, Gewaltenteilung, in: HStR II, 3. Auflage 2004, § 27 Rdn. 84.

[294] Siehe hierzu *K.S. Zachariä von Lingenthal*, Vierzig Bücher vom Staate, Band III, 1839, S. 11ff., Band IV, 2. Auflage 1839–1843, S. 9ff., 24 und 28; *von Mohl*, Das Staatsrecht des Königreiches Württemberg, Erster Band, 2. Auflage 1840, S. 193f., spricht von „allgemeinen, für alle gleichmäßig gültigen Gesetzen", die mit großer Umsicht und besonderen Kenntnissen zu verfassen sind; *Bähr*, Der Rechtsstaat [1864], Neudruck 1961, S. 12f.: „Das Gesetz ist bestimmt, die bleibende Regel im Wechsel der Verhältnisse zu bilden. Es soll das heiligste Gut der Nation, das Recht in sich aufnehmen. Nicht die durch individuell-persönliches Handeln bedingte Energie des Entschlusses, nicht die schnelle Macht des Augenblickes, sondern die ruhige Erwägung und allseitige Würdigung der Verhältnisse sollen seiner Erschaffung zur Seite stehen. Es bedarf dabei in gleichem Maße Wahrung der Konsequenz und Kontinuität, welche Vergangenheit und Zukunft verbinden, als Berücksichtigung der treibenden Kräfte, mittels welcher beide sich scheiden." Siehe zudem *Müller-Erzbach*, Die Relativität der Begriffe und ihre Begrenzung durch den Zweck des Gesetzes [1912], in: Krawietz (Hg.), Theo-

umgestaltet.[295] Die Mehrzahl der wissenschaftlichen Stimmen schenkte auch den zentralen Forderungen der personalen, gegenständlichen und finalen Allgemeinheit kaum Beachtung.[296] Dies geschah – und diese Ambivalenz mag erstaunen – auch in dem Bestreben, Kernanliegen der Gesetzesallgemeinheit und konstitutive Elemente des modernen Verfassungsstaats durchzusetzen: die Demokratie und den Schutz der Freiheit und Gleichheit vor dem Gesetz.

In Deutschland rangen insbesondere in der ersten Hälfte des 19. Jahrhunderts Krone und Repräsentativorgane um die Macht, rückten die Antithesen von „Königtum und Volksfreiheit, monarchischer Regierung und gewählter Volksvertretung, obrigkeitsstaatlicher Autorität und demokratischer Mitwirkung" in den Mittelpunkt und damit die Suche nach einer Position in der Mitte dieser Pole, die im „Begriff des Staates als eines sittlichen Organismus", einer „übergreifenden Einheit und in sich stehende[n] Ganzheit", gefunden wurde. Die so gefasste ‚Mitte' erlaubte es, der Souveränitätsfrage letztlich auszuweichen, „eine eindeutige Entscheidung zwischen Monarchie und Volkssouveräni-

---

rie und Technik der Begriffsjurisprudenz, 1976, S. 201 (203 ff.), zur finalen Allgemeinheit; einen Überblick bietet *Heller*, Der Begriff des Gesetzes in der Reichsverfassung, VVDStRL 4 (1928), 98 (insbes. 105 f.); insgesamt zu dieser Entwicklung *K. Huber*, Maßnahmegesetz und Rechtsgesetz, 1963, S. 139 ff.; *Zeidler*, Massnahmegesetz und „klassisches" Gesetz, 1959, S. 123 ff.; *Stern*, Das Staatsrecht der Bundesrepublik Deutschland, Band III/2, 1994, S. 694 ff.; *E.-W. Böckenförde*, Gesetz und gesetzgebende Gewalt, 2. Auflage 1981, S. 259 ff.; jeweils m. w. H.

[295] *Grawert*, „Gesetz", in: Brunner/Conze/Koselleck (Hg.), Geschichtliche Grundbegriffe, Band 2 E-G, 1975, S. 863 (903): „Revolutionäre Umgestaltungen" erfährt der Gesetzesbegriff nach 1800 in Deutschland nicht.

[296] Siehe hierzu bereits *von Rotteck*, Staatsrecht der constitutionellen Monarchie, Band 1, 2. Auflage 1838, S. 168 f.; *Maurenbrecher*, Grundsätze des heutigen deutschen Staatrechts, 1837, S. 316, 334 f., der die Allgemeinheit nicht erwähnt, aber die Gesetzgebung auf die Gerechtigkeit ausrichtet; *H. A. Zachariä*, Deutsches Staats- und Bundesrecht, Zweiter Theil, 2. Auflage 1854, S. 137 f., spricht von allgemeinen Gesetzen „im eigentlichen Sinn" und speziellen Gesetzen, die „über eine einzelne Person und ihre besondere Rechtsphäre" entscheiden; *Gerber*, Grundzüge des deutschen Staatsrechts [1880], 1969, insbes. S. 147 f., 156; *O. Mejer*, Einleitung in das Deutsche Staatsrecht, 2. Auflage 1884, S. 6, 10 f.; auch *Savigny* deutet in der Forderung nach sorgfältigen historischen Recherchen und in die Gesamtrechtsordnung einzupassenden Gesetze die Allgemeinheit des Gesetzes nur an, entfaltet sie nicht, *ders.*, Vom Beruf unserer Zeit für Gesetzgebung und Rechtswissenschaft, 3. Auflage 1840, insbes. S. 48 ff.; die Diskussion zusammenfassend *Heller*, Der Begriff des Gesetzes in der Reichsverfassung, VVDStRL 4 (1928), 98 (98 ff.); *Starck*, Der Gesetzesbegriff des Grundgesetzes, 1970, S. 77 ff.; einen Überblick liefert *Heyen*, Historische und philosophische Grundfragen der Gesetzgebungslehre, in: Schreckenberger/König/Zeh (Hg.), Gesetzgebungslehre, 1986, S. 11; *F. Neumann*, Die Herrschaft des Gesetzes [The governance of the rule of law, 1936], 1980, S. 252 f.; siehe für den Befund eines Verlustes der philosophischen Untermauerung der Gesetzgebung *Klippel*, Vernünftige Gesetzgebung, in: Festschrift für Helmut Berding, 1995, S. 198; siehe zu einer „Diskontinuität" der Verfassungsentwicklung in Deutschland vom 18. zum 19. Jahrhundert, wobei dem Allgemeinen Staatsrecht aber eine Brückenfunktion zugesprochen wird: *Th. Würtenberger*, Staatsverfassung an der Wende vom 18. zum 19. Jahrhundert, in: Wendemarken in der deutschen Verfassungsgeschichte, Beiheft 10 zu Der Staat 1993, 85 (105 ff.).

tät" zu vermeiden. Monarch und Repräsentationsorgane wurden aber „in der zentralen Funktion der Gesetzgebung" „zusammengebunden".[297] Das Volk wurde nicht selten durch eine vom Zensuswahlrecht dominierte Kammer und damit nicht in einer auf Gleichheit bauenden Allgemeinheit vertreten. Neben dieser Kammer stand oft ein zweites, vom Adel dominiertes Organ, das sein Vetorecht auch zur Sicherung der alten Vorrechte nutzte. Insgesamt wurden durch die Vetorechte der Kammern zahlreiche Gesetzesvorhaben verhindert.[298]

Die Idee des allgemeinen Gesetzes verlor in diesem Ringen um die Macht der Volksvertretung, um die Demokratie an Einfluss. Die ausdrücklichen Allgemeinheitspostulate dienten in erster Linie dem Kampf um die demokratische Selbstbestimmung,[299] suchten die Macht der Repräsentationsorgane zu definieren, wenn diese „allgemeinen Gesetzen" zustimmen mussten, welche die „Freiheit der Person oder das Eigentum der Staatsbürger" betrafen.[300] Ein Begriff des allgemeinen Gesetzes, der Einzelfallregelungen ausschließt, hätte hier die Macht des Repräsentationsorgans eingeschränkt und damit die Demokratie geschwächt.[301] „Inhalt und Umfang des Gesetzesbegriffes bezeichneten das Maß, in dem die Gesellschaft sich den Staat erobert hatte und ihn dirigieren konnte, während das Verhältnis von Gesetz und Verordnung entscheidend wurde für die Gestaltungs- und Bewegungsfreiheit des monarchisch-anstaltlichen Obrig-

---

[297] *Wahl*, Die Entwicklung des deutschen Verfassungsstaates bis 1866, in: HStR I, 3. Auflage 2003, § 2 Rdn. 15 ff. m. w. H., insbes. 20, 26, 41.

[298] Insgesamt *Wahl*, Die Entwicklung des deutschen Verfassungsstaates bis 1866, in: HStR I, 3. Auflage 2003, § 2 Rdn. 15 ff. m. w. H.; *Zeidler*, Massnahmegesetz und „klassisches" Gesetz, 1959, S. 108 ff.; deutlich auch *Haerdter*, Nachwort, zu: *W. von Humboldt*, Ideen zu einem Versuch, die Grenzen der Wirksamkeit des Staates zu bestimmen [1791], 2006, S. 213: Die „bürgerliche Gesellschaft des 19. Jahrhunderts [ist] nicht imstande gewesen, aus dem Begriff der Freiheit einen Staat zu entwicklen [...]."

[299] *H. Dreier*, Hierarchische Verwaltung im demokratischen Staat, 1991, S. 80 f.

[300] Titel VII § 2 der Verfassungsurkunde für das Königreich Bayern vom 26. Mai 1818, in: Huber, E. R. (Hg.), Dokumente zur deutschen Verfassungsgeschichte, Band 1, Deutsche Verfassungsdokumente 1803–1850, 1961, S. 151; die Verfassung des deutschen Reiches vom 28. März 1849 umgeht dieses Thema, § 130 lautet: „Dem deutschen Volke sollen die nachstehenden Grundrechte gewährleistet seyn. Sie sollen den Verfassungen der deutschen Einzelstaaten zur Norm dienen, und keine Verfassung oder Gesetzgebung eines deutschen Einzelstaates soll dieselben je aufheben oder beschränken können", in: Gosewinkel/Masing (Hg.), Die Verfassungen in Europa 1789–1949, 2006, S. 774; siehe zu den Grundrechtsverbürgungen, die daher weniger Abwehrrechte, sondern primär auf eine Konkretisierung durch den Gesetzgeber angewiesen waren (*Th. Würtenberger*, Der Konstitutionalismus des Vormärz als Verfassungsbewegung, Der Staat 37 [1998], 165 [171 ff.]).

[301] *Grawert*, „Gesetz", in: Brunner/Conze/Koselleck [Hg.], Geschichtliche Grundbegriffe, Band 2 E-G, 1975, S. 863 (906 ff. m. w. H.); *E.-W. Böckenförde*, Gesetz und gesetzgebende Gewalt, 2. Auflage 1981, S. 126 ff.; *Wahl*, Die Entwicklung des deutschen Verfassungsstaates bis 1866, in: HStR I, 3. Auflage 2003, § 2 Rdn. 27 f., 41, 49; *W. Pauly*, Die Verfassung der Paulskirche und ihre Folgewirkungen, in: HStR I, 3. Auflage 2003, § 3 insbes. Rdn. 39 ff.; *E. R. Huber*, Das Kaiserreich als Epoche verfassungsstaatlicher Entwicklung, in: HStR I, 3. Auflage 2003, § 4 insbes. Rdn. 34 f.

keitsstaates. Und ebenso wichtig war, in welcher Weise die gesetzgebende Gewalt ausgeübt wurde, von der Volksvertretung allein, mit dem suspensiven Veto des Monarchen oder durch gleichberechtigtes Zusammenwirken beider." Der Gesetzesbegriff, die Trennung zwischen Gesetz und Verordnung waren – so fährt *Ernst-Wolfgang Böckenförde* fort – vom Ringen um die Macht bestimmt, entschieden über „die rechtliche Zuordnung von (monarchischem) Staat und (bürgerlicher) Gesellschaft."[302]

Dieser Befund vermag zu verdeutlichen, warum z.B. *Carl von Rotteck* seine Analyse der Gesetzgebung auf diesen Machtkampf konzentrierte.[303] Exemplarisch für eine klare Abkehr von der Gesetzesallgemeinheit steht der Befund *Carl Welckers*, nach dem sich diese als „bald zu eng, bald zu weit" erweise, „schöne papierene Theorie" sei, aber die „lebendige Gerechtigkeit" totschlage.[304] In dem Streben nach Demokratie und dem Schutz der Menschenrechte erschien es konsequent, das Gesetz schlicht als Akt des Gesetzgebers zu definieren, d.h. allein von der Rechtsquelle, von der rechtserzeugenden Autorität. Mit *Paul Laband* ist das Gesetz „die Erscheinungsform des vom Staate angeordneten Rechts", eine „Form, in welcher der staatliche Wille erklärt wird". Durch Gesetz kann auch „die Errichtung oder Zerstörung eines nationalen Denkmals anbefohlen [...,] Verbannung oder der Verlust der Staatsangehörigkeit ausgesprochen [... sowie] eine schwebende Rechtstreitigkeit entschieden" werden. Es gibt „keinen Gegenstand des staatlichen Lebens, ja man kann sagen, keinen Gedanken, welcher nicht zum Inhalte eines Gesetzes gemacht werden könnte."[305] Diese Auffassung wurde zwar kritisiert, weil der Gesetzesbegriff, weil die Orientierung an einem materiellen Rechtsideal nicht aufgegeben wer-

[302] *E.-W. Böckenförde*, Gesetz und gesetzgebende Gewalt, 2. Auflage 1981, S. 131; siehe zu der Trennung von Gesetz und Verordnung insbes. *von Mohl*, Das Staatsrecht des Königreiches Württemberg, Erster Band, 2. Auflage 1840, S. 195.

[303] *Von Rotteck*, Staatsrecht der constitutionellen Monarchie, Band 1, 2. Auflage 1838, S. 168f.

[304] *Welcker*, „Gesetz", in: von Rotteck/ders. (Hg.), Das Staats-Lexikon, Band 5, 1847, S. 695 (705); siehe insgesamt *Grawert*, „Gesetz", in: Brunner/Conze/Koselleck (Hg.), Geschichtliche Grundbegriffe, Band 2 E-G, 1975, S. 863 (910); *Zeidler*, Massnahmegesetz und „klassisches" Gesetz, 1959, S. 117ff.; *H. Hofmann*, Das Postulat der Allgemeinheit des Gesetzes, in: Starck (Hg.), Die Allgemeinheit des Gesetzes, 1987, S. 9 (30ff.); *H. Dreier*, Hierarchische Verwaltung im demokratischen Staat, 1991, S. 79ff.; siehe ausführlich zu der Entwicklung im 19. Jahrhundert bis nach dem Zweiten Weltkrieg *H. W. Kopp*, Inhalt und Form der Gesetze als ein Problem der Rechtstheorie, Band I, 1958, S. 12ff.; jeweils m. w. H.; allgemein zur Politisierung des theoretischen Denkens im 19. Jahrhundert *Stolleis*, Geschichte des öffentlichen Rechts in Deutschland, Band 2, 1992, insbes. S. 5, siehe zum Gesetz speziell S. 370f.

[305] *Laband*, Das Staatsrecht des Deutschen Reiches, Band II, 5. Auflage 1911, S. 62f., siehe zudem S. 1ff.; *ders.*, Das Budgetrecht [1871], 1971, S. 3f.; *G. Jellinek*, Gesetz und Verordnung [1887], 1919, S. 226ff., insbes. S. 257; *G. Anschütz*, in: Meyer/ders., Lehrbuch des deutschen Staatsrechts, 7. Auflage 1919, S. 639f.; siehe zudem *ders.*, Kritische Studien zur Lehre vom Rechtssatz und formellen Gesetz, 1891, insbes. S. 69, 88, wo er zwar betont, dass das „Naturale" des Rechtssatzes die Allgemeinheit ist, später aber mit der „unbeschränkten Variabilität des Gesetzesinhalts" schließt.

den dürfe. Im Kern müsse das Gesetz den materiellen Rechtsstaatsgedanken erfüllen, der Freiheit und Gleichheit vor dem Gesetz, der demokratischen Selbstbestimmung des Volks dienen.[306] Gleichwohl konnte sich im Kampf um die Macht des Repräsentationsorgans und damit für die Demokratie die Lehre vom weiten Gesetzesbegriff, die Unterscheidung zwischen Gesetzen im formellen Sinn und im materiellen Sinn durchsetzen.[307] Diese Entwicklung verdeutlicht einen grundlegenden Befund: Im demokratischen Verfassungsstaat darf ein Gesetzesbegriff nicht zum Gegner der Demokratie werden, sondern muss dieser dienen.

2. *Konstitutionalisierung und große Kodifikationen*

Die Wissenschaft vernachlässigte in Deutschland[308] die Allgemeinheit des Gesetzes im 19. Jahrhundert im Kampf um ihre wichtigsten Anliegen, die Demokratie und die Menschenrechte, gab dabei aber die Grundannahme, Gesetze müssen allgemein sein, nur selten auf.[309] Eine vergleichbare Ambivalenz zeigt die Gesetzgebungspraxis. Einerseits war sie davon geprägt, dass zahlreiche Einzelfallgesetze erlassen wurden.[310] Andererseits setzte sie Kernforderungen des

[306] *Heller*, Der Begriff des Gesetzes in der Reichsverfassung, VVDStRL 4 (1928), 98 (insbes. 103, 106ff., 115); kritisch gegen die Trennung bereits *Haenel*, Das Gesetz im formellen und materiellen Sinne [1888], 2. Auflage 1968, insbes. S. 275ff.; siehe zudem *R. Thoma*, Die Funktionen der Staatsgewalt: Grundbegriffe und Grundsätze, in: Anschütz/ders. (Hg.), Handbuch des Deutschen Staatsrechts, Band 2 [1932], 1998, § 71, S. 108; siehe insgesamt *E.-W. Böckenförde*, Gesetz und gesetzgebende Gewalt, 2. Auflage 1981, S. 282ff., siehe auch S. 336f., wo die Kritik zusammengefasst und in Teilen relativiert, aber insgesamt bestätigt wird.

[307] Siehe hierzu bereits *Welcker*, „Gesetz", in: von Rotteck/ders. (Hg.), Das Staats-Lexikon, Band 5, 1847, S. 695; *C. Schmitt*, Verfassungslehre [1928], 4. Auflage 1965, S. 150; siehe insgesamt *Heller*, Der Begriff des Gesetzes in der Reichsverfassung, VVDStRL 4 (1928), 98 (insbes. 104f., 111); *Wenzel*, Der Begriff des Gesetzes in der Reichsverfassung, ebenda, S. 136; *Stolleis*, Geschichte des Öffentlichen Rechts in Deutschland, Band 3, 1999, S. 193; *E.-W. Böckenförde*, Gesetz und gesetzgebende Gewalt, 2. Auflage 1981, S. 210ff.; *Stern*, Das Staatsrecht der Bundesrepublik Deutschland, Band II, 1980, S. 561ff.; *ders.*, ebenda, Band III/2, 1994, S. 716f.; *K. Huber*, Maßnahmegesetz und Rechtsgesetz, 1963, S. 156ff.; *Ossenbühl*, Gesetz und Recht – Die Rechtsquellen im demokratischen Rechtsstaat, in: HStR V, 3. Auflage 2007, § 100 Rdn. 6f. Siehe zu dem Befund, dass die Lehre unterschiedliche Ausprägungen kannte, ihr aber im Grund kaum widersprochen wurde, *Heller*, ebenda, 98 (98ff.); dies verwässert allerdings *Nawiasky*, jedoch nur in Teilen, insbes. mit Blick auf die nunmehr fehlende praktische Bedeutung der Unterscheidung (*ders.*, Aussprache, ebenda, 180f.).

[308] Siehe für die Entwicklung im anglo-amerikanischen Raum jüngst *Vesting*, Rechtswissenschaftliche Beobachtung des Rechtssystems: Einheitsbildung und Differenzerzeugung, in: Trute/Groß/Röhl, H.C./Möllers, Chr. (Hg.), Allgemeines Verwaltungsrecht – zur Tragfähigkeit eines Konzepts, 2008, S. 233 (238ff.).

[309] *Meyer-Cording*, Die Rechtsnormen, 1971, S. 23; *Ossenbühl*, Gesetz und Recht – Die Rechtsquellen im demokratischen Rechtsstaat, in: HStR V, 3. Auflage 2007, § 100 Rdn. 9f., hebt dies für *Laband* hervor; anders aber der bereits zitierte *Welcker*, „Gesetz", in: von Rotteck/ders. (Hg.), Das Staats-Lexikon, Band 5, 1847, S. 695 (705).

[310] Siehe die Beispiele bei *H. Hofmann*, Das Postulat der Allgemeinheit des Gesetzes, in:

Allgemeinheitspostulats in beeindruckender Weise um, als im 19. Jahrhundert in Deutschland wie in anderen Staaten herausragende Verfassungsdokumente und große Kodifikationen in Kraft traten, die wie das Strafgesetzbuch und das Bürgerliche Gesetzbuch noch heute Garanten der Freiheit, des Wohlstands und des Friedens sind. In den Verfassungsdokumenten und im Code Napoléon, im Allgemeinen Bürgerlichen Gesetzbuch Österreichs, im Bayerischen Strafgesetzbuch aus dem Jahre 1813 und später im Strafgesetzbuch wurde „ein abstrakter und straffer Gesetzesstil mit festen Begriffen und Prinzipien in systematischer Anordnung" geschaffen. Diese „spezifisch fachjuristische Art der Gesetzesgestaltung", diese Erwartungen der instrumentellen Allgemeinheit, erreichten – so *Hans Schneider* – „im Bürgerlichen Gesetzbuch ihren Höhepunkt."[311] Das Gesetzbuch wurde auch deshalb als Errungenschaft und Stärkung der Rechtswissenschaft gefeiert, deren Gegenstand – das Gesetz – diese prägt.[312] Diese rechtswissenschaftliche Kodifikationsidee ist in der Bundesrepublik bis heute wirkmächtig, was sich in zahlreichen Gesetzeswerken[313] und aktuellen Kodifikationsvorschlägen[314] zeigt[315] und auch im Verwaltungsverfahrensgesetz deutlich wird. Dieses schaffe einen deutlichen Gewinn an „Rechtseinheit und Rechtsklarheit, also an Rechtssicherheit". Die neue Verfahrensordnung schütze aber insbesondere „unter Berücksichtigung der Belange der Allgemeinheit die Freiheitsrechte des einzelnen."[316] Dieser Befund über die Kodifikation des Verfahrensrechts trifft sich mit diesem Kernanliegen des allge-

---

Starck (Hg.), Die Allgemeinheit des Gesetzes, 1987, S. 9 (12 m. w. H.); *H. Schlosser*, Kodifikationen im Umfeld des Preußischen Allgemeinen Landrechts, in: Merten/Schreckenberger (Hg.), Kodifikation gestern und heute, 1995, S. 63 (insbes. 80 ff.); siehe zum Gesetzesbegriff in den Rechtsdokumenten zu dieser Zeit *Starck*, Der Gesetzesbegriff des Grundgesetzes, 1970, S. 77 ff. m. w. H.

311 *H. Schneider*, Gesetzgebung, 3. Auflage 2002, Rdn. 426; siehe zu den Kodifikationen Ende des 18. und im 19. Jahrhundert *H. Hattenhauer*, Europäische Rechtsgeschichte, 4. Auflage 2004, Rdn. 1535 ff.; siehe zur Entwicklung des BGBs *Säcker*, in: Rixecker/ders. (Hg.), Münchener Kommentar zum Bürgerlichen Gesetzbuch, Band 1, 5. Auflage 2006, Einl. Rdn. 8 ff.; *Damm*, Das BGB im Kaiserreich, in: Diederichsen/Sellert (Hg.), Das BGB im Wandel der Epochen, 2002, S. 9; *Spickhoff*, Das BGB in Europa, ebenda, S. 157; siehe auch *von Gierke*, Der Entwurf eines Bürgerlichen Gesetzbuches und das deutsche Recht, 1889; siehe zur Entstehung und Entwicklung des Strafgesetzbuches *Eser*, Hundert Jahre deutsche Strafgesetzgebung, in: Festschrift für Werner Maihofer, 1988, S. 135.

312 So wurde das Bürgerliche Gesetzbuch in Reimen gepriesen: „Das Denken macht uns nicht mehr Pein! Ha! welche Lust Jurist zu sein!" (zitiert nach JW 1901, 793).

313 Siehe hierzu die Übersicht bei *H. Schneider*, Gesetzgebung, 3. Auflage 2002, Rdn. 430.

314 Siehe hierzu den aktuellen Entwurf eines einheitlichen Arbeitsvertragsgesetzbuches von *Martin Henssler* und *Ulrich Preis* (www.avg.de), den Referententwurf für ein Umweltgesetzbuch des Bundesministeriums für Umwelt, Naturschutz und Reaktorsicherheit vom 19. November 2007, und den Überblick über die Reformvorschläge zum Steuerrecht bei *Lang*, in: Tipke/ders., Steuerrecht, 19. Auflage 2008, § 8 Rdn. 70 ff.

315 Siehe zu der Entwicklung der Kodifikation in Deutschland *Meßerschmidt*, Gesetzgebungslehre zwischen Wissenschaft und Politik, ZJS 2008, 111 (116 ff.).

316 *Stelkens/Sachs*, in: dies./Bonk (Hg.), Verwaltungsverfahrensgesetz, 6. Auflage 2001, Einl. Rdn. 1 ff., auch zur Entwicklung dieser Kodifikaiton.

meinen Gesetzes, das in der Wissenschaft schon in der Wende vom 18. zum 19. Jahrhundert hervorgehoben wurde.[317]

Das Bürgerliche Gesetzbuch löste zahlreiche Gesetzeswerke ab und diente so der Rechtseinheit in Deutschland, der territorialen Allgemeinheit.[318] Als in der Mitte des 19. Jahrhunderts die Zustimmung der Repräsentationsorgane „von einer – abdingbaren – Wirksamkeitsvoraussetzung zum Geltungsgrund des Gesetzes“ wurde,[319] begann der Reichstag seine von einem Vetorecht des Kaisers befreite weitreichende, mit heutigen Parlamenten vergleichbare Gesetzgebungsmacht zu nutzen, um die Kodifikationsidee in einer Weise zu entfalten, die „an Umfang, Bedeutung und fortdauernder Wirkung [...] alle sonst in vergleichbaren Zeiträumen in Deutschland geleistete legislatorische Arbeit“ übertraf.[320] Durch diese Kodifikationen wuchs der Einfluss des Parlaments und damit der Demokratie. Hier wird deutlich, dass Gesetze, welche die vom Gesetzgeber geplante Wirkung entfalten, die Demokratie stärken, jedoch Regelungen, deren Kraft durch eine dichte Gesamtrechtsordnung gelähmt wird, den Parlamentarismus schwächen. Das allgemeine Gesetz, das in einer allgemeinen Rechtsordnung wirken kann, wird zur Kraftquelle der Demokratie.

3. *Rechtsetzungslehren*

In dieser Zeit der Kodifikationen wurde in der Lehre vom guten Gesetz die Gesetzesidee neu entdeckt, wenngleich die Gesetzesallgemeinheit weiterhin nicht unmittelbar entfaltet wurde.[321] Insbesondere die Veröffentlichung des ersten Entwurfs des Bürgerlichen Gesetzbuchs im Jahre 1888 richtete die Wissenschaft neu auf die „Gesetzgebungskunst“ aus. Die Diskussion konzentrierte sich auf die sprachliche und die instrumentelle Allgemeinheit. Zudem wurden die Grenzen der Verallgemeinerung analysiert. Das Gesetz müsse dem Gesetzesadressaten eine Vorstellung von der Konkretisierung geben. Das Maß der Abstraktion dürfe nicht so hoch sein, dass Konkretisierungen möglich sind, an welche der Gesetzgeber nicht gedacht habe. Das Gesetz müsse verständlich und unmittelbar anwendbar bleiben, soll die parlamentarische Entscheidung umgesetzt werden. Deshalb wurde vorgeschlagen, Beispiele in Gesetze aufzunehmen. Doch laufen die Beispiele gerade der weiterhin herrschenden Ratio des Gesetzes

---

[317] Siehe hierzu unter IV. 6. und 7. (S. 136ff.).

[318] *Säcker*, in: Rixecker/ders. (Hg.), Münchener Kommentar zum Bürgerlichen Gesetzbuch, Band 1, 5. Auflage 2006, Einl. Rdn. 8ff., mit einer Übersicht über die Gesetzestexte, die abgelöst wurden.

[319] *Grawert*, „Gesetz“, in: Brunner/Conze/Koselleck [Hg.], Geschichtliche Grundbegriffe, Band 2 E-G, 1975, S. 863 (906ff. m. w. H.).

[320] *E. R. Huber*, Das Kaiserreich als Epoche verfassungsstaatlicher Entwicklung, in: HStR I, 3. Auflage 2003, § 4 Rdn. 43f.

[321] *H. W. Kopp*, Inhalt und Form der Gesetze als ein Problem der Rechtstheorie, Band I, 1958, S. 89ff. m. w. H.

als abstrakt-genereller Regel entgegen. Sie dürften daher – so die Überzeugung – nur in Ausnahmefällen vorgesehen werden und lediglich erläuternde Kraft entfalten, das Gesetz sei kein Lehrbuch.[322] Schließlich wurde betont, dass die Verständlichkeit und die Vereinfachung der Gesetze sowie die Gleichheit vor dem Gesetz die Kodifikation fordern: „Nichts trägt so sehr zur Vereinfachung der Gesetzgebung bei, wie die Zusammenfassung der einzelnen Anordnungen in wenige, klare Grundsätze. Überdies aber wird durch solche Verallgemeinerungen auch die Rechtsüberzeugung befestigt und die Gleichheit in der Ordnung der Verhältnisse gefördert."[323] Die Lehren vom guten Gesetz, später auch die Abhandlung vom Stil des Rechts von *Heinrich Triepel*,[324] rückten zwar nicht die Gesetzesallgemeinheit in ihren Mittelpunkt, hoben aber den Wert der instrumentellen und sprachlichen, auch der finalen Allgemeinheit hervor.[325]

Die Erwartungen dieser Allgemeinheitsmerkmale werden auch von aktuellen Rechtsetzungslehren,[326] die insbesondere seit den 70er Jahren entfaltet wer-

---

[322] Siehe zu dieser Diskussion insbes. *von Morgenstern*, Mensch, Volksleben und Staat im natürlichen Zusammenhange, Band 1, 1855, S. 286 f.; *E. Huber*, Schweizerisches Civilgesetzbuch. Erläuterungen zum Vorentwurf des Eidgenössischen Justiz- und Polizeidepartements, Heft 1, 1901, S. 9 f.; insgesamt *Mertens*, Gesetzgebungskunst im Zeitalter der Kodifikationen, 2004, S. 295 ff. m. w. H.

[323] *E. Huber*, Schweizerisches Civilgesetzbuch. Erläuterungen zum Vorentwurf des Eidgenössischen Justiz- und Polizeidepartements, Heft 1, 1901, S. 9.

[324] *Triepel*, Vom Stil des Rechts. Beiträge zu einer Ästhetik des Rechts [1947], 2007.

[325] Siehe hierzu *Emmenegger*, Gesetzgebungskunst, 2006, S. 44 ff., 184 ff., m. w. H.

[326] *G. Müller*, Elemente einer Rechtssetzungslehre, 2. Auflage 2006, S. 172 ff., 190 ff.; *Schuppert*, Gute Gesetzgebung, ZG Sonderheft 2003; *Bydlinski*, Über prinzipiell-systematische Rechtsfindung im Privatrecht, 1995, S. 5 ff.; unmittelbar für die europäische Rechtsetzung: *Th. M.J. Möllers*, Die Rolle des Rechts im Rahmen der europäischen Integration, 1999, insbes. S. 47 ff.; vom missglückten Gesetz ausgehend: *Diederichsen*, Die Methodologie des mißglückten Gesetzes, in: ders./Dreier, R. (Hg.), Das mißglückte Gesetz, 1997, S. 159; *Zeh*, Wille und Wirkung der Gesetze, 1985; *Hotz*, Methodische Rechtsetzung, 1983, insbes. S. 121 ff.; *Hill*, Einführung in die Gesetzgebungslehre, 1982, S. 96 ff.; *Rhinow*, Rechtsetzung und Methodik, 1979, insbes. S. 124 ff.; *Noll*, Gesetzgebungslehre, 1973, S. 164 ff.; *Rödig/Baden/Kindermann*, Vorstudien zu einer Theorie der Gesetzgebung, 1975; *Schwerdtfeger*, Optimale Methodik der Gesetzgebung als Verfassungspflicht, in: Festschrift für Hans Peter Ipsen, 1977, S. 173; *Ennuschat*, Wege zu besserer Gesetzgebung – sachverständige Beratung, Begründung, Folgeabschätzung und Wirkungskontrolle, DVBl. 2004, 986; *Krems*, Grundfragen der Gesetzgebungslehre, 1979; *Hart*, The concept of law, 1961, S. 97 ff., 120 ff.; *Karpen*, Gesetzgebungs-, Verwaltungs- und Rechtsprechungslehre, 1989, S. 79 ff.; aktuell *ders.*, Gesetzescheck (2005–2007): Empfehlungen zur Qualitätsverbesserung von Gesetzen, ZRP 2008, 97; *ders.*, Instructions for Law Drafting, EJLR 2008, 163; *W. Köck*, Gesetzesfolgenabschätzung und Gesetzgebungsrechtslehre, VerwArch 93 (2002), 1; insbes. zur sprachlichen Forderung *Rupp*, Politische Anforderungen an eine zeitgemäße Gesetzgebungslehre, in: Schreckenberger/König/Zeh (Hg.), Gesetzgebungslehre, 1986, S. 42 (51 f.); *Schreckenberger*, Krise der Gesetzgebung?, ebenda, S. 21 (insbes. 37); *Mengel*, Gesetzgebung und Verfahren, 1997, S. 205 ff.; *Hugger*, Gesetze – ihre Vorbereitung, Abfassung und Prüfung, 1983, S. 39 ff.; *Schmidt-Eichstaedt*, Wirkungsforschung im Recht. Unter welchen Voraussetzungen erfüllen Gesetze ihre Zwecke?, DVBl. 1998, 322; mit einer Betonung der normativen Vorgaben: *Gusy*, Das Grundgesetz als normative Gesetzgebungslehre?, ZRP 1985, 291; *H. Schneider*, Gesetzgebung, 3. Auflage 2002; *M. Kloepfer*, Gesetzgebung im Rechtsstaat, VVDStRL 40 (1982), 63;

den,[327] sowie europäischen[328] und mitgliedstaatlichen Vorgaben[329] an die Rechtsetzungspraxis bestätigt. Nach der Gemeinsamen Geschäftsordnung der Bundesministerien müssen Gesetzentwürfe „sprachlich richtig und möglichst für jedermann verständlich gefasst" sowie in „rechtssystematischer und rechtsförmlicher Hinsicht" auch mit Blick auf das Recht der Europäischen Union geprüft worden sein.[330] Gesetze sollen ein grundlegendes Ziel in verständlicher Sprache dauerhaft erreichen und sich in das bestehende Normsystem einpassen.[331] Die OECD fordert, nur Rechtsakte zu erlassen, wenn diese notwendig

---

insgesamt *W. Leisner*, Krise des Gesetzes, 2001; *Wyduckel*, Gesetzgebungslehre und Gesetzgebungstechnik, DVBl. 1982, 1175; *Burghart*, Die Pflicht zum guten Gesetz, 1996, S. 61 ff., 81 ff., 108 ff., 116 ff., betont die Pflicht zum verständlichen, vollständigen, systemverträglichen und funktionsgerechten Gesetz; siehe zur sachverständigen Beratung, der Begründung, der Folgeabschätzung und Wirkungskontrolle: *Schulze-Fielitz*, Wege, Umwege oder Holzwege zu besserer Gesetzgebung, JZ 2004, 862; siehe für eine aktuelle Analyse der Rechtsetzungslehren auch unter kulturhistorischem Blickwinkel *von Arnauld/Durner*, Heinrich Triepel und die Ästhetik des Rechts, Einführung zu Heinrich Triepel, Vom Stil des Rechts. Beiträge zu einer Ästhetik des Rechts [1947], 2007, S. V ff.

327 Siehe zu der Entwicklung der Gesetzgebungslehren die aktuelle Analyse von *Meßerschmidt*, Gesetzgebungslehre zwischen Wissenschaft und Politik, ZJS 2008, 111 (113 ff.).

328 Siehe hierzu die Interinstitutionelle Vereinbarung „Bessere Rechtsetzung" vom 31. Dezember 2003, ABl. C 321; Der Mandelkern-Bericht, in: Bundesministerium des Innern (Hg.), Moderner Staat – Moderne Verwaltung, 2002; *OECD*, Referenz-Checkliste für die Entscheidungsfindung auf dem Gebiet der Rechtsetzung 1995, ebenda, S. 85 f. (Anhang).

329 §§ 42 Abs. 5, 43 Abs. 1 Nrn. 1, 2, 3, 5, 8 und 9 sowie §§ 44 und 46 Abs. 1 GGO; *E. Bülow*, Typische Mängel von Rechtsnormen, in: Bundesakademie für öffentliche Verwaltung (Hg.), Praxis der Gesetzgebung, 1984, S. 11 (12 ff.); *Freibert*, Das ideale Gesetz, ebenda, S. 27 (32 ff.); *J. Jacob*, Das Unbehagen des Bürgers an seinen Gesetzen, ebenda, S. 38 (41 ff.); *Herles*, Gesetzessprache, ebenda, S. 156 (insbes. 161); *Hugger*, Ziel- und Maßnahmenfindung, ebenda, S. 239; für die sprachliche und instrumentelle Allgemeinheit: Bundesministerium der Justiz (Hg.), Handbuch der Rechtsförmlichkeit, 2. Auflage 1999, Rdn. 43 ff.; siehe zudem §§ 33 f. der Gemeinsamen Geschäftsordnung der Bundesministerien, Besonderer Teil (GGO II), hg. vom Bundesministerium des Innern, 1960, Neudruck nach dem Stand von 1968, S. 27 f.; siehe insgesamt die Übersicht bei *Lücke*, Die Allgemeine Gesetzgebungsordnung, ZG 2001, 1 (35 ff. m. w. H.); *Schultze*, Über die Verantwortung von Regierung und Verwaltung für die Gesetzgebung, DÖV 2007, 401.

330 In der Begründung des Gesetzentwurfs sind „Zielsetzung und Notwendigkeit des Gesetzentwurfs und seiner Einzelvorschriften", der „Sachverhalt" und die „Erkenntnisquellen", welche „dem Gesetzentwurf zugrunde" liegen sowie die Gesetzesfolgen darzulegen; zudem ist die Frage zu beantworten, „ob andere Lösungsmöglichkeiten bestehen", insbes. ob die Aufgabe auch durch Private erledigt werden kann (§§ 42 Abs. 5, 43 Abs. 1 Nrn. 1, 2, 3, 5, 8 und 9 sowie §§ 44 und 46 Abs. 1 GGO; *Waldhoff*, „Der Gesetzgeber schuldet nichts als das Gesetz", in: Festschrift für Josef Isensee, 2007, S. 325 [329], hebt hervor, dass das Parlament nicht unbedingt einem Gesetz im Sinn der Begründung zustimmt).

331 Siehe hierzu die aktuellen Analysen von *Meßerschmidt*, Gesetzgebungslehre zwischen Wissenschaft und Politik, ZJS 2008, 111 (228 ff.); *Lecheler*, Von der Kunst der Gesetzgebung, in: Festschrift für Peter Raue, 2006, S. 205 (207 ff., 212); zur heute großen Herausforderung der Koordination der Rechtsquellen *Di Fabio*, Wege zu besserer Gesetzgebung – sachverständige Beratung, Begründung, Folgeabschätzung und Wirkungskontrolle, 65. DJT 2004, Band II/1, S. 47 (49 ff.).

sind und die Vorteile die Kosten rechtfertigen.[332] Zudem ist die zu regelnde Fragestellung in Ursprung, Ziel und Regelungsmittel klar zu fassen, um aus dieser Analyse die Regelung zu entwickeln. Diese muss in das geltende Recht eingepasst und in Text und Struktur so klar und verständlich wie möglich gefasst werden.[333] In der Interinstitutionellen Vereinbarung „Bessere Rechtsetzung" vereinbarten das Europäische Parlament, der Rat und die Kommission die Rechtssicherheit und die Einfachheit, Klarheit und Kohärenz der Rechtstexte zu fördern. Das geltende Recht und die Debatten über zukünftige Rechtsakte seien den Bürgern nahezubringen. Zudem müssten das Ziel jedes Rechtsakts und die Wahl der Mittel klar und umfassend begründet werden. Die europäischen Organe verpflichten sich schließlich, das gegenwärtige Recht seinem Umfang nach „zu verringern" und „erheblich zu vereinfachen".[334]

Für die mitgliedstaatliche und die europäische Ebene betont der Mandelkern-Bericht ausdrücklich, dass deutlich weniger Gesetze erlassen und die Notwendigkeit sowie die Folgen jeder Regelung geprüft werden müssen. Die europäische Rechtsetzung ist auf das Notwendige und Grundlegende zu beschränken. Das „Gebot der Stunde" ist, kaum neue Regelungen zu erlassen und das geltende Recht zu vereinfachen. Die Rechtsakte sind in einer für den Laien verständlichen Sprache abzufassen und auszugestalten, das Gesetzgebungsziel ist klar und verbindlich zu benennen, auch um daran das gewählte Mittel zu messen. Zudem wird ausdrücklich das Anliegen der sprachlichen Allgemeinheit entfaltet, nach welchem das Recht die Bürger tatsächlich erreichen muss und hierfür insbesondere moderne Kommunikationsmittel einzusetzen sind.[335]

4. *Steuerungskraft des Gesetzes und Demokratie*

Auch die aktuelle rechtswissenschaftliche Diskussion, die sich auf das Gesetz als ein Instrument der Steuerung konzentriert,[336] scheint bestimmte Allgemein-

---

[332] Siehe hierzu bereits *Thomas von Aquin* (unter III. 4., S. 105 ff.).

[333] *OECD*, Referenz-Checkliste für die Entscheidungsfindung auf dem Gebiet der Rechtsetzung 1995, in: Bundesministerium des Innern (Hg.), Moderner Staat – Moderne Verwaltung, 2002, S. 85 f. (Anhang).

[334] Interinstitutionelle Vereinbarung „Bessere Rechtsetzung" vom 31. Dezember 2003, ABl. C 321, S. 1.

[335] Der Mandelkern-Bericht, in: Bundesministerium des Innern (Hg.), Moderner Staat – Moderne Verwaltung, 2002, S. 10 f., 18 f., 24, 26, 42 f., 46 f., 51 ff., 55 ff., 60 ff., 86 ff.

[336] *Schuppert*, Das Gesetz als zentrales Steuerungsinstrument des Rechtsstaates, in: ders. (Hg.), Das Gesetz als zentrales Steuerungsinstrument des Rechtsstaates, 1998, S. 105; *ders.*, Grenzen und Alternativen von Steuerung durch Recht, in: Grimm (Hg.), Wachsende Staatsaufgaben – sinkende Steuerungsfähigkeit des Rechts, 1990, S. 217; *Noll*, Gesetzgebungslehre, 1973, S. 108; insgesamt *Franzius*, Modalitäten und Wirkungsfaktoren der Steuerung durch Recht, in: Hoffmann-Riem/Schmidt-Aßmann/Voßkuhle (Hg.), GVwR I, 2006, § 4; *Schmidt-Aßmann*, Das allgemeine Verwaltungsrecht als Ordnungsidee, 2. Auflage 2004, insbes. S. 18 ff., *Pöcker*, Das Parlamentsgesetz im sachlich-inhaltlichen Steuerungs- und Legitimati-

heitsmerkmale zu bestätigen. Als Ausgangsbefund wird festgestellt, das Gesetz entfalte nur noch eine gehemmte Steuerungskraft,[337] das regulative Recht sei in der Krise.[338] Die Wirkung des Gesetzes aber ist mit der Kraft der Demokratie verbunden. Die Ursachen der Gesetzeskrise wurden durch umfassende Studien analysiert.[339] Die Allgemeinheit des Gesetzes sucht manchen dieser Ursachen zu begegnen und so die ordnende Kraft des Gesetzes und damit die Demokratie zu stärken.

Im Zentrum der Kritik steht der Befund der fehlenden Vollziehbarkeit zahlreicher Gesetze, der Mangel an Verständlichkeit, Eindeutigkeit und Überschaubarkeit der Regelungen, letztlich an Konsistenz der Rechtsordnung. Der Bereich der Exekutive werde zu stark eingeschränkt,[340] das notwendige „Eigengewicht" der Verwaltung, die „Umsetzungsbedürftigkeit genereller Normen" verkannt.[341] In dieser Kritik werden die Forderungen nach verständlicheren,

---

onsverbund, Der Staat 41 (2002), 616; kritisch zu bestimmten Ausprägungen des Steuerungsbegriffs, die quer zu der „verfassungsrechtlichen Gesamtperspektive" stehen: *Lepsius*, Steuerungsdiskussion, Systemtheorie und Parlamentarismuskritik, 1999, S. 1 ff., 30 ff., 71 f.

[337] *H. Dreier*, Hierarchische Verwaltung im demokratischen Staat, 1991, S. 164 ff.; *Schuppert*, Das Gesetz als zentrales Steuerungsinstrument des Rechtsstaates, in: ders. (Hg.), Das Gesetz als zentrales Steuerungsinstrument des Rechtsstaates, 1998, S. 105 (114 ff.).

[338] *F. Reimer*, Das Parlamentsgesetz als Steuerungsmittel und Kontrollmaßstab, in: Hoffmann-Riem/Schmidt-Aßmann/Voßkuhle (Hg.), GVwR I, 2006, § 9 Rdn. 84 ff., 96 m. w. H.; zu den allgemeinen Grenzen der klassischen gesetzlichen Steuerung *Voßkuhle*, Neue Verwaltungsrechtswissenschaft, in: Hoffmann-Riem/Schmidt-Aßmann/ders. (Hg.), GVwR I, 2006, § 1 Rdn. 10; *Schreckenberger*, Krise der Gesetzgebung?, in: ders./König/Zeh (Hg.), Gesetzgebungslehre, 1986, S. 21 (insbes. 36); eine Übersicht der Stimmen bietet zudem *Lepsius*, Steuerungsdiskussion, Systemtheorie und Parlamentarismuskritik, 1999, S. 1 ff.

[339] Siehe hierzu die Übersicht bei *F. Reimer*, Das Parlamentsgesetz als Steuerungsmittel und Kontrollmaßstab, in: Hoffmann-Riem/Schmidt-Aßmann/Voßkuhle (Hg.), GVwR I, 2006, § 9 Rdn. 84 ff., 96 m. w. H.; siehe zu der Steuerungsforschung *Voßkuhle*, Neue Verwaltungsrechtswissenschaft, in: Hoffmann-Riem/Schmidt-Aßmann/ders. (Hg.), GVwR I, 2006, § 1 Rdn. 10, 37 ff.; *Chr. Möllers*, Methoden, ebenda, § 3 Rdn. 42 ff.; jeweils m. w. H.; zu den Schwierigkeiten, die Wirkung der Gesetze zu untersuchen: *Blankenburg*, Rechtssoziologie und Rechtswirksamkeitsforschung: Warum es so schwierig ist, die Wirksamkeit von Gesetzen zu erforschen, in: Schreckenberger/König/Zeh (Hg.), Gesetzgebungslehre, 1986, S. 109; *Karpen*, Nachträgliche Wirkungskontrolle von Gesetzen, 65. DJT 2004, Band II/1, S. 33 ff.; *Dieckmann*, Wege zu besserer Gesetzgebung – sachverständige Beratung, Begründung, Folgeabschätzung und Wirkungskontrolle, ebenda, S. 19 ff.; *Redeker*, Wege zu besserer Gesetzgebung, ZRP 2004, 160; siehe zudem *Noll*, Gesetzgebungslehre, 1973, S. 64 ff.; siehe mit Blick auf die Rechtsvereinfachung zudem: Der Mandelkern-Bericht, in: Bundesministerium des Innern (Hg.), Moderner Staat – Moderne Verwaltung, 2002, S. 45.

[340] *Schuppert*, Das Gesetz als zentrales Steuerungsinstrument des Rechtsstaates, in: ders. (Hg.), Das Gesetz als zentrales Steuerungsinstrument des Rechtsstaates, 1998, S. 105 (117 ff., 138 ff. m. w. H.); *Zeh*, Verwaltungswissenschaftliche Zugänge zur Gesetzgebungslehre, in: Schreckenberger/König/ders. (Hg.), Gesetzgebungslehre, 1986, S. 57 (62 ff.). Die damit einhergehende Forderung der gesetzgeberischen Zurückhaltung bestätigt das steuerungswissenschaftliche Rechtsquellenverständnis: *Ruffert*, Rechtsquellen und Rechtsschichten des Verwaltungsrechts, in: Hoffmann-Riem/Schmidt-Aßmann/Voßkuhle (Hg.), GVwR I, 2006, § 17 Rdn. 24.

[341] *H. Dreier*, Hierarchische Verwaltung im demokratischen Staat, 1991, S. 165 ff.

nach grundlegenderen und konkretisierungsfähigeren Regelungen erkennbar; ebenso die Mahnung, weniger Gesetze zu erlassen. Im Zusammenhang hiermit steht der Hinweis auf die teleologische Überfrachtung der Gesetze, auf das Übermaß an Regelungsdichte und die hieraus folgenden Rechtsunsicherheiten mit Blick auf das anwendbare Recht und seine Interpretation. Folge des überfrachteten Rechts ist eine Entrechtlichung, weil die Gesetze unanwendbar werden und so den Raum der Verwaltung sachwidrig weiten. „Die Überfülle der Feinstvorschriften führt" – so *Horst Dreier* – u.U. zur Sebstfreistellung der Verwaltung durch selektiven Gesetzesgehorsam."[342] Damit wird deutlich, dass die Steuerungskraft der Gesetze durch eine Rücknahme der Regelungen auf das Grundsätzliche gestärkt werden kann.[343] In dieser Rücknahme würde das Gesetz seinem grundlegenden Ziel folgen, der Freiheit zu dienen.[344] Zuweilen fordert die Steuerungsdiskussion unmittelbar die Gesetzesallgemeinheit, wenn Einzelfallgesetzen „chaotische" Wirkungen attestiert und die fehlende Allgemeinheit als Grund für einen verminderten Informationsgehalt und für eine „erhöhte Willküranfälligkeit der Gesetzesanwendung" ausgemacht werden.[345] Der Bedarf an dauerhaften, in Zweck und Ausgestaltung klaren Gesetzen, an stabilem Recht sei – so wird betont – ungleich größer als der Flexibilitätsbedarf der Gesellschaft.[346] Diese Einwände dürften in der Forderung nach sprachlicher, temporaler, finaler und instrumenteller Gesetzesallgemeinheit aufgenommen werden können. Die Rücknahme gesetzlicher Regelungen auf das Notwendige soll aber nicht nur zu stabilem Recht führen, sondern auch in klaren und grundsätzlichen Vorgaben die spezifischen Funktionen der anderen Gewalten sichern und die freiheitliche Kraft der Gesellschaft stärken.

---

[342] *H. Dreier*, Hierarchische Verwaltung im demokratischen Staat, 1991, S. 172ff. (Zitat S. 173); diesen Prozess verdeutlicht auch die römische Entwicklung in Republik und Kaiserzeit (hierzu *Liebs*, Das Gesetz im spätrömischen Recht, in: Sellert [Hg.], Das Gesetz in Spätantike und frühem Mittelalter, 1992, S. 11; siehe hierzu insgesamt oben unter B. II. 5., S. 87ff., m.w.H.).

[343] Insgesamt hierzu: *Wahl*, Die bürokratischen Kosten des Rechts- und Sozialstaats, Die Verwaltung 13 (1980), 273 (284), betont, dass sonst der Rechtsstaat einen „Pyrrhussieg" erringe; *ders.*, Der Vorrang der Verfassung und die Selbständigkeit des Gesetzesrechts, NVwZ 1984, 401; *Schmidt-Aßmann*, Das allgemeine Verwaltungsrecht als Ordnungsidee, 2. Auflage 2004, insbes. S. 24ff.; *Eichenberger*, Gesetzgebung im Rechtsstaat, VVDStRL 40 (1982), 7 (15ff.).

[344] Zu den Gefahren der detaillierten finalen Gesetzgebung jüngst *R. Breuer*, Betrachtungen zur Lage der Gesetzgebung, in: Festschrift für Josef Isensee, 2007, S. 345 (357ff. m.w.H.).

[345] *F. Reimer*, Das Parlamentsgesetz als Steuerungsmittel und Kontrollmaßstab, in: Hoffmann-Riem/Schmidt-Aßmann/Voßkuhle (Hg.), GVwR I, 2006, § 9 Rdn. 97, 102 m.w.H.

[346] Insgesamt hierzu sowie zu weiteren Forderungen der Steuerungsdiskussion *F. Reimer*, Das Parlamentsgesetz als Steuerungsmittel und Kontrollmaßstab, in: Hoffmann-Riem/Schmidt-Aßmann/Voßkuhle (Hg.), GVwR I, 2006, § 9 Rdn. 99ff., 111ff. m.w.H. Die Analyse der Regulierungsstrategien bemängelt u.a., dass den Adressaten zu wenig Autonomie belassen wird, kann hier folglich auch als Rücknahme des Gesetzgebungsauftrags verstanden werden (*Eifert*, Regulierungsstrategien, ebenda, § 19 Rdn. 25ff.).

Hier wird der Gedanke wirksam, dass die Gesetzesallgemeinheit die Demokratie und mit dieser die Funktionenordnung des modernen Staats stärken könnte.

5. *Verantwortung des Parlaments*

Die Rechtsetzungspraxis kannte im 19. Jahrhundert zahlreiche Einzelfallgesetze, brachte aber auch große Kodifikationen hervor.[347] Nach dem Ersten Weltkrieg verlor die Kodifikationsidee jedoch an Einfluss, prägten Ermächtigungs- und Maßnahmegesetze die Gesetzgebungswirklichkeit. Nicht „ein System gerechter und dauerhafter Ordnung, sondern das jeweils gerade Zweckmäßige und Praktikable" bildeten die Richtschnur. „Der Verlust an Rechtsgehalt wird durch einleuchtend erscheinende Zweckmäßigkeitserwägungen ersetzt." Es bedurfte „ständiger Anpassung an die rasch wechselnden Verhältnisse", der „permanenten Novellierung, die häufig ein Paket von Änderungen in anderen Bereichen nach sich zieht."[348] Wer hierin eine Gefahr für die Freiheit sieht, muss sich bewusst machen, dass die Grundrechte der Weimarer Reichsverfassung den Reichsgesetzgeber – anders als in der grundgesetzlichen Ordnung – nur zum Teil banden, sich ihre freiheitschützende Kraft primär in einer Lehre vom Vorbehalt des Gesetzes entfaltete.[349] Insofern folgte die Weimarer Verfassung dem demokratischen Gedanken, dass es der Auftrag des Parlaments ist, die Rechte der Menschen zu schützen. In der Rechtswissenschaft wurde von der Mehrzahl der Stimmen auch angesichts dieser Rechtsetzungspraxis das Ideal des allgemeinen Gesetzes zwar hochgehalten, aber kaum gegen die Einzelfallgesetzgebung in Position gebracht.[350]

Demgegenüber hat der wohl bekannteste Weimarer Rechtswissenschaftler *Carl Schmitt* in seiner Verfassungslehre[351] die Allgemeinheit als notwendiges Merkmal des Gesetzes hervorgehoben.[352] Seine Ausführungen münden jedoch in einer Herrschaft der Vernunft, wenden sich gegen die Demokratie, weil er das Vernünftige eher vom Staat, nicht aber vom Gesetzgeber und auch nicht von den Bürgern und ihrer Freiheit erwartete. *Carl Schmitt* trug wichtige Argu-

---

[347] Siehe oben unter 2. (S. 147 ff.).

[348] *H. Schneider*, Gesetzgebung, 3. Auflage 2002, Rdn. 427; zu der Gesetzgebungspraxis der Weimarer Republik mit konkreten Beispielen *Stern*, Das Staatsrecht der Bundesrepublik Deutschland, Band III/2, 1994, S. 718 ff.

[349] Der Landesgesetzgeber war hingegen an die Grundrechte gebunen (insgesamt *H. Dreier*, Die Zwischenkriegszeit, in: HGR I, § 4 Rdn. 12 ff., insbes. Rdn. 38 ff. m. w. H.).

[350] *Dürig*, Zurück zum klassischen Enteignungsbegriff!, JZ 1954, 4 (6 f.), spricht hier insgesamt von einer „berühmten Streitfrage des deutschen Staatsrechts"; siehe zu der Gesetzgebungslehre und -praxis der Weimarer Zeit *Stern*, Das Staatsrecht der Bundesrepublik Deutschland, Band III/2, 1994, S. 717 ff.

[351] *C. Schmitt*, Verfassungslehre [1928], 4. Auflage 1965, S. 138 ff.

[352] Siehe hierzu bereits im Ersten Kapitel unter A. IV. (S. 23 ff.).

mente für die Allgemeinheit des Gesetzes bei, verkannte aber letztlich, dass unbedingte, undefinierte Herrschaft im Totalitären münden kann. Die Vernunft erwartet Rechtsstaat und Demokratie, nicht aber das staatliche Diktat; im Raum der gesetzgeberischen Entscheidung sollen sich Freiheit und Gleichheit vor dem Gesetz entfalten.

Der „bürgerliche Rechtsstaat" baut auf die „Herrschaft des Gesetzes", ist ein „Gesetzesstaat". Wenn aber ein Gesetz nicht bestimmte Vorgaben erfüllen muss – so fährt *Carl Schmitt* fort –, wird die Herrschaft des Gesetzes zu einer „leeren Redensart", kann sie nicht mehr die Freiheit und die anderen „Kennzeichen des Rechtsstaates" sichern. Auch in einer Monarchie würde das Gesetz als Verlautbarung des Herrscherwillens regieren, eine Tyrannei müsste wie die „Diktatur des Proletariats" als Gesetzesstaat bezeichnet werden. Die Herrschaft des Gesetzes diene nur dann dem Rechtsstaat, wenn ein Gesetz „gewisse Qualitäten" erfülle, „durch welche der Unterschied einer Rechtsnorm von einem bloß willensmäßigen Befehl oder einer Maßnahme möglich wird." Würde alles, was „mit dem Zauberstab des Gesetzgebungsverfahrens berührt würde, sich nun in ein Gesetz" verwandeln, würde die „Herrschaft des Gesetzes" nicht mehr bedeuten als die Herrschaft des Gesetzgebers. Die Gleichheit vor dem Gesetz ist „dem rechtsstaatlichen Begriff des Gesetzes immanent". Gesetz ist nur das, „was in sich selbst die Möglichkeit" nach Gleichheit enthält, „also eine generelle Norm. Vor einem Einzelbefehl gibt es keine Gleichheit, weil er in seinem Inhalt ganz von der individuellen Lage des Einzelfalles bestimmt ist [, ...] nur eine individuell bestimmte Person, einen einzelnen Tatbestand [betrifft ...] und sich in diesem Befehl" erschöpft. Auch die Unabhängigkeit der Richter baut auf die Allgemeinheit des Gesetzes. Der Richter ist an die Gesetze gebunden. Würden diese Einzelfälle lösen, wäre er „nicht mehr unabhängig, sondern von den Stellen, welche für die Gesetzgebung zuständig sind, abhängig." Der Gesetzgeber würde durch Spezialanweisungen und „Machtworte" letztlich zum „Vorgesetzten des Richters."[353]

Aus diesen klaren und überzeugenden Befunden über die Notwendigkeit der Gesetzesallgemeinheit entwickelte *Carl Schmitt* aber im Ergebnis eine ‚Souveränität des vernünftigen Gesetzes', die nicht den Absolutismus, sondern den Parlamentarismus überwand. „Die rechtsstaatliche Grundvorstellung enthält sowohl geschichtlich wie gedanklich die Ablehnung der Herrschaft von Menschen [...]. Herrschaft des Gesetzes bedeutet vor allem und in erster Linie, daß der Gesetzgeber selbst an sein Gesetz gebunden ist und seine Befugnis zur Gesetzgebung nicht das Mittel einer Willkürherrschaft wird. Die Bindung des Gesetzgebers an das Gesetz ist aber nur so lange möglich, als das Gesetz eine Norm mit gewissen Eigenschaften ist: Richtigkeit, Vernünftigkeit, Gerechtigkeit,

[353] *C. Schmitt*, Verfassungslehre [1928], 4. Auflage 1965, S. 138, 145, 151, 154f. (Hervorhebungen nicht übernommen).

usw." An die „Stelle einer konkret existierenden Souveränität", an die Stelle des „Absolutismus wechselnder Parlamentsmehrheiten" ist eine „Souveränität des Gesetzes" zu stellen. Die notwendige Verbindung von Gesetzesallgemeinheit und Gleichheit richtet Herrschaft auf Gerechtigkeit aus. Das rechtsstaatliche Gesetz ist „von der Idee der Gerechtigkeit beherrscht", seine „Gleichheit bedeutet Gerechtigkeit".[354]

Bei *Schmitt* regiert hier die Vernunft und bindet den Gesetzgeber – doch liegt die Herrschaft beim Gesetzgeber, beim Parlament, beim Menschen. *Schmitts* Herrschaft des Gesetzes wandte sich gegen den Gesetzgeber, gegen das Parlament und damit gegen die Demokratie. Der Gesetzgeber muss auch in der Demokratie die Herrschaft freiheitsgerecht und vernünftig ausüben, doch kann er – in den Grenzen der Verfassung – auch ein unvernünftiges Gesetz anordnen und sich durch ein solches Gesetz selbst binden. Die „Vernunft" kann – dies hat schon *Aristoteles* festgestellt[355] – auch in der Monarchie oder Aristokratie regieren. Die „Mitwirkung der Volksvertretung" ist für *Schmitt* „natürlich nur ein aus dem politisch-demokratischen Gesetzesbegriff abgeleitetes Kennzeichen des Gesetzesbegriffes". Die Allgemeinheit des Gesetzes zielt dann nicht auf die Allgemeinheit des Gesetzgebers, so dass der freiheitliche Rechtsstaat nicht mehr nur als Demokratie existieren kann. Der wie *Aristoteles* ebenfalls zitierte *Thomas von Aquin* wird dabei aber in einem Kerngedanken vernachlässigt: Seine Anforderungen an das Gesetz richten den gesetzgeberischen Willen auf das transzendente Recht und damit die Vernunft aus. Dies bedeutet jedoch gerade nicht, dass die Vernunft an Stelle des Gesetzgebers herrscht. *Thomas von Aquin* betonte vielmehr, dass es eines menschlichen Gesetzgebers mit eigenem Entscheidungsraum bedarf.[356]

Schmitt schloss seine Ausführungen zum Gesetz mit einem Zitat von *Duguit*, nach welchem das Gesetz schlecht und ungerecht sein könne, „aber infolge seiner generellen und abstrakten Fassung" diese „Gefahr auf ein Minimum reduziert" sei. „Der Schutzcharakter des Gesetzes, ja seine raison d'être selbst liegt in seinem generellen Charakter." Die hier wieder betonte Notwendigkeit der Gesetzesallgemeinheit konnte sich in der Wissenschaft wie in der Praxis der Weimarer Zeit nicht durchsetzen.[357] Schließlich wurden Demokratie und

---

[354] *C. Schmitt*, Verfassungslehre [1928], 4. Auflage 1965, S. 139, 146, 151, 155, 156 (Hervorhebungen nicht übernommen).

[355] Siehe oben unter II. 3. (S. 82 ff.).

[356] Siehe oben unter III. 4. (S. 105 ff.).

[357] *Stern*, Das Staatsrecht der Bundesrepublik Deutschland, Band III/2, 1994, S. 718 ff. m. w. H.; siehe zur Weimarer Reichsverfassung *H. Schneider*, Die Reichsverfassung vom 11. August 1919, in: HStR I, 3. Auflage 2003, § 5; siehe bereits oben unter 1. (S. 143 ff.).

Rechtsstaat – auch mit der wissenschaftlichen Unterstützung *Schmitts*[358] – verabschiedet, es kam zur „totalen Umformung des Staatswesens".[359]

6. *Demokratie, Gewaltenteilung, Menschenrechte*

Nach dem Zweiten Weltkrieg verdichtete sich erneut in der Praxis ein rein funktionales Gesetzesverständnis. Dieses wurde im Begriff des Maßnahmegesetzes erfasst. Dieser Gegenbegriff zum allgemeinen Gesetz[360] wurde jedoch kritisiert, weil er zwar eine „interessante Bezeichnung" für ein Phänomen, für die vermehrt auftretende kurzfristige Gesetzgebung der Zeit sei, neben der Kategorie des Einzelfallgesetzes jedoch rechtlich nicht wirke, weil die Verfassung nur

[358] *C. Schmitt*, Über die drei Arten des rechtswissenschaftlichen Denkens [1934], 2. Auflage 1993; *ders.*, Unsere geistige Gesamtlage und unsere juristische Aufgabe, Zeitschrift der Akademie für Deutsches Recht 1934, 11 (12); siehe zudem *ders.*, Vergleichender Überblick über die neueste Entwicklung des Problems der gesetzgeberischen Ermächtigungen (Legislative Delegationen), ZaöRV 6 (1936), 252; siehe zur Kritik an den Ausführungen in der Verfassungslehre *H. Hofmann*, Das Postulat der Allgemeinheit des Gesetzes, in: Starck (Hg.), Die Allgemeinheit des Gesetzes, 1987, S. 9 (10f.).

[359] *Menger*, in: Dolzer/Vogel/Graßhof (Hg.), Bonner Kommentar zum Grundgesetz, Art. 19 Abs. 1 (1979) Rdn. 27; *Grawert*, Die nationalsozialistische Herrschaft, in: HStR I, 3. Auflage 2003, § 6 Rdn. 2ff.; *Starck*, Der Gesetzesbegriff des Grundgesetzes, 1970, S. 94ff.

[360] *Forsthoff*, Über Maßnahmegesetze [1955], in: ders., Rechtsstaat im Wandel, 1964, S. 78 (insbes. 81, 83, 85ff., 96): Das Maßnahmegesetz sei ein besonderes Gesetz, das auf ein „bestimmtes Ziel gerichtet" sei, welches „die Priorität vor dem zu seiner Verwirklichung eingesetzten Mittel" habe. Es „erwächst einer bestimmten Situation und steht zu ihr in einem überschaubaren und logisch vollziehbaren Verhältnis." Das „klassische" Gesetz ordne einen Lebensbereich in generell-abstrakter Weise auf Dauer – dieses ist auch für *Forsthoff* allgemein –, das Maßnahmegesetz sucht hingegen als „actio" aus konkretem Anlass ein punktuelles Ziel zu erreichen. Diese Definition wurde dahingehend kritisiert, dass sich der Gesetzgebungszweck nicht mit hinreichender Präzision aus den Gesetzgebungsmaterialien entnehmen lasse und selbst dann die Motive der Mitglieder des gesetzgebenden Organs hiervon abweichen können. Der Begriff sei daher der Rechtssoziologie zuzuordnen. In der Tat lassen die Gesetzgebungsmaterialien nur selten ein eindeutiges Gesetzgebungsziel erkennen (*Zeidler*, Massnahmegesetz und „klassisches" Gesetz, 1959, S. 32ff., 176ff., 193ff., 209; *K. Huber*, Maßnahmegesetz und Rechtsgesetz, 1963, S. 9ff., 93ff.; *Wehrhahn*, Das Gesetz als Norm und Maßnahme, VVDStRL 15 [1957], 35 [insbes. 61 und 64f.]). Nach *Menger*, Das Gesetz als Norm und Maßnahme, VVDStRL 15 (1957), 3 (insbes. 5, 7f., 33), ist ein Maßnahmegesetz jeder Rechtssatz, „in welchem der Gesetzgeber einen zeitlich und / oder zahlenmäßig begrenzten Kreis von Sachverhalten in einem Tatbestande mit der Absicht zusammenfaßt, ihn einer rein zweckmäßigen Rechtsfolge zu unterwerfen." Eine Rechtsnorm ist ein Verhaltensgebot, das sich nicht – wie das Maßnahmegesetz – an der Zweckmäßigkeit und Nützlichkeit, sondern an der Gerechtigkeit orientiert. *Ballerstedt*, Über wirtschaftliche Maßnahmegesetze, in: Festschrift für Walter Schmidt-Rimpler, 1957, S. 369 (insbes. 378ff.), ergänzt die Unterscheidung nach dem Ziel ebenfalls materiell: Maßnahmengesetze sind Mittel zu einem profanen Zweck, Rechtsgesetze hingegen dienen dem Recht, der Gerechtigkeit. Diese Differenzierung ist aber schon wegen der Unbestimmtheit der Begriffe Recht und Gerechtigkeit nicht scharf (*Merk*, Aussprache, VVDStRL 15 [1957], 76ff.; *Kaiser*, ebenda, S. 82f.).

letzteres – ausdrücklich in Art. 19 Abs. 1 Satz 1 GG – nenne.[361] Auch das Bundesverfassungsgericht hat den Begriff für verfassungsrechtlich unbeachtlich erklärt.[362]

In der gleichen Zeit suchten rechtswissenschaftliche Analysen dem Allgemeinheitspostulat neue Kraft zu spenden.[363] *Max Imboden* betonte in der Mitte der 50er Jahre, dass es einer „Wiederbesinnung auf das Wesen der allgemeinen Verhaltensnorm" bedürfe. „Allein damit, daß eine Vorschrift generell-abstrakten Charakter aufweist, daß sie sich auf eine unbestimmte Vielzahl von Gegenständen bezieht und daß sie sich an eine unbestimmte Vielzahl von Adressaten richtet, ist ihr Gewicht als Gesetz nicht verbürgt. Das Gesetz, so wie dieser Begriff von den großen Wegbereitern der konstitutionellen Lehre verstanden wurde, ist eine wertmäßige allgemeingültige und eben deshalb auch zeitlich dauerhafte Regel. Dem Gesetz ist die ‚Ausrichtung auf das Bedeutsame und Grundlegende' eigen; es ist die norma recti et iusti, die ‚raison humaine', wie es Montesquieu sagt."[364] Hier wird die Tradition des Gesetzesbegriffs in der gegenständlichen und personalen, aber auch der temporalen und finalen Allgemeinheit erneuert. Zudem wird das Anliegen deutlich, die Bedeutungsvielfalt der Gesetzesallgemeinheit begrifflich zu fassen und zu fragen, ob der Rechtsstaat und die Gewaltenteilungslehre,[365] ob der Schutz der Grundrechte und die Demokratie rechtliche Forderungen an das Gesetz stellen.

---

[361] *Scheuner*, Aussprache, VVDStRL 15 (1957), 69ff.; *ders.*, Die Aufgabe der Gesetzgebung in unserer Zeit, DÖV 1960, 601; siehe insgesamt *Stern*, Das Staatsrecht der Bundesrepublik Deutschland, Band III/2, 1994, S. 721; siehe *Schlette*, Die Konzeption des Gesetzes im französischen Verfassungsrecht, JöR n.F. 33 (1984), 279 (282ff.), für die Entwicklung in Frankreich, die mit der Verfassung von 1958 zu einer Schwächung des parlamentarischen Gesetzgebungsrechts und zu einer Stärkung des Exekutive führte.

[362] BVerfGE 25, 1 (14) – Mühlengesetz; 25, 371 (396) – lex Rheinstahl; 42, 263 (305) – Contergan; jeweils m.w.H.; insgesamt zu der Diskussion über Maßnahmegesetze *H. Schneider*, Über Einzelfallgesetze, in: Festschrift für Carl Schmitt, 1959, S. 159 (161ff.); *ders.*, Gesetzgebung, 3. Auflage 2002, Rdn. 195ff.; *Menger*, in: Dolzer/Vogel/Graßhof (Hg.), Bonner Kommentar zum Grundgesetz, Art. 19 Abs. 1 (1979) Rdn. 51ff.

[363] *H. W. Kopp* entfaltete nur kurz darauf Inhalt und Form des Gesetzes und dabei auch dessen Allgemeinheit in einer tief greifenden Analyse (*ders.*, Inhalt und Form der Gesetze als ein Problem der Rechtstheorie, 2 Bände, 1958, siehe zur Gesetzesallgemeinheit insbes. Band II, S. 384ff.); auf die Allgemeinheit des Gesetzes setzen auch *Esser*, Einführung in die Grundbegriffe des Rechtes und Staates, 1949, S. 125f., und zuvor *Bergbohm*, Jurisprudenz und Rechtsphilosophie, 1892, S. 80, 479, 529, 539; siehe hierzu zudem *Radbruch*, Rechtsphilosophie, 3. Auflage 1932, S. 10; siehe hierzu auch unter C. II. (S. 196ff.) und insgesamt zu dieser Entwicklung *Welzel*, Naturrecht und materiale Gerechtigkeit, 4. Auflage 1962, S. 182ff., 236ff. m.w.H.

[364] *Imboden*, Das Gesetz als Garantie rechtsstaatlicher Verwaltung, 1954, S. 39.

[365] Für eine Gewaltenteilungslehre, die einen materiellen Gesetzesbegriff fordert, deutlich *Kelsen*, Allgemeine Staatslehre [1925], 1966, S. 231ff.; *Imboden*, Das Gesetz als Garantie rechtsstaatlicher Verwaltung, 1954, S. 39ff.; *H. Schneider*, Gesetzgebung, 3. Auflage 2002, Rdn. 36.

VI. Bedeutungsvielfalt und Struktur des allgemeinen Gesetzes

Die ideengeschichtliche Suche nach Merkmalen des allgemeinen Gesetzes schöpft aus unterschiedlichen Quellen. Wenn das Allgemeinheitspostulat etwa versucht, die Gesetzgebung auf das gemeine Wohl auszurichten, verfolgt dieser einheitliche Befund in verschiedenen Epochen ganz unterschiedliche Zielsetzungen. Die griechische Antike wollte die Menschen zur Tugend erziehen, es galt einer Vernunft, einem gemeinen Wohl zu folgen, die sich auf die Gemeinschaft der Polis, nicht aber auf das Individuum und seine Freiheit bezogen.[366] *Thomas von Aquin* suchte durch die Gesetzesallgemeinheit das von Menschen erlassene Recht an den transzendenten Gesetzen zu orientieren.[367] Bei *Locke* und *Kant* stand hingegen die individuelle Freiheit im Vordergrund, die im allgemeinen Gesetz um eine freiheitsichernde Gemeinschaftsperspektive ergänzt wird.[368] Auch der Staat leitet seit dem 18. Jahrhundert seine Existenzberechtigung nicht mehr aus einem ihm anvertrauten Auftrag der Sorge für alle ab, sondern aus der individuellen Freiheit.[369] Die Demokratie setzt auf die Freiheit des Wählers und die Entscheidung des demokratischen Gesetzgebers, nicht auf ein vorgelagertes Gemeinwohlkonzept, das nur noch zu erfüllen wäre.[370] Bereits diese Unterschiede verdeutlichen den selbstredenden Befund, dass es keinen vorfindlichen und zeitlosen Gesetzesbegriff gibt, sondern dieser durch die jeweilige Rechtsordnung, durch den demokratischen Verfassungs- und Gesetzgeber bestimmt wird.[371]

Der rechtshistorische, der ideengeschichtliche Ausgangspunkt der rechtlichen Analyse fragt aber gleichwohl nach einer ‚Struktur der Bedeutungsvielfalt' (*Hasso Hofmann*) der Gesetzesallgemeinheit,[372] nach einer Ordnung der vielschichtigen und von der jeweiligen Zeit bestimmten Gedanken über das allgemeine Gesetz. Dieser Ordnung geht es nicht darum, die Geschichte des Gesetzes,[373] die verschiedenen Freiheits- oder Gemeinwohlbegriffe detailgenau nachzuzeichnen, sondern ein Fundament zu errichten, das die historischen Quellen für das heutige Rechtsverständnis erschließt. Im Folgenden soll daher der Versuch unternommen werden, eine solche, in der Analyse der Idee des Ge-

---

[366] Siehe hierzu II. 2. und 3. (S. 78 ff.)

[367] Siehe unter III. 4. (S. 105 ff.)

[368] Siehe hierzu unter IV. 4. und 6. (S. 121 ff. und 136 ff.).

[369] *Grimm*, Ursprung und Wandel der Verfassung, in: HStR I, 3. Auflage 2003, § 1 Rdn. 11 ff.

[370] Siehe hierzu bereits *Marsilius von Padua* (unter III. 5.; siehe zudem unter IV. 4. und 5., S. 111 ff. und 121 ff.).

[371] Siehe hierzu bereits oben unter I. m. w. H. (S. 67 ff.).

[372] Siehe hierzu bereits oben unter I. (S. 67 ff.) sowie *H. Hofmann*, Das Postulat der Allgemeinheit des Gesetzes, in: Starck (Hg.), Die Allgemeinheit des Gesetzes, 1987, S. 9 (15).

[373] Siehe für einen Überblick eben diesen Teil der Arbeit über die Idee des Gesetzes (B, S. 67 ff.) sowie für die Linien bereits im Ersten Kapitel unter A. II. (S. 14 ff.).

setzes bereits angedeutete Struktur zu zeichnen. Dabei werden sieben Merkmale der Gesetzesallgemeinheit erkennbar, die in einer Wechselwirkung zueinander stehen, zuweilen die Konkretisierung eines anderen Merkmals leiten, aber jeweils eine eigenständige Forderung betonen.

1. *Sprachliche Allgemeinheit*

Das Gesetz ist ursprünglich die in Bronze gegossene,[374] in Stein gemeißelte,[375] in der Schriftlichkeit sichtbare[376] Grundregel. In dieser Vergegenständlichung des Gesetzes ruht die Erkenntnis, dass die gesetzliche Regelung nur allen gemein werden kann, wenn sie verbreitet, allen zugänglich,[377] „gehörig" bekannt gemacht wird.[378] Sie dürfe weder „so hoch aufgehängt" werden, „daß sie kein Bürger lesen" kann, noch „in den weitläufigen Apparaten und noch dazu in einer fremden Sprache vergraben" werden, so dass sie nur Experten zugänglich wird. „Es ist die Garantie der Freiheit, daß das Gesetz einen Buchstaben hat." Gesetze müssen hierfür aber „einfach sein, und einfach sind sie nur, insofern sie allgemeine sind."[379] Die Verbreitung greift ins Leere, wenn das Gesetz die Menschen von vornherein nicht erreichen kann, weil es unverständlich ist. Der Rechtsstaat wird daher – die Forderung scheint eine Selbstverständlichkeit – keine Gesetze in Latein erlassen, anders als das Mittelalter nicht das Römische Recht zur Anwendung bringen. Doch erwartet dieser Gedanke auch, keine Regelungen in deutscher Sprache zu setzen, die schlicht nicht zu begreifen sind – und zielt damit auch auf Regelungen des geltenden Rechts.[380] Gesetze sind gemeinverständlich und klar, auch bündig zu verfassen, ihr Wortlaut sollte „in allen Menschen die gleichen Vorstellungen" wecken.[381] Bereits hier wird das Anliegen erkennbar, den Gesetzgebungsauftrag zurückzunehmen, auf das Grundsätzliche zu beschränken. Eine Detailregelung ist schon auf Grund ihrer Spezialität nicht allgemein verständlich, weil sie Fachkenntnisse erwartet, um den beschränkten Regelungsbereich zu verstehen. Zudem beansprucht die Idee des Gesetzes nicht nur Verstehbarkeit, sondern Verständnis, wird dann zur „überredenden" Regel. Gesetze sollen aus sich heraus überzeugen, dem Bürger

---

[374] Siehe hierfür das Zwölftafelgesetz (unter II. 1., S. 69ff.).

[375] Siehe hierfür unter II. 4. zu den griechischen Kodifikationen (S. 84ff.).

[376] Siehe hierfür die griechischen Kodifikationen unter II. 4. (S. 84ff.) und zu den Anfängen des Mittelalters III. 1. b) (S. 96ff.).

[377] Dies war eine Grundforderung des Zwölftafelgesetzes und von *Thomas von Aquin* (siehe unter II. 1., S. 69ff., und III. 4., S. 105ff.).

[378] So der Wortlaut des Preußischen Allgemeinen Landrechts (unter IV. 5., S. 125ff.).

[379] *Hegel* (siehe unter IV. 7., S. 140ff.).

[380] Ein Beispiel bildet § 1 Abs. 3 AStG; siehe bereits unter A. I., S. 39ff., sowie im Dritten Kapitel unter C. II. 4. c) (S. 248ff.).

[381] *Montesquieu* (siehe unter IV. 3., S. 119ff.).

ihre Beachtung nahelegen.[382] Die sprachliche Allgemeinheitsforderung erwartet, dass das Gesetz die Menschen erreicht. Sie fordert damit auch die ausdrückliche und verlässliche Regel, die Rechtsförmlichkeit, nach welcher ein Gesetz allenfalls ausdrücklich aufgehoben werden darf.[383]

2. *Temporale Allgemeinheit*

Ein Gesetz, dass in Bronze gegossen oder in Stein geritzt wird, beansprucht bereits durch das Medium der Vermittlung dauerhafte Geltung und Unveränderlichkeit.[384] Wird eine gesetzliche Regelung zeitlich beschränkt, greift sie allein auf Grund der kurzen Geltungsdauer nur für wenige Fälle oder auch nur für einen Einzelfall, ist sie nicht allgemein. Die temporale Allgemeinheit[385] erwartet, dass die gesetzlichen Grundaussagen festgeschrieben sind,[386] in die Zukunft wirken,[387] in ihrer Beständigkeit kaum veränderbar sind.[388] Jedes Gesetz ist hiernach so zu gestalten, dass es unbeschränkte Zeit wirken könnte, mag der Gesetzgeber es auch schon bald nach dem Erlass wieder ändern. Doch werden insbesondere dauerhafte Regeln selbstverständlicher Teil der Rechtskultur und können in ihrer Fortgeltung das Rechtsvertrauen stützen.[389] Jede Gesetzesänderung beeinträchtigt in dieser Perspektive bereits als solche „das gemeine Wohl". Ihr Nutzen hat diese Beeinträchtigung auszugleichen.[390] Nach diesem Maßstab wäre eine Änderung des Straßenverkehrsrechts, nach welcher Schilder in roter Farbe Gebote, in blauer Farbe hingegen Verbote anordnen, nicht zu rechtfertigen. Ein Recht, das täglich alle betrifft und befolgt werden will, sollte wie selbstverständlich ins allgemeine Rechtsbewusstsein treten und bereits deshalb dauerhaft gelten. Insoweit ruht schon in der Forderung der sprachlichen Allgemeinheit nach einer verlässlichen und bekannt gegebenen Regelung ein zeitliches Element, das durch die Kategorie der temporalen Allgemeinheit betont wird.

---

382 Siehe hierzu bereits *Platon* (siehe unter II. 2., S. 78 ff.).

383 Zu diesem rechtsstaatlichen Gedanken insbes. *Jean Bodin* und das Preußische Allgemeine Landrecht (siehe unter IV. 1., S. 114 ff., und 5., S. 125 ff.).

384 Siehe für diesen Anspruch des Zwölftafelgesetzes und der griechischen Kodifikationen unter II. 1., S. 69 ff., und 4. (S. 84 ff.).

385 Siehe hiefür insbes. *Thomas von Aquin* (unter III. 4., S. 105 ff.).

386 Siehe hierfür *Locke* (unter IV. 2., S. 116 ff.) und das Preußische Allgemeine Landrecht (unter IV. 5., S. 125 ff.).

387 Die betont bereits *Aristoteles* (siehe unter II. 3., S. 82 ff.).

388 Dies hebt *Thomas von Aquin* hervor (siehe unter III. 4., S. 105 ff.) und wird später von *Locke* (siehe unter IV. 2., S. 116 ff.) und dem Preußischen Allgemein Landrecht betont (siehe unter IV. 5., S. 125 ff.).

389 *Jean Bodin* (siehe unter IV. 1., S. 114 ff.).

390 *Thomas von Aquin* (siehe unter III. 4., S. 105 ff.).

Der Gedanke an die dauerhafte Regelung greift aber weiter. Es sollen nicht nur die Kontinuität der Rechtsordnung und damit die Rechtssicherheit gewährleistet,[391] sondern auch die Gleichheit vor dem Gesetz in der Zeit geschützt werden. Was heute gilt, ist auch morgen gültig; was gestern galt, ist für die Vergangenheit nicht zu ändern.[392] Vorübergehendes ist nicht in ein Gesetz zu schreiben. Ein Gesundheits-, Energie- oder Umweltrecht, das nicht von vornherein darauf angelegt ist, die ärztliche Betreuung der Menschen, ihre Versorgung mit Energie und den Schutz der Umwelt dauerhaft zu gewährleisten, verletzt den eigenen Regelungsauftrag und die temporale Allgemeinheit, verstößt gegen den Gedanken der Gleichheit in der Zeit. Die temporale Allgemeinheit dient der Nachhaltigkeit des Rechts. Sie blickt in die Zukunft, wenn sie andauernde Regelungen fordert, schaut aber auch in die Vergangenheit, wenn sie der Rückwirkung entgegensteht.[393] Das Gesetz sichert Freiheit, wenn es den Menschen nicht mit einem Ruck, sondern behutsam, unter Berücksichtigung der bisherigen rechtlichen und tatsächlichen Begebenheiten „Schritt für Schritt" leitet.[394] Damit stellt sich die Frage nach anderen regelungsbefugten Organen, nach der Gewaltenteilung. Die Unterscheidung zwischen gleichbleibender, eherner Regel und Bestimmungen für die Aktualität und die Besonderheit lässt den Unterschied zwischen Gesetzgeber und Verwaltung, zwischen Gesetz und Rechtsverordnung[395] anklingen, unterscheidet die Zuständigkeit für die Grundregel von der für die Ausnahmeregelung,[396] erwägt eine Gewaltenteilung: Das Dauerhafte regelt das Gesetz, das Gegenwärtige die Verwaltung und das Vergangene das Urteil.[397] Die Billigkeit im Einzelfall ist nicht vom Gesetz, sondern von der Obrigkeit,[398] von der Verwaltung zu erwarten.

Die Wissenschaft von der Auslegung der Gesetze hängt von der Schriftlichkeit des Gesetzes ab, weil die gesetzte und damit feste Regelung – anders als das Gewohnheitsrecht – klar zwischen Rechtsetzung und Rechtsauslegung trennt.[399] Die sprachliche und temporale Allgemeinheit bilden insofern den Ursprung der

[391] Zu diesem Verfassungsprinzip *H. Maurer*, Kontinuitätsgewähr und Vertrauensschutz, in: HStR IV, 3. Auflage 2006, § 79; *A. Leisner-Egensperger*, Kontinuität als Verfassungsprinzip, 2002.

[392] Deutlich bereits bei *Tertullian*, *Ulpian* und *Paulus* (siehe unter II. 5. b), S. 89 ff.).

[393] Zu dieser Ausrichtung der Gesetze auf die Zukunft – ohne jedoch das Problem der Rückwirkung ausdrücklich zu benennen – *Aristoteles* (siehe unter II. 3., S. 82 ff.) und *Thomas von Aquin* (siehe unter III. 4., S. 105 ff.).

[394] Siehe hierzu *Thomas von Aquin* und *Montesquieu* sowie auch *W. von Humboldt* (unter III. 4., (S. 105 ff., IV. 3., S. 119 ff., und 5., S. 125 ff.).

[395] Grundlegend hierzu bereits *Aristoteles* und *Locke*, zu Letzterem insbes. *von Mohl* (siehe unter II. 3., IV. 2. und V. 1., S. 82 ff., S. 116 ff. und S. 143 ff.).

[396] Siehe hierzu *Locke* und *Montesquieu* (unter IV. 2. und 3., S. 116 ff.).

[397] *Husserl*, Recht und Zeit, 1955, S. 52 f.

[398] Hierzu bereits *Aristoteles* und *Locke* (siehe unter II. 3., S. 82 ff., und IV. 2., S. 116 ff.).

[399] Siehe hierzu das Zwölftafelgesetz (unter II. 1., S. 69 ff.).

Rechtswissenschaft, der Gewaltenteilung und damit auch der gleichheitsgerechten Forderung der territorialen Allgemeinheit.

3. *Territoriale Allgemeinheit*

Eine allgemeine gesetzliche Regel erreicht den gesamten Geltungsbereich, wehrt sich gegen jede Rechtszersplitterung (territoriale Allgemeinheit).[400] Dieses Gesetzesmerkmal baut auf eine Verfasstheit, die das Territorium bestimmt. Die territoriale Allgemeinheit sichert die Einheit der Rechtsordnung, die Gesamtverantwortlichkeit des Gesetzgebers, letztlich die Gleichheit vor dem Gesetz.[401] Sie verdeutlicht aber auch, dass sich ein Gesetz auf ein bestimmtes Gebiet bezieht, auf dessen Gegebenheiten, die Lage und Größe, Klima und Boden, die Lebensverhältnisse, Sitten und Gebräuche, auf die Lebensgewohnheiten und die Rechtskultur.[402] Das Gesetz sollte insgesamt die Eigenarten des zu regelnden Sachbereichs aufnehmen. Das Baurecht unterscheidet zwischen Gewerbe- und Wohngebiet, das Katastrophenrecht zwischen Bergwacht und Seerettung. Die modernen Kompetenzordnungen definieren den Raum dieser Allgemeinheit, ohne aber die freiheitsichernde und gleichheitsgerechte Allgemeinheit auf diesen Geltungsbereich zu beschränken. Ein wortgleiches Gesetz kann in verschiedenen Regelungsgebieten verschiedene Folgen bewirken.[403] Die Allgemeinheit des Gesetzes sucht dies zu vermeiden und so die Gleichheit vor dem Gesetz umzusetzen. Nur das allgemeine Gesetz kann die vorgefundene Grundordnung,[404] das hergebrachte Recht,[405] die Besonderheiten des Regelungsbereichs, die äußeren Beschaffenheiten der Natur, die konkrete Situation des Volks hinreichend aufnehmen, weil es sich zurückhält und in dieser Zurückhaltung Raum für die Unterschiede lässt.[406] Der Gesetzgeber sollte hiernach grundsätzliche Regelungen treffen, welche die Verwaltung nach den Umständen vor Ort konkretisiert. Auch die territoriale Allgemeinheit baut daher auf

---

[400] Zu diesem Problem im Mittelalter siehe unter III. 1. (S. 95 ff.), zu diesem Gedanken des Preußischen Allgemeinen Landrechts und des Bürgerlichen Gesetzbuchs unter IV. 5. (S. 125 ff.) und V. 2. (S. 147 ff.).

[401] Siehe hierzu die Entstehung des Bürgerlichen Gesetzbuchs (unter V. 2., S. 147 ff.).

[402] *Montesquieu* (siehe unter IV. 3., S. 119 ff.).

[403] *Montesquieu* (siehe unter IV. 3., S. 119 ff.).

[404] Siehe unter II. 4., S. 84 ff., zu dieser Verbindung auch *Bodin* (unter IV. 1., S. 114 ff.).

[405] Siehe hierzu die Entwicklung im Mittelalter insbes. mit Blick auf das hergebrachte Gewohnheitsrecht, welches *Thomas von Aquin* in seine Gesetzeslehre integrierte. Der Auftrag des Sachsenspiegels war es, das hergebrachte Recht sichtbar zu machen, es zu spiegeln (III. 1. bis 4., S. 95 ff.; siehe zudem *Bodin* und *Montesquieu* unter IV. 1. und 3., S. 114 ff. und S. 119 ff.).

[406] Diese Ausrichtung auf die vorgefundenen Gegebenheiten ist der „Geist der Gesetze" (*Montesquieu*, unter IV. 3., S. 119 ff.; siehe hierzu aber auch bereits *Thomas von Aquin* unter III. 4., S. 105 ff.).

die Gewaltenteilung[407] und beauftragt die Rechtswissenschaft, eine gleichheitsgerechte Konkretisierung des Gesetzes vorzubereiten.

4. *Personale Allgemeinheit*

Die personale Allgemeinheit fragt nach den Gesetzesadressaten. Das allgemeine Gesetz ist als abstrakt-generelle Regelung jeder Individualisierung abgeneigt, sucht alle Bürger zu erreichen.[408] Gesetze werden „nicht für einzelne Personen, sondern allgemein für alle geschaffen."[409] Es ist „*ein* Maß" für alle anzulegen.[410] Diese Forderung baut auf die Zugehörigkeit zur Gesetzesgemeinschaft und damit auch auf ein Regelungsgebiet, welches die Normadressaten bestimmt, auf die territoriale Allgemeinheit.[411] Die Allgemeinheit der Gesetzesadressaten bildet im Kern das Gegenstück zum Einzelfallgesetz, das nur für eine Person oder eine Gruppe gilt. Sie erteilt – wie die territoriale und gegenständliche[412] Allgemeinheit – dem Einzelfallgesetz eine Absage, verdeutlicht dabei aber die Unterschiede zwischen den Menschen, etwa dem Almwirt und dem Städter. Unberücksichtigt bleiben hingegen die Verschiedenheiten in Regelungsgebiet und Sache, etwa zwischen der Berghütte und dem Restaurant in der Stadt. Das allgemeine Gesetz will diesen Unterschieden gerecht werden, aber beide Gastwirte in der Gemeinsamkeit als Restaurantbetreiber, in der gesetzlichen Grundaussage über die Sicherheit der Gäste erreichen. Auch die personale Allgemeinheit fordert daher, dass sich das Gesetz zurückhält, damit die Verschiedenheiten zwischen den Wirten, die Umstände des Einzelfalls der Konkretisierung durch die Verwaltung überlassen werden können. Die personale Allgemeinheit erhebt – wie auch die anderen Allgemeinheitsmerkmale – selbstredend keinen Absolutheitsanspruch, nach welchem jedes Gesetz alle Menschen erfassen muss. Ihre Erfüllung hängt nicht davon ab, wie viele Personen oder Gegenstände ein Gesetz tatsächlich erreicht. Das allgemeine Gesetz verallgemeinert aber nach bestimmten, abstrakten Kriterien. Es kann dann z.B. auch die Bezüge weniger Bundesminister, eines Bundeskanzlers oder eines Bundespräsidenten regeln, wenn es Teil einer abgestuften Besoldungsordnung für das gesamte Personal des Bundes ist.

---

[407] Siehe hierfür bereits *Aristoteles* und *Locke*, insbes. aber *Montesquieu* (unter II. 3, IV. 2. und 3., S. 82ff. und S. 116ff.).

[408] Dieser Forderung folgte bereits das Zwölftafelgesetz (siehe unter II. 1., S. 69ff.).

[409] *Ulpian*, sowie auch *Papinian* (unter II. 5. b), S. 89ff.).

[410] *Locke* (unter IV. 2., S. 116ff.).

[411] *H. Hofmann*, Das Postulat der Allgemeinheit des Gesetzes, in: Starck (Hg.), Die Allgemeinheit des Gesetzes, 1987, S. 9 (37 m.w.H.).

[412] Hierzu unter 5. (S. 167ff.).

Das allgemeine Gesetz zielt auf äußere Handlungen, nicht auf Motive, Absichten oder Gesinnungen, atmet den „Geist der Freiheit“,[413] weil die Menschen über ihre inneren Vorstellungen frei entscheiden und sich insbesondere so von anderen unterscheiden. Das allgemeine Gesetz widersetzt sich damit einer religiösen Legitimation des Rechts, weil ein göttlich legitimiertes Gesetz in der Regel nur denen gemein werden kann, die an den legitimierenden Gott glauben.[414] Die personale Allgemeinheit fordert auch eine Gewaltenteilung, dass für die verschiedenen Aufgaben der Gesetzgebung und Konkretisierung unterschiedliche Organe zuständig sind.[415]

Die personale Allgemeinheit wehrt sich im Anspruch, alle Bürger zu erfassen, gegen ein personenbezogenes, die territoriale Allgemeinheit gegen ein gebietsbezogenes Privileg. Das personal-allgemeine Gesetz sucht Distanz und Unbefangenheit gegenüber den Betroffenen zu wahren, „Liebe und Hass“ auszublenden,[416] die Freiheit der Gesetzesadressaten zu achten und sie nicht in überdifferenzierenden Gruppenvorgaben zu lähmen. Die personale Allgemeinheit ist eine Kernforderung der „Gleichheit vor dem Gesetz“.

Wird eine Regel allen auferlegt, fragen die Betroffenen und damit grundsätzlich alle Bürger, warum sie das Gesetz befolgen sollen. Diese Frage beantwortet zunächst die personale Allgemeinheit selbst, wenn sie in der Allseitigkeit der Regelung deren Legitimität, Akzeptanz und damit die Befolgung sichert.[417] Das für alle geltende Gesetz zielt aber zudem auf die Allgemeinheit des Gesetzgebers.[418] Eine Regel für alle sollte grundsätzlich auch von allen gesetzt werden – es entsteht der Gedanke von Demokratie und parlamentarischer Repräsentation. Ein Gesetz, welches sich die Bürger selbst auferlegen, werden sie wegen dieser Quelle eher befolgen.[419] Bereits hier wird die Idee der Richtigkeit der von allen zu verantwortenden Regel deutlich.[420] Das im Konsens,[421] im Staatsvertrag[422] gesetzte Recht gewinnt an Raum. Schließlich wird ersichtlich, dass der parlamentarische Mehrheitswille nicht notwendig der Wille ist, der der Ge-

[413] Dies betont *Kant* (unter IV. 6., S. 136ff.).

[414] Siehe hierzu bereits das Zwölftafelgesetz (unter II. 1., S. 69ff.).

[415] *Aristoteles* (unter II. 3., S. 82ff.), siehe für diesen Gedanken zudem die griechischen Kodifikationen (unter II. 4., S. 84ff.), die Anfänge des Mittelalters (unter III. 1., S. 95ff.), *Thomas von Aquin* (unter III. 4., S. 105ff.), *Locke* (unter IV. 2., S. 116ff.), insbes. aber *Montesquieu* (IV. 3., S. 119ff.).

[416] *Aristoteles*, an dessen Gedanken insbes. *Thomas von Aquin* und *Marsilius von Padua* anknüpfen (siehe unter II. 3. und unter III. 4. und 5., S. 82ff. und S. 105ff.).

[417] Siehe hierzu *Kant* (unter IV. 6, S. 136ff.), sowie bereits oben im Ersten Kapitel unter B (S. 28ff.) mit Verweis auf *Maihofer*, Europäisches Rechtsdenken heute, in: Festschrift für Helmut Coing, Band I, 1982, S. 579 (582f., 592, 594).

[418] Siehe hierzu *Marsilius von Padua* (unter III. 5., S. 111ff.), *Rousseau* (unter IV. 4., S. 121ff.) aber auch die konträre Entwicklung in Rom (II. 5., S. 87ff.).

[419] Siehe zu diesem Gedanken *Marsilius von Padua* (unter III. 5., S. 111ff.).

[420] Hierzu bereits *Marsilius von Padua* (unter III. 5., S. 111ff.).

[421] Siehe zu dieser Idee in den Anfängen des Mittelalters unter III. 1. (S. 95ff.).

[422] Siehe hierfür *Hobbes*, *Locke* und *Rousseau* (unter IV. 2. und 4., S. 116ff. und S. 121ff.).

meinschaft und den Individuen dient, er daher – im modernen Duktus – durch eine Verfassung mit richterlicher Kontrolle zu binden ist.[423] Die personale Allgemeinheit erwartet die Allgemeinheit des Gesetzgebers und dessen verfassungsrechtliche Bindung.

5. *Gegenständliche Allgemeinheit*

Neben der zeitlichen, territorialen und personalen Allgemeinheit hat sich die gegenständliche Allgemeinheit gleichsam als weiteres klassisches Allgemeinheitsmerkmal herausgebildet.[424] Die gegenständliche Allgemeinheit erwartet vom Gesetzgeber die Verallgemeinerung in der Sache und damit eine Wissenschaftlichkeit, wirkt auf die vernünftige, auf das Gemeinwohl ausgerichtete Regelung hin,[425] sucht die Qualität der gesetzlichen Regelung,[426] ihre Rationalität zu sichern.[427] Sie dient – insbesondere im Zusammenwirken mit der personalen und temporalen Allgemeinheit – der Allseitigkeit und damit der Legitimität der Regelung,[428] überträgt die sich in Person und Gegenstand beschränkende Gegenseitigkeitsbeziehung auf die Gesellschaft. Das allgemeine Gesetz möchte eine Grundordnung errichten, nicht eine Austauschbeziehung zwischen allen. Diese Gesetzgebung, die Errichtung und Pflege einer konsistenten Rechtsordnung, ist ein schwieriges Unterfangen; der demokratische Gesetzgeber könnte daher erwägen, sich hier vermehrt durch Experten beraten zu lassen.[429]

Die gegenständliche Allgemeinheit fordert eine Verallgemeinerung in der Sache. Die sicherheitsrechtlichen Regelungen sollen alle Gäste schützen, müssen daher für alle Gaststätten gelten und nicht etwa nur für das Restaurant in der Stadt oder den Berggasthof. Die gegenständliche Verallgemeinerung ergänzt so die territoriale, personale und temporale Allgemeinheit in der Absage an das Einzelfallgesetz, zielt dabei nicht auf die betroffene Person, den Raum und den Zeitpunkt, in welchem das Gesetz wirkt, sondern auf den Regelungsgegen-

---

[423] Zum Grundgedanken der Konstitutionalisierung *Bodin* (siehe unter IV. 1., S. 114 ff.).

[424] *Thomas von Aquin* (siehe unter III. 4., S. 105 ff.) differenziert zwischen der personalen, temporalen und gegenständlichen Allgemeinheit; siehe zuvor bereits das Zwölftafelgesetz, das in diese Richtung weist (unter II. 1., S. 69 ff.), sowie *Aristoteles* (unter II. 3., S. 82 ff.); *H. Hofmann*, Das Postulat der Allgemeinheit des Gesetzes, in: Starck (Hg.), Die Allgemeinheit des Gesetzes, 1987, S. 9 (15), untersucht die Unterscheidung von *Thomas von Aquin*.

[425] Zu diesem Zusammenhang bereits *Aristoteles* (siehe unter II. 3., S. 82 ff.).

[426] *Thomas von Aquin* (siehe unter III. 4., S. 105 ff.).

[427] Für diesen Anspruch an das Gesetz – gleichwohl jeweils in anderem Zusammenhang und mit anderen Folgerungen – *Platon* (siehe unter II. 2., S. 78 ff.) und *Kant* (siehe unter IV. 6., S. 136 ff.).

[428] *Kant* (siehe unter IV. 6., S. 136 ff.) und *Maihofer*, Europäisches Rechtsdenken heute, in: Festschrift für Helmut Coing, Band I, 1982, S. 579 (582 f., 592, 594); siehe bereits oben unter 4. (S. 165 ff.).

[429] Siehe hierzu *Marsilius von Padua* (unter III. 5., S. 111 ff.) und das Preußische Allgemeine Landrecht (unter IV. 5., S. 125 ff.).

stand. Eine Rechtsfrage ist in ihrer konkreten Umgebung und mit Blick auf den Zeitpunkt sowie den jeweiligen Gegenstand zu begreifen. Insgesamt steht aber der betroffene Mensch, selten der Gegenstand oder die Umgebung, kaum der Zeitpunkt im Vordergrund. Das allgemeine Gesetz betrifft nicht nur einen Fall, sondern jeweils eine unbestimmte Anzahl sich noch ereignender Fälle, wirkt regelbildend in die noch unbekannte Zukunft. So wehrt es sich gegen personen-, ort-, zeit-, oder gegenstandsbezogene Privilegien, teilt die Gemeinschaft nicht, sondern erfasst sie als Ganzes, stärkt ihren Zusammenhalt, will so dem gemeinen Wohl und der Gerechtigkeit dienen.[430] Ein Gesetz kann die Rechtsgemeinschaft nicht stiften. Aber ein allgemeines Gesetz kann sie bestätigen und kräftigen.[431]

6. *Finale Allgemeinheit*

Jedes Gesetz verfolgt ein Ziel, das der Gesetzgeber festlegt. Die Gesetzestradition verdeutlicht, dass nicht jeder Zweck durch ein Gesetz erreicht werden soll. Handelt das Parlament nicht lediglich durch einen schlichten Parlamentsbeschluss oder durch bloße Debatte im Plenum, sondern wählt es das Instrument des Gesetzes, soll sich das Gesetz im Regelungsziel auf das Allgemeine beschränken.[432]

Allgemeine Gesetze treffen Grundentscheidungen, beschränken sich auf das Grundlegende, das Grundsätzliche,[433] das Notwendige,[434] suchen nicht den Bedürfnissen des Augenblicks gerecht zu werden,[435] sondern gewinnen in der Beschränkung auf das dauerhaft Wesentliche ein Stück Rationalität,[436] wollen so der Vernunft folgen.[437] Das allgemeine Gesetz blickt auf das Ganze,[438] ist nicht

---

[430] Vgl. zu dieser Verbindung zwischen der Gesetzesallgemeinheit und der Gerechtigkeit *Aristoteles* (unter II. 3., S. 82ff.).

[431] Dies lehren bereits die griechischen Kodifikationen, siehe zudem insbes. *Montesquieu* (unter II. 4. und IV. 3., S. 84ff. und S. 119ff.).

[432] Siehe hierzu insbes. *Thomas von Aquin* und *Montesquieu* (unter III. 4., S. 105ff., und IV. 3., S. 119ff.), zuvor aber auch *Platon*, *Aristoteles*, *Ulpian* und *Papinian* (unter II. 2., 3., S. 78ff., und 5 b), S. 89ff.).

[433] Siehe hierzu bereits oben insbes. unter 3. (territoriale Allgemeinheit, S. 164ff.). Diese Forderung wurde bereits im Rahmen des Zwölftafelgesetzes betont (unter II. 1., S. 69ff.).

[434] *W. von Humboldt* (siehe unter IV. 5. a), S. 125ff.).

[435] Hierzu insbes. *Aristoteles* und *Thomas von Aquin* (unter II. 3., S. 82ff., und III. 4., S. 105ff.) sowie bereits oben unter 2. (temporale Allgemeinheit, S. 162ff.).

[436] Siehe zu diesem Anspruch des Zwölftafelgesetzes und der römischen Kodifikationen unter II. 1. und 6. (S. 69ff. und S. 93ff.).

[437] Siehe hierzu bereits oben unter 5., S. 167ff. (gegenständliche Allgemeinheit), sowie insbes. *Kant* (unter IV. 6., S. 136ff.).

[438] Siehe hierzu *Rousseau* (unter IV. 4., S. 121ff.).

dem Einzelfall, sondern der Freiheit aller verpflichtet.[439] Überflüssige Gesetze schwächen die notwendigen. Sachfremde Erwägungen sind auszublenden. Das Gesetzgebungsziel soll eine „gewisse Arglosigkeit", „größte Unschuld" besitzen, eines Gesetzes würdig sein.[440] Das Ziel soll klar benannt werden und in der alle betreffenden Regel ein Maß für alle anlegen.[441] Das Gesetz hält dann – wie von selbst – Maß,[442] schützt so die Gleichheit vor dem Gesetz und stärkt in der Beschränkung auf das Wesentliche und Notwendige die Freiheit.[443] So wird die Rechtsgemeinschaft nicht geteilt, sondern gestärkt, soll Übereinkunft geschaffen[444] und der Frieden gewahrt werden.[445]

Die Grundrechte schützen das Individuum in seiner konkreten Betroffenheit, garantieren so einen individuellen Raum der Freiheit. Das allgemeine Gesetz zielt hingegen auf die Gemeinschaft, auf den Zusammenhalt der Gesellschaft. Der Rechtsstaat setzt auf beide Instrumente, um den Menschen gerecht zu werden, die als Individuen in der Gemeinschaft leben.[446]

Die Allgemeinheit des Gesetzgebungsziels wird durch die anderen Merkmale der Gesetzesallgemeinheit geleitet.[447] Das Ziel soll verständlich[448] und auf Dauer[449] angelegt sein, den gesamten Regelungsbereich[450] und grundsätzlich alle Bürger erreichen,[451] darf nicht auf einen vereinzelten Gegenstand zielen.[452] Das Bürgerliche Gesetzbuch regelt in diesem Sinn die allgemeine Vertragsfreiheit, baut dabei aber auf die Unterscheidung zwischen Kauf-, Werk-, Miet- oder Darlehensvertrag auf. Aber auch ein mehr direktives Recht wie das Umweltgesetz will nicht nur die Belastungen durch die eine Fabrik mildern oder verhindern, sondern alle Fabriken in seinem Geltungsbereich erfassen, dabei auch die Folgewirkungen etwaiger Verbote oder Auflagen bedenken, die Umweltverträglichkeit von Ersatzprodukten analysieren oder die Auswirkungen für den Arbeitsmarkt abschätzen. Die finale Allgemeinheit zielt so – selbst in eher direktiven Rechtsgebieten wie dem Umwelt- und Straßenverkehrsrecht – gleichsam wie von selbst darauf, grundsätzliche Regelungen zu treffen. Diese Rück-

[439] Siehe hierzu *Kant*, der davon spricht, dass jedes Gesetz den „Geist der Freiheit" atmen muss (unter IV. 6., S. 136ff.).

[440] Insgesamt *Montesquieu* (siehe unter IV. 3., S. 119ff.).

[441] *Locke* (unter IV. 2., S. 116ff.).

[442] Siehe hierzu *Thomas von Aquin* und *Montesquieu* unter III. 4., S. 105ff., und IV. 3., S. 119ff.

[443] Siehe zu diesem Gesetzeszweck insbes. *Locke*, das Preußische Allgemeine Landrecht und *Kant* (IV. 2., S. 116ff., und IV. 5. und 6., S. 125ff.).

[444] Hierzu *Locke* (unter IV. 2., S. 116ff.).

[445] Siehe hierzu *Marsilius von Padua* (unter III. 5., S. 111ff.).

[446] In diese Richtung weist *Hegel* (siehe unter IV. 7., S. 140ff.).

[447] Zu diesem Zusammenhang *Thomas von Aquin* (siehe unter III. 4., S. 105ff.).

[448] Sprachliche Allgemeinheit (siehe oben unter 1., S. 161f.).

[449] Temporale Allgemeinheit (siehe oben unter 2., S. 162ff.).

[450] Territoriale Allgemeinheit (siehe oben unter 3., S. 164f.).

[451] Personale Allgemeinheit (siehe oben unter 4., S. 165ff.).

[452] Gegenständliche Allgemeinheit (siehe oben unter 5., S. 167f.).

nahme des Gesetzgebungsauftrags sucht den Raum der Freiheit und der Demokratie zu stärken. Der Gesetzgeber kann in Quantität und Qualität wieder Gesetze erlassen, welche die geplante und verantwortete Wirkung entfalten. Klare und grundsätzliche Gesetze sichern die Konsistenz der Rechtsordnung, die Regelungskraft des Gesetzes und damit die Demokratie. Sie sind in der Lage, die anderen Gewalten zu binden und deren Tätigkeit in sachlicher Hinsicht demokratisch zu legitimieren. Sie geben Verwaltung und Rechtsprechung den Raum, ihre spezifische Qualifikation im Dienst der Freiheit zu entfalten.

7. *Instrumentelle Allgemeinheit*

Hat sich der Gesetzgeber auf ein allgemeines Regelungsziel festgelegt, stellt sich die Frage, wie dieses Ziel erreicht, wie das Gesetz ausgestaltet wird. Die instrumentelle Allgemeinheit fordert, das allgemeine Gesetzgebungsziel mit einem Gesetz zu verfolgen, das im Normprogramm und in der Ausformung der Norm allgemein ist. Einem allgemeinen Instrument ist die Ausnahme fremd. „Wenn bei einem Gesetz Ausnahmen, Begrenzungen, Abwandlungen nicht unbedingt nötig sind, ist es sehr viel besser, keine hinzuzusetzen. Dergleichen Einzelheiten verleiten zu neuen Einzelheiten“,[453] rauben so nach und nach der gesetzlichen Regelung ihre Ausrichtung und Effektivität, ihre Allgemeinheit. Es bedarf – auch um der Verständlichkeit des Gesetzes, der sprachlichen Allgemeinheit willen – Gesetze von geringer Zahl.[454] Wie die finale baut auch die instrumentelle Allgemeinheit in ihrer eigenständigen Forderung auf die anderen Allgemeinheitsmerkmale, wenn das Gesetz verständlich auszugestalten ist,[455] die Ausgestaltung langfristig tragfähig sein muss,[456] deshalb die Besonderheiten der jeweiligen Zeit zu erfassen und zu beurteilen sind.[457] Die Gesetzesgestaltung darf nicht zu einer Verengung hinsichtlich bestimmter Personen, Gegenstände oder Gebiete führen.[458]

Das allgemeine Gesetz verlangt die Unausweichlichkeit der Regelung. Dieser materielle Qualitätsanspruch lässt sich nur verwirklichen, wenn das Gesetz von der Regelung des Einzelfalls, vorübergehenden Bedürfnissen, von Besonderheiten und Details entlastet ist. Ein im instrumentellen Sinn allgemeines Gesetz erreicht verlässlich alle anvisierten Fälle, darf nicht umgehbar sein – Sonderabmachungen gegen das Gesetz sind auszuschließen. Ein Steuerrecht, welches die

---

453 *Montesquieu* (siehe unter IV. 3., S. 119ff.).

454 Hierzu *Montesquieu* und zuvor *Conring* (siehe unter IV. 3. und 5., S. 119ff.).

455 Sprachliche Allgemeinheit (siehe oben unter 1., S. 161f.); siehe zu dieser Forderung mit Blick konkret auf die Ausgestaltung der Gesetze *Savigny* (unter IV. 5. b), S. 129ff.).

456 Temporale Allgemeinheit (siehe oben unter 2., S. 162ff.).

457 *Savigny* (siehe unter IV. 5. b), S. 129ff.).

458 Personale, gegenständliche und territoriale Allgemeinheit (siehe oben unter 3. bis 5., S. 164ff.); siehe hierzu insbes. *Hegel* unter VI. 7., S. 140ff.

Steuervermeidung durch Sachverhaltsgestaltung fördert oder auf Grund einer Vereinbarung zwischen Finanzamt und Bürger letztlich nicht zur Anwendung kommt, oder ein Sozialhilfetatbestand, der wie der Kinderzuschlag die Kinderarmut bekämpfen will, aber im Dickicht des Sozialrechts das Verständnis für den Bedarf einbüßt,[459] erreichen ihre Regelungsziele mangels instrumenteller Allgemeinheit auch der anderen Regelungen – hier des Sozialrechts – nicht. Das gegenwärtige Bundestagswahlrecht ist nach dem aktuellen Befund des Bundesverfassungsgerichts zu kompliziert, für den Bürger letztlich nicht verständlich[460] – es mangelt hier an der instrumentellen, auch der sprachlichen Allgemeinheit. Diese Allgemeinheitsforderungen zielen auch auf eine Konsistenz der Rechtsordnung. Nur ein Gesetz, das seinen Regelungsauftrag auch erfüllt, das die Rechtskonflikte tatsächlich und deshalb vollständig löst, das sich konsistent in die Rechtsordnung einfügt, klare Maßstäbe und nachvollziehbare Verfahrensregeln setzt, auch im Fall der rechtlichen Kollision über Regeln des Anwendungs- und Geltungsvorrangs sich seiner Wirkung bewusst ist, wird selbstverständlicher Teil des Gemeinschaftslebens.

Das instrumentell allgemeine Gesetz will das Maß an Rechtssicherheit erzielen, das die dauerhafte Geltung rechtfertigen kann. Die instrumentelle Allgemeinheitsforderung verbindet sich so mit den anderen Merkmalen der Gesetzesallgemeinheit zu einer Erwartung an die Qualität des Gesetzes und dessen Konkretisierung. Würde die Konkretisierung nicht durch bestehende Regeln geleitet, sondern im Belieben der Verwaltung stehen, würde das allgemeine Gesetz unter der Überschrift der Rechtssicherheit und der Gleichheit vor dem Gesetz das Gegenteil bewirken.[461] Nicht nur die Allgemeinheit im Sinn einer allgemeinen Publizität wird so zum Fundament der Rechtssicherheit, sondern auch die Vollständigkeit, die Stringenz, die Beständigkeit und Unausweichlichkeit des Gesetzes.[462] Die Allgemeinheit erwartet, dass das Gesetz regelbildend wirkt, eine verbindliche Regelung trifft. Das allgemeine Gesetz wahrt das Gleichmaß gegenüber Ausweichtechniken und Rechtsverweigerungen, will vor einer Übernormierung schützen.[463] Es sucht das richtige Maß der Verallgemeinerung zu treffen. Das Einzelfallgesetz regelt nur einen Fall oder eine Fallgruppe und er-

[459] § 6a des Bundeskindergeldgesetzes in der Fassung der Bekanntmachung vom 17. Juli 2007 (BGBl. I, S. 1450), zuletzt geändert durch das Gesetz vom 17. Juli 2008 (BGBl. I, S. 1010), im Folgenden: BKKG; siehe hierzu Unterrichtung durch die Bundesregierung vom 8. März 2007, BTDrs. 16/4670, S. 1 ff.; Beschlussempfehlung und Bericht des Ausschusses für Familie, Senioren, Frauen und Jugend vom 25. Juni 2008, BTDrs. 16/9792, S. 1 ff.; siehe hierzu auch unter C. III. 1. (S. 258 ff.).

[460] BVerfGE 121, 266 (316) – negatives Stimmgewicht.

[461] Diesen Gedanken legt bereits das Zwölftafelgesetz nahe (siehe unter II. 1., S. 69 ff.).

[462] Auch diese Verbindung deutet bereits das Zwölftafelgesetz an (siehe unter II. 1., S. 69 ff.).

[463] Siehe *Montesquieu* (unter IV. 3., S. 119 ff.).

zeugt so Ungleichheit. Doch auch eine zu allgemeine Regelung nimmt Unterschiede nicht auf und vermag so die Gleichheitsforderung nicht zu erfüllen.[464]

Die instrumentelle Allgemeinheit sucht verschiedene Rechtsquellen zu koordinieren,[465] Rechtseinheit zu wahren. Sie fordert die Folgerichtigkeit und Widerspruchsfreiheit des Gesetzes, vollendet sich in der umfassenden Kodifikation,[466] in diesem „Akt der Gerechtigkeit".[467] Gesetzgebung baut auf die Erinnerung an die Vergangenheit, die Aufnahme der Gegenwart und den verantwortungsvollen Blick in die Zukunft.[468] Die instrumentelle Allgemeinheit fordert, dass der so geleitete Gesetzgeber die Gesetzesentscheidung nach dem Regelfall und nicht nach dem Ausnahmefall trifft. Der Gesetzgeber darf nicht vom Ausnahmefall her denken, sondern muss die Verallgemeinerung auf den Regelfall ausrichten.[469] Die instrumentelle Allgemeinheit rechtfertigt deshalb die Regelbildung, die tatbestandliche Erfassung von Regelungsziel und Regelungsmittel im Regelfall, die Vernachlässigung von Besonderheit und Individualität des Einzelfalls. Gerade wenn ein Gesetz zahlreiche Menschen betrifft, wie im auf einen breiten Vollzug ausgerichteten Steuerrecht und Sozialrecht, muss es – geleitet vom Regelfall – prinzipielle Grundaussagen treffen. Die Verwaltung kann die Umstände jedes Einzelfalls nicht derart präzise erfassen, dass sich die Sozialleistungen nach einem exakt ermittelten Bedarf nach Euro und Cent richten. Geschriebenes Recht verursacht „große Verwirrung", ist letztlich unverständlich, wenn es nicht „die Prinzipien" regelt. Das Gesetz muss das Regelungsziel durch allgemeingültige Setzungen erreichen. So werden die Verständlichkeit des Gesetzes und die Wissenschaftlichkeit der Gesetzgebung gestärkt.[470]

8. *Eigenständigkeit und Zusammenwirken der Merkmale*

Die instrumentelle und die finale Allgemeinheit verdichten in ihrem Bezug auf die anderen Allgemeinheitsforderungen die Verbindungen zwischen den einzelnen Merkmalen. Bereits zwischen der sprachlichen und temporalen, zwischen der territorialen, personalen und gegenständlichen Allgemeinheit sind Berührungspunkte deutlich geworden. Das allgemeine Regelungsziel und die allgemeine Ausgestaltung des Gesetzes bauen in besonderer Weise auf die All-

464 Siehe zu diesem Zusammenhang unten unter II. 1. (Zwölftafelgesetz, S. 69ff.).

465 Siehe zu diesen Problemen im Mittelalter unter III. 1. bis. 3., S. 95ff.

466 Siehe hierzu insbes. unter II. 1., S. 69ff., II. 6., S. 93ff., und V. 2., S. 147ff.

467 *Hegel* (siehe unter IV. 5., S. 125ff.).

468 Siehe hierzu unter II. 6., S. 93ff.

469 Zu dem zentralen Gesetzgebungsanliegen der Regelbildung am Regelfall siehe bereits *Aristoteles*, deutlicher aber *Pomponius*, *Celsus*, *Paulus*, *Julian* und *Thomas von Aquin* (unter II. 3, S. 82ff., 5. b), S. 89ff., und III. 4., S. 105ff.).

470 Siehe hierzu bereits im Ersten Kapitel unter B. (S. 28ff.) und *Savigny* (unter IV. 5. b), S. 129ff.).

G. Kirchhof, DVBl 11, 1068 (1075)

gemeinheit in der Zeit und im Territorium, müssen in sprachlicher, personaler und sachlicher Hinsicht auf die gesamte Rechtsgemeinschaft ausgerichtet sein. Diese Verbindungen legen den – gleichwohl abzulehnenden – Schluss nahe, dass die letztgenannten Allgemeinheitsmerkmale lediglich die Allgemeinheit des Regelungszwecks und der gesetzlichen Ausgestaltung leiten, neben diesen Kategorien als eigenständige Merkmale keine Bedeutung gewinnen. Doch würde so die spezifische Forderung jedes Allgemeinheitsmerkmals vernachlässigt.

Die sprachliche Allgemeinheit erwartet, dass ein Gesetz die Bürger auch tatsächlich erreicht, bezieht sich hierin auf die vom Gesetzeszweck und dem Regelungsinstrument trennbare Verbreitung des Gesetzes.[471] Die Allgemeinheit in der Zeit verbietet die flüchtige, auch die rückwirkende Regelung und fordert, dass jedes Gesetz so gestaltet wird, dass es für unbestimmte Zeit gelten kann.[472] Ein allgemeines Bundesgesetz soll in seinem Ziel und seiner konkreten Ausgestaltung das gesamte Bundesgebiet erfassen. Die territoriale Allgemeinheit fordert einen hiervon zu trennenden materiellen Standard, wenn die Besonderheiten des Geltungsbereichs, etwa die Beschaffenheit der Natur, die Kultur, die Sitten und Gebräuche der Menschen aufzunehmen sind.[473] Die personale Allgemeinheit zielt auf freiheitliche Distanz und Gleichheit vor dem Gesetz. Der Gesetzeszweck soll auf alle ausgerichtet und das Mittel so gewählt sein, dass grundsätzlich alle Bürger in ihrer Freiheit durch gleichheitsgerechte Regeln erreicht werden. Die personale Allgemeinheit erwartet aber zudem eine im Vergleich zu diesen Forderungen eigenständige Allgemeinheit des Gesetzgebers und das eine Maß für alle.[474] Die gegenständliche Allgemeinheit ergänzt die temporale, territoriale und personale Allgemeinheit zur sachgerechten Erfassung des Regelungsgegenstands und zum Verbot des Einzelfallgesetzes. Gesetzgebungsziel und Mittel sollen nicht nur – gleichsam auf dem Papier – allgemein sein, sondern auch in der Rechtswirklichkeit rechtserhebliche Ähnlichkeit und Verschiedenheit rechtfertigen. Insbesondere die gegenständliche und finale Allgemeinheit fordern vom Gesetzgeber eine Verallgemeinerung, eine Regelbildung, eine Wissenschaftlichkeit.

Jedes Allgemeinheitsmerkmal sucht in dem jeweils eigenen Grundanliegen die Demokratie, die Freiheit und Gleichheit vor dem Gesetz auf unterschiedliche Weise zu sichern. Damit stellt sich die Frage, inwieweit das geltende Recht diese Allgemeinheitsgedanken aufnimmt, ob es die Gesetzesallgemeinheit als Garanten der Freiheit, der Gleichheit und der Demokratie entfaltet.

---

[471] Siehe oben unter 1. (S. 161 f.).
[472] Siehe oben unter 2. (S. 162 ff.).
[473] Siehe oben unter 3. (S. 164 f.).
[474] Siehe oben unter 4. (S. 165 ff.).

C. Grundgesetz und allgemeines Gesetz

I. Zentrum der Demokratie und des Rechtsstaats

1. Fundament der rechtsstaatlichen Demokratie und „inhaltsleerer" Gesetzesbegriff

Das Recht will durch verbindliche Vorgaben allgemeinen Frieden und soziale Sicherheit, individuelle Freiheit und Gleichheit vor dem Gesetz gewährleisten.[1] Das Grundgesetz setzt hierfür auf die grundrechtlichen Garantien, den sozialen Rechtsstaat, den Bundesstaat, eine internationale Kooperation und die Demokratie.[2] Das Parlament ist das Organ des Staats, das unmittelbar demokratisch legitimiert ist – es bildet das Zentrum der demokratischen Ordnung.[3] Sein zentrales Handlungsinstrument ist das Gesetz;[4] in ihm kommt der „Wille des

---

[1] *Locke*, Über die Regierung [Two Treatises of Government. The Second Treatise, 1690], 2003, insbes. Kapitel 5ff.; *Hobbes*, Leviathan [1651], 2003; siehe bereits unter B. IV. 2. (S. 116ff.); *Wahl*, Die Entwicklung des deutschen Verfassungsstaates bis 1866, in: HStR I, 3. Auflage 2003, § 2 Rdn. 1: „Die Freiheitlichkeit der demokratischen Ordnung ist einer der stärksten Integrations- und Identifikationsfaktoren für die staatliche Ordnung." *Häberle*, Die Menschenwürde als Grundlage der staatlichen Gemeinschaft, in: HStR II, 3. Auflage 2004, § 22 insbes. Rdn. 56ff.; *Starck*, Grundrechtliche und demokratische Freiheitsidee, in: HStR III, 3. Auflage 2005, § 33; *Di Fabio*, Die Kultur der Freiheit, 2005, insbes. S. 71ff.; *Stern*, Die Idee der Menschen- und Grundrechte, in: HGR I, 2004, § 1.

[2] Art. 1ff., Art. 20, Art. 79 Abs. 3 GG; *Hesse*, Grundzüge des Verfassungsrechts der Bundesrepublik Deutschland, 20. Auflage 1995; *Grimm*, Ursprung und Wandel der Verfassung, in: HStR I, 3. Auflage 2003, § 1 Rdn. 9ff.; *Starck*, Grundrechtliche und demokratische Freiheitsidee, in: HStR III, 3. Auflage 2005, § 33 insbes. Rdn. 8ff.; *E.-W. Böckenförde*, Demokratie als Verfassungsprinzip, in: HStR II, 3. Auflage 2004, § 24; *Badura*, Die parlamentarische Demokratie, ebenda, § 25; *Zacher*, Das soziale Staatsziel, ebenda, § 28; *Schmidt-Aßmann*, Der Rechtsstaat, ebenda, § 26; *Di Fabio*, Gewaltenteilung, ebenda, § 27; *Sobota*, Das Prinzip Rechtsstaat, 1997; *K. Vogel*, Die Verfassungsentscheidung des Grundgesetzes für eine internationale Zusammenarbeit, 1964; *Tomuschat*, Die staatsrechtliche Entscheidung für die internationale Offenheit, in: HStR VII, 1. Auflage 1992, § 172; *Di Fabio*, Das Recht offener Staaten, 1998; siehe bereits im Ersten Kapitel unter A. I. (S. 3ff.).

[3] Art. 38 Abs. 1 GG; *Schlaich*, Die Verfassungsgerichtsbarkeit im Gefüge der Staatsfunktionen, VVDStRL 39 (1981), 99 (119), spricht von der „wichtigsten Institution des Grundgesetzes"; *H. Dreier*, Der Ort der Souveränität, in: ders./Hofmann, J. (Hg.), Parlamentarische Souveränität und technische Entwicklung, 1986, S. 11 (43); *Beyme*, Der Gesetzgeber. Der Bundestag als Entscheidungszentrum, 1997.

[4] *H. Dreier*, Hierarchische Verwaltung im demokratischen Staat, 1991, S. 160f.; das Gesetz ist das „zentrale Steuerungsmittel" des Staates: *Schulze-Fielitz*, Das Parlament als Organ der

Volks" „zum Ausdruck".[5] Die Kraft der Demokratie wird so im Parlamentsgesetz vermittelt und sein Einfluss zum Indikator der Vitalität des demokratischen Systems.

Die herausragende Rolle des Parlamentsgesetzes wird aus unterschiedlichen Blickwinkeln hervorgehoben. Das Gesetz wahrt die Einheit im System geteilter Gewalten,[6] ist das „zentrale Bauelement demokratischer Verfassungsstruktur",[7] entfaltet einen „Mehrwert an demokratischer Verantwortung und zugleich an realer Freiheit für alle".[8] Es soll „Gerechtigkeit", „Sicherheit" und „Frieden", „Ordnung und Rechtssicherheit für alle und für jeden einzelnen Rechtsunterworfenen" schaffen,[9] ist „Garant von Vorhersehbarkeit, Gleichmäßigkeit und Stabilität", „in seiner strukturierenden, Transparenz schaffenden Funktion" ein „unersetzbarer Eckpfeiler" des Staats,[10] „Klammer zwischen Demokratie und Rechtsstaat".[11] „Durch das allgemeine Gesetz werden Freiheit und Gleichheit gesichert", wird der Gerechtigkeit gedient.[12] „Freiheit und die Institutionen des Verfassungsstaates" können „ohne den Begriff des Gesetzes gar nicht definiert werden".[13]

Diese rechtswissenschaftlichen Befunde scheinen quer zu der verbreiteten These zu stehen, der Gesetzesbegriff des Grundgesetzes sei inhaltsleer, werde lediglich von der Quelle – dem Gesetzgeber – definiert.[14] Formal ist ein Gesetz

---

Kontrolle im Gesetzgebungsprozeß, in: Dreier, H./Hofmann, J. (Hg.), Parlamentarische Souveränität und technische Entwicklung, 1986, S. 71 (123); *Ruffert*, Rechtsquellen und Rechtsschichten des Verwaltungsrechts, in: Hoffmann-Riem/Schmidt-Aßmann/Voßkuhle (Hg.), GVwR I, 2006, § 17 Rdn. 55).

[5] *Ossenbühl*, Gesetz und Recht – Die Rechtsquellen im demokratischen Rechtsstaat, in: HStR V, 3. Auflage 2007, § 100 Rdn. 4 und Rdn. 19f.

[6] *Di Fabio*, Gewaltenteilung, in: HStR II, 3. Auflage 2004, § 27 Rdn. 50ff.; *Starck*, Der Gesetzesbegriff des Grundgesetzes, 1970; *Lepsius*, Die erkenntnistheoretische Notwendigkeit des Parlamentarismus, in: Bertschi/u.a. (Hg.), Demokratie und Freiheit, 1999, S. 123 (157ff.); insgesamt *Badura*, Staatsrecht, 3. Auflage 2003, S. 535ff.; *Degenhart*, Staatsrecht I, 23. Auflage 2007, Rdn. 122ff.; *Grzeszick*, Staat, Verfassung und Einheit der Rechtsordnung, in: Festschrift für Josef Isensee, 2007, S. 93 (109f.).

[7] *E.-W. Böckenförde*, Gesetz und gesetzgebende Gewalt, 2. Auflage 1981, S. 381.

[8] *Hoffmann-Riem*, Gesetz und Gesetzesvorbehalt im Umbruch, AöR 130 (2005), 5 (69).

[9] *Badura*, Arten der Verfassungsrechtssätze, in: HStR VII, 1. Auflage 1992, § 159 Rdn. 36; *Ossenbühl*, Gesetz und Recht – Die Rechtsquellen im demokratischen Rechtsstaat, in: HStR V, 3. Auflage 2007, § 100 Rdn. 85, zur Rechtsordnung, die sich „zu einer widerspruchslosen Einheit zusammenfügen" muss.

[10] *Schmidt-Aßmann*, Das allgemeine Verwaltungsrecht als Ordnungsidee, 2. Auflage 2004, S. 81, 185.

[11] *Eichenberger*, Gesetzgebung im Rechtsstaat, VVDStRL 40 (1982), 7 (10).

[12] *Stern*, Das Staatsrecht der Bundesrepublik Deutschland, Band III/2, 1994, S. 742.

[13] *Badura*, Aussprache, VVDStRL 40 (1982), 105.

[14] Siehe zu diesem Befund über die gängige Meinung: *Scheuner*, Die Aufgabe der Gesetzgebung in unserer Zeit, DÖV 1960, 601; *Roellecke*, Der Begriff des positiven Gesetzes und das Grundgesetz, 1969, insbes. S. 286ff.; *Starck*, Der Gesetzesbegriff des Grundgesetzes, 1970, S. 21ff., 234ff.; *E.-W. Böckenförde*, Gesetz und gesetzgebende Gewalt, 2. Auflage 1981, S. 381; *Schulze-Fielitz*, Theorie und Praxis parlamentarischer Gesetzgebung, 1988, insbes. S. 157; *P.*

ein Hoheitsakt, der vom Parlament im dafür verfassungsrechtlich vorgesehenen Verfahren erlassen wird.[15] Es ist Instrument der Politik[16] und insoweit auch Experiment.[17] Schon die Ankündigung eines Gesetzes kann ein politisches Druckpotential entfalten, wenn Regierung und Gesetzgebung gesellschaftliche Akteure zu einem bestimmten Verhalten drängen wollen.[18] Doch stellt sich die Frage, ob das Gesetz nur formal zu definieren ist, oder ob in ihm auch ein materieller Gehalt ruht. Gesetzeslehren,[19] Regeln der Rechtsgewinnung[20] und

---

Kunig, Einzelfallentscheidungen durch Gesetz, Jura 1993, 308 (309); *Horn*, Die grundrechtsunmittelbare Verwaltung, 1999, S. 59ff.; *Schmidt-Aßmann*, Das allgemeine Verwaltungsrecht als Ordnungsidee, 2. Auflage 2004, S. 186f.; *G. Müller*, Elemente einer Rechtssetzungslehre, 2. Auflage 2006, S. 11ff.; *Ossenbühl*, Gesetz und Recht – Die Rechtsquellen im demokratischen Rechtsstaat, in: HStR V, 3. Auflage 2007, § 100 Rdn. 13f.; *Vesting*, Rechtswissenschaftliche Beobachtung des Rechtssystems: Einheitsbildung und Differenzerzeugung, in: Trute/Groß/Röhl, H.C./Möllers, Chr. (Hg.), Allgemeines Verwaltungsrecht – zur Tragfähigkeit eines Konzepts, 2008, S. 233 (243); *Höfling*, Professionelle Standards und Gesetz, ebenda, S. 45; *Schuppert*, Die Rolle des Gesetzes in der Governancetheorie, ebenda, S. 161; *Chr. Möllers*, Die drei Gewalten, 2008, S. 96f.; *Franz*, Der Begriff des Gesetzes, ZG 2008, 140 (160f.).

[15] *Ossenbühl*, Gesetz und Recht – Die Rechtsquellen im demokratischen Rechtsstaat, in: HStR V, 3. Auflage 2007, § 100 Rdn. 13; *Schmidt-Aßmann*, Das allgemeine Verwaltungsrecht als Ordnungsidee, 2. Auflage 2004, S. 186f.; *Horn*, Die grundrechtsunmittelbare Verwaltung, 1999, S. 55ff., insbes. 59; *E.-W. Böckenförde*, Gesetz und gesetzgebende Gewalt, 2. Auflage 1981, S. 381; *Starck*, Der Gesetzesbegriff des Grundgesetzes, 1970, S. 21ff.; *Scheuner*, Die Aufgabe der Gesetzgebung in unserer Zeit, DÖV 1960, 601; *Bumke*, Der Grundrechtsvorbehalt, 1998, S. 196; *Hermes*, Der Bereich des Parlamentsgesetzes, 1988; jeweils m. w. H.; *Roellecke*, Der Begriff des positiven Gesetzes und das Grundgesetz, 1969, insbes. S. 286ff. ; *Schulze-Fielitz*, Theorie und Praxis parlamentarischer Gesetzgebung, 1988, S. 157; *G. Müller*, Elemente einer Rechtssetzungslehre, 2. Auflage 2006, S. 11ff.

[16] *Schulze-Fielitz*, Theorie und Praxis parlamentarischer Gesetzgebung, 1988, S. 375ff.; *Schuppert*, Verwaltungswissenschaft, 2000, S. 461ff.; *M. Kloepfer*, Gesetzgebung im Rechtsstaat, VVDStRL 40 (1982), 63 (71f.), der auch darin eine Ursache der Übernormierung sieht, dass zu schnell zur politischen Lenkung zum Gesetz gegriffen wird.

[17] Hierzu *M. Kloepfer*, Gesetzgebung im Rechtsstaat, VVDStRL 40 (1982), 63 (91ff.); *Horn*, Experimentelle Gesetzgebung unter dem Grundgesetz, 1989; *Hoffmann-Riem*, Experimentelle Gesetzgebung, in: Festschrift für Werner Thieme, 1993, S. 55; *W. Leisner*, Krise des Gesetzes, 2001, S. 148ff.; *G. Müller*, Elemente einer Rechtssetzungslehre, 2. Auflage 2006, S. 70ff.; *Schulze-Fielitz*, Theorie und Praxis parlamentarischer Gesetzgebung, 1988, S. 556ff.

[18] *Ossenbühl*, Gesetz und Recht – Die Rechtsquellen im demokratischen Rechtsstaat, in: HStR V, 3. Auflage 2007, § 100 Rdn. 24 m. w. H., der auf die Absprache des Verbands der Arzneimittelhersteller mit der Bundesregierung verweist, der gesetzlichen Krankenversicherung rund 200 Millionen Euro zu zahlen, wenn für zwei Jahre auf eine gesetzliche Preisregulierung verzichtet wird. Das Gesetz über die Ausbildungsplatzabgabe sollte in Kraft gesetzt werden, wenn die Wirtschaft nicht von sich aus hinreichend Ausbildungspätze bereitstellt.

[19] Vgl. *Lerche*, Diskussion, in: Schuppert (Hg.), Das Gesetz als zentrales Steuerungsinstrument des Rechtsstaates, 1998, S. 55f.; *Ruffert*, Rechtsquellen und Rechtsschichten des Verwaltungsrechts, in: Hoffmann-Riem/Schmidt-Aßmann/Voßkuhle (Hg.), GVwR I, 2006, § 17 Rdn. 8ff., 57; siehe bereits oben unter B. V. 3. (S. 149ff.).

[20] *Jestaedt*, Grundrechtsentfaltung im Gesetz, 1999, insbes. S. 287ff. m. w. H., spricht von einer „dichotomen", einer „anwendungsbezogenen, teilnehmerorientierten", einer „gegenstandsadäquaten" Theorie der Rechsgewinnung (320, 326f., 328); zu dem Befund, dass das

Analysen der Allgemeinheit des Gesetzes[21] richten materielle Erwartungen an das Gesetz. Rechtspraxis und Rechtswissenschaft kennen Gesetzestypen, die auf eine Allgemeinheit angelegt sind. Maßstäbegesetze suchen struktursichernde Regelungen von Detailvorschriften abzuschichten und so einen Lebensbereich rechtlich zu ordnen.[22] Der Vorschlag der Grundlagengesetzgebung weist in dieselbe Richtung, wenn er der Gesetzgebung in elementaren Entscheidungen Struktur und Rationalität zu geben sucht.[23] Kodifikationsgesetze folgen dem Auftrag, einen Lebensbereich in seinen Grundstrukturen systematisch zu regeln und ihm eine rechtliche Ordnung auf Dauer zu geben.[24] Zentrale Beispiele bilden hier das Bürgerliche Gesetzbuch, das Strafgesetzbuch und die Verwaltungsverfahrensgesetze.[25] Als wichtige Neuregelungen werden das Gentechnikgesetz, das Telekommunikationsgesetz und das Energiewirtschaftsgesetz verstanden.[26] Die Rechtswissenschaft hat Kodifikationsvorschläge für das Arbeitsrecht,[27] das Steuerrecht[28] und das Umweltrecht[29] erarbeitet und scheint

---

„Begriffspaar Rechtsetzung und Rechtsanwendung" nicht mit dem „Begriffspaar Norm und Einzelakt" gleichzusetzen ist, *H. Hofmann*, Das Postulat der Allgemeinheit des Gesetzes, in: Starck (Hg.), Die Allgemeinheit des Gesetzes, 1987, S. 9 (40 m. w. H.); *Bydlinski*, Allgemeines Gesetz und Einzelfallgerechtigkeit, ebenda, S. 49 (52 f.); *Denninger*, Die Herrschaftsordnung der parlamentarischen Demokratie, in: Randelzhofer/Süß (Hg.), Konsens und Konflikt, 1986, S. 200 (213), fordert eine „vorsichtige Rematerialisierung der Rechtsstrukturen"; *H. Dreier*, Hierarchische Verwaltung im demokratischen Staat, 1991, S. 167 f.

[21] Siehe hierzu: *Starck*, Der Gesetzesbegriff des Grundgesetzes, 1970, S. 49 ff., 109 ff., 195 ff.; *Menger*, in: Dolzer/Vogel/Graßhof (Hg.), Bonner Kommentar zum Grundgesetz, Art. 19 Abs. 1 (1979); *H. Hofmann*, Das Postulat der Allgemeinheit des Gesetzes, in: Starck (Hg.), Die Allgemeinheit des Gesetzes, 1987, S. 9; *Stern*, Das Staatsrecht der Bundesrepublik Deutschland, Band III/2, 1994, S. 692 ff.; *H. Schneider*, Gesetzgebung, 3. Auflage 2002, S. 22 ff.; *Di Fabio*, Gewaltenteilung, in: HStR II, 3. Auflage 2004, § 27 Rdn. 50 ff.; kritisch zum Kriterium der Allgemeinheit *Rödig*, Zum Begriff des Gesetzes in der Rechtswissenschaft, 1976.

[22] BVerfGE 101, 158 (214 ff.) – Maßstäbegesetz; *Ossenbühl*, Gesetz und Recht – Die Rechtsquellen im demokratischen Rechtsstaat, in: HStR V, 3. Auflage 2007, § 100 Rdn. 33; *ders.*, Das Maßstäbegesetz – dritter Weg oder Holzweg des Finanzausgleichs, in: Festschrift für Klaus Vogel, 2000, S. 227; *Korioth*, Maßstabgesetzgebung im bundesstaatlichen Finanzausgleich, ZG 2002, 335.

[23] *Hufen*, Über Grundlagengesetze, in: Schuppert (Hg.), Das Gesetz als zentrales Steuerungsinstrument des Rechtsstaates, 1998, S. 11.

[24] Siehe zu der Kodifikationsidee bereits oben unter B, insbes. unter II. 1. (S. 69 ff.), 4. (S. 84 ff.) und 6. (S. 93 ff.) sowie unter V. 2. (S. 147 ff.).

[25] Siehe hierzu unter B. V. 2. (S. 147 ff.).; siehe für weitere wichtige Regelwerke *H. Schneider*, Gesetzgebung, 3. Auflage 2002, Rdn. 430.

[26] Insgesamt *Ossenbühl*, Gesetz und Recht – Die Rechtsquellen im demokratischen Rechtsstaat, in: HStR V, 3. Auflage 2007, § 100 Rdn. 29 m. w. H.

[27] Entwurf eines einheitlichen Arbeitsvertragsgesetzbuches von *Martin Henssler* und *Ulrich Preis* (www.avg.de).

[28] Siehe hierzu z. B. den Entwurf der Forschungsgruppe Bundessteuergesetzbuch, Einkommensteuergesetzbuch. Ein Vorschlag zur Reform der Einkommen- und Körperschaftsteuer, vorgelegt von Paul Kirchhof, 2004; einen Überblick über die Reformbestrebungen im Steuerrecht liefert *Lang*, in: Tipke/ders., Steuerrecht, 19. Auflage 2008, § 8 Rdn. 70 ff.

[29] Siehe den aktuellen Referententwurf des Bundesministeriums für Umwelt, Naturschutz

so konkludent eine Rückkehr zum allgemeinen Gesetz zu fordern. Zudem werden Gesetzestypen nach Inhalt und Entstehungsquelle unterschieden, wie Haushaltsgesetze oder Vertragsgesetze, international determinierte Kooperationsgesetze und Anpassungsgesetze.[30] Diese Typisierungen heben die unterschiedlichen Aufträge eines Gesetzes und damit die materiellen Anforderungen an das Gesetz hervor, die ein Allgemeinheitspostulat aufnehmen muss, will es den Gesetzgeber nicht von bestimmten Aufgaben fernhalten.[31]

Art. 80 Abs. 1 GG sieht in der Verordnungsermächtigung eine Rechtsetzungsdelegation an die Exekutive vor und beschränkt den Gesetzgeber damit auf ein „Normsetzungsprogramm",[32] das vom Verordnungsgeber auszuführen ist. Der Gesetzgeber trifft hier eine grundlegende Entscheidung, welche die Exekutive umzusetzen hat, verantwortet so die Kernaussagen und die Struktur des Rechts. Mit der Satzung gibt sich eine autonome Körperschaft eigene Regelungen im Rahmen des zumindest „statusbildenden" Gesetzes.[33] Auch Verwaltungsvorschriften,[34] das Recht der technischen Normierungen[35] und Sozialversicherungsgrundsätze[36] entlasten das Parlament von einer detaillierten Regelbildung, scheinen dabei aber auf die Struktur einer allgemeinen Grundordnung durch das Parlamentsgesetz zu bauen. Generalklauselartige Tatbestände wie Treu und Glauben im Privatrecht,[37] die „öffentliche Sicherheit und Ordnung" im Polizeirecht[38] oder die „Billigkeit" im Steuerrecht[39] setzen einen Rahmen, der auch für unvorhergesehene Eigenheiten und Besonderheiten des jeweiligen

und Reaktorsicherheit vom 19. November 2007; hierzu mit Blick auf die „Einbettung" in das Recht der Europäischen Union *Szczekalla*, Vom Beruf unserer Zeit für eine europäisierte Gesetzgebung, DVBl. 2008, 300; *Sellner*, Der systematische Ertrag einer Kodifikation für das allgemeine Verwaltungsrecht am Beispiel des Umweltgesetzbuches, in: Trute/Groß/Röhl, H.C./Möllers, Chr. (Hg.), Allgemeines Verwaltungsrecht – zur Tragfähigkeit eines Konzepts, 2008, S. 191; siehe insgesamt *K. Schmidt*, Die Zukunft der Kodifikationsidee, 1985.

[30] *Schulze-Fielitz*, Theorie und Praxis parlamentarischer Gesetzgebung, 1988, insbes. S. 83ff.; *Ossenbühl*, Gesetz und Recht – Die Rechtsquellen im demokratischen Rechtsstaat, in: HStR V, 3. Auflage 2007, § 100 Rdn. 27ff.; *H. Schneider*, Gesetzgebung, 3. Auflage 2002, Rdn. 188ff.; jeweils m. w. H.

[31] Kritisch, dass dies gelingen kann: *Böhret*, Gesetzgebung, in: Hill (Hg.), Zustand und Perspektiven der Gesetzgebung [1933], Nachdruck 1989, S. 57 Fn. 1.

[32] BVerfGE 101, 1 (33ff., insbes. 42) – Hennenhaltungsverordnung.

[33] BVerfGE 33, 125 (156ff., insbes. 163) – Facharzt; 83, 37 (53ff.) – Ausländerwahlrecht.

[34] *Ossenbühl*, Autonome Rechtsetzung der Verwaltung, in: HStR V, 3. Auflage 2007, § 104 insbes. Rdn. 41f.

[35] *Di Fabio*, Gewaltenteilung, in: HStR II, 3. Auflage 2004, § 27 Rdn. 53.

[36] *Axer*, Normsetzung der Exekutive in der Sozialversicherung, 2000; *Hase*, Versicherungsprinzip und sozialer Ausgleich, 2000.

[37] § 242 BGB.

[38] Siehe etwa § 8 Abs. 1 des Polizeigesetzes des Landes Nordrhein-Westfalen in der Fassung der Bekanntmachung vom 25. Juli 2003 (GV. NRW, S. 401), im Folgenden: PolG NRW; siehe sogleich im Dritten Kapitel unter B (S. 108ff.).

[39] §§ 163, 227 der Abgabenordnung in der Fassung der Bekanntmachung vom 1. Oktober 2002 (BGBl. I, S. 3866; 2003 I, S. 61), zuletzt geändert durch Art. 5 des Gesetzes vom 10. Oktober 2007 (BGBl. I, 2332), im Folgenden: AO.

Lebensbereichs offen ist.[40] Der Gesetzesvorbehalt und die Einrichtungsgarantien[41] erfüllen ihre freiheitschützende Funktion, wenn verständliche Gesetze erlassen werden, die der Freiheitsentfaltung rechtliche Regeln geben und ihr so dienen. Das Gesetz ist – so betont es das Bundesverfassungsgericht – „nicht nur Instrument zur Steuerung gesellschaftlicher Prozesse nach soziologischen Erkenntnissen und Prognosen", sondern es muss die „herkömmliche rechtsstaatliche Funktion" erfüllen, rational die Zukunft zu gestalten, dauerhafte Maßstäbe für eine unbestimmte Vielzahl künftiger Fälle zu setzen und in Distanz zum Betroffenen das Grundgesetz konkretisieren.[42] Teilweise wird dem Gesetz die Ermächtigung der Exekutive entnommen, insbesondere im Bereich des Wirtschaftsrechts, des Telekommunikations-, Energie-, Eisenbahn- und Planungsrechts über das Vorliegen der tatbestandlichen Voraussetzungen abschließend zu befinden.[43] Auch hier wird vorausgesetzt, dass das Gesetz in allgemeinen Aussagen und Wertungen eine hinreichend dirigierende Kraft entfaltet.

Diese Hinweise auf einen materiellen Gesetzesgehalt, die auch durch Rechtsetzungslehren und durch Stimmen gestützt werden, welche die mangelnde Steuerungskraft des Gesetzes analysieren,[44] haben bislang kaum Gehör gefunden.[45] Die Rechtswirklichkeit kennt große Kodifikationen, ist aber durch eine Normenflut, eine Normenänderungsflut[46] und rechtliche Spezialisierung geprägt. Die Praxis der heutigen, eher technischen und funktionellen Gesetzgebung, die vermeintliche Gegenwehr des verteilenden Sozialstaats gegen abstrakt-generelle Regelungen, auch die insbesondere in der Sozial- und Steuergesetzgebung angelegte „individualisierende Gerechtigkeit" im Gesetz scheinen

---

[40] Zur notwendigen Verallgemeinerung im Gesetz, die jedoch zuweilen eines Korrektivs bedarf, bereits *Thomas von Aquin*, Summa Theologica [1265–1273], I-II, Das Gesetz, Band 13, 1977, Fragen 92ff., und *Locke*, Zwei Abhandlungen über die Regierung [Two Treatises of Government. The Second Treatise, 1690], 1977, insbes. 14. Kapitel §§ 159ff.; siehe bereits oben unter B. III. 4. (S. 105ff.) und IV. 2. (S. 116ff.).

[41] Siehe hierzu *Gellermann*, Grundrechte in einfachgesetzlichem Gewande, 2000; *Cornils*, Die Ausgestaltung der Grundrechte, 2005; *Jestaedt*, Grundrechtsentfaltung im Gesetz, 1999, insbes. S. 29ff.

[42] BVerfGE 101, 158 (217f.) – Maßstäbegesetz; 39, 1 (59) – Schwangerschaftsabbruch I; 54, 53 (67f.) – Ausbürgerung II, zu der Forderung, dass Gesetze nur dann als Recht gelten sollen, wenn sie „inhaltlich nicht fundamentalen Prinzipien der Idee der Gerechtigkeit widersprechen".

[43] BVerwGE 94, 100 (107, 109); 100, 221 (125); *Mayen*, Soll das Recht der Regulierungsverwaltung übergreifend geregelt werden?, 66. DJT 2006, Band II/1, S. O 45; *Pielow*, Neues zur Rechtsanwendung und gerichtlichen Kontrolle im Wirtschaftsverwaltungsrecht, in: Gedächtnisschrift für Peter J. Tettinger, 2007, S. 103 (106ff.).

[44] Siehe hierzu unter B. V. 3. und 4. (S. 149ff.).

[45] *Ossenbühl*, Gesetz und Recht – Die Rechtsquellen im demokratischen Rechtsstaat, in: HStR V, 3. Auflage 2007, § 100 Rdn. 33; siehe oben unter A (S. 39ff.).

[46] *M. Kloepfer*, Gesetzgebung im Rechtsstaat, VVDStRL 40 (1982), 63 (68ff.); *H. Schneider*, Gesetzgebung, 3. Auflage 2002, Rdn. 427; *F. Reimer*, Das Parlamentsgesetz als Steuerungsmittel und Kontrollmaßstab, in: Hoffmann-Riem/Schmidt-Aßmann/Voßkuhle (Hg.), GVwR I, 2006, § 9 Rdn. 99f.

die allgemeine Regel zu erschweren.[47] Die Forderung nach rechtlicher Differenzierung, der Prozess der Schwächung des Parlaments, die von Expertenwissen geprägten Gesetzesvorhaben, die Realität eines den Einzelfall regelnden Maßnahmegesetzes[48] drängen das Allgemeinheitspostulat immer mehr in die Ferne einer theoretisch richtigen, aber praktisch unberücksichtigten Idee. Diese Entwicklung wird im folgenden Befund zusammengefasst: Der heutige Begriff von Gesetz und Gesetzgebung hat seine „vorgängigen Konstitutionsmerkmale", hat jede „inhaltliche Qualität" abgelegt.[49]

So stellt sich die Frage, ob das Parlamentsgesetz als Garant der Freiheit und Gleichheit vor dem Gesetz, als wichtigstes Handlungsmittel und Vitalitätsquelle der Demokratie, als Sicherungsinstrument des sozialen Rechtsstaats und des Friedens in einem rein formalen Verständnis sachgerecht erfasst wird. Inwieweit zeichnen Demokratie, Rechtsstaatlichkeit und der Grundsatz der Gewalteilung, die individuellen Grundrechte sowie besondere Verfassungsbestimmungen wie die Allgemeinheitsforderungen des Art. 19 Abs. 1 Satz 1 GG Erwartungen, verbindliche Forderungen oder justitiable Vorgaben an das Gesetz?

2. *Differenzierende Verfassungsforderungen und Justitiabilität*

Die Rechts- und die Ideengeschichte des Gesetzes bietet Erkenntnisse und Erfahrungen, die als Spiegel der Rechtsentwicklung und als Ausgangspunkt der Analyse des geltenden Rechts dienen können.[50] Das Verfassungsrecht versperrt sich nicht dieser Rechtstradition und der in ihr ruhenden Klugheit, schöpft vielmehr aus der Rechtskultur. Es macht sich deren Erkenntnisse aber nicht wie

---

[47] *Di Fabio*, Gewaltenteilung, in: HStR II, 3. Auflage 2004, § 27 Rdn. 53 f.; *Ossenbühl*, Die Not des Gesetzgebers im naturwissenschaftlich-technischen Zeitalter, 2000; *Scheuner*, Die Funktion des Gesetzes im Sozialstaat, in: Festschrift für Hans Huber, 1981, S. 127; siehe hierzu bereits oben unter A (S. 39 ff.).

[48] *Ossenbühl*, Gesetz und Recht – Die Rechtsquellen im demokratischen Rechtsstaat, in: HStR V, 3. Auflage 2007, § 100 Rdn. 32; siehe hierzu bereits oben unter A (S. 39 ff.).

[49] *Horn*, Die grundrechtsunmittelbare Verwaltung, 1999, S. 59 ff.; *Ossenbühl*, Gesetz und Recht – Die Rechtsquellen im demokratischen Rechtsstaat, in: HStR V, 3. Auflage 2007, § 100 Rdn. 21 ff.; *E.-W. Böckenförde*, Gesetz und gesetzgebende Gewalt, 2. Auflage 1981, S. 381; im historischen Rückblick: *Roellecke*, Gesetz in der Spätmoderne, in: König (Hg.), Gesetzgebung und Regierung, S. 9; für eine Eingrenzung des Auftrags des Gesetzgebers u. a. durch den Gedanken der repräsentativen Demokratie *Janssen*, Über die Grenzen des legislativen Zugriffsrechts, 1990.

[50] *R. Schulze*, Geschichte der neueren vorkonstitutionellen Gesetzgebung, Zeitschrift der Savigny-Stiftung für Rechtsgeschichte 98 (1981), Germanische Abteilung, 157 (159, 235); *Bleicken*, Lex publica, 1975, S. 52 ff.; *Ossenbühl*, Gesetz und Recht – Die Rechtsquellen im demokratischen Rechtsstaat, in: HStR V, 3. Auflage 2007, § 100 Rdn. 4 f.; siehe jüngst für die Vielfalt der Rechtsquellen des heutigen Rechts *Stolleis*, Vormodernes und postmodernes Recht, Merkur 2008, 425; siehe hierzu und zur Rechts- und Ideengeschichte des Gesetzes unter B (S. 67 ff.).

a. Kirchhof, DVBl 11/1068

selbstverständlich zu eigen. Die verfassungsgebende Gewalt und die Organe, welche die Verfassung konkretisieren, entscheiden, ob und inwieweit Rechtsbegriffe im Vergleich zu ihren rechtskulturellen Wurzeln anders besetzt werden.[51] Dabei sind grundgesetzliche Klugheitsregeln, verbindliche Verfassungsaufträge und justitiable Verfassungsmaßstäbe zu unterscheiden.

Die Klarheit des Verfassungsrechts scheint auf die strikte Unterscheidung zwischen verfassungsmäßig und verfassungswidrig, auch auf eine klare Dichotomie von Handlungsnorm und Kontrollnorm zu drängen.[52] Der Gestaltungsanspruch des Grundgesetzes in der Wirklichkeit könnte zudem die grundsätzliche Justitiabilität der verfassungsrechtlichen Vorgaben verlangen.[53] Doch treffen solche Deutungen auf Widerspruch.[54] Das Grundgesetz bindet alle Staatsgewalten.[55] Es fordert nicht gleichsam den Verfassungsversuch durch die gestaltenden Gewalten und den Letztentscheid durch die Gerichtsbarkeit, sondern überträgt Parlament und Regierung eine Verfassungsverantwortlichkeit für ihre Entscheidungen, die in bestimmten Fällen durch das Bundesverfassungsgericht kontrolliert wird. Das Verfassungsrecht regelt Handlungsermächtigungen, Handlungsaufträge und Handlungsmaßstäbe für Gesetzgebung und Regierung, die von diesen gestaltend ausgefüllt werden. Der Gesetzgeber agiert durch das Gesetz, konkretisiert verfassungsrechtliche, auch europarechtliche und völkerrechtliche Vorgaben.[56] Jede Rechtsetzung ist dabei auch Rechtsanwendung und jede Rechtsanwendung auch Rechtsetzung. Würden Gesetzgeber

---

[51] Für das Gesetz: *Ossenbühl*, Gesetz und Recht – Die Rechtsquellen im demokratischen Rechtsstaat, in: HStR V, 3. Auflage 2007, § 100 Rdn. 4f.; insgesamt: *Hesse*, Grundzüge des Verfassungsrechts der Bundesrepublik Deutschland, 20. Auflage 1995, Rdn. 49ff., deutlich für das Demokratieprinzip: Rdn. 127; *E.-W. Böckenförde*, Demokratie als Verfassungsprinzip, in: HStR II, 3. Auflage 2004, § 24 Rdn. 4.; siehe unter B. I. (S. 67ff.), VI. (S. 160ff.) und im Ersten Kapitel unter A. IV. (S. 23ff.).

[52] Diese Verfassungsforderungen werden oft aus derselben Vorschrift hergeleitet. Siehe zu dieser Diskussion *Hesse*, Funktionelle Grenzen der Verfassungsgerichtsbarkeit, in: Festschrift für Hans Huber, 1981, S. 261 (269f.); *Rupp*, Vom Wandel der Grundrechte, AöR 101 (1976), 161 (175); *Isensee*, Verfassungsrecht als „politisches Recht", in: HStR VII, 1. Auflage 1992, § 162 Rdn. 63; *Bettermann*, Die rechtsprechende Gewalt, in: HStR III, 1. Auflage 1988, § 73 Rdn. 31; *Papier*, Justizgewähranspruch, in: HStR VI, 1. Auflage 1989, § 153 Rdn. 59ff.; *Schlaich/Korioth*, Das Bundesverfassungsgericht, 7. Auflage 2007, Rdn. 515ff.

[53] Siehe zu dieser Diskussion *Kischel*, Systembindung des Gesetzgebers und Gleichheitssatz, AöR 124 (1999), 174 (193ff., 209f.).

[54] *Starck*, Die Verfassungsauslegung, in: HStR VII, 1. Auflage 1992, § 164 Rdn. 8; *Wahl*, Der Vorrang der Verfassung, Der Staat 20 (1981), 485 (507); *Hillgruber/Goos*, Verfassungsprozessrecht, 2. Auflage 2006, Rdn. 39; *Isensee*, Verfassungsrecht als „politisches Recht", in: HStR VII, 1. Auflage 1992, § 162 Rdn. 63; *Hesse*, Funktionelle Grenzen der Verfassungsgerichtsbarkeit, in: Festschrift für Hans Huber, 1981, S. 261 (269f.); *Rupp*, Vom Wandel der Grundrechte, AöR 101 (1976), 161 (175); *Papier*, Justizgewähranspruch, in: HStR VI, 1. Auflage 1989, § 153 Rdn. 59ff.

[55] Art. 20 Abs. 3, Art. 1 Abs. 3 GG.

[56] Siehe bereits *O. Bülow*, Gesetz und Richteramt [1885], 2003; *Korinek*, Die Verfassungsgerichtsbarkeit im Gefüge der Staatsfunktionen, VVDStRL 39 (1981), 7 (12ff. m. w. H.).

und Exekutive aus der Aktivität der gestaltenden in die abwartende, insofern passive Rolle einer vollständig kontrollierten Gewalt gedrängt, würde der Verfassungsstaat an Gestaltungskraft verlieren. Die Verfassung macht diese Verfassungsorgane nicht zum Gestalter unter Vorbehalt, den Richter nicht zur berichtigenden Gewalt, sondern geht vom Regelfall des Gestaltens durch Exekutive und Parlament und vom Ausnahmefall des richterlichen Korrektivs aus. Auch die richterliche Kontrollentscheidung ist ein rechtschöpfender Akt, doch ist ihr Gestaltungsauftrag deutlich begrenzt.[57] Die Verfassungsentscheidungen für Demokratie und Gewaltenteilung haben zur Folge, dass der verfassungsrechtliche Handlungsmaßstab weiter reicht als der Kontrollmaßstab.[58]

Verfassungsrechtliche Unterschiede in der Verbindlichkeit und Kontrolldichte des Verfassungsrechts sind heute anerkannt. Die verfassungsrechtliche Abschaffung der Todesstrafe[59] oder das Verbot der Zensur[60] sind von allen Staatsorganen strikt zu befolgen. Der Verfassungsauftrag zur europäischen Integration[61] oder zur Haushaltsplanung[62] wendet sich vor allem an den Gesetzgeber und lässt der Verfassungsgerichtsbarkeit nur eine zurückgenommene, eine nachzeichnende Kontrollkompetenz.[63] Der Schutz der natürlichen Lebensgrundlagen und der Tiere,[64] das soziale Staatsziel,[65] die Fiskalpolitik,[66] die Garantie des Friedens und der inneren Sicherheit,[67] die Grundentscheidung für eine internationale Zusammenarbeit[68] und das Gebot der Friedlichkeit in der Staatengemeinschaft[69] erwarten vom Gesetzgeber Entscheidungen, die diesen

---

[57] *Korinek*, Die Verfassungsgerichtsbarkeit im Gefüge der Staatsfunktionen, VVDStRL 39 (1981), 7 (13).

[58] *Isensee*, Verfassungsrecht als „politisches Recht“, in: HStR VII, 1. Auflage 1992, § 162 Rdn. 81.

[59] Art. 102 GG.

[60] Art. 5 Abs. 1 Satz 3 GG.

[61] Siehe insbes. Art. 23 GG; deutlich jüngst BVerfG, 2 BvE 2/08 vom 30. 6. 2009, Absatz-Nr. 207 ff. – Lissabon.

[62] Siehe insbes. Art. 110 Abs. 1, Art. 109 Abs. 3, Art. 115 Abs. 1 GG.

[63] BVerfGE 37, 271 – Solange I; 73, 339 – Solange II; 89, 155 – Maastricht; 79, 311 – Staatsverschuldung I; BVerfGE 119, 96 – Staatsverschuldung II.

[64] Art. 20a GG.

[65] Siehe insbes. Art. 20 Abs. 1 GG; *Zacher*, Das soziale Staatsziel, in: HStR II, 3. Auflage 2004, § 28.

[66] Siehe hierzu Art. 112 f., Art. 115 GG; siehe *Siekmann*, in: Sachs (Hg.), Grundgesetz. Kommentar, 4. Auflage 2007, Art. 112 Rdn. 12 ff., Art. 113 Rdn. 13 ff., Art. 115 Rdn. 47 ff.; siehe zudem im Dritten Kapitel unter D. m. w. H. (S. 569 ff.).

[67] *Eichenberger*, Die Sorge für den inneren Frieden als primäre Staatsaufgabe [1977], in: ders., Der Staat der Gegenwart, 1980, S. 73; *Isensee*, Das Grundrecht auf Sicherheit, 1983, S. 17 ff.; *Möstl*, Die staatliche Garantie für die öffentliche Sicherheit und Ordnung, 2002, S. 14 ff.; *Götz*, Innere Sicherheit, in: HStR IV, 3. Auflage 2006, § 85 Rdn. 1.

[68] *K. Vogel*, Die Verfassungsentscheidung des Grundgesetzes für eine internationale Zusammenarbeit, 1964; *Tomuschat*, Die staatsrechtliche Entscheidung für die internationale Offenheit, in: HStR VII, 1. Auflage 1992, § 172; *Di Fabio*, Das Recht offener Staaten, 1998.

[69] BVerfGE 90, 286 (336 ff.) – AWACS.

Zielen dienen, aus den Verfassungsbestimmungen aber nicht präzise hergeleitet werden können. Unter den Begriff der auswärtigen Gewalt wird die Gestaltung der Verhältnisse des Staats nach außen durch verschiedene Organe gefasst, die nur einer sehr eingeschränkten gerichtlichen Kontrolle unterliegt.[70] Soweit aus Kompetenzvorschriften materielle Vorgaben für die Gesetzgebung abgeleitet werden,[71] zeigt bereits der kompetenzrechtliche Ursprung der Bindung, dass der Gesetzgeber eher ermächtigt als beengt werden soll. Ausdrückliche Gesetzgebungsaufträge[72] fordern ein Tätigwerden des Gesetzgebers, ohne dabei stets konkrete Handlungsanweisungen zu zeichnen.[73] Instituts- oder Einrichtungsgarantien verpflichten den Gesetzgeber, den grundrechtlichen Bereich des Eigentums, der Ehe oder der Familie zu regeln, geben aber nicht genau vor, wie dies zu geschehen hat.[74]

Diese unterschiedlichen verfassungsrechtlichen Vorgaben verdeutlichen bereits, dass nicht alle Forderungen des Grundgesetzes justitiabel sind, dass auch in der Dichte der gerichtlichen Kontrolle differenziert wird. Im Fall der Justitiabilität einer Vorschrift variiert der Auftrag des Bundesverfassungsgerichts zwischen einer Inhaltskontrolle, einer Vertretbarkeitskontrolle und einer Evidenzkontrolle – die Übergänge sind fließend.[75] Das Bundesverfassungsgericht anerkennt dabei einen Einschätzungs- und Beurteilungsraum des Gesetzgebers und anderer Verfassungsorgane – wie z.B. im Rahmen der Richtlinienkompetenz des Bundeskanzlers[76] –, entfaltet also bei der Auslegung materieller Verfas-

---

[70] Hierzu BVerfGE 68, 1 (96ff.) – NATO-Doppelbeschluß; 104, 151 (207) – NATO-Konzept; *Calliess*, Auswärtige Gewalt, in: HStR IV, 3. Auflage 2006, § 83 Rdn. 1f., 33ff.

[71] Siehe hierzu etwa Art. 73 Abs. 1 Nr. 14 (friedliche Nutzung der Kernenergie und ein entsprechender Schutz), Art. 74 Abs. 1 Nr. 12 (Arbeitsschutz und -vermittlung, Sozialversicherung einschließlich der Arbeitslosenversicherung), Nr. 16 (Verhütung des Mißbrauchs wirtschaftlicher Machtstellung), Nr. 24 (Luftreinhaltung und Lärmbekämpfung) GG.

[72] Art. 3 Abs. 2 Satz 2 (tatsächliche Durchsetzung der Gleichberechtigung von Frauen und Männern), Art. 6 Abs. 5 (Schaffung der „gleichen Bedingungen" für „eheliche und uneheliche Kinder"), Art. 26 Abs. 1 Satz 2 GG (unter Strafe stellen von friedensstörenden Handlungen).

[73] *Badura*, Arten der Verfassungsrechtssätze, in: HStR VII, 1. Auflage 1992, § 159 Rdn. 18.

[74] Siehe hierzu *Gellermann*, Grundrechte in einfachgesetzlichem Gewande, 2000; *Mager*, Einrichtungsgarantien, 2003; *Cornils*, Die Ausgestaltung der Grundrechte, 2005.

[75] BVerfGE 50, 290 (333) – Mitbestimmung; *Ossenbühl*, Die Kontrolle von Tatsachenfeststellungen und Prognoseentscheidungen durch das Bundesverfassungsgericht, in: Festgabe 25 Jahre Bundesverfassungsgericht, Band I, 1976, S. 458; *H.-P. Schneider*, Verfassungsgerichtsbarkeit und Gewaltenteilung, NJW 1980, 2103 (2105f.); *Merten*, Demokratischer Rechtsstaat und Verfassungsgerichtsbarkeit, DVBl. 1980, 773 (insbes. 777f.); *Korinek*, Die Verfassungsgerichtsbarkeit im Gefüge der Staatsfunktionen, VVDStRL 39 (1981), 7 (24, 26f.); *Schlaich*, Die Verfassungsgerichtsbarkeit im Gefüge der Staatsfunktionen, ebenda, 99 (111ff.); *Mahrenholz*, Verfassungsgerichtsbarkeit und Gesetzgebung, in: Badura/Scholz (Hg.), Verfassungsgerichtsbarkeit und Gesetzgebung, 1998, S. 23 (32); *Schlaich/Korioth*, Das Bundesverfassungsgericht, 7. Auflage 2007, Rdn. 532ff.

[76] Art. 65 Satz 1 GG; siehe hierzu *Oldiges*, in: Sachs (Hg.), Grundgesetz. Kommentar, 4. Auflage 2007, Art. 65 Rdn. 14ff.

sungsvorgaben das Demokratieprinzip und den Grundsatz der Gewaltenteilung, die dem Gesetzgeber die Erstzuständigkeit für die Ausgestaltung und Fortbildung des Verfassungsrechts zuweisen.[77] Wenn dem Gericht die Kontrolle des Ergebnisses verwehrt ist, neigt es dazu, sich auf die Prüfung des Verfahrens zu beschränken, das dieses Ergebnis hervorgebracht hat.[78] Manchen Organen ist von vornherein ein eigenständiger, der gerichtlichen Kontrolle weitgehend entzogener Handlungsauftrag aufgegeben, wie dem Bundesrechnungshof,[79] der Bundesbank und der Europäischen Zentralbank. Die Tätigkeiten letzterer unterliegen auch nicht der Aufsicht anderer Verfassungsorgane.[80]

Zudem beachtet das Gericht bei der Beanstandung von Gesetzen auch die mit der Gesetzgebung eingetretene Gestaltungswirkung einer Norm. Bei Normenkontrollentscheidungen erklärt es eine verfassungswidrige Norm im Grundsatz für nichtig, spricht aber nicht selten auch nur eine „Unvereinbarkeit" der Norm mit der Verfassung aus, wenn etwa bei einem Verstoß gegen den Gleichheitssatz nicht gerichtlich zu entscheiden ist, ob der Verstoß durch Erweiterung oder Streichung einer begünstigenden Regelung auszugleichen ist, oder wenn die Nichtigkeit das geltende Recht noch weiter von der Verfassung entfernen würde, weil z.B. unabsehbare Folgen für das Staatsbudget einträten. Zuweilen begnügt sich das Gericht – auch hier aus Gründen der Folgenverantwortung – mit einem Appell an den Gesetzgeber, die „gerade noch" hingenommene Norm in ihren Wirkungen und Folgen unter veränderten Umständen zu beobachten oder die kontrollierte Norm durch eine sachgerechtere Lösung in der Zukunft zu ersetzen.[81] In einer aktuellen Entscheidung zum Wahlrecht führt das Bun-

---

[77] *Badura*, Die Verfassung im Ganzen der Rechtsordnung und die Verfassungskonkretisierung durch Gesetz, in: HStR VII, 1. Auflage 1992, § 163 Rdn. 24ff.; *Mahrenholz*, Verfassungsgerichtsbarkeit und Gesetzgebung, in: Badura/Scholz (Hg.), Verfassungsgerichtsbarkeit und Gesetzgebung, 1998, S. 23 (31); *Bryde*, Tatsachenfeststellungen und soziale Wirklichkeit in der Rechtsprechung des Bundesverfassungsgerichts, in: Festschrift 50 Jahre Bundesverfassungsgericht, Erster Band, 2001, S. 533.

[78] BVerfGE 50, 290 (333) – Mitbestimmung; 62, 1 (50) – Bundestagsauflösung; siehe insgesamt *Ossenbühl*, Die Kontrolle von Tatsachenfeststellungen und Prognoseentscheidungen durch das Bundesverfassungsgericht, in: Festgabe 25 Jahre Bundesverfassungsgericht, Band I, 1976, S. 458; *Merten*, Demokratischer Rechtsstaat und Verfassungsgerichtsbarkeit, DVBl. 1980, 773 (insbes. 777f.); *Steinberg*, Verfassungspolitik und offene Verfassung, JZ 1980, 385; *H.-P. Schneider*, Verfassungsgerichtsbarkeit und Gewaltenteilung, NJW 1980, 2103 (2106ff.); *Isensee*, Verfassungsrecht als „politisches Recht", in: HStR VII, 1. Auflage 1992, § 162 Rdn. 63ff.; *Korinek*, Die Verfassungsgerichtsbarkeit im Gefüge der Staatsfunktionen, VVDStRL 39 (1981), 7 (24, 26f.); *Schlaich*, Die Verfassungsgerichtsbarkeit im Gefüge der Staatsfunktionen, ebenda, 99 (111ff.); *ders./Korioth*, Das Bundesverfassungsgericht, 7. Auflage 2007, Rdn. 539ff.

[79] Art. 114 Abs. 2 GG; siehe hierzu *Siekmann*, in: Sachs (Hg.), Grundgesetz. Kommentar, 4. Auflage 2007, Art. 114 Rdn. 27ff.

[80] Art. 88 GG; *Tettinger/Siekmann*, in: Sachs (Hg.), Grundgesetz. Kommentar, 4. Auflage 2007, Art. 88 Rdn. 8, 75, wenngleich die Entscheidungen erörtert und Petitionen eingereicht werden können.

[81] Insgesamt *Löwer*, Zuständigkeiten und Verfahren des Bundesverfassungsgerichts, in:

desverfassungsgericht aus, dass ein Verfassungsverstoß bei „komplexen Gesetzen“ zu einer Unvereinbarkeitserklärung auch mit einer langen Frist für die Korrektur führe, weil verschiedene Möglichkeiten bestünden, wie das geforderte „normenklare und verständliche“ Wahlgesetz ausgestaltet werden könne, somit auch eine Übergangsregelung letztlich eine Gestaltung wäre, welche nicht vom Bundesverfassungsgericht zu tätigen sei.[82] Die Frage nach der Verbindlichkeit und Justitiabilität einer verfassungsrechtlichen Vorgabe ist folglich nicht mit einem klaren Ja oder Nein zu beantworten,[83] sondern erwartet Differenzierungen in der jeweiligen grundgesetzlichen Vorgabe für den Erstinterpreten und den kontrollierenden Richter.[84]

Zu diesen Unterscheidungen treten Klugheitsregeln, die Erkenntnisse an das Recht herantragen, um neue Rechtserkenntnisse zu gewinnen, die historische Erfahrungen transportieren, denen politische Einsichten und Zukunftsideen erwachsen, die als inspirierende Gedanken aber auch bereits in der Verfassung ruhen und in einem Verfassungsstaat kraftvoller wirken können als die richterliche Kontrolle. Nicht alles, was in eine verfassungsrechtliche Bestimmung hineingelesen werden kann, ordnet die Verfassung verbindlich an. Nur wenn die juristische Auslegung zu einer bestimmten Rechtsaussage führt, ist diese verbindlich und ggf. auch justitiabel. Entscheidend bleiben die jeweilige Verfassungsbestimmung und ihre Konkretisierung im zu entscheidenden Fall.[85] Wenn aber das Grundgesetz daneben bestimmte Erkenntnisse lediglich nahelegt oder in der Nutzung bestimmter Begriffe – etwa des Rechtsstaats oder der Demokratie – alte Wurzeln des Rechts berührt, greift es damit nicht verbindlich auf alle Erfahrungen, die in der rechtsstaatlichen und demokratischen Tradition ru-

HStR III, 3. Auflage 2005, § 70 Rdn. 114ff., insbes. 120ff., 125, auch zu den Rechtsfolgen der Unvereinbarkeitserklärung und dem „Nachfassen“ des Gesetzgebers; *Stern*, Verfassungsgerichtsbarkeit und Gesetzgeber, 1997, S. 17ff.; siehe bereits *Scheuner*, Probleme und Verantwortungen der Verfassungsgerichtsbarkeit in der Bundesrepublik [1952], in: Häberle (Hg.), Verfassungsgerichtsbarkeit, 1976, S. 194 (206ff.).

[82] BVerfGE 121, 266 (316) – negatives Stimmgewicht.

[83] Deutlich *Korinek*, Die Verfassungsgerichtsbarkeit im Gefüge der Staatsfunktionen, VVDStRL 39 (1981), 7 (29).

[84] BVerfGE 57, 139 (159) – Schwerbehindertenabgabe; 62, 1 (51) – Bundestagsauflösung; 106, 62 (148ff.) – Altenpflegegesetz; *Steinberg*, Verfassungspolitik und offene Verfassung, JZ 1980, 385 (387); *Schlaich*, Die Verfassungsgerichtsbarkeit im Gefüge der Staatsfunktionen, VVDStRL 39 (1981), 99 (112); *ders./Korioth*, Das Bundesverfassungsgericht, 7. Auflage 2007, Rdn. 527, 532ff.; *Hillgruber/Goos*, Verfassungsprozessrecht, 2. Auflage 2006, Rdn. 38.

[85] BVerfGE 57, 139 (159) – Schwerbehindertenabgabe; 62, 1 (51) – Bundestagsauflösung; 106, 62 (148ff.) – Altenpflegegesetz; *Korinek*, Die Verfassungsgerichtsbarkeit im Gefüge der Staatsfunktionen, VVDStRL 39 (1981), 7 (30, 40f.); *Schlaich*, Die Verfassungsgerichtsbarkeit im Gefüge der Staatsfunktionen, ebenda, 99 (105); siehe insgesamt *ders./Korioth*, Das Bundesverfassungsgericht, 7. Auflage 2007, Rdn. 537; *Hillgruber/Goos*, Verfassungsprozessrecht, 2. Auflage 2006, insbes. Rdn. 38; *E.-W. Böckenförde*, Die Methoden der Verfassungsinterpretation – Bestandsaufnahme und Kritik, NJW 1976, 2089; *Simon*, Verfassungsgerichtsbarkeit, in: HdbVerfR, Teil 2, 2. Auflage 1995, § 34 Rdn. 57.

hen, versperrt sich aber auch nicht der Klugheit, welche die Ideen- und Rechtsgeschichte zu Tage bringt, sondern lässt Raum, diese in den Grenzen des Rechts zu entfalten.[86]

Bei der Entfaltung eines rechtlichen Gedankens ist somit zu differenzieren, ob dieser als Klugheitsregel, als Verfassungsauftrag oder als justitiabler Verfassungssatz wirkt. Diese unterschiedlichen Forderungen stehen aber nicht statisch nebeneinander, sondern greifen ineinander, wenn die Klugheitsregel die Verfassungsinterpretation leitet und damit den Verfassungsinhalt prägt oder wenn eine justitiable Forderung zwar vom Verfassungsgericht geprüft wird, aber der Verfassungsbruch nur zu einer Unvereinbarkeitserklärung führt und damit dem Gesetzgeber der verfassungsrechtliche „Reparaturauftrag" überantwortet wird.[87] Gleichwohl erwartet das Verfassungsrecht, insbesondere die verfassungsrechtliche Analyse des Gesetzesbegriffs, die deutliche Unterscheidung dieser Forderungen.

3. *Das prägende Wort des Parlaments*

Das Grundgesetz trifft keine Legaldefinition, in welcher der Gesetzesbegriff gefasst wird. Gleichwohl handeln zahlreiche Bestimmungen von dem Gesetz und seiner Allgemeinheit, richten das Verfassungssystem – so die deutlichen Worte *Christian Starcks* – insgesamt darauf ein, dass Parlamentsgesetze allgemein sind.[88] Der Bürger wirkt an der Staatsgewalt in allgemeinen Wahlen mit. Das so gewählte Parlament verleiht dem Willen des Volks insbesondere in allgemeinen Gesetzen Ausdruck. Durch diese Gesetze vermag das Parlament das Rechtsleben und das Rechtssystem zu prägen, wird die Demokratie gestärkt.[89] Der Grundsatz der Gewaltenteilung scheint sich im allgemeinen Gesetz zu entfalten, weil allgemeine Regelungen der Verwaltung einen Raum der Konkretisierung und damit der eigenen Entscheidung belassen.[90] Zudem könnten die rechtsstaatlichen Gesetzeserwartungen, die Verständlichkeit und Normklar-

[86] Siehe hierzu bereits unter B.I. (S. 67 ff.) und VI. (S. 160 ff.) sowie im Ersten Kapitel unter A. IV. (S. 23 ff.).

[87] Vgl. hierzu mit Blick speziell auf Verfassungsprinzipien *F. Reimer*, Verfassungsprinzipien, 2001, S. 284 ff.

[88] Ausdrücklich: *Starck*, Vorwort, in: ders. (Hg.), Die Allgemeinheit des Gesetzes, 1987, S. 5 (5); für diese Ausrichtung der grundgesetzlichen Ordnung *ders.*, Der Gesetzesbegriff des Grundgesetzes, 1970; *H. Hofmann*, Das Postulat der Allgemeinheit des Gesetzes, in: Starck (Hg.), Die Allgemeinheit des Gesetzes, 1987, S. 9; *Stern*, Das Staatsrecht der Bundesrepublik Deutschland, Band III/2, 1994, S. 712 ff.; *H. Schneider*, Gesetzgebung, 3. Auflage 2002, Rdn. 32 ff.

[89] Art. 20 Abs. 2, Art. 38 Abs. 1 Satz 1 GG; *Ossenbühl*, Gesetz und Recht – Die Rechtsquellen im demokratischen Rechtsstaat, in: HStR V, 3. Auflage 2007, § 100 Rdn. 4 und Rdn. 19 f.; siehe sogleich unter III. (S. 258 ff.).

[90] Art. 20 Abs. 3, Art. 1 Abs. 3 GG; siehe hierzu sogleich unter V. (S. 315 ff.).

G. Kirchhof, DVBl 11, 1068 (1072)

heit, der freiheitsichernde Gesetzesvorbehalt und die grundrechtlichen Garantien der Freiheit die verallgemeinernde Regelbildung nahelegen.[91] In der Garantie der Gleichheit vor dem Gesetz ruht ebenfalls eine unmittelbare Allgemeinheitserwartung, weil nur vor einem allgemeinen Gesetz alle gleich sein können.[92] Art. 19 Abs. 1 Satz 1 GG und speziell Art. 5 Abs. 2 GG fordern unmittelbar die Allgemeinheit von grundrechtsbeeinträchtigenden Gesetzen.[93] Darf das Parlament daher in grundrechtlichen Bereichen nur allgemeine Gesetze erlassen?

Auch diese Allgemeinheitspostulate sind in das System des Grundgesetzes zu integrieren (praktische Konkordanz),[94] das nicht zuvörderst von dem Grundsatz der Gewaltenteilung oder grundrechtlichen Strukturerwartungen an die Gesetzgebung geprägt ist, sondern von Grundrechtsschutz und Demokratie, von individueller Gestaltungsfreiheit und kollektivem Gestaltungsraum.[95] Die Gesetzgebung ist die Kernaufgabe des Parlaments und das wesentliche Gestaltungsmittel der Demokratie.[96] Ob und welche Regeln der Gesetzgeber bildet, entscheidet er selbst. Dabei ist er an den verfassungsrechtlichen Rahmen gebunden, trägt aber mit seinen Gesetzen auch wesentlich zur Fortbildung und Erneuerung des Grundgesetzes bei. Der Gesetzgeber prägt als Erstinterpret[97] das Verfassungsrecht, bestimmt in eigener Verantwortung die Breiten- und Folgewirkung seines Regelns, die jeweilige Allgemeinheit seiner Gesetze. Er mag aus der Rechtstradition des allgemeinen Gesetzes Leitlinien für eine gute Gesetzgebung, Kriterien eines Gesetzgebungsideals, Empfehlungen für die Konkretisierung des Grundgesetzes gewinnen, doch ist er damit noch nicht verfassungsrechtlich verpflichtet, diesen Gedanken zu folgen. Der Richter wird nicht beauftragt, Wächter solcher Vorgaben, einer klugen Gesetzgebung zu werden. Die Demokratie setzt auf den gestaltenden Gesetzgeber, nicht auf den Verfassungsversuch durch das Gesetz und das diesen Versuch letztlich bewertende Bundesverfassungsgericht.[98] Das Parlament ist nicht ein „Vollzugsorgan" der Verfas-

---

[91] Siehe hierzu sogleich unter II. (S. 196ff.)., V. (S. 315ff.) und VI. (S. 343ff.).

[92] Siehe sogleich unter VII. (S. 362ff.).

[93] Siehe sogleich unter II. (S. 196ff.).

[94] *Hesse*, Grundzüge des Verfassungsrechts der Bundesrepublik Deutschland, 20. Auflage 1995, Rdn. 317ff.

[95] *H.H. Klein*, Verfassungsgerichtsbarkeit und Gesetzgebung, in: Badura/Scholz (Hg.), Verfassungsgerichtsbarkeit und Gesetzgebung, 1998, S. 49 (61), betont, dass dies die Quellen der Legitimität des Verfassungsstaates sind; *Ossenbühl*, Verfassungsgerichtsbarkeit und Gesetzgebung, ebenda, S. 75; *Stern*, Das Staatsrecht der Bundesrepublik Deutschland, Band I, 2. Auflage 1984, S. 94; *Starck*, Grundrechtliche und demokratische Freiheitsidee, in: HStR III, 3. Auflage 2005, § 33; *Wahl*, Die Entwicklung des deutschen Verfassungsstaates bis 1866, in: HStR I, 3. Auflage 2003, § 2 Rdn. 1; grundlegend *Locke*, Über die Regierung [Two Treatises of Government. The Second Treatise, 1690], 2003, insbes. Kapitel 5f. (siehe zu diesem unter B. IV. 2., S. 116ff., und insgesamt bereits im Ersten Kapitel unter A. I., (S. 3ff.).

[96] Siehe unter 1. m. w. H. (S. 174ff.).

[97] *P. Kirchhof*, Der allgemeine Gleichheitssatz, in: HStR V, 1. Auflage 1992, § 124 Rdn. 238.

[98] Siehe bereits unter 2. (S. 180ff.).

sung, das entsprechenden Weisungen des Bundesverfassungsgerichts zu folgen hat.[99] Wenn das Verfassungsrecht Vorgaben für die Gesetzgebung setzt, verlangt es daher nicht automatisch die richterliche Prüfung, ob der „Mittel-, der Höhe- oder Optimalpunkt getroffen" wurde, sondern fragt, ob das Gesetz innerhalb eines verfassungsrechtlich gesetzten Rahmens geblieben ist.[100]

Dieses Primat des Parlaments trifft auf den Vorbehalt, dass auch der mittelbar, durch den Gesetzesmaßstab demokratisch legitimierte Richter in einer demokratischen Verantwortung für die Verfassungsordnung steht, insbesondere für den grundgesetzlichen Schutz der Minderheit und jedes Einzelnen gegenüber der demokratischen Mehrheit verantwortlich ist.[101] Auch bei Wahrnehmung dieses Auftrags gibt aber das Parlament den Richtern durch die Gesetze den Maßstab und konkretisiert durch die Gerichtsordnungen den Kontrollauftrag. Der Gesetzgeber hat auch das Bundesverfassungsgerichtsgesetz erlassen und insoweit über den Handlungsauftrag des Gerichts, über Organisation und Verfahren entschieden und die verfassungsrechtlichen Vorgaben konkretisiert.[102] Dieses Gesetz bestätigt die Gewaltenteilung, welche die erstgestaltende Ausrichtung des Parlaments von der Kontrollperspektive des Gerichts grundlegend unterscheidet.[103] Das Gericht hat das erste Wort des gestaltenden Gesetzgebers[104] zu respektieren, eine „Distanz zum Gesetz" zu wahren.[105] Insofern kann

---

[99] *Hillgruber/Goos*, Verfassungsprozessrecht, 2. Auflage 2006, Rdn. 35; *Schlaich*, Die Verfassungsgerichtsbarkeit im Gefüge der Staatsfunktionen, VVDStRL 39 (1981), 99 (109, 115 ff.), betont, dass diese verwaltungsrechtliche Perspektive nicht auf den Gesetzgeber übertragen werden darf.

[100] *Wahl*, Der Vorrang der Verfassung, Der Staat 20 (1981), 485 (507).

[101] Siehe hierzu *H. H. Klein*, Verfassungsgerichtsbarkeit und Gesetzgebung, in: Badura/Scholz (Hg.), Verfassungsgerichtsbarkeit und Gesetzgebung, 1998, S. 49 (61 ff.); *Chryssogonos*, Verfassungsgerichtsbarkeit und Gesetzgebung, 1987, S. 49 ff.; *Steffani*, Verfassungsgerichtsbarkeit und demokratischer Entscheidungsprozeß [1968], in: Häberle (Hg.), Verfassungsgerichtsbarkeit, 1976, S. 374 (380 ff.); *Geiger*, Zur Lage unserer Verfassungsgerichtsbarkeit [1971], ebenda, S. 446 (450 ff.).

[102] Gesetz über das Bundesverfassungsgericht in der Fassung der Bekanntmachung vom 11. August 1993 (BGBl. I, S. 1473), zuletzt geändert durch das Gesetz vom 23. November 2007 (BGBl. I, S. 2614), im Folgenden: BVerfGG.

[103] Zu dieser Unterscheidung *Badura*, Aussprache, VVDStRL 39 (1981), 160; *Dagatoglou*, ebenda, 149 f.

[104] *P. Kirchhof*, Der allgemeine Gleichheitssatz, in: HStR V, 1. Auflage 1992, § 124 Rdn. 238; *ders.*, Verfassungsgerichtsbarkeit und Gesetzgebung, in: Badura/Scholz (Hg.), Verfassungsgerichtsbarkeit und Gesetzgebung, 1998, S. 5 (16); *Korinek*, Die Verfassungsgerichtsbarkeit im Gefüge der Staatsfunktionen, VVDStRL 39 (1981), 7 (46 m. w. H.); *J. P. Müller*, Die Verfassungsgerichtsbarkeit im Gefüge der Staatsfunktionen, ebenda, 53 (88, 92 ff.), spricht von einer „Vermutung der Verfassungstreue des Gesetzgebers" (88); siehe zur demokratischen Legitimation der Richter in diesem Zusammenhang *Benda/Klein*, Verfassungsprozeßrecht, 2. Auflage 2001, Rdn. 16.

[105] *Schlaich*, Die Verfassungsgerichtsbarkeit im Gefüge der Staatsfunktionen, VVDStRL 39 (1981), 99 (107); *Waldhoff*, Institutionen und Verfassungsgerichtsbarkeit im parlamentarischen System, JöR n. F. 56 (2008), 235 (238), hebt diese Frage mit der Bemerkung hervor, dass sie noch nicht ausgelotet sei. *Schlaich* beklagt allgemein ein „Mißtrauen gegenüber dem

davon gesprochen werden, dass auch das Verfassungsgericht „an das einfache Gesetz“,[106] an die Verfassungsdeutung des Gesetzgebers gebunden ist, um auf dieser Grundlage die allgemeinen, die offenen Bestimmungen des Grundgesetzes eigenständig zu interpretieren.[107]

Die Demokratie erwartet, dass der Gesetzgeber die Verfassung verwirklicht, sie fortbildet und ihre Aussagen konkretisiert.[108] Diese Erwartung führt meist zu Thesen, welche die rechtlichen Grenzen der Verfassungsgerichtsbarkeit ausloten und das Gericht zur Zurückhaltung ermahnen. Dies ist ein richtiger Ansatz, der jedoch erkennt, dass das Gericht in zulässigen Verfahren eine Entscheidungspflicht trifft, sich insoweit nicht zurücknehmen kann, und in der

---

Gesetzgeber“ und „kompensierend“ ein „Vertrauen in die Jusitz“ in der Verfassungslehre, eine „Gleichgültigkeit am Parlament als der wichtigsten Institution des Grundgesetzes“ (ebenda, 118f.).

[106] *Schlaich*, Die Verfassungsgerichtsbarkeit im Gefüge der Staatsfunktionen, VVDStRL 39 (1981), 99 (122).

[107] *Lerche*, Grundrechtlicher Schutzbereich, Grundrechtsprägung und Grundrechtseingriff, in: HStR V, 1. Auflage 1992, § 121 Rdn. 1ff.; *P. Kirchhof*, Verfassungsgerichtsbarkeit und Gesetzgebung, in: Badura/Scholz (Hg.), Verfassungsgerichtsbarkeit und Gesetzgebung, 1998, S. 5: Das Parlament ist der „Erstinterpret der Verfassung“, das Verfassungsgericht „gesetzesgebundener“ Zweitinterpret. Verfassungsrechtsprechung ist dabei aber – im Respekt vor dem Gesetzgeber als Erstinterpreten der Verfassung – „willentliche und wertende Rechtsschöpfung“. „Ein Kern des verfassungsrechtlichen Gerechtigkeitsanspruchs liegt in dieser wechselseitigen Bedingtheit von Bindung und Offenheit“ (7f. 16f., 21); siehe zur eigenständigen Rolle des einfachen Gesetzes *Bethge*, Der Anwendungsvorrang des einfachen Rechts, in: Gedächtnisschrift für Peter J. Tettinger, 2007, S. 369; siehe insgesamt: *Häberle*, Grundprobleme der Verfassungsgerichtsbarkeit, in: ders. (Hg.), Verfassungsgerichtsbarkeit, 1976, S. 1; *Benda*, Bundesverfassungsgericht und Gesetzgeber im dritten Jahrzehnt des Grundgesetzes, DÖV 1979, 465; *Friesenhahn*, Die Verfassungsgerichtsbarkeit in der Bundesrepublik Deutschland, 1963, S. 68ff.; siehe zudem bereits *Kelsen*, Wesen und Entwicklung der Staatsgerichtsbarkeit, VVDStRL 5 (1929), 30 (insbes. 69f.); *Triepel*, Wesen und Entwicklung der Staatsgerichtsbarkeit, ebenda, 2; *C. Schmitt*, Der Hüter der Verfassung [1931], 4. Auflage 1996, S. 22ff., der vor einer „Politisierung der Justiz“ warnt.

[108] Siehe bereits *E. Kaufmann*, Die Grenzen der Verfassungsgerichtsbarkeit, VVDStRL 9 (1952), 1; *Drath*, Die Grenzen der Verfassungsgerichtsbarkeit, ebenda, S. 17; *Bachof*, Grundgesetz und Richtermacht, 1959, insbes. S. 41ff.; *ders.*, Der Verfassungsrichter zwischen Recht und Politik [1966], in: Häberle (Hg.), Verfassungsgerichtsbarkeit, 1976, S. 285; *Leibholz*, Das Bundesverfassungsgericht im Schnittpunkt von Politik und Recht, DVBl. 1974, 396; *Gerstenmaier*, Die Sozialstaatsklausel des Grundgesetzes als Prüfungsmaßstab im Normenkontrollverfahren, 1975, insbes. S. 83ff.; *Rupp-von Brünneck*, Verfassungsgerichtsbarkeit und gesetzgebende Gewalt, AöR 102 (1977), 1 (insbes. 13ff.); *Schlaich*, Die Verfassungsgerichtsbarkeit im Gefüge der Staatsfunktionen, VVDStRL 39 (1981), 99; *Korinek*, Die Verfassungsgerichtsbarkeit im Gefüge der Staatsfunktionen, ebenda, 7; *J. P. Müller*, Die Verfassungsgerichtsbarkeit im Gefüge der Staatsfunktionen, ebenda, 53 (88, 92ff.); auch mit einem rechtsvergleichenden Blick *Bryde*, Verfassungsentwicklung, 1982, insbes. S. 168ff.; *P. Kirchhof*, Der allgemeine Gleichheitssatz, in: HStR V, 1. Auflage 1992, § 124 Rdn. 238; *Hillgruber/Goos*, Verfassungsprozessrecht, 2. Auflage 2006, insbes. Rdn. 35; *Schlaich/Korioth*, Das Bundesverfassungsgericht, 7. Auflage 2007, Rdn. 519ff.; *Waldhoff*, Institutionen und Verfassungsgerichtsbarkeit im parlamentarischen System, JöR n. F. 56 (2008), 235 (238).

Entscheidung dann seine rechtlichen Entscheidungsgrenzen selbst prägt.[109] Deswegen drängt sich ein zweiter, bisher vielleicht vernachlässigter und parallel zu erwägender Gedanke auf, der das Parlament stärker in den Mittelpunkt der Verfassungsinterpretation zu rücken sucht: die Allgemeinheit des Gesetzes.

4. Klugheitsregel, Verfassungsauftrag, justitiabler Maßstab

Das Verfassungsrecht setzt wie die gesamte rechtsstaatliche Demokratie auf die individuelle Gestaltungsfreiheit und den demokratischen Gestaltungsraum. Die Gesetzesallgemeinheit sucht diese Quellen der Demokratie zu stärken, die Freiheit und Gleichheit vor dem Gesetz zu gewährleisten und dem individualisierenden Schutz der Grundrechte eine Ausrichtung auf das Ganze gegenüberzustellen – die Wirkkraft des Gesetzes und damit der parlamentarischen Demokratie ist zu kräftigen.[110] Das Grundgesetz setzt den Staatsorganen unterschiedliche Vorgaben, baut dabei auf das prägende Wort des Gesetzgebers. Das Allgemeinheitspostulat will dieses Primat des Parlaments stärken und wehrt daher enge justitiable Allgemeinheitsforderungen ab. Der Gesetzgeber muss in der Suche nach dem Gesetzgebungsauftrag, der Gewichtung der Lösungsalternativen, der Entscheidung über die Notwendigkeit der gesetzlichen Regelung, insgesamt im Ringen um einen politischen Kompromiss unterschiedliche Regelungsaufträge erfüllen – er braucht einen Gestaltungsraum. Die parlamentarische Demokratie würde durch dichte Allgemeinheitsforderungen behindert. Dies ist nicht das Anliegen des Grundgesetzes. Auch die Gesetzesallgemeinheit entfaltet sich – wie das gesamte Verfassungsrecht – in dem verfassungsrechtlichen Dreiklang: als Klugheitsregel, verbindliche Verfassungsforderung und als justitiabler Maßstab.

---

[109] Siehe hierzu bereits *Geiger*, Zur Lage unserer Verfassungsgerichtsbarkeit [1971], in: Häberle (Hg.), Verfassungsgerichtsbarkeit, 1976, S. 446 (456 ff.); *J. Ipsen*, Richterrecht und Verfassung, 1975, S. 34 ff. et passim; *Benda*, Grundrechtswidrige Gesetze, 1979, insbes. S. 18 f.; *H.-P. Schneider*, Verfassungsgerichtsbarkeit und Gewaltenteilung, NJW 1980, 2103; *Korinek*, Die Verfassungsgerichtsbarkeit im Gefüge der Staatsfunktionen, VVDStRL 39 (1981), 7 (40 ff.); *Hesse*, Funktionelle Grenzen der Verfassungsgerichtsbarkeit, in: Festschrift für Hans Huber, 1981, S. 261; *Püttner*, Der schwierige Weg der Verfassungsgerichtsbarkeit, in: Festschrift zum 125jährigen Bestehen der Juristischen Gesellschaft zu Berlin, 1984, S. 573; *Simon*, Verfassungsgerichtsbarkeit, in: HdbVerfR, Teil 2, 2. Auflage 1995, § 34 Rdn. 42 ff.; *Laufer*, Typus und Status des Bundesverfassungsgerichts, in: Festschrift für Gerhard Leibholz, Band 2, 1966, S. 427 (444 ff.); *Stern*, Verfassungsgerichtsbarkeit und Gesetzgeber, 1997, S. 17 ff.; *Ossenbühl*, Verfassungsgerichtsbarkeit und Gesetzgebung, in: Badura/Scholz (Hg.), Verfassungsgerichtsbarkeit und Gesetzgebung, 1998, S. 75 (77 ff.); *ders.*, Bundesverfassungsgericht und Gesetzgebung, in: Festschrift 50 Jahre Bundesverfassungsgericht, 1. Band, 2001, S. 33; *Starck*, Das Bundesverfassungsgericht in der Verfassungsordnung und im politischen Prozeß, ebenda, S. 1; *Schlaich/Korioth*, Das Bundesverfassungsgericht, 7. Auflage 2007, Rdn. 527 ff.

[110] Siehe hierzu bereits unter A (S. 39 ff.) und im Ersten Kapitel unter A. I. (S. 3 ff.).

Die Klugheitsregel will die verfassungsgestaltende Gesetzgebung des Parlaments, auch sein Verständnis des Rechts leiten und den Gesetzgeber zu neuen Erkenntnissen führen. Soweit das Allgemeinheitspostulat verbindlich, aber nicht justitiabel ist, zielt es auf die Selbstkontrolle der Verfassungsorgane. Bundestag und Bundesrat, aber auch der Bundespräsident stehen in einer eigenen, einer besonderen, richterlich nicht kontrollierten Verfassungsverantwortung. Es könnte erwogen werden, diese nicht justitiablen Verfassungsforderungen institutionell etwa in einem besonderen Verfahren der verfassungsrechtlichen Selbstvergewisserung, der Befassung durch den Bundestag zu sichern, insbesondere aber durch eine Weiterentwicklung des „Normenkontrollrats" zu einem „Gesetzgebungsrat" zu betonen; die neue Bezeichnung würde die beratende Funktion des Rats hervorheben – kontrollieren darf er den parlamentarischen Gesetzgeber nicht.[111] Jedenfalls ginge es darum, dem Parlament seine Verfassungsbindung, seinen eigenen verfassungsrechtlichen Gestaltungsauftrag auch außerhalb der richterlichen Kontrolle zu verdeutlichen. Politik und Parlamentarismus folgen eigenen, besonderen Regeln, beanspruchen einen Entscheidungsraum, der durch rechtliche Vorgaben nicht zu stark eingeengt werden darf – sie deuten das Verfassungsrecht als rechtlichen Rahmen. Diese auf demokratische Gestaltung ausgerichtete Struktur des Verfassungsstaats wird gestärkt, wenn das Grundgesetz die Gesetzesdebatte auf das allgemeine Gesetz ausrichtet. Das Grundgesetz betont so den eigenständigen, verfassungsgestaltenden Auftrag des Parlaments und hebt hervor, dass das Verfassungsrecht gerade auch unabhängig von der richterlichen Kontrolle zu entfalten ist.

Das gesamte Grundgesetz ist mit allen seinen Artikeln verbindlich. Ausgehend von diesem klaren Befund stellt sich dem Juristen die Aufgabe, durch Auslegung den verbindlichen Inhalt der Verfassungsartikel zu ergründen. Nicht jeden Gehalt, der in eine verfassungsrechtliche Bestimmung hineingelesen werden kann, ordnet das Grundgesetz rechtsverbindlich an. Erst wenn nach juristischer Auslegung eine Rechtsaussage mit hinreichender Sicherheit feststeht, darf von einer verbindlichen Rechtsaussage gesprochen werden.[112] Dies bedeutet aber nicht, dass sich die Verfassung damit allen anderen Aussagen, welche die verfassungsrechtlichen Bestimmungen nahelegen, schlechterdings verschließt. Wenn in einem Rechtsbegriff – wie dem des allgemeinen Gesetzes in Art. 19 Abs. 1 Satz 1 GG – eine große und vielschichtige „Rechtstradition nachschwingt",[113] ordnet das Grundgesetz diese Tradition nicht verbindlich an, versperrt sich aber auch nicht ihrer Klugheit, die den Gesetzgeber leiten und zu

[111] Siehe hierzu sogleich unter III. 8. (S. 291 ff.).

[112] BVerfGE 106, 62 (148 ff. m. w. H.) – Altenpflegegesetz; *E.-W. Böckenförde*, Die Methoden der Verfassungsinterpretation – Bestandsaufnahme und Kritik, NJW 1976, 2089; *Starck*, Die Verfassungsauslegung, in: HStR VII, 1. Auflage 1992, § 164 insbes. Rdn. 16 ff.

[113] *H. Hofmann*, Das Postulat der Allgemeinheit des Gesetzes, in: Starck (Hg.), Die Allgemeinheit des Gesetzes, 1987, S. 9 (48); siehe zu dieser Tradition unter B. (S. 67 ff.).

neuen Erkenntnissen führen mag. Insoweit scheint in Art. 19 Abs. 1 Satz 1 GG nicht nur eine verbindliche Verfassungsforderung, sondern auch eine „Klugheitsregel“[114] zu ruhen.[115] Von diesen „klugen“ Ausgriffen auf die Rechts- und Ideengeschichte können die Fälle unterschieden werden – wenngleich diese Differenzierung nicht trennscharf ist, Wechselwirkungen bestehen –, in welchen Verfassungsbestimmungen aus sich heraus oder im Regelungssystem Aussagen nahelegen, ohne dass diese verbindlich gefordert werden. Art. 80 Abs. 1 GG erlaubt dem Gesetzgeber, insbesondere die Bundesregierung durch ein Parlamentsgesetz zu ermächtigen, in einem vom Gesetz zu bestimmenden Rahmen Rechtsverordnungen zu erlassen.[116] Das Erfordernis des Art. 80 Abs. 1 Satz 2 GG, Inhalt, Zweck und Ausmaß der erteilten Ermächtigung zum Erlass der Rechtsverordnung im Gesetz zu bestimmen, schützt den Grundrechtsberechtigten, wahrt aber auch die Eigenverantwortlichkeit des Gesetzgebers. Der Gesetzgeber ist gehalten, seinen Auftrag zur Bildung allgemeiner Regeln zu erfüllen, kann dabei jedoch die Regelung von Details und die Gegenwartsfragen dem Verordnungsgeber überlassen – er muss dies aber nicht, weil er innerhalb seines rechtlichen Gestaltungsraums die Entscheidung verantwortet, inwieweit Rechtsetzungsmacht delegiert wird. Doch legt Art. 80 Abs. 1 GG nahe, nicht jedes Detail durch ein Parlamentsgesetz zu regeln, sondern von der Delegationsmöglichkeit auch Gebrauch zu machen – ohne aber insoweit verpflichtend zu wirken.

Als der Gesetzgeber den Übergang von Lebenszeitbeamten und Richtern in den Verfassungsstaat des Grundgesetzes zu regeln und dabei deren persönliche und fachliche Eignung für ihr Amt zu beurteilen hatte, sollten diese Fragen des Übergangs und der Maßstäbe für eine differenzierende individuelle Beurteilung nicht durch Parlamentsgesetz entschieden, sondern den personen- und situationsnahen Verordnungen überlassen werden. Dabei bedurfte es zu einer sachgerechten Regelung einer Ausnahme von den hergebrachten Grundsätzen des Berufsbeamtentums.[117] Die Ausnahmeregelungen wurden durch Art. 132 GG zugelassen und nach dessen Abs. 4 ausdrücklich dem Verordnungsrecht der Bundesregierung überantwortet.[118] Gleichwohl erließ das Parlament in dieser

[114] Ausdrücklich zu Art. 19 Abs. 1 Satz 1 GG: *H. Hofmann*, Das Postulat der Allgemeinheit des Gesetzes, in: Starck (Hg.), Die Allgemeinheit des Gesetzes, 1987, S. 9 (insbes. 44, 48); *Bydlinski* und *Wahl*, Diskussion, ebenda, S. 77.

[115] Siehe hierzu sogleich unter II. 1. (S. 196ff.).

[116] Siehe hierzu *Ossenbühl*, Rechtsverordnung, in: HStR V, 3. Auflage 2007, § 103 insbes. Rdn. 20ff.; sowie unter III. 7. (S. 282ff.).

[117] Art. 33 Abs. 5 GG; siehe hierzu BVerfGE 3, 58 (59) – Rechtsverhältnisse des öffentlichen Dienstes; *Masing*, in: Dreier, H. (Hg.), Grundgesetz. Kommentar, Band 3, 2. Auflage 2008, Art. 132 Rdn. 6, 8; *Sachs*, in: ders. (Hg.), Grundgesetz. Kommentar, 4. Auflage 2007, Art. 132 Rdn. 5.

[118] BVerfGE 4, 294 (296) – Versetzung in den Ruhestand; *H. Hofmann*, Die Entwicklung des Grundgesetzes von 1949 bis 1990, in: HStR I, 3. Auflage 2003, § 9 Rdn. 21; *Masing*, in: Dreier, H. (Hg.), Grundgesetz. Kommentar, Band 3, 2. Auflage 2008, Art. 132 Rdn. 6, 8.

Sache später ein Gesetz.[119] Dieses Gesetz ist aber nicht auf Grund eines Verstoßes gegen Art. 132 Abs. 4 GG nichtig. Der Artikel regelt eine Delegationsmöglichkeit, ist eine verbindliche, aber nicht justitiable Verfassungsbestimmung. Grundsätzlich steht die Verordnungsermächtigung unter dem Vorbehalt, die Verordnung durch Gesetz zu ersetzen.[120] Durch Art. 132 Abs. 4 GG weicht das Grundgesetz nicht von diesem Grundsatz ab, verdeutlicht aber von Anfang an Regelungsbereiche, die durch Verordnungen geregelt werden sollten. Hier setzen die historische Erfahrung und auch Art. 80 Abs. 1 GG an, verpflichten aber nicht zu einer Delegation, sondern erwarten die gesetzgeberische Klugheit, bewusst zwischen einer weiten Allgemeinheit des Parlamentsgesetzes und einer engeren Allgemeinheit der Verordnung zu entscheiden.[121]

Andere Verfassungsaufträge begründen objektive Gesetzgebungspflichten und wenden sich damit an den Gesetzgeber, ohne insoweit gerichtlich kontrolliert zu werden. Art. 20a GG schützt die natürlichen Lebensgrundlagen „durch die Gesetzgebung und nach Maßgabe von Gesetz und Recht durch die vollziehende Gewalt und die Rechtsprechung". Der im Umweltschutz erforderliche Ausgleich widerstreitender Interessen, die Abwägung zwischen den Direktiven des Art. 20a GG, obliegt hiernach zunächst dem Gesetzgeber.[122] Die vollziehende Gewalt und die Rechtsprechung verwirklichen den Umweltschutz – so die ausdrückliche Anordnung des Grundgesetzes – „nach Maßgabe des Gesetzes", also im Rahmen der Vorgaben des Gesetzgebers.[123] Art. 20a GG verpflichtet den Gesetzgeber damit, den Schutzauftrag durch abstrakt-generelle Regelungen zu erfüllen, ohne dass der Richter allerdings die Erfüllung, das Maß des gesetzlichen Umweltschutzes kontrollieren würde. Die Staatszielbestimmung setzt insoweit einen verbindlichen, aber nicht justitiablen Verfassungsauftrag.

Nach Art. 14 Abs. 3 Satz 2 GG darf eine Enteignung „nur durch Gesetz oder auf Grund eines Gesetzes" erfolgen. Selbst wenn man mit der üblichen – aller-

[119] Das Gesetz wurde nicht auf Art. 132 GG gestützt; *Masing*, in: Dreier, H. (Hg.), Grundgesetz. Kommentar, Band 3, 2. Auflage 2008, Art. 132 Rdn. 7; *H. Hofmann*, Die Entwicklung des Grundgesetzes von 1949 bis 1990, in: HStR I, 3. Auflage 2003, § 9 Rdn. 21; *Sachs*, in: ders. (Hg.), Grundgesetz. Kommentar, 4. Auflage 2007, Art. 132 Rdn. 5.

[120] Sog. konservierende Delegation; siehe hierzu *Ossenbühl*, Rechtsverordnung, in: HStR V, 3. Auflage 2007, § 103 Rdn. 17.

[121] Siehe hierzu insbes. unter III. 7. (S. 282 ff.).

[122] Das Parlamentsgesetz ermöglicht dabei rechtsstaatskonforme Eingriffs- und Handlungsbefugnisse (*Kloepfer*, in: Dolzer/Vogel/Graßhof [Hg.], Bonner Kommentar zum Grundgesetz, Art. 20a [1996] Rdn. 67 f.).

[123] *Kloepfer*, in: Dolzer/Vogel/Graßhof (Hg.), Bonner Kommentar zum Grundgesetz, Art. 20a (1996) Rdn. 67 f.; *Murswiek*, in: Sachs (Hg.), Grundgesetz. Kommentar, 4. Auflage 2007, Art. 20a Rdn. 60, spricht von der „Konkretisierungsprärogative des Gesetzgebers"; differenzierend und abschwächend: *Epiney*, in: von Mangoldt/Klein/Starck, Kommentar zum Grundgesetz, Band 2, 5. Auflage 2005, Art. 20a Rdn. 57 ff.; abschwächend auch *Jarass*, in: ders./Pieroth, Grundgesetz für die Bundesrepublik Deutschland. Kommentar, 9. Auflage 2007, Art. 20a Rdn. 18.

dings nicht überzeugenden[124] – Lesart davon ausgehen würde, dass Legalenteignungen den Vorgaben des Art. 19 Abs. 1 Satz 1 GG nicht folgen müssen und – jedenfalls in Ausnahmefällen – durch Einzelfallgesetze vorgenommen werden dürfen,[125] überlässt Art. 14 Abs. 3 GG dem Gesetzgeber nicht eine freie Wahl zwischen Legalenteignung und Administrativenteignung.[126] Vielmehr setzt ein wirksamer Eigentumsschutz die abgestufte Prüfung der Enteignungsvoraussetzungen „sowohl auf der generellen Ebene des Gesetzes wie auch derjenigen der konkreten Vollzugsentscheidung" voraus.[127] Eine Legalenteignung wäre wesensmäßig „Verwaltung durch Gesetz",[128] der Gesetzgeber übernähme „von der Aufgabe her gesehen eine Angelegenheit der Exekutive, ohne über diese verantwortlich zu entscheiden, während die Verwaltung insoweit ohne eigene Verantwortung handelt und die Entscheidung vor dem Gericht nicht zu vertreten braucht".[129] Der Rechtsschutz des Bürgers wäre durch die Legalenteignung verkürzt:[130] Deswegen genügen grundsätzlich nur die aus dem allgemeinen Gesetz abgeleiteten Administrativenteignungen dem Grundgesetz.[131] Wenn eine Legalenteignung vorgenommen, etwa ein Teil des Nachbargrundstücks zum Ausbau der Treppe eines öffentlichen Gebäudes durch Parlamentsgesetz enteignet würde, obgleich hier eine Administrativenteignung hätte vorgenommen werden können, wird – auch wenn man den Maßstab des Art. 19 Abs. 1 Satz 1 GG

---

[124] Siehe aber für die entgegengesetzte Deutung sogleich unter II. 1. h) (S. 227ff.).

[125] BVerfGE 24, 367 (396ff.) – Hamburger Deichordnungsgesetz; 95, 1 (22) – Südumfahrung Stendal; *Herzog*, in: Maunz/Dürig/u.a., Grundgesetz. Kommentar, Art. 19 Abs. 1 Rdn. 40b; *Krebs*, in: von Münch/Kunig (Hg.), Grundgesetz-Kommentar, Band 1, 5. Auflage 2000, Art. 19 Rdn. 12; *Roellecke*, in: Umbach/Clemens (Hg.), Grundgesetz. Mitarbeiterkommentar und Handbuch, Band 1, 2002, Art. 19 I-III Rdn. 24; siehe zu dieser Diskussion insgesamt unter II. 1. h) (S. 227ff.).

[126] Deutlich *P. Kunig*, Einzelfallentscheidungen durch Gesetz, Jura 1993, 308 (312); *Jarass*, in: ders./Pieroth, Grundgesetz für die Bundesrepublik Deutschland. Kommentar, 9. Auflage 2007, Art. 14 Rdn. 79 m. w. H.

[127] *Wendt*, in: Sachs (Hg.), Grundgesetz. Kommentar, 4. Auflage 2007, Art. 14 Rdn. 159; *Bryde*, in: von Münch/Kunig (Hg.), Grundgesetz-Kommentar, Band 1, 5. Auflage 2000, Art. 14 Rdn. 75.

[128] BVerfGE 24, 367 (398) – Hamburger Deichordnungsgesetz; 95, 1 (22) – Südumfahrung Stendal; *Ossenbühl*, Der Gesetzgeber als Exekutive, in: Festschrift für Werner Hoppe, 2000, S. 183 (191); *Papier*, in: Maunz/Dürig/u. a., Grundgesetz. Kommentar, Band 2, Art. 14 (1994) Rdn. 564ff.; *Herzog*, ebenda, Art. 19 Abs. 1 Rdn. 27, 47; *Stern*, Das Staatsrecht der Bundesrepublik Deutschland, Band III/2, 1994, S. 743.

[129] BVerfGE 45, 297 (332) – Hamburger Untergrundbahn; kritisch *Wieland*, in: Dreier, H. (Hg.), Grundgesetz. Kommentar, Band 1, 2. Auflage 2004, Art. 14 Rdn. 95.

[130] BVerfGE 24, 367 (401) – Hamburger Deichordnungsgesetz; 45, 297 (324) – Hamburger Untergrundbahn; 58, 300 (331) – Nassauskiesung; 95, 1 (22) – Südumfahrung Stendal; *Papier*, in: Maunz/Dürig/u. a., Grundgesetz. Kommentar, Band 2, Art. 14 (1994) Rdn. 563; *P. Kunig*, Einzelfallentscheidungen durch Gesetz, Jura 1993, 308 (313).

[131] Vgl. BVerfGE 24, 367 (399) – Hamburger Deichordnungsgesetz; für diese aus Art. 19 Abs. 1 Satz 1 GG folgende Regel *P. M. Huber*, in: von Mangoldt/Klein/Starck, Kommentar zum Grundgesetz, Band 1, 5. Auflage 2005, Art. 19 Abs. 1 Rdn. 34.

außen vor lässt[132] – Art. 14 Abs. 3 GG in einem vor den Gerichten einklagbarem Maßstab verletzt. Das Bundesverfassungsgericht überwacht insoweit, dass der Gesetzgeber eine allgemeine Regel bildet, die dann von der Verwaltung im Einzelfall zur Anwendung gebracht wird. Die Justitiabilität dieses Allgemeinheitsgedankens folgt insbesondere aus einer Nähe zum Grundrechtsschutz, der im Zusammenwirken von allgemeiner Regel und individualisierendem Vollzugsakt, von vorbeugend schützendem allgemeinen Parlamentsgesetz[133] und nachfolgendem Individualrechtsschutz gewährleistet wird.

Das Gesetz ist zudem ein Bestandteil des Grundrechtsschutzes, wenn das Verhältnismäßigkeitsprinzip und der Gleichheitssatz in der allgemeinen gesetzlichen Regel ihren Ausgangspunkt finden. Gleichheitssatz und Freiheitsrechte erwarten, dass das Regelungsziel durch ein Gesetz definiert wird. Der gerichtliche Schutz der Grundrechte entfaltet sich mit Blick auf ein Ziel, das – wie bei der Abwehr einer Gefahr – in der Wirklichkeit vorgefunden wird, aber vielfach – etwa bei staatlichen Leistungen oder Verfahrens- und Organisationsregeln – erst durch ein Gesetz gefasst wird. Die Anwendung des Verhältnismäßigkeitsprinzips und des Gleichheitssatzes brauchen hier jeweils die allgemeine Regel des Gesetzes, um mit dieser Vorgabe die individuelle Betroffenheit am Maßstab der Freiheitsrechte[134] und des Gleichheitssatzes zu prüfen.[135]

Das grundgesetzliche Allgemeinheitspostulat ist hiernach – wie das gesamte Verfassungsrecht[136] – in dem verfassungsrechtlichen Dreiklang zu entfalten: Es wirkt als Klugheitsregel, die insbesondere das Parlament zu neuen Erkenntnissen führen mag, zudem als verbindlicher Verfassungsauftrag und in engen Grenzen auch als justitiabler Maßstab. Die grundgesetzlichen Allgemeinheitsforderungen wollen in dieser Differenzierung dem Verfassungsstaat neben der individualisierenden Perspektive des Grundrechtsschutzes eine Ausrichtung auf das Ganze eröffnen, die Grundrechte im Vorfeld schützen und so insgesamt die Kraftquellen des Gemeinwesens stärken: die freiheitliche Entfaltung des Individuums und den demokratischen Gestaltungsraum des Staats.

---

[132] Siehe hierzu sogleich unter II. 1., insbes. unter h) (S. 227 ff.).

[133] Siehe hierzu bereits im Ersten Kapitel unter A. I. (S. 3 ff.).

[134] Siehe zur Bedeutung des gesetzlichen Anknüpfungspunktes für den Schutz der Freiheitsrechte BVerfGE 7, 377 (399 ff.) – Apothekenurteil; 58, 300 (328 ff.) – Nassauskiesung; 93, 212 (140 ff.) – Vermögensteuer; 100, 226 (244 ff.) – Denkmalschutz; siehe insgesamt sogleich unter VI. 3. (S. 353 ff.).

[135] Siehe zur Bedeutung des gesetzlichen Anknüpfungspunktes für die Gleichheit vor der Gesetz BVerfGE 75, 108 (157 ff.) – Künstlersozialversicherung; 101, 297 (310 ff.) – Arbeitszimmer; 111, 160 (169 ff.) – Kindergeld an Ausländer; zur Bedeutung des Wahlgesetzes für die Wahlrechtsgleichheit jüngst BVerfGE 121, 266 (289 ff.) – negatives Stimmgewicht; siehe hierzu insgesamt unter VII. 2. bis 4. (S. 363 ff.).

[136] Siehe bereits unter 2. (S. 180 ff.).

II. Die Allgemeinheit grundrechtsbeeinträchtigender Gesetze

1. Art. 19 Abs. 1 Satz 1 GG – vernachlässigter Garant der Freiheit

Das Grundgesetz fordert in Art. 19 Abs. 1 Satz 1 GG die Allgemeinheit des Gesetzes. „Soweit nach diesem Grundgesetz ein Grundrecht durch Gesetz oder auf Grund eines Gesetzes eingeschränkt werden kann, muß das Gesetz allgemein sein und [darf] nicht nur für den Einzelfall gelten." Nach dem Wortlaut dieser Bestimmung darf nur ein allgemeines Gesetz, das kein Einzelfallgesetz ist, die Grundrechte einschränken oder eine Grundrechtsbeeinträchtigung bewirken.

Bei Gründung der Bundesrepublik Deutschland im Aufbruch zu einer neuen und verlässlichen Verfassungsstaatlichkeit wurden große Hoffnungen in dieses Allgemeinheitspostulat gesetzt. Es sei ein besonderer Garant der Freiheit und daher „eine der wichtigsten Normen der Verfassung".[137] Auch die eher kritischen Stimmen anerkannten in den 50er Jahren die freiheitsichernde Kraft des Artikels, befürchteten aber dessen Umgehung, weil die Gesetzgebungstechnik so ausgefeilt sei, dass ein Einzelfallgesetz im Gewand einer allgemeinen Regelung erlassen werden könne.[138] Art. 19 Abs. 1 Satz 1 GG sollte einen Beitrag zum Neuanfang eines Verfassungsstaats leisten, der eine materielle Allgemeinheit der Gesetze, eine Verallgemeinerung der gesetzlichen Aussage fordert und sich mit einer verallgemeinernden Formulierung nicht zufrieden gibt. Diese Erwartungen hat die Vorschrift nicht erfüllt. Art. 19 Abs. 1 Satz 1 GG wird – so der nahezu einhellige Befund – heute kaum mehr berücksichtigt.[139] „Sein Sinn-

---

[137] *Hild. Krüger*, Die Verfassungswidrigkeit der lex Schörner, DVBl. 1955, 758 (760, Hervorhebungen nicht übernommen); *Dürig*, Zurück zum klassischen Enteignungsbegriff!, JZ 1954, 4 (5 ff.), nach dem das Grundgesetz nunmehr „die berühmte Streitfrage des deutschen Staatsrechts, ob Individualgesetze möglich sind, [...] – wenigstens bei grundrechtseinschränkenden Gesetzes – klar verneint" hat (7); *von Mangoldt/Klein*, Das Bonner Grundgesetz, 2. Auflage 1955, Art. 19 Anm. III (S. 542 ff. m. w. H.); *Fleschutz*, Maßnahmegesetze nach deutschem Verfassungsrecht, 1958; *H. Schneider*, Über Einzelfallgesetze, in: Festschrift für Carl Schmitt, 1959, S. 159, der den Wert des allgemeinen Gesetzes für eine Zeit herausstellt, „die nach der Verwirklichung des Rechtsstaatsgedankens" strebt (159); *Zahn*, Gesetz und Einzelakt, 1963, S. 155 ff.; *Volkmar*, Allgemeiner Rechtssatz und Einzelakt, 1962, S. 227; siehe zudem die Übersicht bei *Bücker*, Die Zulässigkeit von Individualgesetzen nach dem Grundgesetz, 1965, S. 41 ff.; siehe insgesamt *Starck*, Der Gesetzesbegriff des Grundgesetzes, 1970, S. 53 ff. m. w. H.

[138] Die Diskussion fasst zusammen *Stern*, Das Staatsrecht der Bundesrepublik Deutschland, Band III/2, 1994, S. 692 ff.; siehe für eine Stärkung des Art. 19 Abs. 1 Satz 1 GG zudem *Bauernfeind*, Zum Verbot von Einzelfallgesetzen gemäß Art. 19 I GG, DVBl. 1976, 193.

[139] *Hesse*, Grundzüge des Verfassungsrechts der Bundesrepublik Deutschland, 20. Auflage 1995, Rdn. 330, spricht davon, dass derzeit der Vorschrift eine „selbständige praktische Bedeutung freilich kaum zukommt." Siehe hierzu insbes. die Analyse der Rechtsprechung des Bundesverfassungsgerichts und der Literatur durch *Stern*, Das Staatsrecht der Bundesrepublik Deutschland, Band III/2, 1994, S. 721 ff.: Der Bestimmung wird heute keine „größere Aufmerksamkeit" mehr geschenkt, ihr neben dem Gleichheitssatz „eine nennenswerte Bedeu-

gehalt" sei „fast zur Bedeutungslosigkeit reduziert"[140] und der Inhalt des verfassungsrechtlichen Gebots bis heute nicht geklärt.[141] Diese Diskrepanz zwischen Regelungserwartung und Regelungswirklichkeit gibt Anlass, das Allgemeinheitspostulat auch angesichts seiner Entstehungsgeschichte[142] näher zu prüfen und die Frage zu stellen, ob die Bestimmung gegenwärtig hinreichend entfaltet wird.

a) Die „besondere Bedeutung" des Allgemeinheitspostulats

Das Gebot der Gesetzesallgemeinheit wurde bei den parlamentarischen Beratungen des Grundgesetzes lebhaft und kontrovers diskutiert, schließlich aber als „besonders bedeutsame" Bestimmung in den Verfassungstext aufgenommen.

Weder der Entwurf von Herrenchiemsee noch die ersten vorläufigen Fassungen des Grundgesetzes kannten ein Allgemeinheitspostulat oder ein Verbot des Einzelfallgesetzes. Bis zu dem im Dezember 1948 vom Allgemeinen Redaktionsausschuss bearbeiteten Entwurf des Grundgesetzes hatte sich nicht einmal die Auffassung durchgesetzt, die Verfassung brauche eine Bestimmung, welche über die Gesetzesvorbehalte der einzelnen Grundrechte hinaus die grundsätzliche Einschränkbarkeit der grundrechtlichen Gewährleistungen regelt.[143] Eine solche Verfassungsvorgabe würde – so der Einwand – den Gesetzgeber zu stark einschränken.[144] Eine entsprechende Vorschrift hatte der Entwurf von Herrenchiemsee zwar nach eingehender Diskussion vorgesehen, ohne jedoch die All-

---

tung abgesprochen" (726); *H. Hofmann*, Das Postulat der Allgemeinheit des Gesetzes, in: Starck (Hg.), Die Allgemeinheit des Gesetzes, 1987, S. 9 (insbes. 44, 48); jüngst: *Franz*, Der Begriff des Gesetzes, ZG 2008, 140 (160); *Chr. Möllers*, Die drei Gewalten, 2008, S. 97.

[140] *Stern*, Das Staatsrecht der Bundesrepublik Deutschland, Band III/2, 1994, S. 742.

[141] *Sachs*, in: ders. (Hg.), Grundgesetz. Kommentar, 4. Auflage 2007, Art. 19 Rdn. 20; *Stern*, Das Staatsrecht der Bundesrepublik Deutschland, Band III/2, 1994, S. 733.

[142] Siehe für die Entstehungsgeschichte des Art. 19 Abs. 1 Satz 1 GG sogleich sowie insbes. *Menger*, in: Dolzer/Vogel/Graßhof (Hg.), Bonner Kommentar zum Grundgesetz, Art. 19 Abs. 1 (1979) Rdn. 19 ff.; *Stern*, Das Staatsrecht der Bundesrepublik Deutschland, Band III/2, 1994, S. 692 ff., nach dem die gegenwärtige Bedeutung der Bestimmung ihrem ursprünglichem Regelungsanspruch nicht gerecht wird (721).

[143] In der vom Hauptausschuß in erster Lesung angenommenen Fassung vom 10. Dezember 1948 hieß es nur, dass in das Recht auf Leben, auf Freiheit und Sicherheit sowie in das Recht auf freie Entfaltung der Persönlichkeit „nur im Rahmen der Rechtsordnung eingegriffen werden" darf und der Wesensgehalt der Grundrechte gewahrt werden muss (Art. 2 und Art. 20b; siehe hierzu auch die vorläufigen Formulierungen der Fachausschüsse vom 18. Oktober 1948 und die Stellungnahme des Allgemeinen Redaktionsausschusses, Stand 10. November bis 5. Dezember 1948, in: Deutscher Bundestag/Bundesarchiv [Hg.], Der Parlamentarische Rat 1948–1949, Band 7, Entwürfe zum Grundgesetz, 1995, S. 2, 6, 37, 41, 92, 96).

[144] Siehe zu dieser Debatte insbes. die Sechste und Achte Sitzung des Ausschusses für Grundsatzfragen vom 5. und 7. Oktober 1948, in: Deutscher Bundestag/Bundesarchiv (Hg.), Der Parlamentarische Rat 1948–1949, Band 5/I, Ausschuß für Grundsatzfragen, 1993, S. 149 ff., 214 f.

gemeinheit des grundrechtseinschränkenden Gesetzes zu fordern.[145] Der Redaktionsausschuss schlug in dieser Situation einen Artikel vor, welcher der heutigen Fassung des Art. 19 Abs. 1 Satz 1 GG bereits sehr nahekam. Er ließ die Einschränkung der Grundrechte nur durch allgemeine Gesetze zu und setzte damit ein verbindliches Allgemeinheitspostulat: „Soweit nach diesem Grundgesetz ein Grundrecht nur auf Grund eines Gesetzes eingeschränkt werden kann, muß die Einschränkung des Grundrechtes in dem Gesetz allgemein geregelt sein."[146] Dieser Vorschlag ist insofern erstaunlich, als der Auftrag des Ausschusses auf redaktionelle Bearbeitungen der Verfassungsentwürfe beschränkt war, gleichwohl mit dieser Vorschrift eine neue Verfassungsbestimmung aufgenommen wurde. Insgesamt scheint der Ausschuss damit der Auffassung zu folgen, die Verfassung müsse auch dem Parlament, also dem ersten Organ der Demokratie, allgemeine Grenzen beim Erlass von Gesetzen setzen, durch welche die Grundrechte beeinträchtigt werden können. Die Beweggründe des Ausschusses bleiben aber letztlich im Dunkeln, weil der Vorschlag ohne weitere Erläuterungen, ohne die sonst nicht unüblichen Anmerkungen unterbreitet wurde und die Sitzungen unprotokolliert blieben.[147]

Insbesondere der Ausschuss für Grundsatzfragen diskutierte den Vorschlag des Redaktionsausschusses. *Hermann von Mangoldt* lehnte das Allgemeinheitspostulat ab: „Der erste Satz scheint mir in der Fassung des Redaktionskomitees zu weit zu gehen, daß die Einschränkung des Grundrechtes allgemein geregelt sein muß. Welche Anforderungen werden an den Gesetzgeber gestellt, wer überprüft das [...]? Genügt es nicht, wenn der Richter die eine Grenze hat, die wir klar herausstellen, daß durch ein Gesetz niemals ein Grundrecht in sei-

---

[145] Nach Art. 21 des Entwurfs von Herrenchiemsee war eine „Einschränkung der Grundrechte [...] nur durch Gesetz und unter der Voraussetzung zulässig, daß es die öffentliche Sicherheit, Sittlichkeit oder Gesundheit zwingend erfordert" (Deutscher Bundestag/Bundesarchiv [Hg.], Der Parlamentarische Rat 1948–1949, Band 2, Der Verfassungskonvent von Herrenchiemsee, 1981, S. 582); siehe zu der Debatte insgesamt *Stern*, Das Staatsrecht der Bundesrepublik Deutschland, Band III/2, 1994, S. 704 ff. m. w. H.

[146] Entwurf zum Grundgesetz in der vom Allgemeinen Redaktionsausschuß redigierten Fassung, Stand vom 13.–18. Dezember 1948, in: Deutscher Bundestag/Bundesarchiv (Hg.), Der Parlamentarische Rat 1948–1949, Band 7, Entwürfe zum Grundgesetz, 1995, S. 144.

[147] Es liegt nahe, dass die vergleichbare Vorschrift der Verfassung Hessens dem Redaktionsausschuß bekannt war und vor Augen stand. Andere Stimmen meinen, dass das Allgemeinheitspostulat unmittelbar an die Ausführungen *Carl Schmitts* in dessen Verfassungslehre anknüpfen (*Dürig*, Zurück zum klassischen Enteignungsbegriff!, JZ 1954, 4 [7 mit Fn. 17]; *H. Schneider*, Über Einzelfallgesetze, in: Festschrift für Carl Schmitt, 1959, S. 159 [170]; in Bezug auf *C. Schmitt*, Verfassungslehre [1928], 4. Auflage 1965, S. 138 ff.; siehe hierzu bereits oben unter B. V. 5., S. 155 ff., und sogleich unter III. 1., S. 258 ff.). Hierzu wie insgesamt *Stern*, Das Staatsrecht der Bundesrepublik Deutschland, Band III/2, 1994, S. 700 ff., insbes. 703, 713 und 720 m. w. H. und dem Verweis auf weitere Landesverfassungen, die vergleichbare Regelungen kannten; *Menger*, in: Dolzer/Vogel/Graßhof (Hg.), Bonner Kommentar zum Grundgesetz, Art. 19 Abs. 1 (1979) Rdn. 19, m. w. H. auch zum Auftrag des Ausschusses und betonend, dass die Vorbildfunktion der Hessischen Verfassung nicht erwiesen sei.

nem Wesensgehalt angetastet werden darf? [...] Das alles sind hier formale Bestimmungen. Der Gesetzgeber, der ein dringendes Gesetz macht, kann das alles von vornherein gar nicht übersehen. Dann greift es aber einer heraus und dann ist das ganze Gesetz hinfällig. Das geht meines Erachtens zu weit. [... Das führt] nur zu einem Rattenschwanz von Prozessen, die praktisch zu einer Wiederholung des Gesetzgebungsverfahrens führen." *Ludwig Bergsträsser* verteidigte die Bestimmung. Hier müsse man „formalistisch" bleiben und „solche genauen Vorschriften" im Grundgesetz belassen, weil die Neigung bestünde, dieses insbesondere in Ausnahmesituationen „lax anzuwenden". Ohne den Streit endgültig zu entscheiden, einigte man sich darauf, eine Überarbeitung des Redaktionsausschusses abzuwarten; gleichwohl wurde die Vorschrift im Grundsatzausschuss nicht mehr eindringlich diskutiert.[148]

Kurz darauf wiederholte *Hermann von Mangoldt* seine Bedenken im Hauptausschuss. Der Gesetzgeber werde durch diese Vorschrift zu stark behindert, ihm würden zu enge Fesseln angelegt. In der ausführlichen Diskussion meldete sich insbesondere *Thomas Dehler* zu Wort. Es müsse verhindert werden, dass der Gesetzgeber „mit leichter Hand" über Grundrechte hinweggehen könne. *Thomas Dehler* unterstrich, dass das Allgemeinheitspostulat, dass das Verbot des „Spezialgesetzes" „besonders bedeutsam" sein. Der Hauptausschuss nahm die vom Redaktionsausschuss vorgeschlagene Fassung im Anschluss an die Diskussion mit elf zu sieben Stimmen an. *Hermann von Mangoldt* wiederholte in der folgenden Sitzung seine Bedenken, konnte sich aber auch hier nicht durchsetzen. Wiederum betonte *Thomas Dehler*, dass man „diese Fesseln des Gesetzgebers" wolle.[149] In der anschließenden Fassung des Hauptausschusses und des Redaktionsausschusses blieb der Artikel wie in den weiteren Fassungen der Gremien des Parlamentarischen Rats zunächst unverändert.[150] Der Redaktionsausschuss fügte in seinen Vorschlägen von Anfang Mai 1949 jedoch die zweite Alternative ein, nach welcher das für eine Beeinträchtigung der Grundrechte maßgebliche Gesetz nicht nur allgemein sein muss, sondern auch „nicht

[148] Zweiunddreißigste Sitzung des Ausschusses für Grundsatzfragen vom 11. Januar 1949, in: Deutscher Bundestag/Bundesarchiv (Hg.), Der Parlamentarische Rat 1948–1949, Band 5/II, Ausschuß für Grundsatzfragen, 1993, S. 951 f.

[149] Siehe insgesamt *Stern*, Das Staatsrecht der Bundesrepublik Deutschland, Band III/2, 1994, S. 712 ff. m.w.H.

[150] Vom Hauptausschuß in zweiter Lesung beschlossene Fassung (20. Januar 1949), Stellungnahme des Allgemeinen Redaktionsausschusses (25. Januar 1949), Vorschlag des Fünfer-Ausschusses (5. Februar 1949), vom Hauptausschuß in dritter Lesung angenommene Fassung (10. Februar 1949), Änderungsvorschläge des Fünfer-Ausschusses (28. Februar 1949), in: Deutscher Bundestag/Bundesarchiv (Hg.), Der Parlamentarische Rat 1948–1949, Band 7, Entwürfe zum Grundgesetz, 1995, S. 218, 346, 402, 446; siehe zudem S. 464 zu dem Entwurf der SPD, der eine vergleichbare Vorschrift nicht kennt.

nur für den Einzelfall gelten" darf.[151] Dieser Wortlaut blieb unverändert,[152] wurde schließlich am 6. Mai ohne eine weitere Diskussion im Plenum angenommen[153] und ist heute geltendes Verfassungsrecht. Er ist allerdings, obwohl er vom Redaktionsausschuss geschaffen wurde, sprachlich verunglückt, lässt ein Wort vermissen: „Soweit nach diesem Grundgesetz ein Grundrecht durch Gesetz oder auf Grund eines Gesetzes eingeschränkt werden kann, muß das Gesetz allgemein und [darf] nicht nur für den Einzelfall gelten." Die Gesetzesallgemeinheit und das Verbot des Einzelfallgesetzes wurden im Parlamentarischen Rat in unterschiedlichen Stellungnahmen durch den Allgemeinen Redaktionsausschuss initiiert und daraufhin von den maßgeblichen Gremien gebilligt. Die Debatten über die Bestimmungen im Ausschuss für Grundsatzfragen und im Hauptausschuss zeigen, dass die Verfassungsforderungen im Bewusstsein der Tragweite der eigenständigen, freiheitsichernden Regelungskraft des Art. 19 Abs. 1 Satz 1 GG aufgenommen wurden.

b) Der bisher verkannte „wahre Eckstein des Rechtsstaats"

Die Beratungen über Art. 19 Abs. 1 Satz 1 GG heben hervor, dass dem Gesetzgeber durch Art. 19 Abs. 1 Satz 1 GG Bindungen auferlegt werden sollten, die von dem Schutzgehalt grundrechtlicher Gewährleistungen und den speziellen Gesetzesvorbehalten zu unterscheiden sind. In den Beratungen „leuchtete" der „Gedanke einer formellen, unmittelbar an der Qualität des Gesetzes ansetzenden Sicherung" der Grundrechte auf.[154] *Hermann von Mangoldt* betonte in diesem Sinn in einer frühen Kommentierung des Grundgesetzes, dass die üblichen Mechanismen die individuellen Menschenrechte nicht hinreichend schützten. Art. 19 Abs. 1 GG sei „Ausdruck der Gemeinschaftsbezogenheit des Individuums," „eine der wichtigsten Normen der Verfassung", „der Pfeiler des Gewaltenteilungsprinzips", „der wahre, bisher verkannte Eckstein des Rechtsstaats".[155] Wenn *Hermann von Mangoldt* von der Gemeinschaftsbezogenheit jedes Einzelnen spricht, mag man hierin den Geist der Freiheit der Gesetze

[151] Vorschläge des Allgemeinen Redaktionsausschusses zur Fassung der dritten Lesung des Hauptausschusses unter Einarbeitung der aufrechterhaltenen Beschlüsse des Fünfer-Ausschusses, des Siebener-Ausschusses und der Beschlüsse der interfraktionellen Besprechungen, Stand vom 2.–5. Mai 1949, in: Deutscher Bundestag/Bundesarchiv (Hg.), Der Parlamentarische Rat 1948–1949, Band 7, Entwürfe zum Grundgesetz, 1995, S. 501.

[152] Fassung der vierten Lesung des Hauptausschusses (5. Mai 1949), Entwurf des Grundgesetzes in der Fassung der zweiten Lesung des Parlamentarischen Rates (6. Mai 1949), in: Deutscher Bundestag/Bundesarchiv (Hg.), Der Parlamentarische Rat 1948–1949, Band 7, Entwürfe zum Grundgesetz, 1995, S. 536, 575, siehe zudem S. 617.

[153] Neunte Sitzung des Plenums vom 6. Mai 1949, in: Deutscher Bundestag/Bundesarchiv (Hg.), Der Parlamentarische Rat 1948–1949, Band 9, Plenum, 1996, S. 458 f.

[154] *Stern*, Das Staatsrecht der Bundesrepublik Deutschland, Band III/2, 1994, S. 713.

[155] *Von Mangoldt/Klein*, Das Bonner Grundgesetz, 2. Auflage 1955, Art. 19 Anm. III (S. 542 ff. m. w. H.).

Kants erkennen, den Auftrag der gesetzlichen Verallgemeinerung im Sinn der Freiheit aller.[156] Das Grundgesetz verdeutlicht jedenfalls nach seinem Wortlaut und nach dieser ersten, durch die Debatten im Parlamentarischen Rat geleiteten Deutung, dass die Menschenrechte[157] in der individuellen Perspektive des einzelnen Falls, in der konkreten Betroffenheit durch die grundrechtlichen Gewährleistungen zu schützen sind, dass aber dieser Schutz nicht ausreicht und um ein weiteres Element zu ergänzen ist, das auf die gesamte Ordnung, auf die Gemeinschaft zielt – die Allgemeinheit des Gesetzes.

Wenn Art. 19 Abs. 1 Satz 1 GG regelt, dass Grundrechte nur auf Grundlage eines Parlamentsgesetzes[158] eingeschränkt werden dürfen, das allgemein ist, knüpft die Vorschrift an den Zustimmungsvorbehalt der Repräsentativorgane für Eingriffe in Freiheit und Eigentum aus dem 19. Jahrhundert an. Dieser Vorbehalt suchte den Einfluss des Repräsentativorgans und damit die Demokratie zu stärken und die Freiheit jedes Einzelnen durch den Zustimmungsvorbehalt zu schützen. Eine materielle Allgemeinheitsforderung stand nicht im Mittelpunkt dieser Entwicklung, sondern der Kampf um diesen Schutz der Freiheit und damit um die Demokratie.[159] In der grundgesetzlichen Demokratie werden die Gesetze aber grundsätzlich vom Parlament erlassen, das nicht mehr wie im 19. Jahrhundert um diesen Auftrag ringen muss. Die besonderen Gesetzesvorbehalte der Grundrechte und der allgemeine Parlamentsvorbehalt[160] sichern, dass Grundrechte nur durch oder auf der Grundlage eines Parlamentsgesetzes beeinträchtigt werden, gewährleisten also den Schutz der Freiheit durch das Repräsentationsorgan. Nach diesem ersten Zugriff auf das Regelungssystem des Grundgesetzes – dem im Folgenden weiter nachgegangen werden soll – gewinnt die durch Wortlaut und Entstehungsgeschichte nahegelegte Deutung des Art. 19 Abs. 1 Satz 1 GG durch *Hermann von Mangoldt* weitere Überzeugungskraft: Das Allgemeinheitspostulat scheint den Schutz der Freiheit durch das Parlament zu stärken, eine materielle Allgemeinheit der Gesetze zu fordern und so – in welchem Maß auch immer – an die lange Tradition der Gesetzesallgemeinheit anzuknüpfen.[161] Insbesondere *Klaus Stern* verdeutlicht den in diesem Befund angelegten Auftrag. Ein Gesetz, welches Art. 19 Abs. 1 Satz 1 GG verletzt,

---

[156] Siehe hierzu oben unter B. IV. 6. (S. 136 ff.).

[157] Im Begriff der Menschenrechte liegt hier kein besonderer Ausgriff auf das Naturrecht oder das internationale Recht. Der Begriff wird vielmehr als Oberbegriff für die verschiedenen Elemente des Schutzes der individuellen Freiheit und Gleichheit verwendet, greift also über den zentralen Grundrechtsschutz in der Grundentscheidung für die Demokratie, den sozialen Rechtsstaat, die internationale Kooperation und die Gesetzesallgemeinheit hinaus (siehe hierzu bereits oben im Ersten Kapitel unter A. I., S. 3 ff.).

[158] *Sachs*, in: ders. (Hg.), Grundgesetz. Kommentar, 4. Auflage 2007, Art. 19 Rdn. 14; *P. M. Huber*, in: von Mangoldt/Klein/Starck, Kommentar zum Grundgesetz, Band 1, 5. Auflage 2005, Art. 19 Abs. 1 Rdn. 47.

[159] Siehe hierzu unter B. V. 1. (S. 143 ff.).

[160] Siehe hierzu sogleich unter 4. und 5. (S. 245 ff.).

[161] Siehe hierzu insgesamt unter B (S. 67 ff.).

verstößt „gegen zwingendes Verfassungsrecht. Es ist damit verfassungswidrig und nichtig. Dieses Ergebnis ist im Schrifttum unstreitig, entbehrt aber meist der Begründung.“[162]

c) Freiheitschonender Schutzwall – sich ergänzende Elemente des Menschenrechtsschutzes

Bisher wurde Art. 19 Abs. 1 Satz 1 GG als Maßstab der Gesetzgebung kaum zur Geltung gebracht.[163] Zwar hob das Bundesverfassungsgericht zunächst hervor, Anlass eines Gesetzes könne auch ein Einzelfall sein, die gesetzliche Regelung müsse dann aber – jedenfalls theoretisch – auch künftige Fälle regeln,[164] folglich verallgemeinern. Zudem dürfe der Gesetzgeber keine einzelfallbezogenen Regelungen „verschleiern“.[165] Doch griff das Gericht auf die Gesetzesallgemeinheit letztlich kaum zurück[166] und ließ die Regelung des Art. 19 Abs. 1 Satz 1 GG in der Garantie der Gleichheit vor dem Gesetz aufgehen.[167] Kein Gesetz ist bisher für nichtig erklärt worden, weil es diese Bestimmung des Grundgesetzes verletzt.[168] Diese Deutung entspricht weder dem Wortlaut und der Entstehungsgeschichte des Art. 19 Abs. 1 Satz 1 GG, noch seinem freiheitsichernden Schutzkonzept.

Die rechtliche Garantie der Freiheit schützt allgemein die individuelle Entfaltung und die Gestaltung des Lebens nach eigenen, auch eigenwilligen Vorstellungen, bewahrt vor staatlicher Lenkung und Beschränkung.[169] Der freiheitliche Rechtsstaat hält in den Worten *Christian Starcks* „Distanz“ zu den

---

[162] *Stern*, Das Staatsrecht der Bundesrepublik Deutschland, Band III/2, 1994, S. 744 m. w. H.

[163] *Hesse*, Grundzüge des Verfassungsrechts der Bundesrepublik Deutschland, 20. Auflage 1995, Rdn. 330; *Stern*, Das Staatsrecht der Bundesrepublik Deutschland, Band III/2, 1994, S. 721 ff.; *H. Hofmann*, Das Postulat der Allgemeinheit des Gesetzes, in: Starck (Hg.), Die Allgemeinheit des Gesetzes, 1987, S. 9 (insbes. 44, 48).

[164] BVerfGE 10, 89 (107 f.) – Großer Erftverband; 25, 371 (396 ff.) – lex Rheinstahl.

[165] BVerfGE 99, 367 (400 m. w. H.) – Montanmitbestimmung.

[166] In BVerfGE 4, 219 (245 ff.) – Junktimklausel, hat das Gericht Art. 19 Abs. 1 Satz 1 GG schlicht übergangen.

[167] Siehe hierzu sogleich unter i) (S. 232 ff.).

[168] Siehe zu diesem Befund *P. M. Huber*, in: von Mangoldt/Klein/Starck, Kommentar zum Grundgesetz, Band 1, 5. Auflage 2005, Art. 19 Abs. 1 Rdn. 6; *Sachs*, in: ders. (Hg.), Grundgesetz. Kommentar, 4. Auflage 2007, Art. 19 Rdn. 22; *Stern*, Das Staatsrecht der Bundesrepublik Deutschland, Band III/2, 1994, S. 742.

[169] *Di Fabio*, Die Kultur der Freiheit, 2005, S. 71 ff.; *Loschelder*, Grundrechte im Sonderstatus, in: HStR V, 1. Auflage 1992, § 123 Rdn. 23, spricht von der „Konzeption der Grundrechte als Distanzschutz“; siehe hierzu bereits *Locke*, Über die Regierung [Two Treatises of Government. The Second Treatise, 1690], 2003; *Kant*, Über den Gemeinspruch: Das mag in der Theorie richtig sein, taugt aber nicht für die Praxis. Zum ewigen Frieden. Ein philosophischer Entwurf [1793, 1795], 1992, 289 ff., 349 ff.; *ders.*, Metaphysik der Sitten [1797], 1954, 214, 230 f., 311, 313 ff. (Hervorhebungen wurden nicht übernommen); siehe hierzu oben unter B. IV. 2. (S. 116 ff.) und 6. (S. 136 ff.).

„grundrechtlich geschützten Lebensbereichen, die im Rahmen der rechtlich im einzelnen definierten Gemeinverträglichkeit [...] der freien Verfügung und freien Gestaltung des einzelnen oder der in Gruppen zusammengeschlossenen einzelnen überlassen werden."[170] Freiheit heißt auch, von einer Freiheit keinen Gebrauch machen zu dürfen oder sie – in den Grenzen des Rechts – entgegen einer allgemeinen Auffassung, entgegen einer Erwartung der Gemeinschaft auszuüben. „Wer sich daran stößt", „daß die Grundrechte dem Bürger eine Sphäre privater Beliebigkeit schaffen und diese gegen den Staat abgrenzen und abschirmen, hat den Sinn der grundrechtlichen Freiheit nicht verstanden." Zwar kann der Staat „gegensteuern", wenn die Bürger dazu übergehen, dem Gemeinwesen zu schaden. Es muss nicht jeder unverantwortliche Freiheitsgebrauch hingenommen werden. Der Staat darf für die verantwortungsvolle Ausübung der Freiheit auch werben, „über Staatsbürgerethik sprechen, darf sie dem Unterricht in den staatlichen Schulen zugrunde legen, darf sie aber nicht allgemein zur Rechtspflicht machen."[171] Parlamentarisches Handlungsmittel ist in diesen Fällen nicht die Rechtsverbindlichkeit eines Gesetzes, sondern ein werbender Bundestagsbeschluss, der – wenn es die Abgeordneten so entscheiden – auch zu einem „Aufstand der Anständigen" aufrufen kann.

Das Gesetz schützt die Freiheit eines Bürgers, der ethisch handelt, dem Gemeinwesen nützt und von seiner Freiheit verantwortungsvoll Gebrauch macht, grundsätzlich in gleicher Weise wie denjenigen, der die Gemeinschaft zurückweist, „offen Egoismus" propagiert und verantwortungslos seine Freiheit in den rechtlichen Grenzen entfaltet.[172] Das Recht nimmt den Menschen in seiner Individualität ernst. Es wahrt in diesem Respekt den Zusammenhalt zwischen jedem Einzelnen und der Gemeinschaft, dient dem Einzelnen und dem gemeinen Wohl, weil dieses aus der freien Entfaltung der Individuen schöpft.[173]

Das Grundgesetz sucht die staatliche Gewalt rechtsverbindlich auf diese Freiheitsidee auszurichten. Es beginnt mit der Menschenwürdegarantie und fährt mit dem Bekenntnis zu den „unverletzlichen und unveräußerlichen Menschenrechten als Grundlage jeder menschlichen Gemeinschaft, des Friedens

---

[170] *Starck*, Grundrechtliche und demokratische Freiheitsidee, in: HStR III, 3. Auflage 2005, § 33 Rdn. 6 ff.; *Volkmann*, Freiheit und Gemeinschaft, in: HGR II, 2006, § 32 insbes. Rdn. 39 ff.

[171] *Starck*, Grundrechtliche und demokratische Freiheitsidee, in: HStR III, 3. Auflage 2005, § 33 Rdn. 6 ff.

[172] Insgesamt *Starck*, Grundrechtliche und demokratische Freiheitsidee, in: HStR III, 3. Auflage 2005, § 33 Rdn. 6 ff. m. w. H.; *Morgenthaler*, Freiheit durch Gesetz, 1999, S. 166 ff.

[173] *Isensee*, Gemeinwohl im Verfassungsstaat, in: HStR IV, 3. Auflage 2006, § 71 Rdn. 132 ff.; *Gröschner*, Die Republik, in: HStR II, 3. Auflage 2004, § 23 insbes. Rdn. 53 ff.; *Kriele*, Grundrechte und demokratischer Gestaltungsspielraum, in: HStR V, 1. Auflage 1992, § 110; *Rupp*, Die Unterscheidung von Staat und Gesellschaft, in: HStR II, 3. Auflage 2004, § 31 insbes. Rdn. 34 ff. und Rdn. 43.; jeweils m. w. H.; siehe zudem *W. von Humboldt*, Ideen zu einem Versuch, die Grenzen der Wirksamkeit des Staates zu bestimmen [1791], 2006, insbes. S. 199 ff.

und der Gerechtigkeit in der Welt" und der Grundrechtsbindung der staatlichen Gewalten fort,[174] welche durch die Gerichte im Konfliktfall durchgesetzt wird.[175] Der soziale, der Menschenwürde verpflichtete Staat garantiert jedem das Existenzminimum, die grundlegenden Bedingungen der Freiheitsentfaltung.[176] Grundrechte dürfen nur durch oder auf der Grundlage eines Parlamentsgesetzes beschränkt werden. Dies bedeutet aber nicht, dass die demokratische Freiheitsidee Vorrang vor der grundrechtlichen Freiheit genießt, letztere im Umfang der Freiheitsgewährleistung schlechterdings auf die Mehrheitsentscheidung hoffen muss. Wäre dies der Fall, wäre die Idee der Grundrechte verkannt.[177] Zwar zieht der Gesetzgeber der grundrechtlichen Freiheit durch einfaches Gesetz Schranken, insbesondere um die Freiheitsentfaltung im Gemeinwesen zu sichern. Zudem setzt er durch grundrechtliche Ausgestaltung etwa des Erbrechts, der Eigentumsordnung oder des Ehe- und Familienrechts einen rechtlichen Rahmen, welcher der Entfaltung der Freiheit dient. Doch setzen ihm die Grundrechte auch in diesen Fällen Grenzen.[178] Das „Dilemma" besteht darin, einen gesetzesfesten Raum, eine Dogmatik der gesetzlichen Einschränkbarkeit der Grundrechte zu entwickeln.[179] Diese Dogmatik sollte bislang primär aus der individuellen Perspektive der Grundrechte gewonnen werden. Art. 19 Abs. 1 Satz 1 GG könnte in seiner Ausrichtung auf das Ganze, also insoweit von der anderen Seite her das Nebeneinander und die wechselseitige Bedingtheit von grundrechtlichen Gewährleistungen und Gesetz, von Individualität und Gemeinschaft ordnen.

Der Staat hat sich um der Freiheit willen zurückzunehmen. In diesem Freiheitsgedanken ruht auch die Erwartung, klare Regeln zu setzen und Rechtssicherheit zu schaffen – der Freiheitsberechtigte muss sich auf die Rechtsordnung einstellen können.[180] Das „klassische Instrument" – so der gängige Befund – für diese Sicherung der Freiheit und Gemeinschaft ist das Gesetz, weil es rechtssicher Distanz zu wahren und damit „Freiheit und Gerechtigkeit" zu

[174] Art. 1 Abs. 1 bis Abs. 3 GG.

[175] Insgesamt *Starck*, Grundrechtliche und demokratische Freiheitsidee, in: HStR III, 3. Auflage 2005, § 33 Rdn. 4 ff.; *E.-W. Böckenförde*, Grundrechtstheorie und Grundrechtsinterpretation, NJW 1974, 1529 (1534); *Loschelder*, Grundrechte im Sonderstatus, in: HStR V, 1. Auflage 1992, § 123 insbes. Rdn. 23; jeweils m. w. H.

[176] Siehe insgesamt *Zacher*, Das soziale Staatsziel, in: HStR II, 3. Auflage 2004, § 28, und sogleich unter V. 7. (S. 340 ff.).

[177] Siehe zu dieser Idee auch in Abgrenzung zur Freiheit durch den Staat insbes. unter B. IV. 5. (S. 125 ff.).

[178] *Gellermann*, Grundrechte in einfachgesetzlichem Gewande, 2000; *Cornils*, Die Ausgestaltung der Grundrechte, 2005; *Jestaedt*, Grundrechtsentfaltung im Gesetz, 1999, insbes. S. 29 ff.

[179] Insgesamt *Starck*, Grundrechtliche und demokratische Freiheitsidee, in: HStR III, 3. Auflage 2005, § 33 Rdn. 21 ff.

[180] *Grabitz*, Freiheit und Verfassungsrecht, 1976, S. 81 ff., unmittelbar zur Allgemeinheit des Gesetzes und Art. 19 Abs. 1 Satz 1 GG; siehe hierzu auch oben unter B., insbes. unter B. IV. 3., S. 119 ff., 6. und 7., S. 136 ff. (*Montesquieu*, *Kant* und *Hegel*).

garantieren sucht.[181] „In aller Regel nun wird ein Gesetz, das" – so *Christian-Friedrich Menger* – „generell ist, allein schon deswegen ein Stück Freiheit und Gleichheit realisieren: Die Betroffenheit einer großen unübersehbaren Zahl von Adressaten des Gesetzes verbürgt Gleichheit im egalitären Sinne." Die Freiheit liegt in der Mäßigung des Eingriffs, in der generellen Rücknahme der gesetzlichen Einwirkung durch die Verallgemeinerung, aber auch darin, „daß sich der Bürger auf die Belastung einstellen, sich danach richten kann, in vielen Fällen sogar die Möglichkeit hat, durch sein Verhalten der Belastung zu entgehen".[182]

Das Grundgesetz errichtet ausdrücklich in Art. 19 Abs. 1 Satz 1 und seinem ersten Teil einen Menschenrechtsschutz, der auf die grundrechtlichen Gewährleistungen und die Allgemeinheit des Gesetzes setzt. Der Grundrechtsschutz konzentriert sich auf die individuelle Betroffenheit des Einzelnen, die Besonderheiten des speziellen Falls, sucht der Einzelfallgerechtigkeit zu dienen und wird im Konfliktfall letztlich durch die Richter durchgesetzt. Das allgemeine Gesetz hingegen richtet den Blick auf das Ganze, schafft stabile Strukturen für die Gemeinschaft und ergänzt den Grundrechtsschutz durch eine parlamentarische Freiheitsicherung. Die Grundrechte mögen ein Fahrverbot oder eine Stellplatzauflage für ein Restaurant abwehren oder mäßigen, jedem das Existenzminimum sichern, können aber in der individualrechtlichen Perspektive kaum die Sicherheit, den reibungslosen Ablauf des Straßenverkehrs, die Berufsordnung oder die Leistungsfähigkeit des Staats garantieren. Das Grundgesetz sucht die freiheitliche Gemeinschaft, den Menschenrechtsschutz durch die individuelle Perspektive des Grundrechtsschutzes und die Strukturgarantie des allgemeinen Gesetzes zu stärken.

Die freiheitsichernde Kraft des Allgemeinheitspostulats kann als ein an das Parlament gerichteter Auftrag beschrieben werden, einen freiheitschonenden Wall zu errichten, der verhindert, dass Fabrik- und Straßenlärm die einzelnen Häuser unmittelbar erreichen.[183] Der Schutzwall wehrt die unmittelbare Beeinträchtigung und Begünstigung durch das Parlament ab, verteilt die Last und Gunst gleichmäßig auf die Allgemeinheit und macht sie so für alle akzeptabel. Das allgemeine Gesetz belastet oder begünstigt einen Einzelnen nicht unmittelbar, sondern wahrt eine die Freiheit und Gleichheit vor dem Gesetz sichernde Distanz. Das Allgemeinheitspostulat entzieht dem Parlament dabei keine Kompetenzen, steht auch keinem einfachen Parlamentsbeschluss im Weg, der sich

[181] *M. Kloepfer*, Gesetzgebung im Rechtsstaat, VVDStRL 40 (1982), 63 (65 ff., Zitate auf S. 66); *H. Schneider*, Gesetzgebung, 3. Auflage 2002, Rdn. 32 ff.; *Starck*, Der Gesetzesbegriff des Grundgesetzes, 1970, S. 251 ff.; *R. Breuer*, Betrachtungen zur Lage der Gesetzgebung, in: Festschrift für Josef Isensee, 2007, S. 345 (345); *Di Fabio*, Das Recht offener Staaten, 1998, S. 61 ff.; jeweils m. w. H.

[182] *Menger*, in: Dolzer/Vogel/Graßhof (Hg.), Bonner Kommentar zum Grundgesetz, Art. 19 Abs. 1 (1979) Rdn. 63.

[183] Siehe zu diesem Bild bereits im Ersten Kapitel unter A. I. (S. 3 ff.).

mit einem Einzelfall befasst, fordert aber die Verallgemeinerung der verbindlichen parlamentarischen Anordnung, die Allgemeinheit des Gesetzes, auch wenn Anlass der Regelung ein spezieller Fall war. Hinzutreten müssen aber individuelle Schutzmaßnahmen, die grundrechtlichen Garantien, welche das spezielle Haus in seinen Besonderheiten schützen, lärmdichte Fenster und Türen einpassen.

Der vom Parlament im allgemeinen Gesetz errichtete Wall wirkt im Vorfeld der grundrechtlichen Betroffenheit und wehrt in der Allgemeinheit, in der Breitenwirkung auch Beeinträchtigungen ab, vor denen die Grundrechte nicht schützen.[184] Die individuellen Schutzmaßnahmen, die Grundrechte, bewahren hingegen vor speziellen Belastungen, denen der Wall nicht Herr wird, insbesondere wenn sie aus den Besonderheiten des Einzelfalls entstehen. Sie garantieren in der individuellen Perspektive aber auch eine allgemeine freiheitsichernde staatliche Distanz, wenn möglichen Beeinträchtigungen von vornherein Grenzen gezogen, Eingriffe gemäßigt und Bereiche abgeschirmt werden, die einer gesetzlichen Regelung gänzlich unzugänglich sind, etwa die Intimsphäre des Menschen,[185] sein Glauben, die Religionszugehörigkeit[186] sowie die innere Gestaltung von Ehe und Familie.[187] Diese Lebensbereiche sind der individuellen Selbstbestimmung überlassen, hier wirkt die Freiheitsgewähr vorrangig. Das Gesetz mag diese Lebensbereiche durch eine Regelung schützen, darf aber nicht in den Lebensbereich lenkend hineinwirken. Die grundrechtlichen Gewährleistungen wären aber trotz dieser allgemeinen Sicherung staatlicher Distanz ohne den vorhergehenden Schutz durch den Wall nicht ausreichend, weil zu intensiver Lärm das Haus erreichen und die individuellen Schutzmaßnahmen überfordern würde, weil in der individuellen Perspektive die Eigentums- und Berufsordnung, die Sicherheit im Straßenverkehr oder die Leistungsfähigkeit des Staats nicht gewährleistet, ein Wall nicht errichtet werden kann. Doch auch die freiheitsichernde Struktur des Schutzwalls kann allein die Ruhe, die Bewohnbarkeit eines Hauses nicht garantieren, weil der Wall den Besonderheiten jedes einzelnen Hauses, etwa einem den Lärm verstärkenden Innenhof, nicht gerecht werden kann. Der Menschenrechtsschutz des Grundgesetzes baut mit guten Gründen – dies ist die These, der im Folgenden nachgegangen werden soll – auf zwei sich ergänzende Elemente, auf die Grundrechte und die Allgemeinheit des Gesetzes, auf den Richter und das Parlament.

---

[184] Siehe hierzu sogleich unter VI. und VII. (S. 343 ff.).
[185] Art. 2 Abs. 1 GG.
[186] Art. 4 Abs. 1 und Abs. 2 GG.
[187] Art. 6 Abs. 1 bis 3 GG.

d) Gesetzesallgemeinheit und Verbot des Einzelfallgesetzes

Nach Art. 19 Abs. 1 Satz 1 GG müssen grundrechtsbeeinträchtigende Gesetze „allgemein" sein und dürfen nicht „nur für den Einzelfall gelten." Die beiden Alternativen dieser Bestimmung, das Allgemeinheitspostulat und das Verbot des Einzelfallgesetzes, wurden von der Rechtsprechung kaum entfaltet[188] und werden von der „absolut herrschenden Meinung" in der Literatur als „Tautologie",[189] als „positive und negative Umschreibung ein und desselben" Gebots gleichgesetzt.[190] Der Wortlaut, die Entstehungsgeschichte und das Regelungsziel des Art. 19 Abs. 1 Satz 1 GG legen jedoch nahe, beide Forderungen eigenständig zu entfalten.

Das Grundgesetz richtet ausdrücklich zwei mit einem „und" verbundene Vorgaben an den Gesetzgeber, fordert daher, diese jeweils mit einem selbstständigen Regelungsgehalt zu deuten. Beide Alternativen wurden in verschiedenen Sitzungen vom Redaktionsausschuss in das Grundgesetz aufgenommen.[191] Einen Zusatz fügt man aber der Verfassung nicht ausdrücklich hinzu, um damit die ohnehin bestehende Regelung zu wiederholen, sondern um sie zu erweitern. Art. 19 Abs. 1 Satz 1 GG will die Freiheit und Gleichheit durch qualitative Anforderungen an das Gesetz sichern. Diesem Anliegen dient es, wenn beide Alternativen gesondert zur Wirkung gebracht werden. Zu Recht wird der Doppelcharakter eines Gesetzes betont, das eine Lebensordnung stifte und zugleich Regierungsinstrument sei, folglich immer Weite und Enge zugleich erschließe.[192] In diesem Doppelcharakter erzwingt das Allgemeinheitsgebot eine Mindestweite und unterbindet das Verbot des Einzelfallgesetzes eine Verengung auf einen einmaligen Fall.

Nach der gängigen Deutung verbinden sich die personale und gegenständliche Allgemeinheit zum Gegenbegriff des Einzelfalls.[193] Ein Gesetz, das sich nur

---

[188] BVerfGE 25, 371 (396ff.) – lex Rheinstahl; 85, 360 (374) – Akademie-Auflösung; 95, 1 (17) – Südumfahrung Stendal; siehe die Übersicht bei *Stern*, Das Staatsrecht der Bundesrepublik Deutschland, Band III/2, 1994, S. 721ff., insbes. 733.

[189] *P. M. Huber*, in: von Mangoldt/Klein/Starck, Kommentar zum Grundgesetz, Band 1, 5. Auflage 2005, Art. 19 Abs. 1 Rdn. 49 mit Fn. 95; *P. Kunig*, Einzelfallentscheidungen durch Gesetz, Jura 1993, 308 (311).

[190] *Herzog*, in: Maunz/Dürig/u. a., Band 2, Art. 19 Abs. 1 Rdn. 25 (Hervorhebungen übernommen); *H. Hofmann*, Das Postulat der Allgemeinheit des Gesetzes, in: Starck (Hg.), Die Allgemeinheit des Gesetzes, 1987, S. 9 (46); *Krebs*, in: von Münch/Kunig (Hg.), Grundgesetz-Kommentar, Band 1, 5. Auflage 2000, Art. 19 Rdn. 6; *H. Dreier*, in: ders. (Hg.), Grundgesetz. Kommentar, Band 1, 2. Auflage 2004, Art. 19 Rdn. 9.

[191] Siehe oben unter a) (S. 197ff.).

[192] *Scheuner*, Gesetz und Einzelanordnung, in: Festschrift für Rudolf Hübner, 1935, S. 190; *ders.*, Der Bereich der Regierung, in: Festschrift für Rudolf Smend, 1952, S. 253.

[193] Siehe hierzu umfassend *Menger*, in: Dolzer/Vogel/Graßhof (Hg.), Bonner Kommentar zum Grundgesetz, Art. 19 Abs. 1 (1979) Rdn. 92ff.; *Stern*, Das Staatsrecht der Bundesrepublik Deutschland, Band III/2, 1994, S. 739ff.; *P. M. Huber*, in: von Mangoldt/Klein/Starck, Kommentar zum Grundgesetz, Band 1, 5. Auflage 2005, Art. 19 Abs. 1 Rdn. 50, 8ff.

auf eine Person bezieht, etwa lediglich einen Tankwart zu besonderen Sicherheitsvorkehrungen verpflichtet, oder einen Gegenstand erfasst – im Beispiel die eine Tankstelle –, regelt nur einen Fall, bezieht sich nur auf ein Ereignis, das einen Rechtskonflikt auslöst.[194] Doch verkennt diese Deutung, dass auch durch eine temporale und territoriale Anknüpfung eine Regelung auf einen Fall reduziert werden kann.[195] Wenn eine besondere Steuer für den Umsatz von Seilbahnen erhoben würde, die südlich von Garmisch-Partenkirchen liegen oder eine Höhe von 2.900 Meter über den Meeresspiegel erreichen, reduziert die räumliche Anknüpfung den Anwendungsbereich des Gesetzes auf den Einzelfall der Zugspitzbahn. Werden an einem bestimmten Tag, an welchem nur an einem Ort traditionell ein großes Stadtfest mit einem Umzug gefeiert wird, Umzüge verboten, wirkt dieses Gesetz auf Grund des zeitlichen Anwendungsbereichs nur für dieses eine Fest. Das Verbot des Einzelfallgesetzes untersagt die übermäßige Verengung einer Regel, die kaum mehr als einen einmaligen Fall betrifft, eine Person oder einen Gegenstand erfasst, vom Geschehen an einem bestimmten Ort oder Zeitpunkt handelt. Dies gilt auch dann, wenn das Gesetz nicht von vornherein als Einzelfallregelung erkennbar ist, wenn etwa die Steuer für Seilbahnen abstrakt formuliert wird. Die Entstehungsgeschichte des Art. 19 Abs. 1 Satz 1 GG verdeutlicht, dass nicht die Formulierungskunst des Gesetzgebers herausgefordert, sondern eine materielle Vorgabe geregelt werden sollte.[196] Dies gilt für beide Alternativen der Regelung, d. h. auch für das Verbot des Einzelfallgesetzes. Dieses verbietet eine räumliche, temporale, gegenständliche oder personale Verengung eines Gesetzes. Die Absage an das Einzelfallgesetz blendet zudem Erwartungen der finalen, sprachlichen und instrumentellen Allgemeinheit[197] ein, allerdings nur insoweit, als sie Bedingung der anderen Allgemeinheitsmerkmale sind,[198] wenn etwa ein Gesetz auf Grund der unverständlichen Sprache und Struktur wie ein Einzelfallgesetz wirkt, obgleich es im Grund eine allgemeine Regel setzt.

Das Verbot des Einzelfallgesetzes untersagt, eine gesetzliche Regel auf den besonderen Fall zu verengen. In dieser Ausrichtung werden vier Allgemeinheitspostulate wirksam, die personale, gegenständliche, territoriale und temporale Allgemeinheit, die in einem Mindestmaß zu erfüllen sind, ohne dass aber eine Verallgemeinerung gefordert wird, die diesen Merkmalen umfänglich folgt. Das Allgemeinheitspostulat beauftragt demgegenüber den Gesetzgeber, nicht

---

[194] Zu dieser Definition des Einzelfalls *Roellecke*, in: Umbach/Clemens (Hg.), Grundgesetz. Mitarbeiterkommentar und Handbuch, Band 1, 2002, Art. 19 I-III Rdn. 23.

[195] *H. Schneider*, Über Einzelfallgesetze, in: Festschrift für Carl Schmitt, 1959, S. 159 (160 f.), deutet auf das temporale und territoriale Element; siehe bereits oben unter B. VI. 2. und 3. (S. 162 ff.).

[196] Siehe unter a) und b) (S. 197 ff.).

[197] Siehe zu der siebenteiligen Struktur der Bedeutungsvielfalt des allgemeines Gesetzes unter B. VI. (S. 160 ff.).

[198] Siehe hierzu unter B. VI. 8. (S. 172 ff.).

nur ein Mindestmaß zu erreichen, sondern allgemeine Gesetze zu erlassen. Im Regelungszusammenhang mit dem Verbot des Einzelfallgesetzes liegt daher der Gedanke nahe, das Allgemeinheitspostulat verlange die gesetzliche Verallgemeinerung ebenfalls im Sinn der personalen, gegenständlichen, territorialen und temporalen Verallgemeinerung. Dieser Befund wird durch die Ideengeschichte bestätigt, nach welcher die Vorgabe der Gesetzesallgemeinheit jedenfalls die vier, insbesondere von *Thomas von Aquin* hervorgehobenen klassischen Allgemeinheitsforderungen erfasst.[199]

Art. 19 Abs. 1 Satz 1 Alt. 1 GG könnte zudem – anknüpfend an die Ideengeschichte der Gesetzesallgemeinheit – die Erwartung ausdrücken, das Gesetz möge auch im sprachlichen, instrumentellen und finalen Sinn allgemein sein. Die Vorschrift sucht die klassische Idee des allgemeinen Gesetzes aufzunehmen und fortzuführen, um so konkreten Gesetzgebungserfahrungen entgegenzuwirken, insbesondere der Einzelfallgesetzgebung, die das Rechtsleben in Deutschland vor Erlass des Grundgesetzes prägte.[200] *Klaus Stern* betont, dass das Allgemeinheitspostulat „nach historischem Befund und Zielsetzung" eine Bestimmung zum Schutz der Grundrechte ist, die „aus den Erfahrungen der Weimarer Republik den Grundrechtsvätern notwendig erschien." Der Gesetzgeber sollte „wenigstens im Grundrechtsbereich im Licht des Gewaltenteilungsgrundsatzes auf allgemeine Gesetze verpflichtet" werden.[201] Die Bestimmung ist „darauf angelegt, die Entwicklung, die weg vom allgemeinen Gesetz und hin zum Einzelfallgesetz führt," aufzuhalten, der Gesetzgebungspraxis die Idee des Gesetzes entgegenzustellen. Es sollte der hohen Zahl der Gesetze, insbesondere der Einzelfallgesetzgebung entgegengewirkt, zudem aber der traditionelle materielle Gehalt des Gesetzes wieder belebt werden.[202] Der bewusste Ausgriff auf das „allgemeine Gesetz" betont die Gesetzesallgemeinheit, auch weil die Verfassung das Gesetz grundsätzlich als abstrakt-generelle und daher als allgemeine Regel begreift.[203] Wortlaut, Entstehungsgeschichte und Regelungszweck des Allgemeinheitspostulats deuten daher darauf hin, dass die traditionelle Gesetzesidee, die klassischen vier Allgemeinheitsforderungen gestärkt werden sollten. Art. 19 Abs. 1 Satz 1 GG fordert daher die Bedeutungs-

---

[199] Siehe hierzu oben unter B. (S. 67 ff.), insbes. *Thomas von Aquin* (unter B. III. 4., S. 105 ff.).

[200] Siehe oben unter a) bis c) (S. 197 ff.); zu dieser Gesetzgebungspraxis *H. Schneider*, Gesetzgebung, 3. Auflage 2002, Rdn. 427; zum Allgemeinheitspostulat als Antwort auf diese Praxis *Stern*, Das Staatsrecht der Bundesrepublik Deutschland, Band III/2, 1994, S. 713 f.

[201] *Stern*, Das Staatsrecht der Bundesrepublik Deutschland, Band III/2, 1994, S. 727, 731.

[202] Deutlich *Herzog*, in: Maunz/Dürig/u.a., Grundgesetz. Kommentar, Band 2, Art. 19 Abs. 1 Rdn. 8; *Herb. Krüger*, Die Einschränkung von Grundrechten nach dem Grundgesetz, DVBl. 1950, 625 (626); *Greiner*, Wiederbelebung des klassischen Enteignungsbegriffes, DÖV 1954, 583 (584).

[203] Siehe hierzu sogleich unter 5. (S. 251 ff.).

vielfalt des Allgemeinheitspostulats,[204] seine siebenteilige Struktur nicht verbindlich oder gar justitiabel. Auch wenn das Grundgesetz hier eine Regel setzt, die ohne Vorbild in der Weimarer Zeit, aber auch ohne unmittelbaren Vorgänger im 19. Jahrhundert bewusst an die klassische freiheitsichernde Idee des Gesetzes anknüpft,[205] wird dessen Ideengeschichte deshalb nicht zu einer Verfassungsforderung. Die Idee des Gesetzes, die rechtshistorische und ideengeschichtliche Analyse, erschließen das Verständnis, definieren aber nicht den Inhalt der Verfassungssätze.[206]

Die Unterscheidung zwischen dem Allgemeinheitspostulat und dem Verbot des Einzelfallgesetzes deutet auf eine differenzierende verfassungsrechtliche Vorgabe. Das Verbot untersagt eine übermäßige Verengung der Regel, das Postulat beauftragt zum Erlass allgemeiner Gesetze. Die grundgesetzliche Absage an das Einzelfallgesetz benennt eine hinreichend bestimmte, die individuellen Grundrechte schützende Verfassungsforderung, die als solche eine Justitiabilität erwartet. Ein rechtliches Verbot drängt letztlich auf die Durchsetzung durch den Richter. Das Bundesverfassungsgericht wird aber – je nach Fall – bei einem Verstoß zwischen der Feststellung der Nichtigkeit des Gesetzes und der Unvereinbarkeitserklärung unterscheiden.[207] Das Allgemeinheitspostulat hingegen ist unbestimmter, begründet kein Verbot, sondern einen grundgesetzlichen Auftrag zur Regelbildung. Insofern fasst es das Verbot des Einzelfallgesetzes positiv,[208] trifft dabei aber eine weiter reichende Regelung. Ein an den Gesetzgeber gerichteter Auftrag zur allgemeinen Regelbildung setzt auf die Verfassungsdeutung durch das Parlament, nicht auf die richterliche Durchsetzung, erwartet eine Selbstkontrolle der Verfassungsorgane. So scheint Art. 19 Abs. 1 Satz 1 Alt. 1 GG verbindlich die unmittelbar im Begriff des allgemeinen Gesetzes angelegten, durch die Entstehungsgeschichte und den Regelungszweck nahegelegten vier klassischen Allgemeinheitspostulate, die personale und gegenständliche, die territoriale und temporale Allgemeinheit zu fordern, ohne dass diese Verfassungsvorgabe letztlich durch das Bundesverfassungsgericht überprüft und durchgesetzt wird.

---

[204] Siehe hierzu oben unter B. VI. (S. 160ff.).

[205] *Stern*, Das Staatsrecht der Bundesrepublik Deutschland, Band III/2, 1994, S. 727, 731; *Dürig*, Zurück zum klassischen Enteignungsbegriff!, JZ 1954, 4 (5, 6f.), spricht von einer „neuartigen“ Bestimmung, die „erstmalig“ gesetzt wurde, aber an die hessische Verfassung erinnere; siehe zu früheren Vorläufern aber oben unter B. IV. und V. (S. 114ff.).

[206] Siehe bereits oben unter I. 2. bis. 4. (S. 180ff.), unter B. I. (S. 67ff.) und B. VI. (S. 160ff.) sowie im Ersten Kapitel unter A. IV. (S. 23ff.).

[207] Siehe hierzu unter I. 2. bis 4. (S. 180ff.) und – wie insgesamt – sogleich die Beispiele unter f) (S. 215ff.).

[208] *Herzog*, in: Maunz/Dürig/u. a., Band 2, Art. 19 Abs. 1 Rdn. 25; *Krebs*, in: von Münch/Kunig (Hg.), Grundgesetz-Kommentar, Band 1, 5. Auflage 2000, Art. 19 Rdn. 6; *H. Hofmann*, Das Postulat der Allgemeinheit des Gesetzes, in: Starck (Hg.), Die Allgemeinheit des Gesetzes, 1987, S. 9 (46); *H. Dreier*, in: ders. (Hg.), Grundgesetz. Kommentar, Band 1, 2. Auflage 2004, Art. 19 Rdn. 9.

Darüber hinaus wird der unmittelbare, der hervorgehobene verfassungsrechtliche Ausgriff auf den klassischen Gesetzesbegriff als Klugheitsregel die Verfassungsorgane leiten, ihnen die sprachliche, instrumentelle und finale Allgemeinheit nahelegen. Auf diese Allgemeinheitsforderungen deutet Art. 19 Abs. 1 Satz 1 GG auch nicht im Zusammenwirken der beiden Regelungsalternativen in hinreichender Klarheit und Sicherheit, als dass diese Allgemeinheitsmerkmale verbindlich angeordnet wären. Das Allgemeinheitspostulat ruft aber in seinen ideengeschichtlichen Grundlagen die rechtshistorischen Erfahrungen für eine gute Gesetzgebung ins Gedächtnis, die zu neuen Einschätzungen, auch zu neuen verfassungsrechtlichen Erkenntnissen führen können. Art. 19 Abs. 1 Satz 1 GG dürfte hiernach im Verbot des Einzelfallgesetzes eine bestimmte, justitiable Verfassungsforderung begründen, im Allgemeinheitspostulat hingegen einen verbindlichen, nicht justitiablen Verfassungssatz und eine Klugheitsregel setzen.

e) *Anwendungsbereich*

Das Bundesverfassungsgericht und viele Stimmen in der Literatur handhaben den Regelungsgehalt des Art. 19 Abs. 1 Satz 1 GG großzügig,[209] verengen aber auch den Anwendungsbereich. Nach einer Deutung greife die Bestimmung nur, wenn ein Grundrecht nach seinem Wortlaut durch oder auf Grund eines Gesetzes eingeschränkt werden kann. Die Regelung findet hiernach etwa bei der Berufsfreiheit und Art. 11 GG Anwendung, nicht jedoch bei Grundrechten mit allgemeinem Schrankenvorbehalt wie Art. 2 Abs. 1 GG, bei grundrechtlichen Gewährleistungen mit Konkretisierungs- und Ausgestaltungsvorbehalten wie Art. 14 Abs. 1 GG oder vorbehaltlos gewährleisteten Garantien wie der Religionsfreiheit und Art. 5 Abs. 3 GG.[210] Doch ist die entsprechende Formulierung des Art. 19 Abs. 1 Satz 1 GG nicht als Bedingung der ausdrücklich zugelassenen Freiheitseinschränkungen zu lesen, sondern als grundlegende Sicherung für jedes Grundrecht.[211] Auch in dieser weiteren Deutung wird das Allgemeinheitspostulat aber oft nicht auf Gleichheitsrechte,[212] reine Ausgestaltungen und Spezialregelungen wie Art. 14 Abs. 3 Satz 2, Art. 15 und Art. 16 GG erstreckt.[213]

---

[209] Siehe oben unter II. am Anfang (S. 196ff.) und unter c) (S. 202ff.), jeweils m. w. H.

[210] Siehe hierzu BVerfGE 24, 367 (396) – Hamburger Deichordnungsgesetz; 42, 263 (305) – Contergan; 95, 1 (26) – Südumfahrung Stendal; insgesamt: *P. M. Huber*, in: von Mangoldt/Klein/Starck, Kommentar zum Grundgesetz, Band 1, 5. Auflage 2005, Art. 19 Abs. 1 Rdn. 43ff. m. w. H., der jedoch selbst dezidiert anderer Meinung ist (hierzu sogleich).

[211] *Menger*, in: Dolzer/Vogel/Graßhof (Hg.), Bonner Kommentar zum Grundgesetz, Art. 19 Abs. 1 (1979) Rdn. 87ff.; *von Arnauld*, Die Freiheitsrechte und ihre Schranken, 1999, S. 185; *Stern*, Das Staatsrecht der Bundesrepublik Deutschland, Band III/2, 1994, S. 731f.; *P. M. Huber*, in: von Mangoldt/Klein/Starck, Kommentar zum Grundgesetz, Band 1, 5. Auflage 2005, Art. 19 Abs. 1 Rdn. 43ff. m. w. H.

[212] Siehe unter i) (S. 232ff.).

[213] *H. Dreier*, in: ders. (Hg.), Grundgesetz. Kommentar, Band 1, 2. Auflage 2004, Art. 19

Demgegenüber legt der Wortlaut des Art. 19 Abs. 1 Satz 1 GG eine Anwendung auf alle gesetzlichen Grundrechtsbeeinträchtigungen nahe. Auch die systematische Stellung des Art. 19 Abs. 1 Satz 1 GG am Ende des Grundrechtsteils spricht für eine Schlussaussage für alle Grundrechte. Die Entstehungsgeschichte der Norm bestätigt, dass der Parlamentarische Rat keine Ausnahmen von der Freiheitsicherung durch das allgemeine Gesetz zulassen wollte.[214] Wenn dieser Schutz auf Grundrechte mit Gesetzesvorbehalt anwendbar ist, muss er erst recht für Grundrechte greifen, die vorbehaltlos gewährleistet werden.[215] Das Allgemeinheitspostulat will die Freiheit und Gleichheit vor dem Gesetz umfassend schützen, unabhängig davon, welcher grundrechtliche Schutzbereich betroffen ist, wehrt sich deshalb gegen jede Ausnahme von seinem Anwendungsbereich.[216]

Gesetze ermächtigen nicht nur zu Grundrechtseingriffen, sondern formen auch den Inhalt der Grundrechte rechtsverbindlich, wenn z.B. das Eigentum, die Presse oder der Rundfunk rechtlich definiert oder die grundrechtliche Gewährleistung durch ein Verfahren sowie in Leistungs- und Teilhabeansprüchen gesichert werden.[217] Diese gesetzlichen Ausgestaltungen wollen die Freiheitsentfaltung rechtlich eröffnen, die Freiheit verlässlich sichern, können dabei aber auch die grundrechtlichen Gewährleistungen begrenzen.[218] So werden die Grundrechte auch durch diese ausgestaltenden Gesetze beeinträchtigt – es entsteht die Gefährdungslage, der das Allgemeinheitspostulat zu begegnen sucht. Gerade weil bei den auf gesetzliche Regelungen setzenden Grundrechten die Grenze zwischen zulässiger und unzulässiger Ausgestaltung schwierig zu ziehen ist, entfaltet der im Vorfeld der grundrechtlichen Betroffenheit wirkende Schutzwall des Art. 19 Abs. 1 Satz 1 GG eine sachgerechte freiheitsichernde Kraft. Der Gesetzgeber hat einen weiten Gestaltungsraum, wenn er den Regelungsauftrag einer Einrichtungsgarantie erfüllt. Das Allgemeinheitspostulat schützt dann die Grundrechte, ohne diesen Gestaltungsraum zu verengen, weil ein allgemeines Gesetz von vornherein auf die Freiheit und Gleichheit ausge-

Rdn. 11 f., der zudem Grundrechte herausnimmt, in die per se nicht eingegriffen werden darf; *Roellecke*, in: Umbach/Clemens (Hg.), Grundgesetz. Mitarbeiterkommentar und Handbuch, Band 1, 2002, Art. 19 I-III Rdn. 11 ff., nimmt die Gleichheitsrechte, Justizgrundrechte und Art. 16 Abs. 1 GG vom Anwendungsbereich aus.

[214] Siehe hierzu oben unter a) und b) (S. 197 ff.) sowie *Stern*, Das Staatsrecht der Bundesrepublik Deutschland, Band III/2, 1994, S. 692 ff.; *Menger*, in: Dolzer/Vogel/Graßhof (Hg.), Bonner Kommentar zum Grundgesetz, Art. 19 Abs. 1 (1979) Rdn. 19 ff.

[215] *Menger*, in: Dolzer/Vogel/Graßhof (Hg.), Bonner Kommentar zum Grundgesetz, Art. 19 Abs. 1 (1979) Rdn. 89.

[216] Siehe hierzu unter a) bis d) (S. 197 ff.).

[217] *Lerche*, Grundrechtlicher Schutzbereich, Grundrechtsprägung und Grundrechtseingriff, in: HStR V, 1. Auflage 1992, § 121; *ders.*, Grundrechtsschranken, ebenda, § 122.

[218] Deutlich *Sachs*, in: ders. (Hg.), Grundgesetz. Kommentar, 4. Auflage 2007, Art. 19 Rdn. 16 ff.; insgesamt und umfassend *Cornils*, Die Ausgestaltung der Grundrechte, 2005.

richtet ist.[219] Art. 19 Abs. 1 Satz 1 GG gilt somit dem Wortlaut, der Entstehungsgeschichte und seinem Sinn und Zweck folgend für alle grundrechtlichen Garantien[220] und Schutzgehalte, greift „lückenlos" für alle grundrechtsbeeinträchtigenden Gesetze.[221]

Dieses Ergebnis, Art. 19 Abs. 1 Satz 1 GG fordere eine umfassende, den individuellen Grundrechtsschutz ergänzende Freiheitsicherung – jedes grundrechtsbeeinträchtigende Gesetz müsse allgemein sein –, entspricht einem modernen Grundrechtsverständnis. Art. 2 Abs. 1 GG schützt nicht nur einen begrenzten Bereich der Persönlichkeitsentfaltung, „sondern jede Form menschlichen Handelns ohne Rücksicht darauf, welches Gewicht der Betätigung für die Persönlichkeitsentfaltung zukommt", d. h. auch das Taubenfüttern im Park oder das Reiten auf bestimmten Wegen im Wald.[222] Dieser weite Schutzbereich begegnet zwar den Einwänden, er bagatellisiere den Grundrechtsschutz, dehne den Gerichtsschutz über Gebühr aus und erweitere den Gesetzesvorbehalt. Wenn jedes Verhalten grundrechtlich geschützt ist, muss nach dem grundrechtlichen Gesetzesvorbehalt auch jedes Verhalten gesetzlich geregelt werden. So wird nahezu das gesamte gesellschaftliche Leben grundrechtserheblich und damit auch der gesetzlichen Ausgestaltung unterworfen. Die weiten Schutzbereiche – so die Kritik – bewirken daher eine gesetzliche Übernormierung. Die speziellen Anforderungen, welche aus der Analyse grundrechtlicher Einzelfälle an die Gesetze gestellt werden, führen dabei zu einer Vielzahl von Spezialnormen. Daher folge aus der Weitung des Schutzbereichs letztlich – und dies sei die Paradoxie – ein freiheitsgefährdender Gesetzgebungsauftrag.[223] Diesem be-

---

[219] Siehe oben unter c) (S. 202 ff.).

[220] Zudem greift er auch für Art. 19 Abs. 4 GG und die grundrechtsgleichen Rechte (*P. M. Huber*, in: von Mangoldt/Klein/Starck, Kommentar zum Grundgesetz, Band 1, 5. Auflage 2005, Art. 19 Abs. 1 Rdn. 37 ff. m. w. H.).

[221] *Stern*, Das Staatsrecht der Bundesrepublik Deutschland, Band III/2, 1994, S. 727 ff., insbes. 732, nach dem das Allgemeinheitspostulat für alle Einschränkungsmöglichkeiten der Grundrechte und auch für grundrechtsgleiche Rechte greift; *Menger*, in: Dolzer/Vogel/Graßhof (Hg.), Bonner Kommentar zum Grundgesetz, Art. 19 Abs. 1 (1979) Rdn. 87 ff.; siehe hierzu bereits *Dürig*, Zurück zum klassischen Enteignungsbegriff!, JZ 1954, 4 (5); insgesamt: *Roellecke*, in: Umbach/Clemens (Hg.), Grundgesetz. Mitarbeiterkommentar und Handbuch, Band 1, 2002, Art. 19 I-III Rdn. 5; *Herzog*, in: Maunz/Dürig/u. a., Grundgesetz. Kommentar, Band 2, Art. 19 Abs. 1 Rdn. 13, 18 ff.; siehe zu der Frage, ob Art. 19 Abs. 1 Satz 1 GG für Justizgrundrechte und grundrechtsgleichen Rechte greift, *P. M. Huber*, in: von Mangoldt/Klein/Starck, Kommentar zum Grundgesetz, Band 1, 5. Auflage 2005, Art. 19 Abs. 1 Rdn. 39 ff.

[222] BVerfGE 80, 137 (152 f.) – Reiten im Walde; 54, 143 (144 ff.) – Taubenfütterungsverbot; grundlegend bereits BVerfGE 6, 32 (36 f.) – Elfes; siehe hierzu *Erichsen*, Allgemeine Handlungsfreiheit, in: HStR VI, 1. Auflage 1989, § 152 Rdn. 13 f.; *Jarass*, in: ders./Pieroth, Grundgesetz für die Bundesrepublik Deutschland. Kommentar, 9. Auflage 2007, Art. 2 Rdn. 3.

[223] Grundlegend: Sondervotum des Richters *Grimm* BVerfGE 80, 137 (164 ff.) – Reiten im Walde; *E.-W. Böckenförde*, Schutzbereich, Eingriff, verfassungsimmanente Schranken, Der Staat 42 (2003), 165 (insbes. 170 zu den Grundrechten ohne Gesetzesvorbehalt); *Hoffmann-Riem*, Grundrechtsanwendung unter Rationalitätsanspruch, Der Staat 43 (2004), 203 (230); für diese Gefahr für die Freiheit zudem – wenngleich mit Blick auf Änderungen der Grund-

rechtigten Einwänden sollte nicht mit einer Eingrenzung des Schutzbereichs begegnet werden, weil sonst der Grundrechtsschutz von vornherein eingeschränkt und damit den grundrechtsverpflichteten Staatsorganen die zentralen Begründungslasten der Rechtfertigungsprüfung erspart würden. Ein lückenloser Grundrechtsschutz, eine weite Auslegung des Schutzbereichs kräftigt nicht nur den Auffangtatbestand des Art. 2 Abs. 1 GG, sondern stärkt den freiheitlichen Selbstentwurf des Menschen nach seinem Willen. Der Grundrechtsträger entscheidet selbst, was für die Entfaltung seiner Persönlichkeit bedeutsam ist. Der Staat darf dies nicht, will er nicht präzeptoral Freiheit einschränken.[224] Ein Grundrecht ist deshalb grundsätzlich auf der Ebene der Rechtfertigung einzuschränken, der weite Schutzbereich des Art. 2 Abs. 1 GG erscheint freiheitsgerecht und folgerichtig. Muss der Verfassungsstaat daher den breiten Anwendungsbereich des Gesetzesvorbehalts und die damit einhergehende Übernormierung als notwendige Folge dieses Freiheitsschutzes in Kauf nehmen?

Würde das Allgemeinheitspostulat des Art. 19 Abs. 1 Satz 1 GG wieder belebt, würde eine Übernormierung trotz des umfassenden Grundrechtsschutzes verhindert. Der weitreichende Schutz durch Art. 2 Abs. 1 GG erweitert nicht nur die Anwendung des Gesetzesvorbehalts, sondern auch des Art. 19 Abs. 1 Satz 1 GG. Wenn daher in der Regel allgemeine Gesetze erlassen werden müssen, bleibt für eine Übernormierung kaum Raum, weil diese insbesondere durch Einzelfallgesetze und andere enge Spezialregelungen bewirkt wird. Eine Gesetzgebung, welche dem Allgemeinheitspostulat folgen muss, wird von vornherein eine allzu unübersichtliche, eine unstrukturierte und inkonsistente Rechtsordnung verhindern und einer Übernormierung vorbeugen.[225]

Für den Anwendungsbereich des Allgemeinheitspostulats folgt hieraus jedenfalls, dass mit den weiten Schutzbereichen der Grundrechte entsprechend mehr Gesetze den Vorgaben des Art. 19 Abs. 1 Satz 1 GG folgen müssen. Nahezu jedes Gesetz beeinträchtigt die so verstandene Handlungsfreiheit: Eine Vorschrift über das Reiten im Wald, Bestimmungen im Besonderen, auch im Allgemeinen Verwaltungsrecht, Regelungen über den Abschluss von Verträgen sowie strafrechtliche Vorschriften stärken und begrenzen grundrechtliche Freiheiten. Selbst gesetzliche Regelungen, die auf den staatlichen Bereich zielen, werden vom Allgemeinheitspostulat erfasst, insoweit Grundrechte von staatlichen Bediensteten betroffen sind.[226] Das Postulat, das die verallgemeinernde Regelbil-

---

rechtsdogmatik kritisch – *Kahl*, Vom weiten Schutzbereich zum engen Gewährleistungsgehalt, Der Staat 43 (2004), 167 (insbes. 185 ff.).

[224] *Di Fabio*, in: Maunz/Dürig/u.a., Grundgesetz. Kommentar, Band 1, Art. 2 Abs. 1 (2001), Rdn. 12 ff., insbes. Rdn. 13 f.; *H. Dreier*, in: ders. (Hg.), Grundgesetz. Kommentar, Band I, 2. Auflage 2004, Art. 2 Abs. 1 Rdn. 27 ff.; jeweils m. w. H.

[225] Siehe hierzu sogleich insbes. unter III. (S. 258 ff.) und V. (S. 315 ff.).

[226] Siehe hierzu auch *Loschelder*, Grundrechte im Sonderstatus, in: HStR V, 1. Auflage 1992, § 123 Rdn. 37 ff. m. w. H.; siehe insgesamt: *Rüfner*, Grundrechtsträger, ebenda, § 116; *P. M. Huber*, Natürliche Personen als Grundrechtsträger, in: HGR II, 2006, § 49.

dung für eine Vielzahl von Gesetzen fordert, könnte eine Chance eröffnen, die Freiheit und Gleichheit vor dem Gesetz zu wahren und in dieser Allgemeinverantwortlichkeit auch ein Gegengewicht zu der individualisierenden Rechtsprechung zu setzen.

f) Differenzierte Allgemeinheitsforderung

Art. 19 Abs. 1 Satz 1 GG liegt die Annahme zu Grunde, dass die Verallgemeinerung einen „Zwang" bewirkt, „Gattungen zu bilden und Tatbestände abstrakt zu formulieren", und so eine freiheitsgerechte „Distanz zum Einzelfall" zu schaffen.[227] Dieser allgemeine Befund, die vorgeschlagene Deutung und der weite Anwendungsbereich des Allgemeinheitspostulats müssen sich angesichts einer Gesetzgebungsvielfalt bewähren, die große Kodifikationen, aber auch besondere Ausnahmeregelungen und spezielle Gesetzgebungsanliegen kennt, Regelungen der Privatisierung und Selbstverwaltung, die Regulierung von Märkten, aber auch Haushaltsgesetze oder den Friedensschluss vom Parlament erwartet. Können all diese Regelungen überhaupt als allgemeine Gesetze erlassen werden?[228]

aa) Kodifikationen und Ausnahmeregelungen

Die großen Kodifikationen, das Zivil- und Strafrecht sowie das Allgemeine Verwaltungsrecht wurden insbesondere auf Grund ihrer personalen, gegenständlichen, territorialen und temporalen Allgemeinheit, d.h. in Erfüllung der vier klassischen Allgemeinheitspostulate,[229] zu Garanten des Friedens und des Wohlstands in Deutschland. Die Garantie der allgemeinen Vertragsfreiheit durch das Grundgesetz und das Zivilrecht greift grundsätzlich für jeden und erfasst jede Art von zivilrechtlichem Vertrag.[230] Auch das Straf- und das Allgemeine Verwaltungsrecht gelten für jedermann dauerhaft und verlässlich im gesamten Regelungsgebiet.[231] Eine Vertragsfreiheit, die alle Verträge des Wirtschaftslebens und alle Märkte erfasst, ein Strafrecht, das für alle Personen auf Dauer gilt, oder ein Verwaltungsverfahrensrecht, das Vorgaben für grundsätzlich jede behördliche Maßnahme ohne Ansehung des Adressaten regelt, errichten eine die Begegnung in Freiheit sichernde Grundordnung und finden auf Grund der Allgemeinheit der Regelungen die notwendige Akzeptanz in der

---

[227] *Starck*, Einführung in die Aufgabenstellung der Kommission, in: Behrends/Link (Hg.), Zum römischen und neuzeitlichen Gesetzesbegriff, 1987, S. 9 (9).

[228] Siehe zu dieser Frage bereits oben unter A. II. (S. 47 ff.).

[229] Siehe insgesamt oben unter B., insbes. und grundsätzlich unter III. 4. (S. 105 ff., *Thomas von Aquin*).

[230] Art. 2 Abs. 1 GG, §§ 1 ff. BGB.

[231] Art. 103 Abs. 2 GG, §§ 1 ff. StGB; siehe für das Verwaltungsrecht nur die §§ 1 ff. VwVfG und die entsprechenden Landesgesetze.

Gesellschaft.[232] Diese Kodifikationen schützen in ihrer Allgemeinheit die Menschenrechte, gewinnen aus sich heraus Überzeugungskraft, werben für ihre Befolgung und werden so zu „überredenden Regeln".[233]

Doch nicht nur die Grundausrichtung dieser großen Kodifikationen, sondern auch besondere Bestimmungen des Rechts verdeutlichen, dass mit den vier traditionellen Allgemeinheitsforderungen die berechtigte Erwartung eines freiheits- und gleichheitsgerechten Rechts einhergeht. Wenn die Straßenverkehrsordnung Polizei und Feuerwehr „von den Vorschriften dieser Ordnung befreit, soweit das zur Erfüllung hoheitlicher Aufgaben dringend geboten ist", wenn also Einsatzwagen im Notfall auch bei einer rot leuchtenden Ampel die Straßenkreuzung passieren dürfen,[234] gewinnt diese Regelung aus sich heraus Plausibilität und Akzeptanz. Würde die Ausnahmebestimmung hingegen das Privileg dem Polizeibeamten gewähren oder pauschal an ein Dienstfahrzeug anknüpfen, würde sie auf Grund der fehlenden personalen und gegenständlichen Allgemeinheit als freiheits- und gleichheitswidrig erachtet. Der Polizeibeamte hat auf dem Weg nach Hause, das Fahrzeug auf dem Weg in die Werkstatt die allgemeinen Regeln der Straßenverkehrsordnung zu befolgen.

bb) Gesetzesgeprägte Verallgemeinerung und differenzierende Justitiabilität

Die Gesetzesallgemeinheit fordert nicht eine bestimmte Sprachtechnik oder Gesetzesförmlichkeit, sondern eine inhaltliche Weite, die trotz der differenzierenden Einzelaussagen das Gesetz grundsätzlich als Jedermannsrecht verbindlich werden lässt. Das Versammlungsgesetz des Bundes sucht die Tätigkeit der Verfassungsorgane zu schützen, indem es in ihrer unmittelbaren Umgebung Versammlungen grundsätzlich verbietet. Eine Erlaubnis wird nur erteilt, wenn eine Beeinträchtigung der Organe „nicht zu besorgen ist".[235] Die sog. Bannmeilen etwa des Bundestags oder des Bundesverfassungsgerichts werden durch ein besonderes Gesetz festgelegt, das die Grenzen unter der Nennung von Straßennamen bestimmt.[236] Der Regelungsbereich der Bestimmungen wird ausdrücklich räumlich begrenzt – ohne jedoch die Forderung der territorialen Allge-

---

[232] Siehe zu dieser sich ergänzenden Wechselwirkung bereits unter B. V. 2. (S. 147 ff.).

[233] Siehe zu den „überredenden" Gesetzen bereits Platon (unter B. II. 2., S. 78 ff.).

[234] § 35 Abs. 1 der Straßenverkehrs-Ordnung vom 16. November 1970 (BGBl. I, S. 1565), zuletzt geändert durch die Verordnung vom 28. November 2007 (BGBl. I, S. 2774), im Folgenden: StVO. Siehe für die Bedeutung des „Wechsellichtzeichens" § 37 Abs. 2 Nr. 1 StVO.

[235] Siehe hierzu § 16 des Gesetzes über Versammlungen und Aufzüge in der Fassung der Bekanntmachung vom 15. November 1978 (BGBl. I, S. 1789), zuletzt geändert durch das Gesetz vom 24. März 2005 (BGBl. I, S. 969), im Folgenden: VersG, sowie § 5 Abs. 1 des Gesetzes über befriedete Bezirke für Verfassungsorgane des Bundes vom 11. August 1999 (BGBl. I, S. 1818), zuletzt geändert durch das Gesetz vom 20. Juni 2003 (BGBl. I, S. 864), im Folgenden: BefBezG; siehe zur Fortgeltung des Versammlungsgesetzes des Bundes nach der Föderalismusreform Art. 125a Abs. 1 GG.

[236] Siehe für den Bundestag, den Bundesrat und das Bundesverfassungsgericht §§ 2 bis 4 BefBezG.

meinheit und den entsprechenden Gehalt des Verbots des Einzelfallgesetzes zu verletzen. Die Regelung trifft zwar eine präzise Entscheidung über ihren eingeschränkten Anwendungsbereich, diese Begrenzung setzt aber die allgemeine Regel um, dass die Willensbildung in der Demokratie auf die Demonstrationsfreiheit setzt, Versammlungen die Entscheidungen der Verfassungsorgane beeinflussen sollen, aber nicht bedrängen oder behindern dürfen. Würde ohne diesen Regelungszusammenhang, auch ohne die Möglichkeit der Ausnahmeregelung jede Demonstration etwa auf dem Alexanderplatz in Berlin untersagt, wäre damit weder der Demokratie noch der Freiheit gedient und die Forderung der territorialen Allgemeinheit verletzt. Das Allgemeinheitspostulat widerspricht nicht der prägnanten Bezeichnung eines Gegenstands oder Orts, wehrt sich auch nicht prinzipiell dagegen, dass ein Gesetz in der Praxis nur für einen Fall Anwendung findet.[237] Es verlangt dann aber, dass eine allgemeine Regel präzisiert wird, die grundsätzlich auf zahlreiche Fälle anwendbar ist, dass eine verlässliche, allgemein verständliche und vollzugsfähige Aussage getroffen wird.[238]

Hätte das Einkommensteuergesetz die Steuerfreiheit der FIFA bei der Fußballweltmeisterschaft 2006 in Deutschland angeordnet, wäre eine einmalige – räumlich und zeitlich begrenzte – Veranstaltung mit einer Sonderregel bedacht, das Verbot des Einzelfallgesetzes damit verletzt worden. Art. 19 Abs. 1 Satz 1 GG wirkt als Schutzwall gegen eine derartige Verengung und gesetzliche Bevorzugung. Wenn aber § 50 Abs. 7 des Einkommensteuergesetzes[239] die Finanzbehörden ermächtigt, „mit Zustimmung des Bundesministeriums der Finanzen die Einkommensteuer bei beschränkt Steuerpflichtigen ganz oder zum Teil [zu] erlassen oder in einem Pauschbetrag" festzusetzen, wenn dies „aus volkswirtschaftlichen Gründen zweckmäßig ist oder eine gesonderte Berechnung der

---

[237] Deutlich bereits *H. Schneider*, Über Einzelfallgesetze, in: Festschrift für Carl Schmitt, 1959, S. 159 (160).

[238] Nach § 15 Abs. 1 VersG kann eine Versammlung verboten oder von bestimmten Auflagen abhängig gemacht werden, wenn sie die öffentliche Sicherheit und Ordnung zu gefährden droht. Diese Einschränkungen der Versammlungsfreiheit sind insbes. zulässig, wenn die Versammlung an einem Ort stattfinden soll, „der als Gedenkstätte von historisch herausragender, überregionaler Bedeutung an die Opfer der menschenunwürdigen Behandlung unter der nationalsozialisitischen Gewalt- und Willkürherrschaft erinnert," und die Versammlung „die Würde der Opfer" zu beeinträchtigen droht. Die Bestimmung fährt mit den Worten fort, dass „das Denkmal für die ermordeten Juden Europas in Berlin" ein solcher Ort ist (§ 15 Abs. 2 VersG). Auch wenn diese Bestimmung auf ein bestimmtes historisches Ereignis zielt und hier ein Denkmal durch das Versammlungsgesetz aufgeführt wird, handelt es sich hierbei nicht um ein unzulässiges Einzelfallgesetz, weil eine allgemeine Regel über das besondere historische Gedenken für einen wichtigen Fall rechtssicher zur Anwendung kommt. Auch ein allgemeines Gesetz kann aus Gründen der Rechtssicherheit konkrete Anwendungsfälle aufführen, solange hierdurch eine verallgemeinernde Regel konkretisiert wird.

[239] Einkommensteuergesetz in der Fassung der Bekanntmachung vom 19. Oktober 2002 (BGBl. I, S. 4210; 2003 I, S. 179), zuletzt geändert durch das Gesetz vom 17. Juni 2008 (BGBl. I, S. 1010), im Folgenden: EStG.

Einkünfte besonders schwierig ist“, mag hierin ein Gleichheitsproblem liegen.[240] Das Gesetz bildet aber eine Regel, schafft so Rechtsbewusstsein und erlaubt der Exekutive aus einer verallgemeinerungsfähigen Bestimmung eine Ausnahme zuzulassen, welche für den besonderen Fall zur Anwendung gebracht werden kann und muss.

Wenn die Straßenverkehrsordnung eine Geschwindigkeitsbegrenzung nur für Porschefahrer erließe, wären zwar viele Personen betroffen, im gegenständlichen Sinn wäre die Regelung aber ein Einzelfallgesetz. Gegenüber der gegenständlichen Regelungsweite der allgemeinen Straßenverkehrsordnung ist die Verengung nach der Fahrzeugmarke eine unzulässige Einzelfallregelung. Art. 19 Abs. 1 Satz 1 Alt. 2 GG, aber auch Art. 3 Abs. 1 GG wären verletzt. Das Verbot des Einzelfallgesetzes würde die entsprechende Ungleichbehandlung bereits im Vorfeld der grundrechtlichen Betroffenheit vermeiden. Der freiheitsichernde Wall des Art. 19 Abs. 1 Satz 1 GG schützt, bevor die Grundrechte verletzt werden, die öffentlichen Instanzen, die Gerichte, aber insbesondere die Bürger werden so geschont. Dieses Ergebnis bedeutet aber nicht, dass der Gesetzgeber keinesfalls eine besondere Regelung für Porschefahrer erlassen darf. Würde für diese Gruppe eine besondere Kfz-Steuer erhoben, könnte die gegenständliche Einschränkung als Konkretisierung einer allgemeinen Regel über den Hubraum, die PS-Zahl oder den CO_2-Ausstoß zu rechtfertigen sein. Die Beispiele verdeutlichen, dass der gegenständliche Anwendungsbereich des Verbots des Einzelfallgesetzes Abgrenzungsfragen mit sich bringt und vom jeweiligen Regelungsauftrag des Gesetzgebers abhängt.

Das Umsatzsteuergesetz regelt in speziellen Tatbeständen, wann der reduzierte Steuersatz greift. So werden z. B. nicht alle Umsätze mit Blumen, sondern nur die mit Schnittblumen steuerlich entlastet.[241] Diese Regelungen gelten scheinbar nicht nur für einen Fall, weil alle Umsätze mit Schnittblumen erfasst werden. Jedoch ist der materielle Gehalt des justitiablen Verbots des Einzelfallgesetzes verletzt,[242] wenn die Regelung nur für einen Gegenstand – für Schnittblumen – gelten würde. Neben Art. 19 Abs. 1 Satz 1 GG greift hier auch Art. 3 Abs. 1 GG, der das gesetzliche Privileg verbietet, das aus dem allgemeinen Regelungsauftrag von vornherein nicht entwickelt werden kann, das keinen sachlichen Grund hinter sich weiß. Die Differenzierung zwischen Schnittblumen und anderen Blumen hinsichtlich der allgemeinen Umsatzsteuerpflicht ist kaum

---

[240] Siehe zu § 50 Abs. 7 EStG *Gosch*, in: Kirchhof, P. (Hg.), EStG Kompaktkommentar, 8. Auflage 2008, § 50 Rdn. 45 m. w. H.; siehe zum Bestimmtheitsgrundsatz sogleich unter V. 5. (S. 330 ff.).

[241] Siehe hierzu – wie zum vergleichbaren Fall des Eintritts zum Schwimmbad – § 12 Abs. 2 Nr. 1 und Nr. 9 des Umsatzsteuergesetzes in der Fassung der Bekanntmachung vom 21. Februar 2005 (BGBl. I, S. 386), zuletzt geändert durch das Gesetz vom 20. Dezember 2007 (BGBl. I, S. 3150), im Folgenden: UStG, i. V. m. Anlage 2 Nr. 8; siehe hierzu insgesamt *Reiß*, in: Tipke/Lang, Steuerrecht, 19. Auflage 2008, § 14 Rdn. 146 ff.

[242] Siehe unter d) (S. 207 ff.).

zu rechtfertigen. Doch ist das gesetzliche Steuerprivileg eine unzulässige Einzelfallregelung? Entfaltet Art. 19 Abs. 1 Satz 1 Alt. 2 GG hier seinen vorbeugenden Schutz, der die allgemeinen Marktbedingungen und die Marktteilnehmer vor individueller Betroffenheit bewahrt? Der materielle Gehalt des Verbots des Einzelfallgesetzes ist – wie die Gleichheitsbindung des Gesetzgebers[243] – aus dem Gesetzgebungsauftrag zu entfalten. Das Verbot greift bei einem Steuergesetz, das die allgemeine Steuerpflicht regelt, eher, als etwa beim Baugesetzbuch, das von vornherein den Außenbereich vom Innenbereich oder verschiedene Gebäudetypen unterscheiden muss.[244] Der Gesetzgeber prägt durch seine Regelung das Maß und die Art der verfassungsrechtlich geforderten Verallgemeinerung. So kann er – wie gesehen –, ohne die territoriale Allgemeinheit zu verletzen, an einem bestimmten Ort Versammlungen unter Erlaubnisvorbehalt verbieten.[245] Gewährt er hingegen den Umsätzen mit Schnittblumen ein Steuerprivileg, ohne dass hierdurch eine allgemeine Regel konkretisiert wird, erlässt er in dieser gegenständlichen Verengung ein Einzelfallgesetz und verletzt so Art. 19 Abs. 1 Satz 1 Alt. 2 GG. Die Umsatzsteuerpflicht bezieht sich auf einen allgemeinen Gegenstand, auf den Umsatz, weswegen eine Beschränkung auf Schnittblumen eine unzulässige Verengung auf einen Fall darstellt. An diesen Blumentyp könnte der Gesetzgeber aber leichter – mit Blick auf die Lagerung und Frische der Pflanzen – eine Regelung des Verbraucherschutzes knüpfen, dürfte dann aber keine Ausnahmen für einen Ort oder Unternehmer, auch nicht für einen besonderen Zeitpunkt machen, wenn die entsprechenden Bestimmungen nicht eine allgemeine Regel konkretisieren. Der vom Parlament gesetzte Regelungsauftrag bestimmt den Grad und die Perspektive der verfassungsrechtlich gebotenen Verallgemeinerung, insbesondere der gegenständlichen Allgemeinheit.

Dabei bleiben Abgrenzungsprobleme. Auch deshalb wird das Bundesverfassungsgericht, wenn es das Verbot des Einzelfallgesetzes in diesem gegenständlichen Sinn entfaltet, dieses bei Maßstabbildung und Urteilsspruch vorsichtig anwenden, um den Gestaltungsraum des Gesetzgebers nicht zu stark einzuschränken. Das Privileg bei der Umsatzsteuer würden die Richter nicht für nichtig, sondern nur für unvereinbar mit dem Grundgesetz erklären. Dies gilt auch deshalb, weil die Deutung des Art. 19 Abs. 1 Satz 1 Alt. 2 GG die ständige Rechtsprechung ändern würde[246] und daher Übergangsregelungen gefordert wären. Zudem wäre es denkbar, dass der Gesetzgeber eine verallgemeinernde

[243] Siehe zum Gleichheitssatz insgesamt sogleich unter i) sowie unter VII. (S. 232 ff. und 362 ff.).

[244] §§ 34 f. des Baugesetzbuchs in der Fassung der Bekanntmachung vom 23. September 2004 (BGBl. I, S. 2414), zuletzt geändert durch Gesetz vom 21. Dezember 2006 (BGBl. I, S. 3316), im Folgenden: BauGB.

[245] Siehe zu regional beschränkten Gesetzen wie insgesamt zur ihrer räumlichen Geltung *H. Schneider*, Gesetzgebung, 3. Auflage 2002, Rdn. 571 ff.

[246] Siehe unter c) (S. 202 ff.).

Regel über den reduzierten Steuersatz erlässt, unter die dann auch der aufgeführte Einzelfall fallen könnte. Dann wäre die Entscheidung des Gesetzgebers, das allgemeine Steuerprivileg zu gewähren, hinsichtlich des Verbots des Einzelfallgesetzes zu respektieren, könnte aber den Gleichheitssatz verletzen. Etwas anderes würde aber gelten, wenn ein namentlich genanntes Unternehmen, das mit anderen Unternehmen am Markt konkurriert, ein gesetzliches Steuerprivileg erhielte. Eine allgemeine Regel, die diese Rechtsfolge trägt, ist kaum denkbar. Das Bundesverfassungsgericht würde das Gesetz für nichtig erklären.

Art. 19 Abs. 1 Satz 1 GG sucht auch in seiner zweiten Alternative, im justitiablen Verbot des Einzelfallgesetzes, den Einfluss des Parlaments zu stärken. Das Parlament ist gehalten, sein Handlungsinstrument des allgemeinen Gesetzes nicht durch Einzelfallregelungen zu schwächen und seiner Wirkung zu berauben. Eine allgemeine Bestimmung über den ermäßigten Steuersatz hätte von vornherein verhindert, dass nur Schnittblumen das Steuerprivileg erhalten – so wäre die Rationalität, die Akzeptanz und die Wirkkraft des Gesetzes gestärkt worden. Das justitiable Verbot des Einzelfallgesetzes weist eine gesetzliche Verengung zurück, beugt einem groben Verstoß gegen die Gesetzesallgemeinheit, auch gegen den Gleichheitssatz und das Freiheitsgebot vor. Doch kann und soll diese Verfassungsvorgabe und damit der Richter nicht unterbinden, dass Regelungen, obgleich sie oberhalb dieses Maßes der Verallgemeinerung getroffen werden, gleichheits- und freiheitsrechtliche Verfassungsfragen veranlassen, ein Steuerprivileg etwa an die Höhe der Umsätze anknüpft und deshalb im Ergebnis nur Schnittblumen erfasst. Dieses Privileg würde zwar nicht das justitiable Verbot des Einzelfallgesetzes verletzen, aber das – nicht durch den Richter prüfbare – Allgemeinheitspostulat. Die personalen und gegenständlichen, aber auch die temporalen und territorialen Allgemeinheitsforderungen streiten gegen die Enge eines Steuerprivilegs, das als individuelles Steuergeschenk wahrgenommen werden müsste. Die verbindliche Verfassungsforderung der Gesetzesallgemeinheit dient so der Freiheit und Gleichheit, der Rationalität und Akzeptanz des Rechts und damit letztlich dem Zusammenhalt der Rechtsgemeinschaft.

Als Klugheitsregel würde hier die instrumentelle Allgemeinheit nahelegen, neben der Steuerfreiheit keine Unterscheidung im Steuersatz zu regeln, weil das Gesetz dann weniger kompliziert wäre und ein einheitlicher, unausweichlicher Steuersatz ein allgemeines Rechtsbewusstsein schaffen würde. Die finale Allgemeinheit nähme den grundsätzlichen Regelungsgrund der Umsatzsteuer in den Blick und ließe hiervon nur einen folgerichtigen Ausnahmetatbestand zu. Art. 19 Abs. 1 Satz 1 GG fordert aber diese ‚gute Gesetzgebung' nicht verbindlich.[247] Der Gestaltungsraum des Gesetzgebers würde ansonsten zu stark eingeschränkt und die Demokratie an Kraft verlieren.

---

[247] Siehe oben unter d) (S. 207 ff.).

cc) Der schmale Grat

Die Beispiele verdeutlichen, dass es zuweilen ein schmaler Grat sein kann, der zwischen der allgemeinen Regelung und dem Einzelfallgesetz liegt.[248] Insbesondere die Fragen nach der notwendigen gegenständlichen Verallgemeinerung und nach der zulässigen gesetzlichen Konkretisierung einer allgemeinen Regel können nicht allgemein beantwortet werden, weil die Begrenzung einer Regelung auf einen bestimmten Gegenstand im Umsatzsteuerrecht und Straßenverkehrsrecht unzulässig, für Regelungen des Verbraucher- und Umweltschutzes aber zulässig sein kann. Trotz dieser Abgrenzungsschwierigkeiten muss die Grenze des Art. 19 Abs. 1 Satz 1 GG zu einer der „Freiheit und Gerechtigkeit"[249] dienenden Rechtsetzung eingehalten werden.

Besondere grundgesetzliche Gesetzgebungsaufträge bestätigen, dass der Maßstab des Art. 19 Abs. 1 Satz 1 GG vom Gesetzgebungsauftrag abhängt. In einem ersten Zugriff könnten bestimmte grundrechtliche Regelungsaufträge Gesetze verlangen, die nicht den vier klassischen Allgemeinheitsforderungen genügen. Insbesondere Art. 16a Abs. 2 Satz 2 und Abs. 3 Satz 1 GG scheinen Ausnahmen von Art. 19 Abs. 1 Satz 1 GG zu gestatten. Hiernach werden durch Gesetz sichere Drittstaaten und verfolgungsfreie Herkunftsstaaten bestimmt. Bei letzteren sei gewährleistet, „daß weder politische Verfolgung noch unmenschliche oder erniedrigende Bestrafung oder Behandlung stattfindet". Dieses Gesetz widerspräche aber selbst dann nicht der gegenständlichen Allgemeinheit, wenn nur ein Staat im Gesetz aufgeführt würde. Im Rahmen des Art. 16a Abs. 2 und Abs. 3 GG ist nicht das einzelne Herkunftsland der eine Gegenstand des Gesetzes. Die Regelung erwächst aus einem Vergleich aller Herkunftsstaaten, würdigt zudem die gesamten Verhältnisse in dem jeweiligen Staat, zahlreiche Gegenstände und Personen.[250] Die Klassifizierung als sicherer Drittstaat oder verfolgungsfreies Herkunftsland konkretisiert für den Asylsuchenden die Verantwortung der deutschen Rechtsgemeinschaft gegenüber den Menschen aus einem bestimmten Staat. Selbst wenn das Gesetz nur einen Staat benennt, regelt es daher einen allgemeinen Regelungsgegenstand – es erfasst die

---

[248] Siehe hierzu bereits den in den Beratungen im Parlamentarischen Rat geäußerten Einwand, das Allgemeinheitspostulat dürfe nicht nur die Formulierungskunst des Gesetzgebers herausfordern, unter a) und b) (S. 197 ff.), der durch Erfahrungen gestützt wird, auf die bereits das Zwölftafelgesetz deutet (unter B. II. 1., S. 69 ff.).

[249] *M. Kloepfer*, Gesetzgebung im Rechtsstaat, VVDStRL 40 (1982), 63 (65 ff., Zitat auf S. 66); siehe hierzu bereits oben unter c) (S. 202 ff.).

[250] Mit Blick auf die gesetzliche Bestimmung des Herkunftslands wird bemerkt, dass diese eine „abstrakt generelle Analyse und Beurteilung der allgemeinen Verhältnisse" voraussetzt. Zwar muss nicht die dem Gesetz zu Grunde liegende Analyse, sondern die Regelung selbst die Allgemeinheitsforderung erfüllen. Doch betont *Pagenkopf* zu Recht die überragende Bedeutung der gesetzlichen Regelung für zahlreiche Personen und damit – letztlich, wenngleich nicht ausdrücklich – die Allgemeinheit des Gesetzgebungsgegenstands (*ders.*, in: Sachs [Hg.], Grundgesetz. Kommentar, 4. Auflage 2007, Art. 16a Rdn. 89).

Sicherheit dieses Herkunftslands. Auch in anderen Fällen, in denen das Grundgesetz das Gesetzgebungsziel oder den Kreis der Betroffenen näher bestimmt,[251] fordert das Allgemeinheitspostulat keine Unbestimmtheit der Gesetzestatbestände, sondern die Bildung einer bestimmenden Regel.[252]

Zu fragen ist jedoch, ob Gesetzgebungsaufträge, die nicht aus einer unmittelbaren grundrechtlichen Bestimmung herrühren, den Erlass von Einzelfallgesetzen erwarten und daher – wenn die Gesetze grundrechtsbegrenzend wirken – dem weiten Anwendungsbereich des Art. 19 Abs. 1 Satz 1 GG[253] entgegenstehen. Hier rücken Privatisierungsgesetze, eine gesetzliche Neugliederung des Bundes, der Umzug der Verfassungsorgane, das Haushaltsgesetz und der parlamentarische Friedensschluss in den Blickpunkt der Analyse.

Ein Gesetz, das – nach einer entsprechenden Verfassungsänderung – die vollständige Privatisierung der Deutschen Bahn anordnen würde, muss keine Einzelfallregelung treffen. Die Entscheidung, ob die Deutsche Bahn privatisiert wird, handelt von einer jeden erreichenden, das gesamte Bundesgebiet auf Dauer betreffenden staatlichen Aufgabe, bezieht sich auf eine allgemeine Infrastruktur und auf das Staatsvermögen aller und daher nicht nur auf einen einzelnen Regelungsgegenstand. Ähnliches gilt für eine Neugliederung des Bundesgebiets durch Gesetz oder für die gesetzliche Entscheidung über den Umzug der Verfassungsorgane von Bonn nach Berlin,[254] welche nicht den Einzelfall der Umgliederung oder des Umzugs regeln, sondern den gesamten Staat auf Dauer betreffen. Vergleichbar mit der gesetzlichen Feststellung eines sicheren Drittstaats oder verfolgungsfreien Herkunftslands erscheint der vermeintlich eine Regelungsgegenstand angesichts seiner Bedeutung für die Gemeinschaft der Staatsbürger als bestimmter Ausdruck einer allgemeinen Regel. Erneut wird deutlich, dass das Parlament im Rahmen seines jeweiligen Auftrags durch das Gesetz das Maß der Allgemeinheit bestimmt.

Alle Einnahmen und Ausgaben des Staats werden im Haushaltsplan ausgewiesen und durch Gesetz festgestellt.[255] Der Bundestag übt durch dieses Gesetz

---

[251] Art. 10 Abs. 2, Art. 12a Abs. 2 und Abs. 3, Art. 16 Abs. 2, Art. 17a GG.

[252] Zu Art. 16 Abs. 2; vgl. BVerfGE 113, 273 (299) – Europäischer Haftbefehl; zu Art. 17a GG: *Kokott*, in: Sachs (Hg.), Grundgesetz. Kommentar, 4. Auflage 2007, Art. 17a Rdn. 9; zur Einschlägigkeit des Art. 19 Abs. 1 GG bei Art. 10 Abs. 2 GG *Jarass*, in: ders./Pieroth, Grundgesetz für die Bundesrepublik Deutschland. Kommentar, 9. Auflage 2007, Art. 2 Rdn. 17. Auch die besonderen Gesetzgebungsaufträge des Art. 6 Abs. 3 und Art. 11 Abs. 2 GG fordern kein Abweichen von den vier klassischen Allgemeinheitsforderungen; siehe zur Bestimmtheit des allgemeinen Gesetzes auch sogleich unter V. 5. (S. 330 ff.).

[253] Siehe oben unter e) (S. 211 ff.).

[254] Siehe hierzu das Gesetz zur Umsetzung des Beschlusses des Deutschen Bundestages vom 29. Juni 1991 zur Vollendung der Einheit Deutschlands (Berlin/Bonn-Gesetz) vom 26. April 1994 (BGBl. I, S. 918), geändert durch die Verordnung vom 21. September 1997 (BGBl. I, S. 2390).

[255] Art. 110 Abs. 1 und Abs. 2 GG; siehe zu der Diskussion, ob der Haushaltsplan ein Gesetz ist: *Bleckmann*, Der Gesetzesbegriff des Grundgesetzes, DVBl. 2004, 333.

sein Budgetrecht aus. Er übernimmt die Verantwortung für die verfügbare Finanzkraft und damit für die Grundzüge der finanzwirksamen Politik. Das Haushaltsgesetz betrifft daher jeden, das gesamte Bundesgebiet und zahlreiche Gegenstände, ermöglicht politische Grundentscheidungen. Es regelt das jährliche finanzwirtschaftliche Handlungsprogramm des Staats und trifft damit eine äußerst weite, das gesamte Bundesgebiet, zahlreiche Personen und Gegenstände erfassende allgemeine Regel. Das Haushaltsgesetz erfüllt neben der personalen auch die gegenständlichen und territorialen Allgemeinheitsforderungen, weil es alle Staatseinnahmen an die Allgemeinheit der Staatsbürger im gesamten Bundesgebiet zurückgibt, auch die allgemeine Grundlage für Finanzausgleich und Finanzplanung setzt. Zudem greift der Haushaltsplan über das Haushaltsjahr hinaus, ist deshalb auch im temporalen Sinn allgemein. Er wird zwar im Takt eines jährlichen Haushaltsturnus erlassen, doch ist diese zeitliche Einheit nicht mit der Wirkung des Gesetzes gleichzusetzen, die als Grundlage für die getätigten Zahlungen und die verfügbaren Finanzmittel eine mittelfristige Finanzplanung verwirklicht. Im Haushaltsplan wird die finanzpolitische Regierungserklärung der Bundesregierung allgemein verbindlich. Der Haushaltsplan ist das „Schicksalsbuch der Nation“.[256]

Auch Gesetze, die sich auf die Ausgabenzuständigkeit, die Verteilung der Finanzkraft, die Haushaltsgrundsätze, die Abwehr einer Störung des gesamtwirtschaftlichen Gleichgewichts beziehen, die Ausgaben erhöhende und Einnahmen mindernde Regelungen treffen und gesetzliche Kreditermächtigungen regeln,[257] haben in der Regel die allgemeinen Finanzverhältnisse zum Gegenstand, entscheiden damit dauerhaft über Lebensbedingungen der gesamten Bevölkerung und sind daher allgemeine Gesetze. Die Gemeinschaft finanziert den Staatshaushalt, profitiert von den Staatseinnahmen, leidet unter einer Störung des gesamtwirtschaftlichen Gleichgewichts und trägt – über Generationen hinweg – die Schuldlasten mit Zins und Zinseszins. Die Gesetze erfassen die Allgemeinheit der Gemeinschaft, deretwegen die Demokratie die demokratische Repräsentation des Staatsvolks im Parlament vorsieht und dessen Handlungsmittel, das allgemeine Gesetz, bereitstellt.

Nach Art. 115l Abs. 3 GG wird über den Friedensschluss durch Bundesgesetz entschieden. Auch diese gesetzliche Regelung ist kein Einzelfallgesetz.[258] Der Friedensschluss ist zwar durch ein historisches Ereignis veranlasst, doch gibt es kaum ein allgemeineres Gesetz als den Friedensschluss. Dieser begründet nach

---

[256] *Stern*, Das Staatsrecht der Bundesrepublik Deutschland, Band II, 1980, S. 1189.

[257] Art. 104a, Art. 104b ff., Art. 109 Abs. 3, Art. 109 Abs. 4, Art. 113, Art. 115 Abs. 1 GG.

[258] Anders *Robbers*, in: Sachs (Hg.), Grundgesetz. Kommentar, 4. Auflage 2007, Art. 115l Rdn. 13; siehe zudem *Grote*, in: von Mangoldt/Klein/Starck, Kommentar zum Grundgesetz, Band 3, 5. Auflage 2005, Art. 115l Rdn. 18 ff. m. w. H., insbes. zur Beteiligung des Bundesrats und zu den völkerrechtlichen Vorgaben des Friedensschlusses; vergleichbare weitere Beispiele nennt *H. Schneider*, Gesetzgebung, 3. Auflage 2002, Rdn. 18.

dem Krieg wieder die alleinige Herrschaft des Rechts und weist die Herrschaft der Waffen zurück, gibt der gesamten Bevölkerung für das gesamte Staatsgebiet einen grundlegend veränderten Handlungsrahmen des Friedens, gilt auf Dauer, typisiert den Regelfall und verfolgt im Frieden ein bedeutendes, wenn nicht das bedeutendste Ziel des Staats.

Im Ergebnis erfordert die Anwendung der Allgemeinheitspostulate eine nähere Analyse des zulässigen und gebotenen Maßes der Verallgemeinerung, das dem vom Parlament zu erfüllenden Regelungsauftrag entspricht und von der gesetzlichen Konkretisierung dieses Auftrags geleitet wird. Die Gesetzesallgemeinheit hält das Parlament nicht von bestimmten Regelungsaufträgen ab – auch nicht von der Regulierung von Märkten oder der Regelung der Selbstverwaltung –, sondern fördert die Gestaltungskraft des Parlaments.[259] Dabei setzt es in dem Gebot der Verallgemeinerung eine Vorgabe, welche den grundrechtlichen Schutz umfassend ergänzt. Art. 19 Abs. 1 Satz 1 GG greift für jede gesetzliche Grundrechtsbeeinträchtigung. Der Gesetzgeber hat sich bei der Regelbildung mit den Forderungen der Allgemeinheit auseinanderzusetzen. Art. 19 Abs. 1 Satz 1 GG ist – in den Worten *Klaus Sterns* – eine „zwingende Verfassungsvorschrift, der sich der Gesetzgeber nicht entziehen kann."[260]

g) *Gesetzesallgemeinheit und Verhältnismäßigkeit*

Doch inwieweit wird diese „Gerechtigkeit" bereits durch den Grundsatz der Verhältnismäßigkeit erreicht, inwieweit greift das Allgemeinheitspostulat neben diesem Kern grundrechtlicher Gewährleistung? Die Brandenburgische Verfassung scheint dem Allgemeinheitspostulat gegenüber dem Grundsatz der Verhältnismäßigkeit keine eigene freiheitschützende Kraft beizumessen, wenn sie im Vergleich zum entsprechenden Artikel des Grundgesetzes an die Stelle des Allgemeinheitspostulats den Verhältnismäßigkeitsgrundsatz setzt.[261] Doch wird so der grundlegende Unterschied zwischen den beiden Rechtsinstrumenten vernachlässigt. Die Verhältnismäßigkeitsprüfung dient der Individualgerechtigkeit aus einer Perspektive, die sich auf den Einzelfall und dessen Besonderheiten konzentriert. Insbesondere die Zumutbarkeitsprüfung verlangt, die speziellen Umstände des Einzelfalles hinreichend aufzunehmen. Das Allgemeinheitspostulat sucht hingegen das Gerechtigkeitsziel durch eine Weite, durch den Blick auf das Ganze zu erreichen. Das allgemeine Gesetz orientiert sich nicht am Einzel-, sondern am Regelfall.[262]

---

[259] Siehe hierzu sogleich unter III., insbes. unter 7. (S. 282 ff.).

[260] *Stern*, Das Staatsrecht der Bundesrepublik Deutschland, Band III/2, 1994, S. 744, 742.

[261] Art. 5 Abs. 2 der Verfassung des Landes Brandenburg vom 20. August 1992 (GVBl. I/92, [Nr. 18], S. 298), zuletzt geändert durch das Gesetz vom 16. Juni 2004 (GVBl. I/04, [Nr. 11], S. 254), im Folgenden: BrandVerf.

[262] Siehe hierzu bereits oben B., insbesondere unter B. II. 5. b) (S. 89 ff.) und III. 4. (*Thomas von Aquin*, S. 105 ff.), sowie sogleich unter V. (S. 315 ff.).

Im Rahmen der Grundrechtsentfaltung durch Gesetz[263] werden Freiheit und Gleichheit vor dem Gesetz gegenwärtig primär durch das Übermaßverbot[264] geschützt. Dieses mündet in einem Abwägungsauftrag, der den Schutz der Freiheit jedenfalls nicht immer gestärkt hat.[265] Die Verhältnismäßigkeitsprüfung setzt dem Gesetzgeber zuweilen genaue Vorgaben. Insbesondere die Erforderlichkeit scheint nicht selten „legislative Individualisierungen" zu erzwingen,[266] wenn Maßnahmen auf ihre Eingriffsintensität geprüft werden und dann die schonendere, aber gleich effektive Bestimmung zu wählen ist. Hierdurch wird – so die Kritik – der Gesetzgeber zu komplizierten Regelungen, zu Differenzierungen gezwungen, wenn etwa sicherheitsrechtliche Vorgaben für Bauwerke durch einen dichten Filter der Erforderlichkeitsprüfung in Abhängigkeit vom gewählten Material, dessen Mischung, auch von den klimatischen Bedingungen gebracht werden, das Gesetz folglich diese Unterscheidungen nachzuzeichnen hat. So stellt sich die Frage, ob solche Detailregelungen, ob ein Verhältnismäßigkeitsgrundsatz, der diese fordert, die Gesetzesallgemeinheit behindert.

Das Prinzip der Verhältnismäßigkeit wird – je nach Grundrecht – durch besondere Hürden der Einschränkbarkeit konkretisiert, etwa durch die Dreistufentheorie bei Eingriffen in die Berufsfreiheit,[267] die Abgrenzung von Intimsphäre, von innerem und äußerem Sozialbereich bei Beeinträchtigungen des allgemeinen Persönlichkeitsrechts[268] oder bei der Abwägung zwischen allgemeinem Ordnungsanspruch und individueller Freiheit.[269] Damit wurden auch die Vorgaben genauer, welche die grundrechtliche Verhältnismäßigkeitsprüfung an das Gesetz stellt. Auch Art. 14 GG fordert eine abgestufte Verhältnismäßigkeit, insbesondere für privatrechtliche und öffentlichrechtliche Bestimmungen des Eigentums, für die Ermächtigung zur Administrativenteignung

---

[263] *Starck*, Grundrechtliche und demokratische Freiheitsidee, in: HStR III, 3. Auflage 2005, § 33 Rdn. 22f.; *Lerche*, Grundrechtlicher Schutzbereich, Grundrechtsprägung und Grundrechtseingriff, in: HStR V, 1. Auflage 1992, § 121 Rdn. 45f.; *Jestaedt*, Grundrechtsentfaltung im Gesetz, 1999, S. 54ff.

[264] *Starck*, Grundrechtliche und demokratische Freiheitsidee, in: HStR III, 3. Auflage 2005, § 33 Rdn. 23; *Lerche*, Grundrechtlicher Schutzbereich, Grundrechtsprägung und Grundrechtseingriff, in: HStR V, 1. Auflage 1992, § 121 Rdn. 45f.

[265] *Jestaedt*, Grundrechtsentfaltung im Gesetz, 1999, S. 42ff. m.w.H., der in bewusster Zuspitzung davon spricht, dass die „Grundrechtsdogmatik zu einer Relativitätstheorie eigener, höchst subjektiver Art" geworden und die „Grundrechts-Wohltat" in eine „Abwägungs-Plage" umgeschlagen sei (S. 53).

[266] *H. Hofmann*, Das Postulat der Allgemeinheit des Gesetzes, in: Starck (Hg.), Die Allgemeinheit des Gesetzes, 1987, S. 9 (40); *Evers*, Das allgemeine Gesetz und seine Anwendung, ebenda, S. 96 (insbes. 137), der hier zudem den Einfluss der Wechselwirkungslehre hervorhebt.

[267] BVerfGE 7, 377 (405ff.) – Apothekenurteil.

[268] Deutlich BVerfGE 80, 367 (373ff.) – Tagebuch; siehe zudem *Erichsen*, Allgemeine Handlungsfreiheit, in: HStR VI, 1. Auflage 1989, § 152 Rdn. 37; *Hufen*, Staatsrecht II, 2007, S. 189ff.; jeweils m.w.H.

[269] BVerfGE 69, 315 (343) – Brokdorf; 87, 399 (406) – Sitzblockade.

und für die Legalenteignung.[270] Er erwartet diese Abstufungen nach der Rechtsprechung des Bundesverfassungsgerichts[271] aber primär vom Gesetzgeber. Die Verfassung gestattet keine enteignende Maßnahme ohne gesetzliche Grundlage. Die Enteignung muss dem gemeinen Wohl dienen und Art und Ausmaß der Entschädigung regeln,[272] Art. 14 GG setzt so dem Gesetzgeber allgemeine Vorgaben, die dieser zu konkretisieren hat. Im Grundprinzip der Verhältnismäßigkeit scheint hingegen die Forderung an den Gesetzgeber angelegt zu sein, vorgegebene Verhältnismäßigkeitsabstufungen aufzunehmen, um damit Spezialregelungen zu treffen, die – auch nach gerichtlicher Prüfung – zu weiteren Spezialisierungen innerhalb der Grundrechte und ihrer gesetzlichen Ausprägungen neigen. Eine Spezialisierung fordert nicht selten weitere Spezialisierungen, welche wieder besondere Regelungen erwarten – es entsteht ein Sog zu immer mehr Detailregelungen.[273]

Art. 19 Abs. 1 Satz 1 GG weist hier den Weg einer allgemeinen gesetzlichen Regelbildung, die auf einen differenzierenden Vollzug angelegt ist. Der Gesetzgeber erlässt allgemeine Regeln und überlässt die schonende Konkretisierung im Einzelfall der Verwaltung. Die Merkmale der Gesetzesallgemeinheit fordern eine Generellität und setzen so auch gesetzlichen Differenzierungen Grenzen. Der Gesetzgeber darf Spezielles regelbildend verallgemeinern, sich jedoch nicht im grundrechtlichen Detail verlieren. Dem Sog der Überdifferenzierung, die dem Gesetz gestaltende und bewusstseinsbildende Kraft nimmt, könnte so entronnen werden. Der Gesetzgeber sollte den Regelfall am Maßstab der Grundrechte normieren, die grundrechtlichen Folgen des Gesetzes abschätzen und im Zitiergebot aufnehmen. Er wird angeleitet, die grundrechtlichen Forderungen in allgemeinen Maßstäben zu erfüllen. Die Arbeitsteilung zwischen Gesetzgeber einerseits, vollziehender Gewalt und Gerichten andererseits, wird hier deutlich: Das Gesetz wirkt regelbildend, Verwaltungsakt und Urteil entscheiden den Einzelfall, mögen höchstrichterliche Urteile auch im ‚Maßstabteil' und den Leitsätzen zur Regelbildung drängen. Die Gewalten entfalten sich in ihrer spezifischen Kraft zur Sicherung der individuellen Freiheit, wenn der Gesetzgeber dem Freiheitsberechtigten den rechtlichen Rahmen bereitstellt, Verwaltung und Gerichte im Einzelfall mit Blick auf die individuelle Betroffenheit prüfen, ob staatliches Handeln Grundrechte verletzt. Dementsprechend ist das Gesetzgebungsverfahren von einer öffentlichen Debatte geprägt, das Verwaltungs- und Rechtsprechungsverfahren hingegen vom individuellen rechtlichen Gehör.[274]

---

[270] Siehe hierzu sogleich unter h) (S. 227 ff.).

[271] BVerfGE 58, 300 (330 f.) – Nassauskiesung; 104, 1 (9) – Baulandumlegung; 115, 97 (111 f.) – Grenze des Steuerzugriffs.

[272] Art. 14 Abs. 3 Sätze 1 und 2 GG.

[273] Siehe hierzu bereits oben unter A (S. 39 ff.).

[274] Siehe hierzu sogleich unter IV. (S. 298 ff.).

Der Verhältnismäßigkeitsgrundsatz richtet den Blick auf die Besonderheiten des speziellen Falls und will so Einzelfallgerechtigkeit erzeugen. Das Allgemeinheitspostulat weitet hingegen die Perspektive auf das Ganze, sucht so der Gemeinschaft und der Freiheit und Gleichheit vor dem Gesetz zu dienen. Es wehrt dabei zu dichte Differenzierungen ab, die aus dem Verhältnismäßigkeitsgrundsatz an die Gesetze herangetragen werden, schützt so die Konsistenz der Rechtsordnung, ihre Überschaubarkeit, auch ihre Rationalität.[275] In diesen beiden Instrumenten – den grundrechtlichen Forderungen der Verhältnismäßigkeit und der Gesetzesallgemeinheit –, scheint *Hegels* „Prinzip des modernen Staats" rechtlich gefasst zu sein, das seine „ungeheure Stärke und Tiefe" daraus bezieht, „das Prinzip der Subjektivität sich zum selbstständigen Extreme der persönlichen Besonderheit vollenden zu lassen und zugleich es in die substantielle Einheit zurückzuführen und so in ihm selbst diese zu erhalten."[276] „Gemeinschaft und Individuum sind" – hierfür stehen auch die allgemeinen Gesetze der Freiheit von *Kant*[277] – „somit eigenständige Glieder eines aufeinander angewiesenen Ganzen."[278] Freiheit entfaltet sich nicht in Einsamkeit, sondern in der Gemeinschaft, setzt – in einer „fruchtbaren Paradoxie" – auf den in der freiheitlichen Gemeinschaft sich bindenden Menschen,[279] auf die Grundrechte und das allgemeine Gesetz.

h) Legalenteignungen – das Beispiel Stendal

Nach Art. 14 Abs. 3 Satz 2 GG ist eine Enteignung durch ein Gesetz zulässig. Zwar soll die Legalenteignung insbesondere wegen der Verkürzung des Rechtswegs die Ausnahme[280] und die Administrativenteignung die Re-

---

[275] Siehe zu diesem Auftrag des Allgemeinheitspostulats oben unter a) bis d) (S. 197 ff.) sowie *Menger*, in: Dolzer/Vogel/Graßhof (Hg.), Bonner Kommentar zum Grundgesetz, Art. 19 Abs. 1 (1979) insbes. Rdn. 63.

[276] *Hegel*, Grundlinien der Philosophie des Rechts [1820], 1995, §§ 185 ff., 211 bis 216 (Hervorhebungen im Text wurden ausgelassen); siehe hierzu bereits oben unter B. V. 7. (S. 140 ff.).

[277] *Kant*, Metaphysik der Sitten [1797], 1954, 231, 214, 226, 230 f.; *ders.*, Grundlegung zur Metaphysik der Sitten [1785], 2005, 420 ff.; siehe zu diesem Gedanken bei *Kant* und bei *Fichte*: *Zaczyk*, Zur Einheit von Freiheit und Sozialität, in: Gedächtnisschrift für Meinhard Heinze, 2005, S. 1111; siehe hierzu bereits oben unter B. V. 6. (S. 136 ff.).

[278] *Welzel*, Naturrecht und materiale Gerechtigkeit, 4. Auflage 1962, S. 173 ff., Zitat: S. 178.

[279] *Di Fabio*, Die Kultur der Freiheit, 2005, S. 71 ff.

[280] BVerfGE 24, 367 (396 ff.) – Hamburger Deichordnungsgesetz; 58, 300 (330 f.) – Nassauskiesung; 95, 1 (22) – Südumfahrung Stendal; siehe hierzu: *Battis/Otto*, Die Enteignung von Grundstücken zur Erweiterung industrieller Produktionsstätten am Beispiel des Werkflugplatz-Enteignungsgesetzes, DVBl. 2004, 1501 (1502); *Sachs*, Eisenbahnplanung durch Gesetz (Südumfahrung Stendal), JuS 1998, 364 (364 f.); *Papier*, in: Maunz/Dürig/u. a., Grundgesetz. Kommentar, Band 2, Art. 14 (1994) Rdn. 566; *Wendt*, in: Sachs (Hg.), Grundgesetz. Kommentar, 4. Auflage 2007, Art. 14 Rdn. 159; *P. M. Huber*, in: von Mangoldt/Klein/Starck, Kommentar zum Grundgesetz, Band 1, 5. Auflage 2005, Art. 19 Abs. 1 Rdn. 35 f.; *Ossenbühl*,

gel[281] bleiben, jedoch kann nach der Rechtsprechung des Bundesverfassungsgerichts auch ein bestimmter Gegenstand durch ein Gesetz entzogen werden.[282] Wenn das Grundgesetz eine Enteignung *durch* ein Gesetz erlaube, könne hiermit – so zahlreiche Stimmen in der Literatur – nur ein Einzelfallgesetz gemeint sein. Art. 14 Abs. 3 Satz 2 GG verdränge als Spezialregelung Art. 19 Abs. 1 Satz 1 GG.[283]

Dem Wortlaut, der Entstehungsgeschichte und dem Sinn und Zweck des Allgemeinheitspostulats entspricht diese Auslegung nicht.[284] Art. 19 Abs. 1 Satz 1 GG bezieht sich nach seinem Wortlaut auf Grundrechte, die – wie es wortgleich in Art. 14 Abs. 3 Satz 2 GG heißt – „durch Gesetz oder auf Grund eines Gesetzes" eingeschränkt werden können. *Thomas Dehler* betonte im Parlamentarischen Rat ausdrücklich, dass das Grundgesetz hier „Spezialenteignungsgesetze" ausschließe, und verdeutlicht so die von den Urhebern des Grundgesetzes entworfene Regelungskraft der Bestimmung.[285] Erste Interpreten des Artikels hoben in diesem Sinn hervor, dass „Enteignungen durch Einzelgesetz selbst dann nicht in Betracht kommen, wenn es sich um einen einmaligen und einzigartigen Sachverhalt handelt."[286]

Der Gesetzgeber als Exekutive, in: Festschrift für Werner Hoppe, 2000, S. 183 (189f., 192f.); dann stellt sich aber – so *Hufeld*, „Südumfahrung Stendal". Anmerkung, JZ 1997, 302 (305) – die Frage nach der „Dogmatik der Ausnahme"; insgesamt zur Frage nach dem Rechtsschutz bei Planungen *Blümel*, Fachplanung durch Bundesgesetz (Legalplanung), DVBl. 1997, 205.

[281] BVerfGE 24, 367 (399) – Hamburger Deichordnungsgesetz; *P. M. Huber*, in: von Mangoldt/Klein/Starck, Kommentar zum Grundgesetz, Band 1, 5. Auflage 2005, Art. 19 Abs. 1 Rdn. 34.

[282] BVerfGE 24, 367 (396ff.) – Hamburger Deichordnungsgesetz; 74, 264 (296f.) – Boxberg; 95, 1 (22) – Südumfahrung Stendal; *Sachs*, in: ders. (Hg.), Grundgesetz. Kommentar, 4. Auflage 2007, Art. 14 Rdn. 23; *H. Dreier*, in: ders. (Hg.), Grundgesetz. Kommentar, Band 1, 2. Auflage 2004, Art. 19 Rdn. 29; *Pabst*, Das Investitionsmaßnahmegesetz „Südumfahrung Stendal" vor dem BVerfG, UPR 1997, 284 (285).

[283] BVerfGE 24, 367 (396ff.) – Hamburger Deichordnungsgesetz; 95, 1 (22) – Südumfahrung Stendal; *P. Kunig*, Einzelfallentscheidungen durch Gesetz, Jura 1993, 308 (311f.); *Krebs*, in: von Münch/Kunig (Hg.), Grundgesetz-Kommentar, Band 1, 5. Auflage 2000, Art. 19 Rdn. 12; *Herzog*, in: Maunz/Dürig/u. a., Grundgesetz. Kommentar, Art. 19 Abs. 1 Rdn. 40b; *Roellecke*, in: Umbach/Clemens (Hg.), Grundgesetz. Mitarbeiterkommentar und Handbuch, Band 1, 2002, Art. 19 I-III Rdn. 24; *Battis/Otto*, Die Enteignung von Grundstücken zur Erweiterung industrieller Produktionsstätten am Beispiel des Werkflugplatz-Enteignungsgesetzes, DVBl. 2004, 1501 (1509).

[284] Siehe oben unter a) bis d) (S. 197ff.); *Dürig*, Zurück zum klassischen Enteignungsbegriff!, JZ 1954, 4 (7); *Ossenbühl*, Der Gesetzgeber als Exekutive, in: Festschrift für Werner Hoppe, 2000, S. 183 (191), spricht von einer „nicht überzeugenden" Verfassungsinterpretation; für eine Anwendung des Art. 19 Abs. 1 Satz 1 GG bei Legalenteignungen zudem *Schneller*, Objektbezogene Legalplanung, 1999, S. 144ff.; *Menger*, in: Dolzer/Vogel/Graßhof (Hg.), Bonner Kommentar zum Grundgesetz, Art. 19 Abs. 1 (1979) Rdn. 86.

[285] Siehe hierzu *P. M. Huber*, in: von Mangoldt/Klein/Starck, Kommentar zum Grundgesetz, Band 1, 5. Auflage 2005, Art. 19 Abs. 1 Rdn. 4; insgesamt unter a) bis e) (S. 197ff.).

[286] *Herb. Krüger*, Die Einschränkung von Grundrechten nach dem Grundgesetz, DVBl. 1950, 625 (626); *Greiner*, Wiederbelebung des klassischen Enteignungsbegriffes, DÖV 1954, 583 (584).

Eine Enteignung durch ein Gesetz, eine Legalenteignung, muss sich auch nicht notwendig auf einen Gegenstand beziehen. Art. 19 Abs. 1 Satz 1 und Art. 14 Abs. 3 Satz 2 GG können im Sinn der praktischen Konkordanz[287] zur Wirkung gebracht und beide Artikel ihrem Sinn und Zweck gemäß entfaltet werden. Wenn der Gesetzgeber beschließt, Gegenstände, welche eine schwerwiegende Gefahr für eine Vielzahl von Menschen bewirken – also etwa ein Tier, das mit einer auch für den Menschen hoch ansteckenden und gefährlichen Seuche infiziert ist, oder eine Fabrik, die kurz vor einem weitgreifenden Chemieunfall steht –, aus Sicherheitsgründen in das Eigentum des Staates zu überführen, könnte hierfür eine allgemeine sicherheitsrechtliche Regelung gesetzt werden, welche von der Verwaltung durch eine Administrativenteignung konkretisiert wird. Der Gesetzgeber könnte aber auch ein allgemeines Gesetz erlassen, nach welchen äußerst gefährliche Gegenstände kraft Gesetz in das Eigentum des Staates übergehen. Die Enteignungen des gefährlichen Tieres oder der Fabrik können „durch oder auf Grund eines Gesetzes" vorgenommen werden, ohne Art. 19 Abs. 1 Satz 1 GG zu verletzen. Beide Regelungen würden in ihrer Allgemeinheit – anders als das unzulässige Einzelfallgesetz, das nur die Enteignung der Fabrik oder des Tieres unmittelbar regelt – auch für zukünftige, etwas anders gelagerte Fälle gelten und so Sicherheit und Rechtsklarheit schaffen. Durch die verallgemeinernde Regel werden entsprechende Gefahren antizipiert und die Sicherheit gestärkt. „Art. 19 Abs. 1 Satz 1 GG verbietet" – so *Fritz Ossenbühl* – „nicht den unmittelbaren Eingriff durch Gesetz, sondern nur den individualisierten Gesetzeseingriff, also im Prinzip den ‚verkappten' Verwaltungsakt, den ‚Verwaltungsakt in Gesetzesform'".[288]

Art. 19 Abs. 1 Satz 1 GG wird demnach verletzt, wenn der Bundestag – wie bei der Südumfahrung Stendal[289] – eine Einzelfallenteignung im Gesetz anordnet und so den Bau einer Eisenbahnlinie umsetzt. Dem Gesetz wurde ein Plan mit zwölf Anlagen beifügt, in welchen „ein Erläuterungsbericht mitsamt den

[287] *Hesse*, Grundzüge des Verfassungsrechts der Bundesrepublik Deutschland, 20. Auflage 1995, Rdn. 317 ff.

[288] *Ossenbühl*, Der Gesetzgeber als Exekutive, in: Festschrift für Werner Hoppe, 2000, S. 183 (191); *Dürig*, Zurück zum klassischen Enteignungsbegriff!, JZ 1954, 4 (7); *Papier*, in: Maunz/Dürig/u. a., Grundgesetz. Kommentar, Band 2, Art. 14 (1994) Rdn. 564 ff.; zum Ausschluss des „Verwaltungsaktes in Gesetzesform" *Herzog*, in: Maunz/Dürig/u. a., Grundgesetz. Kommentar, Band 2, Art. 19 Abs. 1 Rdn. 27, 47; *Stern*, Das Staatsrecht der Bundesrepublik Deutschland, Band III/2, 1994, S. 743.

[289] BVerfGE 95, 1 – Südumfahrung Stendal; siehe hierzu *Ossenbühl*, Der Gesetzgeber als Exekutive, in: Festschrift für Werner Hoppe, 2000, S. 183; *Badura*, Vorhabenplanung im Rechtsstaat, ebenda, S. 167; *Pabst*, Das Investitionsmaßnahmegesetz „Südumfahrung Stendal" vor dem BVerfG, UPR 1997, 284; *Hufeld*, „Südumfahrung Stendal". Anmerkung, JZ 1997, 302; *Sachs*, Eisenbahnplanung durch Gesetz (Südumfahrung Stendal), JuS 1998, 364; *Schneller*, Gewaltenteilung und Rechtsschutz in der objektbezogenen Legalplanung, ZG 1998, 179; *P. Kunig*, Einzelfallentscheidungen durch Gesetz, Jura 1993, 308; insgesamt zur eigentumsrechtlichen Problematik *Hönig*, Fachplanung und Enteignung, 2001.

Stellungnahmen von beteiligten Gemeinden und Trägern öffentlicher Belange sowie von betroffenen Bürgern, Übersichtskarten und -pläne, ein Bauwerksverzeichnis, Lage- und Höhenpläne, ein Versorgungsleitungsplan, ein Grunderwerbsverzeichnis, Grunderwerbspläne, Ergebnisse der landschaftspflegerischen Begleitplanung sowie Pläne mit Erläuterungen zum Lärmschutz" aufgeführt sind und somit die konkrete Detailentscheidung getroffen wird.[290] Das unverständliche Gesetz entspricht nicht dem Gedanken der sprachlichen Allgemeinheit, bezieht sich auf einen in personaler, territorialer und gegenständlicher Hinsicht begrenzten Einzelfall, wählt kein allgemeines Regelungsinstrument und folgt keinem allgemeinen Ziel. Das Gesetz genügt nur in den Enteignungsfolgen der temporalen Allgemeinheit. Es ist nicht allgemein, verletzt Art. 19 Abs. 1 Satz 1 GG, das Verbot des Einzelfallgesetzes und die im Allgemeinheitspostulat gespeicherten Verfassungsforderungen und Klugheitsregeln.

Der Bundestag hätte sein Gesetzgebungsziel, die Infrastruktur zwischen den alten und neuen Bundesländern zu verbessern, sachgerecht ins Grundlegende wenden und eine allgemeine Regelung darüber erlassen können, wie im Zuge der Wiedervereinigung dringliche Bauprojekte zu verwirklichen sind. Aus dem Gesetz zur Südumfahrung Stendal wäre ein in allen sieben Merkmalen allgemeines Gesetz zum Aufbau der Infrastruktur im wiedervereinigten Deutschland geworden. Der Bundestag hätte die Verfassungsforderungen des Art. 19 Abs. 1 Satz 1 GG befolgt, aber auch die in diesem Artikel angelegte Klugheit gewahrt. Die Verwaltung hätte dieses Gesetz für weitere Fälle konkretisieren können, die funktionale Gewaltenteilung, der Rechtsschutz hätten sich sachgerecht entfaltet und die Infrastruktur zwischen den alten und den neuen Bundesländern sich mit der so gesetzten allgemeinen Rechtsgrundlage besser entwickelt. Wenn dem Gesetzgeber – wie bei der Südumfahrung Stendal – daran gelegen ist, den Bau von Trassen durch Legalenteignungen zu beschleunigen, wäre auch diese Regelung durch ein allgemeines Gesetz möglich: Der Gesetzgeber bestimmt, wann im Zuge der Wiedervereinigung die Regel der Administrativenteignung durchbrochen werden darf, um die notwendige Infrastruktur zu errichten und hierdurch die ‚innere Wiedervereinigung' Deutschlands zu be-

---

[290] Nach § 1 des Gesetzes ist zur „Herstellung der Einheitlichkeit der Lebensverhältnisse im gesamten Gebiet der Bundesrepublik Deutschland [...] die Südumfahrung Stendal als Teil der Eisenbahnstrecke Berlin-Oebisfelde im Abschnitt von km 99,95 bis km 113,00 + 155 einschließlich der für den Betrieb dieses Verkehrsweges notwendigen Anlagen als Bundeseisenbahnanlage, Sondervermögen Deutsche Reichsbahn, zu bauen. Der Bau erfolgt nach dem Plan, der diesem Gesetz als Anlagen 1 bis 12 beigefügt ist. (2) Durch dieses Gesetz ist die Zulässigkeit des Vorhabens einschließlich der notwendigen Folgemaßnahmen an anderen Anlagen im Hinblick auf alle von ihm berührten öffentlichen Belange festgestellt. Weitere behördliche Entscheidungen, insbes. öffentlich-rechtliche Genehmigungen, Verleihungen, Erlaubnisse, Bewilligungen, Zustimmungen und Planfeststellungen sind nicht erforderlich. Mit diesem Gesetz werden alle öffentlichrechtlichen Beziehungen zwischen der Deutschen Reichsbahn als Träger des Vorhabens und den durch den Plan Betroffenen rechtsgestaltend geregelt", BVerfGE 95, 1 (6f.) – Südumfahrung Stendal.

schleunigen. Dieses Gesetz wäre nicht ein Einzelfallgesetz Stendal, sondern ein allgemeines Wiedervereinigungsgesetz, das auf Stendal, aber auch auf andere Infrastrukturmaßnahmen Anwendung findet. Der Gesetzgeber darf nach Art. 19 Abs. 1 Satz 1 GG auch ein weniger allgemeines Infrastrukturziel in ein Gesetz fassen, wenn es für zahlreiche Gegenstände, Personen und ein allgemein bestimmtes Gebiet dauerhaft greift. Die im Allgemeinheitspostulat gespeicherte Klugheitsregel der finalen Allgemeinheit sucht den Gesetzgeber aber auf ein grundlegenderes, ein umfassenderes Gesetzgebungsziel auszurichten. Wegen der Verletzung des justitiablen Verbots des Einzelfallgesetzes hätte das Bundesverfassungsgericht im Fall Stendal jedoch nicht die Nichtigkeit des Gesetzes festgestellt. Grund hierfür ist – erneut[291] – die Deutung der Verfassungsbestimmung, die eine Übergangsregelung erwartet, aber auch der Umstand, dass eine verfassungskonforme gesetzliche Regelbildung hätte getroffen werden können.

Der Beispielsfall verdeutlicht das Verhältnis von Art. 19 Abs. 1 Satz 1 GG zu den Grundrechten – hier zu Art. 14 GG – und zum Verhältnismäßigkeitsprinzip. Die Strukturvorgabe des Art. 19 Abs. 1 Satz 1 GG fordert grundsätzlich die gesetzliche Ermächtigung zur Administrativenteignung, steht der Legalenteignung strukturell im Weg.[292] Wenn der Eigentümer dennoch Legalenteignungen hinnehmen muss – in der Deichordnung,[293] bei der Südumfahrung Stendal oder bei den katastrophenschutzrechtlichen Anforderungen an Grundstücke in der Nähe von Atomkraftwerken –, führt der grundrechtliche Schutz aus Art. 14 Abs. 1 und 3 GG aus der Perspektive des Betroffenen nicht zum Erfolg, weil die in ein Gesetz gegossenen mächtigen öffentlichen Belange seine individuellen Eigentümerinteressen verdrängen.[294] In dieser Situation der strukturellen Unterlegenheit des Einzelnen gegenüber dem Gesetzgeber und der daher gemäßigten Kraft der individuellen grundrechtlichen Gewährleistungen entfaltet sich der vorgelagerte Schutz des Art. 19 Abs. 1 Satz 1 GG, ergänzt er die grundrechtlichen Garantien, weil eine Legalenteignung – eine vom Vorrang der Administrativenteignung abweichende Vorschrift – nur erlaubt wird, wenn sie regelbildend ist. Die Legalenteignung muss Ausdruck der Gemeinschaftsbezogenheit der Grundstücke sein, sollte den betroffenen Eigentümern sprachlich verständlich vermittelt werden, die Eigenheit derartiger Grundstücke auf Dauer und im gesamten Bundesgebiet ohne Begünstigung oder Benachteiligung der nunmehr konkret betroffenen Gesetzesadressaten so regeln, dass die Zulassung der Legalenteignung aus der Sache heraus im Dienst des Gemeinwohls gerecht-

---

[291] Siehe bereits oben unter f) (S. 215 ff.).

[292] Vgl. BVerfGE 24, 367 (399) – Hamburger Deichordnungsgesetz; für diese aus Art. 19 Abs. 1 Satz 1 GG folgende Regel *P. M. Huber*, in: von Mangoldt/Klein/Starck, Kommentar zum Grundgesetz, Band 1, 5. Auflage 2005, Art. 19 Abs. 1 Rdn. 34; *P. Kunig*, Einzelfallentscheidungen durch Gesetz, Jura 1993, 308 (312).

[293] BVerfGE 24, 367 (396 f.) – Hamburger Deichordnungsgesetz.

[294] Siehe zu diesem Ungleichgewicht zwischen Gesetz und Grundrechtsschutz für das Steuerrecht *Di Fabio*, Steuern und Gerechtigkeit, JZ 2007, 749 (752).

fertigt werden kann. Die Regelung der Legalenteignung muss durch ein Grundsatzanliegen – hier die Wiedervereinigung – gerechtfertigt sein und sollte dieses Ziel für jedermann unausweichlich verfolgen, ohne Privilegien zu gewähren. Diese objektivierende Schutzfunktion des Art. 19 Abs. 1 Satz 1 GG, des allgemeinen Gesetzes, stand den Urhebern des Grundgesetzes als eine wesentliche Garantie des Verfassungsstaats vor Augen.[295]

So gibt Art. 19 Abs. 1 Satz 1 GG auch dem Parlamentsvorbehalt einen besonderen Inhalt. Die Parlamentsentscheidung in Form des Gesetzes ist nicht für beliebige Gegenstände zulässig, verlangt vielmehr Regelbildungen als Ausdruck der Gemeinschaftsgebundenheit der betroffenen Grundrechtsträger. Dem Parlament wird zur Erfüllung seines Auftrags, Grundsätzliches zu regeln und dem Gemeinwohl zu dienen, ein Regelungsprogramm zur Seite gestellt. Die Erfordernisse der Dauerhaftigkeit und einer Gesetzgebung, die alle Personen und Gegenstände erreicht, und das Verbot der Rechtszersplitterung sichern den traditionellen Kerngedanken des Parlamentsvorbehalts – diese vier klassischen Allgemeinheitspostulate ordnet Art. 19 Abs. 1 Satz 1 GG verbindlich, in ihrem Kerngehalt sogar justitiabel an.[296]

i) Allgemeinheit und Gleichheit vor dem Gesetz

Eine solche Lesart des Art. 19 Abs. 1 Satz 1 GG hat das Bundesverfassungsgericht nicht entfaltet,[297] die Bestimmung vielmehr im allgemeinen Gleichheitssatz aufgehen lassen.[298] Das Parlament dürfe mit sachlichen Gründen auch Einzelfallgesetze erlassen. Ansonsten werde sein Gestaltungsraum insbesondere in den Bereichen der Wirtschafts- und Sozialordnung zu stark eingeschränkt.[299] So wurden gerade in besonders privilegienanfälligen Lebensbereichen Ausnahmen vom Allgemeinheitspostulat und dem Verbot des Einzelfallgesetzes zugelassen, die Verfassungsbindung also just dort gelockert, wo es eines allgemeinen Rahmens für die Intervention in Berufs- und Eigentumsfreiheit und für die soziale Unterstützung bedarf. Wenn Subventionen zu gewähren sind, muss das Gesetz rechtfertigen, warum der eine Unternehmer und nicht der andere diese erhält.[300] Auch in der Sozialordnung sollten die Bedürfnisse der Menschen all-

---

[295] Siehe oben unter a) bis c) (S. 197 ff.).

[296] Siehe oben unter a) bis d) (S. 197 ff.).

[297] Siehe hierzu oben unter c) bis e) (S. 202 ff.).

[298] Siehe hierzu BVerfGE 25, 371 (399) – lex Rheinstahl; 85, 360 (374) – Akademie-Auflösung; *Jarass*, in: ders./Pieroth, Grundgesetz für die Bundesrepublik Deutschland. Kommentar, 9. Auflage 2007, Art. 19 Rdn. 3.

[299] BVerfGE 25, 371 (398) – lex Rheinstahl; 74, 264 (297) – Boxberg; 85, 360 (374) – Akademie-Auflösung; 95, 1 (17) – Südumfahrung Stendal.

[300] Das Bundesverfassungsgericht fordert, der Gesetzgeber müsse die Steuersubvention bewusst und erkennbar regeln (BVerfGE 105, 73 [112] – Rentenbesteuerung), Ziel und Grenze des Subventionsprogramms mit hinreichender Bestimmtheit tatbestandlich vorzeichnen, die Lenkungszwecke in Form zielgenauer und normenklarer Verschonungsregelungen vorge-

gemein erkundet und dann nach Maßgabe dieser Allgemeinheit befriedigt werden.[301] Damit kann und darf der Gesetzgeber durchaus in einem einzelnen Fall einen Bedarf stillen. Das Allgemeinheitspostulat fordert dann aber, in dem allgemeinen Gesetz einen Maßstab zu entwickeln, der im nächsten vergleichbaren Fall eine vergleichbare Rechtsfolge begründet. Die Allgemeinheit drängt auf Regelbildung, auch wenn eine individuelle Ungleichheit nicht oder noch nicht spürbar ist.

Die vom Bundesverfassungsgericht gezeichnete Parallelität der Regelungen des Allgemeinheitspostulats und des Art. 3 Abs. 1 GG wird durch den Hinweis bestätigt, Art. 19 Abs. 1 Satz 1 GG fordere nicht das allgemeine Gesetz, sondern ein allgemein *geltendes* Gesetz, beziehe sich nur auf die Geltung, nicht auf den Inhalt einer Vorschrift. Die Bestimmung erwarte, dass das Gesetz „auf alle Adressaten in gleicher Weise anwendbar" sei[302] und gehe dann in der „Gleichheit vor dem Gesetz" auf. Diese Deutung vernachlässigt, dass die Geltung eines Gesetzes sich erst in seiner Anwendung vollendet. So eröffnet eine baurechtliche Bestimmung die Möglichkeit, eine Abrissverfügung zu erlassen. Das Gesetz kommt aber erst zur unmittelbaren Anwendung, wenn der Abriss des Baus angeordnet wird. Die allgemeine Geltung ist auf individualisierende Anwendung angelegt. Das allgemeine Gesetz garantiert die gleiche Anwendbarkeit, der Vollzugsakt die gleichheitsgerechte Anwendung. Die vielfach erkennbare Deutung, das Allgemeinheitspostulat ganz in Art. 3 Abs. 1 GG aufgehen zu lassen, ihm damit den Charakter einer eigenständigen Verfassungsbestimmung zu nehmen,[303] steht mit dem Grundgesetz nicht in Einklang, weil jede grundgesetzliche Regelung, der Gleichheitssatz wie beide Alternativen des Art. 19 Abs. 1 Satz 1 GG, einen eigenen Regelungsanspruch erhebt, einen selbstständigen Regelungsgehalt fordert.[304] Es stellt sich dann allerdings die Frage, welches Maß an

---

ben (BVerfG, NJW 2007, 573 [576] – Bewertung im Erbschaftssteuerrecht) und ein Mindestmaß an zweckgerechter Ausgestaltung des Vergünstigungstatbestands wahren (BVerfGE 105, 73 [113] – Rentenbesteuerung).

301 Zu den gesetzlich auszuformenden Mindestpflichten des Sozialstaats, den Tendenzen zur bloßen Grundsicherung und dem Verhältnis von Rentenanwartschaften und dem Gesetz vgl. *Rüfner*, Daseinsvorsorge und soziale Sicherheit, in: HStR IV, 3. Auflage 2006, § 96 Rdn. 80ff.

302 *F. Klein*, Aussprache, VVDStRL 15 (1957), 66ff.; *von Mangoldt/Klein*, Das Bonner Grundgesetz, 2. Auflage 1955, Art. 19 Anm. III (S. 543f.).

303 Siehe zu dieser Diskussion *K. Huber*, Maßnahmegesetz und Rechtsgesetz, 1963, S. 129ff.; *Volkmar*, Allgemeiner Rechtssatz und Einzelakt, 1962, S. 218ff.; kritisch zudem *Sachs*, in: ders. (Hg.), Grundgesetz. Kommentar, 4. Auflage 2007, Art. 19 Rdn. 23; *Herzog*, in: Maunz/Dürig/u. a., Grundgesetz. Kommentar, Band 2, Art. 19 Abs. 1 Rdn. 9, nach dem eine solche Auslegung dem Gebot der systematischen Verfassungsinterpretation widerspräche; anders auch *Durner*, Konflikte räumlicher Planungen, 2005, S. 440f.

304 Siehe zur Unterscheidung von Art. 19 Abs. 1 Satz 1 GG und Art. 3 Abs. 1 GG bereits *Dürig*, Zurück zum klassischen Enteignungsbegriff!, JZ 1954, 4 (5); insgesamt: *P. M. Huber*, in: von Mangoldt/Klein/Starck, Kommentar zum Grundgesetz, Band 1, 5. Auflage 2005, Art. 19 Abs. 1 Rdn. 19; *Stern*, Das Staatsrecht der Bundesrepublik Deutschland, Band III/2,

Verallgemeinerung die Gleichheit vor dem Gesetz fordert und in welchem Verhältnis diese Allgemeinheitsforderung zu Art. 19 Abs. 1 Satz 1 GG steht.

aa) Weite und Enge der Regelungsaufträge

Nach der Deutung des Bundesverfassungsgerichts verbietet die Gleichheit vor dem Gesetz (Art. 3 Abs. 1 GG), aus einer Reihe gleichartiger Sachverhalte ohne rechtfertigenden Grund einen Fall herauszugreifen und zum Gegenstand einer Ausnahmeregelung zu machen.[305] Art. 19 Abs. 1 Satz 1 GG schließe dagegen die gesetzliche Regelung eines Einzelfalls dann nicht aus, „wenn der Sachverhalt so beschaffen ist, daß es nur einen zu regelnden Fall dieser Art gibt und die Regelung dieses singulären Sachverhalts von sachlichen Gründen getragen wird."[306] Um vor diesem verfassungsgerichtlichen Maßstab bestehen zu können, müsste ein Gesetz nur detailliert genug einen Einzelfall nachzeichnen und so einen Grund finden, der in den Besonderheiten des Falls die Spezialregelung zu erlauben scheint. Statt der verallgemeinernden Regel wäre dann der detaillierte Blick auf den Einzelfall maßgeblich. Vor diesem Spezialgesetz können aber nicht alle gleich sein – das Allgemeinheitspostulat des Art. 3 Abs. 1 GG scheint missachtet zu werden. Dem könnte man entgegnen, dass die Besonderheiten des Falls die spezielle Behandlung rechtfertigen, Ungleiches würde – man könnte meinen: in Einklang mit Art. 3 Abs. 1 GG – als seiner Eigenart entsprechend ungleich behandelt. Das Spezialgesetz, das im Detailblick auf einen Fall dessen Besonderheiten erfasst, würde nach dieser Deutung weder den allgemeinen Gleichheitssatz noch das Allgemeinheitspostulat verletzen. Demgegenüber stellt sich die Frage, ob der allgemeine Gleichheitssatz ein Allgemeinheitspostulat begründet und ob dieses den Forderungen des Art. 19 Abs. 1 Satz 1 GG vorgeht oder in ihnen aufgeht.

Eine Auslegung, die Art. 19 Abs. 1 Satz 1 GG vom allgemeinen Gleichheitssatz unterscheidet, konnte sich bislang nicht durchsetzen.[307] Die Rechtswissenschaft begründet den Gleichklang der beiden Verfassungsbestimmungen insbesondere damit, dass ein eigenständiges, über Art. 3 Abs. 1 GG hinausgreifendes Allgemeinheitspostulat den Gesetzgeber zwingen würde, gebotene Differenzierungen zu unterlassen und damit gleichheitswidrig zu handeln.[308] Doch

---

1994, S. 736; *Menger*, in: Dolzer/Vogel/Graßhof (Hg.), Bonner Kommentar zum Grundgesetz, Art. 19 Abs. 1 (1979) Rdn. 34; *K. Huber*, Maßnahmegesetz und Rechtsgesetz, 1963, insbes. S. 129ff.; *Volkmar*, Allgemeiner Rechtssatz und Einzelakt, 1962, S. 218ff.

[305] BVerfGE 103, 242 (258) – Pflegeversicherung; 115, 51 (61) – Vollstreckbarkeit und Auslegung; jeweils m. w. Rechtsprechungshinweisen.

[306] BVerfGE 25, 371 (399) – lex Rheinstahl; 85, 360 (374) – Akademie-Auflösung.

[307] So *H. P. Ipsen*, Gleichheit, in: Neumann, F. L./Bettermann, Die Grundrechte, Band II, 1954, S. 111; *Hesse*, Grundzüge des Verfassungsrechts der Bundesrepublik Deutschland, 20. Auflage 1995, Rdn. 330; *Jarass*, in: ders./Pieroth, Grundgesetz für die Bundesrepublik Deutschland. Kommentar, 9. Auflage 2007, Art. 19 Rdn. 2.

[308] Insgesamt zu diesem Gleichklang *P. M. Huber*, in: von Mangoldt/Klein/Starck, Kom-

dürfte diese Deutung die Unterschiede der Regelungsaufträge zweier unterschiedlicher Verfassungsbestimmungen, den vorbeugenden Schutz des Allgemeinheitspostulats des Art. 19 Abs. 1 Satz 1 GG und den Betroffenenschutz des Art. 3 Abs. 1 GG kaum genügend aufnehmen.

Die grundrechtliche Garantie der Gleichheit vor dem Gesetz entfaltet ihre unmittelbare schützende Kraft in der konkreten Betroffenheit des Einzelnen. Ein Unternehmer klagt, weil er in seinen Augen gleichheitswidrig von einer Subvention ausgeschlossen wurde, oder ein Bauherr meint, dass der Abstand des Sonne und Sicht raubenden Nachbarhauses vergleichsweise zu gering sei. Die Gleichheitsprüfung bezieht sich in jedem Fall auf ein ersichtliches Vergleichspaar, ermittelt hier Gemeinsamkeiten und Unterschiede. Zur Rechtfertigung einer möglichen Ungleichbehandlung werden die unmittelbar betroffenen Interessen, aber auch weitere Belange berücksichtigt, etwa der Nutzen der Subvention für das Gemeinwohl oder die allgemeine Struktur der Siedlung. Die Vergleichsperspektive wird mit Blick auf den zu lösenden Fall geweitet. Sie richtet sich aber durch den individuellen Anknüpfungspunkt nicht auf das Ganze, schließt andere Siedlungen oder weitere, ebenfalls subventionserhebliche Haushaltstitel nicht ein.[309] Hier ergänzt das Allgemeinheitspostulat das subjektive Recht aus Art. 3 Abs. 1 GG.

Ein Gesetz, das nur eine Person, einen Gegenstand, einen Ort oder einen Zeitpunkt erfasst, versperrt sich in dieser Enge von vornherein der Gleichheit vor dem Gesetz. Der Gleichheitssatz fordert insofern ein Mindestmaß an gesetzlicher Verallgemeinerung. Art. 19 Abs. 1 Satz 1 GG weitet aber den Blick auf alle Menschen und Gegenstände, auf eine Dauerhaftigkeit und den Geltungsbereich eines Gesetzes. Er erwartet vom Gesetzgeber, einen allgemeinen Rahmen menschlichen Zusammenlebens zu setzen, der durch Verwaltung und Rechtsprechung zu konkretisieren ist. Der Gesetzgeber muss im allgemeinen Gesetz eine beliebige Vielzahl zukünftiger Fälle regeln und diese Regelung vor den Grundrechten rechtfertigen. Das Allgemeinheitspostulat ist Garant der allgemeinen Grundordnung, einer allgemeinen Regelbildung. Art. 3 Abs. 1 GG gewährleistet ein Mindestmaß individualwirksamer Verallgemeinerung und die gleichheitsgerechte Anwendung dieser Gesetze. Auch in diesem Konkretisierungsauftrag ruht eine Allgemeinheitserwartung, weil die Besonderheiten des Einzelfalls gleichheitsgerecht aufzunehmen sind, insofern ein Gestaltungsraum der gesetzlichen Konkretisierung und damit eine verallgemeinernde Regel vonnöten sind.

---

mentar zum Grundgesetz, Band 1, 5. Auflage 2005, Art. 19 Abs. 1 Rdn. 16 ff.; *P. Kunig*, Einzelfallentscheidungen durch Gesetz, Jura 1993, 308 (312).

[309] Siehe hierzu insgesamt unter VII. (S. 362 ff.).

bb) Verbot des Einzelfallgesetzes

Dann, so könnte man annehmen, laufe aber Art. 3 Abs. 1 GG mit dem Verbot des Einzelfallgesetzes parallel, weil auch dieses eine Reduktion des Gesetzes auf einen Fall verbiete und so ebenfalls lediglich ein Mindestmaß an Verallgemeinerung fordere.[310] Doch gewinnt das Verbot des Einzelfallgesetzes anders als der allgemeine Gleichheitssatz nicht primär aus der Vergleichsperspektive seinen Regelungsgehalt: Art. 19 Abs. 1 Satz 1 Alt. 2 GG entfaltet neben dem allgemeinen Gleichheitssatz eigenständige Regelungskraft, wenn dem Einzelfall in seiner außergewöhnlichen Beschaffenheit der Vergleichsmaßstab, die Vergleichsgruppe fehlt, ohne den eine Ungleichbehandlung nicht denkbar ist.[311] Wenn etwa die Giebelhöhe eines nach Lage und Bauweise einzigartigen Gebäudes zu bestimmen ist oder ein Monopolist eine Subvention erhält, greift nur die allgemeine Sicherung des Art. 19 Abs. 1 Satz 1 Alt. 2, nicht Art. 3 Abs. 1 GG. So mag – die Ausführungen des Bundesverfassungsgerichts aufgreifend[312] – ein Fall derart besonders sein, dass die Gleichheit vor dem Gesetz das Einzelfallgesetz nicht verbietet. Art. 19 Abs. 1 Satz 1 Alt. 2 GG untersagt aber diese Regelung durch Gesetz: Die Giebelhöhe ist nicht Thema gesetzlicher Regelbildung, die Subvention des Monopolisten nur im Rahmen einer allgemeinen Subventionsregel zulässig. Das Verbot des Einzelfallgesetzes greift insgesamt abstrakt, losgelöst vom konkreten Grundrechtsfall und reicht deshalb weiter als die Allgemeinheitsforderung des Gleichheitssatzes.

cc) Wechselseitiges Ergänzungsverhältnis

Mit diesen Unterschieden in Regelungsauftrag und Regelungsgehalt stehen die Verfassungsbestimmungen in einem wechselseitigen Ergänzungsverhältnis. Der Gleichheitssatz leitet die Gestaltung des allgemeinen Gesetzes, das Allgemeinheitspostulat fordert mit der Regelbildung eine Bedingung gleichheitsgerechter Gesetzgebung. Beide Perspektiven fügen sich zusammen.

Die Garantie der Gleichheit vor dem Gesetz besagt noch nicht, was gleich oder ungleich behandelt werden darf oder muss. Die Gleichheitsprüfung erwartet ein tertium comparationis, einen Vergleichsmaßstab, den sie aus dem allgemeinen Gesetz bezieht. Die gleichheitsrechtliche Frage nach dem „sachlichen Grund" für eine Differenzierung, die Bildung von Gattungen, wird im allgemeinen Rahmen gesetzlicher Regelbildung erreicht.[313] Der Gleichheitssatz

---

[310] Art. 19 Abs. 1 Satz 1 Alt. 2 GG; siehe hierzu oben unter d) (S. 207 ff.).

[311] *Herb. Krüger*, Die Einschränkung von Grundrechten nach dem Grundgesetz, DVBl. 1950, 625 (626); *Menger*, in: Dolzer/Vogel/Graßhof (Hg.), Bonner Kommentar zum Grundgesetz, Art. 19 Abs. 1 (1979) Rdn. 34; *Stern*, Das Staatsrecht der Bundesrepublik Deutschland, Band III/2, 1994, S. 736.

[312] Siehe oben unter aa) (S. 234 f.).

[313] Siehe hierzu *H. Dreier*, in: ders. (Hg.), Grundgesetz. Kommentar, Band 1, 2. Auflage 2004, Art. 19 Rdn. 16.

setzt voraus, dass das Gesetz eine Regel bildet,[314] und bietet dann Maßstäbe innerhalb dieser Regel. Das Parlament prägt so die Gleichheitsprüfung. Die Wirkkraft der parlamentarischen Beschlüsse wird gestärkt und damit die Demokratie gefördert, wenn der Gesetzgeber das Regelungsziel und die Vergleichsgruppen setzt.[315] Das Einzelfallgesetz leitet die Gleichheitsprüfung hingegen nicht, entfaltet hier nicht die Demokratie, weil es sich in seiner Enge, der Reduktion auf einen Fall, dem Vergleich versperrt. In der Demokratie erlässt das Parlament die Gesetze. Das Allgemeinheitspostulat und das Verbot des Einzelfallgesetzes leiten es verbindlich in der personalen, gegenständlichen, territorialen und temporalen Allgemeinheit. Diese Vorgaben werden – hierauf ist aber noch weiter einzugehen[316] – durch die Gleichheit vor dem Gesetz ergänzt.

j) Institutionelle Unterschiede

Die Unterschiede zwischen Art. 19 Abs. 1 Satz 1 GG und dem allgemeinen Gleichheitssatz, die wechselseitige Ergänzung beider Bestimmungen werden auch in der institutionellen Verantwortlichkeit deutlich. Art. 3 Abs. 1 GG fordert ein Mindestmaß an gesetzlicher, individuell spürbarer Verallgemeinerung, gibt aber insbesondere der Betroffenheit des Grundrechtsträgers durch Gesetz ein Maß, beauftragt damit zwar auch das Parlament, richtet sich aber primär an Verwaltung und Richter. Art. 19 Abs. 1 Satz 1 GG hingegen regelt einen vorbeugenden Grundrechtsschutz durch das Parlament, durch das erste Organ in der Demokratie: Das Gesetz wahrt in der Weite seines Regelbildungsauftrags eine Distanz zum individuell Betroffenen, meidet insoweit spezielle Belastungsentscheidungen. Hier wird die unterschiedliche Wirkkraft der grundrechtlichen Gewährleistungen, auch des Verhältnismäßigkeitsgrundsatzes im Vergleich zu Art. 19 Abs. 1 Satz 1 GG erneut erkennbar. Die Grundrechte mäßigen primär individuell spürbare Belastungen durch Verwaltung und Richter, Art. 19 Abs. 1 Satz 1 GG beauftragt hingegen das Parlament, einen freiheitschonenden, einen vorbeugenden Schutzwall zu errichten. Das Grundgesetz fügt so insgesamt in einzigartiger Weise drei zentrale Elemente des Menschenrechtsschutzes zusammen, die das 18. Jahrhundert bereits entfaltet hatte:[317] die Demokratie, den Grundrechtsschutz und die Allgemeinheit des Gesetzes.

---

[314] *Starck*, in: von Mangoldt/Klein/ders., Kommentar zum Grundgesetz, Band 1, 5. Auflage 2005, Art. 3 Abs. 1 Rdn. 7, 9.

[315] *P. M. Huber*, in: von Mangoldt/Klein/Starck, Kommentar zum Grundgesetz, Band 1, 5. Auflage 2005, Art. 19 Abs. 1 Rdn. 24.

[316] Siehe insgesamt zu dem Befund, dass die Gleichheitsprüfung auf allgemeine Gesetze baut, diese erwartet und durch sie zur Entfaltung kommt, sogleich unter VII. (S. 362 ff.).

[317] Siehe hierzu oben unter B. IV. 5. (S. 125 ff.) und deutlich *H. Hattenhauer*, Europäische Rechtsgeschichte, 4. Auflage 2004, Rdn. 1466 ff., insbes. Rdn. 1527; *E.-W. Böckenförde*, Demokratie als Verfassungsprinzip, in: HStR II, 3. Auflage 2004, § 24 Rdn. 3.

2. *Das Allgemeinheitspostulat des Art. 5 Abs. 2 GG*

a) *Spezielles und allgemeines Allgemeinheitspostulat*

Die Meinungs-, Presse- und Rundfunkfreiheit steht wie jedes Grundrecht unter dem Vorbehalt des allgemeinen Gesetzes. Doch bestimmt Art. 5 Abs. 2 GG ausdrücklich: „Diese Rechte finden ihre Schranken in den Vorschriften der allgemeinen Gesetze, den gesetzlichen Bestimmungen zum Schutz der Jugend und in dem Recht der persönlichen Ehre."[318] Art. 5 Abs. 2 GG konkretisiert als Spezialregelung Art. 19 Abs. 1 Satz 1 GG. Trotz verschiedener Deutungsansätze hat sich bisher aber „eine klare, allgemein akzeptierte Konzeption dieser Schrankenklausel" kaum ergeben.[319]

Das Bundesverfassungsgericht kombiniert für die Interpretation des Art. 5 Abs. 2 GG zentrale Argumentationsstränge der Literatur und ergänzt sie um den Gedanken der Wechselwirkungslehre.[320] Die Bestimmung fordere zunächst, dass sich die Regelung nicht gegen die in Art. 5 Abs. 1 GG geschützten Rechtsgüter richten darf, sondern „dem Schutz eines schlechthin, ohne Rücksicht auf eine bestimmte Meinung, zu schützenden Rechtsguts" zu dienen hat, einem „Gemeinschaftswert, der gegenüber der Betätigung der Meinungsfreiheit den Vorrang hat".[321] Hier nimmt das Gericht den Gedanken der finalen Allgemeinheit auf, grundsätzliche und notwendige Regelungen zu treffen, fordert aber zudem die personale und gegenständliche Allgemeinheit. Einschränkungsinstrument ist allein das „allgemeine Gesetz", das nicht die Verbreitung einer bestimmten Meinung verbietet, sich nicht gegen einen bestimmten Journalisten richtet und auch nicht eine bestimmte Art der Verbreitung unterbindet. Das Rechtsgut muss – so das Gericht – insgesamt „in der Rechtsordnung allgemein und damit unabhängig davon geschützt sein, ob es durch Meinungsäußerungen oder auf andere Weise verletzt werden kann."[322]

Art. 19 Abs. 1 Satz 1 GG ist nach Wortlaut, Entstehungsgeschichte und seinem Sinn und Zweck auch auf Art. 5 Abs. 2 GG anwendbar.[323] Die Verfassung

[318] Art. 5 Abs. 2 GG knüpft in Wortlaut und dem Inhalt nach an die entsprechende Bestimmung der Weimarer Reichsverfassung an (*Starck*, in: von Mangoldt/Klein/ders., Kommentar zum Grundgesetz, Band 1, 5. Auflage 2005, Art. 5 Abs. 1, 2 Rdn. 197f. m. w. H.).

[319] *Starck*, in: von Mangoldt/Klein/ders., Kommentar zum Grundgesetz, Band 1, 5. Auflage 2005, Art. 5 Abs. 1, 2 Rdn. 194ff.; *Wendt*, in: von Münch/Kunig (Hg.), Grundgesetz-Kommentar, Band 1, 5. Auflage 2000, Art. 5 Rdn. 71.

[320] Hierzu *Wendt*, in: von Münch/Kunig (Hg.), Grundgesetz-Kommentar, Band 1, 5. Auflage 2000, Art. 5 Rdn. 69f.; *Clemens*, in: Umbach/ders. (Hg.), Grundgesetz. Mitarbeiterkommentar und Handbuch, Band 1, 2002, Art. 5 Rdn. 120ff.; *Schulze-Fielitz*, in: Dreier, H. (Hg.), Grundgesetz. Kommentar, Band 1, 2. Auflage 2004, Art. 5 Rdn. 142.

[321] BVerfGE 7, 198 (209f.) – Lüth; 62, 230 (243f.) – Boykottaufruf; jeweils m. w. H.

[322] BVerfGE 111, 147 (155) – NPD-Versammlung; 113, 63 (78f.) – Junge Freiheit; jeweils m. w. H.; insgesamt *Jarass*, in: ders./Pieroth, Grundgesetz für die Bundesrepublik Deutschland. Kommentar, 9. Auflage 2007, Art. 5 Rdn. 56 m. w. H.

[323] Siehe hierzu unter 1. a) bis e) (S. 197ff.). Anders aber die überwiegende Auffassung,

erwartet daher eine Parallelität der Regelungsgehalte der Bestimmungen, die in der Deutung des Bundesverfassungsgerichts angelegt ist. Das „allgemeine Gesetz“ in Art. 5 Abs. 2 GG fordert wie der Tatbestand des Art. 19 Abs. 1 Satz 1 Alt. 1 GG die Grundannahmen der gegenständlichen, personalen, territorialen und temporalen Allgemeinheit verbindlich, erwartet aber darüber hinaus die Erfüllung weiterer Allgemeinheitspostulate.[324] Art. 5 Abs. 2 GG ordnet nach der Rechtsprechung des Bundesverfassungsgerichts zudem den Kerngehalt der finalen Allgemeinheit an.

Diese Allgemeinheitsforderungen setzen – wie Art. 19 Abs. 1 Satz 1 GG – dem Gesetzgeber keine formal-schematischen, sondern materielle Vorgaben. Der Schutz eines überragend wichtigen Gemeinschaftswerts, eines alle betreffenden Rechtsguts kann das Verbot einer bestimmten Meinungsäußerung verlangen. Das Gesetz ist dann – wie der parlamentarische Friedensschluss, das Haushaltsgesetz oder die beschriebenen Einschränkungen der Versammlungsfreiheit[325] – gleichwohl allgemein, weil es allen, dem gesamten Bundesgebiet, der Gemeinschaft in vordringlicher Weise dient. Demnach kann die Auschwitz-Lüge unter Strafe gestellt werden. Eine solche Strafbarkeit einer bestimmten Äußerung ist aber die Ausnahme, im Rahmen des Art. 5 Abs. 2 GG nur schwer auf andere Fälle erweiterbar.[326]

Diese Allgemeinheitsforderungen ergänzt das Grundgesetz in der Ausnahmebestimmung der zweiten und dritten Alternative des Art. 5 Abs. 2 GG, wenn ein Gesetz zum Schutz der Jugend und der persönlichen Ehre der Freiheit Schranken setzen darf.[327] Auch für dieses Gesetz fordert Art. 19 Abs. 1 Satz 1 GG die Allgemeinheit. Art. 5 Abs. 2 GG enthält und bestätigt diese Forderung in der ersten Alternative, erlaubt aber auch für die zwei weiteren Alternativen eine Einschränkung nur durch „gesetzliche Bestimmungen“, also durch das Instrument des Gesetzes, das gemäß Art. 19 Abs. 1 Satz 1 GG allgemein sein muss. Die erste Alternative des Art. 5 Abs. 2 GG bekräftigt daher das Allgemeinheitspostulat für den sensiblen Schutz der Meinungs-, Presse- und Rundfunkfreiheit auch im Regelungszusammenhang zu den weiteren Alternativen, welche die hier typischerweise angelegten Gefahren für Jugend und Ehre[328] abzuwehren suchen. Auch diese Abwehr darf sich nicht auf eine einzelne Gefahr, einen ein-

---

siehe hierzu *Clemens*, in: Umbach/ders. (Hg.), Grundgesetz. Mitarbeiterkommentar und Handbuch, Band 1, 2002, Art. 5 Rdn. 142f. m.w.H.

[324] Siehe oben unter 1. a) bis e) (S. 197ff.).

[325] Siehe hierzu bereits oben unter 1. f) (S. 215ff.).

[326] Siehe zu dieser Diskussion im Rahmen des Art. 5 Abs. 2 GG *Schulze-Fielitz*, in: Dreier, H. (Hg.), Grundgesetz. Kommentar, Band 1, 2. Auflage 2004, Art. 5 Rdn. 138.

[327] Siehe hierzu *Starck*, in: von Mangoldt/Klein/ders., Kommentar zum Grundgesetz, Band 1, 5. Auflage 2005, Art. 5 Abs. 1, 2 Rdn. 204ff.; *Schulze-Fielitz*, in: Dreier, H. (Hg.), Grundgesetz. Kommentar, Band 1, 2. Auflage 2004, Art. 5 Rdn. 147ff.; jeweils m.w.H.

[328] BVerfGE 30, 336 (347) – Jugendgefährdende Schriften.

zelnen Störer oder eine tagesaktuelle Ängstlichkeit richten, sondern muss eine allgemeine Regel bilden, die gegenläufige Interessen aufeinander abstimmt.

b) Die Wechselwirkungslehre und ihre Erweiterung

Das Bundesverfassungsgericht sucht den Ausgleich zwischen individueller Freiheit und öffentlichem Interesse zudem in der Wechselwirkungslehre zu konkretisieren: Das Maß zulässiger Grundrechtsbegrenzung ist im Licht der Bedeutung des zu begrenzenden Grundrechts zu bestimmen. Das gegen die Freiheit gerichtete öffentliche Interesse ist gegenüber dem Verlust an Freiheit zu gewichten und muss in einem schonenden Ausgleich im individuellen und konkreten Einzelfall dem Freiheitsrecht gerecht werden. Das Gesetz ist im Licht des speziellen Grundrechts, des Art. 5 Abs. 1 GG, freiheitschonend auszulegen.[329]

Dieser wechselnd wirkende, schonende Ausgleich wurde bei der Handhabung der „allgemeinen Gesetze" im Sinn des Art. 5 Abs. 2 GG entwickelt.[330] Vergleichbare Grundsätze greifen für die allgemeinen Gesetze als Schranke des Arbeitskampfs, die sich nicht gezielt gegen die Arbeitskampffreiheit richten dürfen,[331] für die Strafgesetze als Grenze der Vereinigungsfreiheit (Art. 9 Abs. 2 GG)[332] und für die Grenzen von Datenbeschaffung und Datenverarbeitung[333] sowie für Entscheidungen der Anstaltsunterbringung nach dem Sozialrecht.[334] Diese Rechtsprechung ist aber so sehr verfeinert worden,[335] dass der verbindliche Gesetzesmaßstab nicht mehr im Vorhinein verlässlich erkennbar war, vielmehr erst im Nachhinein durch den Richterspruch greifbar wurde. Zugespitzt wurde der Gesetzesvorbehalt zum ‚Richtervorbehalt'.

Dies verdeutlicht eine aktuelle Entscheidung des Bundesverfassungsgerichts, nach welcher eine detaillierte und bebilderte Presseberichterstattung über eine Urlaubsvilla eines prominenten Ehepaars – mit einem Urlaubsbild des Paars, auf welchem beide Freizeitkleidung tragen – zulässig ist, weil das Ehepaar die

---

[329] BVerfGE 7, 198 (208ff.) – Lüth; 26, 186 (205) – Ehrengerichte; 50, 234 (240f.) – Kölner Volksblatt; *Lerche*, Grundrechtsschranken, in: HStR V, 1. Auflage 1992, § 122 Rdn. 4, 21f.; *Bullinger*, Freiheit von Presse, Rundfunk, Film, in: HStR VI, 1. Auflage 1989, § 142 Rdn. 41f.; *Schulze-Fielitz*, in: Dreier, H. (Hg.), Grundgesetz. Kommentar, Band 1, 2. Auflage 2004, Art. 5 Rdn. 168ff.; *Jarass*, in: ders./Pieroth, Grundgesetz für die Bundesrepublik Deutschland. Kommentar, 9. Auflage 2007, Art. 5 Rdn. 57ff. m. w. H.

[330] BVerfGE 7, 198 (208f.) – Lüth.

[331] So in ausdrücklicher Anlehnung an die Rechtsprechung zu Art. 5 GG *Scholz*, Koalitionsfreiheit, in: HStR VI, 1. Auflage 1989, § 151 Rdn. 112, 121.

[332] Siehe hierzu zur Allgemeinheit der Strafvorschriften *Höfling*, in: Sachs (Hg.), Grundgesetz. Kommentar, 4. Auflage 2007, Art. 9 Rdn. 43 m. w. H.

[333] *Schmitt Glaeser*, Schutz der Privatsphäre, in: HStR VI, 1. Auflage 1989, § 129 Rdn. 102ff. m. w. H.

[334] *Grabitz*, Freiheit der Person, in: HStR VI, 1. Auflage 1989, § 130 Rdn. 19.

[335] BVerfGE 34, 269 – Soraya; 61, 1 – „NPD Europas"; 90, 241 – Auschwitz-Lüge; 93, 266 – Soldaten-Mörder.

Villa zeitweise vermietet hatte und daher in den Kontext eines Beitrags von allgemeinem Interesse über die „Sparsamkeit" der „Reichen und Schönen" gesetzt werden konnte, der „Anlass für sozialkritische Überlegungen der Leser" gibt. Die Pressefreiheit schütze diese, das Persönlichkeitsrecht treffende Veröffentlichung, weil „der Leserschaft im Gewand eines unterhaltenden Beitrags" Informationen über die veränderten „Verhaltensweisen einer kleinen Schicht wohlsituierter Prominenter gegeben [werden], die in anderen Kontexten und mit eigenem Zutun im Zentrum öffentlicher Aufmerksamkeit stehen und in der Folge Leitbild- oder Kontrastfunktionen für große Teile der Bevölkerung haben", daher der Bericht „in einer demokratischen Gesellschaft Anlass für eine die Allgemeinheit interessierende Sachdebatte zu geben" vermag.[336] Ein gut gesetzter Artikel wird diese Hürden in den meisten Fällen überwinden können. Die Freiheit gerät in Gefahr, die freiheitschützende Kraft der Gesetzesallgemeinheit wird im ‚Richtervorbehalt' beiseitegeschoben. Die Wechselwirkungslehre scheint in dieser Deutung den Schutz des Art. 5 Abs. 1 GG und in ihrer Erweiterung die Garantie der jeweiligen anderen Grundrechte gegenüber anderen Verfassungsbelangen, anderen grundrechtlichen Gewährleistungen strukturell und über Gebühr zu betonen.

c) *Notwendige Allgemeinheit der Wechselwirkung*

Die verfassungskonforme Auslegung des einfachen Rechts sucht den Gehalt eines Gesetzes im Licht des gesamten Grundgesetzes zu entwickeln. Die Wechselwirkungslehre weicht hiervon ab, wenn das Gesetz, das die Grundlage für einen Eingriff in ein bestimmtes Grundrecht bildet oder unmittelbar in die grundrechtliche Gewährleistung eingreift, mäßigend gerade im Licht dieses einzelnen Grundrechts ausgelegt wird. Das Parlamentsgesetz wird darauf ausgerichtet, ein bestimmtes Grundrecht zu schonen, muss sich aber auch in die allgemeine Rechtsordnung einfügen. So wird ein Mehr an Schutz geboten, das aber die gesamte Verfassung, die Gemeinwohlinteressen und den allgemeinen Individualrechtsschutz verengt. Die Verfassung lässt Grundrechte und allgemeines Gesetz als zwei Elemente des Menschenrechtsschutzes zusammenwirken. Schon deshalb darf das Gesetz nicht auf einen Gegenstand ausgerichtet werden, darf seine gegenständliche Allgemeinheit nicht verloren gehen.

Das Gesetz schützt in seiner Allgemeinheit die Grundrechte, stimmt die Freiheitsentfaltung durch verbindliche Vorgaben auf die Gesellschaft ab. Das allgemeine Gesetz stärkt das Ideal der Grundrechte als allgemein verträgliche und die Allgemeinheit stärkende Rechte. Die Wechselwirkungslehre muss daher im Allgemeinheitspostulat auf alle Grundrechte, alle Verfassungsbelange geweitet werden. Sie läuft dann mit der verfassungskonformen Auslegung parallel, betont aber deren Wirkung im konkreten Fall: Die Rechtsgrundlage, die

[336] BVerfGE 120, 180 (221 ff.) – unterhaltende Medienberichte.

zu einem Grundrechtseingriff ermächtigt, ist im Licht aller Grundrechte schonend auszulegen. Die verbindliche Vorgabe der Allgemeinheit des Gesetzes in Art. 5 Abs. 2 GG und Art. 19 Abs. 1 Satz 1 GG fordert, die Wechselwirkungslehre als spezifische, fallbezogene Ausprägung der verfassungskonformen Auslegung bei der Beeinträchtigung von Grundrechten zu lesen, d.h. sie auf alle Verfassungsgüter, auf alle Grundrechte anzuwenden.

3. *Zitiergebot*

Der Schutz der Grundrechte durch Art. 19 Abs. 1 Satz 1 GG wird durch das Zitiergebot des Art. 19 Abs. 1 Satz 2 GG ergänzt. Das Zitiergebot wurde im Parlamentarischen Rat im Zusammenhang mit der Gesetzesallgemeinheit diskutiert und dann als Anforderung an den Gesetzgeber zur Sicherung der Freiheit in das Grundgesetz aufgenommen.[337] Es konnte sich jedoch bislang kaum entfalten, gewinnt derzeit wenig praktische Bedeutung.[338]

Das Bundesverfassungsgericht hat dieses Instrument zur Sicherung der Grundrechte als Formvorschrift verstanden, die eng auszulegen sei, damit der Gesetzgeber in seiner Arbeit nicht „unnötig behindert" werde.[339] Diese Auslegung widerspricht der „Warn- und Besinnungsfunktion" des Zitiergebots, die das Gericht selbst betont. Art. 19 Abs. 1 Satz 2 GG soll sicherstellen, dass „nur wirklich gewollte Eingriffe erfolgen" und der Gesetzgeber „über die Auswirkungen einer Regelung für die betroffenen Grundrechte Rechenschaft" gibt.[340] Das Zitiergebot rückt in seiner „Klarstellungs- und Verdeutlichungsfunktion" die Grundrechtsbetroffenheit und damit die Verantwortung des Bundestags für den Grundrechtsschutz in das Bewusstsein.[341] Es stärkt insgesamt die Demokratie, wenn jedem Abgeordneten, wenn der Öffentlichkeit, wenn allen Bürgern und damit jedem möglichen Betroffenen die grundrechtlichen Folgen eines Gesetzesbeschlusses vor Augen geführt werden.[342]

Das Bundesverfassungsgericht und Stimmen in der Literatur verengen den Anwendungsbereich des Zitiergebots parallel zum Allgemeinheitspostulat auf Grundrechte, die ausdrücklich durch ein Gesetz eingeschränkt werden kön-

---

337 Siehe zu dieser Diskussion oben unter 1. a) und b) (S. 197ff.).

338 Insgesamt *P. M. Huber*, in: von Mangoldt/Klein/Starck, Kommentar zum Grundgesetz, Band 1, 5. Auflage 2005, Art. 19 Abs. 1 Rdn. 64; *H. Dreier*, in: ders. (Hg.), Grundgesetz. Kommentar, Band 1, 2. Auflage 2004, Art. 19 Rdn. 19, spricht davon, dass sich eine feste Übung der Erfüllung des Gebots nicht entwickelt habe.

339 BVerfGE 35, 185 (188 m. w. H.) – Haftgrund Wiederholungsgefahr.

340 BVerfGE 64, 72 (79f.) – Prüfingenieure.

341 BVerfGE 85, 386 (403f.) – Fangschaltungen.

342 *P. M. Huber*, in: von Mangoldt/Klein/Starck, Kommentar zum Grundgesetz, Band 1, 5. Auflage 2005, Art. 19 Abs. 1 Rdn. 71; *H. Dreier*, in: ders. (Hg.), Grundgesetz. Kommentar, Band 1, 2. Auflage 2004, Art. 19 Rdn. 18.

nen.[343] Insbesondere bei ausgestaltenden Gesetzen sei dem Gesetzgeber „ohnehin bewußt, daß er sich im grundrechtsrelevanten Bereich bewegt."[344] Das Zitiergebot müsse zudem nur bei Gesetzen befolgt werden, die unmittelbar auf die Beeinträchtigung eines Grundrechts zielen.[345] Hier zeigt sich ein Widerspruch, weil in der Finalität dem Gesetzgeber die Grundrechtsrelevanz „ohnehin bewußt" ist. Die Warnfunktion wirkt zudem nicht nur für den Gesetzgeber, sondern insbesondere auch für die Bürger, denen das Grundrechtszitat die Gefahr für die Grundrechte bewusst macht. Das Bundesverfassungsgericht hat gleichwohl den Anwendungsbereich noch weiter eingeschränkt. Auch Gesetze, die „bereits geltende Grundrechtsschranken unverändert oder mit geringen Abweichungen wiederholen",[346] müssten das Zitiergebot nicht befolgen. Art. 19 Abs. 1 Satz 2 GG entfaltet in dieser Deutung letztlich kaum eigene Kraft.[347]

Diese Auslegung überzeugt nicht. Parallel zum Allgemeinheitspostulat gilt das Zitiergebot nach seiner Funktion grundsätzlich für jedes Gesetz, das zu einer Verkürzung grundrechtlicher Gewährleistungen führen kann.[348] „Angesichts der nachlassenden Steuerungsfähigkeit des Gesetzes," – so *Peter Michael Huber* – „die ihre Ursachen auch in der Normenflut, ihrer sich ständig verkürzenden ‚Halbwertszeit' und einer Tendenz zur Zweckentfremdung des Handlungsinstruments ‚Gesetz' findet, dürfte die mit einer Ausdehnung des Zitiergebots einhergehende tendenzielle Verlangsamung des parlamentarischen Gesetzgebungsverfahrens sogar positive Effekte zeitigen – für das Gesetz als Steuerungsinstrument, für die Steuerungskapazität des Parlaments und sein Ansehen in der Öffentlichkeit, vor allem aber für die Integrität der Grundrechte."[349] Das Zitiergebot will die Grundrechte durch Warnungen und Klarstellungen schützen. Der einschränkenden Auslegung ist zuzugestehen, dass

343 BVerfGE 64, 72 (79) – Prüfingenieure; 83, 130 (154) – Josephine Mutzenbacher.

344 BVerfGE 64, 72 (80) – Prüfingenieure.

345 Siehe insgesamt zu dieser Diskussion *P. M. Huber*, in: von Mangoldt/Klein/Starck, Kommentar zum Grundgesetz, Band 1, 5. Auflage 2005, Art. 19 Abs. 1 Rdn. 69 ff.; *Sachs*, in: ders. (Hg.), Grundgesetz. Kommentar, 4. Auflage 2007, Art. 19 Rdn. 25 ff.; *Jarass*, in: ders./Pieroth, Grundgesetz für die Bundesrepublik Deutschland. Kommentar, 9. Auflage 2007, Art. 19 Rdn. 3 ff.; siehe zu Art. 14 und Art. 16a GG *Pieroth*, ebenda, Art. 16a Rdn. 30, Art. 14 Rdn. 37; jeweils m. w. H.

346 BVerfGE 35, 185 (188 f.) – Haftgrund Wiederholungsgefahr.

347 *P. M. Huber*, in: von Mangoldt/Klein/Starck, Kommentar zum Grundgesetz, Band 1, 5. Auflage 2005, Art. 19 Abs. 1 Rdn. 89, spricht von einer „Marginalisierung" des Zitiergebots.

348 Anders als bei Art. 19 Abs. 1 Satz 1 GG wird dies hier auch von vielen Stimmen vertreten, die Bestimmung aber nicht auf Gleichheitsrechte angewandt (siehe hierzu *H. Dreier*, in: ders. [Hg.], Grundgesetz. Kommentar, Band 1, 2. Auflage 2004, Art. 19 Rdn. 20, 23; *P. M. Huber*, in: von Mangoldt/Klein/Starck, Kommentar zum Grundgesetz, Band 1, 5. Auflage 2005, Art. 19 Abs. 1 Rdn. 95 f.; jeweils m. w. H.).

349 Hierzu wie zu den verschiedenen Arten, wie das Zitiergebot erfüllt werden kann, *P. M. Huber*, in: von Mangoldt/Klein/Starck, Kommentar zum Grundgesetz, Band 1, 5. Auflage 2005, Art. 19 Abs. 1 Rdn. 96 ff., Zitat Rdn. 96 (hier ohne Hervorhebungen).

insbesondere der weite Schutzbereich des Art. 2 Abs. 1 GG[350] das Zitat dieses Grundrechts zu einer Alltäglichkeit im Rechtsetzungsprozess machen und so die Warnfunktion schwächen könnte. Der breite Schutz der allgemeinen Handlungsfreiheit würde zudem dazu führen, dass der Gesetzgeber überfordert wäre, auch atypische, fernliegende Grundrechtseinschränkungen vorwegnehmen zu müssen – auch deshalb würde Art. 2 Abs. 1 GG im Zweifel mitzitiert und in der Häufigkeit dieses Zitat wirkungslos.

So liegt eine Wiederbelebung des Zitiergebots nahe, nach welcher dieses nicht jede Fern- und Folgewirkung bewusst macht, vielmehr den Regelfall, der dem allgemeinen Gesetz zu Grunde liegt, rechtfertigt. Der Gesetzgeber muss sich im Zitiergebot der Grundrechtseinschränkungen vergewissern, welche das Gesetz bei zielgerechter Auslegung und Anwendung mit sich bringen wird. So würde den anderen Gewalten, der Öffentlichkeit und dem Bürger bewusst, welche grundrechtlichen Einschränkungen das Gesetz gleichsam mit einkalkuliert, mit welcher Grundrechtsbetroffenheit zu rechnen ist. Nicht beabsichtigte Einschränkungen können so bereits bei der Gesetzesanwendung vermieden werden. So betont das Versammlungsgesetz in § 20, dass die Versammlungsfreiheit durch dieses Gesetz eingeschränkt wird. Der vollziehenden Gewalt wird so deutlich, dass Einschränkungen anderer Grundrechte – etwa der Pressefreiheit eines Journalisten, der Teilnehmer der Versammlung ist, um über sie zu berichten – durch das Gesetz nicht bezweckt sind und insofern die Rechtsgrundlagen eingeschränkt ausgelegt werden muss. Wird im Zitiergebot der Regelfall gefasst, gewinnen Verwaltung und Gerichte, die Öffentlichkeit und die Bürger eine freiheitsichernde Orientierung durch das Gesetz.

Die Warnfunktion des Art. 19 Abs. 1 Satz 2 GG gewinnt derzeit besondere Bedeutung, wenn ein Rechtsakt von der Europäischen Union initiiert worden ist. Das Bundesverfassungsgericht hat in einer jüngeren Entscheidung das Zitiergebot insgesamt im Vergleich zur bisherigen Deutung gestärkt und hervorgehoben, dass das Gebot auch greift, wenn ein Gesetz geändert wird, welches das vorgeschriebene Zitat enthält.[351] Das Zitiergebot würde in der hier vorgeschlagenen Auslegung diesen Impuls aufnehmen und zu einem neuen Instrument der Sicherung der Grundrechte und der funktionalen Gewaltenteilung.

---

[350] Grundlegend BVerfGE 6, 32 (36 f.) – Elfes; 80, 137 (152 ff.) – Reiten im Walde, mit Sondervotum von *Grimm* (164 ff.); siehe oben unter 1. e) m. w. H. (S. 211 ff.).

[351] BVerfG, NJW 2005, 2603; siehe zu dieser Entwicklung *Singer*, Das Bundesverfassungsgericht und das Zitiergebot, DÖV 2007, 496.

4. *Wesentlichkeitslehre*

a) *„Inhaltsleere" Selbstverständlichkeit im demokratischen Rechtsstaat?*

Die Wesentlichkeitslehre wird als eine Selbstverständlichkeit im demokratischen Staat erachtet.[352] Sie fordert, dass alle wesentlichen Entscheidungen im Staat vom unmittelbar demokratisch legitimierten Organ, vom Bundestag, getroffen werden. Das Demokratieprinzip, aber auch die Garantie des Rechtsstaats verpflichten den Gesetzgeber, „die für die Grundrechtsverwirklichung maßgeblichen Regelungen im wesentlichen selbst zu treffen und dies nicht dem Handeln und der Entscheidungsmacht der Exekutive zu überlassen."[353] Der Bundestag wird berechtigt, aber auch verpflichtet, die maßgeblichen Entschlüsse selbst zu fassen, seinem Gesetzgebungsauftrag nicht durch Delegation, durch informelle Absprachen oder Ähnliches auszuweichen.[354] Die klassische Stoßrichtung dieses Verfassungssatzes wird in der Kompetenzzuweisung, dem Delegationsverbot und dem Gebot verstärkter parlamentarischer Regelungsdichte gesehen.[355]

Diese Kernaussagen sind so „einprägsam wie rechtlich unklar",[356] weil kaum ermittelt werden kann, welche Entscheidungen wesentlich sind.[357] Es scheint von vornherein unmöglich, „generelle Kriterien zu entwickeln, die ein verläßliches Urteil über die ‚Wesentlichkeit' einer Entscheidung ermöglichen."[358] Ist

---

[352] Dies wurde im Parlamentarischen Rat in der 13. Sitzung des Kombinierten Ausschusses vom 13. Oktober 1948 wiederholt betont, Deutscher Bundestag/Bundesarchiv (Hg.), Der Parlamentarische Rat 1948–1949, Band 13/I, Ausschuß für Organisation des Bundes, Ausschuß für Verfassungsgerichtshof und Rechtspflege, 2002, S. 513 ff.; zur Wesentlichkeitslehre: *Oppermann*, Nach welchen Grundsätzen sind das öffentliche Schulwesen und die Stellung der an ihm Beteiligten zu ordnen? Gutachten, 51. DJT 1976, Band I, S. C 49 Fn. 104; siehe insgesamt *Schulze-Fielitz*, Theorie und Praxis parlamentarischer Gesetzgebung, 1988, S. 157 ff.; *Ohler*, Die Kollisionsordnung des allgemeinen Verwaltungsrechts, 2005, S. 267 ff.; *Lerche*, Grundrechtlicher Schutzbereich, Grundrechtsprägung und Grundrechtseingriff, in: HStR V, 1. Auflage 1992, § 121 Rdn. 46.

[353] BVerfGE 83, 130 (142) – Josephine Mutzenbacher.

[354] Siehe zur Entparlamentarisierung *Puhl*, Entparlamentarisierung und Auslagerung staatlicher Entscheidungsverantwortung, in: HStR III, 3. Auflage 2005, § 48; *Herdegen*, Informalisierung und Entparlamentarisierung politischer Entscheidungen als Gefährdungen der Verfassung?, VVDStRL 62 (2003), 7 (15 ff.); *Morlok*, Informalisierung und Entparlamentarisierung politischer Entscheidungen als Gefährdungen der Verfassung?, ebenda, 37 (44 ff.); *Anderl*, Gesetzgebung und kooperatives Regierungshandeln, 2006.

[355] *Staupe*, Parlamentsvorbehalt und Delegationsbefugnis, 1986; hiergegen jüngst *H. Wißmann*, Generalklauseln, 2008, S. 153 ff.; insgesamt *Ossenbühl*, Vorrang und Vorbehalt des Gesetzes, in: HStR V, 3. Auflage 2007, § 101 Rdn. 53.

[356] *M. Kloepfer*, Der Vorbehalt des Gesetzes im Wandel, JZ 1984, 685 (689), Hervorhebungen wurden ausgelassen.

[357] BVerfGE 58, 257 (268) – Schulentlassung: „Was allerdings als wesentlich anzusehen ist und damit dem Parlamentsvorbehalt unterliegt, ist nach wie vor umstritten."

[358] *Ossenbühl*, Vorrang und Vorbehalt des Gesetzes, in: HStR V, 3. Auflage 2007, § 101 Rdn. 56.

die Wesentlichkeitslehre daher eine Ermächtigung der Richter, weil wesentlich ist, „was das Bundesverfassungsgericht dafür hält"?[359] Sollte ihr längst überfälliger Abschied eingeläutet werden?[360] Ist auf Fallgruppen zurückzugreifen?[361] Allein dem Begriff der „Wesentlichkeit" lassen sich kaum Abgrenzungskriterien entnehmen. Der Gesetzgeber trifft heute – durch die Wesentlichkeitslehre ermächtigt und verpflichtet – auch Entscheidungen, die im ersten Zugriff kaum als grundlegend für den Staat bezeichnet werden können, wenn er etwa geringe Bußgelder festlegt. Demgegenüber ergehen Verwaltungsvorschriften mit bedeutendem Inhalt, wie Richtlinien im Krankenversicherungsrecht oder Grenzwerte im Umweltrecht.[362] Damit bezieht sich ‚das Wesentliche' derzeit nicht allein auf den Inhalt der Regelung,[363] macht nicht deutlich, weswegen es auch Einzelheiten im Bereich wesentlicher Materien geben kann.[364] Die Wesentlichkeitslehre bedarf weiterer Konkretisierung, will sie Rechtsmaßstäbe bieten.

b) Beschränkung der gesetzgeberischen Tätigkeit auf das Grundlegende

Die Wesentlichkeitslehre beantwortet aber – wie das Bundesverfassungsgericht schon früh betonte – „nicht nur die Frage, ob überhaupt ein bestimmter Gegenstand gesetzlich geregelt sein muß. Sie ist vielmehr auch dafür maßgeblich, wie weit diese Regelungen im einzelnen gehen müssen."[365] Der Gesetzgeber muss nur die „grundlegenden Entscheidungen" selbst verantworten",[366] „das Wesentliche selbst" festlegen „und nicht dem Handeln der Verwaltung" überlassen.[367]

---

[359] In bewusster Zuspitzung *M. Kloepfer*, Der Vorbehalt des Gesetzes im Wandel, JZ 1984, 685 (692), Hervorhebungen wurden ausgelassen; siehe hierzu zudem *Heller*, Der Begriff des Gesetzes in der Reichsverfassung, VVDStRL 4 (1928), 98 (121). Würde das Parlament entscheiden, was wesentlich ist (*Badura*, Diskussion, in: Schuppert [Hg.], Das Gesetz als zentrales Steuerungsinstrument des Rechtsstaates, 1998, S. 45f.), würde die Wesentlichkeitslehre ihre direktive Kraft einbüßen, weil diese auch auf eine Leitung des Gesetzgebers gerichtet ist.

[360] *F. Reimer*, Das Parlamentsgesetz als Steuerungsmittel und Kontrollmaßstab, in: Hoffmann-Riem/Schmidt-Aßmann/Voßkuhle (Hg.), GVwR I, 2006, § 9 Rdn. 47ff., der die Theorie durch einen „differenzierten Vorbehaltsgrundsatz" ersetzen will (insbes. Rdn. 59).

[361] *Ossenbühl*, Vorrang und Vorbehalt des Gesetzes, in: HStR V, 3. Auflage 2007, § 101 Rdn. 57.

[362] Hierzu und zu weiteren Beispielen *Ossenbühl*, Vorrang und Vorbehalt des Gesetzes, in: HStR V, 3. Auflage 2007, § 101 Rdn. 58.

[363] *Schulze-Fielitz*, Theorie und Praxis parlamentarischer Gesetzgebung, 1988, S. 176f., mit Blick auf den Bezug zur Normentstehung.

[364] *Seiler*, Der einheitliche Parlamentsvorbehalt, 2000, S. 188f., 234ff., 103ff.; insgesamt zudem *F. Reimer*, Das Parlamentsgesetz als Steuerungsmittel und Kontrollmaßstab, in: Hoffmann-Riem/Schmidt-Aßmann/Voßkuhle (Hg.), GVwR I, 2006, § 9 Rdn. 47ff. m. w. H.

[365] BVerfGE 83, 130 (152) – Josephine Mutzenbacher; 101, 1 (34) – Hennenhaltungsverordnung.

[366] BVerfGE 33, 303 (346) – Numerus clausus.

[367] BVerfGE 49, 89 (129) – Kalkar I; vgl. zudem 57, 295 (327) – Saarländisches Rundfunkgesetz.

Er hat die maßgeblichen Rechtsbereiche in ihren „wesentlichen Leitlinien",[368] in den „wesentlichen Merkmalen",[369] die „wesentlichen normativen Grundlagen"[370] selbst zu regeln, „parlamentarische Leitentscheidungen mit hinreichender Bestimmtheit"[371] zu treffen. Der Auftrag des Gesetzgebers bezieht sich auf die „grundlegenden normativen Bereiche".[372] Insgesamt sind die „Gefahren einer zu weit gehenden Vergesetzlichung" im Blick zu behalten. Die Frage, welche Entscheidungen wesentlich sind, ist daher „mit großer Behutsamkeit" zu beantworten. Der Gesetzgeber muss „Zurückhaltung" üben, „Einzelheiten" können „grundsätzlich nicht der gesetzlichen Regelung vorbehalten sein".[373]

Die Wesentlichkeitslehre beschränkt in dieser Lesart des Bundesverfassungsgerichts die gesetzgeberische Tätigkeit, konnte sich in dieser Forderung aber bisher kaum durchsetzen.[374] Das Gericht entfaltet in der Wesentlichkeitslehre den Grundgedanken *Montesquieus*,[375] die finale Allgemeinheit,[376] wonach der Gesetzgeber nur grundlegende Regelungen treffen soll, dem Geist der Mäßi-

[368] BVerfGE 83, 130 (152) – Josephine Mutzenbacher.

[369] BVerfGE 34, 165 (192f.) – Förderstufe.

[370] BVerfGE 49, 89 (127) – Kalkar I.

[371] BVerfGE 47, 46 (82f.) – Sexualerziehung.

[372] BVerfGE 34, 165 (192f.) – Förderstufe; 49, 89 (126) – Kalkar I; 61, 260 (275) – Organisationsgesetze im Hochschulbereich; 101, 1 (34) – Hennenhaltungsverordnung.

[373] BVerfGE 47, 46 (79, 82f.) – Sexualerziehung; jüngst *Karpen*, Gesetzescheck (2005–2007): Empfehlungen zur Qualitätsverbesserung von Gesetzen, ZRP 2008, 97 (insbes. 100); der Gedanke der Mäßigung der gesetzgeberischen Tätigkeit kann auch den Ausführungen des Gerichts zu Grunde gelegt werden, welche teilweise als – nicht weiter verfolgte – Abkehr von der Wesentlichkeitslehre gelesen werden (*F. Reimer*, Das Parlamentsgesetz als Steuerungsmittel und Kontrollmaßstab, in: Hoffmann-Riem/Schmidt-Aßmann/Voßkuhle [Hg.], GVwR I, 2006, § 9 Rdn. 48 m.w.H.). Die Wesentlichkeitslehre dürfe nicht – so das Gericht – als Totalvorbehalt für den Gesetzgeber verstanden werden, alle „objektiv wesentlichen" Entscheidungen zu treffen, das Parlament habe keinen „allumfassenden Vorrang bei grundlegenden Entscheidungen" (BVerfGE 68, 1 [109] – NATO-Doppelbeschluß; 49, 89 [124f.] – Kalkar I). Zwar taugt der Begriff „wesentlich" nicht, um die Verwaltungstätigkeit von der Gesetzgebung abzugrenzen, wenn letztere gerade als wesentlich bezeichnet wurde. Gleichwohl kann hierin erneut die Mahnung gesehen werden, die Bereiche der beiden Gewalten zu ordnen, die Gesetzgebung nicht zu Antworten auf wichtige Fragen zu zwingen, die in den Tätigkeitsbereich der Verwaltung fallen.

[374] Für diese Forderung aber deutlich mit Blick auf die Verwaltung *Horn*, Die grundrechtsunmittelbare Verwaltung, 1999, S. 63; siehe bereits *E.-W. Böckenförde*, Gesetz und gesetzgebende Gewalt, 2. Auflage 1981, S. 394; *Stern*, Das Staatsrecht der Bundesrepublik Deutschland, Band I, 2. Auflage 1984, S. 786f.; *ders.*, ebenda, Band II, 1980, S. 639ff.; *Schmidt-Aßmann*, Der Rechtsstaat, in: HStR II, 3. Auflage 2004, § 26 Rdn. 35; jeweils m.w.H.; *Axer*, Normsetzung der Exekutive in der Sozialversicherung, 2000, S. 312ff., spricht sich gegen eine Verpflichtung aus, nach welcher bestimmte Entscheidungen vom Gesetzgeber zu treffen sind.

[375] *Montesquieu*, Vom Geist der Gesetze [De l'esprit des lois, 1748], 2003, Vorwort, 1., 5. und 29. Buch, hier insbes. 1. und 16. Kapitel; siehe hierzu auch *ders.*, Betrachtungen über die Ursachen von Größe und Niedergang der Römer [Considérations sur les causes de la grandeur des Romains et de leur décadence, 1734], 1957, insbes. S. 115; siehe bereits oben unter B. IV. 3. (S. 119ff.).

[376] Siehe oben unter B. VI. 6. (S. 168ff.).

gung folgen muss. Die Wesentlichkeitslehre fordert dann nicht Regelungsdichte und eine steigende Normenflut,[377] auch wenn sich viele wichtigen Fragen stellen, sondern versucht den Gesetzgeber zu entlasten. Trifft der Gesetzgeber nur grundlegende Entscheidungen, rücken Gesetzgebung und Gesetz wieder in den Mittelpunkt staatlichen Entscheidens. Die Autorität, die Wirkkraft des Gesetzes wächst, die Demokratie wird gestärkt. Gesetzgebung und Gesetz lassen sich wieder – vom Urheber wie vom Adressat – begreifen. Die Langfristigkeit gleichbleibender Regelungen begründet Vertrauen in das Gesetz und damit in die rechtsstaatliche Demokratie. Der Rechtsstaat findet wieder im Gesetz seine Leitgedanken. Das Gesetz sichert in klaren Regeln den Zusammenhalt der Gesellschaft, letztlich die Freiheit.[378] In dieser Deutung gibt die im Demokratieprinzip und im Rechtsstaat verankerte Wesentlichkeitslehre dem Gesetzgeber die verbindliche Vorgabe, nur grundlegende Regelungen zu treffen, dem Kerngehalt der finalen Allgemeinheit zu folgen. Diese Vorgabe ist allerdings kaum justitiabel, weil sie nicht hinreichend bestimmt ist, nur mittelbar die Rechte der Bürger schützt, nicht den Richter als Kontrolleur des Parlaments ins Spiel bringen will. Die Wesentlichkeitsschranke bietet aber den Gesetzgebungsorganen ein Maß, kräftigt damit Gesetzgeber und Demokratie.

c) *Bereiche der anderen Gewalten*

Die Zurücknahme des Gesetzgebungsauftrags auf das Wesentliche zielt in der Rechtsprechung des Bundesverfassungsgerichts auch darauf, die Qualität der Gesetzgebung zu sichern, bestätigt so die Forderung der funktionalen Gewaltenteilung.[379] Der besondere, auf die jeweiligen Funktionen ausgerichtete Bereich jeder Gewalt ist zu schützen. Die Wesentlichkeitslehre überantwortet dem Gesetzgeber nicht „Fragen, für deren Beantwortung die zuständigen Fachverwaltungen grundsätzlich besser ausgerüstet erscheinen als die Landesparlamente und deren Behandlung deshalb auch in der Vergangenheit nahezu ausschließlich der Exekutive anvertraut war".[380] Das Grundgesetz gibt wichtige Entscheidungen der Kompetenz anderer oberster Staatsorgane anheim, wie die Bestimmung der Richtlinien der Politik durch den Bundeskanzler, die Erklärung des Gesetzgebungsnotstands oder zentrale außenpolitische Entscheidungen. Dem Bundestag verbleibt jeweils die Kontrollbefugnis.[381] Die Wesent-

---

[377] *M. Kloepfer*, Gesetzgebung im Rechtsstaat, VVDStRL 40 (1982), 63 (68ff.); *H. Schneider*, Gesetzgebung, 3. Auflage 2002, Rdn. 427; *F. Reimer*, Das Parlamentsgesetz als Steuerungsmittel und Kontrollmaßstab, in: Hoffmann-Riem/Schmidt-Aßmann/Voßkuhle (Hg.), GVwR I, 2006, § 9 Rdn. 99f.; siehe hierzu bereits unter A. I. (S. 39ff.).

[378] Siehe zum Rechtsstaat sogleich unter V. (S. 315ff.) und zur Freiheit unter VI. (S. 343ff.).

[379] Siehe hierzu insgesamt sogleich unter IV. (S. 298ff.).

[380] BVerfGE 98, 218 (256) – Rechtschreibreform.

[381] BVerfGE 49, 89 (124f.) – Kalkar I.

lichkeitslehre findet nur Anwendung, wenn die „Eigenart des zu regelnden Sachbereichs" oder „berührte grundrechtliche Schutzbereiche" eine gesetzliche Regelung fordern. Komplexe technische Materien mit unsicherem Erkenntnisstand sollten daher von der Verwaltung durch Verordnung geregelt werden, weil diese „die Regelungen rascher und einfacher auf dem neuesten Stand zu halten vermag als der Gesetzgeber."[382] Hiernach trifft der Gesetzgeber die langfristigen Entscheidungen, die Verwaltung hingegen erlässt Regelungen von kürzerer Dauer. Die Wesentlichkeitslehre zielt so – wenngleich nicht unmittelbar und daher eher als verfassungsrechtliche Klugheitsregel – auf die temporale Allgemeinheit des Gesetzes, auf Rechtssicherheit.

Andere Ansätze, die Wesentlichkeitslehre zu konkretisieren, bestätigen und erweitern diesen Befund. Das Parlament müsse Regelungen selbst erlassen, die langfristig wirken, einen großen Adressatenkreis betreffen und gravierende Auswirkungen haben. Demgegenüber sei die Verwaltung für flexible Entscheidungen zuständig, für entwicklungsoffene Sachbereiche. Sie müsse das Bedürfnis nach dezentraler, situationsnaher Regelung erfüllen und besondere Sachfragen mit der – im Vergleich zum Parlament – spezielleren Fachkompetenz lösen.[383] Hier wird erneut die Forderung der Wesentlichkeitslehre nach einer temporalen, gegenständlichen und finalen Allgemeinheit deutlich. Das Gesetz muss das Ziel angeben, für welches Rechtsgüter eingeschränkt werden dürfen, und vermag in dieser finalen und gegenständlichen Allgemeinheit dauerhaft zu gelten. Der Gedanke der territorialen Allgemeinheit ist maßgeblich, wenn dezentrale, d.h. nicht für das gesamte Territorium geltende Regelungen von der sach- und ortsnahen Verwaltung zu treffen sind.

Schließlich wird ein weiteres Merkmal der funktionalen Gewaltenteilung bestätigt: Die Verwaltung ist mit ihrem besonderen Fachwissen der Experte für das Besondere, der Bundestag hingegen der Spezialist für das Allgemeine. Insgesamt verbleibt der Verwaltung nur der notwendige Raum zur Konkretisierung, wenn der Gesetzgeber allgemeine Regeln erlässt. Die verwaltende Tätigkeit ist in gesetzlichen Grundaussagen, in „Abwägungsdirektiven, Organisations- und Verfahrensvorschriften" zu leiten, damit die Verwaltung die Aufgaben erfüllen kann, die gerade über Staatseingriffe hinausgehen. Die Wirklichkeit kennt „sachstrukturelle Grenzen der Regelbarkeit", „Sachbereiche ohne Regelungsreife" und baut damit auf die gestaltende Kraft verwaltender Tätigkeit.[384] Eine originäre Rechtsetzungskompetenz der Exekutive erscheint notwendig. Durch diese Wesentlichkeitslehre kann das Parlamentsgesetz „seine

---

382 BVerfGE 101, 1 (35) – Hennenhaltungsverordnung.

383 Eine Übersicht der Stimmen liefert *F. Reimer*, Das Parlamentsgesetz als Steuerungsmittel und Kontrollmaßstab, in: Hoffmann-Riem/Schmidt-Aßmann/Voßkuhle (Hg.), GVwR I, 2006, § 9 Rdn. 48 m.w.H.

384 *Di Fabio*, Risikoentscheidungen im Rechtsstaat, 1994, insbes. S. 465f. und auch Fn. 25; siehe hierzu jüngst *K. Schneider*, Normativität und Risikoentscheidung, 2008.

eigentliche Funktion, das Grundsätzliche im Staat zu bestimmen, wieder zurückgewinnen".[385] Insoweit stützt das Wesentlichkeitserfordernis die Gesetzesallgemeinheit und beschreibt eine rechtsstaatliche und demokratische Eigenheit des Gesetzes, die im Erfordernis der Allgemeinheit zur Wirkung gebracht werden könnte.

d) Grundrechtliche Bestätigung der Gesetzesallgemeinheit

Eine zentrale Stütze der Wesentlichkeitslehre ist der Schutz durch die Grundrechte. Im demokratischen Staat hat das Parlament, das unmittelbar demokratisch legitimiert ist, die Entscheidungen zu treffen, die „maßgeblich für die Verwirklichung der Grundrechte" sind,[386] welche „die Einschränkung von grundrechtlichen Freiheiten und den Ausgleich zwischen kollidierenden Grundrechten" betreffen.[387] Hier gewinnt die Wesentlichkeitslehre aus der „Funktion des Gesetzes"[388] ihre Kraft. Wer das Gesetz in allen „grundrechtserheblichen Bereichen"[389] fordert, erweist den grundrechtlichen Garantien – unter der Flagge dieser Rechte – einen Bärendienst, wenn das Gesetz nicht in seiner Struktur auf Freiheit angelegt ist. Würde die Wesentlichkeitslehre ein Parlamentsgesetz fordern oder zulassen, das den Raum der Freiheit in Detailvorgaben erdrückt, das in Regelungsstruktur und Sprache den Bürgern unverständlich bleibt, zur Rechtsberatung zwingt, und das für Gebiete, für bestimmte Personen oder Gegenstände Privilegien vergibt, das unverlässlich ist, keine Rechtssicherheit, kein Rechtsvertrauen schafft, dann würde das Wesentlichkeitspostulat zu einem Trojanischen Pferd, das in den Raum der Freiheit gelassen wird und diesen gefährdet.

Die Idee einer Gesetzgebung im Wesentlichen fordert Freiheit und Gleichheit vor dem Gesetz und damit das allgemeine Gesetz, wehrt sich gegen zu enge Vorgaben. Dem Bürger ist in der Allgemeinheit ein Raum freiheitlicher Entfaltung zu belassen, in welchem er sein Leben nach seinen Vorstellungen, in seinen Hoffnungen und Gefühlen entfalten kann. Zugleich setzt das allgemeine Gesetz seiner Freiheit den Rahmen, den er versteht und sich durch gute Übung zu eigen machen kann. Das Gesetz muss grundsätzlich alle Bürger erreichen, gleichheitsgerecht sein. Wer nach dem Gesetz zum Schutz der Freiheit und Gleichheit ruft, ruft nach dem allgemeinen Gesetz.

---

[385] *Ossenbühl*, Vorrang und Vorbehalt des Gesetzes, in: HStR V, 3. Auflage 2007, § 101 insbes. Rdn. 62.

[386] BVerfGE 34, 165 (193) – Förderstufe; 47, 46 (78f.) – Sexualerziehung; 83, 130 (142) – Josephine Mutzenbacher; 98, 218 (251) – Rechtschreibreform; 101, 1 (35) – Hennenhaltungsverordnung; ständige Rechtsprechung.

[387] BVerfGE 85, 386 (403) – Fangschaltungen; siehe für Differenzierungen *Staupe*, Parlamentsvorbehalt und Delegationsbefugnis, 1986, S. 239ff.

[388] *Ossenbühl*, Vorrang und Vorbehalt des Gesetzes, in: HStR V, 3. Auflage 2007, § 101 Rdn. 59.

[389] Vgl. hierzu unter 1. e) (S. 211ff.).

5. Grundrechtliche Gesetzesvorbehalte und Allgemeinheitsforderungen

Der grundrechtliche Gesetzesvorbehalt, der mit der Wesentlichkeitslehre parallel läuft, wird durch die ausdrücklichen Gesetzesvorbehalte der Grundrechte bestätigt.[390] Das Grundgesetz bestimmt bei Grundrechten und grundrechtsgleichen Rechten vielfach, dass der Gesetzgeber „das Nähere" zu bestimmen habe.[391] Aber auch wenn es vorsieht, dass ein Grundrecht nur „durch Gesetz oder auf Grund eines Gesetzes beschränkt werden" könne,[392] wenn qualifizierte Gesetzesvorbehalte[393] greifen oder die jeweiligen verfassungsrechtlichen Gewährleistungen zu verdeutlichen, rechtlich zu fundieren, institutionell zu entfalten sowie finanziell und organisatorisch abzustützen sind,[394] ist jeweils im Grundgedanken von einem einheitlichen Gesetzesvorbehalt[395] und von der möglichen Grundrechtsverletzung durch diese Gesetze auszugehen.[396] Dann aber fordert Art. 19 Abs. 1 Satz 1 GG ausdrücklich das allgemeine Gesetz. Die

---

[390] *Kube*, Vom Gesetzesvorbehalt des Parlaments zum formellen Gesetz der Verwaltung?, NVwZ 2003, 57; siehe zur Unterscheidung zwischen Gesetzesvorbehalt, Vorbehalt des Gesetzes und Wesentlichkeitestheorie *F. Reimer*, Das Parlamentsgesetz als Steuerungsmittel und Kontrollmaßstab, in: Hoffmann-Riem/Schmidt-Aßmann/Voßkuhle (Hg.), GVwR I, 2006, § 9 Rdn. 23ff. m. w. H., der die Differenzierung aber letztlich nicht für sinnvoll hält; siehe hierzu mit Blick auf den Gesetzgebungsauftrag *Schuppert*, Das Gesetz als zentrales Steuerungsinstrument des Rechtsstaates, in: ders. (Hg.), Das Gesetz als zentrales Steuerungsinstrument des Rechtsstaates, 1998, S. 105 (110ff.); zum Verhältnis von Wesentlichkeitstheorie und Gesetzesvorbehalt zudem *Umbach*, Das Wesentliche an der Wesentlichkeitstheorie, in: Festschrift für Hans Joachim Faller, 1984, S. 111.

[391] Art. 4 Abs. 3 Satz 2, Art. 12a Abs. 2 Satz 3, Art. 16a Abs. 4 Satz 2, Art. 38 Abs. 3, Art. 104 Abs. 2 Satz 4 GG.

[392] Art. 8 Abs. 2, Art. 11 Abs. 2, Art. 12 Abs. 1 Satz 2, Art. 12a Abs. 3 bis 6, Art. 14 Abs. 3 (durch Gesetz oder auf Grund eines Gesetzes), Art. 2 Abs. 2 Satz 3, Art. 6 Abs. 3, Art. 10 Abs. 2, Art. 13 Abs. 7, Art. 16 Abs. 1 und 2, Art. 104 Abs. 1 Satz 1 (nur auf Grund eines Gesetzes), Art. 15 (durch ein Gesetz), Art. 6 Abs. 5 GG (durch die Gesetzgebung).

[393] Art. 5 Abs. 2, Art. 11 Abs. 2, Art. 13 Abs. 2f., Art. 16a Abs. 3 GG; siehe hierzu *M. Kloepfer*, Der Vorbehalt des Gesetzes im Wandel, JZ 1984, 685 (insbes. 687); *Ossenbühl*, Vorrang und Vorbehalt des Gesetzes, in: HStR V, 3. Auflage 2007, § 101 Rdn. 21f., 35f.

[394] *Lerche*, Grundrechtlicher Schutzbereich, Grundrechtsprägung und Grundrechtseingriff, in: HStR V, 1. Auflage 1992, § 121 Rdn. 4, 20ff.; *ders.*, Grundrechtsschranken, ebenda, § 122 Rdn. 21; jeweils m. w. H.

[395] So bei Art. 12 Abs. 2 GG und bei Art. 13 Abs. 7 GG. Bereits gemäß Art. 19 Abs. 1 Satz 1 GG ist ein Grundrechtseingriff ohne gesetzliche Grundlage unzulässig (*Jarass*, in: ders./Pieroth, Grundgesetz für die Bundesrepublik Deutschland. Kommentar, 9. Auflage 2007, Art. 12 Rdn. 19 und Art. 13 Rdn. 35, jeweils m. w. H.; siehe insgesamt zu den grundrechtlichen Gesetzesvorbehalten *Bumke*, Der Grundrechtsvorbehalt, 1998, der von einem Primat des Parlamentsgesetzes spricht [S. 196f.]; *J. Ipsen*, Gesetzliche Einwirkungen auf grundrechtlich geschützte Rechtsgüter, in: Schuppert [Hg.], Das Gesetz als zentrales Steuerungsinstrument des Rechtsstaates, 1998, S. 85; *Masing*, Der Rechtsstatus des Einzelnen im Verwaltungsrecht, in: Hoffmann-Riem/Schmidt-Aßmann/Voßkuhle [Hg.], GVwR I, 2006, § 7 Rdn. 73ff.).

[396] *Cornils*, Die Ausgestaltung der Grundrechte, 2005; siehe zu diesen und weiteren Arten der Gesetzesvorbehalte *F. Reimer*, Das Parlamentsgesetz als Steuerungsmittel und Kontrollmaßstab, in: Hoffmann-Riem/Schmidt-Aßmann/Voßkuhle (Hg.), GVwR I, 2006, § 9 Rdn. 32ff. m. w. H.

Gesetzesvorbehalte und die grundrechtlichen Gewährleistungen legen ebenso die Freiheitsicherung durch das allgemeine Gesetz nahe. In dieser Schutzrichtung wirken die grundrechtlichen Gewährleistungen und ihre Gesetzesvorbehalte mit der Wesentlichkeitstheorie zusammen.[397]

Das Gesetz ermöglicht die rechtsverbindliche Freiheitsentfaltung, wenn der Einzelne erst auf Grund des Gesetzes von seiner Freiheit rechtssicher Gebrauch machen kann.[398] Die gesetzliche Regelung des Apothekerberufs bringt dem Apotheker die Sicherheit der Erwerbsgrundlage. Das Bürgerliche Gesetzbuch gibt dem Eigentümer die rechtliche Möglichkeit, über Eigenes zu verfügen, es zu besitzen, zu verwalten und zu nutzen[399] und garantiert rechtlich im Erbrecht die Verfügungsfreiheit über den Tod hinaus.[400] Das Gesetzesrecht formt rechtsverbindlich weitere Institute.[401] Diese Regelungsaufträge sind um der Freiheit willen verständlich, dauerhaft und vollziehbar auszugestalten,[402] verweisen auch auf die sprachliche, temporale und instrumentelle Allgemeinheit. Der grundrechtliche Gesetzesvorbehalt fordert das Verständnis für die Gesetze und damit insbesondere deren sprachliche Allgemeinheit, damit der Schutz der Freiheit durch das Parlament und die Grundrechte gelingen kann. Der Gesetzgeber muss bei der Gesetzgebung jedenfalls im Grundsatz erfassen, was er tut, und der Gesetzesadressat begreifen, was er tun soll.

Letztlich beauftragt jedes Grundrecht den Gesetzgeber zu einer allgemeinen Regelbildung. Die Berufsfreiheit erfordert in den Worten des Bundesverfassungsgerichts, „daß die freie Selbstbestimmung des Einzelnen nur so weit eingeschränkt werden darf, wie es die Interessen der Allgemeinheit erfordern. Die Berücksichtigung dieses Allgemeininteresses entsprechend den Bedürfnissen des sozialen Rechtsstaats sicherzustellen, ist der Zweck des Regelungsvorbehalts in Art. 12 Abs. 1 Satz 2 GG. Indem aber das Grundgesetz diese Regelungsbefugnis in die Form des Gesetzesvorbehalts kleidet, überträgt es in erster Linie dem Gesetzgeber die Entscheidung darüber, welche Gemeinschaftsinteressen so gewichtig sind, daß das Freiheitsrecht des Einzelnen zurücktreten muß. Dieser Entscheidungspflicht kann sich der demokratische Gesetzgeber nicht beliebig entziehen. Vielmehr ist in einem Staatswesen, in dem das Volk die Staatsge-

---

[397] Siehe oben unter 4., insbes. unter d) (S. 250ff.).

[398] *Pieroth/Schlink*, Staatsrecht II, 23. Auflage 2007, Rdn. 209ff.; *Hufen*, Staatsrecht II, 2007, S. 649ff.; jeweils m. w. H.

[399] BVerfGE 97, 350 (370) – Euro; 105, 17 (30) – Sozialpfandbriefe.

[400] BVerfGE 93, 165 (171ff.) – Erbschaftssteuer; BVerfG, NJW 2007, 573 (575) – Bewertung im Erbschaftssteuerrecht.

[401] Siehe etwa zum Familienrecht BVerfGE 80, 81 (90f.) – Erwachsenenadoption; insgesamt *G. Kirchhof*, Der besondere Schutz der Familie in Art. 6 Abs. 1 des Grundgesetzes, AöR 129 (2004), 542; zur Vertragsfreiheit *Höfling*, Vertragsfreiheit, 1991, S. 20f.; *R. Schmidt*, Staatliche Verantwortung für die Wirtschaft, in: HStR IV, 3. Auflage 2006, § 92 Rdn. 9f.; *Pieroth/Schlink*, Staatsrecht II, 23. Auflage 2007, Rdn. 370.

[402] Für das Umweltrecht *Lübbe-Wolff*, Vollzugsprobleme der Umweltverwaltung, NuR 1993, 217.

walt am unmittelbarsten durch das von ihm gewählte Parlament ausübt, vor allem dieses Parlament dazu berufen, im öffentlichen Willensbildungsprozeß unter Abwägung der verschiedenen, unter Umständen widerstreitenden Interessen über die von der Verfassung offengelassenen Fragen des Zusammenlebens zu entscheiden. Der Staat erfüllt hier durch seine gesetzgebende Gewalt die Aufgabe, Hüter des Gemeinwohls gegenüber Gruppeninteressen zu sein."[403] Die Gesetzesallgemeinheit wird hier insbesondere in ihrer Ausrichtung auf die Gemeinschaft, in dieser finalen Forderung bestätigt. Das Gesetz ist nicht selten Grundlage zur Konfliktlösung, etwa zwischen wirtschaftlichen Konkurrenten oder Arbeitnehmer und Arbeitgeber. Insbesondere hier ist eine im personalen und gegenständlichen Sinn allgemeine Regelbildung gefordert, die Konflikte in Unbefangenheit und Distanz löst.

Andere Gesetze verfolgen das Ziel, von vornherein Grundrechtsgefährdungen und Grundrechtseingriffe im gesamten Bundesgebiet zu verhindern oder zu mildern (finale und territoriale Allgemeinheit). Das Atomrecht schützt gegen Verletzungen an Leib und Leben, das Arzneimittelrecht garantiert die Tauglichkeit und Wirksamkeit der Medikamente.[404] Das Planungsrecht beteiligt den Bürger an der Planung, damit der Planungsvollzug seine Rechte nicht unzulässig mindert.[405] Je mehr der Staat die Bedingungen individuellen Handelns mitorganisiert, teilweise sogar – wie im Hochschulbereich[406] oder auch im Rundfunkwesen[407] – bestimmt, können Freiheitsrechte nur noch durch einen Anspruch auf Teilhabe an staatlichen Leistungen verwirklicht werden. In diesen Fällen verstärken sich die Forderung der Gleichheit vor dem Gesetz und die vier klassischen Allgemeinheitspostulate: Grundsätzlich schuldet das Gesetz jedem Schutz und Teilhabe nach allgemeinen Maßstäben.[408] Die Gesetzesallgemeinheit erinnert aber auch daran, dass die freiheitliche Gestaltung des eigenen Lebens staatliche Distanz erwartet und dass der Staat im Rahmen der sozialen Sicherung nur die Finanzkraft an die Allgemeinheit zurückgeben kann, die er vorher von der Allgemeinheit genommen hat.[409]

Die Allgemeinheit des Gesetzes vermag insgesamt im jeweiligen Grundrechtsbereich ein Garant der grundrechtlichen Freiheit zu werden. Die grundrechtlichen Garantien erwarten ihrerseits in ihrem freiheitsdienlichen, demokratischen Gesamtkonzept, dass der Gesetzgeber allgemeine Gesetze erlässt, ohne jedoch bestimmte Allgemeinheitsforderungen unmittelbar und verbind-

---

[403] BVerfGE 33, 125 (158f.) – Facharzt.

[404] Hierzu *Di Fabio*, Risikoentscheidungen im Rechtsstaat, 1994.

[405] Siehe hierzu *Durner*, Konflikte räumlicher Planungen, 2005, S. 270ff.

[406] BVerfGE 35, 79 – Hochschulurteil.

[407] Vgl. BVerfGE 12, 205 – Erstes Rundfunkurteil; 57, 295 – Saarländisches Rundfunkgesetz; 83, 238 – Sechstes Rundfunkurteil; 90, 60 – Rundfunkgebühr.

[408] Zum Gesetzgeber vgl. BVerfGE 33, 303 (352f.) – Numerus clausus.

[409] BVerfGE 55, 274 (303) – Ausbildungsplatzförderungsgesetz.

lich anzuordnen. Gleichwohl spricht das Bundesverfassungsgericht zu Recht vom „Vorbehalt des (allgemeinen) Gesetzes".[410]

6. *Allgemeiner Gesetzesbegriff und grundgesetzliche Allgemeinheit*

Die freiheitsichernde Kraft der Gesetzesallgemeinheit scheint zudem in der gängigen Definition des Gesetzes zu ruhen, wenn dieses als abstrakt-generelle Regelung verstanden wird. Das Begriffspaar fordert als Gegenbegriff zu einer konkret-individuellen Maßnahme eine gegenständliche, personale und territoriale, auch eine temporale Weite der Regelung, weil eine konkret-individuelle Wirkung aus der Konzentration auf eine Person oder einen Gegenstand, auch auf einen Ort oder Zeitpunkt entstehen kann.[411] Die klassischen vier Allgemeinheitsforderungen kennzeichnen hiernach in ihren Grundforderungen, in der Erwartung eines Maßes der Verallgemeinerung, den allgemeinen Gesetzesbegriff als Gegenbegriff zur Einzelfallregelung. Diese Erwartung entfaltet aber nicht die gleiche Bestimmtheit und Kraft, auch nicht die Verbindlichkeit der ausdrücklichen Anordnung der Gesetzesallgemeinheit.[412]

Das Grundgesetz zielt gleichwohl in der Verwendung des Gesetzesbegriffs auf die allgemeine Regel. Mit Gesetz ist im Grundgesetz regelmäßig das Parlamentsgesetz gemeint, vor allem dann, wenn eine Rechtsgrundlage geschaffen wird, die zu einer Grundrechtseinschränkung führt.[413] An anderer Stelle erfasst der Begriff auch das materielle, insbesondere Rechtsverordnungen einschließende Gesetz,[414] weist den Gesetzen besondere Aufträge zu[415] oder verwendet

---

[410] BVerfGE 40, 237 (248 f.) – Justizverwaltungsakt.

[411] Siehe oben unter 1. d) (S. 207 ff.) und unter B. VI. 2. bis 4. (S. 116 ff.).

[412] Mit *Towfigh*, Komplexität und Normenklarheit, Der Staat 48 (2009), 29 (65), ergibt sich aber das Gebot der Normklarheit, also die sprachliche und instrumentelle Allgemeinheit, als „essentialia" des Gesetzesbegriffs „gleichsam aus dem Gesetzesbegriff selbst" (siehe zu den hiermit angesprochenen rechtsstaatlichen Vorgaben an das Gesetz sogleich unter V., S. 315 ff.). Der Gegenbegriff zum allgemeinen Gesetz büßt an Schärfe ein, wenn das Verwaltungsrecht die Regelung eines Einzelfalls nicht auf die konkret-individuelle Maßnahme beschränkt, sondern auch die abstrakt-individuelle und in der Allgemeinverfügung die konkret-generelle Maßnahme zulässt. Mit Blick speziell auf Art. 19 Abs. 1 Satz 1 GG *Sachs*, in: ders. (Hg.), Grundgesetz. Kommentar, 4. Auflage 2007, Art. 19 Rdn. 21; *H. Dreier*, in: ders. (Hg.), Grundgesetz. Kommentar, Band 1, 2. Auflage 2004, Art. 19 Rdn. 15.

[413] Siehe oben unter 4. d) und 5. (S. 250 ff.).

[414] Der Gesetzesbegriff in Art. 2 Abs. 2 GG und Art. 100 Abs. 1 GG meint jeweils das Parlamentsgesetz, Art. 104 Abs. 1 GG spricht ausdrücklich vom förmlichen Gesetz, Art. 3 Abs. 1 GG zielt auf das materielle Gesetz (BVerfGE 1, 184 [189] – Normenkontrolle; *Ossenbühl*, Gesetz und Recht – Die Rechtsquellen im demokratischen Rechtsstaat, in: HStR V, 3. Auflage 2007, § 100 Rdn. 10 Fn. 22).

[415] Siehe hierfür Art. 20a, Art. 36 Abs. 2, Art. 45c Abs. 2, Art. 60 Abs. 1, Art. 87 Abs. 1 Satz 2 GG. Andere Gesetze regeln das Zusammenwirken der Organe (Art. 83 ff. und Art. 91a Abs. 2 GG), das Gerichtswesen (Art. 92 ff. GG) sowie die Finanzverwaltung und Finanzgerichtsbarkeit (Art. 108 GG).

spezielle Gesetzesbegriffe wie etwa das „Sittengesetz" in Art. 2 Abs. 1 GG, ohne dabei jedoch von der grundsätzlichen Ausrichtung auf das allgemeine Gesetz abzuweichen. Zwar spielt das „Sittengesetz" in der Praxis gegenwärtig keine tragende Rolle, bestätigt jedoch die Allgemeinheitsforderung, wenn damit allgemein anerkannte Wertvorstellungen unserer Rechtsgemeinschaft verstanden werden.[416] Das Grundgesetz gibt dem Gesetzgeber auch außerhalb grundrechtlicher Gewährleistungen auf, das Nähere zu regeln,[417] bestätigt so seinen Auftrag, in allgemeinen Gesetzen als Erstinterpret die Verfassung zu konkretisieren. Zudem ist die Verbindlichkeit, die allgemeine Geltung eines Gesetzes im Grundgesetz selbstverständlich mitgedacht; diese Geltungsallgemeinheit des Gesetzes ist wesentlicher Bestandteil des Rechts und des Verfassungsstaats, unabhängig von dem Inhalt des jeweiligen Gesetzes. So scheint im Gesetzesbegriff, in der Definition als abstrakt-generelle Regelung eine Entscheidung für die Gesetzesallgemeinheit, für eine Ausrichtung auf das Ganze anzuklingen.

Dieser Befund für die Gesetzesallgemeinheit wird durch den verfassungsrechtlichen Allgemeinheitsbegriff in anderer Verwendung bestätigt. Das „Wohl der Allgemeinheit" leitet die Sozialpflichtigkeit des Eigentums und ist Voraussetzung für eine Enteignung,[418] bindet damit Inhalt und Bestand der Eigentumsrechte im Umfeld der gesamten Rechtsgemeinschaft. Die Allgemeinheit der Wahl[419] nimmt das gesamte demokratische Volk auf und unterbindet damit, dass bestimmte Bevölkerungsgruppen von der Wahl ausgeschlossen werden.[420] Die „allgemein zugänglichen" Quellen der Informationsfreiheit meinen für jedermann eingerichtete Informationsangebote.[421] Der Begriff der Allgemeinheit unterscheidet keine Gruppen, sondern zielt unterschiedslos auf alle Betroffenen.[422] Wenn sich das Grundgesetz auf die „allgemeinen Grundsätze des Na-

[416] *Jarass*, in: ders./Pieroth, Grundgesetz für die Bundesrepublik Deutschland. Kommentar, 9. Auflage 2007, Art. 2 Rdn. 19 m. w. H.

[417] Art. 21 Abs. 3, Art. 22 Abs. 1, Art. 23 Abs. 3 und 7, Art. 26 Abs. 2, Art. 29 Abs. 6, 7 und 8, Art. 41 Abs. 3, Art. 45b, Art. 48 Abs. 3 Satz 2, Art. 54 Abs. 7, Art. 87e Abs. 3 Satz 2 und Abs. 4, Art. 91a Abs. 3 Satz 2, Art. 95 Abs. 3, Art. 96 Abs. 2 Satz 2, Art. 104a Abs. 5 Satz 2 und Abs. 6 Satz 4, Art. 104b Abs. 2 Satz 1, Art. 106 Abs. 3 Satz 6, Abs. 5 Satz 2, Abs. 5a Satz 2 und Abs. 6 Satz 5, Art. 106a, Art. 109 Abs. 4 Satz 4 und Abs. 5 Satz 4, Art. 112 Satz 3, Art. 115 Abs. 1 Satz 3, Art. 115d Abs. 2 Satz 3, Art. 134 Abs. 4, Art. 135 Abs. 6 Satz 2, Art. 143a Abs. 3 Satz 3, Art. 143b Abs. 3 Satz 3, Art. 143c Abs. 4 GG; siehe auch Art. 107 Abs. 1 Satz 2, Art. 120 Abs. 1 Satz 1 GG.

[418] Art. 14 Abs. 2 und Abs. 3 Satz 1 und 2 GG; BVerfGE 56, 249 (261 ff.) – Gondelbahn; 74, 264 (284 ff.) – Boxberg.

[419] Art. 38 Abs. 1 Satz 1 Alt. 1 und Art. 28 Abs. 1 Satz 2 Alt. 1 GG.

[420] *Starck*, Grundrechtliche und demokratische Freiheitsidee, in: HStR III, 3. Auflage 2005, § 33 Rdn. 32; *H. Meyer*, Demokratische Wahl und Wahlsystem, in: HStR III, 3. Auflage 2005, § 45; *ders.*, Wahlgrundsätze, Wahlverfahren, Wahlprüfung, ebenda, § 46 Rdn. 1 ff.

[421] *Jarass*, in: ders./Pieroth, Grundgesetz für die Bundesrepublik Deutschland. Kommentar, 9. Auflage 2007, Art. 5 Rdn. 15 m. w. H.

[422] Siehe zu dieser Deutung in Art. 11 Abs. 3, Art. 12 Abs. 2, Art. 16a Abs. 3, Art. 24 Abs. 3, Art. 87e Abs. 4 GG: *Jarass*, in: ders./Pieroth, Grundgesetz für die Bundesrepublik Deutsch-

turschutzes",[423] „die dem allgemeinen Verkehr dienenden Binnenwasserstraßen",[424] auf „allgemeine Verwaltungsvorschriften"[425] sowie „allgemeine Rechtsgrundsätze"[426] bezieht, fordert es Regelungen, die umfassende und keine parzellierende Wirkung entfalten.[427] Die „allgemeinen Strafgesetze"[428] regeln nicht das Berufs-, das Dienst-, Disziplinar- oder Polizeistrafrecht, sondern die für alle unterschiedslos geltenden Regeln.[429] In vergleichbarer Weise sucht die Allgemeinheit des Finanzschlüssels[430] und des Finanzbedarfs[431] insbesondere regionale oder gegenständliche Privilegien zu vermeiden.[432] In der Allgemeinheit ruht der Auftrag einer im Vorhinein erkennbaren Regelbildung, die Privileg und Überdifferenzierung zurückweist. Allgemeinheit drängt auf Verallgemeinerung.

7. *Gemeinschaft- und struktursichernde Kraft des Gesetzes*

Der Mensch lebt in der Gemeinschaft. Im Blickwinkel der Grundrechte können Individualität und Allgemeinheit jedoch zu Gegenpolen werden, welche die Reichweite des Gesetzesvorbehalts, die Intensität des Eingriffs und die Verhältnismäßigkeit in der Abwägung zwischen grundrechtlichem Schutz und Allgemeinwohl bestimmen. Hier sucht die Gesetzesallgemeinheit zu vermitteln. Sie erfasst das auch für die individuelle Entfaltung maßgebliche Gemeinwohl, das Gemeinwesen. Die Freiheit entfaltet sich in der Gemeinschaft, das Individualrecht mit dem allgemeinen Gesetz.

---

land. Kommentar, 9. Auflage 2007, Art. 11 Rdn. 12, Art. 12 Rdn. 93, Art. 24 Rdn. 23, Art. 25 Rdn. 5; *Pieroth*, ebenda, Art. 16a Rdn. 30; jeweils m. w. H.; siehe zum Tatbestandsmerkmal in Art. 12 Abs. 2 GG: *G. Kirchhof*, Die Erfüllungspflichten des Arbeitgebers im Lohnsteuerverfahren, 2005, S. 150ff., insbes. 157ff.

[423] Art. 72 Abs. 3 Nr. 2 GG.

[424] Art. 74 Abs. 1 Nr. 21 GG.

[425] Art. 84 Abs. 2, Art. 85 Abs. 2, Art. 86 Satz 1, Art. 87b Abs. 2 Satz 2, Art. 108 Abs. 7, Art. 129 Abs. 1 GG.

[426] Art. 123 Abs. 2 GG.

[427] Zu Art. 84 Abs. 2 GG BVerfGE 100, 249 (258) – Allgemeine Verwaltungsvorschriften: Allgemeine Verwaltungsvorschriften sind Regelungen, „die für eine abstrakte Vielheit von Sachverhalten des Verwaltungsgeschehens verbindliche Aussagen treffen, ohne auf eine unmittelbare Rechtswirkung nach außen gerichtet zu sein" (hierzu *Pieroth*, in: Jarass/ders., Grundgesetz für die Bundesrepublik Deutschland. Kommentar, 9. Auflage 2007, Art. 84 Rdn. 14, Art. 85 Rdn. 4 m. w. H.).

[428] Art. 103 Abs. 3 GG.

[429] *Pieroth*, in: Jarass/ders., Grundgesetz für die Bundesrepublik Deutschland. Kommentar, 9. Auflage 2007, Art. 103 Rdn. 59 m. w. H.

[430] Art. 104a Abs. 6 Satz 2 GG.

[431] Art. 107 Abs. 2 Satz 3 GG.

[432] Zu Art. 107 Abs. 2 Satz 3 GG *Pieroth*, in: Jarass/ders., Grundgesetz für die Bundesrepublik Deutschland. Kommentar, 9. Auflage 2007, Art. 107 Rdn. 11 m. w. H.

Das allgemeine Gesetz will so ein dauerhaftes normatives Gerüst für den inneren und äußeren Zusammenhalt der Rechtsgemeinschaft bilden. Es ist Bedingung der Gleichheit vor dem Gesetz[433] und Garant der individuellen Freiheit in der Gemeinschaft.[434] Jedes grundrechtsgestaltende Gesetz, jede Spezialregelung muss sich in diese Rechtsordnung einfügen. Die Allgemeinheit des Gesetzes sucht diese rechtliche Gesamtordnung zu sichern,[435] richtet den Erlass spezieller Gesetze auf die Rechtsordnung aus und formt die freiheitsgerechte Regelbildung.[436] Art. 19 Abs. 1 Satz 1 GG bestätigt diese Verantwortung des Gesetzgebers für die Gesamtrechtsordnung, wenn er die Allgemeinheit des Gesetzes unabhängig davon verlangt, ob eine gesetzliche Regelung speziellen Grundrechtsvorbehalten folgt. Aber auch das besondere Allgemeinheitspostulat des Art. 5 Abs. 2 GG, die speziellen Grundrechtsvorbehalte, die Wesentlichkeitstheorie und die grundrechtlichen Gewährleistungen erwarten, dass der Gesetzgeber allgemeine Gesetze erlässt.

Insgesamt ruht im Recht – so *Christian Starck* – „eine Verallgemeinerungstendenz, die sich deutlich im Gesetzesbegriff widerspiegelt. Recht ist nur in einer Rechtsgemeinschaft möglich. Das *Gemein*schaftliche kommt in der Verall*gemein*erung zum Ausdruck."[437] In der modernen Gesellschaft droht es allerdings an gefestigten Wertvorstellungen und Verhaltensmustern zu fehlen, das „Gemeinschaftliche" seine Selbstverständlichkeit zu verlieren, die gemeinsame Basis kleiner zu werden. Die Demokratie reagiert hierauf kaum mit ehernen Gesetzen, die dauerhaft wirken und so eine gemeinsame Grundlage stärken könnten. Das allgemeine Gesetz sucht jedoch dauerhaft die Freiheit und Gleichheit vor dem Gesetz zu sichern, so den inneren Frieden zu wahren und die Gemeinschaft zu bestätigen. Es soll der Auftrag erfüllt werden, die Demokratie zu entfalten und der Rechtssicherheit, der funktionalen Gewaltenteilung, der Rationalität des Rechts und der Gerechtigkeit zu dienen. Der Gesetzesallgemeinheit scheint „mithin ein hohes Maß an staatsrechtlichen Grundprinzipien immanent" zu sein.[438] In diesem Sinn könnte das allgemeine Gesetz als Garant der Verfassungsstruktur, ihrer Kontinuität und damit der Gemeinschaft verstanden werden. Doch darf dieser Befund nicht dazu führen, die Allgemeinheitspostulate gegen den demokratischen Gesetzgeber in Position zu bringen. Zwar ziehen sie dem Gesetzgeber zum Schutz der Menschenrechte verbindliche, in bestimmten Grundlinien auch justitiable Grenzen. Gleichwohl setzt der Verfassungsstaat nicht zuvörderst auf strukturelle Vorgaben an den Gesetzgeber,

---

[433] Siehe hierzu bereits unter 1. i) (S. 232 ff.), insbes. aber sogleich unter VII. (S. 362 ff.).

[434] Siehe hierzu bereits unter 1. g) (S. 224 ff.), insbes. aber sogleich unter VI. (S. 343 ff.).

[435] Siehe hierzu bereits oben unter A. (S. 39 ff.), aber auch unter D. I. bis III. (S. 386 ff.) und IX. (S. 489 ff.).

[436] Siehe hierzu unter 1. f) (S. 215 ff.).

[437] *Starck*, in: von Mangoldt/Klein/ders., Kommentar zum Grundgesetz, Band 1, 5. Auflage 2005, Art. 3 Abs. 1 Rdn. 9 (Hervorhebungen im Text).

[438] *Stern*, Das Staatsrecht der Bundesrepublik Deutschland, Band III/2, 1994, S. 742.

auf eine rationale Gesetzgebungslehre, sondern auf Demokratie und Grundrechtsschutz, auf die individuelle Gestaltungsfreiheit der Bürger und den kollektiven Gestaltungsraum des Parlaments.[439] Das Allgemeinheitspostulat ermutigt den Gesetzgeber zur Regelbildung, bekräftigt also seinen Kernauftrag.

Das 18. Jahrhundert hat mit der Demokratie, dem Grundrechtsschutz und der freiheitsichernden Kraft des allgemeinen Gesetzes[440] tragende und sich ergänzende Elemente[441] des Menschenrechtsschutzes entfaltet. Das Grundgesetz führt diese Elemente zu einem modernen, einem umfassenden Schutzkonzept zusammen, sucht die Elemente aber nicht gegeneinander auszuspielen, sondern parallel zu entfalten.

III. Das Gesetz als Quelle der Demokratie

1. *Element des Menschenrechtsschutzes und Stütze der Demokratie*

a) *Parlamentarische Entscheidung und allgemeines Gesetz*

Carl Schmitt hatte entgegen vieler Stimmen in der Weimarer Zeit die Gesetzesallgemeinheit als notwendiges Merkmal des „bürgerlichen Rechtsstaats" hervorgehoben. Wenn das Gesetz keine materiellen Kriterien erfülle, sei der Begriff des Gesetzesstaats letztlich inhaltsleer, könne das Gesetz auch als Verlautbarung eines Tyrannen herrschen. Die Gleichheit vor dem Gesetz fordere unmittelbar die generelle Norm.[442] *Carl Schmitt* sah in der Herrschaft des Gesetzes aber eine „Ablehnung der Herrschaft von Menschen". Das vernünftige

---

[439] Siehe hierzu bereits oben unter I. 3. (S. 186ff.) sowie *H.H. Klein*, Verfassungsgerichtsbarkeit und Gesetzgebung, in: Badura/Scholz (Hg.), Verfassungsgerichtsbarkeit und Gesetzgebung, 1998, S. 49 (61); *Ossenbühl*, Verfassungsgerichtsbarkeit und Gesetzgebung, ebenda, S. 75; *Starck*, Grundrechtliche und demokratische Freiheitsidee, in: HStR III, 3. Auflage 2005, § 33; *Wahl*, Die Entwicklung des deutschen Verfassungsstaates bis 1866, in: HStR I, 3. Auflage 2003, § 2 Rdn. 1; *Stern*, Das Staatsrecht der Bundesrepublik Deutschland, Band I, 2. Auflage 1984, S. 94.

[440] Deutlich *H. Hattenhauer*, Europäische Rechtsgeschichte, 4. Auflage 2004, insgesamt Rdn. 1466ff., für die neu entdeckte freiheitsichernde Kraft des Gesetzes insbes. Rdn. 1527; siehe für die Demokratie *E.-W. Böckenförde*, Demokratie als Verfassungsprinzip, in: HStR II, 3. Auflage 2004, § 24 Rdn. 3, sowie insgesamt unter unter B. IV. 5. (S. 125ff.).

[441] Siehe hierzu soeben unter II. (S. 196ff.) sowie insgesamt im Folgenden.

[442] *C. Schmitt*, Verfassungslehre [1928], 4. Auflage 1965, S. 138ff.; siehe zum Gleichheitsgedanken bereits *Kant*, Über den Gemeinspruch: Das mag in der Theorie richtig sein, taugt aber nicht für die Praxis. Zum ewigen Frieden. Ein philosophischer Entwurf [1793, 1795], 1992, 289ff., 349ff.; *ders.*, Metaphysik der Sitten [1797], 1954, 313ff.; *Maihofer*, Europäisches Rechtsdenken heute, in: Festschrift für Helmut Coing, Band I, 1982, S. 579 (582); siehe insgesamt oben unter B. IV. 6. (S. 136ff.) und V. 5. (S. 155ff.).

und richtige Gesetz müsse herrschen, nicht das Parlament. Das allgemeine Gesetz wurde bei *Schmitt* zum Gegner der Demokratie.[443]

Eine solche Deutung verbietet das Grundgesetz, weil es sich unverrückbar für die parlamentarische Demokratie entscheidet.[444] Die verbindliche Forderung der Gesetzesallgemeinheit darf nicht die Entfaltung des Parlaments lähmen, nicht seiner Entscheidungskraft entgegenstehen. Das Allgemeinheitspostulat ist als Auftrag des demokratischen Systems zu entwickeln. Die grundgesetzliche Entscheidung für die Demokratie wird in Art. 19 Abs. 1 Satz 1 GG bestätigt. Die Gesetzesallgemeinheit tritt nicht mit sieben – detailfreudigen – Forderungen an den Gesetzgeber verbindlich heran, fordert nicht ihre Justitiabilität. Ein solches Allgemeinheitspostulat würde das Parlament letztlich in einem differenzierten Gesetzgebungsideal binden, den Richtern gegenüber dem Gesetzgeber zu viel Macht schenken und so die für die Demokratie notwendige Suche nach dem politischen Kompromiss behindern, das Parlament lähmen. Die Entscheidung des Grundgesetzes für die Demokratie und die Allgemeinheit grundrechtsbeeinträchtigender Gesetze führt zu differenzierten Allgemeinheitsforderungen und zu der Unterscheidung der in ihr ruhenden verfassungsrechtlichen Klugheitsregeln von den verbindlichen Verfassungsaufträgen und ihren justitiablen Vorgaben.[445]

Dieser Dreiklang sucht die Verfassungsentscheidungen für die Gesetzesallgemeinheit und die Demokratie gleichermaßen zu entfalten (praktische Konkordanz).[446] Demokratie bedeutet im Verfassungsstaat nicht die absolute Herrschaft des Parlaments. Das Parlament ist ein Verfassungsorgan und als solches an die Verfassung gebunden, an die Grundrechte und die Gesetzesallgemeinheit. Diese Elemente des Menschenrechtsschutzes suchen der Lösung eines Konflikts zu dienen, der von jeher der Demokratie immanent ist: Die parlamentarische Mehrheit kann nicht ungebunden entscheiden, sondern muss die Rechte der Minderheit und jedes Einzelnen wahren. Diese Verfassungsbindung ist selbstverständlicher Bestandteil der Demokratie.[447] Das Grundgesetz schützt

---

443 *C. Schmitt*, Verfassungslehre [1928], 4. Auflage 1965, S. 138 ff.; siehe bereits oben unter B. V. 5. (S. 155 ff.).

444 Art. 79 Abs. 3 GG; *Hesse*, Grundzüge des Verfassungsrechts der Bundesrepublik Deutschland, 20. Auflage 1995, Rdn. 130; *Sommermann*, in: von Mangoldt/Klein/Starck, Kommentar zum Grundgesetz, Band 2, 5. Auflage 2005, Art. 20 Abs. 1 Rdn. 63 ff.; *H. Dreier*, in: ders. (Hg.), Grundgesetz. Kommentar, Band 2, 2. Auflage 2006, Art. 20 (Demokratie) Rdn. 1 ff.; *Sachs*, in: ders. (Hg.), Grundgesetz. Kommentar, 4. Auflage 2007, Art. 20 Rdn. 11 ff.; *Schnapp*, in: von Münch/Kunig (Hg.), Grundgesetz-Kommentar, Band 2, 5. Auflage 2001, Art. 20 Rdn. 13 ff.

445 Siehe hierzu unter I. 2. bis 4. (S. 180 ff.).

446 *Hesse*, Grundzüge des Verfassungsrechts der Bundesrepublik Deutschland, 20. Auflage 1995, Rdn. 317 ff.

447 *Hillgruber*, Die Herrschaft der Mehrheit, AöR 127 (2002), 460; *Di Fabio*, Eine Europäische Charta, JZ 2000, 737 (740); *H. Dreier*, in: ders. (Hg.), Grundgesetz. Kommentar, Band 2, 2. Auflage 2006, Art. 20 (Demokratie) Rdn. 72 ff.; *Sommermann*, in: von Mangoldt/Klein/

die Rechte des Einzelnen durch die individuellen Grundrechte und durch die Allgemeinheit des Gesetzes, bindet den Gesetzgeber an diese Elemente des Menschenrechtsschutzes.[448] Das allgemeine Gesetz entfaltet dabei einen gegenüber den grundrechtlichen Garantien vorbeugenden Schutz.[449] Es richtet die Mehrheitsentscheidung auf das Ganze aller Grundrechtsberechtigten aus, integriert sie in das Rechtssystem und dient so der Verwirklichung der Grundrechte. Das allgemeine Gesetz ist ein Instrument des Menschenrechtsschutzes und sucht als solches die Demokratie, die gestaltende Kraft der Parlamentsbeschlüsse zu stärken.

Eine unübersichtliche, eine inkonsistente Rechtsordnung behindert die Demokratie. Wenn bei der Normbildung der Regelungszweck und ein hierfür geeignetes Regelungsinstrument weniger Aufmerksamkeit beanspruchen als die Abstimmung mit anderen Regeln, wenn Gesetze mögliche Friktionen in das Rechtssystem tragen, wenn nur noch Experten die rechtlichen Folgen eines Gesetzes ‚abschätzen' können, lähmt die Rechtsordnung die normbildende Kraft des Parlaments. Das allgemeine Gesetz stützt demgegenüber die Konsistenz der Rechtsordnung, koordiniert die Gesetze im Recht, stärkt die Autorität des Gesetzes[450] und dient so der Demokratie. Das Allgemeinheitspostulat ist nicht Gegenspieler zum Mehrheitsbeschluss, sondern ein dem demokratischen System immanenter Freiheitsgarant, ein Helfer bei der Erfüllung des Gesetzgebungsauftrags. Das allgemeine Gesetz ist eine Stütze, eine Quelle der Demokratie.

b) Wirkung der Gesetze, Koordination des Rechts

Das komplizierte Rechtssystem[451] führt gegenwärtig dazu, dass anerkannte Gesetzgebungsziele allein wegen der Unübersichtlichkeit und Unverständlichkeit der Regelungen kaum erreicht werden. Das Rechtssystem, die fehlende Allgemeinheit der Gesetze behindern in diesen Fällen den Erfolg demokratischer Gesetzgebung. Dieses wird im Ergebnis am Beispiel des Kinderzuschlags von der Bundesregierung anerkannt.

Im Jahre 2005 wurde der sog. Kinderzuschlag eingeführt, eine Leistung, durch die die monetäre Armut der Kinder in Deutschland bekämpft werden

Starck, Kommentar zum Grundgesetz, Band 2, 5. Auflage 2005, Art. 20 Abs. 1 Rdn. 81 ff.; *Sachs*, in: ders. (Hg.), Grundgesetz. Kommentar, 4. Auflage 2007, Art. 20 insbes. Rdn. 26 ff.; siehe zu dieser Idee auch in Abgrenzung zur Freiheit durch den Staat unter B. IV. 5. (S. 125 ff.) und *Starck*, Grundrechtliche und demokratische Freiheitsidee, in: HStR III, 3. Auflage 2005, § 33 Rdn. 21 ff., in der historischen Perspektive *H. Hattenhauer*, Europäische Rechtsgeschichte, 4. Auflage 2004, Rdn. 1466 ff.

[448] Siehe unter II. (S. 196 ff.).

[449] Siehe hierzu unter II. (S. 196 ff.), im Ersten Kapitel unter A. (S. 3 ff.), insbes. aber sogleich unter VI. und VII. (S. 343 ff.).

[450] Siehe unter A., hier insbes. unter V., sowie sogleich unter D. (S. 57 ff. und 386 ff.).

[451] Siehe bereits oben unter A. (S. 57 ff.).

sollte.[452] Der neue Leistungstatbestand wollte damit einem zukunftsweisenden Ziel dienen. Er stellte den Gesetzgeber – so könnte man im ersten Zugriff meinen – auch nicht vor besondere legislative Schwierigkeiten. Doch trügt dieser Anschein. Den in Armut lebenden Kindern wurde bei einem hohen Verwaltungsaufwand nicht in dem geplanten Maß geholfen, weil der Leistungstatbestand im Zusammenspiel mit den Bestimmungen des Sozialrechts zu einer unübersichtlichen Rechtslage führte. Bereits sein Wortlaut greift in andere Rechtsbereiche über, ist insbesondere auf Grund der Verweise nur schwer verständlich und verdeutlicht die Schwierigkeiten bei der Koordination des geltenden Rechts.[453] In den Jahren 2005 und 2006 wurden 830.060 Anträge auf Kinderzu-

[452] § 6a BKKG.

[453] § 6a BKKG hat folgenden Wortlaut: „(1) Personen erhalten nach diesem Gesetz für in ihrem Haushalt lebende unverheiratete Kinder, die noch nicht das 25. Lebensjahr vollendet haben, einen Kinderzuschlag, wenn 1. sie für diese Kinder nach diesem Gesetz oder nach dem X. Abschnitt des Einkommensteuergesetzes Anspruch auf Kindergeld oder Anspruch auf andere Leistungen im Sinne von § 4 haben, 2. sie mit Ausnahme des Wohngeldes über Einkommen oder Vermögen im Sinne der §§ 11, 12 des Zweiten Buches Sozialgesetzbuch mindestens in Höhe des nach Absatz 4 Satz 1 für sie maßgebenden Betrages und höchstens in Höhe der Summe aus diesem Betrag und dem Gesamtkinderzuschlag nach Absatz 2 verfügen und 3. durch den Kinderzuschlag Hilfebedürftigkeit nach § 9 des Zweiten Buches Sozialgesetzbuch vermieden wird.

(2) Der Kinderzuschlag beträgt für jedes zu berücksichtigende Kind jeweils bis zu 140 Euro monatlich. Die Summe der Kinderzuschläge bildet den Gesamtkinderzuschlag. Er soll jeweils für sechs Monate bewilligt werden. Kinderzuschlag wird nicht für Zeiten vor der Antragstellung erbracht. § 28 des Zehnten Buches Sozialgesetzbuch gilt mit der Maßgabe, dass der Antrag unverzüglich nach Ablauf des Monats, in dem die Ablehnung oder Erstattung der anderen Leistungen bindend geworden ist, nachzuholen ist.

(3) Der Kinderzuschlag mindert sich um das nach den §§ 11 und 12 des Zweiten Buches Sozialgesetzbuch mit Ausnahme des Wohngeldes zu berücksichtigende Einkommen und Vermögen des Kindes. Hierbei bleibt das Kindergeld außer Betracht. Ein Anspruch auf Zahlung des Kinderzuschlags für ein Kind besteht nicht für Zeiträume, in denen zumutbare Anstrengungen unterlassen wurden, Einkommen des Kindes zu erzielen.

(4) Der Kinderzuschlag wird, soweit die Voraussetzungen des Absatzes 3 nicht vorliegen, in voller Höhe gezahlt, wenn das nach den §§ 11 und 12 des Zweiten Buches Sozialgesetzbuch mit Ausnahme des Wohngeldes zu berücksichtigende elterliche Einkommen oder Vermögen einen Betrag in Höhe des ohne Berücksichtigung von Kindern jeweils maßgebenden Arbeitslosengeldes II nach § 19 Satz 1 Nr. 1 des Zweiten Buches Sozialgesetzbuch oder des Sozialgeldes nach § 28 Abs. 1 des Zweiten Buches Sozialgesetzbuch nicht übersteigt. Dazu sind die Kosten für Unterkunft und Heizung in dem Verhältnis aufzuteilen, das sich aus den im jeweils letzten Bericht der Bundesregierung über die Höhe des Existenzminimums von Erwachsenen und Kindern festgestellten entsprechenden Kosten für Alleinstehende, Ehepaare und Kinder ergibt. Der Kinderzuschlag wird außer in den in Absatz 3 genannten Fällen auch dann stufenweise gemindert, wenn das nach den §§ 11 und 12 des Zweiten Buches Sozialgesetzbuch mit Ausnahme des Wohngeldes zu berücksichtigende elterliche Einkommen oder Vermögen den in Satz 1 genannten jeweils maßgebenden Betrag übersteigt. Als elterliches Einkommen oder Vermögen gilt dabei dasjenige des mit dem Kind im gemeinsamen Haushalt lebenden allein erziehenden Elternteils, Ehepaares oder als eingetragene Lebenspartner oder in einer eheähnlichen Gemeinschaft zusammenlebenden Paares. Soweit das zu berücksichtigende elterliche Einkommen nicht nur aus Erwerbseinkünften besteht, ist davon auszugehen, dass die Überschreitung des in Satz 1 genannten jeweils maßgebenden Betrages durch die

schlag gestellt, von den bearbeiteten 92,1 Prozent der Anträge aber lediglich zwölf Prozent bewilligt. Die hohe Ablehnungsquote weist auf einen erheblichen und reduzierbaren Verwaltungsaufwand sowie darauf, dass die vorgesehene finanzielle Hilfe die in Armut lebenden Kinder nicht im gewünschten Umfang erreicht.[454] Deshalb sollte die Regelung, die sich „als unzureichend erwiesen" hatte,[455] „weiterentwickelt", „zielgenauer, wirkungsvoller und weniger verwaltungsaufwendig" ausgestaltet werden.[456]

Den Kinderzuschlag erhalten Eltern, „die zwar ihren eigenen Bedarf durch Erwerbseinkommen bestreiten können, aber nicht über ausreichend finanzielle Mittel verfügen, um den Bedarf ihrer Kinder zu decken." Im Sinn des „Prinzips ‚Förderung und Fordern'" sollen Anreize vermieden werden, eine Beschäftigung nicht aufzunehmen. Dementsprechend kommt die Zuwendung nur erwerbstätigen Eltern, nicht aber erwerbslosen Sozialhilfeempfängern zu Gute. Der Kinderzuschlag von bis zu 140 Euro im Monat wird daher nur gewährt, wenn eine Finanzkraft vorhanden ist, die ausreicht, um den Bedarf der Eltern zu decken. Diese Untergrenze orientiert sich an der Höhe des Arbeitslosengelds II zuzüglich der Wohnkosten. Die finanzielle Leistungsfähigkeit der Antragsteller darf aber auch eine Höchstgrenze nicht überschreiten, weil sonst nach der gesetzlichen Regelung der Kindesbedarf aus eigenen Mitteln gedeckt werden kann.[457]

Der Kinderzuschlag wurde mit Wirkung zum 1. Januar 2005 eingeführt,[458] aber seitdem mehrmals und auch schon vor seinem Inkrafttreten geändert, insbesondere um ihn mit den sozialrechtlichen Bestimmungen über die Wohnkos-

---

Erwerbseinkünfte verursacht wird, wenn nicht die Summe der anderen Einkommensteile oder des Vermögens für sich genommen diesen maßgebenden Betrag übersteigt. Für je 10 Euro, um die die monatlichen Erwerbseinkünfte den maßgebenden Betrag übersteigen, wird der Kinderzuschlag um 7 Euro monatlich gemindert. Anderes Einkommen sowie Vermögen mindern den Kinderzuschlag in voller Höhe. Kommt die Minderung des für mehrere Kinder zu zahlenden Kinderzuschlags in Betracht, wird sie beim Gesamtkinderzuschlag vorgenommen.

(5) Ein Anspruch auf Kinderzuschlag entfällt, wenn der Berechtigte erklärt, ihn für einen bestimmten Zeitraum wegen eines damit verbundenen Verlustes von anderen höheren Ansprüchen nicht geltend machen zu wollen. In diesen Fällen unterrichtet die Familienkasse den für den Wohnort des Berechtigten zuständigen Träger der Grundsicherung für Arbeitssuchende über die Erklärung. Die Erklärung nach Satz 1 kann mit Wirkung für die Zukunft widerrufen werden.

[454] Unterrichtung durch die Bundesregierung vom 8. März 2007, BTDrs. 16/4670, S. 6f., 12.

[455] Beschlussempfehlung und Bericht des Ausschusses für Familie, Senioren, Frauen und Jugend vom 25. Juni 2008, BTDrs. 16/9792, S. 1.

[456] Unterrichtung durch die Bundesregierung vom 8. März 2007, BTDrs. 16/4670, S. 3.

[457] Ausnahmen werden gemacht, wenn die Mindestgrenze nur vorübergehend unterschritten wird (siehe insgesamt: Unterrichtung durch die Bundesregierung vom 8. März 2007, BTDrs. 16/4670, S. 3ff., insbes. 3, 5 und 11).

[458] Viertes Gesetz für moderne Dienstleistungen am Arbeitsmarkt vom 24. Dezember 2003 (BGBl. I, S. 2954, 2994f.).

ten und das Arbeitslosengeld II abzustimmen und die Gewährung des Zuschlags im Fall der Ablehnung anderer Leistungen zu regeln.[459] Diese Änderungen deuten bereits auf den Hauptgrund, warum nahezu 90 Prozent der Anträge negativ verbeschieden wurden, warum hohe und vermeidbare Verwaltungskosten entstanden sind. Der Grund liegt in der Mindesteinkommensgrenze, weil „im System der deutschen Sozialleistungen nicht erwartet wird, dass der Anspruch auf eine bedürftigkeitsabhängige Leistung an dem Unterschreiten einer Einkommensgrenze scheitert." Insgesamt wird die unzureichende Koordination mit dem Sozialrecht kritisiert, die „komplexe Einkommensabhängigkeit des Kinderzuschlags" mit dem Erfordernis, „Hilfebedürftigkeit nach den Vorschriften des SGB II" zu vermeiden. „Diese Komplexität" – so fährt das Fazit der Bundesregierung fort – „erschwert nicht nur das Verständnis der Leistung, sondern führt auch zu einem hohen Verwaltungsaufwand."[460] Der Kinderzuschlag wird als ein Paradebeispiel für die „mangelhafte Abstimmung im deutschen Transfersystem bezeichnet.[461] So soll eine aktuelle Gesetzesinitiative u.a. „die Mindesteinkommensgrenze auf einheitliche Beträge festsetzen und erheblich absenken".[462] Aber auch der Wortlaut der vorgeschlagenen Gesetzesänderung deutet an, dass sich der Gesetzgebungswille im komplexen Regelungssystem des Sozialrechts erneut kaum, jedenfalls nur gehemmt entfalten wird.[463]

---

[459] Durch das kommunale Optionsgesetz vom 30. Juli 2004 (BGBl. I, S. 2014, 2026) sollte die Aufteilung der anteiligen Wohnkosten bei der Ermittlung der Mindesteinkommensgrenze geregelt werden. Das Gesetz zur Änderung des Zweiten Buches Sozialgesetzbuch und anderer Gesetze vom 24. März 2006 (BGBl. I, S. 558) erweiterte den Kreis der Anspruchsberechtigten mit Blick auf das Kindesalter. Das Gesetz zur Fortentwicklung der Grundsicherung für Arbeitssuchende vom 20. Juli 2006 (BGBl. I, S. 1706, 1719) regelte den grundsätzlichen 6-monatigen Turnus der Gewährung des Zuschlags (insgesamt wird die Leistung höchstens 36 Monate gewährt), den Ausschluss seiner Gewährung, wenn zumutbare Anstrengungen zur eigenen Einkommenserzielung unterlassen wurden, sowie ein Wahlrecht mit Blick auf das Arbeitslosengeld II. Schließlich wurde die Ablehnung anderer Leistungen und eine deshalb mögliche Rückzahlung des Kinderzuschlags gesetzlich normiert (Gesetz zur Anspruchsberechtigung von Ausländern wegen Kindergeld, Erziehungsgeld und Unterhaltsvorschuss vom 13. Dezember 2006 [BGBl. I, S. 2915]; siehe insgesamt hierzu die Unterrichtung durch die Bundesregierung vom 8. März 2007, BTDrs. 16/4670, S. 6).

[460] Unterrichtung durch die Bundesregierung vom 8. März 2007, BTDrs. 16/4670, S. 6f., 12f. m.w.H., Zitate S. 7 und 13; siehe insgesamt zudem die Beschlussempfehlung und den Bericht des Ausschusses für Familie, Senioren, Frauen und Jugend, BTDrs. 16/9792.

[461] *Meister*, Der Kinderzuschlag für Geringverdiener – ein Beispiel für mangelhafte Abstimmung im deutschen Transfersystem, ifo Schnelldienst 16/2006, S. 12.

[462] Beschlussempfehlung und Bericht des Ausschusses für Familie, Senioren, Frauen und Jugend vom 25. Juni 2008, BTDrs. 16/9792, S. 1.

[463] Nach der vorgeschlagenen Nr. 4 des § 6a Abs. 1 BKKG erhalten Personen den Kinderzuschlag, wenn „durch den Kinderzuschlag Hilfebedürftigkeit nach § 9 des Zweiten Buches Sozialgesetzbuch vermieden wird. Wenn kein Mitglied der Bedarfsgemeinschaft Leistungen nach dem Zweiten oder Zwölften Buch Sozialgesetzbuch beantragt hat oder erhält oder alle Mitglieder der Bedarfsgemeinschaft für den Zeitraum, für den Kinderzuschlag beantragt wird, auf die Inanspruchnahme von Leistungen nach dem Zweiten oder Zwölften Buch Sozi-

Der Bundestag erreicht ein wichtiges und aus sich heraus nicht sonderlich schwer umzusetzendes Gesetzgebungsziel nicht in dem gewünschten Maß, weil das Gesetz nicht hinreichend allgemein ist, insbesondere die sprachliche und auch im Zusammenwirken mit dem Sozialrecht die instrumentelle Allgemeinheit fehlen. Das Beispiel zeigt, wie die Gesetzesallgemeinheit der Wirkung gesetzlicher Regelungen und damit der Demokratie dienen kann. Wäre das Sozialrecht stärker regel- und weniger ausnahmebestimmt und allgemein verständlich, könnte ein neuer Leistungstatbestand leichter in das Rechtssystem integrieret werden, der Bundestag in diesem Bereich seine gestaltende Kraft besser entfalten. Die Qualität des deutschen Rechtssystems behindert insofern die Entfaltung der Demokratie.

Dieses Problem verschärft sich angesichts einer Rechtsordnung, in welcher das Recht aus zahlreichen Quellen fließt, Regelungen des internationalen Rechts, des supranationalen Europarechts, des Bundes, der Länder und der Gemeinden Geltung beanspruchen. Diese Rechtsvielfalt stellt gegenwärtig die Demokratie, den Rechtsstaat und den Schutz der Menschenrechte auf die Probe, erwartet eine Koordination des Rechts.[464] Der moderne, sich international und supranational bindende Staat[465] stellt so die Frage nach einer Allgemeinheit der Rechtssätze, nach diesem Garanten der Freiheit und Demokratie mit neuer Qualität.[466] Gerade eine ausdifferenzierte Gesellschaft, die mit anderen Staaten kooperiert, in der Europäischen Union mit 27 Staaten einen engen Bund eingegangen ist, braucht dauerhafte rechtliche Haltepunkte, eine systematische Rechtsordnung mit bestimmenden Prinzipien,[467] damit sich der Parlamentarismus, damit sich die Demokratie weiterhin entfalten können. Die Gesetzesallgemeinheit ist deshalb aktuell als eine Quelle der Demokratie gefragt. So erscheint es folgerichtig, dass in der Verfassungsentscheidung für die Demokratie gesetzliche Allgemeinheitserwartungen ruhen.

---

algesetzbuch verzichten, werden bei der Prüfung, ob Hilfebedürftigkeit vermieden wird, Mehrbedarfe nach § 21 und § 28 Abs. 1 Satz 3 Nr. 2 bis 4 des Zweiten Buches Sozialgesetzbuch nicht berücksichtigt. In diesem Fall ist § 46 Abs. 2 des Ersten Buches Sozialgesetzbuch nicht anzuwenden. Der Verzicht kann auch gegenüber der Familienkasse erklärt werden; diese unterrichtet den für den Wohnort des Berechtigen zuständigen Träger der Grundsicherung für Arbeitssuchende über den Verzicht" (Beschlussempfehlung und Bericht des Ausschusses für Familie, Senioren, Frauen und Jugend vom 25. Juni 2008, BTDrs. 16/9792, S. 6).

464 Siehe zu diesen Gefahren die bereits zitierte und nachdrückliche Studie von *Stolleis*, Vormodernes und postmodernes Recht, Merkur 2008, 425 (insbes. 428 f.); siehe bereits oben unter A. V. (S. 57 ff.).

465 Siehe hierzu *Di Fabio*, Das Recht offener Staaten, 1998.

466 Siehe hierzu auch sogleich unter D (S. 386 ff.).

467 *H. Schneider*, Gesetzgebung, 3. Auflage 2002, Rdn. 432; siehe bereits unter A (S. 39 ff.) und im Ersten Kapitel unter A (S. 3 ff.).

2. Demokratische Mitbestimmung, nicht Fremdbestimmung

Der Mensch steht im Mittelpunkt des Gemeinwesens.[468] Das Grundgesetz entscheidet sich in Art. 1 Abs. 1 verbindlich und unveränderlich[469] für diese Mitte, richtet die öffentliche Gewalt auf den Menschen und seine Würde aus.[470] „Die Verfassung hat die Aufgabe, Freiheit und Selbstbestimmung des Individuums zu gewähren und zu sichern."[471] Ist der selbstbestimmte Mensch das Maß staatlichen Handelns, muss auch jeder Mensch die Geschicke der Rechtsgemeinschaft mitbestimmen können, muss alle Staatsgewalt „vom Volke ausgehen". Dies geschieht durch „Wahlen und Abstimmungen" nach dem Mehrheitsprinzip „und durch besondere Organe der Gesetzgebung, der vollziehenden Gewalt und der Rechtsprechung" (Art. 20 Abs. 2 GG). Nur die Demokratie gewährleistet diese *„freie Selbstbestimmung aller"*[472] rechtsverbindlich, ermöglicht eine wirksame Mitgestaltung nach den Prinzipien der Freiheit und Gleichheit. „Der Anspruch auf freie und gleiche Teilhabe an der öffentlichen Gewalt ist in der Würde des Menschen (Art. 1 Abs. 1 GG) verankert. Er gehört zu den durch Art. 20 Abs. 1 und Abs. 2 GG in Verbindung mit Art. 79 Abs. 3 GG als unveränderbar festgelegten Grundsätzen des deutschen Verfassungsrechts."[473] Die demokratische Selbstbestimmung ist in der strikten Ablehnung von Fremdbestimmung mit dem Kerngedanken der Würde und Freiheit verbunden. Ein Abrücken von der Selbstbestimmung würde diese Kerngedanken verletzen und die Legitimation der öffentlichen Gewalt untergraben.[474] Der Rechtsstatus des Einzelnen und die Idee der Freiheit sind nicht relativierbar.[475]

Die Selbstbestimmung der Menschen in Freiheit braucht einen Garanten für Sicherheit, für Frieden und Ordnung, bedarf eines institutionellen Rahmens.

---

[468] Siehe hierzu BVerfGE 9, 268 (279) – Bremer Personalvertretung.

[469] Art. 79 Abs. 3 GG.

[470] Der Entwurf von Herrenchiemsee hatte diesen Gedanken noch anders formuliert, der Art. 1 Abs. 1 lautete: „Der Staat ist um des Menschen willen da, nicht der Mensch um des Staates willen" (Entstehungsgeschichte der Artikel des Grundgesetzes, JöR n. F. 1 [1951], Artikel 1, 48).

[471] *Stern*, Das Staatsrecht der Bundesrepublik Deutschland, Band I, 2. Auflage 1984, S. 94.

[472] BVerfGE 44, 125 (142) – Öffentlichkeitsarbeit (Hervorhebung übernommen).

[473] BVerfG, 2 BvE 2/08 vom 30. Juni 2009, Absatz-Nr. 211 – Lissabon; *Di Fabio*, Demokratie im System des Grundgesetzes, in: Festschrift für Peter Badura, 2004, S. 77 (77 f.); *Chr. Möllers*, Gewaltengliederung, 2005, S. 28 ff.; insgesamt *Degenhart*, Staatsrecht I, 23. Auflage 2007, Rdn. 23 ff.; *Epping*, Grundrechte, 3. Auflage 2007, Rdn. 567 ff.

[474] *E.-W. Böckenförde*, Demokratie als Verfassungsprinzip, in: HStR II, 3. Auflage 2004, § 24 Rdn. 35; *Starck*, Grundrechtliche und demokratische Freiheitsidee, in: HStR III, 3. Auflage 2005, § 33 Rdn. 12; jeweils m. w. H.; insgesamt jüngst *Unger*, Das Verfassungsprinzip der Demokratie, 2008.

[475] *Masing*, Der Rechtsstatus des Einzelnen im Verwaltungsrecht, in: Hoffmann-Riem/Schmidt-Aßmann/Voßkuhle (Hg.), GVwR I, 2006, § 7 Rdn. 7; *Zaczyk*, Die Freiheit der Person als Zentrum der Rechtsbegründung, in: Siller/Keller (Hg.), Rechtsphilosophische Kontroversen der Gegenwart, 1999, S. 51.

Das Staatsvolk überträgt dem Staat deshalb Hoheitsgewalt, weist ihm die Macht zu, „Akte zu setzen, die für alle verbindlich sind, insbesondere Recht zu schaffen und Herrschaftsorgane einzusetzen."[476] Handelndes Subjekt ist das „Staatsvolk",[477] also die Allgemeinheit der Staatsangehörigen,[478] die nach Art. 38 Abs. 1 Satz 1 GG durch „allgemeine Wahlen" ihre Staatsgewalt ausüben.[479] Die Allgemeinheit der Wahl knüpft unmittelbar an den Begriff des Volks an[480] und „verbietet dem Gesetzgeber, bestimmte Volksgruppen aus politischen, wirtschaftlichen oder sozialen Gründen von der Ausübung des Wahlrechts auszuschließen".[481] Verfassungsrechtlicher Ausgangstatbestand der Demokratie ist somit eine Allgemeinheit des Staatsvolks, die die Individualität jedes Einzelnen in einer allgemeinen Gesetzesordnung sichert.[482]

Die staatliche Gewalt ist so zu organisieren, dass sie in Errichtung und Ausübung stets in einer ununterbrochenen Legitimationskette[483] auf den Willen der Allgemeinheit des Volks zurückgeführt werden kann,[484] dass sie also tatsächlich vom Volk ausgeht. Die öffentliche Gewalt, Regierung, Verwaltung und Gerichte, werden für die Gemeinschaft, werden „im Namen des Volks" tätig. Durch die Wahl wird das Volk zur Quelle und zum Ziel staatlicher Macht, werden die „Selbstbestimmung des Volks"[485] und die „innere Souveränität – die unabgeleitete Freiheit – des Bürgers" verwirklicht.[486] Das Volk muss einen „konkret erfahrbaren und praktisch wirksamen",[487] „einen effektiven Einfluß auf die Ausübung der Staatsgewalt",[488] auf den „gesamten Umfang staatlichen

---

[476] BVerfGE 44, 125 (141f.) – Öffentlichkeitsarbeit.

[477] BVerfGE 83, 37 (52) – Ausländerwahlrecht; *E.-W. Böckenförde*, Demokratie als Verfassungsprinzip, in: HStR II, 3. Auflage 2004, § 24 Rdn. 27f., 35ff.

[478] BVerfGE 83, 37 (51) – Ausländerwahlrecht; *Quaritsch*, Der grundrechtliche Status der Ausländer, in: HStR V, 1. Auflage 1992, § 120, Rdn. 93.

[479] *H. Meyer*, Wahlgrundsätze, Wahlverfahren, Wahlprüfung, in: HStR III, 3. Auflage 2005, § 46 Rdn. 1f.; *Starck*, Grundrechtliche und demokratische Freiheitsidee, ebenda, § 33 Rdn. 32.

[480] Art. 38 Abs. 1 Satz 2, Art. 28 Abs. 1 Satz 2 GG.

[481] BVerfGE 58, 202 (205) – Aktives Wahlrecht für Beamte.

[482] Siehe hierzu *Schmitt Glaeser*, Die grundrechtliche Freiheit des Bürgers zur Mitwirkung an der Willensbildung, in: HStR III, 3. Auflage 2005, § 38; sowie sogleich unter 5. (S. 274ff.).

[483] BVerfGE 47, 253 (275) – Gemeindeparlamente; 83, 37 (51ff.) – Ausländerwahlrecht; 93, 37 (66f.) – Mitbestimmungsgesetz Schleswig-Holstein.

[484] *E.-W. Böckenförde*, Demokratie als Verfassungsprinzip, in: HStR II, 3. Auflage 2004, § 24 Rdn. 1.

[485] BVerfGE 2, 1 (12f.) – SRP-Urteil; *Stern*, Das Staatsrecht der Bundesrepublik Deutschland, Band I, 2. Auflage 1984, S. 594; *E.-W. Böckenförde*, Demokratie als Verfassungsprinzip, in: HStR II, 3. Auflage 2004, § 24 Rdn. 3, spricht von „Freiheit und Selbstbestimmung des Volkes".

[486] *Di Fabio*, Demokratie im System des Grundgesetzes, in: Festschrift für Peter Badura, 2004, S. 77 (79).

[487] BVerfGE 107, 59 (91) – Lippeverband und Emschergenossenschaft.

[488] BVerfGE 93, 37 (66f.) – Mitbestimmungsgesetz Schleswig-Holstein.

Handelns"[489] haben. Zu der ununterbrochenen personellen Legitimationskette tritt so die Forderung nach einem „Legitimationsniveau"[490] und nach einem dementsprechenden Mindestmaß demokratischer Kontrolle. Der Bürger muss die Ausübung der öffentlichen Gewalt beherrschen und beobachten können. Der in allgemeinen Wahlen gewählte Bundestag ist Repräsentant[491] des gesamten Staatsvolks und handelt insbesondere durch das Gesetz.[492] So wird die im Parlamentsgesetz verkörperte Herrschaft des Volks über die Gesetzgebung und mittels der Gesetze zum „maßgeblichen Instrument" der Demokratie.[493] Dieses verfassungsrechtliche Erfordernis der demokratischen Legitimation trägt den Allgemeinheitsgedanken an das Gesetz heran.

3. *Legitimationsniveau – selbstreferentielle Gemeinwohlorientierung*

Die funktionell-institutionelle demokratische Legitimation wird unmittelbar durch das Grundgesetz vermittelt. Das Volk hat sich als Souverän die Verfassung gegeben, die Verfassungsorgane konstituiert und damit demokratisch autorisiert. Diese Legitimation aus der Allgemeinheit der verfassungsrechtlichen Rahmenordnung muss für die jeweiligen Handlungen durch ein personelles und ein sachliches Instrument ergänzt werden, um den effektiven Einfluss der Bürger zu sichern. Nach der personellen demokratischen Legitimation ist jeder, der staatliche Angelegenheiten wahrnimmt, von der Allgemeinheit der Wähler für diese Tätigkeit zu bestimmen. Die Kette der demokratischen Legitimation

---

489 *E.-W. Böckenförde*, Demokratie als Verfassungsprinzip, in: HStR II, 3. Auflage 2004, § 24 Rdn. 12f., der betont, dass die Wahl der Handlungs- oder Organisationsform die Notwendigkeit der demokratischen Legitimation nicht abstreift.

490 BVerfGE 93, 37 (66f.) – Mitbestimmungsgesetz Schleswig-Holstein; dies betont ebenso *Di Fabio*, Demokratie im System des Grundgesetzes, in: Festschrift für Peter Badura, 2004, S. 77 (78ff.); insgesamt *E.-W. Böckenförde*, Demokratie als Verfassungsprinzip, in: HStR II, 3. Auflage 2004, § 24 Rdn. 11.

491 Zum Prinzip der Repräsentation *E.-W. Böckenförde*, Demokratie als Verfassungsprinzip, in: HStR II, 3. Auflage 2004, § 24 Rdn. 21f.; *Badura*, Die parlamentarische Demokratie, ebenda, § 25 Rdn. 34f.

492 Vgl. dazu *C. Schmitt*, Verfassungslehre [1928], 4. Auflage 1965, S. 125f.; *Schmidt-Aßmann*, Der Rechtsstaat, in: HStR II, 3. Auflage 2004, § 26 Rdn. 35.

493 Insgesamt *Di Fabio*, Demokratie im System des Grundgesetzes, in: Festschrift für Peter Badura, 2004, S. 77 (78ff.); siehe zu der daher zwingenden Unterscheidung zwischen der personellen und sachlichen demokratischen Legitimation *E.-W. Böckenförde*, Demokratie als Verfassungsprinzip, in: HStR II, 3. Auflage 2004, § 24 Rdn. 21ff.; *Jestaedt*, Demokratieprinzip und Kondominialverwaltung, 1993, S. 267ff.; *P. M. Huber*, Regierung und Opposition, in: HStR III, 3. Auflage 2005, § 47 Rdn. 10ff.; siehe zu dem hieraus folgenden Parlamentsvorbehalt *Brenner*, Das Prinzip Parlamentarismus, ebenda, § 44 Rdn. 27, 30ff.; kritisch: *Rinken*, Demokratie und Hierarchie, KritV 79 (1996), 282; siehe für die rechtshistorischen Wurzeln der Demokratie in Deutschland: *Kotzur*, Die Demokratiedebatte in der deutschen Verfassungsrechtslehre, in: Bauer/Huber, P.M./Sommermann (Hg.), Demokratie in Europa, 2005, S. 351; über Deutschland hinausgreifend: *M. G. Schmidt*, Geschichtliche Entwicklungslinien der Demokratie, ebenda, S. 21.

muss ihn *als Person* erreichen, verbindet den Amtswalter mit dem Volk. Die sachliche Legitimation fordert, dass „die Ausübung der Staatsgewalt *ihrem Inhalt nach* vom Volk herzuleiten" ist, den Volkswillen vermittelt. Dies geschieht primär durch das Gesetz als dem in Rechtsregeln gegossenen Willen des Volks, an den alle Staatsgewalt gebunden ist. Die inhaltliche Bindung an das Volk wird auch durch die Verantwortung der staatlichen Tätigkeit vor dem gewählten Parlament vermittelt.[494]

Zwischen der sachlich-inhaltlichen und der personellen Legitimation besteht ein Zusammenhang. Wird die öffentliche Hand – wie die Rechtsprechung – weisungsunabhängig tätig, „ist die strenge Bindung an das (inhaltlich bestimmte) Gesetz ohne eigene Gestaltungsspielräume das notwendige Korrelat dieser Unabhängigkeit, gerade auch unter demokratischen Gesichtspunkten."[495] Wenn das Gesetz staatlichem Handeln aber einen eigenständigen Gestaltungsraum zuweist, „sind Verantwortlichkeit bzw. Weisungsabhängigkeit grundsätzlich unerläßlich, um die demokratische Legitimation nach der sachlich-inhaltlichen Seite herzuleiten."[496] Das Primat des Gesetzes wird hier in der Entscheidung deutlich, inwieweit die sachlich-inhaltliche Legitimation durch die Verantwortung vor dem Parlament ergänzt werden kann. Zudem setzt das Parlamentsgesetz den verbindlichen Rahmen, in welchem sich die Gestaltungskraft der Verwaltung entfaltet. Die sachlich-inhaltliche Legitimation stützt sich so insgesamt primär auf das Gesetz.[497] Sie wird in den gesetzlich bestimmten Räumen durch die unmittelbare oder mittelbare persönliche Verantwortung gegenüber dem Parlament ergänzt. Letztere greift, wenn Amtsträger nach Weisung insbesondere der Regierung handeln und so diese „in die Lage versetzen, die Sachverantwortung gegenüber Volk und Parlament zu übernehmen."[498] Der Zurechnungszusammenhang zwischen Volk und staatlicher Herrschaft wird insgesamt „vor allem durch die Wahl des Parlaments, durch die von ihm beschlossenen Gesetze als Maßstab der vollziehenden Gewalt, durch den parlamentarischen Einfluß auf die Politik und Regierung sowie durch die grundsätzliche Weisungsgebundenheit der Verwaltung gegenüber der Regierung hergestellt."[499] Die Art der

---

[494] *E.-W. Böckenförde*, Demokratie als Verfassungsprinzip, in: HStR II, 3. Auflage 2004, § 24 Rdn. 16ff. m.w.H., Zitat Rdn. 22; *Ossenbühl*, Gesetz und Recht – Die Rechtsquellen im demokratischen Rechtsstaat, in: HStR V, 3. Auflage 2007, § 100 Rdn. 4 und Rdn. 19f.

[495] *E.-W. Böckenförde*, Demokratie als Verfassungsprinzip, in: HStR II, 3. Auflage 2004, § 24 Rdn. 16ff. m.w.H., Zitat Rdn. 22.

[496] *E.-W. Böckenförde*, Demokratie als Verfassungsprinzip, in: HStR II, 3. Auflage 2004, § 24 Rdn. 16ff. m.w.H., Zitat Rdn. 22.

[497] *Lepsius*, Steuerungsdiskussion, Systemtheorie und Parlamentarismuskritik, 1999, S. 21ff.

[498] BVerfGE 93, 37 (67) – Mitbestimmungsgesetz Schleswig-Holstein.

[499] BVerfGE 93, 37 (66f.) – Mitbestimmungsgesetz Schleswig-Holstein; *Di Fabio*, Demokratie im System des Grundgesetzes, in: Festschrift für Peter Badura, 2004, S. 77 (78ff.); *E.-W. Böckenförde*, Demokratie als Verfassungsprinzip, in: HStR II, 3. Auflage 2004, § 24 Rdn. 11.

Legitimation hängt dabei insbesondere von der konkreten Tätigkeit ab. Werden politische Entscheidungen getroffen, die vom Gesetz weniger gut geleitet werden können, bedarf es – neben dem gesetzlichen Rahmen – „des politischen Schwergewichts eines Regierungschefs oder des Regierungskollegiums mit ihrer unmittelbaren Verantwortung vor dem Parlament und in der besonderen Beobachtung durch die öffentliche Meinung."[500]

Das demokratische Legitimationserfordernis einer institutionellen, personellen und sachlichen Legitimation macht das Gesetz in einer Allgemeinheitserwartung zur Mitte der Demokratie. Das Grundgesetz konstituiert und autorisiert die Staatsorgane, ist rechtliche Basis verfassungsstaatlichen Handelns. Die personelle Legitimation führt die mit der Wahrnehmung staatlicher Angelegenheiten betrauten Amtswalter in einer ununterbrochenen Legitimationskette auf das Staatsvolk zurück,[501] verbindet insoweit den Gesetzgeber durch allgemeine Wahlen mit dem Staatsvolk und richtet ihn im Erfordernis der Neuwahlen auf diese Allgemeinheit aus. Die funktionell-institutionelle Legitimation gründet in der Allgemeinheit der verfassungsrechtlichen Rahmenordnung. Die sachliche Legitimation sieht das Gesetz als den in Rechtsregeln gegossenen Willen des Volks,[502] erwartet eine von der Allgemeinheit des Volks abgeleitete und auf sie bezogene Gesetzgebung. Diesem Erfordernis kommt das Parlament näher, wenn es das allgemeine Wohl fördert, seine Gesetze personell und gegenständlich auf die Allgemeinheit ausrichtet, wenn es der finalen Allgemeinheit folgt. Es entfernt sich jedoch von diesem Ziel, wenn es eine gesetzliche Regelung erlässt, die von vornherein nur wenigen und nicht der Gemeinschaft dient.

Die parlamentarische Demokratie sucht diese Ausrichtung auf das Wohl aller insbesondere durch das Parlament, durch das öffentliche Gesetzgebungsverfahren, durch die Allgemeinheit der Abgeordneten zu verwirklichen. Das Parlament konkretisiert in einem verfassungsgebundenen Gestaltungsraum,[503] hier aber in eigener Entscheidung dieses Ziel und die Instrumente, und bestimmt näher, wie diesem Ziel gedient wird. Es muss sich in dieser Suche im demokratisch-politischen Willensbildungsprozess, letztlich vor der Allgemeinheit der Wähler rechtfertigen. Das Parlamentsgesetz leistet einen entscheidenden Beitrag bei der Konkretisierung des Gemeinwohlziels, will dieses Ziel erreichen und muss sich an ihm messen lassen. Es prägt so den Maßstab, an dem es bewertet wird. Für die finale Allgemeinheit des Gesetzes folgt hieraus eine selbstrefe-

[500] *Di Fabio*, Demokratie im System des Grundgesetzes, in: Festschrift für Peter Badura, 2004, S. 77 (85); *Badura*, Die parlamentarische Demokratie, in: HStR II, 3. Auflage 2004, § 25 Rdn. 34.

[501] BVerfGE 83, 37 (52 ff.) – Ausländerwahlrecht; *E.-W. Böckenförde*, Demokratie als Verfassungsprinzip, in: HStR II, 3. Auflage 2004, § 24 Rdn. 16.

[502] *Ossenbühl*, Gesetz und Recht – Die Rechtsquellen im demokratischen Rechtsstaat, in: HStR V, 3. Auflage 2007, § 100 Rdn. 4 und Rdn. 19 f.

[503] Zu dieser Notwendigkeit mit Blick auf die Gemeinwohlorientierung sogleich unter 4. (S. 271 ff.).

rentielle Wirkung – ein Gedanke, den das Rechtsstaatsprinzip in der Widerspruchsfreiheit der Gesetze aufnimmt.[504] Ein bestimmtes, vorgefundenes Allgemeinwohlkonzept ist mit der Demokratie nicht vereinbar. Der moderne Staat verbindet sich insofern mit der antiken, auch der mittelalterlichen Rechtstradition nur in der Suche nach dem gemeinen Wohl, nicht in der Gewissheit über dieses Ziel.[505]

Die personelle, institutionelle und sachliche demokratische Legitimation richten die Demokratie „nicht je für sich, sondern nur in ihrem Zusammenwirken"[506] auf das Staatsvolk als Ganzes, auf diese Allgemeinheit aus.[507] Die Demokratie ist im Legitimationserfordernis und im Legitimationsniveau mit der Herrschaft des Gesetzes verbunden.[508] In dieser Ausrichtung auf das Gesetz ruhen Allgemeinheitserwartungen, insbesondere der Gedanke einer selbstreferentiellen finalen Allgemeinheit. Die Stärkung des Allgemeinheitspostulats vermag insoweit – weil es den Gesetzgeber nicht zu sehr einengt[509] – die Demokratie, die demokratische Teilhabe des Staatsvolks, die Ausrichtung der Parlamentsbeschlüsse auf diese Allgemeinheit zu stützen[510] und den für die Demokratie notwendigen rechtlichen Rahmen der Freiheit und der Gleichheit vor dem Gesetz zu festigen.[511] Dies bedeutet nicht, dass die Verfassung einem Einzelfallgesetz die demokratische Legitimation von vornherein abspricht. Das vom Grundgesetz vorgegebene demokratische Legitimationsniveau baut auf die Gesetzesallgemeinheit, fordert diese aber nicht unmittelbar und derart hinreichend bestimmt, als dass hierin eine verbindliche und justitiable Allgemein-

---

[504] Siehe hierzu sogleich unter V. (S. 315 ff.).

[505] Siehe hierzu insbes. *Aristoteles*, *Platon* und *Thomas von Aquin* (unter B. II. 2., 3., S. 78 ff., und III. 4., S. 105 ff.).

[506] BVerfGE 49, 89 (125) – Kalkar I; 68, 1 (87 f.) – NATO-Doppelbeschluß; 93, 37 (66 f.) – Mitbestimmungsgesetz Schleswig-Holstein; zu diesen Formen demokratischer Legitimation *E.-W. Böckenförde*, Demokratie als Verfassungsprinzip, in: HStR II, 3. Auflage 2004, § 24 Rdn. 14 ff.; *Trute*, Die demokratische Legitimation der Verwaltung, in: Hoffmann-Riem/Schmidt-Aßmann/Voßkuhle (Hg.), GVwR I, 2006, § 6 Rdn. 7 ff.

[507] Im Gegensatz dazu hat die demokratische Legitimation der kommunalen und der funktionalen Selbstverwaltung ihren „personalen Bezug in anderen, durch Mitglieder oder Interessenrepräsentanten gebildeten Allgemeinheiten" (*E.-W. Böckenförde*, Demokratie als Verfassungsprinzip, in: HStR II, 3. Auflage 2004, § 24 Rdn. 31).

[508] Siehe hierzu *Di Fabio*, Demokratie im System des Grundgesetzes, in: Festschrift für Peter Badura, 2004, S. 77 (85); *Lepsius*, Steuerungsdiskussion, Systemtheorie und Parlamentarismuskritik, 1999, S. 21: Im parlamentarischen Gesetz verbinden sich die demokratischen Gedanken der Repräsentation und der Herrschaft.

[509] Siehe oben unter 1. und unter I., hier unter 2. bis 4., sowie insbes. unter II., hier unter 1. d) und f) (S. 180 ff., 196 ff., 207 ff., 215 ff. und 258 ff.).

[510] Insgesamt *Di Fabio*, Demokratie im System des Grundgesetzes, in: Festschrift für Peter Badura, 2004, S. 77 (85); *Badura*, Die parlamentarische Demokratie, in: HStR II, 3. Auflage 2004, § 25 Rdn. 34; siehe hierzu zudem BVerfGE 83, 60 (71 ff.) – Ausländerwahlrecht; siehe zur Gesetzgebungsfunktion des Bundestags insgesamt *H. H. Klein*, Stellung und Aufgaben des Bundestages, in: HStR III, 3. Auflage 2005, § 50 Rdn. 17 ff.

[511] Siehe oben unter 2. (S. 265 ff.).

heitsvorgabe zu lesen wäre. Das Parlament folgt den Allgemeinheitserwartungen gleichwohl, will es das Legitimationsniveau und mit ihm die Demokratie stärken.

4. Republik – parlamentarische und individuelle Gemeinwohlverwirklichung

„Die Bundesrepublik Deutschland ist ein demokratischer und sozialer Bundesstaat" (Art. 20 Abs. 1 GG). Das Grundgesetz verbietet in der Vorgabe, eine Republik zu errichten, die Monarchie, die Diktatur, jede Form der Alleinherrschaft, und entscheidet sich verbindlich für eine freiheitliche Demokratie.[512] Die Republik wirkt antidespotisch, wenn sie allein die Legitimation durch das selbstbestimmte Volk erlaubt, versperrt totalitären und anarchistischen Kräften den Weg, weil sie allen freiheits- und ordnungsnegierenden Konzepten eine Absage erteilt. Sie richtet alle öffentliche Gewalt auf die Gemeinschaft, auf das „gemeine Wesen" (res publica), auf das Gemeinwohl aus und will in dieser Forderung dem gemeinsamen Freiheitsinteresse aller dienen.[513]

Die Demokratie sucht das gemeine Wohl durch die Selbstbestimmung der Menschen, durch den Mehrheitsentscheid zu fördern. Die Gewaltenteilung und das Rechtsstaatsprinzip wollen die Demokratie in dieser Ausrichtung durch die Herrschaft des Gesetzes stärken.[514] Das republikanische Prinzip ist mit diesen Strukturentscheidungen in der Grundentscheidung für den Gesetzesstaat, insbesondere aber in der Verpflichtung des Staats verwoben, dem Gemeinwohl zu dienen. Die Republik ist eine Demokratie, die dem Ganzen, dem Wohl aller dient. So wird dem ersten Organ der Demokratie, dem Parlament, der Auftrag erteilt, die Gemeinwohlausrichtung zu prägen und dieses Ziel zu konkretisieren. Auch hierbei ist es an die Verfassungsordnung gebunden, es wirken die Grundrechte,[515] das Allgemeinheitspostulat, die Strukturprinzipien und Staatszielbestimmungen.[516] Das allgemeine Gesetz erwartet die Orientierung am gemeinen Wohl von staatlichen Entscheidungen wie von privater Freiheitswahr-

---

[512] Siehe hierzu *Gröschner*, Die Republik, in: HStR II, 3. Auflage 2004, § 23 Rdn. 1 ff.; *Hesse*, Grundzüge des Verfassungsrechts der Bundesrepublik Deutschland, 20. Auflage 1995, Rdn. 117 ff.; *Stern*, Das Staatsrecht der Bundesrepublik Deutschland, Band I, 2. Auflage 1984, S. 575 ff.; *Anderheiden*, Gemeinwohl in Republik und Union, 2006, insbes. S. 218 ff.; Art. 1 WRV garantierte: „Das Deutsche Reich ist eine Republik".

[513] Insgesamt *Gröschner*, Die Republik, in: HStR II, 3. Auflage 2004, § 23 insbes. Rdn. 34 ff. und 73 ff., jeweils m. w. H.

[514] Siehe sogleich unter IV. (S. 298 ff.) und V. (S. 315 ff.).

[515] *Isensee*, Gemeinwohl im Verfassungsstaat, in: HStR IV, 3. Auflage 2006, § 71 Rdn. 114 ff.; zur freiheitlichen Ordnung und Repbulik insbes. *Gröschner*, Die Republik, in: HStR II, 3. Auflage 2004, § 23 Rdn. 45 ff.; jeweils m. w. H.

[516] *Anderheiden*, Gemeinwohl in Republik und Union, 2006, S. 49 ff., 67 ff., 218 ff.; zu politikwissenschaftlichen Ansätzen vgl. *Koller*, Das Konzept des Gemeinwohls, in: Brugger/Kirste/Anderheiden (Hg.), Gemeinwohl in Deutschland, Europa und der Welt, 2002, S. 41; *Ladwig*, Gemeinwohl und Eigensinn, ebenda, S. 71; siehe für einen ökonomischen Ansatz

nehmung. Die Allgemeinheit dient dem allgemeinen Wohl und fordert Distanz, Zurücknahme von der Regelungsmacht im Dienst der Freiheit. Die republikanische Gemeinwohlorientierung verpflichtet die Amtswalter auf eine Herrschaft für das Volk.[517]

Diese Deutungen betonen die Freiheitsgarantien und die demokratische Selbstbestimmung und vermeiden damit einen Alleinbestimmungsanspruch dessen, der das Gemeinwohl von Staats wegen definiert. Auch das republikanische Prinzip fordert die demokratische Regelbildung, die Allgemeinheit gerade durch das Gesetz statt einer Allgemeinheit, die dem Gesetz vorgegeben ist. So wird gewährleistet, dass die Gemeinwohlorientierung den Raum der Freiheitsentfaltung und die Entscheidungsbefugnisse der demokratischen Repräsentanten nicht zu stark beschränkt. Würde die republikanische Verpflichtung auf das gemeine Wohl bestimmte Maßnahmen ohne demokratische Legitimation fordern, wäre die Demokratie geschwächt. Würden diese Maßnahmen die grundrechtlichen Gewährleistungen verletzen, wäre der für den modernen Staat unverzichtbare Raum der Freiheit zerstört. Auch in der Demokratie prägt nicht das Parlament allein das gemeine Wohl – wenngleich es bestimmend wirkt –, sondern entfaltet sich diese Ausrichtung des Gemeinwesens in einem parlamentarischen Gestaltungsraum und einer individuellen Gestaltungsfreiheit.

Die Gemeinwohlorientierung des Parlaments ist daher mit dem notwendigen Respekt vor den Grundrechten vorzunehmen, im Bewusstsein der unauflösbaren Verknüpfung von grundrechtlicher Freiheit, demokratischer Willensbildung, Rechtsstaat und Republik zu entfalten, welche in Art. 79 Abs. 3 GG betont wird.[518] Die Republik garantiert in der allgemeinen Regel Distanz und Freiheit, die Demokratie spiegelt im allgemeinen Gesetz die Legitimation durch das Staatsvolk. Die republikanische Kernforderung liegt dann darin, dass der Staat keine Partikularinteressen, sondern Gemeinwohlanliegen verfolgen soll, er in der Bildung allgemeiner Regeln der individuellen Freiheit und der Ge-

Kirchgässner, Gemeinwohl in der Spannung von Wirtschaft und politischer Organisation: Bemerkungen aus ökonomischer Perspektive, ebenda, S. 289.

[517] *Gröschner*, Die Republik, in: HStR II, 3. Auflage 2004, § 23 insbes. Rdn. 53 ff.; *Isensee*, Gemeinwohl im Verfassungsstaat, in: HStR IV, 3. Auflage 2006, § 71 Rdn. 132 ff.; *Kirste*, Die Realisierung von Gemeinwohl durch verselbständigte Verwaltungseinheiten, in: Brugger/ders./Anderheiden (Hg.), Gemeinwohl in Deutschland, Europa und der Welt, 2002, S. 327; jeweils m. w. H.; insgesamt *W. Brugger*, Gemeinwohl als Integrationskonzept von Rechtssicherheit, Legitimität und Zweckmäßigkeit, ebenda, S. 17; *Engel*, Das legitime Ziel als Element des Übermaßverbots, ebenda, S. 103; *Ladeur*, Die Prozeduralisierung der Bestimmung des Gemeinwohls, ebenda, S. 257; siehe für den Ausgriff in die überstaatliche Ebene *Calliess*, Gemeinwohl in der Europäischen Union, ebenda, S. 173; *Oeter*, Gemeinwohl in der Völkerrechtsgemeinschaft, ebenda, S. 215 ff.; siehe zudem *Remmert*, Warum muss es Beamte geben?, JZ 2005, 53.

[518] Unveränderlich sind hiernach die Menschenwürdegarantie (Art. 1 GG) und die Strukturbestimmungen des Art. 20 GG. Nach Art. 20 Abs. 1 GG ist die Bundesrepublik Deutschland ein demokratischer und sozialer Bundesstaat. Abs. 2 präzisiert das Demokratieverständnis, Abs. 3 regelt den Rechtsstaat.

meinschaft verpflichtet ist. Die Republik richtet den Staat unter diesen Bedingungen auf das Allgemeine aus und will so dem Ziel der Gerechtigkeit dienen.

Doch wie ist diese für die Republik prägende Balance zwischen individueller Freiheit und gemeinschaftsdienlicher Gestaltung zu sichern? Kann sie überhaupt in Regeln gefasst werden? Auf diese Fragen geben alte Deutungen der Idee des Gesetzes Antworten, wenngleich unter anderen Prämissen. Nach *Aristoteles* und *Thomas von Aquin* dient ein Gesetz dann dem jeweiligen, ganz unterschiedlich gefassten gemeinen Wohl, wenn es allgemein ist.[519] Die Gesetzesallgemeinheit wird von *Kant* – in der freiheitlichen Tradition von *John Locke*[520] – als Garant der individuellen Freiheit aller gedeutet.[521] Mit *Hegel* sichert sie Individualität und Gemeinschaftsbezug zugleich.[522] Das Allgemeinheitspostulat könnte auch im modernen Staat diesen Aufträgen dienen, deshalb eine Vorgabe bieten, welche die Ausrichtung auf das gemeine Wohl in individueller Freiheit und parlamentarischer Gestaltung zu kräftigen vermag. Der Gedanke, dass die Gesetzesallgemeinheit die Republik stärken könnte, gewinnt in der finalen Allgemeinheit eine unmittelbare Stütze, weil diese wie das republikanische Prinzip den Gesetzgeber auf das gemeine Wohl, auf das Ganze ausrichtet. Die notwendige Freiheitsicherung, die freiheitlich-individuelle Gemeinwohlentfaltung sucht die Gesetzesallgemeinheit zu erreichen, indem sie dem Parlament vorgibt, einen freiheitsichernden Schutzwall zu errichten,[523] keinen Menschen allein zu begünstigen oder zu belasten, sondern Lasten wie Begünstigungen gleichmäßig auf alle zu verteilen und so den Raum der individuellen Freiheit zu respektieren. Insbesondere die personale und gegenständliche Allgemeinheit erwarten vom Gesetzgeber, das Gesetz in der Abstufung vom Besonderen zum Allgemeinen im Bereich des Allgemeinen zu halten, das Gesetzgebungsziel ins Grundsätzliche zu wenden, in der gegenständlichen Verallgemeinerung die maßgebliche Obergruppe zu finden. Diese Verallgemeinerung drängt den Gesetzgeber zu einer Rationalität, zu einer Wissenschaftlichkeit, zu einer freiheitsichernden Distanz und einer freiheitschonenden Ausrichtung auf das Ganze.[524] Sie verbietet nicht, dass das Schicksal einer bestimmten Gegend Anlass für ein Gesetz sein kann – wie im Fall einer regionalen Flut –, oder auch nur die Interessen weniger oder eines Einzelnen, wie beim Kampf gegen eine schwere Krankheit, die bisher nur einen befallen hat. Auch solche Regelungen werden allen aber besser dienen und auf das Ganze klarer ausgerichtet, wenn sie zwar dem konkreten Anlass gerecht werden, gleichwohl aber die schützende Regel verall-

---

[519] Siehe unter B. II. 3., S. 82 ff., und III. 4., S. 105 ff.

[520] Siehe oben unter B. IV. 2., S. 116 ff.

[521] Siehe hierzu unter B. IV. 6. (S. 136 ff.).

[522] Siehe hierzu unter B. IV. 7. (S. 140 ff.).

[523] Siehe hierzu oben unter II. 1. c), S. 202 ff., und im Ersten Kapitel unter A. I., S. 3 ff.

[524] Siehe insgesamt unter II., insbes. unter 1. c), S. 202 ff., und f), S. 215 ff., sowie im Ersten Kapitel unter A und B (S. 3 ff.).

gemeinern. Das allgemeine Gesetz nimmt dann nicht nur die Überflutung eines Teilgebiets oder die medizinische Versorgung des einen Patienten in den Blick, sondern sucht im Katastrophenschutz sowie im Seuchenschutz- und Arzneimittelrecht die Verallgemeinerung, um den gegenwärtigen Fällen, aber auch den künftigen, noch nicht bekannten Ereignissen gerecht zu werden. Das allgemeine Gesetz erfasst so vorbeugend und rechtssicher zukünftige Fälle, garantiert die rechtliche Struktur der Gemeinschaft.[525]

Das Allgemeinheitspostulat könnte daher der Republik dienen, die Freiheit und Gleichheit vor dem Gesetz schützen, die individuelle und parlamentarische Ausrichtung auf das gemeine Wohl stärken, Republik, Menschenrechte, Demokratie und Rechtsstaatlichkeit im Gesetz verbinden. Jedenfalls richtet das republikanische Prinzip die staatliche Gewalt auf das gemeine Wohl aus und bestätigt so die Grundforderung der finalen Allgemeinheit des Gesetzes zwar kaum justitiabel, aber verbindlich – in einem parlamentarisch-selbstreferentiellen Gehalt, aber auch in der Entscheidung für die individuelle Freiheit und Gleichheit vor dem Gesetz.

5. Art. 38 Abs. 1 Satz 2 GG: „Vertreter des ganzen Volkes"

a) Repräsentation durch jeden einzelnen und die Gesamtheit der Abgeordneten

Der Bundestag übt nach der ständigen Rechtsprechung des Bundesverfassungsgerichts „als Ganzes im Sinne der Gesamtheit seiner Mitglieder [...] die vom Volk ausgehende Staatsgewalt aus."[526] Wenn aber Art. 38 Abs. 1 Satz 2 GG „den einzelnen Abgeordneten als ‚Vertreter des ganzen Volkes' bezeichnet",[527] vermittelt diese Bestimmung noch einen anderen Gedanken, den das Bundesverfassungsgericht und die Literatur zwar nicht in den Vordergrund rücken, gleichwohl aber ansprechen. Jeder Abgeordnete ist nicht Vertreter „geographisch oder sonst abgegrenzter Volksteile, wie etwa eines Landes oder Wahlkreises, einer Berufsgruppe, Glaubensgemeinschaft oder politischen Partei",

---

525 Insoweit kann dann das Gesetz insbes. in der Zukunftsgerichtetheit, im Erfassen noch unbekannter Fälle, klüger sein als der Gesetzgeber; siehe zu dieser Frage, allerdings nicht bezogen auf die Gesetzesallgemeinheit, *Kausch*, Kann das Gesetz klüger sein als der Gesetzgeber? – Überlegungen zu Gustav Radbruchs Auslegungstheorie, in: Festschrift für Gerhard Otte, 2005, S. 165; kritisch zu dieser Denkform als Ermächtigung der Richter *Rüthers*, Fortgesetzter Blindflug oder Methodendämmerung der Justiz?, JZ 2008, 446 (448f.).

526 BVerfGE 44, 308 (315f.) – Beschlußfähigkeit; 56, 396 (405) – Agent; 80, 188 (217f.) – Wüppesahl; 102, 224 (237) – Funktionszulagen; 104, 310 (329f.) – Pofalla II; siehe für die Literatur *H.H. Klein*, Status des Abgeordneten, in: HStR III, 3. Auflage 2005, § 51 Rdn. 2; *Magiera*, in: Sachs (Hg.), Grundgesetz. Kommentar, 4. Auflage 2007, Art. 38 Rdn. 4f., 45 m.w.H.

527 BVerfGE 44, 308 (316) – Beschlußfähigkeit.

sondern aller Bürger.[528] Der Abgeordnete vertritt die Allgemeinheit und dient dieser bei der Gesetzgebung.

An diesem Repräsentationsauftrag, den auch die Weimarer Reichsverfassung formulierte,[529] wurde nach eingehender Diskussion im Parlamentarischen Rat ausdrücklich festgehalten. Der Einwand, dass ein Abgeordneter „mit einer bestimmten politischen Einstellung“ nicht „dem ganzen Volke gegenüber verantwortlich“, nicht „in letzter Konsequenz [...] Vertreter des ganzen Volkes sein“ könne, die „Meinungen, die politischen Schichtungen, die Empfindungen über die politische Lage [...] in der Gesamtbevölkerung“ hierfür viel zu unterschiedlich seien, konnte sich genauso wenig durchsetzen wie die Erwägung, dass die Abgeordneten nur „insoweit Vertreter“ sein können, „als sie ein Mandat haben“, jeder Abgeordnete lediglich „Vertreter seiner Wähler“ und nur diesen gegenüber „verantwortlich“ sei.[530] Es überwog – mit großer Mehrheit[531] – die Auffassung, dass die Abgeordneten „Vertreter des Ganzen“ und „nicht eines Wahlkreises, nicht einer Landschaft, nicht eines Stammes“ und auch nicht von bestimmten „Interessengruppen“ sind. Die Beratungen „ergaben einwandfrei“, dass der Abgeordnete „Vertreter der Gesamtheit“ und „auch nicht an ein instruiertes Votum“ gebunden ist.[532] Wenn nach Art. 38 Abs. 1 Satz 2 GG die Abgeordneten „Vertreter des ganzen Volkes sind“, meint dies nach dem Wortlaut und der Entstehungsgeschichte einerseits, dass sie in ihrer Gesamtheit das Volk repräsentieren, aber auch, dass jeder einzelne Vertreter aller Bürger, des gesamten Bundesgebiets, des gesamten Volks ist.

Während der Erörterung stand außer Frage, dass die Abgeordneten sich bei jeder „Tätigkeit von den Interessen der Gesamtheit und nicht von Sonderinter-

---

[528] *Magiera*, in: Sachs (Hg.), Grundgesetz. Kommentar, 4. Auflage 2007, Art. 38 Rdn. 45; *Morlok*, in: Dreier, H. (Hg.), Grundgesetz. Kommentar, Band 2, 2. Auflage 2006, Art. 38 Rdn. 129; vgl. BVerfGE 44, 308 (315 f.) – Beschlußfähigkeit.

[529] Siehe hierzu Art. 21 Der Verfassung des Deutschen Reiches vom 11. August 1919 (Weimarer Reichsverfassung, RGBl. S. 1363), im Folgenden: WRV.

[530] Die Einwande äußerten die Abgeordneten *Heiland*, *Schwalber* und *Löwenthal* in der Zweiten Sitzung des Kombinierten Ausschusses vom 16. September 1948, *Löwenthal* wiederholte sie in der Sechsten Sitzung vom 24. September 1948, Deutscher Bundestag/Bundesarchiv (Hg.), Der Parlamentarische Rat 1948–1949, Band 13/I, Ausschuß für Organisation des Bundes, Ausschuß für Verfassungsgerichtshof und Rechtspflege, 2002, S. 21 ff., 165.

[531] Siehe zu der Abstimmung die Sechste Sitzung des Kombinierten Ausschusses vom 24. September 1948 und nochmalige „Zustimmung“ in der Elften Sitzung vom 7. Oktober 1948, Deutscher Bundestag/Bundesarchiv (Hg.), Der Parlamentarische Rat 1948–1949, Band 13/I, Ausschuß für Organisation des Bundes, Ausschuß für Verfassungsgerichtshof und Rechtspflege, 2002, S. 167.

[532] Dies betonten der Vorsitzende *Lehr* und der Abgeordnete *Wirmer* in der Zweiten Sitzung des Kombinierten Ausschusses vom 16. September 1948, der Abgeordnete *Dehler* in der Sechsten Sitzung vom 24. September 1948 und zusammenfassend erneut *Lehr* in der 19. Sitzung vom 3. November 1948, Deutscher Bundestag/Bundesarchiv (Hg.), Der Parlamentarische Rat 1948–1949, Band 13/I und Band 13/II, Ausschuß für Organisation des Bundes, Ausschuß für Verfassungsgerichtshof und Rechtspflege, 2002, S. 21 f., 164, 709.

essen leiten lassen sollten".[533] Zwar versperrt ihnen das Grundgesetz nicht den Weg, wenn sie Gesetze einbringen, die Sonderinteressen dienen.[534] Der Anspruch aber, als unabhängige Persönlichkeiten das gesamte Volk zu vertreten, greift hierüber hinaus. Er meint dabei keine Vertretung im Rechtssinn, zielt nicht darauf, dass sich im Parlament der Wille des Volks unmittelbar äußert.[535] In der modernen Gesellschaft entwickelt sich ein politischer Wille nicht allein im Parlament, sondern auf unterschiedlichen Wegen, über die individuelle Meinungsbildung und Meinungsäußerung, über Medien, Demonstrationen, Parteien, Verbände. Die selbstständige Entscheidungsgewalt des Parlaments gewährleistet gleichwohl eine „verfassungsrechtlich geordnete und gebundene staatliche Willensbildung, sichert aber zugleich den freien Prozeß der politischen Meinungs- und Willensbildung durch die politischen Freiheitsrechte. Ihr repräsentativer Charakter ist Ausdruck sowohl der staatlichen Herrschaftsordnung als auch der verfassungsrechtlichen Begründung und Begrenzung von Staatsgewalt."[536] Die Willensbildung im Volk vollzieht sich in grundrechtlicher Freiheit, ist grundrechtsberechtigt und nicht grundrechtsverpflichtet. Im Bundestag entwickeln die Abgeordneten im freien Mandat und aus ihrer Persönlichkeit schöpfend den politischen Willen. Sie werden dabei von den Grundrechten geleitet und sind dem „ganzen Volk" verpflichtet. Der Bundestag darf nicht die Interessen weniger zum Wohl aller zurückstellen, sondern muss sich auch diese zu Eigen machen, stets für alle, für „die Gesamtheit" agieren. In „einem Staatswesen, in dem das Volk" – so fährt das Bundesverfassungsgericht fort – „die Staatsgewalt am unmittelbarsten durch das von ihm gewählte Parlament ausübt", erfüllt der Staat „durch seine gesetzgebende Gewalt die Aufgabe, Hüter des Gemeinwohls gegenüber Gruppeninteressen zu sein."[537] Es besteht eine „verfassungsrechtliche Grundverpflichtung", nach welcher alle Staatsgewalt der „Würde und Freiheit aller und der sozialen Gerechtigkeit" dienen muss, „mithin stets am Wohle aller Bürger ausgerichtet zu sein hat."[538] Die Individu-

---

[533] Dies bemerkte der Abgeordnete *Löwenthal* (Sechste Sitzung des Kombinierten Ausschusses vom 24. September 1948, Deutscher Bundestag/Bundesarchiv [Hg.], Der Parlamentarische Rat 1948–1949, Band 13/I, Ausschuß für Organisation des Bundes, Ausschuß für Verfassungsgerichtshof und Rechtspflege, 2002, S. 163).

[534] BVerfGE 5, 85 (233f.) – KPD-Verbot; *Magiera*, in: Sachs (Hg.), Grundgesetz. Kommentar, 4. Auflage 2007, Art. 38 Rdn. 45.

[535] Vgl. BVerfGE 80, 188 (217f.) – Wüppesahl; *Magiera*, in: Sachs (Hg.), Grundgesetz. Kommentar, 4. Auflage 2007, Art. 38 Rdn. 5 m. w. H.

[536] *Badura*, Die parlamentarische Demokratie, in: HStR II, 3. Auflage 2004, § 25 Rdn. 37; *H. H. Klein*, Status des Abgeordneten, in: HStR III, 3. Auflage 2005, § 51 Rdn. 2ff.

[537] BVerfGE 33, 125 (158f.) – Facharzt.

[538] BVerfGE 44, 125 (141f.) – Öffentlichkeitsarbeit; siehe bereits *Tatarin-Tarnheyden*, Die Rechtsstellung der Abgeordneten; ihre Pflichten und Rechte, in: Anschütz/Thoma (Hg.), Handbuch des Deutschen Staatsrechts, Band 1 [1930], 1998, § 38, S. 413 (416), zur gleichlautenden Bestimmung der Weimarer Reichsverfassung; siehe für diese Ausrichtung des Rechtsstaatsprinzips *Kunig*, Das Rechtsstaatsprinzip, 1986, S. 333ff.

alinteressen werden in den Worten *Ernst-Wolfgang Böckenfördes* in einem „Prozeß der Vermittlung auf das Allgemeine hin" eingebracht, der die Spezialinteressen berücksichtigt, gleichzeitig aber die notwendige Distanz aufbringt, „der einen weitgreifenden, über diese Interessen und Bedürfnisse hinausgehenden Bezugspunkt hat".[539] Die repräsentative Demokratie erwartet eine Repräsentation des „ganzen Volkes", eine Ausrichtung auf das Ganze, ist so – wie das Erfordernis des demokratischen Legitimationsniveaus und das Republikprinzip[540] – auf die finale Allgemeinheit der Gesetze ausgelegt.

b) „Persönlichkeit, Erfahrung und Gewissen"

Die Diskussion im Parlamentarischen Rat war von der Frage geprägt, inwieweit die Abgeordneten von Parteien unabhängig sind, ob sie einer Parteiorder oder einem Fraktionszwang unterliegen.[541] Vor dem Hintergrund dieser Debatte verdeutlicht Art. 38 Abs. 1 Satz 2 GG, dass die Abgeordneten – auch in der Parteiendemokratie – unabhängig, „an Aufträge und Weisungen nicht gebunden und nur ihrem Gewissen unterworfen" sind. Selbst ein Abgeordneter, der über die Parteiliste sein Mandat erhalten hat, der also „de facto und de jure Abgeordneter seiner Partei" ist, kann die Fraktion wechseln, ohne das Mandat zu verlieren – wie *Otto Heinrich Greve* dies im damaligen Niedersächsischen Landtag getan hat; darauf wurde in der Debatte ausdrücklich hingewiesen. In der Beratung wurde betont, dass die „Demokratie und der Parlamentarismus" letztlich „am Ende" sind, wenn „nicht mehr die Persönlichkeit" ihre „Erfahrungen und am Ende ihr Gewissen in die Waagschale wirft", sondern die Partei an diese Stelle tritt.[542]

Die persönliche, die individuelle Einschätzung und Entscheidungskraft jedes Abgeordneten kann sich aber nur entfalten, wenn der Abgeordnete beim Erlass

---

[539] *E.-W. Böckenförde*, Demokratie als Verfassungsprinzip, in: HStR II, 3. Auflage 2004, § 24 Rdn. 78 f., der dies als „ethische Voraussetzung" der Demokratie versteht; *Chr. Möllers*, Gewaltengliederung, 2005, insbes. S. 107, betont: „Die Legitimationsleistung legislativer Rechtserzeugung besteht also in der Bildung und prospektiven Formalisierung eines Allgemeinheit beanspruchenden Willens."

[540] Siehe oben unter 3. und 4. (S. 267 ff.).

[541] Siehe zu dieser Diskussion insbes. die Zweite Sitzung des Kombinierten Ausschusses vom 16. September 1948 und die 20. Sitzung des Ausschusses für die Organisation des Bundes vom 5. November 1948, Deutscher Bundestag/Bundesarchiv (Hg.), Der Parlamentarische Rat 1948–1949, Band 13/I und 13/II, Ausschuß für Organisation des Bundes, Ausschuß für Verfassungsgerichtshof und Rechtspflege, 2002, S. 21 ff., 726 ff.

[542] Siehe hierzu den Abgeordneten *Heile*, der allerdings damit schließt, dass dies bei einem System der Listenwahl untragbar erscheinen mag, dieser Befund aber nicht gegen die Freiheit des Abgeordneten, „sondern nur gegen das Proporzsystem" spreche; siehe zudem den Abgeordneten *Dehler* (Sechste Sitzung des Kombinierten Ausschusses vom 24. September 1948 und Zweite Sitzung vom 16. September 1948, Deutscher Bundestag/Bundesarchiv [Hg.], Der Parlamentarische Rat 1948–1949, Band 13/I, Ausschuß für Organisation des Bundes, Ausschuß für Verfassungsgerichtshof und Rechtspflege, 2002, S. 166, 23).

eines Gesetzes auch versteht, was er tut. Der Gedanke der parlamentarischen Repräsentation erwartet insofern die Verständlichkeit der Gesetze. Doch darf auch diese Forderung – dies gilt auch für das Allgemeinheitspostulat insgesamt[543] – nicht als Verfassungsdiktat den modernen Parlamentarismus lähmen. Zwar betont das Bundesverfassungsgericht, dass das Prinzip der repräsentativen Demokratie auf das parlamentarische Entscheidungsverfahren einwirkt, „indem es grundsätzlich die Mitwirkung aller Abgeordneten bei der Willensbildung des Parlaments erfordert und bei der Schaffung der äußeren Bedingungen, unter denen die Parlamentsbeschlüsse zustande kommen, Berücksichtigung verlangt." Das parlamentarische Verfahren ist hiernach so auszugestalten, dass grundsätzlich alle Abgeordneten mitwirken können. „Dabei ist allerdings zu bedenken, daß die allzu starre Anwendung dieses Prinzips auf die zu regelnden Tatbestände des politischen Lebens dessen Geist eher vertreiben als bewahren würde. Vor allem muß dem einzelnen Abgeordneten die Möglichkeit belassen werden, sich bestimmten Sachgebieten, denen sein Interesse gilt und für die er Sachverstand besitzt, besonders eingehend zu widmen und darüber die Beschäftigung mit anderen Themenkreisen, soweit dies vertretbar erscheint, hintenanzustellen. Dies erfordert nicht nur die auch auf Arbeitsteilung gegründete Funktionstüchtigkeit des Parlaments, sondern vor allem das parlamentarische System selbst, für dessen Bestand das politische Engagement und der Sachverstand des einzelnen Abgeordneten unverzichtbar sind."[544]

c) Die Gesamtheit und der einzelne Abgeordnete

Die Repräsentation des Volks entfaltet sich demnach in einer verbundenen Dualität. Das Volk wird durch die Gesamtheit der Abgeordneten vertreten. Der „Geist" eines parlamentarischen Systems, das sich in der Praxis bewähren muss, erlaubt hiervon aber Ausnahmen. Nicht bei jeder Bundestagsdebatte können und müssen alle Abgeordneten anwesend sein.[545] Der verfassungsrechtliche Anspruch, das gesamte Volk zu repräsentieren, wird dadurch aber nicht aufgegeben, weil auch jeder Abgeordnete Vertreter des ganzen Volks ist. Diese grundgesetzliche Erwartung darf die Abgeordneten jedoch nicht überfordern. Auch sie werden sich überschaubare Teilgebiete heraussuchen, um ihren Pflichten zu genügen, um durchdachte und verantwortete Politik betreiben zu können.[546]

---

[543] Siehe unter 1. (S. 258 ff.), aber auch insgesamt unter II. (S. 196 ff.) sowie unter I. 2. bis 4. (S. 180 ff.) und im Folgenden.

[544] BVerfGE 44, 308 (316) – Beschlußfähigkeit.

[545] Siehe hierzu Art. 38 Abs. 1 Satz 2 und Art. 42 Abs. 2 Satz 1 GG sowie § 45 der Geschäftsordnung des Bundestages in der Fassung der Bekanntmachung vom 2. Juli 1980 (BGBl. I, S. 1237), zuletzt geändert laut Bekanntmachung vom 26. September 2006 (BGBl. I, S. 2210), im Folgenden: GOBT.

[546] BVerfGE 44, 308 (316) – Beschlußfähigkeit; siehe zu diesem Gedanken von Spezialität und Freiheit im Ersten Kapitel unter C (S. 33 ff.).

Nach der Demokratieentscheidung des Grundgesetzes steht nicht der Abgeordnete allein für das Volk, obgleich er es vertritt, gilt nicht eine „Individualrepräsentation", sondern üben die Abgeordneten die öffentliche Gewalt im Verbund mit anderen Abgeordneten aus – es gilt der Grundsatz der „Kollektivrepräsentation".[547] So bedingen sich die Vertretung des gesamten Volks durch jeden einzelnen Abgeordneten und durch die Gesamtheit der Abgeordneten, entfaltet das Grundgesetz in beiden Vorgaben eine funktionsfähige parlamentarische Repräsentation des Volks.

d) Der demokratische Gedanke der temporalen Allgemeinheit

Im Anspruch, das gesamte Volk zu vertreten (Art. 38 Abs. 1 Satz 2 GG), klingt der Gedanke der temporalen Allgemeinheit an. Der Abgeordnete vertritt nicht lediglich seine Wähler, auch nicht nur die Wahlberechtigten oder Bürger, die zur Wahl gehen, sondern das „ganze Volk". Er muss deshalb die Interessen der Menschen, die noch nicht wahlberechtigt sind, und die Belange künftiger Mitglieder des Volks wahren. Es sind Regelungen zu erlassen, die langfristig das Gemeinwesen formen, die Rechtsbewusstsein bilden und Rechtsvertrauen schaffen, die nicht auf Kosten künftiger Generationen gehen. Der auf das ganze Volk zielende Vertretungsauftrag erwartet im temporalen Sinn allgemeine Gesetze, dient der Gleichheit in der Zeit,[548] ohne diese Allgemeinheitsforderung justitiabel anzuordnen.

e) Sprachliche, instrumentelle und finale Allgemeinheit

Die Repräsentation kann sich in der Praxis bewähren, ohne dass die Verfassung den Anspruch aufgibt, dass jeder Abgeordnete und der ganze Bundestag das Volk vertreten. Art. 38 Abs. 1 Satz 2 GG gibt dem Gesetzgeber eine für die Demokratie essentielle und verbindliche Orientierung. Die Verfassung geht davon aus, dass die Abgeordneten ihre Erfahrungen, ihre Persönlichkeit, ihr Gewissen in eine parlamentarische Entscheidung einbringen, dass jeder Abgeordnete und der gesamte Bundestag bei Erlass der Gesetze das gesamte Volk repräsentieren.[549] Diese Forderungen erwarten, dass die Abgeordneten die Gesetze, die sie beschließen, auch verstehen, weil sie sonst ihre jeweilige Entscheidung nicht eigenverantwortlich bilden und vertreten können, weil der gesamte Bundestag das Volk sonst nicht vertritt und seine Beschlüsse nicht verantwortet, weil sonst die – für die Demokratie zentrale – Parlamentsdebatte ihren Gegenstand nicht

[547] *Magiera*, in: Sachs (Hg.), Grundgesetz. Kommentar, 4. Auflage 2007, Art. 38 Rdn. 45; *Morlok*, in: Dreier, H. (Hg.), Grundgesetz. Kommentar, Band 2, 2. Auflage 2006, Art. 38 Rdn. 129.

[548] Siehe hierzu sogleich unter VII. 4. b) (S. 373 ff.).

[549] Siehe unter a) bis c) (S. 274 ff.).

begreift.[550] Das repräsentative System verlangt das verständliche, in seiner Regelungsstruktur begreifbare Gesetz, die sprachliche und instrumentelle Allgemeinheit. Doch auch hier sucht das Grundgesetz die Demokratie zu entfalten, sie nicht zu ersticken. Es fordert nicht, dass jeder Abgeordnete jedes Gesetz verstanden hat. Die grundsätzliche Repräsentation des Volks durch alle Abgeordneten darf sich auch auf ein Kollektiv der wenigen stützen, die das Gesetz begreifen und so ihren individuellen Repräsentationsauftrag erfüllen. Jedoch vertreten weder der Bundestag noch die einzelnen Abgeordneten beim Gesetzesbeschluss das Volk, wenn ein für alle Abgeordneten unverständliches Gesetz erlassen wird, wenn die Abgeordneten die von ihnen beschlossenen Gesetze nicht jedenfalls im Grundsatz begreifen. Ein von der Mehrheit des zuständigen Ausschusses nicht verstandenes Gesetz genügt nicht den Erfordernissen parlamentarischer Repräsentation. Die repräsentative Demokratie wehrt sich auch gegen Gesetze, die die Bürger nicht verstehen. Das Volk ist Inhaber der Staatsgewalt, sollte deshalb im Grund auch wissen, was diese Gewalt rechtsverbindlich unternimmt.

Die verbindlichen Grundvorgaben der finalen, instrumentellen und sprachlichen Allgemeinheit sind kaum justitiabel. Die aus dem Demokratieprinzip entwickelten Maßstäbe der Verständlichkeit und Gemeinwohlorientierung der Gesetze sind allenfalls so bestimmt, dass der Richter das nach Sprache und Regelungsstruktur offensichtlich Unverständliche beanstanden darf. Grundsätzlich verlässt sich die Demokratie auf die Selbstkontrolle des Parlaments, schon weil nur das Parlament entscheiden kann, ob es ein Gesetz versteht, weil in der parlamentarischen Demokratie das Parlament das erste Staatsorgan ist, das die Gemeinwohlausrichtung verantwortet und konkretisiert. Die grundgesetzliche Demokratie fordert vom Parlament verbindlich, dass die Kernforderungen der sprachlichen, instrumentellen und finalen Allgemeinheit erfüllt werden.

6. *Allgemeine, freie und gleiche Wahl*

Unverzichtbares Merkmal der Demokratie ist die allgemeine, freie, geheime und gleiche Wahl.[551] Das Grundgesetz garantiert die gleiche Mitbestimmung und damit die Selbstbestimmung jedes Bürgers. Von der demokratischen Mitbestimmung durch Wahlen darf und wird der moderne Staat nicht abrücken,

---

[550] Zur Forderung der Verständlichkeit der Gesetze deutlich *Karpen*, Gesetzescheck (2005–2007): Empfehlungen zur Qualitätsverbesserung von Gesetzen, ZRP 2008, 97 (99f.); siehe zur schwindenden Bedeutung der Parlamentsdebatten *H. Schneider*, Gesetzgebung, 3. Auflage 2002, Rdn. 127.

[551] Art. 38 Abs. 1 Satz 1 GG; BVerfG, 2 BvE 2/08 vom 30. Juni 2009, Absatz-Nr. 207ff. – Lissabon; siehe zur Bedeutung der Wahl insgesamt *H. Meyer*, Demokratische Wahl und Wahlsystem, in: HStR III, 3. Auflage 2005, § 45; zu den Wahlgrundsätzen *ders.*, Wahlgrundsätze, Wahlverfahren, Wahlprüfung, ebenda, § 46 Rdn. 1ff. und 29ff.

weil er den Menschen im Selbstbestimmungsanliegen achtet.[552] Die Macht des Volks prägt das politische Leben in Deutschland, insbesondere wenn sich die Machthaber an Umfragen orientieren, die Aussagen der Medien würdigen, neue Bedürfnisse erkunden und die politischen Programme mit Blick auf die nächste Wahl entwerfen, in welcher über Personen und politische Richtungen entschieden wird. Die Volksherrschaft verlangt, dass die Gesamtheit der Bürger an der staatlichen Willensbildung teilhat. „Was alle angeht," – so *Klaus Stern* – „sollen alle entscheiden können, d.h. alle sollen so gleichmäßig wie möglich an der Bildung des Staatswillens teilhaben."[553]

Dieser Gedanke bedeutet nicht, dass jedes Gesetz alle betreffen muss, in einer fehlerhaften Absolutsetzung der personalen, territorialen und gegenständlichen Allgemeinheit das gesamte Regelungsgebiet vollständig zu erreichen hat. Alle Allgemeinheitspostulate erwarten ein bestimmtes Maß an Verallgemeinerung, zeichnen materielle, nicht rein formal-schematische Vorgaben, beauftragen aber den Gesetzgeber mit der Regelbildung und weisen damit das Allgemeinheitsprinzip primär in die Verantwortung des Parlaments.[554] Die Erwägung, dass die Wahl des gesetzgebenden Organs alle angeht, weil das Gesetz alle betrifft, stärkt aber die finale Gesetzesallgemeinheit, die Ausrichtung auf das Ganze.

Das Bundesverfassungsgericht deutet den Gedanken der Freiheit der Wahl nicht nur im Sinn einer Abwesenheit von Zwang bei der Wahlentscheidung, sondern auch in der Verfassungserwartung, dass der Wähler hinreichend informiert ist. Die politischen Alternativen sind zu verdeutlichen, weil sonst der Wahl die Entscheidungsgrundlage fehlt, sie nicht frei ist.[555] Die Demokratie lebt auch deshalb von dem Dualismus zwischen Regierung und Opposition, ihren personellen und programmatischen Alternativen.[556] Die wesentlichen politischen Entscheidungen, die Gesetze, sollten verständlich sein, wollen sie ein Denken in gesetzespolitischen Alternativen eröffnen. Die parlamentarische Demokratie erwartet daher die öffentliche Debatte im Parlament, welche den Bürger erreicht, welche der Abgeordnete – zwar mit Hilfestellung von Spezialisten, aber letzlich doch selbst – beurteilen kann.[557] Diesen Anforderungen genügt eine Debatte, die ihren Gegenstand versteht, die ein jedenfalls im grundsätzlichen Regelungskonzept begreifbares Gesetz erörtert, die nicht durch ein parzelliertes Wissen geprägt ist, welches Parlamentarier, Presse und Bürger aus-

---

[552] BVerfG, 2 BvE 2/08 vom 30. Juni 2009, Absatz-Nr. 207 ff. – Lissabon; siehe zu dieser Kernidee der Demokratie oben unter 2. (S. 265 ff.).

[553] *Stern*, Das Staatsrecht der Bundesrepublik Deutschland, Band I, 2. Auflage 1984, S. 594; *Brenner*, Das Prinzip Parlamentarismus, in: HStR III, 3. Auflage 2005, § 44 Rdn. 4.

[554] Siehe hierzu auch oben unter II. 1., insbes. unter f) (S. 215 ff.).

[555] BVerfGE 44, 125 (141 ff.) – Öffentlichkeitsarbeit.

[556] *P. M. Huber*, Regierung und Opposition, in: HStR III, 3. Auflage 2005, § 47.

[557] *E.-W. Böckenförde*, Demokratische Willensbildung und Repräsentation, in: HStR III, 3. Auflage 2005, § 34 Rdn. 29, 38; *H. H. Klein*, Stellung und Aufgaben des Bundestages, ebenda, § 50 Rdn. 42 ff.

schließt, auch in seiner Prinzipienarmut die Gesetzgebung und damit die Demokratie hemmt,[558] die parlamentarische Arbeit an der Öffentlichkeit vorbeiführt.[559] Wenn der Bundestag Gesetze erlässt, die sich kaum einem Abgeordneten eröffnen, erscheint die für die parlamentarische Demokratie wesentliche Plenardebatte über diese Gesetze als entbehrlich.[560] Zwar zeichnet Art. 38 Abs. 1 GG hier keine detaillierten Allgemeinheitsvorgaben. Doch drängt das Grundgesetz gleichwohl insbesondere auf die sprachliche, instrumentelle und finale Allgemeinheit der Gesetze – darauf, dass der Bürger die Parlamentsgesetze versteht, dass die Abgeordneten, die das Volk in ihrer Gesamtheit repräsentieren, auch in dieser Gesamtheit die Parlamentsbeschlüsse begreifen und verantworten können, dass die Frage nach der Gemeinwohldienlichkeit des Gesetzes beantwortet werden kann.

7. Gesetzgebungsauftrag des Parlaments

a) Unerfüllbare Allgemeinheitsforderungen?

Die grundgesetzlichen Allgemeinheitsforderungen scheinen so den Auftrag des Parlaments zu bestimmen. Das Allgemeinheitspostulat des Art. 19 Abs. 1 Satz 1 Alt. 1 GG verpflichtet den Gesetzgeber, bei grundrechtsbeeinträchtigenden Gesetzen den Vorgaben der personalen, gegenständlichen, temporalen und territorialen Allgemeinheit zu folgen. Das Verbot des Einzelfallgesetzes[561] erweitert diese Bestimmung um einen justitiablen Maßstab der jeweiligen Kernaussage dieser Allgemeinheitsmerkmale.[562] Die Wesentlichkeitstheorie beauftragt den Gesetzgeber, grundsätzliche Entscheidungen zu treffen,[563] geht mit der verfassungsverbindlichen Erwartung der repräsentativen Demokratie und dem Republikprinzip einher, den Grundauftrag der finalen Allgemeinheit zu erfüllen. Das grundgesetzliche System der repräsentativen Demokratie fordert zudem die Kerngehalte der instrumentellen und sprachlichen Allgemeinheit, ohne dass die aus der Wesentlichkeitslehre und dem demokratischen System des Grundgesetzes abgeleiteten grundlegenden Allgemeinheitspostulate jedoch justitiabel wären.[564] Schließlich entwirft die Verfassung an diesen und an weiteren Stellen – in Art. 5 Abs. 2 GG, bei den verschiedenen Gesetzesvorbehalten der Grundrechte, auch im allgemeinen Gesetzesbegriff[565] – Klugheitsregeln, die den Gesetzgeber anhalten, weitere Allgemeinheitsmerkmale zu verwirklichen.

[558] Siehe unter 1. (S. 258 ff.) und insgesamt oben unter A. (S. 39 ff.).
[559] *H. Schneider*, Gesetzgebung, 3. Auflage 2002, Rdn. 118 ff.
[560] Siehe hierzu bereits unter 5. b) (S. 277 ff.) und e) (S. 279 ff.).
[561] Art. 19 Abs. 1 Satz 1 Alt. 2 GG.
[562] Siehe insgesamt unter II. 1. (S. 196 ff.).
[563] Siehe unter II. 4. (S. 245 ff.).
[564] Siehe unter 1. bis. 6. (S. 258 ff.) und II. 4. (S. 245 ff.).
[565] Siehe unter II. 2. (S. 238 ff.), 5. und 6. (S. 251 ff.).

Das Grundgesetz setzt somit einen – wenn auch nur in Teilen verbindlichen und nur in wenigen Kernaussagen justitiablen – Auftrag an den Gesetzgeber, allgemeine Gesetze zu erlassen.

Die Verfassung stellt damit die gegenwärtige Gesetzgebungspraxis in Frage, die viele Spezialregelungen kennt und insgesamt von einer hohen Zahl an Gesetzen geprägt ist.[566] Doch ist zu erörtern, ob ein Parlament in der modernen Demokratie, in einer Zeit der „technischen Normierung" und zwischenstaatlichen Kooperation und der aus diesen Gründen – so der nicht seltene Befund – „unausweichlichen" Kompliziertheit des Rechts diese Allgemeinheitsforderungen überhaupt erfüllen kann. Wenn verschiedene Rechtsquellen zusammenfließen, wenn besondere Rechtsgebiete komplizierte Regelungsaufträge an den Gesetzgeber stellen – hier wird das technische Sicherheitsrecht, das Regulierungsrecht, werden Regelungen der Privatisierung und Selbstverwaltung, aber auch sozial- und steuerrechtliche Bestimmungen genannt –, wenn der Rechtsstaat um Wissen ringt,[567] wie kann das Parlament dann den Allgemeinheitsforderungen folgen und dabei diese Regelungsaufträge erfüllen? Bereits Ende der 70er Jahre wurde davon gesprochen, dass die Zeit der großen Kodifikationen zu Ende sei. Der moderne Staat müsse genaue Differenzierungen im Gesetz treffen. Eine hohe Zahl an Gesetzen, eine Praxis der Spezialgesetzgebung seien unvermeidbares Schicksal des Sozialstaats im Zeitalter der Industriegesellschaft.[568] Und in der Tat dürfen die neuen Regelungsaufträge nicht außer Acht gelassen werden, die private Interessen in die Verwaltungsarbeit einbinden, verschiedene Märkte zu regulieren suchen, die daher oft weniger materielle, sondern vielmehr prozedurale Vorgaben zeichnen,[569] die zuweilen Steuerungs- und Lenkungsgesetze verlangen, andererseits aber auch nur entscheidungsstrukturierende Funktionen erfüllen, private und öffentliche Belange koordinieren wollen.[570] Aber auch und gerade angesichts dieser Regelungsaufträge wird deutlich der Wert von Rechtsstrukturen, von einer systematischen Rechtsordnung mit prägenden Prinzipien gerade für den modernen Staat hervorgehoben. Das Recht

---

566 Siehe hierzu unter A (S. 39 ff.).

567 Siehe hierzu unter 1. (S. 258 ff.) und A (S. 39 ff.).

568 *F. Kübler*, Kodifikation und Demokratie, JZ 1969, 645 (insbes. 649 und 651); siehe oben unter A., hier insbes. unter II. m. w. H. (S. 47 ff.).

569 *Schulze-Fielitz*, Einheitsbildung durch Gesetz oder Pluralisierung durch Vollzug, in: Trute/Groß/Röhl, H. C./Möllers, Chr. (Hg.), Allgemeines Verwaltungsrecht – zur Tragfähigkeit eines Konzepts, 2008, S. 135 (147 ff.); siehe bereits unter A. II. (S. 47 ff.).

570 In diesem Sinn wird zwischen Infrastrukturgesetzen, kooperationsstrukturierenden Gesetzen, modularen Gesetzen, die private und staatliche Regelungen verknüpfen, und gesetzlichen Regelungen unterschieden, welche die private Selbstorganisation erleichtern und flankieren (insgesamt *Schuppert*, Die Rolle des Gesetzes in der Governancetheorie, in: Trute/Groß/Röhl, H. C./Möllers, Chr. [Hg.], Allgemeines Verwaltungsrecht – zur Tragfähigkeit eines Konzepts, 2008, S. 161 [171 ff.]; *Trute*, Die konstitutive Rolle der Rechtsanwendung, ebenda, S. 211, der mit Blick auf diese Gesetzesaufträge die Rolle der Rechtsanwendung herausstellt).

müsse an Systematik, an Wissenschaftlichkeit gewinnen, damit die Gesetze ihre Regelungskraft besser entfalten und der Einfluss des gesetzgebenden Organs wächst, die Demokratie an Vitalität gewinnt.[571] Wer meint, der ‚offene Sozialstaat im Zeitalter der technischen Normierung' könne keine allgemeinen Gesetze mehr erlassen, dem würde wahrscheinlich *Christian Starck* entgegenhalten, dass es nur eine Frage der Zeit sei, „einen Gegenstand in eine verständliche Sprache" und eine allgemeine Regel zu bringen.[572] Ruht daher im Allgemeinheitspostulat eine Kraftquelle der parlamentarischen Demokratie, die gerade in einer Zeit der technischen Normierung und internationalen Kooperation wieder belebt werden sollte?

b) Unterschiedliche Gesetzgebungsaufträge

Der Bundestag ist das gesetzgebende Organ des Grundgesetzes, muss die unterschiedlichen Gesetzgebungsaufträge erfüllen und kann die Gesetzgebungsbefugnis grundsätzlich nicht übertragen.[573] Die Rechtsordnung sieht aber in bestimmten Fällen vor, dass außerhalb des Bundestags Gesetze erlassen werden, insbesondere in Rechtsverordnungen, aber auch in Verwaltungsvorschriften und Satzungen andere Organe abstrakt-generelle Regelungen treffen.[574] Nach Art. 80 Abs. 1 GG kann insbesondere die Bundesregierung durch ein Parlamentsgesetz ermächtigt werden, Rechtsverordnungen zu erlassen, wenn das Parlamentsgesetz „Inhalt, Zweck und Ausmaß der erteilten Ermächtigung" bestimmt.[575] Das Grundgesetz fordert aber auch dann vom Parlament, dass es die rechtlichen Grundentscheidungen selbst trifft. „Zwar billigt das Grundgesetz – wie Art. 80 GG verdeutlicht – auch eine ‚abgeleitete' Normsetzung der Exekutive. Die Rechtsetzung der Exekutive kann sich aber nur in einem be-

---

[571] Siehe hierzu bereits *K. Schmidt*, Die Zukunft der Kodifikationsidee, 1985; insgesamt unter A. II. (S. 47 ff.).

[572] *Starck*, Diskussion, in: Schuppert (Hg.), Das Gesetz als zentrales Steuerungsinstrument des Rechtsstaates, 1998, S. 78.

[573] Dies verdeutlicht die Debatte im Parlamentarischen Rat in der 13. Sitzung des Kombinierten Ausschusses vom 13. Oktober, Deutscher Bundestag/Bundesarchiv (Hg.), Der Parlamentarische Rat 1948–1949, Band 13/I, Ausschuß für Organisation des Bundes, Ausschuß für Verfassungsgerichtshof und Rechtspflege, 2002, S. 520 ff., insbes. 521.

[574] BVerfGE 101, 1 (41) – Hennenhaltungsverordnung. Hinzu treten Verwaltungsvorschriften, die sich als verwaltungsinterne Regelungen von höheren Stellen an nachgeordnete Behörden und Bedienstete richten, prinzipiell also keine allgemeinverbindliche Regelungen sind. Schließlich können Selbstverwaltungsträger durch Satzungen ihre Angelegenheiten selbst regeln (*Ossenbühl*, Rechtsverordnung, in: HStR V, 3. Auflage 2007, § 103 Rdn. 7; *ders.*, Autonome Rechtsetzung der Verwaltung, ebenda, § 104 insbes. Rdn. 18 ff.; *ders.*, Satzung, ebenda, § 105).

[575] Art. 80 Abs. 1 Sätze 1 und 2 GG. Das Zitiergebot des Art. 80 Abs. 1 Satz 3 GG sichert, dass die Regierung bewusst der parlamentsgesetzlichen Regelung folgt und in den Grenzen des parlamentarisch gesetzten Delegationsrahmens bleibt (BVerfGE 101, 1 [41 f.] – Hennenhaltungsverordnung).

schränkten, vom Gesetzgeber vorgezeichneten Rahmen vollziehen [...]. Das Parlament darf sich seiner Verantwortung als gesetzgebende Körperschaft nicht dadurch entziehen, daß es einen Teil seiner Gesetzgebungsmacht der Exekutive überträgt, ohne dabei genau die Grenzen der übertragenden Kompetenzen bedacht und bestimmt zu haben. [...] Soweit der Exekutive die Befugnis zur Normsetzung übertragen ist, muß sich der Inhalt der verordnungsrechtlichen Norm an dem Willen des Gesetzgebers orientieren und auch orientieren können."[576] Anders als etwa in Frankreich[577] oder Großbritannien[578] lässt die Verfassung eine selbstständige Kompetenz der Regierung, Verordnungen zu setzen, nicht zu. Daran wurde auch nach der Verfassungsdebatte in der Mitte der 70er Jahre ausdrücklich festgehalten. Vorschläge, ein eigenes Verordnungsrecht der Regierung mit einem ausdrücklichen Kassationsrecht des Bundestags einzuführen,[579] sind nicht verwirklicht worden. Die exekutive Rechtsetzung ergänzt das Parlamentsgesetz, ersetzt es aber nicht.

Diese Rechtsverordnungskompetenz ist mit *Fritz Ossenbühl* „schlechthin unentbehrlich". Sie bringt keinen Machtverlust des Bundestags mit sich, sondern versetzt ihn „erst in den Stand", sich „mit der notwendigen Aufmerksamkeit und Konzentration den tragenden politischen Entscheidungen und Regelungen zu widmen."[580] Dieser Gedanke verdeutlicht, wie das Allgemeinheitspostulat den Bundestag und damit die Demokratie zu stärken vermag. Der Bundestag trifft die grundlegenden Entscheidungen, verantwortet die recht-

[576] BVerfGE 34, 52 (59f.) – Hessisches Richtergesetz; 33, 125 (158) – Facharzt; *H. Dreier*, Hierarchische Verwaltung im demokratischen Staat, 1991, S. 181f.

[577] Siehe hierzu *Schlette*, Die Konzeption des Gesetzes im französischen Verfassungsrecht, JöR n.F. 33 (1984), 279 (282ff.).

[578] Siehe hierzu *Vagt*, Rechtsverordnung und Statutory Instrument, 2006; siehe für die Vereinigten Staaten *Pünder*, Exekutive Normsetzung in den Vereinigten Staaten von Amerika und der Bundesrepublik Deutschland, 1995.

[579] Enquête-Kommission Verfassungsreform des Deutschen Bundestages, Zur Sache 3/76, Beratungen und Empfehlungen zur Verfassungsreform I, S. 189; *H.H. Klein*, Zur Revision des Grundgesetzes: Erwägungen der Enquête-Kommission Verfassungsreform des Deutschen Bundestages zu einer Neufassung des Art. 80 GG, DÖV 1975, 523.

[580] *Ossenbühl*, Vorrang und Vorbehalt des Gesetzes, in: HStR V, 3. Auflage 2007, § 101 Rdn. 77ff.; *ders.*, Rechtsverordnung, in: HStR V, 3. Auflage 2007, § 103 insbes. Rdn. 2ff., 15, 28; insgesamt *G. Nolte*, Ermächtigung der Exekutive zur Rechtsetzung, AöR 118 (1993), 378; *A. Uhle*, Parlament und Rechtsverordnung, 1999; *Saurer*, Die Funktionen der Rechtsverordnung, 2005; *Hufen*, Über Grundlagengesetze, in: Schuppert (Hg.), Das Gesetz als zentrales Steuerungsinstrument des Rechtsstaates, 1998, S. 11, kann in diese Richtung gelesen werden; zudem *Pitschas*, Diskussion, ebenda, S. 74f., *Starck*, ebenda, S. 76ff.; hierzu eher kritisch insbes. *H. Meyer*, Diskussion, ebenda, S. 50f.; *Heun*, Diskussion, ebenda, S. 66ff.; die Diskussion konzentrierte sich aber auf die von *Hufen* vorgeschlagene Grundsatzgesetzgebung; siehe zudem *Axer*, Normsetzung der Exekutive in der Sozialversicherung, 2000, S. 339ff.; *Busch*, Das Verhältnis des Art. 80 Abs. 1 S. 2 GG zum Gesetzes- und Parlamentsvorbehalt, 1992; *F. Reimer*, Das Parlamentsgesetz als Steuerungsmittel und Kontrollmaßstab, in: Hoffmann-Riem/Schmidt-Aßmann/Voßkuhle (Hg.), GVwR I, 2006, § 9 Rdn. 69ff.; *Martini*, Normsetzungsdelegation zwischen parlamentarischer Steuerung und legislativer Effizienz – auf dem Weg zu einer dritten Form der Gesetzgebung?, AöR 133 (2008), 155 (159ff.).

lichen Grundstrukturen durch den Erlass allgemeiner Gesetze. Diese allgemeinen Gesetze können die Struktur des Rechtssystems sichern, wenn im technischen Sicherheitsrecht, wenn im Seuchenschutz- und Arzneimittelrecht die Sicherungsaufträge und Sicherungsinstrumente, wenn im Regulierungsrecht, in der Kooperation zwischen der öffentlichen Hand und privaten Regelungsanliegen und Regelungsstrukturen, die Konsistenz schaffenden Maßstäbe in einer verallgemeinernden Regel festgelegt und so dem jeweiligen Rechtsgebiet ein Maß und eine Grundrichtung gegeben werden. In ein solches Regelungsgerüst lassen sich auch Vorgaben aus anderen Rechtsquellen, dem internationalen oder supranationalen Recht, leichter integrieren. Der Konsistenz der Rechtsordnung wäre gedient und damit auch dem Einfluss des Parlaments, weil es Grundsatzentscheidungen trifft und damit seinen Auftrag als Spezialist für das Grundsätzliche, für das Allgemeine erfüllt. Die Regierung ist an diese Entscheidungen gebunden, muss sich in dem so gezeichneten rechtlichen Rahmen bewegen. Das Parlament bleibt bestimmend. Es kann die freiheitsichernden Allgemeinheitspostulate erfüllen, den freiheitschonenden Schutzwall errichten,[581] wenn es seine Regelungsanfragen ins Grundsätzliche zu wenden und dann eine verallgemeinernde Regel zu treffen vermag. So rauben die Allgemeinheitspostulate nicht in einem schematischen Korsett dem Parlamentarismus die Luft, stehen nicht der Erfüllung neuer Regelungsaufträge entgegen, sondern bestätigen vielmehr die Erwartung von Demokratie und Repräsentation.

Das Parlament kann und wird etwa einen umweltrechtlichen Grenzwert, der für die Wirtschaft entscheidend ist – sei es eine CO_2-Vorgabe für den Kraftfahrzeugbau oder ein Emissionswert für die Großindustrie –, selbst im Gesetz festlegen. Der Gesetzgeber wird durch die Allgemeinheitsmerkmale zur Freiheitsicherung, aber auch zur Selbstentfaltung, zur Errichtung grundsätzlicher Strukturen angeleitet, ohne dass Regelungsaufträge von vornherein unerfüllbar bleiben.[582] Innerhalb des so gezeichneten und vom Parlament verantworteten Rahmens können technische Details, fachorientierte, spezifisch sachbedingte, kurzfristige Regelungen durch die Exekutive geregelt werden. Anders als der Bundestag besitzt diese aus sich heraus die hierfür notwendige Fachkompetenz und Sachnähe. Die Rechtsverordnung ist im Unterschied zum Parlamentsgesetz ein praktikables Instrument für kurzfristige und detaillierte Regelungen.

Diese Aufteilung der Rechtsetzungsbefugnisse stärkt den Parlamentarismus. Dem Bundestag werden keine Gesetzgebungskompetenzen entzogen, weil er sein erstes Zugriffsrecht behält, weil er selbst die Entscheidung treffen darf und muss, ob er die Regierung ermächtigt, Rechtsverordnungen zu erlassen. Bei dieser Entscheidung wird sich der Bundestag an der Regelungsdichte und Regelungstiefe der Regelungsgegenstände orientieren, auch am Erfahrungs- und Er-

[581] Siehe hierzu unter II. 1. c) (S. 202 ff.) und im Ersten Kapitel unter A. I. (S. 3 ff.).
[582] Siehe hierzu insgesamt insbes. unter II. 1. f) (S. 215 ff.).

kenntnisstand der Kompetenzträger. Es gibt Bereiche, in welchen das Parlament keine Gesetze erlassen wird, weil sie kaum einer parlamentsgesetzlichen Normierung zugänglich,[583] folglich auf die Delegationsmöglichkeit des Art. 80 Abs. 1 GG angewiesen sind. So fordert das technische Sicherheitsrecht[584] – insbesondere das Atomrecht – die Sachnähe und Fachkenntnis von Spezialisten. Diese Kenntnisse mag sich der Bundestag anzueignen suchen, er kann aber auch – mit einem hinreichenden, aber weniger detaillastigen Wissen – die Grundsatzentscheidung treffen, sie verantworten und ihre Ausführung der Verwaltung belassen. Nicht selten fordern zudem unvorhergesehene Ereignisse, die Dynamik in Fragen der allgemeinen Sicherheits-, Infrastruktur-, und Konjunkturpolitik oder in den Bereichen der auswärtigen Beziehungen und Verteidigung den Gesetzgeber in einer Weise, dass er eine delegierende gesetzliche Grundentscheidung treffen wird.

Verweist das Parlamentsgesetz aber für die Umsetzung des Europarechts in einem bestimmten Bereich generell auf das Instrument der Rechtsverordnung, könnte es – trotz der zuweilen detaillastigen europarechtlichen Rechtssätze[585] – an einer hinreichenden nationalen Vorgabe fehlen, könnten die Forderungen des Art. 80 Abs. 1 GG deswegen verletzt sein.[586] Die Gedanken der finalen und instrumentellen Allgemeinheit mögen hier zur Lösung des Rechtsquellenkonflikts beitragen, wenn sie auf das Ziel des deutschen Gesetzgebers verweisen, dem Bürger eine koordinierte Gesamtrechtsordnung von deutschem und europäischem Recht zu bieten, also die unterschiedlichen Rechtsquellen so aufeinander abzustimmen, dass den Bürger eine einheitliche Regel erreicht. Dieses Ziel legt es dem Gesetzgeber nahe, die vom Europarecht eröffneten Gestaltungsräume daraufhin zu untersuchen, ob sie das Grundsätzliche, Wesentliche, Allgemeine bereits vorgegeben haben oder ob dieses noch der Vervollständigung durch den nationalen Gesetzgeber bedarf. Falls die europarechtlichen Regelungen insoweit kaum vervollständigt werden müssen, bedarf es gleichwohl einer parlamentarischen Ermächtigung zum Verordnungserlass. Soweit diese primär auf das Europarecht verweist, könnte erwogen werden, dem Beispiel des § 48b BImSchG folgend den notwendigen Einfluss des Parlaments über einen Zustimmungsvorbehalt zu den Verordnungen zu genügen.[587]

Besondere Gesetzgebungsmaterien wie das Sozial- und Steuerrecht könnten durch allgemeine parlamentarische Grundentscheidungen an Struktur und Konsistenz gewinnen. Wenn der Gesetzgeber allgemeine Kriterien, auch ein allgemeines Maß der Steuerpflicht und der Sozialleistungen regelt, mag er selbst

---

[583] BVerfGE 105, 279 (304 m. w. H.) – Warnung vor „Jugendsekten".

[584] Siehe hierzu *Marburger*, Die Regeln der Technik im Recht, 1979.

[585] Siehe hierzu insgesamt sogleich unter D (S. 386 ff.).

[586] Siehe hierzu *Ossenbühl*, Rechtsverordnung, in: HStR V, 3. Auflage 2007, § 103 Rdn. 25.

[587] *Ossenbühl*, Rechtsverordnung, in: HStR V, 3. Auflage 2007, § 103 Rdn. 25.

diese Tatbestände durch speziellere, gleichwohl allgemeine gesetzliche Regelungen konkretisieren,[588] kann dies aber auch der Exekutive überlassen, weil er den Vollzug der Gesetze durch die gesetzliche Grundbestimmung selbst prägt. In persönlichkeitsbestimmten Bereichen wie den sozialen Diensten oder dem Schulwesen rühren die Entscheidungen oft aus situationsgeprägten Begegnungen, fordern die Persönlichkeit des handelnden Amtswalters vor Ort und können vom Gesetzgeber nur in Auftrag, Maßstab und Verfahren, nicht im Inhalt geregelt werden. Das Parlament bleibt aber auch in diesen Fällen für die langfristige Grundentscheidung in der gesetzlichen Bestimmung, auch in der allgemeinen Verordnungsermächtigung verantwortlich. Zudem gibt es Sachbereiche, die noch keine Regelungsreife erreicht haben, etwa weil die Dinge im Fluss sind, Erfahrungen und – wie z.B. bei neuer Medientechnik – Erkenntnisse fehlen.[589] Hier könnte die Verwaltung mit einem besonderen, auch zurückhaltenden Konkretisierungsauftrag allgemeiner Bestimmungen Regelungsneuland betreten. Insbesondere durch die Verantwortung der Regierung gegenüber dem Parlament[590] oder dem – falls Rechtsverordnungen erlassen wurden – ermächtigenden Parlamentsgesetz[591] bleibt der Bundestag aber auch dann der für die freiheitliche Ordnung verantwortliche erste Akteur. Demokratie und Gewaltenteilung[592] sind notwendig miteinander verbunden.

c) *Allgemeinheit der Rechtsverordnungen und Satzungen*

Diese Beispiele verdeutlichen den durch die Allgemeinheitspostulate gezeichneten Auftrag des Bundestags, allgemeine Grundsatzentscheidungen und keine speziellen Fachentscheidungen zu treffen.[593] In einer Zeit, in welcher insbesondere auf Grund des naturwissenschaftlichen Fortschritts die Gesetzgebungs-

---

[588] Siehe zu dieser Möglichkeit, die Allgemeinheitsvorgaben zu befolgen, unter II. 1. f) (S. 215 ff.).

[589] Insgesamt zu diesen Fallgruppen und den Zitaten *Ossenbühl*, Vorrang und Vorbehalt des Gesetzes, in: HStR V, 3. Auflage 2007, § 101 Rdn. 77 ff.; *ders.*, Rechtsverordnung, in: HStR V, 3. Auflage 2007, § 103 insbes. Rdn. 2 ff., 15, 28; siehe zudem zu der rechtstheoretischen Fragestellung, wie allgemeine Gesetze zu zeichnen sind: *Otte*, Das allgemeine Gesetz und sein Regelungsgegenstand, in: Starck (Hg.), Die Allgemeinheit des Gesetzes, 1987, S. 80; siehe zu Bereichen, in welchen das Gesetz seine freiheitsichernde Wirkung nicht entfaltet, BVerfGE 108, 282 (335) – Kopftuch, Sondervotum der Richter *Jentsch*, *Di Fabio* und *Mellinghoff*.

[590] *M. Schröder*, Bildung, Bestand und parlamentarische Verantwortung der Bundesregierung, in: HStR III, 3. Auflage 2005, § 65 Rdn. 51 ff.; *Loschelder*, Weisungshierarchie und persönliche Verantwortung in der Exekutive, in: HStR V, 3. Auflage 2007, § 107 Rdn. 39 ff.; jeweils m.w.H.

[591] Siehe hierzu *W. Leisner*, Von der Verfassungsmäßigkeit der Gesetze zur Gesetzmäßigkeit der Verfassung, 1964, S. 69, der den Raum des Verordnungsgebers „durch klare und im Gesetz endgültig definierte Begrifflichkeiten" umschreiben will.

[592] Siehe hierzu sogleich unter IV. (S. 298 ff.).

[593] Hierzu mit Blick auf Art. 80 Abs. 1 GG *Starck*, Der Gesetzesbegriff des Grundgesetzes, 1970, S. 172 ff.

fragen komplizierter werden, die Fälle eines Regelungsbedarfs ohne hinreichendes parlamentarisches Regelungswissen an der Tagesordnung zu sein scheinen, liegen Bestrebungen nahe, über die im Grundgesetz geregelten Fälle hinaus das Rechtsetzungsrecht – in bleibender Akzessorietät zum Parlamentsgesetz – bei der Regierung zu verselbstständigen.[594] Dabei darf aber die grundsätzliche Aufgabenteilung nicht verwässert werden. In der parlamentarischen Demokratie des Grundgesetzes trifft der Bundestag in seinen Gesetzen langfristige, alle betreffende Grundsatzentscheidungen. Die Regierung hingegen erlässt Rechtsverordnungen, um den gesetzten Rahmen mit besonderem Fachwissen und in Sachnähe auszufüllen. So wird die Unterscheidung zwischen dem generell-abstrakten Parlamentsgesetz und der zwar generellen, aber konkreteren Rechtsverordnung, zwischen Grundentscheidung und notwendiger spezieller Regelung deutlich.[595]

Diese Funktionszuweisung bestätigt das Grundgesetz in den Fällen, in denen es der Exekutive über Art. 80 GG hinausgreifende Rechtsetzungsbefugnisse einräumt. Art. 119 GG etwa erlaubt in Angelegenheiten der Flüchtlinge und Vertriebenen bis zu einer bundesgesetzlichen Regelung der Bundesregierung, Verordnungen mit Gesetzeskraft zu erlassen. Die Rechtsverordnung bietet hiernach kurzfristige Lösungen, langfristige Regelungen bleiben aber dem Parlamentsgesetz vorbehalten. Nach Art. 132 GG konnte unmittelbar nach dem Inkrafttreten des Grundgesetzes für Angehörige des öffentlichen Dienstes, denen die persönliche oder fachliche Eignung für ihre Tätigkeit im Verfassungsstaat fehlte, nach Maßgabe einer verfassungsausführenden Rechtsverordnung ihr Status aberkannt werden.[596]

Insgesamt erscheint es folgerichtig, den Verordnungsgeber zu ermächtigen, die Detailregelung, die vorübergehende oder situationsnähere Norm zu erlassen.[597] Auch die Satzung kann in der Autonomie der Selbstgesetzgebung eines Selbstverwaltungsorgans in vergleichbarem, gesetzlich vorgesehenem Rahmen[598] ebenfalls die bürgernahe, detaillierte, auf wechselnde Anfragen reagie-

---

[594] *Von Danwitz*, Die Gestaltungsfreiheit des Verordnungsgebers, 1989, S. 48 ff.; *Horn*, Die grundrechtsunmittelbare Verwaltung, 1999, S. 64 ff.; *Seiler*, Der einheitliche Parlamentsvorbehalt, 2000, S. 165 ff.; *Schmidt-Aßmann*, Die Rechtsverordnung in ihrem Verhältnis zu Gesetz und Verwaltungsvorschrift, in: Festschrift für Klaus Vogel, 2000, S. 477; *ders.*, Das allgemeine Verwaltungsrecht als Ordnungsidee, 2. Auflage 2004, S. 326 f.; siehe zudem *von Bogdandy*, Gubernative Rechtsetzung, 2000, zusammenfassend auf S. 491 f., der die Bindung an das Parlamentsgesetz – jedenfalls in Teilen – löst und die gubernativen Rechsetzungsbefungisse unterstreicht.

[595] *Schreckenberger*, Krise der Gesetzgebung?, in: ders./König/Zeh (Hg.), Gesetzgebungslehre, 1986, S. 21 (insbes. 37).

[596] Siehe hierzu bereits unter I. 4. (S. 190 ff.).

[597] *H. Schneider*, Gesetzgebung, 3. Auflage 2002, Rdn. 237; *Ossenbühl*, Gesetz und Recht – Die Rechtsquellen im demokratischen Rechtsstaat, in: HStR V, 3. Auflage 2007, § 100 Rdn. 23.

[598] BVerfGE 33, 125 – Facharzt.

rende Regelung treffen.[599] Das freiheitsichernde Anliegen des Allgemeinheitspostulats wäre aber verkannt, wenn nun durch diese Regelungen eine inkonsistente und unstrukturierte Rechtsordnung bewirkt werden könnte, wenn das Parlament zwar einen Schutzwall errichten, dieser aber durch den Verordnungsgeber übersprungen werden könnte. Das Problem wäre verschoben, würde gar näher an die Menschen heranrücken – und dies mit geschwächter demokratischer Legitimation.

Hiergegen wirkt zunächst die parlamentarische Ermächtigung. Der gesetzliche Auftrag, untergesetzliche Vorschriften zu erlassen, ist zu beschränken, um so eine untergesetzliche Normenflut zu verhindern. Insbesondere aber schafft eine klare, die grundlegende Ausrichtung bestimmende Ermächtigungsentscheidung eine Konsistenz im Bereich des materiellen Gesetzesrechts. Wenn das Parlament in der Ermächtigungsgrundlage klare Regelungsstrukturen, ein Regelungskonzept beschließt, muss sich das untergesetzliche Recht in diesen Systemgrenzen bewegen, wird die Struktur des Rechts, die Konsistenz der Rechtsordnung sowie eine allgemeine Ausrichtung des Rechts gesichert – und zwar durch das Parlamentsgesetz, das damit bestimmend bleibt und der Demokratie dient.

Zudem entfalten sich die Allgemeinheitspostulate auch gegenüber Rechtsverordnungen und Satzungen. Art. 19 Abs. 1 Satz 1 GG, die grundrechtlichen und rechtsstaatlichen Allgemeinheitsforderungen[600] greifen auch für materielle Gesetze. Die personale, gegenständliche und territoriale Allgemeinheit ist jedoch vielfach enger, die temporale Allgemeinheit tritt zurück. Auch der Rechtsetzungszweck ist spezieller, bleibt aber auf den Zweck der parlamentarischen Gesetzgebung ausgerichtet und folgt so dem allgemeinem Ziel des Parlamentsgesetzes, wenngleich Nebenziele gesetzt und teilweise nur Zwischenetappen erreicht werden sollen. Die sprachliche Allgemeinheit erlaubt es, von dem Ziel der grundsätzlichen Verständlichkeit für jedermann abzurücken und sich genauer auf den Empfängerhorizont auszurichten, der zuweilen auf Fachkenntnisse bauen kann. Die instrumentelle Allgemeinheit stellt mit der Forderung, die Konsistenz und Übersichtlichkeit der Rechtsordnung zu wahren, ähnliche Anforderungen an Satzung und Rechtsverordnung wie an die Parlamentsgesetze. Sie sucht – gestützt insbesondere von der finalen Allgemeinheit –, der Zahl und Vielfalt der Normen auch auf der Ebene unterhalb des Parlamentsgesetzes ein Maß zu setzen. Schließlich wirkt sich das Allgemeinheitspostulat – in der Ver-

---

[599] Insgesamt *Möstl*, Normative Handlungsformen, in: Erichsen/Ehlers (Hg.), Allgemeines Verwaltungsrecht, 13. Auflage 2006, S. 547; *Schmidt-Aßmann*, Die Rechtsverordnung in ihrem Verhältnis zu Gesetz und Verwaltungsvorschrift, in: Festschrift für Klaus Vogel, 2000, S. 477.

[600] Siehe hierzu unter II. (S. 196 ff.) sowie sogleich unter IV. ff. (S. 298 ff.); siehe für diesen Anwendungsbereich der rechtsstaatlichen Allgemeinheitsforderungen *Towfigh*, Komplexität und Normenklarheit, Der Staat 48 (2009), 29 (39 f.).

bindlichkeit weiter geschwächt und inhaltlich mehr verengt – auch auf die sonstige Regelbildung der Verwaltung, auf Verwaltungsvorschriften und Allgemeinverfügungen strukturgebend aus.

d) Diener der Demokratie

Auf Grund dieses Zusammenspiels von struktursichernder parlamentarischer Grundentscheidung und der diesen Rahmen ausfüllenden exekutiven Rechtsetzung, aber auch angesichts der nicht rein formal-schematischen Vorgaben der Allgemeinheitspostulate definieren die grundgesetzliche Forderung und die weiter reichende verfassungsrechtliche Klugheitsregel der Gesetzesallgemeinheit den Gesetzgebungsauftrag des Parlaments. Selbst spezielle Rechtsgebiete wie das Sozial- und Steuerrecht, das Atom- und Sicherheitsrecht, auch das Regulierungsrecht oder die gesetzlichen Regeln der Selbstverwaltung können in der allgemeinen Regelbildung neue Struktur, Übersichtlichkeit und Verständlichkeit gewinnen, den Bürger besser erreichen, der unmittelbaren parlamentarischen Verantwortung auch hier die Tür öffnen und Rechtsbereiche einer parlamentarischen Neugestaltung zuführen, deren gesetzliche Strukturierung durch das bisherige Regelungssystem gehemmt zu sein scheint.[601] Das Allgemeinheitspostulat sucht nicht die Demokratie zu lähmen, sondern ihr zu dienen.

8. Entmachtung und Auftrag

a) Gehemmte Demokratie

Insbesondere die technische Entwicklung sowie die verschiedenen Rechtsquellen, die das geltende Recht bestimmen, haben zu einer komplizierten und schwer zu überblickenden Rechtsordnung geführt. Das parzellierende Wissen scheint an Einfluss auf die Gesetzgebung zu gewinnen, der Normpegel steigt stetig an.[602] So ist heute eine auf den ersten Blick einfache Rechtsänderung – wie etwa die erwähnte Einführung des Kinderzuschlags[603] – ein anspruchsvolles Vorhaben, weil die Abstimmung mit anderen Rechtsbereichen nur schwer zu bewältigen und die rechtlichen Folgewirkungen kaum zu überblicken sind. Zu diesem Koordinationsauftrag innerhalb einer ‚Ebene' des Rechts – im Beispiel der des Bundesrechts –, tritt das Abstimmungsanliegen der unterschiedlichen nationalen und internationalen Rechtsquellen.[604] Die so entstandenen rechtlichen Interdependenzen machen bei einer Rechtsänderung zahlreiche Anpassungs-

---

[601] Siehe unter 1. (S. 258 ff.).
[602] Siehe unter A (S. 39 ff.).
[603] Siehe oben unter 1. (S. 258 ff.).
[604] Siehe oben unter 1. (S. 258 ff.) und unter A., hier insbes. unter V. (S. 57 ff.).

entscheidungen notwendig – ein selbst für Experten schwieriges Unterfangen.[605] Diese vielschichtige Rechtsordnung hemmt die Wirkung der Gesetze und erschwert den rechtlichen Gestaltungsauftrag des Parlaments. So ist gegenwärtig die Koordination des Rechts, die Konsistenz der Rechtsordnung, das Einpassen von neuem Recht in diese Ordnung, ist letztlich der Auftrag, den *von Savigny* das „rechtswissenschaftliche Element" der Gesetzgebung nannte,[606] ein aktuelles, ein dringliches und anspruchsvolles Anliegen der rechtsstaatlichen Demokratie.

b) Institutionelle Chance

Das Preußische Allgemeine Landrecht sah eine Gesetzgebungskommission vor, um den Gesetzgeber – der kein Parlament war, das Landrecht errichtete keine Demokratie – in Erfüllung dieses wissenschaftlichen Auftrags zu beraten.[607] *Von Savigny* initiierte später eine hiermit vergleichbare „Fassungskommission", die ebenfalls der „Wissenschaftlichkeit" der Gesetzgebung dienen sollte.[608] Auch aktuelle Stimmen heben den Auftrag der Rechtswissenschaft hervor, die Gesetzgebung zu beraten.[609] So wäre zu erwägen, die Expertise der Exekutive, die Beratung des Parlaments durch Gutachten, Anhörungen, durch den Wissenschaftlichen Dienst institutionell zu ergänzen und so dem „rechtswissenschaftlichen Element" der Gesetzgebung zu dienen. Die notwendige rechtliche Prüfung der Gesetze durch Gutachter, durch Spezialisten in den Ausschüssen und bei der Bundesregierung, hier insbesondere im Justizministerium, könnte durch Experten ergänzt werden, die sich auf die Konsistenz der Gesamtrechtsordnung spezialisieren, aber institutionell von der politischen Entscheidung

---

[605] Jüngst *Stolleis*, Vormodernes und postmodernes Recht, Merkur 2008, 425; *Herdegen*, Europarecht, 10. Auflage 2008, S. 1 ff.; *Schmidt-Aßmann*, Verfassungsprinzipien für den Europäischen Verwaltungsverbund, in: Hoffmann-Riem/ders./Voßkuhle (Hg.), GVwR I, 2006, § 5 Rdn. 10 f.; *Burgi*, Rechtsregime, ebenda, § 18 Rdn. 30 ff.; *H. Schneider*, Gesetzgebung, 3. Auflage 2002, insbes. Rdn. 433; Der Mandelkern-Bericht, in: Bundesministerium des Innern (Hg.), Moderner Staat – Moderne Verwaltung, 2002; *W. Schroeder*, Das Gemeinschaftsrechtssystem, 2002; *K. Schmidt*, Einheit der Rechtsordnung – Realität? Aufgabe? Illusion?, in: ders. (Hg.), Vielfalt des Rechts – Einheit der Rechtsordnung?, 1994, S. 9; *Hilf*, Einheit der Rechtsordnung: EG-Recht und nationales Recht, ebenda, S. 219 (236); *Odersky*, Vertrauen in die Rechtsordnungen der Europäischen Union und in die Rechtsordnungen der Mitgliedstaaten, in: Festschrift Münchener Juristische Gesellschaft, 1996, S. 273; siehe insgesamt oben unter A. V. m. w. H. (S. 57 ff.).

[606] *Savigny*, Vom Beruf unserer Zeit für Gesetzgebung und Rechtswissenschaft, 3. Auflage 1840, S. 48 ff., Zitat S. 48.

[607] §§ 7 f. der Einleitung des Allgemeinen Landrechts für die Preußischen Staaten; siehe hierzu insbes. *Schwennicke*, Die Entstehung der Einleitung des preussischen allgemeinen Landrechts von 1794, 1993, S. 176 ff., sowie unter B. IV. 5. b) (S. 129 ff.).

[608] Siehe hierzu *H. Schneider*, Gesetzgebung, 3. Auflage 2002, Rdn. 125 f., sowie unter B. IV. 5. b) (S. 129 ff.).

[609] *Voßkuhle*, Neue Verwaltungsrechtswissenschaft, in: Hoffmann-Riem/Schmidt-Aßmann/ders. (Hg.), GVwR I, 2006, § 1.

über das Gesetzgebungsziel gelöst sind. Diese Ferne würde betonen, dass es hier nicht um eine Beratung ginge, die politische Ziele vorgibt, die den Bundestag kontrolliert, sondern um den notwendigen rechtlichen Rahmen, den das Gesetzgebungsziel und den der politische Gestaltungswille brauchen. Zwar lassen sich Form und Inhalt nicht trennen, so dass im Verfassen des Gesetzes immer auch eine inhaltliche Gestaltung liegt. In dieser Verbindung wäre es aber der Auftrag der Experten, in ihrer beratenden Funktion der Abstimmung der Rechtsregeln, der Allgemeinheit der Gesetze zu dienen und so die Demokratie und den Rechtsstaat zu stärken, wenn Gesetze die geplante Wirkung entfalten und rechtliche Nachbesserungen weniger oft notwendig werden.[610]

Für eine solche Beratung bietet sich gegenwärtig eine institutionelle Chance. Beim Bundeskanzler wurde ein unabhängiger Nationaler „Normenkontrollrat" eingesetzt,[611] der die Bundesregierung dabei unterstützt, „die durch Gesetze verursachten Bürokratiekosten" zu reduzieren.[612] Dieser Auftrag zielt auf die Bestimmung und den Abbau von Informationspflichten, die aus nationalem wie europäischem Recht rühren.[613] Die Zuständigkeiten dieses Rates sollten – dies hat jüngst *Ulrich Karpen* vorgeschlagen[614] – geweitet und ein Gesetzgebungsrat errichtet werden. Mag die Bezeichnung als Normenkontrollrat hinsichtlich des beschränkten Auftrags der Überwachung von Bürokratiekosten zutreffend sein, so ruht in ihr doch ein Gegenpol zur parlamentarischen Demokratie, wenn der Bundestag der Bezeichnung nach „kontrolliert" wird. Der Auftrag des Gesetzgebungsrates wäre, beratend zu wirken, wie ein besonderer

---

[610] Siehe hierzu *H. Schneider*, Gesetzgebung, 3. Auflage 2002, Rdn. 425 ff., sowie erneut das Beispiel unter 1. (S. 258 ff.).

[611] Siehe § 1 Abs. 1 NKRG; siehe zum Nationalen Normenkontrollrat insbes. dessen Jahresbericht 2007, der den gesetzlichen Auftrag und die Arbeitsweise zeichnet (*Nationaler Normenkontrollrat*, Kostenbewusstsein stärken, 2007, S. 16 ff.), sowie *M. Schröder*, Der Nationale Normenkontrollrat, DÖV 2007, 45.

[612] §§ 1 Abs. 2 und 3 Abs. 1 NKRG.

[613] Hierzu prüft der Rat bestehende Gesetze und Gesetzesvorhaben, auch Rechtsetzungsvorarbeiten der Europäischen Union, berichtet jährlich dem Bundeskanzler und gibt Stellungnahmen zu den Gesetzentwürfen der Bundesministerien ab, die mit einer Reaktion der Bundesregierung dem Gesetzentwurf bei der Einbringung in den Bundestag beigefügt werden (§§ 2 Abs. 1, 4 Abs. 1 und 6 Abs. 1 und 2 NKRG; insgesamt *Röttgen*, Normenkontrollrat: Der Koalitionsvertrag als Wegweiser zu besserer Rechtsetzung und weniger Bürokratie, ZRP 2006, 47 [insbes. 48], auch m. w. H. zu den Normenkontrollausschüssen der Bundesländer).

[614] *Karpen*, Gesetzescheck (2005–2007): Empfehlungen zur Qualitätsverbesserung von Gesetzen, ZRP 2008, 97 (100), legt eine „stufenweise Ausweitung der Rechte des Normenkontrollrates [nahe], zunächst durch Erstreckung der Prüfung auf die Entwürfe des Bundestages [hinsichtlich der Bürokratiekosten und des ‚Zielverwirklichungsgrades' der Regelungen], sodann durch Messung der Bürokratiekosten, die beim Bürger und in der Verwaltung entstehen." Einen vergleichbaren, aber thematisch anders gefassten Vorschlag unterbreiten *O. Schröder/Würdemann*, Verständlichere Gesetzessprache – Institutionalisierung der Sprachprüfung im Gesetzgebungsverfahren, ZRP 2007, 231; zu der bleibenden Verantwortung der anderen Gewalten *Schultze*, Über die Verantwortung von Regierung und Verwaltung für die Gesetzgebung, DÖV 2007, 401.

Wissenschaftlicher Dienst dem Parlament zu dienen, nicht jedoch im Sinn einer Kontrolle den Abgeordneten Vorgaben zu zeichnen. Der Rat würde helfen, neue Gesetze in Sprache und Regelungsstruktur in das Rechtssystem einzupassen, vielleicht auch unzureichende und überflüssige bestehende Regelungen aufzuspüren, insgesamt durch Hinweise die Einheitlichkeit und systematische Geschlossenheit des Rechts zu stärken. Es ginge mit *Gustav Radbruch* um den rechtswissenschaftlichen Auftrag der Systembildung[615] und der wissenschaftlichen Suche nach allgemeinen Regeln,[616] die ihre Regelungskraft und damit die parlamentarische Demokratie entfalten.

Daneben könnte erwogen werden, insbesondere die verbindlichen, aber nicht justitiablen Verfassungsforderungen, die verfassungsrechtliche Selbstkontrolle der Organe durch ein besonderes Verfahren zu stärken. Auf Antrag einer bestimmten Anzahl von Mitgliedern des Bundestags oder des Bundesjustizministeriums könnte eine besondere verfassungsrechtliche Befassung des Bundestags, die förmliche Beurteilung einer für die Rechtmäßigkeit eines Gesetzes maßgeblichen Rechtsfrage, bewirkt werden. Daraufhin müsste der Bundestag in Zweifelsfragen eine verfassungsrechtliche Deutung vornehmen. So würde sein Auftrag als Erstinterpret der Verfassung gestärkt, bevor der Weg nach Karlsruhe eingeschlagen wird. Das verfassungsrechtliche Argument könnte in der politischen Debatte wieder an Raum, das Parlament als Erstinterpret der Verfassung gegenüber Gruppen und Verbänden Distanz, gegenüber dem Bundesverfassungsgericht an Einfluss gewinnen. Insgesamt sollte jedenfalls die Allgemeinheit des Gesetzes als Quelle der Demokratie wieder belebt werden.

c) *Einfluss des Parlaments*

Die Gesetze werden in erster Linie von der Exekutive entworfen, von den Ausschüssen im Bundestag mit Sachverstand diskutiert, vom Parlament allerdings in der Regel ohne hinreichende Debatte, ohne eigenständige Prüfung im Plenum verabschiedet. Die Fachkundigen in Regierung und Ausschüssen bestimmen die Gesetzgebung. Die Regierung hat dabei die Vorhand, die Ausschüsse schlagen lediglich Änderungen der Gesetze vor. Interessentenwissen gewinnt zuweilen stärkeren Einfluss als professionelle Vollzugserfahrung. Die von Spezialisten entworfene Gesetzesinitiative prägt den Inhalt des Gesetzes, weil Änderungen die Grundlinie eines Gesetzes kaum verschieben können. Es werden zahlreiche Einzelfall- und Spezialgesetze erlassen, welche nach neuen Gesetzen gleicher Art verlangen, folglich den freiheitsgerechten Raum einer einfachen, allgemeinen Rechtsordnung, aber auch die Gestaltungskraft des Parlaments kleiner werden lassen.[617] Die Diskussion konzentriert sich „funktionsgemäß

---

[615] *Radbruch*, Einführung in die Rechtswissenschaft, 1910, S. 118.
[616] Zu diesem Auftrag der Rechtswissenschaft oben im Ersten Kapitel unter B (S. 28ff.).
[617] Siehe hierzu insgesamt unter A (S. 39ff.).

auf die politischen und weniger auf die rechtstechnischen Aspekte" eines Gesetzentwurfs.[618] Ein eigeninitiierter Entwurf und Erlass von allgemeinen Gesetzen durch das Parlament, eine parlamentarische Erneuerung der freiheitsgerechten Grundordnung bleiben daher unter ihren Möglichkeiten.[619]

Die Verantwortung hierfür liegt nicht allein beim Gesetzgeber, sondern auch bei der durch ihn gestützten Regierung, und hier nicht zuletzt bei der Richtlinienkompetenz des Kanzlers.[620] Die Demokratie baut auf das Initiativrecht der Bundesregierung,[621] erwartet, dass die Kompetenz der Ministerien bei der Gesetzgebung genutzt wird. Jedoch müssen die Abgeordneten selbst wieder eigenständiger Struktur und Einfachheit der Gesetze bestimmen, auch Regierungsvorlagen ablehnen, in den Ausschüssen eigene Gesetzgebungsideen entwickeln und diese auf den Weg bringen. Der Bundestag stützt sich auf die Bundesregierung, muss sich aber emanzipieren und als eigenständiges Organ eigenen Gestaltungswillen neu entwickeln. Im parlamentarischen Regierungssystem des Grundgesetzes wird es oft die Sache der parlamentarischen Minderheit, der Opposition sein, die Regierung zu kontrollieren. Gleichwohl sollte das Parlament als Ganzes, d.h. auch die Mehrheit, welche die Regierung trägt, im Sinn der Freiheit und Demokratie ein Gegengewicht zur Regierung bilden, mit dieser um die bessere Politik, um das Gemeinwohl, um den Schutz der Menschenrechte ringen.

Dies wäre leichter möglich, wenn die Gewalten klarer geteilt würden – zwei Gewichte, die ineinander verwoben sind, können kaum in eine freiheitsichernde Balance gebracht werden.[622] Das parlamentarische System des Grundgesetzes schafft allerdings von vornherein eine Nähe zwischen Bundestag und Bundesregierung, welche die Bildung eines Gegengewichts erschwert. Die gegenseitige Mäßigung der Macht wird darüber hinaus institutionell gefährdet, wenn mit Parlamentarischen Staatssekretären führende Abgeordnete des Bundestags an oberster Stelle in den Ministerien tätig werden, diese folglich kaum kontrollieren. In diesem Sinn ist auch die Fraktionsdisziplin, gegen welche sich der Parlamentarische Rat bei der Diskussion über Art. 38 Abs. 1 Satz 2 GG so deutlich wandte,[623] zu überdenken, wenn nicht die Fraktion eine eigene Grundrichtung entwickelt, sondern der Regierung oder der Opposition Gefolgschaft sichert. Die Stärkung des Bundestags erfordert aber letztlich kaum rechtliche Veränderungen, sondern gewinnt Kraft in gestaltenden, auch eigenwilligen Abgeordneten, welche ein Amtsethos auch gegenüber Partei und Regierung entwickeln.

---

[618] *H. H. Klein*, Stellung und Aufgaben des Bundestages, in: HStR III, 3. Auflage 2005, § 50 Rdn. 21.

[619] Siehe insgesamt oben unter A (S. 39ff.) sowie *H. H. Klein*, Stellung und Aufgaben des Bundestages, in: HStR III, 3. Auflage 2005, § 50 Rdn. 21 m. w. H.

[620] Art. 65 Satz 1 GG.

[621] Art. 76 Abs. 1 GG.

[622] Siehe zu diesem Gedanken der Gewaltenteilung unter IV. 2. (S. 299ff.).

[623] Siehe unter 5. (S. 274ff.).

Hierauf hat der parlamentarische Rat deutlich hingewiesen, als er betonte, dass der Parlamentarismus von der Persönlichkeit jedes Abgeordneten, von dessen Erfahrungen lebt.[624] Es geht darum, die eigenständige Kraft des Parlaments und damit die Demokratie neu zu beleben, im innerstaatlichen Bereich, aber auch in der Europäischen Union.[625]

Die Allgemeinheit des Gesetzes sucht die Organe auf dieses Denken auszurichten, wenn sie die spezifische Gestaltungskraft des Parlaments auch gegenüber der Regierung hervorhebt, wenn sie sich gegen Spezialregelungen stemmt und damit der Verantwortbarkeit der Gesetze durch die Abgeordneten dient. In dieser Eigenschaft könnte das allgemeine Gesetz auch der Paradoxie der Entmachtung entgegenwirken.

d) Entmachtung und Entrechtlichung

Wenn der Gesetzgeber in Einzelfall- und Spezialregelungen für Verwaltung und Gerichte genaue Vorgaben zeichnet, wenn er meint, so seinen Einfluss zu sichern und der Einzelfallgerechtigkeit zu dienen, erreicht er beide Ziele nicht, bewirkt vielmehr das Gegenteil. Mit den Detailvorgaben droht die Verwaltung entmachtet zu werden, weil sie das Einzelfallgesetz nicht konkretisieren und damit ihre spezifische Kompetenz für den Einzelfall und die Individualgerechtigkeit kaum entfalten kann. Auch die freiheitsichernde Kraft des Richters wird durch zu enge Vorgaben gehemmt, weil diese drohen, nur dem einen Fall gerecht zu werden, auf welchen die Regelung zielt. Bundesverfassungsgericht und andere oberste Bundesgerichte werden bei der Prüfung und Anwendung der Spezialgesetze zur Bildung und Verkündung von Leitsätzen, zur allgemeinen, Konsistenz stiftenden Konkretisierung von Verfassung und Gesetz veranlasst, weil das Gesetz diese notwendige, die Rechtsordnung strukturierende Leistung in der Spezialregelung nicht erbringt. Der rechtsprägende Einfluss des Parlaments wird geschwächt, die Garantie der Freiheit und Gleichheit vor dem Gesetz gefährdet, wenn der Gesetzesvorbehalt nicht mehr die Grundrechte sichert, nicht mehr eine verlässliche und verständliche Regelung bietet, auf die sich der Grundrechtsberechtigte einstellen kann, sondern zu einem Richtervorbehalt zu werden droht.[626] Die Detailregelungen scheinen zudem eine allgemeine Entrechtlichung zu fördern, dem Einfluss des Gesetzes und damit der Demokratie zu schaden. Verwaltung und Gerichte können sie nur schwer beachten, nur schwer anwenden und einhalten, weil die Wirklichkeit zahlreiche unterschiedliche Fälle kennt, die Spezialregelung aber nur wenige Fälle erfasst. Auch die Bürger werden durch zu detailfreudige Gesetze häufig überfordert – der Ein-

---

[624] Siehe unter 5. (S. 274 ff.).

[625] Deutlich BVerfG, 2 BvE 2/08 vom 30. Juni 2009, Absatz-Nr. 207 ff. – Lissabon; siehe insgesamt sogleich unter D (S. 386 ff.).

[626] Siehe bereits unter II. (S. 196 ff.).

fluss des Rechts scheint insgesamt zurückgedrängt.[627] Zudem entmachten die Spezialregelungen nicht nur die Verwaltung und den einfachen Richter, sondern auch den Gesetzgeber selbst, wenn er als Spezialist für das Allgemeine diese kaum nachvollziehen und verantworten kann, die Gesetze zwar erlässt, aber letztlich kaum selbst gestaltet.[628] Durch Spezialgesetze scheinen daher alle drei Gewalten an Einfluss zu verlieren. Diese Paradoxie der Entmachtung führt dann dazu, dass der Ort der Verantwortung für das Gesetz nur schwer ausgemacht werden kann, das demokratische Primat des Gesetzes am Parlament vorbeigreift und die rechtsstaatliche Forderung der klaren Verantwortungszurechnung[629] nicht hinreichend erfüllt wird. Die Demokratie wird geschwächt, weil die Gegengewichte zu den rechtsformenden Kräften in den öffentlichen Organen und der Gesellschaft nicht wissen, wo sie anknüpfen sollen, so in ihrem Einfluss gehemmt werden. Der Schutz der Menschenrechte, die Demokratie geraten in Gefahr. Die Gesetzesallgemeinheit weist aus dieser Entmachtung und Entrechtlichung einen Weg, weil sie Einzelfallgesetzen und Detailregelungen entgegensteht.

9. *Individuelle Freiheit und parlamentarische Demokratie*

Die Gesetzesallgemeinheit will die Quellen der Demokratie in ihrer gegenseitigen Bedingtheit stärken, die individuelle Entfaltung der Freiheit und den parlamentarischen Gestaltungsauftrag, die demokratische Selbstbestimmung. Das Parlament, das allgemeine Gesetze erlässt, errichtet – einer Grundrechtsverletzung vorbeugend – einen freiheitschonenden Wall,[630] schützt die Freiheit und Gleichheit jedes Einzelnen in der Allgemeinheit der Normadressaten. Der Einzelne ist nicht individuell Gegenstand der parlamentarischen Entscheidung, sondern als Teil einer demokratischen Öffentlichkeit, des wählenden Staatsvolks. Das allgemeine Gesetz fördert zudem die parlamentarische Gestaltungskraft unmittelbar, weil es den Gesetzgebungswillen in einer Rechtsordnung verwirklicht, die aus unterschiedlichen Rechtsquellen schöpft, anspruchsvolle Rechtsetzungsaufträge und rechtliche Koordinationsanliegen zu erfüllen hat, die im Gedanken der Allgemeinheit zusammenzuführen sind. Die Gesetzesall-

---

[627] Deutlich Der Mandelkern-Bericht, in: Bundesministerium des Innern (Hg.), Moderner Staat – Moderne Verwaltung, 2002, S. 10ff.; *F. Reimer*, Das Parlamentsgesetz als Steuerungsmittel und Kontrollmaßstab, in: Hoffmann-Riem/Schmidt-Aßmann/Voßkuhle (Hg.), GVwR I, 2006, § 9 Rdn. 102; siehe insgesamt unter A (S. 39ff.).

[628] Deutlich *H. Schneider*, Gesetzgebung, 3. Auflage 2002, Rdn. 131; siehe hierzu insgesamt unter A (S. 39ff.).

[629] Siehe für diese Forderung des Rechtsstaats *Sommermann*, in: von Mangoldt/Klein/Starck, Kommentar zum Grundgesetz, Band 2, 5. Auflage 2005, Art. 20 Abs. 3 Rdn. 300f.

[630] Siehe zu diesem Bild unter II. c) (S. 202ff.) und im Ersten Kapitel unter A. I. (S. 3ff.).

gemeinheit will der Paradoxie der Entmachtung, dem Machtverlust aller drei Gewalten und einer Entrechtlichung entgegentreten.

Gegenwärtig wird der schwindende Einfluss des Bundestags kritisiert und dadurch eine Gefahr für die parlamentarische Demokratie beobachtet.[631] Doch könnte die Gesetzesallgemeinheit die Demokratie neu beleben. Die Idee des Gesetzes ruft das historische Beispiel des Reichstags in Erinnerung, der in der zweiten Hälfte des 19. Jahrhunderts seinen Einfluss erheblich gesteigert hat, indem er große Gesetzgebungswerke, indem er allgemeine Gesetze in einem bis dahin ungekannten Maß erließ.[632] Der Einfluss eines Organs steigt mit der Wirkkraft seiner Beschlüsse. Ein moderner Parlamentarismus, der im allgemeinen Gesetz sein Zentrum und seine Bedingung findet, erneuert und stärkt die Demokratie.

IV. Das Gesetz im System der Gewaltenteilung

1. Der Auftrag der Gewaltenteilung

„Alle Staatsgewalt geht vom Volke aus. Sie wird vom Volke in Wahlen und Abstimmungen und durch besondere Organe der Gesetzgebung, der vollziehenden Gewalt und der Rechtsprechung ausgeübt."[633] In Art. 20 Abs. 2 GG entscheidet sich das Grundgesetz für die Demokratie.[634] Die Demokratie entfaltet individuelle Freiheit zur demokratischen Selbstbestimmung, zum Mehrheitsentscheid im Parlament. Zum Schutz dieser Quellen der Demokratie teilt das Grundgesetz die in der Hand des verfassungsgebenden souveränen Volks einheitliche Staatsgewalt. Gewaltenteilung und Demokratie greifen ineinander.

Der Staat hat das Gewaltmonopol inne, damit er seinen Kernauftrag, den Schutz der Freiheit und Sicherheit, erfüllen kann. Die so ermächtigte Staatsgewalt ist zu mäßigen. Sie wird hierfür an das Grundgesetz, insbesondere an die Grundrechte gebunden. In dieser Bindung werden die Gewalten getrennt und in eine Balance gebracht, damit sich ein Übergewicht gegen die Freiheit nicht bilden kann. Demokratie und Rechtsstaat erwarten, dass jeder Gewalt ein Bereich eigener Verantwortung zugeteilt wird. Freiheit und Sicherheit kann der Staat nur gewährleisten, wenn er handlungsfähig ist, wenn jede Gewalt funktional in der Lage ist, ihren Auftrag zu erfüllen. Das Prinzip der Gewaltenteilung sichert die Freiheit, mäßigt die Staatsgewalt und schützt die Funktionsfähigkeit

[631] Siehe hierzu unter A., hier insbes. unter IV. (S. 55 ff.).

[632] *E. R. Huber*, Das Kaiserreich als Epoche verfassungsstaatlicher Entwicklung, in: HStR I, 3. Auflage 2003, § 4 Rdn. 43 f.; siehe unter B. V. 2. (S. 147 ff.).

[633] Art. 20 Abs. 2 GG.

[634] *Hesse*, Grundzüge des Verfassungsrechts der Bundesrepublik Deutschland, 20. Auflage 1995, Rdn. 130.

a. Kirchhof DVBl 11, 1068 (1073)

des Staats. Es ist grundgesetzliches Organisations- und Funktionsprinzip.[635] In diesen Kernaussagen erhebt das Gewaltenteilungsprinzip Forderungen an das Gesetz.

2. *Primat des Gesetzes und Balance der Gewalten*

Den dienenden Auftrag der Gewaltenteilung, Freiheit und Demokratie zu sichern, hat das Bundesverfassungsgericht schon früh betont. Der Sinn der Teilung liegt „nicht darin, daß die Funktionen der Staatsgewalt scharf getrennt werden, sondern daß die Organe der Legislative, Exekutive und Justiz sich gegenseitig kontrollieren und begrenzen, damit die Staatsmacht gemäßigt und die Freiheit des einzelnen geschützt wird. Die in der Verfassung vorgenommene Verteilung der Gewichte zwischen den drei Gewalten muß aufrechterhalten bleiben, keine Gewalt darf ein von der Verfassung nicht vorgesehenes Übergewicht über eine andere Gewalt erhalten, und keine darf der für die Erfüllung ihrer verfassungsmäßigen Aufgaben erforderlichen Zuständigkeiten beraubt werden."[636] Der Schutz der Freiheit verbietet eine Machtkonzentration an einer Stelle, fordert eine Balance der Gewalten, zu jeder Macht ein Gegengewicht, um eine Übermacht zu vermeiden, welche die Freiheit gefährdet.[637]

Der Balanceakt zur Sicherung der Freiheit und Demokratie gelingt nur, wenn die Gesetzgebung den für das Gleichgewicht erforderlichen Platz einnimmt, wenn dem Gesetz eine Schlüsselfunktion zugewiesen wird. Die Gewaltenteilung stützt die Demokratie in der Forderung, der Gesetzgeber habe aus eigener Initiative in einem weiten rechtlichen Rahmen verbindliche Erstentscheidungen für die gesamte Gemeinschaft zu treffen.[638] Die Erstentscheidungskompetenz meint keinen „Gewaltenmonismus in Form eines allumfassenden Parlaments-

---

[635] So BVerfGE 95, 1 (15) – Südumfahrung Stendal; insgesamt *Di Fabio*, Gewaltenteilung, in: HStR II, 3. Auflage 2004, § 27 Rdn. 1 ff. m. w. H.; *E.-W. Böckenförde*, Gesetz und gesetzgebende Gewalt, 2. Auflage 1981, S. 20; *Sommermann*, in: von Mangoldt/Klein/Starck, Kommentar zum Grundgesetz, Band 2, 5. Auflage 2005, Art. 20 Abs. 2 Rdn. 197; *Schulze-Fielitz*, in: Dreier, H. (Hg.), Grundgesetz. Kommentar, Band 2, 2. Auflage 2006, Art. 20 (Rechtsstaat) Rdn. 67 ff.; *Schnapp*, in: von Münch/Kunig (Hg.), Grundgesetz-Kommentar, Band 2, 5. Auflage 2001, Art. 20 Rdn. 39 ff.; *Sachs*, in: ders. (Hg.), Grundgesetz. Kommentar, 4. Auflage 2007, Art. 20 Rdn. 79 ff.; *Chr. Möllers*, Gewaltengliederung, 2005, S. 68 ff.; *Poscher*, Die Funktionenordnung des Grundgesetzes, in: Hoffmann-Riem/Schmidt-Aßmann/Voßkuhle (Hg.), GVwR I, 2006, § 8 Rdn. 23 ff.

[636] BVerfGE 9, 268 (279) – Bremer Personalvertretung; 34, 52 (59 f.) – Hessisches Richtergesetz.

[637] Insgesamt *Di Fabio*, Gewaltenteilung, in: HStR II, 3. Auflage 2004, § 27 Rdn. 2 m. w. H., spricht von den „menschengerechten Proportionen politischer Herrschaft"; siehe zudem *Lorz*, Interorganrespekt im Verfassungsrecht, 2001.

[638] *Chr. Möllers*, Gewaltengliederung, 2005, S. 105, nach welchem die Erfüllung dieses Auftrags das Ideal ist.

vorbehalts",[639] keine allumfassende „Suprematie" des Gesetzgebers, legt sich gleichwohl auf das parlamentarische Regierungssystem „in der Form des gesetzesgelenkten Rechtsstaates" fest.[640] Das Grundgesetz errichtet die für alle verbindliche Grundordnung. Der Gesetzgeber ist an diese Ordnung gebunden[641] und in dieser Bindung Erstinterpret des Grundgesetzes.[642] Das Parlamentsgesetz des Bundestags setzt – in Einklang mit dem Europarecht[643] – den verbindlichen Maßstab für die Exekutive und die Richter.[644] Die Balance der Gewalten gewinnt durch das parlamentsbestimmte Gesetz den für die Demokratie notwendigen inhaltlichen Eichpunkt, der den Grundauftrag der anderen Gewalten konkretisiert, aber nicht festlegt. „Im freiheitlich-demokratischen System des Grundgesetzes fällt dem Parlament als Legislative die verfassungsrechtliche Aufgabe der Normsetzung zu. Nur das Parlament besitzt die demokratische Legitimation zur politischen Leitentscheidung." Selbst wenn der Bundestag der Exekutive erlaubt, Rechtsverordnungen zu erlassen, muss er die Rechtsgestaltung durch klare Vorgaben jedenfalls in den Grundstrukturen selbst verantworten.[645] Demokratie und Gewaltenteilung fordern – gestützt von der Wesentlichkeitstheorie[646] – verbindlich, dass die grundlegenden Entscheidungen durch Gesetz getroffen werden.

Das Primat des Gesetzes ergänzt die Gewaltenbalance um den Gedanken, dass auch den anderen Gewalten eine Funktion mit hinreichendem Gewicht zukommen muss. Eine Gewalt kann die andere zum Schutz der Freiheit nur einhegen, wenn sie ein maßgebliches Gegengewicht aufbringt. Die Staatsmacht ist durch eine „klare Kompetenzordnung und Funktionentrennung rechtlich zu binden, so daß Machtmißbrauch verhütet und die Freiheit des einzelnen gewahrt wird".[647] Jede Gewalt braucht deshalb einen eigenständigen, klar gefassten Bereich mit hinreichender Wichtigkeit.[648]

---

[639] BVerfGE 68, 1 (86f.) – NATO-Doppelbeschluß.

[640] *Di Fabio*, Gewaltenteilung, in: HStR II, 3. Auflage 2004, § 27 Rdn. 18.

[641] Art. 20 Abs. 3 GG.

[642] *P. Kirchhof*, Der allgemeine Gleichheitssatz, in: HStR V, 1. Auflage 1992, § 124 Rdn. 238; *ders.*, Verfassungsgerichtsbarkeit und Gesetzgebung, in: Badura/Scholz (Hg.), Verfassungsgerichtsbarkeit und Gesetzgebung, 1998, S. 5 (16).

[643] Art. 23 GG.

[644] Dieses Maß gilt gemäß Art. 31 GG auch für die Landesparlamente; siehe zum Auftrag der Verwaltungsorganisation aus dieser Gesetzesbindung *W. Krebs*, Verwaltungsorganisation, in: HStR V, 3. Auflage 2007, § 108 insbes. Rdn. 60f.; siehe zum Gestaltungsraum des Gesetzgebers *Meßerschmidt*, Gesetzgebungsermessen, 2000.

[645] BVerfGE 34, 52 (59f.) – Hessisches Richtergesetz; 33, 125 (158) – Facharzt; siehe unter III. 7. (S. 282ff.).

[646] Siehe unter II. 4. (S. 245ff.).

[647] BVerfGE 33, 125 (158) – Facharzt.

[648] *Sommermann*, in: von Mangoldt/Klein/Starck, Kommentar zum Grundgesetz, Band 2, 5. Auflage 2005, Art. 20 Abs. 2 Rdn. 224.

3. *Die drei Gewalten*

a) *Die klassischen Funktionen*

Der Grundsatz der Gewaltenteilung dient der Demokratie und Freiheit in einem Primat des Gesetzes, das den anderen Gewalten jeweils einen Raum eigenständiger Entscheidung belässt. Hier wird der Sinn der klassischen Trennung der Gewalten deutlich. Grundsätzlich konkretisiert die Verwaltung die Gesetze und der Richter überprüft diese Konkretisierung im Konfliktfall. Der Verwaltung obliegt damit der Auftrag, den Willen des anwendungsbedürftigen Gesetzes Wirklichkeit werden zu lassen, die parlamentarische Entscheidung umzusetzen. Hierin ruht eine Allgemeinheitserwartung, weil Parlamentsentscheidungen nur konkretisierungsfähig sind, wenn sie allgemein sind. Jedoch wirkt diese Erwartung als Klugheitsregel, nicht als striktes Gebot, weil sie nur eine Grundaussage über den Auftrag der Legislative und Exekutive trifft, sich aber nicht deutlich gegen Ausnahmen stemmt. Zudem kann und wird der Gesetzgeber die Exekutive zum Erlass von materiellen Gesetzen, von Rechtsverordnungen ermächtigen.[649] Das Zusammenwirken beider Gewalten ist insbesondere im Rahmen der internationalen Kooperation gefordert. Wird ein völkerrechtlicher Vertrag geschlossen, sind Verfassungsforderungen gegenüber dem Vertragsgesetz bereits beim Vertragsschluss zu sichern.[650] Insbesondere im Rahmen der supranational determinierten Kodifikationsgesetze[651] sollten spezifische Probleme des nationalen Regelungssystems im Rechtsetzungsprozess verständlich gemacht und Regelungskonzepte angeboten werden, welche diese Besonderheiten hinreichend aufnehmen. Insgesamt muss der Gesetzgeber, der bestehende Gesetze verändern soll, die Folgen für die Gesamtrechtsordnung verantworten, um auch fernliegende rechtliche Friktionen zu vermeiden.[652]

Auch der Auftrag der rechtsprechenden Gewalt verdeutlicht den freiheitsichernden funktionellen Unterschied zwischen Verwaltung und Gesetzgebung, zwischen gesetzeskonkretisierendem Einzelakt und maßstabgebendem Gesetz.

---

[649] Siehe unter III. 7. (S. 282 ff.).

[650] Siehe hier insbes. die verfassungsrechtlichen Vorgaben des Art. 23 Abs. 1 Satz 2 GG für die Europäische Union und allgemein zum Vertragsgesetz Art. 59 Abs. 2 GG; eine Änderung eines Vertragsgesetzes allein im Bundestag ist nicht möglich (vgl. § 82 Abs. 2 GOBT, nach welchem Änderungen nicht zulässig sind).

[651] Siehe zu den verschiedenen Gesetzestypen *Schulze-Fielitz*, Theorie und Praxis parlamentarischer Gesetzgebung, 1988, insbes. S. 83 ff.; *H. Schneider*, Gesetzgebung, 3. Auflage 2002, Rdn. 188 ff.; *Ossenbühl*, Gesetz und Recht – Die Rechtsquellen im demokratischen Rechtsstaat, in: HStR V, 3. Auflage 2007, § 100 Rdn. 27 ff.; jeweils m. w. H.; siehe zu den Rechtsproblemen, wenn der Staat von den klassischen Handlungsinstrumenten – wie dem Gesetz – Abstand nimmt, *Lüdemann*, Edukatorisches Staatshandeln, 2004.

[652] Diesen Auftrag betont für das Europarecht: Der Mandelkern-Bericht, in: Bundesministerium des Innern (Hg.), Moderner Staat – Moderne Verwaltung, 2002; siehe hierzu sogleich unter 4. c) (S. 313 ff.) und unter D (S. 386 ff.).

Die Gerichte kontrollieren die Verfassungs- und Gesetzesbindung gegenüber den anderen Gewalten, sichern so den Vorrang des Gesetzes und damit die Demokratie.[653] Sie schützen die Grundrechte und geben dem Bürger Waffengleichheit gegenüber der Staatsgewalt, wenn sie als unabhängige Stellen rechtsverbindlich über streitige Einzelfälle in einem konkreten Verfahren entscheiden.[654] Das Grundgesetz fordert in einer „konstruktiven Spannung" den das Gesetz strikt befolgenden, die Demokratie sichernden Richter und eine eigenständige Kraft der Rechtsprechung, wenn freiheits- und strukturgefährdende Entwicklungen aufzuhalten sind.[655] Die Gesetzesbindung der Rechtsprechung wird aber gehemmt, wenn die Gesetze nicht nachhaltig und systematisch wirken, wenn sie zu kompliziert sind, wenn die Gesetzesanwendung durch die Verwaltung nicht am Maß des Gesetzes geprüft werden kann,[656] wenn die Gesetze nicht ihr Ziel und die folgerichtige Erfüllung dieses Auftrags erkennen lassen.

b) Allgemeinheitserwartung der Rechtsschutzgarantie

Dieser Gedanke der instrumentellen Allgemeinheit wird insbesondere mit Blick auf das Gebot des rechtzeitig gewährten Rechtsschutzes deutlich. Eine übersichtliche, einfache und folgerichtige Gesetzgebung erleichtert eine baldige Entscheidung und erlaubt beim einstweiligen Rechtsschutz eine summarische Prüfung. Das allgemeine Gesetz gewährt rechtzeitig Recht. Eine allgemein verständliche, inhaltlich aufeinander abgestimmte Gesetzgebung dient der Rechtsprechung bei der Kontrolle der Verwaltung, bei der Streitschlichtung unter Freiheitsberechtigten und auch im Fall der Normenkontrolle.[657] Die Rechtsprechung fordert die bestimmte Regelung, also die in ihrer Allgemeinheit bestimmte Regel.[658]

---

[653] Zum Gesetz als Zentrum der repräsentativen Demokratie oben unter I. 1. (S. 174 ff.) und III. (S. 258 ff.); insgesamt *Wilke*, Die rechtsprechende Gewalt, in: HStR V, 3. Auflage 2007, § 112 insbes. Rdn. 3 ff.

[654] *Starck*, Der Gesetzesbegriff des Grundgesetzes, 1970, S. 196 ff. m. w. H.

[655] *Di Fabio*, Gewaltenteilung, in: HStR II, 3. Auflage 2004, § 27 Rdn. 26 f.; zur Eigenständigkeit deutlich *Hirsch*, Auf dem Weg zum Richterstaat?, JZ 2007, 853; siehe hierzu zudem *H. Hofmann*, Das Recht des Rechts, das Recht der Herrschaft und die Einheit der Verfassung, 1998, insbes. S. 52 ff.

[656] BVerfGE 8, 274 (326) – Preisgesetz.

[657] Zum Rechtsschutz gegen Gesetze BVerfGE 24, 33 (49) – AKU-Beschluß; 75, 108 (165) – Künstlersozialversicherung; zur Verfassungsbeschwerde: *Hillgruber/Goos*, Verfassungsprozessrecht, 2. Auflage 2006, Rdn. 146 ff. und 202 ff.; *Rupp*, Bemerkungen zum Individualrechtsschutz gegen die Verfassungswidrigkeit von Rechtsnormen und unterlassenen Rechtsnormen, in: Festschrift für Josef Isensee, 2007, S. 283; zur Diskussion im Rahmen des Art. 19 Abs. 4 GG *Sachs*, in: ders. (Hg.), Grundgesetz. Kommentar, 4. Auflage 2007, Art. 19 Rdn. 118 ff. und 122 ff.; *Schmidt-Aßmann*, in: Maunz/Dürig/u. a., Grundgesetz. Kommentar, Band 2, Art. 19 Abs. 4 (2003) insbes. Rdn. 93; jeweils m. w. H.; siehe insgesamt *Haltern*, Verfassungsgerichtsbarkeit, Demokratie und Mißtrauen, 1998.

[658] Siehe hierzu sogleich unter V. 5. (S. 330 ff.).

Würde der Gesetzgeber mit Blick auf Personen, Ort, Zeit und Gegenstand über Einzelfälle entscheiden, würde er in den Kompetenzbereich eingreifen, der grundsätzlich der Verwaltung übertragen wurde, und müsste dann auch einer entsprechenden Rechtskontrolle unterworfen sein. Gegen Entscheidungen, die individuelle und nicht allgemeine Betroffenheit erzeugen, ist individueller Rechtsschutz zu gewähren. Die Grundrechte richten sich in ihrer klassischen Schutzfunktion gegen solche individuellen Eingriffe. Ihre schützende Kraft ist aber im Konfliktfall nur so stark wie das Verfahren, das sie durchsetzt. In diesem Sinn fordert Art. 19 Abs. 4 Satz 1 GG effektiven Rechtsschutz gegen Einzelmaßnahmen – und zwar grundsätzlich unabhängig davon, in welchem „Gewand" sie ergehen.[659] Der eingeschränkte Rechtsschutz gegenüber Gesetzen entspricht deren Allgemeinheit.

Die Entscheidungen der Gerichte lösen den Konflikt zwischen bestimmten Parteien, greifen daher grundsätzlich nur zwischen diesen.[660] Das Bundesverfassungsgericht hat das Verwerfungsmonopol für Parlamentsgesetze.[661] Grund hierfür ist die besondere Autorität des Gesetzgebers, der die Gerichte grundsätzlich nicht ihren Spruch entgegensetzen dürfen, aber auch das Erfordernis, über die Gültigkeit einer für das gesamte Rechtsgebiet geltenden Norm einheitlich zu entscheiden. Von diesem Erfordernis einheitlicher Entscheidung anerkennt das Recht eine Ausnahme für die detailbezogenen, vorübergehenden, regionalen und punktuellen Regelungen im Rang unter dem Parlamentsgesetz.[662] Auch diese Ausgestaltung des Rechtsschutzes verweist den Gesetzgeber auf die grundsätzliche und dauerhafte Regel sowie auf die persönliche, gegenständliche und territoriale Allgemeinheit.

Schließlich übernehmen die drei Gewalten auch in zeitlicher Perspektive unterschiedliche Aufgaben und verdeutlichen so das Anliegen der temporalen Allgemeinheit. Der Gesetzgeber trifft langfristige Entscheidungen, die Verwaltung

---

[659] Insgesamt *Schmidt-Aßmann*, in: Maunz/Dürig/u.a., Grundgesetz. Kommentar, Band 2, Art. 19 Abs. 4 (2003) Rdn. 8, insbes. Rdn. 93, der betont, dass auf Grund der „normstrukturellen Verschiebung", insbes. der wachsenden Zahl an Einzelfallgesetzen, eine Intensivierung des Indidvidualrechtsschutzes gegen Gesetze geboten ist; siehe aber zum gleichsam umgekehrten Problem der gerichtlichen Kontrolle des durch unbestimmte Gesetze geweiteten Gestaltungsraums der Verwaltung *Hain*, Unbestimmter Rechtsbegriff und Beurteilungsspielraum – ein dogmatisches Problem rechtstheoretisch betrachtet, in: Festschrift für Christian Starck, 2007, S. 35; zur Verfassungsbeschwerde gegen Gesetze: *Schlaich/Korioth*, Das Bundesverfassungsgericht, 7. Auflage 2007, Rdn. 238ff.

[660] Eine besondere Rolle ist hier den Entscheidungen des Bundesverfassungsgerichts anvertraut. Sie binden alle Verfassungsorgane, entfalten Gesetzeskraft (§ 31 des Gesetzes über das Bundesverfassungsgericht in der Fassung der Bekanntmachung vom 11. August 1993 [BGBl. I, S. 1473], zuletzt geändert durch Gesetz vom 26. März 2007 [BGBl. I, S. 358], im Folgenden: BVerfGG).

[661] Art. 100 Abs. 1 GG; siehe zum Zusammenwirken der Staatsgewalten mit Blick auf das Bundesverfassungsgericht *Roellecke*, Aufgaben und Stellung des Bundesverfassungsgerichts im Verfassungsgefüge, in: HStR III, 3. Auflage 2005, § 67 Rdn. 40ff.

[662] § 47 VwGO.

konkretisiert diese für die Gegenwart, die rechtsprechende Gewalt entscheidet über vergangene Fälle.[663] Das Gesetz regelt die abstrakten, zukünftigen, in Person, Ort und Zeit noch unbekannten Fälle, wahrt in dieser Allgemeinheit Distanz zu Einzelfall und individueller Betroffenheit.

c) *Gewaltenteilender Gesetzesbegriff*

Der Grundsatz der Gewaltenteilung baut somit auf die Allgemeinheit des Gesetzes. Doch stellt sich die Frage, ob diese Hinweise sich zu einer verbindlichen Verfassungsforderung verdichten, ob der u.a. von *Hans Kelsen* geäußerte Befund für das Grundgesetz gilt: Es „muß angenommen werden, daß im Gesetzgebungsbegriff der Gewaltenlehre unter ‚Gesetz' nur die generelle Norm verstanden sein soll."[664] Stützt sich das grundgesetzliche Gewaltenteilungsprinzip auf einen materiellen Gesetzesbegriff, der insbesondere die Aufgabe der Exekutive von der Gesetzgebung abgrenzt?[665]

Dies wird mit dem Argument verneint, dass der Grundsatz der Gewaltenteilung keine verbindlichen Rückschlüsse darauf zulasse, was unter einem Parlamentsgesetz zu verstehen sei.[666] Jedoch bildet das Gesetz den Grundstein des Systems der Gewaltenteilung, ohne welchen dieses sein Maß verliert und die Bereiche der drei Gewalten letztlich nicht mehr entwickelt werden können. In den Worten *Hans-Detlef Horns* ist „mit der sachlich-inhaltlichen Entleerung des Gesetzesbegriffs, d.h. mit der Verabschiedung des vom materiellen Rechtssatzbegriff bestimmten Begriffs des generellen Gesetzes, [...] auch der herkömmlichen Bestimmung der Exekutivfunktion der Boden entschwunden. Deren alte, rechtsstaatlich-konstitutionelle Qualifizierung als nur gesetzesvollziehende Gewalt hatte ihren rechtsdogmatischen Bezugspunkt wie ihren rechtspolitischen Sinn im inhaltlichen Gesetzesbegriff der rechtsstaatlichen Tradition. Weil dieser verloren gegangen ist, hat auch jene ihren funktionsprägenden Aussagegehalt eingebüßt."[667] Wenn offen bleibt, welche Akte das Parlament erlässt, droht der Begriff des Gesetzgebers letztlich nur noch ein Organ – das Parlament – zu beschreiben, ohne dessen Funktion, ohne Zusammensetzung, Organisation und Verfahren näher zu bestimmen. Auch der Auftrag der

---

663 *Husserl*, Recht und Zeit, 1955, S. 41 ff.

664 *Kelsen*, Allgemeine Staatslehre [1925], 1966, S. 232; *Imboden*, Das Gesetz als Garantie rechtsstaatlicher Verwaltung, 1954, S. 39 ff.

665 So *H. Schneider*, Gesetzgebung, 3. Auflage 2002, Rdn. 58; *Horn*, Die grundrechtsunmittelbare Verwaltung, 1999, S. 63; siehe auch *Heller*, Der Begriff des Gesetzes in der Reichsverfassung, VVDStRL 4 (1928), 98 (107); grundlegend *Jaag*, Die Abgrenzung zwischen Rechtssatz und Einzelakt, 1985.

666 *Scheuner*, Aussprache, VVDStRL 15 (1957), 69 (73).

667 *Horn*, Die grundrechtsunmittelbare Verwaltung, 1999, S. 63; deutlich auch *H. Schneider*, Gesetzgebung, 3. Auflage 2002, Rdn. 58; *Towfigh*, Komplexität und Normenklarheit, Der Staat 48 (2009), 29 (63 ff.); *E.-W. Böckenförde*, Gesetz und gesetzgebende Gewalt, 2. Auflage 1981, S. 394, 397.

Exekutive, Gesetze zu vollziehen, bleibt ohne Vollzugsobjekt unklar. Mit einem materiellen Gesetzesbegriff gewänne das Gewaltenteilungsprinzip jedoch Konturen und direktive Kraft. Verpflichtet deshalb das Grundgesetz im Grundsatz der Gewaltenteilung das Parlament, bestimmte Allgemeinheitspostulate zu befolgen, allgemeine Gesetz zu erlassen?

Die Gesetzgebung erhält im Gesetz ihren eigenen, sie von den anderen Staatsgewalten abgrenzenden Auftrag. Der Bundestag leitet mit der Bundesregierung den Staat zur „gesamten Hand".[668] Die Bundesregierung ist dabei – mit dem prägenden Wort des Kanzlers[669] und im Zusammenspiel mit dem Bundestag – primär für die Entwicklung der politischen Richtung zuständig, in welche das Gemeinwesen steuern soll. Der Bundestag beeinflusst und kontrolliert die Regierung und trägt für die Gesetze die Verantwortung. Die Verwaltung kann auch im gesetzesfreien Bereich tätig werden,[670] vollzieht aber in erster Linie – wie das Grundgesetz ausdrücklich feststellt[671] – die Gesetze,[672] verwirklicht die abstrakt-generellen Entscheidungen des Parlaments und damit die repräsentative Volksherrschaft, die Demokratie. Die eigenständige Konkretisierung der allgemeinen Parlamentsgesetze bietet ein freiheitschonendes Gegengewicht zum Gesetzgeber und sichert aus eigener Kompetenz die Grundrechte.[673] Gerade in dieser Verantwortlichkeit der Verwaltung für den Grundrechtsschutz zeigen sich die Gewährleistungsgehalte des allgemeinen Gesetzes und des individuell-konkreten Einzelakts.[674] Wenn ein Straßenplanungsgesetz die Exekutive zur Enteignung des für den Straßenbau benötigten Grundstücks ermächtigt, bietet das allgemeine Gesetz den Maßstab für die Enteignung und für die Ent-

---

668 *Friesenhahn*, Parlament und Regierung im modernen Staat, VVDStRL 16 (1957), 9 (37f.); insgesamt *M. Schröder*, Die Bereiche der Regierung und der Verwaltung, in: HStR V, 3. Auflage 2007, § 106 Rdn. 1ff., insbes. Rdn. 11, auch zu den Mitwirkungsanteilen des Bundestags.

669 Art. 65 Satz 1 GG.

670 *Starck*, Der Gesetzesbegriff des Grundgesetzes, 1970, S. 199 m. w. H.

671 Art. 1 Abs. 3 und Art. 20 Abs. 2 Satz 2 und Abs. 3 GG sprechen von „vollziehender Gewalt", siehe zudem die Art. 83ff. GG.

672 Zu der Kraft dieser Unterscheidung *Hoffmann-Riem*, Eigenständigkeit der Verwaltung, in: ders./Schmidt-Aßmann/Voßkuhle (Hg.), GVwR I, 2006, § 10 Rdn. 43.

673 Zur Funktionsgerechtigkeit dieser Aufgabenteilung *Schuppert*, Das Gesetz als zentrales Steuerungsinstrument des Rechtsstaates, in: ders. (Hg.), Das Gesetz als zentrales Steuerungsinstrument des Rechtsstaates, 1998, S. 105 (138ff.); zum rechtstheoretischen Unterschied zwischen der Beurteilung des Einzelfalls und der Gesetzgebung *Bydlinski*, Allgemeines Gesetz und Einzelfallgerechtigkeit, in: Starck (Hg.), Die Allgemeinheit des Gesetzes, 1987, S. 49 (54ff. m. w. H.); zur Eigenständigkeit der Verwaltung gegenüber dem Gesetzgeber *Hoffmann-Riem*, Eigenständigkeit der Verwaltung, in: ders./Schmidt-Aßmann/Voßkuhle (Hg.), GVwR I, 2006, § 10 Rdn. 56ff.; zu den spezifischen Aufgaben der Verwaltung *Baer*, Verwaltungsaufgaben, in: Hoffmann-Riem/Schmidt-Aßmann/Voßkuhle (Hg.), GVwR I, 2006, § 11.

674 Zur Rechtsanwendung *Evers*, Das allgemeine Gesetz und seine Anwendung, in: Starck (Hg.), Die Allgemeinheit des Gesetzes, 1987, S. 96 (insbes. 111ff. m. w. H.); siehe zur Gesetzmäßigkeit der Verwaltung zudem bereits *Jesch*, Gesetz und Verwaltung, 1961.

eignungsentschädigung, beauftragt aber die Verwaltung mit der Entscheidung über den Einzelfall. Die Verwaltung prüft am Maßstab des Gesetzes die besondere Betroffenheit einer individuellen Person – etwa eines Landwirts – mit Blick auf den speziellen Gegenstand, den konkreten Ort und den Zeitpunkt des Eingriffs – das Feld wird in seiner Rolle für den Landwirt und die Straßenplanung analysiert und es wird die Frage beantwortet, ob das Eigentum vor oder nach der Ernte entzogen wird. Die spezielle Betroffenheit wird im Verhältnis zum konkreten, aus dem Gesetzesmaßstab zu entwickelnden Ziel gesetzt. Diese individualgerechte, sachnahe und gegenwartsentsprechende Entfaltung des Grundrechtsschutzes baut auf Situationsnähe, Sachverhalts- und Personenkenntnis sowie der Vollzugserfahrung der Verwaltung. So fordert die Verfassung folgerichtig grundsätzlich die Administrativenteignung.[675]

Das Grundgesetz überträgt den Vollzug der Bundesgesetze in der Regel den Ländern.[676] Diese vertikale Gewaltenteilung bestätigt,[677] dass die jeweiligen Funktionen unterschiedliche Aufgaben erfüllen.[678] Die Verwirklichung individueller Freiheit verlangt eine professionelle und eigenständige Verwaltung mit eigenständigen Auslegungs-, Ermessens- und Gestaltungsräumen, insbesondere mit der Möglichkeit, zwischen Alternativen im konkreten Fall die freiheitsschonendere zu wählen,[679] „Einzelfallgerechtigkeit" herzustellen.[680] Die eigenständige, aus Sachnähe und spezieller Fachkompetenz entspringende freiheitsichernde Kraft der Verwaltung[681] kann sich nur entfalten, wenn das Gesetz eine

---

[675] Siehe zur Legalenteignung und der Forderung des Art. 19 Abs. 1 Satz 1 GG unter II. 1. h) (S. 227 ff.); zum Vorrang der Administrativ- vor der Legalenteignung BVerfGE 24, 367 (401 f.) – Hamburger Deichordnungsgesetz; zum Verhältnis von allgemeiner Sozialbindung und individuellem Enteignungsschutz im Rahmen des Art. 14 GG vgl. BVerfGE 58, 300 (328 ff.) – Nassauskiesung.

[676] Art. 83 ff. GG.

[677] *H. Hofmann*, Das Postulat der Allgemeinheit des Gesetzes, in: Starck (Hg.), Die Allgemeinheit des Gesetzes, 1987, S. 9 (42 ff.), der – bei aller Kritik – eine Erwartung an den Gesetzgeber zeichnet, allgemeine Gesetze zu erlassen. Diese sei weniger eine Verfassungsvorgabe, sondern gewinne vielmehr aus den politischen Folgen ihres Bruchs an Kraft, aus der „Störung des Systems" (44).

[678] Die vertikale Gewaltenteilung spricht sich aber nicht zwingend für ein Verbot des Einzelfallgesetzes aus, wenngleich dieses nahegelegt wird: *H. Maurer*, Der Verwaltungsvorbehalt, VVDStRL 43 (1985), 135 (158 ff.); *Bachof*, Aussprache, ebenda, 217 f.; anders *Schnapp*, Der Verwaltungsvorbehalt, ebenda, 172 (194); *K. Vogel*, Gesetzgeber und Verwaltung, VVDStRL 24 (1966), 125 (166 ff.); *Herzog*, Gesetzgeber und Verwaltung, ebenda, 183 (187 ff.).

[679] Insgesamt *Di Fabio*, Gewaltenteilung, in: HStR II, 3. Auflage 2004, § 27 Rdn. 24; *M. Schröder*, Die Bereiche der Regierung und der Verwaltung, in: HStR V, 3. Auflage 2007, § 106 Rdn. 16 ff.; *Ossenbühl*, Vorrang und Vorbehalt des Gesetzes, in: HStR V, 3. Auflage 2007, § 101 insbes. Rdn. 71.

[680] BVerfGE 108, 282 (335 f.) – Kopftuch, Sondervotum der Richter *Jentsch*, *Di Fabio* und *Mellinghoff*.

[681] Siehe hierzu *H. Dreier*, Hierarchische Verwaltung im demokratischen Staat, 1991, S. 163 f., 171 f.; *Schulze-Fielitz*, Theorie und Praxis parlamentarischer Gesetzgebung, 1988, S. 139 ff., 143 ff.; auch mit Blick auf die Legislative und den Gesetzesbegriff *Kuhl*, Der Kernbereich der Exekutive, 1993, insbes. S. 149; *R. Novak*, Gesetzgebung im Rechtsstaat, VVD-

Konkretisierung zulässt, wenn es allgemein ist. Rechts-, Fach- und Dienstaufsicht organisieren dann für den Gesetzesvollzug die Verbindungslinie zwischen der Spezialverantwortlichkeit vor Ort und einer exekutiven Allgemeinverantwortlichkeit insbesondere der Verwaltungsspitze. Auch diese Abstufung einer Spezialisierung der nachgeordneten Behörde und eines allgemeinen Zusammenhalts der Einzelentscheidung in der Ministerialbehörde verweist das Gesetz auf eine höherstufige Allgemeinheit.

Das Bundesverfassungsgericht folgert deshalb aus der Gewaltenteilung einen eigenständigen Verantwortungsbereich der Exekutive,[682] der einen Verallgemeinerungsauftrag auch innerhalb der Verwaltung voraussetzt und auch deswegen auf das allgemeine Gesetz baut. Die Gesetzesallgemeinheit fordert eine Generellität und Abstraktheit, die durch die Verwaltung, durch allgemeine Verwaltungsvorschriften und durch Rechts- und Fachaufsicht in einer ersten Konkretisierungsstufe und durch die Letztvollzugsbehörde in Einzelakten vollzogen wird. Die Verantwortungsteilung im Grundgesetz weist insgesamt dem Parlament verbindlich, wenngleich nicht justitiabel den Auftrag zu, allgemeine Gesetze zu erlassen.[683] Der Grundsatz der Gewaltenteilung mag aus sich heraus diese Forderung nicht ausdrücklich setzen. Er bestätigt aber die Verfassungsentscheidung für die Allgemeinheit des Parlamentsgesetzes.

4. *Funktionsgerechte Gesetzgebung*

Das verfassungsrechtliche Gewaltenteilungssystem ist darauf angelegt, die Staatsfunktionen so zu verteilen, dass die Staatsaufgaben und Entscheidungen jeweils von den Organen getroffen werden, die diesen Aufgaben und Entscheidungen am ehesten gewachsen sind.[684] Für eine effektive Erfüllung der Staatsaufgaben, für den Schutz der Freiheit und Sicherheit bedarf es eines handlungsfähigen Staats. Es kommt darauf an, dass staatliche Entscheidungen „möglichst richtig, d. h. von den Organen getroffen werden, die dafür nach ihrer Organisation, Zusammensetzung, Funktion und Verfahrensweise über die besten Voraussetzungen verfügen."[685] Der Staat kann seinen Auftrag nur erfüllen, wenn

StRL 40 (1982), 40 (53ff.), spricht von „Eigenverantwortung der Verwaltung"; siehe hierzu zudem BVerfGE 108, 282 (315ff.) – Kopftuch, Sondervotum der Richter *Jentsch*, *Di Fabio* und *Mellinghoff*.

[682] BVerfGE 68, 1 (79ff.) – NATO-Doppelbeschluß; 98, 218 (244ff.) – Rechtschreibreform.

[683] Siehe bereits oben unter III. (S. 258ff.).

[684] *Ossenbühl*, Aktuelle Probleme der Gewaltenteilung, DÖV 1980, 545; *ders.*, Vorrang und Vorbehalt des Gesetzes, in: HStR V, 3. Auflage 2007, § 101 Rdn. 60ff. m. w. H.

[685] BVerfGE 68, 1 (86) – NATO-Doppelbeschluß; 95, 1 (15) – Südumfahrung Stendal; 98, 218 (251f.) – Rechtschreibreform.

die verschiedenen Funktionen aufeinander abgestimmt sind und zusammenwirken.[686]

Der Auftrag des Bundestags lässt sich in fünf Kernbereiche teilen. Er erlässt die Gesetze, ist an der Kreation der obersten Bundesorgane beteiligt, kontrolliert die Regierung, wirkt maßgeblich bei der politischen Willensbildung mit, sucht eine Öffentlichkeitsfunktion zu erfüllen und wählt – in Selbstorganisation – seine eigenen Organe. Im Folgenden soll den Erwartungen nachgegangen werden, die in der Funktion der Gesetzgebung und im Gesetzgebungsverfahren an das Gesetz gestellt werden.

a) Die Zusammensetzung des Bundestags

Der gesamte Bundestag repräsentiert mit seinen rund 600 Abgeordneten[687] das Volk. Die Abgeordneten werden durch Wahlen legitimiert. Ihre Qualifikation ruht nicht in einer besonderen Ausbildung, nicht primär in besonderen Kenntnissen in einem bestimmten Sachbereich, sondern in der Wahl. Sie „sind nicht als Sachverständige für irgendein Fachgebiet ausgesucht und gewählt worden, sondern als politische Willensträger."[688] Diese Qualifikation, dieser Auftrag und die hohe Zahl an Abgeordneten zielen strukturell nicht auf eine spezialisierte Fachdiskussion im Bundestag. Auch deshalb werden Fachausschüsse gebildet, die den Bundestag beraten, aber – wie das Bundesverfassungsgericht betont hat – nichts daran ändern, dass das Parlament in seiner Gesamtheit und nicht durch seine Ausschüsse das Volk vertritt.[689]

Demgegenüber sind die Mitglieder der Exekutive auf Grund ihrer Eignung, Befähigung und fachlichen Leistung[690] in ihr Amt berufen worden. Auch die Minister soll der Bundeskanzler wegen ihrer Fähigkeit vorschlagen, ein bestimmtes Ressort zu leiten.[691] Die Exekutive besteht in der Verwaltung aus Spezialisten, in der Regierung aus sachkundigen Leitern eines Geschäftsbereichs, ist auf Grund ihrer Zusammensetzung daher eher darauf ausgerichtet, Spezialfragen zu lösen, bestimmte Fachbereiche zu bearbeiten. Damit in einem so möglicherweise herrschenden Vorrang des Fach- und Detailwissens die Grundrichtung nicht verloren geht, bestimmt der Kanzler die Richtlinien der Politik,

[686] *G. Müller*, Elemente einer Rechtssetzungslehre, 2. Auflage 2006, S. 9f.; *Schreckenberger*, Krise der Gesetzgebung?, in: ders./König/Zeh (Hg.), Gesetzgebungslehre, 1986, S. 21 (insbes. 37); insgesamt *J. Ipsen*, Staatsrecht I, 19. Auflage 2007, § 14; *H. Maurer*, Staatsrecht I, 5. Auflage 2007, S. 358ff.

[687] Vgl. §§ 1 Abs. 1 Satz 1, 6 Abs. 5 des Bundeswahlgesetzes in der Fassung der Bekanntmachung vom 23. Juli 1993 (BGBl. I, S. 1288, ber. S. 1594), zuletzt geändert durch das Gesetz vom 31. Oktober 2006 (BGBl. I, S. 2407), im Folgenden: BWahlG.

[688] *H. Schneider*, Gesetzgebung, 3. Auflage 2002, Rdn. 131.

[689] BVerfGE 80, 188 (215ff. und 2. Leitsatz) – Wüppesahl; siehe oben unter III. 5. m. w. H. (S. 274ff.).

[690] Art. 33 Abs. 2 GG.

[691] Art. 65 Satz 2 und Art. 64 Abs. 1 GG.

stimmt sich mit dem Kabinett ab und erörtert mit jedem Ressortleiter die politische Grundrichtung.[692] Dabei bleibt aber die Ressortverantwortung bei den einzelnen Ministern,[693] wird nur selten von Richtlinien des Kanzlers und von Kabinettsbeschlüssen geleitet,[694] muss allerdings Rücksicht auf die Kabinettszuständigkeit nehmen.[695]

In den Ministerien herrscht Fachwissen. Aus diesem Wissen werden gegenwärtig die meisten Gesetzentwürfe entwickelt. Die Parlamentspraxis drängt auch deshalb vermehrt zur Spezialgesetzgebung, erhöht ihre Komplexität, so dass nicht selten nur wenige Abgeordnete neben den Ministerialbeamten den Entwurf in allen Einzelheiten kennen, auf deren Urteil sich die übrigen verlassen, d.h. das Gros der Abgeordneten.[696] In bewusster Zuspitzung wird von einem „schmerzlichen Mangel an Sachverstand" gesprochen.[697] Dieser Befund beschreibt pointiert die gegenwärtige Gesetzgebung, darf aber nicht als Auftrag gelesen werden, das Parlament mit Spezialisten zu füllen, und auch nicht dahingehend gedeutet werden, dem Parlament im Vergleich zur Regierung den Fachverstand abzuerkennen. Die Zuspitzung kritisiert nicht die Kompetenz des Parlaments, sondern eine Gesetzgebung, die auch Spezialisten nur schwer zugänglich ist – und die Exekutive scheint zu solchen Spezialgesetzen zu neigen.[698] Zwar ist die Expertise der Exekutive unverzichtbar, doch muss das Parlament wieder mit seiner spezifischen Gesetzgebungskraft und seinem allgemeinen Sachverstand diese Expertise beurteilen und bewerten, sich folglich selbst in Kenntnis setzen. Das Zusammenwirken von Regierung und Parlament drängt auf für beide verständliche und verantwortbare Gesetze, will die Kompetenz von Parlament und Regierung nutzen. Das Parlamentsgesetz trifft dabei grundsätzlich die grundlegende Regelung, die insbesondere auch durch Rechtsverordnungen ausgefüllt wird.[699] Wird dem Architekten die Aufgabe übertragen, die Elektroleitungen zu legen, dem Elektrotechniker aber die Gesamtplanung des Kongresszentrums anvertraut, kann das Projekt nicht gelingen – nicht, weil den Beteiligten die notwendige Qualifikation fehlt, sondern weil beide an der falschen Stelle eingesetzt werden.

---

[692] Art. 65 Satz 1 GG.

[693] Art. 65 Satz 2 GG.

[694] Hierzu *Detterbeck*, Innere Ordnung der Bundesregierung, in: HStR III, 3. Auflage 2005, § 66 Rdn. 25 ff. m. w. H.

[695] *M. Schröder*, Aufgaben der Bundesregierung, in: HStR III, 3. Auflage 2005, § 64 Rdn. 16 m. w. H.

[696] Siehe unter A (S. 39 ff.).

[697] *H. H. Klein*, Stellung und Aufgaben des Bundestages, in: HStR III, 3. Auflage 2005, § 50 Rdn. 21 und 46.

[698] Dies muss mitgedacht werden, wenn von der Expertise der Exekutive zur Gesetzesausarbeitung gesprochen wird (siehe für diese die Hinweise bei *Ossenbühl*, Gesetz und Recht – Die Rechtsquellen im demokratischen Rechtsstaat, in: HStR V, 3. Auflage 2007, § 100 Rdn. 82).

[699] Siehe hierzu oben unter III. 7. und 8. (S. 282 ff.).

Bundestag und Bundesregierung tragen gemeinsam die Verantwortung für die politische Grundrichtung. In diesem Rahmen treffen die Abgeordneten grundsätzlich die allgemeinen gesetzlichen Grundentscheidungen. Die Bundesregierung und die Ministerien hingegen sammeln, sichten und bewerten in der Regel die rechtlichen Spezialfragen. Die funktionale Gewaltenteilung zielt darauf, den Gesetzgebungsauftrag auf das Grundsätzliche und allgemein Verständliche zu reduzieren (sprachliche und finale Allgemeinheit). Ein Gremium, in das die politische Erfahrung von rund 600 Abgeordneten einfließt, ist dafür geschaffen, in einem weitgreifenden Diskurs der Meinungsfindung verschiedene Interessen auszugleichen und zu integrieren,[700] so den Regelfall zu finden, aus dem die gesetzliche Regelung entwickelt werden kann. Die Zusammensetzung des Bundestags richtet die Gesetzgebung auf die Normbildung am Regelfall aus (instrumentelle Allgemeinheit), weil das Parlament diesen besser als den Spezialfall beurteilen kann. Geboten ist eine „Entkomplizierung" der Gesetze durch „Entspezialisierung".[701] Der Bundestag entfaltet seine spezifische Qualifikation im Erlass allgemeiner Gesetze.

b) Gesetzgebungsverfahren

Das Gesetzgebungsverfahren bestätigt diesen Befund. Das Verfahrensrecht organisiert den Staat, sucht die nach Zusammensetzung und Funktion jedem Organ zukommende Aufgabe zu bestimmen.[702] Gerade in einer Rechtsordnung, die auf Grund der innerstaatlichen, der supra- und internationalen Rechtsquellen um Übersichtlichkeit ringt,[703] sollte der Staat so organisiert werden, dass die Allgemeinverantwortlichkeit für die Entfaltung der Freiheit und den Bestand von Rechtsstaat und Demokratie wahrgenommen wird.

Das Gesetzgebungsverfahren zielt in seiner langwierigen und anspruchsvollen Ausgestaltung auf allgemeine Grundsatzentscheidungen, auf eine Koordination des Rechts und auf den Aufbau und Erhalt einer konsistenten Rechtsordnung. Eine Gesetzesinitiative durchläuft im Bundestag drei Lesungen. Die erste Beratung dient regelmäßig dazu, die Gesetzesinitiative kundzutun und sie den zuständigen Ausschüssen zuzuleiten.[704] Die anschließenden Ausschussbe-

---

[700] *Ossenbühl*, Gesetz und Recht – Die Rechtsquellen im demokratischen Rechtsstaat, in: HStR V, 3. Auflage 2007, § 100 Rdn. 76.

[701] *Starck*, Diskussion, in: Schuppert (Hg.), Das Gesetz als zentrales Steuerungsinstrument des Rechtsstaates, 1998, S. 78.

[702] Siehe zur prägenden Kraft des Verfahrens für die Gesetze: *Hölscheidt/Menzenbach*, Das Gesetz ist das Ziel: Zum Zusammenhang zwischen gutem Verfahren und gutem Gesetz, DÖV 2008, 139; *Mengel*, Grundvoraussetzungen demokratischer Gesetzgebung, ZRP 1984, 153; zu Parallelen zum Verwaltungsverfahren *Schmidt-Aßmann*, Verwaltungsverfahren, in: HStR V, 3. Auflage 2007, § 109 Rdn. 2 ff.; *ders.*, Das allgemeine Verwaltungsrecht als Ordnungsidee, 2. Auflage 2004, S. 239 ff.

[703] Siehe oben unter A (S. 39 ff.).

[704] §§ 79 f. GOBT.

ratungen enden mit einer Beschlussempfehlung und einem Bericht. In der zweiten Lesung im Bundestag wird die Gesetzesinitiative in der auf Ausschussebene beschlossenen Fassung diskutiert. Über jede selbstständige Bestimmung wird die Aussprache eröffnet, geschlossen und abgestimmt. Änderungsanträge können gestellt werden, solange die entsprechende Beratung des Gegenstands noch nicht abgeschlossen ist.[705] Die dritte Beratung dient kaum mehr der Debatte, sondern primär dem Übergang zur Schlussabstimmung.[706] Im Anschluss befasst sich der Bundesrat, und in besonderen Fällen auch der Vermittlungsausschuss[707] mit dem Gesetz, welches – wenn es erneut Zustimmung gefunden hat – vom Bundespräsidenten nach Gegenzeichnung ausgefertigt und im Bundesgesetzblatt verkündet wird.[708] Die maßgebliche Diskussion der Gesetzesinitiativen, die entscheidenden Debatten über mögliche Änderungen, die parlamentarische Hauptarbeit findet in den Ausschüssen nach der ersten Lesung statt. Davon erfährt die Öffentlichkeit.

Die Zuleitung von Gesetzesinitiativen zu den Ausschüssen dient dazu, sie von Abgeordneten mit spezifischen Fachkenntnissen und von Experten prüfen zu lassen, das Parlament zu entlasten.[709] Ministerialbeamte bewerten die – regelmäßig von ihnen stammenden – Initiativen, würdigen die Einwürfe der Verbände, sollen auch die Distanz zu Spezialinteressen sichern.[710] Die Ergebnisse sind dann schon im Ausschuss, vor allem aber im Plenum in den allgemeinen Gesetzgebungsauftrag zu integrieren. Die rund 600 Abgeordneten können das werdende Recht anhand ihrer Erfahrungen und politischen Ziele formen. Der spezialisierte Ausschuss und das allgemeine Plenum zeichnen damit für das Gesetz auch eine Entwicklung vom Besonderen zum Allgemeinen vor. Die Allgemeinheit der Abgeordneten schärft den Blick für Grundsatzfragen und den inneren Zusammenhalt der Rechtsordnung, nimmt weniger die Details des Spezialdiskurses auf, richtet die Regelbildung auf den Regelfall aus. Die Gesetzesentscheidung ist grundlegend und strukturgebend, sollte in Ziel und Sprache allgemein verständlich sein und den individuellen wie den öffentlichen Belangen dienen.[711] Das Gesetzgebungsverfahren findet seinen Ausgangspunkt und seinen Abschluss im Plenum und ist auch so auf Allgemeinheit angelegt.

---

705 §§ 81 Abs. 2, 82 Abs. 1 GOBT.

706 §§ 85f. GOBT.

707 Art. 77 Abs. 2, 78 GG.

708 Art. 82 Abs. 1 Satz 1 GG; siehe zur Praxis mit Blick auf die neunte Legislaturperiode umfassend *Schulze-Fielitz*, Theorie und Praxis parlamentarischer Gesetzgebung, 1988, S. 255ff.

709 *Geis*, Parlamentsausschüsse, in: HStR III, 3. Auflage 2005, § 53 insbes. Rdn. 1.

710 *Starck*, Diskussion, in: Schuppert (Hg.), Das Gesetz als zentrales Steuerungsinstrument des Rechtsstaates, 1998, S. 77f.

711 BVerfGE 95, 267 (307f.) – Altschulden; *Di Fabio*, Gewaltenteilung, in: HStR II, 3. Auflage 2004, § 27 Rdn. 19.

Das Verfahren, das mit Bundestag, Bundesrat und Bundespräsidenten, in der Gesetzesinitiative und der Gegenzeichnung auch die Bundesregierung und damit vier Verfassungsorgane erfasst und viel Zeit und Kraft bindet, zielt schon in dieser Konzeption auf langfristige allgemeine Regelungen, überträgt kurzfristige Entscheidungen anderen Verfahren und der Zuständigkeit von Regierung und Verwaltung. Das Gesetz wird in drei Lesungen beraten, weil es alle angeht und es alle hören sollen. Die Öffentlichkeit beobachtet die Beratungen.[712] Sie wird auch über die Öffentlichkeitsarbeit der Bundesorgane und über die Presse informiert. Die auch räumliche Gegenüberstellung von Regierung und Opposition, die Präsenz der Presse, der Öffentlichkeit, die Einflussnahme von Sachverständigen, von Verbänden suchen den Raum des Parlaments mit einer öffentlichen Debatte zu füllen, die auf Argumente, auf Vernunft, auf die Suche nach einem Kompromiss, auch auf Minderheitenschutz zielt. Der zur Demokratie zwingend gehörende und diese prägende Kompromiss bezieht sich dann nicht auf die grundlegende Frage, sondern auf die Antwort und die Lösung des Problems.[713] Dieses breit angelegte, das Staatsvolk und damit die Betroffenen einbeziehende Verfahren entfaltet die Autorität des Gesetzgebers und die Geltungskraft des Gesetzes, wenn die gefundene Regelung auf die gestellte Frage mit dem Anspruch einer abschließenden Antwort reagiert und nicht vorläufige, auf baldige Änderung und damit auf Fortsetzung der Diskussion angelegte Regelungen trifft. Das Gesetz soll Rechtsfrieden schaffen, zwischen den im Verfahren deutlich gewordenen Alternativen eine Entscheidung treffen und nicht Gruppen und Verbände zum nächsten Schritt der Gesetzesintervention ermutigen. Wenn der für die Demokratie notwendige öffentliche Diskurs nur zu vorläufigen Ergebnissen führt, bei der Plenardiskussion des Gesetzes selten mehr als ein Sechstel der Mitglieder des Bundestags anwesend sind[714] und das Bundesgesetzblatt von einer „Normenänderungsflut"[715] bestimmt wird, wird das Gesetz zu einem flüchtigen Gut. Es bleibt eine Momentaufnahme der politischen Kontroverse und wird als solche dem aus dem Gesetzgebungsverfahren resultierenden Anspruch nicht gerecht. Die allgemeine Regel, dass nur ein seltenes Gut wertvoll ist, gilt insbesondere für das Gesetz. So fordern Gesetzge-

[712] Die Ausschussberatungen werden hingegen kaum wahrgenommen. Insgesamt *H. Schneider*, Gesetzgebung, 3. Auflage 2002, Rdn. 119ff.; *Ossenbühl*, Verfahren der Gesetzgebung, in: HStR V, 3. Auflage 2007, § 102 Rdn. 38ff.

[713] Dann sind die – mit *H. H. Klein*, Diskussion, in: Schuppert (Hg.), Das Gesetz als zentrales Steuerungsinstrument des Rechtsstaates, 1998, S. 47f. – notwendigen Kosten der Demokratie mit Blick auf das Gesetz zu akzeptieren; siehe hierzu zudem *Steiner*, ebenda, S. 49f.

[714] Siehe zu dieser Zahl und zu dem hieraus folgenden Defizit der parlamentarischen Demokratie bereits oben unter II. 4. (S. 245ff.). Insgesamt *H. Schneider*, Gesetzgebung, 3. Auflage 2002, Rdn. 118ff.; *Ossenbühl*, Verfahren der Gesetzgebung, in: HStR V, 3. Auflage 2007, § 102 Rdn. 32ff.

[715] *M. Kloepfer*, Gesetzgebung im Rechtsstaat, VVDStRL 40 (1982), 63 (68ff.); siehe unter A. I. m. w. H. (S. 39ff.).

bungsverfahren, öffentlicher Diskurs und Gesetzesverkündung das allgemeine Gesetz. Die Proportionalität zwischen dem Verfahren und dem Inhalt einer Regel erwartet vom Parlamentsgesetz die Regelung des Grundsätzlichen.

Das vereinfachte Verfahren für die Rechtsverordnung oder die Satzung erlaubt demgegenüber die Regelungen der Details, der Vorläufigkeit und der Spezialisierung. Im Gesetzgebungsverfahren kann „mit dem Anspruch auf Richtigkeit diskutiert werden". Es wird nach der gerechten, dauerhaften Lösung gesucht und so das Ziel verfolgt, wie es – so *Helmuth Schulze-Fielitz* – „im traditionellen Begriff der Allgemeinheit des Gesetzes intendiert" ist.[716] Im Verfahren der Rechtsverordnung und der Satzung geht es hingegen weniger um politisch-strategische Entscheidungen, sondern um die Befriedigung eines regionalen und bereichsspezifischen, auch temporären Regelungsbedarfs. Die Ausgestaltung der Rechtsetzungsverfahren von Verordnung und Gesetz begründet ein System der Allgemeinverantwortlichkeit und der Spezialisierung. Das Recht organisiert ein allgemeines Gesetzgebungsverfahren der öffentlichen Debatte, daneben aber Verfahren der individualschützenden Vertraulichkeit bei der Verwaltung und den Gerichten. Das Gesetzgebungsverfahren zielt auf langfristige, gut abgewogene, politisch bedeutsame Entscheidungen,[717] auf den Erlass allgemeiner Gesetze.

c) Der Koordinationsauftrag

Das Gesetzgebungsverfahren nimmt den Bundestag in Verantwortung für die Struktur, den Zusammenhalt und die Folgerichtigkeit der Gesamtrechtsordnung. Im Rahmen der europäischen Integration und des Völkerrechts intensiviert sich hier eine Gesetzgebungsaufgabe: Das inter- und supranationale Recht ist in das Recht der Mitgliedstaaten, in das Bundes- und Landesrecht zu integrieren. Dieser Koordinationsauftrag könnte besser erfüllt werden.[718] Der Bürger steht einem unübersichtlichen Recht gegenüber, kann die rechtlichen Vorgaben kaum mehr, jedenfalls nur schwer beachten.[719]

Der Bundestag ist nach seiner Zusammensetzung, nach Funktion und Verfahren das Organ, das für die Gesamtrechtsordnung Verantwortung trägt und ein mit dem inter- und supranationalen Recht abgestimmtes, widerspruchsfreies Recht gewährleisten soll. Dabei steht das Parlament allerdings vor der

[716] *Schulze-Fielitz*, Theorie und Praxis parlamentarischer Gesetzgebung, 1988, S. 252f., der davon spricht, dass dies mit der Allgemeinheit „intendiert sein mag".

[717] Siehe hierzu *Starck*, Der Gesetzesbegriff des Grundgesetzes, 1970, S. 157ff., insbes. 169ff.; siehe insgesamt *Zeh*, Parlamentarisches Verfahren, in: HStR III, 3. Auflage 2005, § 53; *Schulze-Fielitz*, Theorie und Praxis parlamentarischer Gesetzgebung, 1988, S. 177ff., der auch auf die Proportionalität hinweist (176f.).

[718] Siehe unter A, hier insbes. unter V. (S. 57ff.).

[719] Der Mandelkern-Bericht spricht von einer unüberschaubaren Rechtsordnung (ders., in: Bundesministerium des Innern [Hg.], Moderner Staat – Moderne Verwaltung, 2002); siehe bereits oben unter A (S. 39ff.) und sogleich unter D (S. 386ff.).

a. Kirchhof, DVBl 11, 1068 [1073]

Schwierigkeit, dass das unmittelbar verbindliche oder – bei einer europäischen Richtlinie – noch ausfüllungsbedürftige Europarecht in den europäischen Organen beschlossen wird und der Einfluss des Bundestags auf diesen Beschluss zurückgenommen ist.[720] Um diese Schwäche auszugleichen, sieht Art. 45 GG einen eigenen Ausschuss für Angelegenheiten der Europäischen Union vor. Bei völkerrechtlichen Verträgen ist das Parlament ebenfalls nicht mitgestaltendes Organ, sondern durch einen Zustimmungsvorbehalt[721] auf die Entscheidung über das ausgehandelte Vertragspaket zurückgenommen.[722] Auch hier sucht ein Ausschuss für auswärtige Angelegenheiten, ebenso auch der Ausschuss für Verteidigung[723] einen speziellen Sachverstand des Bundestags zu entwickeln und zur Wirkung zu bringen.

Dem Bundestag erwächst so gerade wegen des wachsenden Einflusses des supranationalen Rechts[724] ein besonderer Gesetzgebungsauftrag. Er muss das in Deutschland wirkende Recht, das nationale Recht, das Europarecht und das Völkerrecht koordinieren.[725] Die Erfüllung dieses Auftrags bedarf besonderer Anstrengungen, wird vielfach vernachlässigt, zielt aber auf eine Erneuerung des Allgemeinheitspostulats, weil allgemeine Gesetze eine Koordination des Rechts ermöglichen, sie jedenfalls erleichtern.[726]

Gewaltenteilung und Demokratie fordern, das auf das allgemeine Gesetz angelegte Gesetzgebungsverfahren wieder zu beleben, die parlamentarische Debatte auf diese Allgemeinheit zurückzuführen und damit das Verständnis für das Parlament und das Vertrauen in die parlamentarische Demokratie wieder zu stärken. Dies wird gelingen, wenn der Gegenstand des Verfahrens diesen Gesetzgebungsprozess von vornherein auf die Legitimation und die Qualifikation der Abgeordneten ausrichtet, wenn der Bundestag sich auf seinen verfahrensmäßigen Auftrag besinnt, allgemeine Gesetze zu erlassen und insbesondere so seiner Verantwortung für das Allgemeine, für eine konsistente Rechtsordnung gerecht zu werden.

---

[720] Art. 23 Abs. 3 GG; siehe für die notwendige Stärkung dieses Einflusses BVerfG, 2 BvE 2/08 vom 30. Juni 2009, Absatz-Nr. 207 ff. – Lissabon.

[721] Art. 59 Abs. 2 Satz 1 GG.

[722] Zu Reichweite und Grenzen dieses Vorbehalts vgl. BVerfGE 68, 1 (80 f.) – NATO-Doppelbeschluß; 82, 316 (329 f.) – Beitrittsbedingte Grundgesetzänderung; 90, 286 (557 ff.) – AWACS.

[723] Art. 45a GG.

[724] Siehe hierzu *Feldkamp*, Datenhandbuch zur Geschichte des Deutschen Bundestages 1994 bis 2003, 2005, sowie oben unter A. I. (S. 39 ff.).

[725] Zu der großen Herausforderung der Koordination der Rechtsquellen *Di Fabio*, Wege zu besserer Gesetzgebung – sachverständige Beratung, Begründung, Folgeabschätzung und Wirkungskontrolle, 65. DJT 2004, Band II/1, S. 47 (49 ff.).

[726] Siehe hierzu unter A. V. (S. 57 ff.) und sogleich unter D (S. 386 ff.); in diese Richtung weist auch Der Mandelkern-Bericht, in: Bundesministerium des Innern (Hg.), Moderner Staat – Moderne Verwaltung, 2002.

5. *Individuelle Freiheit und parlamentarische Demokratie*

Die Trennung der Gewalten, das Gesetzgebungsverfahren, der aktuelle rechtliche Koordinationsauftrag, letztlich die gesamte Funktion der parlamentarischen Gesetzgebung richten den Gesetzgeber darauf aus, allgemeine Gesetze zu erlassen. Der Grundsatz der Gewaltenteilung verdichtet so insgesamt die grundgesetzliche Forderung der Gesetzesallgemeinheit, ohne dass er jedoch aus sich heraus ein justitiables Allgemeinheitspostulat anordnet. Gleichwohl mahnt er nachdrücklich und aus unterschiedlichen Blickwinkeln zu der verfassungsrechtlichen Klugheit, in Teilen auch verbindlich, allgemeine Gesetze zu erlassen.

Die Gesetzesallgemeinheit sucht der freiheitsgerechten Balance der Gewalten zu dienen. Der Erlass allgemeiner Parlamentsgesetze bringt die funktionale Kraft des Gesetzgebungsverfahrens zur Entfaltung, die in der Erarbeitung langfristiger und grundlegender Regelungen liegt, in der am Regelfall orientierten Normgebung und in der Erfüllung des besonderen Gesetzgebungsauftrags, der Koordination der staatlichen und überstaatlichen Rechtsquellen. Wer in Spezialfällen denkt, lässt Spezialfälle aus. Die spezielle Verantwortung der rund 600 Abgeordneten im Bundestag zielt nicht auf Besonderheiten, sondern auf die Gesamtrechtsordnung und ihre Konsistenz – auf die Allgemeinheit des Gesetzes.

V. Rechtsstaatliche Forderungen an das Gesetz

1. *Freiheitsichernder Zusammenklang der Strukturprinzipien*

Nach Art. 20 Abs. 3 GG ist die Gesetzgebung „an die verfassungsmäßige Ordnung, die vollziehende Gewalt und die Rechtsprechung sind an Gesetz und Recht gebunden." Das Parlament erlässt Gesetze, deren Vorgaben Rechtsprechung, Verwaltung und Bürger binden. In dieser Ausrichtung stellt das Rechtsstaatsprinzip Forderungen an das Gesetz, die zum Teil Vorgaben des Demokratieprinzips, des Gewaltenteilungsgrundsatzes und der grundrechtlichen Gesetzeserwartungen bestätigen und konkretisieren. Das Grundgesetz errichtet eine Demokratie, einen freiheitlichen sozialen Rechtsstaat, dessen Gewalten geteilt sind – die Strukturprinzipien bedingen und ergänzen sich. Das Rechtsstaatsprinzip zeichnet dabei „keine in allen Einzelheiten eindeutig bestimmten Gebote und Verbote; es bedarf der Konkretisierung je nach den sachlichen Gegebenheiten; dabei müssen allerdings fundamentale Elemente des Rechtsstaats und die Rechtsstaatlichkeit im ganzen gewahrt bleiben. Grundsätzlich ist es Sache des Gesetzgebers, dem Rechtsstaatsprinzip bei der Normsetzung Rechnung zu tragen; erst wenn sich bei Berücksichtigung aller Umstände [...] ergibt, daß rechtsstaatlich unverzichtbare Erfordernisse nicht mehr gewahrt sind, kann eine Regelung als rechtsstaatswidrig beanstandet werden."[727] Das Bundesverfassungsgericht hebt hier den Auftrag des Gesetzgebers hervor, in seiner Verfassungsbindung das Grundgesetz zu konkretisieren, und unterscheidet diesen Auftrag von seiner Kontrollkompetenz. Auch die rechtsstaatlichen Forderungen an das Gesetz entfalten sich daher zuweilen als Klugheitsregeln, errichten verbindliche Verfassungsaufträge und justitiable Maßstäbe.[728]

2. *Verständliche und „berechenbare" Gesetze*

a) Sprachliche und instrumentelle Allgemeinheit – Maß der Verallgemeinerung

Das Rechtsstaatsprinzip fordert um der Freiheit willen[729] die Verständlichkeit und Verbreitung der Gesetze. Nach Art. 82 Abs. 1 GG müssen Gesetze nach Gegenzeichnung vom Bundespräsidenten ausgefertigt und im Bundesgesetzblatt verkündet werden.[730] Das Grundgesetz regelt hier, „wie Rechtsnormen der Öffentlichkeit zugänglich gemacht werden müssen, damit sich die Betroffenen zuverlässige Kenntnis von deren Inhalt verschaffen können",[731] konkretisiert die entsprechende Forderung des Rechtsstaats.[732] Der Einzelne soll sich an kla-

---

[727] BVerfGE 65, 283 (290) – Inkrafttreten des Bebauungsplanes.

[728] Siehe zu diesem Dreiklang unter I. 2. bis 4. (S. 180ff.) und insgesamt zu den rechtsstaatlichen Forderungen: *Degenhart*, Gesetzgebung im Rechtsstaat, DÖV 1981, 477ff.; *Kunig*, Das Rechtsstaatsprinzip, 1986, insbes. S. 200ff., 396ff.; *Sommermann*, in: von Mangoldt/Klein/Starck, Kommentar zum Grundgesetz, Band 2, 5. Auflage 2005, Art. 20 Abs. 3 Rdn. 287ff.; *Schulze-Fielitz*, in: Dreier, H. (Hg.), Grundgesetz. Kommentar, Band 2, 2. Auflage 2006, Art. 20 (Rechtsstaat) Rdn. 128ff.; *Sachs*, in: ders. (Hg.), Grundgesetz. Kommentar, 4. Auflage 2007, Art. 20 Rdn. 122ff.; *Schnapp*, in: von Münch/Kunig (Hg.), Grundgesetz-Kommentar, Band 2, 5. Auflage 2001, Art. 20 insbes. Rdn. 29ff.; *H. Wißmann*, Generalklauseln, 2008, S. 168ff.

[729] Deutlich *Hegel*, Grundlinien der Philosophie des Rechts [1820], 1995, §§ 185ff., 211 bis 216, 260 und 299 (Hervorhebungen im Text wurden nicht übernommen); *ders.*, Vorlesungen über die Philosophie des Rechts [1819/1820], 2000, S. 127ff., insbes. S. 131; siehe aber insgesamt unter B, weil diese Merkmale schon seit dem Zwölftafelgesetz mit dem Gesetz verbunden werden (siehe zum Zwölftafelgesetz unter B. II. 1., S. 69ff.).

[730] Demgegenüber werden aus Art. 77 Abs. 1 und Art. 78 GG keine Forderungen an das Gesetz abgeleitet (*Masing*, in: von Mangoldt/Klein/Starck, Kommentar zum Grundgesetz, Band 2, 5. Auflage 2005, Art. 77 Rdn. 1ff. m.w.H. zu Art. 77 Abs. 1 GG).

[731] *Brenner*, in: von Mangoldt/Klein/Starck, Kommentar zum Grundgesetz, Band 2, 5. Auflage 2005, Art. 82 Rdn. 12. Es erstaunt, dass hier die Möglichkeiten des Internets noch nicht hinreichend genutzt werden. Zwar gibt es einen kostenlosen Gesetzesdienst (www.gesetze-im-internet.de). Der Gesetzgeber nutzt gleichwohl nicht umfassend die Möglichkeit, die Gesetze unmittelbar bekannt zu geben, stellt das Bundesgesetzblatt nur gegen Entgelt im Internet zur Verfügung (www.bundesgesetzblatt.de). Steuerstaats- und Rechtsstaatsprinzip mahnen hier, das Entgelt nicht zu erheben.

[732] *Lücke/Nierhaus*, in: Sachs (Hg.), Grundgesetz. Kommentar, 4. Auflage 2007, Art. 82 Rdn. 20ff. m.w.H.; zu der entsprechenden Vorgabe des Rechtsstaatsprinzips *Sommermann*, in: von Mangoldt/Klein/Starck, Kommentar zum Grundgesetz, Band 2, 5. Auflage 2005, Art. 20 Abs. 3 Rdn. 302f.

ren und verständlichen rechtlichen Rahmenbedingungen orientieren können.[733] Unklare, unberechenbare, unsichere Rechtsvorgaben können nicht erfasst und daher kaum befolgt werden; sie lähmen die Entfaltung der Menschen, weil sie die Unsicherheit des Rechtsbruchs vermitteln. „Rechtsicherheit ist notwendige Bedingung der Freiheit".[734]

Diesen Zusammenhang verdeutlicht das Bundesverfassungsgericht in ständiger Rechtsprechung, weil sich je nach zu regelndem Lebenssachverhalt, aber insbesondere mit der Intensität des Grundrechtseingriffs diese rechtsstaatlichen Forderungen intensivieren.[735] Mit der Freiheit wird auch die Funktionsfähigkeit des Rechtsstaats gesichert. Die Gesetze müssen jedenfalls von denjenigen verstanden werden, an die sie sich richten, die sie handhaben und vollziehen. Das Strafrecht muss jeden erreichen, aber nicht jeder muss das Jagdrecht verstehen, das Bergrecht und die Weingesetze begreifen.[736] „Die Grenze zwischen allgemein verständlicher Sprache und Fachsprache wird" aber gegenwärtig „in sehr vielen Normen nicht beachtet. An Fachadressaten gerichtete Normen können und müssen sich einer Spezialsprache bedienen, dürfen aber nicht in für Nichtfachleute völlig unzugängliche Formulierungen abgleiten."[737] Nach der sog. „Denksport-Erkenntnis" des Österreichischen Verfassungsgerichtshofs wird dem Rechtsstaatsprinzip widersprochen, wenn ein Gesetz „nur mit subtiler Sachkenntnis, außerordentlichen methodischen Fähigkeiten und einer gewissen Lust zum Lösen von Denksportaufgaben verstanden werden kann."[738] Die ge-

---

[733] Jüngst für das Wahlgesetz ; siehe zu diesem Grundauftrag der Rechtsetzung *G. Müller*, Elemente einer Rechtssetzungslehre, 2. Auflage 2006, S. 10ff.; für die Normklarheit bei der Steuergesetzgebung *Waldhoff*, Verfassungsrechtliche Vorgaben für die Steuergesetzgebung im Vergleich Deutschland – Schweiz, 1996, S. 135ff.; insgesamt: *Sobota*, Das Prinzip Rechtsstaat, 1997.

[734] *Sommermann*, in: von Mangoldt/Klein/Starck, Kommentar zum Grundgesetz, Band 2, 5. Auflage 2005, Art. 20 Abs. 3 Rdn. 288; insgesamt *Lücke*, Die Allgemeine Gesetzgebungsordnung, ZG 2001, 1 (4ff. m. w. H.), nach welchem die Gesetze dauerhaft gelten, verständlich und „rechtslogisch stimmig" sein müssen; *Hanebeck*, Die Einheit der Rechtsordnung als Anforderung an den Gesetzgeber?, Der Staat 41 (2002), 429; *Pestalozza*, Gesetzgebung im Rechtsstaat, NJW 1981, 2081; *Korinek*, Verständlichkeit als Gebot der Rechtsordnung, in: Festschrift für Josef Isensee, 2007, S. 277.

[735] BVerfGE 83, 130 (145) – Josephine Mutzenbacher; 102, 254 (337) – EALG; 103, 332 (384) – Naturschutzgesetz Schleswig-Holstein; 108, 52 (75) – Kindesunterhalt; siehe insgesamt *Sommermann*, in: von Mangoldt/Klein/Starck, Kommentar zum Grundgesetz, Band 2, 5. Auflage 2005, Art. 20 Abs. 3 Rdn. 289ff.; *Sachs*, in: ders. (Hg.), Grundgesetz. Kommentar, 4. Auflage 2007, Art. 20 Rdn. 126ff.; *Schnapp*, in: von Münch/Kunig (Hg.), Grundgesetz-Kommentar, Band 2, 5. Auflage 2001, Art. 20 Rdn. 29f.; *Schulze-Fielitz*, in: Dreier, H. (Hg.), Grundgesetz. Kommentar, Band 2, 2. Auflage 2006, Art. 20 (Rechtsstaat) Rdn. 129ff.; *Jarass*, in: ders./Pieroth, Grundgesetz für die Bundesrepublik Deutschland. Kommentar, 9. Auflage 2008, Art. 20 Rdn. 61.

[736] *H. Schneider*, Gesetzgebung, 3. Auflage 2002, Rdn. 454.

[737] *Karpen*, Gesetzescheck (2005–2007): Empfehlungen zur Qualitätsverbesserung von Gesetzen, ZRP 2008, 97 (100).

[738] G 81/82/90 u. a., VfSlg 12.420/1990 (1. Leitsatz).

teilten Staatsgewalten können ihren Auftrag nur erfüllen, wenn sie selbst die Gesetze verstehen und wenn die Bürger das Recht kennen, Rechtsvertrauen gewonnen haben und so – in der Selbstverständlichkeit des Rechtsstaats – das Recht befolgen. Einem kontinuierlichen allgemeinen Rechtsbruch sind die Gewalten kaum gewachsen. Auch deswegen ist jedes Gesetz verständlich bekannt zu machen. Der Bürger, der die rechtlichen Vorgaben kennt, kann sich nach ihnen ausrichten, seine Freiheit entsprechend entfalten. Eine unbekannte, eine diffuse, eine widersprüchliche Rechtsordnung hingegen ist Quelle der Furcht vor dem Rechtsbruch, hemmt in dieser Unsicherheit die freiheitliche Kraft jedes Menschen.

Auch der Grundsatz der Gesetzmäßigkeit der Verwaltung fordert daher, dass „Eingriffe meßbar und in gewissem Umfang für den Staatsbürger voraussehbar" und „möglichst berechenbar" sind.[739] Soweit „der Exekutive die Befugnis zur Normsetzung übertragen ist, muß sich der Inhalt der verordnungsrechtlichen Norm an dem Willen des Gesetzgebers orientieren und auch orientieren können."[740] Neben Art. 80 Abs. 1 Satz 2 GG verdeutlicht Art. 103 Abs. 2 GG diese Forderung für das Strafrecht. Der Bürger muss dem Gesetzestext im Vorhinein entnehmen können, für welche Tat er mit welcher Rechtsfolge bestraft werden kann.[741] Dieser Gedanke der Allgemeinverständlichkeit des Gesetzes, der sprachlichen und instrumentellen Allgemeinheit, will jedermann Rechtskenntnis ermöglichen und damit Rechtsbewusstsein vermitteln. Aus dem bekannt gegebenen Gesetz muss das Verwaltungshandeln, die Konkretisierung der Regelung, bestimmbar und für die möglichen Betroffenen erkennbar sein, damit sie ihr Verhalten danach richten können.[742] Die Klarheit der gesetzlichen Bestimmung steht dabei einerseits einer zu speziellen und daher unverständlichen gesetzlichen Regelung entgegen. Andererseits darf ein Gesetz aber auch nicht zu allgemein sein, weil es sonst seine direktive, Verbindlichkeit begründende Kraft einbüßt. „Eine ‚vage Generalklausel', die es dem Ermessen der Exekutive überläßt, die Grenzen der Freiheit im einzelnen zu bestimmen, ist mit dem Grundsatz der Gesetzmäßigkeit der Verwaltung nicht vereinbar."[743] Es ist das richtige Maß der Allgemeinheit zu finden.

---

[739] BVerfGE 8, 274 (325) – Preisgesetz; 13, 261 (271) – Änderung der Körperschaftsteuerpflicht; 83, 130 (145) – Josephine Mutzenbacher; ständige Rechtsprechung.

[740] BVerfGE 34, 52 (59f.) – Hessisches Richtergesetz; 33, 125 (158) – Facharzt; insgesamt *Towfigh*, Komplexität und Normenklarheit, Der Staat 48 (2009), 29 (39ff. m. w. H.).

[741] BVerfGE 87, 209 (224) – „Tanz der Teufel"; 71, 108 (114) – Anti-Atomkraft-Plakette.

[742] Zu den besonderen Anforderungen an spezielle Gesetze siehe *F. Reimer*, Das Parlamentsgesetz als Steuerungsmittel und Kontrollmaßstab, in: Hoffmann-Riem/Schmidt-Aßmann/Voßkuhle (Hg.), GVwR I, 2006, § 9 Rdn. 61 m. w. H.; siehe zur Kraft eines eigenständigen Bestimmtheitsgebots *Lehner*, Zur Bestimmtheit von Rechtsnormen – am Beispiel einer Entscheidung des Österreichischen VerfGH, NJW 1991, 890.

[743] BVerfGE 8, 274 (325) – Preisgesetz; 13, 261 (271) – Änderung der Körperschaftsteuerpflicht; 83, 130 (145) – Josephine Mutzenbacher.

Der Rechtsstaat dient dem Schutz der Menschenrechte und dem Zusammenhalt der Rechtsgemeinschaft in verständlichen und verbreiteten Gesetzen, fordert verbindlich Kernelemente der sprachlichen und instrumentellen Allgemeinheit. Im Mittelalter kamen Gesetze zur Anwendung, die in lateinischer Sprache verfasst waren.[744] Solche Gesetze sind mit dem Rechtsstaat nicht vereinbar, weil dieser ein Recht verbietet, das sich von vornherein vielen Rechtsbetroffenen gänzlich verschließt, nur von bestimmten Gruppen, von wenigen Experten begriffen werden kann. Dieser nahezu selbstredende Befund mündet aber nicht in einem justitiablen Verfassungsverstoß durch zahlreiche unverständliche Bestimmungen des geltenden Rechts. Die an den Gesetzgeber gerichteten rechtsstaatlichen Forderungen sind dichter als der vom Richter zu prüfende Maßstab.[745] Gesetze, die zwar in der Landessprache verfasst werden, jedoch derart unverständlich sind, dass sie kaum von Rechtskundigen erfasst werden können, stellen den Rechtsstaat auf die Probe. Doch muss nicht jede Regelung von jedem begriffen werden können, dürfen Gestaltungen gewählt werden, die – wie das zivilrechtliche Abstraktionsprinzip – auch auf den zweiten Blick ohne rechtliche Kenntnisse kaum zu erschließen sind. Der Rechtsstaat mutet dem Rechtsuchenden zu, Rechtsrat einzuholen, um die Rechtslage zu begreifen. Jedoch soll jeder mit zumutbarem Aufwand die Regelungen im Grunde aufnehmen können.[746] Wenn der Gesetzgeber ein Gesetz erlässt, das seinen Regelungsgehalt nur andeutet, das auch Experten kaum erfassen können, verletzt er das im Rechtsstaatsprinzip und das in der Verkündungspflicht ruhende Gebot der sprachlichen Allgemeinheit.[747] Ohne einen fassbaren Gegenstand entfalten sich weder die Entscheidungskompetenzen von Bundestag und Bundesrat, noch die Prüfkompetenz des Bundespräsidenten und die Gegenzeichnungspflicht der Bundesregierung. Der Rechtsstaat fordert insgesamt verbindlich ein Mindestmaß an sprachlicher und instrumenteller Allgemeinheit der Gesetze. Diese Forderungen sind in ihren Kernelementen justitiabel.

b) Begründung von Gesetzen

Diese rechtsstaatliche Allgemeinheitsforderungen beziehen sich auf das Gesetz. Die Allgemeinheitserwartungen könnten die bereits von *Platon* gezeichnete

---

[744] Siehe hierzu unter B. III. (S. 95 ff.).

[745] BVerfGE 65, 283 (290) – Inkrafttreten des Bebauungsplanes; siehe oben unter I.

[746] *Lücke/Nierhaus*, in: Sachs (Hg.), Grundgesetz. Kommentar, 4. Auflage 2007, Art. 82 Rdn. 20; *Merten*, Gesetzeswahrheit und Titelklarheit, in: Festgabe zum 10jährigen Jubiläum der Gesellschaft für Rechtspolitik, 1984, S. 295 (303 ff.); *Towfigh*, Komplexität und Normenklarheit, Der Staat 48 (2009), 29 (46 ff., 57 ff.), der aber darauf verweist, dass der Bezugspunkt der Verständlichkeit der Gesetze kaum der Bürger sein kann, weil dieser die Gesetze ohnehin nicht versteht.

[747] Art. 82 Abs. 1 Satz 1 GG.

Erwägung[748] aufnehmen, Gesetze zu begründen oder mit erklärenden Präambeln zu versehen.[749] Das Recht, insbesondere Spezialgesetze, würde dann – so könnte man annehmen – dem Bürger leichter verständlich und ihn besser erreichen.[750] Das Bundesverfassungsgericht hat einer solchen Gesetzesbegründung, gar einer Begründungspflicht keine klare Absage erteilt, sie aber auch nicht unmittelbar gefordert.[751]

Das Gesetz muss jedoch aus sich heraus verständlich sein, darf diese Forderungen nicht erst über eine Begründung erfüllen. Es bestünde sonst die Gefahr, dass nur durch die Begründung die grundgesetzlichen Gesetzesforderungen erfüllt und diese dann letztlich relativiert würden, weil das Gesetz selbst weiterhin unverständlich bleiben könnte. So würden die Konsistenz und Rationalität der verbindlichen Gesetzestexte geschwächt. Die Verfassungsentscheidung für die Allgemeinheit des Gesetzes bezieht sich auf den Gesetzestext, nicht auf eine Begründung. Die Begründungspflicht für Gesetzentwürfe soll den Abgeordneten eine Entscheidungsgrundlage bieten.[752] Wenn diese aber eine Entscheidung treffen, schulden sie nichts als das Gesetz.[753]

Hiergegen könnte eingewandt werden, dass die anderen Gewalten ihre Entscheidungen auch begründen und so auch eine Begründung der Gesetze naheliegt. Der Akt der Gesetzgebung unterscheidet sich jedoch von den gesetzesgebundenen Entscheidungen der Verwaltung und der Gerichte grundlegend, wehrt sich in seiner Eigenart gegen die Begründung. Der Gesetzgeber ist an die Verfassung als Rahmenordnung gebunden, unterliegt folglich zurückgenommenen inhaltlichen Vorgaben, muss nicht bestimmte Einzelinteressen im Detail zum Ausgleich bringen, sondern allgemeine Regeln setzen. Insbesondere deshalb lässt sich die Begründungspflicht der Entscheidungen der anderen Gewalten nicht auf den Gesetzgeber übertragen. Das Gesetz selbst muss verständlich den anderen Gewalten einen Raum der Konkretisierung lassen. Der Ge-

[748] *Platon*, Nomoi [365–348 v.Chr.], Sämtliche Werke, Band IX, 1991, 723a, 772e (siehe hierzu bereits oben unter B. II. 2., S. 78 ff.).

[749] Siehe zur Begründung von Gesetzen *Lücke*, Begründungszwang und Verfassung, 1987; *Kischel*, Die Begründung, 2003, S. 260 ff.; *Waldhoff*, „Der Gesetzgeber schuldet nichts als das Gesetz“, in: Festschrift für Josef Isensee, 2007, S. 325.

[750] Siehe hierzu *Sommermann*, in: von Mangoldt/Klein/Starck, Kommentar zum Grundgesetz, Band 2, 5. Auflage 2005, Art. 20 Abs. 3 Rdn. 303, der aber bemerkt, dass das Grundgesetz nicht zwingt, Gesetze zu begründen; siehe hierzu umfassend *Kischel*, Die Begründung, 2003, S. 260 ff., deutlich S. 296; anders *Lücke*, Begründungszwang und Verfassung, 1987, insbes. S. 50 ff.

[751] Wenn das Gericht fordert, dass bestimmte Gesetze besonders zu rechtfertigen, auch zu begründen sind, bedeutet dies nicht, dass dem Gesetzestext eine Begründung beigefügt werden muss (siehe hierzu etwa BVerfGE 79, 311 [344] – Staatsverschuldung I; 101, 158 [224 f.] – Maßstäbegesetz; siehe insgesamt *Waldhoff*, „Der Gesetzgeber schuldet nichts als das Gesetz“, in: Festschrift für Josef Isensee, 2007, S. 325 [327 ff. m. w. H.]).

[752] Siehe hierzu §§ 76 Abs. 2 und 96 Abs. 3 Satz 1 GOBT sowie § 42 Abs. 1 GGO.

[753] *Waldhoff*, „Der Gesetzgeber schuldet nichts als das Gesetz“, in: Festschrift für Josef Isensee, 2007, S. 325 m. w. H.

setzgeber erfüllt diesen Auftrag in der Verallgemeinerung. Eine Gesetzesbegründung würde diesen Raum des Allgemeinen zu stark verengen und liefe Gefahr, die Gewaltenbalance aus dem Gleichgewicht zu bringen.[754] Gesetze sind nicht zu begründen. Dieser Befund schließt aber nicht aus, dass der Staat in Broschüren über das Recht aufklärt, insbesondere in den Bereichen, in welchen der Vereinfachungsauftrag noch nicht erfüllt ist. Diese Informationen können den Rechtsstaat – anders als die Gesetzesbegründung – stützen.

3. *Widerspruchsfreiheit und Folgerichtigkeit*

a) „Normwahrheit"

Jedes Gesetz muss – jedenfalls in einem Mindestmaß – die Voraussehbarkeit der rechtlichen Lösung eines Falls erlauben. Diese Forderung erwartet aber nicht nur, dass die Bestimmung als solche verständlich ist, sondern auch, dass sie im Zusammenwirken mit anderen Regelungen widerspruchsfrei und folgerichtig wirkt.[755] Ein Gesetz, das an und für sich eine verständliche und klare Regelung trifft, verletzt das Rechtsstaatsprinzip, wenn die Regelung auf Grund anderer Gesetze nicht zur Anwendung kommt, das Gesetz folglich nicht hält, was es – klar und deutlich – verspricht. Nicht nur das Gesetz, sondern die gesamte Rechtsordnung muss „widerspruchsfrei" sein. Das Bundesverfassungsgericht betont in diesem Sinn, dass zur „Normklarheit auch die Normwahrheit" gehört.[756] Jedes Gesetz „muss halten, was es verspricht", und der Gesetzgeber

[754] Insgesamt *Waldhoff*, „Der Gesetzgeber schuldet nichts als das Gesetz", in: Festschrift für Josef Isensee, 2007, S. 325 (329ff. m. w. H.); *Lepsius*, Die erkenntnistheoretische Notwendigkeit des Parlamentarismus, in: Bertschi/u. a. (Hg.), Demokratie und Freiheit, 1999, S. 123 (157ff., insbes. 161); siehe zur Gewaltenbalance unter IV. 2. (S. 299ff.).

[755] BVerfGE 98, 83 (97) – Landesrechtliche Abfallabgabe; 98, 265 (301) – Bayerisches Schwangerenhilfegesetz; 108, 169 (181 m. w. H.) – Verkehrswegenutzung; siehe bereits 21, 73 (79) – Grundstücksverkehrsgesetz, zur „Normklarheit und Justitiabilität"; insgesamt: *Morgenthaler*, Gleichheit im Rechtssystem – Widerspruchsfreiheit, Folgerichtigkeit, in: Mellinghoff/Palm (Hg.), Gleichheit im Verfassungsstaat, 2008, S. 51 ff.; *Ossenbühl*, Gesetz und Recht – Die Rechtsquellen im demokratischen Rechtsstaat, in: HStR V, 3. Auflage 2007, § 100 Rdn. 85; *Sommermann*, in: von Mangoldt/Klein/Starck, Kommentar zum Grundgesetz, Band 2, 5. Auflage 2005, Art. 20 Abs. 3 Rdn. 298f.; *Schulze-Fielitz*, in: Dreier, H. (Hg.), Grundgesetz. Kommentar, Band 2, 2. Auflage 2006, Art. 20 (Rechtsstaat) Rdn. 141 ff.; jeweils m. w. H.; siehe hierzu jüngst für das Steuerrecht *Tipke*, Steuergerechtigkeit unter besonderer Berücksichtigung des Folgerichtigkeitsgebots, StuW 2007, 201; *Ruppe*, Der Anspruch auf Normenklarheit im Steuerrecht und seine Durchsetzung im Gesetzgebungs- und Rechtsschutzverfahren, Beihefter zu DStR 2008, 20.

[756] BVerfGE 107, 218 (256) – Beamtenbesoldung; 108, 1 (20) – Rückmeldegebühr; *Drüen*, Normenwahrheit als Verfassungspflicht, ZG 2009, 60ff.; insgesamt *Jarass*, Die Widerspruchsfreiheit der Rechtsordnung als verfassungsrechtliche Vorgabe, AöR 2001 (126), 588 (insbes. 606f.), mit einem kritischen Blick auf zu dichte Vorgaben, welche das Bundesverfassungsgericht in diesem Bereich zeichnet.

muss sich „an den im Gesetz angelegten Wertungen festhalten lassen".[757] Die Verpflichtung trifft Bund und Länder,[758] aber auch die Abstimmung mit dem Recht der Europäischen Union.[759] Die rechtsstaatliche „Berechenbarkeit" des Rechts nimmt nicht nur die Kernelemente der sprachlichen, sondern auch der instrumentellen Allgemeinheit auf.

Hiernach ist der Gesetzgeber an den für den Normadressaten erkennbaren Regelungsgehalt und Regelungszweck gebunden. Er muss folglich das Regelungsziel sowie die Regelungstechnik, mit welcher das Ziel erreicht werden soll, klar und für den Normadressaten begreifbar bestimmen. Der Gesetzgeber muss das Gesetzgebungsziel verdeutlichen[760] und es wird eine Ausgestaltung des Gesetzes verlangt, die den Gesetzgebungszweck verlässlich erreicht, die Regel unausweichlich macht, unterschiedliche Rechtsquellen aufeinander abstimmt. Ein bekanntes Beispiel, bei welchem diese Vorgaben verfehlt wurden, bieten die Fristenregelungen für Rücknahme und Widerruf von Verwaltungsakten, welche bei bestimmten europarechtlichen Bezügen keine Anwendung finden, ohne dass dies im Gesetz angedeutet wird.[761] Daneben verdeutlicht das Urteil des Bundesverfassungsgerichts über das Volkszählungsgesetz die rechtsstaatlichen Forderungen exemplarisch. Das Gesetz ließ die Verwendung bestimmter Daten zu statistischen Zwecken und zum Melderegisterabgleich zu. Es betonte, dass die Daten nicht für Maßnahmen eingesetzt werden dürfen, die gegen die Auskunftsverpflichteten wirken. Nach melderechtlichen Bestimmungen können die Daten jedoch an weitere öffentliche Stellen übermittelt und dort für zahlreiche Maßnahmen eingesetzt werden. Das Gesetz versprach daher etwas, was es im Zusammenwirken mit den anderen Gesetzen nicht halten konnte, verband „tendenziell Unvereinbares" und traf deshalb Regelungen, die „zur Erreichung der angestrebten Zwecke ungeeignet, in ihrem Inhalt unklar und daher in ihrer

---

[757] *Drüen*, Normenwahrheit als Verfassungspflicht, ZG 2009, 60 (74 et passim).

[758] BVerfGE 98, 106 (118f.) – Verpackungsteuer; siehe zudem bereits *Degenhart*, Systemgerechtigkeit und Selbstbindung des Gesetzgebers als Verfassungspostulat, 1976; siehe insgesamt *Prokisch*, Von der Sach- und Systemgerechtigkeit zum Gebot der Folgerichtigkeit, in: Festschrift für Klaus Vogel, 2000, S. 293.

[759] Siehe hierzu sogleich unter D (S. 386ff.); siehe zur Widerspruchsfreiheit der Rechtsordnung *Sodan*, Das Prinzip der Widerspruchsfreiheit der Rechtsordnung, JZ 1999, 864; *Hanebeck*, Die Einheit der Rechtsordnung als Anforderung an den Gesetzgeber?, Der Staat 41 (2002), 429.

[760] *Karpen*, Gesetzescheck (2005–2007): Empfehlungen zur Qualitätsverbesserung von Gesetzen, ZRP 2008, 97 (100); siehe hierzu auch sogleich unter VI. 3. (S. 353ff.).

[761] Siehe §§ 48 Abs. 4 Satz 1, 49 Abs. 2 Satz 2 und Abs. 3 Satz 2 VwVfG; *Sachs*, in: Stelkens/Bonk/ders. (Hg.), Verwaltungsverfahrensgesetz, 6. Auflage 2001, § 48 Rdn. 236ff.; *Kopp, F. O./Ramsauer*, Verwaltungsverfahrensgesetz, 10. Auflage 2008, § 48 Rdn. 151; insgesamt *Götz*, Der knapp bemessene Vertrauensschutz bei der Rückforderung gemeinschaftsrechtswidriger staatlicher Beihilfen, in: Festschrift für Christian Starck, 2007, S. 555; siehe insgesamt oben unter A. V. auch für weitere Beispiele (S. 57ff.).

Tragweite für den Bürger unverständlich" waren. Das Volkszählungsgesetz verletzte damit den justitiablen Maßstab des Rechtsstaatsprinzips.[762]

Das Beispiel verdeutlicht, dass der Rechtsstaat nicht nur die sprachliche und instrumentelle, sondern auch eine finale Allgemeinheit fordert. Das Volkszählungsgesetz erreichte einen selbst gesetzten Zweck nicht. Die Regelungen fügten sich nicht widerspruchsfrei in die Gesamtrechtsordnung ein. Die finale Allgemeinheit erwartet vom Gesetzgeber, einen grundsätzlichen und im Gesetz bestimmten Zweck mit einer gesetzlichen Regelung zu verfolgen. Die sprachliche Allgemeinheit ergänzt diese Forderung, weil eine Regelung nur oder jedenfalls leichter verständlich ist und vermittelt werden kann, wenn ihr Zweck offengelegt wird. Das Gesetz wird nur dann zur „überredenden Regel",[763] wenn Regelungsgrund und Regelungsziel begriffen werden. Dem Bürger und dem Gesetzgeber wird bewusst, wozu das Gesetz erlassen wird. Der Gesetzgeber kann sich bei der Wahl des Regelungsinstruments so besser am Gesetzgebungsziel orientieren, der Gesetzgebungsprozess gewinnt an Transparenz und rationalisierender Kraft.[764] Das Rechtsstaatsprinzip fordert Grundgehalte der finalen Allgemeinheit. Diese Forderung ist aber zu vage, um aus sich heraus justitiabel zu sein. Sie beauftragt den Richter nur, soweit sie Teil der Kerngehalte der sprachlichen und instrumentellen Allgemeinheitsforderungen ist.

b) Differenzierung nach Regelungsbereichen und Eingriffsintensität

Die Anforderungen, die durch die rechtsstaatlichen Vorgaben an das Gesetz gestellt werden, hängen von der Intensität der grundrechtlichen Beeinträchtigung und den betroffenen Regelungsbereichen ab.[765] Das alle Bürger betreffende Recht, insbesondere das Strafrecht, muss anders als spezielle Rechtsbereiche für jedermann begreifbar sein.[766] Wie die Forderung der sprachlichen Allgemeinheit hängen auch die rechtsstaatlichen Allgemeinheitsmerkmale der finalen und instrumentellen Allgemeinheit von „der Eigenart des zu ordnenden Lebenssachverhalts mit Rücksicht auf den Normzweck" ab und erhöhen sich „mit der Intensität, mit der auf der Grundlage der betreffenden Regelungen in

---

[762] BVerfGE 65, 1 (64 f.) – Volkszählung; siehe zu diesen rechtsstaatlichen Forderungen insbes. auch BVerfGE 98, 106 – Verpackungsteuer.

[763] *Platon*, Nomoi [365–348 v. Chr.], Sämtliche Werke, Band IX, 1991, 723a, 772e (siehe hierzu bereits oben unter B. II. 2., S. 78 ff.).

[764] Siehe zur Selbstbindung des Gesetzgebers insgesamt *Peine*, Systemgerechtigkeit, 1985; siehe mit Blick auf die Gesetzesüberschriften *Merten*, Gesetzeswahrheit und Titelklarheit, in: Festgabe zum 10jährigen Jubiläum der Gesellschaft für Rechtspolitik, 1984, S. 295.

[765] *Schmidt-Aßmann*, Das allgemeine Verwaltungsrecht als Ordnungsidee, 2. Auflage 2004, S. 183 ff.; *F. Reimer*, Das Parlamentsgesetz als Steuerungsmittel und Kontrollmaßstab, in: Hoffmann-Riem/Schmidt-Aßmann/Voßkuhle (Hg.), GVwR I, 2006, § 9 Rdn. 64 m. w. H.

[766] BVerfGE 102, 254 (337 f. m. w. H.) – EALG; *H. Schneider*, Gesetzgebung, 3. Auflage 2002, Rdn. 458; siehe bereits oben unter 2. (S. 316 ff.) und III. 7. (S. 282 ff.).

grundrechtlich geschützte Bereiche eingegriffen werden kann".[767] Dieses anerkannte Maß der Verfassungsbindung bestätigt auch die Justitiabilität der rechtsstaatlichen Allgemeinheitsvorgaben. Diese verdichten sich aber nicht zu einer Art Optimierungsgebot, sondern bleiben ein Mindestmaß, weil der instrumentellen wie der sprachlichen Allgemeinheit genügt wird, wenn mögliche „Auslegungsprobleme" mit den „herkömmlichen juristischen Methoden bewältigt werden können", wenn der Rechtsuchende sich das Gesetz mit zumutbarem Aufwand erschließen kann.[768]

Die Anwendung eines Gesetzes ist aber insgesamt nur voraussehbar, wenn sie bestimmten, rechtswissenschaftlichen Regeln folgt. Die Normklarheit setzt auf Konkretisierungsregeln, die in dem Gesetz und seiner Allgemeinheit angelegt sind. Sie baut auf eine Konkretisierungspraxis, eine Rechtswissenschaft, welche die Bindungen des allgemeinen Gesetzes entfaltet und die Brücke zu dem aus diesem Allgemeinen folgenden Besonderen im Einzelfall schlägt. Insoweit ist die staatsrechtliche Funktionenordnung wie die juristische Methodenlehre Ausdruck der Denk- und Wissenschaftskategorie der Allgemeinheit.[769] Soweit das Expertenrecht – wie das Atomrecht oder das Seerecht – in einer Fachsprache zu formulieren ist, also nicht von jedermann erfasst werden kann, erwartet der Rechtsstaat gleichwohl klare gesetzliche Grundaussagen und Zielsetzungen, bestätigt er die Forderung des Demokratieprinzips und der funktionalen Gewaltenteilung, dass das Parlamentsgesetz in den struktursichernden Grundaussagen für Abgeordnete, Bürger, Verwaltung und Gerichte verständlich zu sein hat, dass auch Spezialgesetze für Fachfremde nicht völlig unzugänglich sein dürfen.[770]

Diese rechtsstaatlichen Anforderungen legen es nahe, den Regelungsauftrag des Gesetzes entgegen der bisherigen Praxis[771] grundsätzlich im Gesetzestext abschließend zu erfüllen, Verweisungen nur aus besonderen Gründen und auch nur so vorzusehen, dass sie Sinn und Inhalt aus sich heraus offenbaren.[772] Auch sollte das Gesetz so wenige Einzelheiten und Ausnahmen wie möglich regeln,

---

[767] BVerfGE 83, 130 (145) – Josephine Mutzenbacher; 102, 254 (337) – EALG; 103, 332 (384) – Naturschutzgesetz Schleswig-Holstein; 108, 52 (75) – Kindesunterhalt.

[768] BVerfGE 83, 130 (145) – Josephine Mutzenbacher; *F. Reimer*, Das Parlamentsgesetz als Steuerungsmittel und Kontrollmaßstab, in: Hoffmann-Riem/Schmidt-Aßmann/Voßkuhle (Hg.), GVwR I, 2006, § 9 Rdn. 63, erwartet, dass die Bürger einen „zumutbaren Aufwand" erbringen, auch „greifbares Normmaterial" und „rechtskundige Hilfe" zu Rate ziehen; gegen eine pauschale Erhöhung der Anforderungen wie insgesamt *Schmidt-Aßmann*, Das allgemeine Verwaltungsrecht als Ordnungsidee, 2. Auflage 2004, S. 194 ff.; kritisch zur Erhöhung der Forderung angesichts der Intensität des Grundrechtseingriffs *H. Wißmann*, Generalklauseln, 2008, S. 171 f.

[769] Siehe hierzu bereits im Ersten Kapitel unter B (S. 28 ff.).

[770] Siehe bereits unter III. und IV. (S. 258 ff.).

[771] Siehe unter A. V. 3. (S. 61 ff.).

[772] Siehe hierzu wie insgesamt *Sommermann*, in: von Mangoldt/Klein/Starck, Kommentar zum Grundgesetz, Band 2, 5. Auflage 2005, Art. 20 Abs. 3 Rdn. 288 ff. m. w. H.

weil jede Spezialregelung und Ausnahme grundsätzlich eine weitere veranlasst, das Gesetz zusätzlich Verständlichkeit und Regelungsklarheit einbüßt. Diese Erwartungen der instrumentellen Allgemeinheit werden erreicht, wenn der Gesetzgeber am Regelfall typisiert, nicht das Gesetz auf den Ausnahmefall ausrichtet. Mit der „Normenflut“[773] nimmt auch die Rechtsunsicherheit zu. Das Gebot der Rechtsklarheit erwartet daher auch ein Maß in Zahl und Umfang der gesetzlichen Regelungen.[774]

c) Strukturverantwortung des Parlaments und justitiable Kernforderungen

Das Rechtsstaatsprinzip richtet das Gesetz auf den Einzelnen aus und schützt seine Freiheit. Es fordert die sprachliche und instrumentelle Allgemeinheit in zahlreichen Facetten sowie den Kerngehalt der finalen Allgemeinheit.[775] Damit werden diese Kerngedanken des Gesetzes, letztlich der Kodifikation, wird die Einheit der Rechtsordnung und der aktuelle Gesetzgebungsauftrag bestätigt, die Rechtsquellen zu koordinieren, eine klare, konsistente und überschaubare Gesamtrechtsordnung zu errichten.[776]

Der individuelle Schutz gegen eine Gesetzgebungspraxis, die diesen Anforderungen nicht genügt, ist jedoch eingeschränkt. Die Verfassungsforderungen der sprachlichen und der instrumentellen Allgemeinheit sind nur in ihren Kerngehalten justitiabel. Der Einzelne kann sich gegen eine mit zumutbarem Aufwand verständliche und auch ansonsten verfassungskonforme Belastung nicht wehren, nur weil das Gesetz das Regelungsziel nicht klar benennt, dieses im Zusammenwirken mit anderen Bestimmungen nicht stringent verfolgt, weil es kompliziert ausgestaltet ist, unnötige Verweisungen enthält oder die Last der Normenzahl und die Normierungsdichte steigen lässt. Das Bundesverfassungsgericht betont zu Recht, dass die rechtsstaatliche Verfassungsbindung des Gesetzgebers weiter reicht als deren richterliche Kontrolle.[777] Die Kernforderungen der sprachlichen, instrumentellen und finalen Allgemeinheit sind gleichwohl wichtige Garanten der Freiheit und schützen als solche den Bürger unmittelbar, verdichten sich mit der Zunahme der Grundrechtsbelastung.[778] Das Allgemein-

---

[773] Siehe hierzu unter A (S. 39 ff.).

[774] *Sommermann*, in: von Mangoldt/Klein/Starck, Kommentar zum Grundgesetz, Band 2, 5. Auflage 2005, Art. 20 Abs. 3 Rdn. 299 m. w. H.; siehe bereits unter A. I. (S. 39 ff.).

[775] Siehe oben unter a) und 2. (S. 321 ff. und 316 ff.) sowie zu diesen Forderungen insgesamt unter B. VI. 1. (S. 161 ff.) und 7. (S. 170 ff.); siehe zudem den klaren Befund *von Hayeks*, Der Weg zur Knechtschaft [1945], 2003, S. 114: „Das Prinzip des Rechtsstaates ist daher gleichbedeutend mit einer Einschränkung des Bereiches der Gesetzgebung: es beschränkt sie auf jene Art allgemeiner Normen, die wir als formales Recht bezeichnen, während es eine Gesetzgebung ausschließt, die direkt bestimmte Individuen treffen“ kann.

[776] Siehe hierzu bereits oben, insbes. unter III. (S. 258 ff.).

[777] Deutlich BVerfGE 65, 283 (290) – Inkrafttreten des Bebauungsplanes; siehe bereits unter 1. (S. 315 ff.).

[778] Siehe unter 2) (S. 316 ff.) und unter a) und b) (S. 321 ff.).

heitspostulat sucht gesetzliche Regelungen zu vermeiden, die nur unsichere Anwendungsmaßstäbe bieten und die anderen Gewalten letztlich nicht binden, es dem Bürger kaum ermöglichen, den Gesetzen zu folgen. Ein schlicht unverständliches Gesetz ist verfassungswidrig und kann durch das Bundesverfassungsgericht zu Fall gebracht werden.

Das Gericht wird aber auch dann regelmäßig mit einer Unvereinbarkeitserklärung reagieren. Gegenwärtig existieren zahlreiche unverständliche Regelungen,[779] welche erst Verwaltung und Gerichte mit Inhalt gefüllt haben. Die Rechtsordnung würde folglich wesentliche Teile verlieren und so einen vom Parlament nicht verantworteten Inhalt erhalten, wenn das Bundesverfassungsgericht unverständliche Gesetze für nichtig erklären würde. Die rechtsstaatliche Forderung der ‚Berechenbarkeit' der Gesetze will aber der Rechtssicherheit dienen, dieser nicht schaden. Wenn die Rechtsprechung gegenwärtig unverständliche Gesetze gleichwohl nicht für unvereinbar mit dem Rechtsstaatsprinzip erklärt, scheint der Grund hierfür weniger in einer Ablehnung dieses Gehalts des Rechtsstaatsprinzips zu liegen, als vielmehr in der Scheu vor den weitreichenden Folgen. Doch könnte das Gericht den Schutz der Freiheit neu entfalten, wenn es der Verfassungsentscheidung für das allgemein verständliche Gesetz folgen und nach und nach die Neuregelung unverständlicher Gesetze fordern würde. Das Rechtsstaatsprinzip setzt verbindlich auf die Verständlichkeit, ‚Berechenbarkeit' und Verkündung der Gesetze, die sprachliche und instrumentelle Allgemeinheit, und versperrt in einem justitiablen Gehalt in Sprache und Regelungsstruktur schlicht unverständlichen Regelungen den Weg.

Parlamentarismus setzt voraus, dass das Parlament die von ihm erlassenen Gesetze in Regelungsziel und Regelungstechnik verstehen und verantworten kann.[780] Im allgemein verständlichen Parlamentsgesetz und den spezielleren Akten der Verwaltung wird auch die demokratische und die Gewalten trennende Arbeitsteilung zwischen Regierung und Parlament, zwischen speziellen Rechtsverordnungen und allgemeinem Parlamentsgesetz umgesetzt.[781] Der zurückgenommene justitiable Maßstab und die gebotene Zurückhaltung des Bundesverfassungsgerichts im Urteilsspruch betonen, dass die Kompetenz, eine für alle verständliche und gültige rechtliche Ordnung zu erlassen, beim Gesetzgeber liegt.

---

[779] Siehe hierzu unter A (S. 39 ff.).

[780] Siehe unter III. (S. 258 ff.).

[781] Siehe unter III. 7. (S. 282 ff.) und unter IV. 3. und 4. (S. 301 ff.).

4. *Kontinuität und Verlässlichkeit*

a) *Parlamentarische Gestaltung und Beständigkeit*

Die parlamentarische Gesetzgebung will das hergebrachte, das geltende Recht durch besseres Recht ersetzen. Das Parlament fragt in Erfüllung seines Gestaltungsauftrags nach der Richtigkeit des überkommenen Rechts. Regeln gewinnen heute – das ist eine Errungenschaft des modernen Rechts – weniger Legitimität aus ihrer Geltung, sondern werden gemeinhin nur anerkannt, wenn der zustänidge Gesetzgeber sie erlässt und sie plausibel und rational sind.[782] Diese Legitimitätsquellen stützen sich wie der Gestaltungsauftrag des Parlaments auf ein Rechtsbewusstsein und ein davon abweichendes Reformkonzept, finden aber in der dauerhaften Geltung allgemeiner Regeln ihren Ausgangspunkt.

Historisch ist das gesetzte Recht aus dem Gewohnheitsrecht entstanden.[783] Nachdem Recht mehr und mehr von dem Willen einer Autorität und durch ein bestimmtes Verfahren legitimiert worden ist, blieb für das Wirken und Entstehen von Gewohnheitsrecht – auch dies ist ein Gewinn des Rechtsstaats – nur noch ein kleiner Raum. Dieses ursprüngliche Recht ist im modernen Verfassungsstaat fast gänzlich durch das gesetzte Recht ersetzt worden. Praktische Verbindlichkeit gewinnt es oft nur noch durch richterliche Anerkennung. Die Allgemeinheit von Übung und Rechtsüberzeugung bleibt aber auch heute eine wesentliche Rechtsquelle, wenn das Gewohnheitsrecht im Völkerrecht,[784] auch im Verwaltungsrecht,[785] sowie in den Gemeinden mit örtlich beschränkten Gewohnheitsrechtssätzen als Erkenntnisquelle für geltendes Recht wirkt.[786] Aber nicht nur hier bildet die Rechtsgewohnheit, die vom geschriebenen Recht veranlasste Rechtspraxis den Ausgangspunkt, von dem aus auch der moderne Rechtsstaat die Entwicklung des Gesetzesrechts beurteilt. Bereits *Thomas von Aquin* und später *Montesquieu* forderten, dass jede Rechtsänderung den Nachteil für das Gemeinwohl auszugleichen hat, der allein dadurch entsteht, dass das Recht geändert wird.[787]

---

[782] *Ossenbühl*, Gesetz und Recht – Die Rechtsquellen im demokratischen Rechtsstaat, in: HStR V, 3. Auflage 2007, § 100 Rdn. 59.

[783] Dies wird etwa bei der Entstehung des Zwölftafelgesetzes, der Gesetzgebungswerke im antiken Griechenland sowie der Rechtsentwicklung in Deutschland im Mittelalter deutlich (siehe unter B. II. 1., S. 69ff., und 4., S. 84ff., sowie unter III. 1., S. 95ff.).

[784] Siehe hierfür Art. 38 des Statuts des Internationalen Gerichtshofs vom 26. Juni 1945 (BGBl. II 1973, S. 505).

[785] Hier insbes. im Staatshaftungsrecht und dem allgemeinen Verwaltungsrecht (*Ossenbühl*, Gesetz und Recht – Die Rechtsquellen im demokratischen Rechtsstaat, in: HStR V, 3. Auflage 2007, § 100 Rdn. 58 m. w. H.).

[786] Insgesamt *Ossenbühl*, Gesetz und Recht – Die Rechtsquellen im demokratischen Rechtsstaat, in: HStR V, 3. Auflage 2007, § 100 Rdn. 57ff. m. w. H., nach dem auf der Gemeindeebene hier insbes. das Wasser- und Wegerecht sowie das Nachbarrecht in den Blick rückt.

[787] Insgesamt *Thomas von Aquin*, Summa Theologica [1265–1273], I-II, Das Gesetz, Band 13, 1977, Fragen 96f.; *Montesquieu*, Vom Geist der Gesetze [De l'esprit des lois, 1748],

b) Vertrauensschutz

Die Verlässlichkeit der Rechtsordnung ist „wesentliche Voraussetzung für die Freiheit, d.h. die Selbstbestimmung über den eigenen Lebensentwurf und seinen Vollzug".[788] Sie fordert die Beständigkeit des Rechts, das dauerhafte Gesetz. Der rechtsstaatliche Vertrauensschutz konkretisiert sich im Verbot, durch ein Gesetz bestimmte Rückwirkungen zu erzeugen.[789] Das Bundesverfassungsgericht unterscheidet zwischen der Rückbewirkung von Rechtsfolgen (echte oder retroaktive Rückwirkung) und der tatbestandlichen Rückanknüpfung (unechte oder retrospektive Rückwirkung).[790] Eine Rückbewirkung von Rechtsfolgen liegt vor, wenn die Rechtsfolgen eines Gesetzes vor deren Geltung eintreten sollen,[791] wenn sie an einen nachträglich abgeschlossenen Sachverhalt anknüpfen.[792] Durch die Beendigung des rechtlichen Geschehens verdichtet sich der Vertrauensschutz, so dass die Rückbewirkung von Rechtsfolgen nach dem Rechtsstaatsprinzip nur ausnahmsweise zulässig ist, insbesondere wenn zwingende Gründe des öffentlichen Wohls die Rückwirkung fordern oder auf den Eintritt der Rechtsfolge nicht vertraut werden durfte, weil systemwidrige oder unklare Regelungen vorlagen und die Rückwirkung der Rechtssicherheit dient.[793] Die Ausnahme aus Gründen der Rechtssicherheit verdeutlicht, dass eine rechtsstaatliche Ordnung, dass die sprachliche und instrumentelle Allgemeinheit Rechtsvertrauen begründen und damit die Freiheit stärken. Eine tatbestandliche Rückanknüpfung erfasst in künftigen Rechtsfolgen Gegebenheiten aus der Zeit vor der Normverkündung, die aber rechtlich noch nicht ab-

---

2003, 29. Buch, hier insbes. 1. und 16. Kapitel; siehe für diesen Gedanken auch *Conring*, Über die Gesetzgebung [Dissertatio politica de Nomothetica, seu recta legum ferendarum ratione, 1663], in: Mohnhaupt (Hg.), Prudentia legislatoria, 2003, S. 7 (67f.); siehe bereits unter B. III. 4. (S. 105ff.) und IV. 3. (S. 119ff.).

[788] BVerfGE 63, 343 (356f.) – Rechtshilfevertrag.

[789] Zur Rückwirkung BVerfGE 13, 261 (271) – Änderung der Körperschaftsteuerpflicht; 18, 429 (439) – Verschollenheitsrente; 105, 48 (57) – Rückwirkung und Vorlageverfahren; insgesamt *H. Maurer*, Kontinuitätsgewähr und Vertrauensschutz, in: HStR IV, 3. Auflage 2006, § 79 Rdn. 20ff.; zur Rechtssicherheit als Kernforderung des Rechtsstaats *Kunig*, Das Rechtsstaatsprinzip, 1986, S. 390ff.

[790] So die Begriffswahl des Zweiten Senats des Bundesverfassungsgerichts (BVerfGE 63, 343 [353] – Rechtshilfevertrag; 72, 200 [241f.] – Einkommensteuerrecht), in Klammern stehen die vom Ersten Senat verwendeten Termini (BVerfGE 11, 139 [145f.] – Räumungsklage; 68, 287 [306] – Rechnungszinsfuß). Die Terminologie wurde in BVerfGE 97, 67 (78) – Schiffsbausubvention, zusammengeführt; ein ausdrückliches grundgesetzliches Rückwirkungsverbot gilt nur für die Strafgesetze (Art. 103 Abs. 2 GG); siehe insgesamt *H. Maurer*, Kontinuitätsgewähr und Vertrauensschutz, in: HStR IV, 3. Auflage 2006, § 79 Rdn. 20ff.

[791] BVerfGE 72, 200 (242) – Einkommensteuerrecht.

[792] BVerfGE 11, 139 (145f.) – Räumungsklage; deutlicher: 68, 287 (306) – Rechnungszinsfuß.

[793] BVerfGE 30, 367 (389) – Bundesentschädigungsgesetz; 72, 200 (258) – Einkommensteuerrecht; 105, 17 (43) – Sozialpfandbriefe.

geschlossen sind.[794] Das Vertrauen hat sich hier wegen der Entwicklungsoffenheit der Rechtsfolgen noch nicht verfestigt, so dass Gesetzesänderungen nur ein besonderer grundrechtlicher Schutz entgegensteht. Der Vertrauensschutz gewährt dem Bürger grundsätzlich keinen Anspruch darauf, dass sich die Gesetze nicht ändern, sondern nur einen Anspruch auf schonende Übergänge. Gleichwohl verdeutlicht der Rechtsstaat hier den Gedanken der temporalen Allgemeinheit, dass Gesetze in die Zukunft wirken sollen.

c) *Kontinuitätsgewähr*

Nicht im Vertrauensschutz, sondern in einer Kontinuitätsgewähr sperrt sich der Rechtsstaat gegen bestimmte Gesetzesänderungen. Diese Gewähr ist allerdings stark zurückgenommen, verengt den Gestaltungsraum des Parlaments nicht zu sehr. Die Bürger werden nicht vor jeder Enttäuschung bewahrt. Der Bundestag kann aber in einer Selbstbindung, etwa bei bestimmten Befristungen oder besonderen Zusicherungen, sich gleichsam selbst eine Gesetzesänderung untersagen. Ansonsten ist der Gedanke der temporalen Allgemeinheit, der Dauerhaftigkeit der Gesetze „keine verfassungsrechtliche Verpflichtung, deren Nichtbeachtung zur Verfassungswidrigkeit und Nichtigkeit der Regelung führen würde, sondern nur ein verfassungspolitisches Postulat, allenfalls ein Verfassungsgebot im Sinn der verfassungsrechtlich favorisierten Lösung."[795] Der Bürger darf – wie das Bundesverfassungsgericht betont – gleichwohl dem „ordnungsgemäß gesetzten Recht Vertrauen entgegenbringen; er muß in der Lage sein, auf längere Zeit zu planen und zu disponieren." Dieser Schutz steht kaum einer Gesetzesänderung im Weg, er kann aber Übergangsregelungen fordern.[796]

Gleichwohl verdeutlicht das Gericht, dass der Rechtsstaat von der dauerhaften Geltung eines Gesetzes, von dessen temporaler Allgemeinheit ausgeht, wenngleich eher als verfassungsrechtliche Klugheitsregel, weniger als verbindlicher Verfassungsauftrag. Dennoch folgt der Rechtsstaat dem Gedanken, dass ein Gesetz – auch wenn es änderbar ist – von vornherein dauerhaft gelten soll. Der Rechtsstaat wehrt sich gegen eine Befristung von Gesetzen.[797] So raten auch der Mandelkern-Bericht wie die Europäische Kommission von der Befristung von Rechtssätzen ab, weil sich Befristungen nachteilig auf die Rechtsetzung

---

[794] BVerfGE 68, 287 (306) – Rechnungszinsfuß; 72, 200 (242) – Einkommensteuerrecht; 105, 17 (30f.) – Sozialpfandbriefe.

[795] *H. Maurer*, Kontinuitätsgewähr und Vertrauensschutz, in: HStR IV, 3. Auflage 2006, § 79 Rdn. 75ff. m.w.H., Zitat Rdn. 76.

[796] BVerfGE 76, 256 (249f.) – Beamtenversorgung; siehe zudem 14, 288 (299f.) – Versicherungspflicht; 43, 242 (286) – Hamburger Universitätsgesetz; insgesamt *Sommermann*, in: von Mangoldt/Klein/Starck, Kommentar zum Grundgesetz, Band 2, 5. Auflage 2005, Art. 20 Abs. 3 Rdn. 292ff. m.w.H.

[797] Siehe hierzu § 43 Abs. 1 Nr. 6 GGO.

auswirken und das Vertrauen in die Rechtsordnung schwächen.[798] Eine zu kurze Geltungsdauer macht aus einer Regelung zudem nicht selten faktisch ein unzulässiges Einzelfallgesetz,[799] wenn dieses nach Ablauf der Frist nicht mehr zur Anwendung kommt. Der Verallgemeinerungsauftrag, die Forderung, die Konsistenz der Rechtsordnung zu sichern, sowie der Gedanke der Beständigkeit des Gesetzes und der Gleichheit in der Zeit[800] wehren sich gegen eine vorläufige Gesetzgebung. Gleichwohl kann dem Grundgesetz kein Verbot der Befristung von Gesetzen entnommen werden.[801]

Der Gesetzgeber sollte Regelungen erlassen, die in ihrem Inhalt wie ihrer zeitlichen Geltung von vornherein auf eine vertrauensstiftende Dauerhaftigkeit ausgerichtet sind. In diesem Kontinuitätsanliegen liegt auch ein Maß für die Gesetzgebung. Gesetzesänderungen setzen voraus, dass der Gesetzgeber sich ihres Anlasses, der tatsächlichen Entwicklung, der Änderungen der Rechtsauffassungen, der Fehler im geltenden Recht vergewissert und die Änderung daraus rechtfertigt. Die schnelllebige Zeit mag rasche Änderungen des Rechts verlangen. Der Vertrauensschutz und die Kontinuitätsgewähr hingegen legen nahe, im Parlamentsgesetz die beständige Grundregel zu fassen und die veränderbaren Materien in Rechtsverordnungen zu regeln. Insgesamt mahnt der Rechtsstaat zur Gesetzeskontinuität, wehrt sich strikt aber nur gegen den jähen Bruch, gegen bestimmte abrupte Gesetzesänderungen.

5. *Bestimmtheit und Verallgemeinerung*

a) *Zusammenwirken der Strukturentscheidungen*

Das Bestimmtheitsgebot bestärkt und konkretisiert die bisher gezeichneten Gesetzesforderungen, welche der Rechtsstaat erhebt und die im Grundrechtsschutz, in der Demokratie und dem Grundsatz der Gewaltenteilung angelegt sind. Das bestimmte Gesetz trifft eine verständliche und folgerichtige Regelung, die sich in das bestehende Rechtssystem integriert, entfaltet so eine hinreichende Regelungsdichte insbesondere für den grundrechtlichen Eingriffsvorbehalt.[802] Es bietet dem Gesetzesadressaten und Grundrechtsbetroffenen

---

[798] Mitteilung der Kommission vom 25. Oktober 2005, KOM (2005), 535, S. 7; Der Mandelkern-Bericht, in: Bundesministerium des Innern (Hg.), Moderner Staat – Moderne Verwaltung, 2002, S. 22 ff., insbes. 27 f.; *Ahrens/Leier*, Bessere Rechtsetzung in der EU nach der deutschen EU-Ratspräsidentschaft, ZG 2007, 383 (388 f.).

[799] Siehe zum Verbot des Einzelfallgesetzes aus Art. 19 Abs. 1 Satz 1 GG oben unter II. 1. (S. 196 ff.).

[800] Siehe hierzu auch sogleich unter VII. 4. b) (S. 373 ff.).

[801] Das gesamte Gesetz sollte nicht „der Guillotine einer Befristung" ausgesetzt werden (*Ossenbühl*, Gesetz und Recht – Die Rechtsquellen im demokratischen Rechtsstaat, in: HStR V, 3. Auflage 2007, § 100 Rdn. 14 ff.).

[802] *Ossenbühl*, Vorrang und Vorbehalt des Gesetzes, in: HStR V, 3. Auflage 2007, § 101

Rechtssicherheit, Pflichtenklarheit und Planbarkeit;[803] es stützt die Erfordernisse der Verhältnismäßigkeit, weil ein unklares und unbestimmtes Gesetz mehr Eingriffsmöglichkeiten eröffnet, als zur Erreichung des Gesetzeszwecks notwendig sind.[804] Ein klares Gesetz gibt dem Justizgewähranspruch einen verlässlichen Maßstab, ein unklares Gesetz mindert hingegen den gerichtlichen Rechtsschutz.[805] Der Bestimmtheitsgrundsatz sichert die parlamentarische Demokratie, wenn das Gesetz die grundlegende Entscheidung selbst trifft und so die Kompetenz des Gesetzgebers[806] nicht auf die Exekutive und die Rechtsprechung verlagert wird.[807]

Der verfassungsrechtliche Geltungsgrund des Bestimmtheitserfordernisses spiegelt diese Funktionen der Bestimmtheit. Die demokratiesichernde Wesentlichkeitslehre,[808] der von der Gewaltenteilung und Art. 19 Abs. 4 GG gesetzte Rahmen administrativer Beurteilungs- und Ermessensermächtigungen,[809] die Gesetzesbindung des Art. 20 Abs. 3 GG, das vom Rechtsstaatsprinzip geforderte Zusammenwirken der Staatsgewalten für ein verständliches, berechenbares und verlässliches Recht[810] sowie weitere Gehalte dieses Prinzips[811] entfalten sich im bestimmten Gesetz. Zudem ergeben sich besondere Anforderungen der Bestimmtheit aus speziellen grundgesetzlichen Regelungen. Art. 80 Abs. 1 Satz 2 GG fordert für die gesetzliche Ermächtigung zum Erlass von Rechtsverordnungen eine Bestimmtheit von „Inhalt, Zweck und Ausmaß der erteilten Ermächtigung", schützt damit auch den Bürger und die Struktur der Rechtsord-

Rdn. 30; *Di Fabio*, Risikoentscheidungen im Rechtsstaat, 1994, S. 465 f., insbes. zum Risikoverwaltungsrecht, Planungsrecht und Regulierungsrecht; siehe zudem bereits oben unter II. 4. und 5. (S. 84 ff.).

[803] *Ossenbühl*, Vorrang und Vorbehalt des Gesetzes, in: HStR V, 3. Auflage 2007, § 101 Rdn. 30; *Pieroth/Schlink*, Staatsrecht II, 23. Auflage 2007, Rdn. 268, 312; *Jarass*, in: ders./Pieroth, Grundgesetz für die Bundesrepublik Deutschland. Kommentar, 9. Auflage 2008, Art. 20 Rdn. 60; siehe oben unter 2. bis 5. (S. 316 ff.).

[804] *Pieroth/Schlink*, Staatsrecht II, 23. Auflage 2007, Rdn. 312; siehe zum Zusammenwirken von Gesetz und grundrechtlicher Verhältnismäßigkeitsprüfung sogleich unter VI. 3. (S. 353 ff.).

[805] *Ossenbühl*, Vorrang und Vorbehalt des Gesetzes, in: HStR V, 3. Auflage 2007, § 101 Rdn. 7, 30; *Schmidt-Aßmann*, Der Rechtsstaat, in: HStR II, 3. Auflage 2004, § 26 Rdn. 85; siehe zu diesem Gedanken der Gewaltenteilung unter IV., hier insbes. unter 3. (S. 301 ff.).

[806] Siehe hierzu unter II. 4. (S. 245 ff.) und III. 5. bis 9. (S. 274 ff.).

[807] *Ossenbühl*, Vorrang und Vorbehalt des Gesetzes, in: HStR V, 3. Auflage 2007, § 101 Rdn. 30; *Schmidt-Aßmann*, Der Rechtsstaat, in: HStR II, 3. Auflage 2004, § 26 Rdn. 85; *Gassner*, Parlamentsvorbehalt und Bestimmtheitsgrundsatz, DÖV 1996, 18; insgesamt zudem: *Papier/Möller*, Das Bestimmtheitsgebot und seine Durchsetzung, AöR 122 (1997), 177.

[808] *Ossenbühl*, Vorrang und Vorbehalt des Gesetzes, in: HStR V, 3. Auflage 2007, § 101 Rdn. 43 ff., 101 ff., 30; siehe oben unter II. 4. (S. 245 ff.).

[809] *Schmidt-Aßmann*, Der Rechtsstaat, in: HStR II, 3. Auflage 2004, § 26 Rdn. 85.

[810] Siehe oben unter 2. bis 4. (S. 316 ff.).

[811] *Schulze-Fielitz*, in: Dreier, H. (Hg.), Grundgesetz. Kommentar, Band 2, 2. Auflage 2006, Art. 20 (Rechtsstaat) Rdn. 129 m. w. H., betont hier den Gedanken der Rechtssicherung und verweist allgemein auf das Prinzip und seine Unterprinzipien.

nung, wahrt insbesondere die politische Verantwortung des Parlaments.[812] Wenn das Bundesverfassungsgericht diesen Maßstab eher zurückhaltend anwendet, im Erfordernis einer „hinreichenden Bestimmtheit" den Kontrollmaßstab, insbesondere die Kontrolldichte und Kontrolltiefe zurücknimmt,[813] dürfte es zum Ausdruck bringen, dass der verfassungsrechtliche Maßstab für das Zusammenwirken der Staatsgewalten bei der Rechtsverordnung weniger Justitiabilität und mehr Rechtsverantwortlichkeiten für die rechtsetzenden Staatsorgane begründet.[814] Bei dem haushaltsrechtlichen Spezialitätsgrundsatz handelt es sich noch deutlicher um einen Verfassungsauftrag, weniger um einen justitiablen Verfassungsmaßstab. Dieser Grundsatz ist ein Bestimmtheitsgebot, das den parlamentarischen Einfluss auf das Haushaltswesen sichern soll. Haushaltsmittel werden nur für einen bestimmten Zweck, in einer bestimmten Höhe und für einen bestimmten Zeitraum bewilligt.[815] Der Grad notwendiger Spezialität ist verfassungsrechtlich eher angedeutet als vorgegeben.[816] Der Geltungsgrund des Spezialitätsprinzips, das Budgetrecht des Parlaments,[817] verweigert der Exekutive eine „unangemessene Verfügungsmacht" über Haushaltsmittel[818] und gibt damit ein Leitprinzip für die Haushaltsgestaltung vor, ohne dadurch aber der Rechtsprechung eine spezielle Kontrollverantwortlichkeit zuzuweisen.

Anders wirkt allerdings das strafrechtliche Bestimmtheitsgebot, nach welchem eine Tat nur bestraft werden kann, wenn die Strafbarkeit gesetzlich bestimmt war, bevor die Tat begangen wurde. Art. 103 Abs. 2 GG schützt den Grundrechtsberechtigten in einer grundrechtsgleichen Gewährleistung; dieser Artikel wird in Art. 93 Abs. 1 Nr. 4a GG ausdrücklich als ein Verfassungsmaßstab für Verfassungsbeschwerden genannt, begründet also justitiables Recht.[819] Dieser „strenge Gesetzesvorbehalt" fordert die gesetzliche Vorhersehbarkeit, welches Verhalten verboten und mit welcher Strafe es bedroht ist. Damit wird es der vollziehenden und der rechtsprechenden Gewalt verwehrt, über die Voraus-

---

[812] *Ossenbühl*, Rechtsverordnung, in: HStR V, 3. Auflage 2007, § 103 Rdn. 20; zum Unterschied bei Satzungen *ders.*, Satzung, ebenda, § 105 Rdn. 39; siehe zu Art. 80 GG bereits oben unter III. 7. (S. 282 ff.).

[813] BVerfGE 26, 16 (29) – Berufsschadensausgleich; *Ossenbühl*, Rechtsverordnung, in: HStR V, 3. Auflage 2007, § 103 Rdn. 21 f. m. w. H.

[814] Siehe bereits unter III. 7. (S. 282 ff.) sowie insgesamt unter I. 2. und 3. (S. 180 ff.).

[815] *Heintzen*, Staatshaushalt, in: HStR V, 3. Auflage 2007, § 120 Rdn. 32.

[816] *Heintzen*, Staatshaushalt, in: HStR V, 3. Auflage 2007, § 120 Rdn. 32; *Gröpl*, Haushaltsrecht und Reform, 2001, S. 271 f., 283; *Hillgruber*, in: von Mangoldt/Klein/Starck, Kommentar zum Grundgesetz, Band 3, 5. Auflage 2005, Art. 110 Rdn. 105 (mit dem Vorschlag, bei gesetzesfreier Verwaltung ein höheres Maß an Spezialität zu fordern als bei gesetzesakzessorischer Verwaltung).

[817] Art. 110 Abs. 1 Satz 1, Abs. 2 Satz 1 GG; hierzu *Heintzen*, Staatshaushalt, in: HStR V, 3. Auflage 2007, § 120 Rdn. 32; *Hillgruber*, in: von Mangoldt/Klein/Starck, Kommentar zum Grundgesetz, Band 3, 5. Auflage 2005, Art. 110 Rdn. 54.

[818] BVerfGE 70, 324 (357) – Haushaltskontrolle der Nachrichtendienste.

[819] BVerfGE 87, 209 (224) – „Tanz der Teufel"; 94, 372 (394) – Apothekenwerbung.

setzungen einer Bestrafung selbst zu entscheiden.[820] Ähnliches gilt für die gesetzlichen Beschränkungen des Brief- und Fernmeldegeheimnisses[821] und für das Verbot von Sondergerichten.[822] Insgesamt unterscheidet sich das Maß der Verbindlichkeit und Justitiabilität des Bestimmtheitsgrundsatzes nach Geltungsgrund und Regelungsbereich.

b) Präzision, nicht Konkretheit – Ausrichtung auf das Ganze

Der Bestimmtheitsgrundsatz ist mit den gezeichneten rechtsstaatlichen Forderungen an das Gesetz verwoben, mit seiner Verständlichkeit, Berechenbarkeit und Verlässlichkeit, mit der von ihm gewährten Sicherheit für die Grundrechtsträger und die Funktionenordnung, mit den verbindlichen und justitiablen Gehalten der sprachlichen und der instrumentellen Allgemeinheit. Doch – so ist zu fragen – wirken diese Forderungen von Allgemeinheit und Bestimmtheit nicht gegenläufig? Wird ein Gesetz mit zunehmender Bestimmtheit zwangsläufig auch konkreter, also weniger allgemein?

Das Bestimmtheitsgebot drängt ein Gesetz nicht in die Konkretheit, sondern fordert eine Präzision, eine Genauigkeit der Verallgemeinerung. Wer auf dem Petersberg bei Bonn steht und die Aussicht über den Rhein, den Drachenfels bis hin zur Eifel in einer Photographie festhalten will, sucht eine Tiefenschärfe zu erreichen, welche den Ausflugsdampfer auf dem Rhein und die Eifelgipfel gleichermaßen erfasst. Eine vergleichbare Schärfe fordert das Bestimmtheitsgebot von den Gesetzen. Es verengt nicht die Perspektive – erwartet nicht, auf den Rhein oder einen Berg zu zoomen –, sondern beansprucht eine präzise Verallgemeinerung – die Tiefenschärfe der allgemeinen Regel. So weisen das Bundesverfassungsgericht und die Literatur in einem Atemzug mit dem Bestimmtheitsgebot auf die Notwendigkeit, „unbestimmte“ Rechtsbegriffe zu verwenden, die von Verwaltung und Gerichten zu konkretisieren sind.[823] Der Rechtsstaat fordert hiernach nicht die konkrete Regel, weil sonst eine Konkre-

---

[820] BVerfGE 71, 108 (114) – Anti-Atomkraft-Plakette; 87, 209 (224) – „Tanz der Teufel“.

[821] Art. 10 Abs. 2 Satz 1 GG; BVerfGE 107, 299 (321 ff.) – „Frontal“; 110, 33 (57 ff.) – Zollbefugnisse.

[822] Art. 101 Abs. 2 GG; *Degenhart*, in: Sachs (Hg.), Grundgesetz. Kommentar, 4. Auflage 2007, Art. 101 Rdn. 24.

[823] BVerfGE 31, 255 (264) – private Tonbandvervielfältigungen; 83, 130 (145) – Josephine Mutzenbacher; 87, 234 (263) – Einkommensanrechnung; 93, 213 (238 f.) – DDR-Rechtsanwälte; 108, 52 (75) – Kindesunterhalt; 110, 33 (53 f.) – Zollbefugnisse; *Jarass*, in: ders./Pieroth, Grundgesetz für die Bundesrepublik Deutschland. Kommentar, 9. Auflage 2008, Art. 20 Rdn. 61; *Sachs*, in: ders. (Hg.), Grundgesetz. Kommentar, 4. Auflage 2007, Art. 20 Rdn. 126 ff.; *Sommermann*, in: von Mangoldt/Klein/Starck, Kommentar zum Grundgesetz, Band 2, 5. Auflage 2005, Art. 20 Abs. 3 Rdn. 289 ff.; *Schulze-Fielitz*, in: Dreier, H. (Hg.), Grundgesetz. Kommentar, Band 2, 2.. Auflage 2006, Art. 20 (Rechtsstaat) Rdn. 129 ff.

tisierung kaum mehr möglich wäre, sondern das „klare",[824] „präzise",[825] das „genaue" Gesetz.[826] Das Bestimmtheitsgebot drängt nicht in einer Skala zwischen Verallgemeinerung und Einzelfallregelung zum Einzelakt, sondern erwartet von der Regel die genaue und präzise Aussage, fordert Klarheit in der Bildung allgemeiner Regeln.

In diesem Sinn stellt z. B. der dichte strafrechtliche Bestimmtheitsgrundsatz des Art. 103 Abs. 2 GG die Frage, ob das strafrechtliche Verbot des § 131 Abs. 1 StGB hinreichend präzise ist, „grausame oder sonst unmenschliche Gewalttätigkeiten gegen Menschen" in einer Art darzustellen und zu verbreiten, „die eine Verherrlichung oder Verharmlosung solcher Gewalttätigkeiten ausdrückt oder das Grausame oder Unmenschliche des Vorgangs in einer die Menschenwürde verletzenden Weise" abbildet. Schafft dieser Straftatbestand in jedem ein hinreichend genaues Rechtsbewusstsein über die strafrechtliche Rechtslage? Die Regelung würde nicht präziser, sondern eingeschränkt, der Sicherheit und dem Bestimmtheitsgebot folglich nicht gedient, wenn an die Stelle der unbestimmten Rechtsbegriffe ein Katalog besonderer Arten der Gewaltanwendung gestellt würde. Demgegenüber dienen Regelbeispiele der Klarheit der Verallgemeinerung, weil sie diese nicht ersetzen, sondern exemplarisch konkretisieren und dabei Raum lassen für weitere unbenannte schwere Fälle. § 131 Abs. 1 StGB verletzt nach der Rechtsprechung nicht den Bestimmtheitsgrundsatz, weil zwar ein weiter, aber gleichwohl konkretisierungsfähiger Tatbestand mit ausreichender Präzision gesetzt, eine genügend klare Verallgemeinerung vorgenommen wurde.[827]

Das Bestimmtheitserfordernis richtet sich primär an das einzelne Gesetz. Die anderen rechtsstaatlichen Allgemeinheitspostulate weisen in der Forderung der verallgemeinernden Regelbildung stärker als das Bestimmtheitserfordernis über den einzelnen Rechtssatz hinaus auf die Gesamtrechtsordnung. Das Sozialrecht hatte angeordnet, „dass die Kindererziehung als Privatsache, die Alterssicherung dagegen als gesellschaftliche Aufgabe" anzusehen sei.[828] Diese Regelung verstand eindeutig nur die Beitragszahlung als Beitrag zum Generationenvertrag, nicht aber die für das System konstitutiven Familienleistungen.[829] Dennoch war sie misslungen, weil sie die personale und gegenständliche Allgemeinheit verfehlte, indem sie nicht den Sicherungsbedarf und den Sicherungsbeitrag

---

[824] BVerfGE 110, 33 (54) – Zollbefugnisse; *Papier/Möller*, Das Bestimmtheitsgebot und seine Durchsetzung, AöR 122 (1997), 177 (184).

[825] *Schulze-Fielitz*, in: Dreier, H. (Hg.), Grundgesetz. Kommentar, Band 2, 2. Auflage 2006, Art. 20 (Rechtsstaat) Rdn. 129.

[826] *Jarass*, in: ders./Pieroth, Grundgesetz für die Bundesrepublik Deutschland. Kommentar, 9. Auflage 2008, Art. 20 Rdn. 61.

[827] BVerfGE 87, 209 (225 m. w. H.) – „Tanz der Teufel"; 31, 255 (264) – private Tonbandvervielfältigungen.

[828] BVerfGE 87, 1 (38) – Trümmerfrauen.

[829] BVerfGE 87, 1 (39 ff.) – Trümmerfrauen; 103, 242 – Pflegeversicherung.

aller Personengruppen – insbesondere auch der Eltern – erfasste. Der Bestimmtheitsgrundsatz wäre aber überfordert, wollte man erwarten, das Gesetz solle die Wirklichkeit in allen Einzelheiten personen- und sachgerecht abbilden. Der Grundsatz handelt von der Präzision der gesetzlichen Verallgemeinerung, von der Tiefenschärfe der gewählten Perspektive, weniger von ihrer Sachgerechtigkeit. Hier bieten die anderen Allgemeinheitsforderungen eine wesentliche Ergänzung.

Die Vorgabe des Rechtsstaatsprinzips, dass ein Gesetz nicht nur für einen Fall wirken darf, sondern eine möglichst tiefenscharfe Verallgemeinerung zu setzen hat, wird im Bereich der Grundrechte durch die Garantie der Gleichheit vor dem Gesetz und Art. 19 Abs. 1 Satz 1 GG bestätigt.[830] Zudem könnte eine weitere rechtsstaatliche Forderung, die mit diesen grundrechtlichen Garantien in Verbindung steht, auf eine Absage an das Einzelfallgesetz zielen. Das Rechtsstaatsprinzip erhebt die Forderung, dass keiner über dem Gesetz steht, dass das Gesetz – so bereits *Ulpian* – „allgemein für alle" gilt.[831] Regelt ein Gesetz nur den Fall eines Einzelnen, verliert die Regel zwar weder gegenüber diesem Betroffenen, noch gegenüber den anderen Menschen ihre Verbindlichkeit – wenngleich sie letztere nicht erfasst. Gleichwohl prägt der Einzelne das nur für ihn geltende Gesetz und hebt sich in diesem bestimmenden Element von den anderen ab. Insofern könnte die allgemeine Geltung des Gesetzes sich gegen Einzelfallgesetze wehren – keiner steht über, aber auch keiner im Gesetz. Im rechtsstaatlichen Gebot, dass alle an das Gesetz gebunden sind, scheint diese Allgemeinheitserwartung zu ruhen.

6. *Vorrang des Gesetzes*

Die vollziehende und die Rechtsprechende Gewalt sind gemäß Art. 20 Abs. 3 GG an „Gesetz und Recht" gebunden.[832] Dem Gesetz wird die Kraft verliehen, „staatliche Willensäußerungen niedrigeren Ranges rechtlich zu hindern oder

[830] Siehe hierzu unter II. 1. (S. 196 ff.), für den Gleichheitssatz sogleich unter VII. (S. 362 ff.).

[831] *Behrends/Knütel/Kupisch/Seiler*, Corpus Iuris Civilis, Band II, Digesten 1–10, 1995, D. 1.3.8. (siehe hierzu bereits unter B. II. 5. b) (S. 89 ff.); siehe für diesen Gedanken auch *Bodin* (unter B. IV. 1., S. 114 ff.); insgesamt *Schmidt-Aßmann*, Der Rechtsstaat, in: HStR II, 3. Auflage 2004, § 26 Rdn. 10 ff.; *Stern*, Das Staatsrecht der Bundesrepublik Deutschland, Band I, 2. Auflage 1984, S. 764 ff.

[832] Jedes Bundesrecht bindet das Entstehen von Landesrecht (Art. 70 ff. GG) und bricht im Konfliktfall jedes Landesrecht (Art. 31 GG). Dieser Vorrang kann in Abgrenzung zu Art. 20 Abs. 3 GG als Rechtsvorrang bezeichnet werden (hierzu wie insgesamt *Ossenbühl*, Vorrang und Vorbehalt des Gesetzes, in: HStR V, 3. Auflage 2007 § 101, zum Rechtsvorrang Rdn. 3; *F. Reimer*, Das Parlamentsgesetz als Steuerungsmittel und Kontrollmaßstab, in: Hoffmann-Riem/Schmidt-Aßmann/Voßkuhle [Hg.], GVwR I, 2006, § 9 Rdn. 73 ff.; *Pietzcker*, Vorrang und Vorbehalt des Gesetzes, JuS 1979, 710).

zu zerstören".[833] So wird „die fortlaufende, unaufgebbare politische Verantwortung des Parlamentes" in dem „jederzeit aktivierbaren parlamentarischen Revisionsvorbehalt" verdeutlicht[834] und die parlamentarische Demokratie gestärkt. Das Parlament herrscht aber nicht irgendwie, sondern durch das Gesetz. Es baut dabei auf die Verwaltung, welche die Gesetze vollzieht und dabei – auch um die Gesetzesbindung zu stärken – hierarchisch organisiert ist.[835] Diese „Herrschaft des Gesetzes"[836] stellt an das Parlamentsgesetz bestimmte Anforderungen.

a) Vorrang der Verfassung

Der Vorrang des Parlamentsgesetzes wird im deutschen Verfassungsrecht vom Vorrang der Verfassung überlagert, welcher durch das Bundesverfassungsgericht konkretisiert und durchgesetzt wird.[837] Das hiermit einhergehende umfassende verfassungsrechtliche Kontrollrecht drängt zu dem Schluss, der Verfassungsvorrang habe den Gesetzesvorrang abgelöst.[838] Nicht mehr das Gesetz, nicht mehr die gelungene Kodifikation sichere heute Kontinuität und Stabilität der Rechtsordnung, sondern die Verfassung suche diesen notwendigen Auftrag zu erfüllen.[839] Doch ist diese Alternativität zu scharf. Zwar bleibt es der Auftrag des Grundgesetzes, die Einheit der Rechtsordnung verbindlich zu fordern. Dieser Auftrag richtet sich aber gerade an den Gesetzgeber, ist ohne gesetzliche Regelungen schlicht nicht zu erfüllen.[840] Das demokratische gewaltenteilige

---

[833] BVerfGE 40, 237 (247) – Justizverwaltungsakt.

[834] *Hoffmann-Riem*, Gesetz und Gesetzesvorbehalt im Umbruch, AöR 130 (2005), 5 (56).

[835] *H. Dreier*, Hierarchische Verwaltung im demokratischen Staat, 1991, insbes. S. 125 f.; *Schuppert*, Verwaltungsorganisation und Verwaltungsorganisationsrecht als Steuerungsfaktoren, in: Hoffmann-Riem/Schmidt-Aßmann/Voßkuhle (Hg.), GVwR I, 2006, § 16 Rdn. 46 ff.; siehe insgesamt zudem *Jestaedt*, Grundbegriffe des Verwaltungsorganisationsrechts, ebenda, § 14.

[836] *O. Mayer*, Deutsches Verwaltungsrecht [3. Aufl. 1924], 1969, Band I, S. 65.

[837] *Wahl*, Der Vorrang der Verfassung, Der Staat 20 (1981), 485; *ders.*, Der Vorrang der Verfassung und die Selbständigkeit des Gesetzesrechts, NVwZ 1984, 401; siehe hierzu auch *F. Müller*, Arbeitsmethoden des Verfassungsrechts, in: Thiel (Hg.), Enzyklopädie der geisteswissenschaftlichen Arbeitsmethoden, Teil 11, 1972, S. 123; zum Vorrang des Europarechts unter D. (S. 386 ff.).

[838] *Ossenbühl*, Vorrang und Vorbehalt des Gesetzes, in: HStR V, 3. Auflage 2007, § 101 Rdn. 2; *W. Leisner*, Von der Verfassungsmäßigkeit der Gesetze zur Gesetzmäßigkeit der Verfassung, 1964.

[839] *Ossenbühl*, Gesetz und Recht – Die Rechtsquellen im demokratischen Rechtsstaat, in: HStR V, 3. Auflage 2007, § 100 Rdn. 36.

[840] Siehe hierzu BVerfGE 39, 1 (59) – Schwangerschaftsabbruch I; 40, 237 (248 f.) – Justizverwaltungsakt; BVerfGE 101, 1 (33 ff.) – Hennenhaltungsverordnung; 101, 158 (214 ff.) – Maßstäbegesetz.

System des Grundgesetzes verhindert, dass der Vorrang des Gesetzes durch den Verfassungsvorrang abgelöst wird.[841]

Wenn das Parlament Detailgesetze erlässt, wird das Bundesverfassungsgericht auf Antrag seiner verfassungsrechtlichen Verpflichtung nachkommen und diese Gesetze am Maßstab des Grundgesetzes prüfen. Das Grundgesetz gibt dann – nach Details gefragt – in der Interpretation des Bundesverfassungsgerichts auch spezielle Antworten. Konkretisiert der Gesetzgeber hingegen in allgemeinen Gesetzen die Verfassung, wird diese Allgemeinheit des Prüfungsgegenstands das Bundesverfassungsgericht veranlassen, auch das Grundgesetz auf diese Allgemeinheit zu beziehen und damit Zurückhaltung gegenüber den gesetzlichen Entscheidungen sowie der Autorität des Gesetzgebers zu wahren. Der Bundestag stärkt die eigene Gestaltungs- und Interpretationskraft, wenn er sich auf seinen Auftrag besinnt, allgemeine Gesetze zu erlassen. Er nutzt seinen verfassungsrechtlich abgesicherten Einschätzungsraum und wird zum Erstinterpreten der Verfassung, der der Verwaltung in der Allgemeinheit des Gesetzes ihre exekutive Eigenständigkeit belässt und den Gerichten eine verbindliche Vorgabe zeichnet, die wegen ihrer Konkretisierungsfähigkeit eine sachgerechte Anwendung auf den Einzelfall erlaubt. Dem Verfassungsgericht sind echte – spezifische[842] – Verfassungsfragen zur verbindlichen Lösung übertragen, spezielle fachrechtliche Fragen werden im Konfliktfall verfassungsgeleitet und verfassungsverpflichtet primär am Maßstab des Parlamentsgesetzes von den Fachgerichten beantwortet.[843] Es bleibt beim Vorrang des Gesetzes, welcher nicht durch den Verfassungsvorrang abgelöst, sondern flankiert wird. Insoweit mahnen der Vorrang der Verfassung und der Gesetzesvorrang, allgemeine Gesetze zu erlassen.

b) Klare Auslegungsregeln

Nach Art. 20 Abs. 3 GG müssen Verwaltung und Rechtsprechung die Gesetze anwenden, ohne von den gesetzlichen Vorgaben abzuweichen.[844] Beide Gewalten haben den jeweiligen Auftrag als Erst- und Zweitinterpret des Gesetzes zu erfüllen, den Willen des Gesetzgebers Wirklichkeit werden zu lassen. Dieser Wille muss hierfür erkennbar sein. Damit nimmt der Gesetzesvorrang Kernforderungen der Regelungsklarheit auf. Jedoch verlangt er nicht präzise Detailvorgaben. Der Verwaltung soll ein Raum der Eigenentscheidung bleiben, der auch und gerade die Kompetenz zum Erlass von Rechtsverordnungen umfasst.

---

[841] Siehe zum eigenständigen Auftrag des einfachen Gesetzes, zu seiner „eigenen Wertigkeit" insbes. mit Blick auf die Fachgerichtsbarkeit *Bethge*, Der Anwendungsvorrang des einfachen Rechts, in: Gedächtnisschrift für Peter J. Tettinger, 2007, S. 369 (Zitat 396).

[842] Grundlegend BVerfGE 30, 173 (195 ff.) – Mephisto.

[843] Siehe hierzu bereits unter III. 8. (S. 291 ff.) und IV. 3. und 4. (S. 301 ff.).

[844] *Horn*, Die grundrechtsunmittelbare Verwaltung, 1999, S. 21 ff.

Das Gesetz darf diesen Entscheidungsraum nicht verschließen.[845] Die „Gesetzessicherheit“ erwartet – wie das Rechtsstaatsprinzip insgesamt – klare Auslegungsregeln, nach welchen der Gesetzesinhalt konkretisiert wird, und Verfahren, in welchen diese Auslegung unter Respekt vor der eigenen Konkretisierungsentscheidung der Verwaltung geprüft werden.[846] Es geht um die Gewissheit über die Grenzen, welche das allgemeine Gesetz zieht. Hier gewinnen bewährte, eingeübte und verlässliche Auslegungsregeln herausragende Bedeutung.[847] Wenn Gesetz mit Gesetztem und Recht mit „richtig“ zusammenhängt,[848] die Autorität des Gesetzten aber in Demokratie und Rechtsstaat – jedenfalls bei grundrechtsbeeinträchtigenden Gesetzen – auf ihrer Allgemeinheit gründet,[849] erwarten die sprachliche, die systematische und die teleologische Gesetzesauslegung unmittelbar eine sprachliche, instrumentelle und finale Allgemeinheit. Die historische und die genetische Auslegung gewinnen an Prägnanz, wenn das Allgemeinheitspostulat auf die zum Zeitpunkt des Gesetzesbeschlusses bestimmenden Allgemeinanliegen und deren Fortschreibung in die Gegenwart verweist. So bindet der Vorrang des Gesetzes – wie die Forderung der Rechtsklarheit – die Interpretation des Gesetzes im allgemeinen Gesetzesbegriff. Das Gesetz wird im Hinblick auf seine Interpretation erlassen. Wer neue Interpretationsmethoden fordert, darf diese daher nicht einfach mit gleichem Bindungsanspruch neben den bewährten Kanon stellen, will er die Macht des Gesetzgebers nicht schwächen und die Macht des Interpreten stärken.[850]

Der Blick in andere Wissenschaften erhellt die eigene juristische Tätigkeit, verlangt aber Vorsicht, sperrt sich gegen einen schnellen Zugriff, der die Erkenntnisse anderer Wissenschaften – etwa die Bildung von Arten und Gattungen – unbesehen auf das Recht überträgt. Das Recht beansprucht, Konfliktfälle zu lösen, sucht deshalb vielfach den schonenden Ausgleich, der nicht kate-

---

[845] Siehe oben unter III. insbes. unter 7. (S. 282 ff.) sowie zum Verhältnis von Parlamentsgesetz und Rechtsverordnung insbes. im Fall der Änderung, d.h. auch zur vieldiskutierten Frage der sog. „Entsteinerungsklauseln“, den Überblick bei *F. Reimer*, Das Parlamentsgesetz als Steuerungsmittel und Kontrollmaßstab, in: Hoffmann-Riem/Schmidt-Aßmann/Voßkuhle (Hg.), GVwR I, 2006, § 9 Rdn. 80 m. w. H.

[846] Insgesamt *Ossenbühl*, Vorrang und Vorbehalt des Gesetzes, in: HStR V, 3. Auflage 2007, § 101 Rdn. 5 ff., auch zu der Verpflichtung, nichtige Gesetze bis zur Aufhebung zunächst anzuwenden; *Hoffmann-Riem*, Gesetz und Gesetzesvorbehalt im Umbruch, AöR 130 (2005), 5 (insbes. 35); grundlegend: *Grimm*, Methode als Machtfaktor, in: Festschrift für Helmut Coing, Band I, 1982, S. 469.

[847] Hierzu *Evers*, Das allgemeine Gesetz und seine Anwendung, in: Starck (Hg.), Die Allgemeinheit des Gesetzes, 1987, S. 96 (103 ff. m. w. H.).

[848] *Drath*, Der Gesetzesbegriff in den Rechtswissenschaften, Studium Generale 19 (1966), 679 (680); siehe bereits im Ersten Kapitel unter B (S. 67 ff.).

[849] Siehe insgesamt bis hierhin unter II. bis IV. (S. 196 ff.).

[850] In diese Richtung weist *Starck*, Einführung in die Aufgabenstellung der Kommission, in: Behrends/Link (Hg.), Zum römischen und neuzeitlichen Gesetzesbegriff, 1987, S. 9 (11 f.); iunsgesamt: *Bock*, Das Gesetz als praktischer Prüfstein juristischer Methodik, in: ders. (Hg.), Gesetz und Gesetzlichkeit in den Wissenschaften, 2006, S. 199 ff.

gorisch zwischen richtig und falsch unterscheidet, sondern gegenläufige Interessen einander annähern will. Der Gesetzestext ist bindende Grundlage dieses Ausgleichs, die eine langfristige Verbindlichkeit nur in ihrer Allgemeinheit entfaltet. Die Rechtsordnung gefährdet den Vorrang des Gesetzes, wenn Bürger, Verwaltung und Rechtsprechung diese nicht mehr überschauen und das einzelne Gesetz nicht mehr verstehen können. Es kommt dann – faktisch – zu einer Selektion im Gesetzesgehorsam.[851] Der Vorrang des Gesetzes legt daher eine Änderung der Rechtsetzungsdichte und damit des Rechtsetzungsstils nahe,[852] zielt auf die finale Allgemeinheit des Gesetzes.

c) Recht und Gesetz

Die Bindung an das Gesetz meint zwar in erster Linie, aber eben nicht nur, das Parlamentsgesetz. Auch Rechtsverordnungen, Satzungen, zudem das Gewohnheitsrecht und die Verfassung selbst werden unter den Begriff gefasst. Hinzu treten – je nach Sichtweise als „Gesetz" oder als „Recht" – das Richterrecht, die allgemeinen verwaltungsrechtlichen Grundsätze, Verwaltungsvorschriften und die Regeln, die in privater Rechtsetzung gewonnen wurden.[853] Die Bindung an „Gesetz und Recht"[854] betont darüber hinaus, dass beide Alternativen zwar in der Regel, aber nicht notwendig identisch sind.[855] Das von Menschen gesetzte Recht schafft nicht immer Gerechtigkeit. Art. 20 Abs. 3 GG sucht in der Bindung an das Recht die Staatsgewalt auf die Gerechtigkeit auszurichten.[856]

Die Gerechtigkeit lässt sich nicht teilen, verbietet das verengte Blickfeld, erwartet insofern Allgemeinheit.[857] Wer die Frage nach der widerspruchslosen Einheit der Rechtsordnung als Frage der Gerechtigkeit und damit des Rechts erachtet, wer deshalb eine besondere Art von Regeln fordert, welche diese Einheit stiften,[858] muss an Regeln denken, die eine Rechtsordnung im Grundsätzlichen, im Dauernden, in der Freiheit und Gleichheit vor dem Gesetz binden

---

[851] *F. Reimer*, Das Parlamentsgesetz als Steuerungsmittel und Kontrollmaßstab, in: Hoffmann-Riem/Schmidt-Aßmann/Voßkuhle (Hg.), GVwR I, 2006, § 9 Rdn. 82 m. w. H.

[852] *F. Reimer*, Das Parlamentsgesetz als Steuerungsmittel und Kontrollmaßstab, in: Hoffmann-Riem/Schmidt-Aßmann/Voßkuhle (Hg.), GVwR I, 2006, § 9 Rdn. 82.

[853] Insgesamt *Ossenbühl*, Gesetz und Recht – Die Rechtsquellen im demokratischen Rechtsstaat, in: HStR V, 3. Auflage 2007, § 100 Rdn. 14 ff. und 34 ff. m. w. H.; zu letzeren *F. Kirchhof*, Private Rechtsetzung, 1987.

[854] Art. 20 Abs. 3 GG.

[855] BVerfGE 34, 269 (286 f.) – Soraya.

[856] *Ossenbühl*, Gesetz und Recht – Die Rechtsquellen im demokratischen Rechtsstaat, in: HStR V, 3. Auflage 2007, § 100 Rdn. 18; *Sommermann*, in: von Mangoldt/Klein/Starck, Kommentar zum Grundgesetz, Band 2, 5. Auflage 2005, Art. 20 Abs. 3 Rdn. 267.

[857] Siehe im Ersten Kapitel unter D (S. 386 ff.).

[858] *Ossenbühl*, Gesetz und Recht – Die Rechtsquellen im demokratischen Rechtsstaat, in: HStR V, 3. Auflage 2007, § 100 Rdn. 85, fordert aus diesem Befund kollisionslösende Regeln über die Rangordnung der Rechtsnormen, eine „Rechtsquellenhierarchie, die bei Normwidersprüchen den Normvorrang festlegt."

und ihre Rationalität stärken. Wenn in Anlehnung an *Aristoteles* und *Thomas von Aquin* die Allgemeinheit des Gesetzes die Gesetzgebung auf eine solche Gerechtigkeit auszurichten vermag,[859] wird die Gesetzesallgemeinheit zu einer Stütze des an das Recht gebundenen Staats. „Weniger Gesetze schaffen nicht automatisch mehr Recht. Die Gesetzesnot, in der der demokratische Rechtsstaat aus den Fugen gerät, ist letztlich" – so fährt *Josef Isensee* fort – „kein Problem der Quantität. Gleichwohl muss es weniger und bessere Gesetze geben, damit Gesetz und Recht wieder eine selbstverständliche Einheit werden."[860] Die Bindung an „Gesetz und Recht" ist jedenfalls kein Widerspruch, enthält vielmehr den Auftrag, im Gesetz das deutungsbedürftige Ideal der Gerechtigkeit zu verwirklichen, richtet die gesetzgebende Gewalt wie die gesetzesgebundenen Gewalten auf dieses Ziel aus.

7. *Freiheitlicher sozialer Rechtsstaat*

Das Verfassungsprinzip des sozialen Staats entstand in Deutschland in einer Antithese zum Rechtsstaatsprinzip. Dieser Entwicklung war nicht bewusst, dass beide Garantien zum Schutz der Freiheit notwendig ineinandergreifen. Der moderne Rechtsstaat ist ein sozialer Staat und der soziale Staat kann ohne rechtsstaatliche Strukturen nicht existieren.[861] Das Grundgesetz betont diese Verbindung, wenn es das Rechtsstaatsprinzip und den Grundsatz des sozialen Staats in einer Verfassungsbestimmung festschreibt und beide für unveränderbar erklärt.[862] Die wechselseitige Abhängigkeit beider Strukturprinzipien wird gegenwärtig besonders deutlich, weil sich der soziale Staat gefährdet, indem er die rechtsstaatlichen Gesetzesvorgaben, insbesondere die sprachliche, instrumentelle und finale Allgemeinheit vernachlässigt. Die sozialstaatliche Perspektive lässt so bereits erkennen, wie die Freiheitsicherung, wie der Schutz der Gleichheit vor dem Gesetz in elementaren Grundaussagen auf rechtsstaatliche, auf allgemeine Gesetze bauen.[863]

Der soziale Staat übernimmt eine Grundverantwortung für die Schicksale der Menschen. Er garantiert die Sicherheit im Staatsgebiet, eine allgemeine In-

---

[859] Siehe hierzu eben *Aristoteles* und *Thomas von Aquin* sowie mit Betonung auf die individuelle Freiheit *Locke* und angesichts einer gelungenen Kodifikation *Hegel* (oben unter B. II. 3., S. 82 ff., III. 4., S. 105 ff., IV. 2., S. 116 ff., und 7., S. 140 ff.).

[860] *Isensee*, Mehr Recht durch weniger Gesetze?, ZRP 1985, 139 (145).

[861] Diese Entgegensetzung wird damit erklärt, dass beide Ideen während ihrer Entwicklung um ihre Umsetzung und ihren Verfassungsrang bangen mussten und deshalb jeweils Vorrang beanspruchten (siehe insgesamt *Zacher*, Das soziale Staatsziel, in: HStR II, 3. Auflage 2004, § 28 insbes. Rdn. 109 ff.; *Hesse*, Grundzüge des Verfassungsrechts der Bundesrepublik Deutschland, 20. Auflage 1995, Rdn. 212, 214, nennt beide Strukturprinzipien zu Recht in einem Atemzug, wenn er vom „sozialen Rechtsstaat" spricht, und betont die Verbindungen).

[862] Art. 20 Abs. 1 und Abs. 3 sowie Art. 79 Abs. 3 GG.

[863] Siehe hierzu aber sogleich unter VI. und VII. (S. 343 ff.).

frastruktur der sozialen Existenz und Daseinsvorsorge, schützt jedermann gegen Hunger, mildert individuelle Schicksalsschläge und verspricht, „den Menschen die Risiken einer aufs Ganze nicht planbaren freien Wirtschaft erträglich zu machen."[864] Dieser Auftrag richtet sich einerseits an den Staat, nimmt andererseits und insbesondere aber auch die „Glieder des Gemeinwesens untereinander sowie gegenüber dem Gemeinwesen" in die Verantwortung. Der soziale Staat setzt auf „Schutz-, Beistands-, Fürsorgepflichten und Pflichten kollektiver Selbsthilfe, Bindungen des Eigentums, Abgabe- und Leistungspflichten, die den Staat erst in den Stand setzen, seine Sozialaufgaben zu erfüllen." Die doppelte Erwartung gewährleistet soziale Standards durch gesellschaftliche Fürsorge und staatliche Systeme, durch das „Arbeitsschutz- und Arbeitszeitrecht, das Sozialhilfe-, Versorgungs- und Sozialversicherungsrecht, das Betriebsverfassungs- oder Tarifvertragsrecht",[865] aber insbesondere durch die helfende Hand des anderen, durch die soziale Kraft der Gesellschaft.

Das Sozialrecht hat sich in Deutschland – so der deutliche Krisenbefund – zu einem unüberschaubaren System sozialer Sicherheit entwickelt.[866] Es wurde vernachlässigt, dass die Erfüllung der sozialen Aufgaben „im vollen Umfang *unter den Geboten des Rechtsstaates*" stehen und in diesen – so *Konrad Hesse* – auch eine „*Grenze*" finden: Eine „umfassende staatliche Fürsorge, die das Gemeinwesen in einen Wohlfahrts- oder Versorgungsstaat verwandeln möchte und selbstverantwortliche Freiheit aufhebt, entspricht nicht mehr dem Prinzip des sozialen Rechtsstaates."[867] Der soziale Staat darf nicht zu der jetzt schon beobachteten „Verlagerung der Lebensverantwortung und des Verteilungskampfs von den einzelnen auf die Allgemeinheit und von der Gesellschaft auf den Staat" führen,[868] weil er sonst die zentrale, durch die Gesellschaft geleistete Fürsorge vernachlässigt. Gesetze, die in sozialer Verantwortung des Staats für die Menschen erlassen werden, dürfen – bei aller notwendigen Vorsorge – das Maß der Zurückhaltung, die finale Allgemeinheit, nicht vernachlässigen, und müssen in einem Mindestmaß verständlich und konsistent ausgestaltet sein (sprachliche und instrumentelle Allgemeinheit). Dieser allgemeine freiheitliche Gedanke[869] greift in besonderer Weise im sozialen Bereich, weil der Staat bei

---

[864] *Di Fabio*, Die Kultur der Freiheit, 2005, S. 51 f.; *Zacher*, Das soziale Staatsziel, in: HStR II, 3. Auflage 2004, § 28 insbes. Rdn. 72 f.; *Hesse*, Grundzüge des Verfassungsrechts der Bundesrepublik Deutschland, 20. Auflage 1995, Rdn. 209 ff.

[865] *Hesse*, Grundzüge des Verfassungsrechts der Bundesrepublik Deutschland, 20. Auflage 1995, Rdn. 213.

[866] *Zacher*, Das soziale Staatsziel, in: HStR II, 3. Auflage 2004, § 28 Rdn. 119.

[867] *Hesse*, Grundzüge des Verfassungsrechts der Bundesrepublik Deutschland, 20. Auflage 1995, Rdn. 214 f., Hervorhebungen übernommen; siehe für die stützende Kraft des sozialen Rechtsstaats für die Solidarität *Volkmann*, Solidarität – Programm und Prinzip der Verfassung, 1998, S. 300 ff.

[868] *Zacher*, Das soziale Staatsziel, in: HStR II, 3. Auflage 2004, § 28 Rdn. 119.

[869] Hierzu grundlegend *de Tocqueville*, Über die Demokratie in Amerika [De la démocratie en Amérique, 1835–1840], 1985, S. 343 f., 364; *W. von Humboldt*, Ideen zu einem Versuch,

aller Anstrengung die notwendige persönliche Hilfe nur fördern, nicht leisten kann, er insbesondere diesem selbstverantwortlichen Kern der sozialen Gemeinschaft verpflichtet ist, um die gesellschaftliche Kraft der Fürsorge zu entfalten, sie nicht zu lähmen. Die Idee der finalen Gesetzesallgemeinheit, nach welcher der Staat keine Gemeinschaft, keine Sozialbeziehung stiften kann, präzisiert den sozialen Verfassungsauftrag und macht ihn zu einer anspruchsvollen Aufgabe. Der soziale Staat, die Solidarität schöpfen aus der Gemeinschaft. Diese Gemeinschaft ist zentrale Stütze des Rechts und muss daher vom sozialen Staat gepflegt werden.[870] Die Gesetzesallgemeinheit sucht hier einen Beitrag zu leisten.

Der soziale, der Gleichheit vor dem Gesetz verpflichtete Staat[871] muss in seinen sozialen Gewährleistungen alle Menschen im gesamten Gebiet tatsächlich erreichen; er ist so der personalen, territorialen, in der Vollzugsperspektive auch der instrumentellen und sprachlichen Allgemeinheit verpflichtet, muss verständliche und vollziehbare Gesetze erlassen. Das soziale Ziel ist allgemein, „Partikularisierung" und eine „unverhältnismäßige Vernachlässigung des Generellen", die beim gegenwärtigen System beobachtet werden,[872] sind zu vermeiden. Hier wird die Verbindung der Gleichheit vor dem Gesetz und der Allgemeinheit des Gesetzes greifbar.[873] Der helfende und leistende Staat unterliegt einer Gleichheitsforderung, die auch eine temporale Allgemeinheit enthält.[874] Das Gemeinwesen muss sich vergewissern, dass die Hilfe auch noch in der Zukunft geleistet werden kann, dass auch Bedürftigen von morgen nicht auf Grund leerer Staatskassen die Hilfe verweigert wird. Die gewaltige Staatsverschuldung wird zu einem gegenwärtigen und zukünftigen sozialen Problem, was vor allem in der medizinischen Versorgung bereits jetzt bewusst wird. Der Sozialstaat lässt bei begrenzten Staatsmitteln und einer enormen Schuldenlast die Verlagerung der „sozialen ‚Normalität' nach ‚oben'" erkennen, sowie einen – so fährt *Hans F. Zacher* fort – „engen Zeithorizont der Politik", die „entscheidungsnahen aktuellen Interessen" den Vorzug vor „entscheidungsfernen" Belangen gibt.[875] Auch der demokratische Gedanke der Repräsentation des „ganzen Volkes" zielt mit der temporalen Allgemeinheit auf eine Zukunftsverantwortung,[876] welche von der gegenwärtigen Politik oftmals vernachlässigt wird.

---

die Grenzen der Wirksamkeit des Staates zu bestimmen [1791], 2006, insbes. S. 30f., 202f.; siehe zudem sogleich unter VI. (S. 343ff.).

[870] *Volkmann*, Solidarität – Programm und Prinzip der Verfassung, 1998, S. 72ff.

[871] Art. 20 Abs. 1 und Art. 3 Abs. 1 GG.

[872] Insgesamt *Zacher*, Das soziale Staatsziel, in: HStR II, 3. Auflage 2004, § 28 Rdn. 119.

[873] Siehe hierzu bereits unter II. i) (S. 232ff.), sogleich unter VII. (S. 466ff.) und auch im Dritten Kapitel unter D (S. 386ff.).

[874] Zu dem Gedanken der Gleichheit in der Zeit bereits oben unter III. 5. d) (S. 279ff.) und sogleich unter VII. 4. b) (S. 373ff.).

[875] *Zacher*, Das soziale Staatsziel, in: HStR II, 3. Auflage 2004, § 28 Rdn. 119.

[876] Art. 38 Abs. 1 Satz 2 GG; siehe oben unter III. 5. (S. 274ff.) sowie im Dritten Kapitel

Der Rechtsstaat erwartet, dass ein Gesetz so gesetzt wird, dass es von vornherein dauerhaft wirken kann. Der soziale Staat bestätigt diese Aufgabe in der dauerhaften sozialen Vorsorge für jeden Einzelnen und für die Gemeinschaft, gibt aber keine Lösungen, kaum Ausgestaltungen, eher Mindeststandards vor.[877] Er setzt dabei in besonderer Weise auf die persönliche Hilfe durch die Gesellschaft und damit auf Gesetze, welche diese Fürsorge entfalten. Die Verfassungsentscheidung und die gegenwärtigen Krisensymptome betonen, dass der soziale Staat immer ein Rechtsstaat ist, dass er sich in allgemeinen Gesetzen entfaltet, dass zwischen den grundgesetzlichen Allgemeinheitsforderungen und den grundrechtlichen Garantien der Freiheit und Gleichheit vor dem Gesetz eine Verbindung besteht.

VI. Grundrechtsergänzender Schutz der Freiheit

1. *Garant der Freiheit und der prägenden Kraft des Parlaments*

Die Grundrechte konzentrieren sich auf die individuelle Betroffenheit, den vollzogenen Eingriff, das Allgemeinheitspostulat sucht hingegen den Aufbau einer freiheitsichernden Struktur zu garantieren, wirkt insbesondere im Vorfeld der grundrechtlichen Beeinträchtigung. Das allgemeine Gesetz hält staatliche Distanz zum Individuum, weil es in der Verallgemeinerung alle betrifft, Lasten wie Begünstigungen verteilt. Es sucht alle Menschen zu erreichen, soll so zum Garanten einer funktionsfähigen Rechtsordnung, des Friedens und der inneren Sicherheit werden, ohne welche eine Gemeinschaft nicht existieren kann. Art. 19 Abs. 1 Satz 1 GG verwehrt dem Parlament, direkt auf den Einzelnen zuzugreifen, gemeinwohlkonkretisierende Maßnahmen direkt an ihn zu richten, weil seine Individualinteressen angesichts dieser die Beeinträchtigung rechtfertigenden parlamentarischen Kraft leicht zu weichen drohen. Das Allgemeinheitspostulat sichert so den für die Entfaltung des Einzelnen und die Demokratie notwendigen individuellen Raum der Freiheit.[878] Es verpflichtet den Gesetzge-

---

unter D (S. 386 ff.); siehe zur „Gerechtigkeit zwischen den Generationen" deutlich: *von Arnim*, Leistungsstaat contra Rechtsstaat, in: Randelzhofer/Süß (Hg.), Konsens und Konflikt, 1986, S. 117; *K. Vogel*, Der Sozialstaat als Steuerstaat, ebenda, S. 133.

[877] *Hesse*, Grundzüge des Verfassungsrechts der Bundesrepublik Deutschland, 20. Auflage 1995, Rdn. 209 ff.; siehe etwa zum Existenzminimum BVerfGE 99, 216 – Kinderexistenzminimum I; 99, 268 – Kinderexistenzminimum II.

[878] Siehe bereits oben unter II. 1. c) und insgesamt zu diesem freiheitsichernden Auftrag des Gesetzes *Starck*, Der Gesetzesbegriff des Grundgesetzes, 1970, S. 251 ff.; *ders.*, Grundrechtliche und demokratische Freiheitsidee, in: HStR III, 3. Auflage 2005, § 33 Rdn. 6 ff.; *Kloepfer*, Gesetzgebung im Rechtsstaat, VVDStRL 40 (1982), 63; *Morgenthaler*, Freiheit durch Gesetz, 1999, S. 166 ff.; *H. Schneider*, Gesetzgebung, 3. Auflage 2002, Rdn. 32 ff.; *Di Fabio*, Die Kultur der Freiheit, 2005, S. 71 ff.; *Volkmann*, Freiheit und Gemeinschaft, in: HGR II,

ber, beim Erlass von grundrechtsbeeinträchtigenden Gesetzen einen lärmschluckenden Schutzwall zu errichten, der zu dem individuellen Schutz der Freiheit – den im Haus eingepassten lärmdichten Fenstern und Türen – hinzutritt.[879] Der Wall hält Beeinträchtigungen von den Freiheitsberechtigten fern, bevor sie den Einzelnen erreichen, schützt vor Belastungen, welche die Grundrechte nicht abwehren. Die grundrechtlichen Gewährleistungen wären ohne diesen Wall überfordert, weil die Fenster und Türen einer zu intensiven Lautstärke nicht Herr werden. Der Wall hingegen kann als allgemeiner Schutz die Ruhe in jedem Haus nicht gewährleisten. Der Freiheitschutz durch die Gesetzesallgemeinheit und die Grundrechte, durch Parlament und Richter ergänzt sich. Die Gesetzesallgemeinheit bildet neben den grundrechtlichen Gewährleistungen ein zweites Element des modernen Freiheitschutzes.

Das allgemeine Gesetz stärkt als Garant der individuellen Entfaltung die Demokratie.[880] Ein modernes Rechtssystem gewährleistet Sicherheit und Gleichheit vor dem Gesetz, garantiert grundrechtliche und demokratische Freiheit. Die Demokratie setzt eine politische Willensbildung voraus, die ohne die grundrechtlichen Freiheiten, ohne Selbstbestimmung, ohne freie Kommunikation, ohne den Schutz vor Verhaftung nicht möglich ist. Die Freiheit ist gegen Übergriffe des Staats und der Gesellschaft zu sichern. Sicherheit, Freiheit und Gleichheit vor dem Gesetz, demokratische und grundrechtliche Legitimation, individuelle freiheitliche Entfaltung und die parlamentarische Gestaltungskraft des modernen sozialen Staats greifen ineinander.[881]

Die Allgemeinheit des Gesetzes will diese Legitimationsquellen des Rechts aufeinander abstimmen und dabei das notwendige Maß sichern. In der Rücknahme des Gesetzes auf das Grundsätzliche und Notwendige liegt eine freiheitsgerechte Mäßigung. Das allgemeine Gesetz sucht die prägende Kraft des Parlaments auch im Bereich des Grundrechtsschutzes wieder besser zu entfalten. Die Grundrechte schützen den Einzelnen vor der Mehrheitsentscheidung, sind konstitutives Merkmal der grundgesetzlichen Demokratie. Doch prägt das Parlament als Erstinterpret der Verfassung auch den grundrechtlichen Schutz,

---

2006, § 32 insbes. Rdn. 39 ff.; *von Hayek*, Der Weg zur Knechtschaft [1945], 2003, S. 101 ff., insbes. 105 f.

[879] Siehe zu diesem Bild unter II. 1. c) und unter A. I.

[880] Siehe unter III. (S. 258 ff.).

[881] Siehe insgesamt *Starck*, Grundrechtliche und demokratische Freiheitsidee, in: HStR III, 3. Auflage 2005, § 33 Rdn. 1 ff.; *Merten*, Das Prinzip Freiheit im Gefüge der Staatsfundamentalbestimmungen, in: HGR II, 2006, § 27; jeweils m. w. H.; siehe zur Gewährleistung der Freiheit und Sicherheit als erste Staatsaufgabe *Locke*, Über die Regierung [Two Treatises of Government. The Second Treatise, 1690], 2003; siehe hierzu bereits unter B. IV. 2. (S. 116 ff.); siehe insgesamt *Isensee*, Staatsaufgaben, in: HStR IV, 3. Auflage 2006, § 73; *Herzog*, Ziele, Vorbehalte und Grenzen der Staatstätigkeit, ebenda, § 72; *W. Cremer*, Freiheitsgrundrechte, 2004; siehe zu der unauflöslichen Verknüpfung von Freiheit und demokratischer Selbstbestimmung bereits oben unter III. (S. 95 ff.).

welcher – gleichsam in einer spiegelbildlichen Wechselwirkung[882] – auch das Gesetz bestimmt. Das Allgemeinheitspostulat will auch diesen freiheitsichernden Einfluss des Parlaments sichern. Grundrechtsschutz und Gesetzesallgemeinheit bedingen sich. Das notwendige Zusammenwirken dieser beiden Elemente des Menschenrechtsschutzes soll im Folgenden bewusst gemacht werden.

2. *Notwendige Ergänzung des Grundrechtsschutzes*

a) *Voraussehender Schutz der Freiheit*

Die Allgemeinheit des Gesetzes sucht eine freiheitsgerechte Rechtsetzung zu garantieren, die erforderliche staatliche Zurückhaltung voraussehend zu gewährleisten, bevor es zu Beeinträchtigungen kommt und die grundrechtlichen Gewährleistungen ihre unmittelbare Kraft entfalten, der Betroffene den gerichtlichen Schutz bemühen muss. Wenn eine gesetzliche Regelung zahlreiche Menschen und Regelungsgegenstände im gesamten Regelungsbereich zu erreichen hat, wenn der Gesetzgeber dabei regelbildend wirkt, wahrt er den Raum der Freiheit. Wer die Umwelt oder – als Landesgesetzgeber[883] – die Konsumenten in Gaststätten schützen will, könnte daran denken, die höchsten Tierschutzstandards für Landwirte, die besten Bedingungen für die Aufbewahrung von Lebensmitteln in der Gaststätte, die neuesten Hygienetechniken bei der Zubereitung und die optimale Breite der Fluchtwege im Brandfall zu fordern. Doch würden die Fluchtwege dann dem Wirt in der engen Berghütte den Raum für Gäste nehmen, die neusten Hygienetechniken die Kalkulation des preisgünstigen Landgasthofs nachhaltig stören und ideale und damit kurze Lagerungszeiten der Lebensmittel das breite Angebot des Wirts in der Innenstadt erheblich reduzieren. Die Tierschutzstandards mag der Biobauernhof ohnehin erfüllen, sie könnten aber die Wirtschaftlichkeit des Großbetriebs und damit die Versorgung der Allgemeinheit mit Milch nachhaltig stören.

Das allgemeine Gesetz wird Detailvorgaben meiden, wenn es dauerhaft und verlässlich im gesamten Regelungsgebiet gelten will, es wird grundsätzliche und notwendige Regelungen treffen, nicht aber optimale Standards vorschreiben. Insbesondere technische Standards sind auch mit Blick auf ihre Entwicklungsfähigkeit allgemein vorzugeben. Das Parlament könnte hier einen verbindlichen Rahmen setzen, den die Regierung mit Blick auf neue technische Entwicklungen in Rechtsverordnungen auszufüllen hätte.[884] Insbesondere die personale

[882] Siehe zur Wechselwirkungslehre unter II. 2., hier insbes. unter b) und c) (S. 240ff.).

[883] Art. 74 Abs. 1 Nr. 11 GG stellt jetzt ausdrücklich fest, dass das Gaststättenrecht nach den Grundsätzen der Art. 30 und Art. 70 GG Sache der Länder ist.

[884] Siehe zu diesem Zusammenspiel von parlamentarischer und exekutiver Rechtsetzung bereits unter III. 7. (S. 282ff.).

und gegenständliche Allgemeinheit fordern eine Verallgemeinerung und damit eine freiheitsichernde Distanz zum Einzelfall.[885] Das allgemeine Gesetz bringt dann – wie von selbst – die betroffenen Interessen der Gäste und des Wirts, des Landwirts und seiner Kunden zum Ausgleich, weil der Umwelt- und Konsumentenschutz alle zu erreichen hat, sich im Detail des Einzelfallgesetzes nicht verlieren darf. Viehbetriebe und Gasthöfe können sich weiter unterscheiden, die Bauern und Wirte ihre unternehmerische Freiheit entfalten und die Gäste das Restaurant sowie die Kunden die landwirtschaftlichen Produkte nach ihren individuellen Vorlieben wählen. Der Raum der Freiheit wird voraussehend geschützt und die kreative Kraft der freiheitlichen Gesellschaft, der Individualität entfaltet.

b) Komplizierte Gesetze

Die Freiheit der Bürger wird derzeit weniger durch klassische staatliche Grundrechtseingriffe verletzt, weil der Rechtsstaat die maßgeblichen grundrechtlichen Grenzen kennt und sich grundsätzlich auf sie eingestellt hat. Doch scheint die Rechtsordnung in ihrem steigenden Normpegel[886] den Adressaten zunehmend zu überfordern. Sie spricht ihn in einer Fülle von Aussagen an, die der Verpflichtete nicht aufnehmen kann. Allein das Verstehen des Rechts beansprucht viel Zeit, einen hohen, oft auf Beratung angewiesenen Aufwand. Hier bietet der Verfassungsmaßstab der Gesetzesallgemeinheit Schutz.

Die Bürger können – auch mit der Hilfe eines Steuerberaters – ihre Steuererklärung kaum mehr rechtmäßig abgeben,[887] haben Schwierigkeiten, die staatliche Unterstützung für ihre Kinder vollständig einzufordern.[888] Viele Wahlberechtigte verstehen das komplizierte Wahlrecht mit Erst- und Zweitstimme nicht, begreifen insbesondere nicht, wie Überhangmandate entstehen.[889] Arbeitgeber können auf Grund der zahlreichen gesetzlichen Vorgaben allein aus eigenem Wissens einen Arbeitnehmer zuweilen kaum gesetzeskonform einstellen.[890] Die freiheitliche Entfaltung der Menschen wird durch zahlreiche, schwer verständliche und kaum überschaubare gesetzliche Vorgaben behindert. Allein die rund 10.000 Informationspflichten, welche die deutsche Wirtschaft jährlich

---

[885] *Starck*, Einführung in die Aufgabenstellung der Kommission, in: Behrends/Link (Hg.), Zum römischen und neuzeitlichen Gesetzesbegriff, 1987, S. 9 (9).

[886] Siehe hierzu unter A (S. 39ff.).

[887] Siehe hierzu *P. Kirchhof*, Der sanfte Verlust der Freiheit, 2004.

[888] Siehe zum Kindergeld mit einem Vereinfachungsvorschlag *G. Kirchhof*, Der besondere Schutz der Familie in Art. 6 Abs. 1 des Grundgesetzes, AöR 129 (2004), 542 (552ff.).

[889] Siehe hierzu BVerfGE 121, 266 (316) – negatives Stimmgewicht; siehe zur Offenheit des Grundgesetzes hinsichtlich des Wahlsystems und zu den gleichwohl bestehenden verfassungsrechtlichen Grenzen *H. Meyer*, Demokratische Wahl und Wahlsystem, in: HStR III, 3. Auflage 2005, § 45 Rdn. 31ff. m. w. H.

[890] *G. Kirchhof*, Die Erfüllungspflichten des Arbeitgebers im Lohnsteuerverfahren, 2005, S. 92ff. und 185f. jeweils m. w. H.

befolgen muss, können allenfalls von Experten ermittelt werden.[891] Unternehmen müssen Spezialisten für das sie betreffende Steuerrecht, für den Lohnsteuerabzug,[892] für das Arbeits- und Sozialrecht, nicht selten auch für das Vergabe- und Regulierungsrecht einstellen – und die Rechtsbereiche, die eine Spezialisierung erwarten, wachsen. Diese rechtlichen Vorgaben lenken von der eigentlichen unternehmerischen Tätigkeit ab, verursachen in Deutschland Kosten in sechsstelliger Milliardenhöhe.[893] In fast jedem Bereich, in welchem der Staat mit den Bürgern gesetzlich in Kontakt tritt, mutet er diesen unnötige Erschwerungen insbesondere durch überkomplizierte Regelungen zu. Demokratie und Rechtsstaat wehren sich jedoch gegen Gesetze, die von vornherein nicht verständlich sind, nicht alle, sondern nur wenige Experten erreichen.[894] Jeder Bürger ist in Deutschland in vielen Bereichen auf professionellen Rechtsrat, jedenfalls auf erklärende Broschüren angewiesen, will er die Gesetze befolgen. Dies gilt in besonderer Weise, wenn neben dem deutschen Recht europäische Vorgaben zu beachten sind.[895] Diese Gesetzgebung hemmt die Freiheitsentfaltung.

Die Grundrechte schützen aber gegenwärtig nicht vor unnötig komplizierten gesetzlichen Ausgestaltungen. Ein Eingriff muss einen bestimmten Grad an Intensität erreichen, bevor die grundrechtlichen Gewährleistungen greifen. Diese Schwelle überschreiten die gesetzlichen Erschwerungen bei isolierter Betrachtung oft nicht. Aber selbst wenn der Raum des Grundrechtsschutzes betreten würde, könnten kleinere Eingriffe durch öffentliche Belange leicht gerechtfertigt werden, insbesondere mit dem Hinweis auf den notwendigen Gestaltungsraum des Gesetzgebers. Der parlamentarische Gesetzgeber würde in seiner Suche nach dem politischen Kompromiss zu stark eingeschränkt, würde er an ein Gebot einer optimalen Gestaltung gebunden.[896] Hier ergänzt der Schutz des

---

[891] Bundesregierung, Zeit für das Wesentliche: Bürokratieabbau schafft Freiräume, 2008; Statistisches Bundesamt, Pressemitteilung Nr. 148 vom 16. April 2009; Presse- und Informationsamt der Bundesregierung (Hg.), Bürokratiekosten: Erkennen – Messen – Abbauen, 2007, insbes. S. 20f.; Statistisches Bundesamt (Hg.), Programm Bürokratieabbau und bessere Rechtssetzung, 2006; siehe insgesamt bereits unter A. I. (S. 39ff.).

[892] Zu den Lasten der Arbeitgeber, welche diese mit Blick auf den Arbeitnehmer erfüllen müssen, *G. Kirchhof*, Die Erfüllungspflichten des Arbeitgebers im Lohnsteuerverfahren, 2005, S. 15ff. m. w. H.

[893] Bundesregierung, Zeit für das Wesentliche: Bürokratieabbau schafft Freiräume, 2008; Statistisches Bundesamt, Pressemitteilung Nr. 148 vom 16. April 2009; Presse- und Informationsamt der Bundesregierung (Hg.), Bürokratiekosten: Erkennen – Messen – Abbauen, 2007, insbes. S. 20f.; Statistisches Bundesamt (Hg.), Programm Bürokratieabbau und bessere Rechtssetzung, 2006; siehe insgesamt oben unter A. I. (S. 39ff.).

[894] Siehe oben unter III. (S. 258ff.) und V. (S. 315ff.).

[895] *Sommermann*, in: von Mangoldt/Klein/Starck, Kommentar zum Grundgesetz, Band 2, 5. Auflage 2005, Art. 20 Abs. 3 Rdn. 303, fordert deshalb eine zuverlässige rechtliche Orientierung durch behördliche Auskünfte.

[896] Hier darf die Grundrechtsdogmatik die Interessen des Berechtigten nicht sachwidrig in Schutzbereiche teilen und so ggf. entscheidend schwächen, wenn im Rahmen der Abwägung alle entgegenstehenden Belange ihnen gebündelt gegenüberstehen und dann schwerer wiegen.

Allgemeinheitspostulats die grundrechtlichen Gewährleistungen insbesondere in seiner sprachlichen und instrumentellen Forderung. Wenn Gesetze von vornherein verständlich zu verfassen sind, wird der Bürger weniger belastet und wird die Freiheitsentfaltung gestärkt.

c) *Kumulierende Gesetzesfolgen*

Die Gefahr für die Freiheit liegt hier weniger im einzelnen Eingriff, in der einen überkomplizierten Ausgestaltung, sondern in der Gesamtbelastung, in der kumulierenden Wirkung der verschiedenen Maßnahmen. Der Grundrechtsschutz misst nach der gängigen Dogmatik einen einzelnen Eingriff am Maß der Verfassung. Ein Bürger kann aber durch zahlreiche, isoliert betrachtet zulässige staatliche Eingriffe insgesamt in verfassungswidriger Weise beeinträchtigt werden, wenn diese zu einer unzumutbaren Gesamtlast kumulieren, etwa wenn verschiedene, unabhängig voneinander vorgenommene Überwachungsmaßnahmen letztlich zu einer verfassungswidrigen Rundumüberwachung führen. Dieses Rechtsproblem wird derzeit von der üblichen Grundrechtsdogmatik nicht erfasst und gelöst. Insbesondere werden verfassungswidrige kumulierende Wirkungen durch unterschiedliche öffentliche Hände, durch Bund, Länder, Gemeinden und die Europäische Union – wie etwa die Überwachung durch unterschiedliche Stellen – oft nicht wahrgenommen. Der Staat wähnt sich in den Grenzen des Rechts, obgleich er die Verfassung verletzt. Die Grundrechtsdogmatik ist daher zu modifizieren, um die abwehrende Kraft der Grundrechte, die sich auch gegen kumulative Belastungen richtet, zu entfalten.[897]

Doch selbst wenn die Grundrechtsdogmatik in diesem Sinn modifiziert würde, kann der Staat nicht jeden Bagatelleingriff registrieren, auch wenn dieser mit anderen Belastungen in verfassungswidriger Weise kumuliert. Die spezifische Last jedes Bürgers durch alle ihn betreffenden Maßnahmen kann der Staat schon faktisch nicht erfassen. Würde die öffentliche Hand dies versuchen,. wären flächendeckende Registrierungen notwendig, würden die detaillierten Informationen die Freiheit gefährden; der Rechtsstaat würde tendenziell zum Überwachungsstaat. Dieser Einwand greift jedoch weniger für überkomplizierte gesetzliche Ausgestaltungen und sonstige Lasten, die grundsätzlich jeden treffen, folglich ohne freiheitsgefährdende individuelle Informationen ermittelt

---

Das Bundesverfassungsgericht sucht deshalb den Schutzbereich eines Grundrechts, etwa des Art. 2 Abs. 1 GG, mit anderen Grundrechten – mit der Glaubensfreiheit oder dem besonderen Schutz von Ehe und Familie – in Verbindung zu bringen: BVerfGE 101, 361 (386) – Caroline von Monaco II; 104, 337 (346) – Schächten; siehe zu diesem Problem der Grundrechtsdogmatik *G. Kirchhof*, Grundrechte und Wirklichkeit, 2007, insbes. S. 23 ff. m. w. H.

[897] Siehe zu dieser Gefahr für die Freiheit im Rechtsstaat und die notwendigen Modifikationen der Grundrechtsdogmatik *G. Kirchhof*, Grundrechte und Wirklichkeit, 2007, insbes. S. 27 ff.; *ders.*, Kumulative Belastung durch unterschiedliche staatliche Maßnahmen, NJW 2006, 732.

werden können. Hier fehlt es bisher an wissenschaftlichen Analysen, an einer entsprechenden Gesamtbilanz.[898] Gleichwohl stößt auch in diesen Bereichen die abwehrende Kraft der Grundrechte an Grenzen, selbst wenn die Gesamtlast freiheitskonform ermittelt wird. Die freiheitsichernde Kraft der Grundrechte zwingt den Gesetzgeber nicht dazu, optimale Gesetze zu erlassen,[899] ein gesetzgeberisches Ziel mit der grundrechtschonendsten Ausgestaltung zu verfolgen. Die Grundrechte belassen dem Gesetzgeber den notwendigen Gestaltungsraum. Der Bundestag trifft die Erstentscheidung, wie das Grundgesetz zu konkretisieren ist, nimmt Einschätzungen und Prognosen vor, die gerichtlich kaum geprüft werden.[900] Zudem muss ein gesetzgeberischer Raum bleiben, in welchem politische Mehrheiten mit den notwendigen Kompromissen gefunden werden können. Diese Gestaltungsfreiheit führt dann eben auch zu kumulierenden Belastungen.

Der Gesetzgeber muss diese aber verantworten, darf nicht beliebig und ohne Kenntnis der Folgen den Bürger mit unverständlichen und überkomplizierten Gesetzen, mit einer unkoordinierten Rechtsordnung belasten. Der grundrechtliche Gesetzesvorbehalt erwartet, dass der Gesetzgeber die Freiheitsbelastung jedenfalls im Grundsatz versteht und verantwortet – und dass der Freiheitsberechtigte erfassen kann, was er tun soll.[901] Die Gesetzesallgemeinheit ergänzt den grundrechtlichen Schutz der Freiheit insbesondere um die Forderung einer Verantwortung für die Gesetzesfolgen. Die sprachliche und die instrumentelle Allgemeinheit wirken unverständlichen Gesetzen, überkomplizierten Ausgestaltungen und einer unkoordinierten Rechtsordnung entgegen. Die finale Allgemeinheit nimmt den Gesetzgebungsauftrag auf das Grundsätzliche und Not-

[898] Das Statistische Bundesamt wird nach der Analyse der Informationpflichten der deutschen Wirtschaft die entsprechenden Lasten analysieren, die grundsätzlich jeden Bürger treffen (siehe oben unter A.I., S. 39ff.).

[899] Siehe hierzu *G. Kirchhof*, Die Erfüllungspflichten des Arbeitgebers im Lohnsteuerverfahren, 2005, S. 169ff., mit dem Vorschlag, Eingriffe in die Berufsausübungsfreiheit in Form von überkomplizierten Ausgestaltungen durch ein Entgelt zu mäßigen, weil diese Grundrechtsausübung dem Gelderwerb dient und die Mäßigung die Eingriffswirkung jedenfalls dann präzise aufnimmt, wenn der Berufstätige eine Verpflichtung nicht selbst erfüllen kann, folglich – wie beim Lohnsteuerabzug – Dritte gegen Entgelt einstellen muss. Diese Ausnahme der Linderung eines Grundrechtseingriffs durch Entgelt ist jedoch kaum auf weitere Fälle übertragbar. Der Bürger darf sich seine Freiheit grundsätzlich nicht ‚abkaufen' lassen. Die Mäßigung durch Entgelt greift nach der Rechtsprechung des Bundesverfassungsgerichts nur bei besonderen Beeinträchtigungen des Eigentums (BVerfGE 58, 137 [150] – Pflichtexemplar; 100, 226 [244ff.] – Denkmalschutz), die keine Enteignungen sind, und sollte lediglich auf einen weiteren Anwendungsfall – bestimmte Berufsausübungsregelungen – erweitert werden, nicht auf andere Grundrechte, auch nicht auf die Berufswahl, weil diese nicht vorrangig auf dem Erzielen von Entgelt dient, sondern insbesondere dem Gedanken der Entfaltung der Persönlichkeit.

[900] Siehe hierzu *Badura*, Die Verfassung im Ganzen der Rechtsordnung und die Verfassungskonkretisierung durch Gesetz, in: HStR VII, 1. Auflage 1992, § 163 Rdn. 24ff.

[901] Siehe oben unter II. 4. und 5. (S. 245ff.).

wendige zurück, verhindert so von vornherein Belastungen, auf welche das Gemeinwesen nicht angewiesen ist.

Selbst wenn die Grundrechtsdogmatik modifiziert und dann kumulative Belastungen abgewehrt würden, bliebe die schützende Kraft der Grundrechte auf Lasten beschränkt, die zur gleichen Zeit für die gleiche Person auf vergleichbare Gegenstände wirken. Neue Umweltauflagen für Kraftfahrzeuge, ein Verbot einer bestimmten, gesundheitsschädlichen Pflanze und die Verschärfung des Steuerstrafrechts kumulieren grundsätzlich nicht in grundrechtswidriger Weise, weil sie auf verschiedene Gegenstände zielen, in unterschiedlichen Lebensbereichen wirken, auch wenn sie den einen Landwirt in der Umstellung seines veralteten Fuhrparks, der gewählten Saat und der betriebenen Steuerhinterziehung so erheblich belasten können, dass sein Unternehmen nicht mehr zu retten ist. Der differenzierte Grundrechtsschutz kann nicht gleichsam zu einem Supergrundrecht zusammengefasst werden, das alle Eingriffe zusammenfasst und durch das öffentliche Interesse zu rechtfertigen sucht. Die Grundrechte ziehen keine allgemeine Belastungsgrenze, welche weitere Eingriffe schlechthin abwehrt, sondern spezielle Grenzen, die insbesondere von dem Gesetzesvorbehalt des betroffenen Grundrechts und vom Verhalten des Grundrechtsberechtigten abhängen. Selbst einem schon mit hohen gewerblichen Auflagen, Umweltpflichten, Sozial- und Steuerlasten erheblich beschwerten Unternehmer werden bei einer verspäteten Steuerzahlung Lasten auferlegt. Dies ist Folge des selbst verantworteten Freiheitsgebrauchs. Gesamtbelastungen, die sich in verschiedenen normgeprägten Lebensbereichen ergänzen, verschiedene „Normwirklichkeiten" erfassen, wehren die Grundrechte auch in einer modifizierten Grundrechtsdogmatik nicht ab, insbesondere wenn sie eine unmittelbare Folge der individuellen Freiheitsentfaltung sind.[902]

Hier ergänzt allerdings die Allgemeinheit des Gesetzes den Grundrechtsschutz. Der Gesetzgeber muss die Gesamtfolgen einer Regelung für die Freiheit erfassen und rechtlich bewerten. Die Wirkung ist nicht für besondere Fälle – wie den steuerhinterziehenden Landwirt –, sondern für den Regelfall, für grundsätzlich alle betroffenen Personen und Gegenstände, für das gesamte Regelungsgebiet in ihren dauerhaften Folgen zu messen. Die Gesetzesallgemeinheit bewährt sich hier in einer Tatbestandsbildung, die für die Besonderheit, für die Billigkeit des Einzelfalls offen ist – Verwaltungs- und Richtervorbehalt können sich als Einzelfallvorbehalte entfalten. Der Gesetzgeber gewinnt aber die Verantwortung für die Gesamtlasten und damit für die Freiheit zurück. Das Allgemeinheitspostulat fordert eine Regelbildung, welche die Rechtsfolgen im Zusammenwirken mit anderen Rechtsfolgen würdigt, in der gegenständlichen

[902] Insgesamt zu diesen Problemen des Grundrechtsschutzes *G. Kirchhof*, Grundrechte und Wirklichkeit, 2007, insbes. S. 27 ff.; *ders.*, Kumulative Belastung durch unterschiedliche staatliche Maßnahmen, NJW 2006, 732.

und instrumentellen Allgemeinheit die Gesetzeswirkungen zumindest im Elementaren aufeinander abstimmt[903] und in der finalen Allgemeinheit eine Gesamtwirkung berücksichtigt. Die Allgemeinheit verbietet, den Blick und die Verantwortung des Gesetzgebers auf eine Rechtsfolge zu verengen, erzwingt ein Stück Rationalität, das Gesamtbelastungen sichtbar macht. Wenn für die allgemeine Regelbildung die gegenwärtigen Gesamtbelastungen etwa durch gesetzliche Bürokratieforderungen oder direkte und indirekte Steuern zu ermitteln sind, wird das Parlament in die Verantwortung für diese Lasten und damit für die tatsächliche Freiheitseinschränkung genommen. Wenn der Bundestag dann im Bewusstsein über die Gesamtbelastung und ihre Ursachen, über den so abgesteckten Raum der Freiheit den kumulativen Beeinträchtigungen Grenzen zieht, steht er wieder unmittelbar in der Verantwortung für die Freiheit, werden die Grundrechte durch das Parlament geschützt.

d) Künftige gesetzliche Wirkungen

Die temporale Allgemeinheit ergänzt in vergleichbarer Weise aber in einer Voraussicht den grundrechtlichen Schutz der Freiheit. Die Grundrechte konzentrieren sich wie die sie anwendenden staatlichen Institutionen auf die Gegenwart. Die Freiheitsrechte wehren in der Regel keine zukünftigen Eingriffe ab, schützen im gerichtlichen Verfahren nur, wenn der Freiheitsberechtigte „selbst, unmittelbar und gegenwärtig in seiner grundrechtlich geschützten Rechtsposition" beeinträchtigt sein kann.[904] Die verfassungsrechtliche Kontrolle von staatlichen Maßnahmen prüft grundsätzlich den Eingriff, dessen Folgen feststehen, damit die verfassungsrechtliche Abwägung auf trittsicherem Boden gelingen kann. Von diesem Grundsatz werden in besonderen Fällen Ausnahmen gemacht, wenn etwa eine in der Zukunft liegende Folgewirkung eines Eingriffs bereits jetzt erfassbar ist und daher am Maß der Verfassung gemessen werden kann.[905] Regelmäßig muss der Menschenrechtsschutz aber die Zukunftsperspektive vernachlässigen. Diese offene Flanke schließt die temporale Allgemeinheit, wenn sie vom Gesetzgeber verlangt, die langfristigen Folgen eines Gesetzes einzuschätzen und rechtlich zu bewerten. Die Gesetzesallgemeinheit schützt die Freiheit vorbeugend, weil sie auch den zukünftigen, noch unbekannten Fall in der allgemeinen Regelbildung verbindlich erfasst.

---

[903] Vgl. BVerfGE 98, 106 (117 ff.) – Verpackungsteuer.

[904] BVerfGE 53, 30 (48) – Mülheim-Kärlich; *Löwer*, Zuständigkeiten und Verfahren des Bundesverfassungsgerichts, in: HStR III, 3. Auflage 2005, § 70 Rdn. 187 ff. m. w. H.

[905] Zu Folgewirkungen von Grundrechtseingriffen *G. Kirchhof*, Grundrechte und Wirklichkeit, 2007, S. 32.

e) Breitenwirkung und grundrechtliche Zumutbarkeitsprüfung

Die Grundrechte wehren nur in Ausnahmefällen verfassungswidrige Breitenwirkungen ab. Eine unzulässige Breitenwirkung liegt vor, wenn die Betroffenen zwar individuell in verfassungskonformer Weise, auch in der Gesamtlast zumutbar beeinträchtigt werden, die Belastung aller aber im Vergleich zum Nutzen der Maßnahme unverhältnismäßig hoch ist. Es stellt sich z. B. die Frage, ob die Mülltrennung dem Umweltschutz in einem Maß dient, welches die Gesamtbelastung aller Haushalte rechtfertigen kann, oder ob die Trennung maschinell vorzunehmen ist. Eine Ausweiskontrolle mag einen Betroffenen in so geringem Maß beschränken, dass sie zur Suche eines Straftäters gerechtfertigt ist. Soll aber die Mehrzahl der Bundesbürger kontrolliert werden, muss der wahrscheinliche Nutzen gerade die Breitenwirkung rechtfertigen können.

Die Grundrechte schützen den Menschen in seiner konkreten Betroffenheit. Nur die individuelle Person, nicht die staatliche Gemeinschaft ist grundrechtsberechtigt. Die grundrechtliche Analyse weitet allerdings im Rahmen der Prüfung der Rechtfertigung eines Eingriffs die Perspektive. Die Antwort auf die Rechtsfrage, ob eine staatliche Maßnahme dem Belasteten zuzumuten ist, erfasst alle betroffenen Interessen, bringt die Belange des Grundrechtsberechtigten mit denen der Allgemeinheit zum Ausgleich. Doch auch diese geweitete Perspektive bleibt im Blick auf den Einzelfall beschränkt, weil nur die Interessen, die diesen Fall unmittelbar betreffen, maßgeblich sind. Die grundrechtlichen Gewährleistungen richten ihre Kraft daher grundsätzlich nicht gegen Breitenwirkungen, der jeweilige Schutz ist jedenfalls auf grundrechtliche Bereiche beschränkt.[906] Anders als der Grundrechtsinterpret schaut der Gesetzgeber aber, wenn er allgemeine Gesetze erlässt, nicht auf den Einzelfall, sondern auf die allgemeine Wirkung eines Gesetzes. Er kann nicht die Folgen einer Regelung für jeden Einzelfall bemessen, jede grundrechtliche Einzelfallprüfung vorwegnehmen, muss aber die Wirkungen für die Allgemeinheit, die Breitenwirkung des Gesetzes analysieren. Die Allgemeinheitsmerkmale richten ihn gerade hierauf aus. Das Allgemeinheitspostulat bietet ein Maß für die Allgemeinwirkung, für die Gruppenbetroffenheit, schützt so die Rechtsgemeinschaft und ihre freiheitliche Struktur – es ergänzt auch hier den individuellen Schutz der Grundrechte.

f) Schutz vor übermäßiger Verrechtlichung und Individualisierung

Die Gesetzesallgemeinheit sucht insgesamt, die gestaltende, die verfassungskonkretisierende Kraft des Parlaments zu stärken und den Bürger vor einer übermäßigen Verrechtlichung zu schützen. Spezialgesetze veranlassen neue

---

[906] Siehe zum grundrechtlichen Schutz vor Breitenwirkungen *G. Kirchhof*, Grundrechte und Wirklichkeit, 2007, S. 31 f.

spezielle Regelungen und einen Spezialdiskurs, den dann Bürger, Verwaltung und Gerichte führen müssen, in welchen letztlich das Bundesverfassungsgericht korrigierend eingreift, das Gesetz beanstandet und so seine Verfassungsinterpretation an die Stelle des Gesetzgebers setzt, die – durch den speziellen Ausgangspunkt veranlasst – konkrete Verfassungsvorgaben auch an den Gesetzgeber zu richten droht. Das Allgemeinheitspostulat will demgegenüber den Gesetzgeber auf das Ganze, auf grundlegende Regelungen ausrichten, damit seine Deutung der Verfassung wieder an Einfluss gewinnt, der verfassungsrechtliche Spezialdiskurs erst gar nicht zu detailfreudigen Verfassungsvorgaben führt. Das allgemeine Gesetz präzisiert und konkretisiert dann verbindlich die Verfassung für Verwaltung und Gerichte, greift aber – anders als die Spezialregelungen – nicht in den Bereich der anderen Gewalten ein.[907] Das gesetzgeberische Verharren im Allgemeinen bahnt einen Weg aus der ‚Vergrundrechtlichung' jedes Lebensbereichs,[908] aus dem übertriebenen Denken in Einzelfällen, das durch eine zu starke Konzentration auf die Grundrechte gefördert wird.[909] Die Gesetzesallgemeinheit ergänzt den Grundrechtsschutz in ihrer Ausrichtung auf das Ganze auch als Gegenpol zum individualisierten Denken.

3. Ausgangspunkt der Rechtsanwendung und Verhältnismäßigkeitsprüfung

a) Maß der Grundrechtsprüfung

Die Grundrechtsprüfung, insbesondere die grundrechtliche Analyse der Verhältnismäßigkeit, baut auf die prägende Kraft des Gesetzes. Sie erwartet, dass das Regelungsziel durch das Gesetz definiert wird.[910] Bereits die grundrechtskonforme Auslegung des Gesetzes wird kaum gelingen, wenn nicht das Regelungsziel begriffen wird. Gibt der Gesetzgeber Regelungsziel und Regelungsmittel vor, ermöglicht er aber insbesondere die Analyse, ob in ein Freiheitsrecht verhältnismäßig eingegriffen oder ob der Gleichheitssatz in Vergleichsziel und Vergleichsgruppen verletzt wurde.[911]

Jede Grundrechtsprüfung entfaltet sich mit Blick auf ein Ziel, das in der Demokratie das Parlament zu setzen hat und auch setzen sollte, will es seine prä-

[907] Siehe hierzu bereits unter IV. (S. 298 ff.).

[908] *Hoffmann-Riem*, Grundrechtsanwendung unter Rationalitätsanspruch, Der Staat 43 (2004), 203 (230); *E.-W. Böckenförde*, Schutzbereich, Eingriff, verfassungsimmanente Schranken, Der Staat 42 (2003), 165 (insbes. 170); für diese Gefahr für die Freiheit, aber kritisch mit Blick auf Änderungen der Grundrechtsdogmatik *Kahl*, Vom weiten Schutzbereich zum engen Gewährleistungsgehalt, Der Staat 43 (2004), 167 (insbes. 185 ff.).

[909] *Jestaedt*, Grundrechtsentfaltung im Gesetz, 1999, S. 42 ff.; siehe bereits oben unter II. (S. 196 ff.).

[910] *Kriele*, Recht und praktische Vernunft, 1979, S. 77; siehe zum hier greifenden Einfluss der Realität *G. Kirchhof*, Grundrechte und Wirklichkeit, 2007.

[911] Siehe zur parallelen Gleichheitsprüfung sogleich unter VII. (S. 362 ff.).

gende verfassungskonkretisierende Kraft nicht im Bereich der Grundrechte verlieren. Das Strafrecht fragt nicht nach der Tat, die zu rächen ist, sondern nach dem Täter, den eine Schuld trifft. Nur die schuldangemessene Strafe greift in verfassungskonformer Weise in die Freiheitsrechte ein. Das Polizeirecht verpflichtet nicht den Schuldigen, eine Gefahr zu vereiteln, sondern den, der eine Gefahr abwehren oder eine Störung beseitigen kann. Die gleichheitsgerechte Auswahl richtet sich nach diesem Regelungsziel. Das Steuerrecht belastet nicht jeden, der zahlen und damit den Staatshaushalt stärken kann, sondern lässt den Staat am privaten Markterfolg teilhaben. Der Steuereingriff ist am Maßstab des Gleichheitssatzes wie des Art. 14 GG[912] mit Blick auf dieses Ziel staatlicher Teilhabe zu messen. Das gesetzliche Regelungsziel gibt der Grundrechtsprüfung das notwendige Maß und entfaltet so prägende Kraft für die gesamte Rechtsordnung. Wenn der Gesetzgeber in diesem Sinn ein Regelungsziel bewusst setzt, stärkt er seinen das Recht bestimmenden Einfluss und damit die Demokratie.

Die finale Allgemeinheit steht im Zusammenspiel mit der sprachlichen Allgemeinheit einer widersprüchlichen, aber auch einer unklaren Zielsetzung entgegen. Nach § 1 Abs. 1 und Abs. 2 des Energiewirtschaftsgesetzes[913] ist es dessen Zweck, „eine möglichst sichere, preisgünstige, verbraucherfreundliche, effiziente und umweltverträgliche leistungsgebundene Versorgung der Allgemeinheit mit Elektrizität und Gas" zu gewährleisten. Das Gesetz dient „der Sicherstellung eines wirksamen und unverfälschten Wettbewerbs bei der Versorgung mit Elektrizität und Gas und der Sicherung eines langfristig angelegten leistungsfähigen und zuverlässigen Betriebs von Energieversorgungsnetzen." Diese Zwecksetzung legt letztlich kein gesetzgeberisches Ziel fest, beschreibt vielmehr einen Idealzustand, der politisch erwünscht ist, durch das Gesetz aber kaum erreicht werden kann.[914] Will der Gesetzgeber die Energiewirtschaft allgemein regelbildend gestalten und hierbei Verwaltung und Gerichte verbindlich leiten, muss er ein Ziel vorgeben oder, wenn die Regelung verschiedenen Zielen folgt, Prioritäten setzen. Sonst bleibt die rechtliche Wertung der Ziele – wie bei der Anwendung des Energiewirtschaftsgesetzes – den anderen Gewalten vorbehalten. Sie werden im Fall – und aus der Perspektive des Einzelfalles – den Zielkonflikt entscheiden müssen, ob die Energieversorgung eher preisgünstig, sicher oder ökologisch, verbraucherfreundlich oder leistungsgebunden sein muss, ob dem unverfälschten Wettbewerb oder dem Ziel der Umweltverträglichkeit

[912] Siehe zu diesem Maß der Besteuerung *Di Fabio*, Steuern und Gerechtigkeit, JZ 2007, 749.

[913] § 1 Abs. 1 und Abs. 2 des Gesetzes über die Elektrizitäts- und Gasversorgung vom 7. Juli 2005 (BGBl. I, S. 1970), zuletzt geändert durch das Gesetz vom 26. März 2007 (BGBl. I, S. 358), im Folgenden: EnWG.

[914] Siehe zum „Spannungsverhältnis" dieser Ziele *Büdenbender*, EnWG, 2003, § 1 Rdn. 36ff.; *Salje*, Energiewirtschaftsgesetz. Kommentar, 2006, § 1 Rdn. 47ff.; jeweils m. w. H.

der Vorrang einzuräumen ist. Der Gesetzgeber leitet hier das Rechtssystem nicht, sondern benennt lediglich die maßgeblichen Belange. Die Ausrichtung auf die Gemeinschaft durch den Gesetzgeber bleibt zurück und die Einzelfallperspektive gewinnt an Raum. Eine Selbstbindung, die auch die anderen Gewalten bindet, an welcher die gewählten gesetzgeberischen Mittel gemessen werden können, wird letztlich nicht geleistet. Der Gesetzgeber bietet der Rechtsordnung nicht den erforderlichen Halt und entmachtet sich selbst, wenn er es letztlich Verwaltung und Gerichten überlässt, die Zielentscheidung zu treffen.

b) Freiheitsgerechte Orientierung am Regelfall – kein Denken vom Ausnahmefall

Jede gesetzliche Regel verallgemeinert und leitet im Vorrang und Vorbehalt des allgemeinen Gesetzes die Einzelentscheidungen von Verwaltung und Rechtsprechung. Die Funktionsfähigkeit des Rechtssystems, damit letztlich der Schutz des inneren Friedens, der Sicherheit, der Menschenrechte, hängen von der gelungenen gesetzlichen Verallgemeinerung ab. Gingen polizeirechtliche Vorschriften von einer Fehleinschätzung des allgemeinen Sicherheitsbedürfnisses aus und würde daher vorgeschrieben, dass die Beamten in der Regel keine Uniformen tragen, obgleich sie diese um der Sichtbarkeit staatlich gewährter Sicherheit Willen bräuchten, würden Sicherheit und innerer Frieden geschwächt. Gibt eine baurechtliche Bestimmung eine Giebelhöhe vor, die unter der üblichen Höhe liegt, wehrt der Bestandschutz die Durchsetzung dieser Vorschrift für die bereits errichteten Bauten ab; der Gleichheitssatz mag fordern, auch die Höhe der Neubauten nicht zu reduzieren. Eine missratene Regelbildung bringt Verwaltung und Rechtsprechung in einen Konflikt mit dem Vorrang des Gesetzes, veranlasst aber insbesondere die Menschen, das Gesetz nicht zu befolgen.

Der Gesetzgeber muss beim Erlass einer Vorschrift den Regelfall zum Ausgangspunkt nehmen, von diesem und nicht vom Ausnahmefall her denken.[915] In dieser Grundorientierung kann er bewusst – in den verfassungsrechtlichen Grenzen – eine Regelung entgegen dem Üblichen treffen, wird diese dann aber in besonderer Weise rechtfertigen, auch deren Befolgung sichern müssen. Wenn ein Gesetz Neuland betritt, ist – soweit dies möglich ist –, ein voraussichtlicher Regelfall heranzuziehen. Dieser bleibt auch hier das Maß der Gesetzgebung. Je mehr Gesetze von diesem Maß abweichen, umso schwerer wird es, ihre Anordnungen durchzusetzen. Der Gesetzgeber steht beim Erlass jeder neuen Regel nicht nur in der Verantwortung, dass diese befolgt wird, sondern muss auch die Funktionsfähigkeit der Gesamtrechtsordnung sichern. Das allgemeine Gesetz

[915] Deutlich: *Thomas von Aquin*, Summa Theologica [1265–1273], I-II, Das Gesetz, Band 13, 1977, Frage 92 und Fragen 96f. (siehe bereits oben unter B. III. 4., S. 105ff.; siehe zuvor schon *Aristoteles* oben unter B. II. 3., S. 82ff.).

sucht diesen Auftrag zu erfüllen, zielt dabei insbesondere in der Orientierung am Regelfall auf eine freiheits- und gleichheitsgerechte Regelbildung.[916] Der Gesetzgeber entscheidet auch, ob der unübliche Fall ungeregelt bleibt oder die Rechtsordnung verletzt.

Die verallgemeinernde Regel kann und soll nicht jeden Spezialfall erfassen. Sie lässt dabei Raum, um unvorhergesehenen Ereignissen und Besonderheiten des jeweiligen Lebensbereichs gerecht zu werden.[917] Hierzu dienen vor allem Generalklausen wie Treu und Glauben im Privatrecht[918] oder die Billigkeit im Steuerrecht.[919] Insbesondere der staatliche Auftrag der Aufrechterhaltung der Öffentlichen Sicherheit und Ordnung ist davon geprägt, dass die Gefahren vorher nicht bekannt sind, Überraschendes geschieht. Nur ein allgemeines Gesetz wird sich hier bewähren und auch ungeahnten Fällen gerecht werden. So kennt das Sicherheitsrecht allgemeine Befugnisnormen, nach welchen „die notwendigen Maßnahmen" getroffen werden können, „um eine im einzelnen Fall bestehende, konkrete Gefahr für die öffentliche Sicherheit" abzuwehren.[920] Das Grundgesetz sucht – insofern vergleichbar – allgemein den „inneren Notstand" zu regeln.[921] Das Recht will im allgemeinen Gesetz auch außergewöhnliche Fragen beantworten.

4. *Freiheitliche Ausrichtung des Staats*

Der Mensch steht im Mittelpunkt des Rechts. Die strikte Ausrichtung des Rechtssystems auf den Menschen ist seit *John Locke*[922] eine Errungenschaft, die der moderne Rechtsstaat nicht aufgibt.[923] Art. 1 Abs. 1 GG hebt deutlich hervor, dass der Staat der Menschenwürde, der individuellen Freiheit und der Gleichheit vor dem Gesetz verpflichtet ist. Die Gesetzesallgemeinheit sucht diese Aus-

---

[916] Siehe hierzu auch sogleich unter VII., hier insbes. unter 2. und 3. (S. 363 ff.).

[917] *Thomas von Aquin*, Summa Theologica [1265–1273], I-II, Das Gesetz, Band 13, 1977, Fragen 92 ff.; *Locke*, Zwei Abhandlungen über die Regierung [Two Treatises of Government. The Second Treatise, 1690], 1977, II, insbes. 14. Kapitel §§ 159 ff.; siehe bereits oben unter B. III. 4. (S. 105 ff.) und IV. 2. (S. 116 ff.).

[918] § 242 BGB.

[919] §§ 163, 227 AO.

[920] Siehe etwa § 8 Abs. 1 PolG NRW; siehe sogleich im Dritten Kapitel unter B. II. (S. 501 ff.).

[921] Art. 91 GG.

[922] *Locke*, Über die Regierung [Two Treatises of Government. The Second Treatise, 1690], 2003 (siehe hierzu unter B. IV. 2., S. 116 ff.); siehe zur konsequenten Ausrichtung des Denkens auf den Menschen bereits *Pico della Mirandola*, Oratio de hominis dignitate [1486], 2005, insbes. S. 5 ff.

[923] *Isensee*, Staatsaufgaben, in: HStR IV, 3. Auflage 2006, § 73; *Herzog*, Ziele, Vorbehalte und Grenzen der Staatstätigkeit, ebenda, § 72; siehe zu der unauflöslichen Verknüpfung von Freiheit und demokratischer Selbstbestimmung bereits oben unter III., insbes. unter 1. und 2. (S. 258 ff.).

richtung der Gesetzgebung zu sichern. Freiheit erlaubt individuelle Unterschiede. Das allgemeine Gesetz zeichnet die Grenzlinien, die der Gesetzgeber um dieser Verschiedenheiten willen nicht überschreiten darf. Ein Verzicht auf gesetzliche Differenzierungen achtet dabei nicht selten die Freiheit zur Verschiedenheit.[924] Jedes Individuum, aber auch die Gemeinschaft, die Demokratie schöpfen aus der individuellen Freiheit Kraft.[925] Diese Kraftquelle hatte *Wilhelm von Humboldt* deutlich gezeichnet und zu ihrem Schutz den Gesetzgeber auf das Notwendige beschränkt. „Gleichförmige Ursachen haben gleichförmige Wirkungen. Je mehr also der Staat mitwirkt, desto ähnlicher ist nicht bloß alles Wirkende, sondern auch alles Gewirkte." Doch ist das, „was der Mensch beabsichtigt und beabsichtigen muß, [...] ganz etwas andres, es ist Mannigfaltigkeit und Tätigkeit. Nur dies gibt vielseitige und kraftvolle Charaktere [...]. Wer aber für andre räsoniert, den hat man, und nicht mit Unrecht, in Verdacht, daß er die Menschheit mißkennt", dass er die Individualität vernachlässigt. Die „tiefste Achtung für die innere Würde des Menschen" verlangt diese Ausrichtung auf die Freiheit, welche „allein dieser Würde angemessen ist." Doch war *von Humboldt* bewusst, dass der Impuls für eine solche Rücknahme der Gesetzgebung von den Bürgern kommen muss[926] – allemal in der Demokratie.

Diesen Gedanken der freiheits- und gesellschaftsichernden finalen Allgemeinheit, der den Menschen in seiner Individualität und damit das Menschliche ernst nimmt, betonte später *Friedrich von Hayek*. „Hatte die Aufklärung entdeckt, daß man der menschlichen Vernunft für das konstruktive Denken in der Vergangenheit eine zu geringe Rolle zugewiesen hatte, so entdecken wir, daß die Aufgabe, die unser Zeitalter der rationalen Konstruktionen neuen Institutionen zuweist, bei weitem zu groß ist. Jene dem Zufall oder menschlicher Laune entsprungenen Gebilde, die das Zeitalter des Rationalismus und der moderne Positivismus uns als sinn- und zwecklos abzutun gelehrt haben, erweisen sich in vielen Fällen als die Grundlagen, auf denen unsere Fähigkeit zu rationalem Denken beruht." Die Vernunft „schreitet immer dadurch fort", dass sie den Menschen „ins Unbekannte und Unvorhergesehene weiterführt, wo er Neues lernt", dass der Mensch nicht festgeschriebenen Konzepten folgt, sondern ins Ungeplante aufbricht. „Während ich dieses Nachwort zu Ende schreibe" – so *von Hayek* am Ende seiner Abhandlung –, „wird mir zunehmend bewußt, daß es gar nicht ein solches, sondern eher ein Neuanfang sein sollte. Doch wage ich kaum zu hoffen, daß er es für mich sein kann."[927]

---

[924] Siehe zu dem gleichheitsrechtlichen Gebot der Differenzierung sogleich unter VII. 2. (S. 363 ff.).

[925] Deutlich *Schiller*, Die Gesetzgebung des Lykurgus und Solon [1789], in: Dann (Hg.), Universalhistorische Schriften, 1999, S. 88; siehe bereits oben unter III., insbes. unter 1., 2. und 9. (S. 258 ff. und 297 f.).

[926] *W. von Humboldt*, Ideen zu einem Versuch, die Grenzen der Wirksamkeit des Staates zu bestimmen [1791], 2006, insbes. S. 30 f., 201 ff.

[927] *Von Hayek*, Recht, Gesetz und Freiheit [1982], 2003, S. 483 f.

Die Rationalität der gesetzlichen Regelung hat ihre Grenzen. Die Allgemeinheit der Regel hält den Rechtsstaat für das Unbekannte, Unvorhergesehene, für das freiheitlich Verschiedene offen. Der Mensch sucht Sicherheit, findet den Rahmen seiner Freiheit in einer freiheitlichen Ordnung, in der Gleichheit vor dem Gesetz, in allgemeinen Regeln, die auch die staatlichen Organe binden. Mit dem verfassungsrechtlichen Freiheitsverständnis unvereinbar ist Gesetzesrecht, das die Freiheitsentfaltung von „Finanzierungs-, Definitions-, Befreiungs-, Erziehungs- und Wohlverhaltensaufträgen" abhängig macht. Das Gemeinwesen darf nicht die „Definitions- und Erziehungsmacht" im „guten Ziel", dem der „Befreiung der Menschen", an sich ziehen.[928] Der Einzelne muss grundsätzlich dem im Gesetz gefassten Mehrheitswillen folgen. Dieser Auftrag ist aber nur legitim, wenn der Mensch Herrscher seiner selbst bleibt, wenn die Staatsgewalt auf die freie Selbstbestimmung der Menschen zurückgeführt werden kann, sie den Einzelnen achtet, durch die Grundrechte beschränkt wird, wenn jedem Bürger ein Raum der Freiheitsentfaltung bleibt.[929] „Vollends unzulässig" ist – so die klaren Worten *Konrad Hesses* –, „der grundrechtlichen Freiheit bestimmte Leitbilder zu unterschieben und die Freiheit des Einzelnen auf die ‚positive' Aneignung dieser Leitbilder zu beschränken."[930]

Auch die Komplexität der Gesellschaft, der Handlungsinterdependenzen versperrt detaillierten Ordnungskonzepten den Weg. Dem Einzelnen und der Gesellschaft muss der Raum der Freiheit offenstehen, damit eine Koordination im Rahmen allgemeiner Regeln möglich wird. Die Möglichkeiten rationaler Planung sind begrenzt. Die akkumulierte Erfahrung gewachsener staatlicher und gesellschaftlicher Institutionen fordert das allgemeine Gesetz. Der Staat wird vor einer Anmaßung von Wissen bewahrt, von einer zu planungsoptimistischen und interventionistischen Politik abgehalten; er wird die Demokratie entfalten,[931] wenn er der Allgemeinheit des Gesetzes verpflichtet ist, auf die – so *Friedrich von Hayek* – „eigentliche Gesetzgebung", die „es mit langfristig gültigen Grundsätzen und nicht mit Sonderinteressen zu tun hat." Die „Gesellschaft beruht auf erlernten Regeln und nicht auf der Verfolgung als wünschenswert erkannter gemeinsamer Ziele."[932] Der Mensch trifft nicht ausschließlich

---

[928] *Starck*, Grundrechtliche und demokratische Freiheitsidee, in: HStR III, 3. Auflage 2005, § 33 Rdn. 6ff. m.w.H.

[929] Siehe bereits unter III., hier insbes. unter 1., 2. und 9. (S. 258ff. und 297f.); insbes. mit Blick auf die Lenkung durch Steuern *Wernsmann*, Verhaltenslenkung in einem rationalen Steuersystem, 2005, insbes. S. 345ff.

[930] *Hesse*, Grundzüge des Verfassungsrechts der Bundesrepublik Deutschland, 20. Auflage 1995, Rdn. 288; insgesamt *Starck*, Grundrechtliche und demokratische Freiheitsidee, in: HStR III, 3. Auflage 2005, § 33 Rdn. 4ff.; jüngst *H. Wißmann*, Generalklauseln, 2008, S. 107ff.

[931] Siehe oben unter III. (S. 258ff.).

[932] Insgesamt *von Hayek*, Recht, Gesetz und Freiheit [1982], 2003, S. 125ff., insbes. S. 434ff., Zitate auf S. 456 und S. 475; insgesamt grundlegend *Montesquieu*, oben unter IV. 3. (S. 119ff.).

rationale Entscheidungen, sondern entfaltet sich in einem Raum mit Wünschen, die auch unerfüllbar sein können, mit Hoffnungen, mit Gefühlen. Dies gilt für die wechselseitige Entscheidung für den Partner genauso wie für die Wahl des Berufs oder der Wohnung. Insgesamt ist der Entschluss für einen Lebensstil, für eine Familie, für das Leben zu zweit oder alleine, für Freundschaften, für die Intensität der beruflichen Entfaltung höchst individuell. Das allgemeine Gesetz schützt und achtet diese Individualität.

Die Gesetzesallgemeinheit steht einer sozialtechnischen gesetzlichen Ausformung des Lebens, der Überregulierung entgegen, die zuweilen auch unter der Flagge einer – allerdings falsch verstandenen – Freiheit vorgenommen wird.[933] Die Gemeinschaft baut dabei auch – so möchte man insbesondere *von Hayek* ergänzen – auf den sozialen Staat, auf eine vorsorgende öffentliche Hand. Die Gesetzesallgemeinheit sucht hier den notwendigen Ausgleich zwischen staatlicher Fürsorge und selbstbestimmter Freiheit vorzunehmen. In einer Verallgemeinerung der sozialstaatlichen Hilfen, in allgemeinen Gesetzen und damit einer klaren Grundordnung wird den Bedürftigen Hilfe zuteil, werden dabei aber weder die Finanzkraft des Staats, noch sein Rechtssystem überfordert. Das allgemeine Gesetz sucht die freiheitliche Gestaltung der Menschen, die menschliche Fürsorge zur Entfaltung zu bringen, die der Staat nicht bereitstellen kann. Das freiheitsgerechte Rechtssystem wehrt sich gegen die antike Vorstellung, nach welcher das Leben zum Wohl aller durch Gesetze präzise zu regeln und zu steuern ist,[934] der unreflektierten Forderung folgend, durch vernünftige Gesetze die Gemeinschaft vollständig zu ordnen und zu stiften. Zwar wird beklagt, dass die Normenflut[935] „auch auf den Verlust des Basiskonsenses, also grundlegender gemeinsamer unbestrittener Wertvorstellungen in der Gesellschaft zurückzuführen" sei, und dieser „Verlust an gemeinsamen Überzeugungen über Verhaltensstandards und Verhaltensmuster" durch „positives Recht ausgeglichen" werden müsse.[936] Doch kann das Gesetz die notwendige Integrationsleistung nur unterstützen, sie nicht leisten.[937] Das allgemeine Gesetz bestätigt die freiheitliche, die soziale Gemeinschaft und in ihr den Auftrag der Gesellschaft, für das Soziale, für Integration, für den notwendigen Zusammenhalt zu sorgen. Das allgemeine Gesetz kann die Gesellschaft nur bestätigen, sie nicht stiften.

---

[933] Deutlich: *Di Fabio*, Die Kultur der Freiheit, 2005, S. 71 ff. et passim.

[934] Siehe zu dieser Vorstellung der Ordnung der Polis oben unter B. II. 2. und 3. (S. 78 ff.).

[935] Siehe hierzu unter A. (S. 39 ff.).

[936] *Ossenbühl*, Gesetz und Recht – Die Rechtsquellen im demokratischen Rechtsstaat, in: HStR V, 3. Auflage 2007, § 100 Rdn. 78.

[937] Siehe zum Auftrag der Gesellschaft, das Fundament der Freiheit zu legen, *Di Fabio*, Die Kultur der Freiheit, 2005, S. 71 ff.

5. Gemeinschaftstiftende Kraft der Gesellschaft

Der Gesetzgeber weiß, dass die Gesellschaft einen identitätsstiftenden Raum der Freiheit, der Kultur, der Emotion braucht, der an einer sozialtechnischen Überregulierung erstickt, der vernachlässigt wird, wenn nur noch dem Staat und nicht mehr der Gesellschaft die Lösung von Problemen anvertraut wird. *Alexis de Tocqueville* formuliert leidenschaftlich und zugespitzt: Der Staat, der ein „Netz kleiner, verwickelter, enger und einheitlicher Regeln" spannt, zwingt zwar „selten zum Handeln," steht aber „ständig dem Handeln im Wege; er zerstört nicht, er hindert die Entstehung; er tyrannisiert nicht, er belästigt, bedrängt, entkräftet" und lähmt so die freiheitliche Kraft der Menschen.[938] *Dieter Grimm* verdeutlicht das freiheitliche Staatsverständnis im historischen Kontext: Seit dem revolutionären Umbruch im 18. Jahrhundert bezieht der Staat „seine Existenzberechtigung nicht mehr aus der Durchsetzung eines ihm bekannten und anvertrauten materialen Gemeinwohls, dem sich alle Untertanen zu fügen hatten und dem gegenüber niemand Freiheit beanspruchen konnte. Vielmehr wurde die Freiheit nun selbst Gemeinwohlbedingung."[939]

Das Gesetz ist nicht ein Instrument, mit welchem der Staat ein vorher präzise gezeichnetes Ergebnis, einen genau bestimmten Zustand in der Gesellschaft erreichen kann und soll. Der Gesetzgeber darf und kann nicht zum Schutze der Umwelt dafür sorgen, dass keiner mehr die zwei Kilometer zum Kauf der Sonntagsbrötchen mit dem Kraftfahrzeug fährt. Auch die notwendige Integration bestimmter Gruppen in die Gesellschaft kann nicht rechtsverbindlich vorgeschrieben werden. Wohlfahrtsstaatliche Staatsaufgaben sind – so *Dieter Grimm* – durch ein Gesetz weit weniger steuerbar als ordnungsrechtliche, weil sie auf eine prospektive, nicht retrospektive Sicht, auf zahlreiche Betroffene zielen und von verschiedenen Faktoren abhängen, die der Staat nicht oder kaum beeinflus-

---

938 Engagiert und pointiert führt *de Tocqueville* insgesamt aus: Die „Art der Unterdrückung, die den demokratischen Völkern droht, wird mit nichts, was ihr in der Welt vorausging, zu vergleichen sein." Der Souverän breitet „seine Arme über die Gesellschaft als Ganzes; er bedeckt ihre Oberfläche mit einem Netz kleiner, verwickelter, enger und einheitlicher Regeln, das nicht einmal die originellsten Geister und die stärksten Seelen zu durchdringen vermögen, wollen sie die Menge hinter sich lassen; er bricht den Willen nicht, sondern er schwächt, beugt und leitet ihn; er zwingt selten zum Handeln, steht vielmehr ständig dem Handeln im Wege; er zerstört nicht, er hindert die Entstehung; er tyrannisiert nicht, er belästigt, bedrängt, entkräftet, schwächt, verdummt und bringt jede Nation schließlich dahin, daß sie nur noch eine Herde furchtsamer und geschäftiger Tiere ist, deren Hirte die Regierung." Er schließt sein Werk mit dem Befund, dass „für demokratische Nationen der bloße Wille genügt, und sie werden in Ehren gedeihen. [... Von den Nationen] aber hängt es nun ab, ob die Gleichheit sie zur Knechtschaft oder zur Freiheit führt, zu Bildung oder Barbarei, zu Wohlstand oder Elend" (*ders.*, Über die Demokratie in Amerika [De la démocratie en Amérique, 1835–1840], 1985, S. 343 f., 364).

939 *Grimm*, Ursprung und Wandel der Verfassung, in: HStR I, 3. Auflage 2003, § 1 Rdn. 11 ff., insbes. 16 (Zitat) und 22; siehe bereits oben unter III. (S. 258 ff.).

sen kann.[940] Es ist der Auftrag der Politik, zur Lösung dieser Probleme aufzurufen – und in allgemeinen Gesetzen hierzu beizutragen. Hier laufen Aufklärungskampagnen Hand in Hand mit allgemeinen Umweltgesetzen und Subventionierungen von Integrationsprogrammen, welche die Kraft der Gesellschaft stärken und nicht an ihre Stelle die gesetzgeberischen Anordnungen setzen. Jedes staatliche Instrument hat seinen spezifischen Auftrag, muss sich seiner Grenzen bewusst sein. Die medizinische Forschung mag aus zahlreichen Gründen nahelegen, mehrmals in der Woche ausgiebig Sport zu treiben und jedenfalls ein Mal in der Woche Fleisch zu essen. Doch würden entsprechende Anordnungen durch den Gesetzgeber die Freiheit verletzen, die Idee des allgemeinen Gesetzes verraten, mag man auch noch so viel Sympathie für das Ziel hegen, die Gesundheit zu fördern. Nicht jedes Ziel kann und darf mit einem Gesetz verfolgt werden.

Ein zunehmender Einfluss der Gesetze verkleinert den Raum der Gesellschaft, lähmt ihre problemlösende und identitätsstiftende Kraft.[941] Eine Überregulierung steht wissenschaftlichen Zugängen entgegen, die nicht durch ein Gesetz vorgegeben oder verfolgt werden können, versperrt sich anderen Rationalitäten, nimmt die Interdisziplinarität nicht in ihrer Kernaussage über die Grenzen einer Wissenschaftsdisziplin auf. Auch deshalb sollte die Rechtswissenschaft versuchen, die Grenzen der Gesetzgebung im Erfordernis der Allgemeinheit zu verdeutlichen. Die Allgemeinheit des Gesetzes nimmt in diesem Sinn den Gesetzgebungsauftrag freiheitsgerecht zurück. Sie stärkt die gemeinschaftstiftende Kraft der Gesellschaft, ihre zentralen Werte,[942] und stabilisiert in der rechtlichen Grundordnung und der Gewährleistung individueller Freiheit die Lebensgrundlagen der Gemeinschaft. Hier wird ein zentraler Gedanke der grundrechtlichen Freiheit deutlich. Das Grundgesetz gewährt schon seinem Wortlaut nach die Grundrechte nicht gleichsam als Geschenk aus der Hand des Souveräns, sondern stellt diese existierenden Rechte fest. Die Menschenwürde

---

[940] *Grimm*, Ursprung und Wandel der Verfassung, in: HStR I, 3. Auflage 2003, § 1 Rdn. 70; *Ladeur*, Der Staat gegen die Gesellschaft, 2006, insbes. S. 388 ff., fordert eine „Reformulierung der Funktion des Gesetzes“ (388) und bemerkt (394): „Der Staat überschätzt seine Leistungsfähigkeit, wenn er versucht, die Gesellschaft zu steuern, oder wenn er es zuläßt, daß immer stärker eine zirkulär auf den Staat fixierte, von der ‚Privatrechtsgesellschaft‘ abgewandte ‚Zivilgesellschaft‘ die wechselseitige Anerkennung von individuellen und Gruppenidentitäten und ihren jeweiligen unmittelbaren Interessen an die Stelle der Suche nach dem Erhalt von transsubjektiven Institutionen zu setzen versucht.“

[941] *F. Reimer*, Das Parlamentsgesetz als Steuerungsmittel und Kontrollmaßstab, in: Hoffmann-Riem/Schmidt-Aßmann/Voßkuhle (Hg.), GVwR I, 2006, § 9 Rdn. 100 m. w. H.; zu den „endogenen Potentialen der Gesellschaft“ *Voßkuhle*, Gesetzgeberische Regelungsstrategien der Verantwortungsteilung zwischen öffentlichem und privatem Sektor, in: Schuppert (Hg.), Jenseits von Privatisierung und „schlankem“ Staat, 1999, S. 47 (50); siehe zudem *Trute*, Verantwortungsteilung als Schlüsselbegriff eines sich verändernden Verhältnisses von öffentlichem und privatem Sektor, ebenda, S. 13 (20 ff.).

[942] Vgl. hierzu *Volkmann*, Freiheit und Gemeinschaft, in: HGR II, 2006, § 32 Rdn. 44.

„ist" unantastbar, die Religionsfreiheit und die Freiheit der Wohnung „sind" unverletzlich, die Grundrechtsträger „haben" das Recht auf Meinungsfreiheit, auf Versammlungsfreiheit, auf Berufsfreiheit, die Familie „steht" unter dem besonderen Schutz des Staats und alle Menschen „sind" vor dem Gesetz gleich.[943] Das Grundgesetz geht von einem bestehenden, einem „vorstaatlichen" Raum der Freiheit aus.[944] Diesen sucht das allgemeine Gesetz zu wahren. Es ergänzt dabei in vielfältiger Weise den individuellen Schutz der Grundrechte, bildet ein zweites Element des Menschenrechtsschutzes.

VII. Garant der Gleichheit vor dem Gesetz

1. Geltungsbedingung der Rechtsordnung

Die Garantie der Gleichheit vor dem Gesetz ist Bedingung für die Legitimität eines Rechtssystems.[945] Art. 3 Abs. 1 GG sichert ein individuelles Recht und eine Geltungsvoraussetzung der Rechtsordnung. Der Gleichheitssatz bezieht sich dabei unmittelbar auf das Gesetz. Jedes Gesetz muss so gestaltet werden, dass vor ihm die Menschen gleich sein können. Vor einer Regelung eines Einzelfalls ist dies von vornherein nicht möglich, weil diese nur für einen oder äußerst wenige Sachverhalte gilt und damit nahezu alle Mitglieder der Rechtsgemeinschaft von ihrem Anwendungsbereich ausschließt. Der Gleichheitssatz verlangt – dies hat schon *Kant* betont – von jedem Gesetz eine Verallgemeinerung.[946]

---

[943] Art. 1 Abs. 1, Art. 3 Abs. 1, Art. 4 Abs. 1 und Abs. 2, Art. 5 Abs. 1, Art. 6 Abs. 1, Art. 8 Abs. 1, Art. 12 Abs. 1, Art. 13 Abs. 1 GG.

[944] Siehe zum überpositiven Ausgriff, zu der Vorstaatlichkeit der Grundrechte insgesamt *H. Dreier*, in: ders. (Hg.), Grundgesetz. Kommentar, Band 1, 2. Auflage 2004, Vorb. Art. 1 Rdn. 66 ff.; weitere Beispiele nennt *H. Schneider*, Gesetzgebung, 3. Auflage 2002, Rdn. 16; *Isensee*, Menschenwürde: Die säkulare Gesellschaft auf der Suche nach dem Absoluten, AöR 131 (2006), 173.

[945] *Starck*, Grundrechtliche und demokratische Freiheitsidee, in: HStR III, 3. Auflage 2005, § 33 Rdn. 1 ff.; *M. Kloepfer*, Gesetzgebung im Rechtsstaat, VVDStRL 40 (1982), 63 (67); siehe zur notwendigen Verbindung von Gleichheit und Gerechtigkeit bereits *Aristoteles*, Politik [Politica, zw. 329 u. 326 v. Chr.], 1989, 1280b, 1282b20 ff., 1292a35 f. Die Menschenrechtsgarantien vom Ende des 18. Jahrhunderts, die den Epochenwechel zum Grundrechtsdenken markieren, sind ohne den Gleichheitssatz nicht denkbar. So beginnen die Virginia Bill of Rights vom 12. Juni 1776 und die Déclaration des Droits de L'Homme et du Citoyen vom 26. August 1789 beide in ihrem Artikel 1 mit der Gleichheitsgarantie, die sie in einem Atemzug mit der Gewährleistung der Freiheit nennen (zu den Texten und den weiteren Grundrechtsdokumenten dieser Zeit: Gosewinkel/Masing [Hg.], Die Verfassungen in Europa 1789–1949, 2006, S. 134 f., 146 ff., 165 ff., 193 ff.); siehe auch bereits oben unter VI. 1. (S. 343 ff.).

[946] Siehe zu dem Befund, dass Gleichheit nur vor dem allgemeinen Gesetz möglich ist: *Kant*, Über den Gemeinspruch: Das mag in der Theorie richtig sein, taugt aber nicht für die Praxis. Zum ewigen Frieden. Ein philosophischer Entwurf [1793, 1795], 1992, 289 ff., 349 ff.; *C. Schmitt*, Verfassungslehre [1928], 4. Auflage 1965, S. 138 ff.; *von Hayek*, Der Weg zur Knechtschaft [1945], 2003, S. 109 ff.; *Starck*, Vorwort, in: ders. (Hg.), Die Allgemeinheit des

Dieses Maß der verallgemeinernden Regelbildung und seine Umsetzung werden so zur Voraussetzung einer legitimen Rechtsordnung. Der Gleichheitssatz und das Allgemeinheitspostulat gehen im jeweiligen Vergleichen und Verallgemeinern eine unauflösliche Verbindung ein.[947] Ihre Gewährleistungen sind gleichwohl zu unterscheiden. Die Gleichheit vor dem Gesetz verbietet eine unvertretbare Verengung der gesetzlichen Regelung, das Allgemeinheitspostulat hingegen fordert die Weite verallgemeinernder Regelbildung.[948] Das allgemeine Gesetz und der Gleichheitssatz stehen aber darüber hinaus in einer Verbindung, weil die Gesetzesallgemeinheit wie bei den Freiheitsrechten[949] auch im Rahmen des Art. 3 Abs. 1 GG den individuellen Grundrechtsschutz prägt und ergänzt.

2. *Gleichheitsgerechte allgemeine Gesetzgebung*

a) *Differenzierungsauftrag*

Der allgemeine Gleichheitssatz fordert, „Gleiches gleich und Ungleiches seiner Eigenart entsprechend verschieden zu behandeln".[950] Die Gleichheit vor dem Gesetz bezieht sich dabei von vornherein auf den Geltungsbereich des jeweiligen Gesetzes.[951] Gesetzliche Regeln werden und müssen differenzieren, wenn sie nicht alle Menschen, sondern nur einen Teil der Rechtsgemeinschaft erfassen. Diese Differenzierung muss gleichheitsgerecht sein. Gleichheit vor dem Gesetz ist aber ohne ein Mindestmaß an gesetzlicher Verallgemeinerung nicht erreichbar.[952] Die Differenzierung einer gesetzlichen Regelung muss daher Allgemeinheitsforderungen folgen. Diese im allgemeinen Gesetz angelegte Bedingung gesetzlicher Gleichheit ist bisher kaum beachtet worden, hat aber nicht unerhebliche Konsequenzen.

Der Gesetzgeber trifft wie der Rechtsanwender auf eine Wirklichkeit, in welcher alle Menschen verschieden sind. Sie sind alt oder jung, krank oder gesund,

---

Gesetzes, 1987, S. 5 (5); *Tipke*, Mehr oder weniger Entscheidungsspielraum für den Steuergesetzgeber?, JZ 2009, 533 (535): „Die Verallgemeinerung" dient „formal" und „material" dem Gleichheitssatz. Jedes Gesetz muss „den Test der Verallgemeinerungsfähigkeit" bestehen, „so dass man von Allgemeingültigkeit sprechen kann."

[947] Siehe hierzu bereits *Aristoteles*, Politik [Politica, zw. 329 u. 326 v. Chr.], 1989, 1280b, 1282b20ff., 1292a35f.; siehe bereits oben unter B. II. 3. (S. 82ff.).

[948] Siehe bereits oben unter II. 1. i). (S. 232ff.).

[949] Siehe unter VI. (S. 343ff.).

[950] BVerfGE 103, 242 (258) – Pflegeversicherung; 115, 51 (61) – Vollstreckbarkeit und Auslegung; jeweils m. w. H.; jüngst *Kube*, Rechtliche Gleichheit und tatsächliche Verschiedenheit, in: Mellinghoff/Palm (Hg.), Gleichheit im Verfassungsstaat, 2008, S. 23ff.

[951] *Sachs*, Fragen der Gleichheitsgrundrechte im Recht der Wirtschaft, in: Gedächtnisschrift für Peter J. Tettinger, 2007, S. 137 (139f.), betont, dass der Gleichheitssatz zudem den Vollzug sowie die ermessensleitenden Verwaltungsvorschriften und die Verwaltungspraxis bindet.

[952] Siehe bereits oben unter 1. (S. 362f.) und im Folgenden.

a. Kirchhof, DVBl 11, 1068 (1073)

unterscheiden sich in der individuellen Entfaltung der Freiheit. Die Menschen finden in ihrer Unterschiedlichkeit und dem Willen, ihr Leben nach ihren individuellen Vorstellungen zu gestalten, verschiedene Rahmenbedingungen vor. Sie werden in eine wohlhabende oder arme Familie geboren, erhalten eine gute oder schlechte Ausbildung.[953] Würde das Gesetz diese Menschen gleich behandeln, etwa dem Reichen oder dem Gesunden die gleiche Unterstützung gewähren wie dem Armen oder Kranken, oder dem Ausgebildeten die gleiche berufliche Verantwortung übertragen wie dem nicht Ausgebildeten,[954] wäre die Allgemeinheit des Gesetzes missverstanden und die Gleichheit vor dem Gesetz verletzt. Allgemeine Gesetze müssen daher differenzieren. Es ist ein Regelungsziel zu bestimmen, aus welchem Vergleichsgruppen folgen. Die Rechtsanwender folgen diesen Unterscheidungen, setzen sie gleichheitsgerecht in die Wirklichkeit um, müssen dabei aber erneut differenzieren. Sie stellen im Rahmen des Gesetzes etwa fest, wie sich die Qualifikationen von Bewerbern um eine Beamtenstelle unterscheiden oder ob jemand auf Grund einer Krankheit berufsunfähig ist. Die Gleichheit vor dem Gesetz leitet diesen Differenzierungsauftrag des Gesetzgebers und Gesetzesanwenders.

b) Gesetzliche Differenzierungsverbote und Unterscheidungsgebote

Die Gesetzesallgemeinheit bietet einen Maßstab für die Entscheidung, wieweit der Gesetzgeber zu verallgemeinern und wann er – grundsätzlich zur Unterscheidung veranlasst – Differenzierungen zu unterlassen hat.[955]

Die Gleichheit vor dem Gesetz fordert nicht, grundsätzlich für alle Menschen die gleichen Rechtsfolgen anzuordnen. Alle Menschen sind verschieden. Sie sind frei, entfalten diese Freiheit unterschiedlich. Ein kategorisches Unterscheidungsverbot kennt das Recht nur in elementaren Statusgewährleistungen, wie der Würde des Menschen, seinem Anspruch auf Freiheit, seiner Teilhabe am Rechtsleben und Geschäftsverkehr, seiner sozialstaatlichen Dazugehörigkeit, den Wahlrechten des Staatsbürgers.[956] Wenn der Staat jedem Menschen die Min-

---

[953] Zu diesem Ausgangspunkt der Gleichheitsprüfung *Kube*, Rechtliche Gleichheit und tatsächliche Verschiedenheit, in: Mellinghoff/Palm (Hg.), Gleichheit im Verfassungsstaat, 2008, S. 23 ff.; *P. Kirchhof*, Der allgemeine Gleichheitssatz, in: HStR V, 1. Auflage 1992, § 124 Rdn. 1.

[954] BVerfGE 7, 377 (397 f.) – Apothekenurteil; 104, 337 (350 f.) – Schächten; 105, 252 (265 f.) – Glykol; *R. Breuer*, Freiheit des Berufs, in: HStR VI, 1. Auflage 1989, § 147 Rdn. 35 f. m. w. H. Das Gesetz typisiert im Rahmen des Vorgefundenen Berufe. Es zeichnet ein „Berufsbild", in dem es ausspricht, „was sich aus einem ohnehin klar zusammenhängenden, von anderen Tätigkeiten deutlich abgegrenzten ‚vorgegebenen' Sachverhalt von selbst ergibt" (BVerfGE 13, 97 [106, 117] – Handwerksordnung).

[955] Siehe zu der Abgrenzung zwischen Schematisierung durch Bildung abstrakt-genereller Tatbestände und Typisierung durch bewusstes Absehen von Merkmalen *Huster*, Rechte und Ziele, 1993, insbes. S. 257.

[956] Art. 1 Abs. 1, Art. 2 Abs. 1 GG; Art. 38 GG; *Hesse*, Der Gleichheitsgrundsatz im Staats-

destvoraussetzungen für ein menschenwürdiges Dasein sichert, unterscheidet er nicht zwischen Menschen.[957] Gewährleistet er hingegen im Rentenrecht die Existenzgrundlage im Alter, differenziert er nach den von den Berechtigten erbrachten Beiträgen und ihrer Zugehörigkeit zu einem Rentensystem.[958] Das Recht des Eigentümers, sein Grundstück zu bebauen, unterscheidet sich, wenn sein Grundstück erschlossen oder noch nicht erschlossen ist,[959] oder wenn eine zukünftige Infrastrukturplanung zu sichern ist.[960]

Das Gesetz muss differenzieren, hat dabei aber das richtige Maß der Verallgemeinerung zu finden. Die Verallgemeinerung ist z.B. zu eng und verletzt den Gleichheitssatz wie das Allgemeinheitsgebot, wenn das rechtliche Gehör vor Gericht auf deutschsprachige Personen beschränkt wird.[961] Sie geräte zu weit, wenn eine Führerscheinpflicht für Fußgänger eingeführt würde. Aus der Gleichheit vor dem Gesetz folgen Unterscheidungsgebote, Differenzierungsverbote und Unterscheidungsermächtigungen.[962]

c) *„Bereichsspezifische" Regelbildung*

Der Gleichheitssatz erlaubt Differenzierungen insbesondere bei den allgemein gestaltbaren Lebensverhältnissen.[963] Art. 3 Abs. 1 GG wirkt umso strikter, je mehr der Einzelne als Person betroffen ist. Die Ungleichbehandlung von Personengruppen unterliegt insgesamt strengeren Bindungen als die Ungleichbe-

---

recht, AöR 77 (1951/52), 167 (218); *Starck*, in: von Mangoldt/Klein/ders., Kommentar zum Grundgesetz, Band 1, 5. Auflage 2005, Art. 3 Abs. 1 Rdn. 9.

[957] BVerfGE 82, 60 (80) – Steuerfreies Existenzminimum.

[958] Vgl. BVerfGE 97, 103 (115 f.) – Kindererziehungszeiten; 112, 368 (401 f.) – Rentenüberleitung VI.

[959] Zum Zielkonflikt bei der Energieversorgung vgl. *Schmidt-Preuß*, Energieversorgung, in: HStR IV, 3. Auflage 2006, § 93 Rdn. 13 f.; zu Post und Telekommunikation vgl. *Masing*, Post und Telekommunikation, ebenda, § 90 Rdn. 28 f., 30 f., 46; zum Umweltschutz vgl. *Salzwedel*, Schutz natürlicher Lebensgrundlagen, ebenda, § 97, Rdn. 71 f.

[960] Siehe hierzu *Hoppe*, Planung, in: HStR IV, 3. Auflage 2006, § 77 Rdn. 21 f.; *Uerpmann-Wiettzack*, Verkehr, ebenda, § 89; *Di Fabio*, Die Struktur von Planungsnormen, in: Festschrift für Werner Hoppe, 2000, S. 75.

[961] *Starck*, in: von Mangoldt/Klein/ders., Kommentar zum Grundgesetz, Band 1, 5. Auflage 2005, Art. 3 Abs. 1 Rdn. 362 f.; *Heun*, in: Dreier, H. (Hg.), Grundgesetz. Kommentar, Band 1, 2. Auflage 2004, Art. 3 Rdn. 115.

[962] Art. 3 Abs. 3 und Abs. 2 Satz 2 GG regeln ausdrückliche Unterscheidungsverbote; siehe für die Ungleichbehandlung von Personen in ihrer grundrechtlich geschützten Freiheit zudem BVerfGE 103, 242 (258) – Pflegeversicherung; 116, 135 (161) – Schwellenwerte, Vergaberecht; siehe für Unterscheidungsgebote z.B. die Differenzierung zwischen Steuerpflichten mit Blick auf die Unterhaltspflicht (BVerfGE 99, 216 [232 ff.] – Kinderexistenzminimum I; 112, 268 [281] – Erwerbsbedingte Kinderbetreuungskosten); ein Unterscheidungsgebot stellt insbes. der Gleichheitssatz selbst auf, wenn Ungleiches nicht gleich behandelt werden darf.

[963] BVerfGE 96, 1 (5 f.) – Arbeitnehmerfreibetrag; 99, 88 (94) – Verlustabzug bei sonstigen Einkünften; 101, 297 (309) – Arbeitszimmer; 102, 68 (87) – Krankenversicherung der Rentner; *Kube*, Rechtliche Gleichheit und tatsächliche Verschiedenheit, in: Mellinghoff/Palm (Hg.), Gleichheit im Verfassungsstaat, 2008, S. 23 ff.

handlung von allgemein demokratisch gestaltbaren Sachverhalten. Die Gleichheitsbindungen verdichten sich, wenn Statusfragen beantwortet werden.[964]

Hiernach hat der Gesetzgeber etwa im Bereich von Markt- und Wirtschaftsgeschehen oder von Umweltschutz und Infrastruktur einen weiteren Gestaltungsraum als bei Regeln für Ehe und Familie oder für Religion und Glaubensgemeinschaften. Die Übergänge können allerdings fließend sein. Wenn das Arbeitsrecht die Arbeitszeiten regelt, betrifft dies auch die Gestaltung des Familienlebens. Das öffentliche Recht der Sicherheit und Ordnung bezieht sich auf das äußere Zusammenleben der Menschen, schützt dabei aber auch die höchstpersönlichen Rechtsgüter von Leib und Leben, Privatheit und Intimsphäre – und dies auch im privaten Bereich der Wohnung und Familie. Diesen Übergängen sucht das Bundesverfassungsgericht im Maßstab der Gleichheit gerecht zu werden. Dieser verschiebt sich je nach Lebensbereich und Betroffenheit vom Willkürverbot[965] zu einem Gebot verhältnismäßiger Gleichbehandlung,[966] von einer bloßen Vertretbarkeitsprüfung zum Erfordernis eines sachbereichsbezogenen vernünftigen Differenzierungsgrunds,[967] nach welchem der Gesetzgeber ermitteln muss, ob und inwieweit Ähnlichkeiten oder Unterschiede rechtserheblich sind[968] und eine Ungleichbehandlung durch das Regelungsziel gerechtfertigt werden kann.[969] Der einschlägige Maßstab richtet sich nach dem zu regelnden Bereich, danach, ob Statusfragen, ob Menschen oder Sachen, ob die Intimsphäre oder allgemeine Lebensgestaltungen betroffen sind,[970] aber auch nach den Eigenarten des zu regelnden Rechtsbereichs, ob z.B. das an der Leistungsfähigkeit orientierte Steuerrecht oder das den Arbeitnehmer wie die Wirtschaft schützende Arbeitsrecht geändert werden soll. Das Regelungsziel bestimmt so den grundrechtlichen Maßstab, aber auch das Regelungsinstrument. So kann etwa die Leistungsfähigkeit im Steuerrecht durch Freibeträge oder eine Steuerprogression abgebildet werden, die entsprechende Ausgestaltung muss aber gleichheitsgerecht sein.[971]

---

[964] BVerfGE 101, 54 (101) – Schuldrechtanpassungsgesetz; 102, 68 (87) – Krankenversicherung der Rentner; 111, 160 (169f.) – Kindergeld an Ausländer; 116, 135 (160) – Schwellenwerte, Vergaberecht; insgesamt *Epping*, Grundrechte, 3. Auflage 2007, Rdn. 705ff.; *Kube*, Rechtliche Gleichheit und tatsächliche Verschiedenheit, in: Mellinghoff/Palm (Hg.), Gleichheit im Verfassungsstaat, 2008, S. 23ff.

[965] BVerfGE 102, 254 (299) – EALG; 116, 135 (161) – Schwellenwerte, Vergaberecht.

[966] BVerfGE 75, 108 (157) – Künstlersozialversicherung; 93, 319 (348f.) – Wasserpfennig; 113, 167 (215) – Risikostrukturausgleich.

[967] Vgl. zu dieser „neuen Formel" BVerfGE 75, 108 (157) – Künstlersozialversicherung; 76, 256 (329) – Beamtenversorgung; 82, 159 (180) – Absatzfonds.

[968] BVerfGE 101, 275 (290f.) – Fahnenflucht.

[969] BVerfGE 99, 165 (178) – Elternunabhängige Ausbildungsförderung; 102, 68 (87) – Krankenversicherung der Rentner.

[970] Siehe insgesamt auch oben unter a) und b) m.w.H. (S. 363ff.).

[971] Siehe insgesamt *P. Kirchhof*, Der allgemeine Gleichheitssatz, in: HStR V, 1. Auflage 1992, § 124 Rdn. 1ff. m.w.H.

d) Sich ergänzende Elemente des Menschenrechtsschutzes

Der individuelle Gleichheitssatz bestimmt einerseits die gesetzliche Regelbildung insbesondere in der strikten Forderung der Statusgleichheit und der Differenzierungsverbote. Sein Maßstab hängt andererseits aber auch von der gesetzlichen Ausgestaltung ab. „Sachliche Gründe" zur Rechtfertigung einer Differenzierung ergeben sich aus den Unterschieden der Fälle, aber auch aus den gesetzlichen Zielen.[972] Bei der Regelbildung wird die Rechtsprüfung durch die Allgemeinheitsvorgaben des Art. 3 Abs. 1 GG und des Art. 19 Abs. 1 Satz 1 GG geleitet.[973] Entfaltet der Gleichheitssatz sich lediglich im ‚Willkürmaßstab', muss der Gesetzgeber gleichwohl den verbindlichen Allgemeinheitsforderungen – hier insbesondere der gegenständlichen und der finalen Allgemeinheit – folgen. Der Schutz ist daher nicht auf die Suche nach einem Sachgrund, auf den Vergleich individueller Betroffenheit begrenzt und damit stark reduziert, sondern entfaltet sich freiheits- und gleichheitsgerecht im Allgemeinheitspostulat. Verschärft sich der Gleichheitsmaßstab in der Verhältnismäßigkeitsprüfung, müssen die Regelung und das Regelungsziel einer angemessenen, dem zu regelnden Rechtsbereich entsprechenden Differenzierung folgen. Der Gesetzgeber gibt – wie bei der Verhältnismäßigkeitsprüfung der Freiheitsrechte[974] – dieses Ziel vor und prägt so die verfassungsrechtliche Konkretisierung der Grundrechte. Die Allgemeinheitsforderungen formen diese Regelungsentscheidung als Grundlage auch des Gleichheitssatzes. Sie fordern, diese Entscheidung in personaler, gegenständlicher und territorialer Allgemeinheit zu treffen sowie verständlich, klar und konsistent auszugestalten. Die gesetzgeberische Gestaltung, von welcher die Gleichheitsprüfung abhängt, wird so von vornherein gleichheitskonform geleitet: Eine Vorschrift der Verkehrssicherheit macht grundsätzlich keine Ausnahme, sondern bildet eine verallgemeinernde Regel. Eine Vorschrift der Berufsqualifikation definiert allgemein die Eignung, ist für individuelle Unterschiede offen. Das allgemeine Gesetz muss gleichheitsgerecht „bereichsspezifisch"[975] unterscheiden, dabei aber eine allgemeine Regel setzen.

Der Gleichheitssatz und das Allgemeinheitspostulat zeichnen so insgesamt sich bedingende und ergänzende Vorgaben für die gesetzliche Regelbildung. Das Postulat der Allgemeinheit bleibt dabei aber im Abstrakten, der Gleichheitssatz hingegen wirkt – trotz seiner abstrakten Forderungen an das Gesetz[976]

---

[972] *Huster*, Rechte und Ziele, 1993; *Rüfner*, in: Dolzer/Vogel/Graßhof (Hg.), Bonner Kommentar zum Grundgesetz, Art. 3 Abs. 1 (1992) Rdn. 92ff.; *Sachs*, Fragen der Gleichheitsgrundrechte im Recht der Wirtschaft, in: Gedächtnisschrift für Peter J. Tettinger, 2007, S. 137 (142f.).

[973] Siehe hierzu oben unter II. 1. i) (S. 232ff.).

[974] Siehe unter VI. 3. (S. 353ff.). ; siehe hierzu *Sachs*, Fragen der Gleichheitsgrundrechte im Recht der Wirtschaft, in: Gedächtnisschrift für Peter J. Tettinger, 2007, S. 137 (148ff.).

[975] BVerfGE 93, 121 (135) – Vermögensteuer; 112, 268 (297) – Erwerbsbedingte Kinderbetreuungskosten.

[976] Siehe hierzu unter II. 1. i) (S. 232ff.).

– wie die Grundrechte insgesamt primär im konkreten Lebensbereich der geschützten Person.[977] Das Bundesverfassungsgericht hat gleichwohl manche Vorgaben der Gesetzesallgemeinheit im Blickwinkel des Gleichheitssatzes ausdrücklich betont: „Jede gesetzliche Regelung muß verallgemeinern. Der Gesetzgeber darf sich grundsätzlich am Regelfall orientieren und ist nicht gehalten, allen Besonderheiten jeweils durch Sonderregelungen Rechnung zu tragen." Diese gesetzliche Verallgemeinerung muss aber auf eine möglichst weite, alle betroffenen Gruppen und Regelungsgegenstände einschließende Beobachtung aufbauen.[978] Der Gesetzgeber wird so angehalten, den typischen Fall als Leitbild zu wählen und aus diesem realitätsgerecht eine verallgemeinerungsfähige Regel zu bilden.[979] Mit der gesetzlichen Verallgemeinerung verbundene Härten sind möglichst zu vermeiden.[980] Die Regelbildung muss auch die Praktikabilität und Einfachheit des Verwaltungsvollzugs sichern.[981] Hier werden Kernforderungen der instrumentellen Allgemeinheit betont. Der Gesetzgeber ist insgesamt bei der Auswahl des Regelungsgegenstands, der Bestimmung des Regelungsziels und bei der Gestaltung des Regelungsinstruments nicht „frei",[982] sondern in einem weiten Gestaltungsraum[983] durch den Gleichheitssatz und das Allgemeinheitspostulat rechtlich gebunden. Der Gesetzgeber muss eine bereichsspezifische Regel bilden, die sich im zu normierenden Bereich am Regelfall orientiert. Nach beiden Maßstäben ist er dabei für die wirksame Rechtsverfolgung durch sachgerechte Regelbildung verantwortlich.[984]

3. *Gleichheit im Regelungsbereich*

a) *Bezugspunkt der Allgemeinheit und Gleichheit*

Der Bundesstaat ordnet die Gesetzgebungskompetenzen nach Hoheitsgebieten.[985] Die Europäische Union, das Völkerrecht, aber auch die Satzungshoheit ergänzen diese Ordnung der Regelungsbereiche um weitere territoriale Bezugs-

---

[977] Siehe zu abstrakten Vorgaben der Freiheitsrechte unter II. 1. c) (S. 232 ff.).

[978] Insgesamt BVerfGE 101, 297 (309) – Arbeitszimmer.

[979] Vgl. BVerfGE 112, 268 (280 f.) – Erwerbsbedingte Kinderbetreuungskosten; siehe hierzu auch bereits oben unter V. (S. 315 ff.).

[980] BVerfGE 111, 176 (184) – Erziehungsgeld an Ausländer.

[981] BVerfGE 101, 297 (310) – Arbeitszimmer.

[982] So der Sprachgebrauch des Bundesverfassungsgerichts, vgl. BVerfGE 102, 254 (302) – EALG.

[983] BVerfGE 111, 160 (169) – Kindergeld an Ausländer; 111, 176 (184) – Erziehungsgeld an Ausländer.

[984] Für den Gleichheitssatz BVerfGE 84, 239 (269 ff.) – Zinsbesteuerung; siehe für das Allgemeinheitspostulat des Art. 19 Abs. 1 Satz 1 GG insgesamt oben unter II. (S. 196 ff.).

[985] Vgl. hierzu *Jestaedt*, Bundesstaat als Verfassungsprinzip, in: HStR II, 3. Auflage 2004, § 29 insbes. Rdn. 64 ff.

punkte.[986] Jeder Rechtssatz bezieht sich auf das Gebiet der jeweiligen Rechtsetzungshoheit. Die rechtsetzende Instanz trägt die Verantwortung für das gesamte Regelungsgebiet, muss insofern in einem territorialen Rahmen verallgemeinern. Die Kompetenzordnung definiert den räumlichen Geltungsbereich des Bundesgesetzgebers, des Landesgesetzgebers, auch des europäischen Rechtsetzers und des Satzunggebers. So werden Differenzierungen zwischen den jeweils räumlich begrenzten Regelungen, zuweilen aber auch innerhalb eines grundsätzlichen Geltungsanspruchs kompetenzrechtlich ermöglicht, wenn etwa Art. 72 Abs. 3 GG die Länder ermächtigt, abweichende Regelungen zu treffen,[987] oder das Europarecht in der Richtlinie lediglich das Ziel verbindlich vorgibt, den Mitgliedstaaten aber die Wahl der „Form und Mittel" überlässt, um dieses Ziel zu erreichen.[988] Die Europäische Union kann in der Verordnung und der Bund kann im Gesetz auch bewusst abschließende Regelungen treffen und so den Gestaltungsraum für die Mitgliedstaaten und den Landesgesetzgeber versperren.[989]

Diese Kompetenzverteilung und die Selbstverwaltungsgarantie geben dem jeweiligen Rechtsetzer die Autonomie, in seinem Regelungsbereich eigenverantwortlich Recht zu setzen. Die Gesetz- und Satzungsgeber sind nicht verpflichtet, kompetenzübergreifend gleiche Regeln zu schaffen. Sie verletzen beim Erlass unterschiedlicher Gesetze nicht die Gleichheit vor dem Gesetz, weil sich diese grundsätzlich nur auf den Kompetenzbereich des jeweiligen Hoheitsträgers bezieht.[990] Gleichwohl greift das Allgemeinheitspostulat nicht selten über den räumlichen Bereich der Rechtsetzungskompetenz (räumliche Allgemeinheit) gegenständlich und instrumentell hinaus.[991]

b) Differenzierungsauftrag und Kooperationsgebot

Unterschiedliche Gesetzgebungszuständigkeiten erlauben dem Recht, regionale Besonderheiten, auch kulturelle Eigenarten aufzunehmen.[992] Der territoriale Geltungsanspruch betont, dass es um Besonderheiten des gesamten Rege-

---

[986] Siehe zur Europäischen Union sogleich unter D (S. 386 ff.).

[987] Siehe hierzu jüngst *Franzius*, Die Abweichungsgesetzgebung, NVwZ 2008, 492.

[988] Art. 249 Abs. 3 EGV, Art. 288 Abs. 3 AEU; siehe hierzu auch sogleich unter D. II. und III. (S. 398 ff.).

[989] Art. 72 Abs. 1 GG; *Degenhart*, Staatsrecht I, 23. Auflage 2007, Rdn. 177 f.; Art. 249 Abs. 2 EGV, Art. 288 Abs. 2 AEU; siehe hierzu auch sogleich unter D. II. (S. 398 ff.).

[990] BVerfGE 76, 1 (73) – Familiennachzug; 93, 319 (351) – Wasserpfennig; *Starck*, in: von Mangoldt/Klein/ders., Grundgesetz. Kommentar, Band 1, 5. Auflage 2005, Art. 3 Abs. 1 Rdn. 346 ff.; *Heun*, in: Dreier, H. (Hg.), Grundgesetz. Kommentar, Band 1, 2. Auflage 2004, Art. 3 Rdn. 48.

[991] Siehe für das Europarecht unter D (S. 386 ff.).

[992] *Starck*, in: von Mangoldt/Klein/ders., Grundgesetz. Kommentar, Band 1, 5. Auflage 2005, Art. 3 Abs. 1 Rdn. 247; *Dittmann*, Gleicheitssatz und Gesetzesvollzug im Bundesstaat, in: Festschrift für Günter Dürig, 1990, S. 221 (227); *Puhl*, Gleichheit und parlamentarisches System, in: Mellinghoff/Palm (Hg.), Gleichheit im Verfassungsstaat, 2008, S. 67 ff.

lungsgebiets geht, d.h. nicht etwa um die Eigenarten eines Landstrichs oder einer kleinen Gruppe von Personen – diesen Anliegen suchen Gesetzesvollzug und Grundrechtsschutz gerecht zu werden. Auch in der Einheit des rechtlichen Regelungsbereichs bietet der Grundrechtsschutz das maßgebliche Korrektiv im Konkreten. Im Sog von bundesweit geltenden Grundrechten und eines vernachlässigten Verständnisses für den Differenzierungsauftrag der Rechtsetzung wird jedoch nicht selten auf unterschiedliche Regelungen verzichtet.[993]

Bund und Europäische Union ziehen Kompetenzen an sich, um einheitliche Regelungen zu treffen. Die Union erließ in den Jahren 1998 bis 2004 im Durchschnitt auf eine Richtlinie 24 Verordnungen,[994] eröffnete den Mitgliedstaaten also nur selten die in der Reduktion auf die Zielvorgabe liegenden Differenzierungsmöglichkeiten.[995] Doch erwartet der Rechtsstaat – im Einklang mit der territorialen, instrumentellen und sprachlichen Allgemeinheit – eine Rücksichtnahme unter den rechtsetzenden Organen,[996] weil sich die verschiedenen Regelungen zu einer konsistenten Rechtsordnung verbinden sollen.[997] So sind die Gebietskörperschaften bei der Abfallvermeidung und Abfallverwertung auf das bundesstaatliche Kooperationsprinzip verpflichtet.[998] Ein Landesgesetzgeber darf den Bürgern keine Lasten aufbürden, die mit den Belastungen aus dem europäischen Recht und den Bundesgesetzen in unzumutbarer Weise kumulieren.[999] Die Allgemeinheit des Gesetzes begründet einen Differenzierungsauftrag mit Blick auf den jeweiligen Geltungsbereich, fordert aber zuweilen und im Zusammenklang mit den Grundrechten eine Allgemeinverantwortlichkeit für die Gesamtrechtsordnung, die über den Gesetzgebungsraum hinausgreift und erwartet, die Rechtsakte aufeinander abzustimmen.

Das Recht auf freie Wahl der Ausbildungsstätte (Art. 12 Abs. 1 Satz 1 GG) verbietet z.B. dem Landesgesetzgeber, Landeskinder bei der Studienplatzverga-

---

[993] *Dittmann*, Gleichheitssatz und Gesetzesvollzug im Bundesstaat, in: Festschrift für Günter Dürig, 1990, S. 221.

[994] Siehe hierzu Antwort der Bundesregierung auf die Anfrage verschiedener Abgeordneter und der Fraktion der FDP vom 9. Oktober 2007, BTDrs. 16/6672; Antwort des Parlamentarischen Staatssekretärs *Hartenbach* vom 29. April 2005 auf die Anfrage des Abgeordneten *Singhammer*, BTDrs. 15/5434; siehe insgesamt unter A., hier insbes. unter I.

[995] Siehe hierzu unter D. II. (S. 398 ff.).

[996] BVerfGE 81, 310 (339) – Kalkar II; 98, 106 (118) – Verpackungsteuer; grundlegend für den Bundesstaat *H. Bauer*, Die Bundestreue, 1992, insbes. S. 294 ff.

[997] BVerfGE 84, 239 (271) – Zinsbesteuerung; 93, 121 (136) – Vermögensteuer; 98, 106 (118) – Verpackungsteuer; zum Zusammenwirken des Grundgesetzes mit den Landesverfassungen *H. Dreier*, Einheit und Vielfalt der Verfassungsordnungen im Bundesstaat, in: Schmidt (Hg.), Vielfalt des Rechts – Einheit der Rechtsordnung?, 1994, S. 113; grundlegend: *Engisch*, Die Einheit der Rechtsordnung [1935], 1987; *Felix*, Einheit der Rechtsordnung, 1998; *Bumke*, Relative Rechtswidrigkeit, 2004.

[998] BVerfGE 98, 106 (118 f.) – Verpackungsteuer.

[999] Siehe zu dieser Forderung *G. Kirchhof*, Grundrechte und Wirklichkeit, 2007, insbes. S. 27 ff.

be zu bevorzugen.[1000] Der Gleichheitssatz untersagt insbesondere Differenzierungen in Statusfragen, etwa bei der Existenzsicherung oder der Beteiligung am Rechtsleben. Das Grundgesetz beschränkt den Gestaltungsraum des Landesgesetzgebers auch ausdrücklich. Art. 3 Abs. 3 GG verbietet bestimmte Differenzierungen, Art. 11 Abs. 1 GG gewährleistet die Freizügigkeit im gesamten Bundesgebiet und Art. 33 GG garantiert die Gleichheit der „staatsbürgerlichen Rechte und Pflichten" und den gleichen Zugang zum öffentlichen Dienst jedes Deutschen über Landesgrenzen hinweg.[1001] Hier weiten Gleichheitssätze und eine in den Freiheitsrechten angelegte Gleichheit die gegenständliche Allgemeinheit, die sich von der räumlichen löst und die Perspektive des Gesetzgebers über das Regelungsgebiet hinaus ausdehnt. Jedoch wirken diese Differenzierungsverbote nicht den Unterscheidungen entgegen, die durch einen hinreichenden sachlichen Grund gerechtfertigt sind. Das Verbot einer Unterscheidung nach Abstammung oder Herkunft[1002] hindert den Landesgesetzgeber nicht, bestimmte unterschiedliche Regelungen je nach Landeszugehörigkeit zu treffen. Zudem eröffnen die Grundrechte gesetzgeberische Gestaltungsräume, welche für landes- und sachspezifische Regelungen genutzt werden können. So darf die Schulorganisation nach Geschlecht und nach religiöser Anschauung, darf der Sprachunterricht nach der Sprachbeherrschung unterscheiden.[1003]

In Deutschland liegen die Gesetzgebungskompetenzen in der Mehrzahl beim Bund, die Verwaltungszuständigkeiten hingegen grundsätzlich bei den Ländern.[1004] In dieser Kompetenzzuweisung ist ein differenzierender Verwaltungsvollzug angelegt, dem jedoch durch das Grundgesetz und hier insbesondere durch den Gleichheitssatz, sowie durch die zu vollziehenden allgemeinen Gesetze Grenzen gesetzt werden. Wenn der Gesetzgeber den Erwerb oder den Besitz von Cannabisprodukten in kleinen Mengen zum gelegentlichen Eigenverbrauch unter Strafe stellt, den Strafverfolgungsorganen aber gestattet, von einer Strafverfolgung oder Bestrafung abzusehen,[1005] stellt der rechtsstaatliche Bestimmtheitsgrundsatz[1006] die Frage, ob die Tatbestandsmerkmale „in nicht geringer Menge", „lediglich zum Eigenverbrauch in geringer Menge" und „geringe Schuld" ausreichend genau sind. Hier kommt die Rechtsprechung zu dem Ergebnis, dass der Straftatbestand für alle Beteiligten hinreichend verlässlich formuliert ist, die prozessualen Ermächtigungen zu einem Absehen von einer Bestrafung und von einer Strafverfolgung für die Staatsorgane und die Verfah-

---

[1000] BVerfGE 33, 303 (352f.) – Numerus clausus.

[1001] Art. 33 Abs. 1 und Abs. 3 GG.

[1002] Art. 3 Abs. 3 GG.

[1003] Siehe insgesamt *Bethge*, Die Grundrechtssicherung im föderativen Bereich, AöR 110 (1985), 169; *Puhl*, Gleichheit und parlamentarisches System, in: Mellinghoff/Palm (Hg.), Gleichheit im Verfassungsstaat, 2008, S. 67ff.

[1004] Art. 70ff., Art. 83ff. GG.

[1005] Vgl. BVerfGE 90, 145 (189ff.) – Cannabis.

[1006] Siehe oben unter V., hier insbes. unter 5. (S. 330ff.).

rensbeteiligten hinreichend klare Aussagen treffen.[1007] Die Vollzugsgleichheit richtet die Aufmerksamkeit allerdings auf das bundeseinheitlich geltende Strafgesetzbuch und die den Ländern übertragene Strafverfolgung. Das Bundesverfassungsgericht hat gegen eine stark unterschiedliche Praxis in den verschiedenen Bundesländern Bedenken geäußert.[1008] Die Bestimmtheit dient der gesetzlich verantworteten Voraussehbarkeit des Strafens, die Vollzugsgleichheit fordert dabei den bundeseinheitlichen Vollzug des Strafgesetzes.

Der kompetenzrechtliche Differenzierungsauftrag der verschiedenen Rechtsetzungsorgane verdeutlicht, dass die Weite der Allgemeinheit teilweise rechtlich vorgegeben, jedoch keinesfalls generell im Allgemeinheitspostulat oder in der „Gleichheit vor dem Gesetz" angelegt ist.[1009] Der Landesgesetzgeber definiert im Schulrecht, im Polizeirecht, im Kommunalrecht, in seinem Dienst- und Haushaltsrecht eine landeseigene Allgemeinheit. Er hat auch bei dem die Landesgrenzen überschreitenden Gegenstand des Rundfunks eine Differenzierungsbefugnis, die allerdings teilweise im Länderverbund in einer bundesweiten Allgemeinheit mündet. In all diesen Bereichen fordert der Grundsatz der Bundestreue im Zusammenwirken insbesondere mit der instrumentellen Allgemeinheit eine abgestimmte Kompetenzwahrnehmung, die einerseits die Teilung der staatlichen Gewalt auf Bund und Länder respektiert, andererseits den rechtlichen Rahmen des Gesamtstaats sichert.[1010] Ein Kompetenzgrenzen überschreitendes Allgemeinheitspostulat[1011] entfaltet insoweit gegenüber der differenzierenden Kompetenzordnung eine doppelte Wirkung. Zunächst fordert es in der räumlichen Allgemeinheit den auch grundrechtserheblichen Differenzierungsauftrag der Kompetenzordnung, richtet diesen dann aber – insbesondere in der instrumentellen und sprachlichen Allgemeinheit und im Gedanken einer kooperierenden Rücksichtnahme – auf eine konsistente Gesamtrechtsordnung aus. In besonderen Fällen weitet zudem die gegenständliche Allgemeinheit den Gesetzgebungsauftrag über die Kompetenzgrenzen hinaus. Die Gesetzesallgemeinheit fordert so eine territorial radizierte Differenzierung bei gleichzeitiger Kompetenzgrenzen übergreifender Kooperation.

[1007] BVerfGE 90, 145 (189ff.) – Cannabis.

[1008] BVerfGE 90, 145 (190) – Cannabis; *Puhl*, Gleichheit und parlamentarisches System, in: Mellinghoff/Palm (Hg.), Gleichheit im Verfassungsstaat, 2008, S. 67ff.

[1009] Dies gilt es auch angesichts des Kompetenzgrenzen übergreifenden Sogs zu bundeseinheitlichen Regelungen zu betonen, *Dittmann*, Gleichheitssatz und Gesetzesvollzug im Bundesstaat, in: Festschrift für Günter Dürig, 1990, S. 221.

[1010] Zu diesem Gehalt der Bundestreue: BVerfGE 43, 291 (289) – Numerus clausus II; 95, 250 (266) – Restitution des Länderbestands; *Jestaedt*, Bundesstaat als Verfassungsprinzip, in: HStR II, 3. Auflage 2004, § 29 insbes. Rdn. 73ff.

[1011] Siehe für die Allgemeinheit europäischer Rechtssätze unter D (S. 386ff.).

4. *Ergänzung des grundrechtlichen Gleichheitsschutzes*

a) *Voraussehender Gleichheitsschutz*

Das Allgemeinheitspostulat entfaltet – vergleichbar mit den Freiheitsrechten[1012] – auch im Bereich des Gleichheitssatzes einen vorbeugenden Schutz. Es errichtet einen Vorfilter, der im Handlungsauftrag und im Handlungsinstrument des Gesetzgebers eine verallgemeinernde Regelung fordert, damit sachfremde Differenzierungen von vornherein vermeidet und so diese nicht unmittelbar auf das individuelle Grundrecht des Gleichheitssatzes prallen lässt. Ungleichbehandlungen und damit Grundrechtsverletzungen werden verhindert, die Grundrechtsberechtigten, aber auch Verwaltung und Rechtsprechung geschont.

Das Allgemeinheitspostulat weitet dabei im Vergleich zum individuellen Grundrechtsschutz die Perspektive.[1013] Das Gesetz ist nicht nur mit Blick auf ein Vergleichspaar, auf Personengruppen oder Gegenstände zu erlassen, sondern muss je nach Art der Allgemeinheit alle Menschen und alle Regelungsgegenstände in den Vergleich einbeziehen und dann – in allgemeiner Regelbildung – Personen oder Gegenstände von der Rechtsfolge ausnehmen. Die Allgemeingeltung hat zur Folge, dass die – meist gegenständlich und instrumentell – nicht betroffenen Gruppen bewusst ausgenommen werden. Diese Weite des Gesetzes ermöglicht ein gleichheitsgerechtes Maß, das sich in der gesetzlichen Grundentscheidung ausdrückt und dort die Besonderheiten des jeweiligen Falls vorwegnimmt. In der Rücknahme der gesetzlichen Regelungen auf das Notwendige und Grundsätzliche liegt eine Voraussicht. Der Gesetzgeber kann nicht alle zukünftigen Fälle kennen. Das allgemeine Gesetz eröffnet aber den Raum auch für unvorhergesehene Ereignisse, denen in der Gesetzesanwendung Verwaltung und Gerichte gerecht werden können.[1014] Die Gesetzesallgemeinheit schützt so die Gleichheit vor dem Gesetz im Vorfeld des individuellen Grundrechtsschutzes und bietet das Maß, nach welchem die Gesetzesanwendung für die Vielfalt der Einzelfälle eine gleichheitsgerechte Lösung findet.

b) *Gleichheit in der Zeit*

Der Gleichheitssatz verbietet, zu einer bestimmten Zeit Gleiches ungleich oder Ungleiches gleich zu behandeln. Ein Vergleich in die Zukunft ist grundsätzlich zu unbestimmt, um in die Prüfung einbezogen zu werden. Der grundrechtliche Vertrauensschutz schöpft insgesamt primär aus dem Jetzt und dem Bestand staatlicher Regelungen, aus dem in der Vergangenheit gebildeten Recht.[1015] Die-

---

[1012] Siehe unter VI. 2. (S. 345 ff.).
[1013] Siehe bereits oben unter II. 1. g) (S. 224 ff.).
[1014] Siehe bereits oben unter VI. 3. (S. 353 ff.).
[1015] Insgesamt BVerfGE 72, 200 (241 f.) – Einkommensteuerrecht; 97, 67 (78 f.) – Schiffs-

se zeitliche Perspektive hat bisher vor allem in der Rechtsprechung zum Rückwirkungsverbot praktische Bedeutung gewonnen, jedoch kaum eine Zukunftsverantwortung begründet. Dies ist auch sachgerecht, weil der Gesetzgeber Gesetze verändern kann und soll, will er seinen demokratischen Gestaltungsauftrag erfüllen.

Doch hat bereits *Thomas von Aquin* die rechtliche Zukunftsperspektive insbesondere in der Feststellung betont, dass jede Rechtsänderung als solche das Gemeinwohl beeinträchtigt, weil sich die Menschen an neues Recht erst gewöhnen müssen.[1016] Die Kontinuitätsgewähr nimmt diese Perspektive auf und erwartet, dass die Gesetze kontinuierlich und folgerichtig entwickelt und abrupte Änderungen vermieden werden.[1017] Die temporale Allgemeinheit knüpft hieran an und stellt sich gegen eine Ungleichbehandlung in der Zeit, vergleicht also die vom bisherigen Recht Betroffenen mit denen, auf die das neue Recht Anwendung findet.[1018] Die Zukunft ist jedoch ungewiss, die Wirkung eines Gesetzes unbestimmt. Gleichwohl zielt die Gleichheit vor dem Gesetz wie die Idee der Gesetzgebung selbst nicht nur auf einen Moment, sondern auf eine Dauer.[1019]

Die temporale Allgemeinheit entfaltet den Gedanken der Gleichheit in der Zeit in der Forderung, ein Gesetz so anzulegen, dass es gleichförmig in die Zukunft wirkt. Sie erfüllt hier auch ein demokratisches Postulat. Das allgemeine Gesetz steht einer Begünstigung der gegenwärtigen Wähler zu Lasten zukünftiger Wähler, die noch keine Stimme abgeben können, entgegen. Die temporale Allgemeinheit nimmt den zur Gestaltung beauftragten Gesetzgeber in die Verantwortung für die Zukunft und damit für das gemeine Wohl, für das „ganze Volk".[1020] Das gilt insbesondere für den Generationenvertrag, den Umweltschutz und die Staatsverschuldung. Die Renten- und die Pflegeversicherung erwarten eine gleichbleibende Geburtenrate, dürfen aber in einer alternden Gesellschaft die Berechtigten nicht enttäuschen. Der Umweltschutz sucht die Nachhaltigkeit der Lebensbedingungen zu sichern und muss dabei insbesondere den zukünftigen Energiebedarf einschätzen, ist einer dauerhaften, umwelt-

---

bausubvention; insgesamt *H. Maurer*, Kontinuitätsgewähr und Vertrauensschutz, in: HStR IV, 3. Auflage 2006, § 79 Rdn. 4, 17f.; *A. Leisner-Egensperger*, Kontinuität als Verfassungsprinzip, 2002.

[1016] *Thomas von Aquin*, Summa Theologica [1265–1273], I-II, Das Gesetz, Band 13, 1977, Fragen 90ff.; siehe hierzu bereits oben unter B. III. 4. und für die Rechtsgelehrten im antiken Rom, die den Gedanken der temporalen Allgemeinheit ebenfalls betonten, unter B. II. 5. b) (S. 89ff.).

[1017] *H. Maurer*, Kontinuitätsgewähr und Vertrauensschutz, in: HStR IV, 3. Auflage 2006, § 79 Rdn. 3; *A. Leisner-Egensperger*, Kontinuität als Verfassungsprinzip, 2002; *M. Kloepfer*, Gesetzgebung im Rechtsstaat, VVDStRL 40 (1982), 63 (83f.).

[1018] Zu fundamentalen Änderungen z.B. BVerfGE 82, 316 – Beitrittsbedingte Grundgesetzänderung; 84, 80 – Bodenreform I; 94, 12 – Bodenreform II.

[1019] Siehe zu dieser Perspektive der Gesetzgebung *Husserl*, Recht und Zeit, 1955, S. 41ff. sowie oben unter B. II. 5. b) und III. 4. (S. 89ff. und 105ff.).

[1020] Art. 38 Abs. 1 Satz 2 GG; siehe hierzu bereits oben unter III. 5. d) (S. 279ff.).

gerechten sowie einer finanzierbaren Energieversorgung verpflichtet. Wenn heute die Staatsverschuldung bereits in der Zinstilgung die Politik lähmt, in der Rückzahlungslast die zukünftigen Generationen schlicht überfordert, haben die Haushaltsentscheidungen in der Vergangenheit das Gebot der temporalen Allgemeinheit verkannt. Gegenwärtige Ausgaben wurden und werden auf Kosten der nächsten Generation finanziert. Diese wird sich vergleichbare Wohltaten nicht nur nicht leisten können, sondern zudem den vergangenen Wohlstand finanzieren und deshalb in steten Verzicht treten müssen.[1021] Trotz der Ungewissheit der Zukunft erwartet die temporale Allgemeinheit, ein Gesetz von vornherein auf eine langfristige Wirkung zu denken und eine gleichförmige Wirkung in die Zukunft zu ermöglichen. Der Schutz der Gleichheit vor dem Gesetz wird so in einer Zukunftsperspektive ergänzt.

c) *Finale und instrumentelle Allgemeinheit*

Die Allgemeinheit wird nur selten durch das Gesetz, sondern in der Regel erst durch seine rechtlich gesicherte Anwendung Wirklichkeit. Eine Gewerbeordnung ohne Gewerbeaufsicht droht ihr Ziel zu verfehlen, eine verfassungsrechtliche Rechtsschutzgarantie ohne Gerichtsorganisation ihr Versprechen nicht einzulösen. Das allgemeine Gesetz erreicht die beabsichtigte Wirkung, wenn es die Wirklichkeit in seinen Tatbeständen sachgerecht aufnimmt, auf dieser Grundlage die beabsichtigte Gestaltung folgerichtig und widerspruchsfrei vornimmt und den allgemeinen Vollzug der Regelung sicherstellt. In diesen Bereichen wirkt die Allgemeinheit, insbesondere die Folgerichtigkeit und die Finalität, als Vorbote des Gleichheitssatzes, der den realitätsgerechten Vergleich fordert,[1022] die widerspruchsfreie und folgerichtige Umsetzung der gesetzlichen Grundentscheidung verlangt[1023] und einem strukturellen Erhebungsdefizit entgegensteht.[1024]

Das Allgemeinheitspostulat stimmt im Anliegen mit dieser Ausprägung des Gleichheitssatzes überein, weitet aber auch hier die Perspektive und übernimmt – erneut – die Funktion des verfassungsrechtlichen Vorfilters. Das individuelle Grundrecht der Gleichheit vor dem Gesetz sichert z.B. dem einzelnen Unternehmer, dass er nicht im Vergleich mit konkurrierenden Unternehmern durch gewerberechtliche oder umweltrechtliche Pflichten sachwidrig benachteiligt wird. Das Allgemeinheitspostulat stellt für die gleiche gesetzgeberische Entscheidung zudem die Fragen, wie sich die Auflagen auf die Mitarbeiter des Unternehmens auswirken, welche Folgen sie für die Käufer des in dem Unterneh-

[1021] Siehe insgesamt sogleich im Dritten Kapitel unter D. (S. 569 ff.).

[1022] BVerfGE 84, 239 (268) – Zinsbesteuerung; 93, 121 (136) – Vermögensteuer; 99, 216 (233) – Kinderexistenzminimum I.

[1023] BVerfGE 84, 239 (271) – Zinsbesteuerung; 86, 148 (251 f.) – Länderfinanzausgleich; 93, 121 (136) – Vermögensteuer; 98, 106 (118 f.) – Verpackungsteuer.

[1024] BVerfGE 84, 239 (271) – Zinsbesteuerung.

men erwirtschafteten Produkts haben, ob die Regelungen schwache Beteiligte am Markt ausgrenzen oder insgesamt den Zugang zum Markt erschweren. In dieser Weite ist die Allgemeinheit der vorausschauende Garant des jeweiligen individuellen Grundrechtsschutzes.

Die finale Allgemeinheit überträgt dem Gesetzgeber eine Gesamtverantwortung für das Gemeinwohl. Die instrumentelle Allgemeinheit verdeutlicht, dass die in dieser Verantwortung erlassenen Entscheidungen umgesetzt werden müssen. Der gleichheitsgerechte Vollzug wird in den Gesetzgebungsauftrag integriert. Der Gesetzgeber wird so auf die individuellen Grundrechte, auf die Belange von gesamtgesellschaftlichen und individuellen Anliegen, auch auf die Funktionsfähigkeit der anderen Organe verpflichtet. Die Gesetzesallgemeinheit nimmt den Gesetzgeber als ersten staatlichen Garanten des Gemeinwohls in Pflicht.

5. Gegenseitigkeit und Allseitigkeit

Das allgemeine Gesetz garantiert, dass ein Gesetz für jeden im gesamten Regelungsgebiet gilt. Es sucht in dieser Ausrichtung Privilegien und damit Konflikte von vornherein zu vermeiden, Rechtsfrieden und Sicherheit zu gewährleisten. Die Allgemeinheit stärkt in ihrer Ausrichtung auf die Gleichheit vor dem Gesetz eine Legitimationsquelle des Rechts: das Prinzip der Allseitigkeit. Die gesetzlichen Regelungen werden vom Betroffenen verstanden und anerkannt, wenn auch andere Freiheitsberechtigte in vergleichbarer Lage die Gesetze beachten müssen. *Kant* bleibt aktuell: „Recht ist die Einschränkung der Freiheit eines jeden auf die Bedingung ihrer Zusammenstimmung mit der Freiheit von jedermann, insofern diese nach einem allgemeinen Gesetze möglich ist".[1025] Diese Freiheits- und Gleichheitserwartung suchen allgemeine Gesetze zu erfüllen, weil sie keinen Rechtsbetroffenen ausschließen und grundsätzlich jeden Fall erfassen.[1026] Das allgemeine Gesetz will so von vornherein Rechtskonflikte vermeiden, dient der Akzeptanz der Rechtsordnung und wird zum Garanten des inneren Friedens. Es regelt das Notwendige und ist dann – so *Udo Di Fabio*

[1025] *Kant*, Über den Gemeinspruch: Das mag in der Theorie richtig sein, taugt aber nicht für die Praxis. Zum ewigen Frieden. Ein philosophischer Entwurf [1793, 1795], 1992, 289f. (siehe hierzu bereits oben unter B. IV. 6., Hervorhebungen wurden nicht übernommen, S. 136ff.).

[1026] *Von Hayek*, Der Weg zur Knechtschaft [1945], 2003, S. 110, 116: „Man kann sogar sagen, dass für einen echten Rechtsstaat die Existenz einer Norm, die immer ohne Ansehung der Person angewandt wird, wichtiger ist als die Art dieser Norm selbst. In der Tat ist oft der Inhalt der Norm von untergeordneter Bedetuung, sofern sie nur nach allen Seiten hin gleichmäßig angewandt wird. [... Der Rechtsstaat beschränkt die Gesetzgebung auf den Erlass allgemeiner Normen. Dabei ist es] leicht einzusehen, daß jede solche anerkannte Beschränkung der Gesetzgebungsbefugnisse, einerlei welcher Form, die Anerkennung der unveräußerlichen Individualrechte, mit einem Wort, der unverletzlichen Menschenrechte einschließt."

– „nichts anderes als das, was ein einsichtiger Mensch sich ohnehin als Selbstbindung auferlegen würde."[1027]

Allgemeine Gesetze wahren den Freiheitsraum der Gesellschaft. Sie ermöglichen und stärken die Bereitschaft der Menschen, sich einander zuzuwenden, sich in einer Gegenseitigkeit zu helfen.[1028] Das allgemeine Gesetz ist der Allseitigkeit verpflichtet. Es ordnet Gegenseitigkeit nicht an, wenngleich es diese fördern und stärken will. Der Staat ist Garant der Allseitigkeit und des Friedens; das gegenseitige helfende Zuwenden ist Sache der Gesellschaft, der Beziehung jedes Menschen zu seinem Nachbarn und Nächsten.

Die gesetzliche Regelung der verallgemeinerten und verallgemeinerungsfähigen Freiheit dient so der Sicherheit, dem Zusammenhalt von Staat und Gesellschaft, der Gleichheit vor dem Gesetz und der Freiheit eines jeden Menschen. Die allgemeine Regel nimmt sich zurück, schützt und fördert die Entfaltung von Freiheit und Gemeinschaft. Einem solchen Gesetz wird jedermann um seiner Freiheit und der Gemeinschaft willen zustimmen. Das allgemeine Gesetz wirbt für seine Befolgung, ist für den Nachdenklichen ein „überredendes" Gesetz.[1029]

VIII. Das Allgemeinheitspostulat des Grundgesetzes

1. *Verfassungsrechtlicher Dreiklang*

Das Grundgesetz knüpft an die Idee des Gesetzes, an dessen Allgemeinheit an. Die Verfassung fordert in Art. 19 Abs. 1 Satz 1 GG ausdrücklich die Allgemeinheit grundrechtsbeeinträchtigender Gesetze. Die Wesentlichkeitslehre, die grundgesetzlichen Entscheidungen für die Demokratie, die Gewaltenteilung und den Rechtsstaat, weitere besondere Bestimmungen[1030] und der grundrechtliche Schutz der Freiheit und Gleichheit bestätigen und ergänzen in jeweils unterschiedlicher Dichte die Verfassungsentscheidung für das allgemeine Gesetz. Das Gesetz, dieser Schlüsselbegriff des Rechts und der Rechtswissenschaft,

---

[1027] *Di Fabio*, Das Recht offener Staaten, 1998, S. 84 f.

[1028] Insgesamt *Maihofer*, Europäisches Rechtsdenken heute, in: Festschrift für Helmut Coing, Band I, 1982, S. 579 (582 f., 592, 594); siehe bereits oben im Ersten Kapitel unter D (S. 36 f.); siehe zur Bedeutung der Gegenseitigkeit für das Recht allerdings in einer weiter gefassten Bedeutung, eher im Sinn einer Allseitigkeit: *S. Magen*, Zur Interaktion von Recht und sozialen Normen bei der dezentralen Bereitstellung von Gemeinschaftsgütern, in: Stolleis/Streeck (Hg.), Aktuelle Fragen zu politischer und rechtlicher Steuerung im Kontext der Globalisierung, 2007, S. 185; *Wesche*, Gegenseitigkeit und Recht, 2001.

[1029] Vgl. hierzu *Platon*, Nomoi [365–348 v. Chr.], Sämtliche Werke, Band IX, 1991, 723a, 772e (siehe hierzu bereits oben unter B. II. 2., S. 78 ff.).

[1030] Siehe hierzu insbes. Art. 5 Abs. 2 GG und die Gesetzesvorbehalte der Grundrechte (unter II. 2., S. 238 ff., und 5., S. 251 ff.).

wird zwar nicht in einer Legaldefinition gefasst, bleibt aber gleichwohl nicht völlig unbestimmt, sondern sucht zum Garanten der Demokratie, der Freiheit und der Gleichheit zu werden. Das Grundgesetz setzt auf verschiedene zusammenwirkende Elemente des Menschenrechtsschutzes,[1031] auf die Demokratie, die Gewaltenteilung, die internationale Integration, den Bundesstaat, den sozialen Rechtsstaat, die individuellen grundrechtlichen Garantien – und auf die Allgemeinheit des Gesetzes.

In der Idee des allgemeinen Gesetzes ruht eine vielschichtige Bedeutungsvielfalt.[1032] Das Grundgesetz übernimmt diese Allgemeinheitsmerkmale nicht einfach, auch nicht im Begriff des allgemeinen Gesetzes, sondern trifft eine eigene Entscheidung über Inhalt und Verbindlichkeit des Gesetzesbegriffs.[1033] Die Verfassung sucht dabei aber nicht den Bruch mit der ideen- und rechtsgeschichtlichen Tradition, sondern nimmt bestimmte Gehalte in unterschiedlicher Weise auf. Die Idee des allgemeinen Gesetzes gibt den Verfassungsorganen zuweilen als verfassungsrechtliche Klugheitsregel einen Grundgedanken für ihr Handeln und sucht sie so zu neuen Erkenntnissen zu führen. Sie wirkt in bestimmten Gehalten aber auch als verbindlicher Verfassungsauftrag, der sich insbesondere an den Gesetzgeber richtet. Nur grundlegende Kernforderungen der Gesetzesallgemeinheit sind nach dem Grundgesetz justitiabel, geben dem Richter einen Maßstab. Die Demokratie schöpft aus der Entfaltung der individuellen Freiheit und der Gestaltung durch den Gesetzgeber. Die in diesem Dreiklang wirkenden Allgemeinheitsforderungen des Grundgesetzes wollen diese Quellen der Demokratie zur Entfaltung bringen.

2. *Maß der Verfassungsbindung*

a) *Justitiable Kerngehalte*

Nach Art. 19 Abs. 1 Satz 1 GG muss ein grundrechtsbeeinträchtigendes Gesetz allgemein sein und darf nicht für den Einzelfall gelten. Diese Allgemeinheitsforderungen setzen für den grundrechtlichen Bereich verbindliche und justitiable Maßstäbe. Die Absage an das Einzelfallgesetz bildet anders als das Allgemeinheitspostulat als Verbot einen Maßstab für den Richter. Ein grundrechtsbeeinträchtigendes Gesetz darf nicht nur einzelne Personen oder Gegenstände erfassen, nicht nur für wenige Orte oder Zeitpunkte gelten. Dieses Gebot des Art. 19 Abs. 1 Satz 1 GG wird teilweise in Freiheitsrechten aufgenommen, etwa beim Erfordernis der Administrativenteignung auf Grund allgemeiner Gesetze oder bei der Einschränkung der Meinungsfreiheit nach Art. 5 Abs. 2 GG. Es

---

[1031] Siehe hierzu im Ersten Kapitel unter A. I. (S. 3 ff.).
[1032] Siehe unter B., insbes. unter B. VI. (S. 67 ff.).
[1033] Siehe hierzu bereits unter B. I. und VI. (S. 67 ff. und 61 ff.).

entfaltet sich auch in dem justitiablen Maßstab des Art. 3 Abs. 1 GG. Alle Menschen sind vor dem Gesetz gleich. Diese Gleichheitsforderung ist von vornherein nicht erfüllt, wenn das Gesetz nur Einzelfälle regelt, wenn die Kerngehalte der personalen, gegenständlichen, territorialen und temporalen Allgemeinheit nicht umgesetzt werden. Der Grundrechtsschutz erwartet insbesondere bei der Prüfung der Verhältnismäßigkeit, bei der Prüfung der Gleichheit das allgemeine Gesetz, wenn dieses im notwendigen Ziel den Ausgangspunkt vorgibt. Das Rechtsstaatsprinzip verbietet in Ergänzung dazu in Sprache und Regelungsstruktur schlicht unverständliche Gesetze. Diese Forderungen scheinen für demokratischen Rechtsstaat eine Selbstverständlichkeit zu sein, werden aber gegenwärtig nicht hinreichend befolgt.

Das Grundgesetz schreibt in Art. 19 Abs. 1 Satz 1 Alt. 2 GG die Kerngehalte der vier klassischen Allgemeinheitsforderungen als individuell einklagbare Verfassungsgebote fest. Das Rechtsstaatsprinzip ergänzt diesen justitiablen Verfassungsmaßstab um die Grundforderungen der sprachlichen und instrumentellen Allgemeinheit. Das Bundesverfassungsgericht sollte diesen Maßstab strikt anwenden und so der Konsistenz der Rechtsordnung, der Freiheit und der Demokratie dienen. Bei einem Verfassungsverstoß wird es aber in der Regel die Unvereinbarkeitserklärung wählen, um den Entscheidungsraum des Parlaments offen zu halten und die Rechtsordnung, die den Allgemeinheitsmaßstab nicht hinreichend anwendet, nicht zu gefährden. Auch die justitiablen Allgemeinheitsforderungen wollen nicht zum Gegenspieler des Rechts und der Demokratie werden, sondern diesen dienen.

b) *Verbindlicher, aber nicht justitiabler Verallgemeinerungsauftrag*

Das ausdrückliche Allgemeinheitspostulat des Art. 19 Abs. 1 Satz 1 Alt. 1 GG gibt vor, dass ein grundrechtsbeeinträchtigendes Gesetz „allgemein sein muss". Hier werden die vier klassischen Gesetzesmerkmale, die personale, gegenständliche, territoriale und temporale Allgemeinheit auch über ihren Kerngehalt hinaus für den Gesetzgeber verbindlich, ohne dass der Richter aber zur Kontrolle dieses Maßstabs berufen wäre. Adressat der Verfassungsforderungen sind Bundestag, Bundesrat, auch der Bundespräsident und bei der Gesetzesinitiative die Bundesregierung. Insbesondere Demokratie und Rechtsstaat ergänzen diese Forderungen um weitere verbindliche Gehalte der sprachlichen und instrumentellen, auch der finalen Allgemeinheit. Das Grundgesetz macht den Gesetzgeber zum ersten Garanten einer konsistenten, einer verständlichen Rechtsordnung, bindet die konkretisierende und systematisierende Kraft von Verwaltung und Rechtsprechung in diesen Auftrag mit ein. Die Verfassungsentscheidungen für die Demokratie, für die Republik richten den Gesetzgeber verbindlich auf das Ganze, auf das gemeine Wohl aus. Es obliegt dem Parlament, die grundlegenden Ziele – etwa soziale Anliegen oder den Schutz der natürlichen Lebensgrundlagen – zu definieren und so dem gemeinen Wohl zu dienen. Das Grundgesetz entwirft kein Gemeinwohlkonzept, dessen Einhaltung der Richter kontrollieren könnte. Die parlamentarische Demokratie vertraut das gemeine Wohl, dieses Kernanliegen der Rechtsgemeinschaft, in erster Linie dem Parlament an. Vollziehende Gewalt und Fachgerichtsbarkeit sind in ihrer Gemeinwohlorientierung insoweit entlastet, als sie die gesetzliche Regelung aufnehmen und verwirklichen. Die gerichtliche Kontrolle gewinnt ihre Orientierung auf das gemeine Wohl grundsätzlich in der Bindung an das allgemeine Gesetz.

Der Verfassungsauftrag zur Bildung allgemeiner Regeln weist auf die gestaltende Kraft des Gesetzgebers. Demokratie und Gewaltenteilung erwarten das in Sprache und Regelungsstruktur verständliche Gesetz, damit die Abgeordneten den Gesetzesbeschluss jedenfalls im Grundsatz verstehen und verantworten können. Spezialgesetze entmachten letztlich alle drei Gewalten, gefährden so die Demokratie und bringen die Gefahr einer allgemeinen Entrechtlichung mit sich. Dieser Entfernung von Rechtsstaat und Demokratie sucht die Gesetzesallgemeinheit entgegenzuwirken. Die parlamentarische Demokratie lähmt sich selbst, wenn sie Gesetze erlässt, die ihre Regelungswirkung nicht entfalten. Die Gesetzesallgemeinheit dient demgegenüber der Verwirklichung der Gesetzesentscheidungen und stärkt so die Demokratie. Sie will das Verständnis für die Gesetze und damit ein Kernanliegen des Parlamentsvorbehalts sichern. Der Gesetzgeber muss jedenfalls im Grundsatz erfassen, was er tut, und der Gesetzesadressat begreifen, was er tun soll. Der Grundsatz der Gewaltenteilung gewinnt durch einen materiellen Gesetzesbegriff, insbesondere durch die vier klassischen Allgemeinheitsforderungen an Gehalt, will nicht in einem rein formellen Gesetzesbegriff letztlich nur Organe benennen, sondern den Erlass allgemeiner Regeln von der auf den Einzelfall konzentrierten Verwaltung und der die Rechtsanwendung kontrollierenden Rechtsprechung trennen. Dem Vorbehalt und Vorrang des Gesetzes folgend ist die Gesetzesentscheidung durch die gesetzesgebundene Exekutive und Judikative zu verwirklichen. Das allgemeine Gesetz belässt diesen dabei einen eigenen Raum, damit sie ihre spezifische, freiheitsichernde Kraft entfalten können. Die Wesentlichkeitslehre bestätigt und ergänzt diese Grunderwartungen um Aspekte der finalen, temporalen und territorialen Allgemeinheit. Der Gesetzgeber trifft dauerhafte Grundentscheidungen, die grundsätzlich alle Bürger erfassen, erlässt wesentliche Gesetze, hält sich im Sinn der Freiheit zurück.

Das allgemeine Gesetz sichert die Gleichheit in der Zeit und damit einen nicht justitiablen und kaum grundrechtlich greifbaren Gedanken des Art. 3 Abs. 1 GG. Die im Bundesstaat geteilten Gesetzgebungskompetenzen sind territorial beschränkt und artikulieren so einen Differenzierungsauftrag. Der Gleichheitssatz und die Freiheitsrechte erlauben grundsätzlich diese territoriale Unterscheidung, untersagen sie aber in bestimmten Fällen, insbesondere in Statusfragen. Sie machen die Unterschiede innerhalb eines Regelungsgebiets bewusst, fordern daher eine zurückhaltende Gesetzgebung, die der Verwaltung den Raum für eine Konkretisierung lässt und es ihr erlaubt, den Eigenarten in einem Gebiet sowie von Personen und Gegenständen gerecht zu werden. Ein nur für eine Person geltendes Gesetz kann von dem Adressaten oder auch betroffenen Dritten individuell zu Fall gebracht werden. Der Verfassungsauftrag allerdings, das Gesetz solle grundsätzlich alle erfassen und so freiheitliche Distanz und ein Maß an Rationalität sichern, bleibt eine verbindliche, aber nicht justitiable Vorgabe für den Gesetzgeber.

Insgesamt richtet die Verfassungsentscheidung für die Allgemeinheit des Gesetzes einen Gestaltungsauftrag an den Gesetzgeber, verpflichtet – anders als das Verbot des Einzelfallgesetzes – kaum den Richter. Das Grundgesetz würde durch eine weiter reichende individuelle Einklagbarkeit letztlich die Idee der Allgemeinheit gefährden. Die Allgemeinheitsforderungen treffen derzeit auf eine Gesetzgebungswirklichkeit, in welcher sie kaum befolgt werden.[1034] Wären sie justitiabel, wären zahlreiche Gesetze vom Bundesverfassungsgericht für nichtig, jedenfalls für unvereinbar mit der Verfassung zu erklären – die Rechtsordnung würde zum Torso und die Gesetzesallgemeinheit dem Recht nicht dienen. Die Richter dürfen nicht zum Wächter über eine allgemeine Gesetzgebung gemacht werden. Das Grundgesetz entscheidet sich nicht für ein System, das dem Parlament die Gesetzgebung gleichsam in einem Versuch anvertraut, um diesen dann vom Bundesverfassungsgericht letztverbindlich prüfen zu lassen. Vielmehr erfüllt jede Gewalt einen je eigenen Auftrag. Das Allgemeinheitspostulat sucht die Demokratie zu stärken, richtet sich auch deshalb in erster Linie an das Parlament, ist daher primär von diesem – dem Erstinterpreten der Verfassung – zu konkretisieren. Die Gesetzesallgemeinheit will den parlamentarischen Entscheidungsraum definieren, ihn nicht einschränken, nicht dem Parlament die für das Erringen eines politischen Kompromisses notwendige Flexibilität rauben, den Gesetzgeber nicht an ein Optimierungsgebot binden, sondern die Demokratie in dem wichtigen Auftrag der Regelbildung stärken. Dabei steht ein weiteres zentrales Anliegen der Gesetzesidee einer weitreichenden Einklagbarkeit entgegen: Der Gemeinschaftsbezug und der Gemeinwohlauftrag des allgemeinen Gesetzes können nur erfüllt werden, wenn Gesetz und Verfassungsrecht aus der Individualisierung einer vorrangig durch Grundrechtsschutz und Einzelfallanwendung bestimmten Rechtsordnung gelöst werden. Hierfür muss sich der Allgemeinheitsauftrag an das Parlament und nicht an den Richter wenden.

Die grundgesetzlichen Allgemeinheitsforderungen sind daher – solange kein Einzelfallgesetz erlassen wird, solange bestimmte Kernforderungen nicht verletzt, solange die Allgemeinheitserwartungen nicht von Grundrechten aufgenommen werden – nicht einklagbar, sondern wirken verbindlich insbesondere

[1034] Siehe zu der Gesetzgebungswirklichkeit unter A (S. 39 ff.).

zur Selbstkontrolle des Parlaments. Sie werden um verfassungsrechtliche Klugheitsregeln ergänzt.

c) *Verfassungsrechtliche Klugheitsregeln*

Das Grundgesetz entscheidet sich für bestimmte Gehalte der sieben Allgemeinheitsmerkmale, ohne diese Idee des Gesetzes vollständig verbindlich vorzuschreiben. Die Verfassung begründet darüber hinaus aber Klugheitsregeln, die den Gesetzgeber insbesondere bei der Entscheidung über die Notwendigkeit eines Gesetzes, über die Regelungsdichte und die Delegation an den Verordnungsgeber leiten sollen.

Je genauer die Allgemeinheitsforderungen den Kreis der Gesetzesadressaten definieren, den räumlichen Geltungsraum eines Gesetzes abstecken, die zeitliche Dauer des Gesetzes regeln und die Verallgemeinerung in der Sache fordern, desto mehr steigt die Verfassungsbindung, schon weil das Grundgesetz in Art. 19 Abs. 1 Satz 1 ausdrücklich die Allgemeinheit grundrechtsbeeinträchtigender Gesetze anordnet. Gleichwohl sind auch die vier klassischen Allgemeinheitsforderungen nicht in all ihren Gehalten verbindlich. Die Rationalität der Gesetzgebung wird durch eine Verallgemeinerung im Gegenstand, durch die von Wissenschaftlichkeit getragene Regelbildung gesichert. Insbesondere die personale, gegenständliche und territoriale Allgemeinheit schaffen eine Allseitigkeit des Rechts, stärken die freiheitliche Rechtsgemeinschaft, sind Garanten legitimen Rechts. Die temporale Forderung ergänzt diese Ausrichtung der Gesetzgebung um den Gedanken, dass eine dauerhafte, über Legislaturperioden hinweg wirkende Regelung Rechtssicherheit und Rechtsvertrauen schafft, so den Rechtsstaat stärkt. Ein Gesetz ist so zu gestalten, dass es dauerhaft wirken kann, selbst wenn es vom nächsten Bundestag wieder aufgehoben wird. Das Grundgesetz verpflichtet den Gesetzgeber aber nicht zum Erlass solcher allgemeinen Regelungen. Es verhindert in den justitiablen Kerngehalten den verengenden Fehlgriff des Gesetzgebers, gibt dem Willkürverbot Konturen, erwartet in den verbindlichen Allgemeinheitsforderungen ein Mindestmaß an Verallgemeinerung, schließt aber das ‚schlechte' Gesetz nicht aus. Der Gestaltungsraum des Parlaments wird insgesamt nicht durch schematisch-formale Allgemeinheitsforderungen eingeengt, sondern soll durch die Gesetzesallgemeinheit in Erfüllung der vielfältigen Gesetzgebungsaufträge entfaltet werden.

Je weniger der Allgemeinheitsgedanke die Wirkung des Gesetzes in den Blick nimmt, und je mehr er von Auftrag, Verfahren und Struktur der Gesetzgebung handelt, leitet er als Klugheitsregel das Verfassungsbewusstsein des Parlaments, das Zusammenwirken der verschiedenen gesetzgebenden Organe, will so die Verfassungsinterpretation zu neuen Erkenntnissen führen. Die sprachliche Allgemeinheit erwartet, dass Gesetze aus sich heraus überzeugen. Diese Erwartung ist nicht verbindliche Forderung, sondern Leitgedanke. Die finale Allgemeinheit leitet die Gesetzgebung, wenn durch ein Gesetz nur Grundsätzliches dauerhaft geregelt werden und die Regelung das gesamte Regelungsgebiet und dort alle Personen und Gegenstände erfassen soll. Das Gesetzgebungsziel ist ausdrücklich zu benennen und konsistent zu gestalten, damit Rechtsanwendung und Grundrechtsprüfung durch den Gesetzgeber besser geführt, die Konsistenz der Rechtsordnung auch in ihrer Anwendung gesichert wird. Auch diesen Gestaltungsauftrag richtet das Grundgesetz an das Parlament, ohne aber ein Ergebnis verbindlich vorzugeben.

Das allgemeine Gesetz setzt ein Maß für alle und hält so Maß, sichert auf diese Weise die Freiheit und Gleichheit vor dem Gesetz. Die Regelung des Speziellen und Vorübergehenden überlässt es der Verordnung. Der Gesetzgeber, der diesem Gedanken folgt, wird weniger Gesetze, jedoch klarere, vollständigere und unausweichlichere, wirkkräftigere Regelungen erlassen, die bereits beim Erlass auf ihre Vollziehbarkeit zielen, so der Folgerichtigkeit und Widerspruchsfreiheit der Rechtsordnung dienen, das richtige Maß der Verallgemeinerung wahren. Solche allgemeinen Gesetze treffen prägende Grundentscheidungen, die – wenn sie den Erlass von Rechtsverordnungen erlauben – durch den gesetzlich bestimmten Rahmen dem untergesetzlichen Recht ein Maß setzen. So sichert das Parlamentsgesetz und die auch hier greifenden Allgemeinheitsforderungen die Konsistenz der Rechtsordnung; eine Übernormierung wird auf Ebene der Rechtsverordnungen vermieden. Allgemeine Gesetze passen sich in die Rechtsordnung ein. Insbesondere die instrumentelle Allgemeinheit betont die Verantwortung des Gesetzgebers für die Gesamtrechtsordnung. Aber auch sie ist eher Vorbild als Vorschrift, bietet nur in einem Mindestmaß an sachgerechter und verständlicher Ausgestaltung eine verbindliche Verfassungsforderung.

Die Rechts- und Ideengeschichte lässt eine vielschichtige Bedeutungsstruktur des allgemeinen Gesetzes erkennen, welche die gesetzliche Regelbildung als Erkenntnis und Entscheidungshilfe nutzen kann.[1035] Der Verfassungstatbestand des allgemeinen Gesetzes, der in Art. 19 Abs. 1 Satz 1 GG ausdrücklich genannt und vielen Verfassungsprinzipien immanent ist, erinnert die Verfassungsorgane an den Grundgedanken, den der Verfassungsstaat mit dem Begriff „Gesetz" verbindet. Diese Chance haben Verfassungspraxis und Rechtswissenschaft immer wieder zu nutzen. Ein inspirierender Gedanke entfaltet Wirkungen, mag er auch nicht von der Rechtsprechung durchgesetzt werden. Das Grundgesetz nimmt den Gedanken nur in Teilen verbindlich, nur in den Kerngehalten justitiabel auf, erwartet aber, dass der Gesetzgeber die in dieser Rechtstradition ruhenden Klugheitsregeln nutzt.

[1035] Siehe hierzu insbes. unter B. VI. (S. 160 ff.).

3. *Individuelle Freiheit und parlamentarischer Gestaltungsraum*

Die Gesetzesallgemeinheit verpflichtet den Gesetzgeber, vorbeugend einen freiheitsichernden Schutz zu errichten. Dem Parlament wird der Zugriff auf den Einzelnen verwehrt. Seine Regelbildung soll in ihrer Allgemeinheit gemäßigt werden, weil die Interessen des einzelnen Bürgers angesichts der unmittelbaren demokratischen Legitimation der Abgeordneten, angesichts dieser legitimierenden Kraft vernachlässigt, nur im Allgemeinen erfasst werden könnten. Belastungen und Begünstigungen werden auf alle verteilt, so für alle von vornherein erträglich. Die Gesetzesallgemeinheit ergänzt hier den individuellen Grundrechtsschutz im Vorfeld der Belastung, mäßigt Beeinträchtigungen im Vorhinein und wehrt Einwirkungen ab, vor welchen die Grundrechte nicht schützen. Die grundrechtliche Verhältnismäßigkeitsprüfung, der Gleichheitssatz finden im allgemeinen Gesetz einen grundlegenden Halt. Der freiheitsichernde Auftrag der Grundrechte und der Gesetzesallgemeinheit, des Richters und des Parlaments greifen ineinander. Das allgemeine Gesetz schaut nicht auf den Einzelfall mit seinen Details, ist vielmehr auf eine Allseitigkeit gerichtet. So schafft es Distanz zwischen gesetzgeberischem Gestaltungswillen und individueller Gestaltungsfreiheit, sucht dem Gemeinwohl zu dienen, das Sachgerechte, das Vernünftige aufzuspüren. In der gesetzlichen Verallgemeinerung ruht eine freiheitsichernde, rationale, legitimierende Kraft.

Die Gesetzesallgemeinheit schützt die individuellen Grundrechte. Sie stärkt die parlamentarische Demokratie aber auch unmittelbar. Die Vitalität der Demokratie steigt mit der Wirkkraft der Gesetze. Gegenwärtig wird die Gestaltungskraft der Gesetze durch eine komplizierte Rechtsordnung gehemmt. Das geltende Recht fließt aus unterschiedlichen internationalen, supranationalen und nationalen Rechtsquellen, mündet dabei aber nicht in einer konsistenten Rechtsordnung.[1036] Bestimmte Rechtsbereiche werden innerhalb einer dieser Quellen – wie etwa das Sozialrecht – kompliziert ausgestaltet. Jedes neue Gesetz macht daher Anpassungsentscheidungen notwendig, die selbst von Experten nur schwer zu leisten sind und zuweilen unterschiedlichen rechtsetzenden Organen obliegen, deshalb nicht oder nicht sachgerecht getroffen werden. Die Rationalität und die Funktionsfähigkeit dieses Rechtssystems würden durch allgemeine Regeln gestärkt. Die Leistungsfähigkeit der rechtsetzenden Organe und die Aufnahmefähigkeit der Gesetzesadressaten scheinen jedenfalls gegenwärtig eine Rückbesinnung auf den Rechtsstaat zu fordern, der die Grundprinzipien des Zusammenlebens auf Dauer verständlich und vertrauensbildend regelt, weniger und verständlichere Rechtsregeln erlässt. Hier ist vor allem das Parlament, aber auch die Rechtswissenschaft gefordert, die in der Suche nach

[1036] Siehe hierzu unter A (S. 39ff.).

der allgemeinen Regel, nach dem richtigen Maß der Verallgemeinerung einen ihrer Kernaufträge erfüllt.

Das europäische Recht prägt gegenwärtig die Rechtsordnung in besonderer Weise. Das Allgemeinheitspostulat des Grundgesetzes fragt deshalb nach einem Pendant auf europäischer Ebene, damit der Zusammenhalt der Gesamtrechtsordnung gesichert wird. Die Gesetzesallgemeinheit könnte dann systembildend und konsistenzstiftend wirken und so der rechtsstaatlichen Demokratie dienen. Diese Demokratie baut auf die individuelle Freiheit und die parlamentarische Gestaltung, der Schutz der Menschenrechte auf die rechtsstaatliche und soziale Demokratie, auf die Grundrechte und das allgemeine Gesetz. Das Gesetz darf nicht gänzlich in den Sog des parzellierenden Blicks der Grundrechte und dessen Analyse von Individualbetroffenheit und Einzelfall geraten. So unverzichtbar der Grundrechtsschutz für das Konzept eines freiheitlichen Rechtsstaats ist, so unverzichtbar ist auch der rechtliche Gesamtrahmen einer alle betreffenden, einsichtigen und dauerhaften rechtlichen Friedensordnung. Grundrechte und Allgemeinheit des Gesetzes sind zwei Elemente des Menschenrechtsschutzes, individuelle Grundrechtsberechtigung und demokratische Legitimation zwei Seiten der rechtsstaatlichen Demokratie, Leistungsansprüche und Gemeinschaftsverantwortlichkeit Grundlagen des sozialen Staats. Deswegen ist die grundgesetzliche Entscheidung für die Gesetzesallgemeinheit neu zu zeichnen, im allgemeinen Gesetz die Demokratie und der Rechtsstaat zu stärken und der Schutz der Menschenrechte in allen seinen Elementen zu entfalten.

D. Allgemeinheitsgedanke im europäischen Recht

I. „Vereinfachungskultur“ europäischer Rechtsetzung

1. Raum der Freiheit, der Sicherheit und des Rechts

Die Europäische Union ist eine Rechtsgemeinschaft von 27 Staaten. Ihre zentralen Handlungsinstrumente sind allgemeine Rechtssätze. Sie schöpft aus einer Erfolgsgeschichte beeindruckender Weitsicht. Im Jahre 1946 hob *Churchill* in seiner Zürcher Rede die Bedeutung einer europäischen Einigung hervor und fügte hinzu: „Es gibt kein Wiedererstehen Europas ohne ein geistig großes Frankreich und ein geistig großes Deutschland.“[1] Unmittelbar nach dem Zweiten Weltkrieg war dies ein bemerkenswertes Signal der Versöhnung. Im Anschluss gewann in Deutschland im Parlamentarischen Rat das Anliegen an Raum, die Souveränität zurückzugewinnen und mit anderen europäischen Staaten eine Gemeinschaft insbesondere zur Sicherung des Friedens zu gründen.[2] 1950 konkretisierte *Robert Schuman* federführend den Gedanken der europäischen Einigung und brachte die Europäische Gemeinschaft für Kohle und Stahl und damit die europäische Integration auf den Weg. „Die Solidarität der Produktion“ im Bereich der Stahl- und Atomindustrie werde bewirken, „daß jeder Krieg zwischen Frankreich und Deutschland nicht nur undenkbar, sondern materiell unmöglich“ werde.[3]

Dieses Uranliegen der europäischen Integration, die Sicherung des Friedens, scheint erreicht, ein Krieg in Kerneuropa in weite Ferne gerückt. Ausgehend von einer Gemeinschaft von sechs Staaten hat sich eine Union von 27 Mitglied-

---

[1] Zitiert nach *Oppermann*, Europarecht, 3. Auflage 2005, § 1 Rdn. 13.

[2] Deutlich *Carlo Schmid* und *Süsterhenn* in der Zweiten Sitzung des Plenums vom 8. September 1948 sowie *Menzel*, *Seebohm* und *Brockmann* in der Dritten Sitzung vom 9. September 1948, Deutscher Bundestag/Bundesarchiv (Hg.), Der Parlamentarische Rat 1948–1949, Band 9, Plenum, 1996, S. 40f., 51ff.; siehe hierzu *Hillgruber*, Der Nationalstaat in übernationaler Verflechtung, in: HStR II, 3. Auflage 2004, § 32 Rdn. 36ff., 75ff.

[3] Siehe hierzu *Oppermann*, Europarecht, 3. Auflage 2005, § 1 Rdn. 19; zur Entwicklung der Integration *ders.*, Von der Gründungsgemeinschaft zur Mega-Union – Eine europäische Erfolgsgeschichte? –, DVBl. 2007, 329; *Arndt*, Europarecht, 8. Auflage 2006, S. 9ff.; mit unmittelbarer Ausrichtung auf die Rechtsetzung: *Th. M.J. Möllers*, Die Rolle des Rechts im Rahmen der europäischen Integration, 1999, S. 4ff.; insgesamt *Vitzthum*, Der Staat der Staatengemeinschaft, 2006.

a. Kirchhof, DVBl 11, 1068 (1075)

staaten entwickelt, die einen gemeinsamen Binnenmarkt, eine Wirtschafts- und Währungsunion und eine Koordination verschiedener zentraler Politikbereiche verwirklichen will. Um die „Finalität" der europäischen Integration wird allerdings gerungen.[4] Das Primärrecht mahnt eine „dynamisch fortschreitende Verdichtung und Vertiefung"[5] der Integration der 27 Mitgliedstaaten an, wenn es sich gegenwärtig, wenn es aber auch den Vertrag von Lissabon als „eine neue

---

[4] Siehe hierzu die Übersichten bei *Bleckmann/Pieper*, in: Bleckmann, Europarecht, 6. Auflage 1997, § 1 Rdn. 26ff.; *Oppermann*, Europarecht, 3. Auflage 2005, § 1 Rdn. 35ff., 45ff.; *Pechstein*, in: Streinz (Hg.), EUV/EGV, 2003, Art. 1 EUV Rdn. 33f.; *Calliess*, in: ders./Ruffert (Hg.), EUV/EGV, 3. Auflage 2007, Art. 1 EUV Rdn. 6ff.; *ders.*, Europa als Wertegemeinschaft, JZ 2004, 1033; die Zielbeschreibungen reichen von einer zurückhaltenden Erneuerung der gegenwärtigen Struktur zu einer – wenngleich nur selten gezeichneten – „europäische[n] Staatswerdung" (*Broß*, Überlegungen zur europäischen Staatswerdung, JZ 2008, 227ff.; siehe für die überwiegende Auffassung, dass jedenfalls ein Bundesstaat im herkömmlichen Sinn nicht gegründet werden soll, *Calliess*, in: ders./Ruffert [Hg.], EUV/EGV, 3. Auflage 2007, Art. 1 EUV Rdn. 20ff.; *von Bogdandy*, Konstitutionalisierung des europäischen öffentlichen Rechts in der europäischen Republik, JZ 2005, 529 [532]; *K. Ipsen*, „Pouvoir constituant" – relevant für den EU-Verfassungsvertrag?, in: Gedächtnisschrift für Peter J. Tettinger, 2007, S. 719 [730]; deutlich zur Union der 27 *Oppermann*, Die Europäische Union von Lissabon, DVBl. 2008, 473 [483]; *Pernice*, Zur Finalität Europas, in: Schuppert/ders./Haltern [Hg.], Europawissenschaft, 2005, § 21, S. 743 [786], spricht von einer Internationalisierung des Rechts, von einer „globalen Dimension des multilevel constitutionalism" als mögliche Finalität Europas; siehe zu der hiermit verwandten Frage der Identität Europas *Haltern*, Europarecht und das Politische, 2005, S. 104ff. m. w. H.). Bereits die Selbstbeschreibungen der Europäischen Union variieren (*Jestaedt*, Der Europäische Verfassungsverbund, in: Calliess [Hg.], Verfassungswandel im europäischen Staaten- und Verfassungsverbund, 2008, S. 93 [95], spricht mit Blick auf die Verfassungsdiskussion von einer „Lawine von Bezeichnungsversuchen"), wenn vom europäischen Staatenverbund (BVerfGE 89, 155 [156, 181ff.] – Maastricht; für die Union nach dem Vertrag von Lissabon *Oppermann*, Die Europäische Union von Lissabon, DVBl. 2008, 473 [477]; *Ladeur*, Die Bedeutung eines Allgemeinen Verwaltungsrechts für ein Europäisches Verwaltungsrecht, in: Trute/Groß/Röhl, H. C./Möllers, Chr. [Hg.], Allgemeines Verwaltungsrecht – zur Tragfähigkeit eines Konzepts, 2008, S. 795 [805ff., 811ff.]) und vom Bürger-, Verfassungs- oder Gemeinwohlverbund, auch von einem Staaten- und Verfassungsverbund oder von einer supranationalen und föderalen Republik gesprochen wird (siehe für diese Diskussion *Calliess*, Optionen zur Demokratisierung der Europäischen Union, in: Bauer/Huber, P. M./Sommermann [Hg.], Demokratie in Europa, 2005, S. 281 [284ff.]; *ders.*, Zum Denken im europäischen Staaten- und Verfassungsverbund, in: ders. [Hg.], Verfassungswandel im europäischen Staaten- und Verfassungsverbund, 2008, S. 187ff.; *ders.*, Gemeinwohl in der Europäischen Union, in: Brugger/Kirste/Anderheiden [Hg.], Gemeinwohl in Deutschland, Europa und der Welt, 2002, S. 173, der hier einen Gemeinwohlverbund zeichnet; *Pernice*, Europäisches und nationales Verfassungsrecht, VVDStRL 60 [2001], 148, *ders.*, Theorie und Praxis des Europäischen Verfassungsverbundes, in: Calliess [Hg.], Verfassungswandel im europäischen Staaten- und Verfassungsverbund, 2008, S. 61, sowie *Hoffmann-Riem*, Kohärenzvorsorge hinsichtlich verfassungsrechtlicher Maßstäbe für die Verwaltung in Europa, in: Trute/Groß/Röhl, H. C./Möllers, Chr. [Hg.], Allgemeines Verwaltungsrecht – zur Tragfähigkeit eines Konzepts, 2008, S. 749 [752ff.], für den europäischen Verfassungsverbund; *von Bogdandy*, Konstitutionalisierung des europäischen öffentlichen Rechts in der europäischen Republik, JZ 2005, 529 [532], für die europäische Republik; insgesamt: *Vesting*, Die Staatsrechtslehre und die Veränderung ihres Gegenstandes: Konsequenzen von Europäisierung und Internationalisierung, VVDStRL 63 [2004], 41 [59ff.]).

[5] Die Entwicklung dürfe nicht „rückwärtsgewandt" sein (*Calliess*, in: ders./Ruffert [Hg.],

Stufe bei der Verwirklichung einer immer engeren Union der Völker Europas" beschreibt.[6] Das Ziel der Integration bleibt in einer Art Fortschrittsglauben vage, ohne dass das Recht jedoch auf eine völlige Ungewissheit setzt.

Das Recht der Europäischen Union gilt heute für 27 Mitgliedstaaten und muss mit dem jeweiligen Recht dieser Mitgliedstaaten zusammenwirken. Schon dadurch ist das Europarecht auf eine Allgemeinheit angelegt, die das Gemeinsame dieser Staaten erfasst. Die Union ist den gemeinsamen Verfassungsüberlieferungen, den gemeinsamen Werten der Achtung der Menschenwürde, der Freiheit und Gleichheit, der Demokratie und Rechtsstaatlichkeit verpflichtet.[7] Die europäische Politik ist in ihren Zuständigkeiten und deren Ausübung an die Grundsätze der begrenzten Einzelermächtigung und der Subsidiarität gebunden,[8] allgemein auf eine Kohärenz und Solidarität,[9] auf das gemeinsame „Wohlergehen ihrer Völker"[10] ausgerichtet. Sie wahrt die Identität der Mitgliedstaaten[11] und bietet einen „Raum der Freiheit, der Sicherheit und des Rechts".[12]

Diese grundlegenden Allgemeinheitserwartungen, diese Ausrichtung auf inzwischen 27 Mitgliedstaaten, auf Demokratie und Rechtsstaatlichkeit, auf einen Raum der Freiheit und des Rechts scheint allerdings derzeit durch die Vielzahl und Eiligkeit der Rechtssätze gefährdet. In den Jahren 1998 bis 2004 hat die Europäische Union durchschnittlich rund 3.000 Verordnungen pro Jahr erlassen.[13] Allein die große Zahl der Rechtsetzungsakte stellt die Adressaten vor die erhebliche Schwierigkeit, wenn nicht gar unerfüllbare Aufgabe, das geltende Recht zu überblicken und zu verstehen.[14] Zu dieser Quantität tritt der Mangel an Qualität der Rechtstexte. Das europäische Recht ringt um Struktur und Konsistenz.[15] Kaum ein Ratsmitglied, kaum ein Abgeordneter, auch kein Kom-

---

EUV/EGV, 3. Auflage 2007, Art. 1 EUV Rdn. 7, 9; auch unter Hinweis auf eine mangelnde Justitiabilität kritisch *Pechstein*, in: Streinz [Hg.], EUV/EGV, 2003, Art. 1 EUV Rdn. 33 f.).

[6] Art. 1 Abs. 2 EUV, Art. 1 Abs. 2 EU.

[7] Art. 6 Abs. 1 EUV; Art. 2 EU.

[8] Art. 5 EGV; Art. 5 EU.

[9] Art. 1 Abs. 3 und Art. 3 EUV; Art. 2, Art. 3 Abs. 3, Art. 13 Abs. 1 EU, Art. 7 AEU.

[10] Ausdrücklich Art. 3 Abs. 1 EU; Art. 2 EGV.

[11] Art. 6 Abs. 3 EUV; Art. 4 Abs. 2 EU.

[12] Art. 2 Spiegelstr. 4 EUV; Art. 3 Abs. 1 und Abs. 2 EU; siehe hierzu *Götz*, Ein Raum der Freiheit, der Sicherheit und des Rechts, in: Festschrift für Dietrich Rauschning, 2001, S. 185.

[13] Siehe hierzu Antwort der Bundesregierung auf die Anfrage verschiedener Abgeordneter und der Fraktion der FDP vom 9. Oktober 2007, BTDrs. 16/6672; Antwort des Parlamentarischen Staatssekretärs *Hartenbach* vom 29. April 2005 auf die Anfrage des Abgeordneten *Singhammer*, BTDrs. 15/5434; siehe zu den Rechtsquellen des Gemeinschaftsrechts *Schweitzer*, Staatsrecht III, 8. Auflage 2004, Rdn. 319 ff.; zur europäischen Rechtsetzung *Ruthig*, Europäische Gesetzgebung, in: Beckmann/Dieringer/Hufeld (Hg.), Eine Verfassung für Europa, 2. Auflage 2005, S. 449; *Grams*, Zur Gesetzgebung der Europäischen Union, 1998; *Chr. Möllers*, Gewaltengliederung, 2005, S. 264 ff.

[14] Diese Gefahr hebt hervor: Der Mandelkern-Bericht, in: Bundesministerium des Innern (Hg.), Moderner Staat – Moderne Verwaltung, 2002; siehe zudem bereits oben unter A., hier insbes. unter I. (S. 39 ff.) und V. (S. 57 ff.).

[15] Zum länderübergreifenden Befund der Notwendigkeit, die Qualität der europäischen

missar kann das gesetzte Recht verstehen und verantworten, die Bürger sind überfordert.[16] Den hieraus resultierenden Gefahren schenken die europäischen Institutionen insbesondere seit Mitte der 90er Jahre verstärkte Aufmerksamkeit. Es wurden zahlreiche Impulse gesetzt, um die Rechtsvereinfachung voranzubringen – bisher ist jedoch kein entscheidender Durchbruch gelungen.[17] Die Kommission ermahnt die europäische Rechtsetzungspraxis, den Bürger „an die erste Stelle zu rücken".[18] Das Problem betrifft aber nicht nur das Europarecht, sondern verschärft sich, weil der gewaltige, grob 100.000 Seiten umfassende „acquis communautaire" mit mitgliedstaatlichen Rechtsordnungen wie der deutschen und dem internationalen Recht zu koordinieren ist.[19] Angesichts dieser Vielfalt der Rechtsquellen warnte jüngst *Michael Stolleis* vor einer „Wiederkehr des vorstaatlichen Rechtspluralismus", der zu „Ungleichheit und Gewalt" führen könne und die rechtsstaatliche Demokratie gefährde.[20] So stellt sich heute der nachdrückliche Auftrag, eine konsistente Gesamtrechtsordnung zu schaffen.

Die Interinstitutionelle Vereinbarung „Bessere Rechtsetzung" bringt dies mit Blick auf das Europarecht auf den Punkt: Das geltende Recht ist zu „verrin-

---

Rechtsakte zu verbessern: *Piris*, The quality of community legislation: the viewpoint of the Council Legal Service, in: Kellermann/Azzi/Jacobs/Deighton-Smith (ed.), Improving the quality of legislation in Europe, 1998, S. 25; *Timmermans*, How to improve the quality of Community Legislation: the Viewpoint of the European Commission, ebenda, S. 39; *Jacqué*, La simplification et la consolidation des traités, Revue trimestrielle de droit européen, 1997, 903; *Blanchet*, Transparence et qualité de la législation, Revue trimestrielle de droit européen, 1997, 207; *Lenaerts/Desomer*, Towards a hierarchy of legal acts in the European Union?, European Law Journal, 2005, 744; *Tietje*, Autonomie und Bindung der Rechtsetzung in gestuften Rechtsordnungen, VVDStRL 66 (2007), 45 (insbes. 89), sieht in der Kompetenzwahrnehmung das eigentliche Problem; *Ossenbühl*, Gesetz und Recht – Die Rechtsquellen im demokratischen Rechtsstaat, in: HStR V, 3. Auflage 2007, § 100 Rdn. 42 m. w. H., spricht von einer „chaotischen" Vielfalt von Rechtsakten.

[16] Deutlich: Der Mandelkern-Bericht, in: Bundesministerium des Innern (Hg.), Moderner Staat – Moderne Verwaltung, 2002, S. 10ff., 18f., 24, 42, 47, 52f., 63f.; siehe insgesamt bereits oben unter A., insbes. unter I. (S. 39ff.).

[17] Der Mandelkern-Bericht, in: Bundesministerium des Innern (Hg.), Moderner Staat – Moderne Verwaltung, 2002, S. 62: Ihre Wirkungen waren „nie durchschlagend genug, um den allgemeinen Eindruck zu zerstreuen, auf diesem Gebiet sei bisher zu wenig erreicht worden." Siehe hierzu insbes. zudem die Interinstitutionalle Verinbarung „Bessere Rechtsetzung" (ABl. C 321 vom 31. Dezember 2003 und das Corrigendum, ABl. C 4 vom 8. Januar 2004), Mitteilung der Komission vom 23. Oktober 2007 (KOM [2007], 640); insgesamt *Ahrens/Leier*, Bessere Rechtsetzung in der EU nach der deutschen EU-Ratspräsidentschaft, ZG 2007, 383; *von Danwitz*, Wege zur besserer Gesetzgebung in Europa, JZ 2006, 1 (insbes. 3); siehe bereits oben unter A., insbes. unter I. (S. 39ff.).

[18] Mitteilung der Komission vom 23. Oktober 2007, KOM (2007), 640, S. 6.

[19] Siehe zu diesem groben Richtwert Antrag von verschiedenen Abgeordneten und der Fraktion der FDP vom 25. Juni 2003, BTDrs. 15/1233; *Plehwe*, WZB-Mitteilungen, Heft 117, 2007, 7; sowie insgesamt oben unter A., hier insbes. unter I. (S. 39ff.).

[20] *Stolleis*, Vormodernes und postmodernes Recht, Merkur 2008, 425 (insbes. 428f.); siehe bereits oben unter A., hier insbes. unter V. (S. 57ff.).

gern", „erheblich zu vereinfachen" und letztlich in einer „Kodifizierung oder Neufassung" neu zu setzen.[21] Auch der Mandelkern-Bericht hebt dieses Anliegen der rechtsstaatlichen Demokratie nachdrücklich hervor. „Zu den größten Herausforderungen für unsere Regierungen gehört es [... derzeit], eine Modernisierung und Vereinfachung der schieren Masse an Regeln in unseren jeweiligen Rechtssystemen herbeizuführen." Allein durch die „starke Vermehrung von Rechtstexten" ist es „nicht nur für den einfachen Bürger, sondern auch für die Angehörigen der Rechtsberufe praktisch unmöglich, ein genaueres Verständnis oder auch nur einen allgemeinen Überblick über alle Rechtsvorschriften zu erlangen, die sie betreffen". Die Freiheit, die Rechtsstaatlichkeit, die „Glaubwürdigkeit" des gesamten europäischen Rechtsrahmens sind in Gefahr. Die Vielzahl an Rechtstexten ist „in geordneter Form zusammenzufassen", es geht darum, kohärentes Recht zu schaffen, „Klarheit und damit Rechtssicherheit" zu gewährleisten. Das geltende Recht ist zu vereinfachen. Neue Regelungen dürfen nur erlassen werden, wenn sie notwendig sind, insbesondere dem Subsidiaritätsprinzip folgen und zudem klar und kohärent ausgestaltet werden. Der Mandelkern-Bericht fordert insgesamt einen „grundlegenden Wandel", ein „neues Denken und Handeln", eine „Vereinfachungskultur" der Rechtsetzung.[22]

2. *Allgemeine Richtlinien und Verordnungen*

Ein europarechtliches Allgemeinheitspostulat könnte einen Beitrag zu diesem Rechtsetzungswechsel und der neuen Vereinfachungskultur leisten. Die Rechtsetzung der Europäischen Union folgt im Vergleich zum mitgliedstaatlichen Recht einem speziellen Auftrag, anderen Regeln und einer eigenen Rationalität.[23] Gleichwohl vermögen auch allgemeine europäische Rechtssätze die Freiheit und Demokratie zu stärken, wenn sie sich zurücknehmen, so von vornherein den Raum der individuellen Freiheit und den Entscheidungsraum der Mit-

[21] Interinstitutionelle Vereinbarung „Bessere Rechtsetzung" vom 31. Dezember 2003, ABl. C 321, S. 4 f.

[22] Der Mandelkern-Bericht, in: Bundesministerium des Innern (Hg.), Moderner Staat – Moderne Verwaltung, 2002, S. 10 ff., 18 f., 24, 42, 47, 52 f., 63 f.

[23] *Streinz*, Europarecht, 7. Auflage 2005, Rdn. 428; *Waldhoff*, „Der Gesetzgeber schuldet nichts als das Gesetz", in: Festschrift für Josef Isensee, 2007, S. 325 (340 f. m. w. H.): Die mitgliedstaatliche Gesetzgebung und die europäische Normsetzung sind „kategorial unterschiedliche Phänomene"; *von Alemann*, Die Notwendigkeit eines formalen Rechtsbegriffes der Unionsrechtsordnung, Der Staat 45 (2006), 383 (insbes. 386); insgesamt: *Schilling*, Rang und Geltung von Normen in gestuften Rechtsordnungen, 1994; *Bumke*, Rechtsetzung in der Europäischen Gemeinschaft, in: Schuppert/Pernice/Haltern (Hg.), Europawissenschaft, 2005, § 19, S. 643 ff.; siehe *Karpen*, Zum Stand der Gesetzgebungswissenschaft in Europa, in: Schreckenberger/Merten (Hg.), Grundfragen der Gesetzgebungslehre, 2000, S. 11, zur europäischen Gesetzgebungswissenschaft.

gliedstaaten schützen, den ohnehin in Europa in besonderer Weise geforderten, dabei notwendig zurückgenommenen Grundrechtsschutz ergänzen und entlasten, wenn sie dem Anliegen dienen, die Verständlichkeit, die Verantwortbarkeit des Rechts zu fördern, die notwendige Koordination der Rechtsbereiche zu erleichtern und insgesamt dem Ganzen, dem gemeinen Wohl zu dienen.[24] Das europäische und das mitgliedstaatliche Recht bilden eine Gesamtrechtsordnung, sind bei allen Unterschieden zusammen zu denken.[25] Allgemeine europäische Rechtssätze könnten im Zusammenwirken mit dem mitgliedstaatlichen Allgemeinheitspostulat der derzeit vordringlichen Aufgabe dienen, die Qualität des jeweiligen Rechts zu garantieren und die Rechtsquellen so zu koordinieren, dass eine konsistente, eine verantwortbare und überschaubare Gesamtrechtsordnung entsteht.[26] Sie wären dann eine Stütze der Demokratie, des Raums der Freiheit, der Sicherheit und des Rechts.

Die Analyse eines europarechtlichen Allgemeinheitsgedankens muss die Eigenarten der Union, ihre Supranationalität wie die unterschiedlichen Rechtskulturen der 27 Mitgliedstaaten aufnehmen.[27] Die Union kann supranationales Recht setzen, das auch gegen den Willen eines Mitgliedstaats verpflichtend und unmittelbar wirkt, vorrangige Geltung beansprucht und zu einer hohen Inte-

---

[24] Siehe zu diesen Anliegen der allgemeinen Rechtsetzung unter B., hier insbes. unter VI. (S. 160 ff.), und für die deutsche Verfassungsordnung unter C (S. 174 ff.).

[25] *Herdegen*, Europarecht, 10. Auflage 2008, S. 1 ff., spricht von einem System vernetzter rechtlicher Ordnungen; *Jestaedt*, Der Europäische Verfassungsverbund, in: Calliess (Hg.), Verfassungswandel im europäischen Staaten- und Verfassungsverbund, 2008, S. 93 (94 ff.); siehe zum Systemgedanken im Europarecht *W. Schroeder*, Das Gemeinschaftsrechtssystem, 2002; zu dem schwierigen Auftrag, die Einheit in Europa herzustellen, *Th. I. Schmidt*, Vielfalt der Hoheitsträger – Einheit des Mehrebenensystems, in: Festschrift für Christian Starck, 2007, S. 611.

[26] Das Erfordernis, die Qualität der europäischen und der mitgliedstaatlichen Gesetzgebung zu verbessern, betonen *Timmermans*, How to improve the quality of Community Legislation: the Viewpoint of the European Commission, in: Kellermann/Azzi/Jacobs/Deighton-Smith (ed.), Improving the quality of legislation in Europe, 1998, S. 39 (56); *Müller-Graff*, The quality of european and national legislation, ebenda, S. 111; *Lange*, Gesetzesfolgenabschätzung auf der Ebene der Europäischen Union, ZG 2001, 269; *Th. M. J. Möllers*, Die Rolle des Rechts im Rahmen der europäischen Integration, 1999, S. 12 ff.; zu den Problemen bei der Verflechtung und Abgrenzung der Rechtsbereiche *Nettesheim*, Europäischer Verfassungsverbund?, in: Festschrift für Josef Isensee, 2007, S. 733 (737 ff.).

[27] Insgesamt für das Europarecht: *Di Fabio*, Die Kultur der Freiheit, 2005, S. 44 f., 227 ff.; *Chr. Möllers*, Staat als Argument, 2000, S. 376 ff.; siehe für die Eigenständigkeit der Rechtsgrundsätze *P. M. Huber*, Demokratie ohne Volk oder Demokratie der Völker?, in: Drexl/Kreuzer/Scheuing/Sieber (Hg.), Europäische Demokratie, 1999, S. 27 (55); *Classen*, Europäische Integration und demokratische Legitimation, AöR 119 (1994), 238 (259 f.); *Lübbe-Wolff*, Europäisches und nationales Verfassungsrecht, VVDStRL 60 (2001), 246 (247 f.), die von einem „Gemeinplatz" der Diskussion spricht; für den Verfassungsbegriff: *Pernice*, Europäisches und nationales Verfassungsrecht, ebenda, 148; siehe hierzu mit Blick auf die Europäische Menschenrechtskonvention *Grabenwarter*, Europäisches und nationales Verfassungsrecht, ebenda, 290.

grationsdichte führt.[28] Eine europäische Allgemeinheitsforderung gewänne gegenüber dem supranationalen europäischen Sekundärrecht maßgebliche Bedeutung. Die Verträge zur Gründung der Europäischen Gemeinschaft und der Europäischen Union sowie die Änderungsverträge werden zwar nach besonderen verfassungsrechtlichen Vorgaben, aber in dieser Bindung grundsätzlich wie völkerrechtliche Verträge geschlossen und ratifiziert.[29] Das primäre Europarecht entsteht daher – wie das klassische Völkerrecht – nicht gegen den Willen eines Staats; das verdeutlicht der gegenwärtige Ratifikationsprozess des Lissabonvertrags. Das mitgliedstaatliche Allgemeinheitspostulat entfaltet seine schützende Kraft bereits beim Vertragsschluss, wenn die Allgemeinheitsbelange mit Blick auf das Zustimmungsgesetz zu berücksichtigen sind.[30] Es greift in vergleichbarer Weise in dem Bereich der informellen Zusammenarbeit und der Rahmenbeschlüsse, die nicht supranational sind, weil hier Recht ebenfalls nicht gegen den Willen eines Staats gesetzt werden kann. Ein europarechtliches Allgemeinheitspostulat wäre daher als Garant der grundrechtlichen Freiheit und Gleichheit, der Demokratie und Rechtsstaatlichkeit gegenüber dem supranationalen sekundären Europarecht gefragt, das für seine Geltung nicht auf eine Zustimmung der staatlichen Organe angewiesen ist. Hier werden staatliche Umsetzungsakte und damit die verfassungsrechtlichen Allgemeinheitsforderungen von vornherein nicht unmittelbar wirksam, binden die mitgliedstaatlichen Vertreter insbesondere im Rat nur mittelbar, oder entfalten – wie bei der Richtlinie – zwar gegenüber dem Umsetzungsakt ihre Wirkung, der aber von der europäischen Zielvorgabe und damit von deren Allgemeinheit abhängt.[31] Die Allgemeinheit europäischer Rechtssätze muss sich gegenüber europäischen Verordnungen und allgemeinen Richtlinien bewähren.

---

[28] *Streinz*, Europarecht, 7. Auflage 2005, Rdn. 126ff.

[29] Art. 59, 23 GG; insgesamt BVerfG, 2 BvE 2/08 vom 30. Juni 2009, Absatz-Nr. 207ff. – Lissabon; *Streinz*, Europarecht, 7. Auflage 2005, Rdn. 118ff.

[30] Siehe hierzu oben unter C. III. 7. (S. 282ff.) und IV. 3. (S. 301ff.).

[31] Siehe Art. 249 EGV, Art. 288 AEU; siehe zu den Rahmenbeschlüssen, die nicht supranational sind und deshalb ein europarechtliches Allgemeinheitspostulat weniger beanspruchen, *Streinz*, Europarecht, 7. Auflage 2005, Rdn. 476; *Oppermann*, Europarecht, 3. Auflage 2005, § 6 Rdn. 4; jeweils m. w. H.; Art. 249 Abs. 2 und Abs. 3 EGV sollen durch den Vertrag von Lissabon nicht geändert werden (nunmehr in Art. 288 Abs. 2 und Abs. 2 AEU). Die Entscheidungen gelten nur individuell für den Adressaten, der allerdings auch ein Mitgliedstaat sein kann (siehe zur staatengerichteten Entscheidung *Mager*, Die staatengerichtete Entscheidung als supranationale Handlungsform, EuR 2001, 661; siehe für die Beschlüsse nach Art. 288 Abs. 4 AEU, die auch allgemeine Geltung haben können, *Lecheler*, Ungereimtheiten bei den Handlungsformen des Gemeinschaftsrechts – dargestellt anhand der Einordnung von „Leitlinien", DVBl. 2008, 873 [876ff.], nach dem sich so die Gefahr verdichtet, dass die Kommission mehr eigene Regelungskomptenzen wahrnimmt). Die Stellungnahmen und Empfehlungen sind unverbindlich (Art. 249 Abs. 5 EGV, Art. 288 Abs. 5 AEU; zu den Handlungsformen der Europäischen Union *Bast*, Grundbegriffe der Handlungsformen der EU, 2006; *Streinz*, ebenda, Rdn. 423ff.; *Oppermann*, ebenda, § 6 Rdn. 60ff.; jeweils m. w. H.).

Ausdrücklich fordert Art. 249 Abs. 1 Satz 1 EGV[32] die allgemeine Geltung von Verordnungen. Richtlinien, die sich an alle Mitgliedstaaten richten, werden als „allgemeine Richtlinien" bezeichnet.[33] Diese Allgemeinheitserwartungen scheinen auf eine Parallelität des Sekundärrechts zum mitgliedstaatlichen allgemeinen Parlamentsgesetz zu weisen, welche von der Rechtsprechung, Rechtswissenschaft und von dem Entwurf des „Verfassungsvertrags" betont wird, wenn dort europäische Richtlinien und Verordnungen als Gesetze bezeichnet werden.[34] Der Vertrag von Lissabon ist allerdings im Grundsatz von dem Gesetzesbegriff wieder abgerückt, wenngleich diese Entscheidung nicht konsequent durchgehalten, an verschiedenen Stellen von europäischen Gesetzgebungsakten, von einem „Gesetzescharakter" und einem europäischen Gesetzgebungsverfahren gesprochen wird.[35] So bleibt der Unterschied zwischen nationalen Gesetzen und supranationalen Rechtssätzen im Ausgangspunkt begrifflich deutlich. Obwohl vermehrt von einem europäischen Gesetz gesprochen wird, wurde der europäische Allgemeinheitsgedanke bislang kaum entfaltet. Die „wesentliche Bedeutung" der Vorgabe der allgemeinen Geltung der Verordnung wird zuweilen in der Abgrenzung zur Entscheidung, nicht in einem materiellen Gehalt gesehen.[36] Andere gehen von einer materiellen Allgemeinheitsforderung aus, ohne jedoch – hier liegt eine Parallele zu Art. 19 Abs. 1 Satz 1 GG – ihre Verbindlichkeit oder eine mögliche Justitiabilität zu betonen.[37] Der Vertrag von Lissabon dürfte aber die Allgemeinheit der Verordnung hervorheben, wenn er ausdrücklich die Übertragung von Rechtsetzungsbefugnissen auf die Kommission regelt, die „Rechtsakte ohne Gesetzescharakter mit allgemeiner Geltung" erlassen darf, soweit „Ziele, Inhalt, Geltungsbereich und Dauer der Befugnisübertragung ausdrücklich festgelegt" werden.[38] Diese Regelung mag an Art. 80 Abs. 1 Satz 2 GG erinnern.

Das europäische Primärrecht kennt aber keine Bestimmung wie Art. 19 Abs. 1 Satz 1 GG, die bei Grundrechtsbeeinträchtigungen ausdrücklich die Allge-

---

[32] Art. 288 Abs. 2 Satz 1 AEU; siehe hierzu sogleich unter II. (S. 398 ff.).

[33] Letztere finden in Art. 254 Abs. 2 Satz 1 EGV (Art. 297 Abs. 2 Satz 1 AEU) Erwähnung; siehe insgesamt sogleich unter III. (S. 411 ff.).

[34] EuGH, Rs. 8/55, Fédération Charbonnière de Belgique, Slg. 1955, 199 (226); *Oppermann*, Europarecht, 3. Auflage 2005, § 6 Rdn. 60; *Ruffert*, in: Calliess/ders. (Hg.), EUV/EGV, 3. Auflage 2007, Art. 249 EGV Rdn. 39; jeweils m. w. H.; Art. I-33 Abs. 1 des Vertrags über eine Verfassung für Europa (BTDrs. 15/4900, im Folgenden: VVE).

[35] Art. 288 AEU. Das Rechtsetzungsverfahren wird gleichwohl als Gesetzgebungsverfahren bezeichnet und im weiteren Vertragstext wird von Gesetzgebungsakten gesprochen (siehe nur Art. 289 f. AEU).

[36] *Ruffert*, in: Calliess/ders. (Hg.), EUV/EGV, 3. Auflage 2007, Art. 249 EGV Rdn. 39.

[37] *Schmidt*, in: von der Groeben/Schwarze (Hg.), Kommentar, Band 4, 6. Auflage 2003, Art. 249 EGV Rdn. 26; *Schroeder*, in: Streinz (Hg.), EUV/EGV, 2003, Art. 249 EGV Rdn. 54 f.; siehe sogleich unter II. (S. 398 ff.).

[38] Art. 290 Abs. 1 und Abs. 2 AEU; siehe hierzu *Lecheler*, Ungereimtheiten bei den Handlungsformen des Gemeinschaftsrechts – dargestellt anhand der Einordnung von „Leitlinien", DVBl. 2008, 873 (876 ff.).

meinheit europäischer Rechtssätze fordert. Das Europarecht zeichnet keine Wesentlichkeitslehre, welche allgemeine Grundsatzentscheidungen vom Parlament erwartet. Auch werden – im Vergleich zu den parallelen grundgesetzlichen Forderungen – kaum materielle Vorgaben für die Rechtsetzung aus dem Rechtsstaatsprinzip oder einem grundrechtlichen Gesetzesvorbehalt entwickelt. Die Wahl der Mitglieder des Europäischen Parlaments ist – wie die Wahl zum deutschen Bundestag – allgemein.[39] Dieser Allgemeinheitsgedanke fordert jedoch weit weniger als sein Pendant im deutschen Verfassungsrecht die Allgemeinheit des Sekundärrechts. Der Rat ist das erste rechtsetzende Organ, nicht das Parlament. Die Wahl zum Parlament lässt zudem einen fundamentalen Wahlrechtsgrundsatz vermissen, die Gleichheit der Wahl. Dadurch wird das europäische Demokratiedefizit verdeutlicht und die demokratisch-legitimierende Kraft des Parlaments geschwächt.[40] Doch ruht im europäischen Demokratieprinzip nicht gleichwohl eine Mahnung zur allgemeinen Regelbildung? Erwarten der europäische Grundrechtsschutz und das Rechtsstaatsprinzip in ihren eigenen, europäischen Gehalten eine sekundärrechtliche Verallgemeinerung? Tragen die Grundfreiheiten und das Diskriminierungsverbot Allgemeinheitsforderungen an die europäische Rechtsetzung heran? Zielt das Subsidiaritätsprinzip auf eine Zurückhaltung der Gesetzgebung und damit auf den Gedanken der finalen Allgemeinheit? Nach dem Prinzip der begrenzten Einzelermächtigung werden der Europäischen Union bestimmte und begrenzte Entscheidungskompetenzen übertragen. Diese sind allerdings für 27 Mitgliedstaaten auszuüben, d.h. in einer weitgreifenden territorialen Allgemeinheit. Die Rechtsakte müssen in 27 verschiedenen mitgliedstaatlichen Rechtsordnungen, mit ganz unterschiedlichen Rechtskulturen und eigener Rationalität integriert werden, sind hierauf auszurichten – hier klingen Gedanken der instrumentellen Allgemeinheit an. Auch das Europarecht könnte daher Allgemeinheitspostulate erheben, die in Teilen justitiabel, zuweilen nur Handlungsaufträge für die Organe der Europäischen Union sind, ohne dem Richter einen Maßstab zu geben, und die auch die Klugheitsregel begründen, allgemeines Sekundärrecht zu erlassen.[41]

3. Strukturgebende Grundsätze des Europarechts

Der Gedanke der verallgemeinernden Regelbildung könnte sich in Europa auf Art. 249 EGV[42] und die Grundprinzipien des europäischen Rechts stützen. Diese sind zwar in Verbindung mit den mitgliedstaatlichen Verfassungsforderungen,

---

[39] Art. 190 Abs. 1 EGV, Art. 14 Abs. 3 AEU.

[40] Art. 190 Abs. 1 EGV, Art. 14 Abs. 3 AEU; deutlich: BVerfG, 2 BvE 2/08 vom 30. Juni 2009, Absatz-Nr. 276ff. – Lissabon; siehe zur Demokratie in Europa sogleich unter IV. (S. 421ff.).

[41] Siehe zu diesem Dreiklang im deutschen Recht insbes. unter C. I. 2. bis 4. (S. 180ff.).

[42] Art. 288 AEU.

gleichwohl aber eigenständig zu entfalten. Die Union wahrt „die nationale Identität ihrer Mitgliedstaaten", insbesondere ihre Verfassungsstrukturen.[43] Sie ist dem allgemeinen Wohl der Völker Europas,[44] dem Verhältnismäßigkeitsgrundsatz, dem Subsidiaritätsprinzip und dem Prinzip der begrenzten Einzelermächtigung verpflichtet,[45] achtet Diskriminierungsverbote sowie die Grundfreiheiten und dient der Solidarität zwischen den Völkern Europas.[46] Das Europarecht beruht auf den Grundsätzen der grundrechtlichen Freiheit und Gleichheit, der Demokratie, der Rechtsstaatlichkeit, wie sie allen Mitgliedstaaten gemeinsam sind.[47] Zudem erheben die geschriebenen mitgliedstaatlichen Verfassungen Forderungen gegenüber der Union, die etwa nach Art. 23 Abs. 1 Satz 1 GG den „demokratischen, rechtsstaatlichen, sozialen und föderativen Grundsätzen und dem Grundsatz der Subsidiarität verpflichtet ist und einen diesem Grundgesetz im wesentlichen vergleichbaren Grundrechtsschutz gewährleistet".[48] Das mitgliedstaatliche Recht nimmt dabei das Europarecht auf, so dass von einem wechselseitigen Einfluss gesprochen werden kann.

Diese Grundprinzipien stellen die Rechtswissenschaft vor eine dreifache Aufgabe, die nicht nur zu Antworten, sondern insbesondere zu Fragen zu führen scheint. Zunächst sind die originär europarechtlichen Vorgaben wie die Grundfreiheiten auszulegen. Zweitens sind europarechtliche Maßstäbe zu entwickeln, die – wie das europäische Rechtsstaats- oder Demokratieprinzip – die parallelen mitgliedstaatlichen Grundsätze unmittelbar aufnehmen, wenn die gemeinsamen Verfassungsüberlieferungen in die Deutung des Europarechts zu integrieren sind, aber auch die verfassungsrechtlichen Forderungen der Mitgliedstaaten an die Europäische Union – wie etwa die des Art. 23 Abs. 1 GG – berücksichtigt werden müssen. Diese Forderungen stehen mit den gemeinsamen

---

[43] Art. 6 Abs. 2 EUV, Art. 4 Abs. 2 Satz 1 EU haben folgenden Wortlaut: „Die Union achtet die Gleichheit der Mitgliedstaaten vor den Verträgen und ihre jeweilige nationale Identität, die in ihren grundlegenden politischen und verfassungsmäßigen Strukturen einschließlich der regionalen und lokalen Selbstverwaltung zum Ausdruck kommt." Siehe hierzu BVerfG, 2 BvE 2/08 vom 30. Juni 2009, Absatz-Nr. 207 ff. – Lissabon.

[44] Siehe Art. 2 und Art. 6 EUV, Art. 2 und Art. 3 EGV, ausdrücklich für die Kommission Art. 213 Abs. 1 EGV, für den Rechnungshof Art. 247 Abs. 4 EGV, den Wirtschafts- und Sozialausschuss Art. 258 Abs. 3 (siehe auch 257 Abs. 2 EGV) und den Ausschuss der Regionen Art. 263 Abs. 5 EGV; das Primärrecht nach dem Vetrag von Lissabon kennt vergleichbare Bestimmungen, spricht aber insbes. davon, dass es das „Ziel der Union" ist, „den Frieden, ihre Werte und das Wohlergehen ihrer Völker zu fördern" (Art. 3 Abs. 1 EU).

[45] Art. 2 Abs. 2 EUV, Art. 5 EGV, Art. 5 EU.

[46] Art. 1 Abs. 3 EUV; Art. 12 und Art. 23 ff. EGV; Art. 2, Art. 3 Abs. 3 EU; Art. 18 f., Art. 28 ff. und Art. 222 AEU.

[47] Art. 6 Abs. 1 und Abs. 2 EUV, Art. 2 und Art. 6 EU.

[48] Siehe zu Art. 23 GG: *D. König*, Die Übertragung von Hoheitsrechten im Rahmen des europäischen Integrationsprozesses – Anwendungsbereich und Schranken des Art. 23 des Grundgesetzes, 2000; siehe für eine Übersicht der nationalen Integrationsforderungen und insgesamt für den Einfluss des mitgliedstaatlichen Verfassungsrechts *P. M. Huber*, Europäisches und nationales Verfassungsrecht, VVDStRL 60 (2001), 194 (222 ff.).

Verfassungsüberlieferungen in Verbindung, deren Analyse die dritte Aufgabe ist. Sie unterscheiden sich aber von diesen: Die gemeinsamen Verfassungsgrundsätze schöpfen aus einer primär innerstaatlichen Perspektive, die Integrationsvorgaben sind hingegen unmittelbar auf die Europäische Union ausgerichtet.

Der europarechtliche Grundrechtsschutz, die europäische Forderung nach Demokratie, Rechtsstaatlichkeit und Solidarität sind auch auf Grund dieser Vielfalt ihrer Quellen und der daraus resultierenden Unsicherheiten im Maßstab bislang weniger gefestigt als die staatlichen Strukturprinzipien.[49] Die supranationalen Gehalte dieser Grundsätze können anders als die mitgliedstaatlichen Regeln nicht aus einer langen Rechtstradition schöpfen, erteilen insofern einen neuen Forschungsauftrag.[50] Das Europarecht wird derzeit – seiner Entstehung als internationales Recht entsprechend – weniger aus diesen Rechtsprinzipien entfaltet, sondern stärker über die Rechtsquellen und Institutionen erläutert, mit einem besonderen Blick auf die europäischen Rechtsetzungskompetenzen und die originär europarechtlichen Grundlagen, insbesondere die Grundfreiheiten. So wurde bislang – jedenfalls in Deutschland – im Vergleich zum nationalen Recht eher zurückhaltend ein europarechtliches System der Demokratie und Rechtsstaatlichkeit entwickelt, an dessen Maßstab die Entwicklung der europäischen Integration gemessen werden könnte, sondern mehr das geltende Recht in seiner Genese und Funktion gezeichnet. Es werden allerdings erhebliche wissenschaftliche Anstrengungen unternommen, die europarechtlichen Forderungen der Demokratie und des Rechtsstaats, die gemeinsamen Verfassungsüberlieferungen und die mitgliedstaatlichen Europaartikel genauer zu vermessen.[51] Angesichts der dichter werdenden europäischen Inte-

[49] Dies wird deutlich, wenn man drei Studienbücher neuerer Auflage im Staaatsorganisationsrecht (*Degenhart*, Staatsrecht I, 23. Auflage 2007; *J. Ipsen*, Staatsrecht I, 19. Auflage 2007; *H. Maurer*, Staatsrecht I, 5. Auflage 2007) mit dem jeweiligen Pendant der Verlage im Europarecht vergleicht (*Streinz*, Europarecht, 7. Auflage 2005; *H. G. Fischer*, Europarecht, 2005; *Oppermann*, Europarecht, 3. Auflage 2005).

[50] Für das Demokratieprinzip spricht *Nettesheim*, Demokratisierung der Europäischen Union und Europäisierung der Demokratietheorie, in: Bauer/Huber, P.M./Sommermann (Hg.), Demokratie in Europa, 2005, S. 143 (148), von einem „langwierigen und mäandernden Prozeß der Anpassung der Demokratietheorie"; mit *Calliess*, Optionen zur Demokratisierung der Europäischen Union, ebenda, S. 281 (281), ist eine „neue Demokratietheorie" erforderlich; nach *Benz*, Politikwissenschaftliche Diskurse über demokratisches Regieren im europäischen Mehrebenensystem, ebenda, S. 253, muss die „Demokratie neu erfunden werden"; für die globale Perspektive: *von Bogdandy*, Demokratie, Globalisierung, Zukunft des Völkerrechts – eine Bestandsaufnahme, ebenda, S. 191 (252), der von der völkerrechtlichen Forschung in Deutschland fordert, das „problematische Verhältnis von Demokratie, Globalisierung und Völkerrecht stärker" zu bearbeiten; *ders.*, Zur Übertragbarkeit staatsrechtlicher Figuren auf die Europäische Union, in: Festschrift für Peter Badura, 2004, S. 1033; siehe jüngst *Hoffmann-Riem*, Kohärenzvorsorge hinsichtlich verfassungsrechtlicher Maßstäbe für die Verwaltung in Europa, in: Trute/Groß/Röhl, H.C./Möllers, Chr. (Hg.), Allgemeines Verwaltungsrecht – zur Tragfähigkeit eines Konzepts, 2008, S. 749 (760ff.).

[51] Siehe hierzu die mehrbändigen Handbücher: von Bogdandy, A./Cruz Villalón, P./Huber, P.M. (Hg.), Handbuch Ius Publicum Europaeum, beginnend mit Band I, 2007; für die

gration, angesichts der zahlreichen neuen Kompetenzen, die seit der Einheitlichen Europäischen Akte auf die Europäische Union übertragen wurden und durch den Vertrag von Lissabon übertragen werden sollen, angesichts der in der gleichen Zeit erfolgten Erweiterung der Union von zwölf auf 27 Mitgliedstaaten,[52] angesichts einer Integration also, die – und diese Entwicklung erstaunt im Vergleich zu anderen Verbindungen von Staaten – gleichzeitig in Tiefe und Breite erheblich voran geschritten ist, stellt das Europarecht die Frage nach dem Schutz der Freiheit und der rechtsstaatlichen Demokratie mit neuer Aktualität. Die Europäische Union ist nicht primär ein „Zweckverband mit klar definiertem Auftrag", eine Gemeinschaft, welche die Grundfreiheiten verwirklichen will, sich also in erster Linie gegen eine mitgliedstaatliche Regulierung wendet, sondern beansprucht nicht unerhebliche, „staatsähnliche" eigene Kompetenzen und regulative Gestaltungsräume.[53] Doch dann ist auch der Schutz der Freiheit und der Demokratie mit einer neuen Nachdrücklichkeit gefordert. Deshalb sollte das Europarecht von den Grundprinzipien, von den Kernanliegen des Rechts, den Elementen des Menschenrechtsschutzes[54] her entfaltet werden[55] – in einer supranationalen Perspektive, welche die Eigenarten des europä-

---

Grundrechte: Merten,/ Papier, Hans-Jürgen (Hg.), Handbuch der Grundrechte in Deutschland und Europa, beginnend mit Band I, 2004; siehe für die Demokratie: Bauer, H./Huber, P.M./Sommermann, K.-P. (Hg.), Demokratie in Europa, 2005; Drexl, J./Kreuzer, K.F./ Scheuing, D.H./Sieber, U. (Hg.), Europäische Demokratie, 1999; für Analysen aus einer Hand grundlegend *Schwarze*, Europäisches Verwaltungsrecht, 2. Auflage 2005, S. 198ff.; *Häberle*, Europäische Verfassungslehre, 5. Auflage 2008, insbes. S. 273ff.; für den Umgang der mitgliedstaatlichen Verfassungen bei europäischen Komptenzüberschreitungen *F. C. Mayer*, Kompetenzüberschreitung und Letztenscheidung, 2000, insbes. S. 87ff.; für die mitgliedstaatlichen Forderungen an die europäische Integration: *P. M. Huber*, Europäisches und nationales Verfassungsrecht, VVDStRL 60 (2001), 194 (222ff.); zu Demokratie und Rechtsstaat: *Seiler*, Der souveräne Verfassungsstaat zwischen demokratischer Rückbindung und überstaatlicher Einbindung, 2005, S. 267ff., 329ff.; zu den Grundrechten: *Rengeling/Szczekalla*, Grundrechte in der Europäischen Union, 2004, S. 49ff.; eine vergleichende mitgliedstaatliche Rechtsprechungsanalyse zum „Systemcharakter des Gemeinschaftsrechts" bietet *W. Schroeder*, Das Gemeinschaftsrechtssystem, 2002, insbes. S. 161ff.; *Chr. Möllers*, Gewaltengliederung, 2005, blendet zudem die völkerrechtliche Perspektive ein.

[52] Siehe hierzu BVerfG, 2 BvE 2/08 vom 30. Juni 2009, Absatz-Nr. 1ff. – Lissabon.

[53] *Nettesheim*, Demokratisierung der Europäischen Union und Europäisierung der Demokratietheorie, in: Bauer/Huber, P.M./Sommermann (Hg.), Demokratie in Europa, 2005, S. 143 (148), spricht hier von den nunmehr existierenden „genuin politisch agierenden, politische Verteilungs- und Wertkonflikte entscheidenden" europäischen Hoheitsträgern; nach *Bach*, Die Bürokratisierung Europas, 1999, S. 7, war die Union bereits im Jahre 1999 ein „mächtiges transnationales politisches Steuerungszentrum mit expansiven Regelungskompetenzen auf immer mehr und substanzielleren Politikfeldern"; siehe für den erheblichen Schritt, der durch den Vertrag von Maastricht in dieser Entwicklung unternommen wurde, *Di Fabio*, Der neue Art. 23 des Grundgesetzes, Der Staat 32 (1993), 191 (195ff.), und für die Schritte bis einschließlich des Vertrages von Lissabon BVerfG, 2 BvE 2/08 vom 30. Juni 2009, Absatz-Nr. 1ff. – Lissabon.

[54] Siehe hierzu im Ersten Kapitel unter A. I. (S. 3ff.).

[55] Dies wurde bereits nach dem Vertrag von Maastricht gefordert: *Di Fabio*, Der neue

ischen Rechts hervorhebt. Die nationalstaatlichen Rechtserkenntnisse können und dürfen nicht einfach auf die Europäische Union übertragen werden,[56] doch heißt das nicht, dass – gleichsam in einer „postnationalen" und „postmodernen Beliebigkeit"[57] – die Errungenschaften aufgegeben werden dürfen, die sich in einer langen Rechtsgeschichte gebildet haben, teilweise mühsam erkämpft wurden. Es geht um den europäischen Grundrechtsschutz, um die europäische Demokratie und eine solidarische Rechtsstaatlichkeit, um den Ausgangspunkt eines strukturgebenden europäischen Rechtssystems, das auf die demokratische Selbstbestimmung und die Freiheit der Bürger ausgerichtet ist. So stellt sich der Rechtswissenschaft und der Rechtspraxis die Aufgabe, die europäischen Strukturprinzipien zu entfalten, so einer neuen Grundorientierung, einer neuen europäischen Weitsicht[58] zu dienen und der Rechtsetzung wie der Suche nach der Finalität der Integration, nach Freiheit und Demokratie Orientierung zu geben.

Die Absicht der folgenden Analyse ist selbstredend deutlich bescheidener, betrifft einen Teilaspekt dieser Aufgabe. Sie sucht dem Allgemeinheitsgedanken im europäischen Recht nachzuspüren, der auch einen Beitrag zu einem europäischen Rechtssystem leisten könnte. Die Allgemeinheit europäischer Verordnungen und Richtlinien könnte den Gefahren für die Freiheit, die Demokratie und den Raum des Rechts entgegenwirken, die insbesondere aus der „Regelungsflut" und Inkonsistenz der supranationalen sekundären Rechtsakte[59] rühren. Diese Allgemeinheit könnte einer abgestimmten Gesamtrechtsordnung dienen, den Grundrechtsschutz ergänzen und die Demokratie stärken. Die Allgemeinheit europäischer Rechtssätze könnte zu einem Aufbruch hin zu der geforderten „neuen Rechtsetzungskultur" beitragen.

II. Allgemeine Geltung der Verordnung

1. Ausdrückliche Allgemeinheitsforderung

Nach dem europäischen Primärrecht hat die Verordnung „allgemeine Geltung. Sie ist in allen ihren Teilen verbindlich und gilt unmittelbar in jedem Mitglied-

---

Art. 23 des Grundgesetzes, Der Staat 32 (1993), 191 (199ff., 216f.); *ders.*, Das Recht offener Staaten, 1998.

[56] *Di Fabio*, Eine Europäische Charta, JZ 2000, 737 (741).

[57] *Nettesheim*, Demokratisierung der Europäischen Union und Europäisierung der Demokratietheorie, in: Bauer/Huber, P.M./Sommermann (Hg.), Demokratie in Europa, 2005, S. 143 (167).

[58] Siehe hierzu bereits unter 1. (S. 386ff.).

[59] Siehe hierzu bereits unter A (S. 39ff.).

staat."[60] Das Europarecht fordert verbindlich eine Allgemeinheit der europäischen Verordnungen.

Das Tatbestandsmerkmal der allgemeinen Geltung wird zuweilen als ein Kriterium für die notwendige Abgrenzung zu den europäischen Entscheidungen[61] gedeutet, nicht als ein Allgemeinheitspostulat entfaltet.[62] Aber auch dann würde in dem Merkmal eine Allgemeinheitserwartung angesprochen, indem die Entscheidung als individuell-konkrete Maßnahme von der abstrakt-generellen Verordnung abzugrenzen wäre. Andere Stimmen in der Literatur gehen von einem materiellen Gehalt des Tatbestandsmerkmals aus, ohne diesen Gehalt jedoch tiefer greifend zu entfalten und verbindliche Aufträge von justitiablen Maßstäben abzugrenzen.[63] Der Europäische Gerichtshof betont, dass die allgemeine Geltung nach der Rechtsnatur und Rechtswirkung der Verordnung, nach ihrem Gegenstand und ihrem Inhalt sowie nach der „in dem Rechtsakt umschriebenen objektiven Rechts- und Sachlage in Verbindung mit der Zielsetzung" zu bestimmen ist.[64] Die europäischen Richter zeichnen in diesem Ausgangspunkt bestimmte finale Anforderungen an die Verordnung. Sie begründen in Inhalt, Gegenstand, Rechtsnatur und Wirkung personale, gegenständliche und instrumentelle, auch sprachliche Erwartungen.

Diesen Ausgangspunkt hat der Europäische Gerichtshof konkretisiert. Die allgemeine Verordnung ist „auf objektiv bestimmte Sachverhalte anwendbar" und entfaltet „Rechtswirkungen für allgemein und abstrakt umrissene Personengruppen."[65] Insbesondere in Abgrenzung zu den verbindlichen, nur für den genannten Adressaten geltenden Einzelmaßnahmen[66] gilt die Verordnung für eine unbestimmte Zahl von Fällen. Die allgemeine Geltung der Verordnung fordert hiernach eine personale und gegenständliche Allgemeinheit.[67] Die terri-

---

[60] Art. 249 Abs. 2 EGV; Art. 288 Abs. 2 AEU.

[61] Art. 249 Abs. 4 EGV; Art. 288 Abs. 4 AEU.

[62] *Ruffert*, in: Calliess/ders. (Hg.), EUV/EGV, 3. Auflage 2007, Art. 249 EGV Rdn. 39.

[63] *Schroeder*, in: Streinz (Hg.), EUV/EGV, 2003, Art. 249 EGV Rdn. 54 f.; *Schmidt*, in: von der Groeben/Schwarze (Hg.), Kommentar, Band 4, 6. Auflage 2003, Art. 249 EGV Rdn. 26; siehe bereits unter I. 2. (S. 390 ff.).

[64] EuGH, Rs. 242/81, Roquette Frères/Rat, Slg. 1982, 3213 Rdn. 7; Rs. 16–18/59, Geitling/Hohe Behörde, Slg. 1965, 65; Rs. 16 und 17/62, Confédération nationale, Slg. 1962, 963 Rdn. 1; insgesamt *Schmidt*, in: von der Groeben/Schwarze (Hg.), Kommentar, Band 4, 6. Auflage 2003, Art. 249 Rdn. 26; *Ruffert*, in: Calliess/ders. (Hg.), EUV/EGV, 3. Auflage 2007, Art. 249 EGV Rdn. 40; jeweils m. w. H.

[65] EuGH, Rs. 101/76, Scholten Honig/Rat, Slg. 1977, 797 Rdn. 20/22, 23/25; Rs. 242/81, Roquette Frères/Rat, Slg. 1982, 3213 Rdn. 7.

[66] Art. 249 Abs. 4 EGV spricht von der Entscheidung, die „für diejenigen verbindlich" ist, „die sie bezeichnet". Art. 288 Abs. 4 AEU nimmt nunmehr die Beschlüsse, die nicht an bestimmte Adressaten gerichtet und bisher nicht im Primärrecht geregelt waren, in das Primärrecht auf (zur vergleichbaren Bestimmung des VVE: *Ruffert*, in: Calliess/ders. (Hg.), VerfEU, Teil I, 2006, Art. I-33 Rdn. 106 ff.).

[67] *Schmidt*, in: von der Groeben/Schwarze (Hg.), Kommentar, Band 4, 6. Auflage 2003, Art. 249 EGV Rdn. 29.

toriale Allgemeinheit der Verordnung ordnet das Primärrecht ausdrücklich an. Die Verordnung gilt nicht für einen bestimmten Ort, sondern „in jedem Mitgliedstaat",[68] hat grundsätzlich den gleichen geographischen Anwendungsbereich wie das europäische Primärrecht.[69]

Das Allgemeinheitsgebot wird durch das Primärrecht und in dieser Deutung des Europäischen Gerichtshofs unmittelbar in territorialen, gegenständlichen und personalen Forderungen entfaltet. Damit legt die Rechtsprechung aber auch eine finale und instrumentelle sowie eine sprachliche Allgemeinheit nahe. Die verschiedenen Allgemeinheitsforderungen betonen jeweils ein Anliegen der Gesetzesallgemeinheit, wirken dabei aber zusammen. Eine Regelung ist regelmäßig nur dann im territorialen, gegenständlichen und personalen Sinn allgemein, wenn sie auch ein grundlegendes Ziel in Sprache und Regelungsstruktur verständlich verfolgt.[70] Wenn Emissionen für Fahrzeuge durch eine europäische Umweltverordnung reduziert werden sollen, wird die Regelung nicht auf Personenkraftwagen ausgerichtet und damit den Traktor aus Frankreich, das griechische Lastendreirad, das Motorrad in Madrid und das Boot in Venedig unberücksichtigt lassen, wird sie keine unverständliche, keine unübersetzbare Sprache und Regelungsstruktur wählen, um nicht letztlich ohne Wirkung zu bleiben. Die allgemeine gegenständliche, territoriale und personale Geltung der Verordnung fordert hiernach einen allgemeinen Tatbestand, der sämtliche Emissionen durch Verbrennungsmotoren verhindert. Wenn nach der Rechtsprechung des Europäischen Gerichtshofs die allgemeine Geltung nach der Rechtswirkung, nach dem Inhalt und der Zielsetzung zu bestimmen ist,[71] stellt diese Rechtsprechung in Rechtswirkung und Rechtsinhalt Forderungen der instrumentellen und sprachlichen Allgemeinheit, in der allgemein geltenden Zielsetzung auch der finalen Allgemeinheit auf. So sind in der Deutung des Europäischen Gerichtshofs sechs Allgemeinheitsmerkmale erkennbar, wenngleich mit unterschiedlicher Deutlichkeit. Gleichwohl wurde bislang kein Allgemeinheitspostulat zur Geltung gebracht.

2. *Einzelfallverordnungen*

Der Europäische Gerichtshof hat vielmehr selbst die Allgemeinheitspostulate aufgeweicht, die er in Einklang mit den primärrechtlichen Vorgaben zunächst

---

[68] Art. 249 Abs. 2 Satz 2 EGV, Art. 288 Abs. 2 Satz 2 AEU; *Nettesheim*, in: Grabitz/Hilf, Das Recht der Europäischen Union, Band III, Art. 249 EGV (August 2002) Rdn. 119.

[69] EuGH, Rs. 61/77, Komission/Irland, Slg. 1978, 447.

[70] Siehe hierzu unter B. VI. 8. (S. 172 ff.).

[71] EuGH, Rs. 242/81, Roquette Frères/Rat, Slg. 1982, 3213 Rdn. 7; Rs. 16–18/59, Geitling/Hohe Behörde, Slg. 1965, 65; Rs. 16 und 17/62, Confédération nationale, Slg. 1962, 963 Rdn. 1.

hervorhob. Hier wird eine Parallele zum deutschen Staatsrecht deutlich:[72] Das europäische Allgemeinheitspostulat wird in Rechtsprechung und Literatur kaum beachtet, in der gegenwärtigen Rechtspraxis kaum befolgt. Von der ausdrücklichen primärrechtlichen Vorgabe, dass eine Verordnung in „jedem Mitgliedstaat gilt",[73] werden Ausnahmen zugelassen. Verordnungen können ausdrücklich bestimmte Mitgliedstaaten aus ihrem Anwendungsbereich streichen oder sich nur einem einzelnen Mitgliedstaat widmen.[74] Der allgemeinen Geltung einer Verordnung steht nach der Rechtsprechung des Europäischen Gerichtshofs zudem nicht entgegen, „dass sich diejenigen Personen, auf die [die Verordnung ...] in einem gegebenen Zeitpunkt anzuwenden ist, der Zahl nach oder sogar namentlich mit mehr oder weniger großer Genauigkeit bestimmen lassen." Es müsse nur feststehen, dass die Verordnung nach ihrer Zweckbestimmung „auf Grund eines objektiven Tatbestands rechtlicher oder tatsächlicher Art anwendbar ist, den sie bestimmt. Daß sich eine Rechtsvorschrift auf die Einzelpersonen, auf die sie anwendbar ist, im konkreten Fall unterschiedlich auswirken kann, nimmt ihr ihren Verordnungscharakter dann nicht, wenn ihr Tatbestand objektiv bestimmt ist."[75] Dem ist insofern zuzustimmen, als die Allgemeinheit gerade im Regelungszweck und im „objektiven Tatbestand" aus einer temporalen, territorialen, personalen und gegenständlichen Absage an eine Einzelfallverordnung schöpft, eine allgemeine Regel zu bilden ist, die ggf. nur für einen Fall greifen mag. Doch erlaubt der Gerichtshof, dass eine Verordnung tatsächlich nur eine Person erfasst, solange die Person nicht bereits vor Erlass der Verordnung feststeht – sonst liegt eine sog. „Sammelentscheidung" vor.[76] Das Gericht lässt auch zu, dass die Verordnung unterschiedliche Wirkungen entfaltet. Hier rückt das Gericht von dem Kriterium ab, die Verordnung müsse in ihrer Wirkung allgemein sein. Verordnungen können auch – so der Gerichtshof – nur eng definierte Gegenstände, ein „bestimmtes Erzeugnis" erfassen und „ins einzelne gehende und festumrissene" Vorschriften enthalten.[77] Diese Deutung steht im Widerspruch zu der vom Gericht selbst betonten primärrechtlichen Grundaussage, die Verordnung müsse der gegenständlichen, personalen und territorialen Allgemeinheit folgen.

---

[72] Siehe hierzu unter C., insbes. unter II. (S. 196 ff.).

[73] Art. 249 Abs. 2 EGV, Art. 288 Abs. 2 AEU.

[74] Siehe hierzu EuGH, Rs. 6/68, Zuckerfabrik Watenstedt/Rat, Slg. 1968, 621; insgesamt *Schmidt*, in: von der Groeben/ Schwarze (Hg.), Kommentar, Band 4, 6. Auflage 2003, Art. 249 EGV Rdn. 32 ff.

[75] EuGH, verb. Rs. 402/05 und 415/05, Kadi, Urteil vom 3. September 2008, Rdn. 241 ff.; Rs. 101/76, Scholten Honig/Rat, Slg. 1977, 797 Rdn. 20/22, 23/25; Rs. 242/81, Roquette Frères/Rat, Slg. 1982, 3213 Rdn. 7.

[76] EuGH, Rs. 113/77, NTN Toyo Bearing Company/Rat, Slg. 1979, 1185; insgesamt: *Schroeder*, in: Streinz (Hg.), EUV/EGV, 2003, Art. 249 EGV Rdn. 55 m. w. H.

[77] EuGH, Rs. 8/55, Fédération Charonnière/Hohe Behörde, Slg. 1955, 56; Rs. 6/68, Zuckerfabrik Watenstedt/Rat, Slg. 1968, 621; insgesamt *Schmidt*, in: von der Groeben/Schwarze (Hg.), Kommentar, Band 4, 6. Auflage 2003, Art. 249 EGV Rdn. 29 m. w. H.

Zudem verschließt sich die europäische Rechtsetzungspraxis ausdrücklich der temporalen Allgemeinheit. Es werden Verordnungen erlassen, die nur für einen kurzen Zeitraum oder mitunter nur einen einzigen Tag gelten.[78] So werden nicht nur die personale, gegenständliche und territoriale Absage an die Einzelfallverordnung zurückgenommen, sondern es wird nahezu jede Einzelfallregelung in Form der Verordnung zugelassen. Die zeitliche Einschränkung der Regelung muss nur so gut gesetzt werden, dass die Verordnung nur eine Person, nur einen Gegenstand an einem Ort erfassen kann. Wortlaut und Idee des Primärrechts, welche die allgemeine Geltung der Verordnung in jedem Mitgliedstaat ausdrücklich vorsehen,[79] scheinen so verletzt, Einzelfallverordnungen werden nicht verhindert.

3. *Allgemeines Verordnungsrecht für 27 Mitgliedstaaten*

a) *Geltung in jedem Mitgliedstaat – territoriale Allgemeinheit*

Wenn das Primärrecht vorgibt, dass die Verordnung allgemein gilt, in all ihren Teilen verbindlich ist und jeden Mitgliedstaat erfasst, fordert es eine weitgreifende Allgemeinheit. Zunächst wird die allgemeine Geltung der Verordnung angeordnet, dann – im folgenden, gleichsam konkretisierenden, jedenfalls im unmittelbaren Zusammenhang hiermit stehenden Satz – die territorial allgemeine Geltung gefordert. Das Recht erwartet hiernach, dass durch die Verordnung eine Regelung für 27 Mitgliedstaaten getroffen wird. Eine Verordnung, die sich von vornherein nur an einen oder wenige Mitgliedstaaten richtet, ist damit unzulässig.[80] Doch heißt das nicht, dass die Regelung auch in all den Mitgliedstaaten tatsächlich wirken muss. Die Wirkung muss aber möglich, nicht nur irgendwie denkbar sein. Soll eine Regelung des Verbraucherschutzes getroffen werden, etwa für Versteigerungen auf Märkten und anderen öffentlichen Plätzen, sind nicht nur die Unterschiede zwischen Einwohnern aus München und Hamburg, sondern zudem die Verschiedenheiten der Bewohner Edinburghs, Lissabons, Stockholms, Neapels und Athens zu berücksichtigen. Die Verordnung darf nicht auf die Eigenarten etwa des Hamburger Fischmarkts oder des Münchner Viktualienmarkts zugeschnitten sein, so dass von vornherein nur hier die Verbraucher geschützt werden, sondern sie hat grundsätzlich auch die vergleichbaren Veranstaltungen in den anderen Mitgliedstaaten zu erreichen. Der Vertrag von Lissabon betont, dass die Union die „Gleichheit der Mitgliedstaaten vor den Verträgen“ und die „grundlegenden politischen und

[78] *Schmidt*, in: von der Groeben/Schwarze (Hg.), Kommentar, Band 4, 6. Auflage 2003, Art. 249 EGV Rdn. 29 m.w.H.

[79] Art. 249 Abs. 2 EGV, Art. 288 Abs. 2 AEU.

[80] *Nettesheim*, in: Grabitz/Hilf, Das Recht der Europäischen Union, Band III, Art. 249 EGV (August 2002) Rdn. 119.

verfassungsmäßigen Strukturen" der Staaten achtet, „einschließlich der regionalen und lokalen Selbstverwaltung".[81] Das Primärrecht regelt hier ausdrücklich einen zentraler Gedanken der territorialen Allgemeinheit.

Die territoriale Allgemeinheit erhebt wie die anderen Allgemeinheitsforderungen keinen Absolutheitsanspruch. Nicht jede Regelung muss in allen Staaten zur Anwendung kommen. Es ist aber eine Verallgemeinerung vorzunehmen, die von vornherein alle Staaten erfassen kann. Wenn die Europäische Union eine Regelung über den Schutz von Berggipfeln erließe, dann aber die Berghöhe derart hoch setzten würde, dass die Regelung nur für den Mont Blanc greift, gälte die Verordnung von vornherein nicht in jedem Mitgliedstaat, sie würde diese Vorgabe nicht erfüllen.

Neben dieser Allgemeinheit wirkt die beachtliche territoriale Allgemeinheitsforderung des deutschen Parlamentsgesetzes, das für 16 Bundesländer gilt, vergleichsweise bescheiden. *Montesquieu* hat die regionalen Unterschiede innerhalb eines Staats analysiert und betont, dass diesen nur durch grundlegende Regelungen hinreichend entsprochen wird.[82] Für das Recht der Europäischen Union gilt diese Erwägung mit ungleich größerem Nachdruck, wenn es in 27 verschiedenen Mitgliedstaaten wirken will. Es muss den Eigenarten der Staaten gerecht werden, die in der Sprache und Geographie, in Kultur und Lebensgewohnheiten, auch im Rechtssystem deutlich werden. Eine Regelung dieser Allgemeinheit zu erlassen ist ein anspruchsvolles Unterfangen. Es wird deutlich, welche mäßigende und rationalisierende Kraft bereits in der ausdrücklich angeordneten territorialen Allgemeinheit ruht und dass diese auf grundlegende Regelungen, auf eine finale Allgemeinheit drängt. So wird bereits hier verständlich, inwiefern mit der Stärkung der Allgemeinheit des europäischen Sekundärrechts ein Wechsel zu einer neuen Rechtsetzungskultur gelingen könnte.

b) *Umfassende Verbindlichkeit der Verordnung*

Das Primärrecht betont ausdrücklich, dass die Verordnung in „all ihren Teilen verbindlich" ist. Hierin liegt ein Unterschied zur Richtlinie, die lediglich „hinsichtlich des zu erreichenden Ziels" bindend wirkt.[83] Durch eine Verordnung kann eine abschließende Regelung getroffen, aber auch ein Rahmen gesetzt werden, den die Mitgliedstaaten dann ausfüllen. Die Verbindlichkeit erfasst in der gewählten Regelungsdichte Anmerkungen und Fußnoten, Ausnahmen hin-

---

[81] Art. 4 Abs. 2 S. 1 EU.

[82] *Montesquieu*, Vom Geist der Gesetze [De l'esprit des lois, 1748], 2003, Vorwort, 1. und 29. Buch; siehe oben unter B. IV. 3.

[83] Art. 249 Abs. 3 EGV, Art. 288 Abs. 3 AEU; siehe zur Richtlinie sogleich unter III.

sichtlich der verbindlichen Wirkung sind nicht zulässig[84] – dies ist ein Gedanke der instrumentellen Allgemeinheit.[85]

Adressaten einer Verordnung sind die Staaten und die Bürger. Die Verordnung ist aber auch für die europäischen Organe verbindlich.[86] Verordnungen müssen von Griechenland und Irland, von einem Portugiesen und einem Schweden, von deutschen und italienischen Verwaltungsstellen verstanden werden – ansonsten griffe ihre Verkündung[87] ins Leere. Die Verordnung will in ihrer gesamten Verbindlichkeit, d.h. in all ihren Teilen gleichheitsgerechte Wirkung entfalten. Die Einheitlichkeit des Rechts für 27 Mitgliedstaaten, die Gleichheit aller Bürger vor dem Gesetz sowie die Gleichbehandlung der Mitgliedstaaten[88] sind verbindliche Kernanliegen der europäischen Rechtsgemeinschaft.[89] Die Verordnung muss hiernach in 27 unterschiedlichen Rechtssystemen von den Bürgern und Verwaltungsstellen – der Gleichheit vor dem Gesetz folgend – aufgenommen werden können. Die europäischen Vorgaben sind in zahlreiche Sprachen zu übersetzen, ohne dass die Regelung dabei ihre gleichheitsgerechte Wirkung einbüßt.[90] Die Vielsprachigkeit Europas drängt so auf einfache Regelungen, auf eine sprachliche Allgemeinheit. Die Sprache der Verordnung muss auf Allgemeinverständlichkeit und Übersetzbarkeit angelegt sein. Die Verordnung will in all ihren Teilen gleichheitsgerecht wirken. Einer Regelung, die eine zu komplizierte Regelungsstruktur aufweist, wird dies nicht gelingen, sie wird bereits bei der Übersetzung in verschiedene Sprachen und Rechtssysteme ihre Wirkung einbüßen. Zwar sind europäische Rechtsakte nach europarechtlichen Regeln, nach einer europäischen Methode auszulegen, doch können die Juristen in 27 Mitgliedstaaten ihre eigene Rechtstradition nicht einfach abschütteln, wird es deshalb mit zunehmender Kompliziertheit des Rechts zunehmend zu

---

[84] *Nettesheim*, in: Grabitz/Hilf, Das Recht der Europäischen Union, Band III, Art. 249 EGV (August 2002) Rdn. 119 f.; *Schroeder*, in: Streinz (Hg.), EUV/EGV, 2003, Art. 249 EGV Rdn. 56; *Ruffert*, in: Calliess/ders. (Hg.), EUV/EGV, 3. Auflage 2007, Art. 249 EGV Rdn. 41; jeweils m. w. H.

[85] Siehe unter B. IV. 7.

[86] *Schroeder*, in: Streinz (Hg.), EUV/EGV, 2003, Art. 249 EGV Rdn. 56; *Nettesheim*, in: Grabitz/Hilf, Das Recht der Europäischen Union, Band III, Art. 249 EGV (August 2002) Rdn. 118 f.; jeweils m. w. H.

[87] Art. 254 EGV und Art. 297 AEU.

[88] Siehe hierzu sogleich unter VI. 3. und 4. (S. 460 ff.).

[89] EuGH, Rs. 33/76, Rewe/Landwirtschaftskammer Saarland, Slg. 1976, 1989 Rdn. 5; Rs.-63/01, Evans, Slg. 2003, I-14447 Rdn. 45; ständige Rechtsprechung, siehe hierzu auch m. w. H. *Ruffert*, in: Calliess/ders. (Hg.), EUV/EGV, 3. Auflage 2007, Art. 249 EGV Rdn. 22 ff.; *Oppermann*, Europarecht, 3. Auflage 2005, § 5 Rdn. 69 f.; *Streinz*, Europarecht, 7. Auflage 2005, Rdn. 169, 548 ff.

[90] Um dieses, das europäische Recht kennzeichnende Problem näher zu behandeln, wurde in Köln ein eigener Studiengang „europäische Rechtslinguistik" gegründet, der entsprechende juristische und sprachwissenschaftliche Kompetenzen entfalten will, *Burr/Kempen*, Europäische Rechtslinguistik, in: Gedächtnisschrift für Peter J. Tettinger, 2007, S. 673.

Unterschieden kommen.[91] Das Primärrecht zielt deshalb auf eine territoriale und finale,[92] aber auch auf eine sprachliche und instrumentelle Allgemeinheit.

So scheint *Montesquieu* auf europäischer Ebene neue Aktualität und Verbindlichkeit zu gewinnen: Verordnungen sind einfach und bündig zu formulieren, dürfen nicht „zu ausgetüftelt" sein, müssen in 27 Mitgliedstaaten „die gleiche Vorstellung erwecken" und ihre Wirkung tun, sich gegen Ausnahmen und Sonderregelungen wehren. Das Rechtsetzungsziel muss einer Verordnung würdig sein, eine „gewisse Arglosigkeit" besitzen, sachfremde Erwägungen sind auszuschließen. Überflüssige Rechtsakte schwächen die notwendigen. *Montesquieu* fordert eine Zurückhaltung der Rechtsetzung und damit auch der Zuständigkeit des Rechtsetzers. „Je umfangreicher" die Angelegenheiten der Union werden, „desto weniger beratschlagt man über sie". Aber das gute Recht will wohl überlegt sein, erwartet deshalb einen zurückgenommenen Regelungsauftrag. „Die politische Freiheit ist nur unter maßvollen Regierungen möglich" – es bedarf des Geistes der Mäßigung.[93]

c) Unmittelbare Wirkung und Verhältnismäßigkeit

Diese Forderungen werden durch die unmittelbare Wirkung der Verordnung gestärkt.[94] Die Verordnung wird anders als die Richtlinie nicht durch einen mitgliedstaatlichen Gesetzgebungsakt umgesetzt, sondern gilt unmittelbar, will im jeweiligen Rechtssystem mit dessen eigener Rationalität und dem spezifischen Regelungsstil gleichheitsgerecht wirken. Das europäische Recht ist auf die Aufnahme durch die Mitgliedstaaten und ihre Bürger angelegt, hat hierauf besondere Rücksicht zu nehmen.

Die mitgliedstaatlichen Rechtsordnungen sind in einem langen Prozess gewachsen, ihre Regelungen weitgehend aufeinander abgestimmt, jedenfalls durch die Rechtsanwendung in ein funktionierendes System integriert – aber sie unterscheiden sich vielfach. So differiert etwa das britische Recht erheblich von kontinental-europäischen Rechtssystemen.[95] Aber auch das italienische, fran-

---

[91] Siehe zu dem Einfluss der verschiedenen Rechtskulturen *Wahl*, Europäisierung: Die miteinander verbundenen Entwicklungen von Rechtsordnungen als ganzen, in: Trute/Groß/Röhl, H.C./Möllers, Chr. (Hg.), Allgemeines Verwaltungsrecht – zur Tragfähigkeit eines Konzepts, 2008, S. 869 (889 ff.).

[92] Siehe unter a) (S. 402 ff.).

[93] Insgesamt *Montesquieu*, Vom Geist der Gesetze [De l'esprit des lois, 1748], 2003, Vorwort, 1., 5. und 29. Buch, hier insbes. 1. und 16. Kapitel; siehe bereits oben unter B. IV. 3. (S. 119 ff.).

[94] Art. 249 Abs. 2 EGV, Art. 288 Abs. 2 AEU; *Nettesheim*, in: Grabitz/Hilf, Das Recht der Europäischen Union, Band III, Art. 249 EGV (August 2002) Rdn. 121 ff.; *Ruffert*, in: Calliess/ders. (Hg.), EUV/EGV, 3. Auflage 2007, Art. 249 EGV Rdn. 42 ff.

[95] Siehe zum britischen Case Law und zu dem von vornherein ersichtlichen Unterschied des Fehlens eines einheitlichen Verfassungsdokuments *Hoffmann-Riem*, Kohärenzvorsorge hinsichtlich verfassungsrechtlicher Maßstäbe für die Verwaltung in Europa, in: Trute/Groß/

zösische, griechische und deutsche Recht weisen erhebliche Unterschiede auf.[96] Die Verallgemeinerung der Verordnung muss sich im Rahmen eines unterschiedlichen Grundrechtsschutzes etwa in Großbritannien und Deutschland, in den Eigenarten der jeweiligen Rechtsetzungs- und Prüfsysteme, in den Verwaltungsstrukturen eines Bundes- oder Zentralstaats, mit Blick auf die rechtlichen Prioritäten in reichen und in armen Ländern und den Unterschieden der rechtlichen Regelungen – z. B. des Arbeitsrechts in Industrie- und Agrarstaaten – sowie in der allgemeinen Kultur der Rechtsbefolgung bewähren. Unter diesen Voraussetzungen will die Verordnung für alle Mitgliedstaaten gelten, insofern nicht unterscheiden, gleichheitsgerecht in den verschiedenen Rechtssystemen wirken.

Eine Verordnung verfolgt in 27 verschiedenen Rechtsordnungen ein Regelungsziel durch ein bestimmtes Regelungsmittel. Dies bringt Rechtskonflikte mit sich. Es treten – dies hat der Mandelkern-Bericht hervorgehoben – „unbeabsichtigte und potentiell recht schwerwiegende Auswirkungen" auf, die zum Teil allein im spezifischen mitgliedstaatlichen Regelungssystem liegen, und – weil es keines Umsetzungsakts bedarf – kaum gemildert werden können.[97] Die mitgliedstaatlichen Rechtsordnungen müssen regelmäßig angepasst werden, um die europarechtlichen Vorgaben in das dichte Rechtssystem des jeweiligen Mitgliedstaats zu integrieren und Rechtskonflikte zu vermeiden. Die staatlichen Organe vollziehen das Europarecht.[98] Eine europäische Verordnung muss

Röhl, H.C./Möllers, Chr. (Hg.), Allgemeines Verwaltungsrecht – zur Tragfähigkeit eines Konzepts, 2008, S. 749 (766 m. w. H.).

[96] Siehe für das Verfassungsrecht *Dogliani/Pinelli*, Italien, in: IPE I, 2007, § 5; *Jouanjan*, Frankreich, ebenda, § 2; *Koutnatzis*, Griechenland, ebenda, § 3; *H. Dreier*, Deutschland, ebenda, § 1; *Besselink*, Niederlande, ebenda, § 6 Rdn. 120ff.; *Wiederin*, Österreich, ebenda, § 7 Rdn. 68ff.; *Tuleja*, Polen, ebenda, § 8 Rdn. 62ff.; *H.-H. Vogel*, Schweden, ebenda, § 9 Rdn. 104; *Halmai*, Ungarn, ebenda, § 12 Rdn. 39ff.; *Kadelbach*, Bedingungen einer demokratischen Europäischen Union, EuGRZ 2006, 384; *Pernice*, in: Dreier, H. (Hg.), Grundgesetz. Kommentar, Band 2, 2. Auflage 2006, Art. 23 Rdn. 52; *H. Dreier*, ebenda, Art. 20 (Demokratie), Rdn. 33ff.; *Heuschling*, Krise der Demokratie und Krise in der juristischen Demokratielehre in Frankreich, in: Bauer/Huber, P.M./Sommermann (Hg.), Demokratie in Europa, 2005, S. 33 (36ff., 45f., 66); *Biernat*, Demokratieprinzip im polnischen Verfassungssystem, ebenda, S. 79; *Smith*, The Structure of Democracy in the United Kingdom and Problems of Development, ebenda, S. 69; *Biaggini*, Ausgestaltung und Entwicklungsperspektiven des demokratischen Prinzips in der Schweiz, ebenda, S. 107; *Cruz Villalón*, Eine Anmerkung zur Demokratie in Spanien, ebenda, S. 139; *Gerkrath*, Die Bedingungen der Demokratie in der Europäischen Union, EuGRZ 2006, 371; *Loughlin*, Großbritannien, in: IPE I, 2007, § 4 Rdn. 73ff.; *Biaggini*, Schweiz, ebenda, § 10 Rdn. 58ff.; *Medina Guerrero*, Spanien, ebenda, § 11 Rdn. 50ff.

[97] Insgesamt Der Mandelkern-Bericht, in: Bundesministerium des Innern (Hg.), Moderner Staat – Moderne Verwaltung, 2002, S. 67; *Schwarze/Becker/Pollack*, Die Implementation von Gemeinschaftsrecht, 1993, insbes. S. 68.

[98] Siehe hierzu *Streinz*, Europarecht, 7. Auflage 2005, Rdn. 533ff.; grundlegend *Brenner*, Der Gestaltungsauftrag der Verwaltung in der Europäischen Union, 1996; *von Danwitz*, Verwaltungsrechtliches System und Europäische Integration, 1996.

folglich in den Eigenarten jedes Rechtssystems vollziehbar sein. Beim Verordnungserlass sind diese Friktionen, ist die Vollziehbarkeit der Regelungen mitzudenken. Je enger das Regelungsziel und je spezieller das Regelungsmittel ist, desto schwerer wiegen diese Konflikte, so dass die europarechtlichen Vorgaben kaum oder nur mit hohen Befolgungslasten umgesetzt werden.

Ein Akt des Sekundärrechts darf nach dem europäischen Verhältnismäßigkeitsprinzip nicht über das für die Zielerreichung erforderliche Maß hinausgreifen.[99] Das allgemeine Regelungsziel ist hiernach mit allgemeinen und schonenden Regelungen zu verfolgen. Die Ausführungen zur Verhältnismäßigkeit des deutschen Bundesjustizministeriums bestätigen und verallgemeinern diese Aussage, wenn hiernach die Rechtsform zu wählen ist, „die die Mitgliedstaaten unter Berücksichtigung der Eignung der Maßnahme am wenigsten einengt." Die Regelungsdichte ist zurückzunehmen und auf die Verhältnisse in den einzelnen Mitgliedstaaten Rücksicht zu nehmen.[100] Aber auch das europäische Protokoll über die Anwendung der Grundsätze der Subsidiarität und der Verhältnismäßigkeit weist deutlich auf die Allgemeinheit des Sekundärrechts: „Was Art und Umfang des Handelns der Gemeinschaft betrifft, so sollte bei Maßnahmen der Gemeinschaft so viel Raum für nationale Entscheidungen bleiben, wie dies im Einklang mit dem Ziel der Maßnahme und den Anforderungen des Vertrags möglich ist. Unter Einhaltung der gemeinschaftlichen Rechtsvorschriften sollten bewährte nationale Regelungen sowie Struktur und Funktionsweise der Rechtssysteme der Mitgliedstaaten geachtet werden. Den Mitgliedstaaten sollten in den Gemeinschaftsmaßnahmen Alternativen zur Erreichung der Ziele der Maßnahmen angeboten werden, sofern dies für eine ordnungsgemäße Durchführung der Maßnahmen angemessen und erforderlich ist." Bei Rechtssätzen der Union ist zudem „eine möglichst einfache Form zu wählen, wobei darauf geachtet werden muss, daß das Ziel der Maßnahme in zufriedenstellender Weise erreicht wird und die Maßnahme tatsächlich zur Anwendung gelangt."[101] Das Europarecht bestätigt hier die finale, sprachliche und instrumentelle Allgemeinheit der Rechtsetzungsakte. Bezogen auf die Verordnung betont das Protokoll diese Merkmale ihrer allgemeinen Geltung.

Europäische Verordnungen müssen in besonderer Weise den Befolgungsaufwand in ein Verhältnis zum Nutzen stellen. Ein enges Regelungsziel und ein besonderes Regelungsmittel werden angesichts dieses Maßstabs und der Unter-

[99] Art. 5 Abs. 3 EGV; Art. 5 Abs. 4 EU; *Calliess*, in: ders./Ruffert (Hg.), EUV/EGV, 3. Auflage 2007, Art. 5 EGV Rdn. 6; *Emmerich-Fritsche*, Der Grundsatz der Verhältnismäßigkeit als Direktive und Schranke der EG-Rechtsetzung, 2000, insbes. S. 232 ff. zur zurückhaltenden Anwendung durch den Europäischen Gerichtshof, und S. 140 ff. zu den gemeinsamen Verfassungsüberlieferungen.

[100] Bundesministerium der Justiz (Hg.), Handbuch der Rechtsförmlichkeit, 2. Auflage 1999, Rdn. 290.

[101] Protokoll (Nr. 30) über die Anwendung der Grundsätze der Subsidiarität und der Verhältnismäßigkeit (1997), ABl. C 321 vom 29. Dezember 2006, S. 308 ff.

schiede in den Mitgliedstaaten nur selten den Vorgaben des Verhältnismäßigkeitsgrundsatzes folgen. So stehen bestimmte Zertifizierungen von Industrieprodukten oder detaillierte Vorschriften etwa im Bereich der Sicherheit der Lastschiffe schon auf Grund der aufwendigen Überwachung des Vollzugs außer Verhältnis zum Nutzen. Ein grundlegendes Ziel wiegt gegenüber einer Detailvorgabe nicht nur schwerer, sondern verursacht auch weniger Umsetzungslasten, so dass die Rechtfertigung gelingen wird. Auf Detailbestimmungen und überkomplizierte Verwaltungsanforderungen – dies hebt auch der Mandelkern-Bericht hervor – ist zu verzichten.[102] Würde das europäische Recht aus Sicherheitsgründen eine bestimmte Breite der Bürgersteige anordnen, wäre diese Forderung in engen italienischen und griechischen Städten von vornherein nicht durchsetzbar. Würde zum Schutz der Arbeitnehmer eine Tätigkeit im Freien ab einer bestimmten Höhe der Außentemperatur untersagt, würde dies in Schweden niemanden belasten, Cafés in Sizilien und Griechenland müssten jedoch ihre Terrassen tagsüber schließen. In dem geforderten Maß der Verallgemeinerung ruht eine Rationalität, welche die Verständlichkeit und Konsistenz des europäischen Rechts in der gesamten Union stärken würde. Die in dieser Verallgemeinerung angelegte Zurückhaltung nimmt zudem die Erwägung auf, dass jeder Mitgliedstaat eine eigene Regierung und ein eigenes Parlament hat, die einen Raum selbstständiger Gestaltung beanspruchen, den Arbeitnehmerschutz und die Breite der Bürgersteige selbst zu regeln suchen.[103] Das Europarecht scheint insgesamt auf eine finale, sprachliche und instrumentelle Allgemeinheit der Verordnungen zu drängen.

d) Allgemeine Geltung – die klassischen Allgemeinheitspostulate

Das europäische Primärrecht fordert ausdrücklich die „allgemeine Geltung" der Verordnung.[104] In diesem Allgemeinheitsmerkmal könnten – neben der ausdrücklich durch das Primärrecht hervorgehobenen territorialen Allgemeinheit

---

[102] Hierzu insgesamt wie zu den Beispielen: Der Mandelkern-Bericht, in: Bundesministerium des Innern (Hg.), Moderner Staat – Moderne Verwaltung, 2002, S. 24, 50.

[103] Siehe zu dem notwendigen Entscheidungsraum nationaler Parlamente BVerfG, 2 BvE 2/08 vom 30. Juni 2009, Absatz-Nr. 207 ff. – Lissabon.

[104] Art. 249 Abs. 2 EGV, Art. 288 Abs. 2 AEU. Art. 297 Abs. 2 Uabs. 1 AEU sieht vor, dass „Rechtsakte ohne Gesetzescharakter, die als Verordnung, Richtlinie oder Beschluss, der an keinen bestimmten Adressaten gerichtet ist, erlassen wurden, [...] vom Präsidenten des Organs unterzeichnet [werden], das sie erlassen hat." Sie werden nicht im Amtsblatt veröffentlicht. Diese Vorschrift regelt die Unterzeichnung und Veröffentlichung, trifft folglich keine Regelung über die grundsätzliche Geltung der Verordnung, tritt nicht in Widerspruch zu Art. 288 Abs. 2 AEU. Ihr kann daher nicht der Umkehrschluss entnommen werden, dass nichtallgemeine Verordnungen – Verordnungen ohne Gesetzescharakter – zulässig sind. Wenn eine Einzelfallregelung „als Verordnung" erlassen wird, handelt es sich nicht um eine Verordnung im Sinn des Primärrechts, sondern z. B. um einen Beschluss, der dann auch nicht im Amtsblatt veröffentlicht wird. Inwieweit aus der fehlerhaften Bezeichnung eine Europarechtswidrigkeit folgt, braucht hier nicht weiter geklärt zu werden.

– auch die weiteren drei klassischen Allgemeinheitsforderungen, die personale, gegenständliche und temporale Allgemeinheit wirken. Bereits in den 60er Jahren wurde betont – und dies wird heute ausdrücklich wiederholt –, dass sich die Verträge im Allgemeinheitsmerkmal die für den Rechtsstaat unentbehrliche Begriffsunterscheidung zwischen allgemeiner Norm und Einzelregelung zu eigen machten.[105] Allgemeine Geltung könne nur meinen, dass die Regelung hinsichtlich „der ins Auge gefaßten Anwendungsfälle als auch des betroffenen Personenkreises" generell wirkt, insgesamt generell-abstrakt ist und damit Rechtssatzqualität aufweist.[106]

Die personale und gegenständliche Verallgemeinerung werden seit jeher als unmittelbarer Wortsinn des Begriffes „allgemeine Geltung" verstanden.[107] Diese Forderungen enthalten eine Verallgemeinerung, welche Gleichheit vor dem Gesetz und so auch Gerechtigkeit und Rationalität verspricht.[108] Der Rechtsetzer darf nicht Privilegien an bestimmte Personen verteilen, auch nicht Einzelnen besondere Belastungen zumuten, solche Wirkungen auch nicht durch die Anknüpfung an einen Gegenstand erzeugen, sondern muss Regelungen für alle treffen. So ist auch auf europäischer Ebene ein freiheitsichernder Schutzwall zu errichten, der verhindert, dass das rechtsetzende Organ unmittelbar auf ein Individuum zugreift, dabei mit seiner legitimierenden Kraft droht, die Interessen des Individuums beiseitezuschieben. Es geht um den rechtlichen Schutz im Vorfeld der Betroffenheit.[109] Dieser baut essentiell auf eine personale und gegenständliche Verallgemeinerung. In der Bestimmung der allgemeinen Geltung der Verordnung scheint so eine justitiable Kernforderung der personalen und gegenständlichen Allgemeinheit zu liegen. In der Absage an das Einzelfallgesetz werden diese Forderungen um Grundgehalte der temporalen und der ohnehin ausdrücklich hervorgehobenen territorialen Forderung gestärkt.[110] In der Eu-

---

[105] *Fuss*, Rechtssatz und Einzelakt im Europäischen Gemeinschaftsrecht, NJW 1964, 327 (327); *Schmidt*, in: von der Groeben/Schwarze (Hg.), Kommentar, Band 4, 6. Auflage 2003, Art. 249 EGV Rdn. 29. Zudem wurde die gängige Auslegung des Merkmals kritisiert, wenn diese lediglich darauf ziele, den Kreis der für die Nichtigkeitsklage Antragsbefugten klein zu halten. Dieser Tendenz sei „mit Nachdruck entgegenzutreten" und „allein auf den abstrakt-generellen Regelungsgehalt abzustellen" (*Ruffert*, in: Calliess/ders. [Hg.], EUV/EGV, 3. Auflage 2007, Art. 249 EGV Rdn. 40 m.w.H.; siehe zum Rechtsschutz insgesamt *Schwarze*, Der Anspruch auf effektiven gerichtlichen Rechtsschutz im europäischen Gemeinschaftsrecht, in: Festschrift für Christian Starck, 2007, S. 645).

[106] *Schmidt*, in: von der Groeben/Schwarze (Hg.), Kommentar, Band 4, 6. Auflage 2003, Art. 249 EGV Rdn. 39; *Streinz*, Europarecht, 7. Auflage 2005, Rdn. 427; in diese Richtung weisen auch *Schroeder*, in: Streinz (Hg.), EUV/EGV, 2003, Art. 249 EGV Rdn. 54 f., und *Ruffert*, in: Calliess/ders. (Hg.), EUV/EGV, 3. Auflage 2007, Art. 249 EGV Rdn. 39 f.

[107] Siehe hierzu insgesamt unter B., insbes. unter VI. 4. und 5. (S. 165 ff.).

[108] Siehe unter C. VII. (S. 362 ff.) und im Ersten Kapitel insbes. unter B und D (S. 28 ff. und 35 f.).

[109] Siehe hierzu bereits unter C., insbes. unter II. (S. 196 ff.), VI. und VII. (S. 343 ff.) sowie im Ersten Kapitel unter A. I. (S. 3 ff.).

[110] Siehe hierzu unter B. VI. 2. bis 5. (S. 162 ff.).

ropäischen Union haben sich 27 Mitgliedstaaten dauerhaft verbunden. Die Union steht so in der Verantwortung, eine dauerhafte europäische Gemeinschaftsordnung zu setzen. Sie betont, dass der acquis communautaire zu erhalten ist.[111] Hier wird die Grundforderung der temporalen Allgemeinheit der Verordnung greifbar.

4. *Anspruch des Europarechts*

So könnte die Deutung des Europarechts zu den Kerngehalten der Allgemeinheitsmerkmale zurückkehren, wie sie in der Idee der allgemeinen Rechtsetzung ruhen[112] und auf die der Europäische Gerichtshof in verschiedenen Entscheidungen und im Ausgangspunkt der Deutung selbst zielt.[113] Das europäische Primärrecht würde dann in der Allgemeinheit der Verordnung einen Schritt zu einer ‚neuen Rechtsetzungskultur' verbindlich anordnen. Die räumliche Geltung erfasst grundsätzlich im Gebiet der Union die Besonderheiten von 27 Mitgliedstaaten und noch mehr Regionen. Die personale, territoriale und gegenständliche Allgemeinheit wollen der Betroffenheit der Menschen in den verschiedenen Staaten gerecht werden, die sprachliche Forderung die Verständlichkeit und Verbreitung des Rechts in der Vielsprachigkeit und Größe Europas gewährleisten. Die temporale Allgemeinheit bestätigt die Dauerhaftigkeit der Rechtsakte, des acquis communautaire, und die instrumentelle Forderung das Zusammenwirken von Europarecht und mitgliedstaatlichem Recht in zwei sich überschneidenden Rechtsbereichen, die zu koordinieren sind. Diese Koordination wird gelingen, wenn sich die europäische Rechtsetzung zurückhält, der Forderung der finalen Allgemeinheit folgt.[114]

Der Tatbestand der allgemeinen Geltung der Verordnung in all ihren Teilen und in allen Mitgliedstaaten scheint verbindlich auf die Grundgehalte aller sieben Allgemeinheitsmerkmale und in den klassischen vier Kernforderungen auch auf einen justitiablen Gehalt zu weisen. Diese Deutung könnte durch andere europarechtliche Regelungen gestützt werden,[115] insgesamt im Europarecht eine Forderung der Allgemeinheit des Sekundärrechts ersichtlich sein. Derzeit wird die ordnende und systematisierende Kraft der allgemeinen Regel auf europäischer und mitgliedstaatlicher Ebene[116] vernachlässigt, die rationalisierende, die freiheitsichernde Kraft der Verallgemeinerung nicht entfaltet. Hier liegt eine Ursache für die Regelungsdichte und fehlende Konsistenz der Rechts-

---

[111] *Streinz*, Europarecht, 7. Auflage 2005, Rdn. 97.

[112] Siehe insgesamt oben unter B. (S. 67 ff.).

[113] Siehe hierzu oben unter 1. (S. 398 ff.).

[114] Hierzu jüngst *Schambeck*, Subsidiarität und europäische Integration, in: Festschrift für Josef Isensee, 2007, S. 707.

[115] Siehe sogleich unter III. bis VIII. (S. 411 ff.).

[116] Siehe unter A (S. 39 ff.) und C., hier insbes. unter I. und II. (S. 174 ff.).

ordnung. Einzelfallregelungen erwarten neue Spezialregelungen, schaffen einen Sog hin zur Folgeregelung und zu einer Inkonsistenz der Rechtsordnung.[117] Demgegenüber enthält der Anspruch der Verordnung, gleichheitsgerecht für 27 Mitgliedstaaten zu wirken, ein weitgreifendes Verallgemeinerungsanliegen, eine starke freiheitsichernde, Konsistenz und auch Rationalität stiftende Kraft. Die europäische Rechtsetzung ist ein anspruchsvolles Unterfangen, dem die Idee der Allgemeinheit und damit ein hohes Maß an Rechtsetzungskultur zu eigen zu sein scheint.

III. Allgemeinheit der Richtlinien

1. Allgemeine und individuelle Richtlinien

„Die Richtlinie ist für jeden Mitgliedstaat, an den sie gerichtet wird, hinsichtlich des zu erreichenden Ziels verbindlich, überläßt jedoch den innerstaatlichen Stellen die Wahl der Form und der Mittel."[118] Nach dieser primärrechtlichen Vorgabe ist die Richtlinie ein Instrument, das sich – anders als die Verordnung – nur an die Mitgliedstaaten und grundsätzlich nicht unmittelbar an die Bürger richtet.[119] Die Richtlinie beauftragt die Mitgliedstaaten, durch Umsetzungsakte das vorgegebene Ziel zu erreichen. Ihre Verbindlichkeit bezieht sich nicht auf alle ihre Teile, sondern nur auf das zu erreichende Ziel, auf das Ergebnis, auf den vorgegebenen rechtlichen, wirtschaftlichen, den „sozialen Gesamtzustand".[120] Im verbindlichen Ziel werden aber auch Vorgaben für dessen Umsetzung gezeichnet. Von den in der eigenen Rechtsordnung zur Verfügung stehenden üblichen Maßnahmen sind die zu wählen. welche die wirksamste Umsetzung garantieren. Die effektive und vollständige Verwirklichung der europarechtlichen Vorgaben muss in bestimmter und eindeutiger Weise gewährleistet sein. Für die Veröffentlichung ist Sorge zu tragen.[121] Die Umsetzung kann über die Vorgaben der Richtlinie hinausreichen, darf dabei aber andere Bestimmungen des Europarechts nicht verletzen. Der Mitgliedstaat, der eine Richtlinie umsetzt, ohne

---

[117] Siehe hierzu unter I. (S. 386 ff.) und unter A. (S. 39 ff.).

[118] Art. 249 Abs. 3 EGV, Art. 288 Abs. 3 AEU.

[119] Siehe für den Sonderfall der an die Gemeinschaft gerichteten Richtlinie *Ruffert*, in: Calliess/ders. (Hg.), EUV/EGV, 3. Auflage 2007, Art. 249 EGV Rdn. 45 m. w. H.

[120] *Schmidt*, in: von der Groeben/Schwarze (Hg.), Kommentar, Band 4, 6. Auflage 2003, Art. 249 EGV Rdn. 38; *Ruffert*, in: Calliess/ders. (Hg.), EUV/EGV, 3. Auflage 2007, Art. 249 EGV Rdn. 45; jeweils m. w. H.; siehe zu der kritikablen deutschen Übersetzung *Zuleeg*, Der rechtliche Zusammenhalt der Europäischen Union, 2004, S. 91; insgesamt *Götz*, Europäische Gesetzgebung durch Richtlinien – Zusammenwirken von Gemeinschaft und Staat, NJW 1992, 1849; *Rehbinder*, Gesetzgebung in pluralistischen Rechtsordnungen, ZG 1994, 125 (129 f.).

[121] Der Mandelkern-Bericht, in: Bundesministerium des Innern (Hg.), Moderner Staat – Moderne Verwaltung, 2002, S. 78.

die notwendigen Rechtsetzungsakte in sein Rechtssystem einzupassen, verfehlt den Regelungsauftrag der Richtlinie.[122]

Die individuelle Richtlinie, die nur für einen einzelnen Mitgliedstaat gilt, wird von der allgemeinen Richtlinie unterschieden, die an alle Mitgliedstaaten gerichtet ist. Von dieser Trennung geht auch das Primärrecht aus, weil hiernach nur allgemeine Richtlinien im Amtsblatt veröffentlicht und somit Teil der allgemein verbindlichen Rechtsordnung werden.[123] Ausdrücklich wird die Allgemeinheit der Richtlinie – anders als die allgemeine Geltung der Verordnung – allerdings nicht angeordnet. Die Richtlinie bringt die Besonderheit mit sich, dass ihre Regelungsintensität zurückgenommen und auf Vervollständigung und Ergänzung durch die mitgliedstaatliche Gesetzgebung angelegt und angewiesen ist. Richtlinienallgemeinheit meint also bewusste Unvollständigkeit.

2. *Die Unterscheidung der Rechtsakte*

Die grundlegende und im Primärrecht hervorgehobene Unterscheidung zwischen Richtlinien und Verordnungen wird in der Praxis aufgeweicht. Es werden – etwa im Agrarbereich – Verordnungen erlassen, die sich wie Richtlinien nur an die Mitgliedstaaten richten. Eher in anderen Rechtsbereichen wirken Verordnungen, die wie eine Richtlinie umsetzungs- und ausfüllungsbedürftig sind.[124] Diese Verordnungen stehen in Einklang mit dem Primärrecht, weil sich eine Verordnung nicht an den Bürger richten und auch nicht eine abschließende Regelung treffen muss. Verordnungen erwarten ohnehin regelmäßig Anpassungsentscheidungen im nationalen Recht und den mitgliedstaatlichen Vollzug.[125] Die nicht unüblichen verordnungsähnlichen Richtlinien scheinen demgegenüber das Primärrecht zu verletzen, wenn sie den Mitgliedstaaten nicht nur das Ziel, sondern auch die für die Umsetzung zu wählende Form und die Mittel – die Genehmigung, die Gebühr oder eine zivilrechtliche Handlungsform – detailliert vorgeben.[126] Detailvorgaben in Richtlinien verengen den Gestaltungsraum der Mitgliedstaaten. Die Europäische Union neigt dazu, im Zweifel eine Verordnung statt einer Richtlinie zu erlassen und – falls nur eine Richtlinien-

---

[122] Siehe insgesamt und insbes. auch zur neueren Rechtsprechung des Europäischen Gerichtshofs *von Danwitz*, Rechtswirkungen von Richtlinien in der neueren Rechtsprechung des EuGH, JZ 2007, 697; zur Umsetzungspraxis *R. Breuer*, Betrachtungen zur Lage der Gesetzgebung, in: Festschrift für Josef Isensee, 2007, S. 345 (358f. m. w. H.).

[123] Art. 254 Abs. 2 Satz 1 und Abs. 3 EGV, Art. 297 Abs. 2 Uabs. 2 und Uabs. 3 AEU; siehe zur Entscheidung *Mager*, Die staatengerichtete Entscheidung als supranationale Handlungsform, EuR 2001, 661.

[124] Siehe hierzu *Härtel*, Handbuch europäische Rechtsetzung, 2006, S. 172ff.

[125] Siehe insgesamt *Härtel*, Handbuch europäische Rechtsetzung, 2006, S. 172ff. m. w. H.; siehe zu den notwendigen Anpassungsentscheidungen insgesamt unter II. (S. 398ff.).

[126] Siehe hierzu kritisch *Honsell*, Die Erosion des Privatrechts durch das Europarecht, ZIP 2008, 621 (insbes. 622 m. w. H.).

kompetenz besteht – in dieser detaillierte Vorgaben zu setzen.[127] Ein Beispiel bietet die Richtlinie zum Schutz vor künstlicher optischer Strahlung, die zunächst auch den Schutz vor Sonnenstrahlen umfasste, aber auch ohne diese Erweiterung und trotz ihrer Rechtsnatur als Richtlinie genaue Bestimmungen zu den Pflichten der Arbeitgeber bei der „Ermittlung der Exposition und Bewertung der Risiken" sowie Regelungen über die Maßnahmen zur „Vermeidung oder Verringerung" der Risiken, zum Verfahren der „Unterrichtung und Unterweisung der Arbeitnehmer" und der „Anhörung und Beteiligung der Arbeitnehmer" enthält. Zudem setzt sie Vorgaben für die Gesundheitsüberwachung, die „Sanktionen", „technische Änderungen", den hierfür zuständigen „Ausschuss" und regelt auf zahlreichen Seiten genaue Formeln und Tabellen für die „Expositionswerte".[128] Die Umsetzung solcher Richtlinien ist vergleichbar mit der Tätigkeit eines Sekretärs, der die Vorgaben lediglich abschreibt. Die Richtlinie wird letztlich zur Verordnung. Dem mitgliedstaatlichen Gesetzgeber wird ein Entscheidungsraum versperrt, der ihm ermöglicht, auf die Besonderheiten seiner Rechtsordnung einzugehen.[129] Diese Praxis scheint dem Prinzip der begrenzten Einzelermächtigung zu widersprechen, wenn das Primärrecht der Union den Erlass der Richtlinie, aber nicht der Verordnung erlaubt.[130] Muss den Mitgliedstaaten also auch nach dem Erlass einer Richtlinie ein Gestaltungsraum verbleiben[131] oder verlangt eine „effektive" europäische Rechtsetzung ein Aufweichen der Dichotomie von Richtlinie und Verordnung?[132]

---

[127] *Honsell*, Die Erosion des Privatrechts durch das Europarecht, ZIP 2008, 621 (622 m. w. H.); *Oppermann*, Europarecht, 3. Auflage 2005, § 6 Rdn. 85; Antwort der Bundesregierung auf die Anfrage verschiedener Abgeordneter und der Fraktion der FDP vom 9. Oktober 2007, BTDrs. 16/6672; Antwort des Parlamentarischen Staatssekretärs *Hartenbach* vom 29. April 2005 auf die Anfrage des Abgeordneten *Singhammer*, BTDrs. 15/5434; Der Mandelkern-Bericht, in: Bundesministerium des Innern (Hg.), Moderner Staat – Moderne Verwaltung, 2002, S. 67; *Ruffert*, in: Calliess/ders. (Hg.), EUV/EGV, 3. Auflage 2007, Art. 249 EGV Rdn. 47; *Reinhardt*, Wasserrechtliche Richtlinientransformation zwischen Gewässerschutzrichtlinie und Wasserrahmenrichtlinie, DVBl. 2001, 145; *R. Breuer*, Umsetzung von EG-Richtlinien im neuen Energiewirtschaftsrecht, NVwZ 2004, 520, für Beispiele mit hinreichendem Umsetzungsraum.

[128] Richtlinie 2006/25/EG des Europäischen Parlaments und des Rates vom 5. April 2006 über die Mindestvorschriften zum Schutz von Sicherheit und Gesundheit der Arbeitnehmer vor der Gefährdung durch physikalische Einwirkungen (künstliche optische Strahlung), ABl. L 114/38 vom. 27. April 2006.

[129] Siehe zu dieser Notwendigkeit: Der Mandelkern-Bericht, in: Bundesministerium des Innern (Hg.), Moderner Staat – Moderne Verwaltung, 2002, insbes. S. 78 ff.; *Schwarze/Becker/Pollack*, Die Implementation von Gemeinschaftsrecht, 1993, S. 56 ff.

[130] Siehe hierzu sogleich unter V. (S. 444 ff.) sowie *Härtel*, Handbuch europäische Rechtsetzung, 2006, S. 176 ff.

[131] Siehe hierzu *Hilf*, Die Richtlinie der EG – ohne Richtung, ohne Linie?, EuR 1993, 1 (insbes. 7); *Schwarze/Becker/Pollack*, Die Implementation von Gemeinschaftsrecht, 1993, insbes. S. 67 ff.; in diese Richtung weist auch *Härtel*, Handbuch europäische Rechtsetzung, 2006, S. 178 f. m. w. H.

[132] Siehe hierzu *Härtel*, Handbuch europäische Rechtsetzung, 2006, S. 179 ff., die an der Unterscheidung ausdrücklich festhält, aber auch die „reizvollen Mischformen" beleuchtet.

Das Primärrecht hält bis heute und auch bei Inkrafttreten des Vertrags von Lissabon an der Zweiteilung fest.[133] Hinzu kommen u. a. Entscheidungen – nach dem Vertrag von Lissabon Beschlüsse[134] –, die eine allgemeine Geltung entfalten und damit in ihrer Regelungswirkung einer Verordnung oder einer Richtlinie ähneln, ohne dass der Rat oder das Parlament zustimmen müssen. Der Vertrag von Lissabon sucht diese Rechtsetzungspraxis ausdrücklich zuzulassen, wenn hiernach Beschlüsse, die an bestimmte Adressaten gerichtet sind, nur für diese verbindlich sind, aber auch ‚allgemeine Beschlüsse' erlassen werden dürfen.[135] Die Kommission gewinnt nicht nur auf Grund der neu geregelten „Durchführungsrechtsetzung" eine von Sekundärrechtsakten abgeleitete Rechtsetzungskompetenz, sondern kann auch eigenständig abstrakt-generelle Regelungen erlassen.[136] So wird einerseits der Einfluss der Kommission gestärkt. Andererseits stellt sich die Frage nach der Unterscheidung der Rechtsakte der Union, der im Folgenden mit Blick auf die primärrechtliche Regelungsidee der allgemeinen Richtlinie auch in Abgrenzung zur Verordnung nachgegangen werden soll.

3. *Instrument zur Sicherung der Konsistenz des Rechts*

Die Richtlinie ist eine folgerichtige Idee der europäischen Rechtsordnung. Ein Ziel wird zentral vorgegeben und damit eine Einheitlichkeit garantiert. Die Mitgliedstaaten können in den Umsetzungsakten den Eigenarten ihrer Rechtsordnungen, des Landes, der Geographie und Kultur Rechnung tragen. Die Richtlinie verbindet die Rechtsetzungsverantwortung der Union mit der der Mitgliedstaaten und wird so zu einem Instrument, das der Konsistenz der Gesamtrechtsordnung – der instrumentellen Allgemeinheit – dient. Die Mitgliedstaaten können die effektiven Regelungsinstrumente wählen, die sich in die Gesamtrechtsordnung einpassen, rechtliche Verwerfungen vermeiden. Sie verantworten ihre Rechtsordnung einschließlich der Umsetzung des Europarechts. Durch die Richtlinie – nicht durch die Verordnung – greift die Europäische Union auf diese Verantwortlichkeit zurück und dient damit der Gesamtrechtsordnung, auch der Durchsetzungskraft des Europarechts. Es erscheint daher

---

[133] Art. 249 Abs. 2 und Abs. 3 EGV, Art. 288 Abs. 2 und Abs. 3 AEU; für eine klare, insgesamt vierteilige Struktur des europäischen Sekundärrechts *von Bogdandy/Bast/Arndt*, Handlungsformen im Unionsrecht, ZaöRV 62 (2002), 77 (156 f.).

[134] Art. 249 Abs. 4 EGV; Art. 288 Abs. 4 AEU.

[135] Siehe Art. 288 Abs. 4 AEU im Vergleich Art. 249 Abs. 4 EGV: „Die Entscheidung ist in allen ihren Teilen für diejenigen verbindlich, die sie bezeichnet."

[136] Siehe insgesamt *Lecheler*, Ungereimtheiten bei den Handlungsformen des Gemeinschaftsrechts – dargestellt anhand der Einordnung von „Leitlinien", DVBl. 2008, 873 (876 ff.).

sachgerecht, dass das Europarecht selbst vorgibt, grundsätzlich eine Richtlinie einer Verordnung vorzuziehen.[137]

Aus diesem Blickwinkel erstaunt es, dass die Europäische Union in der Praxis dieser Vorgabe und Rechtsetzungsidee nicht folgt und auf eine Richtlinie 24 Verordnungen erlässt.[138] Sie wählt also ganz überwiegend den Rechtsakt, welcher den 27 Mitgliedstaaten keinen eigenen Umsetzungsraum belässt, verkleinert diesen so kontinuierlich, schwächt die das Recht anpassende und ordnende Kraft der Mitgliedstaaten, ohne hinreichende eigene Koordinationsleistungen zu erbringen. Ein Grund hierfür könnte sein, dass Verordnungen keiner Umsetzungsakte bedürfen, somit Zeit gespart wird. Doch gewinnt dieses Argument angesichts des großen Problems der Inkonsistenz der Gesamtrechtsordnung kaum an Überzeugungskraft, auch weil die rechtlichen Friktionen selbst viel Zeit in Anspruch nehmen und der Regelungskraft, der „Glaubwürdigkeit" des Europarechts schaden.[139] Darüber hinaus ist zu bedenken, dass über eine Richtlinie leichter und schneller Einigung gefunden wird, bereits deshalb die vorgetragene Zeitersparnis angezweifelt werden kann.[140] Schwerwiegender erscheint die Erwägung, dass die Union Umsetzungsschwächen ausgemacht hat, um die Verfolgung der festgesetzten Ziele fürchtet und deshalb die Verordnung wählt.[141] Das Unionsrecht wird grundsätzlich von den Mitgliedstaaten vollzogen.[142] Auch deshalb neigt die Union selbst beim Erlass von Verordnungen dazu, Detailregelungen, unmittelbar verbindliches Recht zu erlassen, am besten Regelungen zu setzen, die „self-executing" sind, um die rechtliche Wirkung – so die Erwägung – weitestgehend selbst zu prägen.

Die gegenwärtigen Umsetzungsprobleme rühren jedoch – so die deutlichen Worte des Mandelkern-Berichts – „in erster Linie aus dem Inhalt und der Qualität der europäischen Rechtsetzung und aus der Übernahme in die nationalen Verwaltungsstrukturen und Rechtssysteme." Die Richtlinien haben „immer mehr technischen Charakter" und gehen „immer mehr ins Detail", weisen

---

[137] Protokoll (Nr. 30) über die Anwendung der Grundsätze der Subsidiarität und der Verhältnismäßigkeit (1997), ABl. C 321 vom 29. Dezember 2006, S. 308ff., Nr. 6.

[138] Siehe hierzu Antwort der Bundesregierung auf die Anfrage verschiedener Abgeordneter und der Fraktion der FDP vom 9. Oktober 2007, BTDrs. 16/6672; Antwort des Parlamentarischen Staatssekretärs *Hartenbach* vom 29. April 2005 auf die Anfrage des Abgeordneten *Singhammer*, BTDrs. 15/5434; *von Bogdandy/Bast/Arndt*, Handlungsformen im Unionsrecht, ZaöRV 62 (2002), 77; siehe bereits oben unter A. I., S. 39ff..

[139] Der Mandelkern-Bericht, in: Bundesministerium des Innern (Hg.), Moderner Staat – Moderne Verwaltung, 2002, S. 11, 16, 23f.

[140] Der Mandelkern-Bericht, in: Bundesministerium des Innern (Hg.), Moderner Staat – Moderne Verwaltung, 2002, S. 67.

[141] Hierzu *Hilf*, Die Richtlinie der EG – ohne Richtung, ohne Linie?, EuR 1993, 1 (16ff.); *Härtel*, Handbuch europäische Rechtsetzung, 2006, S. 176ff.

[142] *Streinz*, Europarecht, 7. Auflage 2005, Rdn. 533ff.; *Pühs*, Der Vollzug von Gemeinschaftsrecht, 1997; siehe hierzu auch sogleich unter VII. 1. (S. 466ff.).

Mängel in „Einfachheit, Klarheit und Zugänglichkeit“ auf.[143] Ein Beispiel bietet neben der bereits erwähnten Richtlinie zum Schutz vor künstlicher optischer Strahlung[144] auch die Umsatzsteuer-Systemrichtlinie.[145] Hinzu treten Probleme, die aus der nationalen Praxis, aus Unterschieden in den nationalen Rechtssystemen und aus der unterschiedlichen Rechtskultur rühren. Gleichwohl bleibt der Befund, dass nicht die Richtlinie als Instrument und auch nicht primär die fehlende Umsetzungsbereitschaft der Mitgliedstaaten das Regelungsziel gefährden, sondern – dies hebt der Mandelkern-Bericht hervor – die Ausgestaltung der Richtlinie, ihre fehlende Allgemeinheit: „Mangelnde Einfachheit, Klarheit und Transparenz europäischer Rechtsvorschriften – wie etwa unklare, verwirrende Terminologie, unvollständige und inkonsequente Rechtsetzung oder der Gebrauch vager Begriffe – bilden ernsthafte Probleme. Viele Probleme im Zusammenhang mit der Transparenz europäischer Rechtsvorschriften entstehen dadurch, dass innerhalb der Kommission unterschiedliche Rechtsetzungskulturen existieren, die alle ihre eigenen Traditionen aufweisen. Den mit der Verständlichkeit verbundenen technischen Aspekten europäischer Rechtsetzung wird von den an der Ausarbeitung europäischer Vorschriften beteiligten Parteien keine vorrangige Bedeutung beigemessen, und diese geringe Bedeutung führt dazu, dass Bemerkungen zu den technischen Aspekten wenig Beachtung finden. Werden diese Differenzen dann im Weg eines Kompromisses überbrückt, trägt dies häufig nicht unbedingt zur Klarheit des Rechts bei, sondern ist fester Bestandteil des europäischen Prozesses des ‚ausgehandelten Rechts‘. Ferner kann es vorkommen, dass verschiedene europäische Rechtsakte nicht genügend miteinander koordiniert werden. Rechtsakte enthalten zuweilen widersprüchliche Anforderungen hinsichtlich des gleichen Rechtsgegenstands. Die Hauptursache für diese unzureichende interne Harmonisierung liegt oft darin begründet, dass sich die verschiedenen [... Generaldirektionen] der Kommission jeweils auf ihre eigene Rechtsetzung konzentrieren. Dementsprechend bekommen die Mitgliedstaaten bei der Anwendung und der Durchsetzung dieser ins nationale Recht umgesetzten Rechtsakte Schwierigkeiten, und der Dialog mit der Kommission stellt sich dann häufig als schwierig dar.“ Insgesamt werde zu wenig auf die „Anwendbarkeit, Befolgungsmöglichkeit und Durchsetzbarkeit des europäischen Rechtsakts selbst und/oder die insofern erforderlichen An-

---

[143] Der Mandelkern-Bericht, in: Bundesministerium des Innern (Hg.), Moderner Staat – Moderne Verwaltung, 2002, S. 78ff.; *Oppermann*, Europarecht, 3. Auflage 2005, § 6 Rdn. 85; *Streinz*, Europarecht, 7. Auflage 2005, Rdn. 433ff.; *Härtel*, Handbuch europäische Rechtsetzung, 2006, S. 176ff.; siehe für die Forderung der Rücknahme der Regelungsdichte *von Danwitz*, Wege zur besserer Gesetzgebung in Europa, JZ 2006, 1 (5).

[144] Richtlinie 2006/25/EG des Europäischen Parlaments und des Rates vom 5. April 2006 über die Mindestvorschriften zum Schutz von Sicherheit und Gesundheit der Arbeitnehmer vor der Gefährdung durch physikalische Einwirkungen (künstliche optische Strahlung), ABl. L 114/38 vom 27. April 2006.

[145] Umsatzsteuersystem-Richtlinie, DStR 2008, 1.

wendungsmaßnahmen geachtet." Die Erfahrungen und Einwände der Vollzugsbehörden sind frühzeitig aufzunehmen. All diese Ursachen können insgesamt zu einer „Stagnation bei der Anwendung und Durchsetzung einer (umgesetzten) europäischen Richtlinie führen", und damit letztlich zu einer Entrechtlichung. Daher wird „ein besseres Gleichgewicht zwischen detaillierten und technischen Rechtsvorschriften einerseits und der Freiheit der Mitgliedstaaten hinsichtlich der Wahl und der Form des Umsetzungsinstruments andererseits" gefordert, daneben aber auch angemahnt, Richtlinien nicht über Gebühr umzusetzen, nicht „draufzusatteln", weil es sonst zu Friktionen mit anderen europäischen Rechtsakten kommen kann.[146]

4. *Immanente Allgemeinheitsforderungen*

Der Mandelkern-Bericht drängt die Europäische Union ausdrücklich, Richtlinien zu erlassen, die im sprachlichen und instrumentellen Sinn allgemein sind. Diese Forderungen würden in weitem Umfang erfüllt, wenn in Richtlinien – wie primärrechtlich gefordert – nur ein Ziel festgesetzt, den innerstaatlichen Stellen aber die Wahl der Form und Mittel überlassen würde. Der ausdrücklichen Forderung des Primärrechts ist – entgegen der Rechtsetzungspraxis[147] – wieder zu folgen. Die Richtlinie darf hiernach keine Regelungsinstrumente vorgeben. Zudem ist das Ziel, der zu erreichende Zustand,[148] so zu zeichnen, dass eine eigenständige mitgliedstaatliche Umsetzung möglich bleibt, die den Besonderheiten der jeweiligen Rechtsordnung gerecht wird. Wie bei der Verordnung muss auch bei der Richtlinie nach dem Protokoll über die Anwendung der Grundsätze der Subsidiarität und der Verhältnismäßigkeit die notwendige Umsetzungslast in einem angemessenen Verhältnis zum Regelungsziel stehen.[149] Die Fassung des Protokolls nach dem Vertrag von Lissabon betont diese Forderungen, wenn neben den bislang hervorgehobenen Verwaltungslasten der Mitgliedstaaten und den Auswirkungen für ihre Regionen und Bürger[150] ausdrücklich auch die Folgen auf die von den Mitgliedstaaten erlassenen Rechtsvorschriften bei dieser Analyse einzubeziehen sind.[151] Der europäische Rechtsetzer

[146] Insgesamt: Der Mandelkern-Bericht, in: Bundesministerium des Innern (Hg.), Moderner Staat – Moderne Verwaltung, 2002, S. 78ff. (Zitat auf S. 82); *Robinson*, Drafting of EU Acts: A View from the European Commission, EJLR 2008, 151; *von Danwitz*, Wege zur besserer Gesetzgebung in Europa, JZ 2006, 1 (7ff.).

[147] Siehe unter 2. (S. 412ff.).

[148] Siehe hierzu unter 1. (S. 411f.).

[149] Protokoll (Nr. 30) über die Anwendung der Grundsätze der Subsidiarität und der Verhältnismäßigkeit (1997), ABl. C 321 vom 29. Dezember 2006, S. 308ff.

[150] Protokoll (Nr. 30) über die Anwendung der Grundsätze der Subsidiarität und der Verhältnismäßigkeit (1997), ABl. C 321 vom 29. Dezember 2006, S. 308ff., Nr. 9 Spiegelstr. 3.

[151] Art. 5 des Protokolls über die Anwendung der Grundsätze der Subsidiarität und der Verhältnismäßigkeit nach dem Vertrag von Lissabon, ABl. C 115/207 vom 9. Mai 2008.

muss umfassend die Folgen einer Richtlinie vor ihrem Erlass ermessen – ein nicht einfaches Vorhaben bei 27 Mitgliedstaaten. Dieser Befund drängt darauf, mit Richtlinien – wie mit Verordnungen – grundsätzliche Ziele zu verfolgen.

Die Richtlinie ist ein Rechtssatz, der die Umsetzung durch – so der Europäische Gerichtshof – normative Akte, durch einen verbindlichen rechtlichen Rahmen erwartet. Eine richtlinienkonforme Verwaltungspraxis oder umsetzende Verwaltungsvorschriften genügen nicht, weil diese leicht geändert werden könnten und damit der im festgesetzten Ziel geforderten Kontinuität widersprochen würde.[152] Diese Rechtserwartungen an die Umsetzung führen zu Rückschlüssen für die Richtlinie, die dieser als kooperativ-zweistufigem Regelungsinstrument[153] ohnehin immanent zu sein scheinen. Das Richtlinienziel muss, wenn eine dauerhafte Umsetzung gefordert wird, auch kontinuierlich wirken können (temporale Allgemeinheit) und durch einen verbindlichen rechtlichen Rahmen in 27 Mitgliedstaaten umsetzbar sein. Es darf daher nicht zu kurzfristig, nicht zu eng, nicht auf Einzelfallmaßnahmen ausgerichtet sein, weil sonst innerstaatlich das Instrument der Verwaltungspraxis oder Verwaltungsvorschriften und Verwaltungsakte zu wählen wären. Das Ziel der Richtlinie muss ihrer normativen Umsetzung entsprechen. So wird eine personale und gegenständliche, auch eine territoriale und temporale Weite des Ziels gefordert und diese Merkmale der finalen Allgemeinheit betont.[154]

Durch den Umsetzungsakt soll den Besonderheiten der entsprechenden mitgliedstaatlichen Rechtsordnung Rechnung getragen werden. Das vorgegebene Ziel muss daher eine Umsetzung erlauben, die sich in die Rechtsordnung des jeweiligen Mitgliedstaats einpasst. Wie bei der Verordnung ist auch hier die Vielsprachigkeit Europas, sind die geforderten rechtlichen und sprachlichen Übersetzungsleistungen mitzudenken.[155] Diese Anforderungen an die Richtlinie – und die vergleichbaren Forderungen, die an Verordnungen gestellt werden[156] – wachsen mit der Zahl der Mitgliedstaaten. So haben sich in den letzten Jahren mit der Bildung einer Union der 27 Mitgliedstaaten die Allgemeinheitserwartungen erhöht.

Die Richtlinie zielt insgesamt auf eine sprachliche, temporale und finale Allgemeinheit, auf die Vorgabe eines grundlegenden und dauerhaften Ziels. Die

---

[152] EuGH, Rs. 102/79, Kommission/Belgien, Slg. 1980, 1473 Rdn. 10f.; Rs. C-358/98, Kommissoin/Italien, Slg. 2000, I-1255, Rdn. 17; Rs. C-131/88, Kommission/Deutschland, Slg. 1991, I-825; *Ruffert*, in: Calliess/ders. (Hg.), EUV/EGV, 3. Auflage 2007, Art. 249 EGV Rdn. 59f.

[153] Hierzu *Hilf*, Die Richtlinie der EG – ohne Richtung, ohne Linie?, EuR 1993, 1 (4f.); *Ruffert*, in: Calliess/ders. (Hg.), EUV/EGV, 3. Auflage 2007, Art. 249 EGV Rdn. 45 m. w. H.

[154] Siehe hierzu unter B. VI. 6. (S. 168ff.) und 8. (S. 172ff.).

[155] Siehe hierzu jüngst *Wahl*, Europäisierung: Die miteinander verbundenen Entwicklungen von Rechtsordnungen als ganzen, in: Trute/Groß/Röhl, H. C./Möllers, Chr. (Hg.), Allgemeines Verwaltungsrecht – zur Tragfähigkeit eines Konzepts, 2008, S. 869 (889ff.).

[156] Siehe unter II. (S. 398ff.).

Richtlinie, die ein solches Ziel bestimmt, setzt die primärrechtlichen Vorgaben um und folgt – wie von selbst – den Erwartungen der instrumentellen Allgemeinheit, weil kein Regelungsinstrument vorgeschrieben wird und das Ziel verschiedene Umsetzungsmöglichkeiten und damit die Koordination mit der mitgliedstaatlichen Rechtsordnung erlaubt. So gibt das Primärrecht in der Entscheidung für die Richtlinie die Grundgedanken einer sprachlichen, temporalen, instrumentellen und finalen Allgemeinheit vor – diese Allgemeinheitsforderungen sind dem Regelungsinstrument der Richtlinie immanent.

5. Unmittelbare Geltung der Richtlinie

Die europäische Richtlinie verliert aber ein Stück dieser Allgemeinheit und damit ihrer integrierenden Kraft, wenn sie ohne den Umsetzungsakt des Mitgliedstaats zu unmittelbar verbindlichem Recht wird. Nach der Rechtsprechung des Europäischen Gerichtshofs gelten Bestimmungen einer Richtlinie zugunsten des Einzelnen bei unzureichender Umsetzung unmittelbar, wenn die Umsetzungsfrist abgelaufen ist und die Regelungen der Richtlinie unbedingt, hinreichend genau und somit geeignet sind, unmittelbare Wirkung für den Einzelnen zu entfalten. Diese Rechtsprechung durchbricht den Grundsatz, dass die Richtlinie dem Mitgliedstaat einen Gestaltungsraum bei der Umsetzung belässt, insbesondere damit dem Bürger die schützenden Verpflichtungen aus den Richtlinien zu Gute kommen.[157] Der Gerichtshof geht aber davon aus, dass Richtlinien nicht subjektive Rechte einräumen müssen, um unmittelbare Wirkung zu entfalten.[158]

Das Erfordernis der Allgemeinheit der Rechtssätze stellt jedoch die Frage, ob bei fehlender oder mangelhafter Umsetzung der Richtlinie auf die mitgliedstaatliche Anpassung verzichtet werden kann, oder ob die Befolgung des Richtlinienauftrags – die Umsetzung – erzwungen werden muss. Die Geltung nur der Regelungen der Richtlinie, welche die Voraussetzungen der unmittelbaren

[157] EuGH, RS. 148/78, Ratti, Slg. 1979, 1629, 1. Leitsatz und Rdn. 18ff.; siehe bereits Rs. 33/70, S.P.A. SACE/Ital. Finanzministerium, Slg. 1970, 1223, 1. Leitsatz Rdn. 14ff.; ständige Rechtsprechung; siehe insgesamt *Arndt*, Europarecht, 8. Auflage 2006, S. 103ff.; *Schmidt*, in: von der Groeben/Schwarze (Hg.), Kommentar, Band 4, 6. Auflage 2003, Art. 249 EGV Rdn. 42; *Haratsch/Koenig/Pechstein*, Europarecht, 5. Auflage 2006, S. 135ff.; *Leonard*, Die Rechtsfolgen der Nichtumsetzung von EG-Richtlinien, 1997; siehe hierzu sowie zu der mittlerweile errungenen Akzeptanz dieser Rechtsprechung *Ruffert*, in: Calliess/ders. (Hg.), EUV/EGV, 3. Auflage 2007, Art. 249 EGV Rdn. 73ff. m.w.H.

[158] Deutlich EuGH, Rs. C-431/92, Kommission/Deutschland, Slg. 1995, I-2189, Rdn. 24ff.; siehe aber bereits Rs. C-271/91, Marshall, Slg. 1993, I-4367 insbes. Rdn. 34f.; Rs. 380/87, Enichem Base, Slg. 1989, 2491 Rdn. 23; siehe für diese Diskussion *Gellermann*, Beeinflussung des bundesdeutschen Rechts durch Richtlinien der EG, 1994, S. 125ff.; *Ruffert*, in: Calliess/ders. (Hg.), EUV/EGV, 3. Auflage 2007, Art. 249 EGV Rdn. 94ff. m.w.H., der mit der Bemerkung schließt, dass die unmittelbare Wirkung von Richtlinien ein subjektives Recht nicht voraussetzt, aber zur Entstehung bringt.

Wirkung erfüllen, trägt eine strukturelle Differenz in das Richtlinienrecht hinein, schafft insbesondere eine Ungleichheit, wenn nur die begünstigenden Vorschriften unmittelbar gelten sollen. Dann gelten manche Regelungen, manche aber auch nicht. Diese Parzellierung verletzt im Fall der unmittelbaren Geltung nur einiger Richtlinienbestimmten das Allgemeinheitserfordernis. Die mitgliedstaatlichen Organe integrieren dann nicht gegenstands- und betroffenengerecht die in der Richtlinie gesetzte europarechtliche Vorgabe, es wird nicht die Gesamtkonzeption der Richtlinie in die nationale Rechtsordnung integriert, sondern nur ein Torso der Richtlinie innerhalb der nationalen Rechtsordnung beachtet. Die Idee der Allgemeinheit verdeutlicht die Höhe des Preises dieser unmittelbaren Durchsetzung von Richtlinienbestimmungen, wenn die Allgemeinheit der Richtlinie, die in ihren gesamten Regelungen dem Ganzen, dem gemeinen Wohl zu dienen sucht, zugunsten der Geltung einzelner Regelungen beiseitegeschoben wird. Rechtlich darf es eine nicht umgesetzte Richtlinie nicht geben, ebenso aber auch nicht die unmittelbar nur teilverbindliche Richtlinie, die in ihrem Verbindlichkeitsgrund notwendig ihre Allgemeinheit verliert. Das europäische Allgemeinheitspostulat legt hier nahe, in der Richtlinie Bestimmungen vorzusehen, die im Fall eines Versäumnisses der Umsetzung die unmittelbare Wirkung regeln,[159] oder die Umsetzungsverpflichtung durchzusetzen.

6. *Drängender Koordinationsauftrag und institutionelle Beratung*

Der Mandelkern-Bericht deckt einen Mangel an Koordination im europäischen Recht auf und betont so das Anliegen, rechtliche Widersprüche zu vermeiden, eine konsistente und verständliche Gesamtrechtsordnung zu errichten. Wie im innerstaatlichen Recht wäre auch auf europäischer Ebene zu erwägen, durch ein beratendes Gremium, durch einen Rechtsetzungsrat die geforderte Abstimmung des Rechts zu sichern. Das Europarecht sollte in sich stimmig sein und mit den mitgliedstaatlichen Rechtsordnungen harmonieren. Angesichts der gegenwärtigen Struktur des Europarechts, eines rund 100.000 Seiten umfassenden acquis communautaire,[160] einer Union der 27 Mitgliedstaaten scheint dies ein anspruchsvolles Anliegen zu sein, das durch zahlreiche Fachleute, durch einen Rechtsetzungsrat umgesetzt werden könnte, der aus – das liegt nahe – 27 Experten besteht. Dieser Rat hätte keinen Auftrag zur politischen Gestaltung, sondern würde beratend tätig, als Berater aber der Rechtsordnung, dem – so *von Savigny* – rechtswissenschaftlichen Element der Rechtsetzung dienen.[161] Er

[159] Siehe zu diesem Vorschlag *Hilf*, Die Richtlinie der EG – ohne Richtung, ohne Linie?, EuR 1993, 1 (21 f.).

[160] Siehe insgesamt unter A. I. (S. 39 ff.).

[161] Siehe hierzu oben unter C. III. 8. b) (S. 292 ff.).; siehe für den Koordinationsauftrag

würde überflüssige, widersprüchliche Regelungen ausmachen und bei der Abfassung neuer Rechtssätze die Notwendigkeit der rechtlichen Abstimmung betonen, er würde den europäischen Organen die Folgen der Rechtssätze in 27 Mitgliedstaaten aufzeigen und so einen rechtskonformen Erlass ermöglichen, dem wichtigen Informationsaustausch zwischen Union und Mitgliedstaaten dienen.[162] Es ginge darum, das Sekundärrecht stärker auf die mitgliedstaatlichen Belange auszurichten, so die Grundsätze der Verhältnismäßigkeit und Subsidiarität zu befolgen,[163] die Gesetzgebungsqualität in Europa insgesamt zu verbessern und in Zusammenarbeit mit den mitgliedstaatlichen Gremien dem drängenden rechtlichen Koordinationsauftrag, einer konsistenten Gesamtrechtsordnung zu dienen.[164] Der Rat böte eine institutionelle Sicherung für den geforderten Aufbruch in eine neue Rechtsetzungskultur, die losgelöst von dem Entwurf des Rechtsakts, der rechtlichen Übersetzung des politischen Vorhabens, der staatenübergreifenden Expertise insbesondere der Kommission[165] in allgemeinen Richtlinien und Verordnungen eine elementare Stütze fände.

IV. Demokratische Erwartungen an das Sekundärrecht

1. Die aktuelle Frage nach der europäischen Demokratie

Die Europäische Union ist demokratischen Grundsätzen verpflichtet. Das europäische Primärrecht zeichnet ein originär europarechtliches Demokratieprinzip, das den Grundsätzen folgt, wie sie allen Mitgliedstaaten gemein sind.[166]

---

unter I. (S. 386 ff.) und unter A., insbes. unter V. (S. 57 ff.); für eine unabhängige Gesetzgebungsberatung *von Danwitz*, Wege zur besserer Gesetzgebung in Europa, JZ 2006, 1 (3 f.).

[162] *Schwarze/Becker/Pollack*, Die Implementation von Gemeinschaftsrecht, 1993, deutlich S. 94 f.

[163] Siehe hierzu auch sogleich unter V. (S. 444 ff.).

[164] Zur Notwendigkeit dieses Zusammenwirkens deutlich *Zuleeg*, Der rechtliche Zusammenhalt der Europäischen Union, 2004, S. 115 f.

[165] Siehe hierzu jüngst *Robinson*, Drafting of EU Acts: A View from the European Commission, EJLR 2008, 151 (153 ff.).

[166] Abs. 3 und Abs. 6 der Präambel sowie Art. 6 Abs. 1 EUV, Abs. 2, Abs. 4 und Abs. 7 der Präambel und Art. 2, Art. 9 ff. EU; siehe zur europarechtlichen Forderung der Demokratie: EuGH, Rs. 138/79, Roquette Frères/Isoglucose, Slg. 1980, 3300 Rdn. 33; *Frowein*, Die rechtliche Bedeutung des Verfassungsprinzips der parlamentarischen Demokratie für den europäischen Integrationsprozeß, EuR 1983, 301; *Häberle*, Europäische Verfassungslehre, 5. Auflage 2008, S. 295 ff.; *Kluth*, Die demokratische Legitimation der Europäischen Union, 1995, S. 17 ff.; *Zuleeg*, Der rechtliche Zusammenhalt der Europäischen Union, 2004, S. 125 ff.; *P. M. Huber*, Demokratie ohne Volk oder Demokratie der Völker?, in: Drexl/Kreuzer/Scheuing/Sieber (Hg.), Europäische Demokratie, 1999, S. 27 (29 ff.); *Häberle*, Verfassungsrechtliche Fragen im Prozeß der europäischen Einigung, EuGRZ 1992, 429 (432 ff.); *Gündisch/Mathijsen*, Rechtsetzung und Interessenvertretung in der Europäischen Union, 1999, S. 215 ff.; *Pernice*, Maastricht, Staat und Demokratie, Die Verwaltung 26 (1993), 449 (465 ff.); *Zuleeg*, Demokratie in der Europäischen Gemeinschaft, JZ 1993, 1069; siehe aktuell *Bryde*, Demokra-

Zudem sind demokratische Vorgaben zu berücksichtigen, welche die mitgliedstaatlichen Verfassungen – wie das Grundgesetz in Art. 23 – der Europäischen Union zeichnen.[167] Gleichwohl können und dürfen die nationalen Demokratiemodelle nicht einfach auf den supranationalen Verbund von 27 Mitgliedstaaten übertragen werden. Die Union ist kein Bundesstaat, sondern eine Verbindung von Staaten, die in ihren Besonderheiten demokratisch zu legitimieren ist. Das Primärrecht betont, dass die demokratischen Kernideen, die insbesondere seit dem Ende des 18. Jahrhunderts errungen wurden, nicht auf europäischer Ebene verabschiedet werden dürfen. Die Europäische Union muss dabei aber eigenständige demokratische Maßstäbe entwickeln, die aus den nationalstaatlichen Demokratien schöpfen, mit diesen aber nicht gleichzusetzen sind.[168]

Die Frage nach der europäischen Demokratie stellt sich derzeit mit neuem Nachdruck. Der Einfluss des Europarechts, die Kompetenzen der Union haben insbesondere seit der Einheitlichen Europäischen Akte kontinuierlich zugenommen und sollen durch den Vertrag von Lissabon erneut erweitert werde. Die geplanten Kompetenzerweiterungen beziehen sich auf die Nachbarschaftspolitik, die Daseinsvorsorge, die Bereiche Energie und Tourismus, den Katastrophenschutz und die Verwaltungszusammenarbeit. Zudem werden bestehende Zuständigkeiten im Bereich der Handelspolitik, der Außen- und Sicherheitspolitik, der Polizeilichen und Justiziellen Zusammenarbeit in Strafsachen und Zivilsachen verdichtet, insbesondere die Rechtsangleichungsmöglichkeiten im Strafrecht und Kompetenzerweiterung von Eurojust und Europol der Weg bereitet.[169] Die Entwicklung der europäischen Integration in den letzten zwanzig Jahren verdeutlicht, dass die Union keinem klar definierten Auftrag folgt, nicht nur die Grundfreiheiten verwirklichen, staatliche Regulierung abbauen will,

---

tisches Europa und Europäische Demokratie, in: Festschrift für Manfred Zuleeg, 2005, S. 131; *Gusy*, Demokratiedefizite postnationaler Gemeinschaften unter Berücksichtigung der Europäischen Union, ZfP 45 (1998), 267; *Kokott*, Die Staatsrechtslehre und die Veränderung ihres Gegenstandes: Konsequenzen von Europäisierung und Internationalisierung, VVDStRL 63 (2004), 7 (28 ff.).

[167] Siehe für eine Übersicht dieser mitgliedstaatlichen Forderungen *P. M. Huber*, Europäisches und nationales Verfassungsrecht, VVDStRL 60 (2001), 194 (222 ff.).

[168] Deutlich *Doehring*, Demokratiedefizit in der Europäischen Union?, DVBl. 1997, 1133 (1136 f.); *Lübbe-Wolff*, Europäisches und nationales Verfassungsrecht, VVDStRL 60 (2001), 246 (261 f.); *Nettesheim*, Demokratisierung der Europäischen Union und Europäisierung der Demokratietheorie, in: Bauer/Huber, P.M./Sommermann (Hg.), Demokratie in Europa, 2005, S. 143 (144 ff., 165): „So wenig zu erwarten ist, daß sich in diesem Prozeß ein unionales Demokratieprinzip herausbilden wird, das jeden Bezug und jede Ähnlichkeit zu den nationalstaatlichen Parallelprinzipien abgeworfen hat, so wenig ist zu erwarten, daß die Demokratie in der EU sich einmal eins zu eins mit nationalstaatlicher Demokratie gleichsetzen lassen wird." *Calliess*, Optionen zur Demokratisierung der Europäischen Union, ebenda, S. 281 (282 f.); *Bieber/Epiney/Haag*, Die Europäische Union, 6. Auflage 2005, § 3 Rdn. 1 ff.

[169] Art. 23 ff. EU; Art. 67 ff., 351 ff., insbes. Art. 82 ff., Art. 191 ff. AEU; siehe hierzu BVerfG, 2 BvE 2/08 vom 30. Juni 2009, Absatz-Nr. 34, 59 ff. – Lissabon; *Streinz/Ohler/Herrmann*, Der Vertrag von Lissabon zur Reform der EU, 2. Auflage 2008, S. 67 ff.

sondern dass sie einen breiten eigenen Gestaltungsraum beansprucht, in Anwendung der ihr zugewiesenen Kompetenzen politische Entscheidungen trifft, Verteilungs- und Wertekonflikte löst. Angesichts einer „staatsähnlichen" Kompetenzfülle stellt sich gegenwärtig die Frage, ob die demokratische Legitimation der Union noch genügt.[170]

Die Selbstbestimmung der Menschen durch Wahlen, durch freie und gleiche Teilhabe an der öffentlichen Gewalt, ist – dies hebt das Bundesverfassungsgericht in seinem Lissabon-Urteil hervor – in der Würde des Menschen und im Demokratieprinzip verankert. Art. 79 Abs. 3 GG erklärt diese Grundsätze für unveränderbar. „Die Bürger sind danach keiner politischen Gewalt unterworfen, der sie nicht ausweichen können und die sie nicht prinzipiell personell und sachlich zu gleichem Anteil in Freiheit zu bestimmen vermögen. […] Die grundgesetzliche Ausgestaltung des Demokratieprinzips ist offen für das Ziel, Deutschland in eine internationale und europäische Friedensordnung einzufügen. Die dadurch ermöglichte neue Gestalt politischer Herrschaft unterliegt nicht schematisch den innerstaatlich geltenden verfassungsstaatlichen Anforderungen und darf deshalb nicht umstandslos an den konkreten Ausprägungen des Demokratieprinzips in einem Vertrags- oder Mitgliedstaat gemessen werden. Die Ermächtigung zur europäischen Integration erlaubt eine andere Gestaltung politischer Willensbildung, als sie das Grundgesetz für die deutsche Verfassungsordnung bestimmt. Dies gilt bis zur Grenze der unverfügbaren Verfassungsidentität (Art. 79 Abs. 3 GG). Der Grundsatz der demokratischen Selbstbestimmung und der gleichheitsgerechten Teilhabe an der öffentlichen Gewalt bleibt auch durch den Friedens- und Integrationsauftrag des Grundgesetzes sowie den verfassungsrechtlichen Grundsatz der Völkerrechtsfreundlichkeit [Nachweise] unangetastet."[171]

Die demokratische Selbstbestimmung der Wähler in Europa[172] setzt auf zwei personale Legitimationsstränge. Die nationalen Parlamente und – hiermit ver-

---

[170] Deutlich *Nettesheim*, Demokratisierung der Europäischen Union und Europäisierung der Demokratietheorie, in: Bauer/Huber, P. M./Sommermann (Hg.), Demokratie in Europa, 2005, S. 143 (146 ff., insbes. 148, 165); *Lübbe-Wolff*, Europäisches und nationales Verfassungsrecht, VVDStRL 60 (2001), 246 (248 ff.); *Kadelbach*, Autonomie und Bindung der Rechtsetzung in gestuften Rechtsordnungen, VVDStRL 66 (2007), 7 (25 f.); BVerfG, 2 BvE 2/08 vom 30. Juni 2009, Absatz-Nr. 1 ff. – Lissabon: siehe zu den Folgen des wachsenden Einflusses des Europarechts nach dem Vertrag von Maastricht *Di Fabio*, Der neue Art. 23 des Grundgesetzes, Der Staat 32 (1993), 191 ff., sowie unter A. I. (S. 39 ff.) und V. (S. 57 ff.).

[171] BVerfG, 2 BvE 2/08 vom 30. Juni 2009, Absatz-Nr. 211 ff., 265 ff., Zitate: Nrn. 212 und 218 – Lissabon; *Di Fabio*, Demokratie im System des Grundgesetzes, in: Festschrift für Peter Badura, 2004, S. 77 (77 f.); *Chr. Möllers*, Gewaltengliederung, 2005, S. 28 ff.

[172] *Stern*, Das Staatsrecht der Bundesrepublik Deutschland, Band I, 2. Auflage 1984, S. 594, nennt die Selbstbestimmung das entscheidende Kriterium demokratischer Herrschaft; *Chr. Möllers*, Gewaltengliederung, 2005, S. 28 ff.; *Nettesheim*, Demokratisierung der Europäischen Union und Europäisierung der Demokratietheorie, in: Bauer/Huber, P. M./Sommermann (Hg.), Demokratie in Europa, 2005, S. 143 (152 f., 164 f.): „Demokratie, begriffen als Selbstbestimmung im Kollektiv, schöpft ihre uneinholbare normative Überlegenheit gegen-

woben – der Rat sowie das Europäische Parlament begründen die demokratische Legitimation der europäischen öffentlichen Gewalt.[173] Beide Stränge werden zuweilen wie kommunizierende Röhren miteinander in Verbindung gebracht: Je stärker der eine Strang ist, desto schwächer dürfe der andere sein.[174] Teilweise wird die Rolle der mitgliedstaatlichen Parlamente,[175] teilweise auch die des Europäischen Parlaments[176] hervorgehoben.[177] Diese Legitimationsstränge werden allerdings dahingehend kritisiert, dass durch die Ausweitung der Mehrheitsentscheidung im Rat die nationalen Legitimationsquellen geschwächt werden, weil der Vertreter eines Mitgliedstaats überstimmt werden kann.[178] Diesem „Demokratiedefizit" suchen die unterschiedlichen Stimmge-

über jedem anderen bekannten Herrschaftskonzept [...] daraus, daß sie sich als dem Willen der Herrschaftsunterworfenen verpflichtet begreift." Die Amtswalter nehmen ihre Befugnisse treuhänderisch für die Beherrschten wahr. Es geht nicht um das Erreichen einer Ideologie, eines bestimmten Gemeinwohlkonzeptes, „oder auch des ‚Volkswillens'", sondern um die Selbstbestimmung. „Während es nichtdemokratischen Herrschaftskonzepten darum gehen muß, den Herrschaftsunterworfenen die Einsicht in die Wahrheit, Richtigkeit oder Güte eines bestimmten Heilsversprechens aufzuzeigen – und gegebenenfalls auch aufzuzwingen –, fehlt es demokratischer Herrschaft an derartigen inhaltlichen Leitversprechen." *Kokott*, Die Staatsrechtslehre und die Veränderung ihres Gegenstandes: Konsequenzen von Europäisierung und Internationalisierung, VVDStRL 63 (2004), 7 (deutlich: 40); *von Bogdandy*, Zur Übertragbarkeit staatsrechtlicher Figuren auf die Europäische Union, in: Festschrift für Peter Badura, 2004, S. 1033 (1049), spricht davon, dass hier ein Preis zu zahlen ist; *Kadelbach*, Autonomie und Bindung der Rechtsetzung in gestuften Rechtsordnungen, VVDStRL 66 (2007), 7 (25f.); *Zuleeg*, Der rechtliche Zusammenhalt der Europäischen Union, 2004, S. 127f.

[173] Deutlich nunmehr Art. 10 Abs. 2 EU; siehe BVerfGE 89, 155 (184f.) – Maastricht; BVerfG, 2 BvE 2/08 vom 30. Juni 2009, Absatz-Nr. 36ff. – Lissabon; *Di Fabio*, Eine Europäische Charta, JZ 2000, 737 (742); *Pernice*, in: Dreier, H. (Hg.), Grundgesetz. Kommentar, Band 2, 2. Auflage 2006, Art. 23 Rdn. 53f.; *Streinz*, in: Sachs (Hg.), Grundgesetz. Kommentar, 4. Auflage 2007, Art. 23 Rdn. 24ff.; *Kadelbach*, Autonomie und Bindung der Rechtsetzung in gestuften Rechtsordnungen, VVDStRL 66 (2007), 7 (29); *von Bogdandy*, Zur Übertragbarkeit staatsrechtlicher Figuren auf die Europäische Union, in: Festschrift für Peter Badura, 2004, S. 1033 (1046f.).

[174] *Calliess*, Optionen zur Demokratisierung der Europäischen Union, in: Bauer/Huber, P.M./Sommermann (Hg.), Demokratie in Europa, 2005, S. 281 (287); *Ruffert*, Demokratie und Governance in Europa, ebenda, S. 319 (340).

[175] Mit Blick auf den damaligen Einfluss des Parlaments und der Bemerkung, dass dieser wachsen könnte: BVerfGE 89, 155 (3. Leitsatz, 185f.) – Maastricht.

[176] EuGH, Rs. 138/79, Roquette Frères/Isoglucose, Slg. 1980, 3300 Rdn. 33; *Zuleeg*, Demokratie in der Europäischen Gemeinschaft, JZ 1993, 1069; *Bieber*, Demokratische Legitimation in Europa, ZEuS 1999, 141ff.

[177] Insgesamt zu diesen beiden Säulen im europäischen Parlamentarismus *A. Maurer*, Parlamentarische Demokratie in der Europäischen Union, 2002, insbes. S. 27ff.

[178] Pointiert spricht *Calliess* davon, dass dann Fremdbestimmung, nicht Selbstbestimmung herrsche (*ders.*, Optionen zur Demokratisierung der Europäischen Union, in: Bauer/Huber, P.M./Sommermann [Hg.], Demokratie in Europa, 2005, S. 281 [289, 295f.]; zurückhaltender BVerfGE 89, 155 [3. Leitsatz, 183f.] – Maastricht, wo dies eher als einfache Folge der Übertragung von Hoheitsrechten bewertet wird; gegen die Auffassung, die von einem „Demokratiedefizit" spricht, auch *Lübbe-Wolff*, Europäisches und nationales Verfassungsrecht, VVDStRL 60 [2001], 246 [257f.]).

wichtungen und die – vom Vertrag von Lissabon entfaltete – sog. doppelte Mehrheit entgegenzuwirken.[179] Die Entmachtung der mitgliedstaatlichen Parlamente wird zuweilen als das „eigentliche Demokratiedefizit" der Europäischen Union ausgemacht.[180] Auch der Einfluss des Europäischen Parlaments sei zu gering, die Tätigkeit des Rats nicht hinreichend transparent[181] und die Kommission wisse keine hinreichende demokratische Legitimation hinter sich, welche ihrem erheblichen Einfluss gerecht werde.[182] Daher wird angemahnt, den Einfluss des Europäischen Parlaments bei der Rechtsetzung und im Bereich des Haushalts zu stärken, den Kommissionspräsidenten vom Parlament wählen zu lassen und einen entsprechenden europaweiten Wahlkampf mit der Wahl zum Europäischen Parlament zu verbinden.[183] Doch kann durch die Stärkung des Parlaments allein die demokratische Frage Europas nicht beantwortet werden. Bei der Parlamentswahl gilt der Grundsatz der Gleichheit der Wahl nicht. Die Stimme eines Wählers aus einem kleinen Mitgliedstaat hat das Zwölffache des Gewichts eines Bürgers eines großen Mitgliedstaats.[184] Im Bereich des Wahlrechts wird – und dies widerspricht einem tragenden Grundsatz der Europäischen Union – nach der Nationalität differenziert. Die legitimierende Kraft des Parlaments ist daher von vornherein geschwächt.[185] Ein europaweit einheitliches Wahlrecht mit einheitlichem Stimmeneinfluss würde die demokratische Legitimation des Parlaments stärken,[186] aber die Frage nach der Architektur der Uni-

[179] Siehe hierzu Art. 205 EGV und die durch den Vertrag von Lissabon geplanten Modifikationen in Art. 238 AEU; *Oppermann*, Die Europäische Union von Lissabon, DVBl. 2008, 473 (479).

[180] *P. M. Huber*, Europäisches und nationales Verfassungsrecht, VVDStRL 60 (2001), 194 (244), nach dem diese Kritik in „fast allen Mitgliedstaaten" geübt wird.

[181] *Lübbe-Wolff*, Europäisches und nationales Verfassungsrecht, VVDStRL 60 (2001), 246 (248 ff.); siehe für eine Übersicht der Demokratiediskussion, die sich auf die „Internationalisierung" des Rechts konzentriert, *Bauer*, Demokratie in Europa – Einführende Problemskizze, in: ders./Huber, P. M./Sommermann (Hg.), Demokratie in Europa, 2005, S. 1 (5 ff.).

[182] Insgesamt *Doehring*, Demokratiedefizit in der Europäischen Union?, DVBl. 1997, 1133; *Griller*, Zur demokratischen Legitimation der Rechtsetzung in der EU, JRP 3 (1995), 164; *Calliess*, Optionen zur Demokratisierung der Europäischen Union, in: Bauer/Huber, P. M./ Sommermann (Hg.), Demokratie in Europa, 2005, S. 281 (289, 295 f.); *Nettesheim*, Demokratisierung der Europäischen Union und Europäisierung der Demokratietheorie, ebenda, S. 143 (146 ff.).

[183] Siehe hierzu *Rumler-Korinek*, Kann die Europäische Union demokratisch ausgestaltet werden?, EuR 2003, 327, sowie den Überblick der Diskussion bei und die Forderungen von *Calliess*, Optionen zur Demokratisierung der Europäischen Union, in: Bauer/Huber, P. M./ Sommermann (Hg.), Demokratie in Europa, 2005, S. 281 (288 ff.).

[184] BVerfG, 2 BvE 2/08 vom 30. Juni 2009, Absatz-Nr. 284 f. – Lissabon; siehe Art. 190 EGV; auch Art. 14 Abs. 3 EU verzichtet auf den Grundsatz der gleichen Wahl.

[185] Deutlich *Bauer*, Demokratie in Europa – Einführende Problemskizze, in: ders./Huber, P. M./Sommermann (Hg.), Demokratie in Europa, 2005, S. 1 (11), der vom „spezifischen Problem einer Mehr-Klassen-Demokratie" spricht.

[186] BVerfGE 89, 155 (185 f.) – Maastricht; *P. M. Huber*, Demokratie ohne Volk oder Demokratie der Völker?, in: Drexl/Kreuzer/Scheuing/Sieber (Hg.), Europäische Demokratie, 1999, S. 27 (41 ff.); *Calliess*, Optionen zur Demokratisierung der Europäischen Union, in:

on der Staaten stellen. Doch auch dann wäre das Demokratiedefizit nicht behoben, weil das Parlament keine eigenen Rechtsetzungskompetenzen und kein Initiativrecht hat, weil der europäische Kommunikationsraum mit seiner Sprachenvielfalt, einer fehlenden gesamteuropäischen Presse, dem Ausbleiben der für die Demokratie notwendigen Dualität von Regierung und Opposition und auch wegen seines Defizits an Homogenität für einen weitgreifenden europäischen Parlamentarismus derzeit noch nicht reif sei.[187] Auch der Vertrag von Lissabon verzichtet auf den Grundsatz der Gleichheit der Wahl, fordert aber an anderer Stelle, dass die Union „in ihrem gesamten Handeln den Grundsatz der Gleichheit ihrer Bürgerinnen und Bürger [wahrt], denen ein gleiches Maß an Aufmerksamkeit seitens der Organe, der Einrichtungen und sonstigen Stellen der Union zuteil wird."[188] Die Union der souveränen Staaten, der „Völker Europas",[189] achtet aber auch die „Gleichheit der Mitgliedstaaten vor den Verträgen" und deren „grundlegenden politischen und verfassungsmäßigen Strukturen".[190] Sie ist eine Union der Staaten,[191] die als solche die Gleichheit der Wahl nicht wie ein Mitgliedstaat umsetzen muss. In Europa gilt die Gleichheit der Staaten und die der Bürger – beide Grundsätze dürfen nicht gegeneinander ausgespielt werden.

Der Lissabonvertrag trifft eine neue Regelung über die politische Willensbildung in Europa. Hiernach geben die europäischen Organe „den Bürgerinnen und Bürgern und den repräsentativen Verbänden in geeigneter Weise die Möglichkeit, ihre Ansichten in allen Bereichen des Handelns der Union öffentlich bekannt zu geben und auszutauschen."[192] Dieser Artikel scheint den demokratischen Kerngedanken, das in der Demokratie die Willensbildung vom Volk,

Bauer/Huber, P.M./Sommermann (Hg.), Demokratie in Europa, 2005, S. 281 (289 ff.); siehe für diese Forderung auch Art. 190 Abs. 4 EGV (Art. 223 AEU), jedoch unter Auslassung der Gleichheit der Wahl.

[187] Siehe zu diesem Mangel der europäischen Demokratie und den rechtlichen Folgen BVerfG, 2 BvE 2/08 vom 30. Juni 2009, Absatz-Nr. 250 ff. – Lissabon; *Sommermann*, Demokratiekonzepte im Vergleich, in: Bauer/Huber, P.M./ders. (Hg.), Demokratie in Europa, 2005, S. 191 (220); *Calliess*, Optionen zur Demokratisierung der Europäischen Union, ebenda, S. 281 (299 ff.); *Benz*, Politikwissenschaftliche Diskurse über demokratisches Regieren im europäischen Mehrebenensystem, ebenda, S. 253 (256 ff.); *Gusy*, Demokratiedefizite postnationaler Gemeinschaften unter Berücksichtigung der Europäischen Union, ZfP 45 (1998), 267 (276 ff.); vor einer Übertreibung des Homogenitätsgedankens warnt *Zuleeg*, Der rechtliche Zusammenhalt der Europäischen Union, 2004, S. 128 f.; *Kielmansegg*, Integration und Demokratie, in: Jachtenfuchs/Kohler-Koch (Hg.), Europäische Integration, 1996, S. 47 (insbes. 52 ff., 65 ff.), fordert eine Demokratie, in der das föderale Prinzip dominiert.

[188] Art. 9 EU.

[189] Art. 1 Uabs. 2 EUV, Art. 1 Uabs. 2 EU.

[190] Art. 4 Abs. 2 S. 1 EU.

[191] Das BVerfG, 2 BvE 2/08 vom 30. Juni 2009, Absatz-Nr. 229 – Lissabon, spricht von einer „auf Dauer angelegten Verbindung souverän bleibender Staaten".

[192] Art. 11 Abs. 1 EU.

nicht von den öffentlichen Organen ausgeht,[193] umzukehren, ihn jedenfalls zu modifizieren. Das Primärrecht betont selbst mit Blick auf die europäischen Parteien, dass diese „den politischen Willen der Bürger der Union zum Ausdruck" bringen sollen.[194] Zwar könnte angemerkt werden, dass der europäische Kommunikationsraum auf Grund der genannten Defizite derzeit noch nicht Reif ist für einen Europäischen Parlamentarismus. Gleichwohl kann die europäische Demokratie nicht von einer vom Volke ausgehenden Willensbildung abrücken.

Auf Grund der genannten „Demokratiedefizite", die auch auf europäischer Ebene durch einen abnehmenden Einfluss der öffentlichen Organe, durch Privatisierungen und eine Normsetzung außerhalb der öffentlichen Organe intensiviert werden,[195] wird gefordert, eine zweite Kammer aus mitgliedstaatlichen Parlamenten zu errichten oder deren Kontrollrechte auszuweiten. Letzterem sucht der Vertrag von Lissabon – wenngleich äußerst zurückhaltend – zu dienen.[196] Zudem wird erwogen, einen Grundrechtskommissar sowie ein Subsidiaritätsgericht einzurichten oder die Kontrollkompetenzen des Europäischen Gerichtshofs zu weiten.[197] Angesichts der dichter werdenden Integration halten es viele für notwendig, das europäische Demokratieverständnis insgesamt neu zu entfalten.[198]

---

[193] Deutlich mit Blick auf die Europäische Union BVerfGE 89, 155 (2. Leitsatz, 186f.) – Maastricht; *Doehring*, Demokratiedefizit in der Europäischen Union?, DVBl. 1997, 1133 (1133); insgesamt: *E.-W. Böckenförde*, Demokratie als Verfassungsprinzip, in: HStR II, 3. Auflage 2004, § 24 Rdn. 1ff.; *ders.*, Demokratische Willensbildung und Repräsentation, in: HStR III, 3. Auflage 2005, § 34 Rdn. 1ff.; *H. H. Klein*, Stellung und Aufgaben des Bundestages, ebenda, § 50 Rdn. 1, 5ff.

[194] Art. 191 Abs. 1 Satz 2 EGV, Art. 10 Abs. 4 EU.

[195] *Bauer*, Demokratie in Europa – Einführende Problemskizze, in: ders./Huber, P. M./Sommermann (Hg.), Demokratie in Europa, 2005, S. 1 (8ff.); *Lübbe-Wolff*, Europäisches und nationales Verfassungsrecht, VVDStRL 60 (2001), 246 (265ff.).

[196] Siehe hierfür insbes. Art. 5, Art. 12 EU und Art. 69 AEU sowie die Protokolle über die Rolle der nationalen Parlamente in der Europäischen Union und insbes. Art. 6f. des Protokolls über die Anwendung der Grundsätze der Subsidiarität und der Verhältnismäßigkeit nach dem Vertrag von Lissabon (jeweils ABl. C 115/207 vom 9. Mai 2008), wonach ein Drittel der mitgliedstaatlichen Parlamente einen Subsidiaritätseinwand erheben müssen, damit der entsprechende Entwurf des Rechtssatzes überprüft wird. An dem Entwurft kann aber mit einer Stellungnahme festgehalten werden. Entscheidend für den Erlass bleibt die Mehrheitsbildung in Rat und Parlament. So erscheint das Verfahren als äußerst aufwendig im Vergleich zu der bescheidenen Rechtsfolge der Überprüfung.

[197] Siehe für eine Übersicht der Diskussion *Nettesheim*, Demokratisierung der Europäischen Union und Europäisierung der Demokratietheorie, in: Bauer/Huber, P. M./Sommermann (Hg.), Demokratie in Europa, 2005, S. 143 (156ff.); *Calliess*, Optionen zur Demokratisierung der Europäischen Union, ebenda, S. 281 (302ff.).

[198] *Nettesheim*, Demokratisierung der Europäischen Union und Europäisierung der Demokratietheorie, in: Bauer/Huber, P. M./Sommermann (Hg.), Demokratie in Europa, 2005, S. 143 (146ff., insbes. 148); *Bauer*, Demokratie in Europa – Einführende Problemskizze, in: ders./Huber, P. M./Sommermann (Hg.), Demokratie in Europa, 2005, S. 1 (9); *Pernice*, in: Dreier, H. (Hg.), Grundgesetz. Kommentar, Band 2, 2. Auflage 2006, Art. 23 Rdn. 52; *H. Dreier*, ebenda, Art. 20 (Demokratie), Rdn. 33ff.

Diesen gleichsam originär europarechtlichen Forderungen können insbesondere Aussagen über die gemeinsamen demokratischen Verfassungsüberlieferungen der Mitgliedstaaten[199] hinzugefügt werden. Die Demokratie in den europäischen Staaten ist von einer freien, geheimen und gleichen demokratischen Selbstbestimmung aller Bürger in einem System parlamentarischer Repräsentation geprägt. Das freie, zeitlich begrenzte Mandat der gewählten Abgeordneten soll eine Distanz zu interessengeleiteten Präferenzen schaffen und die Rationalität der Entscheidungen steigern. Die Inhaber öffentlicher Gewalt werden durch Wahlen und durch eine Kontrolle der anderen Gewalten, insbesondere des Parlaments, zur Verantwortung gezogen. Die Ausübung der öffentlichen Gewalt wird so auf das Volk bezogen, die demokratische Selbstbestimmung verwirklicht. Den Organen werden – bei einer Vielfalt institutionellen Zusammenwirkens – klare Verantwortlichkeiten zugewiesen. Es herrscht die Mehrheitsentscheidung, die aber durch Minderheitenrechte flankiert wird, welche durch unabhängige Gerichte gesichert werden. Diese Rechte entfalten sich zuweilen – wenngleich nicht überall – in einem Grundrechtsschutz. Demokratie, Gewaltenteilung und Grundrechtsschutz bedingen sich, sind ineinander verwoben.[200] Das Primärrecht scheint diese Grundsätze im Ausgriff auf die Verfas-

---

[199] Art. 6 Abs. 1 EUV, Präambel sowie Art. 2 EU: „Die Werte, auf die sich die Union gründet, sind die Achtung der Menschenwürde, Freiheit, Demokratie, Rechtsstaatlichkeit und die Wahrung der Menschenrechte einschließlich der Rechte der Personen, die Minderheiten angehören. Diese Werte sind allen Mitgliedstaaten in einer Gesellschaft gemeinsam, die sich durch Pluralismus, Nichtdiskriminierung, Toleranz, Gerechtigkeit, Solidarität und die Gleichheit von Frauen und Männern auszeichnet." Siehe zur Deutung der gemeinsamen Verfassungsüberlieferungen jüngst *de Vergottini*, Gemeinsame Verfassungsüberlieferungen und europäische Verfassung, in: Festschrift für Christian Starck, 2007, S. 661.

[200] *Doehring*, Demokratiedefizit in der Europäischen Union?, DVBl. 1997, 1133 (1133f.); *Chr. Möllers*, Gewaltengliederung, 2005, S. 37ff.; *Sommermann*, Demokratiekonzepte im Vergleich, in: Bauer/Huber, P. M./ders. (Hg.), Demokratie in Europa, 2005, S. 191 (208ff.); unmittelbar für das europäische Demokratieprinzip: *Calliess*, Optionen zur Demokratisierung der Europäischen Union, ebenda, S. 280 (283f.); *Nettesheim*, Demokratisierung der Europäischen Union und Europäisierung der Demokratietheorie, ebenda, S. 143 (152ff., 158ff., 164f., 186); *Kluth*, Die demokratische Legitimation der Europäischen Union, 1995, S. 30ff.; zur repräsentativen Demokratie deutlich *Ruffert*, in: Calliess/ders. (Hg.), Verfassung der Europäischen Union, Teil I, 2006, Art. I-46 Rdn. 2, der von einem in der „Ideengeschichte Europas (*Locke, Mill, Abbé Sieyès*) tief verwurzelten Herrschaftsmodell" spricht; siehe zu den europäischen Verfassungsüberlieferungen: *Schwarze*, Europäisches Verwaltungsrecht, 2. Auflage 2005, S. 198ff., insbes. 216f.; zuvor bereits *H. W. Kopp*, Inhalt und Form der Gesetze als ein Problem der Rechtstheorie, Band I, 1958, S. 227ff. m. w. H. für die damalige Zeit; jüngst zusammenfassend *Seiler*, Der souveräne Verfassungsstaat zwischen demokratischer Rückbindung und überstaatlicher Einbindung, 2005, S. 267ff., 329ff.; *P. M. Huber*, Demokratie ohne Volk oder Demokratie der Völker?, in: Drexl/Kreuzer/Scheuing/Sieber (Hg.), Europäische Demokratie, 1999, S. 27 (29f.); *Rumler-Korinek*, Kann die Europäische Union demokratisch ausgestaltet werden?, EuR 2003, 327 (328, 332ff.); *D. Zacharias*, Verfassungsrechtliche Terminologie und Begrifflichkeit im europäischen Rechtsraum, in: IPE II, 2008, § 40 Rdn. 14ff., 50ff.; *Cruz Villalón*, Grundlagen und Grundzüge staatlichen Verfassungsrechts: Vergleich, in: IPE I, 2007, § 13 Rdn. 106ff.; deutlich: *H. Dreier*, Deutschland, ebenda, § 1

sungsüberlieferungen verbindlich festzuschreiben. Es würde dann wie selbstverständlich die Forderungen aufnehmen, welche von den mitgliedstaatlichen Verfassungen – wie vom Grundgesetz in Art. 23 – der europäischen Integration vorgegeben werden.[201]

2. *Konkretisierungsansätze*

Neben dieser Kernidee der demokratischen Legitimation wurden zahlreiche Lesarten[202] und Demokratietheorien insbesondere durch die Politikwissenschaften entwickelt. Diese Forschung wird derzeit in der Suche nach den demokratischen Grundlagen der Europäischen Union vermehrt von rechtswissenschaftlichen Stimmen aufgenommen. Die diskutierten Demokratiemodelle variieren. Sie reichen von der Beschreibung einer – vermeintlichen – Lebensform oder eines primären Instruments der Willensäußerung[203] über assoziative und partizipative Demokratietheorien, „Verhandlungs- bzw. Konkordanzdemokratien"[204] und münden nicht selten in konkreten Vorschlägen für ein europäisches

---

Rdn. 104ff.; *Koutnatzis*, Griechenland, ebenda, § 3 Rdn. 83ff.; *Dogliani/Pinelli*, Italien, ebenda, § 5 Rdn. 91 ff.; *Besselink*, Niederlande, ebenda, § 6 Rdn. 120ff.; *Wiederin*, Österreich, ebenda, § 7 Rdn. 68ff.; *Tuleja*, Polen, ebenda, § 8 Rdn. 62ff.; *H.-H. Vogel*, Schweden, ebenda, § 9 Rdn. 104; *Halmai*, Ungarn, ebenda, § 12 Rdn. 39ff.; *Kadelbach*, Bedingungen einer demokratischen Europäischen Union, EuGRZ 2006, 384; *Pernice*, in: Dreier, H. (Hg.), Grundgesetz. Kommentar, Band 2, 2. Auflage 2006, Art. 23 Rdn. 52; *H. Dreier*, ebenda, Art. 20 (Demokratie), Rdn. 33ff.; *Heuschling*, Krise der Demokratie und Krise in der juristischen Demokratielehre in Frankreich, in: Bauer/Huber, P.M./Sommermann (Hg.), Demokratie in Europa, 2005, S. 33 (36ff., 45f., 66); *Biernat*, Demokratieprinzip im polnischen Verfassungssystem, ebenda, S. 79; weniger deutlich, aber im Grundsatz der freien und gleichen Selbstbestimmung konsistent: *Smith*, The Structure of Democracy in the United Kingdom and Problems of Development, ebenda, S. 69; *Biaggini*, Ausgestaltung und Entwicklungsperspektiven des demokratischen Prinzips in der Schweiz, ebenda, S. 107; *Cruz Villalón*, Eine Anmerkung zur Demokratie in Spanien, ebenda, S. 139; *Gerkrath*, Die Bedingungen der Demokratie in der Europäischen Union, EuGRZ 2006, 371; *Jouanjan*, Frankreich, in: IPE I, 2007, § 2 Rdn. 100ff.; *Loughlin*, Großbritannien, ebenda, § 4 Rdn. 73ff.; *Biaggini*, Schweiz, ebenda, § 10 Rdn. 58ff.; *Medina Guerrero*, Spanien, ebenda, § 11 Rdn. 50ff.

[201] Siehe für eine Übersicht der mitgliedstaatlichen Integrationsvorgaben *P. M. Huber*, Europäisches und nationales Verfassungsrecht, VVDStRL 60 (2001), 194 (222ff.); zu Art. 23 GG *Pernice*, in: Dreier, H. (Hg.), Grundgesetz. Kommentar, Band 2, 2. Auflage 2006, Art. 23 Rdn. 52; *Classen*, in: von Mangoldt/Klein/Starck, Kommentar zum Grundgesetz, Band 2, 5. Auflage 2005, Art. 23 Abs. 1 Rdn. 24ff.

[202] Siehe *Stern*, Das Staatsrecht der Bundesrepublik Deutschland, Band I, 2. Auflage 1984, S. 587ff. m. w. H.

[203] Siehe hierzu die Übersicht bei *Nettesheim*, Demokratisierung der Europäischen Union und Europäisierung der Demokratietheorie, in: Bauer/Huber, P.M./Sommermann (Hg.), Demokratie in Europa, 2005, S. 143 (150ff.).

[204] Siehe *Benz*, Politikwissenschaftliche Diskurse über demokratisches Regieren im europäischen Mehrebenensystem, in: Bauer/Huber, P.M./Sommermann (Hg.), Demokratie in Europa, 2005, S. 253 (253ff.).

Demokratiemodell.[205] Eine Ordnung der Forschung bietet die Unterscheidung zwischen den sog. „input-orientierten" und den sog. „output-orientierten" Ansätzen.[206] Diese Unterscheidung charakterisiert auch zwei – mit Blick auf die lange Geschichte der demokratischen Idee – jüngere Ausprägungen, die unter der Federführung von *Fritz Scharpf*[207] entwickelt wurden und gegenwärtig im Rahmen der Auseinandersetzung über die demokratische Legitimation der Europäischen Union verstärkt diskutiert werden.[208]

Die „input-orientierte Legitimation" geht von dem „artikulierten Interesse", von den wahren Präferenzen, von dem in „realer Gemeinschaftsorientierung" entwickelten „Gemeinsinn" der Menschen aus. Nimmt eine Maßnahme diesen Gemeinsinn auf, der vor ihrem Erlass und mit Blick auf die erwarteten Folgen zu finden ist, ist sie auf Grund dieser Entstehung, des „inputs", legitim.[209] Die

---

[205] Siehe die Übersichten bei *Rumler-Korinek*, Kann die Europäische Union demokratisch ausgestaltet werden?, EuR 2003, 327; *Ruffert*, in: Calliess/ders. (Hg.), Verfassung der Europäischen Union, Teil I, 2006, Art. I-47 Rdn. 1 ff.

[206] Siehe hierzu insbes. die ausführliche Analyse von *M. G. Schmidt*, Demokratietheorien, 3. Auflage 2000, insbes. S. 534 ff., der zahlreiche Theorien auch nach diesen Kriterien ordnet; *Chr. Möllers*, Gewaltengliederung, 2005, S. 37 ff.

[207] *Scharpf*, Demokratietheorie zwischen Utopie und Anpassung, 1970, S. 21 ff.

[208] Siehe hierzu bereits oben unter 1. (S. 421 ff.) sowie für die aktuelle Diskussion *Pache*, Verantwortung und Effizienz in der Mehrebenenverwaltung, VVDStRL 66 (2007), 106 (136 ff., 148 f.), der betont, dass auf der Ebene der Europäischen Union im Vergleich zu den Mitgliedstaaten „zusätzliche Legitimationsbausteine akzeptiert" werden müssen; ebenfalls in diese Richtung weist *Groß*, ebenda, 152 (169 ff., 179 f.); *H.-J. Cremer*, Das Demokratieprinzip auf nationaler und europäischer Ebene im Lichte des Maastricht-Urteils des Bundesverfassungsgerichts, EuR 1995, 21 (insbes. 45); *Höreth*, Die Europäische Union im Legitimationstrilemma, 1999, insbes. S. 93 f., 323 f., für den das „Trilemma" aus diesen beiden Legitimationsmöglichkeiten und der Legitimation über die Mitgliedstaaten besteht und die Lösung in einer „Optimierung aller drei Legitimationsstränge" liegen könnte; für eine „output-orientierte Legitimation" *Hoffmann-Riem*, Aussprache, VVDStRL 66 (2007), 188; für eine „Verabschiedung" eines „monistischen Modells demokratischer Legitimation" *Hermes*, ebenda, 185 f.; ebenso für neue Formen der Legitimation: *Häberle*, ebenda, 190 f.; kritisch zur Verabschiedung der klassischen demokratischen Selbstbestimmung des Bürgers: *P. M. Huber*, ebenda, 183; *P. Kirchhof*, ebenda, 184 f.; *Jestaedt*, ebenda, 188 ff., der zudem auf die Entscheidung des geltenden Rechts hinweist, welches die neuen Legitimationsmodelle kaum abbilde; ebenso kritisch zu den neuen Legitimationsmodellen: *Rengeling*, ebenda, 191 f.; *Lepsius*, ebenda, 192 f.; *Raschauer*, ebenda, 195 f.; *R. Breuer*, ebenda, 200 f.; *Gröschner*, ebenda, 193: „Ich bin überzeugter Europäer, aber nicht um den Preis der Preisgabe eines Legitimationsmodells, in dem die Konkretisierung des Gemeinwohls Aufgabe der Amtswalter einer Republik ist."; *Hufen*, ebenda, 199 f.; gegen eine output-Legititmation auch *Masing*, ebenda, 203 f.; speziell zum Europäischen Parlament siehe *Heintzen*, Die Legitimation des Europäischen Parlaments, ZEuS 2000, 377 (insbes. 388 f.), der den „staatlichen Kontext" der demokratischen Legitimation betont und eine Gemeinwohlorientierung fordert; insgesamt zudem *Chr. Möllers*, Gewaltengliederung, 2005, S. 233 ff.; zur Demokratie im Licht der Steuerungsdiskussion *Mehde*, Neues Steuerungsmodell und Demokratieprinzip, 2000, S. 156 ff., zu den Friktionen mit der Demokratie des Grundgesetzes S. 291 ff., zur Rolle des Gesetzes insbes. S. 203 f.; *Sommermann*, in: von Mangoldt/Klein/Starck, Kommentar zum Grundgesetz, Band 2, 5. Auflage 2005, Art. 20 Abs. 2 Rdn. 191 ff. m. w. H.

[209] *R. A. Dahl*, Democracy and its critics, 1989, S. 307; *K. J. Arrow*, Social Choice and Indi-

„output-orientierte“ Perspektive fragt nicht nach den vorab zu ermittelnden Präferenzen, sondern nach der „wünschbaren Qualität“ der Maßnahme, danach, ob sie tatsächlich den wahren Interessen der Bürger dient. Sie soll der Politik eine „objektive Anforderung“ bieten, wie das Wohl der Gemeinschaft gefördert werden kann. Eine Maßnahme, die dieses Ziel erreicht, ist legitim, gleichgültig wer sie erlässt – das Ergebnis, der „output“, ist entscheidend.[210]

Beide Theorien bauen in den wahren Präferenzen und Interessen der Bürger auf kaum ermittelbare Größen. Zudem stellt sich die Frage, wer diese Unbekannten bestimmt. Falls dies nicht durch das Volk oder seinen Repräsentanten geschieht, sondern in die Hände weniger, kaum oder gar nicht demokratisch legitimierter Experten gelegt wird, entfernen sich die Theorien von der Rechtsidee der Demokratie.[211] Die Demokratie verbietet auch auf europäischer Ebene Fremdherrschaft.[212] Mag ein Philosophenkönig[213] auch noch so gute Gesetze erlassen, den Staat noch so vorbildlich im Sinn des Gemeinwohls und der individuellen Freiheit leiten, so ändert dies nichts daran, dass diese Fremdherrschaft in der Demokratie schlicht nicht zulässig ist. Die Demokratie ist aus der Erfahrung erwachsen, dass eine Rechtsgemeinschaft den „Philosophenkönig“ nicht verlässlich findet, ihn im Übrigen nicht genügend gegen Gefährdungen durch Verführungen der Macht abschirmen kann. Sie erwartet die Ausrichtung der öffentlichen Gewalt auf das Beste für die Allgemeinheit und fordert Entscheidungen, die zum gemeinen Wohl und zur Entfaltung der individuellen Freiheit getroffen werden. Doch wird die noch so gelungene Entscheidung in der Demokratie nur verbindlich, wenn sie in einer effektiven Mitbestimmung der Bürger entsteht und damit durch eine Allgemeinheit legitimiert ist. Die Demokratie setzt auf Selbstbestimmung und Mehrheitsentscheidung, die – innerhalb der durch das Recht gezeichneten Grenzen – in der Entscheidung über das jeweilige Gemeinwohl auch irren kann und darf. Die Selbstbestimmung ist der demokra-

---

vidual Values, 1951; *Scharpf*, Demokratietheorie zwischen Utopie und Anpassung, 1970, insbes. S. 21 ff.; *ders.*, Legitimationskonzepte jenseits des Nationalstaats, in: Schuppert/Pernice/Haltern (Hg.), Europawissenschaft, 2005, § 20, S. 705 (709 ff. m. w. H.).

[210] *Fuchs*, Gemeinwohl und Demokratieprinzip, in: Schuppert/Neidhardt (Hg.), Gemeinwohl – Auf der Suche nach Substanz, 2002, S. 87; *Scharpf*, Demokratietheorie zwischen Utopie und Anpassung, 1970, insbes. S. 21 ff.; *ders.*, Legitimationskonzepte jenseits des Nationalstaats, in: Schuppert/Pernice/Haltern (Hg.), Europawissenschaft, 2005, § 20, S. 705 (711 ff. m. w. H.); *Benz*, Postparlamentarische Demokratie und kooperativer Staat, in: Leggewie/Münch (Hg.), Politik im 21. Jahrhundert, 2001, S. 263 (insbes. 272 m. w. H.); für die Europäische Union zudem *Peters*, Elemente einer Theorie der Verfassung Europas, 2001, S. 521 ff.; insgesamt *M. G. Schmidt*, Demokratietheorien, 3. Auflage 2000.

[211] Wenn Legitimationssubjekt und Legitimationsobjekt zusammen fallen, kann – so *Lepsius*, Aussprache, VVDStRL 66 (2007), 192 f., mit Blick auf die outputorientierten Ansätze – die demokratische Legitimation nicht gelingen.

[212] Deutlich für Europa: *Calliess*, Optionen zur Demokratisierung der Europäischen Union, in: Bauer/Huber, P.M./Sommermann (Hg.), Demokratie in Europa, 2005, S. 281 (289); siehe bereits oben unter 1. (S. 421 ff.).

[213] Siehe hierzu oben unter B. II. 2. bis 4. (S. 78 ff.).

tische Weg zum allgemeinen Besten, durch sie soll das gemeine Wohl verwirklicht werden.

Neben den genannten Ansätzen – oder ergänzend hierzu[214] – wurden auch Modelle entwickelt, welche die Mitbestimmung stärker in den Vordergrund rücken, insbesondere die Idee der deliberativen, der diskursiven Demokratie.[215] Hiernach legitimieren Diskurs und Deliberation, die auch über staatliche Grenzen reichen können, die Akte der öffentlichen Hand. Argumente, nicht Überzeugungsstrategien sind maßgeblich. Je größer die Zahl der am Diskurs Beteiligten ist, desto größer wird die legitimierende Grundlage, werden aber auch die praktischen Hürden dieses Modells. Doch so sehr auch der Dialog die Handlungsform individueller Freiheit und Friedlichkeit ist, die parlamentarische Debatte Ausdruck offener und öffentlicher Entscheidungsfindung bleibt und die Vorformung des politischen Willens in Medien und öffentlicher Erörterung eine legitime Realität moderner Demokratie ist, erfüllen Miterörterung und Mitbestimmung die rechtlichen Vorgaben der Demokratie nur, wenn eine rechtsverbindliche Selbstbestimmung in Gleichheit und Freiheit, wenn der gleiche Einfluss und die Beteiligung aller Bürger förmlich gesichert sind.[216] Dies ist im diskursiven, im deliberativen Modell praktisch nicht durchzusetzen. Demokratie meint nicht die Herrschaft der Wortmächtigen, schon gar nicht die Herrschaft der Inhaber einflussreicher Medien, sondern die Legitimation durch die Allgemeinheit. In der Demokratie herrscht nicht das „richtige Argument", sondern der selbstbestimmte Bürger.[217] Aus diesem Grund hat sich die Demokratie zu einem repräsentativen System entwickelt.[218]

---

[214] Siehe zu dieser Perspektive *Scharpf*, Legitimationskonzepte jenseits des Nationalstaats, in: Schuppert/Pernice/Haltern (Hg.), Europawissenschaft, 2005, § 20, S. 705 (710).

[215] *Dryzek*, Discursive democracy, 1990; *Habermas*, Deliberative Politik – ein Verfahrensbegriff der Demokratie, in: ders., Faktizität und Geltung, 1992, S. 349; in diese Richtung weist *Groß*, Verantwortung und Effizienz in der Mehrebenenverwaltung, VVDStRL 66 (2007), 152 (171 ff.); *Benz*, Postparlamentarische Demokratie und kooperativer Staat, in: Leggewie/Münch (Hg.), Politik im 21. Jahrhundert, 2001, S. 263 (insbes. 272 m. w. H.); insgesamt *M. G. Schmidt*, Demokratietheorien, 3. Auflage 2000.

[216] *Stern*, Das Staatsrecht der Bundesrepublik Deutschland, Band I, 2. Auflage 1984, S. 594 ff.

[217] BVerfG, 2 BvE 2/08 vom 30. Juni 2009, Absatz-Nr. 207 ff. – Lissabon; *Chr. Möllers*, Gewaltengliederung, 2005, S. 61.

[218] *Stern*, Das Staatsrecht der Bundesrepublik Deutschland, Band I, 2. Auflage 1984, S. 593; *Sommermann*, in: von Mangoldt/Klein/Starck, Kommentar zum Grundgesetz, Band 2, 5. Auflage 2005, Art. 20 Abs. 2 Rdn. 195: „Gewarnt werden muss vor einer kommunikationstechnologisch begründeten Partizipationslehre, welche die Errungenschaft gestufter, rationaler Entscheidungsprozesse auflösen und die Bürger überfordern könnte. Eine plebiszitäre ‚Demokratie per Knopfdruck' [... sei abzulehnen, führe letztlich u. a.] zur Fragmentierung komplexer Entscheidungszusammenhänge"; *Benz*, Postparlamentarische Demokratie und kooperativer Staat, in: Leggewie/Münch (Hg.), Politik im 21. Jahrhundert, 2001, S. 263 (insbes. 275 f.); jeweils m. w. H.

Die skizzierten Demokratietheorien, die sich teilweise mit einer legitimierenden Kraft nur in begrenzten Bereichen begnügen,[219] suchen politische Maßnahmen auf das Gemeinwohl auszurichten, diesen kaum konkretisierbaren Begriff näher zu bestimmen. Es steht die Frage im Vordergrund, wann der Inhalt einer Maßnahme legitim ist, wann er dem gemeinen Wohl dient. In nationalrechtlichen Kategorien leisten die Theorien daher einen wichtigen Beitrag, um das – mit dem Demokratieprinzip verwandte – republikanische Prinzip zu konkretisieren. Dieses richtet die öffentliche Gewalt auf das gemeine Wohl aus und stellt die Frage, wie diese Ausrichtung geleitet werden kann.[220] Auch auf europäischer Ebene können sie der Prüfung dienen, ob die Ausrichtung auf das gemeine Wohl gelingt, bieten – so *Arthur Benz* – eine „‚regulative Idee' zur Beurteilung demokratischer Verhandlungsverfahren oder auch der Kommunikation zwischen Regierenden und Regierten in der repräsentativen Demokratie", entfalten folglich eine lediglich ergänzende Kraft, auch weil sie die Frage nicht beantworten, wie „Entscheidungen getroffen und durchgesetzt werden können".[221] „Zwar kann" – in den Worten des Bundesverfassungsgerichts – „die bloß deliberative Teilhabe der Bürger und ihrer gesellschaftlichen Organisationen an politischer Herrschaft – ihre unmittelbare Einbeziehung in die Erörterungen der für die verbindlichen politischen Entscheidungen zuständigen Organe –, den auf Wahlen und Abstimmungen zurückgehenden Legitimationszusammenhang nicht ersetzen. Solche Elemente partizipatorischer Demokratie können aber ergänzende Funktion bei der Legitimation europäischer Hoheitsgewalt übernehmen."[222] Für die juristische Debatte über die demokratische Legitimation in Europa verdeutlichen die Theorien somit die Notwendigkeit des Legitimationserfordernisses, erübrigen dieses aber nicht.

---

[219] Siehe hierzu mit Blick auf die Europäische Union *Pache*, Verantwortung und Effizienz in der Mehrebenenverwaltung, VVDStRL 66 (2007), 106 (136 ff.); *Groß*, ebenda, 152 (169 ff.); siehe für die Legitimation unabhängiger Institutionen auch hinsichtlich weiterer Theorien *Bredt*, Die demokratische Legitimation unabhängiger Institutionen, 2006.

[220] Siehe unter C. III. 4. (S. 271 ff.); siehe für den Gedanken, dass Europa eine Republik sei, *von Bogdandy*, Konstitutionalisierung des europäischen öffentlichen Rechts in der europäischen Republik, JZ 2005, 529 ff.

[221] *Benz*, Politikwissenschaftliche Diskurse über demokratisches Regieren im europäischen Mehrebenensystem, in: Bauer/Huber, P. M./Sommermann (Hg.), Demokratie in Europa, 2005, S. 253 (266 f.), zum deliberativen Modell. *Stern*, Das Staatsrecht der Bundesrepublik Deutschland, Band I, 2. Auflage 1984, S. 594, 608, m. w. H.: „Der Grundsatz und die Ausgestaltung der Teilhabe und Selbstbestimmung des Volkes bei der Ausübung der Staatsmacht sind heute die entscheidenden Kriterien für die Existenz demokratischer Herrschaft. Diese Mitbestimmung darf nicht bloß [...] als plebiszitärer Vorgang demonstriert werden, sondern sie muß rechtlich abgesicherten Einfluß auf die Sach- und/oder Personalentscheidung ausüben können".

[222] BVerfG, 2 BvE 2/08 vom 30. Juni 2009, Absatz-Nr. 272 – Lissabon.

3. *Europäische Demokratie und allgemeine Rechtssätze*

Die sich verdichtende Europäische Union, deren Kompetenzen seit der Einheitlichen Europäischen Akte kontinuierlich zugenommen haben und durch den Vertrag von Lissabon weiter zunehmen werden, stellt die Frage nach der europäischen Demokratie mit neuer Intensität.[223] Hier soll der Versuch unternommen werden, ausgehend von Grundannahmen über die europäische Demokratie deren Erwartungen an die europäische Rechtsetzung, an die Regelbildung in Europa zu formulieren und den Beitrag der Regelbildung zu einer europäischen Demokratie zu bestimmen.

a) *Sprachliche und instrumentelle Grundforderungen*

Die europäische Demokratie baut auf zwei Legitimationsstränge – auf einen europäischen über das Europäische Parlament und auf einen mitgliedstaatlichen über die nationalen Parlamente und den Rat.[224] In der Regel wird das Sekundärrecht im sog. Mitentscheidungsverfahren erlassen. Der Vertrag von Lissabon spricht hier vom „ordentlichen" Verfahren der Rechtsetzung.[225] Nach diesem Verfahren unterbreitet die Kommission einen Rechtsetzungsvorschlag, dem Rat und Parlament zustimmen müssen.[226] Die Zustimmung in Rat und Parlament hat aber nur legitimierende Kraft, wenn die Mitglieder in den Organen die Rechtsakte jedenfalls dem Grunde nach verstehen und verantworten. Bei einem für alle unverständlichen Rechtsakt wird kaum eine demokratische Legitimation bewirkt. Die europäische Demokratie fordert insofern europäische Verordnungen und Richtlinien, welche die Kernannahmen der sprachlichen und instrumentellen Allgemeinheit erfüllen. Doch sind diese Forderungen nicht justitiabel, weil nicht der Europäische Gerichtshof, sondern das rechtsetzende Organe beurteilt, ob es eine Regelung verantworten kann. Der Gedanke der Allgemeinheit will die Demokratie entfalten, nicht das Gericht zu einem Wächter der Organe machen, nicht die Demokratie in zu dichten justitiablen Vorgaben binden. So ruhen im europäischen Demokratieprinzip verbindliche, jedoch nicht justitiable Kernforderungen der sprachlichen und instrumentellen Allgemeinheit.

---

[223] BVerfG, 2 BvE 2/08 vom 30. Juni 2009, Absatz-Nr. 207ff. – Lissabon; siehe bereits unter 1. (S. 421 ff.)

[224] Siehe bereits oben unter 1. (S. 421 ff.).

[225] Art. 251 EGV; Art. 294 AEU; siehe insgesamt *Streinz*, Europarecht, 7. Auflage 2005, Rdn. 500ff.

[226] Art. 251 EGV; Art. 294 AEU; *Haratsch/Koenig/Pechstein*, Europarecht, 5. Auflage 2006, S. 117ff.; *Streinz*, Europarecht, 7. Auflage 2005, Rdn. 513ff.

b) Wachsendes Demokratiedefizit durch die Rechtsetzungspraxis

Der Rat ist das zentrale Organ für den Erlass europäischer Rechtssätze. Der überwiegende Teil des Sekundärrechts – hier wird von rund 80 Prozent gesprochen[227] – wird jedoch nicht nach einer Debatte oder Aussprache im Rat erlassen, sondern im sog. A-Punkt-Verfahren, in einer Sammelabstimmung ohne Aussprache, ohne eine Beschäftigung in der Sache und in beliebiger Ratsformation.[228] Für die überwiegende Zahl der europäischen Verordnungen und Richtlinien entfaltet sich daher die demokratische Legitimation über den Europäischen Rat kaum, jedenfalls zurückgenommen. Wenn man nun bedenkt, dass die mitgliedstaatlichen Parlamente die europäische Rechtsetzung nicht prägen[229] und dass die demokratisch-legitimierende Kraft des Europäischen Parlaments gegenwärtig insbesondere auf Grund der fehlenden Gleichheit der Wahl und des im Vergleich zu den staatlichen Parlamenten geringeren Einflusses gehemmt ist – die Kompetenzen des Europäischen Parlaments wurden aber im Laufe der Integration gestärkt und sollen durch den Vertrag von Lissabon weiter gesteigert werden[230] –, weisen beide Stränge demokratischer Legitimation in Europa lediglich eine zurückgenommene Kraft auf. Die Rechtsetzungspraxis des A-Punkt-Verfahrens scheint so das Demokratiedefizit der Europäischen Union in erheblichem Maß zu steigern.

Hier ist jedoch einzuwenden, dass ohne die Zustimmung des Ausschusses der Ständigen Vertreter der Mitgliedstaaten (AStV)[231] ein Rechtsakt nicht im A-Punkt-Verfahren beschlossen wird. Auf die Aussprache und einzelaktbezogene Abstimmung wird im Rat nur verzichtet, wenn sich die mitgliedstaatlichen Vertreter hierüber geeinigt haben. Zudem können auch zu sog. „A-Punkten" Erklärungen im Rat abgegeben werden. Auf Antrag wird ein „A-Punkt" von der Tagesordnung genommen, auch um später als „B-Punkt" im Rat diskutiert zu

---

[227] *Mickel/Bergmann*, Handlexikon der Europäischen Union, 3. Auflage 2005, S. 50; *Silberhorn*, Die Neugestaltung der Beteiligung des Deutschen Bundestages in Angelegenheiten der Europäischen Union, in: Busek/Hummer (Hg.), Die Konstitutionalisierung der Verbandsgewalt in der (neuen) Europäischen Union, 2006, S. 173 (174 f.); *Papier*, Subsidiaritätsprinzip versus Zentralismus in Europa, 2007, S. 17.

[228] Siehe hierzu Art. 20 der Geschäftsordnung des Rates vom 22. März 2004, Beschluss 2004/338/EG, im Folgenden: GORat; *Silberhorn*, Die Neugestaltung der Beteiligung des Deutschen Bundestages in Angelegenheiten der Europäischen Union, in: Busek/Hummer (Hg.), Die Konstitutionalisierung der Verbandsgewalt in der (neuen) Europäischen Union, 2006, S. 173 (174 f.); *Mickel/Bergmann*, Handlexikon der Europäischen Union, 3. Auflage 2005, S. 50; *Wedemeyer*, Mehrheitsbeschlussfassung im Rat der Europäischen Union, 2008, S. 37 f., 43.

[229] *Silberhorn*, Die Neugestaltung der Beteiligung des Deutschen Bundestages in Angelegenheiten der Europäischen Union, in: Busek/Hummer (Hg.), Die Konstitutionalisierung der Verbandsgewalt in der (neuen) Europäischen Union, 2006, S. 173.

[230] Siehe hierzu unter 1. (S. 421 ff.).

[231] Art. 207 EGV; Art. 240 AEU.

werden – was jedoch selten geschieht.[232] Insofern bleiben die Ratsmitglieder Herr des Verfahrens. Besondere technische Regelungen oder andere spezielle Rechtssätze können in einer Debatte im Rat ohnehin kaum entfaltet werden. Der Rat kann zudem die acht Verordnungen, die in den Jahren 1998 bis 2004 durchschnittlich pro Tag erlassen wurden,[233] kaum alle verantworten. Insgesamt sei daher – so könnte man erwägen – eine Vorauswahl durch den Ausschuss der der Ständigen Vertreter sachdienlich, ja notwendig.

Doch überzeugen diese Einwände letztlich nicht. Die „Regelungsflut" ist zu bekämpfen, nicht pragmatisch zu handhaben. Spezialregelungen sollten durch eine verstärkte Rechtsetzungsdelegation demokratisch legitimiert werden.[234] Insgesamt kann der Ausschuss der Ständigen Vertreter die Legitimation durch den Rat, durch die Fachminister der Mitgliedstaaten nicht ersetzen, die von einer starken mitgliedstaatlichen demokratischen Legitimation gestützt werden. Zwar sind die Vertreter der Regierungen der Mitgliedstaaten im Ständigen Ausschuss an deren Weisungen gebunden. Dennoch ist der Ausschuss kein Gremium, das primär die nationalstaatlichen Interessen in den Rechtsetzungsprozess einzubringen sucht, das in erster Linie den Belangen der Menschen des jeweiligen Mitgliedstaats nachspürt und diese vertritt. „Die kontinuierliche und enge Zusammenarbeit der Ständigen Vertreter im AStV, der gemeinsame Wohnsitz in Brüssel mit engen außerdienstlichen Kontakten, ihre langjährige Beschäftigung mit Fragen der Gemeinschaft geben dem AStV" – so ein aktueller Befund – „einen einzigartigen Charakter. Er verfügt über einen ausgeprägten Corpsgeist und zeigt eigene Identität gegenüber den Hauptstädten. Selbst solche Ständigen Vertreter, die an einer relativ straffen ‚Weisungsleine' ihrer Regierung geführt werden, können sich dem gruppendynamischen Zwang zum Kompromiss und Aufeinanderzugehen – für den AStV kennzeichnend – nicht völlig entziehen. Insofern hat der AStV neben seinem Charakter als Gremium partikularer Interessen der Mitgliedstaaten auch starke unitarische Elemente. [...] Die Tendenz, dass der AStV zunehmend zur eigentlichen Problemlösungsinstanz des Rats wird, verstärkt sich mit kontinuierlicher Erweiterung der Europäischen Union. Wichtigster Grund ist, dass bei nunmehr [... 27] Mitgliedstaa-

---

[232] Siehe hierzu Art. 20 GORat; *Silberhorn*, Die Neugestaltung der Beteiligung des Deutschen Bundestages in Angelegenheiten der Europäischen Union, in: Busek/Hummer (Hg.), Die Konstitutionalisierung der Verbandsgewalt in der (neuen) Europäischen Union, 2006, S. 173 (174f.); *Mickel/Bergmann*, Handlexikon der Europäischen Union, 3. Auflage 2005, S. 50; *Wedemeyer*, Mehrheitsbeschlussfassung im Rat der Europäischen Union, 2008, S. 37f., 43.

[233] Antwort der Bundesregierung auf die Anfrage verschiedener Abgeordneter und der Fraktion der FDP vom 9. Oktober 2007, BTDrs. 16/6672; Antwort des Parlamentarischen Staatssekretärs *Hartenbach* vom 29. April 2005 auf die Anfrage des Abgeordneten *Singhammer*, BTDrs. 15/5434; siehe zudem bereits unter A. III. m. w. H. (S. 50ff.).

[234] Siehe zu dieser Möglichkeit, die der Vertrag von Lissabon schafft, oben unter I. 2. (S. 390ff.) und III. 2. (S. 412ff.).

ten eine echte Problemdiskussion auf der darüber liegenden Ministerebene immer schwieriger wird. Mit zunehmender Aktivität der EU ist auch die Arbeitslast des AStV über die Jahre gewachsen. Das hat zu immer längerer Sitzungsdauer bei gleichzeitig abnehmender Intensität der Beratung geführt."[235]

Diese Analyse der Arbeit des Ständigen Ausschusses verdeutlicht, dass die Erweiterung der Union um Mitgliedstaaten und Kompetenzen die Frage nach der europäischen Demokratie mit besonderem Nachdruck stellt.[236] Derzeit entfalten beide demokratischen Legitimationsstränge der Europäischen Union ihre legitimierende Wirkung nur gehemmt. Die Rechtsetzungspraxis des A-Punkt-Verfahrens nimmt die demokratische Kraft des Rats zurück und erhöht so das europäische Demokratiedefizit in nicht unerheblicher Weise.

c) Der Einfluss der Kommission

Diese Praxis steigert den Einfluss der Europäischen Kommission bei der europäischen Rechtsetzung. Das europäische Rechtsetzungsverfahren ist insgesamt durch die Initiative der Kommission, durch ihr „Vorschlagsmonopol"[237] und ihre Experten geprägt.[238] Hinzu kommen die eigenständigen Rechtsetzungskompetenzen der Kommission, die der Vertrag von Lissabon intensivieren wird. Als Grund hierfür werden nicht nur die neu geregelte sog. „Durchführungsrechtsetzung" genannt,[239] sondern auch die „Beschlüsse", welche die Entscheidungen ablösen und allgemeine Geltung entfalten können, ohne dass der Rat oder das Parlament beteiligt werden.[240] Die europäische Rechtsetzung baut

---

[235] *Mickel/Bergmann*, Handlexikon der Europäischen Union, 3. Auflage 2005, S. 50; *Wedemeyer*, Mehrheitsbeschlussfassung im Rat der Europäischen Union, 2008, S. 37f., 43.

[236] Siehe hierzu bereits unter 1. (S. 421 ff.).

[237] *Ruffert*, in: Calliess/ders. (Hg.), EUV/EGV, 3. Auflage 2007, Art. 211 EGV Rdn. 12 ff.; siehe zu den Ausnahmen vom Initiativmonopol der Kommission *Härtel*, Handbuch europäische Rechtsetzung, 2006, S. 345 f.

[238] Art. 251 Abs. 3 Satz 1 EGV; siehe hierzu aber auch die geplante Neufassung durch den Vertrag von Lissabon (Art. 294 AEU); *Robinson*, Drafting of EU Acts: A View from the European Commission, EJLR 2008, 151; *Wedemeyer*, Mehrheitsbeschlussfassung im Rat der Europäischen Union, 2008, S. 33 ff. insbes. auch zu der Rolle informeller Absprachen; *Härtel*, Handbuch europäische Rechtsetzung, 2006, S. 102 ff.; *Bach*, Die Bürokratisierung Europas, 1999, S. 19 ff. Rund ein Viertel der Initiativen der Kommission gehen allerdings von anderen Organen oder von der Wirtschaft und den „Sozialpartnern" aus. 30 Prozent entspringen aus internationalen Verpflichtungen der Union. Zehn bis 15 Prozent ergehen auf Grund von Verpflichtungen des Primär- oder des Sekundärrechts und rund 20 Prozent dienen der Aktualisierung bestehender europäischer Regelungen (siehe für die Zahlen: Der Mandelkern-Bericht, in: Bundesministerium des Innern [Hg.], Moderner Staat – Moderne Verwaltung, 2002, S. 66).

[239] Art. 290 AEU; siehe bereits unter I. 2. (S. 390 ff.) und III. 2. (S. 412 ff.).

[240] Siehe zur Entscheidung Art. 249 Abs. 4 EGV und zum Beschluss Art. 288 Abs. 4 AEU (insgesamt *Lecheler*, Ungereimtheiten bei den Handlungsformen des Gemeinschaftsrechts – dargestellt anhand der Einordnung von „Leitlinien", DVBl. 2008, 873 [876 ff.]; siehe bereits unter III. 2. (S. 412 ff.).

auf die Fachkenntnisse der Kommission. Doch scheint der maßgebliche und sich nach dem Vertrag von Lissabon noch intensivierende Einfluss der Kommission eine Spezialisierung des Rechts zu fördern, eine – in den Worten des Mandelkern-Berichts – „systemimmanente Tendenz zu immer stärkerer Regelungsdichte."[241]

So lange die Kommission als Hüterin der Verträge die Grundfreiheiten und den Binnenmarkt gefördert hat, sich in ihrem Ansinnen insbesondere gegen staatliche Regulierung wandte, stellte sich die Frage nach ihrer demokratischen Legitimation unter anderen Vorzeichen als heute. Die Kompetenzen der Union und der Entscheidungsraum der Kommission haben zugenommen. Die Kommission entwirft politische Konzepte und setzt diese gestaltend durch, hat einen bestimmenden Einfluss auf das europäische Sekundärrecht, eigene Rechtsetzungskompetenzen, prägt insgesamt die europäische Politik in großem Maß.[242] Als Hüterin der Verträge bezieht sie – vergleichbar mit einem Gericht – eine sachliche demokratische Legitimation aus dem Primärrecht. Wenn sie jedoch die geweiteten Kompetenzen der Union für von dieser Aufgabe gelöste politische Gestaltungen nutzt, entfaltet sich diese sachliche Legitimation nur noch in zurückgenommener Weise. Die personelle demokratische Legitimation der Kommission ist vergleichsweise schwach. Der Kommissionspräsident wird vom Rat in der Zusammensetzung der Staats- und Regierungschefs benannt. Die Benennung bedarf der Zustimmung des Europäischen Parlaments. Der Rat nimmt dann im Einvernehmen mit dem designierten Präsidenten die gemäß den Vorschlägen der einzelnen Mitgliedstaaten erstellte Liste der Kommissare an. Dieses Kollegium stellt sich dem Zustimmungsvorbehalt des Europäischen Parlaments.[243] Ein Misstrauensantrag durch das Europäische Parlament bedarf der Mehrheit von zwei Dritteln der abgegebenen Stimmen und der Mehrheit der Parlamentsmitglieder; das Misstrauen kann nur gegenüber der gesamten Kommission geäußert werden.[244] Der Vertrag von Lissabon sucht auch deshalb die Kontrollbefugnisse des Parlaments zu stärken. Gleichwohl kann auch nach seinen Regelungen nicht von einer echten Kontrolle gesprochen werden, wenn das

---

[241] Der Mandelkern-Bericht, in: Bundesministerium des Innern (Hg.), Moderner Staat – Moderne Verwaltung, 2002, S. 75 f.; siehe bereits oben unter II. und III. (S. 398 ff.) sowie unter A (S. 39 ff.).

[242] Der Mandelkern-Bericht, in: Bundesministerium des Innern (Hg.), Moderner Staat – Moderne Verwaltung, 2002, S. 66 f.; deutlich *Lübbe-Wolff*, Aussprache, VVDStRL 60 (2001), 407 (409); *Oppermann*, Europarecht, 3. Auflage 2005, § 5 Rdn. 75 ff., 91 ff.; *Streinz*, Europarecht, 7. Auflage 2005, Rdn. 335 ff.; siehe für die neue Qualität der Union *Kadelbach*, Autonomie und Bindung der Rechtsetzung in gestuften Rechtsordnungen, VVDStRL 66 (2007), 7 (25 f.); siehe für die Frage nach der Notwendigkeit der demokratischen Legitimation *Lübbe-Wolff*, Europäisches und nationales Verfassungsrecht, VVDStRL 60 (2001), 246 (248 ff.).

[243] Art. 214 Abs. 2, siehe auch 213 Abs. 2 EGV; Art. 17 Abs. 7 EU; *Ruffert*, in: Calliess/ders. (Hg.), EUV/EGV, 3. Auflage 2007, Art. 214 EGV Rdn. 1 ff.; *Härtel*, Handbuch europäische Rechtsetzung, 2006, S. 102 ff.

[244] Art. 201 EGV, Art. 234 AEU.

Parlament einem vom Rat vorgeschlagenen Kandidaten für das Amt des Kommissionspräsidenten zustimmt.[245] Die Kontrolle der Kommission durch die anderen europäischen Organe ist nach dem geltenden Primärrecht kaum ausgeprägt und entfaltet sich auch nach dem Vertrag von Lissabon noch nicht hinreichend.[246] Die weitreichende Politik der Kommission wird daher – im Sinn der notwendigen demokratischen Selbstbestimmung – kaum von den Bürgern gestaltet, die Kommission kaum demokratisch in Verantwortung gezogen. Das führt zu einem nicht unerheblichen Demokratiedefizit.[247]

So könnten eine verstärkte personale demokratische Legitimation der Kommission, bessere Kontrollrechte insbesondere des Europäischen Parlaments und eine Modifizierung des Initiativrechts erwogen werden, um die europäische Demokratie zu stärken, um der Spezialisierung und Regelungsdichte des europäischen Sekundärrechts entgegenzuwirken und einen Aufbruch in eine neue Rechtsetzungskultur auch institutionell zu festigen. Jedoch würde eine solche Gestaltung allein die europäische Rechtsetzungskultur nicht gänzlich ändern können.

d) Demokratische Zurückhaltung – finale Allgemeinheit

Die Diskussion über die Demokratie in Europa kritisiert nicht nur die Stellung der Kommission, sondern auch die mangelnde Transparenz der Ratsbeschlüsse, den zu geringen Einfluss der mitgliedstaatlichen Parlamente und des Europäischen Parlaments, die fehlende Gleichheit bei dessen Wahl. Europa sei insgesamt nicht, jedenfalls noch nicht für einen echten Parlamentarismus geeignet. Auch wenn in einer Analyse des europäischen Demokratiedefizits diese Thesen zu vertiefen wären, ist insgesamt kaum zu leugnen, dass die europäische Demokratie insbesondere angesichts des Kompetenzzuwachses und der 27 Mitgliedstaaten der Union Defizite aufweist.[248] Dieser Befund veranlasst Reformen der Institutionen und Verfahren, verlangt aber als Zwischenbilanz der Gegenwart insbesondere, dass die europäischen Organe sich bei der Rechtsetzung zurückhalten, bis die demokratische Frage in Europa zufriedenstellender beantwortet ist. Wer keine sichere demokratische Legitimation hinter sich weiß, sollte nur vorsichtig Regeln setzen und wenige, nur die notwendigen Rechtsetzungsbeschlüsse fassen. Die demokratische Legitimationsschwäche weist so auf die fi-

---

[245] Art. 17 Abs. 7 EU.

[246] Siehe hierzu *Kadelbach*, Autonomie und Bindung der Rechtsetzung in gestuften Rechtsordnungen, VVDStRL 66 (2007), 7 (27 f.); der Vertrag von Lissabon sucht die Kontrolle durch das Parlament zu stärken (siehe Art. 230 Abs. 3 AEU, der eine Anhörung des Rates durch das Parlament regelt).

[247] In diese Richtung weisen *Calliess*, Optionen zur Demokratisierung der Europäischen Union, in: Bauer/Huber, P. M./Sommermann (Hg.), Demokratie in Europa, 2005, S. 281 (289, 295 f.); *Nettesheim*, Demokratisierung der Europäischen Union und Europäisierung der Demokratietheorie, ebenda, S. 143 (146 ff.).

[248] Siehe hierzu die Übersicht der Diskussion unter 1. (S. 421 ff.).

nale Allgemeinheit des europäischen Sekundärrechts. In dieser Intensität ist dieses Postulat allerdings Folge eines Gegenwartsbefunds, könnte sich mit gestärkter Legitimation folglich ändern.

e) Tendenz der Entmachtung und Entrechtlichung

Derzeit können die mitgliedstaatlichen Organe ihre freiheitsichernde Gestaltungskraft kaum entfalten, weil ihr Entscheidungsraum durch europäische Spezialvorgaben oftmals zu stark verengt wird. Gleichzeitig entmachten sich aber – diese Paradoxie zeichnet eine Parallele zu der deutschen Rechtsetzung[249] – die rechtsetzenden Organe selbst, wenn Rat und Parlament die Detailregelungen kaum nachvollziehen können, eher den von der Kommission und dem Ausschuss der Ständigen Vertreter bestimmten politischen Kompromissen, den Rechtsetzungspaketen zustimmen, als Regelungen selbst zu prägen und zu verantworten. Der Ort der Rechtsetzung scheint dann nicht mehr bei den rechtsetzenden Organen, eher bei der Kommission zu liegen – die Gegengewichte zu den rechtsformenden Kräften in den öffentlichen Organen und der Gesellschaft verlieren an Kraft. Spezialvorschriften können zudem oft nur schwer befolgt werden. Sie fördern eine Tendenz zur Entrechtlichung. Die fehlende Allgemeinheit der Rechtssätze entmachtet die demokratisch legitimierten Gewalten, scheint der Rechtsgemeinschaft der Europäischen Union ein Stück ihrer Rechtlichkeit – der Ordnung für die Allgemeinheit der 27 Staaten – zu nehmen, das politische, das rechtsstaatliche und demokratische System in Gefahr zu bringen. Die Europäische Union ist angetreten, Regulierung zu bekämpfen und so die Freiheit zu sichern. In diesem Kampf darf sie nicht zur Ursache einer Übernormierung, zum Gegner der Freiheit, der Demokratie und des Rechts werden. Die Allgemeinheit der europäischen Rechtssätze könnte einer solchen Entwicklung entgegenwirken.

f) Europäische Repräsentation und Gemeinwohl

Das demokratische System der Europäischen Union ist das einer repräsentativen Demokratie.[250] Die Völker Europas werden durch die mitgliedstaatlichen Parlamente, im Rat und durch das Europäische Parlament repräsentiert. Auf europäischer Ebene werden die Sekundärrechtsakte hiernach in einer Repräsentation der Völker aus 27 Mitgliedstaaten, mit 27 unterschiedlichen Territorien und Kulturen, mit 27 verschiedenen Rechtssystemen erlassen. Das europäische Demokratieprinzip richtet in diesem Repräsentationsauftrag das Recht auf 27 Mitgliedstaaten mit rund 490 Millionen Unionsbürgern aus und entwi-

[249] Siehe bereits oben unter C. III. 8. (S. 291 ff.).

[250] Dieser demokratische Gedanke ruht in den mitgliedstaatlichen Verfassungsüberlieferungen und damit in Art. 6 Abs. 1 EUV (siehe unter 1., S. 421 ff., m. w. H.) und wird nunmehr in Art. 10 Abs. 1 EU audrücklich festgeschrieben.

ckelt so den Gedanken einer sehr weitgreifenden personalen, gegenständlichen und territorialen Allgemeinheit. Die Auswirkungen eines Rechtssatzes auf alle Mitgliedstaaten sind zu ermessen, der Rechtssatz ist angesichts dieser Folgen – in der von den Repräsentanten erwarteten Distanz und Objektivität[251] – politisch zu bewerten. Diese breiten Allgemeinheitsforderungen tragen den Gedanken der finalen Allgemeinheit in sich, wenn eher grundlegende, kaum Detailregelungen in den Folgen bedacht, in die Rechtssysteme von 27 Mitgliedstaaten integriert werden können.[252] Diese finale Ausrichtung wird durch die Verpflichtung gestärkt, dem gemeinen Wohl zu dienen.[253]

g) *Sachliche demokratische Legitimation durch das Primärrecht*

Die demokratische Legitimation des sekundären Europarechts läuft über einen mitgliedstaatlichen und einen europäischen Strang, wobei beide derzeit gehemmt wirken.[254] Das Primärrecht hat im Vergleich hierzu eine deutlich höhere demokratische Legitimation. Es wird in erster Linie von den Regierungschefs ausgehandelt, welche in ihren Ländern eine Wahlmehrheit hinter sich wissen, und muss von jedem Mitgliedstaat durch entsprechende Organe, insbesondere durch die Parlamente und zuweilen durch Volksabstimmungen ratifiziert werden. Das europäische Primärrecht bewirkt deshalb ein hohes Maß an sachlicher demokratischer Legitimation.[255]

Mit dem – bereits skizzierten[256] – Zuwachs an Kompetenzen der Europäischen Union und der damit verbundenen steigenden Dringlichkeit der demokratischen Frage ist diese sachliche Legitimation deutlicher herauszustellen. Sie fordert insbesondere von der Kommission und vom Europäischen Gerichtshof, dass beide Organe den Vorgaben des Primärrechts folgen. Für den Gerichtshof verkleinert sich daher mit dem Kompetenzzuwachs der Europäischen Union der Raum der richterlichen Rechtsfortbildung. Das europäische Primärrecht ist – auch wenn es in den letzten zwanzig Jahren im Vergleich zu der Zeit seit Beginn der europäischen Integration oft geändert wurde – nur in einem langwie-

---

[251] Siehe unter 1. a. E. (S. 428 ff.).

[252] Siehe bereits unter II. und III. (S. 398 ff.).

[253] Siehe Art. 2 und Art. 6 EUV, Art. 2 und Art. 3 EGV, ausdrücklich für die Kommission Art. 213 Abs. 1 EGV, für den Rechnungshof Art. 247 Abs. 4 EGV, den Wirtschafts- und Sozialausschuss Art. 258 Abs. 3 (siehe auch 257 Abs. 2 EGV) und den Ausschuss der Regionen Art. 263 Abs. 5 EGV; das Primärrecht nach dem Vetrag von Lissabon kennt vergleichbare Bestimmungen, spricht aber insbes. davon, dass es das „Ziel der Union" ist, „den Frieden, ihre Werte und das Wohlergehen ihrer Völker zu fördern" (Art. 3 Abs. 1 EU).

[254] Siehe insbes. unter b) (S. 435 ff.).

[255] Siehe hierzu die Schlussanträge des Generalanwalts *Colomer*, Verb. Rs. C-55 und 56/07, Michaeler Subito GmbH, Anträge vom 24. Januar 2008, Rdn. 19, der davon spricht, dass dem Primärrecht ein „demokratischer Charakter" zukommt, der einem Grundsatz fehle, wenn dieser „von der Rechtsprechung entwickelt" wird.

[256] Siehe unter 1. (S. 421 ff.).

rigen Prozess zu erneuern, der mit dem Zuwachs an Mitgliedern der Europäischen Union schwieriger wird; dies verdeutlichen die Referenden in Frankreich und den Niederlanden über den Verfassungsvertrag und die – zuweilen noch andauernden – Ratifikationsverfahren des Lissabonvertrags.[257] Das Primärrecht der Union wird im Zusammenwirken von 27 Mitgliedstaaten geändert.

Diese Statik des Primärrechts beauftragt den Europäischen Gerichtshof, in richterlicher Rechtsfortbildung Regelungslücken zu schließen – dies hat das Bundesverfassungsgericht schon früh ausdrücklich hervorgehoben.[258] Gleichzeitig erwartet aber die sachliche demokratische Legitimation einen hohen Respekt vor den Verträgen. Wenn keine Regelungslücken bestehen, ist nur eine zurückhaltende Rechtsfortbildung zu betreiben – und im Zweifel ist nicht vom Vorliegen einer ausfüllungsbedürftigen Rechtslücke auszugehen. Die Europäische Union ist dem Prinzip der begrenzten Einzelermächtigung und dem Subsidiaritätsprinzip verpflichtet. Ihr steht keine Kompetenz-Kompetenz zu.[259] Diese Grundlagen der europäischen Integration schränken auch die Befugnis des Europäischen Gerichtshofs zur Rechtsfortbildung ein.[260] Dieser Befund wird durch den Kompetenzzuwachs der Union,[261] durch die derzeit insgesamt besonders geforderte sachliche demokratische Legitimation verstärkt: Der Europäische Gerichtshof hat Rechtsfortbildung nur äußerst zurückhaltend zu betreiben.

Diesem verbindlichen Auftrag scheint der Gerichtshof auch in ersten Schritten nachzukommen, wenn er im Vergleich zu früheren Entscheidungen etwa über den Vorrang des Gemeinschaftsrechts[262] oder die Staatshaftung bei einem Verstoß gegen das Europarecht[263] vorsichtiger urteilt. Doch stellen auch aktuellere Rechtsfälle die Frage nach den Rechtsprechungsgrenzen des Gerichts, wenn Grundfreiheiten zwischen Privaten greifen sollen[264] oder die europäischen Organe kompetenzwidrig handeln.[265] Diese Frage gewinnt auch im Vergleich

[257] Siehe hierzu die Übersicht bei *Lenz/Borchardt*, EU-Verträge, 4. Auflage 2008, S. 31 ff.

[258] BVerfGE 75, 223 (240 ff.) – Kloppenburg.

[259] Siehe sogleich unter V. (S. 444 ff.).

[260] Sieh hierzu BVerfGE 75, 223 (240 ff.) – Kloppenburg.

[261] *Schwarze*, Der Schutz der Grundrechte durch den EuGH, NJW 2005, 3459 (3464), spricht davon, dass angesichts einer an „Mitgliedstaaten und Aufgaben enorm gewachsenen Union" dieses Problem „präzisiert und fortentwickelt" werden muss.

[262] EuGH, Rs. 6/64, Costa/E. N. E. L., Slg. 1964, 1253 Rdn. 8.

[263] EuGH, verb. Rs. 6 und 9/90, Francovich, Bonifaci, u. a./Italien, Slg. 1991, I-5357, 3. Leitsatz und Rdn. 30 ff.

[264] EuGH, Rs. 36/74, Walrave, Slg. 1974, 1405 Rdn. 16/19; Rs. C-415/93, Bosmann, Slg. 1995, I-4921 Rdn. 82; siehe hierzu sogleich unter VIII. 2. a) m. w. H. (S. 477 f.).

[265] Siehe zu dem aktuellen und auch vom Bundesverfassungsgericht zu behandelnden Fall, in welchem dieser Vorwurf dem Europäischen Gerichtshof gemacht wird, weil das Gericht „das Verbot der Diskriminierung wegen Alters", die „Gleichbehandlung" als „einen allgemeinen Grundsatz des Gemeinschaftsrechts" entfaltet, obgleich – hierauf weist das Gericht ausdrücklich hin – die Richtlinie in diesem Sinn auf den zu entscheidenden Fall nicht anzuwenden ist: EuGH, Rs. C-144/04, Mangold, Slg. 2005, I-9981 insbes. Rdn. 74 ff.; kritisch hier-

zu den mitgliedstaatlichen Gerichten, etwa dem Bundesverfassungsgericht, an Gewicht. Das Bundesverfassungsgericht weiß den Bundestag als ein unmittelbar demokratisch legitimiertes Organ neben sich, das Gesetze in eigener Verfassungskonkretisierung erlassen und auch die Verfassung ändern kann. Einer verfassungsrichterlichen Grundgesetzdeutung kann der Bundestag mit einer Verfassungsänderung sein letztes Wort entgegenstellen. Auf Grund des eher auf Stetigkeit angelegten Primärrechts in einer Union der 27 Mitgliedstaaten kann einer richterlichen Rechtsfortbildung hingegen nur schwer durch unmittelbar demokratisch legitimierte Organe entgegengewirkt werden. Das Primärrecht ist insofern stabil. Hieraus folgt einerseits der bereits skizzierte Auftrag des Europäischen Gerichtshofs, Regelungslücken zu schließen, Rechtsfortbildung zu betreiben – er wird aber auch dann nicht selten auf den Erlass von Sekundärrecht verweisen und sich insofern zurückhalten können. Dies gilt in besonderer Weise nach dem Vertrag von Lissabon, weil hiernach – dies mag im Vergleich zum nationalen Recht erstaunen – in bestimmten Fällen Rechtsakte auf Antrag des Europäischen Gerichtshofs erlassen werden können.[266] Wenn das Gericht aber Rechtssätze anregen kann, sind vergleichbare Regelungen nicht durch Gerichtsentscheidungen zu treffen. Einer richterlichen Fortbildung des Rechts steht kein hinreichendes, demokratisch legitimiertes Gewicht entgegen. Der europäische Gerichtshof gewinnt – wie die mitgliedstaatlichen Gerichte – weniger aus einer personalen, sondern vor allem aus der sachlichen demokratischen Legitimation seine Entscheidungsgewalt, d.h. aus der Befolgung des Rechts. Er muss sich gegenwärtig insgesamt in einer strikten Rechtsbindung bei der Rechtsfortbildung auch im Vergleich zu den mitgliedstaatlichen Gerichten zurückhalten.

Diese Forderung wird durch den demokratischen Gedanken der klaren Verantwortungszurechnung gestärkt. Der Gerichtshof ist nach dem Primärrecht Garant des Rechts,[267] nicht rechtsetzendes Organ. Diese Verantwortung wurde ihm zugewiesen. Der Auftrag des Gerichtshofs liegt in der Systematisierung des Europarechts – mit Blick auf das Sekundärrecht ist dies ein anspruchsvoller Auftrag – und in der Schließung von Regelungslücken – nicht mehr in einer Rechtsfortbildung als erster „Motor der europäischen Integration".

---

zu *Colomer*, Verb. Rs. C-55 und 56/07, Michaeler Subito GmbH, Anträge vom 24. Januar 2008, Rdn. 20; siehe hierzu sogleich unter VIII. 2. b) (S. 478 ff.); *Calliess*, Optionen zur Demokratisierung der Europäischen Union, in: Bauer/Huber, P.M./Sommermann (Hg.), Demokratie in Europa, 2005, S. 281 (302 ff.), führt für die das Europarecht weitende Rechtsprechung zudem den breiten Beihilfebegriff und insgesamt die Interpretation des Art. 86 EGV auf.

[266] Art. 289 Abs. 4 AEU.

[267] Art. 220 Abs. 1 EGV, Art. 19 Abs. 1 Uabs. 1 EU.

4. *Die intensivierte Kraft der primärrechtlichen Allgemeinheitsforderungen*

Die europäische Demokratie scheint auf eine stärkere demokratische Legitimation, auf eine entsprechende Änderung der Verträge zu drängen, fordert nach geltendem Recht aber insbesondere eine Zurückhaltung bei der Regelbildung. Diese Rechtsbindung verdeutlicht auch der Befund der mitgliedstaatlichen Verfassungsüberlieferungen: Rechtsstaat und Demokratie bedingen sich, sind ineinander verwoben, begegnen sich vor allem bei der Rechtsetzung.[268] Das Primärrecht erwartet deshalb gegenwärtig eine strikte Befolgung seiner Bestimmungen über die Rechtsetzungsinstrumente. Verordnungen müssen allgemeine Geltung entfalten. Richtlinien dürfen nur Ziele verbindlich anordnen. Grundsätzlich ist das Instrument der Richtlinie zu wählen.[269] Diese primärrechtlichen Allgemeinheitsforderungen werden durch demokratische Erwägungen, insbesondere durch die vordringliche sachliche demokratische Legitimation, gestärkt, welche sich noch erhöhen werden, wenn der Vertrag von Lissabon geltendes Recht wird, weil hier neue Kompetenzen auf die Union übertragen werden.[270] Das Europarecht scheint stärker als früher auf die Allgemeinheit der europäischen Rechtsakte zu drängen.

V. Begrenzte Einzelermächtigung und Subsidiarität

Die Europäische Union übt nur die Befugnisse aus, die ihr durch das europäische Primärrecht übertragen werden. Alle nicht übertragenen Zuständigkeiten verbleiben bei den Mitgliedstaaten (Prinzip der begrenzten Einzelermächtigung).[271] In den Bereichen, die nicht in ihre ausschließliche Zuständigkeit fallen, wird die Union nur tätig, sofern und soweit die Ziele der in Betracht gezogenen Maßnahmen von den Mitgliedstaaten weder auf mitgliedstaatlicher, noch auf regionaler oder lokaler Ebene ausreichend verwirklicht werden können, vielmehr wegen ihres Umfangs oder ihrer Wirkung besser auf Unionsebene zu erreichen sind (Subsidiaritätsprinzip).[272] Die Prinzipien der begrenzten Einzelermächtigung und der Subsidiarität sind konstitutiv für die Europäische Union.[273]

---

[268] Siehe zum Rechtsstaat und Grundrechtsschutz sogleich unter VII. und VIII. (S. 466ff.).

[269] Siehe insgesamt unter II. und III. (S. 398ff.).

[270] Siehe oben unter 1. (S. 421ff.).

[271] Art. 5 Abs. 1 EGV; Art. 5 Abs. 1 und Abs. 2 EU.

[272] Art. 5 Abs. 2 und 3 EGV; Art. 5 Abs. 3 EU.

[273] BVerfG, 2 BvE 2/08 vom 30. Juni 2009, Absatz-Nr. 226ff., insbes. Nr. 234 – Lissabon: „Das Prinzip der begrenzten Einzelermächtigung ist deshalb nicht nur ein europarechtlicher Grundsatz (Art. 5 Abs. 1 EGV; Art. 5 Abs. 1 Satz 1 und Abs. 2 EUV-Lissabon [...]), sondern nimmt – ebenso wie die Pflicht der Europäischen Union, die nationale Identität der Mitglied-

1. Kompetenz und Verallgemeinerung

Nach dem Prinzip der begrenzten Einzelermächtigung wird die Frage beantwortet, ob das Primärrecht der Union die Kompetenz überträgt, einen Bereich zu regeln.[274] Hiernach hat die Gemeinschaft nur die Kompetenzen, welche die Mitgliedstaaten im Primärrecht übertragen. Grundsätzlich bleibt also die Hoheitsgewalt bei den Mitgliedstaaten. Nur nach einer ausdrücklichen, im Vertrag beurkundeten Kompetenzzuweisung dürfen Hoheitsbefugnisse durch die Europäische Union ausgeübt werden. Dabei werden insbesondere auch sog. „implied powers" zugelassen, d.h. der Union Kompetenzen in Bereichen zugesprochen, die zwar nicht ausdrücklich im Vertrag genannt werden, bei deren Fehlen aber die Kompetenzen „sinnlos wären oder nicht in vernünftiger und zweckmäßiger Weise zur Anwendung gelangen könnten".[275] Das Rechtsetzungsthema wird aber durch die Kompetenzzuweisung verbindlich vorgegeben.[276]

Diese Konstituierungs- und Begrenzungsfunktion[277] wird gegenwärtig durch eine dynamisierende Auslegung erweitert. Der Europäische Gerichtshof nutzt die Grundfreiheiten „als Gelenk zu den Kompetenzen".[278] Die Befugnis der Union zur binnenmarktbezogenen Harmonisierung ist seiner Rechtsprechung folgend nicht in den Harmonisierungsaufträgen des Vertrags begrenzt, sondern reicht ebenso weit wie der Anwendungsbereich der Grundfreiheiten.[279] In einer konsequenten Fortführung dieses Gedankens könnte die Union auch die Rechtsangleichung solcher nationaler Regelungen fordern, welche die Grundfreiheiten aus Gründen des Allgemeinwohls rechtmäßig beschränken und so

---

staaten zu achten (Art. 6 Abs. 3 EUV; Art. 4 Abs. 2 Satz 1 EUV-Lissabon) – mitgliedstaatliche Verfassungsprinzipien auf. Das europarechtliche Prinzip der begrenzten Einzelermächtigung und die europarechtliche Pflicht zur Identitätsachtung sind insoweit vertraglicher Ausdruck der staatsverfassungsrechtlichen Grundlegung der Unionsgewalt."

[274] *Calliess*, in: ders./Ruffert (Hg.), EUV/EGV, 3. Auflage 2007, Art. 5 EGV Rdn. 6; *Pache*, Verantwortung und Effizienz in der Mehrebenenverwaltung, VVDStRL 66 (2007), 106 (118ff.).

[275] EuGH, Rs. 8/55, Fédéchar, Slg. 1956, 297 (312); *Calliess*, in: ders./Ruffert (Hg.), EUV/EGV, 3. Auflage 2007, Art. 5 EGV Rdn. 15ff. m.w.H.

[276] Siehe insgesamt *Jarass*, Die Kompetenzverteilung zwischen der Europäischen Gemeinschaft und den Mitgliedstaaten, AöR 121 (1996), 173 (174f.), insbes. zu dem Problem der finalen Ausrichtung der Kompetenznormen (178ff.); siehe zu der Kompetenzabgrenzung auch mit einem rechtspolitischen Ausgriff *F.C. Mayer*, Die drei Dimensionen der Europäischen Kompetenzdebatte, ZaöRV 61 (2001), 577; *von Bogdandy/Bast*, Die vertikale Kompetenzordnung der Europäischen Union, EuGRZ 2001, 441ff.

[277] *Von Bogdandy/Bast*, in: Grabitz/Hilf, Das Recht der Europäischen Union, Band I, Art. 5 EGV (Oktober 2007) Rdn. 8.

[278] *Von Bogdandy/Bast*, in: Grabitz/Hilf, Das Recht der Europäischen Union, Band I, Art. 5 EGV (Oktober 2007) Rdn. 34.

[279] EuGH, Rs. C-465/00, C-138/01 und C-139/01, ORF, Slg. 2003, I-4989 Rdn. 49; *von Bogdandy/Bast*, in: Grabitz/Hilf, Das Recht der Europäischen Union, Band I, Art. 5 EGV (Oktober 2007) Rdn. 34 m.w.H.

den Binnenmarkt fragmentieren.[280] Ein Harmonisierungstatbestand belässt in dieser Lesart die Entscheidung über die Gewichtung der einschlägigen Rechtsgüter und Interessen nicht den Mitgliedstaaten, welche der Europäische Gerichtshof kontrollieren mag, sondern überträgt sie den Europäischen Rechtsetzungsorganen. Die Mitgliedstaaten können sich – bei einer abschließenden sekundärrechtlichen Regelung – kaum noch auf die primärrechtliche Schutzklausel berufen.[281] Nach dieser Deutung wahrt das Prinzip der begrenzten Einzelermächtigung kaum die Kompetenzen der Mitgliedstaaten, begründet schon gar nicht eine Kompetenzvermutung für die Staaten, weil die Kompetenzordnung der Verträge „nicht bipolar" sei.[282] So wirkt das Primärrecht als eine ‚Kompetenzbegründungsordnung' der Europäischen Union, die über die mitgliedstaatlichen Kompetenzen kaum etwas sagt.

Eines der wenigen Beispiele, in denen der Europäische Gerichtshof eine Unionskompetenz verneint hat, bietet die sog. Tabakrichtlinie.[283] Diese Richtlinie wurde auf Grundlage der Kompetenz für den Gesundheitsschutz erlassen, welche die Union auf Fördermaßnahmen beschränkt.[284] Die Richtlinie ging aber mit einem weitreichenden Verbot der Tabakwerbung über solche Maßnahmen hinaus und wurde deshalb auf die sog. Binnenmarktkompetenz gestützt.[285] Der Gerichtshof betonte, dass die Binnenmarktkompetenz nicht genutzt werden darf, um primärrechtliche Kompetenzbegrenzungen zu umgehen, und dass sie – dem Prinzip der begrenzten Einzelermächtigung folgend – auch nicht allgemeine Regelungen zum Binnenmarkt erlaube.[286] Von der Binnenmarktkompetenz werden insgesamt binnenmarktneutrale, binnenmarktbehindernde und binnenmarktperiphere Regelungen ausgeschlossen.[287]

Dieses Beispiel lässt erkennen, dass die Verallgemeinerung europäischer Rechtsakte durch die Kompetenz geleitet wird: Das Ziel des Rechtssatzes muss wie die gegenständliche Verallgemeinerung verständlich und in klarer Ausgestaltung im Rahmen der Kompetenz bleiben. Die Zuweisung der Kompetenzen bestimmt somit den Wirkungsbereich der jeweiligen Allgemeinheit. Das Prinzip der begrenzten Einzelermächtigung weist die Kompetenz zur Regelbildung

[280] EuGH, Rs. C-262/02, Kommission/Frankreich, Slg. 2004, I-00 Rdn. 23f.

[281] EuGH, Rs. C-324/99, Daimler-Chrysler, Slg. 2001, I-9897 Rdn. 32.

[282] *Von Bogdandy/Bast*, in: Grabitz/Hilf, Das Recht der Europäischen Union, Band I, Art. 5 EGV (Oktober 2007) Rdn. 27.

[283] RL 98/43/EG vom 6. Juli 1998 zur Angleichung der Rechts- und Verwaltungsvorschriften der Mitgliedstaaten über Werbung und Sponsoring zu Gunsten von Tabakerzeugnissen, ABl. 1998 Nr. L, 213/9.

[284] Art. 152 Abs. 4 UAbs. 1 lit c EGV; siehe hierzu den in Teilen neugefassten Art. 168 AEU.

[285] Art. 95 EGV, Art. 114 AEU.

[286] EuGH, Rs. C-376/98, Deutschland/Parlament und Rat, Slg. 2000, I-8419, Rdn. 79ff.

[287] *M. Ludwigs*, Rechtsangleichung nach Art. 94, 95 EG-Vertrag, 2004, S. 210ff. m. w. H.; *Calliess*, in: ders./Ruffert (Hg.), EUV/EGV, 3. Auflage 2007, Art. 5 EGV Rdn. 10; *Kahl*, ebenda, Art. 95 Rdn. 18.

grundsätzlich den Mitgliedstaaten zu. Unter bestimmten Voraussetzungen werden aber der Europäischen Union Kompetenzen übertragen, die sie für die Allgemeinheit des Unionsgebiets und der Unionsbürger ausübt. Dieses gestufte Allgemeinheitskonzept macht bewusst, dass Rechtssätze, die auf Grundlage einer Querschnittskompetenz erlassen werden, jeweils in ihrer regelbildenden Wirkung gerechtfertigt werden müssen. Die Grundfreiheiten können „als streng auf die Marktwirtschaft ausgerichtete, in diesem Sinn inhaltsprägende Kompetenzausübungsschranken mit Querschnittscharakter" gedeutet werden,[288] die Kompetenz zur binnenmarktbezogenen Harmonisierung kann eine Verallgemeinerung für den gesamten Binnenmarkt rechtfertigen.[289] Grundsätzlich braucht sachbereichsübergreifendes Recht eine bereichsübergreifende Kompetenzzuweisung.

2. Das erste Regelungsinstrument der Union

Die sachliche demokratische Legitimation erwartet gegenwärtig eine strikte Befolgung des Prinzips der begrenzten Einzelermächtigung.[290] Die Kompetenzzuweisung prägt die zulässige Verallgemeinerung, kann aber auch die Entscheidung treffen, ob nur Richtlinien oder auch Verordnungen erlassen werden dürfen.[291] Der Grundsatz der Subsidiarität verlangt in der Regel, dass die Richtlinie der Verordnung vorzuziehen ist. Die Rechtsetzungspraxis sollte sich ändern und diese Forderung erfüllen.[292] Die Dualität, die Unterscheidung zwischen Richtlinie und Verordnung, ist insgesamt wieder stärker zu beachten. So betont das Protokoll über die Anwendung der Grundsätze der Subsidiarität und der Verhältnismäßigkeit, dass Richtlinien, „die für jeden Mitgliedstaat, an den sie gerichtet sind, hinsichtlich des zu erreichenden Ziels verbindlich sind, [...] den innerstaatlichen Stellen die Wahl der Form und der Mittel" überlassen.[293] Damit verwirklicht die Europäische Union die finale Allgemeinheit, die instrumentelle aber bleibt hier den Mitgliedstaaten überlassen – jeweils in ihrem

[288] *Kube*, EuGH und Steuerrecht – Steuerrechtliche Probleme bei Ausübung der Grundfreiheiten, in: Dillmann/Laier/Lammel/Reimer/Schmitz (Hg.), Europäisches Gesellschafts- und Steuerrecht, 2007, S. 225.

[289] Für eine finale Einschränkung der Kompetenzen *Nettesheim*, Kompetenzen, in: von Bogdandy (Hg.), Europäisches Verfassungsrecht, 2003, S. 415 (444): Den „finalen, inhaltsausrichtenden Gehalten einer Kompetenznorm" kommt damit eine „echte Begrenzungswirkung zu". Weitergehend *von Bogdandy/Bast*, in: Grabitz/Hilf, Das Recht der Europäischen Union, Band I, Art. 5 EGV (Oktober 2007) Rdn. 34.

[290] Siehe unter IV. 3. g) (S. 441 ff.).

[291] Siehe hierzu unter III. 2. (S. 412 ff.).

[292] Protokoll (Nr. 30) über die Anwendung der Grundsätze der Subsidiarität und der Verhältnismäßigkeit (1997), ABl. C 321 vom 29. Dezember 2006, S. 308 ff., Nr. 6.

[293] Protokoll (Nr. 30) über die Anwendung der Grundsätze der Subsidiarität und der Verhältnismäßigkeit (1997), ABl. C 321 vom 29. Dezember 2006, S. 308 ff., Nr. 6.

räumlichen Regelungsbereich. Es mag verwundern, dass das Protokoll hier eine Vorgabe des Primärrechts wiederholt. Doch erklärt sich dies aus dem Umstand, dass die Grundsatzentscheidung für die Richtlinie bislang kaum erfüllt wurde, dass das Instrument der Richtlinie mit seinen immanenten Allgemeinheitsforderungen gegenwärtig nicht hinreichend entfaltet wird, dass die Richtlinie gegenwärtig nicht das primäre Regelungsinstrument der Union ist.[294]

3. *Weite und Nähe des Rechts*

Das Subsidiaritätsprinzip greift, wenn die Union eine Regelung auf Grund einer ihr zugewiesenen Kompetenz treffen darf, diese Kompetenz aber keine „ausschließliche Zuständigkeit" der Union begründet.[295] Nach dem Protokoll über die Anwendung der Grundsätze der Subsidiarität und der Verhältnismäßigkeit muss für ein Tätigwerden der Union ein transnationaler Bezug bestehen; die europäischen Maßnahmen müssen im Vergleich zu mitgliedstaatlichen Regelungen „deutliche Vorteile mit sich bringen" und das europäische Primärrecht oder die Interessen der Mitgliedstaaten verletzt zu werden drohen, wenn die Union nicht tätig wird.[296] Ein Sekundärrechtsakt darf hiernach nur erlassen werden, wenn sein Ziel auch angesichts der Interessen der Mitgliedstaaten nur europaweit verfolgt werden kann. So wird verbindlich die territoriale, personale und gegenständliche Allgemeinheit europäischer Rechtsakte gefordert, aber auch ein temporales Element betont, weil für eine kurzfristige Regelung kaum die geforderten „deutlichen Vorteile" vorliegen dürften. Diese Grundsätze sind konkretisierungsbedürftig, aber justitiabel.[297] Das Subsidiaritätsprinzip soll insgesamt die Identität der Mitgliedstaaten schützen.[298]

---

[294] Siehe insgesamt unter I. (S. 386 ff.), III. (S. 411 ff.) und unter A. I. (S. 39 ff.).

[295] Art. 5 Abs. 2 EGV; Art. 5 EU; siehe hierzu *Calliess*, in: ders./Ruffert (Hg.), EUV/EGV, 3. Auflage 2007, Art. 5 EGV Rdn. 26 ff.; *Streinz*, in: ders. (Hg.), EUV/EGV, 2003, Art. 5 EGV Rdn. 30 ff.; *Borries*, Das Subsidiaritätsprinzip im Recht der Europäischen Union, EuR 1994, 263; insgesamt zu materiellen und prozeduralen Wegen, das Subsidiaritätsprinzip zu stärken *von Danwitz*, Wege zur besserer Gesetzgebung in Europa, JZ 2006, 1 (4 f.); *Kellermann*, Guidelines on Quality of EU Legislation and its Impact on Albania, EJLR 2008, 183 (184); *Koenig/Lorz*, Stärkung des Subsidiaritätsprinzips, JZ 2003, 167; *Scholz*, Subsidiaritätsprinzip und zu erneuernde Staatlichkeit, in: Festschrift für Josef Isensee, 2007, S. 295; *Papier*, Das Subsidiaritätsprinzip – Bremse des europäischen Zentralismus?, ebenda, S. 691 (705), spricht davon, dass die Subsidiarität „realpolitisch verteidigt" werden muss.

[296] Protokoll (Nr. 30) über die Anwendung der Grundsätze der Subsidiarität und der Verhältnismäßigkeit (1997), ABl. C 321 vom 29. Dezember 2006, S. 308 ff., Nr. 5; siehe oben unter II. 3. (S. 402 ff.) und III. 3. und 4. (S. 414 ff.); diese Forderungen unterstreicht auch: Der Mandelkern-Bericht, in: Bundesministerium des Innern (Hg.), Moderner Staat – Moderne Verwaltung, 2002, S. 66.

[297] *Calliess*, Subsidiaritäts- und Solidaritätsprinzip in der Europäischen Union, 2. Auflage 1999, S. 297 ff.; *Zuleeg*, Der rechtliche Zusammenhalt der Europäischen Union, 2004, S. 83 f.

[298] BVerfGE 89, 155 (198 ff., 210 ff.) – Maastricht; *Papier*, Subsidiaritätsprinzip versus Zentralismus in Europa, 2007, S. 16 ff.; *Zuleeg*, Der rechtliche Zusammenhalt der Europäischen

Nach dem Protokoll entfaltet das Subsidiaritätsprinzip ein „dynamisches Konzept".[299] Die Präambel des Unionsvertrags nennt es in einem Atemzug mit der Mahnung, eine immer engere Union der Völker zu errichten.[300] Dadurch wird nicht der Kerngehalt des Prinzips untergraben, die Kompetenzen zugunsten der kleineren Einheit zurückgenommen auszuüben. Die im Protokoll ausdrücklich beschriebenen Voraussetzungen gelten weiterhin.[301] Das Subsidiaritätsprinzip schafft keine Kompetenzen.[302] Die Dynamik kann auch dahingehend verstanden werden, dass – wie es das Demokratieprinzip[303] nahelegt – mit dem Zuwachs der Kompetenzen der Union die Subsidiarität strikter zu deuten ist. Das Handbuch der Rechtsförmlichkeit des deutschen Justizministeriums betont diese Lesart. Ein Rechtsakt der Union ist zu unterlassen, wenn Sozialpartner, private Initiative oder eine „Zusammenarbeit zwischen einzelnen Mitgliedstaaten" die Ziele ausreichend verwirklichen können und die europäische Rechtsetzung nicht „unbedingt notwendig" ist.[304] Hierin liegt allerdings – anders als beim Protokoll – selbstredend keine verbindliche europaweite Präzisierung. Auch Art. 23 Abs. 1 Satz 1 GG fordert aber die Entfaltung des Subsidiaritätsprinzips, für welche – so das Bundesverfassungsgericht – die europäischen und die mitgliedstaatlichen Organe verantwortlich sind.[305] Der Europäische Gerichtshof hat den Gedanken der Subsidiarität hingegen bisher kaum gestärkt, in kaum einem Fall einen Verstoß gegen diesen Grundsatz angenommen.[306] Jedoch baut die Wirkung von Kompetenzbegrenzungen – dies hat die Rechtsprechung zu Art. 72 GG in Deutschland verdeutlicht[307] – auf eine gerichtliche Kontrolle.

Union, 2004, S. 77 f.; insgesamt: *Calliess*, Subsidiaritäts- und Solidaritätsprinzip in der Europäischen Union, 2. Auflage 1999.

[299] Protokoll (Nr. 30) über die Anwendung der Grundsätze der Subsidiarität und der Verhältnismäßigkeit (1997), ABl. C 321 vom 29. Dezember 2006, S. 308 ff., Nr. 3.

[300] Abs. 12 der Präambel EUV; Abs. 13 der Präambel EU; siehe hierzu *Papier*, Subsidiaritätsprinzip versus Zentralismus in Europa, 2007, S. 16 ff.

[301] Siehe hierzu *Calliess*, Subsidiaritäts- und Solidaritätsprinzip in der Europäischen Union, 2. Auflage 1999, S. 213 ff., S. 360, der sich gegen ein starres „Entweder-oder" bei der Frage nach der Kompetenz wehrt.

[302] Hierzu und insgesamt *Zuleeg*, Der rechtliche Zusammenhalt der Europäischen Union, 2004, S. 78 ff. m. w. H.

[303] Siehe unter IV., insbes. unter 3. g) (S. 441 ff.).

[304] Bundesministerium der Justiz (Hg.), Handbuch der Rechtsförmlichkeit, 2. Auflage 1999, Rdn. 290.

[305] BVerfGE 89, 155 (198 ff., 210 ff.) – Maastricht; 113, 273 (299) – Europäischer Haftbefehl.

[306] Siehe hierzu insbes. EuGH, Rs. C-491/01, British American Tobacco, Slg. 2002, I-11 606 Rdn. 180 ff.; insgesamt wie zu dem Rechtsprechungsbefund: *Papier*, Subsidiaritätsprinzip versus Zentralismus in Europa, 2007, S. 16 ff., insbes. S. 18, spricht von keinem Fall; zurückhaltender *Zuleeg*, Der rechtliche Zusammenhalt der Europäischen Union, 2004, S. 72 f.; insgesamt *Calliess*, in: ders./Ruffert (Hg.), EUV/EGV, 3. Auflage 2007, Art. 5 EGV Rdn. 41 ff. m. w. H.

[307] BVerfGE 106, 62 – Altenpflegegesetz; siehe zu dieser Verbindung *Calliess*, Kontrolle

So „bekräftigt" der Vertrag von Lissabon zu Recht das Prinzip der begrenzten Einzelermächtigung und das Subsidiaritätsprinzip,[308] wenn eine Subsidiaritätsklage beim Europäischen Gerichtshof vorgesehen und ein sog. „Frühwarnsystem" eingeführt wird, wonach die mitgliedstaatlichen Parlamente über Rechtsakte informiert werden und dann eine Subsidiaritätsrüge erheben können. Das Frühwarnsystem wird in der Praxis allerdings kaum erfolgreich sein. Die Rügen müssen innerhalb von acht Wochen erhoben werden, um berücksichtigt zu werden – eine angesichts der hohen Zahl der europäischen Rechtsakte[309] eher knapp bemessene Frist. Nur wenn ein bestimmtes Quorum der Parlamente die Rüge erhebt, muss die Kommission diese prüfen und eine Stellungnahme abgeben, kann aber weiterhin am Rechtsetzungsvorhaben festhalten. Letztlich bleiben die Entscheidungen des Rats und des Europäischen Parlaments maßgeblich. Das Verfahren wird daher kritisiert.[310] Es unterstreicht aber den Subsidiaritätsgrundsatz institutionell, den der Vertrag von Lissabon auch noch durch eine andere Neuregelung stärken will. Es wird der Rechtsprechungsauftrag des Europäischen Gerichtshofs hervorgehoben, den Subsidiaritätsgrundsatz durchzusetzen.[311]

Der justitiable Grundsatz der Subsidiarität, der nur die Regelung des wirklich Erforderlichen auf der europäischen Ebene erlaubt, entspricht dem Gedanken der finalen Allgemeinheit *Montesquieus*, der Idee einer freiheitsgerechten, sich auf das Grundlegende beschränkenden Gesetzgebung, die nur Notwen-

---

zentraler Kompetenzausübung in Deutschland und Europa: Ein Lehrstück für die Europäische Verfassung, EuGRZ 2003, 181 (insbes. 196 f.); zu diesem Problem im Bundesstaat und in Europa *Lorz*, Autonomie und Bindung der Rechtsetzung in gestuften Rechtsordnungen, DVBl. 2006, 1061.

[308] BVerfG, 2 BvE 2/08 vom 30. Juni 2009, Absatz-Nr. 56 ff. – Lissabon.

[309] Siehe unter A. I. (S. 39 ff.).

[310] Siehe hierzu *Papier*, Subsidiaritätsprinzip versus Zentralismus in Europa, 2007, S. 18 ff.; *Eppler*, Die Stärkung der deutschen Parlamente durch die geplanten Regelungen zur Kontrolle des Subsidiaritätsprinzips der Europäischen Union, in: Sander/Vetter (Hg.), Regelungswut in der EU – Wahrheit oder Mythos?, 2007, S. 55; beide allerdings zum Verfassungsvertrag.

[311] Siehe insgesamt Art. 6 ff. des Protokolls über die Anwendung der Grundsätze der Subsidiarität und der Verhältnismäßigkeit nach dem Vertrag von Lissabon, ABl. C 115/207 vom 9. Mai 2008; BVerfG, 2 BvE 2/08 vom 30. Juni 2009, Absatz-Nr. 37 – Lissabon; siehe hierzu auch bereits unter IV. (S. 421 ff.). Zudem betont das Protokoll, dass die europäischen Organe auch hinsichtlich der Frage der Subsidiarität Anhörungen durchzuführen haben (siehe insgesamt *Papier*, Subsidiaritätsprinzip versus Zentralismus in Europa, 2007, S. 18 ff., allerdings zum Verfassungsvertrag; zur bisherigen Justitiabilität des Grundsatzes *Zuleeg*, Der rechtliche Zusammenhalt der Europäischen Union, 2004, S. 83 f.; zur zentralen Rolle des Subsidiaritätsgrundsatzes für die Gesetzgebung *Karpen*, Gesetzescheck [2005–2007]: Empfehlungen zur Qualitätsverbesserung von Gesetzen, ZRP 2008, 97 [100]).

diges regelt.[312] Die allgemeinen Richtlinien und Verordnungen[313] dürfen nur erlassen werden, wenn eine einheitliche Regelung für alle Mitgliedstaaten und alle Bürger der Union notwendig ist. Dieser Anspruch verdeutlicht im Sinn der Subsidiarität, dass nur grundlegende Regelungen zu treffen sind. Die Idee der finalen Allgemeinheit wird in der Weite der 27 Mitgliedstaaten zu einem Kernmerkmal der europäischen Rechtsetzung. Der Geltungsbereich der mitgliedstaatlichen Gesetze, die Zuständigkeit des Bundestags, der für den Erlass allgemeiner Gesetze in Deutschland verantwortlich ist,[314] erscheint gegenüber dieser Weite vergleichsweise reduziert. In der Vorgabe der Subsidiarität ruht eine enorme Kraft der Verallgemeinerung. Das Subsidiaritätsprinzip weist zahlreiche Rechtsakte zurück. Das Lehrbuchbeispiel bildet die Gurkenverordnung, die nunmehr – wenngleich nicht aus Gründen der Subsidiarität – aufgehoben wurde. Hiernach sind Gurken nicht nur durch „leichte Formfehler", „leichte Schalenfehler" und „Abweichungen in der Färbung", sondern auch durch den vielzitierten[315] „Krümmungsgrad" zu klassifizieren.[316] Aber auch die vergleichbaren Regelungen über die Länge und Dicke von Grünbananen und die Vorschriften zur Größe von Äpfeln, über die Gestaltung von Traktorsitzen und die Lärmbelastung durch diese Zugmaschinen für den Fahrer[317] verletzen nahezu selbstredend das Subsidiaritätsprinzip und den Grundsatz der Verhältnismäßigkeit.[318]

---

[312] Insgesamt *Montesquieu*, Vom Geist der Gesetze [De l'esprit des lois, 1748], 2003, Vorwort, 1., 5. und 29. Buch, hier insbes. 1. und 16. Kapitel; siehe bereits oben unter B. IV. 3. (S. 119ff.); siehe insgesamt zur legitimierenden Kraft des Subsidiaritätsprinzips *Ronge*, Legitimität durch Subsidiarität, 1998; grundlegend *Isensee*, Subsidiaritätsprinzip und Verfassungsrecht [1968], 2. Auflage 2001, *Lecheler*, Das Subsidiaritätsprinzip, 1993; *Schwarze/Becker/Pollack*, Die Implementation von Gemeinschaftsrecht, 1993, S. 96ff.

[313] Siehe oben unter II. und III. (S. 398ff.).

[314] Siehe unter C., hier insbes. unter II. 4. (S. 245ff.), III. und IV. (S. 258ff.).

[315] Siehe hierzu nur den Beitrag, nach welchem die Gurkenverordnung exemplarisch für die europäische „Regelungswut" steht, *Immerfall/Schöne*, Gurkenverordnung und Europamüdigkeit, in: Sander/Vetter (Hg.), Regelungswut in der EU – Wahrheit oder Mythos?, 2007, S. 29.

[316] II. B. 2. des Anhangs der Verordnung (EWG) Nr. 1677/88 der Kommission vom 15. Juni 1988 zur Festsetzung von Qualitätsnormen für Gurken, ABl. L 150 vom 16. Juni 1988, S. 21ff.

[317] Siehe zu diesen und weiteren Beispieln *Honsell*, Die Erosion des Privatrechts durch das Europarecht, ZIP 2008, 621 (622f.); *R. Wieland*, „Brüssler Regelungswut"? – Facetten einer politischen Schimäre, in: Sander/Vetter (Hg.), Regelungswut in der EU – Wahrheit oder Mythos?, 2007, S. 9 (11ff.); *Immerfall/Schöne*, Gurkenverordnung und Europamüdigkeit, ebenda, S. 29 (32).

[318] Nur selten wird die berühmte Gurkenverordnung heute noch gerechtfertigt. Siehe hierfür allerdings *R. Wieland*, „Brüssler Regelungswut"? – Facetten einer politischen Schimäre, in: Sander/Vetter (Hg.), Regelungswut in der EU – Wahrheit oder Mythos?, 2007, S. 9 (15), nach dem die Verordnung „auf berechtigte Wünsche der Landwirtschaft und des Handels" zurückgehe. „Diese Vereinheitlichung ermöglicht es nämlich, schneller zu kontrollieren, wie viele Gurken welcher Qualität in einer Standardkiste liegen. Zudem passen auf Grund dieser Regelung mehr Gurken in eine solche Kiste, was mit Blick auf die Transportkosten nicht ohne Auswirkungen auf den Endverkaufspreis bleibt, der wiederum den Kunden – als den eigent-

Einen weiteren Beleg für die fehlende Subsidiarität, aber auch für zu dichte Regelungen in einer Richtlinie bildet die Regelung des Rats zur Sommerzeit, welche der „Klarheit und Eindeutigkeit halber [...] alle fünf Jahre [...] die vollständige Angleichung der Sommerzeitregelung" vornimmt, weil dies „zur Erleichterung des Verkehrs und der Kommunikation auf der Ebene der Mitgliedstaaten" geboten sei und dies durch mitgliedstaatliche Regelungen „nicht ausreichend erreicht werden" könne. In der Tat kann eine vollständige Angleichung der Regelungen in der Regel nur auf europäischer Ebene erreicht werden, doch heißt dies gerade nicht, dass allein deshalb – so aber die Richtlinie – „die Gemeinschaft entsprechend dem Subsidiaritätsprinzip" die Regelung treffen darf.[319] Hier wird das Subsidiaritätsprinzip nur zitiert, aber nicht angewandt. Insgesamt wird deutlich, dass den Subsidiaritätsforderungen gegenwärtig kaum gefolgt wird.

Die auf den mitgliedstaatlichen Gesetzgeber gerichtete Perspektive hebt zudem eine Eigenart des Europarechts hervor, aus welcher das Subsidiaritätsprinzip und das Prinzip der begrenzten Einzelermächtigung Plausibilität gewinnen. Der Union werden begrenzte Kompetenzen übertragen, die zurückhaltend auszuüben sind, aber für eine Allgemeinheit von 27 Mitgliedstaaten greifen. Die Mitgliedstaaten hingegen haben die Kompetenz-Kompetenz, haben in den Grenzen des Rechts also eine allgemeine Zuständigkeit, die sie für ihr Regelungsgebiet ausüben. Das Europarecht drängt in bestimmten Kompetenzen auf eine Allgemeinheit, das mitgliedstaatliche Recht wirkt in allgemeinen Kompetenzen demgegenüber spezieller. Es entsteht ein Verhältnis aus Nähe und Weite, das in der Weite des Europarechts die beschränkten Kompetenzen sucht, damit sich die Regelungsallgemeinheit in den Mitgliedstaaten weiterhin entfalten kann.

Die Union setzt in einem System Recht, in welchem 27 mitgliedstaatliche Parlamente und Regierungen einen eigenen Regelungsauftrag beanspruchen und erfüllen wollen. Auch deshalb stellt sich die Frage des Subsidiaritätsgedankens mit dem Nachdruck eines justitiablen Maßstabs. Welche Kompetenzen sind notwendig zum Nutzen der Menschen, sind im Dienst der Freiheit auf der Ebene der Gemeinschaft auszuüben? Es geht nicht um eine gewünschte Politik, die für 27 Mitgliedstaaten lediglich vereinheitlicht werden sollte, sondern um eine Notwendigkeit im Sinn der Freiheit, des sozialen Rechtsstaats und der Demokratie. An diesem Maßstab dürften die genannten Rechtsakte wie auch die Richtlinie zum Sonnenschein, die ihren Anwendungsbereich auf künstliche

---

lichen Motor des Wettbewerbs – nicht kalt lässt." Doch rechtfertigt eben nicht jede Kontrolleffizienz und mögliche Kostenersparnis eine europäische Regelung – die Hürden des Subsidiaritätsprinzips und der Verhältnismäßigkeit sind höher.

[319] Richtlinie des Rates zur Regelung der Sommerzeit, ABl. 1984, L 331/33; aktuelle RL 2000/84/EG, ABl. 2001 L 31/21; *Streinz*, Europarecht, 7. Auflage 2005, Rdn. 436.

Strahlung beschränkt, von vornherein scheitern.[320] Diese Sekundärrechtsakte bilden aber nur die Spitze des Eisbergs.[321] Die Europäische Union und die Mitgliedstaaten tragen eine gemeinsame Verantwortung für die Freiheit und Solidarität, die sich nur in manchen Bereichen durch europaweit einheitliche Regelungen entfalten wird, nicht selten aber unterschiedliche Regelungen, mitgliedstaatliche Kompetenzen fordert.

VI. Unmittelbare individualrechtliche Allgemeinheitsforderungen

1. Die verallgemeinernde Kraft der Grundfreiheiten

Eines der Kernziele der Europäischen Union ist und war es, einen gemeinsamen Markt, einen Binnenmarkt zu errichten, um so der „Förderung des wirtschaftlichen und sozialen Fortschritts und eines hohen Beschäftigungsniveaus sowie [der] Herbeiführung einer ausgewogenen und nachhaltigen Entwicklung, insbesondere durch Schaffung eines Raums ohne Binnengrenzen, durch Stärkung des wirtschaftlichen und sozialen Zusammenhalts," zu dienen. „Der Binnenmarkt umfaßt einen Raum ohne Binnengrenzen, in dem der freie Verkehr von Waren, Personen, Dienstleistungen und Kapital" gewährleistet wird.[322] Hinzu tritt die Freiheit des Zahlungsverkehrs, die auch als fünfte Grundfreiheit und notwendiger Annex zu den klassischen vier Freiheiten bezeichnet wird.[323]

Die Grundfreiheiten zielen in ihrer klassischen Ausrichtung auf die Mitgliedstaaten. Es sollen mitgliedstaatliche Regelungen verhindert und aufgehoben werden, welche den zwischenstaatlichen Verkehr, welche die Grenzüberschreitungen von Waren, Personen, Dienstleistungen und Kapital behindern. Die Freiheiten greifen bei einem grenzüberschreitenden Sachverhalt oder bei einem hinreichenden Zusammenhang mit einer solchen Grenzüberschreitung. Der Europäische Gerichtshof hat den Schutz durch die Grundfreiheiten insbesondere für nicht-diskriminierende vertriebsbezogene Maßnahmen eingeschränkt. Der Schutz ist ebenfalls zurückgenommen, wenn eine Grundfreiheit miss-

---

[320] Richtlinie 2006/25/EG des Europäischen Parlaments und des Rates vom 5. April 2006 über die Mindestvorschriften zum Schutz von Sicherheit und Gesundheit der Arbeitnehmer vor der Gefährdung durch physikalische Einwirkungen (künstliche optische Strahlung), ABl. L 114/38 vom 27. April 2006.

[321] Siehe hierzu *Immerfall/Schöne*, Gurkenverordnung und Europamüdigkeit, in: Sander/Vetter (Hg.), Regelungswut in der EU – Wahrheit oder Mythos?, 2007, S. 29; *R. Wieland*, „Brüssler Regelungswut"? – Facetten einer politischen Schimäre, ebenda, S. 9.

[322] Art. 2 Abs. 1 EUV; Art. 2 und Art. 14 Abs. 2 EGV; Art. 2 und Art. 3 Abs. 2 EU; Art. 26 Abs. 2 AEU.

[323] Art. 56 EGV, Art. 63 AEU; *Streinz*, Europarecht, 7. Auflage 2005, Rdn. 779f., der die soziale Komponente des Binnenmarkts und die Bedeutung des freien Zahlungsverkehrs hervorhebt.

bräuchlich genutzt wird oder nur Bagatellfälle betroffen sind.[324] Aber ansonsten entfalten die Grundfreiheiten einen weitgreifenden Schutz. Sie verbieten offene und versteckte Diskriminierungen. Der Europäische Gerichtshof scheint zudem alle Grundfreiheiten im Sinn eines Beschränkungsverbots zu deuten. Hiernach sind auch Maßnahmen untersagt, die geeignet sind, die innergemeinschaftlichen Freiheiten unmittelbar oder mittelbar, tatsächlich oder potentiell zu behindern. Der Schutz der Grundfreiheiten erfasst so auch potentielle Beschränkungen, die nicht diskriminieren. Für das Vorliegen einer Beschränkung kommt es auf einen fiktiven Vergleich mit anderen Personen nicht an.[325] Sowohl Diskriminierungen als auch Beschränkungen können aus Gründen zulässig sein, die das Primärrecht ausdrücklich nennt[326] oder die als ungeschriebene Regeln vom Europäischen Gerichtshof entwickelt wurden. Nach dieser Rechtsprechung verletzen nicht diskriminierende Maßnahmen, die zwingende Gründe des Allgemeininteresses umsetzen, die Grundfreiheiten nicht.[327]

In dieser Deutung der Grundfreiheiten ruht eine Rechtsvereinheitlichung im Sinn einer gegenständlichen und personalen Allgemeinheit, die sich auf den

---

[324] EuGH, Rs. C-267 u. 268/91, Keck, Slg. 1993, I-6097; siehe hierzu und zu den allerdings umstrittenen Parallelen der Grundfreiheiten hinsichtliche der Keck-Rechtsprechung *Ehlers*, in: ders. (Hg.), Europäische Grundrechte und Grundfreiheiten, 2. Auflage 2005, § 7 Rdn. 75 ff.; *Frenz*, Handbuch Europarecht, Band 1, 2004, Rdn. 403 ff.

[325] EuGH, Rs. 8/74, Dassonville, Slg. 1974, 837 Rdn. 5; Rs. C-470/93, Mars, Slg. 1995, I-1923 Rdn. 12 f.; für die Warenverkehrsfreiheit (*Epiney*, in: Ehlers [Hg.], Europäische Grundrechte und Grundfreiheiten, 2. Auflage 2005, § 8 Rdn. 32 ff.; *Frenz*, Handbuch Europarecht, Band 1, 2004, Rdn. 429 ff.); EuGH, Rs. C-415/93, Bosmann, Slg. 1995, I-4921 Rdn. 94 ff.; Rs. C-190/98, Graf, Slg. 2000, I-493 Rdn. 23 ff.; für die Arbeitnehmerfreizügigkeit, weil die Entscheidungen auch für rein innerstaatliche Sachverhalte greifen (*U. Becker*, in: Ehlers [Hg.], Europäische Grundrechte und Grundfreiheiten, 2. Auflage 2005, § 9 Rdn. 41 ff.; *Frenz*, ebenda, Rdn. 432 f.); EuGH, Rs C-79/01, Payroll, Slg. 2002, I-8923 Rdn. 26 f.; für die Niederlassungsfreiheit (*Tietje*, in: Ehlers [Hg.], Europäische Grundrechte und Grundfreiheiten, 2. Auflage 2005, § 10 Rdn. 53 ff.; *Frenz*, ebenda, Rdn. 434 ff.); EuGH, Rs. 33/74, van Binsbergen, Slg. 1974, 1299 Rdn. 10/12; für die Dienstleistungsfreiheit (*Pache*, in: Ehlers [Hg.], Europäische Grundrechte und Grundfreiheiten, 2. Auflage 2005, § 11 Rdn. 50 ff.; *Frenz*, ebenda, Rdn. 437); EuGH, Rs. C-367/98, Goldene Aktien I, Slg. 2002, I-4731 (4773 f., Rdn. 44 f.), für die Kapital- und Zahlungsverkehrsfreiheit (*von Wilmowsky*, in: Ehlers [Hg.], Europäische Grundrechte und Grundfreiheiten, 2. Auflage 2005, § 12 Rdn. 7 ff., auch zu fehlenden Maßnahmen, die von vornherein befreit sind; *Frenz*, ebenda, Rdn. 438, sowie Rdn. 441 ff. zu den Beeinträchtigungstypen).

[326] Siehe für das Primärrecht etwa Art. 30, Art. 39 Abs. 3, Art. 45, Art. 55 EGV; Art. 36, Art. 45 Abs. 3, Art. 51, Art. 63 AEU.

[327] EuGH, Rs. 120/78, Cassis, Slg. 1979, 649 Rdn. 8; für die Warenverkehrsfreiheit; Rs. C-19/92, Kraus, Slg. 1993, I-1663 Rdn. 32; Rs. C-55/94, Gebhard, Slg. 1995, I-4165 Rdn. 37; für die Niederlassungsfreiheit; EuGH, Bosmann, Slg. 1995, I-4921 Rdn. 94 ff.; für die Arbeitnehmerfreizügigkeit; Rs. 220/83 – Kommission/Frankreich, Slg. 1986, 3663 Rdn. 17; für die Dienstleistungsfreiheit; Rs. C-483/99, Goldene Aktien II, Slg. 2002, I-4781 Rdn. 49; für die Kapitalverkehrsfreiheit; siehe insgesamt, auch für die Einordnung als Schutzbereichsbeschränkung oder ungeschriebenen Rechtfertigungsgrund *Ehlers*, in: ders. (Hg.), Europäische Grundrechte und Grundfreiheiten, 2. Auflage 2005, § 7 Rdn. 74; *Frenz*, Handbuch Europarecht, Band 1, 2004, Rdn. 395 ff., 478 ff.

zwischenstaatlichen Verkehr von Waren, Dienstleistungen, Kapital und Personen bezieht. Man mag hier zuweilen durchaus die Weite der Auslegung durch den Gerichtshof, vielleicht auch einen Mangel an Sensibilität für die spezifischen Belange der Mitgliedstaaten kritisieren, auch weil sich diese Frage angesichts einer Union von 27 unterschiedlichen Staaten verschärft.[328] Für die Analyse der Allgemeinheit des Sekundärrechts rücken jedoch die Grundfreiheiten als Maßstab für eine allgemeine Regelbildung durch europäische Organe in den Vordergrund, weil die Grundfreiheiten in ihrer Breitenwirkung und in ihren Diskriminierungsverboten allgemeine Rechtssätze erwarten. Es stellt sich also die Frage, ob die Organe der Europäischen Union beim Erlass von Verordnungen und Richtlinien an die Grundfreiheiten gebunden sind.

Gegen eine Bindung der europäischen Organe an die Grundfreiheiten wird vorgebracht, dass diese Freiheiten als „transnationale Integrationsnormen" nur Beschränkungen der unterschiedlichen öffentlichen Hände der Mitgliedstaaten abwehren, also „föderalen Gefährdungslagen" vorbeugen wollen. Bei Diskriminierungen durch die einheitliche öffentliche Gewalt der Union greife das Grundrecht der Gleichheit vor dem Gesetz – die „Bindung der Gemeinschaft an die Grundfreiheiten" mache insbesondere deshalb „wenig Sinn".[329] Doch vernachlässigt diese Deutung, dass der europäische Gleichheitssatz nicht in dem Maß der Grundfreiheiten vor Beschränkungen und Diskriminierungen schützt. Wenn ein Mitgliedstaat der Europäischen Union – z.B. Deutschland – ein „Reinheitsgebot" für Bier oder besondere Vorgaben für die Gestaltung von Traktorsitzen erlässt und dadurch eine französische Brauerei oder einen Zugmaschinenhersteller aus Griechenland letztlich vom deutschen Markt verdrängt, schützt die Warenverkehrsfreiheit die französischen und griechischen Produzenten vor diesen protektionistischen Maßnahmen. Würde die Europäische Union ihre Vorgaben in diesen Bereichen[330] modifizieren und parallele Regelungen erlassen, würde sie den Gleichheitssatz nicht verletzen, wenn ein hinreichender Grund die Maßnahmen rechtfertigt.[331] Die Grundfreiheiten würden die Regelungen jedoch verbieten, weil die Vorgaben kaum durch zwingende Gründe des Allgemeininteresses gerechtfertigt werden können.[332] Die

---

[328] Siehe für eine Übersicht der Diskussion *Ehlers*, in: ders. (Hg.), Europäische Grundrechte und Grundfreiheiten, 2. Auflage 2005, § 7 Rdn. 66ff.; *Frenz*, Handbuch Europarecht, Band 1, 2004, Rdn. 355ff.

[329] *Kingreen*, in: Calliess/Ruffert (Hg.), EUV/EGV, 3. Auflage 2007, Art. 28–30 EGV Rdn. 109f.; *Calliess*, Die Dienstleistungsrichtlinie, 2007, S. 39ff., betont die Bindung der europäischen Organe an die Gleichheit vor dem Gesetz.

[330] Siehe hierzu *Honsell*, Die Erosion des Privatrechts durch das Europarecht, ZIP 2008, 621 (622f.); *R. Wieland*, „Brüssler Regelungswut"? – Facetten einer politischen Schimäre, in: Sander/Vetter (Hg.), Regelungswut in der EU – Wahrheit oder Mythos?, 2007, S. 9 (11ff.).

[331] Siehe hierzu sogleich unter 3. (S. 460ff.).

[332] Siehe zu diesen Rechtfertigungshürden *Ehlers*, in: ders. (Hg.), Europäische Grundrechte und Grundfreiheiten, 2. Auflage 2005, § 7 Rdn. 74; *Frenz*, Handbuch Europarecht, Band 1, 2004, Rdn. 395ff., 478ff.

Union könnte also – wenn sie nicht an die Grundfreiheiten gebunden wäre – binnenmarktwidrige Maßnahmen, die Deutschland untersagt sind, durch europäisches Recht einführen. Dieses Ergebnis widerspricht dem Europarecht.

Das Primärrecht verpflichtet die europäischen Organe, einen Binnenmarkt zu errichten, „der durch die Beseitigung der Hindernisse für den freien Waren-, Personen-, Dienstleistungs- und Kapitalverkehr zwischen den Mitgliedstaaten gekennzeichnet ist."[333] Diese Verpflichtung würde verletzt, wenn die Union diese Freiheiten einschränken könnte. Die Bindung der Mitgliedstaaten an die Grundfreiheiten würde Überzeugungskraft einbüßen, wenn nicht auch die europäischen Organe diese Freiheiten einhalten müssten. Es ginge nicht mehr um die Sache – die Grundfreiheiten –, sondern nur noch um die Quelle der Beschränkung. Dies ist nicht im Sinn des Primärrechts. So geht auch der Wortlaut der Grundfreiheiten nicht von einer Verpflichtung nur der Mitgliedstaaten aus, sondern von einem Verbot der Beschränkung oder der Gewährleistung einer Freiheit, unabhängig davon, ob diese durch die Staaten oder die europäischen Organe errichtet werden.[334] Zu Recht hat der Europäische Gerichtshof daher am Maßstab der Grundfreiheiten geprüft, ob die Union den Warenverkehr aus Umweltschutz- und Gesundheitsgründen[335] oder durch Vorschriften über die Deklarierung von Produkten[336] einschränken darf. Die Grundfreiheiten zielen zwar „in erster Linie auf einseitige Maßnahmen der Mitgliedstaaten", gleichwohl müssen auch die Organe der Union diese Freiheiten beachten.[337]

Diese Verpflichtung ist im Ausgangspunkt so weitreichend wie die der Mitgliedstaaten – eine generelle Unterscheidung überzeugt kaum. Das Europarecht

[333] Art. 3 Abs. 1 c) EGV, Art. 2 Abs. 1 Spstr. 1 EUV; Abs. 3 der Präambel sowie deutlich nunmehr Art. 26 AEU: „Die Union erlässt die erforderlichen Maßnahmen, um nach Maßgabe der einschlägigen Bestimmungen der Verträge den Binnemarkt zu verwirklichen beziehungsweise dessen Funktionieren zu gewährleisten. Der Binnenmarkt umfasst einen Raum ohne Binnengrenzen, in dem der freie Verkehr von Waren, Personen, Dienstleistungen und Kapital gemäß den Bestimmungen diese Vertrags gewährleistet ist." Deutlich auch Abs. 4 der Präambel sowie Art. 3 Abs. 3 EU, wonach die Union ebenfalls einen Binnenmarkt errichtet.

[334] Siehe Art. 23, Art. 25, Art. 28 f., Art. 32, Art. 39, Art. 43, Art. 49, Art. 56 EGV; Art. 28, Art. 30, Art. 34 f., Art. 38, Art. 45, Art. 49, Art. 56, Art. 63 AEU.

[335] EuGH, Rs. C-284/95, Safety Hi-Tech, Slg. 1998, I-4301 Rdn. 63 ff.

[336] EuGH, Rs. C-51/93, Meyhui, Slg. 1994, I-3879 Rdn. 11; insgesamt *Schroeder*, in: Streinz (Hg.), EUV/EGV, 2003, Art. 28 EGV Rdn. 29 m. w. H.

[337] EuGH, Rs. 37/83, Rewe/Lanswirtschaftskammer Rheinland, Slg. 1984, 1229 Rdn. 18; *Jarass*, Elemente einer Dogmatik der Grundfreiheiten, EuR 1995, 202 (211); *ders.*, Elemente einer Dogmatik der Grundfreiheiten II, EuR 2000, 705 (715); *Kingreen/Störmer*, Die subjektiv-öffentlichen Rechte des primären Gemeinschaftsrechts, EuR 1998, 263 (277); *Ehlers*, in: ders. (Hg.), Europäische Grundrechte und Grundfreiheiten, 2. Auflage 2005, § 7 Rdn. 44; *Schwemer*, Die Bindung des Gemeinschaftsgesetzgebers an die Grundfreiheiten, 1995, S. 25 ff.; *Scheffler*, Die Marktfreiheiten des EG-Vertrages als Ermessensgrenze des Gemeinschaftsgesetzgebers, 1997, S. 32 ff.; *Frenz*, Handbuch Europarecht, Band 1, 2004, Rdn. 310 ff., der zudem darauf hinweist, dass auch die in den jeweiligen Regelungen der Grundfreiheiten ruhenden Gesetzgebungskompetenzen gerade diese Freiheit durchsetzen sollen.

will nicht die Beschränkungskompetenzen von den Mitgliedstaaten auf die Union übertragen, sondern Beschränkungen verhindern. Dies gilt auch angesichts des Befunds, dass die Organe der Union im Vergleich zu der mitgliedstaatlichen öffentlichen Gewalt von einer weniger kraftvollen demokratischen Legitimation gestützt werden.[338] In der Argumentation des Europäischen Gerichtshofs würde hier zudem der sog. „effet utile", d.h. die Erwägung greifen, dass das Gemeinschaftsrecht durchzusetzen sei. Hiernach wäre es nicht sachgerecht, wenn von vornherein an die Organe der Europäischen Union ein anderes Maß angelegt würde. Die Grundfreiheiten richten sich zwar in besonderer Weise an die Mitgliedstaaten, binden aber als Beschränkungs- und Diskriminierungsverbote auch die Organe der Union; die Union muss diese „fundamentalen Grundsätze des gemeinsamen Marktes" beachten.[339]

Die im Grundsatz parallele Bindung kennt aber Unterschiede, weil die hier zu untersuchenden europäischen Verordnungen und Richtlinien regelmäßig alle Mitgliedstaaten erfassen – dies fordert jedenfalls das Primärrecht[340] –, deshalb auch die Auswirkungen für die gesamte Gemeinschaft die Prüfung der Verletzung einer Grundfreiheit prägen. Die Bindung der Union an die Grundfreiheiten ist insbesondere im Sinn der Ziele des Europarechts zu deuten,[341] folgt auch insoweit modifizierten Beeinträchtigungshürden. Dies gilt etwa dann, wenn nach den zwingenden Gründen des Allgemeininteresses gefragt wird, welche eine nicht diskriminierende Einschränkung der Grundfreiheiten gestatten.[342] Das Primärrecht erlaubt ausdrücklich nur den Mitgliedstaaten und nicht auch der Union Verkürzungen der Grundfreiheiten, wenn z.B. Ausnahmen von der Niederlassungs- und Dienstleistungsfreiheit mit Blick auf die Ausübung mitgliedstaatlicher öffentlicher Gewalt zulässig sind.[343] Zudem wollen die Grundfreiheiten in erster Linie unterschiedliche mitgliedstaatliche Regelungen verhindern, also in der Tat „föderalen Gefährdungslagen" vorbeugen.[344] Die

---

[338] Siehe unter IV. (S. 421ff.).

[339] *Frenz*, Handbuch Europarecht, Band 1, 2004, Rdn. 317; vgl. *Ehlers*, in: ders. (Hg.), Europäische Grundrechte und Grundfreiheiten, 2. Auflage 2005, § 7 Rdn. 7, 44; mit isoliertem Blick auf die Diskriminierungsverbote: *Schwemer*, Die Bindung des Gemeinschaftsgesetzgebers an die Grundfreiheiten, 1995, S. 191ff.; gegen eine unmittelbare Bindung: *Randelzhofer/Forsthoff*, in: Grabitz/Hilf, Das Recht der Europäischen Union, Band II, vor Art. 39–55 EGV (Mai 2001) Rdn. 50ff.

[340] Siehe unter II. und III. (S. 398ff.).

[341] Art. 2 EUV; Art. 2 EGV; Art. 2f. EU.

[342] EuGH, Rs. 120/78, Cassis, Slg. 1979, 649 Rdn. 8; *Ehlers*, in: ders. (Hg.), Europäische Grundrechte und Grundfreiheiten, 2. Auflage 2005, § 7 Rdn. 74; *Frenz*, Handbuch Europarecht, Band 1, 2004, Rdn. 395ff., 478ff.; siehe zu den anderen Grundfreiheiten auch bereits oben.

[343] Art. 45, Art. 55 EGV; Art. 51, Art. 63 AEU.

[344] *Kingreen*, in: Calliess/Ruffert (Hg.), EUV/EGV, 3. Auflage 2007, Art. 28–30 EGV Rdn. 109f.; *Calliess*, Die Dienstleistungsrichtlinie, 2007, S. 39ff.

Union verletzt aber die Grundfreiheiten, wenn ihre Maßnahmen den Binnenmarkt in vergleichbarer Weise ohne hinreichenden Grund teilen.

Die Grundfreiheiten verpflichten die Union, den zwischenstaatlichen Waren-, Personen-, Dienstleistungs- und Kapitalverkehr nicht zu behindern. In dieser sektoralen Begrenzung – die allerdings in der Auslegung des Europäischen Gerichtshofs eine beachtliche Weite hat – fordert das Primärrecht das Verbot von Diskriminierungen und Beschränkungen und damit eine Allgemeinheit der Rechtsakte. Eine Marktregelung darf weder in ihrem Gegenstand noch mit Blick auf die betroffenen Personen unmittelbar oder mittelbar, tatsächlich oder potentiell den zwischenstaatlichen Verkehr behindern. Hiernach wäre etwa eine Regelung des Verbraucherschutzes, die eine bestimmte Zusammensetzung eines Nahrungsmittels verbietet und damit im Ergebnis ausschließlich eine traditionelle Speise eines Staats erfasst, nur unter besonderen Voraussetzungen zulässig. Die Allgemeinheitsforderungen sind insofern verstärkt, weil nicht nur eine Verallgemeinerung in der Sache gefordert wird – die Regelung der gesundheitsbeeinträchtigenden Zusammensetzung von Speisen –, sondern auch auf die Wirkung abgestellt wird, auf die potentielle Beeinträchtigung der Grundfreiheiten. So soll das primärrechtliche Ziel des Binnenmarkts verfolgt werden, welches sich gerade gegen Parzellierungen, gegen Unterscheidungen zwischen den Mitgliedstaaten wehrt.[345] Diese personalen, gegenständlichen und territorialen Allgemeinheitsforderungen erfassen 27 Mitgliedstaaten. Sie garantieren eine Freiheit, welche die Nationalstaaten nicht einräumen können,[346] sind individuell einklagbar, drängen daher verbindlich und justitiabel zu einer weitgreifenden Verallgemeinerung.

2. *Personale Allgemeinheit der Diskriminierungsverbote*

Diese Allgemeinheitsverpflichtungen werden durch die Diskriminierungsverbote um eine personale Komponente ergänzt. Nach dem Primärrecht sind „unbeschadet besonderer Bestimmungen“ in dessen Anwendungsbereich insbesondere Diskriminierungen nach der Staatsangehörigkeit[347] oder nach dem Geschlecht,[348] aber auch Diskriminierungen aus anderen Gründen verboten.[349]

---

[345] Art. 2 Abs. 1 EUV; Art. 2 und Art. 14 Abs. 2 EGV; Art. 2 und Art. 3 Abs. 2 EU; Art. 26 Abs. 2 AEU.

[346] *Nettesheim*, Demokratisierung der Europäischen Union und Europäisierung der Demokratietheorie, in: Bauer/Huber, P.M./Sommermann (Hg.), Demokratie in Europa, 2005, S. 143 (185).

[347] Art. 12 Abs. 1 EGV; Art. 18 Abs. 1 AEU.

[348] Art. 2, Art. 3 Abs. 2 und für spezielle Regelungen etwa mit Blick auf das Entgelt Art. 141 EGV; Art. 2, Art. 3 Abs. 3 Uabs. 2, Art. 9 EU, Art. 8 und ebenfalls speziell zum Entgelt Art. 157 AEU; siehe hierzu insgesamt *Jarass*, EU-Grundrechte, 2005, S. 311 ff.

[349] Siehe hierzu Art. 13 EGV; Art. 19 AEU sowie sogleich unter 3. (S. 460 ff.).

Das Diskriminierungsverbot auf Grund der Staatsangehörigkeit spiegelt die Unionsbürgerschaft, die zu der nationalen Staatsbürgerschaft tritt, ohne sie zu ersetzen.[350] Durch den Bezug auf die „besonderen Bestimmungen" wird von vornherein herausgestellt, dass die besonderen Diskriminierungsverbote insbesondere der Grundfreiheiten[351] dem allgemeinen Diskriminierungsverbot vorgehen.[352] Gleichwohl hat der Europäische Gerichtshof die Verbote nebeneinander geprüft,[353] zuweilen auch ausdrücklich nur das allgemeine Diskriminierungsverbot zur Anwendung gebracht.[354] In der Deutung des Europäischen Gerichtshofs sind offene oder verdeckte, direkte und indirekte, unmittelbare und mittelbare Ungleichbehandlungen auf Grund der Staatsangehörigkeit verboten. Eine Schlechterstellung führt hiernach nicht zu einer verbotenen Diskriminierung, wenn die Staatsangehörigkeit nicht verdeckt, indirekt oder mittelbar die Unterscheidung prägt.[355] „Objektive Umstände" können regelmäßig nur verdeckte, indirekte oder mittelbare Ungleichbehandlungen rechfertigen.[356]

Das Primärrecht verbietet jede Diskriminierung „in seinem Anwendungsbereich". Durch dieses Tatbestandsmerkmal sollen die Grundsätze der Subsidiarität und der begrenzten Einzelermächtigung umgesetzt werden. Die Diskriminierungsverbote wollen die Rechtsetzungskompetenzen der Union nicht weiten.[357] Sie kommen nur zur Anwendung, wenn ein Bezug zum Gemeinschaftsrecht besteht.[358] Die hier notwendige Grenze ist aber insbesondere mit Blick auf die Frage, welche mitgliedstaatlichen Regelungen das Gemeinschaftsrecht untersagt, noch nicht scharf gezogen.[359] Für die Frage nach der Allgemeinheit des Sekundärrechts steht – wie schon bei den Grundfreiheiten – die

---

[350] Art. 17 Abs. 1 Satz 3 EGV; Art. 9 Satz 2 EU; siehe hierzu *F. Wollenschläger*, Grundfreiheit ohne Markt, 2007.

[351] Siehe soeben unter 1. (S. 453 ff.).

[352] Hierzu *Streinz*, in: ders (Hg.), EUV/EGV, 2003, Art. 12 EGV Rdn. 14; *Epiney*, in: Calliess/Ruffert (Hg.), EUV/EGV, 3. Auflage 2007, Art. 12 EGV Rdn. 6; *Frenz*, Handbuch Europarecht, Band 1, 2004, Rdn. 2902 ff.; *Kingreen*, in: Ehlers (Hg.), Europäische Grundrechte und Grundfreiheiten, 2. Auflage 2005, § 13 Rdn. 2.

[353] EuGH, Rs. 13/76, Donà, Slg. 1976, 1333 Rdn. 6/7; Rs. C-203/98, Kommission/Belgien, Slg. 1999, I-4899 Rdn. 13.

[354] EuGH, Rs. C-92 und 326/92, Phil Collins, Slg. 1993, I-5145 Rdn. 27: Für den Fall greife das allgemeine Diskriminierungsverbot, „ohne daß es noch erforderlich wäre," dies mit den besonderen Vorschriften der Grundfreiheiten „in Verbindung zu bringen." Insgesamt *Frenz*, Handbuch Europarecht, Band 1, 2004, Rdn. 2902 ff. m. w. H.

[355] *Rossi*, Das Diskriminierungsverbot nach Art. 12 EGV, EuR 2000, 197 (211 ff.); *Plötscher*, Der Begriff der Diskriminierung im Europäischen Gemeinschaftsrecht, 2003, S. 114 ff.; *Kischel*, Zur Dogmatik des Gleichheitssatzes in der Europäischen Union, EuGRZ 1997, 1 (5), kritisert die „ausstehende Konkretisierung des Rechtfertigungsmaßstabs".

[356] EuGH, Rs. C-398/92, Mund & Fester, Slg. 1994, I-467 Rdn. 17; Rs. C-92 und 326/92, Phil Collins, Slg. 1993, I-5145 Rdn. 29 ff.

[357] BVerfGE 113, 273 (298) – Europäischer Haftbefehl.

[358] Siehe hier für eine weite Auslegung EuGH, Rs. C-398/92, Mund & Fester, Slg. 1994, I-467 Rdn. 12, 14.

[359] Siehe zu dieser Diskussion *Frenz*, Handbuch Europarecht, Band 1, 2004, Rdn. 2920 ff.;

Bindung des europäischen Rechtsetzers bei eigenen Gestaltungen, weniger bei der Untersagung mitgliedstaatlicher Regelungen im Vordergrund. Die Diskriminierungsverbote richten sich nach ihrem Wortlaut sowie ihrem Sinn und Zweck an die Union und die Mitgliedstaaten.[360] Sie zielen dabei auf eine personale Allgemeinheit, wenn Diskriminierungen auf Grund der Staatsangehörigkeit, des Geschlechts oder aus anderen Gründen untersagt werden. Um diese Vorgaben zu erfüllen, müssen die Folgen einer europäischen Regelung für 27 Mitgliedstaaten ermessen werden. Dies ist ein anspruchsvoller Auftrag, der erneut[361] die Erwägung nahelegt, den europäischen Organen ein Expertengremium, einen Rechtsetzungsrat zur Seite zu stellen. Die Diskriminierungsverbote erwarten jedenfalls in ihrem jeweiligen Anwendungsbereich ein hohes Maß an personaler Allgemeinheit. Diese Forderung ist verbindlich und individuell einklagbar.

3. *Gleichheit vor dem Gesetz und Diskriminierungsverbote*

Die europäischen Organe sind der Gleichheit vor dem Gesetz verpflichtet. Dieser Grundsatz ist fester Bestandteil der europäischen Rechtskultur[362] und wurzelt in den mitgliedstaatlichen Verfassungsüberlieferungen.[363] Die Grundrechtecharta[364] und der Vertrag von Lissabon regeln diese Verpflichtung unmit-

Kingreen, in: Ehlers (Hg.), Europäische Grundrechte und Grundfreiheiten, 2. Auflage 2005, § 13 Rdn. 6ff.; jeweils m. w. H.

[360] Siehe hierfür Art. 10 AEU, Art. 2 Satz 2 und Art. 3 Abs. 3 Uabs. 2 EU. Die Verpflichtung der Union ist – anders als bei den Grundfreiheiten – nicht umstritten (EuGH, Rs. 167/88, AGPB, Slg. 1989, 1653 Rdn. 22; Rs. C-180/96, Vereinigtes Königreich/Kommission, Slg. 1998, I-2265 Rdn. 112ff.; *Streinz*, in: ders [Hg.], EUV/EGV, 2003, Art. 12 EGV Rdn. 38; *Kingreen*, in: Ehlers [Hg.], Europäische Grundrechte und Grundfreiheiten, 2. Auflage 2005, § 13 Rdn. 12; *Epiney*, in: Calliess/Ruffert [Hg.], EUV/EGV, 3. Auflage 2007, Art. 12 EGV Rdn. 41).

[361] Siehe bereits oben unter III. 6. (S. 420ff.).

[362] Siehe zur Verbindung von Gleichheit und Gerechtigkeit bereits *Aristoteles*, Politik [Politica, zw. 329 u. 326 v. Chr.], 1989, 1280b, 1282b20ff., 1292a35f. (siehe unter B. II. 2., S. 78ff.); die Déclaration des Droits de L'Homme et du Citoyen vom 26. August 1789 (und auch die Virginia Bill of Rights vom 12. Juni 1776) beginnt mit der Gleichheitsgarantie (siehe zu diesen Dokumenten: Gosewinkel/Masing [Hg.], Die Verfassungen in Europa 1789–1949, 2006, S. 134f., 146ff., 165ff., 193ff.; insgesamt bereits oben unter C. VII., S. 362ff.).

[363] Art. 6 Abs. 1 EUV; Art. 3 EU; EuGH, Rs. C-15/95, Earl de Kerlast/Unicopa u. a., Slg. 1997, I-1961 Rdn. 35; siehe zum allgemeinen europäischen Gleichheitssatz *Jarass*, EU-Grundrechte, 2005, S. 285ff.; *Rengeling/Szczekalla*, Grundrechte in der Europäischen Union, 2004, S. 697ff.; *Kingreen*, in: Ehlers (Hg.), Europäische Grundrechte und Grundfreiheiten, 2. Auflage 2005, § 18 Rdn. 11ff.; *Rossi*, in: Calliess/Ruffert (Hg.), EUV/EGV, 3. Auflage 2007, Art. 20 GRCh Rdn. 1ff.; *Hölscheidt*, in: Meyer, J. (Hg.), Charta der Grundrechte der Europäischen Union, 2. Auflage 2006, Art. 20 Rdn. 1ff.

[364] „Alle Personen sind vor dem Gesetz gleich" (Art. 20 der Charta der Grundrechte der Europäischen Union, die am 7. Dezember 2000 vom Europäischen Rat in Nizza feierlich proklamiert wurde [ABl. C 364/1], in der am 12. Dezember 2007 in Straßburg unterzeichneten

telbar.[365] Wie der grundgesetzliche verbietet auch der europarechtliche Gleichheitssatz, vergleichbare Sachverhalte ungleich und unterschiedliche Sachverhalte gleich zu behandeln.[366] Die europäischen Organe müssen – wie der deutsche Gesetzgeber – ein Regelungsziel bestimmen, aus dem Vergleichsgruppen folgen und dieses Ziel gleichheitsgerecht verfolgen. Doch sind – dieser Befund gilt insbesondere mit Blick auf die inzwischen 27 Mitgliedstaaten – alle Menschen und alle Fälle unterschiedlich. Das Sekundärrecht muss daher differenzieren. Unterscheidungen nach einem Kriterium, das – wie die Staatsangehörigkeit oder das Geschlecht – in einem Diskriminierungsverbot gefasst ist, haben den hohen Rechtfertigungshürden dieses Verbots zu genügen. Gleiches gilt wohl auch – hier ist die Auslegung aber noch nicht abgesichert – für elementare Statusfragen, der Würde des Menschen, seiner Freiheit oder der Teilhabe am Rechtsverkehr.[367] Die Union darf hiernach nicht einfach nur die Bauern in Polen oder Frankreich fördern oder bestimmten Unternehmen eine rechtliche Vergünstigung vorenthalten, sondern muss jeden differenzierenden Rechtsakt aus einem sachlichen Kriterium entwickeln, das von vornherein keinen europäischen Staat und keinen europäischen Bürger schlechterdings ausschließt. Nur vor einem allgemeinen europäischen Rechtssatz können die Menschen gleich sein. Wie die Grundfreiheiten und die Diskriminierungsverbote enthält auch der europäische Gleichheitssatz eine unmittelbare individualrechtliche Allgemeinheitsforderung.

Die Gleichheit vor dem Gesetz sucht nicht die Ergebnisgleichheit zu erreichen, sondern setzt auf den Grundsatz der Chancengleichheit. In jedem Freiheitsrecht ruht ein Gleichheitssatz, wenn *jeder* Mensch in den Genuss der Handlungsfreiheit, der Glaubens- oder Meinungsfreiheit kommt. Dieser Gedanke darf aber nicht mit einer „gleichen Freiheit“ für alle im Sinn einer Ergebnisgleichheit verwechselt werden. Gegenwärtig wird in der Rechtsprechung des Europäischen Gerichtshofs eine Tendenz zu einer Ergebnisgleichheit beobachtet, die „eine der stärksten zentralisierenden Kräfte“ auf europäischer Ebene entfalte.[368] In der Tat könnte auf Grund einer entsprechenden, Kompetenz be-

---

Fassung, im Folgenden: Grundrechtecharta; siehe hierzu *Calliess*, in: Ehlers [Hg.], Europäische Grundrechte und Grundfreiheiten, 2. Auflage 2005, § 20).

[365] Abs. 2 der Präambel, Art. 2, Art. 9 EU; Art. 8, Art. 10 AEU.

[366] EuGH, Rs. C-15/95, Earl de Kerlast/Unicopa u. a., Slg. 1997, I-1961 Rdn. 35; *Kingreen*, in: Ehlers (Hg.), Europäische Grundrechte und Grundfreiheiten, 2. Auflage 2005, § 18 Rdn. 13 m. w. H.

[367] Siehe hierzu für das deutsche Recht unter C. VII. 2. (S. 363 ff.); siehe für die Dogmatik des Europarechts *Kischel*, Zur Dogmatik des Gleichheitssatzes in der Europäischen Union, EuGRZ 1997, 1; *Kingreen*, in: Ehlers (Hg.), Europäische Grundrechte und Grundfreiheiten, 2. Auflage 2005, § 18 Rdn. 14 ff.; zur Bindung des Gesetzgebers *Hölscheidt*, in: Meyer, J. (Hg.), Charta der Grundrechte der Europäischen Union, 2. Auflage 2006, Art. 20 Rdn. 12.

[368] *Bogdandy*, Europäische Prinzipienlehre, in: ders. (Hg.), Europäisches Verfassungsrecht, 2003, S. 149 (164 f.); siehe zu dem Begriff der „gleichen Freiheit“ zudem *Zuleeg*, Der rechtliche Zusammenhalt der Europäischen Union, 2004, S. 174 f.

gründenden Gleichheitsforderung nahezu jeder Sachverhalt geregelt werden, weil sich alle Menschen unterscheiden, der unterschiedliche Erfolg im Berufs- oder Privatleben einen Ansatz für eine Regulierung gäbe. Nicht nur die Freiheit, sondern auch die Gleichheit wären dann aber verraten.[369] Die Gleichheit vor dem Gesetz will gerade keine Ergebnisgleichheit, keine „übertriebene Gleichheit" bewirken,[370] sondern garantiert die Chancengleichheit. Wenn mit der Grundrechtecharta, mit der ausdrücklichen Regelung der „Gleichheit vor dem Gesetz" dieser Befund an Kraft gewänne, würde sich in Europa die Idee der Gleichheit und Freiheit besser entfalten.

Die Diskriminierungsverbote suchen ein vergleichbares Ziel zu verfolgen, gehen dabei aber anders vor. Sie wählen ein Merkmal – z. B. das Geschlecht oder die Nationalität –, um einen Sachverhalt auf entsprechende Differenzierungen hin zu untersuchen und entsprechende Unterscheidungen strikt zu untersagen.[371] Dieses Vorgehen qualifiziert das jeweilige Kriterium als für eine Unterscheidung ungeeignet,[372] trennt so rechtlich nach dem Merkmal, das nicht maßgeblich sein soll, und erklärt dieses Merkmal bei der Suche nach rechtfertigenden Differenzierungsgründen für unerheblich. Wenn ein Staat – oder eine Gesellschaft – bestimmte Diskriminierungen vornimmt, ist es sachgerecht und folgerichtig, diese mit rechtlichen Instrumenten zu unterbinden. In der Europäischen Union haben sich Staaten zusammengeschlossen, um verschiedene Ziele gemeinsam zu verfolgen. Eines der ursprünglichen Ziele war und ist die Errichtung des Binnenmarkts, die Durchsetzung der vier Grundfreiheiten. In diesem Bereich sollte staatlicher Protektionismus, sollten Privilegien zugunsten der eigenen Staatsangehörigen abgebaut werden. So war es folgerichtig, eine Diskriminierung nach der Staatsangehörigkeit zu verbieten.[373] Zudem soll die Gleichstellung von Frauen und Männern gefördert werden,[374] die der Vertrag von Lissabon an verschiedenen Stellen hervorhebt und als „Wert der Union" benennt.[375] Darüber hinaus können geeignete Vorkehrungen getroffen werden, „um Dis-

---

[369] Deutlich: *Di Fabio*, Die Kultur der Freiheit, 2005, S. 96 ff.

[370] *Montesquieu*, Vom Geist der Gesetze [De l'esprit des lois, 1748], 2003, 5. Buch 5. Kapitel; siehe oben unter B. IV. 3. (S. 119 ff.).

[371] Siehe zu diesem Unterschied der europarechtlichen Institute deutlich die Schlussanträge des Generalanwalts *Mazák*, Rs. C-411/05, Palaciaos de la Villa, Anträge vom 15. Februar 2007, Rdn. 92; siehe zum möglichen Konflikt zwischen den Diskriminierungsverboten und den mitgliedstaatlichen Grundrechten *Störmer*, Gemeinschaftsrechtliche Diskriminierungsverbote versus nationale Grundrechte?, AöR 123 (1998), 541.

[372] Siehe hierzu *Jarass*, EU-Grundrechte, 2005, S. 293 ff.

[373] Art. 12 Abs. 1 EGV; Art. 18 Abs. 1 AEU.

[374] Art. 2, Art. 3 Abs. 2 und für spezielle Regelungen etwa mit Blick auf das Entgelt Art. 141 EGV.

[375] So Art. 2, Art. 3 Abs. 3 Uabs. 2 EU: „Gleichstellung von Frauen und Männern", Art. 9 EU: „Gleichheit der Bürgerinnen und Bürger", Art. 8 AEU: „Gleichstellung von Männern und Frauen" und speziell zum Entgelt Art. 157 AEU; siehe hierzu insgesamt *Jarass*, EU-Grundrechte, 2005, S. 311 ff.

kriminierungen aus Gründen des Geschlechts, der Rasse, der ethnischen Herkunft, der Religion oder der Weltanschauung, einer Behinderung, des Alters oder der sexuellen Ausrichtung zu bekämpfen."[376] Hier geht es nicht nur um Diskriminierungen durch die öffentliche Hand, sondern auch durch Private.

Der Vertrag von Lissabon betont an verschiedenen Stellen eine allgemeine Politik der „Nichtdiskriminierung"[377] und der Europäische Gerichtshof scheint in einer aktuellen Entscheidung von einem „allgemeinen Grundsatz der Gleichbehandlung" im Europarecht auszugehen.[378] Diese Fortentwicklung der Diskriminierungsverbote könnte den Gedanken aufnehmen, dass die vom Primärrecht geregelten Verbote bestimmte Merkmale in den Bereich des Unerheblichen rücken wollen, dabei aber nicht alle Diskriminierungsmerkmale nennen. So würde es einem allgemeinen Diskriminierungstatbestand widersprechen, wenn die Kommission einen Bewerber ablehnen würde, nur weil er blonde Haare oder weil er Kinder hat – weder die Haarfarbe noch der Familienstatus werden aber in besonderen Diskriminierungsverboten genannt. Diskriminierungsverbote sind in bestimmten Situationen sachgerecht, können jedoch alle möglichen Diskriminierungsmerkmale kaum aufführen. Die Verbote drängen daher insgesamt auf eine Erweiterung hin zu einem Gleichheitsdenken.

Diskriminierungsverbote, die sich auf bestimmte Kriterien konzentrieren, um Differenzierungen nach diesem Merkmal zu verhindern, waren und sind integraler Bestandteil des europäischen Rechts. Sie erscheinen angemessen, um ein Regime- oder ein Gesellschaftsdenken, das bestimmte Gruppen benachteiligt, zu überwinden. Doch können Diskriminierungsmerkmale auch in einer Erweiterung nicht vollständig sein. Wird aber eine allgemeine Nichtdiskriminierung geregelt, könnte das Antidiskriminierungsrecht zu einem Gleichheitsdenken fortentwickelt werden. Dabei ist auch die Frage zu beantworten, inwieweit so nicht nur die öffentliche Hand, sondern auch Private zu binden sind.[379] Der allgemeine Gleichheitssatz fordert positiv die sachgerechte Unterscheidung, wehrt

---

[376] Art. 13 Abs. 1 EGV; Art. 19 Abs. 1 AEU.

[377] Art. 2 Satz 2, Art. 3 Abs. 3 Uabs. 2 EU; die Grundrechtecharta spricht in Art. 21 allgemein von einer Nichtdiskriminierung und verbietet hier in Abs. 1 „insbesondere" Diskriminierungen nach den aufgeführten Merkmalen.

[378] EuGH, Rs. C-144/04, Mangold, Slg. 2005, I-9981 insbes. Rdn. 74ff.; siehe zu dieser Entscheidung bereits oben unter IV. 3. g) Fn. 265 (S. 442) sowie sogleich unter VIII. 2. b). (S. 478ff.).

[379] Siehe für diese wichtige Diskussion jüngst kritisch *Honsell*, Die Erosion des Privatrechts durch das Europarecht, ZIP 2008, 621 (625f.); *Di Fabio*, Form und Freiheit, DNotZ 2006, 342 (349f.); *Reichold*, Sozialgerechtigkeit versus Vertragsgerechtigkeit – arbeitsrechtliche Erfahrungen mit Diskriminierungsregeln, JZ 2004, 384, mit einem Vorschlag einer Umsetzung des Antidiskriminierungsrechts ins Zivilrecht, welche die Grenzen des Rechts verdeutlicht; *Thüsing*, Arbeitsrechtlicher Diskriminierungsschutz, 2007, Rdn. 47f., der in der verfassungsrechtlichen Perspektive betont, dass durch die Anwendung zwischen Privaten in die Vertragsfreiheit eingegriffen wird, aber auch die Vertragsfreiheit – nämlich des Vertragspartners, der ansonsten diskriminiert würde – gestärkt wird.

sich nicht negativ gegen bestimmte Unterscheidungen. Er hebt damit – anders als die Diskriminierungsverbote – auch nicht in der Negation die entsprechenden Unterschiede hervor. Dies verdeutlichen Beispiele, denen eine Differenzierung immanent ist, wie die Auswahl geeigneter Kandidatinnen für eine Mutter-Kind-Förderung. Hier wird nach dem Geschlecht, nach dem Familienstand, auch nach dem Alter und der Beschäftigung unterschieden, wenn junge, nicht berufstätige Mütter besonders gefördert werden sollen – eine rechtswidrige Diskriminierung erfolgt aber nicht. Das Europarecht wird nicht verletzt, wenn Spielerinnen für die Fußballnationalmannschaft der Damen nach dem Geschlecht und der Nationalität ausgesucht werden, obwohl diese Merkmale in ausdrücklichen Diskriminierungsverboten genannt sind. In anderen Fällen ist bei der Auswahl von Beamten oder Arbeitnehmern durch private Arbeitgeber nicht nach dem Geschlecht, der Nationalität, auch nicht nach der sexuellen Orientierung, der Religion oder dem Familienstand zu differenzieren; diese Unterschiede sollen nicht maßgeblich sein, nicht durch das Recht – auch nicht in der Ablehnung – hervorgehoben werden, solange dies nicht für die Erreichung des Regelungsziels, der Vermeidung der Diskriminierung, notwendig ist. Vielmehr ist positiv nach dem sachlichen Kriterium, der Eignung für die ausgeschriebene Stelle, zu suchen. Es geht um eine Erweiterung des Diskriminierungsdenkens hin zu einem Gleichheitsdenken, um die Gesellschaft nicht zu parzellieren und die Unterscheidung nach den beschriebenen Kriterien nicht zu verfestigen.

4. *Justitiable Kernforderungen der vier klassischen Allgemeinheitspostulate*

Die Gleichheit vor dem Gesetz verlangt eine Verallgemeinerung – vor einem Einzelfallgesetz können nicht alle gleich sein.[380] Keine Verordnung darf auf einen Einzelfall verengt werden, sondern muss eine Mindestweite erreichen und eine sachgerechte Verallgemeinerung treffen. Die Gleichheit vor europäischen Verordnungen ist nicht möglich, wenn diese nicht ein bestimmtes Niveau an personaler, gegenständlicher, territorialer und temporaler Allgemeinheit erreichen. Die allgemeinen Richtlinien müssen Ziele vorgeben, die diesen Anforderungen genügen. Sie dürfen den Mitgliedstaaten bei der Umsetzung nicht die Möglichkeit einer Gleichheit vor dem Gesetz nehmen. Die Gewährleistung der Gleichheit wird – insbesondere in der Zeit – durch alle Allgemeinheitspostulate ergänzt.[381] Die Gleichheitsforderung bezieht sich dabei auf das gesamte Gebiet der Europäischen Union. Die personale Allgemeinheit meint alle Unionsbür-

[380] *Kant*, Über den Gemeinspruch: Das mag in der Theorie richtig sein, taugt aber nicht für die Praxis. Zum ewigen Frieden. Ein philosophischer Entwurf [1793, 1795], 1992, 289ff., 349ff.; *C. Schmitt*, Verfassungslehre [1928], 4. Auflage 1965, S. 138ff.; siehe bereits unter C. VII. 1. m. w. H. (S. 362f.).

[381] Siehe hierzu für das deutsche Recht unter C. VII. (S. 362ff.).

ger, die Iren und Italiener, die Polen und Portugiesen. Auch die territoriale Forderung umfasst 27 Mitgliedstaaten. Es ist ein Maß zu halten, das in Madrid und Berlin, in London und Athen greift. Diese raumgreifende Gleichheit vor europäischen Rechtssätzen kann kaum durch spezielles Recht erfüllt werden, weil dieses von vornherein in der Enge des Tatbestands die Unterschiede in den Staaten nicht hinreichend aufnehmen wird, damit aber die Legitimation der europäischen Rechtssätze in Frage stellt.

Die europäischen Organe müssen hiernach bei der Rechtsetzung ein Mindestmaß an gegenständlicher, personaler, temporaler und territorialer Allgemeinheit erreichen. Einzelfallrichtlinien und Einzelfallverordnungen, die bislang erlassen wurden,[382] sind unzulässig. Diese Mindestforderungen sind im Vergleich zum deutschen Recht geweitet, weil sich die Gleichheit vor dem Gesetz auf das Regelungsgebiet bezieht, für welches die Rechtssätze erlassen werden. So ruht in der Kompetenzordnung des Bundesstaats auch ein Differenzierungsauftrag – die Bundesländer haben nicht eigene Gesetzgebungskompetenzen, um gleiche Regelungen zu erlassen. Dieser Differenzierungsauftrag geht einher mit einem Kooperationsauftrag, mit einer Verantwortung für die Gesamtrechtsordnung.[383] Er gilt nicht für die Europäische Union, doch greift das Kooperationsanliegen.[384] Der weite Regelungsbereich des Europarechts erhöht die Allgemeinheitserwartungen, welche der Gleichheitssatz an das sekundäre Gemeinschaftsrecht stellt. Die personalen und territorialen Forderungen erfassen die Menschen in allen 27 Staaten. Die gegenständliche Allgemeinheit muss – etwa bei Sicherheitsforderungen für Kraftfahrzeuge – die Eigenarten der Fahrzeuge in Deutschland und Polen, auch die Fahrgewohnheiten in Rom und Stockholm berücksichtigen. Der Gleichheitssatz setzt in Mindestforderungen der vier klassischen Allgemeinheitspostulate einen verbindlichen und justitiablen Maßstab.[385]

Die Diskriminierungsverbote ergänzen und erhöhen diese Forderungen, wenn auch eine offene oder verdeckte, direkte und indirekte, unmittelbare und mittelbare Ungleichbehandlung verboten wird. Die Grundfreiheiten dürfen weder unmittelbar oder mittelbar, weder tatsächlich oder potentiell behindert werden. Die Forderung der personalen Allgemeinheit wird insofern insbesondere für bestimmte Kriterien – etwa die Staatsangehörigkeit und das Geschlecht – erheblich verschärft, die gegenständlichen und territorialen Allgemeinheitsforderungen werden bei einem Marktbezug deutlich erhöht. Das Europarecht fordert verbindlich und justitiabel die Mindesterwartung der temporalen Allgemeinheit und in einem durch die Diskriminierungsverbote erhöhten Maß die

---

[382] Siehe hierzu unter II. und III. (S. 398 ff.).

[383] Siehe oben unter C. VII. 3. (S. 368 ff.).

[384] Art. 10 EGV; Art. 4 Abs. 3 EU, siehe hierzu *Zuleeg*, Der rechtliche Zusammenhalt der Europäischen Union, 2004, S. 42 ff.

[385] Siehe hierzu für das deutsche Recht unter C. VII. (S. 362 ff.).

personale, territoriale und gegenständliche Allgemeinheit des Sekundärrechts. Der Europäische Gerichtshof hat in diesen dichten Maßstäben der Europäischen Union für das Sekundärrecht Vorgaben gezeichnet, die ein hohes Maß an Verallgemeinerung erwarten. Er ist gefordert, diese Maßstäbe gegenüber den europäischen Organen durchzusetzen.

VII. Rechtsstaatliche Forderungen an die Rechtsetzung

1. *„Institutionelles Gleichgewicht" und mitgliedstaatlicher Vollzug*

Auf die europäische Ebene kann der mitgliedstaatliche Grundsatz der Gewaltenteilung nicht einfach übertragen werden – hier gilt nichts anderes als beim Demokratieprinzip.[386] Der Europäische Gerichtshof hat deshalb in einer eigenen Begriffsprägung nicht von einer Gewaltenteilung, sondern von einem „institutionellen Gleichgewicht" gesprochen, das zwischen den Organen herrschen müsse. Dieser Begriff wurde später in das Protokoll über die Anwendung der Grundsätze der Subsidiarität und der Verhältnismäßigkeit aufgenommen und ist insgesamt vom Gemeinschaftsrecht anerkannt.[387] Jedes Organ muss seinen Auftrag in diesem Gefüge erfüllen und dabei die Befugnisse der anderen Organe beachten. Das Erfordernis des institutionellen Gleichgewichts ist ein justitiables Gestaltungsprinzip.[388] Der Europäische Gerichtshof hat diesen Grundsatz bislang insbesondere dazu genutzt, Kompetenzvorschriften und vertragliche Verfahrensregeln zu entfalten und die „wirksame Beteiligung des Parlaments am Gesetzgebungsverfahren" als ein „wesentliches Element des vom Vertrag gewollten institutionellen Gleichgewichts" darzustellen.[389] Durch das „institutionelle Gleichgewicht" soll eine Balance zwischen den Organen zum

---

[386] *Streinz*, in: ders. (Hg.), EUV/EGV, 2003, Art. 7 EGV Rdn. 14, 20f.; *Calliess*, in: ders./Ruffert (Hg.), EUV/EGV, 3. Auflage 2007, Art. 7 EGV Rdn. 8ff., insbes. Rdn. 15; insgesamt auch mit Blick auf das Völkerrecht: *Chr. Möllers*, Gewaltengliederung, 2005; siehe hierzu bereits unter I. 2. und 3. (S. 390ff.) sowie zum Demokratieprinzip unter IV. (S. 421ff.) jeweils m. w. H.

[387] Ziff. 2 des Protokolls (Nr. 30) über die Anwendung der Grundsätze der Subsidiarität und der Verhältnismäßigkeit (1997), ABl. C 321 vom 29. Dezember 2006, S. 308ff.; *Calliess*, in: ders./Ruffert (Hg.), EUV/EGV, 3. Auflage 2007, Art. 7 EGV Rdn. 13.

[388] EuGH, Rs. 9/56, Meroni/Hohe Behörde, Slg. 1958 Rdn. 11; Rs. C-70/88, Parlament/Rat, Slg. 1990, I-2041 Rdn. 21f.; *Calliess*, in: ders./Ruffert (Hg.), EUV/EGV, 3. Auflage 2007, Art. 7 EGV Rdn. 8ff.; *Streinz*, in: ders. (Hg.), EUV/EGV, 2003, Art. 7 EGV Rdn. 20, spricht von einem „normativen, justitiablen Gestaltungsprinzip."

[389] EuGH, Rs. C-21/94, Parlament/Rat, Slg. 1995, I-1827 Rdn. 17; zu diesem Gesamtbefund der Rechtsprechung *Chr. Möllers*, Gewaltengliederung, 2005, S. 258ff.; *Calliess*, in: ders./Ruffert (Hg.), EUV/EGV, 3. Auflage 2007, Art. 7 EGV Rdn. 8ff.; *Streinz*, in: ders. (Hg.), EUV/EGV, 2003, Art. 7 EGV Rdn. 20f.; *P. M. Huber*, Das institutionelle Gleichgewicht zwischen Rat und Europäischem Parlament in der künftigen Verfassung für Europa, EuR 2003, 574 (576ff., insbes. 581).

Schutz der Freiheit und Demokratie hergestellt werden. So nimmt dieses Gleichgewicht die Verfassungsüberlieferungen der Mitgliedstaaten auf, in welchen die Gewaltenteilung diesem Schutz dient.[390] Diese Ausrichtung auf die Freiheit fordert darüber hinaus aber, weitere zentrale Institutionen des Europarechts in die Balance einzublenden: die Mitgliedstaaten.[391] Es ist – so das Bundesverfassungsgericht im Lissabon-Urteil – ein „Gleichgewicht der politischen Kräfte Europas zwischen den Mitgliedstaaten und der Unionsebene als Voraussetzung der Verteilung von Hoheitsrechten im Verbund zu erhalten."[392]

Die Mitgliedstaaten sind auf europäischer Ebene unmittelbar im Rat vertreten. Sie sind zudem grundsätzlich für den Vollzug des Europarechts zuständig. Staatliche Organe vollziehen das unmittelbar anwendbare Europarecht, das Primärrecht, Verordnungen und entsprechende Richtlinien,[393] sowie die nationalen Gesetze, die das Europarecht – insbesondere Richtlinien – umsetzen oder Verordnungen ergänzen.[394] Die Verwaltungsorganisation und das Verwaltungsverfahren obliegen den Mitgliedstaaten. Die Staaten tragen die hierfür anfallenden Finanzlasten. Sie müssen einen geordneten Vollzug des Europarechts gewährleisten.[395] Der europäische Gleichheitssatz fordert hier eine Anwendungsgleichheit.[396] Innerhalb dieses Rahmens sind mitgliedstaatliche Vollzugsstellen für die Anwendung des Europarechts zuständig. Sie müssen die Besonderheiten des Einzelfalls hinreichend berücksichtigen, der Einzelfallgerechtigkeit dienen. Dieser Auftrag fordert im Vergleich zu den Kompetenzen der Verwaltung im deutschen Recht einen besonderen Entscheidungsraum.[397] Die einheitlichen europäischen Regeln sind in allen Mitgliedstaaten anzuwenden, mit ihren unterschiedlichen Kulturen und Rechtssystemen. Will die Verwaltung den jeweiligen Besonderheiten gerecht werden, bedarf sie eines Raums der

---

390 *Calliess*, in: ders./Ruffert (Hg.), EUV/EGV, 3. Auflage 2007, Art. 7 EGV Rdn. 15; *Hoffmeister*, Die Wirkweise des europäischen Rechtsstaatsprinzips in der Verwaltungspraxis, in: Calliess (Hg.), Verfassungswandel im europäischen Staaten- und Verfassungsverbund, 2008, S. 141 (142 f.); *Häberle*, Europäische Verfassungslehre, 5. Auflage 2008, S. 404 ff.; siehe für den deutschen Grundsatz oben unter C. IV. (S. 298 ff.) und zu den rechtlichen Wurzeln in Europa *Aristoteles*, Rhetorik [De arte rhetorica, wahrscheinl. zw. 340 u. 335 v. Chr.], 2005, 1354a31–1354b15; *ders.*, Politik [Politica, zw. 329 u. 326 v. Chr.], 1989, 1282b1 ff.; *Locke*, Über die Regierung [Two Treatises of Government. The Second Treatise, 1690], 2003, insbes. 12. Kapitel §§ 143 ff.; insbes. aber *Montesquieu*, Vom Geist der Gesetze [De l'esprit des lois, 1748], 2003, 11. Buch (siehe hierzu bereits unter B. II. 2., IV. 2. und 3., S. 78 ff. und 116 ff.).

391 Siehe für diese Forderung bereits *Di Fabio*, Eine Europäische Charta, JZ 2000, 737 (742).

392 BVerfG, 2 BvE 2/08 vom 30. Juni 2009, Absatz-Nr. 265 – Lissabon.

393 Siehe zur unmittelbaren Anwendbarkeit von Richtlinien unter III. 5. (S. 419 ff.).

394 Siehe oben unter II. und III. (S. 398 ff.).

395 Art. 10 EGV; Art. 4 Abs. 3 EU; siehe insgesamt sowie zu der Ausnahme des gemeinschaftsunmittelbaren Vollzugs *Streinz*, Europarecht, 7. Auflage 2005, Rdn. 533 ff.; *Pühs*, Der Vollzug von Gemeinschaftsrecht, 1997.

396 Siehe zum Gleichheitssatz unter VI. 3. (S. 460 ff.).

397 Siehe zum deutschen Recht unter C. IV. 3. (S. 301 ff.).

eigenen Entscheidung. Das europäische Sekundärrecht sollte den staatlichen Verwaltungsstellen erlauben, bei der Anwendung des Europarechts den nationalen und regionalen Besonderheiten gerecht zu werden, die Unterschiede zwischen den Menschen, den Gegenständen, den Orten, den Städten, Regionen und Staaten hinreichend aufzunehmen. Die Größe und Vielfalt in der Europäischen Union, die Unterschiede zwischen den Menschen und Mitgliedstaaten werden stärker in allgemeinen Verordnungen und allgemeinen Richtlinien geachtet. Die Anwendung der Verträge sowie der auf Grundlage der Verträge erlassenen sekundärrechtlichen Bestimmungen wird in dieser Allgemeinheit gewährleistet. Diese Funktionenteilung legt – vergleichbar mit dem mitgliedstaatlichen Grundsatz der Gewaltenteilung[398] – allgemeine Regeln nahe, fordert verbindlich vollziehbares Europarecht. Einzelfallregelungen verschließen der Verwaltung den eigenen Entscheidungsraum, die allgemeine Regel hingegen belässt der vollziehenden Gewalt und damit den Mitgliedstaaten die Vollzugsmöglichkeiten und ermöglicht ihnen so, den Auftrag der Verwaltung zu erfüllen. Die rechtsstaatliche Teilung der Aufgaben, allgemeine Regeln zu setzen und diese zu vollziehen, läuft auf europäischer Ebene parallel zur Trennung zwischen der Union und den Mitgliedstaaten. Diese Teilung verdeutlicht die Unterscheidung zwischen Rechtsetzung und Vollzug, zwischen der allgemeinen Regel und der einzelfallbezogenen Konkretisierung.

2. *Verantwortungszurechnung*

Der europäische Rechtsstaat und die europäische Demokratie sind von dem Gedanken einer klaren Verantwortungszurechnung geprägt.[399] Es muss klar sein, wer einen Rechtssatz erzeugt, damit der Bürger bei der nächsten Wahl entsprechend reagieren kann, damit sich in der Gesellschaft und im Bereich der öffentlichen Gewalt Gegengewichte bilden können. Rechtsstaat und Demokratie leben von der grundsätzlichen Akzeptanz einer Regelung, von der Befolgung des Rechts, aber auch von der Möglichkeit einer privaten und öffentlichen Gegenbewegung. Die Rechtsgeschichte lehrt, dass klare Verantwortungszurechnungen Garanten, Machtkämpfe zwischen Institutionen ebenso wie ein zu dichtes Zusammenwirken hingegen Gegner einer freiheitlichen Ordnung sind,[400] dass all-

[398] Siehe zum deutschen Recht unter C. IV. (S. 298ff.).

[399] Siehe zur klaren Verantwortungszurechnung in der „offenen Staatlichkeit" *Di Fabio*, Der Verfassungsstaat in der Weltgesellschaft, 2001, S. 100ff.; *Pache*, Verantwortung und Effizienz in der Mehrebenenverwaltung, VVDStRL 66 (2007), 106 (136ff., 148f.); *Pernice*, Aussprache, ebenda, 186ff.; *Biehler*, ebenda, 194; *Streinz*, ebenda, 197f.; *Schmidt-Aßmann*, ebenda, 201ff., hebt die Bedeutung des „interadministrativen Vertrauens" hervor; siehe hierzu bereits oben unter IV. 1. (S. 421ff.).

[400] Siehe zu dieser Entwicklung im Mittelalter und im 19. Jahrhundert in Deutschland oben unter B. III. (S. 95ff.) und V. (S. 143ff.).

gemeine Regelbildung und die Kompetenz zum Erlass von Einzelfallmaßnahmen in verschiedenen Händen liegen sollten.[401] Dieser Gedanke scheint dem Verhandlungscharakter der europäischen Rechtsetzung[402] entgegenzustehen. Ein Rechtsakt wird grundsätzlich von der Kommission vorgeschlagen und von Rat und Parlament angenommen.[403] Doch heißt das nicht, dass von vornherein keine öffentlichen Debatten und institutionelle Kritik stattfinden sollen. Damit diese aber wahrgenommen werden können, sind Rechtsakte im Rat zu beraten[404] und die beabsichtigten Regelbildungen zu veröffentlichen. Das Europäische Parlament sollte in der Pluralität seiner Meinungen über die Regelungskonzepte einen größeren Raum in den Medien erhalten.[405] Der Europäische Gerichtshof kontrolliert die Anwendung des Primärrechts – ein Auftrag, dessen Erfüllung erleichtert würde, wenn das Sekundärrecht systematisierungsfähiger wäre, wenn also allgemeine Rechtsakte erlassen würden.

Eine rechtsstaatliche und demokratische Rechtsetzung stellt zudem die Frage nach der Verantwortung der europäischen Organe und der Mitgliedstaaten. Diese Verantwortungszuweisung verliert an Klarheit, wenn die europäischen Organe nicht im Auftrag der Rechtsetzung eine Vorgabe erhalten, die sich vom Vollzug unterscheidet. So drängen Rechtsstaat und Demokratie auf eine klare Unterscheidung zwischen der europäischen Rechtsetzung und dem mitgliedstaatlichen Vollzug. Wenn die rechtsetzenden Organe Einzelfallregelungen erlassen, wenn sie mit Richtlinien und Verordnungen nur eine Personen oder einen Gegenstand erreichen, nur einen Zeitpunkt erfassen dürfen, bleibt unklar, ob für eine Beeinträchtigung die mitgliedstaatlichen Vollzugsstellen oder die europäischen Organe zuständig sind. Die Union übernimmt mit dem an die Mitgliedstaaten gerichteten Auftrag, das Europarecht zu vollziehen, den föderalen Gedanken der Ortsnähe der vollziehenden Gewalt auf. Die Vollzugsbehörden sind von Portugal bis Polen, von Schottland bis Sizilien für die Anwendung des Rechts zuständig, können so den Besonderheiten der Regionen gerecht werden.[406] Diese überzeugende Aufgabenteilung verliert aber an freiheitsichernder und Einzelfallgerechtigkeit stiftender Kraft, wenn es letztlich den europäischen Organen die Entscheidung obliegt, wie weit sie durch Einzelfallregelungen an die Stelle der Vollzugsorgane treten. Rechtsstaat und Demokratie legen so einen Rechtsetzungsauftrag nahe, der den Erlass allgemeiner Regeln fordert.

---

[401] Siehe für diese Erfahrung aus dem alten Rom unter B. II. 5. (S. 87 ff.).

[402] *Kadelbach*, Autonomie und Bindung der Rechtsetzung in gestuften Rechtsordnungen, VVDStRL 66 (2007), 7 (26 ff.).

[403] Siehe bereits oben unter IV., insbes. unter 3. c) (S. 437 ff.).

[404] Siehe hierzu unter IV. 3. b) (S. 435 ff.).

[405] Siehe zu diesen Forderungen der Demokratie bereits oben unter IV., insbes. unter 1. (S. 421 ff.).

[406] Siehe bereits unter 1. (S. 466 ff.).

Zudem sind die mitgliedstaatlichen Parlamente, die in Erfüllung ihres Gestaltungsauftrags das europäische Recht aufnehmen müssen, für eine konsistente Rechtsordnung verantwortlich. Die Verschränkung des europäischen und mitgliedstaatlichen Rechts, die zusammengefasste demokratische Legitimation, das Zusammenwirken der verschiedenen Organe legen es nahe, die Mitgliedstaaten mit ihren Organen in den Grundsatz des institutionellen Gleichgewichts zu integrieren – und zwar nicht nur mit ihrer Stimme im Rat, nicht nur durch die Repräsentation der Völker Europas im Europäischen Parlament, sondern mit den mitgliedstaatlichen Parlamenten, den Regierungen und den Exekutiven. Die Mitgliedstaaten erfüllen wesentliche Gestaltungsaufträge für die Europäische Union, weil sie die demokratische Repräsentation der Bürger entfalten und der Koordination des Rechts, der politischen Gestaltung sowie dem Vollzug des Europarechts dienen. In dieser Ausrichtung zielt die rechtsstaatliche Demokratie auf eine klare Kompetenzabgrenzung zwischen den Mitgliedstaaten und der Union – und damit auf die Allgemeinheit des Europarechts.

3. Klares, verständliches und konsistentes Sekundärrecht

Der Grundsatz der europäischen Rechtsstaatlichkeit, der aus den gemeinsamen Verfassungsüberlieferungen schöpft und Forderungen aufnimmt, welche die Mitgliedstaaten an die Europäische Union stellen,[407] formuliert unmittelbare Maßstäbe für das europäische Sekundärrecht. Der menschenrechtliche Rechtssatzvorbehalt und der Vertrauensschutz bauen auf Rechtsakte, die kontinuierlich wirken, Rechtssicherheit schaffen, verständlich sind und mögliche Eingriffe vorzeichnen.[408] Es ist eine widerspruchsfreie und konsistente Rechtsordnung zu errichten, welche die Organe rechtlich bindet. Auf europäischer Ebene zielen diese Forderungen insbesondere auf die Rechtsetzung, auf die Bindung der Kommission und des Gerichtshofs an das Recht. Europäische Rechtsakte müssen bestimmt sein und das Vertrauen der Bürger schützen,[409] müssen klare und kohärente Vorgaben setzen, um umgesetzt werden zu können.[410] Der Rechts-

---

[407] Abs. 3 der Präambel sowie Art. 6 Abs. 1 EUV, Abs. 2 und Abs. 4 der Präambel und Art. 2 EU; siehe für die grundgesetzliche Forderung der Rechtsstaatlichkeit Art. 23 Abs. 1 Satz 1 GG.

[408] Ausdrücklich *Fuss*, Rechtssatz und Einzelakt im Europäischen Gemeinschaftsrecht, NJW 1964, 327 (327); *Schmidt*, in: von der Groeben/Schwarze (Hg.), Kommentar, Band 4, 6. Auflage 2003, Art. 249 EGV Rdn. 29; siehe zum gemeinschaftsrechtlichen Rechtmäßigkeitsprinzip *Brenner*, Der Gestaltungsauftrag der Verwaltung in der Europäischen Union, 1996, S. 244 ff.

[409] Dies betont aktuell *Ladeur*, Die Bedeutung eines Allgemeinen Verwaltungsrechts für ein Europäisches Verwaltungsrecht, in: Trute/Groß/Röhl, H.C./Möllers, Chr. (Hg.), Allgemeines Verwaltungsrecht – zur Tragfähigkeit eines Konzepts, 2008, S. 795 (799 ff.).

[410] *Schwarze/Becker/Pollack*, Die Implementation von Gemeinschaftsrecht, 1993, S. 30 ff., 94.

staat garantiert Grundrechte und den Grundsatz der Verhältnismäßigkeit. Eingriffe in Grundrechte sind grundsätzlich den allgemeinen Rechtsakten vorbehalten. Es herrschen Recht und Rechtsetzungsorgane, welche die Völker repräsentieren und das Recht verstehend verantworten.[411] Das europäische Rechtsstaatsprinzip fordert – hier liegt eine Parallele zum Rechtsstaat des Grundgesetzes[412] – ein justitiables Mindestmaß an sprachlicher, instrumenteller und temporaler Allgemeinheit.

Diese Allgemeinheitsforderungen könnten aber im Vergleich zu den grundgesetzlichen Forderungen insoweit zurückgenommen sein, als das europäische

---

[411] *Calliess*, in: ders./Ruffert (Hg.), EUV/EGV, 3. Auflage 2007, Art. 6 EUV Rdn. 14 ff.; *Hoffmeister*, Die Wirkweise des europäischen Rechtsstaatsprinzips in der Verwaltungspraxis, in: Calliess (Hg.), Verfassungswandel im europäischen Staaten- und Verfassungsverbund, 2008, S. 141 (144 ff.); deutlich für die Rechtsetzung: *Kadelbach*, Autonomie und Bindung der Rechtsetzung in gestuften Rechtsordnungen, VVDStRL 66 (2007), 7; insgesamt: *Häberle*, Europäische Verfassungslehre, 5. Auflage 2008, S. 395 ff.; *Di Fabio*, Das Recht offener Staaten, 1998, S. 43 ff.; *Seiler*, Der souveräne Verfassungsstaat zwischen demokratischer Rückbindung und überstaatlicher Einbindung, 2005, S. 267 ff., 329 ff.; zum europäischen Rechtssatzvorbehalt und Rechtssatz: *Rieckhoff*, Der Vorbehalt des Gesetzes im Europarecht, 2007, nach dem der Vorbehalt „mit seiner grundrechtlichen und demokratischen Fundierung im Europarecht auf dem Vormarsch ist" (S. 282); *Röder*, Der Gesetzesvorbehalt der Charta der Grundrechte der Union im Lichte einer europäischen Wesentlichkeitstheorie, 2007; *R. Weiss*, Das Gesetz im Sinne der Europäischen Menschenrechtskonvention, 1996; *Hilf/Classen*, Der Vorbehalt des Gesetzes im Recht der Europäischen Union, in: Festschrift für Peter Selmer, 2004, S. 71; zum Rechtsstaat insgesamt: *Lenaerts*, The rule of law and the coherence of the judicial system of the European Union, CMLR 44 (2007), 1625; *Schäffer*, Entwicklungsperspektiven des Rechtsstaates, in: Magiera/Sommermann (Hg.), Freiheit, Rechtsstaat und Sozialstaat in Europa, 2007, S. 17; *Sommermann*, Entwicklungsperspektiven des Rechtsstaates: Europäisierung und Internationalisierung eines staatsrechtlichen Leitbegriffs, ebenda, S. 75; *MacCormick*, Der Rechtsstaat und die rule of law, JZ 1984, 65; in der internationalen Perspektive: *Watts*, The International Rule of Law, GYIL 36 (1993), 15; siehe zu diesen europäischen Verfassungsüberlieferungen: *Schwarze*, Europäisches Verwaltungsrecht, 2. Auflage 2005, S. 198 ff., insbes. 216 f.; siehe zudem bereits *H. W. Kopp*, Inhalt und Form der Gesetze als ein Problem der Rechtstheorie, Band I, 1958, S. 227 ff., 274 m.w.H. für die damalige Zeit; jüngst zusammenfassend *D. Zacharias*, Verfassungsrechtliche Terminologie und Begrifflichkeit im europäischen Rechtsraum, in: IPE II, 2008, § 40 Rdn. 14 ff., 50 ff.; *Cruz Villalón*, Grundlagen und Grundzüge staatlichen Verfassungsrechts: Vergleich, in: IPE I, 2007, § 13 Rdn. 106 ff.; siehe zu den konsistenten Grundzügen mitgliedstaatlicher Verfassungen: *H. Dreier*, Deutschland, ebenda, § 1 Rdn. 116 ff.; *Jouanjan*, Frankreich, ebenda, § 2 Rdn. 104 ff.; *Koutnatzis*, Griechenland, ebenda, § 3 Rdn. 97 ff.; *Loughlin*, Großbritannien, ebenda, § 4 Rdn. 80 ff.; *Dogliani/Pinelli*, Italien, ebenda, § 5 Rdn. 99 ff.; *Besselink*, Niederlande, ebenda, § 6 Rdn. 134 ff.; *Wiederin*, Österreich, ebenda, § 7 Rdn. 90 ff.; *Tuleja*, Polen, ebenda, § 8 Rdn. 68 ff.; *H.-H. Vogel*, Schweden, ebenda, § 9 Rdn. 109 ff.; *Biaggini*, Schweiz, ebenda, § 10 Rdn. 65 ff.; *Medina Guerrero*, Spanien, ebenda, § 11 Rdn. 56 ff.; *Halmai*, Ungarn, ebenda, § 12 Rdn. 42 ff.; siehe insgesamt zudem *F. Reimer*, Das Parlamentsgesetz als Steuerungsmittel und Kontrollmaßstab, in: Hoffmann-Riem/Schmidt-Aßmann/Voßkuhle (Hg.), GVwR I, 2006, § 9 Rdn. 49 f.; zum europäischen Rechtsstaat insbes. mit Blick auf die individuellen Rechte und Pflichten *Zuleeg*, Der rechtliche Zusammenhalt der Europäischen Union, 2004, S. 136 ff.; zum Problem der Verfassungsvergleichung *Wieser*, Vergleichendes Verfassungsrecht, 2005.

[412] Siehe unter C. V. (S. 315 ff.).

Recht sich in den Richtlinien und in manchen Verordnungen[413] nicht unmittelbar an die Bürger, sondern an die Staaten richtet und diese in der Umsetzung in dem von der Richtlinie eröffneten Gestaltungsraum für verständlichere Regelungen Sorge tragen könnten. Doch muss das Europarecht in zahlreichen Sprachen verstanden werden, wodurch die Vorgaben an eine einfache und klare Rechtssprache erhöht werden.[414] Der Europäische Gesetzgeber vernachlässigt diese Vorgaben, wenn etwa die Pauschalreiserichtlinie die „Übertragung von Buchungen"[415] regelt oder die „Verbrauchsgüterkaufrichtlinie" schon in ihrer Bezeichnung verwirrt, weil „sie nicht den Verkauf von Verbrauchsgütern regelt, sondern den Verbraucherkauf". Die temporale Erwartung wird nicht erfüllt, wenn das „Verfallsdatum der Richtlinien [...] oft bei 10 Jahren und weniger" liegt.[416]

Die rechtsstaatliche Demokratie ist mit der Idee des Gesetzes verbunden. Die Allgemeinheit des Gesetzes baut auf eine über zweitausendjährige Rechtstradition, die bereits das Zwölftafelgesetz entwirft,[417] in den Erkenntnissen prägender europäischer Rechtsdenker[418] sowie in der epochalen Wende zum individuellen Menschenrechtsschutz gründet[419] und fester Bestandteil der europäischen Rechtskultur ist.[420] Dieser Befund legt nahe, dass die Idee der Gesetzesallgemeinheit unmittelbar zu den gemeinsamen Verfassungsüberlieferungen der Mitgliedstaaten gehört, dass sie Bestandteil des europäischen Rechts ist, dass sie sich diesen Rechtsordnungen jedenfalls nicht versperrt.

---

413 Siehe unter III. 2. (S. 412 ff.).

414 Siehe hierzu bereits unter II. und III. (S. 398 ff.).

415 Art. 4 Abs. 3 der Richtlinie 90/314/EWG des Rates vom 13. Juni 1990 über Pauschalreisen (ABl. L 158, S. 59).

416 Siehe hierzu insgesamt wie zu weiteren Beispielen *Honsell*, Die Erosion des Privatrechts durch das Europarecht, ZIP 2008, 621 (622 f.).

417 Siehe zu den Zwölf Tafeln *Wieacker*, Römische Rechtsgeschichte, 1988, S. 287 ff.; *Düll*, Das Zwölftafelgesetz, 7. Auflage 1995, S. 1 ff.; *Liebs*, Römisches Recht, 6. Auflage 2004, S. 20 ff.; *D. Flach/A. Flach*, Das Zwölftafelgesetz, 2004, S. 3 ff.; *Meder*, Rechtsgeschichte, 2. Auflage 2005, S. 13 ff.; *Kunkel/Schermaier*, Römische Rechtsgeschichte, 14. Auflage 2005, S. 31 f.; siehe zur Allgemeinheit der Tafeln insbes. auch oben unter B. II. 1. (S. 69 ff.).

418 Verkürzt entfalten die Lehren von *Aristoteles* (Politik [Politica, zw. 329 u. 326 v. Chr.], 1989, 1269a11, 1282b1 ff., 1286a10 ff., 1287a25, 1287b15 ff., 1292a34; siehe auch oben unter B. II. 3., S. 82 ff.), *Thomas von Aquin* (Summa Theologica [1265–1273], I-II, Das Gesetz, Band 13, 1977, Fragen 90 ff.; siehe auch oben unter B. III. 4., S. 105 ff.), *Locke* (Über die Regierung [Two Treatises of Government. The Second Treatise, 1690], 2003, siehe auch oben unter B. IV. 2., S. 116 ff.), *Montesquieu* (Vom Geist der Gesetze [De l'esprit des lois, 1748], 2003, insbes. Vorwort, 1. und 29. Buch; siehe auch oben unter B. IV. 3., S. 119 ff.) sowie auch die Analysen von *Rousseau* (*ders.*, Vom Gesellschaftsvertrag oder Grundsätze des Staatsrechts [Du contrat social ou principes du droit politique, 1762], 2004, insbes. Buch II Kapitel 4, 6 und 7 sowie Buch III Kapitel 14; siehe auch oben unter B. IV. 4., (S. 121 ff.) die Kernelemente der Allgemeinheit des Gesetzes; siehe hierzu insgesamt oben unter B (S. 67 ff.).

419 *Fenske*, Der moderne Verfassungsstaat, 2001, S. 185; siehe auch oben unter B. IV. 5. a) m. w. H. (S. 125 ff.).

420 Siehe insgesamt oben unter B. (S. 67 ff.).

VIII. Europäischer Grundrechtsschutz

1. *Gemeinsamer Schutz der Freiheit und Gleichheit*

Der Schutz der grundrechtlichen Freiheit und Gleichheit ist fester und zentraler Bestandteil des europäischen Rechts. Der Mensch steht im Mittelpunkt der Rechtsordnung, auf den Schutz seiner Rechte kommt es an. Die öffentliche Gewalt der Europäischen Union gewinnt in der Gewährleistung der Menschenrechte Legitimität. Demokratie und Rechtsstaatlichkeit bauen auf den Schutz der Grundrechte – dies stellt das Primärrecht klar[421] und hierüber besteht auf europäischer Ebene Einigkeit.[422] Auch das deutsche Verfassungsrecht fordert ausdrücklich in Art. 23 Abs. 1 Satz 1 GG, dass der Grundrechtsschutz – in den Worten des Bundesverfassungsgerichts – ein „unaufgebbares, zur Verfassungsstruktur des Grundgesetzes gehörendes Essentiale" ist.[423]

Die europäische Integration ist entstanden, um den Frieden, um die Menschenrechte in Europa zu sichern. Hierfür soll ein Binnenmarkt zwischen den Mitgliedstaaten geschaffen, also die Hindernisse für Waren-, Personen-, Dienstleistungs-, und Kapitalverkehr beseitigt werden.[424] Die europäische Integration wurde insoweit mit dem Auftrag gegründet, rechtliche Hemmnisse abzubauen. Diese Deregulierung verlangt durchsetzbares Recht.[425] Je mehr aber die Europäische Union selbst reguliert, die Freiheit aus eigener Hand beeinträchtigt, umso stärker werden die Grundrechte durch das Europarecht gefährdet. Mit dem Zuwachs an Kompetenzen der Union, mit dem wachsenden Umfang an

---

421 Art. 6 Abs. 1 und Abs. 2 EUV; Art. 6 EU, der auf die Grundrechtecharta und den Beitritt der Union zur Europäischen Konvention zum Schutz der Menschenrechte und Grundfreiheiten verweist.

422 Gemeinsame Erklärung des Europäischen Parlaments, des Rates und der Kommission betreffend der Achtung der Grundrechte sowei der Europäischen Konvention zum Schutz der Menschenrechte und Grundfreiheiten vom 5. April 1977 (ABl. C 103, S. 1); EuGH, Rs. 29/69, Stauder, Slg. 1969, 419 Rdn. 7; Rs. 11/70, Internationale Handelsgesellschaft, Slg. 1970, 1125 Rdn. 3f.; Rs. 4/73, Nold/Kommission, Slg. 1974, 491 Rdn. 13; *Rengeling/Szczekalla*, Grundrechte in der Europäischen Union, 2004, S. 55ff.; *Kühling*, Grundrechte, in: von Bogdandy (Hg.), Europäisches Verfassungsrecht, 2003, S. 583; *Bieber/Epiney/Haag*, Die Europäische Union, 6. Auflage 2005, § 2 Rdn. 9ff.; *Ehlers*, in: ders. (Hg.), Europäische Grundrechte und Grundfreiheiten, 2. Auflage 2005, § 14 Rdn. 1ff.; *Schwarze*, Der Schutz der Grundrechte durch den EuGH, NJW 2005, 3459; siehe zum Grundrechtsschutz als notwendiger Bestandteil der rechtsstaatlichen Demokratie unter B. IV. 5. (S. 125ff.), unter C. III. (S. 258ff.) und VI. (S. 343ff.) sowie in diesem Teil (D) unter IV. 1. (S. 421ff.) und VII. 3. (S. 470ff.).

423 BVerfGE 37, 271 (280) – Solange I; 73, 339 – Solange II; 89, 155 – Maastricht.

424 Siehe zu den Grundfreiheiten oben unter VI. 1. (S. 453ff.).

425 Siehe hierzu *Everling*, Die Mitgliedstaaten der Europäischen Union unter der Aufsicht von Kommission und Gerichtshof, in: Festschrift für Josef Isensee, 2007, S. 773; *F. C. Mayer*, Europa als Rechtsgemeinschaft, in: Schuppert/Pernice/Haltern (Hg.), Europawissenschaft, 2005, § 14, S. 429 (454ff.).

„effektiver Hoheitsgewalt“[426] ist der europäische Grundrechtsschutz stärker gefordert.[427] Die Sicherung der grundrechtlichen Gleichheit und Freiheit bleibt das rechtliche Maß der europäischen Integration.

Die grundrechtlichen Gewährleistungen sind in der Union auf die Standards zurückgenommen, die in der Verfassungstradition der Mitgliedstaaten angelegt und den Verfassungsordnungen vermittelbar sind. So war der europäische Grundrechtsschutz gegenüber der Rechtsordnung in Großbritannien zunächst ein fremdes Instrument, das aber insbesondere im Human Rights Act nun ein Äquivalent gefunden hat,[428] das jedoch hinter dem deutschen Schutzniveau deutlich zurückbleibt.[429] Aber dies ist nur ein Beispiel – es entstehen Friktionen in „nahezu allen Mitgliedstaaten“.[430] Der Grundrechtsschutz darf aber weder mit dem Verweis auf diese Schwierigkeiten oder auf andere Schutzniveaus aufgegeben werden, noch seine europäische Allgemeinheit in zu dichten Gewährleistungen verlieren. Es geht um eine Essentiale des geltenden Rechts.[431]

Die europäische Integration erwartet die Rücknahme des Grundrechtsschutzes im Vergleich zu Besonderheiten des nationalen Rechts. Eine europäische Verordnung könnte am Maßstab etwa der deutschen Grundrechte scheitern, würde in anderen Mitgliedstaaten – etwa in Frankreich – aber auf keine entsprechend starken Rechte treffen. Den Mitgliedstaaten der Europäischen Union kann und soll nicht das Niveau des deutsche Grundrechtsschutzes über das europäische Recht aufgezwungen werden – und dies nicht nur, weil neben die klassische abwehrrechtliche Funktion der Grundrechte des Grundgesetzes

---

[426] *Streinz*, Europarecht, 7. Auflage 2005, Rdn. 753; BVerfG, 2 BvE 2/08 vom 30. Juni 2009, Absatz-Nr. 1 ff. und 207 ff. – Lissabon.

[427] *Schwarze*, Der Schutz der Grundrechte durch den EuGH, NJW 2005, 3459 (3460); siehe zu dieser Entwicklung bereits unter I. (S. 386 ff.) und IV. 1. (S. 421 ff.).

[428] Siehe hierzu *Hoffmann-Riem*, Kohärenzvorsorge hinsichtlich verfassungsrechtlicher Maßstäbe für die Verwaltung in Europa, in: Trute/Groß/Röhl, H.C./Möllers, Chr. (Hg.), Allgemeines Verwaltungsrecht – zur Tragfähigkeit eines Konzepts, 2008, S. 749 (766 m. w. H.).

[429] BVerfGE 37, 271 – Solange I; siehe auch 73, 339 – Solange II; 89, 155 – Maastricht.

[430] *P. M. Huber*, Offene Staatlichkeit: Vergleich, in: IPE II, 2008, § 26 Rdn. 65, 76 ff., der auf das niedrige Schutzniveau hinsichtlich der Freiheitsrechte verweist, den Gleichheitsgedanken hingegen auf europäischer Ebene entfaltet sieht; siehe zum grundrechtlichen Auftrag des Europäischen Gerichtshofs *Skouris*, Höchste Gerichte an ihren Grenzen – Bemerkungen aus der Perspektive des Gerichtshofes der Europäischen Gemeinschaften, in: Festschrift für Christian Starck, 2007, S. 991; siehe zum Grundrechtsschutz insgesamt *Arndt*, Europarecht, 8. Auflage 2006, S. 141 ff.; *Haltern*, Europarecht, 2. Auflage 2007, S. 497 ff.; *Szczekalla*, Verhältnis zwischen dem Grundrechtsschutz in der EU und in den Mitgliedstaaten, in: Heselhaus/Nowak (Hg.), Handbuch der Europäischen Grundrechte, 2006, S. 36; *H.-J. Cremer*, Europäische Hoheitsgewalt und deutsche Grundrechte, Der Staat 34 (1995), 268.

[431] Siehe hierzu Art. 6 Abs. 1 und Abs. 2 EUV, Art. 6 EU; *Schwarze*, Der Schutz der Grundrechte durch den EuGH, NJW 2005, 3459; *Hesse*, Grundzüge des Verfassungsrechts der Bundesrepublik Deutschland, 20. Auflage 1995, Rdn. 114 ff., *Stern*, Das Staatsrecht der Bundesrepublik Deutschland, Band I, 2. Auflage 1984, S. 94; *Wahl*, Die Entwicklung des deutschen Verfassungsstaates bis 1866, in: HStR I, 3. Auflage 2003, § 2 Rdn. 1.

Schutz- und Teilhaberechte, Einrichtungsgarantien und die Drittwirkung getreten sind[432] und diese Funktionenvielfalt auch kritisiert wird.[433] Viele europäische Staaten haben sich für kraftvolle grundrechtliche Gewährleistungen entschieden, haben eigene Mechanismen für einen vergleichbaren Schutz entwickelt und entfalten diese in ihrer eigenen rechtlichen Tradition.[434] Nicht in jede Rechtsordnung mit ihrer eigenen Kultur und Rationalität wird sich ein europäischer Schutzstandard gut einfügen. Auf den Grundrechtsschutz als Kernidee des modernen Rechts, als seine Legitimationsquelle kann und darf die Europäische Union aber nicht verzichten. Doch geht es um einen gemeinsamen Schutz mit einem hinreichenden Niveau, nicht um dessen Aufgabe oder die Einführung des höchsten Standards.

Das Europarecht nimmt die Dichte der grundrechtlichen Gewährleistungen im Vergleich zum Grundgesetz im Bereich der Freiheitsrechte zurück, damit die europäische Integration aus einer einheitlichen Rechtsgeltung schöpfen kann und das europäische Recht einen gemeinsamen Schutzstandard entwickelt. Art. 23 Abs. 1 Satz 1 GG trägt dem Rechnung und nimmt die gefestigte Rechtsprechung des Bundesverfassungsgerichts auf, wenn er einen im Wesentlichen mit dem Grundrechtsschutz des Grundgesetzes vergleichbaren Standard fordert.[435] Dieser Gedanke eines unabdingbaren grundrechtlichen Mindeststandards hat Nachahmer unter den Mitgliedstaaten gefunden.[436] Diese – mit Blick auf den deutschen Maßstab – Rücknahme des Grundrechtsschutzes sichert Freiheit, weil so allgemeine europäische Rechtsstandards möglich werden, die einen europäischen Raum der Freiheit, insbesondere der Grundfreiheiten,

---

[432] Siehe für den feinen deutschen Grundrechtsschutz insbes. auch im internationalen Vergleich *Jarass*, Funktionen und Dimensionen der Grundrechte, in: HGR II, 2006, § 38 Rdn. 5 ff.; *Nettesheim*, Demokratisierung der Europäischen Union und Europäisierung der Demokratietheorie, in: Bauer/Huber, P.M./Sommermann (Hg.), Demokratie in Europa, 2005, S. 143 (168); *H.H. Klein*, Grundrechte am Beginn des 21. Jahrhunderts, in: HGR I, 2004, § 6 Rdn. 7 ff.; *Bryde*, Programmatik und Normativität der Grundrechte, ebenda, § 17 Rdn. 35 ff.; *Wahl*, Die objektiv-rechtliche Dimension der Grundrechte im internationalen Vergleich, ebenda, § 19; *Rupp*, Vom Wandel der Grundrechte, AöR 101 (1976), 161.

[433] Vgl. hierzu sogleich unter 2. (S. 476 ff.).

[434] Siehe zu den Unterschieden im Grundrechtsschutz *H. W. Kopp*, Inhalt und Form der Gesetze als ein Problem der Rechtstheorie, Band I, 1958, S. 227 ff.; *Schwarze*, Europäisches Verwaltungsrecht, 2. Auflage 2005, S. 198 ff., insbes. 216 f.; *D. Zacharias*, Verfassungsrechtliche Terminologie und Begrifflichkeit im europäischen Rechtsraum, in: IPE II, 2008, § 40 Rdn. 14 ff., 50 ff.; *Cruz Villalón*, Grundlagen und Grundzüge staatlichen Verfassungsrechts: Vergleich, in: IPE I, 2007, § 13 Rdn. 73 ff., 106 ff.; *H. Dreier*, Deutschland, ebenda, § 1 Rdn. 104 ff.; *Jouanjan*, Frankreich, ebenda, § 2 Rdn. 100 ff.; *Koutnatzis*, Griechenland, ebenda, § 3 Rdn. 83 ff.; *Loughlin*, Großbritannien, ebenda, § 4 Rdn. 79 ff.; *Dogliani/Pinelli*, Italien, ebenda, § 5 Rdn. 91 ff.; *Besselink*, Niederlande, ebenda, § 6 Rdn. 120 ff., 134 ff.; *Wiederin*, Österreich, ebenda, § 7 Rdn. 68 ff., 90 ff.; *Tuleja*, Polen, ebenda, § 8 Rdn. 62 ff.; *H.-H. Vogel*, Schweden, ebenda, § 9 Rdn. 104, 109 ff.; *Biaggini*, Schweiz, ebenda, § 10 Rdn. 58 ff.; *Medina Guerrero*, Spanien, ebenda, § 11 Rdn. 50 ff.; *Halmai*, Ungarn, ebenda, § 12 Rdn. 39 ff.

[435] Siehe hierzu BVerfGE 37, 271 – Solange I; 73, 339 – Solange II; 89, 155 – Maastricht.

[436] *P. M. Huber*, Offene Staatlichkeit: Vergleich, in: IPE II, 2008, § 26 Rdn. 91 ff. m. w. H.

verwirklichen.[437] Die Europäische Union garantiert ihren Bürgern insbesondere in den Grundfreiheiten eine Freiraum, welche Mitgliedstaaten schlechterdings nicht schaffen können. Zum Schutze dieser Freiheit, zum Schutz der Errungenschaften der Europäischen Integration – hier ist insbesondere die Sicherung des Friedens zu nennen[438] – ist ein europäisches Maß des Grundrechtsschutzes zu finden. Das abgesenkte Schutzniveau wirkt aber auch zu Lasten der Menschenrechte, weswegen ein europäischer Mindeststandard gefordert wird und die Rücknahme immer wieder zu legitimieren ist.[439] Wenn ein Integrationsvorhaben in Teilen nicht so durchgesetzt werden kann, wie es Kommission und Rat vorzeichnen, weil Grundrechte dem entgegenstehen und der Europäische Gerichtshof diese durchsetzt, ist die rechtsstaatliche Demokratie in Europa, ist die europäische Integration auf einem guten Weg.

Der gängige Befund eines hohen mitgliedstaatlichen, insbesondere deutschen Schutzniveaus und eines abgesenkten europäischen Standards könnte sich allerdings gegenwärtig verschieben. Die Gleichheitsrechte scheinen auf europäischer Ebene stärkere Kraft zu entfalten als nach dem Grundgesetz.[440] Die Grundrechtecharta garantiert zudem z.B. im „Recht auf Bildung", dem „Recht, zu arbeiten", auf „Zugang zu Dienstleistungen von allgemeinem wirtschaftlichen Interesse" und dem „Recht auf eine gute Verwaltung"[441] einen auch im Vergleich zum grundgesetzlichen Niveau deutlich erweiterten Schutz.[442] Inwieweit diese Garantien sowie die klassischen Gewährleistungen der Grundrechtecharta entfaltet werden, hängt insbesondere von der Konkretisierung durch den Europäischen Gerichtshof ab. Die Frage nach dem Maß des europäischen Freiheitschutzes ist noch nicht gänzlich geklärt.

2. *Freiheitsgefährdender Freiheitschutz*

Ein höherer Standard des Schutzes der Grundfreiheiten und Grundrechte führt nicht wie von selbst zu einem stärkeren Schutz der Freiheit. Die Rücknahme dieser Gewährleistungen kann vielmehr auch Freiheit sichern. So erwarten – wie beschrieben – die europäischen Grundfreiheiten und der durch sie errichtete Raum der Freiheit in Europa, dass der Grundrechtsschutz gegenüber Maßnahmen der Europäischen Union im Vergleich zum deutschen Schutzniveau

---

[437] Siehe hierzu sogleich unter 2. (S. 476 ff.).

[438] Siehe oben unter I. 1. (S. 386 ff.).

[439] Siehe hierzu jüngst *G. Kirchhof*, Grundrechte und Wirklichkeit, 2007, S. 53 ff., mit der Forderung an das Bundesverfassungsgericht, in bestimmten Fällen der zurückgenommenen Grundrechtsprüfung – auch im Sinn des Rechtsfriedens – feststellende Entscheidungen zu treffen.

[440] Siehe hierzu bereits unter VI. 2. und 3. (S. 458 ff.) sowie sogleich unter 2. (S. 476 ff.).

[441] Art. 14 f., Art. 24, Art. 36 und Art. 41 Grundrechtecharta.

[442] Siehe hierzu auch sogleich unter 2. (S. 476 ff.).

zurückgenommen wird.[443] Freiheit entfaltet sich in der Regel in einer Distanz zur öffentlichen Hand, durch eine zurückgenommene Rechtsetzung, baut auf die Forderung der finalen Allgemeinheit.[444] Dieser Gedanke gibt auch dem Grundrechtsschutz und den Grundfreiheiten ein Maß. Die Weitung dieser Gewährleistungen auf Schutz- und Teilhaberechte, die Ausdehnung des Anwendungsbereichs auf Private im Rahmen der Drittwirkung,[445] die auch auf der europäischen Ebene an Kraft gewinnt,[446] erhöhen den Schutzstandard, verdichten aber auch die Kompetenz zu freiheitskoordinierender und ausgleichender Abwägung, übertragen der öffentlichen Hand Einfluss, Kompetenzen und Rechtsetzungsmacht, entfalten eine unitarisierende Wirkung – die Intensivierung des Freiheitschutzes kann auch auf europäischer Ebene zu einer Gefahr für die Freiheit werden.

a) Der Einfluss der Grundfreiheiten

Der Europäische Gerichtshof hat in den letzten Jahren in verschiedenen Entscheidungen die unmittelbare Drittwirkung der Grundfreiheiten betont und damit einen Rechtsprechungswechsel eingeläutet. In den 80er Jahren hob er mit Blick auf die Warenverkehrsfreiheit noch hervor, dass die Grundfreiheiten nur die öffentliche Hand binden würden, zwischen Privaten hingegen das Wettbewerbsrecht greife.[447] Nachdem französische Landwirte die Einfuhr von landwirtschaftlichen Produkten aus anderen Mitgliedstaaten aber nachhaltig beeinträchtigten, änderte der Gerichtshof diese Rechtsprechung. Zwar verpflichte die Warenverkehrsfreiheit weiterhin nur die öffentliche Hand, jedoch ging das Gericht von einer Schutzpflicht für den freien Warenverkehr aus, die der französische Staat verletzt habe, weil er den Blockaden nicht entgegenwirkte. Welche Maßnahmen zu ergreifen seien, stehe allerdings im Ermessen der Mitgliedstaaten.[448] Die Grundfreiheiten wurden so zum mittelbaren Maßstab für privates

---

[443] Siehe Art. 23 Abs. 1 GG sowie unter 1. (S. 473 ff.).

[444] *Di Fabio*, Das Recht offener Staaten, 1998, S. 61 ff.; siehe oben unter B. insbes. unter IV. 3. (S. 119 ff.), 6. und 7. (S. 136 ff.) sowie unter C., hier insbes. unter VI. (S. 343 ff.).

[445] Siehe zu dieser Entwicklung in Deutschland *H. H. Klein*, Grundrechte am Beginn des 21. Jahrhunderts, in: HGR I, 2004, § 6 insbes. Rdn. 70 ff.; *Jarass*, Funktionen und Dimensionen der Grundrechte, in: HGR II, 2006, § 38 Rdn. 5 ff. (siehe insgesamt bereits im Ersten Kapitel unter A. I., S. 3 ff.).

[446] Siehe hierzu *Rengeling/Szczekalla*, Grundrechte in der Europäischen Union, 2004, S. 219 ff.

[447] EuGH, Rs. 177 und 178/82, van de Haar, Slg. 1984, 1797 Rdn. 11 und 12; Rs. 311/85, Vlaamse Reisebureaus, Slg. 1987, 3801 Rdn. 30; Rs. 65/86, Bayer/Süllhofer, Slg. 1988, 5249 Rdn. 11.

[448] EuGH, Rs. C-265/95, Kommission/Französische Republik, Slg. 1997, I-6959 Rdn. 32 ff.: Es ist nicht die Sache der Unionsorgane, „sich an die Stelle der Mitgliedstaaten zu setzen und ihnen vorzuschreiben, welche Maßnahmen sie erlassen und tatsächlich anwenden müssen, um den freien Warenverkehr in ihrem Gebiet zu gewährleisten. Es ist jedoch Sache des Gerichtshofes, unter Berücksichtigung des genannten Ermessens, in den ihm unterbreiteten Fällen zu

Verhalten. Für die Arbeitnehmer-, Dienstleistungs- und Niederlassungsfreiheit hatte der Europäische Gerichtshof schon zuvor betont, dass hier auch private Maßnahmen direkt am Maßstab der Grundfreiheiten zu messen seien.[449] Diese Rechtsprechung wird teilweise grundsätzlich kritisiert.[450] Alle Grundfreiheiten seien nur im Sinn von Schutzpflichten der öffentlichen Hand und einer mittelbaren Drittwirkung zu deuten.[451] Andere begrüßen die unmittelbare Drittwirkung[452] oder heben ihre Überzeugungskraft partiell hervor, etwa wenn „private Institutionen mit typisch staatlichen Machtbefugnissen" ausgestattet sind oder – losgelöst hiervon – eine private „kollektive Rechtsetzung stattfindet".[453] Jedenfalls führt diese Deutung der Grundfreiheiten dazu, dass das an die Mitgliedstaaten und die Union gerichtete Recht[454] privater Freiheitsentfaltung unmittelbare Grenzen setzt.

b) Weite Deutung der Diskriminierungsverbote

Nach dem Primärrecht könnten die europäischen Organe geeignete Maßnahmen ergreifen, um Diskriminierungen aus verschiedenen Gründen – etwa des Geschlechts, der Rasse, der ethnischen Herkunft – zu bekämpfen. Auch hier greift das Europarecht zwischen Privaten, was durch den Kampf gegen Diskri-

---

prüfen, ob der betreffende Mitgliedstaat zur Sicherstellung des freien Warenverkehrs geeignete Maßnahmen ergriffen hat."

[449] Die Rechtsprechung bezog sich zunächst auf „kollektive Regelungen" (EuGH, Rs. 36/74, Walrave, Slg. 1974, 1405 Rdn. 16/19; Rs. C-415/93, Bosmann, Slg. 1995, I-4921 Rdn. 82), wurde aber später auch auf andere private Maßnahmen bezogen (EuGH, Rs. C-281/98, Angonese, Slg. 2000, I-4139 Rdn. 32 ff.; siehe insgesamt *Preedy*, Die Bindung Privater an die europäischen Grundfreiheiten, 2005, S. 25 ff.; *Rengeling/Szczekalla*, Grundrechte in der Europäischen Union, 2004, S. 219 ff.).

[450] *Ehlers*, in: ders. (Hg.), Europäische Grundrechte und Grundfreiheiten, 2. Auflage 2005, § 7 Rdn. 75 ff.; siehe hierzu auch *Kahl*, Freiheitsprinzip und Sozialprinzip in der Europäischen Union, in: Festschrift für Reiner Schmidt, 2006, S. 75 (insbes. 109); mit Blick auf die „Elfes"-Entscheidung und das internationale Recht *Bethge*, Die Grenzen grundrechtlicher Subjektivierung objektiven Verfassungsrechts, in: Festschrift für Josef Isensee, 2007, S. 613.

[451] *Burgi*, Mitgliedstaatliche Garantenpflicht statt unmittelbare Drittwirkung der Grundfreiheiten, EWS 1999, 327; *Ehlers*, in: ders. (Hg.), Europäische Grundrechte und Grundfreiheiten, 2. Auflage 2005, § 7 Rdn. 75 ff.; *Rengeling/Szczekalla*, Grundrechte in der Europäischen Union, 2004, S. 219 ff. m. w. H.

[452] Siehe für die Stimmen, die nicht nur eine Grundfreiheit herausgreifen, *Ganten*, Die Drittwirkung der Grundfreiheiten, 2000, S. 199 ff.; *Förster*, Die unmittelbare Drittwirkung der Grundfreiheiten, 2007, insbes. S. 149 ff., 197 ff.; siehe hierzu zuvor bereits *Pernice*, Grundrechtsgehalte im europäischen Gemeinschaftsrecht, 1979.

[453] *Roth*, Drittwirkung der Grundfreiheiten?, in: Festschrift für Ulrich Everling, Band 2, 1995„ S. 1231 (1246 f.); in diese Richtung weist auch *Jarass*, Die Grundfreiheiten als Grundgleichheiten, in: Festschrift für Ulrich Everling, Band 1, 1995, S. 593 (594 f.); *Preedy*, Die Bindung Privater an die europäischen Grundfreiheiten, 2005, insbes. S. 191 ff. und 220 ff., betont die Abwägung, die zwischen den privaten Interessen vorgenommen werden muss; *Jaensch*, Die unmittelbare Drittwirkung der Grundfreiheiten, 1997, S. 266.

[454] Siehe hierzu unter VI. (S. 453 ff.).

minierung gerechtfertigt wird.[455] Diese Kompetenz ist auf die durch das Primärrecht übertragenen Zuständigkeiten begrenzt,[456] soll daher die Kompetenzen der Union nicht mehren, den Einfluss des Europarechts nicht erhöhen.

Doch hat der Europäische Gerichtshof den Anwendungsbereich einer einschlägigen Richtlinie z.B. in einer aktuellen Entscheidung geweitet. Das belgische Zentrum für Chancengleichheit und Rassismusbekämpfung ging gegen einen Arbeitgeber vor, der ankündigte, Arbeitnehmer aus bestimmten Ländern nicht einstellen zu wollen, weil diese von seinen Kunden nicht akzeptiert würden. Der Europäische Gerichtshof hatte die Vorlagefrage zu entscheiden, ob bereits diese Ankündigung eine Diskriminierung im Sinn der Richtlinie sei, ob dadurch „eine Person auf Grund ihrer Rasse oder ethnischen Herkunft in einer vergleichbaren Situation eine weniger günstige Behandlung als eine andere Person erfährt, erfahren hat oder erfahren würde."[457] Nach der Auffassung des Gerichts liegt eine Diskriminierung vor, obwohl „eine beschwerte Person" nicht „identifizierbar sei", weil die Äußerungen des Arbeitgebers „bestimmte Bewerber ernsthaft davon abhalten könnten, ihre Bewerbungen einzureichen, und damit ihren Zugang zum Arbeitsmarkt behindern."[458] Die Richtlinie geht aber auch in dem Verbot von Handlungen, durch welche eine Person eine „weniger günstige Behandlung" lediglich „erfahren würde", von einem konkreten Fall, d.h. von einer „aktuellen Handlung" aus, „die nur mit einer vergangenen oder hypothetischen Handlung verglichen werden kann." Diese Deutung folge auch aus dem Blick auf die anderen maßgeblichen Richtlinien. Ansonsten würde es zu einer „deutlichen Überdehnung des Diskriminierungsschutzes" kommen, „die zu uferlosen Ausweitungen führen würde."[459] Das Gericht erweitert den Anwendungsbereich der Richtlinie auf Ankündigungen, die zu Diskriminierungen führen können. Man wird die Äußerung des Arbeitgebers mit guten Gründen kritisieren, doch überzeugt die Entscheidung des Europäischen Gerichtshofs nicht, nach welcher der Arbeitgeber wegen einer Diskriminierung zu verurteilen ist.

Der Europäische Gerichtshof nutzte auch das Verbot, nach dem Geschlecht zu diskriminieren, um den Einfluss des Europarechts zu weiten. Ungeachtet dessen, dass die Union in wehrpolitischen Fragen keine Rechtsetzungskompetenz hat, entschied das Gericht, dass der generelle Ausschluss von Frauen aus bewaffneten Verbänden wie der Bundeswehr europarechtswidrig sei.[460] So be-

---

[455] Siehe hierzu bereits unter VI. (S. 453 ff.).

[456] Art. 13 Abs. 1 EGV; Art. 19 Abs. 1 AEU.

[457] Art. 2 Abs. 2 a) der Richtlinie 2000/43/EG des Rates vom 29. Juni 2000 zur Anwendung des Gleichbehandlungsgrundsatzes ohne Unterschied der Rasse oder der ethnischen Herkunft (ABl. L 180, S. 22).

[458] EuGH, Rs. C-54/07, Centrum voor gelijkheid van kansen en voor racismebestrijding/ Feryn, Urteil vom 10. Juli 2008, Rdn. 21 ff.

[459] *Thüsing*, Arbeitsrechtlicher Diskriminierungsschutz, 2007, Rdn. 237 f.

[460] EuGH, Rs. C-285/98, Tanja Kreil, Slg. 2000, I-69; kritisch *Schwarze*, Der Schutz der

grüßenswert diese Entscheidung im Ergebnis auch sein mag, so sollte doch das Anliegen der Gleichberechtigung von Männern und Frauen nicht zur vertragswidrigen Weitung des europarechtlichen Einflusses genutzt werden. Dies ist nicht nur ein formaler Einwand über Kompetenzen, sondern angesichts des Subsidiaritätsprinzips, des Prinzips der begrenzten Einzelermächtigung und der nachdrücklichen Frage nach der europäischen Demokratie eine Mahnung, welche die demokratische Freiheit der Selbstbestimmung, welche die freiheitliche Konstruktion der Europäischen Union betrifft.

Die gegenüber den Staaten und der Union greifenden Diskriminierungsverbote weiten nach den primärrechtlichen Vorgaben die Kompetenzen der Union und den Einfluss des Europarechts nicht.[461] Doch scheint sich der Europäische Gerichtshof auch von dieser Vorgabe zu entfernen. Das Gericht folgerte aus der Unionsbürgerschaft und dem Verbot der Diskriminierung nach der Staatsangehörigkeit eine sozialrechtliche Gleichbehandlung von den Angehörigen eines Mitgliedstaats und Unionsbürgern anderer Nationalität. Zahlungen, welche die Mitgliedstaaten Studenten ihrer Nationalität gewähren, müssen hiernach auch Studenten anderer Nationalitäten zu Gute kommen, wenn sich diese rechtmäßig in dem Staat aufhalten. Der Anwendungsbereich des Vertrags und damit des Diskriminierungsverbots sei eröffnet, weil sich die Personen in „Ausübung der durch den Vertrag garantierten Grundfreiheiten" im anderen Mitgliedstaat aufhalten.[462] Aber auch wenn ein „nicht wirtschaftlich aktiver Unionsbürger" nur „für eine bestimmte Dauer" rechtmäßig in einem anderen Mitgliedstaat agiere, folge aus dem Diskriminierungsverbot ein Anspruch auf Sozialleistungen.[463]

Diese Rechtsprechung blieb nicht ohne Kritik. Die Kompetenzen der Union könnten so über das Diskriminierungsverbot in den Bereich des Sozialrechts, in dieser Deutung letztlich in den Bereich nahezu jeder staatlichen Leistung erstreckt werden. Das „europarechtliche Diskriminierungsverbot [wird] zum Gleichbehandlungsgebot aus Gründen der Nationalität, das den diskriminierten Personen die Teilhabe an bestehenden Sozialleistungen unter den gleichen Bedingungen wie den eigentlichen Gesetzesadressaten zugesteht." Es wird bemerkt, dass in diese Richtung nicht nur die zitierten Entscheidungen weisen, sondern auch „eine allgemeine Linie der jüngeren Rechtsprechung" des Gerichts.[464] Diese Deutung widerspreche aber nicht nur dem Primärrecht, weil die Union in diesen Bereichen gerade keine Rechtsetzungskompetenz habe, son-

---

Grundrechte durch den EuGH, NJW 2005, 3459 (3462 m.w.H.); *Streinz*, Europarecht, 7. Auflage 2005, Rdn. 1102 m.w.H.

[461] So spricht das Primärrecht davon, dass das Verbot der Diskriminierung nach der Staatsangehörigkeit „unbeschadet besonderer Bestimmungen dieses Vertrages" greift (Art. 12 EGV, Art. 18 AEU); siehe hierzu bereits oben unter VI. (S. 453 ff.).

[462] EuGH, Rs. C-184/99, Grzelzyk, Slg. 2001, I-6193 Rdn. 30; Rs. C-209/03, Bidar, Urteil vom 15. März 2005, Rdn. 30 ff.

[463] EuGH, Rs. C-456/02, Trojani, Urteil vom 7. September 2004, Rdn. 43 ff.

[464] *Schwarze*, Der Schutz der Grundrechte durch den EuGH, NJW 2005, 3459 (3463).

dern auch dem einschlägigen Sekundärrecht, das die entsprechenden Ansprüche ausdrücklich nicht vorsehe.[465] Hierauf deutet der Gerichtshof selbst hin.[466] Es komme – so die deutlichen Worte des Generalanwalts *Colomer* – zu „Rechtsunsicherheiten" und einer „Entwertung des Systems der Rechtsquellen, durch die die typischen Gemeinschaftsrechtsakte in ein normatives Zierwerk verwandelt würden, das mühelos durch die allgemeinen Rechtsgrundsätze ersetzt werden kann. [...] Es erscheint angemessener, dass die allgemeinen Rechtsgrundsätze in einer Rechtssache, in der Richtlinien geltend gemacht werden, als Auslegungsmaßstäbe herangezogen werden. Auf diese Weise böte das Verhältnis zwischen den Rechtsgrundsätzen und den Richtlinien eine Dimension, die die Rechtssicherheit stärker gewährleistet und das institutionelle Gleichgewicht, das einem Rechtsquellensystem wie der Gemeinschaft zugrunde liegt, besser wahrt."[467] Auch werden die finanziellen Folgen kritisiert, die in dieser Weitung sozialer Tatbestände angelegt sind und über die – wenn der Tatbestand erhalten bleibt – vorbei an der zunächst getroffenen Entscheidung des mitgliedstaatlichen Parlaments, vorbei an seinem Budgetrecht entschieden wird.[468]

In einer weiteren aktuellen Entscheidung hat der Europäische Gerichtshof einen allgemeinen Rechtsgrundsatz der Gleichbehandlung, jedenfalls des Verbots der Unterscheidung nach dem Alter entwickelt, obgleich das Sekundärrecht – dies betont auch hier das Gericht – in diesem Sinn gerade nicht auf den Fall anwendbar ist.[469] Hierdurch wird der Entscheidungsraum der Mitgliedstaaten verengt. Verschiedene Generalanwälte kritisieren auch diese Entscheidung sowie – aus diesem Anlass – erneut die gezeichnete Rechtsprechungslinie. Die europäischen Diskriminierungsverbote seien insgesamt nur schrittweise umzusetzen, dabei die Mitgliedstaaten in besonderer Weise gefordert – insgesamt sei

---

[465] Art. 3 Richtlnie 93/96/EWG des Rates vom 29. Oktober 1993 über den Aufenthalt der Studenten (ABl. L 317, S. 59), sowie Art. 24 Abs. 2 der Richtlinie 2004/38/EG des Europäischen Parlaments und des Rates vom 29. April 2004 über das Recht der Unionsbürger und ihrer Familienangehörigen, sich im Hoheitsgebiet der Mitgliedstaaten frei zu bewegen und aufzuhalten (ABl. L 158, S. 77), welche die zuvor erlassenen einschlägigen Richtlinien aufhebt; siehe hierzu *Schwarze*, Der Schutz der Grundrechte durch den EuGH, NJW 2005, 3459 (3463 f.).

[466] EuGH, Rs. C-209/03, Bidar, Urteil vom 15. März 2005, Rdn. 29.

[467] Schlussanträge des Generalanwalts *Colomer*, Verb. Rs. C-55 und 56/07, Michaeler Subito GmbH, Anträge vom 24. Januar 2008, Rdn. 20 ff.; in die gleiche Richtung weisen die Schlussanträge des Generalanwalts *Mazák*, Rs. C-411/05, Palaciaos de la Villa, Anträge vom 15. Februar 2007, Rdn. 79 ff., Rdn. 136 ff.

[468] *Schwarze*, Der Schutz der Grundrechte durch den EuGH, NJW 2005, 3459 (3464 f.), der daher die „Methode des ‚prospective overruling'", eine Begrenzung der Rückwirkung von Gerichtsentscheidungen und Fristen, zu erwägen gibt, welche der Europäische Gerichtshof den Mitgliedstaaten einräumen sollte, um eine gemeinschaftrechtskonforme Rechtslage zu schaffen (siehe zu letzeren *Koenig/Schreiber*, Gewährung von Übergangsfristen à la Bundesverfassungsgericht durch den Europäischen Gerichtshof, DÖV 2008, 450).

[469] EuGH, Rs. C-144/04, Mangold, Slg. 2005, I-9981 insbes. Rdn. 74 ff.

die Kompetenzordnung zu wahren.[470] Es entspreche nicht dem Demokratieprinzip, dass der Gerichtshof das, „was der Gemeinschaftsgesetzgeber nicht mittels einer Richtlinie geschützt" habe, „über einen allgemeinen Rechtsgrundsatz" gewährleiste.[471] Auch hier geht es nicht nur um die Kompetenzen und die zu entscheidenden Rechtsfälle, sondern auch um die Demokratie. In einer Zeit, in der das europäische Demokratiedefizit die Organe der Union nachdrücklich ermahnt, das primäre und sekundäre Europarecht zu befolgen, sich in Gestaltungen zurückzuhalten, sollte der Europäische Gerichtshof diese Rechtsentscheidungen nicht durch eine Auslegung von Diskriminierungstatbeständen umgehen.

c) *Das Maß des Grundrechtsschutzes*

Die Rechtsprechung des Europäischen Gerichtshofs zu den Grundrechten ist noch nicht gefestigt. Zwar nehmen die Entscheidungen zum Grundrechtsschutz zu und es wird auch von einer „Neujustierung" der Rechtsprechung gesprochen,[472] doch ist die Anzahl der einschlägigen Entscheidungen immer noch vergleichsweise gering.[473] Insgesamt wird kritisiert, dass die Grundrechte durch den Europäischen Gerichtshof noch nicht hinreichend entfaltet werden[474] Das Gericht lege zudem aktuellen Analysen zur Folge einen höheren Grundrechtsstandard gegenüber den Mitgliedstaaten an als gegenüber den Organen der Union.[475] Mit den steigenden Kompetenzen der Union könnte dies zur Folge haben, dass nicht der Schutz der Grundrechte umgesetzt, sondern in den Bereichen der übertragenen Hoheitsgewalt nur die eingreifende öffentliche Hand von den Mitgliedstaaten auf die Union verschoben würde. Daneben wird beanstandet, dass das Gericht unter Beibehaltung dieser Unterschiede im Maßstab den Gleichheitssatz und die Diskriminierungsverbote kraftvoll, hingegen den

[470] So die Schlussanträge des Generalanwalts *Geelhoed*, Rs. C-13/05, Chacón Navas, Slg. 2006, I-6467 Rdn. 46 bis 56.

[471] *Colomer*, Verb. Rs. C-55 und 56/07, Michaeler Subito GmbH, Anträge vom 24. Januar 2008, Rdn. 20.

[472] *Von Bogdandy*, Konstitutionalisierung des europäischen öffentlichen Rechts in der europäischen Republik, JZ 2005, 529 (538f.), allerdings insbes. mit Blick auf die Diskriminierungsverbote und die Orientierung an der Europäischen Menschenrechtskonvention.

[473] *Schwarze*, Der Schutz der Grundrechte durch den EuGH, NJW 2005, 3459 (3460), spricht für die Jahre 2000 bis 2004 von drei Prozent. Insgesamt wird hier das Problem des Grundrechtsschutzes vor überstaatlicher öffentlicher Gewalt deutlich; siehe hierzu *Chr. Walter*, Grundrechtsschutz gegen Hoheitsakte internationaler Organisationen, AöR 129 (2004), 39; *J.F. Lindner*, Grundrechtsschutz in Europa – System einer Kollisionsdogmatik, EuR 2007, 160; *Ruffert*, Die Globalisierung als Herausforderung an das Öffentliche Recht, 2004, S. 65ff.; jeweils m.w.H.

[474] *Von Bogdandy*, Grundrechtsgemeinschaft als Integrationsziel?, JZ 2001, 157 (163f.).

[475] *P.M. Huber*, Offene Staatlichkeit: Vergleich, in: IPE II, 2008, § 26 Rdn. 65, 76ff.; siehe hierfür auch *von Bogdandy*, Grundrechtsgemeinschaft als Integrationsziel?, JZ 2001, 157 (163ff.).

Schutz der Freiheit kaum zur Wirkung bringe.[476] Doch darf das Gleichgewicht zwischen Freiheit und Gleichheit nicht gefährdet werden, sind beide Rechte in einer Balance zu entfalten. So scheint der Gerichtshof gegenwärtig im Dienst dieser Balance und eines sachgerechten Grundrechtsschutzes gegenüber den europäischen Organen gefordert.

Die Rechtsprechung des Gerichts zu den Grundfreiheiten könnte darauf deuten,[477] dass der Gerichtshof – wenn er die grundrechtlichen Freiheitsrechte entfaltet – auch europäische Schutzpflichten[478] und Teilhaberechte[479] entwickeln wird. Wenn dem so wäre, wäre anzumerken, dass im Sinn der Freiheit jedenfalls keine unmittelbare Drittwirkung der Grundrechte angenommen werden darf.[480] Europäische grundrechtliche Schutzpflichten und Teilhaberechte würden die Frage stellen, ob die Europäische Union gegen die Mitgliedstaaten – aus diesen Grundrechten verpflichtet – Maßnahmen ergreifen darf, wenn ein Staat nach der Deutung etwa der Kommission oder des Gerichts den hinreichenden Schutz nicht gewährt. Könnte die Union etwa einen Mitgliedstaat verpflichten, eine höhere Sozialhilfe zu zahlen, weil ein europäisches Existenzminimum unterschritten würde?

Die Grundrechtecharta erweitert dieses Problem, wenn sie ein „Recht auf Bildung", ein „Recht, zu arbeiten", Rechte der Arbeitnehmer auf Anhörung, Kollektivverhandlungen und Kollektivmaßnahmen, auf Zugang zu Arbeitsvermittlungsdiensten, auf gerechte und angemessene Arbeitsbedingungen, „auf tägliche und wöchentliche Ruhezeiten sowie auf bezahlten Jahresurlaub", auf „Zugang zu den Leistungen der sozialen Sicherheit und zu den sozialen Diensten" sowie „zur Gesundheitsvorsorge", ein „Recht auf ärztliche Versorgung", auf Umweltschutz, Gesundheitsschutz, Verbraucherschutz, „auf eine gute Verwaltung" sowie insgesamt auf „Zugang zu Dienstleistungen von allgemeinem wirtschaftlichen Interesse" gewährleistet – wenngleich zuweilen mit ausdrücklichen Verweisen auf die einzelstaatlichen Rechtsvorschriften.[481] Kann der Eu-

---

[476] *P. M. Huber*, Offene Staatlichkeit: Vergleich, in: IPE II, 2008, § 26 Rdn. 65, 76 ff.; *von Bogdandy*, Grundrechtsgemeinschaft als Integrationsziel?, JZ 2001, 157 (163 f.).

[477] Siehe aber zu den erheblichen Unterschieden auch in der Rechtsprechung des Europäischen Gerichtshofs *von Bogdandy*, Grundrechtsgemeinschaft als Integrationsziel?, JZ 2001, 157 (165 f.).

[478] *Rengeling/Szczekalla*, Grundrechte in der Europäischen Union, 2004, S. 222 ff.; *Ehlers*, in: ders. (Hg.), Europäische Grundrechte und Grundfreiheiten, 2. Auflage 2005, § 14 Rdn. 24 f.; jeweils m. w. H.

[479] *Rengeling/Szczekalla*, Grundrechte in der Europäischen Union, 2004, S. 235 ff.; *Ehlers*, in: ders. (Hg.), Europäische Grundrechte und Grundfreiheiten, 2. Auflage 2005, § 14 Rdn. 24 f.; jeweils m. w. H.

[480] In der europäischen Perspektive: *Ehlers*, in: ders. (Hg.), Europäische Grundrechte und Grundfreiheiten, 2. Auflage 2005, § 14 Rdn. 37; *Rengeling/Szczekalla*, Grundrechte in der Europäischen Union, 2004, S. 219 ff.

[481] Art. 14 f., Art. 27 ff., Art. 34 ff., Art. 41 Grundrechtecharta; siehe hierzu insgesamt *Starck*, Soziale Rechte in Verträgen, Verfassungen und Gesetzen, in: Gedächtnisschrift für Peter J. Tettinger, 2007, S. 761.

ropäische Gerichtshof, können die europäischen Organe diese Garantien gegenüber den Mitgliedstaaten einfordern? Die Folge wäre, dass zahlreiche Bereiche letztlich von der Union geprägt werden könnten. In einem so gedeuteten europäischen Grundrechtsschutz liegt eine enorme zentralisierende Kraft. Diesen Befund zeichnen auch Stimmen in der Literatur[482] und bemerken, dass die Union keine „ausreichende Legitimität für die progressive Grundrechtspolitik" besitzt und eine solche Politik das „Gleichgewicht zwischen der Europäischen Union und den Mitgliedstaaten gefährden" würde.[483] Bereits mit Blick auf die gegenwärtige europäische Politik wird eine Tendenz beobachtet, nach welcher die Freiheit „nicht mehr der Ausgangspunkt der europäischen Rechtsetzung" sei.[484] Wenn dann davon gesprochen wird, dass europaweit eine „gleiche Freiheit"[485] zu gewährleisten sei und diese im Sinn einer strikten Parallelität der Bedingungen der Freiheitsausübung, gar als Ergebnisgleichheit gedeutet wird, würde sich das Europarecht auf nahezu jeden Lebensbereich erstrecken. Die Grundsätze der begrenzten Einzelermächtigung und der Subsidiarität[486] würden untergraben, das Demokratiedefizit würde sich erheblich verschärfen[487] – die demokratische Selbstbestimmung und die Freiheit gerieten in Gefahr.

Diese Gefahren für das europäische Kompetenzgefüge sind im Rahmen der gegenwärtigen Reformbemühungen erkannt worden. Die Grundrechtecharta und der Vertrag von Lissabon heben ausdrücklich hervor, dass durch „die Bestimmungen der Charta" die „Zuständigkeiten der Union in keiner Weise erweitert werden"[488] – eine sehr deutliche Formulierung. Der Europäische Gerichtshof ging bislang davon aus, dass die Gemeinschaftsgrundrechte auch die Mitgliedstaaten binden, wenn sie die Grundfreiheiten in zulässiger Weise beschränken.[489] Die Grundrechtecharta stemmt sich ausdrücklich gegen diese Deutung.[490] Die Gemeinschaftsgrundrechte binden die Mitgliedstaaten nur, wenn der Rechtsfall dem Gemeinschaftsrecht unterliegt, und bilden dann einen

---

[482] *Von Bogdandy*, Grundrechtsgemeinschaft als Integrationsziel?, JZ 2001, 157 (170); *ders.*, Europäische Prinzipienlehre, in: ders. (Hg.), Europäisches Verfassungsrecht, 2003, S. 149 (164f.).

[483] *Von Bogdandy*, Grundrechtsgemeinschaft als Integrationsziel?, JZ 2001, 157 (162, 170).

[484] *Kahl*, Freiheitsprinzip und Sozialprinzip in der Europäischen Union, in: Festschrift für Reiner Schmidt, 2006, S. 75 (insbes. 109).

[485] *Bogdandy*, Europäische Prinzipienlehre, in: ders. (Hg.), Europäisches Verfassungsrecht, 2003, S. 149 (164f.); *Zuleeg*, Der rechtliche Zusammenhalt der Europäischen Union, 2004, S. 174f.; siehe hierzu bereits oben unter VI. 3. (S. 460ff.).

[486] Siehe hierzu oben unter V. (S. 444ff.).

[487] Siehe hierzu oben unter IV. (S. 421ff.).

[488] Art. 6 Abs. 1 Uabs. 2 EU; Art. 51 Abs. 2 Grundrechtecharta.

[489] EuGH, Rs. C-368/95, Vereinigte Familiapress/Heinrich Bauer Verlag, Slg. 1997, I-3689 Rdn. 24.

[490] Art. 51 Abs. 1 Grundrechtecharta; *Streinz*, Europarecht, 7. Auflage 2005, Rdn. 757 mit Fn. 10.

Mindeststandard für den mitgliedstaatlichen Vollzug des Europarechts.[491] Auch der Europäische Gerichtshof hat unter ausdrücklichem Hinweis auf die Unterschiede im grundrechtlichen Schutz zwischen den Mitgliedstaaten den Einfluss der Grundfreiheiten begrenzt. In der sog. Laserdrome-Entscheidung durfte die Dienstleistungsfreiheit für ein in Großbritannien entwickeltes Kampfspiel aus Gründen der öffentlichen Ordnung und zum Schutz der Menschenwürde eingeschränkt werden. Hier betont der Gerichtshof, dass ein unterschiedliches Schutzniveau bei den mitgliedstaatlichen Grundrechten zulässig sei.[492] In dieser Offenheit für unterschiedliche Schutzstandards in den Mitgliedstaaten liegt eine freiheitschützende Kraft. Der europäische Allgemeinheitsgedanke bestätigt diese Entwicklung, wenn er für die europäische Regelbildung Zurückhaltung fordert und damit Räume für die allgemeinen Gesetze der Mitgliedstaaten wahrt.

3. *Der gemäßigte europäische Grundrechtsschutz*

Der europäische Grundrechtsschutz muss in dreifacher Hinsicht ein richtiges Maß finden. Das Schutzniveau darf nicht zu gering sein, damit die Grundrechte nicht durch Maßnahmen der Europäischen Union zu stark beeinträchtigt werden, die europäische Integration nicht zu Lasten der individuellen Freiheit voranschreitet. Der Grundrechtsschutz darf aber auch nicht zu stark verdichtet werden, weil ein dichter Grundrechtsschutz, weil Schutz- und Teilhaberechte sowie eine Drittwirkung der Grundrechte den Raum der Mitgliedstaaten und der Individuen zu stark einschränken könnten. Das grundrechtliche Schutzniveau muss die Freiheit jedes Einzelnen wahren. Deshalb darf auch der Raum der Mitgliedstaaten nicht zu stark verengt werden. Zudem ist – drittens – die richtige Balance zwischen den grundrechtlichen Freiheitsrechten, den Grundfreiheiten, der Gleichheit vor dem Gesetz und den Diskriminierungsverboten zu finden – hier scheint der Gerichtshof noch auf der Suche zu sein.

Der Grundrechtsschutz kann mit einer beweglichen Platte verglichen werden, die auf einem Punkt aufliegt und auf der verschiedene Gewichte, die unterschiedlichen privaten Interessen und öffentlichen Belange, verschoben und so in eine Balance gebracht werden müssen. Der Auflagepunkt wird durch die Wirklichkeit vorgegeben, verschiebt sich daher von Fall zu Fall, weil sich die Wirklichkeit ändert, kein Fall dem anderen gleicht. Dieser Punkt, die Wirklichkeit, kann schon im mitgliedstaatlichen Rechtssystem oft nicht genau oder nur mit

---

[491] EuGH, Rs. 5/88, Wachauf, Slg. 1989, 2609 Rdn. 19; Rs. C-299/95, Kremzow, Slg. 1997, I-2629 Rdn. 15ff.; *Streinz*, Europarecht, 7. Auflage 2005, Rdn. 768.

[492] EuGH, Rs. C-36/02, Omega, Urteil vom 14. Oktober 2004, Rdn. 28ff.; siehe für weitere Beispiele *Schwarze*, Der Schutz der Grundrechte durch den EuGH, NJW 2005, 3459 (3460f.).

Mühe verortet werden, die Wirklichkeit ist nicht selten nur schwer zu greifen.[493] Auf europäischer Ebene scheint der Auflagepunkt noch schwerer bestimmbar zu sein, weil die Wirklichkeit in 27 verschiedenen Mitgliedstaaten zu analysieren ist. Der Balanceakt wird aber nicht nur durch diese Unsicherheit erheblich erschwert, sondern auch dadurch, dass weitere Gewichte hinzutreten. Es sind deutlich mehr Individualinteressen zu berücksichtigen, weil eine Rechtsentscheidung Auswirkungen in der gesamten Union mit sich bringen kann. Zudem sind die Grundrechte mit den Grundfreiheiten und den Diskriminierungsverboten in einen Ausgleich zu bringen, der die Gestaltungsinteressen von 27 Mitgliedstaaten, die jeweiligen Rechtsordnungen, Rechtskulturen und Räume der Freiheit aufnehmen muss. Dieser Ausgleich ist eine Kernforderung des europäischen Rechts, weil die Organe der Union und die Mitgliedstaaten den Menschenrechten und einer gegenseitigen Rücksichtnahme, einer Solidarität verpflichtet sind.[494]

So ist der europäische Freiheitschutz ein äußerst anspruchsvolles Unterfangen, gerade weil er sich auf alle Mitgliedstaaten bezieht. Kann die Balance in einem Mitgliedstaat, in einem Rechtssystem noch gelingen, ist sie auf europäischer Ebene ein Akt mit erhöhtem Anspruch, so dass Schieflagen häufiger vorkommen werden. Der europäische Grundrechtsschutz kann sich daher von vornherein nicht so kraftvoll entfalten wie die grundrechtlichen Gewährleistungen in den Mitgliedstaaten, die mit der Rechtsordnung, mit der Rechtskultur gewachsen sind. Auch wenn eine nachhaltige Entwicklung zu einem europäischen Menschenrechtsschutz mit Nachdruck vorangetrieben würde, blieben die strukturellen Schwierigkeiten des Balanceakts. Dies führt zu folgendem Befund: Der europäische Grundrechtsschutz ist von vornherein im Vergleich zu den mitgliedstaatlichen Gewährleistungen insbesondere auch zum Schutze der Freiheit gemäßigt. Doch ist er mit den wachsenden Kompetenzen der Union zuweilen in vergleichbarer Weise gefordert. Wenn das Recht den Menschen in den Mittelpunkt rückt, den Schutz seiner Rechte garantiert, und wenn der europäische Grundrechtsschutz gemäßigt ist, folgt hieraus, dass es in Europa auf ein weiteres Element des Menschenrechtsschutzes ankommt – auf die Allgemeinheit der europäischen Rechtssätze.

4. *Das zentrale Element des europäischen Menschenrechtsschutzes*

Allgemeine Rechtssätze errichten einen Schutzwall im Vorfeld der individuellen Betroffenheit, bevor die grundrechtlichen Gewährleistungen ihren Schutz entfalten müssen, sich die spezifischen Probleme des europäischen Grund-

---

493 Siehe zu diesem Bild *G. Kirchhof*, Grundrechte und Wirklichkeit, 2007, S. 4 und 53 ff.

494 Art. 10 EGV; Art. 4 Abs. 3 EU, ausführlich *Zuleeg*, Der rechtliche Zusammenhalt der Europäischen Union, 2004, S. 42 ff., 153 ff.

rechtsschutzes stellen und die Gerichte einen Grundrechtsstreit zu lösen haben. Dieser Schutzwall ergänzt die grundrechtlichen Gewährleistungen, weil er vor erheblichen Beeinträchtigungen schützt, welche auch die Grundrechte des Grundgesetzes selbst in einer modifizierten Grundrechtsdogmatik nicht abwehren, vor unnötigen Erschwerungen des Rechtslebens, vor unverhältnismäßigen Breitenwirkungen und kumulativen Belastungen. Die grundrechtliche Analyse, die Verhältnismäßigkeitsprüfung und die Gleichheit vor dem Gesetz bauen auch im europäischen Recht auf allgemeine Rechtssätze. Der Wall verhindert, dass die europäischen Organe durch Verordnungen und allgemeine Richtlinien unmittelbar auf den Einzelnen zugreifen, dass ihre legitimierende Kraft die Individualinteressen vernachlässigt, sie nur in der Allgemeinheit erfasst.[495]

Die Allgemeinheit der Rechtssätze sucht Beeinträchtigungen im Vorfeld der individuellen Betroffenheit zu verhindern und so die Bürger, aber auch die öffentlichen Instanzen zu schonen. Der europäische Grundrechtsschutz, der Balanceakt, wäre überstrapaziert, wenn durch ihn alle Freiheitsfragen gelöst werden müssten, wenn die europäischen Organe, wenn letztlich der Gerichtshof die Freiheitsinteressen aller Bürger Europas insbesondere durch den Grundrechtsschutz und damit auch immer nachträglich zu wahren hätte. Zwar muss der Grundrechtsschutz mit dem Zuwachs an Kompetenzen auf der europäischen Ebene intensiviert werden. Auf die europäischen Gerichte werden daher zahlreiche neue Verfahren zukommen, in welchen sie sich als Garanten der Freiheit zu bewähren haben. Doch bedarf es gerade in einer Union mit rund 490 Millionen Einwohnern eines weiteren Elements des Menschenrechtsschutzes, bedarf es eines Schutzes im Vorfeld der individuellen Betroffenheit, im Vorfeld der grundrechtlichen Gewährleistungen.

Die Allgemeinheit der europäischen Rechtsakte könnte daher eine zentrale Rolle im Rahmen des europäischen Menschenrechtsschutzes übernehmen. Sie stellt sich den Auftrag, die Freiheit in ihrem ursprünglichen Anliegen zur Entfaltung zu bringen. Die Freiheitsrechte und die selbstbestimmte Demokratie setzen auf eine Distanz der öffentlichen Hand. Die Prinzipien der begrenzten Einzelermächtigung und der Subsidiarität dienen dieser Freiheit. Die gegenständliche und die finale Allgemeinheit fordern eine Verallgemeinerung im Rahmen der zugewiesenen Kompetenz, setzen jedenfalls auf eine zurückgenommene allgemeine Rechtsetzung. Der Schutz der Freiheit fordert eine Rücknahme der Rechtsetzung und verständliche Rechtsakte, insbesondere die finale, instrumentelle und sprachliche Allgemeinheit. Aber auch die anderen Allgemeinheitsmerkmale schützen die Freiheit im Vorfeld und ergänzen den grund-

---

[495] Siehe hierzu unter C., insbes. unter II. 1. (S. 196 ff.), VI. und VII. (S. 343 ff.) und im Ersten Kapitel unter A. I. (S. 3 ff.).

rechtlichen Schutz auf unterschiedliche Weise.[496] Die Grundrechte fordern die Verallgemeinerung, weil sie einen Raum der Freiheit, der individuellen Entfaltung öffnet, weil sie der Verwaltung den Gestaltungsraum belässt, in welchem diese durch Konkretisierung des Allgemeinen den Verschiedenheiten der Menschen und Rechtsfälle gerecht werden kann. Der Europäischen Union werden bestimmte Rechtsetzungskompetenzen zugewiesen. Soweit die Rechtsprechung diese Kompetenzen integrationsfreundlich ausweitend deutet,[497] fordert die den Freiheits- und Gleichheitsrechten dienende, auch die in dem Rechtsverhältnis zwischen europäischer Gemeinschaft und Mitgliedstaaten angelegte Allgemeinheit, diese Kompetenzen zurückhaltend auszuüben, nur Grundlegendes und Notwendiges zu regeln. Die Rechtsetzung muss in besonderer Weise – für 27 Mitgliedstaaten – verallgemeinern. In dieser Verallgemeinerung ruhen Gemeinwohlorientierung und Rationalität.

Die Europäische Union weiß um die Bedeutung dieser Forderungen, ohne sie bislang mit dem Allgemeinheitspostulat in Verbindung gebracht zu haben. Eine in ihrem Auftrag vorgenommene europaweite Studie zur Rechtsetzung betont eben diese Freiheitsanliegen. Wenn die Rechtsetzung – so der Mandelkern-Bericht – ein Netz mit zu engen Regelungen strikt, besteht die Gefahr, dass die Freiheit, die spontane Initiative, das Verantwortungsbewusstsein und das Selbstverständnis der Bürger leiden.[498] Dieser Befund scheint wie von selbst die freiheitlichen Erkenntnisse *Alexis de Tocquevilles*, auch die Analysen *Wilhelm von Humboldts* und *Montesquieus* aufzunehmen, nach denen ein dichtes Regelungsnetz die Freiheit der Bürger erstickt, nur notwendige, nur grundsätzliche Regelungen zu setzen sind.[499] „Eine Gesellschaft," – so die klaren Worte von *Udo Di Fabio* – „die aus der Würde des Menschen auf den überragenden Wert der Freiheit schließt, dabei Rechtsgleichheit als selbstverständliche Prämisse mitdenkt und gesellschaftlichen Zusammenhalt für eine Grundbedingung des Gelingens hält, muss jede Maßnahme am Maßstab der Freiheitstauglichkeit messen. Wir evaluieren, allerdings mit meist geringem Erfolg, allerlei zweckrationale Zusammenhänge", ohne „neue Regelungen auch einer ernsthaften Frei-

[496] Vgl. insgesamt oben unter C. VI. und VII. (S. 343 ff.).

[497] EuGH, Rs. C-9/74, Casagrande, Slg. 1974, 773 Rdn. 6; Rs. C-465/03, ORF, Slg. 2003, I-4989 Rdn. 41; insgesamt *von Bogdandy/Bast*, in: Grabitz/Hilf, Das Recht der Europäischen Union, Band I, Art. 5 EGV (Oktober 2007) Rdn. 27, 34.

[498] Der Mandelkern-Bericht, in: Bundesministerium des Innern (Hg.), Moderner Staat – Moderne Verwaltung, 2002, S. 24; siehe zudem *R. Wieland*, „Brüssler Regelungswut"? – Facetten einer politischen Schimäre, in: Sander/Vetter (Hg.), Regelungswut in der EU – Wahrheit oder Mythos?, 2007, S. 9 (26).

[499] *De Tocqueville*, Über die Demokratie in Amerika [De la démocratie en Amérique, 1835–1840], 1985, S. 343 f., 364; *W. von Humboldt*, Ideen zu einem Versuch, die Grenzen der Wirksamkeit des Staates zu bestimmen [1791], 2006, insbes. S. 30 f., 201 ff.; *Montesquieu*, Vom Geist der Gesetze [De l'esprit des lois, 1748], 2003, 29. Buch 1. Kapitel.

heitskontrolle zu unterziehen. Selbst die dafür eigens vorgesehene Grundrechtskontrolle, hierzulande gut ausgeprägt," kann zuweilen wenig ausrichten.[500]

Das Allgemeinheitspostulat sucht zu gewährleisten, dass die deutschen und europäischen Rechtsakte aus sich heraus einen allgemeinen Standard der Distanz und der Zurückhaltung, des Maßes einer mitgliedstaats- und bürgerverträglichen Integration sichern. Die Gewährleistungen der Freiheit und Gleichheit und damit die Legitimität des europäischen Rechts könnten in der Allgemeinheit der Rechtsakte eine verlässliche Grundlage finden. Wenn der europäische Schutz der Freiheit um ein Maß, um eine Balance ringt, daher von vornherein gemäßigt ist und sein muss,[501] wird der Schutz der Menschenrechte in Europa auf die Allgemeinheit der Rechtssätze bauen.

IX. Aktueller Koordinationsauftrag und ‚Geist des Europarechts'

Der Aufbruch zu einer „neuen europäischen Rechtsetzungskultur", zu einer konsistenten und überschaubaren Gesamtrechtsordnung scheint zur Allgemeinheit der europäischen Rechtsakte zurückzuführen. Die europäische Rechtsgeschichte[502] und die deutschen und europäischen Vorgaben an die Rechtsetzung[503] lehren, dass die Allgemeinheit Voraussetzung dafür ist, weniger Rechtsakte zu erlassen und das geltende Recht zu systematisieren. Sie bestätigen *Kant*, der das alleinige Geheimnis der Rechtsvereinfachung darin sah, die allgemeinen Prinzipien des Rechts aufzuspüren und zu kodifizieren.[504] Die Rechtswissenschaft sollte sich wieder auf den Kernauftrag besinnen, allgemeine Regeln zu entwerfen, die in Rechtstexten gefasst werden können.[505]

Der europarechtliche Allgemeinheitsgedanke wird gegenwärtig kaum befolgt. Er gewinnt aber mit dem Kompetenzzuwachs der Union und ihrer Erweiterung auf 27 Mitgliedstaaten an Kraft. Seit der Einheitlichen Europäischen Akte ist die Union in Breite und Tiefe gewachsen. Diese Entwicklung hin zu „staatsähnlichen Kompetenzen" in einem staatenübergreifenden Anwendungsbereich stellt die Frage nach der europäischen Demokratie mit neuem Nachdruck. Die demokratische Legitimation durch den Rat und das Europäische

[500] *Di Fabio*, Form und Freiheit, DNotZ 2006, 342 (348f.).

[501] Siehe unter 3. (S. 485ff.).

[502] Dies wird bereits beim Vergleich des Zwölftafelgesetzes mit den griechischen Kodifikationen deutlich (oben unter B. II. 1. und 4., S. 69ff. und S. 84ff.); siehe insgesamt oben unter B. (S. 67ff.).

[503] Siehe hierzu insbes.: Der Mandelkern-Bericht, in: Bundesministerium des Innern (Hg.), Moderner Staat – Moderne Verwaltung, 2002, sowie insgesamt oben unter C (S. 174ff.).

[504] *Kant*, Kritik der reinen Vernunft [1781], Band 1, 1974, B 358; siehe bereits im Ersten Kapitel unter B (S. 28ff.).

[505] Siehe hierzu auch im Ersten Kapitel unter B (S. 28ff.).

Parlament ist derzeit gehemmt. Das „Demokratiedefizit“ erwartet daher eine Zurückhaltung dieser europäischen Organe. Zudem rückt die sachliche Legitimation durch das Primärrecht in den Vordergrund. Hiernach hat die Verordnung allgemeine Geltung und gilt unmittelbar in jedem Mitgliedstaat, muss also die klassischen Allgemeinheitsforderungen, die personale, gegenständliche, temporale und territoriale Allgemeinheit erfüllen, die in ihrem Kerngehalt justitiabel sind. Diese Forderungen beziehen sich auf einen Raum von 27 Mitgliedstaaten und erwarten daher eine im Vergleich zum deutschen Allgemeinheitspostulat geweitete Verallgemeinerung. Richtlinien dürfen nur ein Ziel verbindlich anordnen, müssen den innerstaatlichen Stellen die Wahl der Form und Mittel überlassen. Die Richtlinie ist das klassische Instrument des Europarechts, weil sie den Mitgliedstaaten ermöglicht, die europarechtliche Vorgabe in ihre Rechtskultur zu integrieren und so rechtliche Friktionen zu vermeiden. Die Richtlinie entfaltet deutlich mehr als die Verordnung die Verantwortung der Union und der Mitgliedstaaten für das europäische Recht, dient der Konsistenz der Gesamtrechtsordnung.

Die Koordination des Rechts erscheint derzeit als ein dringlicher Auftrag der Europäischen Union. Das Europarecht ist mit 27 unterschiedlichen Rechtsordnungen abzustimmen, von vornherein auf eine Übersetzbarkeit in zahlreiche Sprachen und Rechtskulturen auszurichten. Es muss in besonderer Weise Erwartungen der sprachlichen und instrumentellen Allgemeinheit erfüllen. Diesem Anliegen könnte ein Rechtsetzungsrat dienen, in welchem Experten aus jedem Mitgliedstaat die jeweiligen Umsetzungsprobleme erläutern. Dieser Rat könnte helfen, der Vorgabe des Verhältnismäßigkeitsprinzips zu folgen, dass jedes europäische Regelungsziel nur mit einer angemessenen Umsetzungslast befolgt werden darf, was in Gesamteuropa schwer zu ermessen ist. Auch das Subsidiaritätsprinzip könnte in vergleichbarer Weise von der Kompetenz des Rechtsetzungsrats profitieren, weil nach dieser Vorgabe die Union nur Regelungen erlassen darf, die im Dienst der Freiheit notwendig sind – die Kernforderung der finalen Allgemeinheit ist hiernach justitiabel. Die Anwendung des Subsidiaritätsprinzips wird zu einer weitreichenden rechtlichen Verallgemeinerung führen.

Auch die Allgemeinheitspostulate des allgemeinen Gleichheitssatzes, die Kerngedanken der personalen, gegenständlichen, territorialen und temporalen Allgemeinheit, sind individualrechtlich einklagbar. Gleiches gilt für die strikten, aber sektoral begrenzten, Allgemeinheitsvorgaben der Diskriminierungsverbote und Grundfreiheiten. Das europäische Rechtsstaatsprinzip fordert verbindlich das verständliche Recht, das verlässlich und vorhersehbar, widerspruchsfrei wirkt. Aber auch diese Forderungen der sprachlichen und instrumentellen Allgemeinheit sind nur in ihren Kernerwartungen justitiabel. Auch das Prinzip des institutionellen Gleichgewichts zielt auf allgemeine Regelungen. Es ist um die Mitgliedstaaten zu erweitern und erwartet die Trennung von

Rechtsetzung und Vollzug, von allgemeiner Regel und Individualentscheidung. Die Europäische Union der 27 Mitgliedstaaten sollte insgesamt allgemeine Verordnungen und Richtlinien erlassen, den Allgemeinheitsforderungen folgen. Dann könnte sich das europäische Recht mit dem Recht der Mitgliedstaaten leichter zu einer konsistenten Gesamtrechtsordnung verbinden und würde hinreichend Raum lassen, um in Einzelentscheidungen den Unterschieden zwischen den Menschen und Gegenständen in 27 Mitgliedstaaten Rechnung zu tragen.

In besonderer Weise setzt der europäische Grundrechtsschutz auf die Allgemeinheit europäischer Rechtssätze. Die grundrechtlichen Gewährleistungen des Europarechts verlangen ein dreifaches Maß. Ein zu hohes Schutzniveau würde den einheitlichen europäischen Raum der Freiheit und die Vorzüge der Integration gefährden – und damit eben auch eine Freiheit, die für 27 Mitgliedstaaten gewährleistet werden soll. Würde der Grundrechtsschutz zu stark zurückgenommen, würde die europäische Integration demgegenüber zu Lasten der individuellen Freiheit voranschreiten. Zudem sind die Garantien der Grundfreiheiten, der Diskriminierungsverbote und Grundrechte in einen freiheitlichen Ausgleich zu bringen. Dieses Maß ist in einer Union mit 27 Mitgliedstaaten und rund 490 Millionen Einwohnern zu finden. Die Schwierigkeit dieses Unterfangens verdeutlicht, warum der Individualrechtsschutz in Europa von vornherein gemäßigt ist. Er bedarf eines ergänzenden, eines vorbeugenden Elements des Menschenrechtsschutes: der Allgemeinheit der europäischen Rechtsakte.

Das Allgemeinheitspostulat sucht das Recht zu koordinieren und der Einzelfallgerechtigkeit zu dienen. Dadurch wird das Europarecht nicht geschwächt, sondern gekräftigt. Einzelfallregelungen und Übernormierungen führen letztlich zu einer Entrechtlichung. Dies verdeutlicht die Rechtsgeschichte[506] ebenso wie Analysen des mitgliedstaatlichen und europäischen Rechts.[507] Recht, das in Spanien und Polen, in Schweden und auf Malta seine direktive Kraft entfalten will, muss besonderen Anforderungen genügen. *Thomas von Aquin* hat betont, dass die Allgemeinheit die Rechtsakte auf das gemeine Wohl, auf eine Rationalität ausrichtet.[508] *John Locke* sah in dauerhaften und allgemeinen Regeln einen Garanten der Freiheit.[509] *Montesquieu* hob hervor, dass das Recht die Besonder-

[506] Siehe hierfür insbes. die Entwicklung in der römischen Republik und Kaiserzeit (hierzu *Liebs*, Das Gesetz im spätrömischen Recht, in: Sellert [Hg.], Das Gesetz in Spätantike und frühem Mittelalter, 1992, S. 11, sowie insgesamt oben unter B. II. 5. m.w.H., S. 87ff.).

[507] Siehe für das europäische Recht: Der Mandelkern-Bericht, in: Bundesministerium des Innern (Hg.), Moderner Staat – Moderne Verwaltung, 2002; siehe insgesamt unter A. (S. 39ff.).

[508] *Thomas von Aquin*, Summa Theologica [1265–1273], I-II, Das Gesetz, Band 13, 1977, Fragen 90ff.; siehe auch oben unter B. III. 4. (S. 105ff.).

[509] *Locke*, Über die Regierung [Two Treatises of Government. The Second Treatise, 1690], 2003 (siehe insgesamt bereits oben unter B. IV. 2., S. 116ff.).

heiten des Landes, der Kultur, der Menschen aufnehmen muss und dass insbesondere deshalb der Geist des Rechts der Geist der Mäßigung ist.[510] Die allgemeinen Rechtsakte folgen dem Gedanken der Allseitigkeit, lassen Raum für die individuelle Konkretisierung, für den Einzelfall. In dieser Allseitigkeit und individuellen Gegenseitigkeit dienen sie der Gerechtigkeit und der Freiheit.[511] Hier ruht eine Kraft, die das Europarecht, seine Legitimität stärken, seine Akzeptanz erhöhen könnte. Die Allgemeinheit könnte ein neues Verständnis für die Eigenart europäischen Rechts und für das „neue Denken und Handeln" erschließen, für eine neue Rechtsetzungskultur in Europa.[512] Der individuelle Menschenrechtsschutz ist in Europa gemäßigt. Die grundrechtlichen Forderungen der Freiheit und Gleichheit legitimieren aber das Recht. Allgemeine europäische Rechtssätze würden diese Geltungsvoraussetzungen des Rechts in Europa durch einen vor der individuellen Betroffenheit wirkenden Schutzwall schützen und sie damit stärken. Die Union der 27 Mitgliedstaaten würde ihre Legitimität erhöhen, wenn sie die Ende des 18. Jahrhunderts betonte Erkenntnis neu entfaltet:[513] Die Allgemeinheit der Rechtssätze ist ein notwendiger Garant der Freiheit, der Gleichheit und der Demokratie.

---

[510] *Montesquieu*, Vom Geist der Gesetze [De l'esprit des lois, 1748], 2003, Vorwort, 1. und 29. Buch, hier insbes. 1. und 16. Kapitel; siehe oben unter B. IV. 3. (S. 119ff.).

[511] Siehe hierzu bereits oben unter C. VI. und VII. (S. 343ff.) sowie auch im Ersten Kapitel unter C und D (S. 33ff.).

[512] Siehe zu dieser Forderung: Der Mandelkern-Bericht, in: Bundesministerium des Innern (Hg.), Moderner Staat – Moderne Verwaltung, 2002, S. 63f., sowie bereits oben unter I. (S. 386ff.).

[513] *H. Hattenhauer*, Europäische Rechtsgeschichte, 4. Auflage 2004, Rdn. 1524ff., insbes. 1527; siehe für die Entwicklung nach dem Epochenwechsel Ende des 18. Jahrhunderts insbes. *H. Hofmann*, Menschenrechte und Demokratie, JZ 2001, 1 (7), nach dem „allein durch die Allgemeinheit bürgerlicher Gesetze und die Gewaltenteilung" ein „ungeheurer Gewinn an rechtlicher Freiheit und Selbstbestimmung" errungen wurde (siehe bereits unter B. IV. 5., S. 125ff.).

Drittes Kapitel

Drei exemplarische Rechtsfragen

A. Prävention, Gemeinlast, Vorgriff in die Zukunft

Die Forderung der Allgemeinheit der Rechtssätze, dieses Element des Menschrechtsschutzes, muss sich in unterschiedlichen Rechtsgebieten bewähren. Die sieben Allgemeinheitsmerkmale erheben den Anspruch, den Gesetzgeber bei der Erfüllung verschiedener Gesetzgebungsaufträge zu leiten, die Demokratie zur Entfaltung zu bringen. Sie müssen daher Raum lassen, um den Gestaltungsauftrag des Gesetzgebers nicht zu behindern, beanspruchen aber gleichwohl eine Dichte, damit sich das allgemeine Gesetz als Garant der Freiheit und Gleichheit entfalten kann. In den hier ausgewählten Rechtsfragen aus dem Polizeirecht – das landesrechtlich geprägt ist, aber europarechtliche Bezüge aufweist –, aus dem Steuerrecht und dem Verfassungsrecht treten jeweils verschiedene Allgemeinheitsforderungen mit unterschiedlicher Verbindlichkeit maßstabgebend hervor. Dabei müssen die Allgemeinheitspostulate die jeweiligen Besonderheiten, die spezifische Rationalität der Rechtsgebiete und Regelungsaufträge aufnehmen.

Das Polizeirecht fordert eine Allgemeinheit, die unterschiedlichen, auch atypischen Gefahren- und Störungslagen gerecht werden muss. Wenn eine unerwartete Umweltkatastrophe vorbeugend abzuwehren, eine Unfallstelle auf der Autobahn hinreichend zu sichern oder neuartige, grenzüberschreitende Kriminalität rechtzeitig zu unterbinden ist, gibt die tatsächliche Gefahren- oder Störungslage Abwehrmaßnahmen vor. Dieser Auftrag des Sicherheitsrechts ist in seiner territorialen und gegenständlichen Weite vorgefunden. Er richtet sich nicht nur an den primär zuständigen Landesgesetzgeber, sondern auch an die Kommunen, den Bund und die Europäische Union, nimmt auch Private in die Verantwortung. Die hier notwendige Koordination verschiedener Rechtsbereiche, unterschiedlicher öffentlicher und privater Hände könnte durch allgemeine Gesetze besser gelingen. Beamte und Bürger müssen in Notsituationen, die rasche Entscheidungen fordern, rechtlich geleitet werden. Ein Nachschlagen im Gesetzestext würde den Sicherungsauftrag in vielen Fällen unerfüllbar machen. Das Polizeirecht muss daher nicht nur verständlich sein, sondern auch alltäglich bewusste Handlungsmaxime werden können, zielt so auf eine sprachliche und instrumentelle Allgemeinheit. Die Rechtsgemeinschaft ist auch vor unvorhersehbaren, neuartigen Gefahren zu schützen, muss das in den grundrechtlichen Gewährleistungen zwar individualisierte, aber gleichwohl allgemeine Schutzversprechen erfüllen. Die gegenständliche Weite des Sicherungsauftrags drängt zu einem Rückgriff auf Generalklauseln. Die Polizeigesetze müssen eine präventionsgerechte Abstraktionshöhe erreichen, Beamten und Bürgern den für die Gefahrenabwehr notwendigen Entscheidungsraum öffnen; sie verdeutlichen so das Allgemeinheitsanliegen der Gewaltenteilung. Dabei ist aber – insbesondere im Fall schwerwiegender Grundrechtseingriffe – eine freiheits- und gleichheitswahrende Bestimmtheit zu erreichen. So stellt sich die Frage, ob die für die Gefahrenabwehr notwendigen polizeilichen Generalklauseln diesen grundrechtlichen und rechtsstaatlichen Bestimmtheitserwartungen genügen. Es geht also nicht darum, ob die Tatbestände auf Grund einer Enge die grundgesetzlichen Allgemeinheitsforderungen verletzen, sondern darum, ob ihre Weite mit dem Grundgesetz in Einklang steht. Die Analyse der polizeilichen Generalklauseln fragt nach dem Maß der Verallgemeinerung und der Bestimmtheit des allgemeinen Gesetzes.[1]

Der Staat bedarf der Finanzkraft, um seine Aufgaben zu erfüllen. Seinen Finanzbedarf deckt er primär durch Steuern, die er von jedermann erhebt. Auch der Regelungsauftrag des Steuerrechts ist insoweit vorgefunden, eröffnet dem Gesetzgeber aber einen weiten Gestaltungsraum. Die Steuer ist ein Erzeugnis des Rechts, ohne das Gesetz gäbe es sie nicht. Das Allgemeinheitspostulat steht in diesem gesetzesgeprägten Recht vor einer besonderen Bewährungsprobe. Die Allgemeinheitsforderungen müssen in einem Rechtsbereich wirksam werden, der durch eine eigene Rationalität, aber auch durch komplizierte Gesetze gekennzeichnet ist. Kann die Allgemeinheit auch in einem solchen Rechtsgebiet die Wirkung der Gesetze und damit die parlamentarische Demokratie stärken? Das Steuerrecht richtet sich an jedermann, ist auf Grund dieser personalen Allgemeinheit in Massenverfahren zu vollziehen. Es trifft auf Steuerpflichtige, welche die Steuerschuld zu mindern oder zu vermeiden suchen. Ruhen in diesen Eigenarten des gesetzesgeprägten Steuerrechts besondere Forderungen einer Unumgehbarkeit, einer klaren gegenständlichen Verallgemeinerung, der gegenständlichen, instrumentellen und sprachlichen Allgemeinheit? Steuerrecht ist klassisches Eingriffsrecht. Das Allgemeinheitspostulat des Art. 19 Abs. 1 Satz 1 GG entfaltet hier seine freiheitschützende Kraft, wirkt als Klugheitsregel, Verfassungsauftrag und als justitiabler Maßstab. Der grundrechtliche Schutz gegenüber Steuern findet wenig Orientierung in der Wirklichkeit und ist auf das allgemeine Gesetz angewiesen. Das gegenwärtige Steuerrecht bietet aber weder der Gleichheitsprüfung noch dem Freiheitschutz den notwendigen gesetzlichen Ausgangspunkt, lähmt so die schützende Kraft der Grundrechte. Das Steuerrecht verdeutlicht exemplarisch, dass der Schutz der Menschenrechte aus den individuellen Grundrechten und dem aufs Ganze blickenden Vorfeldschutz des allgemeinen Gesetzes schöpft.[2]

---

[1] Siehe unter B (S. 498ff.).
[2] Siehe unter C (S. 529ff.).

Der Staat deckt seinen Finanzbedarf gegenwärtig nicht nur durch Steuern, sondern auch durch staatliche Schulden. Seit der Einführung des Art. 115 Abs. 1 GG a.F. vor rund 40 Jahren ist die Staatsverschuldung auf über 1,5 Billionen Euro gestiegen. Die sog. „Schuldenbremse" scheint die Verschuldung somit eher befördert als gebremst zu haben. Der Grund hierfür liegt einerseits darin, dass auch das Bundesverfassungsgericht in zwei Entscheidungen dieser Bestimmung nicht zur Wirkung verholfen hat. Andererseits sind aber die fehlende finale und instrumentelle, auch Mängel in der sprachlichen Allgemeinheit des Art. 115 Abs. 1 GG a.F. zu kritisieren. Das Grundgesetz nannte hier nicht die zu schützenden Rechtsgüter und das zu erreichende Regelungsziel, setzte kaum eine wirksame, eine unumgehbare Regel, sondern wollte mit dem vagen wirtschaftswissenschaftlichen Begriff der „Störung des gesamtwirtschaftlichen Gleichgewichts" die Staatsschulden begrenzen. Die hierdurch bewirkten Schulden begünstigten zum Zeitpunkt ihrer Aufnahme die Gegenwart, behindern heute aber den Parlamentarismus und benachteiligen in den immensen Rückzahlungslasten die zukünftige Generation. Daher gewinnt insbesondere der Gedanke der temporalen Allgemeinheit, der Gleichheit in der Zeit, die Zukunftsperspektive der demokratischen Repräsentation des gesamten Volks besondere Bedeutung. Dieser Gehalt des allgemeinen Gleichheitssatzes ist aber kaum fassbar, hier nicht justitiabel, entfaltet sich daher primär über den Vorfeldschutz des allgemeinen Gesetzes – das Allgemeinheitspostulat bildet eine notwendige Ergänzung des Grundrechtsschutzes. Dabei stellt sich die Frage, inwieweit die Allgemeinheitspostulate gegenüber verfassungsrechtlichen Bestimmungen wirken, ob sie die Diskussion über die neugefasste Schuldenbremse und die Interpretation der neuen Regelungen leiten können. Der Allgemeinheitsgedanke richtet sich an den Gesetzgeber und den Verfassungsinterpreten. Dabei können Allgemeinheitserwartungen in der Ausrichtung auf die gestaltende Kraft des Gesetzgebers und die Auslegung des Rechts auch als Klugheitsregeln mehr bewirken als die Kontrolle justitiabler Vorgaben durch die Richter.[3]

Anhand dieser drei Rechtsfragen soll das Allgemeinheitspostulat in seinen justitiablen Forderungen, den verbindlichen Verfassungsaufträgen und den grundgesetzlichen Klugheitsregeln verdeutlicht werden. Es gilt exemplarisch zu zeigen, dass das allgemeine Gesetz die Grundrechte schützt und die Demokratie stärkt.

---

[3] Siehe unter D (S. 569ff.).

B. Polizeiliche Generalklauseln – Bestimmtheit der Allgemeinheit

I. Sicherheit und legitime öffentliche Gewalt

Die Aufgabe, die innere Sicherheit zu gewährleisten, ist notwendiges, ist legitimierendes Element des Verfassungsstaats.[1] Der Sicherungsauftrag ist in Gegenstand und Ziel vorgefunden. Das Sicherheitsrecht sucht die Menschen vor Gefahren zu schützen. Es ist davon geprägt, dass die Wirklichkeit vom Zustand der Sicherheit abzuweichen droht, sie durch das Recht gebunden oder in den Rahmen des Rechts zurückgeführt werden muss und derzeit neue Gefahrenlagen zu meistern sind.[2]

Die „Securitas" war bereits den mittelalterlichen italienischen Städten, d.h. in einer vorstaatlichen Phase, das „ideale Ziel guter Regierung".[3] Diese Idee wurde zur Legitimationsgrundlage der Staatsgründung: Die Menschen sollten sich zur

---

[1] Grundlegend: *Hobbes*, Leviathan [1651], 2003 (siehe bereits im Zweiten Kapitel unter B. IV. 2., S. 116ff.); BVerfGE 49, 24 (56f.) – Kontaktsperre; siehe für die Entwicklung dieses Staatszwecks *Di Fabio*, Risikoentscheidungen im Rechtsstaat, 1994, S. 11ff.; *W. Brugger*, Freiheit und Sicherheit, 2004, S. 34ff.; mit Blick besonders auf das Polizeirecht der Bundesrepublik *Götz*, Die Sorge für die öffentliche Sicherheit und Ordnung, in: Jeserich/Pohl/von Unruh (Hg.), Deutsche Verwaltungsgeschichte, Band 5, 1987, § 2; *Boldt/Stolleis*, Geschichte der Polizei in Deutschland, in: Lisken/Denninger, Handbuch des Polizeirechts, 4. Auflage 2007, A Rdn. 1ff.; siehe zur inneren Sicherheit: *Götz*, Innere Sicherheit, in: HStR IV, 3. Auflage 2006, § 85; *Denninger*, Freiheit durch Sicherheit? KritJ 35 (2002), 467; *Möstl*, Die staatliche Garantie für die öffentliche Sicherheit und Ordnung, 2002, S. 3ff.; *Eichenberger*, Die Sorge für den inneren Frieden als primäre Staatsaufgabe [1977], in: ders., Der Staat der Gegenwart, 1980, S. 73; grundlegend: *Isensee*, Das Grundrecht auf Sicherheit, 1983; *Robbers*, Sicherheit als Menschenrecht, 1987.

[2] *Di Fabio*, Risikoentscheidungen im Rechtsstaat, 1994, insbes. S. 65ff.; *Pitschas*, Polizeirecht im kooperativen Staat – Innere Sicherheit zwischen Gefahrenabwehr und kriminalpräventiver Risikovorsorge –, DÖV 2002, 221; *Möstl*, Die staatliche Garantie für die öffentliche Sicherheit und Ordnung, 2002; *Horn*, Sicherheit und Freiheit durch vorbeugende Verbrechensbekämpfung – Der Rechtsstaat auf der Suche nach dem rechten Maß, in: Festschrift für Walter Schmitt Glaeser, 2003, S. 435 (insbes. 454ff.); *Stoll*, Sicherheit als Aufgabe von Staat und Gesellschaft, 2003; *Schoch*, Abschied vom Polizeirecht des liberalen Rechtsstaats?, Der Staat 43 (2004), 347; *W. Brugger*, Freiheit und Sicherheit, 2004; *Heckmann*, Das Paradoxon von individueller Freiheit und öffentlicher Sicherheit, in: Alexy (Hg.), Juristische Grundlagenforschung, 2005, S. 183 (insbes. 185ff.); *Hoffmann-Riem*, Eigenständigkeit der Verwaltung, in: ders./Schmidt-Aßmann/Voßkuhle (Hg.), GVwR I, 2006, § 10 insbes. Rdn. 126.

[3] *Götz*, Innere Sicherheit, in: HStR IV, 3. Auflage 2006, § 85 Rdn. 18 m.w.H.

Erhaltung des Friedens und zum gemeinsamen Schutz einer Staatsgewalt unterwerfen.[4] Die staatliche Gewalt wurde jedoch um der Freiheit willen begrenzt und gewann so – neben der Garantie der Sicherheit – eine zweite Quelle der Legitimität.[5] Heute ist der Verfassungsstaat bei der Erfüllung des Sicherungsauftrags an die Grundrechte gebunden, an die Gleichheit vor dem Gesetz, die Freiheitsrechte und die grundrechtlichen Schutzpflichten.[6] Die Schutzpflichten bilden dabei den verfassungsrechtlichen Kern der Garantie der inneren Sicherheit. Sie nehmen den Staat für einen allgemeinen, aber individualwirksamen Erfolg – die Sicherheit – in die Pflicht, orientieren sich dabei insbesondere an dem „Untermaßverbot" und dem „Übermaßverbot" und damit an allgemeinen Maßstäben.[7] Hier deutet sich bereits an, dass der Sicherungsauftrag in besonderer Weise auf das Ganze und jeden Einzelnen zielt.

Der Staat muss rechtliche Instrumente bereitstellen, um den Sicherungsauftrag zu erfüllen. Er nimmt in dem allgemeinen Gebot, das Recht zu befolgen, und der sicherheitsrechtlichen Mitwirkungspflicht der Bürger, diese in eine besondere Verantwortung für die Sicherheit. Der Sicherungsauftrag ist auf die staatlichen Organe und die Bürger verteilt, bezieht sich auf das gesamte Bundesgebiet, wird hier durch Landesgesetze sowie Bundesrecht erfüllt und durch den europäischen Raum der Freiheit, der Sicherheit und des Rechts auf 27 Mitgliedstaaten geweitet.[8] Die polizei- und ordnungsrechtliche Sicherungsverantwortung liegt grundsätzlich bei den Ländern. Auf der Ebene des Bundes wurden thematisch begrenzte Sicherheitsgesetze erlassen.[9] Die Europäische Union will dem über Staatsgrenzen hinausgreifenden Sicherungsauftrag dienen. Die Polizeigesetze müssen diese Rechtsquellen, aber auch das Zusammenwirken von öffentlicher Hand und Bürgern koordinieren. Dieser Koordinationsauftrag könnte die Gedanken der sprachlichen und instrumentellen Allgemeinheit nahelegen. Gegenständlich drängt der Auftrag der Gefahrenabwehr auf allgemei-

---

[4] *Hobbes*, Leviathan [1651], 2003 (siehe bereits oben im Zweiten Kapitel unter B. IV. 2., S. 116ff.).

[5] *Locke*, Über die Regierung [Two Treatises of Government. The Second Treatise, 1690], 2003 (siehe bereits oben im Zweiten Kapitel unter B. IV. 2., S. 116ff.).

[6] Zu dieser Entwicklung *Di Fabio*, Risikoentscheidungen im Rechtsstaat, 1994, S. 35ff., 44ff.

[7] BVerfGE 88, 203 (254f., 265f., 340) – Schwangerschaftsabbruch II; siehe hierzu und zu der Entwicklung *Poscher*, Gefahrenabwehr, 1999, S. 25ff.; *Götz*, Innere Sicherheit, in: HStR IV, 3. Auflage 2006, § 85 Rdn. 21ff.; zu den Schutzpflichten *Calliess*, Schutzpflichten, in: HGR II, 2006, § 44; *Szczekalla*, Die sogenannten grundrechtlichen Schutzpflichten im deutschen und europäischen Recht, 2002; *W. Brugger*, Freiheit und Sicherheit, 2004, S. 54ff.; siehe zum staatshaftungsrechtlichen Bezug *Grzeszick*, Rechte und Ansprüche, 2002, S. 185ff.; grundlegend: *Isensee*, Das Grundrecht auf Sicherheit, 1983.

[8] Art. 2 Abs. 1 EUV, Art. 3 Abs. 1 und Abs. 2 EU; siehe zu dieser neuen Sicherheitsarchitektur *Pitschas*, Neues Verwaltungsrecht im partnerschaftlichen Rechtsstaat?, DÖV 2004, 231.

[9] Siehe die Übersicht bei *W.-R. Schenke*, Polizei- und Ordnungsrecht, 5. Auflage 2007, Rdn. 25ff.

ne situationsoffene Grundregeln, die Sicherheitsstrukturen schaffen. Keine Gefahr gleicht der anderen. Das Recht muss immer neue, unvorhergesehene Sicherheitsfragen beantworten, auf die Übergänge von Gefahrenabwehr, Gefahrenvorsorge und Gefahrenaufklärung hinreichend reagieren, auch vorsorgend wirken.[10] Die Gesetze dürfen ihre Tatbestände daher nicht nach aktuellen Gefahrenlagen bilden, die im nächsten Fall wieder überholt sind. So entwickelte sich die polizeirechtliche Generalklausel zu einem zentralen Sicherungsinstrument, weil sie in ihrer Allgemeinheit der Polizei einen weiten Gestaltungsraum lässt, auch neuartige Gefahren abzuwehren, potentiellen Gefahrenlagen zuvorzukommen, insgesamt das individuelle Schutzversprechen der Grundrechte und den auf das Ganze blickenden Sicherungsauftrag zu erfüllen und die verschiedenen Rechtsquellen, Organe und den mitwirkenden Bürger in der Erfüllung des grenzüberschreitenden Sicherungsauftrags zusammenzuführen sucht.

Doch wenn Generalklauseln der Polizei für die Erfüllung des Sicherungsauftrags Grundrechtseingriffe erlauben, stellt sich die Frage, ob dem rechtsstaatlichen und grundrechtlichen Bestimmtheitsgebot genügt wird.[11] Insbesondere die Bürger, die für die Gefahrenabwehr herangezogen werden oder eine risikoreiche Anlage betreiben, aber auch Polizei und Gerichte scheinen nicht auf Generalklauseln, sondern auf prägnante gesetzliche Tatbestände zu drängen, um zu erfahren, was das Recht im Einzelfall von ihnen fordert, wann der Sicherheitsauftrag erfüllt ist, auch um gerade in der aktuellen Gefahrenlage von der Maßstabfindung entlastet zu sein. So veranlassen die polizeirechtlichen Generalklauseln weniger die Frage, ob eine verbindliche oder justitiable Allgemeinheitserwartung verletzt wurde, weil das Gesetz zu eng wäre. Vielmehr ist zu prüfen, ob zu allgemeine Gesetze der rechtsstaatlichen Demokratie und dem Freiheitschutz widersprechen, ob die Verfassung ein Maß der Allgemeinheit und Bestimmtheit setzt. Diese Frage ist in einem Bereich zu beantworten, in

---

[10] Vgl. zur Entwicklung BVerfGE 54, 143 (144f.) – Taubenfütterungsverbot; 110, 33 (61f.) – Zollbefugnisse; 113, 348 (375f., 387) – Telekommunikationsüberwachung; *Möstl*, Die staatliche Garantie für die öffentliche Sicherheit und Ordnung, 2002, S. 147ff.; *ders.*, Die neue dogmatische Gestalt des Polizeirechts, DVBl. 2007, 581; *Heckmann*, Das Paradoxon von individueller Freiheit und öffentlicher Sicherheit, in: Alexy (Hg.), Juristische Grundlagenforschung, 2005, S. 183 (185ff.); *Horn*, Sicherheit und Freiheit durch vorbeugende Verbrechensbekämpfung – Der Rechtsstaat auf der Suche nach dem rechten Maß, in: Festschrift für Walter Schmitt Glaeser, 2003, S. 435 (454ff.); *Frenz*, Die Verschränkung von Gefahrenabwehr und Gefahrenvorsorge – Förderabgabe auf Grubengas bei privater Gefahrenrprävention?, DÖV 2006, 718; *Trute*, Gefahr und Prävention in der Rechtsprechung zum Polizei- und Ordnungsrecht, Die Verwaltung 36 (2003), 501; siehe für die Gefahrenabwehr und -vorsorge bereits *Darnstädt*, Gefahrenabwehr und Gefahrenvorsorge, 1983, S. 121ff.

[11] *Di Fabio*, Verlust der Steuerungskraft klassischer Rechtsquellen, NZS 1998, 449 (450): „Eine klare Standardmaßnahme in einem Polizeigesetz über den Schußwaffengebrauch beseitigt zwar nicht alle praktischen Zweifel, gibt aber die rechtsstaatlich dringend gebotene klare Orientierung.“ Siehe zum Bestimmtheitsgebot und Allgemeinheitspostulat bereits im Zweiten Kapitel unter C. V., hier insbes. unter 5. (S. 330ff.).

welchem das Recht Sicherheit und Freiheit und damit die Grundpfeiler der Legitimität der öffentlichen Gewalt zu gewährleisten sucht.

II. Das auf allgemeine Regelungen angelegte Polizeirecht

1. Grundgesetzliche Forderung nach speziellen Polizeigesetzen?

Das Polizeirecht muss einen allgemeinen Sicherungsauftrag erfüllen. Die Weite dieses Auftrags spiegelt sich in der Formulierung der Generalklausel des Preußischen Sicherheitsgesetzes aus dem Jahre 1931, an die sich die heutigen Polizei- und Ordnungsgesetze anlehnen: „Die Polizeibehörden haben im Rahmen der geltenden Gesetze die nach pflichtmäßigem Ermessen notwendigen Maßnahmen zu treffen, um von der Allgemeinheit oder dem einzelnen Gefahren abzuwehren, durch die die öffentliche Sicherheit oder Ordnung bedroht wird".[12] Hier wird – noch bevor die Schutzpflichten der Grundrechte entfaltet wurden – der auf das Ganze und das Individuum bezogene Sicherungsauftrag deutlich. Diese Ermächtigung entspricht dem allgemeinen, aber von wechselnden Gefährdungslagen abhängigen Sicherungsauftrag.[13] Doch stellt dieser offene, dieser allgemeine Tatbestand die rechtsstaatliche und grundrechtliche Frage nach der hinreichenden Bestimmtheit der Eingriffsermächtigung,[14] nach dem zulässigen Maß der Verallgemeinerung.

Der Tatbestand der öffentlichen Sicherheit erfasst den Schutz der Unverletzlichkeit der Rechtsordnung, der subjektiven Rechte und Rechtsmittel des Einzelnen sowie den Bestand, die Einrichtungen und Veranstaltungen des Staats und sonstiger Hoheitsträger. Das Merkmal der „öffentlichen Ordnung" greift noch weiter, ist noch unbestimmter, weil es die Gesamtheit der ungeschriebenen Regeln schützt, deren Befolgung nach den jeweils herrschenden sozialen und

---

[12] Zu diesem Befund und zitiert nach *W.-R. Schenke*, Polizei- und Ordnungsrecht, 5. Auflage 2007, Rdn. 25ff.; siehe zur Entwicklung des Verwaltungsrechts mit Blick speziell auf die Gefahrenabwehr und die Generalklauseln *Di Fabio*, Risikoentscheidungen im Rechtsstaat, 1994, S. 10ff., 27ff.; zu der Geschichte der „Polizey-" und Polizeigesetze jüngst *H. Wißmann*, Generalklauseln, 2008, S. 25ff.; *W. Brugger*, Freiheit und Sicherheit, 2004, S. 34ff.; mit Blick besonders auf die Bundesrepublik *Götz*, Die Sorge für die öffentliche Sicherheit und Ordnung, in: Jeserich/Pohl/von Unruh (Hg.), Deutsche Verwaltungsgeschichte, Band 5, 1987, § 2; *Boldt/Stolleis*, Geschichte der Polizei in Deutschland, in: Lisken/Denninger, Handbuch des Polizeirechts, 4. Auflage 2007, A Rdn. 1ff.

[13] Daneben hatten die Polizeibehörden von Anfang an andere, ihnen durch Gesetze besonders übertragene Aufgaben (siehe hierzu *Drews/Wacke/Vogel/Martens*, Gefahrenabwehr, 9. Auflage 1986, S. 129).

[14] Siehe hierzu im Zweiten Kapitel unter C. V., hier insbes. unter 5. (S. 330ff.); speziell zur polizeilichen Generalklausel *Hill*, Abschied von der öffentlichen Ordnung im Polizei- und Ordnungsrecht?, DVBl. 1985, 88 (89ff.); *Butzer*, Flucht in die polizeiliche Generalklausel?, VerwArch 93 (2002), 506 (522ff.).

ethischen Anschauungen als unerlässliche Voraussetzung eines geordneten menschlichen Zusammenlebens innerhalb eines bestimmten Gebiets angesehen wird.[15] Die von vielen Polizeigesetzen vorgenommene Unterscheidung zwischen dem gesetzlich festgelegten Aufgabenbereich (Aufgabennorm) und der Generalermächtigung zum Erlass von polizeilichen, in die Rechtsphäre des Bürgers eingreifenden Maßnahmen (Befugnisnorm),[16] entschärft das Bestimmtheitsproblem kaum, weil die Befugnisnormen oft die zulässigen Maßnahmen in Anlehnung an die Aufgabennormen bestimmen, ergänzt durch das Kriterium der Erforderlichkeit.[17] Die Generalklauseln sind demgegenüber enger, weil sie tatbestandlich das Vorliegen einer konkreten Gefahr voraussetzen.[18] Die tatbestandliche Offenheit der Generalklauseln – es wird von einer Vermeidung „kasuistischer Tatbestandsbildungen" gesprochen[19] – wird vielfach nur deshalb als noch verfassungsrechtlich hinreichend bestimmt verstanden, weil sie durch Rechtsprechung und Literatur nach Inhalt, Zweck und Ausmaß konkretisiert

[15] Deutlich BVerfGE 69, 315 (352) – Brokdorf; insgesamt *Denninger*, Polizeiaufgaben, in: Lisken/ders., Handbuch des Polizeirechts, 4. Auflage 2007, E Rdn. 16ff.; *Möstl*, Die staatliche Garantie für die öffentliche Sicherheit und Ordnung, 2002, S. 119ff.; *Waechter*, Die Schutzgüter des Polizeirechts, NVwZ 1997, 729; *Hill*, Abschied von der öffentlichen Ordnung im Polizei- und Ordnungsrecht?, DVBl. 1985, 88 (91ff.); *W.-R. Schenke*, Polizei- und Ordnungsrecht, 5. Auflage 2007, Rdn. 53f., 62f.; *Schoch*, Polizei- und Ordnungsrecht, in: Schmidt-Aßmann (Hg.), Besonderes Verwaltungsrecht, 13. Auflage 2005, S. 121 (165f., 171); *Drews/Wacke/Vogel/Martens*, Gefahrenabwehr, 9. Auflage 1986, S. 232f., 245f.; siehe zur praktischen Bedeutung des Tatbestandsmerkmals der „öffentlichen Ordnung" *Störmer*, Renaissance der öffentlichen Ordnung?, Die Verwaltung 30 (1997), 233.

[16] Siehe hierzu *Knemeyer*, Funktionen der Aufgabenzuweisungsnormen in Abgrenzung zu den Befugnisnormen, DÖV 1978, 11.

[17] Vgl. z.B. § 14 Abs. 1 des Gesetzes über Aufbau und Befugnisse der Ordnungsbehörden in Nordrhein-Westfalen (GV. 528), zuletzt geändert durch das Gesetz vom 5. April 2005 (GV. 274), im Folgenden: OBG NRW: „Die Ordnungsbehörden können die notwendigen Maßnahmen treffen, um eine im einzelnen Falle bestehende Gefahr für die öffentliche Sicherheit oder Ordnung (Gefahr) abzuwehren."; § 3 Polizeigesetz Baden-Württemberg vom 13. Januar 1992 (GBl. 1), zuletzt geändert durch das Gesetz vom 1. Juli 2004 (GBl. 469), im Folgenden: PolG BW: „Die Polizei hat innerhalb der durch das Recht gesetzten Schranken zur Wahrnehmung ihrer Aufgaben diejenigen Maßnahmen zu treffen, die ihr nach pflichtmäßigem Ermessen erforderlich erscheinen."; § 3 Abs. 1 des Polizeigesetzes des Freistaates Sachsen in der Fassung der Bekanntmachung vom 13. August 1999, zuletzt geändert durch Gesetz vom 5. Mai 2004 (GVBl. 148), im Folgenden: SächsPolG: „Die Polizei kann innerhalb der durch das Recht gesetzten Schranken die erforderlichen Maßnahmen treffen, um eine im einzelnen Falle bestehende Gefahr für die öffentliche Sicherheit oder Ordnung abzuwehren, soweit die Befugnisse der Polizei nicht besonders geregelt sind."; Art. 11 des Gesetzes über die Aufgaben und Befugnisse der Bayerischen Staatlichen Polizei in der Fassung der Bekanntmachung vom 14. September 1990 (GVBl. 397), im Folgenden: BayPAG: „(1) Die Polizei kann die notwendigen Maßnahmen treffen, um eine im einzelnen Fall bestehende Gefahr für die öffentliche Sicherheit und Ordnung (Gefahr) abzuwehren [...]. (2) Eine Maßnahme im Sinn des Absatzes 1 kann die Polizei insbes. dann treffen, wenn sie notwendig ist, um [...]"; siehe für weitere Gesetzesnachweise *W.-R. Schenke*, Polizei- und Ordnungsrecht, 5. Auflage 2007, Rdn. 48 Fn. 23.

[18] *Rachor*, Das Polizeihandeln, in: Lisken/Denninger, Handbuch des Polizeirechts, 4. Auflage 2007, F Rdn. 779 m.w.H.

[19] *Butzer*, Flucht in die polizeiliche Generalklausel?, VerwArch 93 (2002), 506 (507).

wurde und ihr wegen der spezialgesetzlichen Ermächtigungen nur noch eine eingeschränkte, Lücken ausfüllende, eine ergänzende Funktion insbesondere für atypische Gefahrensituationen zukomme.[20]

Dieser enge Anwendungsbereich der Generalklausel wird mit dem Bestimmtheitsgrundsatz begründet, nach dessen gängiger Lesart auf sonderrechtliche Befugnisnormen und Standardbefugnisse jedenfalls dort zurückzugreifen ist, wo sich bestimmte Gefahren- und Störungslagen regelmäßig einstellen und bestimmbare Formen der Gefahrenabwehr verlangen.[21] Auf voraussehbare Gefahren dürfe nur auf Grundlage einer speziellen Rechtsgrundlage mit Standardmaßnahmen geantwortet, auf die Generalklausel nur bei unvorhergesehenen Gefahrenlagen zurückgegriffen werden.[22] Mit der Intensität des Grundrechtseingriffs steigen die Bestimmtheitsforderungen, die an die gesetzliche Ermächtigungsgrundlage gestellt werden.[23] Weil die Gefahrenabwehr nicht selten schwerwiegende Grundrechtseingriffe erwarte, bedürfe es daher in der Regel der spezialgesetzlichen Ermächtigungsnorm.[24] Diese verfassungsrechtlichen Forderungen nach speziellen polizeirechtlichen Bestimmungen verstärken sich angesichts der gegenwärtigen Veränderungen im Sicherheitsrecht. Wenn Private in den Sicherungsauftrag vermehrt eingebunden werden, wenn sie insbesondere als Betreiber risikoreicher Unternehmen und Anlagen, aber auch für ihre Arbeitnehmer und Produkte[25] eine besondere Verantwortung für die Sicherheit tragen, erwarten sie von detaillierten gesetzlichen Vorgaben die Gewissheit, den gesetzlichen Sicherungsauftrag und damit ihre gesteigerte Verantwortung erfüllt zu haben. Deshalb baut etwa das technische Sicherheitsrecht, auch das Atom- und Gentechnikrecht auf spezielle gesetzliche Vorgaben.[26] Der Rechtsstaat muss angesichts der neuen Gefahrensituationen, angesichts des Kampfs gegen neue technische Gefahren und den Terrorismus, den Raum des polizeilichen Handelns insbesondere in das Vorfeld der Bedrohung ausdehnen.[27] Die

---

[20] BVerfGE 54, 143 (144f.) – Taubenfütterungsverbot; *Schoch*, Polizei- und Ordnungsrecht, in: Schmidt-Aßmann (Hg.), Besonderes Verwaltungsrecht, 13. Auflage 2005, S. 121 (161f.); *Butzer*, Flucht in die polizeiliche Generalklausel?, VerwArch 93 (2002), 506 (521f.); jeweils m.w.H.

[21] *Pieroth/Schlink/Kniesel*, Polizei- und Ordnungsrecht, 4. Auflage 2007, § 7 Rdn. 20; in diese Richtung weist auch *Volkmann*, Die Rückeroberung der Allmende, NVwZ 2000, 361 (365).

[22] *Butzer*, Flucht in die polizeiliche Generalklausel?, VerwArch 93 (2002), 506 (522f. m.w.H.).

[23] Siehe zu diesen Forderungen des Bestimmtheitsgrundsatzes im Zweiten Kapitel unter C. V. 5. (S. 330ff.).

[24] *W.-R. Schenke*, Polizei- und Ordnungsrecht, 5. Auflage 2007, Rdn. 49.

[25] Siehe hierzu *Stoll*, Sicherheit als Aufgabe von Staat und Gesellschaft, 2003, S. 27ff., 65ff., 213ff.

[26] Siehe zu den entsprechenden gesetzlichen Regelungsaufträgen auch bereits im Zweiten Kapitel unter C. III. 7. (S. 282ff.).

[27] Siehe zu dem Auftrag im Rahmen der Gefahrenabwehr *Denninger*, Polizeiaufgaben, in: Lisken/ders., Handbuch des Polizeirechts, 4. Auflage 2007, E Rdn. 1ff.

so geforderten neuen Maßnahmen dürfe die rechtsstaatliche Polizei aber nur vornehmen, wenn sie vom Parlament hierzu durch ein spezielles Gesetz ermächtigt wurde.[28] Der Gesetzgeber müsse auch bei der heimlichen Überwachung von Wohnräumen, der Telekommunikationsüberwachung, bei Ausgangssperren und bei der Erhebung und Verwertung personenbezogener Daten in bestimmten Tatbeständen die Verantwortung für den speziellen Grundrechtseingriff übernehmen, dabei das Zitiergebot beachten, die Eingriffsermächtigung klar umgrenzen und verhältnismäßig auf den Grundrechtsschutz abstimmen.[29]

Insgesamt könnte das Grundgesetz daher in dem auf Grundrechtseingriffe ausgerichteten Polizeirecht in besonderer Weise zu Sondertatbeständen, zu speziellen Ermächtigungsgrundlagen drängen – weg von der Allgemeinheit des Gesetzes.

2. *Grenzen der Spezialermächtigungen*

Doch wird die Forderung nach Spezialermächtigungen bereits angesichts üblicher polizeilicher Maßnahmen fraglich, die die Grenzen der speziellen Rechtsgrundlagen und die damit verbundene Rechtsunsicherheit verdeutlichen.

Die polizeirechtliche Diskussion erörtert seit rund 30 Jahren die einschlägige Rechtsgrundlage, wenn z.B. Fußball-Hooligans von der Nähe des Stadions an den Stadtrand gebracht werden, damit sie – wenn überhaupt – erst weit nach Abpfiff des Fußballspiels zum Stadion zurückkehren können und dadurch Straftaten von vornherein verhindert werden. Ergehen diese Verbringungen als Ingewahrsamnahmen,[30] setzen sie vorangegangene Platzverweise in unmittelbarem Zwang durch,[31] greift die Generalklausel oder sind sie mangels hinreichend bestimmter Rechtsgrundlage unzulässig?[32] Sind mehrmonatige Aufenthaltsverbote, die gegenüber Beteiligten im Bereich des Drogenhandels ergehen, um diese von den einschlägigen Orten fernzuhalten und so Straftaten zu verhindern, Platzverweise, die nach dem Gesetz aber nur „vorübergehend"[33] erge-

---

[28] *Schoch*, Abschied vom Polizeirecht des liberalen Rechtsstaats?, Der Staat 43 (2004), 347 (insbes. 367).

[29] Insgesamt *W.-R. Schenke*, Polizei- und Ordnungsrecht, 5. Auflage 2007, Rdn. 49; *Schoch*, Polizei- und Ordnungsrecht, in: Schmidt-Aßmann (Hg.), Besonderes Verwaltungsrecht, 13. Auflage 2005, S. 121 (164 f. m. w. H.).

[30] *Götz*, Allgemeines Polizei- und Ordnungsrecht, 14. Auflage 2008, § 8 Rdn. 39, der von einem Gewahrsam ab einer bestimmten Dauer des Transports im Dienstfahrzeug (etwa 2–3 Stunden) ausgeht, ansonsten aber von einer Durchsetzung eines Platzverweises oder Aufenthaltsverbots.

[31] *Rachor*, Das Polizeihandeln, in: Lisken/Denninger, Handbuch des Polizeirechts, 4. Auflage 2007, F Rdn. 559 ff.

[32] *Gusy*, Polizeirecht, 6. Auflage 2006, Rdn. 297.

[33] Art. 16 BayPAG; § 21 Abs. 1 SächsPolg; § 34 Abs. 1 PolgNRW.

hen? Brauchen sie wegen ihrer Dauer eine gesonderte Ermächtigungsgrundlage[34] oder darf auf die Generalklausel zurückgegriffen werden?[35] Die Gernalklausel könnte aber auch hier nicht hinreichend bestimmt sein, weswegen dann eine zeitliche Weitung der Reichweite der Standardmaßnahme erwogen werden könnte?[36] Ähnliche Probleme stellen sich, wenn Kontrollstellen im Vorfeld einer Versammlung eingerichtet werden oder Meldeauflagen ergehen.[37] Bereits diese Beispiele verdeutlichen, dass im Polizeirecht nicht die „Klarheit und Eindeutigkeit" herrschen, die durch besondere Ermächtigungsgrundlagen suggeriert werden.[38]

Die Spezialermächtigungen erfüllen in den genannten Fällen die Forderungen des Bestimmtheitsgrundsatzes nicht, den Eingriff für den Bürger vorhersehbar zu machen und die Polizei an klare rechtliche Regelungen zu binden, obwohl erhebliche Grundrechtsbeeinträchtigungen vorgenommen werden. Auch wenn diese Fälle nun ausdrücklich im Gesetz geregelt würden, stünde die Polizei morgen vor anderen, nicht spezialgesetzlich geregelten Aufgaben. So drängt sich erneut die Einsicht auf, dass der Bestimmtheitsgrundsatz nicht detaillierte Regelungen fordert,[39] weil diese in ihrem engen Anwendungsbereich im Grunde zulässige polizeiliche Maßnahmen wie Verbringungsgewahrsam oder Aufenthaltsverbote[40] auszuschließen drohen. Das Grundgesetz erwartet nicht vom Gesetzgeber, den Gesetzeserlass auf einen speziellen Fall auszurichten, Detailregelungen zu erlassen, sondern es fordert, eine allgemeine Regel zu setzen, die aber eine entsprechende Tiefenschärfe haben muss, um Bürger wie Beamte hinreichend klar zu leiten. Es geht nicht darum, den Blick auf den einen Fall zu fokussieren, sondern – gleichsam mit dem Weitwinkel der abstrakt-generellen Regelung – darum, zahlreiche Fälle mit einer hinreichenden Schärfe zu erfassen.[41] Die finale Allgemeinheit betont dabei, dass das Ziel des Gesetzes deutlich

---

[34] *Gusy*, Polizeirecht, 6. Auflage 2006, Rdn. 282; verhaltener *Rachor*, Das Polizeihandeln, in: Lisken/Denninger, Handbuch des Polizeirechts, 4. Auflage 2007, F Rdn. 503; siehe hier z. B. § 34 Abs. 2 NRWPolG oder § 21 Abs. 2 SächsPolG.

[35] Hierfür *Götz*, Allgemeines Polizei- und Ordnungsrecht, 14. Auflage 2008, § 8 Rdn. 26, der sich gegen die Sperrwirkung des Platzverweises ausspricht, aber den Erlass einer Spezialermächtigung als „vorzugswürdig" herausstellt.

[36] *Volkmann*, Die Rückeroberung der Allmende, NVwZ 2000, 361 (365); *Butzer*, Flucht in die polizeiliche Generalklausel?, VerwArch 93 (2002), 506 (508 ff.).

[37] *Rachor*, Das Polizeihandeln, in: Lisken/Denninger, Handbuch des Polizeirechts, 4. Auflage 2007, F Rdn. 826 ff.; die Meldeauflagen werden oft von Ausreiseverboten flankiert, sodass passrechtliche Bestimmungen greifen können; *Kniesel/Poscher*, Versammlungsrecht, ebenda, J Rdn. 380.

[38] *Butzer*, Flucht in die polizeiliche Generalklausel?, VerwArch 93 (2002), 506 (508).

[39] Siehe hierzu bereits im Zweiten Kapitel unter C. V. 5. (S. 330 ff.).

[40] Siehe zur grundsätzlichen Zulässigkeit *Götz*, Allgemeines Polizei- und Ordnungsrecht, 14. Auflage 2008, § 8 Rdn. 26 und 39; *Rachor*, Das Polizeihandeln, in: Lisken/Denninger, Handbuch des Polizeirechts, 4. Auflage 2007, F Rdn. 494 ff., 559 ff.; *Gusy*, Polizeirecht, 6. Auflage 2006, Rdn. 282 und 297.

[41] Siehe hierzu im Zweiten Kapitel unter C. V. 5. (S. 330 ff.).

benannt werden muss. Nur dann prägt der Gesetzgeber die Konkretisierung durch die Verwaltung und damit den grundrechtlichen Schutz der Freiheit und Gleichheit.[42]

Diesen Erwartungen folgen z.B. die von einigen Ländern erlassenen Regelungen der Aufenthaltsverbote. Hier werden tatbestandlich Tatsachen gefordert, die die Annahme rechtfertigen, „dass eine Person in einem bestimmten örtlichen Bereich eine Straftat begehen oder zu ihrer Begehung beitragen wird."[43] Dem Bürger wird das Ziel der Maßnahme sowie die leicht verständliche gesetzliche Anordnung bewusst, dass der, der einen Ort zur Begehung einer Straftat aufsuchen will, von diesem Ort auch für längere Zeit verwiesen werden kann. Die Erwartung der Gesetzesallgemeinheit, die Grundrechtsprüfung zu leiten, erfüllen die Tatbestände auch insofern, als die Maßnahmen durch das Gesetz „zeitlich und örtlich auf den zur Verhütung der Straftat erforderlichen Umfang" beschränkt werden und die Unzumutbarkeit des Aufenthaltsverbots angenommen wird, wenn der Betroffene an dem Ort seine Wohnung hat oder berechtigte Interessen wahrnimmt, etwa seinen Beruf ausübt.[44] Dem Gedanken der instrumentellen Allgemeinheit wird gefolgt, wenn Konflikte mit Regelungen des Versammlungsrechts antizipiert und gelöst werden sollen.[45] Zudem dürfen – so die Bestimmungen – die Aufenthaltsverbote drei Monate nicht überschreiten.[46] Diese Grenze setzt aber eine zu konkrete Vorgabe. Hier wurde der Gedanke der gegenständlichen Allgemeinheit vernachlässigt, die Forderung der gesetzlichen Bestimmtheit wohl mit Konkretheit verwechselt.[47] Das Allgemeinheitspostulat wäre erfüllt und eine sachgerechtere Regelung getroffen worden, wenn die Dauer nicht strikt begrenzt, sondern etwa mit der Schwere der

---

[42] Siehe hierzu im Zweiten Kapitel unter C. VI. und VII. (S. 343ff.).

[43] So z.B. § 34 Abs. 2 NRWPolG: „Rechtfertigen Tatsachen die Annahme, dass eine Person in einem bestimmten örtlichen Bereich eine Straftat begehen oder zu ihrer Begehung beitragen wird, kann ihr für eine bestimmte Zeit verboten werden, diesen Bereich zu betreten oder sich dort aufzuhalten [...]." Siehe auch § 21 Abs. 2 SächsPolG: „Die Polizei kann einer Person [...] den Aufenthalt in einem Gemeindegebiet oder -gebietsteil untersagen, wenn Tatsachen die Annahme rechtfertigen, dass die Person dort eine Straftat begehen oder zu ihrer Begehung beitragen wird. [...]"

[44] § 34 Abs. 2 NRWPolG: „Rechtfertigen Tatsachen die Annahme, dass eine Person in einem bestimmten örtlichen Bereich eine Straftat begehen oder zu ihrer Begehung beitragen wird, kann ihr für eine bestimmte Zeit verboten werden, diesen Bereich zu betreten oder sich dort aufzuhalten, es sei denn, sie hat dort ihre Wohnung oder nimmt dort berechtigte Interessen wahr." § 21 Abs. 2 SächsPolG: „Das Verbot ist zeitlich und örtlich auf den zur Verhütung der Straftat erforderlichen Umfang zu beschränken und darf räumlich nicht den Zugang zur Wohnung der betroffenen Person umfassen. Die [...] Wahrnehmung berechtigter Interessen durch die betroffene Person" bleibt unberührt."

[45] § 21 Abs. 2 SächsPolG: „Die Vorschriften des Versammlungsrechts [...] bleiben unberührt."

[46] § 34 Abs. 2 NRWPolG: Die Maßnahme „darf die Dauer von drei Monaten nicht überschreiten." § 21 Abs. 2 SächsPolG: Die Polizei kann die Maßnahme „für höchstens drei Monate" anordnen.

[47] Siehe zu dieser Unterscheidung im Zweiten Kapitel unter C. V. 5. b) (S. 333ff.).

geplanten Straftat in Verbindung gebracht und um die Anordnung ergänzt worden wäre, dass das Verbot in der Regel drei Monate nicht überschreiten darf. Wenn ein besonderer Jahrmarkt 13 Wochen dauert und die Annahme gerechtfertigt erscheint, dass eine Person das Riesenrad sabotieren wird, sollte das Aufenthaltsverbot auf die gesamte Zeit erstreckt, sollten die Besucher nicht in der letzten Woche in Gefahr gebracht werden. Die gegenständliche Verengung auf drei Monate wird zu neuen Abgrenzungsschwierigkeiten führen, als Detailregelung Rechtsunsicherheit mit sich bringen, den Bestimmtheitsgedanken nicht entfalten.

Die Beispiele verdeutlichen, wie die Allgemeinheitspostulate den Gesetzgeber beim Erlass freiheitlicher Regelungen leiten können, wie sie vorbeugend Freiheit schützen und die parlamentarische Demokratie entfalten. Insbesondere wird aber bewusst, dass der Bestimmtheitsgrundsatz auch im allgemeinen Polizei- und Ordnungsrecht nicht eine Konkretheit, sondern die Allgemeinheit des Gesetzes fordert. Dies gilt selbst für Regelungen, die präzise Vorgaben setzen müssen, wie etwa Geschwindigkeitsbeschränkungen im Straßenverkehrsrecht.[48] Wenn sich der Bürger genau an diese Grenzen halten wollte, sich daher primär auf die Geschwindigkeitsanzeige seines Kraftfahrzeugs konzentrieren würde, um mit exakt 50 km/h durch die geschlossene Ortschaft zu fahren,[49] drohte er die allgemeine Verkehrssituation aus dem Auge zu verlieren, Gefahrenlagen nicht zu antizipieren, das Kind, das auf die Straße rennt, oder das Aquaplaning nicht zu bemerken. Ein Gesetz wird kaum die gewünschte Wirkung entfalten, wenn es nur ein spezielles Mittel vorgibt, wenn es enge Detailvorgaben setzt. Vielmehr sollten das grundlegende Regelungsziel und die betroffenen Rechtsgüter benannt und präzise, aber nicht konkrete Zumutbarkeitsgrenzen gezogen werden. So gibt die Straßenverkehrsordnung nicht nur die Geschwindigkeitsbegrenzungen vor, sondern betont, dass diese Detailvorgaben eine allgemeine Regel konkretisieren, deshalb nicht nur das Allgemeinheitspostulat nicht verletzen,[50] sondern auch nicht einfach strikt zu befolgen sind. Vielmehr muss der Fahrzeugführer sein „Fahrzeug ständig beherrschen" und die Geschwindigkeit „insbesondere den Straßen-, Verkehrs-, Sicht- und Wetterverhältnissen" sowie seinen „persönlichen Fähigkeiten" und „den Eigenschaften von Fahrzeug und Ladung" anpassen. Aber auch diese allgemeine Regel könnte besonderen Fällen nicht gerecht werden, weswegen die Straßenverkehrsordnung mit der allgemeinen „Grundregel" beginnt, dass „ständige Vorsicht und gegenseitige Rücksicht" geboten sind, keiner geschädigt oder gefährdet werden darf.[51] So werden das Grundanliegen des Gesetzes und die geschützten Rechtsgüter benannt. Diese

48 Siehe hierzu § 3 Abs. 3 StVO.
49 § 3 Abs. 3 Nr. 1 StVO.
50 Siehe hierzu unter im Zweiten Kapitel unter C. II. 1. f) (S. 215 ff.).
51 § 3 Abs. 1 und § 1 Abs. 1 und Abs. 2 StVO.

verständlichen Grundaussagen leiten den Bürger und die öffentliche Hand. Sie erlauben und erwarten Konkretisierungen.

Das Allgemeinheitspostulat[52] mahnt den Gesetzgeber, eine allgemeine Regel zu setzen und damit eine Weite zu erreichen. Der Bestimmtheitsgrundsatz und das Verbot des Einzelfallgesetzes verbieten als justitiable Verfassungssätze die Verengung auf einen Fall.[53] So will die Gesetzesallgemeinheit die Demokratie entfalten, nimmt dafür nur äußerst zurückhaltend den Richter, in besonderer Weise hingegen das Parlament, aber auch die Verwaltung und den Bürger in die Pflicht. Der Bürger und der Polizeibeamte sollen nicht gleichsam zu Erfüllungsautomaten des Gesetzes werden – sie sollen nicht bei dichtem Nebel strikt 50 km/h in geschlossenen Ortschaften fahren oder einen Platzverweis niemals für 95 Tage anordnen –, sondern mit den eigenen Erfahrungen und in eigener Verantwortung in die Pflicht genommen werden. Auch die Fälle, die im Polizeirecht durch die Standardmaßnahmen gelöst werden sollen, zeichnen sich dadurch aus, dass sie sich unterscheiden, dass neue Situationen flexible Reaktionen fordern. Die allgemeinen Gesetze erlauben diese Flexibilität, betonen die Verantwortung der Bürger, die verantwortliche Entfaltung ihrer Freiheit sowie den gesetzlichen Auftrag und den notwendigen Gestaltungsraum der Verwaltung.

3. Grundrechtliche Balance und allgemeines Gesetz

Der Grundrechtsschutz muss zahlreiche private Interessen und öffentliche Belange in Ausgleich bringen, diese Gewichte wie auf einer beweglichen Platte so setzen, dass eine Balance entsteht.[54] Das Polizeirecht ist dadurch geprägt, dass die Grundrechte sowohl als Abwehrrechte als auch in ihrer Schutzdimension greifen. Den potentiellen Straftäter, dem der Aufenthalt an einem bestimmten Ort verboten werden soll, schützen Abwehrrechte. Die Grundrechte der möglichen Opfer im Riesenrad auf dem Jahrmarkt nehmen den Staat hingegen in ihrer Schutzfunktion in die Pflicht. Zudem ist die Frage zu beantworten, wer z.B. bei einem durch Blitz verursachten Brand gleichheitsgerecht zum Kampf gegen das Feuer herangezogen wird.[55] In dieser Schutzsituation muss das Parla-

---

[52] Art. 19 Abs. 1 Satz 1 Alt. 1 GG.

[53] Siehe hierzu im Zweiten Kapitel unter C. II. und V. (S. 196 ff. und 315 ff.).

[54] Siehe zu diesem Bild bereits im Zweiten Kapitel unter D. VIII. 3. (S. 485 ff.) sowie *G. Kirchhof*, Grundrechte und Wirklichkeit, 2007, S. 4 und 61 ff.

[55] Siehe zu dieser grundrechtlichen Situation im Polizeirecht *Isensee*, Das Grundrecht auf Sicherheit, 1983; *Masing/Wahl*, Schutz durch Eingriff, JZ 1990, 553; *Di Fabio*, Risikoentscheidungen im Rechtsstaat, 1994, S. 41 ff., 455 ff.; *Denninger*, Freiheit durch Sicherheit?, KritJ 35 (2002), 467; *Hain*, Der Gesetzgeber in der Klemme zwischen Übermaß- und Untermaßverbot?, DVBl. 1993, 982; *Calliess*, Gewährleistung von Freiheit und Sicherheit im Lichte unterschiedlicher Staats- und Verfassungsverständnisse, DVBl. 2003, 1096 (insbes. 1102 ff.), zu den so entstehenden „mehrpoligen Grundrechtsverhältnissen"; *Lisken/Denninger*, Die Polizei im Verfassungsgefüge, in: dies., Handbuch des Polizeirechts, 4. Auflage 2007, C.

mentsgesetz eine Grundordnung errichten, grundsätzliche Regelungen treffen und die Reichweite und Intensität der erlaubten Maßnahmen vorzeichnen.[56] Das aktuelle Beispiel der sog. Online-Durchsuchungen[57] verdeutlicht diese Schutzaufgabe und macht ersichtlich, dass Detailregelungen den Raum der Verwaltung zu stark verengen und so den grundrechtlichen Schutz lähmen.

Der wissenschaftlich-technische Fortschritt und die gewandelten Lebensverhältnisse erzeugen „neuartige Gefährdungen" für die öffentliche Sicherheit und den Individualrechtsschutz.[58] So bietet das Internet Kriminellen eine Plattform für eine überstaatliche Koordination sowie für neuartige Angriffe gegen die öffentliche Sicherheit und Ordnung etwa durch „Hacker" oder „Viren". Die gesteigerte Bedeutung des Wissens, der technischen Verfügbarkeit von Daten und die erweiterten Möglichkeiten ihres heimlichen Ausspähens und Speicherns führen zu neuen Persönlichkeitsgefährdungen durch Private, aber auch durch den Staat, die einen schon auf die Stufe der Gefährdungslage vorverlegten Schutz der Person und damit die vorbeugenden Gewährleistungen der Gesetzesallgemeinheit erforderlich machen.[59] Die neue Technik verdeutlicht, dass Art. 10 Abs. 1 GG in einem engen Wortlautverständnis auf Grund einer gegenständlichen Enge keinen hinreichenden Schutz bietet. Wenn „das Briefgeheimnis sowie das Post- und Fernmeldegeheimnis [...] unverletzlich" sind, erfasst dieser Schutz dann auch die empfangene SMS und die gesendete E-Mail? Auch die grundrechtlichen Gewährleistungen sollten eine gegenständliche Weite suchen, um dauerhaft Schutz zu spenden (gegenständliche und temporale Allgemeinheit).

Das allgemeine Persönlichkeitsrecht schützt demgegenüber auf Grund seiner gegenständlichen Weite auch vor neuartigen Bedrohungen. Das Grundrecht gewährleistet einen „Kernbereich privater Lebensgestaltung", in dem der Berechtigte etwas geheim halten und in welchen der Staat nur unter gesteigerten Anforderungen eindringen darf.[60] Das ebenfalls aus dem Persönlichkeitsrecht abgeleitete Recht auf „informationelle Selbstbestimmung" schützt die Befugnis des Einzelnen, grundsätzlich selbst über die Preisgabe und Verwendung seiner persönlichen Daten zu bestimmen, und setzt dabei Maßstäbe für die Informati-

---

Rdn. 28ff.; zu der gegenwärtigen „Neujustierung der Balance zwischen Freiheit und Sicherheit" *Schoch*, Abschied vom Polizeirecht des liberalen Rechtsstaats?, Der Staat 43 (2004), 347 (insbes. 363ff.).

[56] Mit Blick auf das Polizeirecht *Hill*, Abschied von der öffentlichen Ordnung im Polizei- und Ordnungsrecht?, DVBl. 1985, 88 (90); siehe bereits im Zweiten Kapitel unter C.V. und VI. (S. 315ff.).

[57] BVerfGE, 120, 274 – Online-Durchsuchung.

[58] Vgl. BVerfGE 54, 148 (153) – Eppler; 61, 1 (41) – „NPD Europas"; BVerfGE, 120, 274 (302ff.) – Online-Durchsuchung.

[59] BVerfGE, 120, 274 (302ff.) – Online-Durchsuchung.

[60] Art. 2 Abs. 1 i.V.m. Art. 1 Abs. 1 GG; BVerfGE 80, 367 (374f.) – Tagebuch.

onserhebung und Informationsverarbeitung.[61] Dieser Persönlichkeitsschutz ist nunmehr durch das Bundesverfassungsgericht im Grundrecht auf Systemvertraulichkeit neu vergegenständlicht. Dieses spezielle Grundrecht auf Datenschutz[62] wird in der Lesart des Gerichts ergänzt durch Art. 10 Abs. 1 GG als dem grundrechtlichen Maßstab für die Beurteilung einer Ermächtigung zu einer „Quellen-Telekommunikations-Überwachung", durch welche die Daten aus einem laufenden Kommunikationsvorgang ausgespäht werden,[63] sowie durch Art. 13 GG, der im Schutz der Wohnung als räumlicher Sphäre des Privatlebens auch Eingriffe abwehrt, durch die sich staatliche Stellen mit besonderen Hilfsmitteln – mit Mikrophonen, mit Kameras – einen Einblick in Vorgänge innerhalb der Wohnung verschaffen, die der natürlichen Wahrnehmung außerhalb des geschützten Bereichs entzogen sind.[64] Hier entwickelt sich ähnlich der medienübergreifenden Kommunikationsfreiheit, welche die Freiheiten von Presse, Rundfunk und Film zusammenfasst,[65] ein allgemeines Grundrecht auf Datenschutz, eine gegenständliche Allgemeinheit, die den grundrechtlichen Schutz schon vor die unmittelbare und gegenwärtige konkrete Gefahr verlegt. Diese Entwicklung prägte das Bundesverfassungsgericht – doch hätte es nicht ein „neues Grundrecht" schaffen müssen, sondern den Schutz der bestehenden Rechte entsprechend auslegen können. Es ist Sache des Gesetzgebers, allgemeine Tatbestände zu erlassen.

Das neue Grundrecht gestattet die heimliche Infiltration eines informationstechnischen Systems nur – so das Bundesverfassungsgericht –, wenn „tatsächliche Anhaltspunkte einer konkreten Gefahr für ein überragend wichtiges Rechtsgut" bestehen, „bestimmte Tatsachen auf eine im Einzelfall durch bestimmte Personen drohende Gefahr" für dieses Rechtsgut hinweisen.[66] Der zudem bestehende Richtervorbehalt und die Vorgabe, intime Daten aus dem Kernbereich privater Lebensgestaltung möglichst nicht zu erheben, aber auf keinen Fall zu verwerten, verdeutlichen die Wirkung der Art. 1 Abs. 1, Art. 2 Abs. 1, Art. 10 und Art. 13 GG. Die einheitliche Wirklichkeit wird nicht in Schutzbereiche gespalten, der grundrechtliche Schutz nicht sachfern getrennt und geschwächt, sondern als einheitlicher Ausgangspunkt des Grundrechtsschutzes genutzt.[67]

---

[61] BVerfGE 65, 1 (38 f.) – Volkszählung.

[62] BVerfGE 84, 239 (279) – Zinsbesteuerung.

[63] BVerfGE, 120, 274 (308) – Online-Durchsuchung.

[64] BVerfGE 89, 1 (12) – Mieterrecht; 103, 142 (150 f.) – Gefahr im Verzug; 120, 274 (302 ff.) – Online-Durchsuchung.

[65] *Bullinger*, Freiheit von Presse, Rundfunk, Film, in: HStR VI, 1. Auflage 1989, § 142 Rdn. 180.

[66] BVerfGE, 120, 274 (314 f.) – Online-Durchsuchung: „Grundrecht auf Gewährleistung der Vertraulichkeit und Integrität informationstechnischer Systeme".

[67] Siehe zu dieser Forderung *G. Kirchhof*, Grundrechte und Wirklichkeit, 2007, insbes. S. 23 ff.

Soll nun die Balance dieser Gewichte durch ein Gesetz geleitet, eine entsprechende Rechtsgrundlage gesetzt werden, wird der Gesetzgeber nicht die Spezialregelung, sondern das allgemeine Gesetz wählen. Die Gesetzesallgemeinheit leitet den Gesetzgeber in ihren verbindlichen Forderungen und Klugheitsregeln. Die gegenständliche Allgemeinheit fordert, die Schutzgegenstände nicht etwa auf E-Mails zu verengen und den Datenschutz in das Vorfeld des staatlichen Eingriffs zu weiten, um unzulässiges staatliches Wissen zu verhindern. Der Gesetzgeber darf seine Aufmerksamkeit nicht ausschließlich auf den Schutz der Daten und das Ausspähen des dann ‚gläsernen Menschen' richten, sondern muss die Vorwirkungen dieses Schutzes beachten. Die Gefährdungen durch neuartige Wissenschaft und Technik sind dort zu erfassen, wo sie abgewehrt werden können. Der Informationszugriff auf Rechner, Mobiltelefone oder elektronische Terminkalender ist vollzogen, wenn die technische Hürde für ein staatliches Ausspähen überschritten ist. Der Schutz vor einem heimlichen Zugriff ist schon dort anzusetzen, wo Wissen objektiviert, gelöst vom Betroffenen verfügbar wird. Der grundrechtliche Datenschutz ist vorbeugend und damit rechtzeitig zu entfalten, aber auch die öffentliche Sicherheit gesetzlich dort zu gewährleisten, wo tatsächliche Anhaltspunkte für eine konkrete Gefahr rechtzeitigen Schutz veranlassen und erlauben. Spezialregelungen, die den staatlichen Zugriff auf spezielle elektronische Daten von vornherein ausschließen oder nur für bestimmte Personen, etwa bereits bestrafte Kriminelle, greifen, würden das Sicherheitsanliegen auf Grund der fehlenden gegenständlichen und personalen Allgemeinheit vernachlässigen. Auch können nur allgemeine Zumutbarkeitsgrenzen – etwa die Zugriffsmöglichkeit bei dem Verdacht einer erheblichen Straftat oder die Unterscheidung zwischen dem Zugriff auf gesendete E-Mails, auf gespeicherte allgemeine und „intime Daten" – den Interessenausgleich sachgerecht leiten, nicht jedoch spezielle Regelungen wie etwa das Verbot, intime Daten zu erkunden – diese sollen möglichst gar nicht erst erhoben, dürfen jedenfalls nicht verwertet werden. Das allgemeine Gesetz sucht bereits im Vorfeld und damit dort einen Ausgleich zwischen Gemeinschaftsanliegen und individuellem Grundrechtsschutz zu erreichen, wo Vorkehrungen zum Schutz von Vertraulichkeit und Integrität, aber auch der Schutz überragend wichtiger Güter ansetzen müssen. Es dient so der Wahrung der grundrechtlichen Balance. Der grundrechtliche Schutzauftrag im Polizeirecht erwartet den allgemeinen gesetzlichen Maßstab.

4. Neue Gefahrenlagen – demokratische und gewaltenteilende Gesetzesallgemeinheit

Zuweilen wird gefordert, auf die neuen Gefährdungssituationen mit spezialrechtlichen Tatbeständen zu antworten.[68] Demgegenüber wird aber auch die Ermächtigung durch die polizeiliche Generalklausel als „ein Prototyp für eigenständige Verantwortungswahrnehmung durch die Verwaltung" verstanden, der insbesondere der Erfüllung des Sicherheitsauftrags diene. Das Parlament müsse durch die unbestimmten Rechtsbegriffe im Gesetz ein hinreichendes Ordnungsmuster zeichnen, in welchem die Verwaltung auf die Ungewissheit, auf unvorhergesehene Gefahren adäquat reagieren könne.[69] Wenn gegenwärtig mehrere Polizeiorgane insbesondere bei Maßnahmen der Terrorismusabwehr im europäischen Verbund und darüber hinaus zusammenwirken müssen und Bürger für den Sicherungsauftrag in Anspruch genommen werden,[70] bedarf es „verknüpfender Konzepte und abgestimmter Handlungsstrategien". Gerade im Recht der Gefahrenabwehr bieten zu detaillierte gesetzliche Vorschriften dem Angreifer eine Planungsgrundlage, die eine wirksame Gefahrenabwehr gefährden kann.[71]

Derzeit drängt das Recht der Gefahrenabwehr in den Raum der Gefahrenvorbeugung und des Störungsausgleichs, in die Vorfeldaufklärung, die Wissensbeschaffung und Wissensverwertung, in das Feld der Risikoentscheidungen.[72] Der Rechtsstaat sucht so steigenden Vorsorgebedürfnissen gerecht zu werden, auf die weitergreifenden Gefährdungspotentiale des Terrorismus, die Gefahren der Atomwirtschaft und im Immissionsschutzrecht, auch auf die Gefahren im Gentechnikrecht sowie im Chemikalien- und Arzneimittelrecht zu reagieren,[73] auf die Fragen des Umweltrechts[74] und der internationalen Finanzkriminalität sowie der neuen Wissens- und Informationstechnik zu antwor-

---

[68] Siehe bereits unter 1. m.w.H. (S. 501 ff.).

[69] *Hoffmann-Riem*, Eigenständigkeit der Verwaltung, in: ders./Schmidt-Aßmann/Voßkuhle (Hg.), GVwR I, 2006, § 10 Rdn. 126; *Hill*, Abschied von der öffentlichen Ordnung im Polizei- und Ordnungsrecht?, DVBl. 1985, 88 (94 ff.).

[70] Siehe hierzu bereits unter 1. und 2. (S. 501 ff.).

[71] Insgesamt *Hoffmann-Riem*, Eigenständigkeit der Verwaltung, in: ders./Schmidt-Aßmann/Voßkuhle (Hg.), GVwR I, 2006, § 10 Rdn. 126; siehe *Schulze-Fielitz*, Grundmodi der Aufgabenwahrnehmung, ebenda, § 12 Rdn. 28 f., zum Präventionsverwaltungsrecht *Pitschas*, Neues Verwaltungsrecht im partnerschaftlichen Rechtsstaat?, DÖV 2004, 231 (236 ff.); jeweils m.w.H.

[72] Hierzu *Di Fabio*, Risikoentscheidungen im Rechtsstaat, 1994, insbes. S. 94 ff. und 445 ff.

[73] Siehe hierzu *Di Fabio*, Risikoentscheidungen im Rechtsstaat, 1994, S. 65 ff., 117 ff., 166 ff.

[74] Siehe hierzu *R. Breuer*, Verwaltungsrechtliche Prinzipien und Instrumente des Umweltschutzes, 1989, insbes. S. 18 ff.; *Ladeur*, Das Umweltrecht der Wissensgesellschaft, 1995, insbes. S. 65 ff.

ten.[75] Die Aufgaben der Prävention und der Repression rücken insbesondere bei der Bekämpfung „organisierter Kriminalität"[76] zusammen. Hinzu treten neuartige polizeiliche Informationsbefugnisse – die Raster- und Schleierfahndungen, der Einsatz verdeckter Ermittler oder neuer Abhörtechnologien, die Videoüberwachung,[77] die Ausschreibung zur polizeilichen Beobachtung, das Gesetz zur Bekämpfung des illegalen Rauschgifthandels und anderer Erscheinungsformen der organisierten Kriminalität.[78]

Der hier in der Allgemeinheit einer Generalklausel vorgegebene Sicherungsauftrag der „Bekämpfung der organisierten Kriminalität" ist jedenfalls in seiner heutigen Erscheinungsform neu, kann sich nicht auf die Tradition der allgemeinen polizeilichen Generalklausel stützen und wurde deshalb auch vom Bundesverfassungsgericht eher zurückhaltend beurteilt.[79] Inzwischen gewinnt der Begriff aber insbesondere unter Rückgriff auf Analysen der Realität Konturen.[80] Die organisierte Kriminalität begeht sog. „opferlose Delikte" wie Drogenhandel, Schutzgelderpressung sowie Waffenhandel, kennt einen engen Bezug zum Ausland, eine Internationalität, dauerhafte, arbeitsteilige und professionelle Strukturen. Diese kriminalwissenschaftliche Analyse, die Fülle an neuen Tatbeständen verdeutlicht, dass sich die Gefahren schneller entwickeln, als es das Gesetz vermag, dass das Polizeirecht des Rückgriffs auf die Generalklausel bedarf.

Das Sicherheitsrecht fordert in besonderer Weise Reaktionen auf neue Gefahrenlagen und damit neue Instrumente und Kooperationen, die über die Staatsgrenzen hinausreichen. Der Sicherungsauftrag kann nur erfüllt werden, wenn die Gesetze eine Offenheit für neuere Entwicklungen kennen und eine

---

[75] *Schoch*, Abschied vom Polizeirecht des liberalen Rechtsstaats?, Der Staat 43 (2004), 347 (insbes. 352ff.); *Horn*, Sicherheit und Freiheit durch vorbeugende Verbrechensbekämpfung – Der Rechtsstaat auf der Suche nach dem rechten Maß, in: Festschrift für Walter Schmitt Glaeser, 2003, S. 435 (454ff.); *Pitschas*, Polizeirecht im kooperativen Staat – Innere Sicherheit zwischen Gefahrenabwehr und kriminalpräventiver Risikovorsorge –, DÖV 2002, 221; *Trute*, Das Polizei- und Ordnungsrecht im Spiegel der Rechtsprechung, Die Verwaltung 32 (1999), 73; *Möstl*, Die neue dogmatische Gestalt des Polizeirechts, DVBl. 2007, 581; *Hoffmann-Riem*, Eigenständigkeit der Verwaltung, in: ders./Schmidt-Aßmann/Voßkuhle (Hg.), GVwR I, 2006, § 10 Rdn. 126; *Calliess*, Gewährleistung von Freiheit und Sicherheit im Lichte unterschiedlicher Staats- und Verfassungsverständnisse, DVBl. 2003, 1096 (1098ff.), der von einer „umfassenden Risikovorsorge" spricht; *Albers*, Die Determination polizeilicher Tätigkeit in den Bereichen der Straftatenverhütung und der Verfolgungsvorsorge, 2001, S. 97ff.; *Drews/Wacke/Vogel/Martens*, Gefahrenabwehr, 9. Auflage 1986, S. 129, 154f.; siehe zu dem Problem der rechtlichen Einordnung terroristischer Gefahren *Waechter*, Polizeirecht und Kriegsrecht, JZ 2007, 61; siehe zu den typischen Unsicherheiten bei der Gefahrenabwehr bereits *Nell*, Wahrscheinlichkeitsurteile in juristischen Entscheidungen, 1983, insbes. S. 61ff.

[76] Zur Unbestimmtheit dieses Begriffs BVerfGE 109, 279 (339) – Großer Lauschangriff.

[77] Siehe hierzu *Volkmann*, Die Rückeroberung der Allmende, NVwZ 2000, 361.

[78] Gesetz vom 15. Juli 1992 (BGBl. I, S. 1302).

[79] BVerfGE 105, 135 (163) – Vermögensstrafe; 109, 279 (339) – Großer Lauschangriff.

[80] *Kinzig*, Die rechtliche Bewältigung von Erscheinungsformen organisierter Kriminalität, 2004, insbes. S. 94ff.

Grundlage für eine Kooperation zwischen verschiedenen öffentlichen Stellen und Privaten bieten. Gleichwohl können Grundrechtsschutz und Demokratie nicht von der Gesetzesbindung der Verwaltung und dem Bestimmtheitsgebot abrücken. Dieser Befund wäre aber missverstanden, wenn der Gesetzgeber die Übergänge von Gefahrenbeseitigung, Gefahrenvorsorge und Gefahrenaufklärung rechtlich präzise vorzeichnen müsste. Das Parlament kann kaum wechselnde, zuweilen auch auf das vorhandene Recht und seine Anwendungspraxis abgestimmte Gefahrenlagen und Störungen im jeweiligen Entwicklungsstand voraussehen und die notwendigen Gegenmittel im Gesetz niederlegen. Es bedarf vielmehr einer gleichbleibenden Gefahrenvorsorgestruktur, allgemeiner Regelungen, keiner detaillierten gesetzlichen Vorgaben. Der allgemeine Schutzauftrag, das auch im Gewaltmonopol verdeutlichte Schutzversprechen an die Bürger und der individuelle, auch im Bereich der Gefahrenabwehr eine Sensibilität verlangende Grundrechtsschutz binden auf Dauer, ungeachtet wechselnder Gefahrenlagen, veränderter Handlungsinstrumente, wachsender Kooperationserfordernisse und zunehmender Konfrontation mit Ungewissheit.

Das Polizeirecht verdeutlicht so die Aufgabenteilung zwischen dem Gesetzgeber, der eine gesetzliche Sicherungsstruktur setzt und demokratisch verantwortet, und den sachnahen und fachkundigen Vollzugsstellen, die mit einem eigenen Gestaltungsraum ausgestattet sind und so auch auf unvorhergesehene Gefahren hinreichend reagieren können. Diese notwendige Gewaltenteilung sichert die Allgemeinheit des Gesetzes, die der Gewaltenteilungsgrundsatz deshalb verbindlich, wenngleich nicht justitiabel fordert.[81] Die Exekutive kann im gesetzlichen Rahmen ihres Sicherungsauftrags das Gesetz durch flexibleres Recht, durch Rechtsverordnungen und Verwaltungsvorschriften, ergänzen. Genauere Vorgaben sind insbesondere im technischen Sicherheitsrecht wie dem Atomrecht, auch im Gentechnik- und Arzneimittelrecht unverzichtbar. Doch auch hier entscheidet das Gesetz über Sicherheitsstandards, Risikobereitschaft und Vorsorgestruktur.[82] Diese Teilung der Rechtsetzungsgewalt entspricht dem Gedanken der funktionalen Gewaltenteilung, wenn der Erlass des Spezialrechts die Fachkompetenz und Sachnähe der Verwaltung entfaltet und das Parlament mit Detailfragen nicht überfrachtet wird – wenngleich es ihm frei steht, wichtige Regelungen selbst zu erlassen.[83] Zudem wird die Demokratie gestärkt, wenn das Parlament den Gesetzgebungsauftrag auf das Grundsätzliche beschränkt,[84] jeder Abgeordnete bewusst die Verantwortlichkeit für seine Zustimmung zu

[81] Siehe insgesamt im Zweiten Kapitel unter C. IV. (S. 298 ff.).

[82] *Di Fabio*, Risikoentscheidungen im Rechtsstaat, 1994, S. 464 f.; siehe zu den notwendigen Regelungen durch die Verwaltung in diesen Bereichen insbes. S. 337 ff.

[83] Siehe im Zweiten Kapitel unter C. IV. 4. (S. 307 ff.).

[84] Siehe hierzu mit Blick speziell auf das Polizeirecht *Hill*, Abschied von der öffentlichen Ordnung im Polizei- und Ordnungsrecht?, DVBl. 1985, 88 (89 ff.); *Butzer*, Flucht in die polizeiliche Generalklausel?, VerwArch 93 (2002), 506 (522 ff.); siehe insgesamt bereits im Zweiten Kapitel unter C. III. (S. 258 ff.).

einem Gesetz übernimmt, das sich nicht im Detail verliert und daher von den Abgeordneten wie von den Wählern verstanden wird. Das Parlament wird nicht genötigt, Spezialrecht zu erlassen, das den Gesetzgeber beim Erlass des Gesetzes entmachtet, weil er die Regelungen nicht begreift, das aber auch der Verwaltung durch die Detailvorgaben den Entscheidungsraum nimmt und den Richtern in zu speziellen Vorgaben keinen Rechtsmaßstab an die Hand gibt, nach welchem der besondere, der atypische Fall – der als solcher nicht selten nach dem Richter fragt – gelöst werden könnte. Solche Spezialregelungen schwächen letztlich alle drei Gewalten und schaden der rechtsstaatlichen Demokratie.[85]

5. Der notwendige Rückgriff auf die Generalklausel

Das Recht der öffentlichen Sicherheit entwickelt sich gleichwohl immer mehr vom allgemeinen Polizeirecht zum speziellen Recht der Gefahrenabwehr. Besondere Regelungen im Polizeigesetz, im Gesundheitswesen und Umweltschutz, im Straßenverkehrsrecht, Bauordnungsrecht, Gewerberecht, im Waffen- und Sprengstoffwesen sowie im Vereins- und Versammlungsrecht, im Atomrecht oder in anderen Bereichen des technischen Sicherheitsrechts[86] haben zur Folge, dass im Anwendungsbereich der entsprechenden Gesetze für die polizeilichen Generalklauseln kein Raum mehr bleibt, insoweit die Standardmaßnahmen oder Sondergesetze abschließende Regelungen treffen.[87] Die Gesetzesallgemeinheit erwartet, dass auch diese Spezialgesetze keine zu detaillierten Vorgaben zeichnen, nicht den Bestimmtheitsgedanken mit einer Pflicht zur konkreten Regelung verwechseln,[88] dass sie der in der tatsächlichen Gefahrenlage angelegten gegenständlichen und finalen Allgemeinheit genügen. Doch drohen auch allgemeine Sondertatbestände neuen Gefährdungslagen nicht gerecht zu werden. Der Parlamentsvorbehalt, die Wesentlichkeitslehre werden gleichwohl gegenwärtig so gedeutet, dass es für polizeiliche Maßnahmen grundsätzlich einer Spezialermächtigung bedarf, die Generalklausel jedenfalls für

[85] Siehe im Zweiten Kapitel unter C. III., insbes. unter 5. bis 8. (S. 274ff.).

[86] Siehe hierzu *Sailer/Kniesel*, Gefahrenabwehr durch Ordnungsverwaltung, in: Lisken/Denninger, Handbuch des Polizeirechts, 4. Auflage 2007, D Rdn. 1ff.; *Kniesel/Poscher*, Versammlungsrecht, ebenda, J Rdn. 1ff.; *Stoll*, Sicherheit als Aufgabe von Staat und Gesellschaft, 2003, S. 27ff., 65ff., 213ff.

[87] VGH Mannheim, NVwZ 1998, 761 (763); ders., NVwZ 1998, 764 (765); insgesamt *Drews/Wacke/Vogel/Martens*, Gefahrenabwehr, 9. Auflage 1986, S. 129, 154f.; *W.-R. Schenke*, Polizei- und Ordnungsrecht, 5. Auflage 2007, Rdn. 110ff. und 358ff.; *Schoch*, Polizei- und Ordnungsrecht, in: Schmidt-Aßmann (Hg.), Besonderes Verwaltungsrecht, 13. Auflage 2005, S. 121 (157ff.); *Rachor*, Das Polizeihandeln, in: Lisken/Denninger, Handbuch des Polizeirechts, 4. Auflage 2007, F Rdn. 780f.; hierzu wie insgesamt zum Konkurrenzproblem *Butzer*, Flucht in die polizeiliche Generalklausel?, VerwArch 93 (2002), 506 (513ff., 526ff.).

[88] Siehe hierzu im Zweiten Kapitel unter C. V. 5. (S. 274ff.).

schwerere Grundrechtseingriffe zu unbestimmt ist. Werden neue Gefahrenlagen erkannt, die neue polizeiliche Maßnahmen erwarten, ist dann umgehend eine Gesetzesinitiative für eine Spezialermächtigung auf den Weg zu bringen. Spätestens „wenn die Innenverwaltungen das Problem des Parlamentsvorbehalts erkannt haben, ohne eine konkrete gesetzliche Initiative zu ergreifen, ist ein Rückgriff auf die polizeiliche Generalklausel nicht (mehr) erlaubt.“[89]

Doch diese Deutung würde den Gesetzgeber beauftragen, jede neue Gefahrenlage gesetzlich nachzubereiten, der kriminellen Energie, die gerade neue Gefahren zu ersinnen sucht, mit seiner Tagesordnung zu folgen. Es müssten zahlreiche spezielle Befugnisse geregelt werden. Dies mag man im isolierten Blick auf die Generalklausel, den Sondertatbestand und den konkreten Fall im Sinn des Bestimmtheitsgrundsatzes begrüßen, doch ist das Polizeirecht schon jetzt durch die zahlreichen Spezialermächtigungen insgesamt unübersichtlicher und unbestimmter geworden. So hat z. B. die „durch das Volkszählungsgesetz-Urteil des Bundesverfassungsgerichts notwendig gewordene Novellierung der Polizeigesetze für den Bereich der Datenverarbeitung [...] den Umfang der Spezialregelungen noch einmal mehr als verdoppelt. In neuerer Zeit sind in den meisten Ländern Befugnisse zum Erlass von Aufenthaltsverboten, Wohnungsverweisungen sowie – bislang vereinzelt – Näherungs- und Kontaktaufnahmeverbote hinzugekommen.“[90] Trotz dieser Regelungsfülle muss die Polizei nicht nur bei „neuartigen Gefahrenlagen“ auf die Generalklausel zurückgreifen, sondern auch in zahlreichen Fällen gleichsam klassischer polizeilicher Tätigkeit. Das an einer Straßensperre ausgesprochene polizeiliche Verbot, die Straße zu befahren, die an die sog. „Stalker“ gerichteten Kontaktaufnahmeverbote, bestimmte Fälle des Abschleppens von Fahrzeugen und der Unterbringung von Obdachlosen sind nicht unübliche Maßnahmen der Polizei, die auf Grundlage der Generalklausel erlassen werden. Auch die Untersagung eines „wilden Zeltlagers“ oder einer Theateraufführung, ein Verbot, in der Öffentlichkeit nackt herumzulaufen, die Schließung eines Bordells sowie Maßnahmen zum Schutz der Sonntagsruhe werden auf die Generalklausel gestützt und von der Rechtsprechung in dieser Rechtsgrundlage bestätigt.[91] Wenn der Bestimmtheitsgrundsatz fordern würde, in all diesen Fällen Spezialermächtigungen zu erlassen, würde das Polizeirecht seine Regelungsstruktur, seine Übersichtlichkeit verlieren. Eine ‚nachfassende Spezialgesetzgebung‘ kann kaum gelingen, dient dem Bestimmtheitsgrundsatz nicht.

---

[89] *Rachor*, Das Polizeihandeln, in: Lisken/Denninger, Handbuch des Polizeirechts, 4. Auflage 2007, F Rdn. 780ff., Zitat: 793.

[90] *Rachor*, Das Polizeihandeln, in: Lisken/Denninger, Handbuch des Polizeirechts, 4. Auflage 2007, F Rdn. 794.

[91] *Rachor*, Das Polizeihandeln, in: Lisken/Denninger, Handbuch des Polizeirechts, 4. Auflage 2007, F Rdn. 794ff., insbes. Rdn. 796, 800, 814 und 853, jweils m. w. H. auf Rechtsprechung und Literatur.

6. *Rechtsgrundlage für rasche polizeiliche Tätigkeit*

Die zahlreichen polizeilichen Spezialermächtigungen, die über verschiedene Gesetze verteilt sind, vernachlässigen bereits gegenwärtig die sprachliche und instrumentelle Allgemeinheit des Polizeirechts. Diese Allgemeinheitsforderungen werden aber durch den Schutzauftrag der Polizei gestärkt. Wenn der Beamte in der Notsituation die geeigneten Maßnahmen auszuwählen hat – wenn sich z.B. eine neue terroristische Gefahr konkretisiert oder ein Unfall ereignet hat –, steht er unter einem Entscheidungs- und Zeitdruck. Er muss sich den Inhalt der Gesetze, will er sie befolgen, daher vorab zueigen gemacht haben, hat in der aktuellen Krisenlage weder die Zeit noch die Konzentrationsfähigkeit, sich eines – auch noch diffizilen – Rechtsmaßstabs zu vergewissern. Bereits die gegenwärtigen Standardmaßnahmen scheinen diese Allgemeinheitserwartungen, die Gesetze erfassen zu können, kaum zu erfüllen, selbst wenn man die Regelungen der Datenerhebungen außer Betracht lässt.[92] Doch bereits die Erfahrungen mit dem Zwölftafelgesetz im Vergleich zu denen mit den Gesetzen Justinians[93] verdeutlichen, dass rechtliche Vorgaben nur in das Bewusstsein von Bürgern und Beamten dringen können, wenn sie in Sprache und Regelungsinstrument verständlich sind. Wenn der Bürger als Verantwortlicher der Sicherheit dienen soll, insbesondere als Störer oder als Adressat gefahrenvorsorgender Regelungen verlässlich Sicherheit wahren oder wiederherstellen soll, können einfache, verständliche, dauerhafte Regeln ein allgemeines Rechtsbewusstsein und Rechtsvertrauen schaffen und sich dann in den aktuellen Anforderungen der Gefahrenabwehr oder Gefahrenvorsorge bewähren. Der Sicherungsauftrag erwartet regelmäßig rasches gesetzmäßiges Handeln und daher verständliche, aufnehmbare Gesetze, eine sprachliche und instrumentelle Allgemeinheit. Er steht Spezialermächtigungen entgegen, soweit das Recht sich an die allgemeinen Ordnungsbehörden und die Bürger wendet. Richtet es sich hingegen im Atomrecht oder dem Recht der Arzneimittelzulassung primär an Spezialisten, werden spezielle Vorgaben nötig, die im Zusammenwirken von Gesetz, Rechtsverordnung und Verwaltungsvorschrift hervorgebracht werden.

7. *Unterschiedliche Gesetzgebungskompetenzen und Koordinationsauftrag*

Der staatliche Sicherungsauftrag wird nach dem Grundgesetz in unterschiedlichen räumlichen Kompetenzbereichen verwirklicht. Die Kernkompetenz liegt

---

[92] Bereits der Überblick über die Standardmaßnahmen stellt die Frage, ob die Polizeigesetze dieser Erwartung genügen (siehe für die Überblicke *W.-R. Schenke*, Polizei- und Ordnungsrecht, 5. Auflage 2007, Rdn. 110ff.; *Knemeyer*, Polizei- und Ordnungsrecht, 11. Auflage 2007, § 20).

[93] *Montesquieu*, Vom Geist der Gesetze [De l'esprit des lois, 1748], 2003, 29. Buch 16. Kapitel.

bei den Ländern, eine wachsende Kompetenz für einen elementaren Sicherungsauftrag aber auch bei der Europäischen Union.[94] Damit entstehen verschiedene Bereiche räumlicher Allgemeinheit mit jeweils einer eigenen rechtlichen Rationalität.[95] Innerhalb dieser Kompetenzordnung ist zu fragen, ob und inwieweit die Allgemeinheit eines grenzübergreifenden Sicherungsauftrags die Kraft gewinnt, das Recht kompetenzübergreifend fortzubilden oder zumindest unterschiedliche Rechtsquellen und die Einbeziehung Privater aufeinander abzustimmen.

Die Regelung des klassischen Polizeirechts ist nach dem Grundgesetz Sache der Länder.[96] Jedoch scheinen die Einheitlichkeit der Polizeigewalt[97] und des staatlichen Sicherheitskonzepts, die Allgemeinheit des Sicherungsauftrags und der Sicherungsinstrumente auf eine bundesweite Vereinheitlichung zu drängen. Insbesondere die bundesweit geltenden Grundrechte wirken in diese Richtung. Grundrechtliche Schutzpflichten, das Untermaßverbot, verfassungsrechtlich schlechthin unzulässige Handlungsmittel und grundgesetzliche Vorgaben für ein faires Verfahren verengen den Korridor landesgesetzlicher Sicherheitsregeln.[98] Der Landesgesetzgeber muss den grundgesetzlichen Strukturprinzipien und Grundrechten folgen.[99] So leitet das Grundgesetz auch die Landesgesetzgebung und drängt insofern auf eine Vereinheitlichung des Sicherheitsrechts. Die Klugheitsregel, im Polizeirecht allgemeine Maßstäbe zu bilden, trifft auf eine gegliederte Kompetenzordnung. Ein Musterentwurf eines einheitlichen Polizeigesetzes hat die Polizeigesetzgeber rechtspolitisch veranlasst, vor allem im Ziel einer vorbeugenden Bekämpfung von Straftaten das materielle Polizeirecht zu vereinheitlichen.[100] Diese Stimmen führten im Rahmen der Landesgesetzgebungskompetenz – trotz des mit dieser einhergehenden Differenzierungsauftrags[101] – grundsätzlich zu einem strukturell homogenen materiellen Sicherheitsrecht.

Diese Angleichung wird durch Bundesgesetze verstärkt, die zunehmend materielles Polizei- und Ordnungsrecht zum Gegenstand haben. Der Bund beansprucht die Kompetenz für den Erlass eines Gesetzes zur Beschränkung des Brief-, Post- und Fernmeldegeheimnisses, erlässt das Passgesetz, das Melde-

---

[94] Siehe hierzu im Zweiten Kapitel unter D, hier insbes. unter IV. 1. (S. 421 ff.).

[95] BVerfGE 113, 273 (299 ff.) – Europäischer Haftbefehl; *Puhl*, Gleichheit und parlamentarisches System, in: Mellinghoff/Palm (Hg.), Gleichheit im Verfassungsstaat, 2008, S. 67 ff.

[96] Art. 30, 70 Abs. 1 GG.

[97] Der Begriff geht auf *Drews* zurück, *ders./Wacke/Vogel/Martens*, Gefahrenabwehr, 9. Auflage 1986, S. 47.

[98] Insgesamt *Götz*, Innere Sicherheit, in: HStR IV, 3. Auflage 2006, § 85 Rdn. 21 ff. m. w. H.

[99] Art. 28 GG; die Gesetzesallgemeinheit ist Grundaussage der Strukturprinzipien und der Grundrechte (siehe im Zweiten Kapitel unter C, S. 174 ff.).

[100] *Götz*, Innere Sicherheit, in: HStR IV, 3. Auflage 2006, § 85 Rdn. 9.

[101] *Puhl*, Gleichheit und parlamentarisches System, in: Mellinghoff/Palm (Hg.), Gleichheit im Verfassungsstaat, 2008, S. 67 ff.; siehe im Zweiten Kapitel unter C. VII. 3. (S. 368 ff.).

rechtsrahmengesetz, das Gesetz über Personalausweise, das Bundespolizeigesetz, das Luftverkehrsgesetz, das Bundeskriminalamtsgesetz und das Bundesverfassungsschutzgesetz, das Waffengesetz, das Sprengstoffgesetz und das Atomgesetz.[102] Der durch die Föderalismusreform neu eingeführte Art. 73 Abs. 1 Nr. 9a GG gibt dem Bund die ausschließliche Kompetenz zur Abwehr von Gefahren des internationalen Terrorismus, insbesondere bei einer „länderübergreifenden Gefahr". Hier rückt das Grundgesetz bewusst von dem Differenzierungsauftrag ab, der in der föderalen Kompetenzordnung wurzelt,[103] um dem territorial kaum eingrenzbaren Gesetzgebungsgegenstand, dem Sicherungsauftrag, in einer territorialen Allgemeinheit zu begegnen.

Auch im Bereich der konkurrierenden Gesetzgebung hat der Bund zahlreiche Gesetze mit sicherheitsrechtlichen Fragestellungen erlassen, wie etwa das Aufenthaltsgesetz, das Jugendschutzgesetz, das Gesetz zur Verhütung und Bekämpfung von Infektionskrankheiten bei Menschen, das Arzneimittelgesetz, das Tierseuchengesetz und das Betäubungsmittelgesetz.[104] Zudem anerkennt das Verfassungsrecht eine Annexkompetenz des Bundes: „Normen, die der Aufrechterhaltung der öffentlichen Sicherheit und Ordnung dienen, sind [...] jeweils dem Sachbereich zuzurechnen, zu dem sie in einem notwendigen Zusammenhang stehen".[105] Auch dieser Annex ist Ausdruck einer aus der gegenständlichen Allgemeinheit folgenden räumlichen Allgemeinheit. Die Zuständigkeit des Bundesgesetzgebers für das Strafrecht[106] nutzte dieser zum Erlass des Strafgesetzbuchs und der Strafprozessordnung und brachte so weitere Sicherungsaufgaben in den Sog der Bundeszuständigkeit. Dies gilt auch für die Strafverfolgungsvorsorge, nach welcher spätere oder später bekannt werdende Straftaten verfolgt werden.[107] Das deutsche Sicherheitsrecht ist wenig durch Vielfalt und bundesstaatliche Differenzierung, mehr durch eine Einheitlichkeit geprägt. Der Auftrag, diese Rechtsquellen zu koordinieren, bleibt gleichwohl

---

[102] Art. 73 Abs. 1 Nrn. 3, 5, 6, 10, 12 und 14 GG.

[103] Siehe im Zweiten Kapitel unter C. VII. 3. (S. 368 ff.).

[104] Zudem können folgende Gesetze angeführt werden: das Personenstandsgesetz, das Vereinsgesetz, die Gewerbeordnung, das Bundesemissionsschutzgesetz, die Handwerksordnung, das Personenbeförderungsgesetz, das Güterkraftverkehrsgesetz, das Bodenschutzgesetz, das Bundesseuchengesetz, das Lebensmittel-, Bedarfsgegenstände- und Futtermittelgesetz, das Bundeswasserstraßengesetz, das Seeschifffahrtsaufgabengesetz, das Binnenschifffahrtsaufgabengesetz, das Straßenverkehrsgesetz, das Kreislaufwirtschafts- und Abfallgesetz und das Wasserhaushaltsgesetz. Das Versammlungsgesetz, das nicht mehr der konkurrierenden Gesetzgebung nach Art. 74 Abs. 1 Nr. 3 unterfällt, gilt derzeit gemäß Art. 125a Abs. 1 GG als Bundesrecht fort; siehe insgesamt *W.-R. Schenke*, Polizei- und Ordnungsrecht, 5. Auflage 2007, Rdn. 25 ff.

[105] BVerfGE 8, 143 (179 f.) – Waffenprüfungsgesetz.

[106] Art. 74 Abs. 1 Nr. 1 GG.

[107] Insgesamt *W.-R. Schenke*, Polizei- und Ordnungsrecht, 5. Auflage 2007, Rdn. 30 m. w. H.

bestehen, konzentriert sich aber auf besondere Rechtsbereiche und auf das Recht der Europäischen Union sowie den Einsatz Privater.

Private werden von den Sicherheitsgesetzen als Verantwortliche herangezogen, um den Sicherungsauftrag zu erfüllen. Dies geschieht durch die Landesgesetze und das Bundesrecht. Die Frage, inwieweit privates Sicherheitsgewerbe in der Staatsaufgabe der inneren Sicherheit tätig werden darf, beantwortet primär der Bundesgesetzgeber.[108] Gegenwärtig werden deutliche Grenzen zwischen staatlicher Sicherung und privatem Sicherheitsgewerbe gezogen. Das private Gewerbe folgt den Prinzipien des Erwerbs. Die staatliche Sicherheitsorganisation ist vom Amtsauftrag, vom Gesetzesvorbehalt, insgesamt von der Rechtsbindung insbesondere an die Grundrechte und an das Verhältnismäßigkeitsprinzip geprägt. Das private Sicherheitsgewerbe hat keine polizeilichen Befugnisse, nimmt lediglich die allgemeinen Rechte der Notwehr, der Not- und Selbsthilfe, des Notstands und der vorläufigen Festnahme wahr.[109] Diese Grundsätze begrenzen den Handlungsraum privater Gefahrenvorkehrungen, zeichnen aber gleichwohl einen rechtlichen Koordinationsauftrag.

Der Auftrag der Sicherheit erstreckt sich gegenwärtig auch auf das Gebiet der Europäischen Union. Der europäische Sicherheitsauftrag hat seinen Ursprung in der Bekämpfung des Terrorismus und der organisierten Kriminalität sowie in den Kontrollen der europäischen Außengrenzen. Diese Aufträge wurden durch den Abbau der Grenzkontrollen und durch den freien Personenverkehr in besonderer Weise zu einer staatenübergreifenden Aufgabe.[110] Die Europäische Union greift dieses Anliegen auf, wenn sie einen europäischen „Raum der Freiheit, der Sicherheit und des Rechts" zu erhalten und weiterzuentwickeln

[108] Hier greift das sog. Sicherheitsgewerberecht; siehe insgesamt *Stober*, Moderne Dimensionen des Sicherheitsgewerberechts, in: ders./Olschok (Hg.), Handbuch des Sicherheitsgewerberechts, 2004, S. 1; *Olschok*, Entwicklung und Perspektiven des Wach- und Sicherheitsgewerbes auf nationaler und europäischer Ebene, ebenda, S. 13; *Götz*, Innere Sicherheit, in: HStR IV, 3. Auflage 2006, § 85 Rdn. 41 ff.; *Schoch*, Polizei- und Ordnungsrecht, in: Schmidt-Aßmann (Hg.), Besonderes Verwaltungsrecht, 13. Auflage 2005, S. 121 (138 ff.); *Möstl*, Die staatliche Garantie für die öffentliche Sicherheit und Ordnung, 2002, S. 290 ff.; *Lisken/Denninger*, Die Polizei im Verfassungsgefüge, in: dies., Handbuch des Polizeirechts, 4. Auflage 2007, C Rdn. 171 ff.; *Pitschas*, Neues Verwaltungsrecht im partnerschaftlichen Rechtsstaat?, DÖV 2004, 231 (233 ff.); *Nitz*, Private und öffentliche Sicherheit, 2000, S. 98 ff., für Deutschland, aber auch für Frankreich und die Vereinigten Staaten von Amerika; *Stoll*, Sicherheit als Aufgabe von Staat und Gesellschaft, 2003, S. 408 ff., für das Zusammenwirken von Staat und Gesellschaft.

[109] Vgl. § 34a Abs. 5 der Gewerbeordnung in der Fassung der Bekanntmachung vom 22. Feburar 1999 (BGBl. I, S. 202), zuletzt geändert durch Gesetz vom 26. Oktober 2007 (BGBl. I, S. 2547), im Folgenden: GewO.

[110] *Götz*, Innere Sicherheit, in: HStR IV, 3. Auflage 2006, § 85 Rdn. 44 ff. m.w.H.; zum europäischen Raum der Sicherheit insgesamt: *Calliess*, Vom freiheitlichen Binnenmarkt zum europäischen Leviathan, in: Festschrift für Josef Isensee, 2007, S. 755; zu den Problemen spezifischer rechtlicher Kooperation *Rengeling*, Risikoanalyse im europäischen Verwaltungs- und Verfassungsrecht, ebenda, S. 793.

sucht.[111] Dieser Auftrag soll insbesondere durch „Europol" und „Eurojust", inzwischen auch durch das Sieben-Länder-Abkommen von Prüm, insgesamt durch eine „polizeiliche und justizielle Zusammenarbeit in Strafsachen" erreicht werden.[112]

Die gegenständliche Allgemeinheit des Sicherungsauftrags führt gleichwohl nur sehr eingeschränkt zu einer räumlichen Allgemeinheit des Rechts. Die Europäische Union ist durch unterschiedliche Rechtsbereiche verschiedener Rationalität, durch unterschiedliche Rechtsquellen, durch das europäische und mitgliedstaatliche Recht geprägt, die zu koordinieren sind.[113] Das europäische Recht und die Gesetze der Mitgliedstaaten sind zu einer einheitlichen Rechtsordnung zusammenzuführen, um den Sicherungsauftrag zu erfüllen. Friktionen, welche die Reaktion auf Gefahren hemmen, sind gerade hier zu vermeiden. Der europäische „Raum der Sicherheit" wird gegenwärtig errichtet, ihm aber ein Projektcharakter attestiert.[114] Die Verantwortung der Staaten für die innere Sicherheit bleibt bestehen. Die Sicherungskompetenz der Europäischen Union unterstützt die Mitgliedstaaten, ersetzt deren Tätigkeit aber nicht. Auch die Differenzierung des einheitlichen Sicherungsziels und der Teilziele, die Verwirklichung dieser Ziele in einem schrittweisen Aufbau, die Kooperation durch Europol und Eurojust verdeutlichen, dass die europäische Sicherungsaufgabe die Mitgliedstaaten nicht verdrängt, sondern ergänzt.[115]

Die europäische und die mitgliedstaatliche Sicherungsaufgabe haben im Kern den gleichen Gegenstand: die Gefahrenabwehr und Gefahrenvorsorge, Asyl und Einwanderung sowie die Strafjustiz. Die Mitgliedstaaten tragen die Verantwortung für die Sicherheit in ihrem Regelungsgebiet, das europäische Recht wirkt hier unterstützend und ergänzend. Es sucht die Maßnahmen der Mitgliedstaaten europaweit zu koordinieren und punktuell zu ergänzen. Würde das europäische Recht den nationalen Sicherheitsregeln widersprechen, sie in ihrer Wirksamkeit hemmen oder ihnen gar gegensteuern, würde die Europäische Union ihren Sicherungsauftrag und damit einen Kerngedanken legitimen Rechts verfehlen. Die Union bringt ein sachlich und inhaltlich allgemeines Sicherungsrecht nicht hervor, muss bereits deshalb auf die Sicherheitsstruktur des nationalen Rechts aufbauen. Das Anliegen der rechtlichen Koordination wird greifbar.

---

[111] Art. 2 EUV; Art. 3 EU.

[112] Art. 29 ff. EUV; Art. 82 ff. AEU; siehe insgesamt *Mokros*, Polizei und Justiz auf der Ebene der Europäischen Union, in: Lisken/Denninger, Handbuch des Polizeirechts, 4. Auflage 2007, O Rdn. 1 ff.

[113] Siehe im Zweiten Kapitel unter D, hier insbes. unter I. bis III. (S. 386 ff.) und IX. (S. 489 ff.).

[114] *Götz*, Innere Sicherheit, in: HStR IV, 3. Auflage 2006, § 85 Rdn. 45.

[115] Insgesamt Art. 29 ff. EUV, Art. 64 Abs. 1 EGV; Art. 67 ff., Art. 72 AEU; *Götz*, Innere Sicherheit, in: HStR IV, 3. Auflage 2006, § 85 Rdn. 44 ff. m. w. H.

Der staatliche Auftrag, Gefahren abzuwehren, ist im territorialen und temporalen, im gegenständlichen und personalen Sinn allgemein. Die notwendige und legitimierende, die grundrechtlich abgesicherte staatliche Verpflichtung, Sicherheit zu gewährleisten, erstreckt sich auf das gesamte Bundesgebiet, nimmt aber – kompetenzrechtlich geleitet – primär die Länder in die Pflicht, setzt diesen grundrechtliche Grenzen, ein Untermaß, das alle Länder erfüllen müssen. Der räumliche Bezug greift auf die europäische Ebene über und fordert eine effektive Koordination der Rechtsquellen. Diese kann nur gelingen, wenn klare rechtliche Strukturen gezeichnet werden, die verbindlich die Verwaltung leiten.[116] Diese Koordination ist insbesondere im Sicherheitsrecht geboten, weil hier die Europäische Union, der Bund, die Länder und Gemeinden sowie Private verschiedene Sicherungsaufträge erfüllen. Würden die Europäische Union oder der Bund spezielle und verbindliche rechtliche Vorgaben setzen, bliebe in diesen Bereichen kein Raum mehr für landesrechtliche oder kommunale allgemeine Bestimmungen, für Generalklauseln. Wenn aber Generalklauseln und allgemeine polizeirechtliche Bestimmungen für eine effektive Gefahrenabwehr notwendig sind, so folgt hieraus, dass auf der Ebene des Bundes und der Europäischen Union Regelungen mit einem weiten Maß an Allgemeinheit zu erlassen sind. Die an das Bundesrecht und das Europarecht gerichteten Allgemeinheitsforderungen werden so gestärkt.[117]

Das Polizeirecht setzt auf das Regelungsinstrument des allgemeinen Gesetzes. Es drängt – entgegen der bisherigen Rechtsetzungspraxis – rechtlich und faktisch zu allgemeinen Polizeigesetzen. Die Rechtsgeschichte lehrt, dass Spezialrecht immer wieder zu neuen Spezialregelungen führt, dass eine Koordination verschiedener Rechtsquellen gelingen kann, wenn allgemeine Regeln erlassen werden.[118] Dieser Auftrag wird durch den Einsatz Privater und durch die typische Notsituation im Polizeirecht und deren Anforderungen an das Gesetz bestätigt, weil sich dessen Adressaten allgemeine Regeln besser zu eigen machen können. Das Sicherheitsrecht setzt so insbesondere in der Koordination der Rechtsquellen und der rechtlichen Anleitung beim Kampf gegen Gefahren auf allgemeine Regeln. Das allgemeine Gesetz erlangt „eine strukturprägende Bedeutung“.[119]

---

[116] Siehe im Zweiten Kapitel unter A., insbes. unter V. (S. 57 ff.), sowie unter D, hier insbes. unter I. bis III. und IX. (S. 386 ff. und 489 ff.).

[117] Siehe zu diesen Forderungen insgesamt im Zweiten Kapitel unter C und D (S. 174 ff. und 386 ff.).

[118] Siehe oben im Zweiten Kapitel insbes. unter B. II. und III. (S. 69 ff.).

[119] *Schoch*, Polizei- und Ordnungsrecht, in: Schmidt-Aßmann (Hg.), Besonderes Verwaltungsrecht, 13. Auflage 2005, S. 121 (165).

8. Die spezifische polizeirechtliche Allgemeinheitsforderung

Insgesamt erwarten Grundgesetz und Polizeirecht allgemeine Gesetze. Auch Spezialgesetze stellen allgemeine Auffangtatbestände bereit und öffnen ein Fenster zur Generalklausel, damit begreifbare Sicherheitsstrukturen errichtet und in diesem gesetzlichen Rahmen auch neuartige Gefahren abgewehrt, die grundrechtlichen Schutzpflichten erfüllt werden können. „Die heute übliche Verweisung des Rechts der Gefahrenabwehr in die Sondermaterien des Verwaltungsrechts verstellt den Blick dafür, daß die rechtliche Formulierung allgemeiner staatlicher Eingriffstatbestände, wie die polizeilichen Generalklauseln sie leisten, und die Dogmatisierung auf der Grundlage des Rechtsprechungsmaterials mehr sind als die Konkretisierung allgemeiner verwaltungsrechtlicher Regelbildungen." Die neuen Sicherungsaufgaben, die sich dem Rechtsstaat stellen, verlangen – so fährt *Udo Di Fabio* fort – ein „neues funktionsgerechtes Verständnis" der Gesetzesbindung der Verwaltung und der Lehre von ihrem rechtlich gefassten Gestaltungsraum. Der Gesetzgeber muss die „Grundlinien von Rechtsgüterabwägungen vorentscheiden", sollte keine Spezialregelungen treffen. „Dem verfassungsrechtlich geforderten Gesetzesvorbehalt wird dann nicht mehr durch eine Einzeleingriffsermächtigung genügt, sondern durch ein abgestimmtes Normsystem, bestehend aus Abwägungsdirektiven, Organisations- und Verfahrensvorschriften."[120]

Das Grundgesetz drängt hiernach das Polizeirecht zu allgemeinen Regelungen. Das Parlament wird gleichwohl die konkreten Anforderungen an eine Freiheitsentziehung oder den Gebrauch von Waffen in rechtsstaatlicher Striktheit regeln, könnte jedoch bei der Entscheidung über Personenfeststellungen, Vorladungen oder über die Durchsuchung von Sachen ein allgemeineres Normprogramm vorgeben. Das allgemeine Gesetz würde das Grundsätzliche und Dauerhafte vorgeben – und der Gesetzesvorbehalt würde wieder zum Entscheidungsvorbehalt. Verordnungen oder Verwaltungsvorschriften könnten den wechselnden Anforderungen von Gefahrenlagen, Bedrohungspotentialen und Sicherungstechnik gerecht werden. Polizeiorganen, Gerichten und Bürgern würde durch das allgemeine Gesetz eine verständliche Grundstruktur von Sicherungsauftrag und Sicherungsbefugnissen vermittelt.

[120] *Di Fabio*, Risikoentscheidungen im Rechtsstaat, 1994, S. 14f., 464f., der so betont, dass nicht einfach auf die Generalklausel gesetzt werden darf, insbes. für Risikoentscheidungen speziellere Ermächtigungsgrundlagen bereitzustellen seien, weil ansonsten „die Verluste für das Prinzip gesetzesgesteuerter Verwaltung zu hoch" wären (456).

9. Gesetzesallgemeinheit und Vollzugsallgemeinheit

Selbst durchweg allgemeine polizeiliche Befugnisnormen können und werden nicht verhindern, dass der Rückgriff auf die Generalklausel notwendig bleibt – und dies nicht nur bei atypischen neuen Gefahrenlagen. Die Generalklausel trifft aber eine Regelung mit einem hohen Abstraktionsniveau. So stellt sich die – schon beschriebene – Frage nach ihrer Bestimmtheit mit neuem Nachdruck. Eröffnet die Generalklausel dem einzelnen Vollzugsorgan einen verfassungsrechtlich nicht vertretbaren Entscheidungsraum? Macht sie das polizeiliche Handeln für den Bürger hinreichend vorhersehbar? Diese Verfassungsforderungen werden nach der gängigen Lesart in den Fällen erfüllt, in welchen auf die Generalklausel in gängiger Praxis zurückgegriffen wird. Doch wird dabei oftmals ein rechtsstaatliches Unbehagen geäußert, insbesondere wenn übliche Fälle wie das erwähnte Abschleppen von Kraftfahrzeugen oder das im Rahmen einer Straßensperre ausgesprochene Verbot, die Straße zu befahren, auf die Generalklausel gestützt werden.[121]

Die Idee des allgemeinen Gesetzes unterscheidet die abstrakt-generelle Vorgabe von der Konkretisierung im Einzelfall, die Allseitigkeit im Gesetz von der Einzelfallgerechtigkeit im Konkreten. Die allgemeine Regel wahrt Distanz zum Einzelfall und ermöglicht so – als Eingriffsgrundlage – individuelle Freiheit. Sie gibt der öffentlichen Hand und dem Bürger anders als manche spezialrechtliche Normen ein verständliches rechtliches Maß und dient mit diesem klaren rechtlichen Rahmen der Entfaltung der Freiheit. Die Unterscheidung zwischen offenen und spezialisierten, zwischen weiten und engen Gesetzen leitet die Gesetzesanwendung. Ist eine Generalklausel zu konkretisieren, muss diese Konkretisierung das Maß der Verallgemeinerung aufnehmen, die Vorgaben der Rechtsanwendungsgleichheit erfüllen. Hierbei gilt es zu erkennen, dass die Rechtsordnung der Verwaltung keine „Entscheidungsfreiheit" überträgt, sondern einen zwar weiten, aber rechtlich abgesteckten und gerichtlich kontrollierten Entscheidungsraum eröffnet.[122]

Auch wenn viele spezialrechtliche Bestimmungen derzeit den Anwendungsbereich der Generalklauseln verdrängen,[123] sollten diese auch im Licht der besonderen Befugnisnormen angewandt werden. Durch die speziellen Voraussetzungen etwa der Identitätsfeststellung, der Vorladung, der Durchsuchung und Untersuchung von Personen oder der Durchsuchung von Sachen gewinnt der

---

[121] Siehe für die Fälle bereits unter 6. (S. 517 ff.), zu diesen und zum Unbehagen *Rachor*, Das Polizeihandeln, in: Lisken/Denninger, Handbuch des Polizeirechts, 4. Auflage 2007, F Rdn. 789 ff.: „Dem Sinn des Gesetzesvorbehalts widerstreitet es [...], eine so weit gespannte Generalklausel wie die polizeiliche stets als ausreichende Grundlage für Grundrechtseingriffe zu verwenden" (Rdn. 790).

[122] Deutlich *Di Fabio*, Risikoentscheidungen im Rechtsstaat, 1994, S. 462 f.

[123] Siehe hierzu unter 6. (S. 517 ff.).

Beamte eine Ordnung und mit dieser eine Antwort auf die Frage, bei welcher Gefahrenlage Grundrechtseingriffe welcher Intensität zulässig sind. Doch sind die Befugnisnormen – insbesondere die über die Erhebung von Daten[124] – zuweilen zu kompliziert, um rechtlich verlässlich zu wirken; teilweise zeichnen sie eher ein eigenes Regelungssystem, das auch die Einzelmaßnahmen nur schwer leitet, kaum Bestandteil einer polizeirechtlichen Ordnung und allen Beamten gemein werden kann. Hier wird erneut eine Kernaussage des allgemeinen Gesetzes deutlich: Der Gesetzgeber verliert an prägender Kraft, gibt die Rechtsgestaltung, die Verfassungskonkretisierung letztlich aus der Hand, wenn er zu detaillierte Gesetze erlässt.[125] Eine stimmige Polizeirechtsordnung entfaltet hingegen die parlamentarische Demokratie – und sie leitet auch die Konkretisierung der Generalklausel, wenn sie ein System der Standartmaßnahmen entwirft, das bei der Antwort auf unvorhergesehene Fragen Orientierung spendet.

Die Generalklausel gilt dauerhaft für alle Gegenstände und alle Personen im gesamten Regelungsgebiet. Art. 3 Abs. 1 GG fordert in diesem Maß die Rechtsanwendungsgleichheit, die gleichheitsgerechte Anwendung des Tatbestands. Die Konkretisierung der Generalklausel muss daher ihren allgemeinen Anwendungsbereich mitdenken. Sie gewinnt so – man ist an *Kant* erinnert – eine Bestimmtheit, ein Maß, das ihre Anwendung leitet und prüfbar macht. Die Anwendung muss – bereichsspezifisch – einer Maxime folgen, von der man zugleich wollen kann, dass sie allgemein befolgt wird.[126] Diese Bestimmtheit erreicht die Generalklausel aber nur, wenn sie das Regelungsziel und die zu schützenden Rechtsgüter präzise benennt, wenn sie eine tiefenscharfe Verallgemeinerung vornimmt. Die gesetzliche Vorgabe der Sicherheit, des Schutzes wichtiger Rechtsgüter genügt diesen Anforderungen. Anders wäre es etwa, wenn eine Generalklausel zum Umweltschutz oder zur sozialen Förderung erlassen würde – hier zeichnen die Ziele und die möglichen Maßnahmen eine zu weitreichende Breite. Wenn ein Beamter – gestützt auf die polizeirechtliche Generalklausel – eine Theateraufführung verbietet, kann und muss er eine Konkretisierung wählen, die im temporalen, territorialen, gegenständlichen und personalen Sinn verallgemeinerbar ist. Demnach ist das Verbot nur zulässig, wenn es für den zu entscheidenden Einzelfall geeignet, erforderlich und angemessen ist, zugleich aber auch in einer allgemeinen Verwaltungsvorschrift in der Verantwortlichkeit der Exekutive für den gesamten Geltungsbereich des Gesetzes maßstabbildend wirken könnte. Hier zeigt sich die Eigenverantwort-

---

[124] Siehe Art. 30ff. BayPAG; §§ 19ff. PolG BW; §§ 37ff. SächsPolG.

[125] Siehe hierzu im Zweiten Kapitel unter C, insbes. VI. 3. (S. 353ff.) und VII. 2. bis 4. (S. 363ff.).

[126] *Kant*, Grundlegung zur Metaphysik der Sitten [1785], 2005, 421: „Handle nur nach derjenigen Maxime, durch die du zugleich wollen kannst, daß sie ein allgemeines Gesetz werde."

lichkeit der Verwaltung und des Instruments der Verwaltungsvorschrift, die das allgemeine Gesetz in der Anwendung konkretisieren kann. Wer erstmals eine Generalklausel auf eine neuartige Fragestellung anzuwenden hat, muss diese Anwendung gleichsam in einen Rechtssatz fassen, der für eine allgemeine Anwendung auf derartige Fälle tauglich ist. Aus der gesetzlich voraussehbaren Allgemeinheit wird so eine in der Erfahrung des Einzelfalls konkretisierte Allgemeinheit. Das Gesetz kann durch diese verallgemeinerungsfähige Anwendung gegenwarts- und entwicklungsgerecht wirken. Die Verwaltung erfüllt wieder ihre Kernaufgabe, nicht nur das Gesetz technisch anzuwenden, sondern es zu vollziehen, es konkretisierend in die Tat umzusetzen.

Dieser Gleichheitsgedanke weitet die Verhältnismäßigkeitsprüfung bei der Anwendung der Generalklauseln. Dies gilt für die nach der herkömmlichen Lesart weite Zumutbarkeitsprüfung, aber auch für die – ansonsten vergleichsweise einzelfallbezogene – Prüfung der Erforderlichkeit und Geeignetheit.[127] Die gewählte Maßnahme muss, wenn sie auf die Generalklausel gestützt werden soll, auch in vergleichbaren Fällen gegenüber anderen Personen und Gegenständen an verschiedenen Orten diesen Verhältnismäßigkeitskriterien entsprechen. Die grundrechtlichen Abwehrrechte und das Untermaß der Schutzpflichten geben dem Beamten hier ein allgemeines, für jedermann geltendes Maß. Die Allgemeinheit des Gesetzes läuft so mit der Forderung der Gleichheit vor dem Gesetz parallel, die vom Anwendungsbereich des Gesetzes abhängt, von dessen territorialem, temporalem, gegenständlichem und personalem Regelungsbereich, aber auch von dem gewählten Maß der Verallgemeinerung.[128] Die Generalklausel weitet in ihrer Abstraktionshöhe den Entscheidungsraum der Gesetzesanwendung, fordert dann aber einen regelbildenden Vollzug. Die zum schnellen Handeln berufenen Beamten, aber auch die zur Gefahrenvorsorge oder Gefahrenabwehr verpflichteten Bürger können diese verallgemeinernde Gesetzeskonkretisierung leisten, weil Verallgemeinerungen als Kategorie des Denkens dem Menschen immanent sind[129] und die Generalklauseln in der tiefenscharfen Regelung eine hinreichende direktive Kraft entfalten. Die Generalklauseln zeichnen dann rechtliche Vorgaben, die der Gesetzgeber verantwortet, die dem Beamten und dem Bürger aber ermöglichen, auch auf neue Gefahrenlagen unter Wahrung des Rechts zu reagieren, das Gesetzesziel in eigener Verantwortung zu erfüllen.

---

[127] Siehe hierzu im Zweiten Kapitel insbes. unter C. VI. 3. (S. 353 ff.).
[128] Siehe hierzu im Zweiten Kapitel insbes. unter C. VII. 2. und 3. (S. 363 ff.).
[129] Siehe hierzu im Ersten Kapitel unter B. (S. 28 ff.).

III. Allgemeinheit und Individualität

Der polizeiliche Sicherungsauftrag bezieht sich auf die Allgemeinheit des gesamten Regelungsgebiets, muss in dieser Ausrichtung auf das Ganze aber die individuellen Schutzversprechen der Grundrechte erfüllen, entfaltet sich somit zwischen einer Allgemeinheit und Individualität. Das Grundgesetz und das Polizeirecht fordern, diesen Auftrag durch Generalklauseln und allgemeine polizeiliche Befugnisnormen zu erfüllen.

Der Gesetzgeber behält durch die gesetzliche Verallgemeinerung die bestimmende und von ihm verantwortete Regelungskraft im Polizeirecht in seinen Händen, ohne die Erfüllung des Sicherungsauftrags und die hierfür erforderliche Flexibilität und Eigenverantwortung von Verwaltung und Bürgern hinsichtlich der Gefahrenabwehr und der Gefahrenvorsorge zu gefährden. Die unverzichtbaren Grundprinzipien öffentlicher Sicherheit sind im Gesetz zu regeln. Die grundrechtlichen Abwehrrechte setzen dabei ein individuelles aber allgemeines Maß. Gleiches gilt für die grundrechtlichen Schutzpflichten, die im Allgemeinen zu konkretisieren sind. Spezialregelungen können wiederkehrende Standardmaßnahmen, Sicherheitsroutine formen, genügen aber bereits bei üblichen Maßnahmen nicht den Forderungen der Voraussehbarkeit und Situationsoffenheit; sie werden die Sicherheitsbehörden im Kampf gegen neue Gefahren, gegen atypische Fälle kaum leiten. Der Gesetzgeber sollte allgemeine, grundsätzliche Regeln erlassen, Vorschriften über die Art der zu wählenden Maßnahmen und darüber, welche Personen heranzuziehen sind,[130] er sollte z. B. das Prinzip eines Vorrangs des sprachlichen Einwirkens vor der körperlichen Gewalt gesetzlich fassen, um so dem Bürger wie dem Beamten einen rechtlichen Maßstab zu geben, der ihnen ermöglicht, auch auf neuartige Gefahren eine adäquate und rechtmäßige Antwort zu finden.

Die Generalklauseln und andere allgemeine polizeirechtliche Bestimmungen nehmen den Gedanken auf, dass der Mensch in einer Gemeinschaft lebt, die auf rechtliche Regeln baut, die aber zudem und insbesondere auf Eigenverantwortung auch bei der Erfüllung des Sicherungsauftrags setzt. Diese Ambivalenz legitimiert den Staat und das Recht, wehrt sich aber gegen detaillierte Vorgaben, die Bürger und Beamte gleichsam nur zum entscheidungslosen Werkzeug des Gesetzes machen. Das Sicherheitsanliegen greift über Rechtsetzungsgrenzen hinweg, fordert deshalb eine Koordination verschiedener Rechtsquellen, insbesondere des europäischen und mitgliedstaatlichen Rechts, und das Zusammenwirken zwischen öffentlicher und privater Hand. Dieser Koordinationsauftrag wird durch gesetzliche Verallgemeinerungen besser gemeistert.

[130] Siehe hierzu etwa §§ 5f. PolG BW, §§ 4f. SächsPolG, §§ 17ff. OBG NRW; Art. 7f. BayPAG.

Der Staat hat das Sicherheitsversprechen zu erfüllen, das er der Gemeinschaft und jedem Einzelnen gegeben hat. Das Sicherheitsrecht muss das gesamte Territorium und alle Bürger im Ergebnis – der Sicherheit – dauerhaft erreichen. Der Sicherungsauftrag bezieht sich auf alle Gegenstände und Personen, dauerhaft auf das gesamte Gebiet, ist auch angesichts atypischer Gefahren, bei Notsituationen zu erfüllen. Die Polizeigesetze haben Bürger wie Beamte in rascher Entscheidung zu leiten. Das Recht muss daher vorab erfasst werden können, in sprachlicher und instrumenteller Hinsicht allgemein sein.

Die Generalklauseln, die allgemeinen Sicherheitsregeln werden so zu zentralen Rechtsinstrumenten. Das Bestimmtheitsgebot fordert dabei eine Tiefenschärfe der Verallgemeinerung, nicht aber eine Konkretheit, keine gesetzlichen Detailvorgaben. Eine in dieser Weise bestimmte Generalklausel leitet ihre Konkretisierung, weil die Auslegung und Anwendung in dem gesetzten Maß und Rahmen verallgemeinerungsfähig sein muss. Zudem entfalten die anderen polizeirechtlichen Bestimmungen, die Standartbefugnisse orientierende Kraft, wenn sie den Allgemeinheitsforderungen folgen. Die Generalklauseln, die notwendigen allgemeinen Sicherheitsregeln gewinnen dann in ihrer Allgemeinheit an Bestimmtheit.

C. Steuerlasten – grundrechtsergänzende Allgemeinheit

I. Allgemeinheit von Lasten und Leistungen

Der moderne Verfassungsstaat finanziert sich durch Steuern. Alle Lasten der Rechtsgemeinschaft sollen grundsätzlich von allen Bürgern getragen und die staatlichen Einnahmen grundsätzlich an alle zurückgegeben werden.[1] Diese dreifache Allgemeinheit der Lasten, der Lastenträger und der Begünstigten wird durch Parlamentsgesetze festgelegt: Die Besteuerung steht unter Gesetzesvorbehalt,[2] die Ausgabenentscheidung fällt in das parlamentarische Budgetrecht.[3]

Diese vom Parlament gewährte Allgemeinheit wurde aber erst mit der Demokratie zum gesicherten und notwendigen Merkmal der Steuer. Zuvor wurden Steuern auf Grund einer vertragsähnlichen Verständigung zwischen Herrschern und Untertanen erhoben. Die Zustimmung rechtfertigte ihre Erhebung. Später schlossen die Steuerpflichtigen – damals die wirtschaftliche Mittelklasse – mit dem Herrscher einen Gesellschaftsvertrag zum Schutz vor übermäßiger oder willkürlicher Besteuerung. Doch entwickelte sich schon bald der Vorbehalt des Parlamentsgesetzes und mit ihm wurden Allgemeinheitserwartungen an das Steuergesetz gerichtet. Aus der Allgemeinheit der Vertragspartner wurde die Gemeinlast im Geltungsgebiet des Steuergesetzes (personale und territoriale Allgemeinheit). Damit war es Sache des Gesetzgebers, den gleichheitsgerechten Besteuerungsgrund und Besteuerungsgegenstand zu finden (gegenständliche Allgemeinheit). Die demokratische Entscheidung des Parlaments sollte den Zusammenhang zwischen Besteuerung und Repräsentation, also der Mitentscheidung über die eigene Steuerlast verdeutlichen („no taxation without representation").[4]

Die demokratische Ursprungshoffnung, allein das Gesetzgebungsverfahren könne die angemessene und gleichmäßige Steuerlast gewährleisten, bestätigte

---

[1] BVerfGE 55, 274 (303) – Ausbildungsplatzförderungsgesetz; *Hatschek*, Deutsches und preussisches Staatsrecht, Band II, 2. Auflage 1930, S. 274 ff.; § 3 Abs. 1 AO.

[2] BVerGE 84, 239 (269) – Zinsbesteuerung; 93, 121 (147) – Vermögensteuer.

[3] *Heintzen*, Staatshaushalt, in: HStR V, 3. Auflage 2007, § 120 Rdn. 63.

[4] Siehe insgesamt *F.K. Mann*, Steuerpolitische Ideale, 1937, S. 119 f.; *K. Vogel/Waldhoff*, Grundlagen des Finanzverfassungsrechts, 1999, Rdn. 104 ff., für die Entwicklung in Deutschland; *Thier*, Steuergesetzgebung und Verfassung in der konstitutionellen Monarchie, 1999.

sich aber nicht. Die Allgemeinheit der Steuerpflichtigen, repräsentiert durch die Abgeordneten, entscheidet zwar selbst über die Steuer. Der Bürger erwartet jedoch wachsende Leistungen vom Staat, nimmt deshalb – teilweise unbewusst – steigende Steuerlasten in Kauf. Er scheint die Abgeordneten daher weniger zu veranlassen, auf maßvolle Steuern zu achten, sie vielmehr dazu zu drängen, die Leistungskraft des Staats zu stärken. Auch der Versuch, der Steuerlast durch begrenzte Staatsaufgaben angemessene Grenzen zu setzen, ist letztlich gescheitert, weil eine Staatsaufgabenlehre die Tätigkeit des Staats nicht zu begrenzen vermochte. Das Parlament, das ursprünglich die Kompetenz zur Mäßigung des Steuereingriffs errang, wird gegenwärtig eher zur Gefahr für die Steuerzahler.[5] Heute ist es daher insbesondere der Auftrag der Grundrechte und des Allgemeinheitspostulats, das Maß des Steuereingriffs zu garantieren. Die notwendige Ergänzung des Grundrechtsschutzes durch das allgemeine Gesetz wird dabei in besonderer Weise deutlich.

Das Steuerrecht ist im Vergleich zum Polizeirecht, das seinen Regelungsauftrag unmittelbar der Wirklichkeit, der zu bekämpfenden Gefahr, entnimmt, eine gesetzesgeprägte Rechtsmaterie. Die Realität gibt dem Steuerrecht daher vergleichsweise wenig Orientierung. Schlicht unverständliche Steuergesetze bleiben anders als entsprechende polizeirechtliche Regelungen in Kraft, weil sie anders als diese nicht den dringenden Auftrag der effektiven Gefahrenabwehr erfüllen müssen, nicht an diesem Maß gemessen werden, das komplizierte Steuerrecht vielmehr den Steuergestaltungsehrgeiz anzuregen scheint und dann nicht als erneuerungswürdig angesehen wird. So stellt sich die Frage, ob die Allgemeinheitspostulate insbesondere im Steuerrecht, d. h. in einer komplexen Rechtsmaterie mit eigener Rationalität, die Wirksamkeit der Gesetze und damit der Demokratie sichern können. Das Steuerrecht vermag exemplarisch zu verdeutlichen, dass das allgemeine Gesetz Freiheit und Demokratie schützt.

II. Die Gemeinlast der Steuer

1. *Der grundsätzliche Vorrang der Steuer vor anderen Abgaben*

Die Finanzverfassung des Grundgesetzes, die Budgethoheit des Parlaments und der allgemeine Gleichheitssatz machen heute die Steuerfinanzierung des Staats zum Regelfall; seine Finanzierung durch andere Abgaben bedarf der besonderen Rechtfertigung.[6]

---

[5] Diese Entwicklung zeichnet deutlich *Di Fabio*, Steuern und Gerechtigkeit, JZ 2007, 749 (750f.).

[6] BVerfGE 82, 159 (181) – Absatzfonds; 91, 186 (203f.) – Kohlepfennig; 108, 1 (16f.) – Rückmeldegebühr; 110, 370 (387) – Klärschlamm-Entschädigungsfonds; grundlegend: *Kube*, Finanzgewalt in der Komptenzordnung, 2004.

Die Gebühr rechtfertigt sich allein aus dem besonderen, vom Gebührenschuldner empfangenen Vorteil, der durch die Gebühr ganz oder teilweise abgeschöpft werden soll.[7] Gebühren sind von Steuern strikt zu unterscheiden, insbesondere damit Finanzschwache nicht von wesentlichen Staatsleistungen ausgeschlossen werden, die Gleichheit aller vor dem Gesetz, die personale Allgemeinheit des Leistungstatbestands nicht gefährdet wird.[8] Diese Allgemeinheit der staatlichen Finanzierung wird in Frage gestellt, wenn der Umweltschutz die Abgabe auch als Preis und Lenkungsmittel nutzt, insbesondere die Verleihungsgebühr[9] sowie eine Ressourcennutzungsgebühr[10] einsetzen will, um die Vorteile der Umweltbelastung abzuschöpfen und die Umweltverschmutzung vorbeugend zu verteuern.[11] Die vor allem als Lenkungsinstrument gedachte Abgabe soll vorrangig belasten,[12] weniger finanzieren. Demgegenüber drängt das Bundesverfassungsgericht im Dienst der Abgabenallgemeinheit auf eine in Form und Inhalt klare Unterscheidung der steuerlichen von den nicht steuerlichen Abgaben.[13] Die Erhebung einer nicht steuerlichen Abgabe bedarf hiernach besonderer gleichheitsrechtlicher Rechtfertigung, weil ihr Schuldner zugleich Steuerpflichtiger ist, finanzielle Leistungsfähigkeit also bereits durch Steuern abgeschöpft wird.[14] Daneben fordert der Grundsatz der Vollständigkeit des Haushaltsplans,[15] dass alle Abgabenerträge in den Staatshaushalt einfließen, die haushaltsflüchtigen Sonderabgaben deshalb nur als seltene Ausnahmen zulässig sind.[16] Die bundesstaatliche Finanzverfassung bestimmt für den Gesetz-

[7] Vgl. BVerfGE 93, 319 (344) – Wasserpfennig; 108, 1 (18) – Rückmeldegebühr; *Wilke*, Gebührenrecht und Grundgesetz, 1973, S. 105, 109.

[8] *Friauf*, „Verleihungsgebühren" als Finanzierungsinstrument für öffentliche Aufgaben?, in: Festschrift der rechtswissenschaftlichen Fakultät zur 600-Jahr-Feier der Universität zu Köln, 1988, S. 679 (693), mit dem Hinweis auf die parallele Problematik der Zulässigkeit von Sonderabgaben; BVerfGE 55, 274 (300 ff.) – Ausbildungsplatzförderungsgesetz; *F. Kirchhof*, Die Verleihungsgebühr als dritter Gebührentyp, DVBl. 1987, 554; *Sacksofsky*, Umweltschutz durch nicht-steuerliche Abgaben, 2000, S. 95 ff., S. 106 ff.; *J. Wieland*, Die Konzessionsabgaben, 1991, S. 308 ff.

[9] *F. Kirchhof*, Die Verleihungsgebühr als dritter Gebührentyp, DVBl. 1987, 554; *Heimlich*, Die Verleihungsgebühr als Umweltabgabe, 1996, S. 52; *J. Wieland*, Die Konzessionsabgaben, 1991.

[10] *Murswiek*, Die Ressourcennutzungsgebühr, NuR 1994, 170.

[11] *Sacksofsky*, Umweltschutz durch nicht-steuerliche Abgaben, 2000; *Wasmeier*, Umweltabgaben und Europarecht, 1995.

[12] Vgl. BVerfGE 110, 274 (291 ff.) – sog. Ökosteuer; hierzu *Selmer*, Ökologische Steuerreform, Verfassungsrecht und Bundesverfassungsgericht, in: Gedächtnisschrift für Christoph Trzaskalik, 2005, S. 411.

[13] Die Rechtsprechung wurde zunächst zu den Sonderabgaben entwickelt (siehe BVerfGE 82, 159 [181] – Absatzfonds; 91, 186 [203 f.] – Kohlepfennig; 110, 370 [387] – Klärschlamm-Entschädigungsfonds), dann aber mit Wirkung für die Gebühren und Beiträge verallgemeinert (BVerfGE 108, 1 [16 f.] – Rückmeldegebühr).

[14] BVerfGE 108, 1 (16) – Rückmeldegebühr.

[15] Art. 110 Abs. 1 GG; siehe hierzu *Waldhoff*, Grundzüge des Finanzrechts des Grundgesetzes, in: HStR V, 3. Auflage 2007, § 116 Rdn. 140 ff.

[16] BVerfGE 82, 158 (181) – Absatzfonds; 91, 186 (203 f.) – Kohlepfennig; 110, 370 (398 ff.)

geber – Bund oder Land – den Umfang der Regelungsbefugnis[17] und die Ertragshoheit.[18] Diese finanzverfassungsrechtlichen Zuständigkeitsregeln können auch der Mäßigung des Steuerzugriffs dienen, weil sie die Erhebungstatbestände rechtlich fassen.[19]

Die Allgemeinheit der Steuer, ihre Eigenschaft als voraussetzungslose Allgemeinlast,[20] ist eine Bedingung des modernen Verfassungsstaats. Jede Entwicklung zu besonderen Abgaben gefährdet diese Allgemeinheit, untergräbt die Belastungsgleichheit, die Unabhängigkeit des finanzwirksamen Staatshandelns und die Budgethoheit des Parlaments, auch die bundesstaatliche Gesetzgebungs- und Ertragsordnung. Der Allgemeinheitsgedanke weist so von vornherein auf die Steuerfinanzierung, nicht auf Vorzugslasten und nicht auf Sonderabgaben.

2. *Schwächen des grundrechtlichen Schutzes vor Steuern*

Der Grundrechtsschutz entfaltet gegenwärtig im Steuerrecht eine im Vergleich zu anderen Rechtsbereichen schwächere Kraft, die nur extreme Eingriffe abwehrt. Der Gleichheitssatz und die Eigentumsfreiheit bilden hier den zentralen grundrechtlichen Maßstab. Diese Grundrechte gewähren gegen den alltäglichen Steuereingriff jedoch kaum Schutz, weil der Zweck der Steuer, staatliche Einnahmen zu erzielen, konturenarm ist und deshalb den Grundrechtsschutz kaum zu prägen vermag. Eine Einnahme ließe sich auch durch eine Steuer erzielen, die an das Alter oder Gewicht, an das Geschlecht oder die Haarfarbe anknüpft. Die Garantie des Gleichheitssatzes und das Verhältnismäßigkeitsprinzip im Rahmen des Eigentumsschutzes würden diese evident verfassungswidrige Besteuerung kaum, jedenfalls nicht mit der geforderten Deutlichkeit abwehren, wenn den grundrechtlichen Gewährleistungen keine konkretere Orientierung als das allgemeine Regelungsziel der Steuern gegeben wird. Der Grundrechtsschutz ist insbesondere in einem gesetzesgeprägten Rechtsgebiet wie dem Steuerrecht von dem gesetzlich festgelegten Regelungsziel, von der gesetzten Besteuerungsregel abhängig.

Hat das Einkommensteuergesetz allgemein bestimmt, dass durch die Steuer die Gemeinschaft am jeweiligen Einkommen teilhat, gewinnen die freiheits-

---

– Klärschlamm-Entschädigungsfonds; nunmehr verallgemeinert durch: BVerfGE 108, 1 (16f.) – Rückmeldegebühr.

[17] BVerfGE 108, 1 (15) – Rückmeldegebühr.

[18] BVerfGE 55, 274 (300) – Ausbildungsplatzförderungsgesetz; 108, 1 (15) – Rückmeldegebühr.

[19] BVerfGE 78, 249 (266) – Fehlbelegungsabgabe; 108, 1 (15f.) – Rückmeldegebühr.

[20] *O. Mayer*, Deutsches Verwaltungsrecht [3. Auflage 1924], 1969, Band I, S. 316; *Waldhoff*, Grundzüge des Finanzrechts des Grundgesetzes, in: HStR V, 3. Auflage 2007, § 116 Rdn. 85; *Wendt*, Finanzhoheit und Finanzausgleich, in: HStR IV, 1. Auflage 1990, § 104 Rdn. 16ff.

rechtliche Verhältnismäßigkeitsprüfung und der Gleichheitssatz hier bereits einen Ausgangspunkt: Eine Besteuerung von 90 Prozent des Einkommens wäre als Teilhabe unverhältnismäßig. Das Steuerrecht prägt den Gleichheitsschutz in den Vorgaben, dass sich die Steuerlast mit wachsendem Einkommen auch prozentual erhöht und dass zwar erzielbare, aber tatsächlich nicht erzielte Einkommen für die Besteuerung unerheblich sind. Hat der Umsatzsteuergesetzgeber entschieden, die Kaufkraft des Endverbrauchers zu belasten, wäre es unverhältnismäßig und gleichheitswidrig, die Umsätze zwischen Unternehmen zu besteuern. Die vom Gesetzgeber gesetzte Regel, das Einkommen, den Umsatz oder auch die Erbschaften zu besteuern, bietet den Ausgangspunkt für die Anwendung des Verhältnismäßigkeitsgrundsatzes im Bereich der Freiheitsrechte und des Gleichheitssatzes. Werden der Belastungszweck, der Belastungsgrund und der Belastungsgegenstand durch das Gesetz nicht, kaum oder nur diffus vorgegeben, verliert der Grundrechtsschutz den notwendigen Halt und läuft Gefahr, seine Kraft einzubüßen. Damit betont das gesetzesgeprägte Steuerrecht in besonderer Weise die Abhängigkeit des Grundrechtsschutzes vom allgemeinen Gesetz.

a) Gleichheit vor dem Steuergesetz

Vor den Steuergesetzen sind alle Menschen gleich.[21] Hieraus könnte eine allgemeine Pflicht abgeleitet werden, durch jeweils den gleichen Steuerbetrag den Staat zu finanzieren (Kopfsteuer)[22] oder Entgelte für die jeweils empfangene Staatsleistung zu erheben, den Finanzbedarf des Staats also durch Gebühren und Beiträge zu stillen.[23] Im modernen Verfassungsstaat setzte sich jedoch die Auffassung durch, dass sich die Besteuerungsgleichheit nicht auf den Menschen in seinem Status,[24] sondern auf seine finanzielle Leistungsfähigkeit bezieht.[25] Diese gesetzlich getroffene Grundentscheidung bietet den Ausgangspunkt der steuerrechtlichen Gleichheitsprüfung. Jeder Mensch unterliegt in seiner gleichen oder vergleichbaren Leistungsfähigkeit derselben Steuerlast. Das Steuer-

[21] Art. 3 Abs. 1 GG.

[22] Diese Kopfsteuer wirkte – u.a. als Bedingung des Wahlrechts (polltax) – noch bis in die Gegenwart hinein (*Tipke*, Die Steuerrechtsordnung, Band I, 2. Auflage 2000, S. 473 f.).

[23] *Isensee*, Schutz des staatsabhängigen Unternehmens vor Sonderbelastung, in: Festschrift für Klaus Vogel, 2000, S. 93 (113 m. w. H.).

[24] *Groh*, Das Steuerrecht als unerwünschte Quelle des Gesellschaftsrechts, BB 1984, 304 (305 f.).

[25] Siehe zum Leistungsfähigkeitsprinzip im Steuerrecht: *Birk*, Das Leistungsfähigkeitsprinzip als Maßstab der Steuernormen, 1983, S. 6 f.; *K. Vogel/Waldhoff*, Grundlagen des Finanzverfassungsrechts, 1999, Rdn. 516 ff.; *Mellinghoff*, Verfassungsgebundenheit des Steuergesetzgebers, in: Festschrift für Peter Bareis, 2005, S. 171 (177 f.); *Waldhoff*, Grundzüge des Finanzrechts des Grundgesetzes, in: HStR V, 3. Auflage 2007, § 116 Rdn. 100 f.; *Tipke*, Die Steuerrechtsordnung, Band I, 2. Auflage 2000, S. 479 ff.; *Walz*, Steuergerechtigkeit und Rechtsanwendung, 1980; *Lehner*, Einkommensteuerrecht und Sozialhilferecht, 1993; *Wernsmann*, Verhaltenslenkung in einem rationalen Steuersystem, 2005, S. 261 f.

gesetz bestimmt den allgemeinen Belastungsgegenstand. Dieser greift unabhängig davon, wessen Leistungsfähigkeit so erfasst wird. Er muss aber die Leistungsfähigkeit abbilden, darf also nicht an die Person, sondern muss – in einer gesetzlichen Regelbildung – an die Finanzkraft anknüpfen. Der Gesetzgeber hat insofern bei der Wahl des Steuergegenstandes einen begrenzten Gestaltungsraum.[26] Das personal allgemeine Steuergesetz, das ein Maß für alle setzt,[27] und das gegenständlich allgemeine Gesetz, das in der Sache verallgemeinert, schaffen die Voraussetzungen,[28] um gleichheitsgerecht die Leistungsfähigkeit zu besteuern. Die Gleichheit vor dem Steuergesetz verlangt – dies betont *Klaus Tipke* – eine folgerichtige und widerspruchsfreie Umsetzung des Leistungsfähigkeitsprinzips, einen gleichmäßigen Vollzug der Steuergesetze und auch eine Gleichheit in der Zeit – also insoweit eine gegenständliche, personale, instrumentelle und temporale Allgemeinheit.[29] Das allgemeine Gesetz wird zum Teil des justitiablen Grundrechtsschutzes und dieser so – dies ist ein demokratischer Gedanke – durch die parlamentarische Gestaltung geprägt.

Die Steuergesetze erkennen die besteuerbare Leistungsfähigkeit im Einkommen, in der angefallenen Erbschaft und im Umsatz. Jeder dieser Steuertatbestände wird durch eine Bemessungsgrundlage näher ausgestaltet. So bemisst das Einkommensteuergesetz die Einkommensteuer nicht nach den erzielten Einnahmen, sondern auf einer Grundlage, die Abzüge zulässt. An diese gesetzliche Vorgabe knüpft der Gleichheitssatz an, weil er im Steuerrecht seinen Beurteilungsgegenstand weniger in der Realität und mehr in den gesetzlichen Zielen findet. Die Gleichheitsprüfung fragt nicht primär, ob die Steuer geeignet ist, den Staatshaushalt zu füllen, sondern ob sie die staatliche Teilhabe am individuellen Einkommen gleichheitsgerecht ausgestaltet. Die einkommensteuerrechtliche Bemessungsgrundlage ist aber durch eine Fülle von Sonderregelungen überlagert – von dem Hinzurechnungsbetrag nach dem Auslandsinvestitionsgesetz und dem Altersentlastungsbetrag über den Entlastungsbetrag für Alleinerziehende und den Freibetrag für Land- und Forstwirte, den Verlustabzug und die Steuerbegünstigung der Wohnung bis zum Härteausgleich.[30] Damit verliert der Vergleich, der auf die Bemessungsgrundlage baut, an Konturen. Die Belastungsunterschiede je nach Steuerprogression steigern die Wirkungen dieser

[26] *Tipke*, Mehr oder weniger Entscheidungsspielraum für den Steuergesetzgeber?, JZ 2009, 533 (537).

[27] Siehe zu dieser Forderung bereits *Locke*, Über die Regierung [Two Treatises of Government. The Second Treatise, 1690], 2003, 11. Kapitel § 142 (siehe hierzu bereits im Zweiten Kapitel unter B. IV. 2., S. 116 ff.).

[28] Siehe zu dieser Verbindung zwischen Gleichheitssatz und Allgemeinheitspostulat im Zweiten Kapitel unter C. II. 1. i) (S. 232 ff.) und VII. (S. 362 ff.).

[29] *Tipke*, Mehr oder weniger Entscheidungsspielraum für den Steuergesetzgeber?, JZ 2009, 533 (536); siehe aber auch *Kischel*, Gleichheitssatz und Steuerrecht, in: Mellinghoff/Palm (Hg.), Gleichheit im Verfassungsstaat, 2008, S. 175 ff.

[30] Siehe § 2 Abs. 3 ff. EStG.

Unschärfe. Die Belastung durch das Steuerrecht kann nur individuell und dann auch nur schwer erfasst werden – ein rechtlicher Vergleich verschiedener Steuerlasten ist auf Grund der fehlenden Klarheit, der fehlenden instrumentellen Allgemeinheit des Steuerrechts kaum möglich. Aber auch einzelne Steuervergünstigungen können kaum am Maß des Art. 3 Abs. 1 GG gemessen werden, wenn der Gesetzgeber nicht in einer allgemeinen Regel entscheidet, wann die Vergünstigungen greifen. Der Gleichheitsprüfung fehlt dann der vom Gesetzgeber zu setzende Ausgangspunkt. Die komplizierte Ausgestaltung des Steuerrechts, seine fehlende Allgemeinheit schwächt die schützende Kraft des Gleichheitssatzes.

b) Freiheitsrechtlicher Schutz vor Steuerlasten

Auch die grundrechtliche Verhältnismäßigkeitsprüfung der Freiheitsrechte gewinnt kaum im allgemeinen Finanzierungsziel – der Stärkung des Staatshaushalts –, sondern eher im Belastungsziel der Einzelsteuer einen tauglichen Bezugspunkt – dies jedoch von vornherein nur, wenn man die Besteuerung überhaupt als Eingriff in Freiheitsrechte begreift.[31] Die im Einkommen, im Umsatz oder in der Erbschaft erfassbare Leistungsfähigkeit soll zur Finanzierung des Staats in Teilen abgeschöpft werden. Doch liegen auch dann – so das Bundesverfassungsgericht – in den „Geboten der Eignung und der Erforderlichkeit kaum greifbare Ansatzpunkte für eine Begrenzung" des Steuereingriffs. „Jenseits ‚erdrosselnder', die Steuerquelle selbst vernichtender Belastung, die schon begrifflich kaum noch als Steuer qualifiziert werden kann [...], werden Steuern mit dem Zweck, Einnahmen zur Deckung des staatlichen Finanzbedarfs zu erzielen, gemessen an diesem Zweck grundsätzlich immer geeignet und erforderlich sein." Allein die Voraussetzung der Zumutbarkeit ziehe „Obergrenzen für eine Steuerbelastung". Jedoch stoße die „verfassungsgerichtliche Kontrolle der Abwägungen des Gesetzgebers zum Verhältnis zwischen öffentlichen Interessen an der Steuererhebung und privaten Interessen an einer möglichst eigentumsschonenden Besteuerung auf besondere Schwierigkeiten. Jede wertende Einschränkung des staatlichen Finanzierungsinteresses durch Steuern läuft Gefahr, dem Gesetzgeber mittelbar eine verfassungsgerichtliche Ausgaben- und damit eine Aufgabenbeschränkung aufzuerlegen, die das Grundgesetz nicht ausdrücklich vorsieht. [...] Weder [... das] Gebot vertikaler Steuergerechtigkeit (Art. 3 Abs. 1 GG) noch das Verbot übermäßiger Steuerbelastung (Art. 14 GG)" zeichnen konkrete Vorgaben. Die Grundrechte setzen – so das Gericht – insgesamt nur „äußere" Grenzen, die „nicht überschritten werden" dürfen. Die „steuerliche Belastung auch höherer Einkommen" dürfe aber „für den Regelfall nicht so weit gehen, dass der wirtschaftliche Erfolg grundlegend beeinträchtigt

[31] Siehe hierzu aber *J. Wieland*, Freiheitsrechtliche Vorgaben für die Besteuerung von Einkommen, DStJG 24 (2001), 29.

wird und damit nicht mehr angemessen zum Ausdruck kommt."[32] Wann dies der Fall ist, bleibt allerdings offen. So entfaltet das Kriterium der Zumutbarkeit kaum schützende Kraft. Das Interesse eines Bürgers an einer maßvollen Steuerlast wiegt nur in Extremfällen schwerer als die Funktionsfähigkeit des Gemeinwesens.[33]

Der Grundrechtsschutz wirkt auch gegenüber der Steuergewalt umso strikter, je mehr die Steuer in den Schutzbereich von Freiheitsrechten eingreift.[34] Der Gesetzgeber hat einen umso größeren Gestaltungsraum, je mehr er die gesetzlich gestaltbaren Rahmenbedingungen etwa des Wirtschaftens regelt.[35] Die Garantien der Gleichheit und Freiheit nehmen diese Unterscheidung auf. Ihr Maßstab verdichtet sich, wenn die höchstpersönlichen Bedingungen individuellen Lebens und individueller Freiheit geregelt werden; sie schützen aber zurückgenommen, wenn der Gesetzgeber die rechtlichen Bedingungen des Erwerbs bestimmt.[36] Das Steuerrecht regelt grundsätzlich die allgemeinen Bedingungen des Wirtschaftens. Der Grundrechtsschutz ist auch deshalb gehemmt.

c) Grundrechtsschutz und Allgemeinheit des Gesetzes

Diesen Schwächen des Grundrechtsschutzes suchen andere Verfassungsinterpretationen zu begegnen. In einer früheren Entscheidung hat das Bundesverfassungsgericht aus Art. 14 Abs. 2 GG gefolgert, dass die Steuerlast in der „Nähe einer hälftigen Teilung zwischen privater und öffentlicher Hand" verbleiben müsse.[37] Zudem wird der Gleichheitsschutz in „bereichsspezifischer" Anwendung mit dem Freiheitschutz verbunden und so die schützende Kraft der Grundrechte gestärkt. Der Gleichheitssatz wirke umso strikter, je mehr sich eine Ungleichbehandlung auf die Ausübung grundrechtlich geschützter Freiheiten nachhaltig auswirkt.[38] Die Freiheitsrechte ziehen in der Zumutbarkeit eine Grenze der Steuerbelastung, die sich nach den individuellen Verhältnissen des jeweiligen Falls richtet. Zudem muss die relative Grenze des Gleichheitssatzes beachtet werden, nach welcher zwei Personen, die unterschiedlich hohe Einkommen erzielen, bei vergleichbaren steuererheblichen Verhältnissen nicht nach der Besteuerung die gleiche Finanzkraft verbleiben darf. „Freiheit und Eigentum, Freiheit und Gleichheit bilden eine Einheit, die wir nur aus Gründen

---

[32] BVerfGE 115, 97 (115ff.) – Grenze des Steuerzugriffs.

[33] *Di Fabio*, Steuern und Gerechtigkeit, JZ 2007, 749 (752).

[34] BVerfGE 112, 164 (174) – Familienbesteuerung.

[35] BVerfGE 106, 166 (176) – Zählkindervorteil; 112, 164 (174) – Familienbesteuerung.

[36] Für das Steuerrecht: *K. Vogel*, Der Verlust des Rechtsgedankens im Steuerrecht als Herausforderung an das Verfassungsrecht, in: DStJG 12 (1989), S. 123 (139f.).

[37] BVerfGE 93, 121 (138) – Vermögensteuer; siehe hierzu *Lang*, Vom Verbot der Erdrosselungssteuer zum Halbteilungsgrundsatz, in: Festschrift für Klaus Vogel, 2000, S. 173.

[38] BVerfGE 105, 73 (110f.) – Rentenbesteuerung; 112, 164 (174) – Familienbesteuerung.

der besseren Handhabung differenzieren, darüber aber ihren systematischen Zusammenhang nicht vergessen dürfen."[39]

Diese Deutungen suchen das Dilemma zu überwinden, dass die überkompliziert ausgestalteten Steuergesetze dem Grundrechtsschutz keinen hinreichenden Ausgangspunkt bieten, obgleich dieser hierauf im Steuerrecht in besonderer Weise angewiesen ist. Würden die Steuergesetze den Steuerzugriff als Gemeinlast ausgestalten und so die personale und gegenständliche Allgemeinheit ersichtlich machen, würde die Verhältnismäßigkeitsprüfung insgesamt ein Maß bekommen. Der Bürger gewänne das Vertrauen in den Steuerstaat zurück und eine verlässliche Grundlage eigenen Wirtschaftens. Regelt das Einkommensteuerrecht allgemeine Kriterien, wann Ausgaben absetzbar sind, erhalten die Gleichheit vor dem Gesetz und die Freiheitsrechte eine Grundlage, die beide Grundrechte auch gegenüber Steuereingriffen zur Wirkung bringt. Der Steuerstaat belastet nicht beliebig, sondern nimmt maßvoll an einem Einkommen, an einer Erbschaft oder einem Umsatz teil. Erst in den gesetzlichen Konkretisierungen dieses Maßes ist aber eine Beurteilung angemessener staatlicher Teilhabe am jeweiligen Steuergegenstand möglich. Hier liegt auch ein Grund, warum die verfassungsgerichtliche Forderung nach einer folgerichtigen und widerspruchsfreien Gesetzgebung insbesondere für das Steuerrecht entwickelt worden ist.[40] Das Allgemeinheitspostulat richtet zunächst einen Verfassungsauftrag an den Gesetzgeber, wird dann aber zu einem Erfordernis des Grundrechtsschutzes.

Werden die Allgemeinheitsforderungen im Steuerrecht durchgesetzt, gewinnt dieses an rechtsstaatlicher Struktur und damit der Grundrechtsschutz an Kraft. Ist hingegen eine steuerrechtliche Regelung in Sprache und Ausgestaltung unverständlich, gar widersprüchlich, bleiben selbstverständliche, auch justitiable rechtsstaatliche Anforderungen unbeachtet[41] und die Grundrechte kraftlos. Wenn der Rechtsstaat und insbesondere das Bundesverfassungsgericht derartige Regelungen kaum für verfassungswidrig erklären, dürfte dieses einen Grund auch in den Folgen der Nichtigkeit haben. Steuergesetze werden in der Regel in Massenverfahren vollzogen; deswegen könnte ein Verfassungsverstoß eine Rückabwicklung von vielen Millionen Steuerschuldverhältnissen zur Folge haben. Steuern finanzieren jeweils einen Jahreshaushalt, der bis zur gerichtlichen Entscheidung über das Steuergesetz schon abgewickelt, deswegen einer

---

[39] *Di Fabio*, Steuern und Gerechtigkeit, JZ 2007, 749 (753).

[40] Siehe hierzu *Tipke*, Steuergerechtigkeit unter besonderer Berücksichtigung des Folgerichtigkeitsgebots, StuW 2007, 201 (219), der die Übernormierung, die Vernachlässigung der Rechtsprinzipien und die Finanzminister kritisiert, die „sich einseitig für die Höhe des Steueraufkommens interessieren, nicht aber dafür, auf welche Weise – ob auf gerechte oder ungerechte – die Steuermilliarden aufgebracht werden." Siehe zur Folgerichtigkeit zudem *K.-A. Schwarz*, „Folgerichtigkeit" im Steuerrecht, in: Festschrift für Josef Isensee, 2007, S. 949, insbes. auch zu Schwächen der Gleichheitsprüfung im Steuerrecht.

[41] Siehe hierzu im Zweiten Kapitel unter C. V. (S. 315 ff.).

nachträglichen Korrektur schwer zugänglich ist. Steuergesetze führen in der Regel zu hohen Erträgen, deren Rückzahlung nachträglich gewaltige Steuererhöhungen oder aber eine weitere Staatsverschuldung mit sich bringen könnte. Auf Grund dieser Folgen sucht das Bundesverfassungsgericht vielfach in einer Unvereinbarkeitserklärung mit Fristsetzung einen schonenden Übergang vom Unrecht zum Recht zu bewirken.[42] Insbesondere faktische Zwänge veranlassen die Rechtsgemeinschaft, ein vom zuständigen Organ als verfassungswidrig anerkanntes Gesetz weiter anzuwenden, um dem Gesetzgeber Zeit für eine Neuregelung zu geben. Gegenüber diesen Folgen errichtet das Allgemeinheitspostulat einen vorbeugenden und daher kraftvolleren Schutz: Die steuerlichen Massen- und Dauerrechtsverhältnisse werden schon im Gesetzgebungsverfahren auf die Gemeinlast, die Allgemeinheit ausgerichtet, die zu spät kommenden gerichtlichen Verfahren des Grundrechtsschutzes damit entlastet. Der Menschenrechtsschutz baut im Steuerrecht in besonderer Weise auf ein zweites Element, auf die Allgemeinheit des Gesetzes.

3. Der Gesetzgeber setzt den Grundrechtsschutz ins Werk – das Maß des allgemeinen Steuergesetzes

Der Grundrechtsschutz und der aus diesem folgende Drang zur Individualisierung schaffen das Bedürfnis, die Steuerlast auch auf die persönlichen Verhältnisse des Steuerpflichtigen und auf eine personalisierte Leistungsfähigkeit auszurichten. Doch auch diese individualisierende Besteuerung ist allgemein, wenn die Belastung aus einem verallgemeinernden Tatbestand und einem die Leistungsfähigkeit allgemein spiegelnden Tarif folgt. Die Einkommensteuer erfasst die Leistungsfähigkeit allein nach der Zahl der erzielten Euro. Der Staat fragt grundsätzlich nicht danach, ob das Einkommen ‚verdient' ist, ob es durch Handarbeit, Maschinenarbeit oder durch einen glücklichen Zufall erworben wurde. Die Wertminderungen von Wirtschaftsgütern werden in typisierenden „AfA-Tabellen" bemessen. Das Steuerrecht berücksichtigt den existenznotwendigen Bedarf in einem rechtlich definierten – keinem individualisierten – Existenzminimum. Es macht die Besteuerung von einem gesetzlich gewollten Steuertarif von 15 bis in der Spitze 45 Prozent[43] abhängig. Die Entscheidung über den Steuersatz bemisst die Belastungsintensität, die sich im Grund und in der Höhe aus Steuergegenstand und Steuersubjekt rechtfertigt.

Als das Lohnsteuerverfahren entwickelt wurde, war ein Vorteil der Quellenbesteuerung bewusst, der heute in Vergessenheit geraten ist: Wenn die Steuer an

---

[42] Vgl. BVerfGE 93, 121 – Vermögensteuer; siehe hierzu mit Blick auf die Finanzverfassung *F. Kirchhof*, Grund und Grenzen des Grundsatzes der verlässlichen und planbaren Finanz- und Haushaltswirtschaft, in: Festschrift für Josef Isensee, 2007, S. 363.

[43] *Lang*, in: Tipke/ders., Steuerrecht, 19. Auflage 2008, § 9 Rdn. 805.

der Quelle abgeführt wird, erübrigen sich Nachforschungen im Bereich des Steuerpflichtigen, hält der Staat freiheitliche Distanz.[44] Der Umsatzsteuergesetzgeber belastet die zum Konsum eingesetzte Kaufkraft beim Unternehmer, nimmt dabei die persönlichen Verhältnisse des Steuerträgers nicht zur Kenntnis. So wird auch zum Schutz der Freiheit die Bemessungsgrundlage in allgemein fassbare Größen übersetzt, auf die sich dann der Steuersatz bezieht.

Der Steuerzugriff auf einen allgemeinen Steuergegenstand drückt eine allgemeine Belastbarkeitserwartung aus. Es werden nicht etwa nur die Erträge der Arbeitnehmer besteuert, sondern jedes Einkommen, auch das der Arbeitgeber. Der Staat greift nicht nur bei dem durch Leistungen einzelner Unternehmer erzielten Mehrwert, sondern grundsätzlich bei jedem Umsatz zu. Diese Allgemeinheit – bereichsspezifisch verbesondert – ist eine Geltungsbedingung der Steuer. Wenn ein Besteuerungsgegenstand grundsätzlich bei allen greift, rechtfertigt die Verallgemeinerung die Last. Diese Verallgemeinerung bietet ein Maß und mäßigt: Für eine Verallgemeinerung, die eine übermäßige Last mit sich bringt, wird sich der Rechtsstaat, wird sich die Mehrheit im Parlament kaum entscheiden; letztere würde jedenfalls nach dieser Entscheidung abgewählt. Der Verfassungsauftrag zur Allgemeinheit fordert zudem, dass nicht die bestimmende Mehrheit in der Demokratie die Minderheit über Gebühr zur Finanzierung des Gemeinwesens heranzieht, weil die Mehrheit in der Allgemeinheit gleichermaßen mitbetroffen ist.

Würde der Gesetzgeber die steuerrechtliche Grundsatzfrage, wie hoch die Steuerlast sein soll, allgemein beantworten, würde er sich kaum für eine Steuerlast durch Einkommensteuer und Gewerbesteuer von insgesamt knapp 60 Prozent entscheiden – gegenwärtig kann der Steuerzugriff aber diese Höhe erreichen.[45] Würde das Parlament über verständliche Steuergesetze und damit bewusst über die Belastungsentscheidung mit all ihren Folgen für Staatshaushalt und Standort debattieren, würde die getroffene Entscheidung durch die Mehrheit der Abgeordneten verantwortet und die rationale Kraft des Parlaments zu einer maßvollen Besteuerung führen. Allgemeine Steuergesetze lassen es zu, kumulierende Steuerlasten[46] verallgemeinernd zu berücksichtigen und auch hier ein Maß zu finden. Sie stehen dem Steuerprivileg, meist auch der Steuerlenkung entgegen. Allgemeine Steuergesetze gäben dem Bürger wieder mehr wirtschaftliche Planungssicherheit, Rechtssicherheit und Vertrauen in das Steuerrecht. Die Freiheitsentfaltung würde gestärkt, nicht gehemmt. Die Wähler wüssten, wer die Belastungsentscheidung verantwortet, und könnten die nächste Wahl-

[44] *G. Kirchhof*, Die Erfüllungspflichten des Arbeitgebers im Lohnsteuerverfahren, 2005, S. 72 ff. m. w. H.

[45] So im vom Bundesverfassungsgericht zu entscheidenden Fall: BVerfGE 115, 97 (98 f.) – Grenze des Steuerzugriffs.

[46] Siehe hierzu *G. Kirchhof*, Grundrechte und Wirklichkeit, 2007, insbes. S. 27 ff.; *ders.*, Kumulative Belastung durch unterschiedliche staatliche Maßnahmen, NJW 2006, 732.

entscheidung danach ausrichten. Die schützende Kraft der Grundrechte könnte sich in diesem Maß sachgerecht entfalten. Eine verallgemeinernde Aussage drängt auf Klarheit. Diese Klarheit richtet die Regel auf das Vernünftige aus, setzt „Rechtsstrukturen“ und gibt ein rationales, ein „mittleres“ Maß.[47]

Die freiheitliche staatliche Zurückhaltung und das Maß des im personalen und gegenständlichen Sinn allgemeinen Steuergesetzes entfalten sich gegenwärtig nicht, weil das Steuergesetz durch Einzelfallregelungen die Grundentscheidung verdeckt, der einzelne Abgeordnete die Steuerlast kaum mehr verantwortet – der Gedanke eines gerechten, eines allgemeinen Steuergesetzes „ist wohl in Vergessenheit geraten.“[48] Der Steuergesetzgeber drängt zur Einzelfallgerechtigkeit. Doch diese Gerechtigkeit gewinnt ihr Maß gerade im Steuerrecht in der für jedermann gleichen Gemeinlast. So gilt es, den Belastungsgegenstand – das Einkommen – und die Steuerbelastung – die Einkommensteuerschuld – wieder allgemein zu bestimmen. Doch wird die Gesetzesallgemeinheit gegenwärtig verletzt, wenn „nur eine einzelne Einkunfts- oder Vermögensart, ein einzelnes Wirtschaftsgut, eine einzelne Leistung erfasst wird.“ So ist etwa im Bereich der Verbrauch- und Aufwandsteuern „kein Belastungsgedanke zu Ende gedacht, verallgemeinert worden. Es wird eine Kaffeesteuer erhoben, aber keine Steuer auf den Konsum von Tee oder anderen Genussmitteln. Es wird eine Getränkesteuer erhoben, nicht aber eine Steuer auf Speisen, es werden harmlose Vergnügungen besteuert, nicht aber teure Luxusvergnügungen. [...] Das Erbschaft- und Schenkungsteuergesetz konkretisiert das Leistungsfähigkeitsprinzip durch das Bereicherungsprinzip. Danach ist es nicht folgerichtig, auch den ‚entreicherten‘ Schenker zum Schuldner der Schenkungsteuer zu machen. Wenn die Grunderwerbsteuer den belasten soll, der für den Erwerb eines Grundstücks etwas aufwendet, ist es nicht folgerichtig, auch den Grundstücksveräußerer zum Schuldner zu erklären. Die Umsatzsteuer als allgemeine Verbrauchsteuer will den privaten Verbrauch belasten, nicht die Gewinnverwendung der Unternehmen für Investitionen. Dieses Ergebnis wird durch den Vorsteuerabzug und die Umsatzsteuerüberwälzung erreicht. Danach ist es nicht folgerichtig, Unternehmer ausnahmsweise mit so genannten Verkehrsteuern (ohne Vorsteuerabzug) zu belasten. Das betrifft die Grunderwerbsteuer, die Versicherungsteuer und die Feuerschutzsteuer.“[49]

Die Gesetzesallgemeinheit wird zudem bei der Gewährung zahlreicher Steuervergünstigungen verletzt. Doch können steuerrechtliche Regelungen, können Steuerprivilegien nur am Maß des Art. 3 Abs. 1 GG gemessen werden, wenn

---

[47] *H. Hofmann*, Das Postulat der Allgemeinheit des Gesetzes, in: Starck (Hg.), Die Allgemeinheit des Gesetzes, 1986, S. 9 (46 m. w. H.).

[48] *Tipke*, Mehr oder weniger Entscheidungsspielraum für den Steuergesetzgeber?, JZ 2009, 533 (538).

[49] *Tipke*, Mehr oder weniger Entscheidungsspielraum für den Steuergesetzgeber?, JZ 2009, 533 (538 f. m. w. H. und Bsp.), Hervorhebungen nicht übernommen.

eine allgemeine Regel festlegt, wann diese Privilegien greifen. Weil der Gesetzgeber diese Regel verschweigt, ist eine Gleichheitsprüfung nicht möglich. Müssen die Aufwendungen für die Fahrt zur Arbeit absetzbar sein?[50] Ist es gleichheitsgerecht, die Sonntags- und Nachtarbeit steuerrechtlich zu begünstigen, andere erschwerte Tätigkeiten im Untertagebetrieb oder im sanitären Bereich hingegen nicht oder nur in Teilen? Muss das Unternehmensteuerrecht eine rechtsformneutrale Besteuerung gewährleisten?[51] Der Grundrechtsschutz braucht die Orientierung einer allgemeinen Regel über Steuervergünstigungen. Das geltende Recht versagt diese Orientierung, setzt den Grundrechtsschutz daher nicht ins Werk, weil Vergünstigungen buchstäblich in einer gesetzlichen Auflistung von Einzelfällen gewährt werden.[52] Derzeit greift z.B. der reduzierte Umsatzsteuersatz für den Verkauf von Mauleseln.[53] Aber entspricht es der Gleichheitsforderung, dass beim Verkauf von Mauleseln ein Steuersatz von 7, bei der Lieferung von Hauseseln einer von 19 Prozent greift?[54] Diese Unterscheidung erstaunt und verdeutlicht, dass der Gleichheitsprüfung die allgemeine Regel fehlt, an der die steuerrechtlichen Unterscheidungen zu messen sind. Wird ein allgemeines Steuergesetz erlassen, haben die Steuerverwaltung und die Finanzgerichte im Einzelfall über notwendige Ausnahmen zu entscheiden. Die gesetzlichen Steuervergünstigungen rechtfertigen sich dann aber nicht aus dem Anliegen des Einzelnen, von der Gemeinlast entlastet zu werden, sondern – wenn überhaupt – nur aus Gründen des Gemeinwohls.[55] Die Regelbildung ist am Regelfall vorzunehmen, darf und muss verallgemeinern[56] und findet so das Maß in einer klaren Entscheidung für die Gemeinlast.

Jeder Steuerzugriff muss den Vorgaben des Art. 3 Abs. 1 und Art. 14 GG folgen. Dieser Grundrechtsschutz wird aber nur ins Werk gesetzt, wenn der Gesetzgeber eine folgerichtige und widerspruchsfreie steuerrechtliche Belastungsentscheidung trifft.[57] Das Bundesverfassungsgericht hat zu Recht aus dem allgemeinen Gleichheitssatz die Forderung nach einer widerspruchsfreien und

---

[50] Siehe hierzu § 9 Abs. 2 EStG; BVerfG, JZ 2009, 255 – Pendlerpauschale; *Tipke*, Mehr oder weniger Entscheidungsspielraum für den Steuergesetzgeber?, JZ 2009, 533 (insbes. 537 ff.).

[51] *Tipke*, Mehr oder weniger Entscheidungsspielraum für den Steuergesetzgeber?, JZ 2009, 533 (538 m. w. H.).

[52] Siehe für die Umsatzsteuer die Steuerbefreiungen nach § 4 UStG und den ermäßigten Steuersatz nach § 12 UStG i. V. m. der Anlage 2 des Gesetzes.

[53] § 12 Abs. 2 Nr. 1 UStG i. V. m. Anlage 2 zum UStG; siehe hierzu insgesamt *Reiß*, in: Tipke/Lang, Steuerrecht, 19. Auflage 2008, § 14 Rdn. 146 ff.

[54] § 12 Abs. 1 und Abs. 2 Nr. 1 UStG i. V. m. Anlage 2 zum UStG

[55] BVerfGE 93, 121 (147) – Vermögensteuer.

[56] Grundlegend zu diesem Gesetzgebungsauftrag *Aristoteles* und *Thomas von Aquin* (siehe oben im Zweiten Kapitel unter II. 3., S. 82 ff., III. 4., S. 105 ff., sowie VI. 7., S. 170 ff. – instrumentelle Allgemeinheit); für das Steuerrecht: *Osterloh*, Gesetzesbindung und Typisierungsspielräume bei der Anwendung der Steuergesetze, 1992, S. 95 ff.; *Eckhoff*, Rechtsanwendungsgleichheit im Steuerrecht, 1999, S. 71.

[57] Siehe auch oben unter 2. (S. 532 ff.).

folgerichtigen Steuergesetzgebung entwickelt.[58] Der Gesetzgeber schwächt den Grundrechtsschutz, wenn er diesen Gesetzgebungsauftrag nicht erfüllt. Die Grundrechte erlauben aber nicht einfach, dass der Gesetzgeber ihre schützende Kraft untergräbt. Sie verpflichten diesen vielmehr, eine Systementscheidung im Steuerrecht zu treffen. Diese Forderung nach einer instrumentellen Allgemeinheit ist verbindlich – die Grundrechte errichten für das Steuerrecht einen qualifizierten Gesetzesvorbehalt, damit ihr Schutz ins Werk gesetzt wird. Allgemeinheitspostulat, Gleichheitssatz und Freiheitsrechte wirken dann Hand in Hand.

4. Regelungsauftrag, gesetzliche Allgemeinheit, Verwaltungspraxis

Hat der Gesetzgeber einen allgemeinen Steuergegenstand bestimmt, bindet er damit die gesetzliche Ausgestaltung. Er muss den Belastungsgegenstand folgerichtig in der Bemessungsgrundlage[59] und diese Grundentscheidung auch in den anderen steuerrechtlichen Tatbeständen sachgerecht umsetzen.[60] Abweichungen von der Systementscheidung bedürfen eines besonderen Grundes. Schon für die Weimarer Verfassung, die in Art. 134 ausdrücklich den Grundsatz der Allgemeinheit der Besteuerung kannte,[61] galt die Regel, dass die gesetzliche Entscheidung über die „Steuerwürdigkeit" im Einzelsteuergesetz so auszugestalten ist, dass sie „jeden nur denkbaren Steuertatbestand, den der Gesetzgeber treffen sollte, auch wirklich erfaßt".[62] Bedingung der Gemeinlast ist ihre Unausweichlichkeit.[63] Deshalb muss das Steuergesetz so gestaltet werden, dass auch der Steuervollzug die Steuerpflichtigen allgemein erreicht und gleich belastet.[64]

Wie die gegenständliche Allgemeinheit erteilt auch die instrumentelle Allgemeinheit Individualisierungstendenzen eine klare Absage. Die Steuerlasten

---

[58] BVerfGE 84, 239 (271) – Zinsbesteuerung; 96, 1 (6) – Arbeitnehmerfreibetrag; 99, 88 (96f.) – Verlustabzug bei sonstigen Einkünften; 105, 73 (126) – Rentenbesteuerung; 107, 27 (47) – doppelte Haushaltsführung; 116, 164 (180f.) – Tarifbegrenzung bei gewerblichen Einkünften.

[59] BVerfGE 84, 153 (179) – Zinsurteil; 93, 121 (137) – Vermögensteuer; 98, 106 (125f.) - Verpackungsteuer; 105, 73 (112) – Rentenbesteuerung; 112, 268 (279) – Erwerbsbedingte Kinderbetreuungskosten.

[60] BVerfGE 84, 239 (281f.) – Zinsbesteuerung; 87, 153 (172) – Grundfreibetrag; 93, 121 (136) – Vermögensteuer; 99, 216 (293) – Kinderexistenzminimum I; 105, 17 (46) – Sozialpfandbriefe.

[61] Art. 134 WRV: „Alle Staatsbürger ohne Unterschied tragen im Verhältnis ihrer Mittel zu allen öffentlichen Lasten nach Maßgabe der Gesetze bei."

[62] *A. Hensel*, Verfassungsrechtliche Bindungen des Steuergesetzgebers, VJSchrStFR 4 (1930), S. 441 (461); *ders.*, System des Familiensteuerrechts und andere Schriften, hg. von Reimer/Waldhoff, 2000, S. 97f.

[63] BVerfGE 84, 239 (268) – Zinsbesteuerung; 101, 297 (309) – Arbeitszimmer.

[64] BVerfGE 84, 239 (269) – Zinsbesteuerung; 110, 94 (112f.) – Spekulationsteuer.

werden an einem allgemeinen Maßstab individuell bemessen und so Privileg und Ausweichbarkeit verhindert. Diese Forderung nach klaren Grundentscheidungen wird dadurch gestärkt, dass Steuern grundsätzlich von jedem Menschen gezahlt, folglich in Massenverfahren erhoben werden. Das Steuerrecht muss deshalb in besonderer Weise der sprachlichen und instrumentellen Allgemeinheit als Garanten der Vollziehbarkeit und der Konsistenz der Steuerrechtsordnung genügen. Tatbestände sind generell und abstrakt zu formulieren, greifen vereinfachend auf Sachverhalte zurück und erfassen die Wirklichkeit in vollziehbaren Regeln. Das Bundesverfassungsgericht hat die Sondersituation des Massenvollzugs des Steuerrechts hervorgehoben und zugelassen, den gesetzestechnisch einfacher greifbaren Sachverhalt statt einer im Einzelfall zu ermittelnden Wirklichkeit zu erfassen.[65] Ein kompliziertes Steuerrecht ‚kostet' im Vollzug zu viel. Jede Ausweichmöglichkeit gefährdet die Gleichheit des Vollzugs, die vielerlei Ausweichinteressen und dem steuerlichen Gestaltungswillen Herr werden muss.

Das komplizierte Steuerrecht untergräbt – so die deutliche Mahnung von *Klaus Tipke* – den Rechtsstaat und die Gleichheit vor dem Steuergesetz: „Die letzte Steueramnestie wurde Ende 2003 beschlossen, weil das Finanzministerium wusste, dass gegenüber vielen Steuerbürgern die Steuergesetze nicht durchgesetzt worden waren oder nicht durchgesetzt werden konnten. Die Amnestie bestand nicht nur in einem Strafverzicht, sondern auch im Verzicht auf einen erheblichen Teil der geschuldeten Steuern – aber nur gegenüber den Steuerhinterziehern. Die Steuerehrlichen waren die Benachteiligten. Sie lernten, dass die Ehrlichen einmal mehr die Dummen waren, und viele von ihnen werden künftig nicht mehr ‚dumm' sein wollen, sondern von der nächsten Amnestie auch profitieren wollen. Dass das nur Steuerhinterzieher können, ist die Lehre aus der letzten Steueramnestie."[66]

Die Gleichheit vor dem Steuergesetz und die Gesetzesallgemeinheit[67] werden gefährdet, wenn der Gesetzgeber Individualgerechtigkeit in immer mehr Einzelfall- und Detailregelungen sucht und so auch zur Vermeidbarkeit der Steuer beiträgt. Gegenwärtig erlebt der Steuerpflichtige die Steuerrechtsordnung nicht als konsistente Einheit, sondern in drei Ordnungsbereichen:[68] in der verfassungsrechtlichen Grundordnung, der gesetzlichen Steuerordnung und der tatsächlichen Verwaltungspraxis, die auf der Grundlage der Steuergesetze durch Verwaltungsvorschriften, Kontrollgepflogenheiten und tatsächliche Verständi-

---

[65] BVerfGE 101, 297 (309) – Arbeitszimmer.

[66] *Tipke*, Mehr oder weniger Entscheidungsspielraum für den Steuergesetzgeber?, JZ 2009, 533 (536).

[67] Siehe zu dieser notwendigen Verbindung oben im Zweiten Kapitel unter C. VII, insbes. unter 1. (S. 362 ff.).

[68] *Eckhoff*, Rechtsanwendungsgleichheit im Steuerrecht, 1999, S. 64 f.

gung geprägt ist. Insbesondere die Brüche zwischen diesen Bereichen höhlen die Allgemeinheit der Steuergesetze aus.

Das Steuergesetz ist auf die Mitwirkung des Steuerpflichtigen bei der Steuererklärung, auf Selbstveranlagung, Steuerermittlung und Steuervollstreckung angelegt.[69] Auch deshalb müssen die Steuergesetze verständlich sein. Wenn Bürger beim Vollzug eines Gesetzes mitwirken sollen – hier liegt eine Parallele zum Sicherheitsrecht[70] –, müssen sie begreifen, warum und inwiefern ihnen diese Last auferlegt wird. Die Mitwirkungspflichten sind für den Mitwirkungsverpflichteten verständlich zu formulieren. Recht, dessen Vollzug Verwaltungsbeamte kontrollieren, mag sich in der Grundforderung der Verständlichkeit auch an deren professionellem Gesetzesverständnis orientieren. Wenn aber das Steuerrecht Eingriffe in das Vermögen aller Bürger regelt, folglich alle unmittelbar und alltäglich betrifft, und die Zahlungsverpflichteten zudem zur Mitwirkung verpflichtet, sollte es – jedenfalls in seinen Grundaussagen – für alle Adressaten verständlich sein. Diesen Gedanken stellt der Rechtsstaat gegenwärtig auf den Kopf, weil das Steuerrecht einer der kompliziertesten Rechtsbereiche und für den Betroffenen schlicht nicht verständlich ist.

Nach der Rechtsprechung des Bundesfinanzhofs darf sich der Steuerpflichtige – insbesondere beim Abschluss der Außenprüfung – mit der Behörde über die steuererheblichen Tatsachen, nicht aber über die Rechtsfolgen verständigen. Das Gesetz lässt eine Vereinbarung über die allgemeine, gleiche Steuerlast nicht zu.[71] Finanzbehörden und Steuerpflichtige klären Sachverhalts-, Bewertungs- und Schätzungsungewissheiten im Einvernehmen.[72] Die Finanzverwaltung hat aber inzwischen Methoden des „maßvollen Gesetzesvollzugs" entwickelt, die diesem Grundsatz nicht entsprechen. Der Steuerpflichtige trägt z.B. den Behörden den steuererheblichen Sachverhalt in Bilanzen und Steuererklärungen vor und arbeitet bei der Ermittlung des wirtschaftlichen Sachverhalts mit ihnen zusammen. Jedoch verzichtet die Steuerpraxis auf Kooperations-, Erhebungs- und Vollstreckungsmaßnahmen, unterstützt Billigkeitsregelungen, vereinfacht Erhebung und Vollstreckung und vermeidet so auch Haftung und Verzugszinsen.[73] Die durch das Massenverfahren überforderte Verwaltungspraxis stützt sich vielfach auf „tatsächliche Vermutungen", füllt unbestimmte Rechtsbegriffe und Ermessenstatbestände in gegenseitigem Entgegenkommen[74] und prüft Er-

---

[69] Siehe hierzu insbes. mit Blick auf „Dritte" *Drüen*, Inanspruchnahme Dritter für den Steuervollzug, DStJG 31 (2008), 167.

[70] Siehe unter B. II. 7. (S. 517ff.).

[71] BFH, BStBl. II, 1985, S. 354 (357); BStBl. II, 1991, S. 45 (46); siehe insgesamt sowie zur dreistufigen Entwicklung dieser Rechtsprechung *Seer*, Verständigungen in Steuerverfahren, 1996, S. 8f., 67f.

[72] *Seer*, Verständigungen in Steuerverfahren, 1996, S. 8f.; siehe zudem *Söhn*, Steuervereinbarungen und Verfassungsrecht, in: Festschrift für Peter Selmer, 2004, S. 911.

[73] Insgesamt *Müller-Franken*, Maßvolles Verwalten, 2004, insbes. S. 135f.

[74] *Müller-Franken*, Maßvolles Verwalten, 2004, S. 135f., 154f.

klärungen nur noch auf deren äußere Ordnungsgemäßheit, Vollständigkeit, Schlüssigkeit und Plausibilität.[75] Dieser Vollzug der Steuergesetze ist Folge ihrer unübersichtlichen, ihrer widersprüchlichen Regelungen. Er sucht durch eine Lockerung, auch durch eine Lösung der Gesetzesbindung die Vorgaben der Allgemeinheit und Gleichheit der Steuerlast zu erfüllen, weil diese durch strikte Gesetzesbefolgung nicht erreichbar wären. Auch hier ist Abhilfe nur von einer Steuergesetzgebung zu erwarten, die der instrumentellen Gesetzesallgemeinheit genügt. Je weniger der Verfassungsauftrag zur Bildung allgemeiner Steuerregeln die gesetzliche Steuerordnung prägt, desto mehr wird die tatsächliche Verwaltungspraxis mit der Aufgabe betraut, die Allgemeinheit der Last im Vollzug herzustellen. Aus dem an das Gesetz gerichteten Verfassungsprinzip wird eine Erwartung an den Vollzug – so entfaltet sich die parlamentarische Demokratie nicht.

5. *Atypische Sachverhalte*

Das Steuerrecht stellt auch deshalb besondere Anforderungen an die Allgemeinheit des Gesetzes, weil es in einer gewissen Selbstverständlichkeit auf den atypischen, steuerbewusst gestalteten Sachverhalt trifft. Der Steuerpflichtige organisiert sein erwerbswirtschaftliches Verhalten in Kenntnis der Steuergesetze mit dem Ziel, die Steuerlast möglichst zu vermeiden oder zumindest zu verringern. Das Steuerrecht setzt einen eigenen Gestaltungsanreiz. Solche Ausweichreaktionen würde ein – im instrumentellen Sinn – allgemeines Gesetz eindämmen oder verhindern, weil es den steuerlichen Belastungsgegenstand generell benennt, aber keine detaillierten Anknüpfungspunkte bietet, die eine steuererleichternde Gestaltung ermöglichen. Die Allgemeinheit des Gesetzes sorgt für eine gleichheitsgerechte Besteuerung, gesetzliches Bemühen um Individualgerechtigkeit hingegen bietet Möglichkeiten der Steuervermeidung, die der Steuerpflichtige nutzen wird.[76]

Der Anreiz zur Steuergestaltung hat Auswirkungen auf die gesamte Rechtsordnung. Wenn das Steuerrecht die Kapitalgesellschaft, die Personengesellschaft und den Einzelkaufmann unterschiedlich belastet, sucht der Unternehmer die Vorteile der verschiedenen Belastungssysteme zu vereinen. Er gründet allein aus Motiven der Steuerersparnis die im Numerus clausus der Gesellschaftsformen nicht vorgesehene Personengesellschaft mit beschränkter Haftung.[77] Andere Gestaltungen betreffen die Eigen- und Fremdfinanzierung,

---

[75] *Buciek*, Grenzen des „maßvollen Gesetzesvollzugs", DStZ 1995, 513.

[76] Siehe bereits *Hensel*, Steuerrecht [1933], 1986, S. 95; jüngst: *Sieker*, Steuergleichheit und Steuergestaltung, in: Mellinghoff/Palm (Hg.), Gleichheit im Verfassungsstaat, 2008, S. 195 ff.

[77] *Groh*, Das Steuerrecht als unerwünschte Quelle des Gesellschaftsrechts, BB 1984, 304

Thesaurierung oder Ausschüttung, den Wechsel der Einkunftsart, die Zeitwahl einer Disposition in einem Wirtschaftsjahr, die Zuordnung eines Wirtschaftsguts und einer Erwerbsquelle. Das Steuerrecht selbst, aber auch die Konsistenz der Gesamtrechtsordnung und der Grundrechtsschutz, insbesondere die Gleichheit vor dem Gesetz, fordern demgegenüber die unausweichliche Gemeinlast, das allgemeine Steuergesetz.

6. *Das dauerhafte Steuergesetz*

Die Staatsfinanzen müssen dauerhaft gesichert werden. Der Steuerpflichtige erwartet die voraussehbare, planbare Last. Der Auftrag des Steuergesetzes zielt deshalb auf die temporale Allgemeinheit. Nur ein allgemeines Gesetz sichert die Verlässlichkeit der Staatsfinanzierung in der Zukunft und die Belastungsgleichheit in jedem Wirtschaftsjahr. Nur die allgemeine Regel erfasst in ihrer Offenheit den heute noch nicht erkennbaren Fall. Das dauerhafte Gesetz bietet dem Steuerpflichtigen eine verlässliche Rechtsgrundlage für seine zukünftigen Dispositionen[78] und schützt das Vertrauen des disponierenden Steuerpflichtigen.[79] Dieses Vertrauen in die Zukunft kann der Gesetzgeber nur begründen, wenn er die gesetzliche Verallgemeinerung am gegenwärtigen Regelfall vornimmt und dabei den zukünftigen Regelfall mitdenkt. Ein individualisierendes und zu konkretes Gesetz ist mit seiner Verkündung schon veraltet. Ein allgemeines Gesetz hingegen regelt Maßstäbe, die gegenüber veränderten Zeiten gleiche Geltung beanspruchen. Hierauf sind die Steuergesetze auszurichten.

7. *Der allgemeine Belastungsgrund*

Die Steuer ist eine „voraussetzungslose" Gemeinlast.[80] Der Steuerpflichtige zahlt die Steuer, weil er leistungsfähig ist, nicht weil er eine Staatsleistung entgegengenommen hat. Der Steuerstaat wahrt so eine Unabhängigkeit gegenüber

---

(305f.); *Schneeloch*, Besteuerung und betriebliche Steuerpolitik, Band II, 2. Auflage 2002, S. 441f.

[78] BVerfGE 13, 261 (267ff.) – Änderung der Körperschaftsteuerpflicht ; 97, 67 (78) – Schiffsbausubvention; *Hey*, Steuerplanungssicherheit als Rechtsproblem, 2002, S. 245ff.; *A. Leisner-Egensperger*, Kontinuität als Verfassungsprinzip, 2002, insbes. S. 543ff.; *Spindler*, Verfassungsrechtliche Grenzen einer Rückwirkung von Steuergesetzen, DStR 1998, 953.

[79] *K. Vogel*, Rückwirkung: eine festgefahrene Diskussion, in: Festschrift für Martin Heckel, 1999, S. 875; *Muckel*, Kriterien des verfassungsrechtlichen Vertrauensschutzes bei Gesetzesänderungen, 1989, S. 73.

[80] *O. Mayer*, Deutsches Verwaltungsrecht [3. Auflage 1924], 1969, Band I, S. 316; *Wendt*, Finanzhoheit und Finanzausgleich, in: HStR IV, 1. Auflage 1990, § 104 Rdn. 16ff.; *Waldhoff*, Grundzüge des Finanzrechts des Grundgesetzes, in: HStR V, 3. Auflage 2007, § 116 Rdn. 85.

dem Steuerzahler, eine innere und äußere Souveränität.[81] Die voraussetzungslose Steuer schützt die Freiheit und Gleichheit vor dem Gesetz.

Die Steuer garantiert die staatlichen Einnahmen, wenngleich dieses Ziel auch neben andere Zwecke treten kann.[82] Sie finanziert den Staatshaushalt mit allgemeinen – nicht gebundenen – Mitteln. Der Staat bietet allen Bürgern, unabhängig von ihrer Zahlungsfähigkeit, die Gemeingüter, insbesondere Recht, Sicherheit und Frieden. Er begründet eine am Gemeinwohl, nicht an individueller Finanzkraft ausgerichtete Herrschaft des Rechts.[83]

Diese Gemeinwohlorientierung ist Bedingung der Steuerfinanzierung. Der Steuerstaat kann seine Aufgaben nur wahrnehmen, wenn er mit der Besteuerung dem Steuerpflichtigen zugleich die Sicherheit gibt, dass er in Frieden, in innerer Sicherheit und auf der Grundlage verlässlichen Rechts leben, Einkommen erwerben und Kaufkraft einsetzen kann.[84] Der Gleichheit aller Bürger bei Auferlegung öffentlicher Lasten entspricht die Verwendung des Steuerertrags für die Erfüllung allgemeiner Aufgaben.[85] Dieses Finanzierungsziel gibt dem Steuergesetzgeber ein Maß, das dem Grundrechtsschutz vor dem Steuerzugriff zwar kaum einen Ausgangspunkt bietet,[86] aber die Steuergesetzgebung in der Frage bindet, welche Zahlung jeder für das Gemeinwesen erbringen soll. Der Gesetzgeber hat eine Regelerwartung, gleichsam einen allgemeinen Preis des Gemeinwesens für denjenigen zu definieren, der die öffentliche Infrastruktur als Einkommensbezieher, als Konsument, als Erbe nutzt. Diese Erwägung bestimmt keinen konkreten Steuersatz, skizziert aber den Rahmen eines kollektiven „Preises“, den die Allgemeinheit der Steuerpflichtigen für die Leistungen des Staats zahlen soll. Der Verallgemeinerungsauftrag bleibt ein an das Parlament gerichteter Verfassungsauftrag. Seine Nichterfüllung ist grundrechtserheblich, weil sonst der notwendige gesetzliche Ausgangspunkt des Grundrechtsschutzes verwehrt wird. Für die Erfüllung dieses Auftrags legt der Gedanke des Preises eher „den Zehnten“ – damals des Umsatzes –, als die Abgabe von 80 Prozent der Einkünfte nahe.

---

[81] *Forsthoff*, Der Staat der Industriegesellschaft, 1971, S. 11; zur inneren und äußeren Souveränität: *Randelzhofer*, Staatsgewalt und Souveränität, in: HStR II, 3. Auflage 2004, § 17 Rdn. 25 ff.; insgesamt zudem *Haltern*, Was bedeutet Souveränität?, 2007.

[82] § 3 Abs. 1 AO.

[83] BVerfGE 49, 24 (57 f.) – Kontaktsperre; siehe insgesamt zudem *Isensee*, Schutz des staatsabhängigen Unternehmens vor Sonderbelastung, in: Festschrift für Klaus Vogel, 2000, S. 93 (113).

[84] *Isensee*, Schutz des staatsabhängigen Unternehmens vor Sonderbelastung, in: Festschrift für Klaus Vogel, 2000, S. 93 (113).

[85] BVerfGE 55, 274 (302 f.) – Ausbildungsplatzförderungsgesetz; *Hatschek*, Deutsches und preussisches Staatsrecht, Band II, 2. Auflage 1930, S. 274 f.

[86] Siehe bereits oben unter 2. und 3. (S. 532 ff.).

III. Die aktuelle Reform des Unternehmensteuerrechts

1. Der Auftrag der allgemeinen Besteuerung

Die Unternehmensteuerreform 2008[87] bietet ein Beispiel, wie aktuell die Forderung nach der Allgemeinheit der Steuergesetze ist. Die Differenzierung zwischen „unternehmerischen" und „nicht unternehmerischen" Einkünften und die weitere Differenzierung zwischen niedrig besteuerten „Zinserträgen" und gänzlich anders besteuerten „Gewinnen" verdeutlicht – so *Peter Bareis* –, dass durch die Reform „die Forderung nach der Allgemeinheit der Besteuerung [...] radikal verfehlt" wurde.[88] Bei der Unternehmensteuerreform scheint der Gesetzgeber sich in Einzelanliegen und Details verheddert und wichtige Neuregelungen ohne regelbildende Kraft getroffen zu haben. Das Gesetz bevorzugt Unternehmer gegenüber Nicht-Unternehmern, Kapitalgesellschaften gegenüber sonstigen Unternehmungen, Kapitalerträge gegenüber anderen Einkünften. Dem Gesetzgeber könnte die Übersicht über die differenzierenden Wirkungen seiner Regelungen abhanden gekommen sein. Die Unternehmensteuerreform wird kaum von Abgeordneten, kaum von den Adressaten verstanden, wodurch ihre demokratische und rechtsstaatliche Legitimation hinterfragt wird. Die Allgemeinheit als das Element des Menschenrechtsschutzes, auf das es im Steuerrecht ankommt, wird übergangen.

2. Das Einkommen

a) Der allgemeine Gegenstand der Besteuerung

Die gegenständliche Allgemeinheit fragt nach dem allgemeinen Belastungsgegenstand, der die Leistungsfähigkeit des Steuerpflichtigen ausdrücken soll. Das Allgemeinheitspostulat – der qualifizierte Gesetzesvorbehalt im Steuerrecht[89] – fordert vom Gesetzgeber, ein regelbildendes Grundkonzept zu entwickeln, das in seiner Allgemeinheit eine gleichheitsgerechte Besteuerung ermöglicht. Das Allgemeinheitserfordernis trifft dabei keine Vorentscheidungen über den Belastungsgegenstand. Erforderlich ist jedoch eine konzeptionelle Allgemeinheit, die sprachlich verständlich vermittelt wird – ein gleiches Maß für alle. Das

---

[87] Unternehmensteuerreformgesetz 2008 vom 14. August 2007, BGBl. I, S. 1912.

[88] *Bareis*, Eine Einkommen- und Erbschaftsteuer für die Demokratie: Aspekte der Konkretisierung vor dem Hintergrund der Reformpläne 2008 und 2009, in: Festschrift für Cay Folkers, 2007, S. 121 (140); siehe zu der Reform insbes. *Lang*, Kritik der Unternehmensteuerreform 2008, in: Festschrift für Wolfram Reiß, 2008, S. 379; *Rödder*, Unternehmensteuerreformgesetz 2008, Beihefter zu DStR 2007, 2; *Hey*, Verletzung fundamentaler Besteuerungsprinzipien durch die Gegenfinanzierungsmaßnahmen des Unternehmenssteuerreformgesetzes 2008, BB 2007, 1303.

[89] Siehe unter II. 3. (S. 538 ff.).

Steuergesetz soll grundsätzlich dauerhaft und vertrauensbildend wirken, einen verallgemeinerungsfähigen Belastungsgedanken vermitteln, der folgerichtig in der Ausgestaltung der Belastungstatbestände und im Vollzug verwirklicht werden kann.[90]

Der Gesetzgeber hat regelbildend zu entscheiden, ob das dem Steuerpflichtigen in einem Zeitabschnitt zugegangene Reinvermögen zu besteuern ist, die hinzugewonnene Leistungsfähigkeit, also das Vermögen nach Abzug von Verlusten im Vermögen, von Schulden und von Erwerbsaufwendungen.[91] Oder sollen die Sachgüter besteuert werden, die in einer bestimmten Zeit dem Einzelnen persönliche Erträge bringen, weil diese verwaltungstechnisch fassbar sind und von einem Markt abhängen, an dessen Funktionsfähigkeit die Rechtsgemeinschaft einen wesentlichen Anteil hat?[92] Oder ist nur das Einkommen zu belasten, das der Steuerpflichtige am allgemeinen Markt erworben hat? Auch dieses Einkommen ist insofern unter Mitwirkung der Rechtsgemeinschaft erzielt worden, als diese im Vertragsrecht, der Währung, auch der Garantie des inneren und äußeren Friedens Erwerbsvoraussetzungen schafft und sichert. Die Besteuerung des Einkommens bietet sich insoweit für die Mitfinanzierung der Gemeinschaft an. Marktfern erzielte Zuwächse – etwa die selbst gebauten Möbel oder das privat angebaute Gemüse – bleiben unbesteuert. Im Unterschied zur Besteuerung des Reinvermögens wird nur das realisierte, am Markt tatsächlich erzielte Einkommen und nicht der durch Wertänderungen erreichte Zuwachs, also die Substanz besteuert.[93]

Das Einkommensteuergesetz wählt in § 2 ein pragmatisches Prinzip, das die aus sieben marktbezogenen Erwerbsgrundlagen[94] erzielten Einkünfte besteuert, dabei aber eine gegenständliche und finale Allgemeinheit entwickelt. Diesem System liegt ein Dualismus der Einkünfteermittlung zu Grunde:[95] Die unternehmerischen Einkünfte werden als Gewinn ermittelt.[96] Sie erfassen das Gesamtergebnis einer unternehmerischen Betätigung einschließlich der Gewinne und den Verlusten aus der Veräußerung von Wirtschaftsgütern des Betriebsvermögens.[97] Die nichtunternehmerischen Einkünfte werden im Überschuss der Einnahmen über die Werbungskosten ermittelt,[98] belasten die Erträ-

---

[90] Siehe insgesamt oben unter I. und II. (S. 529ff.).

[91] Zur Reinvermögenszugangstheorie siehe *Tipke*, Die Steuerrechtsordnung, Band II, 2. Auflage 2003, S. 624f.; *Birk*, Steuerrecht, 10. Auflage 2007, § 1 Rdn. 21.

[92] Zur Quellentheorie siehe *Tipke*, Die Steuerrechtsordnung, Band II, 2. Auflage 2003, S. 627f.; *Birk*, Steuerrecht, 10. Auflage 2007, § 1 Rdn. 20.

[93] Siehe insgesamt *Lang*, in: Tipke/ders., Steuerrecht, 19. Auflage 2008, § 8 Rdn. 30ff. m.w.H.

[94] § 2 Abs. 1 Nrn. 1 bis 7 EStG.

[95] § 2 Abs. 2 EStG.

[96] § 2 Abs. 2 Nr. 1 EStG.

[97] § 4 Abs. 1 Satz 1 EStG.

[98] § 2 Abs. 2 Nr. 2 EStG.

ge aus ständig fließenden Quellen, ohne die Quelle selbst, das Stammvermögen, als Ausdruck steuerbarer Leistungsfähigkeit zu erfassen.[99] Diese „Entzweiung des Einkommensteuerrechts"[100] wird damit gerechtfertigt, dass der Unternehmer auch bei guten Einnahmen Verluste erleiden kann, wenn seine Waren durch einen Brand zerstört oder durch technischen Fortschritt fast wertlos werden. Bei den Arbeitseinkünften hingegen können die Einkünfte allein im Überschuss der Einnahmen über die Werbungskosten, also durch eine bloße Kassenrechnung ermittelt werden, weil dort die Erwerbsgrundlage grundsätzlich die eigene Arbeitskraft und nicht ein Betriebsvermögen ist. Dieses System, wonach die im Betriebsvermögen erzielten Wertzugänge besteuert, die im Privatvermögen erzielten Wertzugänge hingegen nicht besteuert werden,[101] verliert an Überzeugungskraft, wenn zu den Überschusseinkünften auch die Einkünfte aus privatem Anlagekapital, aus Vermietung und Verpachtung unbeweglicher Güter und aus privaten Veräußerungsgeschäften gehören. Deswegen hat der Gesetzgeber einen „Paradigmenwechsel"[102] eingeleitet und die steuerliche Unerheblichkeit der Wertzuwächse im Privatvermögen für die Veräußerungsgewinne aus wesentlichen Beteiligungen[103] und aus privaten Veräußerungsgeschäften insbesondere bei Grundstücken und bei Wertpapieren[104] aufgegeben. Er besteuert nun also prinzipiell alle am Markt erwirtschafteten Wertzuwächse.[105]

Dieses allgemeine Besteuerungsprinzip nach sieben Einkunftsarten mit einem gemäßigten, dem Unterschied von Erträgen aus Kapital und aus Arbeit entsprechenden Dualismus enthält – jedenfalls nach dem Paradigmenwechsel[106] – insoweit eine sachgerechte Definition des steuerlichen Belastungsgegenstands. Die Aufmerksamkeit richtet sich auf andere Forderungen der gegenständlichen und auf die instrumentellen Allgemeinheit, auf die gleichheitsgerechte, auf die folgerichtige Umsetzung dieser Belastungsentscheidung.[107]

---

[99] Für eine Übersicht *Lang*, in: Tipke/ders., Steuerrecht, 19. Auflage 2008, § 9 Rdn. 181 f.; *Tipke*, Die Steuerrechtsordnung, Band II, 2. Auflage 2003, S. 716 f.

[100] *Tipke*, Die Steuerrechtsordnung, Band II, 2. Auflage 2003, S. 716.

[101] Vgl. BFH, BStBl. II, 2005, S. 398 (400).

[102] BFH, BStBl. II, 2005, S. 398 (401).

[103] § 17 EStG.

[104] § 23 Abs. 1 Satz 1 Nr. 1 und 2 EStG.

[105] Durch das Steuerentlastungsgesetz 1999/2000/2002 vom 24. März 1999 (BGBl. I, S. 402) wurde die bisherige Beteiligungsgrenze des § 17 Abs. 1 Satz 1 EStG 1934 von 25 Prozent auf zehn Prozent gesenkt; durch Steuersenkungsgesetz vom 23. Oktober 2005 (BGBl. I, S. 1433) wurde die Beteiligungsgrenze nunmehr auf ein Prozent gesenkt. Das Steuerentlastungsgesetz 1999/2000/2002 nennt den Tatbestand des § 23 EStG nunmehr nicht mehr „Spekulationsgeschäfte", sondern „private Veräußerungsgeschäfte" und hat die steuerbegründenden Fristen für § 23 Abs. 1 Satz 1 Nr. 1 EStG von zwei auf zehn Jahre, für § 23 Abs. 1 Satz 1 Nr. 2 EStG von sechs Monaten auf ein Jahr erweitert. Durch das Unternehmensteuerreformgesetz 2008 sind nunmehr sämtliche Veräußerungsgewinne aus privaten Kapitalanlagen steuerpflichtig (§ 20 Abs. 2 EStG).

[106] *Tipke*, Die Steuerrechtsordnung, Band II, 2. Auflage 2003, S. 723 f.

[107] BVerfGE 84, 239 (271) – Zinsbesteuerung; 87, 153 (170) – Grundfreibetrag; 93, 121

b) Die fehlende gegenständliche Allgemeinheit des Reformgesetzes

Das Einkommensteuergesetz sucht die im Gegenstand allgemeine Besteuerung zu verwirklichen. Nach § 2 EStG wird aus den sieben Arten von Einkünften zunächst die Summe der Einkünfte gebildet, diese dann durch weitere Abzüge zum Gesamtbetrag der Einkünfte reduziert, dieser Betrag durch Abzug von Sonderausgaben und außergewöhnlichen Belastungen zum Einkommen verringert, dieses schließlich durch weitere Abzüge auf das zu versteuernde Einkommen zurückgenommen.[108] Die so ermittelte Bemessungsgrundlage bietet eine zwar schwer zu bestimmende, aber gleichwohl im Grundsatz einheitliche Ausgangsgröße für die Besteuerung.[109]

Diese Allgemeinheit wird durch die Unternehmensteuerreform durchbrochen. Seit der Reform wird konzeptionell zwischen „unternehmerischen" und „nicht unternehmerischen" Einkünften unterschieden.[110] Die Abgeltungssteuer auf Zinserträge differenziert zwischen niedrig besteuerten „Zinserträgen" und normal besteuerten „Gewinnen" aus Eigenkapitalerträgen.[111] Die Verrechnung von negativen Einkünften aus privatem Kapitalvermögen mit positiven Einkünften aus anderen Einkunftsarten ist ausgeschlossen[112] und der Werbungskostenabzug jenseits des „Sparerpauschbetrags" nicht mehr zulässig.[113]

---

(136) – Vermögensteuer; 98, 106 (118 f.) – Verpackungsteuer; 105, 73 (125 f.) – Rentenbesteuerung.

108 § 2 Abs. 1 bis 5 EStG.

109 *Lang*, in: Tipke/ders., Steuerrecht, 19. Auflage 2008, § 9 Rdn. 1.

110 *Bareis*, Eine Einkommen- und Erbschaftsteuer für die Demokratie: Aspekte der Konkretisierung vor dem Hintergrund der Reformpläne 2008 und 2009, in: Festschrift für Cay Folkers, 2007, S. 121 (140); *Englisch*, Verfassungsrechtliche und steuersystematische Kritik der Abgeltungssteuer, StuW 2007, 221 (222 f.); *Rödder*, Unternehmensteuerreformgesetz 2008, Beihefter zu DStR 2007, 2; *Behrens*, Neuregelung der Besteuerung der Einkünfte aus Kapitalvermögen ab 2009 nach dem Regierungsentwurf eines Unternehmenssteuerreformgesetzes vom 14. 3. 2007, BB 2007, 1025.

111 *Englisch*, Verfassungsrechtliche und steuersystematische Kritik der Abgeltungssteuer, StuW 2007, 221 (222 f.); *Behrens*, Neuregelung der Besteuerung der Einkünfte aus Kapitalvermögen ab 2009 nach dem Regierungsentwurf eines Unternehmenssteuerreformgesetzes vom 14. 3. 2007, BB 2007, 1025; *Rödder*, Unternehmensteuerreformgesetz 2008, Beihefter zu DStR 2007, 2 (17); *Geurts*, Die neue Abgeltungssteuer – Das Ende einer steuerinduzierten Kapitalanlage?, DStZ 2007, 341 (344 f.); *Intemann*, Einbeziehung von Dividenden in die Abgeltungssteuer verfassungswidrig?, Der Betrieb 2007, 1658.

112 Siehe hierzu § 20 Abs. 6 Satz 2 EStG und § 32d Abs. 2 EStG. Die Verlustverrechnungsbeschränkung bei der Abgeltungswirkung der Kapitalertragssteuer nach § 43 Abs. 5 Satz 1 EStG gestattet grundsätzlich nur einen Verlustausgleich mit negativen Kapitaleinkünften, nicht mit Verlusten aus sonstigen Einkunftsquellen. Diese Abschirmwirkung betrifft aber eher das Verfahren, kann durch Antrag aufgehoben werden (§ 32d Abs. 6 EStG; insgesamt *Englisch*, Verfassungsrechtliche und steuersystematische Kritik der Abgeltungssteuer, StuW 2007, 221 [234 f.]).

113 Vgl. dazu *Behrens*, Neuregelung der Besteuerung der Einkünfte aus Kapitalvermögen ab 2009 nach dem Regierungsentwurf eines Unternehmenssteuerreformgesetzes vom 14. 3. 2007, BB 2007, 1025 (1028); *Rödder*, Unternehmensteuerreformgesetz 2008, Beihefter zu DStR 2007, 2 (18); *Geurts*, Die neue Abgeltungssteuer – Das Ende einer steuerinduzierten

Diese Neuregelungen werden insbesondere in ihrem Kern, der Abgeltungssteuer für Einkünfte aus privatem Kapitalvermögen, als Abschied vom Ideal einer synthetischen Einkommensteuer verstanden.[114] Dieser Befund beschreibt einen Bruch mit dem geltenden Recht, kann allerdings auch als Beginn einer Vereinfachung des Steuerrechts gelesen werden, welche die anderen Einkunftsarten demnächst einbeziehen wird. Das Bundesverfassungsgericht hat dem Gesetzgeber empfohlen, Defizite im Vollzug des Einkommensteuergesetzes entweder durch Quellenabzug oder durch vermehrte Kontrollmitteilungen aufzufangen.[115] Wenn der Gesetzgeber nunmehr durch den Quellenabzug mit abgeltender Wirkung,[116] durch den Steuersatz von 25 Prozent nach § 32d Abs. 1 EStG und durch die Pauschalierung des Werbungskostenabzugs[117] diese Anregung aufgenommen, die Besteuerung also vereinfacht und leichter vollziehbar gemacht hat, kann die Neuregelung der Auftakt für ein im instrumentellen Sinn allgemeines Steuerrecht sein.[118] Es käme zu einem Übergang von der individualisierenden zu einer allgemeineren Steuergesetzgebung. Der Allgemeinheitsgedanke lässt hier offen, ob die bisherige oder die Abgeltungssteuer die richtige Regel bilden, fordert aber – als Verfassungsauftrag an den Gesetzgeber – die Entscheidung für ein Maß. Gegenwärtig führt die Unternehmensteuerreform allerdings – auch wenn sie im Sinne dieses Übergangs gedeutet wird – zu einem Verlust an gegenständlicher Gesetzesallgemeinheit.

3. Das Steuersubjekt

a) Bezugspunkt der personalen Allgemeinheit

Die Unternehmensteuerreform 2008 sucht die Forderung der personalen Allgemeinheit jedenfalls in Teilen zu erfüllen. Der Steuersatz für Körperschaften

---

Kapitalanlage?, DStZ 2007, 341 (344); *Englisch*, Verfassungsrechtliche und steuersystematische Kritik der Abgeltungssteuer, StuW 2007, 221 (238).

[114] *Englisch*, Verfassungsrechtliche und steuersystematische Kritik der Abgeltungssteuer, StuW 2007, 221 (239).

[115] BVerfGE 84, 239 (273 f.) – Zinsbesteuerung.

[116] §§ 32d, 43 Abs. 5 Satz 1 EStG.

[117] §§ 2 Abs. 2 Satz 2, 20 Abs. 9 Satz 1 EStG.

[118] Vgl. für diese Richtung mit Blick auf die Abgeltungssteuer *J. Wieland*, Abgeltungssteuer, Amnestie und Steuerrechtskultur, in: Brandt (Hg.), Für eine bessere Steuerrechtskultur, 2004, S. 97; kritisch zur Pauschalierung des Werbungskostenabzugs als Verstoß gegen das objektive Nettoprinzip *Behrens*, Neuregelung der Besteuerung der Einkünfte aus Kapitalvermögen ab 2009 nach dem Regierungsentwurf eines Unternehmenssteuerreformgesetzes vom 14. 3. 2007, BB 2007, 1025 (1028); *Englisch*, Verfassungsrechtliche und steuersystematische Kritik der Abgeltungssteuer, StuW 2007, 221 (228); zur Typisierung des subjektiven Nettoprinzips vgl. aber den Grundfreibetrag des § 32a Abs. 1 Satz 2 Nr. 1 EStG, den Kinderfreibetrag des § 32 Abs. 6 Satz 1 EStG, die Berücksichtigung von außergewöhnlichen Belastungen in besonderen Fällen in § 33a, 33b, die Kinderbetreuungskosten nach §§ 4 f, 9 Abs. 5 EStG und die zumutbare Belastung bei außergewöhnlichen Belastungen nach § 33 Abs. 3 Satz 1 EStG.

wurde auf 15 Prozent gesenkt.[119] Die Einzelunternehmer sollen wie die Mitunternehmer mit ihren Gewinneinkünften durch die Thesaurierungsbegünstigung nach § 34a EStG in vergleichbarer Weise entlastet werden.[120] Eine personell-allgemeine Besteuerung des Einkommens muss aber jeden in die Besteuerung einbeziehen, der Einkommen erzielt. Steuerprivilegien sind zu vermeiden.

So stellt sich die Frage, wer Steuersubjekt ist, wen die Forderung der personalen Allgemeinheit erfasst. Schafft die Verselbstständigung einer wirtschaftlichen Einheit zu einem Unternehmen ein eigenes Steuersubjekt, das seinen Gewinn versteuert? Ist der Gewinn, der an die hinter dem Unternehmen stehenden natürlichen Personen weitergegeben wird, bei diesen abermals zu versteuern (Trennungsprinzip)?[121] Bei der Besteuerung der Mitunternehmerschaften (Personengesellschaften) erzielen die an der Erwerbsgemeinschaft beteiligten Personen die Einkünfte jeweils nach ihrem Anteil an der Leistungserbringung – der Gewinnanteil wird dem Gesellschafter als eigene gewerbliche Einkünfte zugerechnet.[122] Beim Einzelkaufmann ist die Einzelperson selbstverständliches Subjekt, das die Erwerbsgrundlage für eigene Einkünfte nutzt, dem Einnahmen und Aufwand zugerechnet werden und das die Steuer erklärt und schuldet. Bei der Einführung des Körperschaftsteuergesetzes 1920 wurde eine eigene Steuer auf das Einkommen vorgesehen, weil die zu einem Rechtssubjekt verselbstständigten Unternehmen nicht mehr „eine bloße Hilfsform in der Wirtschaftstätigkeit der natürlichen Personen seien, sie vielmehr eigene Aufgaben und Zwecke verfolgten, sich dabei über ihre ursprüngliche Grundlage ausdehnten und zum Teil auch im Gegensatz zu den an ihnen beteiligten natürlichen Personen stellten". Körperschaften entwickelten sich zu „übermächtigen Wettbewerbern". Sie seien den natürlichen Personen völlig gleichgestellt, hätten ihre Kreditfähigkeit verstärkt und ihr Kapital fast unbegrenzt erweitern können.[123]

---

[119] § 23 Abs. 1 KStG.

[120] Kritisch dazu *Lang*, Kritik der Unternehmensteuerreform 2008, in: Festschrift für Wolfram Reiß, 2008, S. 379 (383 f.); *Crezelius*, Zur Thesaurierungsbegünstigung nach § 34a EStG, ebenda, S. 399 (399 f.); für eine Darstellung der neuen tarifrechtlichen Rahmenbedingungen *Rödder*, Unternehmensteuerreformgesetz 2008, Beihefter zu DStR 2007, 2.

[121] Für einen Überblick *Hey*, in: Tipke/Lang, Steuerrecht, 19. Auflage 2008, § 11 Rdn. 4 f.; *Knobbe-Keuk*, Bilanz- und Unternehmenssteuerrecht, 9. Auflage 1993, S. 558 ff.

[122] *Reiß*, in: Kirchhof, P. (Hg.), EStG Kompaktkommentar, 8. Auflage 2008, § 15 Rdn. 200 f.; die Personengesellschaft ist nicht Einkommensteuersubjekt, aber partielles Steuersubjekt der Gewinnerzielung, Gewinnermittlung und Einkünftequalifikation (BFH, Großer Senat, BStGBl. II, 1984, S. 751; ders., BStGBl. II, 1991, S. 691; ders., BStGBl. II, 1998, S. 328; zur begrenzten Steuersubjektfähigkeit der Personengesellschaft in ihren Rechtsfolgen vgl. *Reiß*, ebenda, § 15 Rdn. 202 f.).

[123] Insgesamt Begründung zum Körperschaftsteuergesetz 1920, Drs. Band 341, Anlage zu den stenographischen Berichten, 1920, S. 14; abgedruckt auch bei *Knobbe-Keuk*, Bilanz- und Unternehmenssteuerrecht, 9. Auflage 1993, S. 558 ff. (560); *Tipke*, Die Steuerrechtsordnung, Band II, 2. Auflage 2003, S. 1165.

Ein rechtlich verselbstständigtes Unternehmen ist ein Rechtssubjekt, das Arbeit und Kapital zu einer Einheit zusammenfasst und so von seinen Gründern und Kapitalgebern löst. Durch seine Kapital- und Organisationsgewalt kann es Großvorhaben verwirklichen, die einen einzelnen Menschen oder eine kleinere Gruppe überfordern würden. Es entsteht generationenübergreifend eine „unsterbliche" Einheit der Produktion, des Handels, der Produktentwicklung und Forschung, die den Markt wie eine natürliche Person nutzt und die ihre erwirtschafteten Gewinne bei der Körperschaft als Zugang an Betriebsvermögen verbucht.[124] Andere sehen die Körperschaft – selbst eine anonyme Kapitalgesellschaft – nur als Zusammenfassung der mittelbar und kollektiv beteiligten natürlichen Personen zu einem einheitlichen Subjekt des Wirtschaftsverkehrs, bei dem die letzte Verfügungskraft stets bei den Anteilseignern liege.[125] Einkommen könnten nur natürliche Personen erzielen, Organisationen brächten einen Ertrag hervor.[126]

Die Besteuerung des Einkommens erfasst die in den Einkünften greifbare Leistungsfähigkeit, die eine Körperschaft wie eine natürliche Person erwirtschaftet. Deswegen „kann nicht zweifelhaft sein, dass Körperschaften steuerlich objektiv leistungsfähig sind".[127] Doch Gleiches gilt für die transparent besteuerte Mitunternehmerschaft, die Personengesellschaft. Gegenwärtig nähern sich die juristischen Personen und die Personengesellschaften einander an. Art. 19 Abs. 3 GG spricht den Grundrechtsschutz auch der „juristischen Person" zu. Dieser Tatbestand erfasst nach gefestigter Rechtsprechung nicht nur die Verselbstständigung eines betrieblichen Organismus zum förmlichen Rechtssubjekt, sondern bezieht auch die Mitunternehmerschaften und weniger formalisierte Betriebseinheiten ein.[128] Auch das Europarecht anerkennt, dass die Grundfreiheiten – naturgemäß mit Ausnahme der Freizügigkeit der Arbeitskräfte – auch für Gesellschaften gelten, mögen diese nach dem jeweiligen

---

[124] Vgl. zur vielfältigen Rechtfertigung der Körperschaftsteuer *Rasenack*, Die Theorie der Körperschaftssteuer, 1974; *Tipke*, Die Steuerrechtsordnung, Band II, 2. Auflage 2003, S. 1139 f.

[125] *Bareis*, Eine Einkommen- und Erbschaftsteuer für die Demokratie: Aspekte der Konkretisierung vor dem Hintergrund der Reformpläne 2008 und 2009, in: Festschrift für Cay Folkers, 2007, S. 121 (127 f.); *D. Schneider*, Körperschaftsteuer, in: Neumark (Hg.), Handbuch der Finanzwissenschaft, Band 2, 3. Auflage 1980, S. 509 (533); weitere Nachweise bei *Hey*, in: Herrmann/Heuer/Raupach, EStG und KStG. Kommentar, Einführung KStG (September 1999) Anm. 19.

[126] Siehe hierzu (Eberhard) Steuerreformkommission 1971, Schriftenreihe des BMF, Heft 17, 1971, S. 306.

[127] *Tipke*, Die Steuerrechtsordnung, Band II, 2. Auflage 2003, S. 1173; ebenso *Hey*, Harmonisierung der Unternehmensbesteuerung in Europa, 1997, S. 254 f.; *Jachmann*, Steuergesetzgebung zwischen Gleichheit und wirtschaftlicher Freiheit, 2000, S. 17; *Lang*, in: Tipke/ders., Steuerrecht, 19. Auflage 2008, § 4 Rdn. 90 f.

[128] BVerfGE 4, 7 (12) – Investitionshilfe; 10, 89 (99) – Großer Erftverband; 19, 92 (55) – Überbesetzung, ständige Rechtsprechung.

Privatrecht rechtsfähig sein oder nicht.[129] Im Zivilrecht gewinnt selbst die Außengesellschaft des Bürgerlichen Rechts Rechtsfähigkeit, soweit sie durch die Teilnahme am Rechtsverkehr eigene Rechte und Pflichten begründet.[130] Das Bundesverfassungsgericht hat hervorgehoben, dass die Wahl der Organisationsform für sich genommen keine – dort umsatzsteuerrechtliche – Belastungsunterschiede rechtfertigen kann.[131] Diese Entwicklung legt es nahe, auch bei der Besteuerung des Einkommens die personale Allgemeinheit realitätsgerecht zu verwirklichen und jede Erwerbsgemeinschaft als Steuersubjekt zu erfassen. Die Thesaurierungsbegünstigung des § 34a EStG versucht einen – im Ergebnis allerdings nicht überzeugenden[132] – Schritt in diese Richtung. Allerdings stellt das Erfordernis personaler Allgemeinheit dann die Frage, ob differenzierende Regelungen für Erwerbseinheiten und Einzelerwerber noch zulässig sind, ob also zwischen einem Trennungs- und einem Transparenzprinzip unterschieden werden darf.

b) Trennungsprinzip und Transparenzprinzip

Die Geschichte des deutschen Körperschaftsteuerrechts zeigt, dass der Gesetzgeber keine folgerichtige Grundsatzentscheidung zwischen Trennungs- und Transparenzprinzip getroffen hat:[133] Im Jahre 1920 wurde das klassische System der Doppelbelastung durch das Körperschaftsteuergesetz eingeführt. Von 1953 bis 1976 wurde diese Doppelbelastung durch einen gespaltenen Tarif gemäßigt, ab 1958 griff für Ausschüttungen ein Steuersatz von 15 Prozent bei einem Regelsatz von bis zu 51 Prozent. Von 1977 bis 2000 wurde die Körperschaftsteuer auf den ausgeschütteten Gewinn voll angerechnet, erforderlichenfalls auch vergütet. Ab 2001 belastete das Halbeinkünfteverfahren zunächst den Gewinn der Körperschaft einheitlich mit 25 Prozent, berücksichtigte diese definitive Vorbelastung aber beim Ausschüttungsempfänger pauschal dadurch, dass seine Gewinnanteile aus der Beteiligung nur zur Hälfte als Einnahmen aus Kapitalvermögen anzusetzen waren. Das Unternehmensteuerreformgesetz 2008 hat

---

[129] *Müller-Graff*, in: Streinz (Hg.), EUV/EGV, 2003, Art. 48 EGV Rdn. 2 ff.; *Sedlaczek*, ebenda, Art. 56 EGV Rdn. 1 ff.; jeweils m. w. H.

[130] BGH, NJW, 2001, 1056, *K. Schmidt*, Die BGB-Außengesellschaft: rechts- und parteifähig, NJW 2001, 993 (996), und *Raiser*, Gesamthand und juristische Person im Licht des neuen Umwandlungsrechts, AcP 194 (1994), 495 (505), neigen dazu, Körperschaften und Personengesellschaften insgesamt als „juristische Person" zu verstehen.

[131] BVerfGE 101, 151 (156 f.) – Schwarzwaldklinik; vgl. zudem BVerfGE 116, 164 (183 f.) – Tarifbegrenzung bei gewerblichen Einkünften.

[132] *Lang*, Kritik der Unternehmensteuerreform 2008, in: Festschrift für Wolfram Reiß, 2008, S. 379 (383 f.); siehe hierzu auch sogleich unter c) (S. 556 ff.).

[133] Zur geschichtlichen Entwicklung *Knobbe-Keuck*, Bilanz- und Unternehmenssteuerrecht, 9. Auflage 1993, S. 558 f.; *Hey*, in: Tipke/Lang, Steuerrecht, 19. Auflage 2008, § 11 Rdn. 6 f.; *Tipke*, Die Steuerrechtsordnung, Band II, 2. Auflage 2003, S. 1175 f.

nunmehr die Abgeltungssteuer für private Kapitaleinkünfte[134] und ein Teileinkünfteverfahren für Erträge aus betrieblich gehaltenen Beteiligungen eingeführt,[135] das statt bisher 50 Prozent zukünftig 60 Prozent der Einkünfte besteuert, dementsprechend auch hiermit im Zusammenhang stehende Aufwendungen mit 60 Prozent statt bisher 50 Prozent zum Abzug zulässt.[136] Das Steuerrecht ringt um eine personale Allgemeinheit, hat dabei aber noch nicht eine dem Allgemeinheitsprinzip genügende Grundentscheidung getroffen.

Neben dieser wechselnden und unentschiedenen Besteuerung der Körperschaften wurde die Mitunternehmerschaft (Personengesellschaften) nach dem Transparenzprinzip besteuert: Der Gewinn der Personengesellschaft wird einheitlich und gesondert bei dieser festgestellt, dann aber den Gesellschaftern je nach ihrer Beteiligung zugerechnet. Nach der Rechtsprechung des Bundesfinanzhofs[137] ist die Personengesellschaft zwar nicht Einkommensteuersubjekt, aber doch Subjekt der Gewinnerzielung, der Gewinnermittlung und der Einkünftequalifikation (partielles Steuersubjekt). Diese Auffassung soll erklären, warum Leistungen zwischen der Personengesellschaft und dem Gesellschafter zu Bedingungen wie unter Fremden steuerlich anerkannt werden, warum zu besteuernde Leistungsbeziehungen zwischen gewerblichen Schwester-Personengesellschaften möglich sind, warum auch Innengesellschaften einen eigenen Gewerbebetrieb unterhalten können und warum eine Personengesellschaft ihrerseits Mitunternehmer in einer anderen Personengesellschaft sein kann.[138] Auch die Personengesellschaft wird mehr und mehr eine steuerliche Einheit, tendenziell ein Steuersubjekt.

c) *Allgemeinheitsforderungen*

In dieser Annäherung begründet die Unternehmensteuerreform 2008 eine Entlastung für Kapitalgesellschaften,[139] die durch die Thesaurierungsbegünstigung des § 34a EStG in der Entlastungswirkung teilweise auf die nicht entnommenen Gewinne der Mitunternehmerschaft und gewinnermittelnder Einzelpersonen erstreckt wird. Die Reform verschiebt so den steuerrechtlichen Bruch zwischen Körperschaften und Nicht-Körperschaften auf die Linie zwischen Gewinn-

[134] Vgl. im Einzelnen *Rödder*, Unternehmensteuerreformgesetz 2008, Beihefter zu DStR 2007, 2 (17f.); *Englisch*, Verfassungsrechtliche und steuersystematische Kritik der Abgeltungssteuer, StuW 2007, 221 (222f.).

[135] § 3 Nr. 40 EStG.

[136] § 3c Abs. 2 Satz 1 EStG; dazu *Behrens*, Neuregelung der Besteuerung der Einkünfte aus Kapitalvermögen ab 2009 nach dem Regierungsentwurf eines Unternehmenssteuerreformgesetzes vom 14. 3. 2007, BB 2007, 1025 (1026).

[137] BFH Großer Senat, BStBl. II, 1984 S. 751; ders., BStBl. II, 1995, S. 617; ders., BStBl. II, 1998, S. 328.

[138] Siehe hierzu *Reiß*, in: Kirchhof, P. (Hg.), EStG Kompaktkommentar, 8. Auflage 2008, § 15 Rdn. 202, 375, 420, 424ff., 449.

[139] § 23 Abs. 1 KStG.

und Überschuss-Einkunftsarten und betrifft dort insbesondere die Einkünfte aus Vermietung und Verpachtung.[140] Außerdem bleibt das nicht überzeugende Nebeneinander von Trennungsprinzip mit Teileinkünfteverfahren oder Abgeltungsprinzip einerseits und Transparenzprinzip und Einzelpersonenbesteuerung andererseits bestehen. Das Allgemeinheitspostulat hat sich somit auf zwei Ebenen – dem Unternehmen und den dahinter stehenden Menschen – zu bewähren.

Die personale Allgemeinheitsforderung erwartet eine allgemeine Besteuerung, eine Last für jede Kapitalgesellschaft, jede Mitunternehmerschaft und jeden Einzelkaufmann, für unternehmerisches und nichtunternehmerisches Erwerbshandeln. Eine solche Besteuerung schafft den allgemeinen Rahmen für einen Wettbewerb, bei dem nicht ein Wettbewerber mit einem durch 15 Prozent Ertragssteuer vorbelasteten Betriebsvermögen, der andere mit einem bis zu 45 Prozent vorbelasteten Betriebsvermögen aus den Steuern auf Einkommen konkurriert.[141]

Die instrumentelle und personale Allgemeinheit fordern eine verständliche und einsichtige Regel, wie die Unternehmen und die das Unternehmen betreibenden natürlichen Personen zu besteuern sind. Hier fällt die Entscheidung über die Steuersubjekte, über die gewollte Mehrfach- oder Einmal-Belastung, über den Steuerzugriff beim Unternehmen oder bei der dahinter stehenden natürlichen Person, auch über Anrechnungs-, Ausgleichs- und Entlastungstechniken. Auch hier schreibt das Allgemeinheitsprinzip keine bestimmte Lösung vor, fordert aber eine Regelbildung, ein verallgemeinerungsfähiges Prinzip, eine die Erwartungen und Planungen der Steuerpflichtigen bestimmende, eine vertrauensbildende Grundregel.

Die Unternehmensteuerreform 2008 beabsichtigt und erreicht eine solche Regelbildung nicht. „Hauptziel der Unternehmensteuerreform ist [...] neben der Erhöhung der Standortattraktivität die längerfristige Sicherung des deutschen Steuersubstrats". Die Reform will der Verlagerung unternehmerischer Gewinne ins niedriger besteuernde Ausland entgegenwirken, auch der Gefahr begegnen, dass Kapital ins Ausland transferiert wird, um der Besteuerung in Deutschland auszuweichen.[142] Dementsprechend verringert das Gesetz die Körperschaftsteuerlast auf 15 Prozent,[143] sodass für die Körperschaft eine Gesamtbelastung aus Körperschaftsteuer, Gewerbesteuer und Solidaritätszuschlag

---

[140] § 21 EStG.

[141] Der hinzutretende Solidaritätszuschlag nach dem Solidaritätszuschlagsgesetz vom 24. Juni 1991, BGBl. I, S. 1318, verstärkt als Annexsteuer zur Einkommensteuer und Körperschaftsteuer deren Belastungswirkung; die Gewerbesteuer kann als Zusatzlast (vgl. aber § 35 EStG) hinzutreten; für eine Übersicht: *Lang*, in: Tipke/ders., Steuerrecht, 19. Auflage 2008, § 8 Rdn. 36f.

[142] Insgesamt Begründung des Gesetzentwurfs der Fraktionen der CDU/CSU und SPD, BTDrs. 16/4841, S. 1ff.

[143] § 23 Abs. 1 KStG.

von 29,83 Prozent entsteht. So soll „die steuerliche Standortattraktivität Deutschlands für Investitionen" erhöht werden.[144]

Demgegenüber ergäbe sich bei den Personenunternehmen, bei denen nach dem Transparenzprinzip die Einkommensteuer bei den Mitunternehmern anfällt, sowie bei den Einzelunternehmen beim Spitzensteuersatz eine Gesamtbelastung aus Einkommensteuer, Gewerbesteuer – einschließlich Gewerbesteueranrechnung[145] – und Solidaritätszuschlag von 47,44 Prozent.[146] Um dieses Belastungsgefälle auszugleichen, begünstigt § 34a EStG 2008 die „nicht entnommenen Gewinne" bei Personengesellschaften und anderen Einkommensteuerpflichtigen, die ihren Gewinn durch Bestandsvergleich ermitteln,[147] „in vergleichbarer Weise wie das Einkommen einer Kapitalgesellschaft".[148] Nicht entnommene Gewinne werden auf Antrag mit einem linearen Einkommensteuersatz von 28,25 Prozent belastet.[149] Formal ergibt sich damit bei Vollthesaurierung eine Gesamtlast aus Einkommensteuer, Gewerbesteuer – einschließlich Anrechnung – und Solidaritätszuschlag für den nicht entnommenen Gewinn von 29,77 Prozent.[150] Da jedoch die von den Personenunternehmen gezahlte Gewerbesteuer nicht zum nicht entnommenen Gewinn im Sinn von § 34a Abs. 2 EStG gehört, weil sie nicht entnahmefähig ist, und weil zudem der für Einkommensteuer und Solidaritätszuschlag zu entrichtende Betrag entnommener Gewinn ist, ergibt sich tatsächlich eine Gesamtsteuerbelastung von in der Spitze 36,16 Prozent.[151] Bei einer Spitzensteuerbelastung ist das Personenunternehmen daher höher belastet als die Kapitalgesellschaft. Die angestrebte Rechtsform-Neutralität wird also nicht erreicht.[152]

---

[144] Begründung des Gesetzentwurfs der Fraktionen der CDU/CSU und SPD, BTDrs. 16/4841, S. 1 ff.; zur Berechnung im Einzelnen: *Rödder*, Unternehmensteuerreformgesetz 2008, Beihefter zu DStR 2007, 2 (3).

[145] § 35 EStG.

[146] *Rödder*, Unternehmensteuerreformgesetz 2008, Beihefter zu DStR 2007, 2 (3): unterstellter Hebesatz 400 Prozent, die Gewerbesteuermesszahl beträgt nunmehr einheitlich 3,5 Prozent, die Anrechnung der Gewerbesteuer wird auf das 3,8 fache des Gewerbesteuermessbetrags erhöht, der Höhe nach auf die tatsächliche Gewerbesteuerzahlung begrenzt; die Gewerbesteuer ist dann folgerichtig nicht mehr als Betriebsausgabe abziehbar.

[147] *Rödder*, Unternehmensteuerreformgesetz 2008, Beihefter zu DStR 2007, 2 (4).

[148] Begründung des Gesetzentwurfs der Fraktionen der CDU/CSU und SPD, BTDrs. 16/4841, S. 62.

[149] § 34a Abs. 1 Satz 1 EStG.

[150] Begründung des Gesetzentwurfs der Fraktionen der CDU/CSU und SPD, BTDrs. 16/4841, S. 31; *Rödder*, Unternehmensteuerreformgesetz 2008, Beihefter zu DStR 2007, 2 (4).

[151] *Rödder*, Unternehmensteuerreformgesetz 2008, Beihefter zu DStR 2007, 2.

[152] Zur Problematik der – regelmäßig abgeflossenen – Sondervergütungen und Sonderbetriebseinnahmen, sowie den Vorauszahlungsverfahren (§ 37 Abs. 3 Satz 6 EStG) *Crezelius*, Zur Thesaurierungsbegünstigung nach § 34a EStG, in: Festschrift für Wolfram Reiß, 2008, S. 399 (403).

Das Erfordernis eines allgemeinen Gesetzes wird zudem verfehlt, wenn die Personenunternehmen und Einzelunternehmen in der Spitze mit einem Steuersatz von 45 Prozent belastet, jedoch mehr als 90 Prozent dieser Unternehmen nach ihrem jeweiligen Gewinn unterhalb der Grenze von 30 Prozent besteuert werden, damit in der Logik der Progression einen Abstand zum Spitzensteuersatz erwarten.[153] § 34a EStG erreicht nur die kleine Gruppe besonders ertragsstarker Personenunternehmen, deren Inhaber oder Gesellschafter für ihre angemessene Lebensführung die Gewinne nicht benötigen. Wenn das allgemeine Gesetz einen progressiven Steuersatz einführt, bietet dieser die Grundlage für die allgemeine Last. Wird dieser progressive Tarif für thesaurierungsfähige Spitzenverdiener auf nominal 28,25 Prozent zurückgenommen, so wird damit in Angleichung zum Körperschaftsteuersatz[154] der progressive Steuersatz für diese Inhaber und Gesellschafter gekappt, die Progression im Übrigen aber weiterhin angewandt. Eine Allgemeinheit der Besteuerung ist weder in der allgemeinen Verständlichkeit, noch in der Allgemeinheit der Gesetzesadressaten, noch in der Verallgemeinerung eines rechtfertigenden Belastungsprinzips erkennbar. Hätte der Gesetzgeber den Verfassungsauftrag zur steuerlichen Regelbildung erfüllt, dann hätte er die Konsistenz des Steuerrechts verbessert, vor allem aber dem grundrechtlichen Schutz der Freiheit und Gleichheit einen verlässlichen Anknüpfungspunkt gegeben.

d) Nachbelastung

Das verfassungsrechtliche Gebot, eine allgemeine Steuer auf das Einkommen zu regeln, betrifft auch die Nachbelastung der später entnommenen Gewinne. Die Thesaurierungsbegünstigung des § 34a EStG enthält eine „Mischlösung“,[155] die grundsätzlich an der transparenten Mitunternehmerbesteuerung festhält, in diesem Rahmen eine Tarifbegünstigung für den nicht entnommenen Gewinn des Betriebs oder des individuellen Mitunternehmeranteils begründet,[156] dann aber die spätere Entnahme – wie eine Gewinnausschüttung aus einer Kapitalgesellschaft – mit einem festen Pauschalsteuersatz von 25 Prozent nachversteuert.[157] Damit ergibt sich eine Gesamtsteuerbelastung, die über dem Spitzensatz der Einkommensteuer liegt.[158] Diese „Mischlösung“ überzeugt letztlich nicht,

---

153 *Lang*, Kritik der Unternehmensteuerreform 2008, in: Festschrift für Wolfram Reiß, 2008, S. 379 (383 m. w. H.).

154 § 23 Abs. 1 KStG.

155 *Crezelius*, Zur Thesaurierungsbegünstigung nach § 34a EStG, in: Festschrift für Wolfram Reiß, 2008, S. 399 (401).

156 *Crezelius*, Zur Thesaurierungsbegünstigung nach § 34a EStG, in: Festschrift für Wolfram Reiß, 2008, S. 399 (402).

157 § 34a Abs. 3 und 4 EStG.

158 *Crezelius*, Zur Thesaurierungsbegünstigung nach § 34a EStG, in: Festschrift für Wolfram Reiß, 2008, S. 399 (404); *Rödder*, Unternehmensteuerreformgesetz 2008, Beihefter zu DStR 2007, 2 (5) (Gesamtbelastung von 47,99 Prozent).

weil der Gesetzgeber keine allgemeine Regel für die Steuersubjektivität von Unternehmen und den sie betreibenden Menschen gebildet hat. Zudem ist das Entlastungskonzept nicht auf das Nebeneinander von progressiven und linearen Steuersätzen abgestimmt. Die kleineren und mittleren Unternehmen,[159] vor allem aber die nicht durch Bestandsvergleich gewinnermittelnden Erwerbstätigen, werden nicht angemessen in die Entlastung einbezogen.

e) Steuerrechtliche Lenkung

Die finale Allgemeinheit steht einer Lenkungssteuer zurückhaltend, aber nicht prinzipiell abwehrend gegenüber. Deshalb stellt sich die Frage, welche Forderungen das Allgemeinheitspostulat an das gesetzgeberische Ziel stellt, den Standort Deutschland steuerlich attraktiver zu machen und ein Ausweichen des Kapitals ins Ausland zu erschweren.[160]

Das Unternehmensteuerreformgesetz sucht die Allgemeinheit der Ertragswirkung zu stärken und die Besteuerungsgrundlagen im Inland zu binden.[161] Allerdings verfehlt es beide Ziele. Der Blick des Gesetzgebers ist in einer gegenständlichen Verengung nur auf die Beweglichkeit des Kapitals gerichtet, hingegen nicht auf die der Arbeitskräfte. Auch diese vermindern – wenn sie auswandern – das Steueraufkommen, sind für den Wissensstandort Deutschland wohl bedeutsamer als das Kapital. Wenn das Steuergesetz eine Lenkung zugunsten des Standorts Deutschland bezweckt, fordert die Gesetzesallgemeinheit,[162] auch die Abwanderungsrisiken von Arbeitskräften, die Anziehungskraft für Wissenschaft und Erfinder, die Bedeutung der Ressource Wissen für den Standort aufzunehmen. Die Unternehmensteuerreform wird dem nicht gerecht, entspricht in ihrer verengten Lenkungsperspektive nicht der finalen und gegenständlichen Allgemeinheit.

---

[159] Für sie ist eine Verbesserung der Investitionsförderung nach § 7g EStG 2008 vorgesehen, dazu Begründung des Gesetzentwurfs der Fraktionen der CDU/CSU und SPD, BTDrs. 16/4841, S. 32.

[160] Begründung des Gesetzentwurfs der Fraktionen der CDU/CSU und SPD, BTDrs. 16/4841, S. 1.

[161] Vgl. *Englisch*, Verfassungsrechtliche und steuersystematische Kritik der Abgeltungssteuer, StuW 2007, 221 (225).

[162] Die weiteren Anforderungen einer justitiablen Allgemeinheit eines Lenkungsgesetzes ergeben sich aus dem Zusammenwirken mit dem Gleichheitssatz, vgl. zu der Verfassungsrechtsprechung zu Art. 3 Abs. 1 GG *Wernsmann*, Verhaltenslenkung in einem rationalen Steuersystem, 2005, insbes. S. 176 f.

4. *Unausweichlichkeit des Steuerrechts – der Dreiklang des Art. 19 Abs. 1 Satz 1 GG*

Die Unternehmensteuerreform 2008 hat weitere Sonderregelungen getroffen, die eine Unausweichlichkeit der Steuerlast verbessern sollen und – wenn sie dieses Ziel erreichen – insbesondere der instrumentellen Allgemeinheit dienen. Diese Regelungen verdeutlichen jedoch, dass ein Verlust an Allgemeinheit kaum durch gegensteuernde Einzelregelungen abgefangen werden kann, sondern eine allgemeine Ausgestaltung der steuerlichen Gemeinlast erwartet. Das Steuerrecht beeinträchtigt die Grundrechte, weswegen das Allgemeinheitspostulat des Art. 19 Abs. 1 Satz 1 GG Anwendung findet. Dieses wehrt sich – im Zusammenspiel mit dem Rechtsstaatsprinzip – gegen die punktuelle Gegensteuerung als Klugheitsregel, als verbindlicher Verfassungsauftrag und als justitiabler Maßstab.

a) Zinsschranke und „Betrieb"

Die Einführung einer Zinsschranke[163] ist grundsätzlich gegen eine übermäßige Fremdkapitalfinanzierung gerichtet und soll verhindern, dass allein aus Gründen der Steueroptimierung eine hohe Fremdkapitalquote angestrebt wird. Insbesondere soll vermieden werden, dass Konzerne mittels grenzüberschreitender konzerninterner Fremdkapitalfinanzierung in Deutschland erwirtschaftete Gewinne ins Ausland transferieren.

Dem Gesetzgeber standen dabei drei Fallgruppen der Steuergestaltung vor Augen:[164] Im ersten Fall finanziert eine ausländische Mutterkapitalgesellschaft ihre inländische Tochterkapitalgesellschaft mit Fremdkapital, mindert dadurch den Gewinn der Tochterkapitalgesellschaft über die Fremdfinanzierungszinsen zu Lasten der inländischen Bemessungsgrundlage (Down-stream-Inboundfinanzierung). Im zweiten Fall stattet eine inländische Mutterkapitalgesellschaft ihre ausländische Tochterkapitalgesellschaft übermäßig mit Eigenkapital aus, empfängt dafür aber ein Darlehen der Tochterkapitalgesellschaft und mindert so in den von ihr gezahlten, als Betriebsausgaben abzugsfähigen Darlehenszinsen ihren Gewinn; sie kann aber für die von der Tochterkapitalgesellschaft vereinnahmten, an die Mutterkapitalgesellschaft ausgeschütteten Zinsen eine 95-prozentige Steuerfreiheit in Anspruch nehmen (Up-stream-Inboundfinanzierung).[165] Im dritten Fall refinanziert eine inländische Mutterkapitalgesellschaft

---

[163] § 4h EStG, § 8a KStG; siehe hierzu insgesamt *Seiler*, in: Kirchhof, P. (Hg.), EStG Kompaktkommentar, 8. Auflage 2008, § 4h Rdn. 20ff.; *Rödder*, Unternehmensteuerreformgesetz 2008, Beihefter zu DStR 2007, 2 (6ff.).

[164] Insgesamt *Rödder*, Unternehmensteuerreformgesetz 2008, Beihefter zu DStR 2007, 2 (6f., insbes. zu dem konkreten Gesetzgebungsziel); *Seiler*, in: Kirchhof, P. (Hg.), EStG Kompaktkommentar, 8. Auflage 2008, § 4h Rdn. 20ff.

[165] § 8b Abs. 1, Abs. 5 KStG.

ein Eigenkapitalinvestment in eine ausländische Tochterkapitalgesellschaft durch einen Bankkredit, erhält aus diesem Investment zu 95 Prozent steuerfreie Dividende,[166] kann aber die an die Bank zu zahlenden Zinsen körperschaftsteuerlich voll und gewerbesteuerlich anteilig[167] von der inländischen Bemessungsgrundlage abziehen (Outboundfinanzierung).

Die Zinsschranke sucht diesen Steuergestaltungen durch ein – systematisch nur vorläufiges[168] – Betriebsausgabenabzugsverbot entgegenzuwirken. Zinsaufwendungen eines Betriebs sind in Höhe des Zinsertrags abziehbar, darüber hinaus nur bis zur Höhe von 30 Prozent des um die Zinsaufwendungen und Zinserträge bereinigten Gewinns vor Abschreibungen.[169] Maßgeblich sind dabei die Zinsaufwendungen eines „Betriebs". Die Personengesellschaften werden also – gewerbesteuerähnlich – als Betrieb für Zwecke der Zinsschranke verselbstständigt; die Kapitalgesellschaften haben immer einen eigenen Betrieb.[170] Hier wird eine personelle Zuordnung eingeführt, die verallgemeinerungsfähig sein könnte. Der räumliche Anknüpfungspunkt der Besteuerung löst sich von Firmensitz und Wohnsitz und wendet sich mehr der Erwerbseinheit „Betrieb" zu. Damit soll gesichert werden, dass jeder in Deutschland durch Produktion, Handel, Dienstleistung, auch durch Bildung geistigen Eigentums erzielte Wertzugang auch hier besteuert wird. Der unternehmerischen Entscheidungsfreiheit könnte sich dann die Frage stellen, ob der deutsche Markt der richtige Wirtschaftsstandort ist, wird aber nicht fragen, ob durch bloße Sitzverlegung eine Steuerersparnis erreicht werden kann. Die Allgemeinheit des Steuerrechts würde insoweit sachgerecht entfaltet.

Der gegen Steuergestaltungen gerichtete Korrekturversuch des Gesetzgebers erscheint zunächst einsichtig, greift aber über ein Vorgehen gegen eine übermäßige Gestaltung hinaus und begrenzt grundsätzlich die Steuererheblichkeit von Fremdfinanzierungen.[171] Betroffen sind insbesondere auch reine Inlandsunternehmen, selbst wenn deren Fremdfinanzierung allein aus betriebswirtschaftlicher Vernunft erwächst. Der Gedanke einer durch allgemeine Gesetze herzustellenden Gemeinlast, die Klugheitsregeln des Art. 19 Abs. 1 Satz 1 Alt. 1 GG

---

[166] § 8b Abs. 1, Abs. 5 KStG.

[167] § 8 Nr. 1 GewStG.

[168] Zum Zinsvortrag vgl. § 4h Abs. 1 Sätze 2 und 3 EStG, dazu *Rödder*, Unternehmensteuerreformgesetz 2008, Beihefter zu DStR 2007, 2 (8).

[169] Vgl. dazu *Lang*, Kritik der Unternehmensteuerreform 2008, in: Festschrift für Wolfram Reiß, 2008, S. 379 (390ff.); *Rödder*, Unternehmensteuerreformgesetz 2008, Beihefter zu DStR 2007, 2 (7).

[170] *Rödder*, Unternehmensteuerreformgesetz 2008, Beihefter zu DStR 2007, 2.

[171] Zu beachtlichen Ausnahmen vgl. die Freigrenze des § 4h Abs. 2 Satz 1 a EStG: eine Million Euro; die fehlende Konzernzugehörigkeit (§ 4h Abs. 2 Satz 1b EStG) und die Escape-Klausel (§ 8a Abs. 2 und 3 KStG, § 4h Abs. 2 Satz 2 EStG); *Hey*, Verletzung fundamentaler Besteuerungsprinzipien durch die Gegenfinanzierungsmaßnahmen des Unternehmenssteuerreformgesetzes 2008, BB 2007, 1303 (1305f.); *Lang*, Kritik der Unternehmensteuerreform 2008, in: Festschrift für Wolfram Reiß, 2008, S. 379 (390).

und des Rechtsstaatsprinzips, die gegenständliche und instrumentelle Allgemeinheit setzen hier Warnsignale. Das dem Einkommensteuerrecht zu Grunde liegende objektive Nettoprinzip wird durchbrochen[172] und der Gesetzgeber geht einen Schritt von der Ist-Besteuerung zur Soll-Besteuerung.[173] Er will ein Stück Allgemeinheit zurückgewinnen, indem er Elemente der allgemeinen gesetzlichen Regelbildung für die Einkommensteuer vernachlässigt: das objektive Nettoprinzip und die Ist-Besteuerung.

b) Gewerbesteuer

Eine ähnliche Gesetzgebungstechnik verwendet das Unternehmensteuerreformgesetz, wenn es das Steueraufkommen aus der Gewerbesteuer durch eine erhebliche Ausweitung der gewerbesteuerlichen Hinzurechnungsvorschriften[174] zu sichern sucht.[175] Diese Objektivierung des Gewerbeertrags durch eine Modifikation des Netto-Prinzips und Anklänge einer Soll-Besteuerung erscheint allerdings bei der Gewerbesteuer weniger fremd, weil die Gewerbesteuer herkömmlich eine aus dem Äquivalenzprinzip gerechtfertigte Realsteuer ist, sich dann aber – nach Wegfall der Gewerbekapitalsteuer und der Lohnsummensteuer – ausschließlich zu einer Besteuerung der Ist-Erträge (Gewerbeertragssteuer) entwickelt hat.[176] Dieser Ertrag ist durch Hinzurechnungen und Kürzungen objektiviert worden (objektiver Gewerbeertrag).[177] Insoweit scheint der Gesetzgeber die Entwicklung von der Objektsteuer zur Ertragssteuer wieder modifizieren zu wollen.

Demgegenüber zeigen die Erfordernisse der instrumentellen und gegenständlichen Allgemeinheit dem Gesetzgeber auch für eine gewerbesteuerrechtliche Gemeinlast, dass eine Modifikation des Netto-Prinzips und eine Mischlösung zwischen Ist- und Soll-Besteuerung das Ziel einer Besteuerung nach der finanziellen Leistungsfähigkeit verfehlen, die Hinzurechnung von Kosten die Ertragskraft der Besteuerung verfälschen und die Besteuerungslast in eine Substanzbesteuerung führen kann.[178] Auch hier fordert die Gesetzesallgemeinheit

---

[172] Zur gleichheitsrechtlichen Rechtfertigung dieser Durchbrechung vgl. BVerfGE 116, 164 (181 f.) – Tarifbegrenzung bei gewerblichen Einkünften.

[173] Zur Besteuerung des Soll-Ertrags statt des Ist-Ertrags in der Vermögensteuer und als Besteuerungsprinzip des 19. Jahrhunderts vgl. BVerfGE 93, 121 (136) – Vermögensteuer.

[174] § 8 Nr. 1 a GewStG.

[175] *Lang*, Kritik der Unternehmensteuerreform 2008, in: Festschrift für Wolfram Reiß, 2008, S. 379 (392); *Rödder*, Unternehmensteuerreformgesetz 2008, Beihefter zu DStR 2007, 2 (11 f.).

[176] Insgesamt *Tipke*, Die Steuerrechtsordnung, Band II, 2. Auflage 2003, S. 1136 ff. m. w. H.

[177] BVerfGE 116, 164 (186) – Tarifbegrenzung bei gewerblichen Einkünften, spricht von einer „objektivierten Ertragskraft des Betriebes".

[178] *Lang*, Kritik der Unternehmensteuerreform 2008, in: Festschrift für Wolfram Reiß, 2008, S. 379 (393).

als Klugheitsregel eine verallgemeinerungsfähige Regel, die in ihrer Definition der Gemeinlast den Grundrechtsschutz entlastet und ermöglicht. Gegen eine Substanzbesteuerung schützt die Eigentumsgarantie des Art. 14 Abs. 1 GG.[179] Der Vorfeldschutz durch das allgemeine Gesetz, das Inhalt und Schranken des Eigentums[180] auch in der steuerlichen Gemeinlast definiert, verlangt allgemeine Regeln, „die die Rechtsstellung des Eigentümers begründen und ausformen",[181] die also jedem Eigentümer eines Gewerbebetriebs allgemein sagen, ob, inwieweit und warum er wegen des Ertrags oder der Ertragskraft seines Gewerbebetriebs steuerpflichtig wird. Der Verfassungsauftrag der Allgemeinheit ist jedenfalls durch die Neuregelung insoweit nicht erfüllt, als diese entgegen der einkommensteuerlichen Regel grundsätzlich abziehbare Aufwendungen nur noch eingeschränkt zum Abzug zulässt, wenn sie ein Finanzierungselement enthalten. Auch die Gewerbesteuer soll in der eigentumsrechtlichen Rechtfertigung der Steuern und in der Konzeption des Gewerbesteuerrechts die aus dem Gewerbebetrieb gewonnene finanzielle Leistungsfähigkeit belasten.[182] Der Verfassungsauftrag des Art. 19 Abs. 1 Satz 1 Alt. 1 GG zur Verallgemeinerung klärt diese gesetzliche Grundaussage. Sie verlangt jedenfalls bei den direkten Steuern eine Besteuerung nach der finanziellen Leistungsfähigkeit, die im Regelbildungsauftrag schon im Vorfeld grundrechtlicher Betroffenheit eingefordert wird.

c) Außensteuerrecht

Das Bemühen des Gesetzgebers, die Steuerlast unausweichlich zu machen, schlägt sich insbesondere in § 1 Abs. 1 AStG nieder. Dieser greift bei Einkünften eines Steuerpflichtigen aus einer Geschäftsbeziehung zum Ausland mit einer ihm nahestehenden Person. Minderungen der Einkünfte werden nur zugelassen, wenn die Bedingungen, insbesondere die Preise (Verrechnungspreise) bei einem echten Interessengegensatz der Vertragspartner unter gleichen oder vergleichbaren Verhältnissen vereinbart worden wären (Fremdvergleichsgrundsatz). Der Fremdvergleich bildet eine verallgemeinerungsfähige Regel für den Fall, dass Vereinbarungen wegen der Nähe der beteiligten Personen insbesondere auf Steuerrechtsfolgen zielen.[183] Durch die Vorschrift über die Funktions-

---

179 BVerfGE 93, 121 (138) – Vermögensteuer; 115, 97 (112) – Grenze des Steuerzugriffs.

180 Art. 14 Abs. 1 Satz 2 GG.

181 BVerfGE 58, 300 (330) – Nassauskiesung.

182 *Jachmann*, Steuergesetzgebung zwischen Gleichheit und wirtschaftlicher Freiheit, 2000, S. 111 f.; *Tipke*, Die Steuerrechtsordnung, Band II, 2. Auflage 2003, S. 1139 f.; *Hey*, Verletzung fundamentaler Besteuerungsprinzipien durch die Gegenfinanzierungsmaßnahmen des Unternehmenssteuerreformgesetzes 2008, BB 2007, 1303 (1307); *Lang*, Kritik der Unternehmensteuerreform 2008, in: Festschrift für Wolfram Reiß, 2008, S. 379 (393).

183 *Rödder*, Unternehmensteuerreformgesetz 2008, Beihefter zu DStR 2007, 2 (14); *Wassermeyer*, Modernes Gesetzgebungsniveau am Beispiel des Entwurfs zu § 1 AStG, DB 2007, 535.

verlagerungen[184] soll der internationale Fremdvergleichsgrundsatz präzisiert werden. Tatbestand ist die Verlagerung einer Unternehmensfunktion einschließlich der dazu gehörigen Chancen und Risiken und der mitübertragenen oder überlassenen Wirtschaftsgüter und sonstiger Vorteile (Funktionsverlagerung, § 1 Abs. 3 Satz 9 AStG).[185] Die Rechtsfolge ist die Beschränkung des Realisationsprinzips an der Grenze, eine „Soll-Ertragsbesteuerung im Bereich des Ungewissen".[186] Diese Regelung wird als außerordentlich kompliziert,[187] als gesetzestechnisch verunglückt,[188] als system- und europarechtswidrig,[189] als zu unbestimmt[190] bezeichnet. Sie ist – dies bestätigt der Blick ins Gesetz[191] – auf

---

[184] § 1 Abs. 3 AStG 2008.

[185] *Lang*, Kritik der Unternehmensteuerreform 2008, in: Festschrift für Wolfram Reiß, 2008, S. 379 (394); *Rödder*, Unternehmensteuerreformgesetz 2008, Beihefter zu DStR 2007, 2 (15); *Wassermeyer*, Modernes Gesetzgebungsniveau am Beispiel des Entwurfs zu § 1 AStG, DB 2007, 535.

[186] *Hey*, Verletzung fundamentaler Besteuerungsprinzipien durch die Gegenfinanzierungsmaßnahmen des Unternehmenssteuerreformgesetzes 2008, BB 2007, 1303 (1307); *Lang*, Kritik der Unternehmensteuerreform 2008, in: Festschrift für Wolfram Reiß, 2008, S. 379 (394); *Rödder*, Unternehmensteuerreformgesetz 2008, Beihefter zu DStR 2007, 2 (16 f.).

[187] *Frischmuth*, Die Konzeption der Funktionsverlagerungsversteuerung nach dem UntStRefG 2008, StuB 2007, 386 ff.

[188] *Wassermeyer*, Modernes Gesetzgebungsniveau am Beispiel des Entwurfs zu § 1 AStG, DB 2007, 535; *ders.*, Funktionsverlagerung – Statement, FR 2008, 67.

[189] *Frotscher*, Grundfragen der Funktionsverlagerung, FR 2008, 49; nach *Jahndorf*, Besteuerung der Funktionsverlagerung, FR 2008, 101, ist die Funktionsverlagerung hingegen europarechtskonform.

[190] *Lang*, Kritik der Unternehmensteuerreform 2008, in: Festschrift für Wolfram Reiß, 2008, S. 379 (394).

[191] § 1 Abs. 3 AStG hat folgenden Wortlaut: „Für eine Geschäftsbeziehung im Sinne des Absatzes 1 Satz 1 ist der Verrechnungspreis vorrangig nach der Preisvergleichsmethode, der Wiederverkaufspreismethode oder der Kostenaufschlagsmethode zu bestimmen, wenn Fremdvergleichswerte ermittelt werden können, die nach Vornahme sachgerechter Anpassungen im Hinblick auf die ausgeübten Funktionen, die eingesetzten Wirtschaftsgüter und die übernommenen Chancen und Risiken (Funktionsanalyse) für diese Methoden uneingeschränkt vergleichbar sind; mehrere solche Werte bilden eine Bandbreite. Sind solche Fremdvergleichswerte nicht zu ermitteln, sind eingeschränkt vergleichbare Werte nach Vornahme sachgerechter Anpassungen der Anwendung einer geeigneten Verrechnungspreismethode zugrunde zu legen. Sind in den Fällen des Satzes 2 mehrere eingeschränkt vergleichbare Fremdvergleichswerte feststellbar, ist die sich ergebende Bandbreite einzuengen. Liegt der vom Steuerpflichtigen für seine Einkünfteermittlung verwendete Wert in den Fällen des Satzes 1 außerhalb der Bandbreite oder in den Fällen des Satzes 2 außerhalb der eingeengten Bandbreite, ist der Median maßgeblich. Können keine eingeschränkt vergleichbaren Fremdvergleichswerte festgestellt werden, hat der Steuerpflichtige für seine Einkünfteermittlung einen hypothetischen Fremdvergleich unter Beachtung des Absatzes 1 Satz 2 durchzuführen. Dazu hat er auf Grund einer Funktionsanalyse und innerbetrieblicher Planrechnungen den Mindestpreis des Leistenden und den Höchstpreis des Leistungsempfängers zu ermitteln (Einigungsbereich); der Einigungsbereich wird von den jeweiligen Gewinnerwartungen (Gewinnpotenzialen) bestimmt. Es ist der Preis im Einigungsbereich der Einkünfteermittlung zugrunde zu legen, der dem Fremdvergleichsgrundsatz mit der höchsten Wahrscheinlichkeit entspricht; wird kein anderer Wert glaubhaft gemacht, ist der Mittelwert des Einigungsbereichs zugrunde zu legen. Ist der vom Steuerpflichtigen zugrunde gelegte Einigungsbereich

Grund ihrer Überdifferenzierung nicht zu verstehen, verletzt damit die justitiable Vorgabe des Rechtsstaatsprinzips, das schlicht unverständliche Regelungen verbietet.[192] Die fehlende Allgemeinheit führt zum Verlust der Regelungswirkung.

Das Gesetz bewältigt das Problem der Funktionsverlagerung nicht in einer allgemeinen Regelung, errichtet faktisch überhaupt keinen grundrechtsschonenden Schutzwall, sondern führt letztlich zu einer Verständigung im Einzelfall. Art. 19 Abs. 1 Satz 1 Alt. 1 GG fordert jedoch verbindlich die allgemeine Regel, wann Funktionsverlagerungen – etwa der Geschäftsleitung oder der Produktion – steuererheblich sind und wann sie steuerlich unbeachtet bleiben. Dabei bewährt sich das Allgemeinheitserfordernis insbesondere im Vorfeld des Grundrechtsschutzes, wenn die Steuerwirkungen derartiger Entfaltung der Freiheit allgemein qualifiziert werden. Der Gesetzgeber muss eine Grundregel setzen, wann eine freiheitliche Sachverhaltsgestaltung in den Steuerrechtsfolgen anerkannt, wann eine Gestaltung als „missbräuchlich" qualifiziert[193] wird und deshalb die Steuer nicht vermeidet und wann eine Gestaltung illegal und damit

---

unzutreffend und muss deshalb von einem anderen Einigungsbereich ausgegangen werden, kann auf eine Einkünfteberichtigung verzichtet werden, wenn der vom Steuerpflichtigen zugrunde gelegte Wert innerhalb des anderen Einigungsbereichs liegt. Wird in den Fällen des Satzes 5 eine Funktion einschließlich der dazugehörigen Chancen und Risiken und der mitübertragenen oder überlassenen Wirtschaftsgüter und sonstigen Vorteile verlagert (Funktionsverlagerung), hat der Steuerpflichtige den Einigungsbereich auf der Grundlage einer Verlagerung der Funktion als Ganzes (Transferpaket) unter Berücksichtigung funktions- und risikoadäquater Kapitalisierungszinssätze zu bestimmen. In den Fällen des Satzes 9 ist die Bestimmung von Verrechnungspreisen für alle betroffenen einzelnen Wirtschaftsgüter und Dienstleistungen nach Vornahme sachgerechter Anpassungen anzuerkennen, wenn der Steuerpflichtige glaubhaft macht, dass keine wesentlichen immateriellen Wirtschaftsgüter und Vorteile mit der Funktion übergegangen sind oder zur Nutzung überlassen wurden oder dass das Gesamtergebnis der Einzelpreisbestimmungen, gemessen an der Preisbestimmung für das Transferpaket als Ganzes, dem Fremdvergleichsgrundsatz entspricht. Sind in den Fällen der Sätze 5 und 9 wesentliche immaterielle Wirtschaftsgüter und Vorteile Gegenstand einer Geschäftsbeziehung und weicht die tatsächliche spätere Gewinnentwicklung erheblich von der Gewinnentwicklung ab, die der Verrechnungspreisbestimmung zugrunde lag, ist widerlegbar zu vermuten, dass zum Zeitpunkt des Geschäftsabschlusses Unsicherheiten im Hinblick auf die Preisvereinbarung bestanden und unabhängige Dritte eine sachgerechte Anpassungsregelung vereinbart hätten. Wurde eine solche Regelung nicht vereinbart und tritt innerhalb der ersten zehn Jahre nach Geschäftsabschluss eine erhebliche Abweichung im Sinne des Satzes 11 ein, ist für eine deshalb vorzunehmende Berichtigung nach Absatz 1 Satz 1 einmalig ein angemessener Anpassungsbetrag auf den ursprünglichen Verrechnungspreis der Besteuerung des Wirtschaftsjahres zugrunde zu legen, das dem Jahr folgt, in dem die Abweichung eingetreten ist. Um eine einheitliche Rechtsanwendung und die Übereinstimmung mit den internationalen Grundsätzen zur Einkunftsabgrenzung sicherzustellen, wird das Bundesministerium der Finanzen ermächtigt, mit Zustimmung des Bundesrates durch Rechtsverordnung Einzelheiten zur Anwendung des Fremdvergleichsgrundsatzes im Sinne des Absatzes 1 und der Sätze 1 bis 12 zu bestimmen."

[192] Siehe hierzu im Zweiten Kapitel unter C. V. 2. und 3. (S. 316 ff.).

[193] Dazu sogleich unter IV. (S. 567 ff.).

als Steuerhinterziehung strafbar ist.[194] Diese Rechtssicherheit, diese Erkennbarkeit der Belastungsregel im allgemeinen Gesetz darf nicht zugunsten einer Verhandlungslösung verweigert, das allgemeine Gesetz nicht durch eine Einzelfallverständigung ersetzt werden. Ansonsten wird auch dem grundrechtlichen Schutz der Freiheit und Gleichheit in diesem Bereich der notwendige gesetzliche Ausgangspunkt nicht bereitgestellt,[195] die freiheitschützende Kraft der Grundrechte erheblich gehemmt. Die Regelungen zu den Funktionsverlagerungen verletzen eine justitiable Allgemeinheitsforderung des Rechtsstaatsprinzips, den Verfassungsauftrag des Art. 19 Abs. 1 Satz 1 GG und die grundrechtlichen Forderungen nach einer allgemeinen gesetzlichen Regelbildung.

IV. Gesetzesallgemeinheit und Steuergestaltung

Das Erfordernis einer allgemeinen Regelbildung wird gegenwärtig in der Neufassung des § 42 AO durch das Jahressteuergesetz 2008[196] deutlich. Das Problem der steuerlichen Gestaltung ist bekannt: Der „Schlagbaum des Steuertatbestands“ wird „auf dem Normalwege, auf welchem der wirtschaftliche Verkehr ein bestimmtes Ziel in der Regel zu erreichen strebt,“ errichtet. Der Steuerpflichtige wählt hingegen für sein Wirtschaften die Nebenpfade, um die auf dem Normalweg liegende Maut zu vermeiden.[197] Das geltende Recht sucht dieses Problem seit langem in der Unterscheidung von zulässigem Gebrauch und unzulässigem Missbrauch von rechtlichen Gestaltungsmöglichkeiten zu erfassen.[198]

Beim Missbrauch „entsteht der Steueranspruch so, wie er bei einer den wirtschaftlichen Vorgängen angemessenen rechtlichen Gestaltung entsteht.“[199] Jedoch hat der Gesetzgeber hier bisher keine Grundregel entwickelt, wann Gestaltungsmöglichkeiten des Rechts missbraucht werden. Hier bewährt sich das Allgemeinheitspostulat. Erlässt der Gesetzgeber ein verständliches, den steuerlichen Belastungsgrund und den Steuergegenstand klar benennendes, folgerichtiges und widerspruchsfreies Steuergesetz, kann dieses auf den jeweiligen Sachverhalt in einem Massenverfahren angewandt werden. Insbesondere die gegenständliche und instrumentelle Allgemeinheit sorgen für einen gleichheitsgerechten Belastungserfolg. Der Missbrauch des Rechts würde – jedenfalls in

---

[194] Zu diesen Grenzen *Schön*, Rechtsmissbrauch und europäisches Steuerrecht, in: Festschrift für Wolfram Reiß, 2008, S. 571 (575).

[195] Siehe hierzu im Zweiten Kapitel unter VI. 3. (S. 353 ff.) und VII. 2. bis 3. (S. 363 ff.).

[196] Jahressteuergesetz 2008 vom 20. Dezember 2007, BGBl. I, S. 3150 (3171).

[197] *Hensel*, Steuerrecht [1933], 1986, S. 95.

[198] § 42 AO; siehe zu der notwendigen Grenzziehung legaler Gestaltung und illegaler Steuerhinterziehung *Schön*, Rechtsmissbrauch und europäisches Steuerrecht, in: Festschrift für Wolfram Reiß, 2008, S. 571 (insbes. 575).

[199] § 42 Abs. 1 Satz 2 AO.

weiten Teilen – von vornherein vermieden. Insbesondere in einer das Allgemeinheitserfordernis verfehlenden Steuerrechtsordnung allerdings braucht der Gesetzgeber ein Korrektiv. Dieses sucht § 42 Abs. 2 Satz 1 AO 2008 durch eine Definition des Missbrauchs zu leisten. Dieser liegt vor, „wenn eine unangemessene rechtliche Gestaltung gewählt wird, die beim Steuerpflichtigen oder einem Dritten im Vergleich zu einer angemessenen Gestaltung zu einem gesetzlich nicht vorgesehenen Steuervorteil führt." Während bisher der Missbrauch in der Wahl einer den wirtschaftlichen Vorgängen unangemessenen rechtlichen Gestaltung zum Zwecke der Steuervermeidung lag,[200] tritt nunmehr der ungerechtfertigte Steuervorteil in den Mittelpunkt des Tatbestands. Die „unangemessene rechtliche Gestaltung" bestimmt sich aus dem „gesetzlich nicht vorgesehenen Vorteil".[201] Sie erklärt also Steuergestaltungen für unbeachtlich, die durch die gesetzliche Belastungsentscheidung und ihre Ausprägung nicht gerechtfertigt sind. Dies fordert allerdings eine Klarheit über die Belastungsentscheidung – und insoweit ein gewisses Maß an Gesetzesallgemeinheit. § 42 Abs. 2 Satz 1 AO 2008 führt einen justitiablen Maßstab ein, der auf eine Allgemeinheit des Steuerrechts drängt.

Im Ergebnis ist die Allgemeinheit des Steuergesetzes Bedingung für eine verfassungsgerechte Besteuerung, für den grundrechtlichen Schutz gegenüber Steuereingriffen. Ein allgemeines Steuergesetz könnte die Bürger zudem ‚überreden', es zu befolgen, wenn es die Rechtsfolge der freiheitsgerechten Finanzierung des Gemeinwesens plausibel macht. Die Allgemeinheit des Gesetzes wird sich darüber hinaus als Strukturentscheidung und rechtliche Grenze gerade in diesem gesetzesgeprägten Rechtsgebiet bewähren. Sie leitet den Steuergesetzgeber an, freiheitsgerechte und rechtsstaatliche Gesetze zu erlassen, dem Bürger ein Bewusstsein für die Steuerlast zu vermitteln, diese zu verallgemeinern und so auch zu mäßigen und damit das im Steuerrecht so entscheidende zweite Element des Menschenrechtsschutzes zu entfalten. Sie gibt dem Gesetzesvollzug einen Maßstab, um auch den nicht vorhergesehenen Fall und die bewusste Steuergestaltung zu erfassen und so die Gleichheit vor dem Steuergesetz zu wahren.

---

[200] BFH, BStBl. II, 1996, S. 214; ders., BStBl. II, 2004, S. 646.

[201] Siehe hierzu *Drüen*, „Präzisierung" und „Effektuierung" des § 42 AO durch das Jahressteuergesetz 2008, Ubg 2008, 31 (35 f.).

D. Staatsverschuldung – Allgemeinheit in der Zeit

I. Beständigkeit und Rechtsvertrauen

Die gesetzliche Kreditermächtigung enthält Bestimmungen von besonderer Allgemeinheit. Die Staatsverschuldung betrifft nicht nur eine einzelne Person oder eine bestimmte Personengruppe, sondern das gesamte Staatsvolk, nicht nur gegenwärtige Ermächtigungen, sondern auch zukünftige Gemeinlasten. In dieser Situation baut der Menschenrechtsschutz auf die Allgemeinheit des Gesetzes. Der Grundrechtsschutz wehrt eine übermäßige Schuldenlast – auf Grund ihrer Allgemeinheit – letztlich nicht ab, weil sie nicht einen bestimmten Einzelnen betrifft. Der Gleichheitssatz zielt zwar auch auf den Gedanken der Gleichheit in der Zeit und richtet sich so gegen übermäßige Belastungen zukünftiger Generationen, bietet hier aber kaum einen justitiablen Maßstab. Daher trägt das Gesetz die Last, die Staatsverschuldung zu mäßigen, hat sich in einem thematisch sehr allgemeinen Schutz zugunsten noch undefinierter Betroffener zu bewähren, einen vorbeugenden und damit vorauswirkenden Schutzwall auch für eine noch nicht geborene Generation zu errichten.

Dieses Gesetz bietet einen Modellfall für eine zukunftsverantwortliche Gesetzgebung. Die zukünftig Betroffenen sind gegenüber dem heutigen Gesetzgeber in gewisser Weise wehrlos. Sie können nicht wählen, keine Rechtsbehelfe einlegen, ihre Kritik nicht öffentlich äußern und nicht demonstrieren, drohen insgesamt außerhalb des Blickfelds des Gesetzgebers zu bleiben. Diese Schwäche wiegt nicht schwer, wenn eine gesetzliche Regelung die nächste Generation rechtlich ähnlich betrifft und der Gesetzgeber auch die Anliegen des zukünftigen Staatsvolks sachgerecht aufnimmt. Etwas anderes gilt jedoch für den gegenwärtigen Zugriff auf zukünftige Ressourcen, der den Verfassungsgedanken der Beständigkeit des Rechts[1] in Frage stellt. Das Umweltrecht sucht die natürlichen Lebensgrundlagen für die gegenwärtigen wie die kommenden Generationen zu schützen.[2] Das Energierecht will die Energieversorgung als Garanten „für Wohlstand und Stabilität“ langfristig gewährleisten, Versorgungssicher-

---

[1] *H. Maurer*, Kontinuitätsgewähr und Vertrauensschutz, in: HStR IV, 3. Auflage 2006, § 79; *A. Leisner-Egensperger*, Kontinuität als Verfassungsprinzip, 2002; *K.-A. Schwarz*, Vertrauensschutz als Verfassungsprinzip, 2002; *M. Kloepfer*, Gesetzgebung im Rechtsstaat, VVDStRL 40 (1982), 63; *Pieroth*, Rückwirkung und Übergangsrecht, 1981.

[2] Siehe zu diesem Grundauftrag *Salzwedel*, Schutz natürlicher Lebensgrundlagen, in:

heit herstellen und dem Umweltschutz dienen.[3] Staat und Gesellschaft suchen auch die innere und äußere Sicherheit kontinuierlich zu gewährleisten, einen dauerhaften inneren und äußeren Frieden zu garantieren.[4] Die soziale Sicherheit greift in den Generationenverträgen im Rahmen der Pflege- und Rentenversicherung unmittelbar in die Zukunft, erwartet insgesamt eine verlässliche, generationenübergreifende Versorgung.[5] Gleiches gilt für das Bildungssystem, für die gesamte staatliche Infrastruktur. Diese Zukunftsverantwortlichkeit staatlichen Handelns stützt sich auf die staatliche Finanzkraft[6] – die nachhaltige Finanzierung des Staats wird zur Voraussetzung der Beständigkeit.[7]

Diese Beständigkeit ist besonders labil, wenn der Gesetzgeber im Staatskredit die Gegenwart zu Lasten der Zukunft begünstigen kann und dieser Vorgriff gegenwärtig Staatsleistungen erlaubt, ohne dass die Steuerzahler und Wähler der Gegenwart die Leistungen finanzieren müssten. Die immense Staatsverschuldung, die gegenwärtig im Kampf gegen die Folgen der Finanz- und Wirtschaftskrise erheblich gesteigert wird, belastet den Haushalt allein in der Zinsleistung beträchtlich. Die Rückzahlungsverpflichtungen lähmen die gegenwärtige wie die künftige Politik, bewirken eine „intergenerative Umverteilung" und nehmen die zukünftigen Generationen beträchtlich in Anspruch.[8] Die Staatsverschuldung ist seit der Novellierung des Art. 115 GG im Jahre 1969[9] immens gestiegen und beträgt derzeit über 1,5 Billionen Euro. Vergangene Bun-

---

HStR IV, 3. Auflage 2006, § 97 Rdn. 1; *R. Breuer*, Öffentliches und Privates Wasserrecht, 3. Auflage 2004, insbes. Rdn. 1071.

[3] BVerfGE 91, 186 (206) – Kohlepfennig; *Schmidt-Preuß*, Energieversorgung, in: HStR IV, 3. Auflage 2006, § 93 insbes. Rdn. 1, 7.

[4] Siehe zur inneren Sicherheit oben unter B (S. 498 ff.), zur äußeren Sicherheit *F. Kirchhof*, Verteidigung und Bundeswehr, in: HStR IV, 3. Auflage 2006, § 84.

[5] Siehe hierzu *Rüfner*, Daseinsvorsorge und soziale Sicherheit, in: HStR IV, 3. Auflage 2006, § 96; *Axer*, Gesundheitswesen, ebenda, § 95.

[6] *F. Kirchhof*, Finanzierung der Sozialversicherung, in: HStR V, 3. Auflage 2007, § 125 Rdn. 1.

[7] Siehe insgesamt *K. Vogel*, Der Finanz- und Steuerstaat, in: HStR II, 3. Auflage 2004, § 30 Rdn. 22 ff.; *Papier*, Leistungsgrenzen und Finanzierung des Sozialstaats, in: Magiera/Sommermann (Hg.), Freiheit, Rechtsstaat und Sozialstaat in Europa, 2007, S. 93; *F. Kirchhof*, Leistungsgrenzen und Finanzierung des Sozialstaats, ebenda, S. 101; *Mückl*, „Auch in Verantwortung für die künftigen Generationen", in: Festschrift für Josef Isensee, 2007, S. 183, der die „Generationengerechtigkeit" insbes. auf das Recht der Staatsverschuldung, den Umweltschutz und das Rentenrecht bezieht; die Generationengerechtigkeit ist Staatszweck (203 f.); siehe zur Rolle des Wettbewerbs *Koenig*, Daseinsvorsorge durch Wettbewerb, ebenda, S. 375; siehe zur Weiterentwicklung der sozialen Sicherung *Pitschas*, Die Zukunft der sozialen Sicherungssysteme, VVDStRL 64 (2005), 109; *Sodan*, Die Zukunft der sozialen Sicherungssysteme, ebenda, 144.

[8] *Sachverständigenrat zur Begutachtung der gesamtwirtschaftlichen Entwicklung*, Staatsverschuldung wirksam begrenzen, 2007, S. 34 ff., Zitat S. 55, für den Schuldenstand vor der Finanz- und Wirtschaftskrise.

[9] Siehe hierfür das 20. Änderungsgesetz zum Grundgesetz vom 12. Mai 1969 (BGBl. I, S. 357).

deshaushalte weisen über 40 Milliarden Euro allein für Schuldendienste aus.[10] Hinzu tritt die beträchtliche sog. implizite Staatsverschuldung durch die nicht offen liegenden Ansprüche der Beamtenversorgung und aus den umlagefinanzierten Sozialversicherungssystemen.[11] Die vor der Finanzkrise bei hohen Steuereinnahmen fortschreitende Kreditaufnahme und die hiermit einhergehende Erhöhung des Schuldensockels sind ökonomisch nicht zu rechtfertigen.[12] Der folgenden Generation werden kaum tragbare Lasten auferlegt. Gleichwohl wurde vor der Finanzkrise politisch primär diskutiert, die Neuverschuldung zu reduzieren, und eine Tilgung der Schulden auch bei hohen Steuereinnahmen nicht ernstlich erwogen. Im Kampf gegen die Finanzkrise werden gegenwärtig die Staatsschulden erheblich erhöht. Das Parlament beschränkt die Staatsverschuldung nicht. Die Begrenzungsfunktion des Verfassungsrechts wird von ihm nicht zur Wirkung gebracht. Auch das Bundesverfassungsgericht hat den noch geltenden, aber nunmehr geänderten Art. 115 GG nicht so gedeutet, dass die Regelung die Schulden effektiv begrenzt.[13] Diese Entwicklung gefährdet die Zukunft staatlicher Leistungen nachhaltig. Die Staatsverschuldung wird zur „politischen Schicksalsfrage der Gegenwart".[14]

Die Antwort auf diese Schicksalsfrage leiten die Allgemeinheitsforderungen nicht als justitiable Verfassungsmaßstäbe. Art. 19 Abs. 1 Satz 1 GG gilt wie die rechtsstaatlichen, von Richtern zu kontrollierenden Allgemeinheitsforderungen nicht gegenüber den einschlägigen Bestimmungen des Finanzverfassungsrechts.

---

[10] Siehe hierzu *Sachverständigenrat zur Begutachtung der gesamtwirtschaftlichen Entwicklung*, Staatsverschuldung wirksam begrenzen, 2007, S. 9ff.; FDP-Bundestagsfraktion, Positionspapier. Ausstieg aus dem Schuldenstaat – Einstieg in mehr Generationengerechtigkeit, Beschluss vom 12. Februar 2008; *Pünder*, Staatsverschuldung, in: HStR V, 3. Auflage 2007, § 123 Rdn. 11ff.; *ders.*, Gerechte Lastenverteilung zwischen den Generationen, DVBl. 2008, 946 (946f.).

[11] *Pünder*, Staatsverschuldung, in: HStR V, 3. Auflage 2007, § 123 Rdn. 13; siehe für den erheblichen Umfang *Sachverständigenrat zur Begutachtung der gesamtwirtschaftlichen Entwicklung*, Staatsverschuldung wirksam begrenzen, 2007, S. 24ff.

[12] *Halstenberg*, Staatsverschuldung ohne Tilgungsplanung, DVBl. 2001, 1405 (1406f., 1409): „Während der bisher ununterbrochen mehr als dreißig Jahre andauernden Verschuldungsphase wurden mehr als drei Viertel der Kreditsumme an Zinsen abgeführt. Echte Tilgungen wurden noch gar nicht erbracht. Die Staatverschuldung hat die Haushalte des Bundes um nur 20 Prozent der aufgenommenen Kredite, die der Länder nur um 19 Prozent zu stärken vermocht. Bezogen auf das Gesamtvolumen der Haushalte betrug die Stärkung nur 2 Prozent. [... Doch] werden die Schuldendienstbelastungen zehnfach so schwer. Eine Finanzstrategie, die für die geringfügige Haushaltsstärkung in der Höhe von 2 Prozent sehenden Auges einen späteren, mehr als zehnfachen Schuldendienstaufwand in Kauf nimmt, lässt sich als eine wirtschaftlich vernünftige Maßnahme zur Mittelbeschaffung nicht rechtfertigen [...]." In diese Richtung weist auch der *Sachverständigenrat zur Begutachtung der gesamtwirtschaftlichen Entwicklung*, Staatsverschuldung wirksam begrenzen, 2007, S. 31ff.; siehe hierzu aber auch die „andere Meinung" von *Bofinger*, ebenda, S. 157ff.

[13] BVerfGE 119, 96 – Staatsverschuldung II; 79, 311 – Staatsverschuldung I.; siehe sogleich unter II. (S. 573ff.).

[14] *Waldhoff*, Anmerkung zu BVerfG, Urteil vom 9. September 2007–2 BvF 1/04 – Staatsverschuldung II, JZ 2008, 200 (200).

Zudem findet der in Art. 3 Abs. 1 GG ruhende Gedanke der Gleichheit in der Zeit in der Staatsschuld keinen hinreichenden Anknüpfungspunkt. Doch können die Allgemeinheitsforderungen als Klugheitsregeln dem verfassungsändernden Gesetzgeber die Bedeutung einer Schuldenbegrenzung bewusst machen und die Diskussion über die neugefasste Schuldenbremse[15] sowie ihre Interpretation leiten. Die verbindlichen, aber nicht justitiablen Allgemeinheitsaufträge, die insbesondere im Rechtsstaatsprinzip ruhen,[16] leiten den Gesetzgeber, wenn er die von der Neuregelung geforderten Ausführungsgesetze erlässt. Gerade bei der Suche nach einem verbesserten rechtlichen Maßstab und bei der Deutung einer neuen Bestimmung des Grundgesetzes können die Allgemeinheitspostulate als Klugheitsregeln Orientierung geben, ihre Wirkung durch die gestaltende Kraft des Parlaments besser entfalten und den Verfassungsstaat nachhaltiger erneuern, als dies eine richterliche Kontrolle vermag. Die aktuelle Diskussion im Bereich des Finanzverfassungsrechts[17] bietet so ein Beispiel für die direktive Kraft der Gesetzesallgemeinheit.

Der Gedanke der temporalen Allgemeinheit betont, dass Gesetze dauerhaft wirken sollen. Sie sind von vornherein so zu setzen, dass sie in der Zeit bestehen und Rechtsvertrauen schaffen können. Ein Umweltschutzgesetz, dessen Folgen in Zukunft weite Bevölkerungsteile von der Energieversorgung abschneiden, und ein Energierecht, das auf Grund des Raubbaus an der Umwelt den Lebensraum der nächsten Generation gefährdet, verletzen die temporale Allgemeinheit. Eine Daseinsvorsorge, die den Finanzrahmen des Staats sprengt, kann in der Zeit nicht bestehen. Die temporale Allgemeinheit dient der Gleichheit in der Zeit[18] und dem demokratischen Auftrag, das gesamte Volk einschließlich seiner zukünftigen Mitglieder zu vertreten.[19] Aber auch die anderen Allgemeinheitsmerkmale suchen die Kontinuität im Recht zu gewährleisten. Das Gesetz muss

---

[15] Siehe hierzu den Gesetzentwurf der Fraktionen der CDU/CSU und SPD vom 24. März 2009, BTDrs. 16/12410, und den Beschluss des Entwurfs mit der erforderlichen verfassungsändernden Mehrheit durch den Bundestag in der 225. Sitzung vom 29. Mai 2009 (Plenarprotokolle 16/225, S. 24875) und durch den Bundesrat in der 859. Sitzung vom 12. Juni 2009 (BRatDrs. 510/09).

[16] Siehe insgesamt im Zweiten Kapitel unter C, zusammengefasst unter VIII. (S. 377 ff.).

[17] Siehe hierfür *Sachverständigenrat zur Begutachtung der gesamtwirtschaftlichen Entwicklung*, Staatsverschuldung wirksam begrenzen, 2007, insbes. S. 41 ff.; *Korioth*, Neue und einheitliche Schuldenbegrenzungsregeln für Bund und Länder?, KritV 2008, 187; *J. Wieland*, Modernisierung der Bund-Länder-Finanzbeziehungen, KritV 2008, 117; *Weinzen*, Fette und magere Jahre: Von Schranken, Bremsen und Rücklagen, DÖV 2008, 535; *Höfling*, Haushalts- und Finanzverfassung in der Krise, Der Staat 46 (2007), 163; *Engels/Hugo*, Verschuldung des Bundes und rechtliche Schuldengrenzen, DÖV 2007, 445; *F. Kirchhof*, Wege aus der Staatsverschuldung, in: Festschrift für Klaus Vogel, 2000, S. 241; *Pünder*, Staatsverschuldung, in: HStR V, 3. Auflage 2007, § 123 insbes. Rdn. 80, 87; zu aktuellen Reformvorschlägen und der Neufassung der Art. 109 f. und des Art. 115 GG sogleich unter II. 1 c) (S. 578 ff.) und 4. m. w. H. (S. 589 ff.).

[18] Siehe hierzu im Zweiten Kapitel unter C. VII. 4. b). (S. 373 ff.).

[19] Siehe im Zweiten Kapitel unter C. III. 5. (S. 274 ff.).

nicht nur die gegenwärtig Betroffenen erreichen, sondern zielt in der personalen Allgemeinheit auf zukünftige Fälle, selbst auf Personen, die noch nicht geboren sind, auch auf Wirtschaftsgüter, die noch nicht verfügbar sind. Die sprachliche und instrumentelle Allgemeinheit suchen mit der Verständlichkeit des Gesetzes dessen dauerhafte und gleichbleibende Wirkung zu sichern. Wenn das Gesetz das gesamte Regelungsgebiet in seiner Unterschiedlichkeit erreicht, deutet dies bereits auf einen zurückgenommenen Gesetzgebungsauftrag, der in der Zeit und trotz der Zeit wirkt. Die finale Allgemeinheit stützt diesen Gedanken. Sie beschränkt den Gesetzgeber von vornherein auf grundlegende und damit dauerhafte Ziele.

II. Der dauerhafte Finanzbedarf des Staats

1. Unumgehbarkeit der finanzverfassungsrechtlichen Vorgaben

Der Bund ist in seiner Entscheidung über Kredite an die Verfassung gebunden. Bundestag und Bundesrat haben mit verfassungsändernder Mehrheit neue schuldenbegrenzende und schuldenabmildernde Regelungen in das Grundgesetz aufgenommen.[20] Art. 109 Abs. 3 Satz 1 und Art. 115 Abs. 2 Satz 1 GG n.F. fordern vom Bund, den Haushalt grundsätzlich ohne Kreditaufnahme auszugleichen.[21] Kredite dürfen nur in einem bestimmten Rahmen und nur – hier haben sich die verfassungsrechtlichen Vorgaben nicht geändert – auf Grund

---

[20] Siehe hierzu den Gesetzentwurf der Fraktionen der CDU/CSU und SPD vom 24. März 2009, BTDrs. 16/12410. Der Gesetzentwurf wurde mit der erforderlichen verfassungsändernden Mehrheit durch den Bundestag in der 225. Sitzung vom 29. Mai 2009 (Plenarprotokolle 16/225, S. 24875) und durch den Bundesrat in der 859. Sitzung vom 12. Juni 2009 (BRat-Drs. 510/09) angenommen.

[21] Siehe für das verfassungsrechtliche Gebot eines ausgeglichenen Haushalts nach dem alten Recht: *Birk*, Die finanzverfassungsrechtlichen Vorgaben und Begrenzungen der Staatsverschuldung, DVBl. 1984, 745 (746); *Gröpl*, Staatseinnahmen und Staatsausgaben im demokratischen Verfassungsstaat, AöR 133 (2008), 1 (27 f. m.w.H.). Art. 110 Abs. 1 GG wird in der überwiegenden Lesart nicht als ein Gebot des materiellen Haushaltsausgleichs interpretiert. Gleichwohl könnte hier die grundgesetzliche Erwartung einer Gesamtbilanz ruhen, in der die demokratische Gemeinschaft der Haushaltsbegünstigten auch die Lasten trägt (BVerfGE 55, 274 [303] – Ausbildungsplatzförderungsgesetz; *Hatschek*, Deutsches und preussisches Staatsrecht, 2. Auflage, Band 2, 1930, S. 274 f.). „In dem Maße, in dem der Staat bestimmte öffentliche Aufgaben nicht aus Steuergeldern finanziert, sondern sie einzelnen Bürgern oder Gruppen neben ihrer Steuerlast [...] aufbürdet, hebt er der Sache nach die Lastengleichheit wieder auf" (BVerfGE 55, 274 [303] – Ausbildungsplatzförderungsgesetz; zu den Sonderabgaben BVerfGE 91, 186 [201 f.] – Kohlepfennig). Hiernach klingt auch in Art. 110 Abs. 1 GG die verfassungsrechtliche Grundentscheidung an, dass die Staatsaufgaben grundsätzlich aus dem Steueraufkommen, nicht aus Krediten finanziert werden (*Jahndorf*, Grundlagen der Staatsfinanzierung durch Kredite und alternative Finanzierungsformen im Finanzverfassungs- und Europarecht, 2003, S. 87, 89, 94 f. m.w.H.; *Püttner*, Staatsverschuldung als Rechtsproblem. Ein verfassungsrechtliches Plädoyer gegen die Kreditfinanzierung der öffentlichen

eines Gesetzes aufgenommen werden, das eine entsprechende, „der Höhe nach bestimmte oder bestimmbare Ermächtigung" erteilt.[22] Art. 115 Abs. 1 Satz 2 GG a. F., Art 109 Abs. 3 und Art. 115 Abs. 2 GG n. F. regeln die konkreten Voraussetzungen, unter denen die Kreditaufnahme zulässig ist und sein wird.[23] Die Gesetzesallgemeinheit wirkt gegenüber diesen Verfassungsbestimmungen als Klugheitsregel, welche die Verfassungsinterpretation leitet und ein Maß für die Tauglichkeit, die Ernsthaftigkeit und den Mäßigungsanspruch der Regelungen gibt.

a) Art. 115 Abs. 1 GG a. F. – wirkungslose „Schuldenbremse"

Nach Art. 115 Abs. 1 Satz 2 Halbs. 1 GG a. F. dürfen „die Einnahmen aus Krediten" die „Summe der im Haushaltsplan veranschlagten Ausgaben für Investitionen" nicht überschreiten. Der zweite Halbsatz der Bestimmung regelt, dass zur Abwehr einer Störung des gesamtwirtschaftlichen Gleichgewichts von dieser Beschränkung der Kreditaufnahme eine Ausnahme gemacht werden kann. Als Ausnahme ist der zweite Halbsatz von vornherein eng auszulegen.[24] Art. 115 GG a. F. wollte einen wachsenden Schuldensockel verhindern,[25] was jedoch nicht gelungen ist.[26] Die Vorgaben des Art. 115 Abs. 1 GG a. F. wurden schlicht

---

Haushalte, 1980, S. 10; insgesamt *Heintzen*, Staatshaushalt, in: HStR V, 3. Auflage 2007, § 120 Rdn. 25 ff.).

[22] Art. 115 Abs. 1 Satz 1 GG, der durch die Föderalismusreform II nicht geändert wurde.

[23] Siehe für den Zeipunkt, zu welchem die Neuregelungen zum ersten Mal Anwendung finden, Art. 143d GG n. F.; Gesetzentwurf der Fraktionen der CDU/CSU und SPD vom 24. März 2009, BTDrs. 16/12410, S. 21 f.

[24] *Wendt*, in: von Mangoldt/Klein/Starck, Kommentar zum Grundgesetz, Band 3, 5. Auflage 2005, Art. 115 Rdn. 56; siehe zum Ausnahmecharakter: BVerfGE 79, 311 (334, 344) – Staatsverschuldung I; 39, 96 (112) – Städtebauförderungsgesetz; *Siekmann*, in: Sachs (Hg.), Grundgesetz. Kommentar, 4. Auflage 2007, Art. 115 Rdn. 43; diesen Ausnahmecharakter betont *Osterloh*, Staatsverschuldung als Rechtsproblem? Kritisches zum Urteil des Zweiten Senats des BVerfG vom 18. 4. 1989, NJW 1990, 145 (147); *Höfling/Rixen*, in: Dolzer/Vogel/Graßhof (Hg.), Bonner Kommentar zum Grundgesetz, Art. 115 (2003) Rdn. 312, 330 f.; *Badura*, Die Talfahrt der öffentlichen Finanzen und die verfassungsrechtlichen Grenzen von Staatsausgaben und Sanierungsmaßnahmen, in: Festschrift für Reinhard Mußgnug, 2005, S. 149 (150); siehe zum Regel-Ausnahme-Verhältnis des Art. 115 Abs. 1 GG, das die Senatsmehrheit in BVerfGE 119, 96 (118 ff.) – Staatsverschuldung II, verkennt: *Waldhoff*, Anmerkung zu BVerfG, Urteil vom 9. September 2007–2 BvF 1/04 – Staatsverschuldung II, JZ 2008, 200 (202 f.).

[25] BVerfGE 79, 311 (328, 355 f.) – Staatsverschuldung I; *Pünder*, Gerechte Lastenverteilung zwischen den Generationen, DVBl. 2008, 946 (948).

[26] Wird der Haushalt durch Kredite finanziert, waren nach einer gängigen Lesart des Art. 115 GG a. F. Programme aufzustellen, die einen ausgeglichenen Haushalt in Zukunft ermöglichen: BVerfGE 86, 148 (266 f.) – Länderfinanzausgleich; *Höfling/Rixen*, in: Dolzer/Vogel/Graßhof (Hg.), Bonner Kommentar zum Grundgesetz, Art. 115 (2003) Rdn. 330 f.; *Friauf*, Staatskredit, in: HStR IV, 1. Auflage 1990, § 91 Rdn. 34 ff.; *Halstenberg*, Staatsverschuldung ohne Tilgungsplanung, DVBl. 2001, 1405 (1406); eine Übersicht über die Diskussion gibt *Kampmann*, Staatsverschuldung – Begrenzungskonzepte in der Kritik, 1995, insbes. S. 8 ff., 65, 67; siehe zudem *M. J. M. Neumann*, Inflation und Staatsverschuldung, in: Simmert/

nicht befolgt. Durch die Begrenzung der Kreditsumme durch die Höhe der Investitionen wurde – so das Bundesverfassungsgericht – „an einem Grundelement der alten Deckungsregel [– des Vorgängers des Art. 115 GG a. F. –] festgehalten. Der haushaltswirtschaftliche Vorgriff auf zukünftige Einnahmen [... sollte] jedenfalls dadurch begrenzt werden, daß der Kredit nur im Umfang der Ausgaben mit zukunftsbegünstigendem Charakter in Anspruch genommen werden darf."[27] Dabei akzeptierte die Regelung, dass nachfolgenden Generationen durch den Vorausgriff politische Entscheidungen und damit Präferenzen vorgegeben werden.[28] In der Praxis wurde hiervon reger Gebrauch gemacht und dabei der Rechtsbegriff der Investition nicht sachgerecht gefasst. So entfaltete die Kreditgrenze des Art. 115 Abs. 1 Satz 2 Halbs. 1 GG a. F. kaum begrenzende Wirkung.[29] Die neugefasste Schuldengrenze verzichtet auch deshalb auf eine

---

Wagner (Hg.), Staatsverschuldung kontrovers, 1981, S. 89 (insbes. 101); *Barth*, Potentialorientierte Verschuldung, ebenda, S. 58 (69 f.); *Krupp*, Staatsverschuldung, ebenda, S. 71, der die Chancen einer allerdings vorübergehenden Staatsverschuldung hervorhebt; *Hickel*, Zum Ideologiegehalt der Staatsverschuldungsdebatte, ebenda, S. 137, spricht von einer „Lückenbüßerrolle"; *Ehrlicher*, Grenzen der öffentlichen Verschuldung, ebenda, S. 103. Siehe zur Kritik an der Staatsverschuldung zudem *Zimmermann*, Ökonomische Rechtfertigung einer kontinuierlichen Staatsverschuldung?, in: Henke (Hg.), Zur Zukunft der Staatsfinanzierung, 1999, S. 157 (160 ff.); insgesamt *Jahndorf*, Grundlagen der Staatsfinanzierung durch Kredite und alternative Finanzierungsformen im Finanzverfassungs- und Europarecht, 2003, insbes. S. 95 ff. m. w. H.

[27] BVerfGE 79, 311 (334) – Staatsverschuldung I; 99, 57 (67) – Liegenschaftsmodell Schleswig-Holstein.

[28] *Pünder*, Gerechte Lastenverteilung zwischen den Generationen, DVBl. 2008, 946 (947).

[29] Die Begründung des später beschlossenen Gesetzentwurfs der Neuregelung spricht hier von einem „ungeeigneten" Begriff, Gesetzentwurf der Fraktionen der CDU/CSU und SPD vom 24. März 2009, BTDrs. 16/12410, S. 7; siehe hierzu und zum Investitionsbegriff: *Isensee*, Verfassungsrechtliche Würdigung der Schuldengrenze nach Artikel 115 GG – Implikationen der Finanzkontrolle –, in: Müller (Hg.), Haushaltsreform und Finanzkontrolle, 1997, S. 111 (insbes. 119); *Gröpl*, Schwächen des Haushaltsrechts – Wege zu einer nachhaltigen Finanzwirtschaft, Die Verwaltung 39 (2006), 215 (230 ff.); zur Kritik an der Entscheidung der Senatsmehrheit BVerfGE 119, 96 – Staatsverschuldung II, diesbzgl. *Waldhoff*, Anmerkung zu BVerfG, Urteil vom 9. September 2007–2 BvF 1/04 – Staatsverschuldung II, JZ 2008, 200 (202); *Höfling/Rixen*, in: Dolzer/Vogel/Graßhof (Hg.), Bonner Kommentar zum Grundgesetz, Art. 115 (2003) Rdn. 279: „Aus dem durch die Norm hergestellten Entsprechungsverhältnis zwischen ‚Last' und ‚Nutzen' folgt für den Investitionsbegriff, dass er nur solche Ausgaben erfassen darf, deren Kompensationswirkungen lastadäquat sind [...,] von denen [...] positive Wirkungen auf den zukünftigen Kapitalstock und das zukünftige Wachstum des Produktionspotentials ausgehen". Kritisch zur Zukunftsbezogenheit allerdings *Göke*, Staatsverschuldung, ZG 2006, 1 (20): „Die eine Generation investiert auf Kredit in Atomkraftwerke oder in den Straßenbau, die nächste investiert auf Kredit, um jene wieder zu entfernen und diese zurückzubauen. Worin liegt für wen der Zukunftsnutzen? Der Gedanken des Zukunftsnutzens hat sich in der Praxis weitgehend als Illusion erweisen. Die liegt daran, dass der Investitionsbegriff auch Ersatzbeschaffungen für abhängige Investitionen erfasst und nicht den Werteverzehr berücksichtigt, wie es im kaufmännischen Rechnungswesen für den Jahresüberschuss eines Unternehmens in Form der Abschreibung zwingend ist. Weil der Staat bisher seine kumulierenden Schulden nie zurückgeführt hat, bedeutet dies im Klartext: Wir,

entsprechende Begrenzung der Kreditaufnahme.[30] Insgesamt rückt aber kaum diese Grenze in den Vordergrund, wenn nach den rechtlichen Gründen für die immense Höhe der gegenwärtigen Staatsverschuldung gefragt wird. Vielmehr wurde die Ausnahme des Halbs. 2 GG a.F., die Kreditgrenze nur im Kampf gegen eine Störung des gesamtwirtschaftlichen Gleichgewichts zu überschreiten, zur Regel[31] und für eine – so das Bundesministerium der Finanzen – „weitgehend unlimitierte Kreditaufnahme" genutzt.[32] Eine verfassungsrechtliche Grundentscheidung wurde von Parlament und Regierung nicht beachtet. Folge ist der immense Schuldenberg und eine „De-Konstitutionalisierung", der permanente Verfassungsbruch, der den Rechtsstaat gefährdet.[33] Die Neuregelung verzichtet daher mit guten Gründen auf den (untauglichen) Versuch, die Verschuldung erneut durch das Tatbestandsmerkmal der Abwehr einer Störung des gesamtwirtschaftlichen Gleichgewichts zu leiten.

Die beträchtliche Staatsverschuldung ist aber nicht nur auf die unzureichende Interpretation der Verfassung zurückzuführen, sondern findet insbesondere im Maßstab des Art. 115 Abs. 1 GG a.F. eine Ursache.[34] Die Begründung der Neuregelung kritisiert die „fehlende Verknüpfung zwischen der Regeleinhaltung bei Haushaltsaufstellung und Haushaltsvollzug" und das „Fehlen einer ausdrücklichen Verpflichtung," die Defizite in „Zeiten des Aufschwungs" wieder auszugleichen.[35] Die verfassungsrechtliche Begrenzung der Staatsverschuldung war aber auch aus andern Gründen missglückt – sie war nicht allgemein. Insbesondere die Obergrenze der Höhe der „Investitionen" und die Ausnahme „zur Abwehr einer Störung des gesamtwirtschaftlichen Gleichgewichts" waren keine Bestimmungen, die unausweichlich wirkten – sie verletzen Forderungen der instrumentellen Allgemeinheit.

---

unsere Kinder und voraussichtlich auch unsere Kindeskinder tragen die Zins- und Zinseszinslast z.B. für einen PKW, der vor 30 Jahren beschafft und längst verschrottet worden ist, sowie für all seine Nachfolger." Die Generationengerechtigkeit fordere eine nachhaltige Haushaltspolitik.

[30] Art. 109 Abs. 3 und Art. 115 Abs. 2 GG n.F.

[31] *Droege*, „Notruf nach Karlsruhe" – Die Begrenzung der Staatsverschuldung und das Heraufziehen des Jurisdiktionsstaates im Haushaltsverfassungsrecht, VerwArch 98 (2007), 101 (110); *Sachverständigenrat zur Begutachtung der gesamtwirtschaftlichen Entwicklung*, Staatsverschuldung wirksam begrenzen, 2007, S. 9ff.

[32] *BMF*, Notwendigkeit und Inhalt einer neuen Schuldenregelung im Grundgesetz, 23. Januar 2008, S. 1.

[33] Deutlich BVerfGE 119, 96 – Staatsverschuldung II, abweichende Meinung der Richter *Di Fabio* und *Mellinghoff*, 155 (insbes. 173f.); kritisch zur Senatsmehrheit zudem *Kerber*, Der Souverän des Bundesstaatsnotstands, Der Staat 46 (2007), 229.

[34] Deutlich *Sachverständigenrat zur Begutachtung der gesamtwirtschaftlichen Entwicklung*, Staatsverschuldung wirksam begrenzen, 2007, S. 62ff.

[35] Gesetzentwurf der Fraktionen der CDU/CSU und SPD vom 24. März 2009, BTDrs. 16/12410, S. 7.

b) Das Anliegen der instrumentellen Allgemeinheit

Gerade diese Allgemeinheitsanliegen sind aber besonders bedeutsam, wenn die Adressaten der Regelung zur Ausnahme drängen. Die Staatsverschuldung ist – so *Josef Isensee* in bewusster Zuspitzung – das „Opium" der Politik, von welchem die Süchtigen ohne fremde Hilfe nicht loskommen.[36] Hier wird die Erkenntnis von *Montesquieu* greifbar, dass die Ausgestaltung der Gesetze, dass ihr „Geist" vom Vorgefundenen, von der „Natur der Dinge" abhängt.[37] In einem Bereich, in welchem die Betroffenen rechtliche Grenzen zu verschieben oder zu missachten suchen,[38] ist es von vornherein nicht sachgerecht, Ausnahmen zuzulassen und diese an schwer bestimmbare Begriffe wie die „Störung des gesamtwirtschaftlichen Gleichgewichts"[39] zu knüpfen. Die Flucht aus der Rechtsbindung ist damit vorgezeichnet. Dies gilt insbesondere, wenn – wie mit den Regeln der Staatsfinanzen – grundlegende, das gesamte Gemeinwesen, alle Staatsleistungen und damit das Ganze betreffende Regelungen erlassen werden.

Die steigende Staatsverschuldung untergräbt mit ihren erdrückenden Zukunftslasten den Wohlstand Deutschlands und die Stabilität von Staat und Gesellschaft. Die Eigentumspositionen von Menschen, die nicht ausschließlich auf Sacheigentum setzen, die materiellen Voraussetzungen der Freiheit geraten in Bedrängnis. Die wiederholte Inanspruchnahme der Ausnahmeklausel brachte die Gefahr mit sich, „notwendige strukturelle Anpassungen zu unterlassen oder strukturelle dauerhafte Mehrausgaben versteckt unter dem Rubrum ‚Konjunkturprogramm' im Budget unterzubringen. Und ebenso können konjunkturelle – also temporäre Überschüsse – ungestraft zur Finanzierung dauerhafter Programme eingesetzt werden." Auch auf Grund der Globalisierung schlagen sich – so fährt das Bundesministerium der Finanzen fort – die „Folgen hoher Schulden, unterlassener Strukturreformen und sinkender Wettbewerbsfähigkeit [...] sofort in Wachstums- und Beschäftigungsverlusten nieder".[40] Die ausbleibenden notwendigen Reformen, die steigenden Lasten in der Zukunft, die demographische Entwicklung, die schwindenden Ansprüche aus den Sozialsystemen verstärken diese belastenden Folgen in der Zukunft.

---

[36] *Isensee*, Verfassungsrechtliche Würdigung der Schuldengrenze nach Artikel 115 GG – Implikationen der Finanzkontrolle –, in: Müller (Hg.), Haushaltsreform und Finanzkontrolle, 1997, S. 111 (115); *Pünder*, Gerechte Lastenverteilung zwischen den Generationen, DVBl. 2008, 946 (948 f.).

[37] *Montesquieu*, Vom Geist der Gesetze [De l'esprit des lois, 1748], 2003; siehe oben im Zweiten Kapitel unter B. IV. 3. (S. 119 ff.).

[38] Siehe zu diesem Drang der Politik *Höfling*, Notlagenlegitimierte Neuverschuldung jenseits der Investitionssummengrenze?, in: Gedächtnisschrift für Peter J. Tettinger, 2007, S. 69 (70 f.).

[39] Art. 115 Abs. 1 Satz 2 Halbs. 2. GG.

[40] *BMF*, Notwendigkeit und Inhalt einer neuen Schuldenregelung im Grundgesetz, 23. Januar 2008, S. 1 f.

Die hohe Staatsverschuldung untergräbt das Gemeinwesen. Ein Staatsbankrott würde das Recht verdrängen, den Rechtsstaat scheitern lassen und die Freiheit gefährden. Im Recht der Staatsverschuldung sind klare, eindeutige und unumgehbare Regelungen zu treffen. An diesen Vorgaben sind gegenwärtig die Neuregelungen der Schuldengrenze des Bundes zu messen.

c) Die Neuregelung des Art. 115 GG

Art. 115 Abs. 2 GG n. F. konkretisiert die Vorgaben des Art. 109 Abs. 3 GG n. F. für den Bund.[41] Hiernach sind die Einnahmen und Ausgaben des Bundes „grundsätzlich ohne Einnahmen aus Krediten auszugleichen. Diesem Grundsatz wird entsprochen, wenn die Einnahmen aus Krediten 0,35“ Prozent des nominalen Bruttoinlandsprodukts nicht überschreiten. Nach Satz 3 der Bestimmung ist eine konjunkturelle Komponente zu berücksichtigen. Ein neu geschaffenes Kontrollkonto soll die Abweichungen von der Kreditgrenze erfassen. Dabei sind „Belastungen, die den Schwellenwert von 1,5“ des nominalen Bruttoinlandsprodukts überschreiten, „konjunkturgerecht zurückzuführen“. So soll die neue Schuldenbremse nicht nur bei der Aufstellung des Haushalts, sondern auch bei dessen Vollzug wirken und damit ein Kritikpunkt an der alten Regel aufgefangen werden. Die Neuregelung beauftragt den Bundestag, Gesetze zur näheren Berechnung der Kreditobergrenze, über das Kontrollkonto und die Einnahmen und Ausgaben zu erlassen. Zudem darf „im Falle von Naturkatastrophen oder außergewöhnlichen Notsituationen“ von der Kreditgrenze abgewichen werden. Der hierfür notwendige Bundestagsbeschluss ist mit einem Tilgungsplan zu versehen. Die Rückführung der aufgenommenen Kredite hat binnen eines angemessenen Zeitraums zu erfolgen.[42]

Die Gesetzesallgemeinheit soll im Folgenden auf Grundlage der Erfahrungen mit dem alten Recht zu einem Maßstab für diese Neuregelung der Verschuldung des Bundes gemacht werden. Der Begründung des Gesetzentwurfs folgend werden mit der Verfassungsänderung „die konstruktionsbedingten Schwächen des bisherigen Art. 115 im Hinblick auf die nachhaltige Eindämmung der Neuverschuldung beseitigt und die verfassungsrechtliche Verschuldungsregel des Bundes an die seit Einführung der bisherigen Regel geänderten Rahmenbedingungen“ angepasst, an den demographischen Wandel, die hohe Staatsverschuldung, die „intensive Verflechtung Deutschlands mit der Welt-

[41] Siehe zu der verfassungsrechtlichen Frage nach der Schuldengrenze für die Länder jüngst *Waldhoff/Dieterich*, Die Föderalismusreform II – Instrument zur Bewältigung der staatlichen Finanzkrise oder verfassungsrechtliches Placebo?, ZG 2009, 97 (113 ff. m. w. H.).

[42] Siehe zu der Neuregelung jüngst *Waldhoff/Dieterich*, Die Föderalismusreform II – Instrument zur Bewältigung der staatlichen Finanzkrise oder verfassungsrechtliches Placebo?, ZG 2009, 97 (103 f., 110 ff.).

wirtschaft" und an die europarechtlichen Vorgaben.[43] So stellt sich die Frage, ob die Neuregelung vor dem Maß der Allgemeinheit und diesem Anspruch bestehen kann.

2. *Die Begriffe des Rechts*

Art. 115 Abs. 1 GG a. F. baut für die Begrenzung der Staatsverschuldung auf das Tatbestandmerkmal der „Störung des gesamtwirtschaftlichen Gleichgewichts".[44] Diesen Begriff verwendet die neue Schuldenbremse nicht mehr. Jedoch bleibt er in Art. 104b Abs. 1 Nr. 1 GG und in der Vorgabe, den Erfordernissen dieses Gleichgewichts Rechnung zu tragen (Art. 109 Abs. 2 GG n. F.), geltendes Recht. Dieses Merkmal verschiedener Tatbestände trifft insbesondere in seiner fehlenden sprachlichen und instrumentellen Allgemeinheit auf Kritik. Die Analyse dieses Begriffes erklärt, warum die alte „Schuldenbremse" diesen Namen nicht verdient, gewinnt so Erkenntnisse für die Interpretation der neuen Schuldenregelung und verdeutlicht insgesamt exemplarisch, welchen Anforderungen ein Gesetz genügen muss, um allen gemein werden zu können, welche Begriffe das Recht verwenden sollte.

Art. 115 GG a. F. wendet sich zwar zunächst an die Staatsorgane, die über den Staatskredit entscheiden und diese Entscheidung kontrollieren, also vor allem an die gesetzgebenden Organe und den Bundesrechnungshof. Die gesetzliche Ermächtigung zur Kreditaufnahme ist regelmäßig Teil des Haushaltsgesetzes,[45] eines Organgesetzes,[46] wirkt also zunächst als Innenrecht. Doch bietet die verfassungsrechtliche Grenze der Staatsverschuldung zugleich den Maßstab, an dem sich die öffentliche Debatte dieser für den Verfassungsstaat grundsätzlichen Frage ausrichtet. Deshalb liegt es nahe, die Schuldenregelung verständlich sowohl für die Staatsorgane wie für die Bürger auszudrücken. Die Rechtsbegriffe des Art. 115 Abs. 1 GG a. F. sollten von der den Haushalt und damit die Kreditermächtigung vorbereitenden Verwaltung, von den Abgeordneten, den Mitgliedern des Bundesrats, den Vorprüfern und Rechnungsprüfern, auch von den die Parlamentsentscheidungen vorbereitenden Parteien und einer kritischen Öffentlichkeit verstanden und gehandhabt werden können. Die Rationalität des Verfassungsrechts fordert gerade in dem Bereich der Staatsverschuldung besondere Klarheit und sprachliche Unausweichlichkeit. Der Gesetzgeber hat hiernach rechtswissenschaftliche Begriffe zu wählen, jedenfalls Tatbestandsmerkmale zu setzen, die eine juristische Konkretisierung erlauben.

---

[43] Gesetzentwurf der Fraktionen der CDU/CSU und SPD vom 24. März 2009, BTDrs. 16/12410, S. 9, 7 f.

[44] Art. 115 Abs. 1 Satz 2 Halbs. 2 GG a. F. Siehe hierzu unter 1. a) (S. 574 ff.).

[45] *Pünder*, Staatsverschuldung, in: HStR V, 3. Auflage 2007, § 123 Rdn. 16.

[46] *Stern*, Das Staatsrecht der Bundesrepublik Deutschland, Band II, 1980, S. 1203; *Heintzen*, Staatshaushalt, in: HStR V, 3. Auflage 2007, § 120 Rdn. 53.

§ 1 des Stabilitätsgesetzes konkretisiert durch das sog. magische Viereck den unbestimmten Verfassungsbegriff des gesamtwirtschaftlichen Gleichgewichts. Dieses erfasst „herkömmlich die Stabilität des Preisniveaus, einen hohen Beschäftigungsstand (geringe Arbeitslosigkeit), außenwirtschaftliches Gleichgewicht und angemessenes Wirtschaftswachstum".[47] Das Grundgesetz nutzt einen wirtschaftswissenschaftlichen Begriff, den das einfache Gesetz durch wirtschaftswissenschaftliche Begriffe zu konkretisieren sucht. Das Grundgesetz setzt hier – so das Bundesverfassungsgericht – „einen in die Zeit hinein offenen Vorbehalt für die Aufnahme neuer, gesicherter Erkenntnisse der Wirtschaftswissenschaften als zuständiger Fachdisziplin".[48] Diese Begriffe werden aber dadurch, dass sie in Gesetze geschrieben werden, zu Rechtsbegriffen, die Rechtsverbindlichkeit beanspruchen, deswegen jedem Rechtsinterpreten möglichst dieselbe Vorstellung von dem Inhalt der rechtlichen Anordnung vermitteln müssen.[49] Tatbestand und Rechtsfolge sind in das Rechtssystem und damit notwendig juristisch einzuordnen.[50] Auch „wenn nationalökonomische Begriffe und Postulate Eingang in das Verfassungsgesetz finden, gehen sie in den Aggregatzustand des Rechts über. Sie erlangen normative Verbindlichkeit und Identität im Ganzen der Verfassung. Die Kategorien der Investition und des gesamtwirtschaftlichen Gleichgewichts fügen sich ebenso in den Kontext der Verfassung wie andere Begriffe außerrechtlichen Ursprungs: Gewissen und Religion, Kunst und Wissenschaft."[51]

Den Begriff der „Störung des gesamtwirtschaftlichen Gleichgewichts" und die vermeintliche Konkretisierung durch § 1 StabG verstehen nur wenige Experten. Insbesondere hierher rührt die Auffassung, dass Art. 115 Abs. 1 GG a.F. kaum oder nicht justitiabel sei, Parlament und Exekutive eine letztverbindliche Beurteilungs- und Entscheidungskompetenz zugesprochen wird. Das Finanzrecht sei der „Natur nach einem auf Erkenntnis angelegten gerichtsförmigen Verfahren ganz oder weitestgehend" entzogen.[52] Auch weil für jede finanzver-

[47] Siehe hierzu § 1 des Gesetzes zur Förderung der Stabilität und des Wachstums der Wirtschaft vom 8. Juni 1967 (BGBl. I, S. 582), zuletzt geändert durch Art. 135 der Verordnung vom 31. Oktober 2006 (BGBl. I, S. 2407), im Folgenden: StabG; *Jarass*, in: ders./Pieroth (Hg.), Grundgesetz für die Bundesrepublik Deutschland. Kommentar, 9. Auflage 2008, Art. 109 Rdn. 6 m. w. H.

[48] BVerfGE 79, 311 (338) – Staatsverschuldung I; *Jarass*, in: ders./Pieroth (Hg.), Grundgesetz für die Bundesrepublik Deutschland. Kommentar, 9. Auflage 2006, Art. 109 Rdn. 6.

[49] *Montesquieu*, Vom Geist der Gesetze [De l'esprit des lois, 1748], 2003, siehe oben im Zweiten Kapitel unter B. IV. 3. (S. 119 ff.).

[50] Für das gesamtwirtschaftliche Gleichgewicht *Maunz*, in: ders./Dürig/u. a., Grundgesetz. Kommentar, Band VI, Art. 115 (1981) Rdn. 44.

[51] *Isensee*, Verfassungsrechtliche Würdigung der Schuldengrenze nach Artikel 115 GG – Implikationen der Finanzkontrolle –, in: Müller (Hg.), Haushaltsreform und Finanzkontrolle, 1997, S. 111 (116); siehe zudem *Salzwedel*, Das verfassungsrechtliche Bestimmtheitsgebot und umweltrechtliche Verweisungen auf naturwissenschaftliche Begriffe, in: Festschrift für Josef Isensee, 2007, S. 205.

[52] *Ossenbühl*, Zur Justitiabilität der Finanzverfassung, in: Festschrift für Karl Carstens,

fassungsrechtliche Bestimmung zu fragen ist, inwieweit sie Beurteilungsräume öffnet, entziehen sich diese Bestimmungen nicht von vornherein einer gerichtlichen Konkretisierung. Die „Entscheidungen über die Zulässigkeit von Atomreaktoren oder über die Aufstellung von Mittelstreckenraketen" sind kaum weniger gerichtlich prüfbar, als die „vergleichsweise konventionellen (‚harmlosen') finanzpolitischen Fragen", die sich „weit eher an rechtlichen Maßstäben ausrichten lassen als solche hochpolitischen Themen". Zudem verdeutlicht die Rechtsprechung des Bundesverfassungsgerichts sowie der Verwaltungs- und Finanzgerichte seit langem, dass „Auslegung, Konkretisierung und Anwendung ökonomischer Begriffe der richterlichen Entscheidung nicht ihrer Natur nach" entzogen sind.[53] Das Recht delegiert keine Rechtsentscheidungen an andere wissenschaftliche Disziplinen. Überließe das Recht seinen Maßstab einer Gruppendeutung oder gar einem Interessentenwissen, würde die Rechtsentscheidung ihre Verbindlichkeit verlieren, wäre das Gesetz kein Gesetz mehr. Es bleibt der Auftrag des Gerichts, den Sinn und Zweck eines Artikels des Grundgesetzes zu ermitteln. Vorgebliche Unzulänglichkeiten einer Norm sind nicht zu beklagen, sondern in den Grenzen der methodischen Auslegung zu überwinden.[54]

Bislang ist es aber nicht gelungen, das Tatbestandsmerkmal der „Störung des gesamtwirtschaftlichen Gleichgewichts" aus der Offenheit wirtschaftswissenschaftlichen Theorienstreits und Einschätzens in die Verbindlichkeit des Rechts zu überführen. Deswegen betonen auch wirtschaftswissenschaftliche Stimmen zu Recht den rechtswissenschaftlichen Konkretisierungsauftrag dieses Tatbestandsmerkmals, damit die Finanzpolitik nicht „an einer Größe gemessen" wird, die sie letztlich „selbst bestimmt."[55] Bei der politischen Versuchung,

---

Band 2, 1984, S. 743 (752 f.); siehe zudem *Prokisch*, Die Justiziabilität der Finanzverfassung, 1993, S. 137 ff., der die Pflicht des Gesetzgebers betont, „Diagnosen, Intentionen und Prognosen offenzulegen" (174).

[53] Insgesamt *K. Vogel*, Grundzüge des Finanzrechts des Grundgesetzes, in: HStR IV, 1. Auflage 1990, § 87 Rdn. 120 ff.; siehe für die Rechtsprechung: BVerfGE 39, 96 (109) – Städtebauförderungsgesetz; 41, 291 (311) – Strukturförderung; 55, 274 (301) – Ausbildungsplatzförderungsgesetz; 72, 330 (388, 390) – Finanzausgleich I.

[54] BVerfGE 119, 96 – Staatsverschuldung II, abweichende Meinung der Richter *Di Fabio* und *Mellinghoff*, 155 ff.; siehe für diese Deutung von Rechtsbegriffen *K. Vogel*, Grundzüge des Finanzrechts des Grundgesetzes, in: HStR IV, 1. Auflage 1990, § 87 Rdn. 120 ff.; *Scheuner*, Die Erhaltung des gesamtwirtschaftlichen Gleichgewichts, in: Festschrift für Hans Schäfer, 1975, S. 109 (114), zu Art. 109 GG; *Höfling/Rixen*, in: Dolzer/Vogel/Graßhof (Hg.), Bonner Kommentar zum Grundgesetz, Art. 115 (2003) Rdn. 58 ff.; *Waldhoff*, Anmerkung zu BVerfG, Urteil vom 9. September 2007–2 BvF 1/04 – Staatsverschuldung II, JZ 2008, 200 (203).

[55] *Hansmeyer*, in: Stern/Münch/ders., Gesetz zur Förderung der Stabilität und des Wachstums der Wirtschaft. Kommentar, 2. Auflage 1972, S. 121; hierzu zudem *Möller* (Hg.), Gesetz zur Förderung der Stabilität und des Wachstums der Wirtschaft und Art. 109 Grundgesetz. Kommentar unter besonderer Berücksichtigung der Entstehungsgeschichte, 2. Auflage 1969, S. 89 m. w. H.; *Göke*, Staatsverschuldung, ZG 2006, 1 (14 m. w. H.).

Schulden aufzunehmen, bedarf es eines klaren Maßstabs, der die Verschuldung verbietet oder erlaubt, dann aber die Höhe einer zulässigen Verschuldung vorgibt. Die wirtschaftswissenschaftlichen Begriffe des geltenden Rechts sind also rechtlich zu konkretisieren, ohne die Wirtschafts- und Finanzpolitik in einem unvertretbaren Maß zu verrechtlichen.[56] Es bedarf rechtlicher Teilpräzisierungen.[57] Dabei bietet das Allgemeinheitserfordernis einen Maßstab, der es den für den Kredit verantwortlichen Staatsorganen, den Bürgern und letztlich auch dem Bundesverfassungsgericht erlaubt, die Verständlichkeit des Tatbestands, seine Umgehbarkeit, aber auch den verbindlichen Rahmen für Zulässigkeit und Höhe eines Kredits zu erkennen.

3. Die prägende Kraft der finalen Allgemeinheit

Der Gesetzesvorbehalt des Art. 115 Abs. 1 GG bindet den Bundestag in seiner Kreditentscheidung an die Verfassung. Er ist verpflichtet, das gesamtwirtschaftliche Gleichgewicht zu wahren.[58] Das Stabilitätsgesetz umschreibt mit dem „magischen Viereck“ den Begriff des gesamtwirtschaftlichen Gleichgewichts, sucht so Art. 115 Abs. 1 Satz 2 Halbs. 2 GG a. F. zu konkretisieren.[59] Das Viereck wird als magisch bezeichnet, weil es Zauberkräfte bedarf, um alle Ziele gleichzeitig zu erfüllen.[60]

Das Stabilitätsgesetz definiert das gesamtwirtschaftliche Gleichgewicht durch vier Teilziele. Jedoch umschließt die Gesamtwirtschaft neben diesen Zielen „auch noch andere Bereiche [...], die im Stabilitätsgesetz nicht genannt sind und die trotzdem zum Zielkatalog sowohl der Bevölkerung wie der Wirtschaftspolitiker gehören.“[61] Die Definition durch § 1 StabG ist daher nicht ab-

---

[56] *Osterloh*, Staatverschuldung als Rechtsproblem? Kritisches zum Urteil des Zweiten Senats des BVerfG vom 18. 4. 1989, NJW 1990, 145 (151), bezogen auf den Investitionsbegriff.

[57] *Höfling/Rixen*, in: Dolzer/Vogel/Graßhof (Hg.), Bonner Kommentar zum Grundgesetz, Art. 115 (2003) Rdn. 313; *F. Kirchhof*, Grund und Grenzen des Grundsatzes der verlässlichen und planbaren Finanz- und Haushaltswirtschaft, in: Festschrift für Josef Isensee, 2007, S. 363.

[58] Insgesamt *Pünder*, Staatsverschuldung, in: HStR V, 3. Auflage 2007, § 123 Rdn. 60 ff.

[59] § 1 StabG: „Bund und Länder haben bei ihren wirtschafts- und finanzpolitischen Maßnahmen die Erfordernisse des gesamtwirtschaftlichen Gleichgewichts zu beachten. Die Maßnahmen sind so zu treffen, dass sie im Rahmen der marktwirtschaftlichen Ordnung gleichzeitig zur Stabilität des Preisniveaus, zu einem hohen Beschäftigungsstand und außenwirtschaftlichem Gleichgewicht bei stetigem und angemessenem Wirtschaftswachstum beitragen.“

[60] *Tichy*, Konjunkturpolitik, 4. Auflage 1999, S. 27, nach welchem *Komphardt* den Begriff „magisches Dreieck“ aus der Wiege hob; zu solchen Zielkonflikten *Streit*, Theorie der Wirtschaftspolitik, 6. Auflage 2005, S. 278 ff.

[61] *Hansmeyer*, in: Stern/Münch/ders., Gesetz zur Förderung der Stabilität und des Wachstums der Wirtschaft. Kommentar, 2. Auflage 1972, S. 121.

schließend.[62] Hinzu treten Ziele, die vom „magischen Viereck" nur angedeutet werden, weil dessen Eckpunkte – wie z.B. das stabile Preisniveau – keine „letzten Ziele" sind, nicht um ihrer selbst willen angestrebt werden, sondern grundlegenderen, „umfassenderen"[63] gesellschaftlichen Zwecken dienen. Schließlich gibt es volkswirtschaftlich maßgebliche Ziele, die das magische Viereck auch nicht mittelbar erfasst.[64]

Der Tatbestand des gesamtwirtschaftlichen Gleichgewichts und die Deutung durch das Stabilitätsgesetz haben keine rechtlichen, vom Rechtssystem aufgenommenen Grenzen gezogen, weil die finale Allgemeinheit des Gesetzes missachtet wurde. Das Ziel des gesamtwirtschaftlichen Gleichgewichts ist zu unbestimmt, um das Rechtssystem zu leiten – er trifft keine präzise Verallgemeinerung. Der Tatbestand weist auf – streitige – wirtschaftswissenschaftliche Theorien, auf zu suchende und herzustellende Idealzustände. Das Stabilitätsgesetz nennt nicht die maßgeblichen, die grundlegenden Zwecke, nicht einmal alle Teilziele, ist nicht im finalen Sinn allgemein. Das Gesetz sollte aber – dies fordert die finale im notwendigen Zusammenwirken mit der sprachlichen und instrumentellen Allgemeinheit – in Form und Inhalt klar das allgemeine Gesetzgebungsziel in der allgemeinen Rechtssprache fassen.

a) Vage Zwecke, die grundlegenderen Zielen dienen

Wann die gesetzliche Vorgabe eines stabilen Preisniveaus erreicht wird, ist schwer zu bestimmen.[65] Die Stabilität der Preise dient dem Wohlstand einer Volkswirtschaft, weil nur stabile Preise „die Allokationsfunktion des Preises unverfälscht übernehmen können",[66] ein stabiles Preisniveau das Vertrauen in eine Volkswirtschaft stärkt.[67] Sie fördert die Freiheit der Bürger,[68] wenn Geldvermögensbesitzer im Fall der Inflation nicht anders als Eigentümer von Sachvermögen Schaden leiden, erfüllt so eine soziale Funktion, weil regelmäßig einkommensschwächere Schichten noch kein Sachvermögen erwerben konnten, ihnen – auch mangels hinreichender Information – kaum andere Anlagemög-

[62] *Möller* (Hg.), Gesetz zur Förderung der Stabilität und des Wachstums der Wirtschaft und Art. 109 Grundgesetz. Kommentar unter besonderer Berücksichtigung der Entstehungsgeschichte, 2. Auflage 1969, S. 89; siehe zudem *Bröcker*, Grenzen staatlicher Verschuldung im System des Verfassungsstaates, 1997, S. 27.

[63] *Hansmeyer*, in: Stern/Münch/ders., Gesetz zur Förderung der Stabilität und des Wachstums der Wirtschaft. Kommentar, 2. Auflage 1972, S. 122.

[64] Insgesamt *Hansmeyer*, in: Stern/Münch/ders., Gesetz zur Förderung der Stabilität und des Wachstums der Wirtschaft. Kommentar, 2. Auflage 1972, S. 122ff.

[65] *Streit*, Theorie der Wirtschaftspolitik, 6. Auflage 2005, S. 277, der die Ungenauigkeiten der Preisindizes hervorhebt; *Hansmeyer*, in: Stern/Münch/ders., Gesetz zur Förderung der Stabilität und des Wachstums der Wirtschaft. Kommentar, 2. Auflage 1972, S. 123ff. m.w.H.

[66] *Hansmeyer*, in: Stern/Münch/ders., Gesetz zur Förderung der Stabilität und des Wachstums der Wirtschaft. Kommentar, 2. Auflage 1972, S. 122 m.w.H.

[67] *Donges/Freytag*, Allgemeine Wirtschaftspolitik, 2. Auflage 2004, S. 11f.

[68] *Streit*, Theorie der Wirtschaftspolitik, 6. Auflage 2005, S. 274.

lichkeiten offenstehen. Daneben werden Gläubiger geschützt, welche ohne Inflation ein Darlehen mit Zinsen real zurückerhalten, was als „gerecht“ bezeichnet wird. Die Preiswertstabilität strebt insofern – als Aufgabe des Staats – die „umfassenderen Ziele Freiheit, Wohlstand und Gerechtigkeit“ an.[69]

Ob ein hoher Beschäftigungsstand erreicht ist, ist kaum messbar, wenn nicht – in nicht unüblicher Verkürzung – die Produktionsfaktoren Kapital und Boden außer Acht bleiben, der Faktor „Arbeit stellvertretend für den Beschäftigungsstand der gesamten Volkswirtschaft genommen“ wird. Doch werden auch auf Grundlage dieser Vereinfachung nur selten alle Beschäftigungsverhältnisse aufgenommen. Zudem ist zu fragen, inwieweit die Vollbeschäftigung unterschritten werden darf, um einen „hohen Beschäftigungsstand“ zu erreichen.[70] Auch der hohe Beschäftigungsstand dient dem Wohlstand, wenn alle Produktionsfaktoren optimal ausgelastet werden. Eine hohe Beschäftigung stützt Staat und Gesellschaft, weil „jeder größere Einbruch in den Beschäftigungsstand systemgefährdend ist“. Insbesondere soll aber das politische Ziel erreicht werden, dem Einzelnen durch einen Arbeitsplatz finanzielle Sicherheit und Selbstbewusstsein zu geben, jedem eine selbstbestimmte Entfaltung seiner Freiheit zu ermöglichen.[71]

„Für einen Staat mit besonders hoher außenwirtschaftlicher Verflechtung besteht die Notwendigkeit zu einer möglichst reibungslosen Einordnung seiner Volkswirtschaft in die internationalen Wirtschaftsbeziehungen. Nur bei ‚gleichgewichtigen‘ Außenwirtschaftsbeziehungen können die Vorteile der internationalen Arbeitsteilung auf lange Sicht voll ausgenutzt werden; das außenwirtschaftliche Gleichgewicht ist dazu ein Mittel.“ Es dient der „Erreichung der binnenwirtschaftlichen Ziele Effizienz und Stabilität“, geht insofern in den genannten Zielen auf, ist daher – so manche Stimmen – „kein gleichwertiges Ziel“.[72] Wann ein außenwirtschaftliches Gleichgewicht besteht, ist schwer zu ermitteln.[73]

[69] *Hansmeyer*, in: Stern/Münch/ders., Gesetz zur Förderung der Stabilität und des Wachstums der Wirtschaft. Kommentar, 2. Auflage 1972, S. 122 m. w. H.; *Streit*, Theorie der Wirtschaftspolitik, 6. Auflage 2005, S. 274.

[70] *Hansmeyer*, in: Stern/Münch/ders., Gesetz zur Förderung der Stabilität und des Wachstums der Wirtschaft. Kommentar, 2. Auflage 1972, S. 126 ff. m. w. H.; *Möller* (Hg.), Gesetz zur Förderung der Stabilität und des Wachstums der Wirtschaft und Art. 109 Grundgesetz. Kommentar unter besonderer Berücksichtigung der Entstehungsgeschichte, 2. Auflage 1969, S. 93, setzt den Begriff mit Vollbeschäftigung gleich, womit aber keine „restlose Beschäftigung“ gemeint sei; *Streit*, Theorie der Wirtschaftspolitik, 6. Auflage 2005, S. 277; *Tichy*, Konjunkturpolitik, 4. Auflage 1999, S. 47 ff.

[71] *Hansmeyer*, in: Stern/Münch/ders., Gesetz zur Förderung der Stabilität und des Wachstums der Wirtschaft. Kommentar, 2. Auflage 1972, S. 126, 139 m. w. H.; *Streit*, Theorie der Wirtschaftspolitik, 6. Auflage 2005, S. 274; *Donges/Freytag*, Allgemeine Wirtschaftspolitik, 2. Auflage 2004, S. 12.

[72] *Hansmeyer*, in: Stern/Münch/ders., Gesetz zur Förderung der Stabilität und des Wachstums der Wirtschaft. Kommentar, 2. Auflage 1972, S. 128.

[73] *Streit*, Theorie der Wirtschaftspolitik, 6. Auflage 2005, S. 277; *Hansmeyer*, in: Stern/

Auch das Ziel eines stetigen und angemessenen Wirtschaftswachstums ist „vielfältigen Interpretationen zugänglich". In der Regel wird die Vorgabe durch die Zuwachsrate des realen Bruttosozialprodukts ermittelt. Aber auch dies ist eine Verkürzung, die „grundlegende Mängel" enthält, wenn etwa nicht der schwer zu erfassende reale Wert des Sozialprodukts, sondern lediglich sein Marktwert zu Grunde gelegt wird. Diese Unsicherheiten werden durch die Begriffe „angemessen" und „stetig" „verschärft", weil diese verschiedene Deutungen zulassen.[74] Das Ziel dient dem Wohlstand,[75] der wiederum die Freiheit ermöglicht,[76] soziale Zufriedenheit schafft und Konflikte vermeidet. Es sichert auch so die politische und wirtschaftliche Macht, erfüllt die Mitglieder des Gemeinwesens mit Stolz, stiftet Identität.[77]

b) *Vollständigkeit der Gesetzgebungsziele und Zweckwidmung*

Das Ziel einer „gerechten Einkommens- und Vermögensverteilung" wurde in das Stabilitätsgesetz nicht aufgenommen, obgleich zum Zeitpunkt des Inkrafttretens des Gesetzes dieses Ziel wissenschaftlich anerkannt, somit ein ‚magisches Fünfeck' Stand der Wissenschaft war.[78] Das Viereck war von vornherein nicht umfassend. Diese Auslassung wurde bewusst vorgenommen, um die Tarifautonomie der Sozialpartner nicht zu gefährden.[79] Das ‚fünfte' Ziel dient

---

Münch/ders., Gesetz zur Förderung der Stabilität und des Wachstums der Wirtschaft. Kommentar, 2. Auflage 1972, S. 128f.

[74] Insgesamt *Hansmeyer*, in: Stern/Münch/ders., Gesetz zur Förderung der Stabilität und des Wachstums der Wirtschaft. Kommentar, 2. Auflage 1972, S. 130ff. m. w. H.; letzteres betont *Streit*, Theorie der Wirtschaftspolitik, 6. Auflage 2005, S. 277; zur Unsicherheit bei allen Eckpunkten des Vierecks zudem *Zuck*, Wirtschaftsverfassung und Stabilitätsgesetz, 1975, S. 133ff.

[75] *H. Walter*, Möglichkeiten und Grenzen einer rationalen Wachstums- und Strukturpolitik, in: Milde/Monissen (Hg.), Rationale Wirtschaftspolitik in komplexen Gesellschaften, 1985, S. 347 (348f.); *Prokisch*, Die Justiziabilität der Finanzverfassung, 1993, S. 150ff., 154, betont, dass alle Ziele des magischen Vierecks letztlich dem Wohlstand dienen.

[76] *Streit*, Theorie der Wirtschaftspolitik, 6. Auflage 2005, S. 274: „Soweit sich der Freiheitsgewinn ungleich verteilt, kann darin ein Gerechtigkeitsproblem gesehen werden."

[77] *Hansmeyer*, in: Stern/Münch/ders., Gesetz zur Förderung der Stabilität und des Wachstums der Wirtschaft. Kommentar, 2. Auflage 1972, S. 128f., 139 m. w. H.; auch *Lappin*, Kreditäre Finanzierung des Staates unter dem Grundgesetz, 1994, S. 77, betont, dass die vier Ziele nicht hinreichend zu bestimmen sind.

[78] *Möller* (Hg.), Gesetz zur Förderung der Stabilität und des Wachstums der Wirtschaft und Art. 109 Grundgesetz. Kommentar unter besonderer Berücksichtigung der Entstehungsgeschichte, 2. Auflage 1969, S. 89 m. w. H.; *Landes*, Die Gefährdung und Störung des gesamtwirtschaftlichen Gleichgewichts im Grundgesetz und im Stabilitätsgesetz, 1972, S. 27; *Streit*, Theorie der Wirtschaftspolitik, 6. Auflage 2005, S. 273f.; *Tichy*, Konjunkturpolitik, 4. Auflage 1999, S. 43ff.

[79] *Hansmeyer*, in: Stern/Münch/ders., Gesetz zur Förderung der Stabilität und des Wachstums der Wirtschaft. Kommentar, 2. Auflage 1972, S. 140 m. w. H.

letztlich der „sozialen Gerechtigkeit“,[80] der Freiheit der Bürger mit weniger Wirtschaftsgütern und so dem Zusammenhalt der Gesellschaft, dem sozialen Frieden und damit der Sicherheit.[81] Es nimmt mit der vagen Forderung einer gerechten Verteilung letztlich die allgemeine Frage einer Gerechtigkeit in Freiheit auf.[82]

Die Wirtschaftswissenschaften betonen weitere Ziele, die erreicht werden müssen, um ein gesamtwirtschaftliches Gleichgewicht herzustellen. Das magische Fünfeck wird insbesondere um die Erfordernisse eines ausgeglichenen Haushalts, der Erhaltung lebenswerter Umwelt sowie von humanen Arbeitsbedingungen und um die Sicherung von Ressourcen ergänzt. Zudem wird vorgeschlagen, „die europäische oder internationale Zusammenarbeit oder die langfristige Sicherung der Zukunft [... sowie] die Verantwortung der Industriestaaten [, ... sowie] den Sozialstaatsgedanken“ hinzuzufügen.[83] Insbesondere der Staatshaushalt selbst ist – in den Worten des Bundesverfassungsgerichts – „wegen seines Umfangs ein gewichtiger Faktor für das Wirtschaftsleben“.[84] Der Staat ist „untrennbarer Teil der Gesamtwirtschaft“,[85] die Höhe des Staatsdefizits bereits deshalb erheblich für das gesamtwirtschaftliche Gleichgewicht, welches auch begrifflich den Blick auf die finanzwirtschaftliche Gesamtsituation richtet.[86] Zudem betont § 1 StabG, dass die Ziele im Rahmen der marktwirtschaftlichen Ordnung erreicht werden müssen. Hierunter wird die „Entschei-

---

[80] Siehe zur Unteilbarkeit, zur Allgemeinheit der Gerechtigkeit aber oben im Ersten Kapitel unter D (S. 35 f.).

[81] *Streit*, Theorie der Wirtschaftspolitik, 6. Auflage 2005, S. 274.

[82] *Streit*, Theorie der Wirtschaftspolitik, 6. Auflage 2005, S. 276.

[83] *Scheuner*, Die Erhaltung des gesamtwirtschaftlichen Gleichgewichts, in: Festschrift für Hans Schäfer, 1975, S. 109 (114, 116 f.); *K. Vogel*, Grundzüge des Finanzrechts des Grundgesetzes, in: HStR IV, 1. Auflage 1990, § 87 Rdn. 17; *Kirschen/Benard/Besters/Blackaby/Eckstein/Faaland/Hartog/Morissens/Tosco*, Economic Policy in our time, Band I, 1968, insbes. S. 5 f., nennen folgende zwölf Ziele: „full employment, price stability, improvement in the balance of payments, expansion of production, improvement in the allocation of factors of production, satisfaction of collective needs, improvement in the distribution of income and wealth, protection and priorities to particular regions of industries, improvement in the pattern of private consumption, security of supply, improvement in the size or structure of the population, reduction in working hours.“ Das magische Viereck könnte zudem um die konstitutiven Prinzipien einer funktionierenden Marktwirtschaft ergänzt werden, d. h. neben der Geldwertstabilität um private Eigentums- und Verfügungsrechte, die Gewerbe- und Vertragsfreiheit, die Konstanz der Wirtschaftspolitik und den Gedanken von „Kompetenz und Haftung“, nach welchem jeder die Folgen seines Handelns – sei es Gewinn oder Verlust – trägt. Ergänzende regulierende Prinzipien wären eine staatliche Monopolkontrolle und Umverteilungspolitik (zu diesen Prinzipien *Donges/Freytag*, Allgemeine Wirtschaftspolitik, 2. Auflage 2004, S. 58 ff., in Anlehnung an *Eucken*).

[84] BVerfGE 79, 311 (329) – Staatsverschuldung I.

[85] *Simmert/Wagner*, Einleitung, in: dies. (Hg.), Staatsverschuldung kontrovers, 1981, S. 11 (11); insgesamt *Heertje/Wenzel*, Grundlagen der Volkswirtschaftslehre, 6. Auflage 2002, S. 350 ff.

[86] Hierzu *Zuck*, Wirtschaftsverfassung und Stabilitätsgesetz, 1975, S. 141.

dung für eine Koordination der Wirtschaftspläne der einzelnen Wirtschaftssubjekte über den Markt" verstanden.[87] Der Staat ist maßgeblicher Akteur auf diesem Markt, so dass auch in der Verpflichtung auf die marktwirtschaftliche Ordnung, auf den funktionierenden Markt, eine diese gefährdende Staatsverschuldung zu vermeiden ist.

Eine andauernde hohe Staatsverschuldung gefährdet die Erfüllung der in § 1 StabG festgeschriebenen Ziele, insbesondere das Wirtschaftswachstum und die Stabilität des Preisniveaus.[88] Vergrößert der Staat sein Haushaltsdefizit, muss letztlich durch Steuern auf private Ersparnisse zurückgegriffen, müssen die ökonomischen Grundlagen der Freiheit gefährdet werden. Die „gerechte Einkommens- und Vermögensverteilung" wird durch die Belastung zukünftiger Generationen gestört, weil generationenübergreifend die Verteilung einseitig zu Lasten der Generationen ausfällt, welche die Kredite mit Tilgung und Zins zurückzahlen müssen.[89]

Der Versuch, durch Art. 115 Abs. 1 GG a. F. die Schulden des Bundes zu begrenzen, scheitert somit, weil ein ökonomischer Vorgang – die Aufnahme von Schulden – nicht mit Rechtsbegriffen, sondern mit juristisch kaum konkretisierbaren ökonomischen Begriffen rechtlich begrenzt werden soll, und weil der Tatbestand von vornherein unvollständig bleibt. Die Forderungen der finalen und instrumentellen Allgemeinheit werden verletzt.

Die Formulierung des Art. 115 Abs. 1 Satz 2 Halbs. 2 GG a. F., die Kreditgrenze dürfe nur „zur Abwehr einer Störung des gesamtwirtschaftlichen Gleichgewichts" überschritten werden, regelt die Zweckwidmung der Staatsschulden, die Geeignetheit der Schulden zur Abwehr der Störung. Das Bundesverfassungsgericht räumt dem Gesetzgeber bei Feststellung der Eignung einen

[87] *Möller* (Hg.), Gesetz zur Förderung der Stabilität und des Wachstums der Wirtschaft und Art. 109 Grundgesetz. Kommentar unter besonderer Berücksichtigung der Entstehungsgeschichte, 2. Auflage 1969, S. 81.

[88] *M. J. M. Neumann*, Inflation und Staatsverschuldung, in: Simmert/Wagner (Hg.), Staatsverschuldung kontrovers, 1981, S. 89 (insbes. 101); *H. Walter*, Möglichkeiten und Grenzen einer rationalen Wachstums- und Strukturpolitik, in: Milde/Monissen (Hg.), Rationale Wirtschaftspolitik in komplexen Gesellschaften, 1985, S. 347 (349); *Ehrlicher*, Aspekte der Staatsverschuldung, Der Staat 24 (1985), 31 (49): „Wenn durch anhaltende strukturelle Defizite ein hoher Schuldenstand erreicht ist und die Staatsquote als überhöht empfunden wird, können die positiven Nachfrageeffekte antizyklischer Defizite durch die negativen Wirkungen einer weiteren Steigerung der Staatsausgaben auf die private Ausgabenneigung überkompensiert werden. Unter diesen Bedingungen ist durch die Senkung der Staatsausgaben eine Konsolidierung einzuleiten." *Irmler*, Staatsverschuldung und gesamtwirtschaftliche Entwicklung aus der Sicht der geldpolitischen Praxis, in: Simmert/Wagner (Hg.), Staatsverschuldung kontrovers, 1981, S. 203; *Wendt*, in: von Mangoldt/Klein/Starck, Kommentar zum Grundgesetz, Band 3, 5. Auflage 2005, Art. 115 Rdn. 7 m. w. H.

[89] *Wendt*, in: von Mangoldt/Klein/Starck, Kommentar zum Grundgesetz, Band 3, 5. Auflage 2005, Art. 115 Rdn. 4; siehe zum Staatshaushalt als Teil der Gesamtwirtschaft zudem *Kitterer*, Staatstätigkeit, Staatsfinanzen und Wirtschaftswachstum, in: Henke (Hg.), Zur Zukunft der Staatsfinanzierung, 1999, S. 183.

politischen Entscheidungsraum ein; er muss die getroffene Entscheidung aber überzeugend darlegen. Unter mehreren geeigneten Mitteln ist – so fährt das Gericht fort – „keine Abstufung im Sinn einer Erforderlichkeit oder einer Verhältnismäßigkeit im engeren Sinn zu treffen."[90] Angesichts des wachsenden Schuldenbergs ist zweifelhaft, ob und inwiefern neue Staatsschulden gegenwärtig mögliche Störungen des gesamtwirtschaftlichen Gleichgewichts abwehren können, insbesondere wenn die Staatsverschuldung selbst Ursache der Störung ist und den Handlungsraum des Staats erheblich einschränkt. Das Ausmaß der Staatsverschuldung der letzten knapp 40 Jahre leugnet schlicht die Lehren *Keynes* über die antizyklische Steuerung mittelfristiger Konjunkturverläufe, welche die ökonomische Grundlage der Verfassungsbestimmung bilden.[91] Die dringliche Mahnung, den Schuldenberg nicht weiter zu erhöhen, verschärft sich angesichts der demographischen Situation in Deutschland, da nicht nur die Staatsverschuldung, sondern insbesondere auch die Pflege- und Rentenversicherungssysteme erhebliche Lasten in die Zukunft verlagern, welche dann aber von einer geringeren Zahl von Schuldnern getragen werden müssen.[92]

c) *Maßstabprägende Kraft der Gesetzesallgemeinheit*

Die Wirtschaftswissenschaften betonen in der Offenheit der Begriffe, dass die Ziele des magischen Vierecks nicht um ihrer selbst willen erreicht werden sollen, sondern dahinter liegenden „umfassenderen"[93] Zwecken dienen, der Freiheit, dem Wohlstand, „der sozialen Gerechtigkeit", der Stabilität von Staat und Gesellschaft – aber auch den ausgeglichenen Staatsfinanzen.[94] Diese Ziele können als Rechtsbegriffe juristisch interpretiert werden. So lässt sich durch einen höheren Grad an Allgemeinheit – den hinter den Zielen des magischen Vierecks liegenden Zwecken – eine rechtliche Bestimmtheit erreichen, weil die Begriffe auf Elementaraussagen der Verfassung weisen. Hier wird deutlich, wie eine rechtliche Verallgemeinerung der Rationalität der Gesetzes und damit ihrer Verbindlichkeit und ihrem Vollzug dient. Dieser Verfassungsmaßstab allerdings setzt eine Grenze, die erst bei einer gewissen Evidenz verletzt wäre.

Die Finanzverfassung und das Stabilitätsgesetz haben ihr Ziel, die Staatsschulden zu begrenzen, einerseits verfehlt, weil die Tatbestände nicht juristisch konkretisiert wurden.[95] Andererseits hat das Gesetzesrecht Allgemeinheitsfor-

---

[90] BVerfGE 79, 311 (339ff.) – Staatsverschuldung I.

[91] BVerfGE 119, 96 (137f.) – Staatsverschuldung II.

[92] BVerfGE 119, 96 – Staatsverschuldung II, abweichende Meinung der Richter *Di Fabio* und *Mellinghoff*, 155ff.

[93] *Hansmeyer*, in: Stern/Münch/ders., Gesetz zur Förderung der Stabilität und des Wachstums der Wirtschaft. Kommentar, 2. Auflage 1972, S. 122.

[94] Siehe oben unter a) und b) (S. 583ff.).

[95] BVerfGE 119, 96 – Staatsverschuldung II, abweichende Meinung der Richter *Di Fabio* und *Mellinghoff*, 155ff.

derungen verletzt, weil nicht die grundlegenden Ziele umfassend in Rechtsbegriffen verständlich und unausweichlich gefasst, sondern in vagen und unvollständigen ökonomischen Ausgriffen das Ziel der Begrenzung der Staatsverschuldung kaschiert wurde. Art. 115 Abs. 1 GG a. F. hat nicht einmal den Zweck benannt und einen Maßstab gebildet, wann die Erhöhung der Staatsverschuldung zulässig ist. Hätte die Bestimmung ihr Junktim von Verschuldungssumme und Investitionssumme, der Gleichzeitigkeit eines Vorgriffs in die Zukunft und einer Begünstigung der Zukunft in rechtlicher Allgemeinheit geregelt, wären die verfassungsrechtlichen Grundprinzipien der Freiheit, des sozialen Ausgleichs, der Gleichheit in der Zeit, der Verlässlichkeit von Staat und Recht und der Beständigkeit des rechtlichen Freiheitsrahmens für die Gesellschaft zum Maßstab der Staatsverschuldung geworden. Das Allgemeinheitserfordernis schlägt die Brücke zu diesen Verfassungsprinzipien, umgrenzt im Vorfeld des Tatbestands „Investitionen" den Gestaltungsraum gesetzlicher Verschuldungsermächtigungen. Doch kann es auch die Diskussion über die Neuregelung der Schuldengrenze des Bundes und ihre Interpretation leiten?

4. Die neue ‚Schuldenbremse' – Art. 115 Abs. 2 GG n. F.

a) Ausgleich von Einnahmen und Ausgaben

Die Gesetzesallgemeinheit setzt als Klugheitsregel ein Maß, an dem die neuen Regelungen des Grundgesetzes über die Verschuldung des Bundes gemessen werden können. Die verbindlichen Allgemeinheitsforderungen wirken nicht gegenüber Bestimmungen des Grundgesetzes. Sie entfalten aber eine verbindliche, wenngleich hier kaum justitiable Kraft gegenüber den einfachen Gesetzen, welche das neue Schuldenregime des Grundgesetzes konkretisieren.

Art. 115 Abs. 2 Satz 1 GG n. F. betont – wie Art. 109 Abs. 3 Satz 1 GG –, dass die Einnahmen und Ausgaben des Staates „grundsätzlich ohne Einnahmen aus Krediten auszugleichen sind." Diese Grundaussage gibt dem neuen Schuldenrecht eine verbindliche Zielvorgabe, welche die Verfassungsinterpretation und den Erlass der Ausführungsgesetze leitet – sie entspricht dem Gedanken der finalen Allgemeinheit.

Durch Art. 115 Abs. 2 Satz 2 GG n. F. wird diese Grundaussage konkretisiert und aufgeweicht: „Diesem Grundsatz ist entsprochen, wenn die Einnahmen aus Krediten 0,35 vom Hundert im Verhältnis zum nominalen Bruttoinlandsprodukt nicht überschreiten." Der Bund erhält hier nach der Begründung des Gesetzentwurfs „einen sehr eng begrenzten strukturellen, also unabhängig von der konjunkturellen Lage bestehenden, Verschuldungsspielraum", um die Vorgaben der „intergenerativen Gerechtigkeit" und des „europäischen Stabilitäts- und Wachstumspaktes" zu erfüllen. Es sei „keineswegs ein Automatismus beabsichtigt, diesen [Raum] stets in der laufenden Haushaltplanung auszunutzen."[96]

Diese Begründung und der beschriebene Drang der Politik, die Schuldengrenze zu umgehen,[97] lassen allerdings das Gegenteil vermuten. Zwar macht ein geringes Defizit eine nachhaltige Finanzpolitik nicht unmöglich.[98] Doch bleibt die Frage offen, inwiefern diese Abweichung vom Grundsatz, den Haushalt auszugleichen, der nächsten Generation (temporale Allgemeinheit) und der Einhaltung der europarechtlichen Vorgaben dient. Der Regelungszusammenhang mit Satz 1 und die Begründung des Gesetzentwurfs deuten auf den Ausnahmecharakter der Entsprechensklausel des Satzes 2. Diese Deutung wird durch den Gedanken der instrumentellen Allgemeinheit bestätigt. Soll die Grundforderung des ausgeglichenen Haushalts in Satz 1 nicht Jahr für Jahr umgangen werden, darf die Anwendung der Entsprechensklausel nicht die Regel werden. Der – auch im Folgenden wiederholte – Verweis auf die europarechtlichen Vorgaben betont ebenfalls ein Anliegen der instrumentellen Allgemeinheit. Das Europarecht ist mit dem gesamten mitgliedstaatlichen Recht, den Regelungen des Bundes, der Länder und Gemeinden zu koordinieren. Die Entsprechensklausel setzt dabei engere Vorgaben als das Europarecht.[99]

b) Konjunkturbedingte Schulden

„Zusätzlich sind bei einer von der Normallage abweichenden konjunkturellen Entwicklung die Auswirkungen auf den Haushalt im Auf- und Abschwung symmetrisch zu berücksichtigen" (Art. 115 Abs. 2 Satz 3 GG n. F). „In besonders guten Zeiten kann sich" hieraus – so die Begründung des Gesetzentwurfs – „die Verpflichtung zur Erwirtschaftung echter Überschüsse (d. h. Tilgung) ergeben. Durch die symmetrische Berücksichtigung der konjunkturellen Auswirkungen auf den Haushalt wird bezweckt, ein prozyklisches Verhalten zu vermeiden und die durch das Wirkenlassen der automatischen Stabilisatoren bedingte Kreditaufnahme in Abschwungphasen durch entsprechende Überschüsse in Aufschwungphasen auszugleichen. Damit soll insbesondere auch den Erfordernissen des gesamtwirtschaftlichen Gleichgewichts Rechnung getragen werden. [...] Einer Zulassung zusätzlicher konjunkturbedingter Defizite im Abschwung muss eine entsprechende Verpflichtung zur Einbeziehung kon-

---

[96] Gesetzentwurf der Fraktionen der CDU/CSU und SPD vom 24. März 2009, BTDrs. 16/12410, S. 8 f.

[97] Siehe oben unter 1. b) (S. 577 ff.).

[98] Hierzu und insgesamt zu der Regelung *Waldhoff/Dieterich*, Die Föderalismusreform II – Instrument zur Bewältigung der staatlichen Finanzkrise oder verfassungsrechtliches Placebo?, ZG 2009, 97 (113).

[99] So konnten sich die Stimmen, die in Anlehnung an den Vertrag von Maastricht vorgeschlagen haben, die Neuverschuldung auf drei Prozent der Finanzkraft des Staats – nicht des Bruttoinlandsprodukts – zu begrenzen, nicht durchsetzen. Siehe hierzu *Engels/Hugo*, Verschuldung des Bundes und rechtliche Schuldengrenzen, DÖV 2007, 445 (455 f. m. w. H.).

junkturbedingter Überschüsse im Aufschwung gegenüber stehen, so dass mittel- bis langfristig gewährleistet sein sollte, dass Kreditaufnahmen im Abschwung durch Überschüsse im Aufschwung ausgeglichen werden. Die Ausgestaltung einer solchen symmetrischen Konjunkturkomponente der Schuldenbegrenzungsregelung erfolgt durch Bund und Länder jeweils in eigener Verantwortung."[100]

Diese Regelung und ihre Begründung folgen der Lehre *Keynes* über die antizyklische Steuerung mittelfristiger Konjunkturverläufe,[101] die auch die Grundlage für Art. 115 Abs. 1 GG a.F. bot.[102] Diese Lehre wird zuweilen grundlegend kritisiert.[103] Im Übrigen ist zu fragen, ob die Politik die Disziplin aufbringt, in Wachstumszeiten die notwendigen Rücklagen zu bilden und Schulden abzubauen. Die zurückhaltende Formulierung der Begründung, nach der „gewährleistet sein *sollte*, dass Kreditaufnahmen im Abschwung durch Überschüsse im Aufschwung ausgeglichen werden", klingt nicht nach einem entschiedenen Willen. Zwar wird auch von einer Verpflichtung gesprochen, Schulden zu tilgen, letztlich aber doch auf die Verantwortung von Bund und Ländern verwiesen. Dieser bereits bestehenden Verantwortung wurde der Bundestag in den letzten rund vierzig Jahren nicht gerecht. Auch in der Zeit des wirtschaftlichen Wachstums vor der Finanzkrise wurden trotz hoher Staatseinnahmen keine Rücklagen gebildet, keine Schulden getilgt, sondern neue aufgenommen – die rechtlichen Vorgaben wurden schlicht nicht befolgt und die Lehre *Keynes* missachtet.[104] Hinzu tritt das Problem, dass die Entwicklung der Wirtschaft nur schwer planbar ist, wie die aktuelle Finanzkrise verdeutlicht. „Das Ziel der ausbleibenden Verschuldung am Ende eines jeden Konjunkturzykluses infolge der Äquivalenz von zusätzlichen Defiziten in Rezessionsperioden und der Abschöpfung von Überschüssen in Wachstumszeiten beruht [...] auf der Fiktion einer grundsätzlichen Vorhersehbarkeit und Planbarkeit konjunktureller Aus-

[100] Gesetzentwurf der Fraktionen der CDU/CSU und SPD vom 24. März 2009, BTDrs. 16/12410, S. 19, 16.

[101] Siehe hierzu die folgenden Vorschläge der Neuregelung, die in diese Richtung weisen: *BMF*, Vorschlag unterbreitet am 25. Februar 2008 (Föderalismusreform II, K.-Drs. 96); *dass.*, Notwendigkeit und Inhalt einer neuen Schuldenregelung im Grundgesetz, 23. Januar 2008, insbes. S. 5.

[102] Siehe für diese Grundlage des Art. 115 GG a.F. BVerfGE 119, 96 (137f.) – Staatsverschuldung II; für die Neuregelung *Waldhoff/Dieterich*, Die Föderalismusreform II – Instrument zur Bewältigung der staatlichen Finanzkrise oder verfassungsrechtliches Placebo?, ZG 2009, 97 (116 m.w.H.).

[103] Siehe für die Diskussion *Zimmermann*, Ökonomische Rechtfertigung einer kontinuierlichen Staatsverschuldung?, in: Henke (Hg.), Zur Zukunft der Staatsfinanzierung, 1999, S. 157 (insbes. 160ff.); *Göke*, Staatsverschuldung, ZG 2006, 1 (14ff.); *Wendt*, in: von Mangoldt/Klein/Starck, Kommentar zum Grundgesetz, Band 3, 5. Auflage 2005, Art. 115 Rdn. 4ff., 62ff., insbes. Rdn. 64 m.w.H.

[104] BVerfGE 119, 96 – Staatsverschuldung II, abweichende Meinung der Richter *Di Fabio* und *Mellinghoff*, 155ff.; siehe bereits oben unter 3. (S. 582ff.).

wirkungen. Insgesamt bringt die Ausnahmeregelung die Gefahr, die normative Steuerungskraft des neuen Regelungskonzepts nachhaltig zu schädigen, legitimiert sie doch auf Basis prognostischer Einschätzung die regelmäßige, wenn auch der Intention nach nur vorübergehende Abkehr vom Verbot der Nettokreditaufnahme."[105] Der Politik soll die Möglichkeit, Schulden aus konjunkturellen Gründen zu machen, nicht verschlossen werden. Gleichwohl ist der Tatbestand zu konkretisieren. „Damit dem Neuverschuldungsverbot nicht nur die rechtliche Qualität einer Staatszielbestimmung zukommt, sind flankierende Maßnahmen etwa in Gestalt eines effektiven Sanktionsregimes oder zusätzliche Elemente wie die Einrichtung eines Fonds zum Ausgleich der Abweichungen von den ursprünglichen Konjunkturberechnungen angebracht."[106]

Die Konjunkturklausel setzt aus sich heraus der Staatsverschuldung keine klare Grenze und verletzt so die sprachliche und instrumentelle Allgemeinheit und damit Vorgaben, die eine rechtliche Schuldengrenze einhalten sollte.[107] Die Gesetzesallgemeinheit fordert, die Staatsverschuldung durch klare Regelungen in Rechtsbegriffen zu begrenzen und so der Versuchung der Politik, Schulden aufzunehmen, entgegenzutreten. Ausnahmen von der Begrenzung der Schulden müssen klar und eng gefasst werden. Ausgriffe auf Begriffe anderer Wissenschaften sind nicht unzulässig, müssen aber vom Rechtssystem aufgenommen werden können. Demgegenüber orientiert sich die geregelte „atmende" Grenze der Staatsverschuldung[108] an einem kaum greifbaren „Konjunkturfaktor". Hier wird erneut ein Weg in die Ausnahme geöffnet – vergleichbar mit dem Tatbestandsmerkmal der Störung des gesamtwirtschaftlichen Gleichgewichts des Art. 115 Abs. 1 Satz 2 GG a. F.[109] Die rechtliche Begrenzung der Staatsverschuldung wird umgehbar, die Idee der instrumentellen Allgemeinheit verletzt. Diese wehrt sich auch dagegen, zunächst den Grundsatz des Haushaltsausgleichs festzulegen, diesen dann aber in den folgenden Sätzen aufzuweichen. Diesen Mängeln versuchen die folgenden Sätze des Art. 115 Abs. 2 GG n. F. entgegenzuwirken.

---

[105] *Waldhoff/Dieterich*, Die Föderalismusreform II – Instrument zur Bewältigung der staatlichen Finanzkrise oder verfassungsrechtliches Placebo?, ZG 2009, 97 (116 m. w. H.).

[106] *Waldhoff/Dieterich*, Die Föderalismusreform II – Instrument zur Bewältigung der staatlichen Finanzkrise oder verfassungsrechtliches Placebo?, ZG 2009, 97 (116 m. w. H.).

[107] Siehe bereits oben unter 1. b) (S. 577 f.).

[108] Zu diesem Begriff *BMF*, Vorschlag unterbreitet am 25. Februar 2008 (Föderalismusreform II, K.-Drs. 96); Föderalismusreform II – Beschluss der SPD-Bundestagsfraktion, Juli 2008 (Kommission von Bundestag und Bundesrat zur Modernisierung der Bund-Länder-Finanzbeziehungen, K.-Drs. 127), S. 8, spricht davon, dass der Haushalt „im Konjunkturzyklus ‚atmen' können" muss.

[109] Siehe unter 2. und 3. (S. 579 ff.).

c) *Rückführungspflicht*

Nach Art. 115 Abs. 2 Satz 4 Halbs. 2 GG n. F. sind „Belastungen, die den Schwellenwert von 1,5 vom Hundert im Verhältnis zum nominalen Bruttoinlandsprodukt überschreiten, [...] konjunkturgerecht zurückzuführen." Durch diese Neureglung werde – so die Begründung des Gesetzentwurfs – „dem erneuten Aufwuchs struktureller Defizite vorgebeugt. Die Ausnahmeregel wird deutlich enger gefasst. Zudem muss der Gesetzgeber mit Inanspruchnahme der Ausnahmeregelung einen Tilgungsplan beschließen, der die Rückführung der oberhalb der Regelgrenzen liegenden Kreditaufnahme innerhalb eines angemessenen Zeitraums regelt und somit ein weiteres Anwachsen der Staatsschulden verhindern soll; die Rückführung kann damit konjunkturgerecht ausgestaltet werden." Es soll „der Anreiz zur Einhaltung der Verschuldungsregel im Haushaltsvollzug deutlich erhöht" werden.[110]

Diese Formulierung deutet auf das Problem: Die neue Regelung setzt hier eher Anreize, die Staatsverschuldung zu begrenzen, kaum die notwendige klare Verschuldungsgrenze. Schulden sind erst ab einem Schwellenwert von 1,5 Prozent des nominalen Bruttoinlandsprodukts zu tilgen. So besteht die Gefahr, dass jedenfalls die politische Praxis den Umkehrschluss zieht, bis zu dieser Höhe Schulden ohne Weiteres aufnehmen, die Schwelle des Satzes 2 von 0,35 Prozent des nominalen Bruttoinlandsprodukts also erhöhen zu können. Aber auch wenn die Schulden 1,5 Prozent des Bruttoinlandsprodukts überschreiten, sind sie lediglich „konjunkturgerecht zurückzuführen". Die Erfahrungen mit Art. 115 GG a. F. verdeutlichen, dass derartige offene Tatbestände die Staatsverschuldung kaum begrenzen.[111] Wann eine Rückführung der Schulden der Konjunktur gerecht wird, ist nicht präzise zu beantworten. Mit der ‚Konjunkturgerechtigkeit' wird – wie schon durch Art. 115 Abs. 1 GG a. F. – erneut ein wirtschaftswissenschaftlicher Begriff in einen Rechtstatbestand aufgenommen, der so zwar zu einem Rechtsbegriff wird, aber nur schwer zu konkretisieren ist.[112] Vergleichbar mit der Erlaubnis des Satzes 3, konjunkturbedingt Schulden aufzunehmen, wird auch hier ein Weg gewiesen, wie die Schuldengrenze zu vermeiden ist. Dies entspricht nicht den Forderungen der instrumentellen Allgemeinheit.

d) *Die fehlende gegenständliche Allgemeinheit*

Die gegenständliche Allgemeinheit fragt, ob die neue Schuldenbremse den Regelungsgegenstand, die Staatsverschuldung, hinreichend erfasst. Hiernach ist der gesamte Staatshaushalt einzubeziehen, d. h. die Finanzlage im Bund, in den

---

[110] Gesetzentwurf der Fraktionen der CDU/CSU und SPD vom 24. März 2009, BTDrs. 16/12410, S. 10.

[111] Siehe bereits oben unter 2. und 3. (S. 579 ff.).

[112] Siehe bereits oben unter 2. (S. 579 ff.).

Ländern und in den Kommunen. Dieser Vorgabe wird insoweit gefolgt, als die Verschuldung der Länder mit einbezogen wird (Art. 109 Abs. 3 GG n. F.). Dabei definieren allerdings die Bundesstaatlichkeit, die Eigenständigkeit von Bund und Ländern, die Finanzverantwortung der Länderparlamente unterschiedliche, auf Kooperation angelegte Räume der Allgemeinheit.[113] Damit stellt sich die Frage, inwieweit das Grundgesetz die Länder binden darf.[114] Die instrumentelle und gegenständliche Allgemeinheit fordern eine gesamtstaatliche Bindung, weil sonst die Schuldenbremse durch die Länderparlamente umgangen werden könnte. Sie zielen zudem auf die Verschuldungsbegrenzung in den Kommunen sowie auf die Steuergesetzgebungs-, Steuerertrags- und Finanzausgleichsregelungen, weil die Entscheidung über den Haushalt die Frage nach der Finanzkraft der Gebietskörperschaften und ihren Gestaltungsgrenzen mit erfasst.[115] Insbesondere sind alle Neben- und Schattenhaushalte,[116] alle Ausgaben einschließlich des Vermögensverzehrs, des Wertverzehrs der Investitionen und der Zinseszinszahlungen, auch die hohen sog. impliziten Staatsschulden mit einzubeziehen.[117]

Hier wird ein Mangel an gegenständlicher Weite der Neuregelungen deutlich, der damit begründet wird, dass „eine Einbeziehung etwaiger Defizite von Sozialversicherungen und Gemeinden bei der Haushaltsaufstellung" sowohl „inhaltlich als auch in der zeitlichen Abfolge unerfüllbare Informationsanforderungen an die Aufstellung der Haushalte von Bund und Ländern stellen würde. Die Verantwortung des Bundes für Defizite der Sozialversicherungen bzw. der Länder für Defizite der Haushalte der Gemeinden und Gemeindeverbände mit Blick auf die gesamtstaatlichen Vorgaben des europäischen Stabilitäts- und Wachstumspaktes bleibt davon unberührt."[118] Doch ist zweifelhaft, ob dieser Verweis auf die Verantwortung der Gebietskörperschaften ausreicht – die Ver-

---

[113] Siehe im Zweiten Kapitel unter C. VII. 3. (S. 368ff.).

[114] Siehe hierzu jüngst *Waldhoff/Dieterich*, Die Föderalismusreform II – Instrument zur Bewältigung der staatlichen Finanzkrise oder verfassungsrechtliches Placebo?, ZG 2009, 97 (113ff. m. w. H.).

[115] Siehe zu dieser Forderung *Korioth*, Neue und einheitliche Schuldenbegrenzungsregeln für Bund und Länder?, KritV 2008, 187; *Pünder*, Gerechte Lastenverteilung zwischen den Generationen, DVBl. 2008, 946 (952ff.), auch mit Blick auf die gemeinschaftsrechtlichen Vorgaben, den Länderfinanzausgleich und die Steuerkompetenzen; siehe hierzu aber auch *Sachverständigenrat zur Begutachtung der gesamtwirtschaftlichen Entwicklung*, Staatsverschuldung wirksam begrenzen, 2007, S. 106ff., 119ff.; *Waldhoff/Dieterich*, Die Föderalismusreform II – Instrument zur Bewältigung der staatlichen Finanzkrise oder verfassungsrechtliches Placebo?, ZG 2009, 97 (109 m. w. H.).

[116] *Puhl*, Budgetflucht und Haushaltsverfassung, 1996; *Kube*, Finanzgewalt in der Kompetenzordnung, 2004.

[117] *Pünder*, Gerechte Lastenverteilung zwischen den Generationen, DVBl. 2008, 946 (951f.); siehe hierzu bereits unter I. (S. 569ff.).

[118] Gesetzentwurf der Fraktionen der CDU/CSU und SPD vom 24. März 2009, BTDrs. 16/12410, S. 16.

gangenheit lehrt, dass striktere und im gegenständlichen Sinne allgemeine Grenzen zu setzen sind.

Die Erfahrungen mit der alten Schuldenregelung machen einen weiteren, erheblichen Mangel an gegenständlicher und finaler Allgemeinheit bewusst. Die Neuregelungen lassen die hohen bestehenden Staatsschulden unberücksichtigt.[119] Die Begrenzung der Staatsverschuldung muss aber die Schuldenlast, diesen Hemmposten für Staat und Konjunktur, aufnehmen und Rückzahlungswege weisen. Mit einer Begrenzung der Staatsverschuldung wäre zwar einiges gewonnen, doch noch nicht die drängende Frage beantwortet, wie die bestehende Schuldenlast reduziert werden kann.

e) Ausgleichskonto und Stabilitätsrat

Bundestag und Bundesrat war bewusst, dass die Schuldengrenze des Art. 115 Abs. 2 GG n. F. nicht unumgehbar ist. Daher werden insbesondere durch die Verpflichtung zum ausgeglichenen Haushalt – dies betont auch die Begründung des Gesetzentwurfs[120] – Bund, Länder und Gemeinden in eine Verantwortung für einen ausgeglichenen Haushalt genommen. Die Erfüllung dieser Verantwortung soll für den Bund durch ein Ausgleichskonto prüfbar gemacht werden. Dieses Konto dient der instrumentellen Allgemeinheit, der Unumgehbarkeit der rechtlichen Vorgaben. Nach Art. 115 Abs. 2 Satz 4 Halbs. 1 GG n. F. werden „Abweichungen der tatsächlichen Kreditaufnahme von der nach Satz 1 bis 3 zulässigen Kreditobergrenze [...] auf einem Kontrollkonto erfasst." „Strukturelle Fehler" bei der Schuldenaufnahme werden – so die Entwurfsbegründung – „festgestellt und über die Zeit gespeichert."[121] Das Konto soll die Wahrung der Schuldengrenze bei der Aufstellung des Haushalts sichern und zudem gewährleisten, dass die verfassungsrechtlichen Vorgaben beim Vollzug des Haushalts befolgt werden.[122] Die Transparenz, die das Konto schafft, steht im Einklang mit dem Gedanken der sprachlichen Allgemeinheit, aber insbesondere mit der Forderung der Unumgehbarkeit der Regelungen (instrumentelle Allgemein-

---

[119] Siehe zu dieser Forderung aber den *Sachverständigenrat zur Begutachtung der gesamtwirtschaftlichen Entwicklung*, Staatsverschuldung wirksam begrenzen, 2007, insbes. S. 75 ff.; siehe zur fehlenden Rechtfertigung neuer Staatsschulden in der Situation vor der Finanzkrise: *Halstenberg*, Staatsverschuldung ohne Tilgungsplanung, DVBl. 2001, 1405 (1407); *Isensee*, Verfassungsrechtliche Würdigung der Schuldengrenze nach Artikel 115 GG – Implikationen der Finanzkontrolle –, in: Müller (Hg.), Haushaltsreform und Finanzkontrolle, 1997, S. 111 (118, 121 f.); *Ehrlicher*, Aspekte der Staatsverschuldung, Der Staat 24 (1985), 31 (49); *J. Kersten*, Demographie als Verwaltungsaufgabe, Die Verwaltung 40 (2007), 309 (312 f., 318 ff.), fordert angesichts der demographischen Situation einen aktivierenden Sozialstaat, eine aktivierende Familienpolitik, betont zudem die Notwendigkeit weiterer Verwaltungsmaßnahmen.

[120] Siehe oben unter a) bis d) (S. 589 ff.).

[121] Gesetzentwurf der Fraktionen der CDU/CSU und SPD vom 24. März 2009, BTDrs. 16/12410, S. 10.

[122] Gesetzentwurf der Fraktionen der CDU/CSU und SPD vom 24. März 2009, BTDrs. 16/12410, S. 16.

heit). Die Regelung nimmt – wie auch die Möglichkeit, aus konjunkturellen Gründen Schulden aufzunehmen (Satz 3) – Gedanken des ‚Schweizer Modells' auf, nach dem der Ausgleich des Haushalts insbesondere mit Rücksicht auf die Konjunktur auf mehrere Jahre gestreckt werden kann und ein Ausgleichskonto die Einnahmen und Ausgaben dokumentiert.[123]

Der instrumentellen Allgemeinheit dient auch der neu eingeführte Stabilitätsrat zur Haushaltsüberwachung (Art. 109a GG n. F.). Der Rat soll die „Haushalte von Bund und Ländern auf der Basis festzulegender finanzwirtschaftlicher Kennzahlen" beobachten, um Haushaltsnotlagen „möglichst früh zu erkennen", damit Bund und Länder „in eigener Verantwortung alle Konsolidierungsspielräume konsequent" ausschöpfen „und ein entsprechendes Sanierungsprogramm mit dem Stabilitätsrat" vereinbaren.[124] Durch die Ausführungsgesetze werden aber nicht nur die verfassungsrechtlich vorgesehenen Warnfunktionen des Rates präzisiert, sondern dem Rat auch im „Sanierungsverfahren" Entscheidungsbefugnisse übertragen. Hierdurch darf die Budgethoheit und die Haushaltsautonomie der Parlamente nicht verletzt werden.[125] Jedoch dient der Mechanismus der Unumgehbarkeit der Schuldengrenze.

Die Allgemeinheit der Schuldengrenze wendet sich an den Gesetzgeber. Sie findet nicht – wie die polizeiliche Generalklausel – eine Aufgabenteilung zwischen Behörde und Bürger vor. Daher muss innerhalb der Staatsgewalt durch bestimmte Vorkehrungen ihre Unumgehbarkeit gesichert werden. Hierfür werden mit dem Ausgleichskonto und dem Stabilitätsrat sachdienliche Institute eingerichtet. Wegen des hohen politischen Drucks, Staatsschulden aufzunehmen, könnten zudem Sanktionsmechanismen erwogen werden.[126]

---

[123] Siehe zum Schweizer Modell und dessen Vorbildfunktion für die Reformvorschläge *Höfling*, Haushalts- und Finanzverfassung in der Krise, Der Staat 46 (2007), 163 (177); *Engels/Hugo*, Verschuldung des Bundes und rechtliche Schuldengrenzen, DÖV 2007, 445 (454 f.); siehe für Vorschläge, die in diese Richtung weisen, die Aktualisierten Leitlinien der AG Föderalismusreform II der CDU/CSU-Bundestagsfraktion – Stand 20. 06. 2008 – (Föderalismusreform II, K.-Drs. 123), S. 4; Föderalismusreform II – Beschluss der SPD-Bundestagsfraktion, Juli 2008 (Kommission von Bundestag und Bundesrat zur Modernisierung der Bund-Länder-Finanzbeziehungen, K.-Drs. 127), S. 1 ff.; *Sachverständigenrat zur Begutachtung der gesamtwirtschaftlichen Entwicklung*, Staatsverschuldung wirksam begrenzen, 2007, S. 83 ff.; *BMF*, Notwendigkeit und Inhalt einer neuen Schuldenregelung im Grundgesetz, 23. Januar 2008, S. 6; *Pünder*, Gerechte Lastenverteilung zwischen den Generationen, DVBl. 2008, 946 (951).

[124] Art. 109a GG n. F.; Gesetzentwurf der Fraktionen der CDU/CSU und SPD vom 24. März 2009, BTDrs. 16/12410, S. 18.

[125] *Waldhoff/Dieterich*, Die Föderalismusreform II – Instrument zur Bewältigung der staatlichen Finanzkrise oder verfassungsrechtliches Placebo?, ZG 2009, 97 (109 m. w. H.).

[126] Siehe sogleich unter h) (S. 599 ff.).

f) Kreditaufnahme in Notsituationen

Die Neuregelung erlaubt unter bestimmen Voraussetzungen, von den bisher genannten Kreditgrenzen abzuweichen. „Im Falle von Naturkatastrophen oder außergewöhnlichen Notsituationen, die sich der Kontrolle des Staates entziehen und die staatliche Finanzlage erheblich beeinträchtigen, können diese Kreditobergrenzen aufgrund eines Beschlusses der Mehrheit der Mitglieder des Bundestages überschritten werden. Der Beschluss ist mit einem Tilgungsplan zu verbinden. Die Rückführung der nach Satz 6 aufgenommenen Kredite hat binnen eines angemessenen Zeitraumes zu erfolgen“ (Art. 115 Abs. 2 Sätze 6 bis 8 GG n. F.). Hierdurch sollen dem Staat die notwendigen Handlungsmöglichkeiten eröffnet werden, um bestimmte Krisensituationen zu bewältigen. Die Entwurfsbegründung betont die Sachgerechtigkeit und zukunftsgerichtete Rationalität der gegenständlichen Verallgemeinerung: „Da eine abschließende enumerative verfassungsrechtliche Benennung möglicher Notsituationen wegen der Vielzahl und Unterschiedlichkeit denkbarer Anwendungsfälle nicht möglich ist, erfolgt eine Eingrenzung durch drei Kriterien, die gleichzeitig erfüllt sein müssen. Die Notsituation muss außergewöhnlich sein, ihr Eintreffen muss sich der Kontrolle des Staates entziehen und sie muss den Haushalt erheblich beeinträchtigen. [...] Zyklische Konjunkturverläufe im Sinne von Auf- und Abschwung sind [...] keine außergewöhnlichen Ereignisse. Diesen ist im Rahmen der Schuldenregel allein durch die im ersten Halbsatz ermöglichte Konjunkturkomponente Rechnung zu tragen.“[127] Der vorgeschriebene Tilgungsplan soll dazu dienen, dass auch nach Notsituationen der Schuldensockel nicht langfristig erhöht wird.[128]

Diese Regelung ist sachgerecht und folgt den Allgemeinheitsforderungen. Sie trifft eine präzise Verallgemeinerung, welche unvorhergesehene Notlagen mit einschließt, und durch den Tilgungsplan auch dem Anliegen der nächsten Generation gerecht wird (temporale Allgemeinheit). So wäre z. B. ein Abweichen von der Kreditgrenze nur im Falle von Naturkatastrophen zu eng, weil große Flüchtlingsströme oder eine Finanzkrise den Verfassungsstaat in vergleichbarer

[127] Naturkatastrophen sind in Orientierung an die Rechtslage bei der Amtshilfe nach Art. 35 GG Abs. 2 GG „unmittelbar drohende Gefahrenzustände oder Schädigungen von erheblichem Ausmaß, die durch Naturereignisse ausgelöst werden (z. B. Erdbeben, Hochwasser, Unwetter, Dürre, Massenerkrankungen).“ Zudem greift die Bestimmung bei „besonders schweren Unglückfällen im Sinne des Artikel 35 Absatz 2 Satz 2 und Absatz 2“ GG sowie bei einer plötzlichen „Beeinträchtigung der Wirtschaftsabläufe“ wie beispielsweise bei der aktuellen Finanzkrise. „Auch ein Ereignis von positiver historischer Tragweite, wie die Deutsche Wiedervereinigung, das einen erheblichen Finanzbedarf auslöst, kann einen Anwendungsfall der Klausel bilden“ (insgesamt Gesetzentwurf der Fraktionen der CDU/CSU und SPD vom 24. März 2009, BTDrs. 16/12410, S. 16 f.).

[128] Siehe für die Notwendigkeit eines Tilgungsplans auch die Aktualisierten Leitlinien der AG Föderalismusreform II der CDU/CSU-Bundestagsfraktion – Stand 20. 06. 2008 – (Föderalismusreform II, K.-Drs. 123), S. 4.

Weise herausfordern können. Die Wirklichkeit ist nicht vorhersehbar. Das Recht wehrt sich daher – wie bei der Abwehr der Gefahren[129] – gegen zu enge Tatbestände. In der Diskussion über die Neufassung des Art. 115 GG bestand Einigkeit, eine Ausnahmeregelung für Sondersituationen wie Naturkatastrophen zuzulassen. Teilweise wurde aber für den notwendigen Bundestagsbeschluss nicht die einfache Mehrheit, sondern die Kanzlermehrheit, eine Dreifünftel- oder eine Zweidrittelmehrheit gefordert.[130] Diese Vorschläge wollten der Gefahr vorbeugen, dass die Regierung und die sie tragende Bundestagsmehrheit zu rasch von einer Notsituation ausgehen. Die Schuldenbremse hätte dann ihrer Funktion besser gedient, ohne ihren Regelungszweck zu verfehlen, weil bei einer echten Notsituation auch die hier geforderten Mehrheiten erreicht werden. Doch ist schon nach dem jetzigen materiellen Tatbestand kaum zu erwarten, dass die Parlamentsmehrheit leichtfertig eine Notsituation wird annehmen können.

g) *Allgemeinheitsorientierte Auslegung*

Die getroffene Neuregelung entspricht nur in Teilen den Vorgaben der Gesetzesallgemeinheit. Die Gesetzesallgemeinheit hilft, diese Mängel aufzudecken, und vermag so – als Klugheitsregel – die Interpretation des neuen Art. 115 Abs. 2 GG n. F. leiten.

Nach Art. 115 Abs. 2 Satz 1 GG n. F. sind die Einnahmen und Ausgaben des Bundes grundsätzlich ohne Einnahmen aus Krediten auszugleichen. Diese Regelung folgt dem Gebot der finalen Allgemeinheit, den Regelungszweck klar zu benennen und so die Deutung der gesamten Regelung zu leiten. Die Grundaussage ist in einer gegenständlichen Weite auszulegen. Das Ausgleichsgebot bezieht sich dann auf alle Staatsschulden des Bundes, erfasst bei ihrer Ermittlung auch den Vermögensverzehr, den Wertverzehr der Investitionen, die Zinseszinszahlungen sowie die hohen sog. impliziten Staatsschulden.

Die folgenden Sätze des Art. 115 Abs. 2 GG n. F. erlauben Ausnahmen von dieser Vorgabe. Diese Ausnahmebestimmungen sind als solche eng auszulegen. Die instrumentelle Allgemeinheit drängt auf eine Unumgehbarkeit der Tatbestände, die diese zwar aus sich heraus kaum leisten.[131] Die Regelungen können aber in diesem Sinne ausgelegt werden. Die Entsprechensklausel des Satzes 2 und die Möglichkeit, konjunkturbedingt Schulden aufzunehmen (Satz 3), er-

---

[129] Siehe hierzu unter B. (S. 498 ff.).

[130] Föderalismusreform II – Beschluss der SPD-Bundestagsfraktion, Juli 2008 (Kommission von Bundestag und Bundesrat zur Modernisierung der Bund-Länder-Finanzbeziehungen, K.-Drs. 127), S. 10; *BMF*, Notwendigkeit und Inhalt einer neuen Schuldenregelung im Grundgesetz, 23. Januar 2008, S. 7; *Sachverständigenrat zur Begutachtung der gesamtwirtschaftlichen Entwicklung*, Staatsverschuldung wirksam begrenzen, 2007, S. 82 ff.

[131] Siehe oben unter a) bis c) (S. 589 ff.).

öffnen – in diese Richtung weist auch die Begründung des Gesetzentwurfs[132] – nur enge Handlungsräume. Von der Möglichkeit, Schulden in Höhe von 0,35 Prozent des nominalen Bruttoinlandsprodukts aufzunehmen, darf dann nur in begründeten Fällen Gebrauch gemacht werden. Aus Konjunkturgründen dürfen neue Schulden nur aufgenommen werden, wenn ihre Notwendigkeit in einer umfassenden Begründung durch den Bundestag dargelegt wird. Der in Satz 3 geknüpfte Zusammenhang zwischen Konjunktur und Verschuldung fordert verbindlich – auch hierauf weist die Entwurfsbegründung hin[133] –, Rücklagen zu bilden und Schulden zu tilgen. Die Rückführungsverpflichtung ist als eine strikte Pflicht zu lesen. Sie besteht nach dem Grundsatz des ausgeglichenen Haushalts immer, verdichtet sich aber in Satz 4 Halbs. 2. Auf die zeitnahe Rückführung darf nur verzichtet werden, wenn mit umfassender Begründung dargelegt wird, dass die Konjunktur die Rückführung nicht zulässt. Der zeitliche Rahmen der Schuldentilgung ist insgesamt so eng wie möglich zu fassen. Die Gleichheit in der Zeit, die temporale Allgemeinheit steht einer Regelung im Wege, auf Grund derer gegenwärtige Lasten in die Zukunft verschoben werden können. Die instrumentelle Allgemeinheit mahnt die Verfassungsinterpreten, insbesondere den Bundestag und den Stabilitätsrat, für die Unumgehbarkeit der Schuldengrenze zu sorgen, sie eng auszulegen. Das Ausgleichskonto wird diesem Anliegen dienen.

h) Die Allgemeinheit der Ausführungsgesetze

Art. 115 Abs. 2 Satz 5 GG n. F. beauftragt den Bundestag, „näheres, insbesondere die Bereinigung der Einnahmen und Ausgaben um finanzielle Transaktionen und das Verfahren zur Berechnung der Obergrenze der jährlichen Nettokreditaufnahme unter Berücksichtigung der konjunkturellen Entwicklung auf der Grundlage eines Konjunkturbereinigungsverfahrens sowie die Kontrolle und den Ausgleich von Abweichungen der tatsächlichen Kreditaufnahme von der Regelgrenze“ in einem Bundesgesetz zu regeln. Dieses Gesetz muss die verfassungsrechtliche Vorgabe, Einnahmen und Ausgaben ohne Kredite auszugleichen, konkretisieren. Hierbei greifen die verbindlichen, die Gesetzgebung leitenden Allgemeinheitspostulate des Rechtsstaatsprinzips, des Grundsatzes der Gewaltenteilung und des Demokratieprinzips.

Ein allgemeines konkretisierendes Gesetz sollte versuchen, die Mängel an Allgemeinheit der Verfassungsbestimmungen in dem von ihnen gesetzten Rahmen aufzufangen. Die Verfassung fordert dies in ihrer finalen Allgemeinheit selbst, in der Pflicht, den Haushalt ohne Kredite auszugleichen. Das Grundgesetz drängt so auf das Rechtsbewusstsein, die Staatsverschuldung zu begrenz-

[132] Siehe bereits oben a) und b) (S. 589 ff.).
[133] Siehe bereits oben a) und b) (S. 589 ff.).

en. Ohne dieses wird der Kampf gegen die Schuldenlast ohnehin nicht gelingen.

Die Ausführungsgesetze folgen der Grundannahme des Art. 115 Abs. 2 Satz 1 GG n. F., wenn sie für einen Ausgleich des gesamten Haushalts sorgen. Es sind alle Staatsschulden zu erfassen, vom Vermögensverzehr bis zu der impliziten Staatsverschuldung. Zudem sind die Entsprechensklausel, die Zulassung konjunkturbedingter Schulden und die Rückführungsklauseln in der bereits von der Verfassung nahe gelegten Enge zu konkretisieren.[134] Es könnten auch Vorschläge aufgenommen werden, Sanktionsmechanismen und obligatorische Sanierungskonzepte vorzusehen.[135] Dem Gedanken, Tilgungen und Steuererhöhungen verfassungsrechtlich präzise anzuordnen, wurde aber mit guten Gründen nicht gefolgt. Er erscheint nicht nur aus demokratischen Erwägungen, sondern auch angesichts der Allgemeinheitspostulate bedenklich, weil diese Rechtsanordnungen zu eng sind und weil der genaue Weg, wie die Schulden zurückzuzahlen sind, nicht durch das Verfassungsrecht präzise gezeichnet werden sollte, um auf die verschiedenen Krisenbefunde in der Wirklichkeit hinreichend reagieren zu können. So können massive Steuererhöhungen im Fall einer Rezession kein adäquates Mittel sein. Die Allgemeinheitserwartung der Unumgehbarkeit zielt daher mehr auf Budgetbeschränkungen und verpflichtend festzusetzende Tilgungsprogramme. Die grundgesetzlichen Neuregelungen treffen – unter Verstoß gegen die gegenständliche Allgemeinheit – keine Regelungen, wie der hohe Schuldenberg abzutragen ist. Doch hindert dies den einfachen Gesetzgeber nicht, entsprechende Tilgungsprogramme vorzugeben und so den Gedanken der gegenständlichen Allgemeinheit umzusetzen.

Die personale Allgemeinheit weitet die Perspektive auf die Akteure. Es könnte erwogen werden, bei verfassungsrechtlich unzulässigen Neuschulden den Kreditvertrag für nichtig zu erklären, oder – ebenfalls mit abschreckender Wirkung für die Kreditgeber – für öffentlich-rechtliche Gebietskörperschaften ein Insolvenzverfahren zu regeln.[136] Die Gesetzesallgemeinheit fragt also nicht nur, was der Staat darf, der die Schulden aufnehmen will, sondern bestärkt Vorschläge, die Kreditgeber in die Schuldenbegrenzung einzubeziehen. Diese Weite des Blicks wird auch durch die territoriale Allgemeinheit gestützt. Die Verschuldung trifft jeden, gleichgültig in welchem Bundesland, in welcher Gemeinde er lebt. Die Gesetzesallgemeinheit macht im Hinweis auf die unterschiedliche Betroffenheit bewusst, dass die wachsenden Staatsschulden das Sachvermögen

---

[134] Siehe hierzu unter g) (S. 598 ff.).

[135] Siehe hierzu *Pünder*, Gerechte Lastenverteilung zwischen den Generationen, DVBl. 2008, 946 (951); FDP-Bundestagsfraktion, Positionspapier. Ausstieg aus dem Schuldenstaat – Einstieg in mehr Generationengerechtigkeit, Beschluss vom 12. Februar 2008 (Föderalismusreform II, K.-Drs. 94), S. 5.

[136] *Chr. G. Paulus*, Rechtlich geordnetes Insolvenzverfahren für Staaten, ZRP 2002, 383; *Pünder*, Gerechte Lastenverteilung zwischen den Generationen, DVBl. 2008, 946 (955 m. w. H.).

und die Kreditgeber, damit Wohlhabende bevorzugen. Sie schließt den Gedanken der Rückzahlung der Schulden mit ein, deutet so an, wann der Staat in die Zukunft mit einer Rückzahlungserwartung investieren, wann er durch die Staatsverschuldung die Gesellschaft, die Freiheit jedes Bürgers belasten darf. Die Gleichheit in der Zeit, das Maß der zukünftigen Besteuerung und der Schutz der künftigen Generationen fordern klar begrenzte Schulden und die Bewältigung der Schuldenlasten. Die personale Allgemeinheit erfasst die nächste Generation, weist mit den temporalen Forderungen auf eine gefährliche Tendenz des gegenwärtigen demokratischen Systems, die Interessen der zukünftigen Generationen zu vernachlässigen. Diese Tendenz macht eine Schwäche des Grundrechtsschutzes bewusst, die durch allgemeine Gesetze aufgefangen werden kann.

5. Notwendige Ergänzung des Grundrechtsschutzes

Jede staatliche Kreditaufnahme verengt den zukünftigen Gestaltungsraum der Politik.[137] Die nachfolgenden Generationen stehen dieser Entwicklung bislang wehrlos gegenüber. Sie können gegenwärtig nicht wählen, rechtlich nicht agieren, so dass sich die Gefahr verdichtet, dass sie – entgegen dem parlamentarischen Auftrag[138] – nicht repräsentiert werden.[139] Zudem verdecken überdehnte Staatsausgaben die Notwendigkeit von Reformen, wenn der Staat durch Leistungen Strukturfehler ausgleicht, diese dann aber höhere Gemeinschaftslasten und deshalb auch einen größeren Reformbedarf verursachen.[140] Die Freiheit der Wahl und der Grundsatz der Legitimation auf Zeit fordern, dass politische Alternativen zur Wahl stehen, dass ein neuer Bundestag neu gestalten kann und ihm hierfür die notwendige Finanzkraft zur Verfügung steht. Die Wähler wollen auch die finanziellen Folgen der gegenwärtigen Politik begreifen, um diese in die Wahlentscheidung einbeziehen zu können. Die Gunst und die Last der Staatsleistungen haben auf denselben Schultern zu liegen. Der Auftrag, das gesamte Volk zu repräsentieren,[141] wird verletzt, wenn – wie in den vergangenen Jahren – die Segnungen der Politik genutzt, aber die Lasten auf die nächste Generation verschoben werden. Zu Recht wird davon gesprochen, dass die Wahl derzeit insoweit sachlich ins Leere greift, als die Handlungsmöglichkeiten des

---

[137] *Heun*, in: Dreier, H. (Hg.), Grundgesetz. Kommentar, Band 3, 2. Auflage 2008, Art. 115 Rdn. 7, sieht darin aber keinen Verstoß gegen das Demokratieprinzip.

[138] Siehe hierzu im Zweiten Kapitel unter C. III. 5. (S. 274 ff.).

[139] *Isensee*, Verfassungsrechtliche Würdigung der Schuldengrenze nach Artikel 115 GG – Implikationen der Finanzkontrolle –, in: Müller (Hg.), Haushaltsreform und Finanzkontrolle, 1997, S. 111 (113 f.).

[140] *Wendt*, in: von Mangoldt/Klein/Starck, Kommentar zum Grundgesetz, Band 3, 5. Auflage 2005, Art. 115 Rdn. 7 m. w. H.

[141] Siehe im Zweiten Kapitel unter C. III. 5. (S. 274 ff.).

Staats durch Schuldenzahlungen eingeschränkt werden.[142] Die derzeitige Staatsverschuldung lässt bereits heute kaum mehr Raum zum finanzwirtschaftlichen Atemholen, schränkt diesen Raum für die Zukunft sachwidrig und erheblich ein, verfehlt so die Idee der Demokratie und die diese stützende temporale Allgemeinheit.

Dieser Gedanke der Beständigkeit trifft auf einen Grundrechtsschutz, der sich grundsätzlich dem Vergleich in die Zukunft nicht öffnet, zukünftige Eingriffe in der Regel nicht abwehrt. Gegenwärtig wird erwogen, bestimmbare künftige Grundrechtseingriffe in die Rechtsanalyse einzubeziehen.[143] Wenn der Staat heute einen Kanal baut, damit aber feststeht, dass in fünf Jahren das Fundament eines Hauses unterspült und das Gebäude in den Kanal rutschen wird, kann dieser Eingriff nicht in fünf Jahren als Naturereignis aus dem Verantwortungsbereich des Staats entlassen werden, sondern ist als eigentumserhebliche Maßnahme bereits jetzt am Maß der Grundrechte zu messen. Die Staatsschulden müssen mit Zins und Zinseszins zurückgezahlt werden. Der primär steuerfinanzierte Staat muss hierfür Steuermittel einsetzen. Die Staatsschulden von heute sind die Steuererhöhungen von morgen. Entscheidet sich der Staat, die dramatische Schuldenlast zurückzuzahlen, kommt auf die Bürger eine Steuerlast zu, die das Maß der Verfassung übersteigt.[144] Die immense Staatsverschuldung verletzt – nach dieser Lesart – schon heute die Freiheitsrechte.

Jedoch sind diese steuerlichen Grundrechtseingriffe und die Eingriffsbetroffenen kaum fassbar, steht die Höhe der zukünftigen individuellen Steuerbelastung nicht fest, so dass das Maß der Grundrechte insoweit kaum zu entfalten ist.[145] Auch der Vergleich der gegenwärtigen Steuerlast mit der zukünftigen Überlastung wird vom Gleichheitssatz nicht justitiabel aufgenommen, weil der Griff in die Zukunft zu unsicher, die dann grundrechtlich Betroffenen kaum identifizierbar sind. Gegenüber dieser Zukunftslast ohne rechtzeitige rechtsstaatliche und demokratische Möglichkeit der Gegenwehr wird der – nicht justitiable – Vorfeldschutz der Gesetzesallgemeinheit entscheidend. Die Rechtsverletzung durch übermäßige Verschuldung ist bereits klar erkennbar. Ein Großteil der Bevölkerung sichert seine wirtschaftliche Existenz nicht durch Sachvermögen, sondern insbesondere durch den Arbeitsvertrag und die daran anknüpfende, solidarisch getragene Versorgung im Alter und in Krisenlagen. Diese Anwartschaften werden durch die wachsende Staatsverschuldung gefährdet und in ihrem Wert verringert.[146] Zudem vermindert die Verschuldung das

---

[142] *Jahndorf*, Grundlagen der Staatsfinanzierung durch Kredite und alternative Finanzierungsformen im Finanzverfassungs- und Europarecht, 2003, insbes. S. 110.

[143] In diese Richtung weist *Jahndorf*, Grundlagen der Staatsfinanzierung durch Kredite und alternative Finanzierungsformen im Finanzverfassungs- und Europarecht, 2003, S. 124.

[144] *Jahndorf*, Grundlagen der Staatsfinanzierung durch Kredite und alternative Finanzierungsformen im Finanzverfassungs- und Europarecht, 2003, S. 123f.

[145] *Siekmann*, in: Sachs, Grundgesetz. Kommentar, 4. Auflage 2007, Art. 115 Rdn. 14.

[146] *Badura*, Die Talfahrt der öffentlichen Finanzen und die verfassungsrechtlichen Gren-

Sparvermögen, verteilt insgesamt von arm auf reich.[147] Vor diesen Rechtsverletzungen schützen die Grundrechte gegenwärtig nicht – jedoch greift die Allgemeinheit als den Grundrechtsschutz notwendig ergänzendes Element des Menschenrechtsschutzes. Die temporale Allgemeinheit verhindert den zukünftigen Eingriff in die Grundrechte, wenn sie beständige Gesetze und damit eine Staatsfinanzierung durch eine Gemeinlast fordert, die generationenübergreifend auf die Allgemeinheit verteilt wird, deshalb grundsätzlich die jeweilige Gegenwart zur Finanzierung der gegenwärtigen Haushalte in Pflicht nimmt und damit die Identität der Haushaltsbelasteten und Haushaltsbegünstigten in der Allgemeinheit des Staatsvolks sichert. Die temporale Allgemeinheit verbietet eine zukunftsvergessene Ausgabenpolitik. Die Allgemeinheit des Gesetzes, die in der Regel den Menschenrechtsschutz ergänzt, ist hier auf sich allein gestellt. Sie wird zum wesentlichen Instrument, das die einzelnen Grundrechtsberechtigten der Gegenwart und Zukunft vor einer übermäßigen Last bewahrt. Wird das Allgemeinheitspostulat vernachlässigt, wird der Verfassungsstaat eines gerade hier unverzichtbaren Maßstabs beraubt. Die Notwendigkeit der sich ergänzenden Elemente des Menschenrechtsschutzes, der individuellen grundrechtlichen Gewährleistungen und des allgemeinen Gesetzes wird ersichtlich.

III. Ausrichtung auf die Gemeinschaft

Die Schuldenlast betrifft die Gemeinschaft als Ganzes. Jede Staatsleistung muss sich auch vor dieser Last gerechtfertigt werden. Die Staatsfinanzen stellen die drängende Frage nach der Beständigkeit des Staats, seiner Infrastruktur, seiner Leistungen, der inneren und äußeren Sicherheit, der Daseinsvorsorge, des Umweltschutzes wie der Energieversorgung, der sozialen Sicherungssysteme wie der Bildung. Hier wird das elementare Kernanliegen der Gesetzesallgemeinheit zum Maß langfristiger Gesetzgebung. Das Gesetz betrachtet nicht nur den Umweltschutz oder die Bildungspolitik, nicht nur die sozialen Systeme oder die Sicherung des Wirtschaftsstandorts, sondern richtet den Blick des Gesetzgebers bei der Regelung eines einzelnen Bereichs auf das Ganze.[148] Der Mensch

---

zen von Staatsausgaben und Sanierungsmaßnahmen, in: Festschrift für Reinhard Mußgnug, 2005, S. 149 (insbes. 156 ff.); *Jahndorf*, Grundlagen der Staatsfinanzierung durch Kredite und alternative Finanzierungsformen im Finanzverfassungs- und Europarecht, 2003, insbes. S. 123 f.; *K. Vogel*, Grundzüge des Finanzrechts des Grundgesetzes, in: HStR IV, 1. Auflage 1990, § 87 Rdn. 17.

[147] Siehe insgesamt bereits oben unter 3. (S. 582 ff.) und I. (S. 569 ff.) sowie *K. Vogel*, Grundzüge des Finanzrechts des Grundgesetzes, in: HStR IV, 1. Auflage 1990, § 87 Rdn. 17.

[148] *Montesquieu*, Vom Geist der Gesetze [De l'esprit des lois, 1748], 2003, Vorwort, 1., 5. und 29. Buch, hier insbes. im 1. und 16. Kapitel; *Thomas von Aquin*, Summa Theologica [1265–1273], I-II, Das Gesetz, Band 13, 1977, Fragen 90, 92 und 95 f. (siehe bereits im Zweiten Kapitel unter B. IV. 3., S. 119 ff., und III. 4., S. 105 ff.).

lebt als Individuum in einer Gemeinschaft, die in Einheit und Frieden über Generationen hinweg fortbestehen will. Das Recht kann diese Gemeinschaft bewahren, sie stärken, indem es nicht absondert, parzelliert, ausgrenzt, sondern die Gemeinschaft in der Allgemeinheit des Ganzen formt und stärkt. Das Gesetz sucht in seiner Allgemeinheit, in der Allseitigkeit die Rechtsgemeinschaft zu stützen und der Gerechtigkeit zu dienen.

Viertes Kapitel

Der Schutz des allgemeinen Gesetzes – Zusammenfassung

A. Die Elemente des Schutzes der Freiheit und Gleichheit

I.

Die Idee des Gesetzes ist die der Allgemeinheit. Dieser Befund, der aus der Rechts- und Ideengeschichte erwächst, scheint heute kaum Beachtung zu finden. Der Gesetzesbegriff wird primär von der Quelle, vom Gesetzgeber definiert, droht deshalb inhaltsleer zu werden. Die grundgesetzlichen und europarechtlichen Forderungen nach einer verallgemeinernden Regelbildung bleiben kraftlos, auch ausdrückliche Allgemeinheitspostulate wie das des Art. 19 Abs. 1 Satz 1 GG werden nicht zur Wirkung gebracht, sondern neben einem an Raum gewinnenden Grundrechtsschutz vernachlässigt. So verkümmert ein notwendiger Garant der Freiheit, der Gleichheit und der rechtsstaatlichen Demokratie, der mit den Ursprüngen der Rechtswissenschaft hervorgebracht wurde und in dem ein großes Freiheits- und Gleichheitsversprechen ruht. Die Rechtsgeschichte und das geltende Recht weisen die Gesetzesallgemeinheit eher als eine Essenz, denn als ein vernachlässigbares Element der Rechtsgemeinschaft aus.

Das geltende Recht fließt aus unterschiedlichen Quellen. Landes- und Bundesrecht ist mit Europarecht, Völkerrecht und mit von privater Hand gesetzten Regeln zu koordinieren. Dieser Koordinationsauftrag scheint gegenwärtig kaum erfüllt zu werden. Die Gesamtrechtsordnung zeichnet sich nicht durch Konsistenz und Folgerichtigkeit aus, ist kaum zu überblicken. Der Grund hierfür liegt aber nicht nur in der Pluralität der Rechtsquellen, sondern auch in der Qualität und Quantität der Rechtssätze. Jährlich treten über 500 Gesetze zu den bestehenden rund 100.000 bundesrechtlichen Einzelvorschriften. Die europäischen Organe bringen deutlich mehr Texte hervor. In den Jahren 1998 bis 2004 traten zu den rund 100.000 Seiten des acquis communautaire 750 Richtlinien und 18.167 Verordnungen, d.h. in sechs Jahren im Durchschnitt mehr als acht Verordnungen täglich. Diese Rechtsakte setzten kaum allgemeine und strukturstiftende Regeln, sondern sind durch Detailvorgaben gekennzeichnet, durch Spezialwissen geprägt. So entsteht eine Rechtsordnung, die kein Abgeordneter, kein Ratsmitglied verantworten, kein Bürger, auch kein Rechtsexperte überblicken kann. Höchste Richter übersehen bei der Falllösung einschlägige Normen. Es wird von einer „Übernormierung", einer „Normen- und Normänderungsflut" gesprochen. Diese Rechtsetzungspraxis scheint den Raum der Freiheit, der sozialen Rechtsstaatlichkeit und der parlamentarischen Demokratie zu verengen. Es wird nachdrücklich eine „neue Rechtsetzungskultur“, ein neues Gesetzesdenken angemahnt. Die Gesetzesallgemeinheit könnte einen Anstoß für einen solchen Neuanfang geben.

Doch ist der moderne, sich international bindende Staat im „Zeitalter der technischen Normierung“ überhaupt in der Lage, allgemeine Gesetze zu erlassen? Können die heterogenen Interessen der Menschen, die unterschiedlichen Märkte, die zunehmende Einbindung Privater in die Verwaltungstätigkeit, auch die zu treffenden Risikoentscheidungen durch allgemeine Regeln geleitet werden? Angesichts dieser vielfältigen und neuen Rechtsetzungsaufgaben werden detaillierte Regelungen gefordert. Andererseits wird verlangt, ein neues, funktionsgerechtes Verständnis der Gesetzesbindung der Verwaltung zu entwickeln, den Auftrag des Gesetzgebers nicht im Erlass von Einzelregelungen, sondern von Grundlinien und abgestimmten Systementscheidungen zu begreifen. Gerade die gegenwärtige Rechtsgemeinschaft solle die Gesetzesidee neu entfalten, um die aktuellen Regelungsaufträge und rechtlichen Koordinationsforderungen zu erfüllen. So gewinnt die Frage nach der Allgemeinheit des Gesetzes und den Allgemeinheitsforderungen des deutschen und europäischen Rechts besondere Aktualität.

II.

Das Gesetz schöpft aus einer vielschichtigen ideen- und rechtsgeschichtlichen Tradition, aus heterogenen Quellen, aus expliziten und impliziten Rechtsaussagen, die in der jeweiligen historischen Lage aus den spezifischen rechtskulturellen Wurzeln zu verstehen sind. Bereits im ersten Zugriff bestätigt die Rechtstradition den selbstredenden Befund, dass es keinen vorgefundenen und zeitlosen Gesetzesbegriff gibt, sondern dieser immer vom jeweiligen Rechtssystem und dem Gesetzgeber geprägt wird. Der notwendige rechtshistorische, der ideengeschichtliche Ausgangspunkt der rechtlichen Analyse fragt aber nach einer Struktur der Gesetzesallgemeinheit und ihrer Bedeutungsvielfalt, nach einer Ordnung der Gedanken, die an das Gesetz herangetragen werden. Dieser Ordnung geht es nicht darum, die Geschichte des Gesetzes in ihren unterschiedlichen Verständnissen etwa des gemeinen Wohls oder der Freiheit detailliert nachzuzeichnen, sondern ein Fundament zu errichten, das die historischen Quellen für die heutige Rechtsanalyse erschließt. Die Rechtsgeschichte zeichnet drei, zuweilen auch vier Gesetzesmerkmale. Die Bedeutungsvielfalt der Gesetzesallgemeinheit kann aber auch in einer siebenteiligen Ordnung entfaltet werden.

Bereits 450 v. Chr. wird mit dem Zwölftafelgesetz eine durch und durch weltliche Kodifikation geschaffen. Diese ‚römische Aufklärung‘ bringt auf zwölf Tafeln eine verständliche Kodifikation hervor, welche den Bürgern auf dem

Forum Romanum unmittelbar und allgemein bekannt gegeben wird und damit das damalige ‚Volk der Römer' erreicht (sprachliche Allgemeinheit). In der Verständlichkeit des Rechts liegt eine Überzeugungskraft, die für seine Befolgung wirbt – das Gesetz wird zum überredenden Gesetz (*Platon*). Die römischen Regeln sind in Bronze gegossen, daher kaum veränderlich, gelten als unvergänglich, wirken dauerhaft, schaffen Rechtssicherheit und Rechtsvertrauen, dienen auch einer Gleichheit in der Zeit, die später insbesondere *Tertullian* hervorhebt (temporale Allgemeinheit). Mit der Zeit lernen die Kinder den Rechtstext auswendig, er wird selbstverständlicher Teil des Lebens, allen gemein. Dieses Ziel der sprachlichen und temporalen Allgemeinheit steht im Mittelalter *Eike von Repgow* vor Augen, als er seinen Sachsenspiegel in Reimform verfasst. In der Gesetzesallgemeinheit wird heute eine der Kraftquellen gesehen, die Roms Aufstieg zu einer Weltmacht ermöglichten. Die rationale Gesetzgebung der Zwölf Tafeln hat das römische Recht später nicht mehr erreicht.

Diese Rechtsetzungspraxis entfaltet Kerngedanken der Gesetzesallgemeinheit ohne theoretisches Fundament. Im antiken Griechenland entwickelt *Aristoteles* eine erste Lehre vom allgemeinen Gesetz, ohne dass diese maßgeblichen Einfluss auf die Rechtsetzungspraxis gewinnt. Ein Gesetz ist hiernach gerecht, wenn es nicht einen Einzelfall regelt, sondern grundsätzlich alle Menschen und alle Gegenstände, zahlreiche Fälle erfasst (personale und gegenständliche Allgemeinheit). In dieser Gerechtigkeitserwägung ruht der moderne Satz der Gleichheit vor dem Gesetz, der die Gesetzesallgemeinheit unmittelbar fordert: Vor dem Einzelfallgesetz können nicht alle gleich sein. Das Gesetz erfasst in der Verallgemeinerung das Ganze, die Menschen aber geben in den Einzelfällen besseren Rat. Lange vor *Locke* und *Montesquieu* entwirft *Aristoteles* eine Gewaltenteilung – diese folgt aus der Allgemeinheit des Gesetzes, aus der Notwendigkeit, abstrakt-generelle Normen zu konkretisieren.

Die Gesetzgebung im antiken Griechenland und in Rom in der Zeit nach dem Zwölftafelgesetz ist von Detailregelungen, von Übernormierung geprägt – von Recht, das kaum befolgt werden kann. Die antike Rechtsgeschichte verdeutlicht, dass mit dem Verlust der Allgemeinheit des Gesetzes eine Entrechtlichung einhergeht, wie sie auch heute zu beobachten ist. Dabei hat das Rechtsleben in Rom mit gegenteiligen Bestrebungen, mit den Zwölf Tafeln, später auch mit Gesetzeslehren den Allgemeinheitsgedanken entwickelt und mit einem Gesetzeswerk, dem *Codex Justinianus*, ein glanzvolles Ende gefunden, wenngleich dieser eher eine Rechtssammlung als eine systematische Kodifikation ist. Ein Kernstück dieses Rechtstextes wird im 11. Jahrhundert wiederentdeckt, Gegenstand wissenschaftlicher Studien und schließlich in Rechtsschulen ausgehend von Bologna gelehrt. So gewinnt das römische Recht Einfluss, wird zum Maßstab in gerichtlichen Verfahren und prägt bis heute das Rechtsdenken in Europa, ohne dass es von einer Instanz gesetzt und legitimiert wurde. Ursprung der

Rechtsgeltung ist die Allgemeinheit des Gesetzeswerks. Das schriftliche Recht erfasst die maßgeblichen Regelungen nahezu vollständig und erweitert seinen räumlichen Geltungsanspruch kontinuierlich (territoriale Allgemeinheit). Seine Erfolgsgeschichte betont – vergleichbar mit dem kanonischen Recht – auch die Kraft der sprachlichen und personalen Allgemeinheit. Das originär mittelalterliche Recht ist demgegenüber durch Stammesgrenzen zerteilt, in Gewohnheits- und Fürstenrecht, in Land- und Stadtrecht, in Stände zersplittert und in dieser Vielfalt kaum zu erfassen.

Die durch diese Entwicklung verdeutlichten Elemente der Allgemeinheit verbindet *Thomas von Aquin* zu einer neuen und im Vergleich zur Analyse von *Aristoteles* erweiterten Lehre vom allgemeinen Gesetz. Der damaligen Personalherrschaft entsprechend, entfaltet er die territoriale Allgemeinheit nicht als eigenständiges Merkmal, ergänzt die Lehre jedoch um einen – bereits von *Ulpian* und *Papinian* gezeichneten – Gedanken der finalen Allgemeinheit. Jedes Gesetz muss „klug", muss „vernünftig" sein und dem gemeinen Wohl dienen. Doch stellt sich die Frage, wie die Ausrichtung auf dieses hehre, aber kaum greifbare Ziel gelingen kann. Die Allgemeinheit des Gesetzes garantiert, so *Thomas*, dass dieses dem Gemeinwohl dient. Jede gesetzliche Regelung hat alle Bürger und Gegenstände dauerhaft zu erreichen. Insbesondere in der gegenständlichen Verallgemeinerung ruht eine Rationalität des Gesetzes, eine Wissenschaftlichkeit der Gesetzgebung. Das allgemeine Gesetz dient aus sich heraus der Freiheit der Menschen und dem gemeinen Wohl.

Marsilius von Padua wählt demgegenüber einen anderen Weg, die Gesetze auf das Ganze, auf den Frieden auszurichten. Wenn die Gesamtheit der Bürger Gesetze erlässt, werden diese – so *Marsilius* – dem allgemeinen Interesse dienen. *Rousseau* führt später die Allgemeinheit des Gesetzes und des Gesetzgebers zum Kerngedanken der Demokratie zusammen: Alle Bürger erlassen Regeln, die für alle gelten. Doch misstraute *Rousseau* der Versammlung, die sich irren könne, und der freien menschlichen Natur, die gebrochen werden müsse, um sich in das Ganze zu integrieren. Gleichwohl bahnte *Rousseau* mit *Abbé Sieyès* der Demokratie den Weg.

Die demokratische Idee der Allgemeinheit des Gesetzgebers zeichnet auch *John Locke*. Staatsgründung und Gesetzgebung müssen auf alle zurückführbar sein. *Locke* richtet die Staatsgewalt auf die Würde des Menschen, auf Freiheit und Eigentum aus. Er entwirft mit den Gedanken der individuellen Freiheit und Demokratie sowie dem – insbesondere von *Hobbes* betonten – Sicherungsauftrag bis heute gültige Legitimationsquellen staatlicher Gewalt. Die finale Allgemeinheit wird konkretisiert, wenn Gesetze der Freiheit aller dienen müssen. Für *Kant* ist diese Finalität eine Geltungsvoraussetzung jedes Gesetzes. Die Freiheit eines Menschen darf nur eingeschränkt werden, soweit dies für die Freiheit von jedermann notwendig und nach einem allgemeinen Gesetz möglich ist. Das Gesetz muss der Freiheit aller dienen. Jeder wird ihm dann um seiner eigenen Freiheit willen zustimmen. In einer solchen Ausrichtung auf die Freiheit darf der Gesetzgeber aber nicht an ein Optimierungsgebot gebunden werden, das nicht einzuhalten ist, das der Demokratie, die auf den Willensakt des Parlaments setzt, widerspricht. *Kant* betont und entfaltet die finale Allgemeinheit: Das legitime Gesetz verallgemeinert im Sinn der Freiheit aller.

Dieser Vorgabe entspricht der Gesetzgeber, wenn er sich auf das Grundlegende, das Notwendige beschränkt, den Menschen, der Gesellschaft einen Raum freiheitlicher Entfaltung und eigener Verantwortung belässt (*Montesquieu, Wilhelm von Humboldt, de Tocqueville*). Der Geist des Gesetzes muss der Geist der Mäßigung sein. Dieser Gedanke folgt – so *Montesquieu* – aus der Natur. Ein Gesetz wird die unterschiedlichen Lebensverhältnisse, die Sitten und Gewohnheiten, die Beschaffenheit des Landes nur aufnehmen, wenn es auf die konkrete Gemeinschaft bezogen ist und sich in diesem Bezug zurückhält. Zu umfangreiche Staatsaufgaben führen daher zu schlechten Gesetzen. *Montesquieu* entwickelt eine Lehre über die „Art der Gesetzesabfassung", in welcher er ein weiteres Gesetzesmerkmal, die instrumentelle Allgemeinheit, entfaltet. Regelungsziel und Regelungsinstrument müssen eines Gesetzes würdig sein, die „größte Unschuld" besitzen. Das Gesetz muss bündig geschrieben, in Sprache und Regelungsstruktur allgemein das gleiche Verständnis erzeugen, sollte möglichst keine Ausnahmen vorsehen. Überflüssige Gesetze und Sonderabmachungen schwächen das Recht. Die rechtliche Regelbildung – dies betonten schon *Pomponius* und *Thomas von Aquin* – orientiert sich am Regelfall, muss wohl überlegt sein. Das Gesetz folgt dem Gleichheitsgedanken, bewirkt aber keine übertriebene Gleichheit, sondern trifft das richtige Maß der Verallgemeinerung. Über zweitausend Jahre nach dem Zwölftafelgesetz zeichnet *Montesquieu* eine rationale Gesetzgebungslehre.

Die Idee der Gesetzesallgemeinheit war in ihren Anfängen, war im Zwölftafelgesetz eine aufklärerische und kehrt nunmehr zu diesem Ausgangspunkt zurück. Sie lässt sich in sieben Merkmalen strukturieren.

(1.) Das Gesetz soll für jeden Bürger verständlich, für den Rechtsetzer verantwortbar sein und die Menschen erreichen. Nur dann kann es aus sich heraus überzeugen und zum überredenden Gesetz werden (*sprachliche Allgemeinheit*).

(2.) Die verständlichen gesetzlichen Regelungen werden allen gemein, bilden ein selbstverständliches Rechtsbewusstsein, wenn sie dauerhaft gelten. Die *temporale Allgemeinheit* des Gesetzes schafft Rechtsvertrauen, sichert Rechtsdispositionen und bewirkt eine Gleichheit in der Zeit. Sie wird zum Garanten der Beständigkeit der Rechtsordnung und des Gemeinwesens.

(3.) Das allgemeine Gesetz erreicht den gesamten Regelungsbereich, wehrt Rechtszersplitterungen ab, garantiert die Einheit der Rechtsordnung. Die *territoriale Allgemeinheit* betont auch, dass Gesetze den Besonderheiten in einem Gebiet gerecht werden, deshalb dem Geist der Zurückhaltung folgen müssen.

(4.) Das allgemeine Gesetz erreicht alle Bürger, wahrt für jeden dasselbe Maß, verhindert Privilegien und Ausnahmen (*personale Allgemeinheit*).

(5.) Um diesen Auftrag zu erfüllen, muss das Gesetz auch alle Regelungsgegenstände erfassen, sowohl personenbezogene als auch sachorientierte Sonderbehandlungen vermeiden (*gegenständliche Allgemeinheit*). Das allgemeine Gesetz nimmt die in seinem Gegenstand angelegten Gesetzmäßigkeiten auf.

(6.) Die *finale Allgemeinheit* des Gesetzes erwartet grundsätzliche und notwendige Regeln. Sie nimmt den Regelungsauftrag zurück, richtet das Gesetz auf das Ganze, auf das gemeine Wohl, auf eine Rationalität und Wissenschaftlichkeit der Gesetzgebung aus. So hält das Gesetz eine freiheitsgerechte Distanz zu den Individuen, wahrt die Konsistenz der Rechtsordnung, stimmt verschiedene Rechtsquellen aufeinander ab und mäßigt die Zahl der Gesetze.

(7.) Dieses Anliegen verstärkt die *instrumentelle Allgemeinheit*, nach welcher ein Gesetz eine klare Regelungsstruktur hat, die Ausnahmen und Detailvorgaben vermeidet und die Rechtsfragen folgerichtig zu einer Lösung führt. Die Regelbildung ist am Regelfall vorzunehmen, das richtige Maß der Verallgemeinerung zu treffen.

Die Gesetzesallgemeinheit verlangt die regelbildende Norm. In ihrem Zusammenwirken suchen die Allgemeinheitsmerkmale Garanten des gemeinwohlorientierten, des ‚richtigen', des gerechten Rechts zu sein.

III.

Das 18. Jahrhundert stärkt die Demokratie und leitet durch die Menschenrechtsgarantien in Nordamerika und Frankreich – in einer Sternstunde der Geschichte – einen Epochenwechsel zum modernen Rechtsstaat ein. Neben diesen Elementen zum Schutz der Freiheit und Gleichheit wird aber auch die Gesetzesallgemeinheit als Garant der Menschenrechte entfaltet, die in der Folgezeit – zusammen mit der verwandten Idee der Gewaltenteilung – zuweilen allein für einen erheblichen Gewinn an rechtlicher Freiheit und Selbstbestimmung sorgt.

Demokratie und Grundrechtsschutz können sich in Preußen nicht durchsetzen. Die Menschenrechte müssen auf die Selbstbeschränkung der Mächtigen hoffen. Die Idee der Freiheit durch den Staat ist vorherrschend, nicht die Freiheit vom Staat. In dieser Situation wird die Gesetzesallgemeinheit zum zentralen Element des Menschenrechtsschutzes. Mangels demokratischer Selbstbestimmung, mangels individualrechtlicher Garantien setzt das Preußische Allgemeine Landrecht auf die Allgemeinheit des Gesetzes als Garant der Freiheit und Gleichheit und schafft eine Gesetzeskommission, welche die Gesetzgebung in diesem Auftrag begleiten soll. So verfestigt sich die Idee, die gesetzliche Verallgemeinerung, die Konsistenz der Rechtsordnung und damit die Wissenschaftlichkeit der Gesetzgebung (*von Savigny*) institutionell zu sichern.

Das 18. Jahrhundert entfaltet drei Elemente des Menschenrechtsschutzes: die Grundrechte, die Demokratie und die Gesetzesallgemeinheit. Das Recht dient durch diese Elemente dem Menschen in seiner Individualität, die insbesondere von den Grundrechten geschützt wird, und seinem Gemeinschaftsbezug, den in erster Linie die Demokratie und die Gesetzesallgemeinheit stärken. Doch werden diese Elemente, die gerade in ihrem Zusammenwirken Individualität und Gemeinschaft in ihrer Wechselwirkung (*Hegel*) aufnehmen, im Folgenden nicht gleichmäßig entfaltet. In Deutschland galt es, um die Demokratie und den Grundrechtsschutz zu kämpfen – die Allgemeinheit des Gesetzes wurde dabei zunächst vernachlässigt. Es gebe – so die prägende Auffassung von *Laband* – keinen Gegenstand, nicht einmal einen Gedanken, der nicht zum Inhalt eines Gesetzes gemacht werden könne. Dieser inhaltsarme Gesetzesbegriff ist bis heute wirkmächtig. Doch werden in der gleichen Epoche zunächst mit dem Strafgesetzbuch und später mit dem Bürgerlichen Gesetzbuch große Kodifikationen, Regelwerke von hervorstechender Allgemeinheit erlassen, die bis heute Garanten der Freiheit, des Wohlstands und der Demokratie sind. Das Parlament erlässt darüber hinaus zahlreiche allgemeine Regeln, die in ihrer Allgemeinheit an Wirkung gewinnen und damit den Einfluss des Parlaments stärken. Die legislatorische Arbeit in dieser Zeit wird als in Deutschland einzigartig bezeichnet. Auch wenn die Wissenschaft die Gesetzesallgemeinheit vernachlässigte, entdeckte das Parlament diese Kraftquelle der Demokratie.

B. Grundrechte, Demokratie, Rechtsstaat

I.

Das Gesetz steht im Mittelpunkt der freiheitlichen Ordnung, der Demokratie, der Gewaltenteilung und der Rechtsstaatlichkeit. Dieser einhellige Befund deutet auf einen materiellen Gesetzesgehalt, der über den formalen Gesetzesbegriff hinausgreift, nach welchem Gesetz ist, was das gesetzgebende Organ als Gesetz erlässt. Die Strukturentscheidungen des Grundgesetzes und der Europäischen Union stellen je eigene Allgemeinheitserwartungen an die Rechtssätze. Sie übernehmen nicht einfach eine Gesetzeslehre, sondern erheben in der jeweiligen Struktur und Rationalität des Regelungssystems eigenständige Forderungen der Verallgemeinerung. Dabei bricht das Recht aber nicht mit den ideen- und rechtsgeschichtlichen Erfahrungen und Erkenntnissen, die im Begriff des allgemeinen Gesetzes enthalten sind, sondern nimmt sie zuweilen als Klugheitsregeln, als verbindliche rechtliche Aufträge, in wenigen Kernforderungen auch als justitiable Maßstäbe auf.

Dem Grundgesetz ist diese Unterscheidung im Maßstab geläufig. Art. 102 GG verbietet strikt und justitiabel die Todesstrafe. Der Schutz der natürlichen Lebensgrundlagen oder der Auftrag zur internationalen Zusammenarbeit geben hingegen dem Gesetzgeber – und kaum dem Richter – einen verbindlichen Handlungsauftrag. Art. 80 Abs. 1 GG enthält eine Klugheitsregel. Der Bundestag kann die Regierung ermächtigen, Rechtsverordnungen zu erlassen. In dieser Ermächtigung liegt keine Verpflichtung, einen Rechtsetzungsauftrag zu delegieren. Jedoch legt das Grundgesetz nahe, von der Delegationsmöglichkeit auch Gebrauch zu machen, zwischen einer weiten Allgemeinheit des Parlamentsgesetzes und einer engeren Allgemeinheit der Rechtsverordnung zu differenzieren. Neben solchen rechtlichen Klugheitsregeln erlaubt und verlangt die Verfassung den Ausgriff auf die Rechtstradition, wenn etwa das Demokratieprinzip in seiner Entwicklung Ende des 18. Jahrhunderts zu verstehen ist, aus der Rechtserkenntnisse gewonnen werden können, ohne dass diese historischen Erfahrungen damit verbindlich angeordnet würden.

Die Gestaltungskraft in der parlamentarischen Demokratie schöpft aus der individuellen Freiheit und einem rechtlichen Entscheidungsraum des Parlaments. Die an den Gesetzgeber gerichteten Klugheitsregeln und Verfassungsaufträge begründen die Erwartung, dass der Gesetzgeber – und nicht der Richter – rechtlich gestaltet, als Erstinterpret die Verfassung verwirklicht. Das Demokratieprinzip legt den Auftrag zur Entfaltung des demokratischen Rechtsstaats primär in die Hände des Gesetzgebers. Das Bundesverfassungsgericht entwirft nicht Konzeptionen von Recht, Freiheit, Gleichheit und Sozialem. Wenn juristische Analysen die rechtlichen Entscheidungsgrenzen des Bundesverfassungsgerichts ausloten und das Gericht zur Zurückhaltung mahnen, bleiben diese Mahnungen ungenau, solange sie nicht zwischen dem allgemeinen parlamentarischen Gestaltungsauftrag und dem richterlichen Kontrollauftrag unterscheiden. Hier greift das Allgemeinheitspostulat, das den Gesetzgeber wieder stärker in das Zentrum der Verfassungsinterpretation rücken will, ihn zur Entfaltung des Verfassungsstaats in allgemeinen Regeln anleitet und so seinen Entscheidungsraum auch gegenüber dem Bundesverfassungsgericht zu stärken sucht. Das grundgesetzliche Allgemeinheitspostulat ist auch deshalb als Klugheitsregel, als Verfassungsauftrag und als justitiabler Maßstab zu achten.

II.

Art. 19 Abs. 1 Satz 1 GG regelt ausdrücklich, dass ein Grundrecht nur auf Grundlage eines allgemeinen Gesetzes eingeschränkt werden darf, das kein Einzelfallgesetz ist. Wortlaut, Entstehungsgeschichte und die ersten wissenschaftlichen Äußerungen belegen, dass der Gesetzgeber durch diese Allgemeinheitsforderungen bewusst an Regeln gebunden werden sollte, weil die Grundrechte die Freiheit allein nicht hinreichend schützen. Das Grundgesetz entscheidet sich damit ausdrücklich für die drei miteinander verbundenen Elemente des Menschenrechtsschutzes, die das 18. Jahrhundert entfaltet hat: die individuellen Grundrechte, die Demokratie und die Allgemeinheit des Gesetzes.

Insbesondere im Vergleich zu der feinen und individualgerechten Entfaltung der Grundrechte – zu den klassischen abwehrrechtlichen Funktionen traten Einrichtungsgarantien, Schutz- und Teilhaberechte sowie die Drittwirkung der Grundrechte – wurde das Allgemeinheitspostulat kaum beachtet, hat es heute weitgehend seine Bedeutung verloren. Dabei begründet die Gesetzesallgemeinheit – so die Urheber der Verfassung – bedeutsame „Fesseln des Gesetzgebers", bildet den „Eckstein des Rechtsstaats". Art. 19 Abs. 1 Satz 1 GG ist eine der „wichtigsten Bestimmungen der Verfassung".

Der Grundrechtsschutz richtet seinen Blick auf die individuelle Betroffenheit, auf den Einzelfall. Die Gesetzesallgemeinheit sucht diese Perspektive um eine Ausrichtung auf das Ganze, auf die gesamte Rechtsgemeinschaft zu ergänzen. Das allgemeine Gesetz schützt den Einzelnen im Vorfeld der individuellen Betroffenheit. Es leitet den Gesetzgeber an, einen Schutzwall zu errichten, der verhindert, dass Straßenlärm unmittelbar auf ein Haus trifft, dieses dadurch unbewohnbar wird. Eine unmittelbare Belastung oder Begünstigung des Einzelnen wird vorbeugend verhindert oder auf alle verteilt und durch diese Breitenwirkung von vornherein gemäßigt. Der Einzelne wird nicht unmittelbar zum Gegenstand eines Parlamentsbeschlusses; dessen starke demokratische Legitimation erfasst die Betroffenheit und Interessen des Einzelnen nur in der Allgemeinheit, mäßigt dadurch Eingriffe und verhindert Privilegien. Dem Parlament werden so keine Entscheidungsbefugnisse entzogen. Es muss aber – wenn es einen Einzelfall zum Anlass einer gesetzlichen Regelung macht – verallgemeinern. Der parlamentarische Schutzwall kann allerdings allein die Bewohnbarkeit des Hauses, die individuelle Freiheit nicht sichern. Hinzutreten müssen lärmdichte Fenster und Türen, die individuell eingepasst werden. Die Sicherungen der Freiheit durch die Gesetzesallgemeinheit und die Grundrechte, durch das Parlament und den Richter ergänzen sich.

Art. 19 Abs. 1 Satz 1 GG regelt in seinen beiden Alternativen nicht – wie vielfach angenommen – „eine Tautologie", sondern setzt zwei verbindliche Vorgaben mit unterschiedlicher Regelungsdichte. Jedes Gesetz hat einen doppelten Charakter, stiftet eine Lebensordnung und ist Regierungsinstrument, bringt Weite und Enge mit sich. Diese Doppelperspektive nimmt Art. 19 Abs. 1 Satz 1 GG insofern auf, als das Verbot des Einzelfallgesetzes die übermäßige Verengung der Regelung untersagt, das Allgemeinheitspostulat hingegen den Auftrag der allgemeinen Regelsetzung erteilt. Die Absage an das Einzelfallgesetz drängt als rechtliches Verbot auf eine Durchsetzung durch den Richter, setzt in den Kernaussagen der personalen, gegenständlichen, territorialen und temporalen Allgemeinheit einen justitiablen Maßstab. Demgegenüber ordnet das Allgemeinheitspostulat (Art. 19 Abs. 1 Satz 1 Alt. 1 GG) verbindlich diese klassischen vier Allgemeinheitsforderungen an, ohne allerdings den Richter zu beauftragen. Dieser Verfassungsauftrag wird durch das allgemeine verfassungsrechtliche Gesetzesverständnis bestätigt, wonach ein Gesetz eine abstrakt-generelle Regelung trifft. Als Klugheitsregel erwartet der Allgemeinheitsgedanke des Art. 19 Abs. 1 Satz 1 GG zudem, dass die Gesetze im sprachlichen, instrumentellen und finalen Sinn allgemein sind.

Diese Vorgaben an den Gesetzgeber sind nicht formal-schematisch, sondern als materielle Forderungen zu verstehen. Sie engen das Parlament daher nicht zu stark ein, halten es nicht von bestimmten Regelungsaufträgen fern – auch nicht von der Regelung von Märkten, von Privatisierungen oder der technischen Sicherheit von Anlagen. Nicht nur die grundlegenden Bestimmungen der großen Kodifikationen können die Allgemeinheitsforderungen erfüllen; vielmehr gewinnen auch Ausnahmeregelungen in der Verallgemeinerung Überzeugungskraft und Rationalität. Der materielle Gehalt der Allgemeinheitspostulate wird insbesondere beim Haushaltsgesetz oder beim Friedensschluss deutlich, die keine Einzelfälle regeln. Durch das Haushaltsgesetz werden allen Staatsbürgern im gesamten Bundesgebiet die Staatseinnahmen zurückgegeben, wird jährlich eine dauerhafte Grundlage für die Finanzmittel geschaffen. Diese finanzpolitische Regierungserklärung, dieses „Schicksalsbuch der Nation", ist eine allgemeine Regelung. Der Friedensschluss folgt aus einem historischen Ereignis, doch gibt es kaum eine allgemeinere Regelung als diese, weil sie den Krieg für alle dauerhaft zurückweist und so diesen zentralen Auftrag des Staats erfüllt.

Die materiellen Allgemeinheitsforderungen bringen Abgrenzungsprobleme mit sich. Auch deshalb wird das Bundesverfassungsgericht in der Maßstabbildung des Art. 19 Abs. 1 Satz 1 Alt. 2 GG und im Urteilsspruch behutsam vorgehen, um den Gestaltungsraum des Gesetzgebers nicht zu stark zu verkürzen. Die grundgesetzliche Allgemeinheitsforderung ist nach und nach, allerdings in einer Vielzahl von Fällen, zu entfalten. Art. 19 Abs. 1 Satz 1 GG greift entgegen der überwiegenden Ansicht für alle Grundrechte und jede grundrechtliche Beeinträchtigung. Dieser Anwendungsbereich bietet eine Chance. Der weite Schutzbereich des Art. 2 Abs. 1 GG hat den Gesetzesvorbehalt gedehnt, so dass nahezu jedes Verhalten – das Reiten im Wald und das Taubenfüttern im Park – gesetzlich geregelt werden muss. Durch die damit erforderliche Vielzahl an Regelungen gerät – so die Kritik – die Freiheit letztlich in Gefahr. Diesen Einwand nimmt das Allgemeinheitspostulat auf, weil es für alle geforderten Regelungen greift, aber gesetzlichen Verengungen entgegensteht, einen freiheitlichen Gesetzesvorbehalt zu entfalten sucht. Unter der Flagge dieses Vorbehalts ist die Freiheit nicht in Detailvorgaben zu gefährden, sondern in allgemeiner Regelbildung zu stärken. Die Gesetzesallgemeinheit stärkt das Verständnis für die Gesetze und damit ein Kernanliegen des Parlamentsvorbehalts. Die Abgeordneten müssen ihre Gesetzesentscheidung jedenfalls im Grundsatz, insbesondere in der Grundrechtsbelastung erfassen, und der Gesetzesadressat muss begreifen können, was er tun soll. Der Gesetzgeber hat die allgemeinen Freiheitsfolgen eines Gesetzes zu ermessen und in diesem Sinn freiheitswidrige Gesetze zu unterlassen. Es ist eine Prüfung vorzunehmen, die sich auf den Regelfall und die Regelfolgen konzentriert, aber auf dieser Grundlage eine freiheitliche Gesamtbilanz zieht, welche der Grundrechtsschutz in seinem Blick auf den Einzelfall gerade nicht leistet. Diese Analyse ist im Zitiergebot zu belegen, das damit eine neue, eigenständige Kraft gewinnt.

Auch Art. 5 Abs. 2 GG wird in der Allgemeinheit freiheitlicher entfaltet. Die sog. Wechselwirkung erfasst hier gegenwärtig nur die Medienfreiheit. Sie will aber nicht nur ein Grundrecht schonen, sondern in einer gegenständlichen Weite allen Grundrechten und Verfassungsgütern dienen, ist auf das gesamte Grundgesetz zu beziehen. Art. 19 Abs. 1 Satz 1 GG greift entgegen der überwiegenden Auffassung auch bei Art. 14 Abs. 3 GG. Hiernach darf eine Enteignung nur durch Gesetz oder auf Grund eines Gesetzes erfolgen. Dieser Gesetzesvorbehalt entspricht wortgetreu dem Anwendungsbereich des Art. 19 Abs. 1 Satz 1 GG, der – so *Thomas Dehler* im Parlamentarischen Rat – gerade auch „Spezialenteignungsgesetze" ausschließen will. Eine Legalenteignung darf nur durch eine allgemeine Bestimmung vorgenommen werden, bleibt insgesamt die

Ausnahme, die Administrativenteignung die Regel. Im allgemeinen gesetzlichen Enteignungsmaßstab ist eine vorab ersichtliche Eigentumsstruktur zu schaffen und damit die Idee des grundrechtlichen Gesetzesvorbehalts zu verwirklichen.

Das allgemeine Gesetz nimmt sich in seiner Breitenwirkung zurück, widersteht so dem Sog einer grundrechtlichen Verhältnismäßigkeitsprüfung, welche immer engere gesetzliche Vorgaben setzt. Die Verhältnismäßigkeitsprüfung entfaltet sich in der Anwendung auf den Einzelfall. Das allgemeine Gesetz ist hingegen auf das Ganze ausgerichtet. In dieser Differenz wird der Unterschied zwischen der Gesetzesallgemeinheit, dem Verbot des Einzelfallgesetzes und Art. 3 Abs. 1 GG ersichtlich, die – entgegen der vorherrschenden Deutung – als drei Verfassungsbestimmungen auch verschiedene Regelungen treffen. Der Gleichheitssatz fragt in der individuellen Vergleichsperspektive, ob einem Unternehmer eine Subvention verfassungswidrig verwehrt wurde. Das Verbot des Einzelfallgesetzes ergänzt die Garantie der Gleichheit, insbesondere wenn der notwendige Vergleich auf Grund der Singularität des Falls nicht möglich ist, wenn ein tatsächlich einzigartiges Unternehmen subventioniert wird. Die Gesetzesallgemeinheit greift hierüber hinaus, weil sie ihren Blick nicht nur auf den einen Fall, auf ein Vergleichspaar, sondern auf die gesamte Rechtsgemeinschaft richtet. Die Gleichheit vor dem Gesetz gewährleistet ein Mindestmaß individualwirksamer Verallgemeinerung, beauftragt primär Verwaltung und Richter. Art. 19 Abs. 1 Satz 1 GG richtet sich demgegenüber vor allem an das Parlament und sucht eine allgemeine Regelbildung, eine allgemeine Grundordnung zu bewirken. Die Grundrechte und das allgemeine Gesetz nehmen in diesem Zusammenwirken die Erkenntnis *Hegels* auf, dass Gemeinschaft und Individuum eigenständige Glieder eines aufeinander angewiesenen Ganzen sind.

III.

Der selbstbestimmte Mensch ist das Maß staatlichen Handelns. Steht der selbstbestimmte Mensch im Mittelpunkt, muss er die Geschicke der Rechtsgemeinschaft auch selbst bestimmen können. Dies gewährleistet die Demokratie. Sie setzt auf die individuelle Freiheit, die politische Selbstbestimmung durch Wahlen und den parlamentarischen Gestaltungsraum.

Das allgemeine Gesetz stärkt diese Grundlagen der Demokratie, den Raum der individuellen Freiheit, aber auch die Gestaltungskraft des Parlaments – dies hat der deutsche Parlamentarismus im 19. Jahrhundert eindrucksvoll gezeigt. In der Demokratie geht alle Macht vom Volk aus. Die Allgemeinheit des Wahlvolks wählt das Parlament. Das Parlamentsgesetz ist das zentrale Instrument der repräsentativen Demokratie, in ihm kommt der Wille des Volks zum Ausdruck. Durch die Wahl sollen alle über das entscheiden, was alle angeht. In der personalen, aber auch in der sachlich-inhaltlichen demokratischen Legitimation ruhen so Gedanken der personalen und gegenständlichen Allgemeinheit. Nach Art. 38 Abs. 1 Satz 1 GG sind die Abgeordneten Vertreter des gesamten Volks. Der Bundestag vertritt hiernach in der Gesamtheit seiner Mitglieder das Volk. Jeder Abgeordnete muss diesen Vertretungsauftrag erfüllen. Er repräsentiert nicht seinen Wahlkreis, auch nicht eine bestimmte Gruppe oder nur die Wahlberechtigten, sondern die Gemeinschaft. Diese Erwägung der finalen Allgemeinheit verbindet sich mit der Wesentlichkeitstheorie, nach welcher das Parlament grundsätzliche Entscheidungen trifft. Sie wird zudem durch das republikanische Prinzip bestätigt, das den Staat auf das gemeine Wesen, auf die res publica ausrichtet. In diesem Repräsentationsauftrag ist auch der Gedanke der temporalen Allgemeinheit erkennbar. Parlament und Abgeordnete sind auch den Interessen der noch nicht Wahlberechtigten, der nächsten Generation verpflichtet. Die Forderung nach Gesetzesallgemeinheit behauptet aber selbstverständlich nicht, dass es ein bestimmtes Allgemeinwohlkonzept gäbe, welches das Parlament dann nur noch umsetzen müsse. Die moderne Demokratie verbindet sich mit der antiken und der mittelalterlichen Rechtstradition nur in der Suche nach dem gemeinen Wohl, nicht in der Gewissheit über dieses Ziel. Das Parlament prägt durch seine Beschlüsse das gemeine Wohl und damit den Maßstab, an dem es gemessen wird.

Jeder Volksvertreter soll seine Persönlichkeit, seine Erfahrung und sein Gewissen in die Parlamentsdebatte einbringen. Dies gelingt, wenn die Abgeordneten die Gesetze, die sie erlassen, jedenfalls im Grundsatz verstehen. Die für die Demokratie zentrale Debatte findet in der Sache nicht statt, wenn sie ihren Gegenstand nicht erfasst. Auch die Bürger wollen den Gesetzesinhalt begreifen, damit die sachliche demokratische Legitimation erfahrbar wird, die Wähler eine Entscheidungsgrundlage für die nächste Wahl gewinnen. Die Demokratie fordert daher in Sprache und Regelungstechnik verständliche Regelungen sowie eine Anzahl an Gesetzen, welche die Abgeordneten verantworten können; sie zielt so auf Grundaussagen der sprachlichen und der instrumentellen, auch der finalen Allgemeinheit. Diese Verfassungsforderungen sind aber nicht justitiabel, weil das Parlament und nicht die Richter in der Demokratie entscheiden, ob es eine Regelung verantworten kann. Die Demokratie entfaltet sich im Parlamentsgesetz, nicht in der richterlichen Kontrolle. Das Grundgesetz errichtet nicht ein System, das dem Parlament gleichsam den Versuch der Regelbildung andient, den das Bundesverfassungsgericht dann letztverbindlich beurteilt, sondern es erwartet die parlamentarische Gestaltung, baut so weniger auf den Richter, sondern primär auf eine Selbstkontrolle des Parlaments.

Die Gesetzesallgemeinheit verengt den Gestaltungsraum des Gesetzgebers nicht, schließt ein ‚schlechtes Gesetz' nicht aus, nimmt den demokratischen Repräsentationsauftrag des Bundestags ernst. Der Gesetzgeber kann auch in Erfüllung der neuen Regelungsaufträge im technischen Sicherheitsrecht, im Regulierungsrecht, im Recht der Privatisierung und Selbstverwaltung allgemeine Gesetze erlassen, wenn er im Gesetz die prägende Grundentscheidung trifft, die er verantworten kann, dann aber auch durch Delegation die Verordnungskompetenz der Regierung nutzt, fachliche Details, technische Regelungen, auch Kurzfristiges abstrakt-generell zu regeln. Art. 80 Abs. 1 GG legt dem Bundestag nahe, Grundsatzentscheidungen zu treffen und so eine Grundstruktur zu errichten, welche die Regierung durch Verordnungsrecht ausfüllt. Diese Struktur dient der Konsistenz der Rechtsordnung, auch des Verordnungsrechts. Beim Verordnungserlass sind modifizierte Allgemeinheitsforderungen zu beachten. Die parlamentsgesetzliche Grundstruktur und diese Forderungen vermeiden, dass das Problem der rechtlichen „Übernormierung" und Inkonsistenz auf die Ebene des Verordnungsrechts verlagert wird.

Der Bundestag steht gegenwärtig vor der anspruchsvollen Aufgabe, die verschiedenen Rechtsquellen, das Bundesrecht und das inter- und supranationale Recht, auch die von Privaten gesetzten Regeln zu einer konsistenten Gesamtrechtsordnung zusammenzufügen, einen Raum der Freiheit und des Rechts zu gewährleisten. Dieser Auftrag wird derzeit kaum erfüllt. Er wäre aber leichter erfüllbar, wenn die deutschen Gesetze und die europäischen Rechtssätze den jeweiligen Allgemeinheitsforderungen folgen würden. Der neu geschaffene Nationale Normenkontrollrat könnte institutionell erweitert werden, um als Gesetzgebungsrat – kontrollieren darf er das Parlament nicht – diesen anspruchsvollen rechtswissenschaftlichen Koordinations- und Abstimmungsauftrag (*von Savigny*) zu begleiten. Der Rat bleibt aber beratendes Gremium, um nicht Gegenspieler der Demokratie zu werden.

Die Demokratie setzt auf die individuelle Freiheit und auf gestaltungsfreudige, selbstbewusste Abgeordnete. Diese sollten wieder mehr im Zentrum der staatlichen Entscheidungen stehen. Derzeit werden aber Entscheidungen, die in der repräsentativen Demokratie dem Parlament vorbehalten sind, nicht von diesem, sondern von Konsensrunden, Experten, auch von der Exekutive getroffen. Der Bundestag ringt nicht um Einfluss, sondern gibt diesen ab, erklärt sich bei der Umsetzung europäischen Rechts für „normativ unfrei". Auch demgegenüber sucht die Gesetzesallgemeinheit die Quellen der Demokratie in ihrer gegenseitigen Bedingtheit zu stärken.

Der Gesetzgeber entmachtet sich selbst, wenn er nicht grundsätzliche und verständliche Gesetze erlässt, welche die anderen Gewalten binden und leiten, wenn seine Regelungen auf Grund ihrer Struktur und der komplizierten Rechtsordnung ihre Wirkung nicht entfalten. Gesetzliche Detailregelungen führen dazu, dass Verwaltung und Gerichte – letztverantwortlich das Bundesverfassungsgericht – über gesetzliche Spezialfragen auch unter Rückgriff auf die Verfassung entscheiden. Die speziellen verfassungsrechtlichen Antworten der Gerichte binden dann das Parlament und verkleinern seinen Raum der Regelbildung. Wenn der Gesetzgeber – wie gegenwärtig – zahlreiche Einzelfallgesetze erlässt, das Bundesverfassungsgericht hingegen zu Regelbildungen und deren Verkündung in Leitsätzen veranlasst wird, scheint die Kompetenzordnung des Grundgesetzes verkehrt zu werden. Die Spezialgesetze geben Verwaltung und Gerichten genaue Anweisungen, verengen damit deren Entscheidungsraum. Gesetzliche Detailregelungen können so letztlich alle drei Gewalten entmachten.

IV.

Demokratie und Gewaltenteilung sind miteinander verbunden, greifen ineinander. Das Grundgesetz teilt die in den Händen des verfassungsgebenden Volks einheitliche Staatsgewalt um der Freiheit willen, um eine Balance zwischen den Gewalten herzustellen, durch die sich diese mäßigen und kontrollieren. Diese Balance erwartet eine Selbstständigkeit, eine Abgrenzbarkeit der Gewalten, weil Gewichte, die miteinander verbunden sind, nur schwer in ein Gleichgewicht gebracht werden können. Die Gewaltenteilung setzt in der Demokratie auf das Primat des Gesetzes. Das allgemeine Gesetz wird von der Verwaltung konkretisiert, die mit ihrer Sachnähe und Fachkompetenz den konkreten Fall entscheidet, der Individualgerechtigkeit dient. Diese klassische Funktionentrennung spiegelt den grundrechtlichen Blick auf das Individuum und die gesetzliche Orientierung auf das Ganze. Auf diesen Regelfall ist auch der Rechtsschutz ausgerichtet. Im Konfliktfall kontrolliert der Richter die Entscheidung der Verwaltung. Wenn jedoch das Parlament den individuellen Fall entscheidet, kann eine Rechtsschutzlücke entstehen, dem Bürger die Waffengleichheit gegenüber dem Staat genommen werden, die er durch den Richter erhält.

Die Teilung der Gewalten wird durch einen materiellen Gesetzesgehalt gestärkt, der die Funktion der Exekutive von der Legislative trennt. Legislative, „vollziehende Gewalt" und (Gesetzes-)Rechtsprechung gewinnen im Gesetz ihren Handlungsauftrag. Ohne ein materielles Gesetzesverständnis droht die Gewaltenteilung zu einem Rechtsprinzip zu werden, das lediglich Organe benennt. Ohne Gewissheit über den Gegenstand des Vollzugs wird nicht deutlich, was der Auftrag der vollziehenden Gewalt ist. Ohne Gesetz fehlen der Rechtsprechung Maßstab und Legitimation. Der Gesetzgeber hält Distanz zum Einzelfall, sichert so auch die Rationalität der Gesetzgebung und trägt die Verantwortung für das Ganze.

Die Gewaltenteilung sucht den Organen die Funktionen zuzuweisen, welche sie nach Zusammensetzung und Verfahren erfüllen können. Die rund 600 Abgeordneten im Bundestag erringen durch Wahl, nicht durch eine besondere Fachqualifikation ihr Mandat. Der Bundestag ist insgesamt weniger darauf ausgerichtet, Spezialentscheidungen zu treffen – dies ist Sache der Verwaltung und der Gerichte –, sondern zielt mit seiner Expertise auf den Erlass grundsätzlicher, auf das Ganze ausgerichteter Regelungen. Die Gesetzgebung wird aber gegenwärtig durch die Gesetzesinitiativen der Regierung bestimmt, durch Spezialwissen, das zu Spezialgesetzen führt, die das Parlament kaum verantworten kann. Diese Rechtsetzungspraxis entfaltet die grundgesetzliche Funktionenordnung nicht. Das Gesetzgebungsverfahren zielt auf eine öffentliche, das Volk einbeziehende Debatte im Plenum, bezieht mit Bundestag, Bundesrat und Bundespräsident drei Verfassungsorgane ein, die Grundsatzfragen beantworten, den Regelfall, nicht den Ausnahmefall bestimmen.

Der Grundsatz der Gewaltenteilung bestätigt und verdichtet insgesamt die grundgesetzlichen Allgemeinheitsforderungen, erwartet einen materiellen Gesetzesgehalt. Er ordnet die Gesetzesallgemeinheit aber nicht justitiabel an, weil er nur eine Grundaussage über den Auftrag der Gewalten trifft und sich nicht hinreichend deutlich gegen Ausnahmen stemmt. Der Grundsatz der Gewaltenteilung mahnt aber nachdrücklich und aus unterschiedlichen Blickwinkeln die verfassungsrechtliche Klugheit an, allgemeine Gesetze zu erlassen.

V.

Das Rechtsstaatsprinzip verdeutlicht, dass Rechtssicherheit eine notwendige Bedingung der Freiheit ist. Der Rechtsstaat erlässt verständliche, klare, bestimmte, widerspruchsfreie und folgerichtige Regelungen, die dauerhaft gelten, gehörig bekannt gemacht werden und sich in die Rechtsordnung zu einem konsistenten Gesamtgebilde einfügen. Der Adressat gewinnt Sicherheit im Recht, Gesetzesvertrauen. Diese rechtsstaatlichen Forderungen differenzieren nach dem Adressaten – das Atomrecht muss anderen Anforderungen genügen als das Strafrecht – und erhöhen ihren Anspruch mit der Intensität der grundrechtlichen Betroffenheit. Das Rechtsstaatsprinzip fordert unmittelbar die sprachliche, instrumentelle und temporale Allgemeinheit, aber auch den zurückgenommenen Gesetzgebungsauftrag (finale Allgemeinheit), weil Gesetze den Bürger nur erreichen, wenn sie ein Maß in Zahl und Umfang wahren. Das rechtsstaatliche Gesetz nennt seinen Regelungsgrund und sein Regelungsziel, enthält keine förmliche Begründung, wehrt sich gegen eine Befristung. Es trifft das richtige Maß der Verallgemeinerung, weil eine zu allgemeine Regel keine Rechtssicherheit schafft, nicht hinreichend bestimmt ist. Dies bedeutet aber nicht, dass der Bestimmtheitsgrundsatz strukturell gegenläufig zum Allgemeinheitspostulat wirkt, in einer Skala zwischen Verallgemeinerung und Einzelfallregelung zum Einzelakt drängt. Bestimmtheit bedeutet nicht Konkretheit. Vielmehr hat das Gesetz präzise zu verallgemeinern. Wer auf dem Petersberg bei Bonn steht und ein klares Panoramaphoto aufnehmen will, zoomt nicht auf den Rheindampfer und verengt so das Blickfeld, sondern versucht in einer Tiefenschärfe den Rhein, den Drachenfels und das Eifelgebirge zu erfassen. In diesem Sinn vernachlässigt das bestimmte Gesetz nicht das Allgemeinheitspostulat, sondern erwartet eine präzise, eine tiefenscharfe Verallgemeinerung. Der Einzelne steht nicht über dem Gesetz, aber auch nicht im Gesetz.

Diese Kerngedanken des Rechtsstaats, diese Allgemeinheitspostulate sind verbindliches Verfassungsrecht, aber auch fester Bestandteil des Europarechts. In Gerichtsverfahren werden aber nur rechtsstaatliche Kernforderungen der sprachlichen und instrumentellen Allgemeinheit durchgesetzt. Doch auch ein in Sprache und Regelungsstruktur schlechterdings unverständliches Gesetz wird das Bundesverfassungsgericht nur selten für nichtig, eher für unvereinbar mit dem Grundgesetz erklären. Würde das Bundesverfassungsgericht die Nichtigkeit aller unverständlichen Gesetze feststellen, würde die Rechtsordnung erhebliche Teile verlieren, der verbleibende Torso eher Unrecht als Recht schaffen. Dieses Ergebnis stünde dem Grundgesetz ferner als unverständliche Gesetze. So wird erneut deutlich – und dies hat das Bundesverfassungsgericht ausdrücklich betont –, dass der Auftrag, eine verständliche und konsistente Rechtsordnung zu schaffen, auf den Gesetzgeber und nicht auf den Richter zielt.

VI.

Das allgemeine Gesetz ist Garant der Freiheit. In seiner Allgemeinheit hält das Gesetz aus sich heraus freiheitliche Distanz zu den Individuen, öffnet jedem einen Raum freiheitlicher, auch eigenwilliger Gestaltung und Unterscheidung. Rechtsverletzungen und Gerichtsprozesse werden vorbeugend vermieden. Die Gesetzesallgemeinheit dient so strukturell der Freiheit. Sie ergänzt aber darüber hinaus den Schutz der individuellen grundrechtlichen Garantien beträchtlich, indem sie einen vorbeugenden, einen erweiterten Freiheitschutz leistet. Zudem bildet das allgemeine Gesetz den notwendigen Ausgangspunkt des Grundrechtsschutzes, wenn sich die Verhältnismäßigkeitsprüfung aus der allgemeinen Regel entwickelt. Die Gesetzesallgemeinheit ist mit den Grundrechten, der Demokratie, dem sozialen Rechtsstaat und der internationalen Integration ein notwendiges Element des Menschenrechtsschutzes.

Der Staat lähmt gegenwärtig die Freiheitsentfaltung durch komplizierte und überdetaillierte Gesetze. In kaum einem Bereich kann der Bürger allein durch den Blick in das Gesetz das Recht erfassen. Er ist auf erklärende Broschüren, auf Verwaltungsvorschriften, Verbandsinformationen, Vertragsstandards, auf professionellen Rat angewiesen. Diese Freiheitsbehinderungen wehren die Grundrechte gegenwärtig kaum ab. Die Erschwerungen werden – isoliert betrachtet – als zu gering erachtet, um die Eingriffsschwelle zu übertreten, oder als Bagatelleingriffe durch öffentliche Belange leicht gerechtfertigt. Die Gefahr für die Freiheit liegt aber nicht in dem einzelnen Eingriff, sondern in der Kumulation der Erschwerungen, die in ihrer Gesamtwirkung die Freiheitsentfaltung lähmen. Doch selbst wenn die Grundrechtsdogmatik modifiziert wird und aufnimmt, dass die Grundrechte auch unzumutbare kumulative Belastungen abwehren, können und dürfen nicht alle Beeinträchtigungen grundrechtlich erfasst werden, die sich ergänzen. Eine umfassende Registrierung der Lasten würde den Staat überfordern und brächte – auch unterhalb dieser Schwelle – die Gefahr der freiheitswidrigen Kumulation von Informationen, einer Rundumüberwachung mit sich. Die Allgemeinheit des Gesetzes bietet hier eine vorbeugende freiheitssichernde Ergänzung zum Grundrechtsschutz. Die sprachliche und die instrumentelle Allgemeinheit wirken unverständlichen, überkomplizierten Gesetzen und einer unkoordinierten Rechtsordnung entgegen. Die finale Allgemeinheit nimmt den Gesetzgebungsauftrag zurück und verhindert so von vornherein Belastungen, auf welche das Gemeinwesen nicht angewiesen ist.

Die Gesetzesallgemeinheit erwartet vom Gesetzgeber, zukünftige Wirkungen eines Gesetzes zu ermessen und am Maßstab der Verfassung zu prüfen. Der Grundrechtsschutz wird auch hier vorbeugend ergänzt, weil dieser grundsätzlich nur Beeinträchtigungen abwehrt, die sich bereits ereignet haben, deren Wirkungen feststehen. Auf Grund ihrer Ausrichtung auf den einen Betroffenen wehren die Grundrechte grundsätzlich verfassungswidrige Breiten- und Folgewirkungen nicht ab. Doch darf auch die Beeinträchtigung aller nicht außer Verhältnis zum Regelungsziel stehen. Die Gesetzesallgemeinheit schützt die gesamte Rechtsgemeinschaft vor verfassungswidrigen Breiten- und Folgewirkungen, dient damit der Freiheit jedes Einzelnen und der Rechtsgemeinschaft schon vor der individuellen Betroffenheit.

VII.

Die Gleichheit vor dem Gesetz legitimiert den Staat, ist Geltungsvoraussetzung der Rechtsordnung. Vor einem Einzelfallgesetz ist diese Gleichheit nicht möglich. Der Gleichheitssatz fordert daher eine personale, gegenständliche, territoriale und temporale Allgemeinheit. Diese Allgemeinheitsmerkmale legitimieren – in Deutschland wie in Europa – das Recht.

Die Unterschiedlichkeit der Menschen fordert die Differenzierung. Das allgemeine Gesetz unterscheidet im Wahlrecht zwischen alt und jung, im Steuerrecht zwischen reich und arm. Die Gesetzesanwendung nimmt diese Unterscheidungen je nach Regelungsbereich auf und differenziert auf dieser Grundlage nach den konkreten Umständen des Einzelfalls. Die Differenzierungsermächtigung ist bei der Regelung demokratisch gestaltbarer Lebensverhältnisse weit, verengt sich aber, wenn eine Regelung eher Personen als Sachverhalte erfasst, verdichtet sich weiter, wenn der Einzelne in seinem Status betroffen ist. Der Maßstab des Gleichheitssatzes wandelt sich in diesen Schritten vom Willkürverbot zum Gebot verhältnismäßiger Gleichbehandlung.

Wirkt der Gleichheitssatz als Willkürverbot, erwartet er für eine Differenzierung nur einen sachlichen Grund. Gleichwohl prallt dann das Gesetz nicht gleichsam ungefiltert auf den Grundrechtsberechtigten. Die Gesetzesallgemeinheit bietet vielmehr einen deutlich über diese zurückgenommene Verfassungskontrolle hinausgreifenden Schutz. Entfaltet sich der Gleichheitssatz in der Verhältnismäßigkeitsprüfung, ist eine grundlegende Gesetzesentscheidung in personaler, gegenständlicher, territorialer und temporaler Weite zu treffen, die verständlich, beständig und konsistent auszugestalten ist und die Gleichheitsprüfung formt und anleitet.

Die Gesetzesallgemeinheit ergänzt den Schutz des Gleichheitssatzes in der Zeit. Ein Vergleich in die Zukunft ist grundsätzlich zu unbestimmt, um am Maßstab des Art. 3 Abs. 1 GG gemessen zu werden. Der Vertrauensschutz schöpft insgesamt aus dem bestehenden Recht, aus dem Jetzt. Die temporale Allgemeinheit weitet diese Perspektive in die Zukunft, sucht so die Gleichheit in der Zeit und die generationenübergreifende Demokratie zu sichern. Die Forderung des gleichheitsgerechten Vollzugs von Gesetzen erwartet, dass die Gesetze auch vollziehbar sind. Die instrumentelle und sprachliche Allgemeinheit integrieren diese Perspektive in die Gesetzgebung. Der Bundesstaat verdeutlicht dabei einen Differenzierungsauftrag, indem er den Ländern eigene Gesetzgebungs- und Vollzugskompetenzen verleiht, so Unterschiede fordert. Die Gleichheit vor dem Gesetz gilt nur im jeweiligen Geltungsbereich. Die Gesetzesallgemeinheit fordert hier aber eine Koordination, welche der Konsistenz der Gesamtrechtsordnung und einer Allgemeinverantwortlichkeit sowie einer allgemeinen grundrechtlichen Vorfeldsicherung dient.

Der Gleichheitssatz bezieht sich auf das für den Fall maßgebliche Vergleichspaar. Das Allgemeinheitspostulat weitet die Perspektive des Gesetzgebers auf das Ganze, aus dem dann durch die gesetzliche Regelung Personen und Gegenstände herausgehoben werden. Der Allgemeinheitsgedanke entwickelt hier – vergleichbar mit dem Freiheitschutz – ein gleichheitsgerechtes Allgemeinmaß, auch eine Voraussicht, weil der Gesetzgeber nicht alle Fälle kennen kann, am Regelfall seine Regeln bilden muss.

VIII.

Wenn der Bundestag allgemeine Gesetze erlässt, dient er der Freiheit, der Gleichheit und der Demokratie. Allgemeine Gesetze erhöhen ihre Wirkkraft, treffen nur erforderliche Regelungen und stärken eine als selbstverständlich wahrgenommene Ordnung, in welcher sich die Menschen entfalten können. Die Allgemeinheit dient der persönlichen Freiheit wie der Gesamtrechtsordnung, vermeidet Freiheitskollisionen, ohne den Blick auf das Individuum zu versperren.

Diese Kerngedanken der Allgemeinheit stehen einer vollständigen individuellen Einklagbarkeit der Allgemeinheitspostulate entgegen. Zwar ordnen die Strukturprinzipien des Grundgesetzes, der Gleichheitssatz und ausdrücklich Art. 19 Abs. 1 Satz 1 GG die Allgemeinheit verbindlich an. Gleichwohl sind nur Kernforderungen der vier klassischen Allgemeinheitspostulate sowie der sprachlichen und instrumentellen Allgemeinheit justitiabel. Das Allgemeinheitserfordernis schützt den Grundrechtsträger in seinem freiheitswahrenden und gleichheitsichernden Gehalt, verlagert diesen Schutz durch einen an den Gesetzgeber gerichteten Verfassungsauftrag in das Vorfeld individueller und gegenwärtiger Betroffenheit, ergänzt ihn darüber hinaus auch durch einen Schutzauftrag für die später Betroffenen. In ihrer bestimmenden Wirkung für Auftrag, Verfahren und Struktur der Gesetzgebung entfaltet sich die Gesetzesallgemeinheit aber insbesondere als Klugheitsregel. Das Allgemeinheitspostulat gewinnt seine Kraft nicht aus der gerichtlichen Einklagbarkeit. Würden die Richter Wächter der Allgemeinheitsmerkmale, würden zentrale Gedanken der Gesetzesallgemeinheit verfehlt. Die Demokratie setzt auf die Regelbildung durch das Parlament. Dieses ist erster Adressat der Allgemeinheitsforderungen. Das Gemeinwohlanliegen des allgemeinen Gesetzes wird erst erfüllt, wenn Gesetz und Verfassungsrecht aus der durch Grundrechtsschutz und Einzelfallanwendung bestimmten Individualisierung, aus dieser richterlichen Perspektive gelöst werden und der parlamentarische Gestaltungsauftrag auf die Allgemeinheit ausgerichtet wird.

C. Recht aus unterschiedlichen Quellen

I.

Das zentrale Handlungsinstrument der Europäischen Union sind die allgemeinen Rechtssätze. Die europäische Integration hat mit dem Uranliegen der Friedenssicherung, mit diesem Wunsch tief greifender Allgemeinheit begonnen. Sie hat sich zu einer Union mit 27 Mitgliedstaaten entwickelt und das Friedensziel scheint jedenfalls für Kerneuropa erreicht. Nunmehr verdichtet sich eine europäische Rechtsordnung, die mit den Rechtsordnungen der Mitgliedstaaten in deren Verschiedenheiten zusammenwirkt, die „Identität" der Mitgliedstaaten, eine „Kohärenz" und „Solidarität", eine hierauf abgestimmte Allgemeinheit wahren muss. Es stellt sich ein anspruchsvoller rechtlicher Koordinationsauftrag, der eine maßvolle, eine zurückgenommene Rechtsetzung nahelegt. Gegenwärtig scheint dieser Auftrag unerfüllt zu bleiben. Es besteht die Gefahr, dass die Union das Ziel, einen Raum der Freiheit und des Rechts zu errichten, durch eine gegenwartsbezogene Übernormierung aus den Augen verliert. Die Interinstitutionelle Vereinbarung „Bessere Rechtsetzung" und der Mandelkern-Bericht verdeutlichen diesen Krisenbefund: Das europäische Recht ist kaum zu überblicken, durch Detailregelungen geprägt, errichtet keine konsistente Gesamtrechtsordnung. Es wird daher eine neue Vereinfachungskultur für das europäische Recht, ein neues Denken und Handeln gefordert. Die Allgemeinheit europäischer Rechtssätze könnte dieser „neuen Rechtsetzungskultur" dienen.

II.

Allgemeine Richtlinien greifen für alle Mitgliedstaaten. Die Richtlinie ist bewusst unvollständig, weil sie nur im Ziel verbindlich ist und durch mitgliedstaatliche Rechtsakte umgesetzt werden muss. So nutzt die Union – anders als beim Erlass einer Verordnung – die Regelungsverantwortung der Mitgliedstaaten, die das Rechtsetzungsziel umzusetzen und in ihre Rechtsordnung einzupassen haben, hierbei der Konsistenz der Gesamtrechtsordnung und damit der Befolgung des europäischen Rechts dienen (instrumentelle Allgemeinheit). Die Richtlinie ist eine folgerichtige Idee des Europarechts. Auf Grund ihrer instrumentellen Allgemeinheit ist sie – wie das Europarecht selbst betont – grundsätzlich der Verordnung vorzuziehen. Die gegenwärtige Rechtsetzungspraxis erlässt allerdings deutlich mehr Verordnungen als Richtlinien. Zudem verwischt sie die Unterschiede zwischen beiden Regelungsinstrumenten, darf dabei zwar den Regelungsgehalt der Verordnung richtlinienähnlich zurücknehmen, nicht aber eine Verordnung im Gewand einer Richtlinie erlassen, in Detailvorgaben den Umsetzungsraum der Mitgliedstaaten zu stark verengen. Diese Rechtsetzungspraxis trägt zur Inkonsistenz der Gesamtrechtsordnung bei. Gegen beides wehrt sich das Primärrecht.

Wenn die Union gegenwärtig die Verordnung der Richtlinie vorzieht, will sie die Verwirklichung des Europarechts durch die Mitgliedstaaten sichern. Wer das selbst gesetzte Recht nicht vollzieht, scheint zu unmittelbar verbindlichen Detailregelungen zu drängen, die am besten „self-executing" sind, um die Rechtswirkung weitestgehend selbst zu prägen. Doch rühren die Umsetzungsmängel nicht selten aus dem Europarecht. Gegenwärtig werden zu häufig Detailvorgaben erlassen, welche kaum in die mitgliedstaatlichen Rechtsordnungen eingepasst werden können, teilweise auch nicht mit dem geltenden europäischen Recht abgestimmt sind. Ein Grund liegt auch darin, dass die europäischen Rechtsakte – wie die mitgliedstaatlichen Gesetze – von Spezialwissen geprägt sind, deshalb zu immer neuen Spezialregelungen neigen, nicht auf das Ganze blicken (Mandelkern-Bericht). Den Richtlinien fehlt es gegenwärtig oft an Allgemeinheit.

Die Richtlinie büßt darüber hinaus an Allgemeinheit ein, wenn sie mangels Umsetzung in Teilen in den Mitgliedstaaten unmittelbar wirkt. Doch werden dann Regelungen aus dem Gesamtkonzept der Richtlinie herausgenommen – der Gedanke des von vornherein ausgeglichenen Rechts und der überzeugenden Gesamtregelung wird verletzt. Die Regel gilt, obwohl das Rechtssystem noch nicht angepasst worden ist. Die Richtlinie aber kann und soll auf die Umsetzung nicht verzichten. Es sollte daher erwogen werden, nicht die unmittelbare Anwendung anzuordnen, sondern die Umsetzung der Richtlinie zu erzwingen.

Der Europäische Gerichtshof fordert, Richtlinien rechtssicher und dauerhaft durch normative Akte, durch einen verbindlichen rechtlichen Rahmen umzusetzen. Eine richtlinienkonforme Verwaltungspraxis oder umsetzende Verwaltungsvorschriften genügen nicht. Diese Vorgabe wirkt auf die Richtlinie zurück. Mit der Richtlinie ist ein klares und dauerhaftes, ein allgemeines Regelungsziel zu verfolgen (finale und temporale Allgemeinheit). Dieses Ziel muss in verschiedene Sprachen und Rechtskulturen übersetzt, gleichheitsgerecht in allen Mitgliedstaaten verwirklicht werden können (sprachliche, instrumentelle, gegenständliche und personale Allgemeinheit). Die Richtlinie darf – wie die Verordnung – nur erlassen werden, wenn ihr Regelungsziel in einem angemessenen Verhältnis zu den damit verbundenen Rechtslasten und den Auswirkungen für die Bürger steht. Diese Forderungen des Verhältnismäßigkeitsgrundsatzes haben sich mit der Zahl der Mitgliedstaaten deutlich erhöht. Hier liegt es nahe, einen Rechtsetzungsrat mit Vertretern aus den 27 Mitgliedstaaten zu gründen, dessen allein beratende Aufgabe darin besteht, die Folgen der europäischen Rechtsakte bewusst zu machen, rechtliche Brüche offenzulegen und so der Konsistenz der Gesamtrechtsordnung, dem gegenwärtig dringenden Anliegen der Koordination des Rechts zu dienen.

III.

Europäische Verordnungen gelten allgemein und unmittelbar in jedem Mitgliedstaat. Bereits in dieser ausdrücklichen primärrechtlichen Vorgabe ruht ein weitreichendes Allgemeinheitspostulat. Sollen Verordnungen unmittelbar in 27 Staaten mit verschiedenen Kulturen, geographischen Strukturen, unterschiedlichen Sprachen und Rechtssystemen wirken, sind sie auf eher grundsätzliche Regelungen angelegt, die nicht durch Verschiedenheiten in den Staaten gehemmt werden. Diese Regelungen sind in klarer Sprache und Regelungsstruktur zu treffen. Das Problem der Vielsprachigkeit drängt in besonderer Weise auf Formulierungen, die auf eine Übersetzbarkeit angelegt sind. Die Verordnung ist in all ihren Teilen verbindlich, baut – anders als die Richtlinie – nicht von vornherein auf einen staatlichen Umsetzungsakt. Sie führt daher – insbesondere wenn sie Detailvorgaben setzt – zu nicht unerheblichen rechtlichen Friktionen, die oft zahlreiche Anpassungsentscheidungen erwarten, aber auch dann nicht vollständig, durch allgemeine Vorgaben jedoch weitgehend verhindert werden können.

Die Gleichheit vor dem Gesetz ist ein verbindliches Maß der europäischen Integration. Soll diese Forderung beim Vollzug von Verordnungen erfüllt werden, sind von vornherein Regelungen zu erlassen, die in den unterschiedlichen Mitgliedstaaten auch gleichheitsgerecht vollzogen werden können. Europäische Rechtsakte sind nach europarechtlichen Regeln auszulegen. Gleichwohl können die Vollzugsorgane aus 27 Mitgliedstaaten ihre eigene Rechtstradition und Sprache, ihr Rechtssystem nicht einfach beiseiteschieben, werden insbesondere komplizierte europarechtliche Vorgaben im Rechtsvollzug unterschiedlich aufnehmen. Der Grundsatz der Verhältnismäßigkeit fordert auch hier, dass das Regelungsziel die Durchsetzungslasten aufwiegt. Je spezieller Regelungsziel und Regelungsmittel sind, desto eher steht der Nutzen von Detailregelungen außer Verhältnis zum Befolgungsaufwand.

Diese Gedanken der finalen, territorialen, instrumentellen und sprachlichen Allgemeinheit werden in der Vorgabe der „allgemeinen Geltung“, in dieser Abgrenzung zum Einzelakt, um personale und gegenständliche Allgemeinheitserwartungen ergänzt. Auch durch Verordnungen dürfen nicht Privilegien an bestimmte Personen verteilt, Vorzüge nicht durch die Anknüpfung an einen

Gegenstand bewilligt werden. Hiernach soll auf europäischer Ebene ein freiheitsichernder Schutzwall errichtet werden, der in der Breitenwirkung die Belastungen von vornherein mäßigt und Grundrechtsbeeinträchtigungen verhindert, Einzelbegünstigungen durch seine Allgemeinheit abwehrt oder zumindest erschwert.

Die Europäische Union ist ein dauerhafter Zusammenschluss, in dem der acquis communautaire zu wahren ist. Diese Beständigkeit weist auf die temporale Allgemeinheit, im Grundsätzlichen letztlich auf alle sieben Allgemeinheitsmerkmale. Diese Forderungen werden durch die Interinstitutionelle Vereinbarung „Bessere Rechtsetzung" und durch das „Protokoll über die Anwendung der Grundsätze der Subsidiarität und der Verhältnismäßigkeit" bestätigt. Das Europarecht macht insgesamt die Kerngehalte aller Allgemeinheitspostulate zum justitiablen Maßstab europäischer Rechtsetzung, fordert zudem verbindlich, dass die Union die – im Vergleich hierzu abgeschwächten – Grundforderungen aller sieben Allgemeinheitsmerkmale erfüllt.

IV.

Die Europäische Union ist den demokratischen Grundsätzen verpflichtet, die das Europarecht, die mitgliedstaatlichen Verfassungsüberlieferungen und die Integrationsvorgaben der nationalen Verfassungen an sie stellen. Die demokratische Selbstbestimmung der Wähler in Europa, die personale demokratische Legitimation entfaltet sich über zwei Stränge. Sie wird einerseits über die mitgliedstaatlichen Vertreter im Rat und die mitgliedstaatlichen Parlamente, andererseits über das europäische Parlament vermittelt. Diese Legitimation ist nach einem gängigen Befund gegenwärtig in der Krise. Der mitgliedstaatliche Strang leide darunter, dass der Einfluss der staatlichen Parlamente zu gering sei, Staatenvertreter im Rat überstimmt werden können und dessen Sitzungen nicht öffentlich sind. Der europäische Strang bleibe zurück, weil die Gleichheit bei der Wahl zum Europäischen Parlament nicht gelte, das Parlament zu wenig Kompetenzen habe, die Union insgesamt nicht reif für einen vitalen Parlamentarismus sei. Insgesamt präge die Kommission die europäische Politik, werde aber kaum kontrolliert, kaum durch eine personale demokratische Legitimation gestützt. Angesichts der steigenden, der „staatsähnlichen" Kompetenzen der Union sei dieses Demokratiedefizit nicht mehr hinnehmbar, müsse das demokratische System in Europa neu entfaltet werden.

Die europäische Demokratie bestärkt die gezeichneten primärrechtlichen Allgemeinheitsforderungen, ohne jedoch selbst justitiable Vorgaben zu setzen. Die Legitimation über den Rat und das Europäische Parlament ist gehemmt, wenn diese die Rechtsakte nicht verstehen, denen sie zustimmen, erwartet folglich ein Mindestmaß an sprachlicher und instrumenteller Allgemeinheit. Die

Rechtsetzungspraxis steigert gegenwärtig das Demokratiedefizit, wenn zahlreiche Rechtsakte – hier wird von 80 Prozent der Rechtssätze gesprochen – im Rat in Sammelabstimmungen ohne Aussprache, ohne eine Beschäftigung in der Sache und in beliebiger Ratsformation erlassen werden (sog. A-Punkt-Verfahren). Die vorherige Zustimmung durch den Ausschuss der Ständigen Vertreter kann diese Schwächung der Legitimation nicht auffangen. Wenn man zudem bedenkt, dass der Einfluss der mitgliedstaatlichen Parlamente auf die europäische Rechtsetzung gering ist und das Europäische Parlament nur eine zurückhaltende demokratische Legitimation vermittelt, entfalten gegenwärtig beide europäischen Legitimationsstränge eine gehemmte Wirkung. Die fragliche demokratische Legitimation mahnt die europäischen Organe insbesondere angesichts ihrer weitgreifenden Kompetenzen, die durch den Vertrag von Lissabon noch gestärkt würden, zur Zurückhaltung (finale Allgemeinheit). Wer keine kraftvolle demokratische Legitimation hinter sich weiß, wird eher vorsichtig Recht setzen.

Die Rechtsetzungspraxis des A-Punkt-Verfahrens und das nahezu alleinige Initiativrecht der Kommission steigern deren ohnehin prägenden Einfluss. Die Kommission wird in erster Linie durch eine sachliche demokratische Legitimation gestützt. Auch die Entscheidungen des Europäischen Gerichtshofs werden auf diesem Weg legitimiert. Angesichts des „Demokratiedefizits" rückt insgesamt die sachliche demokratische Legitimation des Primärrechts in den Vordergrund, weil diese kraftvoll ist, weil alle mitgliedstaatlichen Demokratien dem Primärrecht zugestimmt haben. Deshalb sind die primärrechtlichen Allgemeinheitsforderungen, ist die primärrechtliche Unterscheidung zwischen Richtlinie und Verordnung wieder stärker zur Wirkung zu bringen. Der Europäische Gerichtshof muss zwar Rechtsfortbildung betreiben, das gegenwärtige Ringen der Union um demokratische Legitimation mahnt ihn aber insbesondere im Bereich des Primärrechts zur Zurückhaltung.

Auch der Drang der Union zu detaillierten sekundärrechtlichen Vorgaben stellt eine demokratische Frage. Die Spezialregelungen verengen den Gestaltungsraum der europäischen Organe, den Raum der Mitgliedstaaten und der Bürger. Sie scheinen so – diese Entwicklung läuft parallel zum mitgliedstaatlichen Recht – eine Entmachtung aller Organe und den Prozess der Entrechtlichung zu fördern. Die Allgemeinheitsforderungen suchen sich gegen diese Entwicklung zu stellen, dem Recht und der Demokratie zu dienen. Die europäischen Repräsentationsorgane vertreten in ihrem Zuständigkeitsbereich 27 Mitgliedstaaten mit insgesamt rund 490 Millionen Einwohnern. Rechtsakte, die in diesem Vertretungsanspruch erlassen werden, wehren sich von vornherein gegen eine Parzellierung, gegen einen engen Anwendungsbereich, erwarten eine Allgemeinheit.

V.

Nach dem Prinzip der begrenzten Einzelermächtigung hat die Europäische Union nur die Kompetenzen, die ihr durch das Primärrecht ausdrücklich übertragen werden. Der Auftrag zur Regelbildung liegt hiernach grundsätzlich bei den Mitgliedstaaten. Der jeweilige europäische Kompetenztitel bestimmt daher das Ziel des Rechtssatzes und die Regelung, mit welcher dieses Ziel zu verfolgen ist – die Kompetenztitel prägen die europarechtliche Verallgemeinerung.

Nach dem Subsidiaritätsprinzip darf die Union einen Rechtsakt nur erlassen, wenn ein transnationaler Bezug besteht, die europäische Regelung deutliche Vorteile mit sich bringt und wenn ohne die Regelung europäische und mitgliedstaatliche Interessen verletzt zu werden drohen. Jeder europäische Rechtsakt muss hiernach in einer europäischen Perspektive allgemein sein, muss dem Gedanken der freiheitsgerechten Rechtsetzung *Montesquieus* folgen, nach welchem eine Regelung nur erlassen werden darf, wenn sie notwendig ist. Diese Vorgaben der finalen Allgemeinheit sind in ihrem Kerngehalt justitiabel. Würde das Subsidiaritätsprinzip befolgt, würde der Gedanke der verallgemeinernden Regelbildung wirkkräftig.

Die Union übt bestimmte Kompetenzen in der Weite von 27 Mitgliedstaaten aus. Die Mitgliedstaaten haben die Kompetenz-Kompetenz, eine allgemeine Zuständigkeit, erlassen aber Regelungen nur für ihren Regelungsbereich. Dieses Verhältnis von Nähe und Weite prägt das Europarecht. Es verlangt in der europaweiten Allgemeinheit die beschränkten Kompetenzen, damit die Mitgliedstaaten ihren allgemeinen Regelungsauftrag in der Nähe ihres Regelungsbereichs erfüllen können.

VI.

Die Europäische Union sucht einen Binnenmarkt zu errichten, in welchem der freie Verkehr von Waren, Personen, Dienstleistungen, Kapital und von Zahlungen gewährleistet ist. Diese Grundfreiheiten sind in erster Linie an die Mitgliedstaaten gerichtet, binden aber auch die Organe der Union. Sie verbieten offene und verdeckte Diskriminierungen sowie Beschränkungen jeglicher Art. In ihrem sektoral begrenzten Anwendungsbereich – der allerdings nach der Rechtsprechung des Europäischen Gerichtshofs eine beträchtliche Weite hat – erheben die Grundfreiheiten weitreichende gegenständliche und personale Allgemeinheitsforderungen. Es ist nicht allein eine Verallgemeinerung in der Sache, sondern auch in der Wirkung der europäischen Rechtsakte zu erreichen, um die Freiheiten auch nicht potentiell zu behindern. Die Grundfreiheiten garantieren eine Freiheit und eine Allgemeinheit, welche die Mitgliedstaaten allein nicht gewährleisten können.

Die besonderen Diskriminierungsverbote der Grundfreiheiten werden durch allgemeine Diskriminierungsverbote ergänzt, insbesondere durch die Verbote, nach der Staatsangehörigkeit oder dem Geschlecht sachwidrig zu differenzieren. Diese Verbote richten sich auch an die europäischen Organe. In ihrem Anwendungsbereich fordern sie eine strikte personale Verallgemeinerung.

Auch vor dem europäischen Sekundärrecht sind alle Menschen gleich. Der Gleichheitssatz sucht eine Chancengleichheit, keine Ergebnisgleichheit zu erreichen. Er untersagt, in einer Verordnung oder einer Richtlinie einen Einzelfall zu regeln, weil vor dieser Regelung auch unter Berücksichtigung der mitgliedstaatlichen Umsetzung eine Gleichheit nicht möglich ist. Die Gleichheitsforderung bezieht sich auf das Regelungsgebiet der Union und damit auf 27 Mitgliedstaaten. Es ist ein Maß zu halten von Portugal bis Polen, von Schottland bis Sizilien. Diese Vorgabe kann kaum durch Spezialvorschriften erfüllt werden. Der Gleichheitssatz fordert insoweit als justitiabler Maßstab die Kerngehalte der vier klassischen Allgemeinheitsforderungen.

VII.

Die Mitgliedstaaten sind für den Vollzug des Europarechts zuständig. Das europäische Recht muss in allen Mitgliedstaaten zur Anwendung gebracht werden. Dieses weite Regelungsgebiet fordert eine Zurückhaltung des Rechts, damit die Vollzugsstellen der Mitgliedstaaten den Besonderheiten der Staatsvölker, Regionen und Menschen gerecht werden können. Das Prinzip des institutionellen Gleichgewichts sollte die Mitgliedstaaten daher nicht nur in ihren Vertretern im Rat leiten, sondern auch beim Vollzug des Europarechts und der Europäisierung ihres Rechts. Das Prinzip fordert dann eine freiheitsichernde Unterscheidung zwischen Rechtsetzung und Vollzug und mit dieser eine klare Verantwortungszurechnung, welche die allgemeine Regelbildung von der vollziehenden Einzelmaßnahme trennt.

Die rechtsstaatliche Demokratie ist mit dem Gedanken der allgemeinen Regelbildung verbunden. Demokratie und Rechtsstaatlichkeit fordern in den Mitgliedstaaten und der Europäischen Union freiheitswahrende, gleichheitsgerechte, verlässliche und verständliche Rechtsakte. Das Rechtsstaatsprinzip verlangt verbindlich und justitiabel ein Mindestmaß an sprachlicher und instrumenteller Allgemeinheit.

VIII.

Der Schutz der Menschenrechte ist das zentrale Anliegen der Europäischen Union. Der Mensch steht im Mittelpunkt der Rechtsordnung. Diese gewinnt durch die Gewährleistung seiner Rechte Legitimität. Der Menschenrechtsschutz ist unaufgebbarer Teil der europäischen Rechtskultur.

Die europäische Integration will von Beginn an diese Forderung erfüllen. Sie wurde mit dem Anliegen gegründet, zum Schutz der Menschenrechte und des Friedens einen gemeinsamen Binnenmarkt zu schaffen. Dieses Vorhaben erteilt einen Auftrag zur Deregulierung. Je mehr aber die Union mit dem Zuwachs an Kompetenzen eigene Regulierungsaufträge entwirft, Ursache eigener Freiheitsbeeinträchtigungen wird, umso stärker werden die individuellen Grundrechte durch das Europarecht gefährdet. Der Schutz der Grundrechte in der Union ist auf die in den Verfassungstraditionen der Mitgliedstaaten angelegten Standards und die diesen Verfassungsordnungen und dem Europarecht vermittelbaren Rechte ausgerichtet. Das Schutzniveau wirkt im Vergleich zum deutschen Grundrechtsschutz zu Lasten der Freiheit, wenn individualrechtliche Garantien auf europäischer Ebene nicht durchgesetzt werden. In nahezu allen Mitgliedstaaten entstehen rechtliche Friktionen, weil sich der nationale vom europäischen Grundrechtsschutz unterscheidet. Dieser Befund darf aber nicht dazu verleiten, ein hohes, gar das höchste mitgliedstaatliche Schutzniveau für Europa zu fordern. Die Rücknahme des europäischen Grundrechtsschutzes sichert auch Freiheit, ist Bedingung einer freiheitschützenden Allgemeinheit. Sie ermöglicht allgemeine europäische Rechtsstandards, insbesondere durch die Grundfreiheiten einen europäischen Raum der Freiheit, der über die Nationalstaaten hinausgreift.

Dem europäischen Grundrechtsschutz muss ein dreifacher Ausgleich gelingen. Sein Schutzniveau darf nicht zu gering sein, damit die Grundrechte durch die Union nicht zu stark beeinträchtigt werden. Die Gewährleistungen dürfen aber – zweitens – auch nicht zu dicht wirken, weil sonst der europäische Raum der Freiheit und des Rechts gefährdet würde. Zudem muss – drittens – ein Maß zwischen der grundrechtlichen Freiheit, der Gleichheit, den Grundfreiheiten und den Diskriminierungsverboten gehalten werden. In der Suche nach diesem notwendigen Ausgleich scheint das Europarecht erst am Anfang zu stehen. Der Individualrechtsschutz ist in Europa insbesondere auf Grund dieser notwendigen Balance gemäßigt. Deshalb setzt der europäische Schutz der Freiheit und Gleichheit auf ein weiteres Element, auf die Allgemeinheit der europäischen Rechtssätze. Gerade in einer Union mit 27 Mitgliedstaaten und rund 490 Millionen Einwohnern können – selbst wenn der dreifache Ausgleich gelingen würde – die Grundrechte nicht allein, insbesondere nicht im Nachhinein durch die Richter die Freiheit gewährleisten. Es bedarf in besonderer Weise eines vorbeugenden, eines die Grundrechte ergänzenden und sie entfaltenden Schutzes durch die europäischen Organe, durch die verallgemeinernde Regel.

IX.

Allgemeine Verordnungen und Richtlinien stärken die Durchsetzbarkeit des europäischen Rechts und damit die europäische Integration. Die in ihrer Klarheit und Zurücknahme allgemeinen rechtlichen Zielvorgaben erreichen eine höhere Verbindlichkeit, werden aber gleichzeitig den Eigenarten der Mitgliedstaaten gerecht. Allgemeine Regeln treten kaum in Widerspruch zueinander, machen einen solchen – falls er auftreten sollte – jedenfalls deutlich, dienen so der Konsistenz der Gesamtrechtsordnung. In diesem Sinn setzt das Europarecht verbindlich unterschiedliche Allgemeinheitsforderungen, fordert justitiabel den Kerngehalt aller sieben Allgemeinheitsmerkmale. Diese Allgemeinheit der europäischen Rechtssätze erhebt aber – wie das grundgesetzliche Postulat – keinen Absolutheitsanspruch, entwirft keinen schematisch-formalen Rahmen, der den Gestaltungsraum der europäischen Organe zu stark einengt. Sie sucht dem Aufbruch zu einer „neuen Rechtsetzungskultur" zu dienen.

Die europarechtlichen Allgemeinheitsforderungen nehmen die Lehren der europäischen Rechtskultur auf, den Befund, dass Einzelfallregelungen und Übernormierungen letztlich zu einer Entrechtlichung führen. Sie suchen die europäische Rechtsetzung auf die Freiheit (*John Locke, Kant*), auf das gemeine Wohl, auf eine Rationalität auszurichten (*Thomas von Aquin*). Der Geist des Rechts einer Union von 27 Mitgliedstaaten und rund 490 Millionen Einwohnern ist der Geist der Mäßigung (*Montesquieu*). Allgemeinen Rechtsakte folgen dem Gedanken der Allseitigkeit und lassen so Raum für den Einzelfall, für Individualität und Gegenseitigkeit. Sie dienen der Gerechtigkeit und den Menschenrechten, erhöhen die Legitimität und Akzeptanz des Europarechts. Rechtsregeln können keine Gemeinschaft stiften. Jedoch können allgemeine europäische Rechtssätze, verständliche und zurückgenommene Zielvorgaben die Integration im Recht fördern.

D. Zukunftsbezogene Allgemeinheit

I.

Die rechtliche Forderung der allgemeinen Regelbildung muss sich in verschiedenen Rechtsgebieten bewähren. Die sieben Allgemeinheitsmerkmale leiten den Gesetzgeber an, die Grundrechte im Vorfeld zu schützen, und wollen die Demokratie zur Entfaltung bringen. Der Gesetzgeber muss im Erlass allgemeiner Gesetze die Besonderheiten der Rechtsbereiche, die spezifischen Regelungsaufträge und die jeweilige rechtliche Rationalität aufnehmen. Dabei wird bewusst, dass je nach Rechtsfrage unterschiedliche Allgemeinheitsforderungen und Schutzanliegen des allgemeinen Gesetzes in den Mittelpunkt rücken.

II.

Das allgemeine Gesetz erlaubt Verwaltung und Gerichten, unvorhergesehenen Ereignissen gerecht zu werden. Reagiert der Gesetzgeber wie im Polizeirecht auf das Ungewisse, auf die unvorhersehbare Gefahr, erscheint es sachgerecht, in den polizeirechtlichen Generalklauseln ein hohes Maß an Verallgemeinerung zu wahren. Diese Verallgemeinerung bestätigt die Gewaltenteilung, weil das Gesetz allgemeinen Rechtsgüterschutz – für Gestörten und Störer – ermöglicht, die Polizei aber beauftragt, den Einzelfall in der vom Gesetz geprägten Verallgemeinerung zu entscheiden. Die Generalklauseln erlauben der Polizei, neuartige Gefahren abzuwehren, auch Gefahrenvorsorge zu betreiben, im Vorfeld einer Gefahr tätig zu werden, die grundrechtlichen Abwehrrechte und Schutzpflichten in einen Ausgleich zu bringen. Die gegenwärtigen Regelungen der Standardmaßnahmen bieten bereits für übliche polizeiliche Tätigkeiten keine hinreichenden Rechtsgrundlagen, können jedenfalls neue polizeiliche Handlungen nicht legitimieren. Das Polizeirecht erwartet ein offenes Fenster zu den Generalklauseln.

Damit stellen sich die Fragen, ob die Generalklauseln dem Bestimmtheitsgrundsatz genügen, wo die Grenze, wo das Maß der Allgemeinheit liegt. Der verfassungsrechtliche Bestimmtheitsgrundsatz fordert nicht eine konkrete Regel, sondern eine präzise Verallgemeinerung. Die allgemeine Regel, die Regelungsziel und Regelungsgrund genau erfasst, leitet die Konkretisierung in dem von der Verfassung gebotenem Maß. Die polizeilichen Generalklauseln genügen diesem Erfordernis, weil sie mit der Vorgabe der Sicherheit für wichtige Rechtsgüter eine präzise Verallgemeinerung setzen, anders als etwa eine entsprechende Generalklausel für den Umweltschutz oder die soziale Fürsorge. Die Maßnahmen, die auf die polizeilichen Generalklauseln gestützt werden, müssen verallgemeinerungsfähig, für vergleichbare Situationen das angemessene Mittel sein. Diese Verallgemeinerung leitet, sie ‚konkretisiert' die Verhältnismäßigkeitsprüfung in all ihren Teilinhalten. Die Gefahrenabwehr verlangt rasches Handeln, erwartet rechtliche Maßstäbe, welche sich die tätigen Beamten zuvor verlässlich zu eigen machen können, die ein sicheres Rechtsbewusstsein im Vollzug bilden. Gut gesetzte Generalklauseln erfüllen diese Forderungen, weil die verallgemeinernde Gesetzeskonkretisierung, weil die Verallgemeinerung als Kategorie des Denkens dem Menschen eigen ist. Diese Konkretisierung erfüllt die Gleichheitsforderungen. *Kants* Verallgemeinerungsformel klingt im gesetzlichen Schutzwall und als Maß des Gesetzesvollzugs an: Die Anwendung muss – bereichsspezifisch – einer Maxime genügen, von der man zugleich wollen kann, dass sie allgemein befolgt wird. Die Generalklauseln gewinnen in ihrer Allgemeinheit an Bestimmtheit.

III.

Die Steuer ist ein Erzeugnis des Rechts. Das Steuerrecht wird daher weniger durch die Realität, sondern mehr durch das Recht geprägt. Die Allgemeinheitsforderungen rücken so in den Vordergrund. Der Staat finanziert sich grundsätzlich durch die steuerliche Gemeinlast. Sonderausgaben sind nur als seltene Ausnahmen, Vorzugslasten nur bei verzichtbaren oder ausgleichsbedürftigen Staatsleistungen zulässig. Die Steuer belastet die Allgemeinheit und gibt die Steuererträge an die Allgemeinheit zurück. Garant dieser Allgemeinheit ist das Gesetz. Das allgemeine Steuergesetz vermag die Unterscheidung zwischen Rechtsgebrauch und Rechtsmissbrauch zu klären und damit der Steuergestaltung eine klare Vorgabe zu geben.

Die direktive Kraft der Gesetzesallgemeinheit kann sich gegenwärtig gegenüber der Unternehmensteuerreform bewähren. Hier greifen die Allgemeinheitsforderungen des Art. 19 Abs. 1 Satz 1 GG und des Rechtsstaatsprinzips, wird die unterschiedliche Regelungskraft des verfassungsrechtlichen Dreiklangs deutlich. Die Klugheitsregeln warnen vor der Zinsschranke, weil in der Durchbrechung des objektiven Nettoprinzips und im Schritt von der Ist-Besteuerung zur Soll-Besteuerung die gegenständliche und die instrumentelle Allgemeinheit vernachlässigt werden. Die Änderung des Gewerbesteuerrechts, die gewählte Mischlösung zwischen Ist- und Soll-Besteuerung, verletzt ebenfalls diese Klugheitsregeln. Den entsprechenden verbindlichen Verfassungsaufträgen widerspricht die Vorgabe, grundsätzlich abziehbare Aufwendungen nur noch eingeschränkt zum Abzug zuzulassen, wenn sie ein Finanzierungselement enthalten. Die Regelung der Funktionsverlagerung errichtet eine „Soll-Ertragsbesteuerung im Bereich des Ungewissen". Diese Regelung ist auf Grund ihrer Überdifferenzierung schlicht nicht verständlich. Die fehlende Allgemeinheit führt zum Verlust der Regelungswirkung, schwächt so den Parlamentarismus. Die Bestimmung verstößt gegen die rechtsstaatliche Kernforderung der sprachlichen Allgemeinheit. Neben diesem justitiablen Maßstab wird auch der Verfassungsauftrag des Art. 19 Abs. 1 Satz 1 Alt. 1 GG verletzt, weil letztlich keine Regelung getroffen, keine personale und gegenständliche Verallgemeinerung vorgenommen, kein Vorfeldschutz errichtet wird, es im Ergebnis zu einer Verhandlungslösung kommt. Die Bestimmung verweigert auch dem Grundrechtsschutz den notwendigen Ausgangspunkt.

Art. 3 Abs. 1 GG und die Eigentumsfreiheit schützen gegenwärtig nur vor extremen Steuereingriffen, die dem Rechtsstaat grundsätzlich fern sind. Der Grundrechtsschutz bleibt kraftlos, weil ihm der notwendige Ausgangspunkt, das allgemeine Steuergesetz, fehlt. Der Schutz der Freiheit und Gleichheit baut insgesamt in gesetzesgeprägten Rechtsbereichen wie dem Steuerrecht in besonderer Weise auf das allgemeine Gesetz.

IV.

Der grundrechtsergänzende Schutz durch das allgemeine Gesetz wird gegenwärtig für den gesetzlichen Vorgriff in die Zukunft besonders bedeutsam. Der Staat ist hoch verschuldet, leidet unter den Ausgaben vergangener Zeiten, unter der enormen Last der Rückzahlungs- und Zinsverpflichtung, ist in seiner zukünftigen Leistungskraft gefährdet. Die temporale Allgemeinheit wirkt dem entgegen. Sie fordert beständige Regelungen, versperrt sich gegen eine Belastung der zukünftigen zugunsten der gegenwärtigen Wähler und sichert die demokratische Repräsentation des ganzen Volks. Dieser Gedanke der Gleichheit in der Zeit ist individualrechtlich kaum fassbar, nicht justitiabel, baut daher auf den vorbeugenden Schutz des allgemeinen Gesetzes.

Alle Allgemeinheitspostulate leiten als Klugheitsregeln die Interpretation der neuen grundgesetzlichen Verschuldungsgrenze (Art. 109 Abs. 3 und Art. 115 Abs. 2 GG n. F.) und als verbindliche, jedoch kaum justitiable Maßstäbe die von der Verfassung geforderte Konkretisierung durch das einfache Recht. Sie können so – ausgerichtet auf den gestaltenden Gesetzgeber – mehr bewirken, als dies justitiable Vorgaben könnten, die eher die richterliche Korrektur im Nachhinein veranlassen. Der Maßstab der Gesetzesallgemeinheit stärkt die parlamentarische Demokratie und nicht die richterliche Verfassungskontrolle.

V.

Der Gesetzgeber schafft durch allgemeine Gesetze eine Allseitigkeit, die der Gerechtigkeit dient und die Gemeinschaft des Rechts festigt. Die Gesetzesallgemeinheit sichert einen Raum der Freiheit, in dem die Freiheit gelebt und erfahren wird, in dem sich die Menschlichkeit in Beziehungen der Gegenseitigkeit entfaltet, die Gesellschaft ihre spezifische Kraft entwickelt und aus dieser die Gemeinschaft stiftet. Das allgemeine Gesetz wird zum Garanten der Gemeinschaft, für den Nachdenklichen zum überredenden Gesetz.

Individualität und Gemeinschaft, Gegenseitigkeit und Allseitigkeit, Freiheit und Sicherheit, Individualgerechtigkeit und Gleichheit vor dem Gesetz verbinden sich zu einer Einheit im Dienst der Menschenrechte. Das Recht stützt diese Einheit durch den sozialen Rechtsstaat, die europa- und völkerrechtsfreundliche Demokratie, den individuellen Grundrechtsschutz und die Allgemeinheit des Gesetzes.

Literaturverzeichnis

Ahrens, Gerlind / Leier, Klaus-Peter, Bessere Rechtsetzung in der EU nach der deutschen EU-Ratspräsidentschaft, ZG 2007, S. 383ff.

Albers, Marion, Die Determination polizeilicher Tätigkeit in den Bereichen der Straftatenverhütung und der Verfolgungsvorsorge, 2001.

Albrecht, Matthias, Die Methode der preußischen Richter in der Anwendung des preußischen allgemeinen Landrechts von 1794. Eine Studie zum Gesetzesbegriff und zur Rechtsanwendung im späten Naturrecht, 2005.

Alemann, Florian von, Die Notwendigkeit eines formalen Rechtsbegriffes der Unionsrechtsordnung, Der Staat 45 (2006), S. 383ff.

Alexy, Robert, Theorie der Grundrechte, 2. Auflage 1994.

Ders., Kants Begriff des praktischen Gesetzes, in: Behrends, Okko (Hg.), Der biblische Gesetzesbegriff. Auf den Spuren seiner Säkularisierung. 13. Symposion der Kommission „Die Funktion des Gesetzes in Geschichte und Gegenwart", 2006, S. 197ff.

Anderheiden, Michael, Gemeinwohl in Republik und Union, 2006.

Anderl, Thorsten, Gesetzgebung und kooperatives Regierungshandeln. Eine rechtstatsächliche und verfassungsrechtliche Untersuchung am Beispiel des 14. und 15. Deutschen Bundestages, 2006.

Anschütz, Gerhard, Kritische Studien zur Lehre vom Rechtssatz und formellen Gesetz, 1891.

Aristoteles, Rhetorik. Drei Bücher der Rhetorik [De arte rhetorica, wahrscheinl. zw. 340 u. 335 v. Chr.], übersetzt und hg. von Gernot Krapinger, 2005.

Ders., Politik. Schriften zur Staatstheorie [Politica, zw. 329 u. 326 v. Chr.], übersetzt und hg. von Franz F. Schwarz, 1989.

Ders., Die Nikomachische Ethik [Ethica Nicomachea, wahrscheinl. zw. 335 u. 323 v. Chr.], aus dem Griechischen und mit einer Einführung und Erläuterungen versehen von Olof Gigon, 7. Auflage 2006.

Arnauld, Andreas von, Die Freiheitsrechte und ihre Schranken, 1999.

Ders. / Durner, Wolfgang, Heinrich Triepel und die Ästhetik des Rechts, Einführung zu Heinrich Triepel, Vom Stil des Rechts. Beiträge zu einer Ästhetik des Rechts [1947], 2007, S. Vff.

Arndt, Hans-Wolfgang, Europarecht, 8. Auflage 2006.

Arnim, Hans H. von, Leistungsstaat contra Rechtsstaat. Sozialstaatliche Errungenschaften zwischen Freiheitsverwirklichung und Freiheitsgefährdung, in: Randelzhofer, Albrecht / Süß, Werner (Hg.), Konsens und Konflikt. 35 Jahre Grundgesetz. Vorträge und Diskussionen einer Veranstaltung der Freien Universität Berlin vom 6. bis 8. Dezember 1984, 1986, S. 117ff.

Arrow, Kenneth J., Social Choice and Individual Values, 1951.

Augustinus, Aurelius, Der freie Wille [De libero arbitrio, 388–395], 3. Auflage 1961.

Ders., Die wahre Religion [De vera religione liber unus, 390], übertragen von Carl Johann Perl, 1957.

Axer, Peter, Normsetzung der Exekutive in der Sozialversicherung. Ein Beitrag zu den Voraussetzungen und Grenzen untergesetzlicher Normsetzung im Staat des Grundgesetzes, 2000.

Ders., Gesundheitswesen, in: Isensee, Josef / Kirchhof, Paul (Hg.), Handbuch des Staatsrechts der Bundesrepublik Deutschland, Band IV, Aufgaben des Staates, 3. Auflage 2006, § 95.

Bach, Maurizio, Die Bürokratisierung Europas. Verwaltungseliten, Experten und politische Legitimation in Europa, 1999.

Bachof, Otto, Grundgesetz und Richtermacht. Rede bei der feierlichen Übergabe des Rektorats zu Beginn des Sommersemesters am 2. Mai 1959, 1959.

Ders., Der Verfassungsrichter zwischen Recht und Politik [1966], in: Häberle, Peter (Hg.), Verfassungsgerichtsbarkeit, 1976, S. 285 ff.

Bacon, Francis, Neues Organon [Novum organum, 1620], Teilband 1 und Teilband 2, hg. und mit einer Einleitung versehen von Wolfgang Krohn, 1990.

Badura, Peter, Arten der Verfassungsrechtssätze, in: Isensee, Josef / Kirchhof, Paul (Hg.), Handbuch des Staatsrechts der Bundesrepublik Deutschland, Band VII, Normativität und Schutz der Verfassung – Internationale Beziehungen, Demokratie – Bundesorgane, 1. Auflage 1992, § 159.

Ders., Die Verfassung im Ganzen der Rechtsordnung und die Verfassungskonkretisierung durch Gesetz, in: Isensee, Josef / Kirchhof, Paul (Hg.), Handbuch des Staatsrechts der Bundesrepublik Deutschland, Band VII, Normativität und Schutz der Verfassung – Internationale Beziehungen, Demokratie – Bundesorgane, 1. Auflage 1992, § 163.

Ders., Vorhabenplanung im Rechtsstaat, in: Erbguth, Wilfried / Oebbecke, Janbernd / Rengeling, Hans-Werner / Schulte, Martin (Hg.), Planung. Festschrift für Werner Hoppe zum 70. Geburtstag, 2000, S. 167 ff.

Ders., Staatsrecht. Systematische Erläuterung des Grundgesetzes für die Bundesrepublik Deutschland, 3. Auflage 2003.

Ders., Die parlamentarische Demokratie, in: Isensee, Josef / Kirchhof, Paul (Hg.), Handbuch des Staatsrechts der Bundesrepublik Deutschland, Band II, Verfassungsstaat, 3. Auflage 2004, § 25.

Ders., Die Talfahrt der öffentlichen Finanzen und die verfassungsrechtlichen Grenzen von Staatsausgaben und Sanierungsmaßnahmen, in: Grupp, Klaus / Hufeld, Ulrich (Hg.), Recht – Kultur – Finanzen. Festschrift für Reinhard Mußgnug zum 70. Geburtstag am 26. Oktober 2005, 2005, S. 149 ff.

Bähr, Otto, Der Rechtstaat. Eine publicistische Skizze, Neudruck der Ausgabe von 1864, 1961.

Baer, Susanne, Verwaltungsaufgaben, in: Hoffmann-Riem, Wolfgang / Schmidt-Aßmann, Eberhard / Voßkuhle, Andreas (Hg.), Grundlagen des Verwaltungsrechts, Band I, Methoden · Maßstäbe · Aufgaben · Organisation, 2006, § 11.

Ballerstedt, Kurt, Über wirtschaftliche Maßnahmegesetze, in: Rechts- und Staatswissenschaftliche Fakultät der Rheinischen Friedrich Wilhelms-Universität Bonn (Hg.), Festschrift zum 70. Geburtstag von Walter Schmidt-Rimpler, unter Mitwirkung von Freunden und Kollegen, 1957, S. 369 ff.

Bareis, Peter, Eine Einkommen- und Erbschaftsteuer für die Demokratie: Aspekte der Konkretisierung vor dem Hintergrund der Reformpläne 2008 und 2009, in: Neumärker, Bernhard / Schnabel, Claus (Hg.), Ordnungspolitik für den öffentlichen Sektor. Festschrift für Cay Folkers, 2007, S. 121 ff.

Barth, Hans J., Potentialorientierte Verschuldung. Das Konzept des Sachverständigenrates zur Begutachtung der gesamtwirtschaftlichen Entwicklung, in: Simmert, Diethard B. / Wagner, Kurt-Dieter (Hg.), Staatsverschuldung kontrovers, 1981, S. 58 ff.

Bast, Jürgen, Grundbegriffe der Handlungsformen der EU. Entwickelt am Beschluss als praxisgenerierter Handlungsform des Unions- und Gemeinschaftsrechts, 2006.

Battis, Ulrich / Otto, Christian-Wolfgang, Die Enteignung von Grundstücken zur Erweiterung industrieller Produktionsstätten am Beispiel des Werkflugplatz-Enteignungsgesetzes, DVBl. 2004, S. 1501 ff.

Bauer, Hartmut, Die Bundestreue. Zugleich ein Beitrag zur Dogmatik des Bundesstaatsrechts und zur Rechtsverhältnislehre, 1992.

Ders., Demokratie in Europa – Einführende Problemskizze, in: ders. / Huber, Peter M. / Sommermann, Karl-Peter (Hg.), Demokratie in Europa, 2005, S. 1 ff.

Bauernfeind, Heinz, Zum Verbot von Einzelfallgesetzen gemäß Art. 19 I GG, DVBl. 1976, S. 193 ff.

Baumgartner, Hans M., „Wissenschaft“, in: Krings, Hermann / ders. / Wild, Christoph (Hg.), Handbuch philosophischer Grundbegriffe, Studienausgabe, Band 6, Transzendenz – Zweck, 1974, S. 1740 ff.

Becker, Florian, Kooperative und konsensuale Strukturen in der Normsetzung, 2005.

Becker, Ulrich, Arbeitnehmerfreizügigkeit, in: Ehlers, Dirk (Hg.), Europäische Grundrechte und Grundfreiheiten, 2. Auflage 2005, § 9.

Behrends, Okko, Der Zwölftafelprozess. Zur Geschichte des römischen Obligationenrechts, 1974.

Ders., Der römische Gesetzesbegriff und das Prinzip der Gewaltenteilung, in: ders. / Link, Christoph (Hg.), Zum römischen und neuzeitlichen Gesetzesbegriff. 1. Symposion der Kommission „Die Funktion des Gesetzes in Geschichte und Gegenwart“ vom 26. und 27. April 1985, 1987, S. 34 ff.

Ders., Gesetz und Sprache. Das römische Gesetz unter dem Einfluß der hellenistischen Philosophie, in: ders. / Sellert, Wolfgang (Hg.), Nomos und Gesetz. Ursprünge und Wirkungen des griechischen Gesetzesdenkens. 6. Symposion der Kommission „Die Funktion des Gesetzes in Geschichte und Gegenwart“, 1995, S. 135 ff.

Ders., Das staatliche Gesetz in biblischer und römischer Tradition. Sinn- und Gemeinschaftsstiftung durch Gehorsam fordernden Befehl oder positive Satzung im Rahmen einer immer schon bestehenden Rechtsordnung, in: ders. (Hg.), Der biblische Gesetzesbegriff. Auf den Spuren seiner Säkularisierung. 13. Symposion der Kommission „Die Funktion des Gesetzes in Geschichte und Gegenwart“, 2006, S. 225 ff.

Ders. / Knütel, Rolf / Kupisch, Berthold / Seiler, Hans H., Corpus Iuris Civilis. Text und Übersetzung, Band II, Digesten 1–10, 1995.

Behrens, Stefan, Neuregelung der Besteuerung der Einkünfte aus Kapitalvermögen ab 2009 nach dem Regierungsentwurf eines Unternehmenssteuerreformgesetzes vom 14. 3. 2007, BB 2007, S. 1025 ff.

Benda, Ernst, Grundrechtswidrige Gesetze. Ein Beitrag zu den Ursachen verfassungsgerichtlicher Beanstandung, 1979.

Ders., Bundesverfassungsgericht und Gesetzgeber im dritten Jahrzehnt des Grundgesetzes, DÖV 1979, S. 465 ff.

Ders. / Klein, Eckart, Verfassungsprozeßrecht. Ein Lehr- und Handbuch, 2. Auflage 2001.

Benz, Arthur, Postparlamentarische Demokratie und kooperativer Staat, in: Leggewie, Claus / Münch, Richard (Hg.), Politik im 21. Jahrhundert, 2001, S. 263 ff.

Ders., Politikwissenschaftliche Diskurse über demokratisches Regieren im europäischen Mehrebenensystem, in: Bauer, Hartmut / Huber, Peter M. / Sommermann, Karl-Peter (Hg.), Demokratie in Europa, 2005, S. 253 ff.

Bergbohm, Karl, Jurisprudenz und Rechtsphilosophie. Kritische Abhandlungen, Band 1, Einleitung. Erste Abhandlung: Das Naturrecht der Gegenwart, 1892.

Berman, Harold J., Recht und Revolution. Die Bildung der westlichen Rechtstradition, übersetzt von Hermann Vetter, 1991.

Besselink, Leonard F. M., Grundlagen und Grundzüge staatlichen Verfassungsrechts: Niederlande, in: von Bogdandy, Armin / Cruz Villalón, Pedro / Huber, Peter M. (Hg.), Handbuch Ius Publicum Europaeum, Band I, Grundlagen und Grundzüge staatlichen Verfassungsrechts, 2007, § 6.

Bethge, Herbert, Die Grundrechtssicherung im föderativen Bereich, AöR 110 (1985), S. 169 ff.

Ders., Die Grenzen grundrechtlicher Subjektivierung objektiven Verfassungsrechts. Zum aktuellen Stellenwert der Elfes-Konstruktion, in: Depenheuer, Otto / Heintzen, Markus / Jestaedt, Matthias / Axer, Peter (Hg.), Staat im Wort. Festschrift für Josef Isensee, 2007, S. 613 ff.

Ders., Der Anwendungsvorrang des einfachen Rechts, in: Ennuschat, Jörg / Geerlings, Jörg / Mann, Thomas / Pielow, Johann-Christian (Hg.), in Verbindung mit Klaus Stern, Wirtschaft und Gesellschaft im Staat der Gegenwart. Gedächtnisschrift für Peter J. Tettinger, 2007, S. 369 ff.

Bettermann, Karl A., Die rechtsprechende Gewalt, in: Isensee, Josef / Kirchhof, Paul (Hg.), Handbuch des Staatsrechts der Bundesrepublik Deutschland, Band III, Das Handeln des Staates, 1. Auflage 1988, § 73.

Beyme, Klaus von, Der Gesetzgeber. Der Bundestag als Entscheidungszentrum, 1997.

Biaggini, Giovanni, Ausgestaltung und Entwicklungsperspektiven des demokratischen Prinzips in der Schweiz, in: Bauer, Hartmut / Huber, Peter M. / Sommermann, Karl-Peter (Hg.), Demokratie in Europa, 2005, S. 107 ff.

Ders., Grundlagen und Grundzüge staatlichen Verfassungsrechts: Schweiz, in: von Bogdandy, Armin / Cruz Villalón, Pedro / Huber, Peter M. (Hg.), Handbuch Ius Publicum Europaeum, Band I, Grundlagen und Grundzüge staatlichen Verfassungsrechts, 2007, § 10.

Bieber, Roland, Demokratische Legitimation in Europa: Das Spannungsverhältnis zwischen den Funktionen von Europäischem Parlament und staatlichen Parlamenten, ZEuS 1999, S. 141 ff.

Ders. / Epiney, Astrid / Haag, Marcel, Die Europäische Union. Europarecht und Politik, 6. Auflage 2005.

Bien, Günther, Die Grundlegung der politischen Philosophie bei Aristoteles, 1973.

Biernat, Stanislaw, Demokratieprinzip im polnischen Verfassungssystem, in: Bauer, Hartmut / Huber, Peter M. / Sommermann, Karl-Peter (Hg.), Demokratie in Europa, 2005, S. 79 ff.

Birk, Dieter, Das Leistungsfähigkeitsprinzip als Maßstab der Steuernormen. Ein Beitrag zu den Grundfragen des Verhältnisses Steuerrecht und Verfassungsrecht, 1983.

Ders., Die finanzverfassungsrechtlichen Vorgaben und Begrenzungen der Staatsverschuldung, DVBl. 1984, S. 745 ff.

Ders., Steuerrecht, 10. Auflage 2007.

Birtsch, Günter, Reformabsolutismus und Gesetzesstaat. Rechtsauffassung und Justizpolitik Friedrichs des Großen, in: ders. / Willoweit, Dietmar (Hg.), Reformabsolutismus und ständische Gesellschaft. Zweihundert Jahre Preußisches Allgemeines Landrecht, 1998, S. 47 ff.

Blanchet, Thérèse, Transparence et qualité de la législation, Revue trimestrielle de droit européen, 1997, S. 207 ff.

Blankenburg, Erhard, Rechtssoziologie und Rechtswirksamkeitsforschung: Warum es so schwierig ist, die Wirksamkeit von Gesetzen zu erforschen, in: Schreckenberger, Waldemar / König, Klaus / Zeh, Wolfgang (Hg.), Gesetzgebungslehre. Grundlagen – Zugänge – Anwendung, 1986, S. 109 ff.

Bleckmann, Albert, Europarecht. Das Recht der Europäischen Union und der Europäischen Gemeinschaften, 6. Auflage 1997.

Ders., Der Gesetzesbegriff des Grundgesetzes: zur Funktion des Haushaltsplans im Subventionsrecht, DVBl. 2004, S. 333 ff.

Bleicken, Jochen, Lex publica. Gesetz und Recht in der römischen Republik, 1975.

Ders., Die athenische Demokratie, 4. Auflage 1995.

Blümel, Willi, Fachplanung durch Bundesgesetz (Legalplanung), DVBl. 1997, S. 205 ff.

Blum, Peter, Wege zu besserer Gesetzgebung – sachverständige Beratung, Begründung, Folgenabschätzung und Wirkungskontrolle, in: Ständige Deputation des Deutschen Juristentages (Hg.), Verhandlungen des fünfundsechzigsten deutschen Juristentages, 2004, Band I, Gutachten, S. I 64 f.

Bock, Wolfgang, Das Gesetz in der griechischen Polis und der Ursprung des modernen Gesetzes im hohen Mittelalter, in: ders. (Hg.), Gesetz und Gesetzlichkeit in den Wissenschaften, 2006, S. 39 ff.

Ders., Das Gesetz als praktischer Prüfstein juristischer Methodik – Rechtsphilosophische Prolegomena zu einer Methodenlehre –, in: ders. (Hg.), Gesetz und Gesetzlichkeit in den Wissenschaften, 2006, S. 199 ff.

Bodin, Jean, Sechs Bücher über den Staat [Six livres de la République, 1576], übersetzt und mit Anmerkungen versehen von Bernd Wimmer, eingeleitet und hg. von Peter C. Mayer-Tasch, Buch I-III, 1981; Buch IV-VI, 1986.

Böckenförde, Ernst-Wolfgang, Grundrechtstheorie und Grundrechtsinterpretation, NJW 1974, S. 1529 ff.

Ders., Die Methoden der Verfassungsinterpretation – Bestandsaufnahme und Kritik, NJW 1976, S. 2089 ff.

Ders., Gesetz und gesetzgebende Gewalt. Von den Anfängen der deutschen Staatsrechtslehre bis zur Höhe des staatsrechtlichen Positivismus, 2. Auflage 1981.

Ders., Staat Nation Europa. Studien zur Staatslehre, Verfassungstheorie und Rechtsphilosophie, 1999.

Ders., Schutzbereich, Eingriff, verfassungsimmanente Schranken. Zur Kritik gegenwärtiger Grundrechtsdogmatik, Der Staat 42 (2003), S. 165 ff.

Ders., Demokratie als Verfassungsprinzip, in: Isensee, Josef / Kirchhof, Paul (Hg.), Handbuch des Staatsrechts der Bundesrepublik Deutschland, Band II, Verfassungsstaat, 3. Auflage 2004, § 24.

Ders., Demokratische Willensbildung und Repräsentation, in: Isensee, Josef / Kirchhof, Paul (Hg.), Handbuch des Staatsrechts der Bundesrepublik Deutschland, Band III, Demokratie – Bundesorgane, 3. Auflage 2005, § 34.

Ders., Geschichte der Rechts- und Staatsphilosophie. Antike und Mittelalter, 2. Auflage 2006.

Böhm, Franz, Wettbewerb und Monopolkampf. Eine Untersuchung zur Frage des wirtschaftlichen Kampfrechts und zur Frage der rechtlichen Struktur der geltenden Wirtschaftsordnung, unveränderter Nachdruck der Ausgabe von 1933, 1964.

Böhret, Carl, Gesetzgebung. Programmatische Ordnung oder tagespolitsche Reaktion?, in: Hill, Hermann (Hg.): Zustand und Perspektiven der Gesetzgebung. Vorträge und Diskussionsbeiträge der 56. Staatswissenschaftlichen Fortbildungstagung 1988 der Hochschule für Verwaltungswissenschaften Speyer, 1989, S. 55 ff.

Ders. / Konzendorf, Götz, Handbuch Gesetzesfolgenabschätzung (GFA). Gesetze, Verordnungen, Verwaltungsvorschriften, 2001.

Bogdandy, Armin von , Gubernative Rechtsetzung. Eine Neubestimmung der Rechtsetzung und des Regierungssystems unter dem Grundgesetz in der Perspektive gemeineuropäischer Dogmatik, 2000.

Ders., Grundrechtsgemeinschaft als Integrationsziel? Grundrechte und das Wesen der Europäischen Union, JZ 2001, S. 157 ff.

Ders., Europäische Prinzipienlehre, in: ders. (Hg.), Europäisches Verfassungsrecht. Theoretische und dogmatische Grundzüge, 2003, S. 149 ff.

Ders., Zur Übertragbarkeit staatsrechtlicher Figuren auf die Europäische Union. Vom Nutzen der Gestaltidee supranationaler Föderalismus anhand des Demokratieprinzips, in: Brenner, Michael / Huber, Peter M. / Möstl, Markus (Hg.), Der Staat des Grundgesetzes – Kontinuität und Wandel. Festschrift für Peter Badura zum siebzigsten Geburtstag, 2004, S. 1033 ff.

Ders., Demokratie, Globalisierung, Zukunft des Völkerrechts – eine Bestandsaufnahme, in: Bauer, Hartmut / Huber, Peter M. / Sommermann, Karl-Peter (Hg.), Demokratie in Europa, 2005, S. 225 ff.

Ders., Konstitutionalisierung des europäischen öffentlichen Rechts in der europäischen Republik, JZ 2005, S. 529 ff.

Ders. / Bast, Jürgen, Die vertikale Kompetenzordnung der Europäischen Union. Rechtsdogmatischer Bestand und verfassungspolitische Reformperspektiven, EuGRZ 2001, S. 441 ff.

Dies. / Arndt, Felix, Handlungsformen im Unionsrecht. Empirische Analysen und dogmatische Strukturen in einem vermeintlichen Dschungel, ZaöRV 62 (2002), S. 77 ff.

Boldt, Hans / Stolleis, Michael, Geschichte der Polizei in Deutschland, in: Lisken, Hans / Denninger, Erhard, unter Mitwirkung von Rachor, Frederik, Handbuch des Polizeirechts. Gefahrenabwehr · Strafverfolgung · Rechtsschutz, 4. Auflage 2007, S. 1 ff.

Borries, Reimer von, Das Subsidiaritätsprinzip im Recht der Europäischen Union. Deutscher Landesbericht für den XVI. FIDE-Kongreß 1994 in Rom, EuR 1994, S. 263 ff.

Brandner, Thilo, Gesetzesänderung. Eine rechtstatsächliche und verfassungsrechtliche Untersuchung anhand der Gesetzgebung des 13. Deutschen Bundestages, 2004.

Braun, Johann, Einführung in die Rechtsphilosophie. Der Gedanke des Rechts, 2006.

Bredt, Stephan, Die demokratische Legitimation unabhängiger Institutionen. Vom funktionalen zum politikfeldbezogenen Demokratieprinzip, 2006.

Brenner, Michael, Der Gestaltungsauftrag der Verwaltung in der Europäischen Union, 1996.

Ders., Das Prinzip Parlamentarismus, in: Isensee, Josef / Kirchhof, Paul (Hg.), Handbuch des Staatsrechts der Bundesrepublik Deutschland, Band III, Demokratie – Bundesorgane, 3. Auflage 2005, § 44.

Bretone, Mario, Geschichte des römischen Rechts. Von den Anfängen bis zu Justinian, aus dem Italienischen übersetzt von Brigitte Galsterer, 2. Auflage 1998.
Breuer, Rüdiger, Verwaltungsrechtliche Prinzipien und Instrumente des Umweltschutzes. Bestandsaufnahme und Entwicklungstendenzen, 1989.
Ders., Freiheit des Berufs, in: Isensee, Josef / Kirchhof, Paul (Hg.), Handbuch des Staatsrechts der Bundesrepublik Deutschland, Band VI, Freiheitsrechte, 1. Auflage 1989, § 147.
Ders., Umsetzung von EG-Richtlinien im neuen Energiewirtschaftsrecht, NVwZ 2004, S. 520 ff.
Ders., Öffentliches und privates Wasserrecht, 3. Auflage 2004.
Ders., Betrachtungen zur Lage der Gesetzgebung, in: Depenheuer, Otto / Heintzen, Markus / Jestaedt, Matthias / Axer, Peter (Hg.), Staat im Wort. Festschrift für Josef Isensee, 2007, S. 345 ff.
Bröcker, Klaus T., Grenzen staatlicher Verschuldung im System des Verfassungsstaats, 1997.
Broß, Siegfried, Überlegungen zur europäischen Staatswerdung, JZ 2008, S. 227 ff.
Brugger, Winfried, Liberalismus, Pluralismus, Kommunitarismus. Studien zur Legitimation des Grundgesetzes, 1999.
Ders., Gemeinwohl als Integrationskonzept von Rechtssicherheit, Legitimität und Zweckmäßigkeit, in: ders. / Kirste, Stephan / Anderheiden, Michael (Hg.), Gemeinwohl in Deutschland, Europa und der Welt, 2002, S. 17 ff.
Ders., Freiheit und Sicherheit. Eine staatstheoretische Skizze mit praktischen Beispielen, 2004.
Bryde, Brun-Otto, Verfassungsentwicklung. Stabilität und Dynamik im Verfassungsrecht der Bundesrepublik Deutschland, 1982.
Ders., Tatsachenfeststellungen und soziale Wirklichkeit in der Rechtsprechung des Bundesverfassungsgerichts, in: Badura, Peter / Dreier, Horst (Hg.), Festschrift 50 Jahre Bundesverfassungsgericht, Erster Band, Verfassungsgerichtsbarkeit. Verfassungsprozeß, 2001, S. 533 ff.
Ders., Programmatik und Normativität der Grundrechte, in: Merten, Detlef / Papier, Hans-Jürgen (Hg.), Handbuch der Grundrechte in Deutschland und Europa, Band I, Entwicklung und Grundlagen, 2004, § 17.
Ders., Demokratisches Europa und Europäische Demokratie, in: Gaitanides, Charlotte / Kadelbach, Stefan / Rodriguez Iglesias, Gil Carlos (Hg.), Europa und seine Verfassung. Festschrift für Manfred Zuleeg zum siebzigsten Geburtstag, 2005, S. 131 ff.
Bubner, Rüdiger, Welche Rationalität bekommt der Gesellschaft? Vier Kapitel aus dem Naturrecht, 1996.
Buciek, Klaus D., Grenzen des „maßvollen Gesetzesvollzugs", DStZ 1995, S. 513 ff.
Bücker, Joseph, Die Zulässigkeit von Individualgesetzen nach dem Grundgesetz, 1965.
Büdenbender, Ulrich , EnWG. Kommentar zum Energiewirtschaftsgesetz, 2003.
Bülow, Erich, Typische Mängel von Rechtsnormen, in: Bundesakademie für öffentliche Verwaltung (Hg.), Praxis der Gesetzgebung. Eine Lehr- und Lernhilfe, 1984, S. 11 ff.
Ders., Gesetzgebung, in: Benda, Ernst / Maihofer, Werner / Vogel, Hans-Jochen (Hg.), unter Mitwirkung von Hesse, Konrad / Heyde, Wolfgang, Handbuch des Verfassungsrechts der Bundesrepublik Deutschland, Studienausgabe, Teil 2, 2. Auflage 1995, § 30.
Bülow, Oskar, Gesetz und Richteramt, Nachdruck der 1. Auflage 1885, 2003.

Bullinger, Martin, Freiheit von Presse, Rundfunk, Film, in: Isensee, Josef / Kirchhof, Paul (Hg.), Handbuch des Staatsrechts der Bundesrepublik Deutschland, Band VI, Freiheitsrechte, 1. Auflage 1989, § 142.

Bumke, Christian, Der Grundrechtsvorbehalt. Untersuchungen über die Begrenzung und Ausgestaltung der Grundrechte, 1998.

Ders., Relative Rechtswidrigkeit. Systembildung und Binnendifferenzierungen im Öffentlichen Recht, 2004.

Ders., Rechtsetzung in der Europäischen Gemeinschaft. Bausteine einer gemeinschaftsrechtlichen Handlungsformenlehre, in: Schuppert, Gunnar Folke / Pernice, Ingolf / Haltern, Ulrich (Hg.), Europawissenschaft, 2005, § 19.

Bundesregierung, Zeit für das Wesentliche: Bürokratieabbau schafft Freiräume. Bericht der Bundesregierung 2008 zur Anwendung des Standardkosten-Modells und zum Stand des Bürokratieabbaus, 2008.

Bundesministerium der Justiz (Hg.), Handbuch der Rechtsförmlichkeit. Empfehlungen des Bundesministeriums der Justiz zur einheitlichen rechtsförmlichen Gestaltung von Gesetzen und Rechtsverordnungen nach § 38 Abs. 3 GGO II, 2. Auflage 1999.

Bunge, Mario, Arten und Kriterien wissenschaftlicher Gesetze, in: Kröber, Günter (Hg.), Der Gesetzesbegriff in der Philosophie und den Einzelwissenschaften, 1968, S. 117ff.

Burckhardt, Jacob, Weltgeschichtliche Betrachtungen, hg. von Rudolf Marx, 3. Auflage 1935.

Burghart, Axel, Die Pflicht zum guten Gesetz, 1996.

Burgi, Martin, Mitgliedstaatliche Garantenpflicht statt unmittelbare Drittwirkung der Grundfreiheiten, EWS 1999, S. 327ff.

Ders., Rechtsregime, in: Hoffmann-Riem, Wolfgang / Schmidt-Aßmann, Eberhard / Voßkuhle, Andreas (Hg.), Grundlagen des Verwaltungsrechts, Band I, Methoden · Maßstäbe · Aufgaben · Organisation, 2006, § 18.

Burr, Isolde / Kempen, Bernhard, Europäische Rechtslinguistik, in: Ennuschat, Jörg / Geerlings, Jörg / Mann, Thomas / Pielow, Johann-Christian (Hg.), in Verbindung mit Klaus Stern, Wirtschaft und Gesellschaft im Staat der Gegenwart. Gedächtnisschrift für Peter J. Tettinger, 2007, S. 673ff.

Busch, Bernhard, Das Verhältnis des Art. 80 Abs. 1 S. 2 GG zum Gesetzes- und Parlamentsvorbehalt, 1992.

Busse, Volker, Gesetzgebungsarbeit der Bundesregierung – Politik und Planung, in: Schreckenberger, Waldemar / Merten, Detlef (Hg.), Grundfragen der Gesetzgebungslehre. Aktualisierte Vorträge eines Seminars zur Gesetzgebungslehre (1996) an der Deutschen Hochschule für Verwaltungswissenschaften Speyer, 2000, S. 47ff.

Butzer, Hermann, Flucht in die polizeiliche Generalklausel? – Überlegungen zur Konkurrenz von polizeirechtlichen Befugnisnormen –, VerwArch 93 (2002), S. 506ff.

Bydlinski, Franz, Allgemeines Gesetz und Einzelfallgerechtigkeit, in: Starck, Christian (Hg.), Die Allgemeinheit des Gesetzes. 2. Symposion der Kommission „Die Funktion des Gesetzes in Geschichte und Gegenwart“ am 14. und 15. November 1986, 1987, S. 49ff.

Ders., Über prinzipiell-systematische Rechtsfindung im Privatrecht, Vortrag gehalten vor der Juristischen Gesellschaft zu Berlin am 17. Mai 1995, 1995.

Calliess, Christian, Subsidiaritäts- und Solidaritätsprinzip in der Europäischen Union. Vorgaben für die Anwendung von Art. 5 (ex-Art. 3b) EGV nach dem Vertrag von Amsterdam, 2. Auflage 1999.

Ders., Gemeinwohl in der Europäischen Union – Über den Staaten- und Verfassungsverbund zum Gemeinwohlverbund, in: Brugger, Winfried / Kirste, Stephan / Anderheiden, Michael (Hg.), Gemeinwohl in Deutschland, Europa und der Welt, 2002, S. 173 ff.

Ders., Kontrolle zentraler Kompetenzausübung in Deutschland und Europa: Ein Lehrstück für die Europäische Verfassung. Zugleich eine Besprechung des Altenpflegegesetz-Urteils des BVerfG, EuGRZ 2003, S. 181 ff.

Ders., Gewährleistung von Freiheit und Sicherheit im Lichte unterschiedlicher Staats- und Verfassungsverständnisse, DVBl. 2003, S. 1096 ff.

Ders., Europa als Wertegemeinschaft – Integration und Identität durch europäisches Verfassungsrecht?, JZ 2004, S. 1033 ff.

Ders., Optionen zur Demokratisierung der Europäischen Union, in: Bauer, Hartmut / Huber, Peter M. / Sommermann, Karl-Peter (Hg.), Demokratie in Europa, 2005, S. 281 ff.

Ders., Die Europäische Grundrechtecharta, in: Ehlers, Dirk (Hg.), Europäische Grundrechte und Grundfreiheiten, 2. Auflage 2005, § 20.

Ders., Schutzpflichten, in: Merten, Detlef / Papier, Hans-Jürgen (Hg.), Handbuch der Grundrechte in Deutschland und Europa, Band II, Grundrechte in Deutschland: Allgemeine Lehren I, 2006, § 44.

Ders., Auswärtige Gewalt, in: Isensee, Josef / Kirchhof, Paul (Hg.), Handbuch des Staatsrechts der Bundesrepublik Deutschland, Band IV, Aufgaben des Staates, 3. Auflage 2006, § 83.

Ders., Vom freiheitlichen Binnenmarkt zum europäischen Leviathan? Zur Aufgabe der EU, „_ den Bürgern in einem Raum der Freiheit, der Sicherheit und des Rechts ein hohes Maß an Sicherheit zu bieten“, in: Depenheuer, Otto / Heintzen, Markus / Jestaedt, Matthias / Axer, Peter (Hg.), Staat im Wort. Festschrift für Josef Isensee, 2007, S. 755 ff.

Ders., Die Dienstleistungsrichtlinie, Zentrum für Europäisches Wirtschaftsrecht der Rheinischen Friedrich-Wilhelms-Universität Bonn, Vorträge und Bericht, Nr. 160, 2007.

Ders., Zum Denken im europäischen Staaten- und Verfassungsverbund. Abschließende Reflexion und (Re-) Konstruktion eines Konzepts im Lichte der vorstehenden Beiträge, in: ders. (Hg.), Verfassungswandel im europäischen Staaten- und Verfassungsverbund. Beiträge der Ersten Göttinger Gespräche zum deutschen und europäischen Verfassungsrecht vom 15. bis. 17. Juni 2006, 2008, S. 187 ff.

Ders. / Ruffert, Matthias (Hg.), Verfassung der Europäischen Union. Kommentar der Grundlagenbestimmungen (Teil I), 2006.

Dies. (Hg.), EUV/EGV. Das Verfassungsrecht der Europäischen Union mit Europäischer Grundrechtecharta. Kommentar, 3. Auflage 2007.

Chryssogonos, Kostas, Verfassungsgerichtsbarkeit und Gesetzgebung. Zur Methode der Verfassungsinterpretation bei der Normenkontrolle, 1987.

Cicero, Marcus Tullius, Über den Staat [De re publica, 58–57 v. Chr.], übersetzt von Walther Sontheimer, Nachdruck 2006.

Ders., Fragmente über die Rechtlichkeit [De legibus, 58–57 v. Chr.], Übersetzung, Anmerkung und Nachwort von Karl Büchner, 1969.

Classen, Claus Dieter, Europäische Integration und demokratische Legitimation, AöR 119 (1994), S. 238 ff.

Conrad, Hermann, Das Allgemeine Landrecht von 1794 als Grundgesetz des friderizianischen Staates. Vortrag gehalten vor der Berliner Juristischen Gesellschaft am 25. Juni 1965, 1965.
Ders., Richter und Gesetz im Übergang vom Absolutismus zum Verfassungsstaat, 1971.
Conring, Hermann, Über die Gesetzgebung [Dissertatio politica de Nomothetica, seu recta legum ferendarum ratione, 1663, kommentierte Ausgabe von 1730], in: Mohnhaupt, Heinz (Hg.), Prudentia legislatoria. Fünf Schriften über die Gesetzgebungsklugheit aus dem 17. und 18. Jahrhundert, übersetzt von Adolf Paul, 2003, S. 7ff.
Cornils, Matthias, Die Ausgestaltung der Grundrechte. Untersuchungen zur Grundrechtsbindung des Ausgestaltungsgesetzgebers, 2005.
Coulanges, Numa Denis Fustel de, Der Antike Staat. Studie über Kultus, Recht und Einrichtungen Griechenlands und Roms [La cité antique, 1864], autorisierte Übersetzung von Paul Weiss, 1907.
Cremer, Hans-Joachim, Europäische Hoheitsgewalt und deutsche Grundrechte, Der Staat 34 (1995), S. 268ff.
Ders., Das Demokratieprinzip auf nationaler und europäischer Ebene im Lichte des Maastricht-Urteils des Bundesverfassungsgerichts, EuR 1995, S. 21ff.
Cremer, Wolfram, Freiheitsgrundrechte. Funktionen und Strukturen, 2004.
Crezelius, Georg, Zur Thesaurierungsbegünstigung nach § 34a EStG, in: Kirchhof, Paul / Nieskens, Hans (Hg.) unter Mitarbeit von Dürrschmidt, Daniel / Weggenmann, Hans R., Festschrift für Wolfram Reiß zum 65. Geburtstag, 2008, S. 399ff.
Cruz Villalón, Pedro, Eine Anmerkung zur Demokratie in Spanien, in: Bauer, Hartmut / Huber, Peter M. / Sommermann, Karl-Peter (Hg.), Demokratie in Europa, 2005, S. 139ff.
Ders., Grundlagen und Grundzüge staatlichen Verfassungsrechts: Vergleich, in: von Bogdandy, Armin / Cruz Villalón, Pedro / Huber, Peter M. (Hg.), Handbuch Ius Publicum Europaeum, Band I, Grundlagen und Grundzüge staatlichen Verfassungsrechts, 2007, § 13.
Dahl, Robert A., Democracy and its critics, 1989.
Damm, Reinhard, Das BGB im Kaiserreich, in: Diederichsen, Uwe / Sellert, Wolfgang (Hg.), Das BGB im Wandel der Epochen. 10. Symposion der Kommission „Die Funktion des Gesetzes in Geschichte und Gegenwart", 2002, S. 9ff.
Danwitz, Thomas von , Die Gestaltungsfreiheit des Verordnungsgebers. Zur Kontrolldichte verordnungsgeberischer Entscheidungen, 1989.
Ders., Verwaltungsrechtliches System und Europäische Integration, 1996.
Ders., Wege zu besserer Gesetzgebung in Europa, JZ 2006, S. 1ff.
Ders., Rechtswirkungen von Richtlinien in der neueren Rechtsprechung des EuGH, JZ 2007, 697ff.
Darnstädt, Thomas, Gefahrenabwehr und Gefahrenvorsorge. Eine Untersuchung über Struktur und Bedeutung der Prognose-Tatbestände im Recht der öffentlichen Sicherheit und Ordnung, 1983.
Degenhart, Christoph, Systemgerechtigkeit und Selbstbindung des Gesetzgebers als Verfassungspostulat, 1976.
Ders., Gesetzgebung im Rechtsstaat, DÖV 1981, S. 477ff.
Ders., Staatsrecht I. Staatsorganisationsrecht, 23. Auflage 2007.
Denninger, Erhard, Die Herrschaftsordnung der parlamentarischen Demokratie. Die rechtsstaatliche Demokratie zwischen Staatsverwaltung, Parteien und Verbänden, in:

Randelzhofer, Albrecht / Süß, Werner (Hg.), Konsens und Konflikt. 35 Jahre Grundgesetz. Vorträge und Diskussionen einer Veranstaltung der Freien Universität Berlin vom 6. bis 8. Dezember 1984, 1986, S. 200ff.

Ders., Freiheit durch Sicherheit? Wie viel Schutz der inneren Sicherheit verlangt und verträgt das deutsche Grundgesetz?, KritJ 35 (2002), S. 467ff.

Ders., Polizeiaufgaben, in: Lisken, Hans / ders., unter Mitwirkung von Rachor, Frederik, Handbuch des Polizeirechts. Gefahrenabwehr · Strafverfolgung · Rechtsschutz, 4. Auflage 2007, S. 299ff.

Descartes, René, Abhandlungen über die Methode des richtigen Vernunftgebrauchs und der wissenschaftlichen Wahrheitsforschung [Discours de la méthode pour bien conduire sa raison et chercher la vérité dans les sciences, 1637], übersetzt und mit Anmerkungen hg. von Artur Buchenau, unveränderter Nachdruck der 4. Auflage von 1922, 1952.

Detterbeck, Steffen, Innere Ordnung der Bundesregierung, in: Isensee, Josef / Kirchhof, Paul (Hg.), Handbuch des Staatsrechts der Bundesrepublik Deutschland, Band III, Demokratie – Bundesorgane, 3. Auflage 2005, § 66.

Deutscher Bundestag / Bundesarchiv (Hg.), Der Parlamentarische Rat 1948–1949. Akten und Protokolle, Band 2, Der Verfassungskonvent von Herrenchiemsee, bearbeitet von Peter Bucher, 1981; Bände 5/I und 5/II, Ausschuß für Grundsatzfragen, bearbeitet von Eberhard Pikart und Wolfram Werner; 1993; Band 7, Entwürfe zum Grundgesetz, bearbeitet von Michael Hollmann, 1995; Band 9, Plenum, bearbeitet von Wolfram Werner, 1996; Band 13/I und 13/II, Ausschuß für Organisation des Bundes, Ausschuß für Verfassungsgerichtshof und Rechtspflege, bearbeitet von Edgar Büttner und Michael Wettengel, 2002.

Dieckmann, Jochen, Wege zu besserer Gesetzgebung – sachverständige Beratung, Begründung, Folgeabschätzung und Wirkungskontrolle, in: Ständige Deputation des Deutschen Juristentages (Hg.), Verhandlungen des fünfundsechzigsten deutschen Juristentages, 2004, Band II/1, Sitzungsberichte – Referate und Beschlüsse, S. 19ff.

Diederichsen, Uwe, Die Methodologie des mißglückten Gesetzes – zur Einführung in die Schlußdiskussion, in: ders. / Dreier, Ralf (Hg.), Das mißglückte Gesetz. 8. Symposion der Kommission „Die Funktion des Gesetzes in Geschichte und Gegenwart", 1997, S. 159ff.

Diestelkamp, Bernhard, „An ihren Früchten sollt ihr sie erkennen". Oder: Wie steht es mit der Kritik am Gesetzesbegriff der deutschen Rechtsgeschichte?, in: Simon, Dieter (Hg.), Rechtshistorisches Journal 7 (1988), S. 427ff.

Di Fabio, Udo, Der neue Art. 23 des Grundgesetzes. Positivierung vollzogenen Verfassungswandels oder Verfassungsneuschöpfung?, Der Staat 32 (1993), S. 191ff.

Ders., Risikoentscheidungen im Rechtsstaat. Zum Wandel der Dogmatik im öffentlichen Recht, insbesondere am Beispiel der Arzneimittelüberwachung, 1994.

Ders., Verwaltung und Verwaltungsrecht zwischen gesellschaftlicher Selbstregulierung und staatlicher Steuerung, VVDStRL 56 (1997), S. 235ff.

Ders., Verlust der Steuerungskraft klassischer Rechtsquellen, NZS 1998, S. 449ff.

Ders., Das Recht offener Staaten. Grundlinien einer Staats- und Rechtstheorie, 1998.

Ders., Die Struktur von Planungsnormen, in: Erbguth, Wilfried / Oebbecke, Janbernd / Rengeling, Hans-Werner / Schulte, Martin (Hg.), Planung. Festschrift für Werner Hoppe zum 70. Geburtstag, 2000, S. 75ff.

Ders., Eine Europäische Charta. Auf dem Weg zur Unionsverfassung, JZ 2000, S. 737ff.

Ders., Der Verfassungsstaat in der Weltgesellschaft, 2001.
Ders., Grundrechte als Werteordnung, JZ 2004, S. 1 ff.
Ders., Gewaltenteilung, in: Isensee, Josef / Kirchhof, Paul (Hg.), Handbuch des Staatsrechts der Bundesrepublik Deutschland, Band II, Verfassungsstaat, 3. Auflage 2004, § 27.
Ders., Demokratie im System des Grundgesetzes, in: Brenner, Michael / Huber, Peter M. / Möstl, Markus (Hg.), Der Staat des Grundgesetzes – Kontinuität und Wandel. Festschrift für Peter Badura zum siebzigsten Geburtstag, 2004, S. 77 ff.
Ders., Wege zu besserer Gesetzgebung – sachverständige Beratung, Begründung, Folgeabschätzung und Wirkungskontrolle, in: Ständige Deputation des Deutschen Juristentages (Hg.), Verhandlungen des fünfundsechzigsten deutschen Juristentages, 2004, Band II/1, Sitzungsberichte – Referate und Beschlüsse, S. 47 ff.
Ders., Die Kultur der Freiheit. Der Westen gerät in Gefahr, weil eine falsche Idee der Freiheit die Alltagsvernunft zerstört, 2005.
Ders., Zur Theorie eines grundrechtlichen Wertesystems, in: Merten, Detlef / Papier, Hans-Jürgen (Hg.), Handbuch der Grundrechte in Deutschland und Europa, Band II, Grundrechte in Deutschland: Allgemeine Lehren I, 2006, § 46.
Ders., Form und Freiheit, DNotZ 2006, S. 342 ff.
Ders., Steuern und Gerechtigkeit. Das Freiheits- und Gleichheitsgebot im Steuerrecht, JZ 2007, S. 749 ff.
Dihle, Albrecht, Der Begriff des Nomos in der griechischen Philosophie, in: Behrends, Okko / Sellert, Wolfgang (Hg.), Nomos und Gesetz. Ursprünge und Wirkungen des griechischen Gesetzesdenkens. 6. Symposion der Kommission „Die Funktion des Gesetzes in Geschichte und Gegenwart", 1995, S. 117 ff.
Ders., Gesetz, Gerechtigkeit und Billigkeit bei Aristoteles, in: Bock, Wolfgang (Hg.), Gesetz und Gesetzlichkeit in den Wissenschaften, 2006, S. 23 ff.
Dilcher, Gerhard, Gesetzgebungswissenschaft und Naturrecht, JZ 1969, S. 1 ff.
Ders., Das mittelalterliche Stadtrecht als Forschungsproblem, in: Wolff, Jörg (Hg.), Kultur- und rechtshistorische Wurzeln Europas. Arbeitsbuch, 2005, S. 227 ff.
Dittmann, Armin, Gleicheitssatz und Gesetzesvollzug im Bundesstaat. Föderative Ungleichheiten beim Vollzug von Steuergesetzen, in: Maurer, Hartmut (Hg.), Das akzeptierte Grundgesetz. Festschrift für Günter Dürig zum 70. Geburtstag, 1990, S. 221 ff.
Doehring, Karl, Demokratiedefizit in der Europäischen Union?, DVBl. 1997, S. 1133 ff.
Dörr, Oliver, Der europäisierte Rechtsschutzauftrag deutscher Gerichte. Artikel 19 Absatz 4 GG unter dem Einfluß des europäischen Unionsrechts, 2003.
Ders., Rechtsprechungskonkurrenz zwischen nationalen und europäischen Verfassungsgerichten, DVBl. 2006, S. 1088 ff.
Dogliani, Mario / Pinelli, Cesare, Grundlagen und Grundzüge staatlichen Verfassungsrechts: Italien, in: von Bogdandy, Armin / Cruz Villalón, Pedro / Huber, Peter M. (Hg.), Handbuch Ius Publicum Europaeum, Band I, Grundlagen und Grundzüge staatlichen Verfassungsrechts, 2007, § 5.
Dolzer, Rudolf / Vogel, Klaus / Graßhof, Karin (Hg.), Bonner Kommentar zum Grundgesetz. Gegründet 1950, Loseblatt, 15 Ordner, Stand: 127. Aktualisierung Februar 2007.
Donges, Juergen B. / Freytag, Andreas, Allgemeine Wirtschaftspolitik, 2. Auflage 2004.
Drath, Martin, Die Grenzen der Verfassungsgerichtsbarkeit, VVDStRL 9 (1952), S. 17 ff.

Ders., Der Gesetzesbegriff in den Rechtswissenschaften, Studium Generale 19 (1966), S. 679 ff.

Dreier, Horst, Der Ort der Souveränität, in: ders. / Hofmann, Jochen (Hg.), Parlamentarische Souveränität und technische Entwicklung. 25. Tagung der Wissenschaftlichen Mitarbeiter der Fachrichtung „Öffentliches Recht" vom 5.–8. März 1985 in Würzburg, 1986, S. 11 ff.

Ders., Hierarchische Verwaltung im demokratischen Staat. Genese, aktuelle Bedeutung und funktionelle Grenzen eines Bauprinzips der Exekutive, 1991.

Ders., Einheit und Vielfalt der Verfassungsordnungen im Bundesstaat, in: Schmidt, Karsten (Hg.), Vielfalt des Rechts – Einheit der Rechtsordnung?, 1994, S. 113 ff.

Ders., Die Zwischenkriegszeit, in: Merten, Detlef / Papier, Hans-Jürgen (Hg.), Handbuch der Grundrechte in Deutschland und Europa, Band I, Entwicklung und Grundlagen, 2004, § 4.

Ders., Grundlagen und Grundzüge staatlichen Verfassungsrechts: Deutschland, in: von Bogdandy, Armin / Cruz Villalón, Pedro / Huber, Peter M. (Hg.), Handbuch Ius Publicum Europaeum, Band I, Grundlagen und Grundzüge staatlichen Verfassungsrechts, 2007, § 1.

Ders. (Hg.), Grundgesetz. Kommentar, Band I, Präambel, Artikel 1–19, 2. Auflage 2004; Band 2, Artikel 20–82, 2. Auflage 2006; Band 3, Artikel 83–146, 2. Auflage 2008.

Drews, Bill / Wacke, Gerhard / Vogel, Klaus / Martens, Wolfgang , Gefahrenabwehr. Allgemeines Polizeirecht (Ordnungsrecht) des Bundes und der Länder, 9. Auflage von Klaus Vogel und Wolfgang Martens, 1986.

Droege, Michael, „Notruf nach Karlsruhe" – Die Begrenzung der Staatsverschuldung und das Heraufziehen des Jurisdiktionsstaates im Haushaltsverfassungsrecht, VerwArch 98 (2007), S. 101 ff.

Drüen, Klaus-Dieter, „Präzisierung" und „Effektuierung" des § 42 AO durch das Jahressteuergesetz 2008, Ubg 2008, S. 31 ff.

Ders., Inanspruchnahme Dritter für den Steuervollzug, DStJG 31 (2008), S. 167 ff.

Ders., Normenwahrheit als Verfassungspflicht, ZG 2009, S. 60 ff.

Dryzek, John, Discursive democracy. Politics, policy and political Science, 1990.

Düll, Rudolf, Das Zwölftafelgesetz. Texte, Übersetzungen und Erläuterungen, 7. Auflage 1995.

Dürig, Günter, Zurück zum klassischen Enteignungsbegriff!, JZ 1954, S. 4 ff.

Durner, Wolfgang, Konflikte räumlicher Planungen. Verfassungs-, verwaltungs- und gemeinschaftsrechtliche Regeln für das Zusammentreffen konkurrierender planerischer Raumansprüche, 2005.

Ebel, Wilhelm, Geschichte der Gesetzgebung in Deutschland, 2. Auflage 1958.

Eckhoff, Rolf, Rechtsanwendungsgleichheit im Steuerrecht. Die Verantwortung des Gesetzgebers für einen gleichmäßigen Vollzug des Einkommensteuerrechts, 1999.

Ehlers, Dirk, Die Grundfreiheiten der Europäischen Gemeinschaften. Allgemeine Lehren, in: ders. (Hg.), Europäische Grundrechte und Grundfreiheiten, 2. Auflage 2005, § 7.

Ders., Die Grundrechte der Europäischen Union. Allgemeine Lehren, in: ders. (Hg.), Europäische Grundrechte und Grundfreiheiten, 2. Auflage 2005, § 14.

Ehrenberg, Victor, Die Rechtsidee im frühen Griechentum. Untersuchungen zur Geschichte der werdenden polis, unveränderter Nachdruck der Ausgabe von 1921, 1966.

Ehrlicher, Werner, Grenzen der öffentlichen Verschuldung, in: Simmert, Diethard B. / Wagner, Kurt-Dieter (Hg.), Staatsverschuldung kontrovers, 1981, S. 103 ff.

Ders., Aspekte der Staatsverschuldung, Der Staat 24 (1985), S. 31 ff.

Eichenberger, Kurt, Die Sorge für den inneren Frieden als primäre Staatsaufgabe [1977], in: ders., Der Staat der Gegenwart. Ausgewählte Schriften, 1980, S. 73 ff.

Ders., Gesetzgebung im Rechtsstaat, VVDStRL 40 (1982), S. 7 ff.

Eifert, Martin, Regulierungsstrategien, in: Hoffmann-Riem, Wolfgang / Schmidt-Aßmann, Eberhard / Voßkuhle, Andreas (Hg.), Grundlagen des Verwaltungsrechts, Band I, Methoden · Maßstäbe · Aufgaben · Organisation, 2006, § 19.

Emmenegger, Sigrid, Gesetzgebungskunst. Gute Gesetzgebung als Gegenstand einer legislativen Methodenbewegung in der Rechtswissenschaft um 1900 – Zur Geschichte der Gesetzgebungslehre, 2006.

Emmerich-Fritsche, Angelika, Der Grundsatz der Verhältnismäßigkeit als Direktive und Schranke der EG-Rechtsetzung. Mit Beiträgen zu einer gemeineuropäischen Grundrechtslehre sowie zum Lebensmittelrecht, 2000.

Engel, Christoph, Das legitime Ziel als Element des Übermaßverbots. Gemeinwohl als Frage der Verfassungsdogmatik, in: Brugger, Winfried / Kirste, Stephan / Anderheiden, Michael (Hg.), Gemeinwohl in Deutschland, Europa und der Welt, 2002, S. 103 ff.

Engels, Dieter / Hugo, Dieter, Verschuldung des Bundes und rechtliche Schuldengrenzen, DÖV 2007, S. 445 ff.

Engisch, Karl, Die Einheit der Rechtsordnung [1935], 1987.

Englisch, Joachim, Verfassungsrechtliche und steuersystematische Kritik der Abgeltungssteuer, StuW 2007, S. 221 ff.

Ennuschat, Jörg, Wege zu besserer Gesetzgebung – sachverständige Beratung, Begründung, Folgeabschätzung und Wirkungskontrolle, DVBl. 2004, S. 986 ff.

Epiney, Astrid, Freiheit des Warenverkehrs, in: Ehlers, Dirk (Hg.), Europäische Grundrechte und Grundfreiheiten, 2. Auflage 2005, § 8.

Epping, Volker, Grundrechte, 3. Auflage 2007.

Eppler, Annegret, Die Stärkung der deutschen Parlamente durch die geplanten Regelungen zur Kontrolle des Subsidiaritätsprinzips der Europäischen Union, in: Sander, Gerald G. / Vetter, Rainer (Hg.), Regelungswut in der EU – Wahrheit oder Mythos? Zur Regelungsdichte in Europa anhand ausgewählter Fallbeispiele, 2007, S. 55 ff.

Erichsen, Hans-Uwe, Allgemeine Handlungsfreiheit, in: Isensee, Josef / Kirchhof, Paul (Hg.), Handbuch des Staatsrechts der Bundesrepublik Deutschland, Band VI, Freiheitsrechte, 1. Auflage 1989, § 152.

Eser, Albin, Hundert Jahre deutsche Strafgesetzgebung. Rückblick und Tendenzen, in: Kaufmann, Arthur / Mestmäcker, Ernst-Joachim / Zacher, Hans F. (Hg.), Rechtsstaat und Menschenwürde. Festschrift für Werner Maihofer zum 70. Geburtstag, 1988, S. 135 ff.

Esser, Josef, Einführung in die Grundbegriffe des Rechtes und Staates. Eine Einführung in die Rechtswissenschaft und in die Rechtsphilosophie, 1949.

Everling, Ulrich, Die Mitgliedstaaten der Europäischen Union unter der Aufsicht von Kommission und Gerichtshof, in: Depenheuer, Otto / Heintzen, Markus / Jestaedt, Matthias / Axer, Peter (Hg.), Staat im Wort. Festschrift für Josef Isensee, 2007, S. 773 ff.

Evers, Hans-Ulrich, Das allgemeine Gesetz und seine Anwendung, in: Starck, Christian (Hg.), Die Allgemeinheit des Gesetzes. 2. Symposion der Kommission „Die Funktion des Gesetzes in Geschichte und Gegenwart" am 14. und 15. November 1986, 1987, S. 96 ff.

Fassbender, Bardo, Wissen als Grundlage staatlichen Handelns, in: Isensee, Josef / Kirchhof, Paul (Hg.), Handbuch des Staatsrechts der Bundesrepublik Deutschland, Band IV, Aufgaben des Staates, 3. Auflage 2006, § 76.

Feldkamp, Michael F., Datenhandbuch zur Geschichte des Deutschen Bundestages 1994 bis 2003, begründet von Peter Schindler, eine Veröffentlichung der Wissenschaftlichen Dienste des Deutschen Bundestages, 2005.

Felix, Dagmar, Einheit der Rechtsordnung. Zur verfassungsrechtlichen Relevanz einer juristischen Argumentationsfigur, 1998.

Fenske, Hans, Der moderne Verfassungsstaat. Eine vergleichende Geschichte von der Entstehung bis zum 20. Jahrhundert, 2001.

Fischer, Hans G., Europarecht, 2005.

Fischer, Michael W., Rationalität in der Gesetzgebung? Wissenschaftsgeschichtliche Bemerkungen mit einem erkenntnistheoretischen Kommentar, Kurzbeitrag in: Schäffer, Heinz / Triffterer, Otto (Hg.), Rationalisierung der Gesetzgebung. Jürgen-Rödig-Gedächtnissymposium, 28.–30. Oktober 1982, 1984, S. 251 ff.

Flach, Andreas, Fortgeltung des Zwölftafelgesetzes, 2004.

Flach, Dieter, Das Zwölftafelgesetz. Leges XII tabularum, hg., übersetzt und kommentiert von Dieter Flach in Zusammenarbeit mit Andreas Flach, 2004.

Fleschutz, Peter, Maßnahmegesetze nach deutschem Verfassungsrecht, 1958.

Fögen, Marie Th., Morsche Wurzeln und späte Früchte. Notizen zum Gesetzesbegriff der deutschen Rechtsgeschichte, Rechtshistorisches Journal 6 (1987), S. 349 ff.

Dies., Römische Rechtsgeschichten. Über Ursprung und Evolution eines sozialen Systems, 2002.

Dies., Das Lied vom Gesetz, 2007.

Förster, Philipp, Die unmittelbare Drittwirkung der Grundfreiheiten. Zur Dogmatik des Adressatenkreises von Pflichten aus EG-Grundfreiheiten, 2007.

Forsthoff, Ernst, Über Maßnahme-Gesetze [1955], in: ders., Rechtsstaat im Wandel. Verfassungsrechtliche Abhandlungen 1950–1964, 1964, S. 78 ff.

Ders., Der Staat der Industriegesellschaft. Dargestellt am Beispiel der Bundesrepublik Deutschland, 1971.

Franz, Thorsten, Der Begriff des Gesetzes – Geschichte, Typologlie und neuer Gesetzesbegriff, ZG 2008, S. 140 ff.

Franzius, Claudio, Modalitäten und Wirkungsfaktoren der Steuerung durch Recht, in: Hoffmann-Riem, Wolfgang / Schmidt-Aßmann, Eberhard / Voßkuhle, Andreas (Hg.), Grundlagen des Verwaltungsrechts, Band I, Methoden · Maßstäbe · Aufgaben · Organisation, 2006, § 4.

Ders., Die Abweichungsgesetzgebung, NVwZ 2008, S. 492 ff.

Freibert, Anke, Das ideale Gesetz, in: Bundesakademie für öffentliche Verwaltung (Hg.), Praxis der Gesetzgebung – Eine Lehr- und Lernhilfe –, 1984, S. 27 ff.

Frenz, Walter, Handbuch Europarecht, Band 1, Europäische Grundfreiheiten, 2004.

Ders., Die Verschränkung von Gefahrenabwehr und Gefahrenvorsorge – Förderabgabe auf Grubengas bei privater Gefahrenprävention?, DÖV 2006, S. 718 ff.

Frevert, Ute, Der Bürgerstand – Funktionsstand in der geburtsständischen Gesellschaft?, in: Birtsch, Günter / Willoweit, Dietmar (Hg.), Reformabsolutismus und ständische Gesellschaft. Zweihundert Jahre Preußisches Allgemeines Landrecht, 1998, S. 291 ff.

Freyberger, Sigismund, Meditationes seu consilium de novo codice conficiendo [Überlegungen oder Vorschlag, ein neues Gesetzbuch abzufassen 1696, Ausgabe von 1716], in: Mohnhaupt, Heinz (Hg.), Prudentia legislatoria. Fünf Schriften über die Gesetzgebungsklugheit aus dem 17. und 18. Jahrhundert, übersetzt von Adolf Paul, 2003, S. 325 ff.

Friauf, Karl H., „Verleihungsgebühren" als Finanzierungsinstrument für öffentliche Aufgaben?, in: Festschrift der rechtswissenschaftlichen Fakultät zur 600-Jahr-Feier der Universität zu Köln, 1988, S. 679 ff.

Ders., Staatskredit, in: Isensee, Josef / Kirchhof, Paul (Hg.), Handbuch des Staatsrechts der Bundesrepublik Deutschland, Band IV, Aufgaben des Staates, 1. Auflage 1990, § 91.

Friesenhahn, Ernst, Parlament und Regierung im modernen Staat, VVDStRL 16 (1957), S. 9 ff.

Ders., Die Verfassungsgerichtsbarkeit in der Bundesrepublik Deutschland, 1963.

Frischmuth, Markus, Die Konzeption der Funktionsverlagerungsbesteuerung nach dem UntStRefG, StuB 2007, S. 386 ff.

Fromme, Jochen-Konrad, Stopp der Staatsverschuldung: Der dritte Weg, ZRP 2007, S. 263 ff.

Frotscher, Gerrit, Grundfragen der Funktionsverlagerung, FR 2008, S. 49 ff.

Frowein, Jochen Abr., Die rechtliche Bedeutung des Verfassungsprinzips der parlamentarischen Demokratie für den europäischen Integrationsprozeß, EuR 1983, S. 301 ff.

Ders., Übernationale Menschenrechtsgewährleistungen und nationale Staatsgewalt, in: Isensee, Josef / Kirchhof, Paul (Hg.), Handbuch des Staatsrechts der Bundesrepublik Deutschland, Band VII, Normativität und Schutz der Verfassung – Internationale Beziehungen, Demokratie – Bundesorgane, 1. Auflage 1992, § 180.

Fuchs, Dieter, Gemeinwohl und Demokratieprinzip, in: Schuppert, Gunnar Folke / Neidhardt, Friedhelm (Hg.), Gemeinwohl – Auf der Suche nach Substanz, 2002, S. 87 ff.

Furet, Francois / Ozouf, Mona (Hg.), Kritisches Wörterbuch der Französischen Revolution, Band I, Ereignisse, Akteure; Band II, Institutionen und Neuerungen, Ideen, Deutungen und Darstellungen, 1996.

Fuss, Ernst-Werner, Rechtssatz und Einzelakt im Europäischen Gemeinschaftsrecht, NJW 1964, S. 327 ff.

Gagnér, Sten, Studien zur Ideengeschichte der Gesetzgebung, 1960.

Ganten, Ted O., Die Drittwirkung der Grundfreiheiten, 2000.

Gassner, Ulrich M., Parlamentsvorbehalt und Bestimmtheitsgrundsatz, DÖV 1996, S. 18 ff.

Gehrke, Hans-Joachim, Der Nomosbegriff der Polis, in: Behrends, Okko / Sellert, Wolfgang (Hg.), Nomos und Gesetz. Ursprünge und Wirkungen des griechischen Gesetzesdenkens. 6. Symposion der Kommission „Die Funktion des Gesetzes in Geschichte und Gegenwart", 1995, S. 13 ff.

Ders. / Zwölfer, Elisabeth, Leitfaden der Geschichte Roms, in: Krefeld, Heinrich (Hg.), Res Romanae. Begleitbuch für die lateinische Lektüre, 1. Auflage der neuen Ausgabe 2005, S. 7 ff.

Geiger, Willi, Zur Lage unserer Verfassungsgerichtsbarkeit [1971], in: Häberle, Peter (Hg.), Verfassungsgerichtsbarkeit, 1976, S. 446 ff.

Geis, Max-Emanuel, Parlamentsausschüsse, in: Isensee, Josef / Kirchhof, Paul (Hg.), Handbuch des Staatsrechts der Bundesrepublik Deutschland, Band III, Demokratie – Bundesorgane, 3. Auflage 2005, § 54.

Gellermann, Martin, Beeinflussung des bundesdeutschen Rechts durch Richtlinien der EG. Dargestellt am Beispiel des europäischen Umweltrechts, 1994.

Ders., Grundrechte in einfachgesetzlichem Gewande. Untersuchung zur normativen Ausgestaltung der Freiheitsrechte, 2000.

Gerber, Carl Friedrich von, Grundzüge des deutschen Staatsrechts [1880], Neudruck der 3. Auflage 1969.

Gerkrath, Jörg, Die Bedingungen der Demokratie in der Europäischen Union. Ein französischer Standpunkt, EuGRZ 2006, S. 371 ff.

Gerstenmaier, Klaus-Albrecht, Die Sozialstaatsklausel des Grundgesetzes als Prüfungsmaßstab im Normenkontrollverfahren. Justitiabilität und Justitiabilisierung der Sozialstaatsklausel des Grundgesetzes, 1975.

Geurts, Matthias, Die neue Abgeltungssteuer – das Ende einer steuerinduzierten Kapitalanlage?, DStZ 2007, S. 341 ff.

Gierke, Otto von, Der Entwurf eines Bürgerlichen Gesetzbuches und das deutsche Recht, 1889.

Ders., Johannes Althusius und die Entwicklung der naturrechtlichen Staatstheorien. Zugleich ein Beitrag zur Geschichte der Rechtssystematik, 3. Ausgabe 1913.

Göke, Wolfgang, Staatsverschuldung. Zur desolaten Lage des Finanzverfassungsrechts des Bundes und der Länder, ZG 2006, S. 1 ff.

Götz, Volkmar, Die Sorge für die öffentliche Sicherheit und Ordnung, in: Jeserich, Kurt G. A. / Pohl, Hans / von Unruh, Georg-Christoph (Hg.), Deutsche Verwaltungsgeschichte, Band 5, Bundesrepublik Deutschland, 1987, § 2.

Ders., Europäische Gesetzgebung durch Richtlinien – Zusammenwirken von Gemeinschaft und Staat, NJW 1992, S. 1849 ff.

Ders., Der knapp bemessene Vertrauensschutz bei der Rückforderung gemeinschaftsrechtswidriger staatlicher Beihilfen, in: Grote, Rainer / Härtel, Ines / Hain, Karl-E. / Schmidt, Thorsten Ingo / Schmitz, Thomas / Schuppert, Gunnar Folke / Winterhoff, Christian (Hg.), Die Ordnung der Freiheit. Festschrift für Christian Starck zum siebzigsten Geburtstag, 2007, S. 555 ff.

Ders., Ein Raum der Freiheit, der Sicherheit und des Rechts, in: Ipsen, Jörn / Schmidt-Jortzig, Edzard (Hg.), Recht – Staat – Gemeinwohl. Festschrift für Dietrich Rauschning, 2001, S. 185 ff.

Ders., Innere Sicherheit, in: Isensee, Josef / Kirchhof, Paul (Hg.), Handbuch des Staatsrechts der Bundesrepublik Deutschland, Band IV, Aufgaben des Staates, 3. Auflage 2006, § 85.

Ders., Allgemeines Polizei- und Ordnungsrecht, 14. Auflage 2008.

Gosewinkel, Dieter / Masing, Johannes (Hg.), Die Verfassungen in Europa 1789–1949. Wissenschaftliche Textedition unter Einschluß sämtlicher Änderungen und Ergänzungen sowie mit Dokumenten aus der englischen und amerikanischen Verfassungsgeschichte, hg. und mit einer verfassungsgeschichtlichen Einführung zur Erschließung der Texte versehen, unter Mitarbeit von Andreas Würschinger, 2006.

Grabenwarter, Christoph, Europäisches und nationales Verfassungsrecht, VVDStRL 60 (2001), S. 290 ff.

Grabitz, Eberhard, Freiheit und Verfassungsrecht. Kritische Untersuchungen zur Dogmatik und Theorie der Freiheitsrechte, 1976.

Ders., Freiheit der Person, in: Isensee, Josef / Kirchhof, Paul (Hg.), Handbuch des Staatsrechts der Bundesrepublik Deutschland, Band VI, Freiheitsrechte, 1. Auflage 1989, § 130.

Ders. / Hilf, Meinhard, Das Recht der Europäischen Union. Kommentar, Band I und Band II, Loseblatt, Stand: 34. Lfg. Oktober 2008.

Grams, Hartmut A., Zur Gesetzgebung der Europäischen Union. Eine vergleichende Strukturanalyse aus staatsorganisatorischer Sicht, 1998.

Grawert, Rolf, „Gesetz", in: Brunner, Otto / Conze, Werner / Koselleck, Reinhart (Hg.), Geschichtliche Grundbegriffe. Historisches Lexikon zur politisch-sozialen Sprache in Deutschland, Band 2 E-G, 1975, S. 863 ff.

Ders., Die nationalsozialistische Herrschaft, in: Isensee, Josef / Kirchhof, Paul (Hg.), Handbuch des Staatsrechts der Bundesrepublik Deutschland, Band I, Historische Grundlagen, 3. Auflage 2003, § 6.

Greiner, Gottfried, Wiederbelebung des klassischen Enteignungsbegriffes, DÖV 1954, S. 583 ff.

Griller, Stefan , Zur demokratischen Legitimation der Rechtsetzung in der EU. Stärkung der nationalen Parlamente oder Aufwertung des Europäischen Parlaments?, JRP 3 (1995), S. 164 ff.

Grimm, Dieter, Methode als Machtfaktor, in: Horn, Norbert (Hg.), Europäisches Rechtsdenken in Geschichte und Gegenwart. Festschrift für Helmut Coing zum 70. Geburtstag, Band I, 1982, S. 469 ff.

Ders., Grundrechte und soziale Wirklichkeit. Zum Problem eines interdisziplinären Grundrechtsverständnisses, in: Hassemer, Winfried / Hoffmann-Riem, Wolfgang / Limbach, Jutta (Hg.), Grundrechte und soziale Wirklichkeit, 1982, S. 39 ff.

Ders., Der Wandel der Staatsaufgaben und die Krise des Rechtsstaats, in: ders. (Hg.), Wachsende Staatsaufgaben – sinkende Steuerungsfähigkeit des Rechts, 1990, S. 291 ff.

Ders., Das Grundgesetz nach 50 Jahren. Versuch einer staatsrechtlichen Würdigung, DRiZ 1995, S. 148 ff.

Ders., Bedingungen demokratischer Rechtsetzung, in: Wingert, Lutz / Günther, Klaus (Hg.), Die Öffentlichkeit der Vernunft und die Vernunft der Öffentlichkeit. Festschrift für Jürgen Habermas, 2001, S. 489 ff.

Ders., Ursprung und Wandel der Verfassung, in: Isensee, Josef / Kirchhof, Paul (Hg.), Handbuch des Staatsrechts der Bundesrepublik Deutschland, Band I, Historische Grundlagen, 3. Auflage 2003, § 1.

Groeben, Hans von der / Schwarze, Jürgen (Hg.) , Kommentar zum Vertrag über die Europäische Union und zur Gründung der Europäischen Gemeinschaft, 4 Bände, 6. Auflage 2003.

Gröpl, Christoph, Haushaltsrecht und Reform. Dogmatik und Möglichkeiten der Fortentwicklung der Haushaltswirtschaft durch Flexibilisierung, Dezentralisierung, Budgetierung, Ökonomisierung und Fremdfinanzierung, 2001.

Ders., Schwächen des Haushaltsrechts – Wege zu einer nachhaltigen Finanzwirtschaft, Die Verwaltung 39 (2006), S. 215 ff.

Ders., Staatseinnahmen und Staatsausgaben im demokratischen Verfassungsstaat, AöR 133 (2008), S. 1 ff.

Gröschner, Rolf, Die Republik, in: Isensee, Josef / Kirchhof, Paul (Hg.), Handbuch des Staatsrechts der Bundesrepublik Deutschland, Band II, Verfassungsstaat, 3. Auflage 2004, § 23.

Ders., Menschenwürde als Konstitutionsprinzip der Grundrechte, in: Siegetsleitner, Anne / Knoepffler, Nikolaus (Hg.), Menschenwürde im interkulturellen Dialog, 2005, S. 17 ff.

Groh, Manfred, Das Steuerrecht als unerwünschte Quelle des Gesellschaftsrechts, BB 1984, S. 304 ff.

Groß, Thomas, Die Verwaltungsorganisation als Teil organisierter Staatlichkeit, in: Hoffmann-Riem, Wolfgang / Schmidt-Aßmann, Eberhard / Voßkuhle, Andreas (Hg.), Grundlagen des Verwaltungsrechts, Band I, Methoden · Maßstäbe · Aufgaben · Organisation, 2006, § 13.

Ders., Verantwortung und Effizienz in der Mehrebenenverwaltung, VVDStRL 66 (2007), S. 152 ff.

Grzeszick, Bernd, Rechte und Ansprüche. Eine Rekonstruktion des Staatshaftungsrechts aus den subjektiven öffentlichen Rechten, 2002.

Ders., Staat, Verfassung und Einheit der Rechtsordnung. Zur Suche nach der verlorenen Einheit des Rechts, in: Depenheuer, Otto / Heintzen, Markus / Jestaedt, Matthias / Axer, Peter (Hg.), Staat im Wort. Festschrift für Josef Isensee, 2007, S. 93 ff.

Gündisch, Jürgen / Mathijsen, Petrus, Rechtsetzung und Interessenvertretung in der Europäischen Union. Verfahren Mitwirkung Qualität Legitimation, 1999.

Günther, Klaus, Der Wandel der Staatsaufgaben und die Krise des regulativen Rechts, in: Grimm, Dieter (Hg.), Wachsende Staatsaufgaben – sinkende Steuerungsfähigkeit des Rechts, 1990, S. 51 ff.

Gundel, Jörg, Rechtsschutzlücken im Gemeinschaftsrecht? Der Fall des Sekundärrechts ohne nationale Vollzugsakte, VerwArch 92 (2001), S. 81 ff.

Gusy, Christoph, Das Grundgesetz als normative Gesetzgebungslehre?, ZRP 1985, S. 291 ff.

Ders., Demokratiedefizite postnationaler Gemeinschaften unter Berücksichtigung der Europäischen Union, ZfP 45 (1998), S. 267 ff.

Ders., Polizeirecht, 6. Auflage 2006.

Guyon, Gérad, Der Gesetzesbegriff der christlich gedeuteten römischen Monarchie unter besonderer Berücksichtigung der Wende Konstantins, in: Behrends, Okko (Hg.), Der biblische Gesetzesbegriff. Auf den Spuren seiner Säkularisierung. 13. Symposion der Kommission „Die Funktion des Gesetzes in Geschichte und Gegenwart", 2006, S. 73 ff.

Habermas, Jürgen, Deliberative Politik – ein Verfahrensbegriff der Demokratie, in: ders., Faktizität und Geltung. Beiträge zur Diskurstheorie des Rechts und des demokratischen Rechtsstaats, 1992, S. 349 ff.

Häberle, Peter, Grundprobleme der Verfassungsgerichtsbarkeit, in: ders. (Hg.), Verfassungsgerichtsbarkeit, 1976, S. 1 ff.

Ders., Die Wesensgehaltsgarantie des Art. 19 Abs. 2 Grundgesetz, 3. Auflage 1983.

Ders., Verfassungsrechtliche Fragen im Prozeß der europäischen Einigung, EuGRZ 1992, S. 429 ff.

Ders., Die Menschenwürde als Grundlage der staatlichen Gemeinschaft, in: Isensee, Josef / Kirchhof, Paul (Hg.), Handbuch des Staatsrechts der Bundesrepublik Deutschland, Band II, Verfassungsstaat, 3. Auflage 2004, § 22.

Ders., Europäische Verfassungslehre, 5. Auflage 2008.

Haenel, Albert, Das Gesetz im formellen und materiellen Sinne [1888], reprografischer Nachdruck der 1. Auflage, 2. Auflage 1968.

Härtel, Ines, Handbuch Europäische Rechtsetzung, 2006.

Dies., Grenzen der Illusion: Schuldenbremse als Regulativ staatlichen Handelns, ZG 2007, S. 399 ff.

Hain, Karl-Eberhard, Der Gesetzgeber in der Klemme zwischen Übermaß- und Untermaßverbot?, DVBl. 1993, S. 982ff.

Ders., Zur Frage der Europäisierung des Grundgesetzes – Eine kritische Analyse –, DVBl. 2002, S. 148ff.

Ders., Unbestimmter Rechtsbegriff und Beurteilungsspielraum – ein dogmatisches Problem rechtstheoretisch betrachtet, in: Grote, Rainer / Härtel, Ines / ders. / Schmidt, Thorsten Ingo / Schmitz, Thomas / Schuppert, Gunnar Folke / Winterhoff, Christian (Hg.), Die Ordnung der Freiheit. Festschrift für Christian Starck zum siebzigsten Geburtstag, 2007, S. 35ff.

Halmai, Gábor, Grundlagen und Grundzüge staatlichen Verfassungsrechts: Ungarn, in: von Bogdandy, Armin / Cruz Villalón, Pedro / Huber, Peter M. (Hg.), Handbuch Ius Publicum Europaeum, Band I, Grundlagen und Grundzüge staatlichen Verfassungsrechts, 2007, § 12.

Halstenberg, Friedrich, Staatsverschuldung ohne Tilgungsplanung – Grenzen der Kreditermächtigung des Grundgesetzes –, DVBl. 2001, S. 1405ff.

Haltern, Ulrich R., Verfassungsgerichtsbarkeit, Demokratie und Mißtrauen. Das Bundesverfassungsgericht in einer Verfassungstheorie zwischen Populismus und Progressivismus, 1998.

Ders., Europarecht und das Politische, 2005.

Ders., Was bedeutet Souveränität?, 2007.

Ders., Europarecht. Dogmatik im Kontext, 2. Auflage 2007.

Hammerstein, Notker, Die Naturrechtslehre an den deutschen, insbesondere den preußischen Universitäten, in: Birtsch, Günter / Willoweit, Dietmar (Hg.), Reformabsolutismus und ständische Gesellschaft. Zweihundert Jahre Preußisches Allgemeines Landrecht, 1998, S. 3ff.

Hanebeck, Alexander, Die Einheit der Rechtsordnung als Anforderung an den Gesetzgeber? Zu verfassungsrechtlichen Anforderungen wie „Systemgerechtigkeit" und „Widerspruchsfreiheit" der Rechtsetzung als Maßstab verfassungsgerichtlicher Kontrolle, Der Staat 41 (2002), S. 429ff.

Haratsch, Andreas / Koenig, Christian / Pechstein, Matthias, Europarecht, 5. Auflage 2006.

Harnisch, Hartmut, Bauer und bürgerliche Gesellschaft. Die Lehre vom Gesellschaftsvertrag und die bäuerliche Untertänigkeit im Allgemeinen Landrecht, in: Birtsch, Günter / Willoweit, Dietmar (Hg.), Reformabsolutismus und ständische Gesellschaft. Zweihundert Jahre Preußisches Allgemeines Landrecht, 1998, S. 305ff.

Hart, Herbert L. A., The concept of law, 1961.

Hase, Friedhelm, Versicherungsprinzip und sozialer Ausgleich. Eine Studie zu den verfassungsrechtlichen Grundlagen des deutschen Sozialversicherungsrechts, 2000.

Hatschek, Julius, Deutsches und preussisches Staatsrecht, Band II, 2. Auflage 1930.

Hattenhauer, Hans, Einführung, in: Allgemeines Landrecht für die Preußischen Staaten von 1794, Textausgabe, mit einer Bibliographie von Günther Bernert, 1970, S. 11ff.

Ders., Das ALR im Widerstreit der Politik, in: Wolff, Jörg (Hg.), Das Preußische Allgemeine Landrecht. Politische, rechtliche und soziale Wechsel- und Fortwirkungen, 1995, S. 31ff.

Ders., Preußen auf dem Weg zum Rechtsstaat, in: Wolff, Jörg (Hg.), Das Preußische Allgemeine Landrecht. Politische, rechtliche und soziale Wechsel- und Fortwirkungen, 1995, S. 49ff.

Ders., Europäische Rechtsgeschichte, 4. Auflage 2004.

Hayek, Friedrich A. von, Der Weg zur Knechtschaft [1945], 2003.
Ders., Recht, Gesetz und Freiheit [1982]. Eine Neufassung der liberalen Grundsätze der Gerechtigkeit und der politischen Ökonomie, hg. von Viktor Vanberg, übersetzt von Monika Streissler, 2003.
Heckmann, Dirk, Geltungskraft und Geltungsverlust von Rechtsnormen. Elemente einer Theorie der autoritativen Normgeltungsbeendigung, 1997.
Ders., Das Paradoxon von individueller Freiheit und öffentlicher Sicherheit. Elemente einer Theorie komplementärer Risikoverteilung in Raum und Zeit, in: Alexy, Robert (Hg.), Juristische Grundlagenforschung. Tagung der Deutschen Sektion der Internationalen Vereinigung für Rechts- und Sozialphilosophie (IVR) vom 23. bis 25. September 2004 in Kiel, 2005, S. 183ff.
Hedemann, Justus W., Wesen und Wandel der Gesetzgebungstechnik, in: Rechts- und Staatswissenschaftliche Fakultät der Rheinischen Friedrich Wilhelms-Universität Bonn (Hg.), Festschrift zum 70. Geburtstag von Walter Schmidt-Rimpler, unter Mitwirkung von Freunden und Kollegen, 1957, S. 23ff.
Heertje, Arnold / Wenzel, Heinz-Dieter, Grundlagen der Volkswirtschaftslehre, 6. Auflage 2002.
Hegel, Georg W. F., Vorlesungen über die Philosophie des Rechts [1819/1820], nachgeschrieben von Johann Rudolf Ringier, hg. von Emil Angehrn, Martin Bondeli und Hoo Nam Seelmann, 2000.
Ders., Grundlinien der Philosophie des Rechts [1820], mit Hegels eigenhändigen Randbemerkungen in seinem Handexemplar der Rechtsphilosophie, in der Textedition von Johannes Hoffmeister, 5. Auflage 1995.
Heimlich, Jörn , Die Verleihungsgebühr als Umweltabgabe. Zugleich ein Beitrag zur Dogmatik des allgemeinen Gebührenrechts, 1996.
Heintzen, Markus, Die Legitimation des Europäischen Parlaments, ZEuS 2000, S. 377ff.
Ders., Staatshaushalt, in: Isensee, Josef / Kirchhof, Paul (Hg.), Handbuch des Staatsrechts der Bundesrepublik Deutschland, Band V, Rechtsquellen, Organisation, Finanzen, 3. Auflage 2007, § 120.
Heller, Hermann, Der Begriff des Gesetzes in der Reichsverfassung, VVDStRL 4 (1928), S. 98ff.
Hellmuth, Eckhart, Noch einmal: Freiheit und Eigentum. Zum politisch-gesellschaftlichen Bewußtsein der Landrechsautoren Carl Gottlieb Svarez und Ernst Ferdinand Klein, in: Birtsch, Günter / Willoweit, Dietmar (Hg.), Reformabsolutismus und ständische Gesellschaft. Zweihundert Jahre Preußisches Allgemeines Landrecht, 1998, S. 63ff.
Hensel, Albert, Verfassungsrechtliche Bindungen des Steuergesetzgebers. Besteuerung nach der Leistungsfähigkeit – Gleichheit vor dem Gesetz, VJSchrStFR 4 (1930), S. 441ff.
Ders., Steuerrecht, Reprintausgabe der Ausgabe 1933, 1986.
Ders., System des Familiensteuerrechts und andere Schriften, hg. von Reimer, Ekkehart / Waldhoff, Christian, 2000.
Herdegen, Matthias, Informalisierung und Entparlamentarisierung politischer Entscheidungen als Gefährdungen der Verfassung?, VVDStRL 62 (2003), S. 7ff.
Ders., Europarecht, 10. Auflage 2008.
Herles, Helmut, Gesetzessprache, in: Bundesakademie für öffentliche Verwaltung (Hg.), Praxis der Gesetzgebung – Eine Lehr- und Lernhilfe –, 1984, S. 156ff.

Hermes, Reinhard, Der Bereich des Parlamentsgesetzes, 1988.

Herrmann, Carl / Heuer Gerhard / Raupach, Arndt (Hg.), Einkommensteuer- und Körperschaftsteuergesetz. Kommentar, Loseblatt, 18. Ordner, Stand: 229. Lfg. 2008.

Herzog, Roman, Gesetzgeber und Verwaltung, VVDStRL 24 (1966), S. 183 ff.

Ders., Ziele, Vorbehalte und Grenzen der Staatstätigkeit, in: Isensee, Josef / Kirchhof, Paul (Hg.), Handbuch des Staatsrechts der Bundesrepublik Deutschland, Band IV, Aufgaben des Staates, 3. Auflage 2006, § 72.

Hesse, Konrad, Der Gleichheitsgrundsatz im Staatsrecht, AöR 77 (1951/52), S. 167 ff.

Ders., Die normative Kraft der Verfassung. Freiburger Antrittsvorlesung, 1959.

Ders., Funktionelle Grenzen der Verfassungsgerichtsbarkeit, in: Recht als Prozeß und Gefüge. Festschrift für Hans Huber zum 80. Geburtstag, 1981, S. 261 ff.

Ders., Grundzüge des Verfassungsrechts der Bundesrepublik Deutschland, 20. Auflage 1995.

Heuschling, Luc, Krise der Demokratie und Krise in der juristischen Demokratielehre in Frankreich, in: Bauer, Hartmut / Huber, Peter M. / Sommermann, Karl-Peter (Hg.), Demokratie in Europa, 2005, S. 33 ff.

Hey, Johanna, Harmonisierung der Unternehmensbesteuerung in Europa. Ein Vorschlag unter Auswertung des Ruding-Berichts und der US-amerikanischen „integration debate", 1997.

Dies., Steuerplanungssicherheit als Rechtsproblem, 2002.

Dies., Verletzung fundamentaler Besteuerungsprinzipien durch die Gegenfinanzierungsmaßnahmen des Unternehmenssteuerreformgesetzes 2008, BB 2007, S. 1303 ff.

Heyen, Erk V., Historische und philosophische Grundfragen der Gesetzgebungslehre, in: Schreckenberger, Waldemar / König, Klaus / Zeh, Wolfgang (Hg.), Gesetzgebungslehre. Grundlagen – Zugänge – Anwendung, 1986, S. 11 ff.

Hickel, Rudolf, Zum Ideologiegehalt der Staatsverschuldungsdebatte. Ein theoriegeschichtlicher Abriß, in: Simmert, Diethard B. / Wagner, Kurt-Dieter (Hg.), Staatsverschuldung kontrovers, 1981, S. 137 ff.

Hilf, Meinhard, Die Richtlinie der EG – ohne Richtung, ohne Linie? Hans Peter Ipsen zum 85. Geburtstag, EuR 1993, S. 1 ff.

Ders., Einheit der Rechtsordnung: EG-Recht und nationales Recht, in: Schmidt, Karsten (Hg.), Vielfalt des Rechts – Einheit der Rechtsordnung?, 1994, S. 219 ff.

Ders. / Classen, Kai-Dieter, Der Vorbehalt des Gesetzes im Recht der Europäischen Union, in: Osterloh, Lerke / Schmidt, Karsten / Weber, Hermann (Hg.), Staat, Wirtschaft, Finanzverfassung. Festschrift für Peter Selmer zum 70. Geburtstag, 2004, S. 71 ff.

Hill, Hermann, Einführung in die Gesetzgebungslehre, 1982.

Ders., Abschied von der öffentlichen Ordnung im Polizei- und Ordnungsrecht?, DVBl. 1985, S. 88 ff.

Hillgruber, Christian, Die Herrschaft der Mehrheit. Grundlagen und Grenzen des demokratischen Majoritätsprinzips, AöR 127 (2002), S. 460 ff.

Ders., Der Nationalstaat in übernationaler Verflechtung, in: Isensee, Josef / Kirchhof, Paul (Hg.), Handbuch des Staatsrechts der Bundesrepublik Deutschland, Band II, Verfassungsstaat, 3. Auflage 2004, § 32.

Ders. / Goos, Christoph, Verfassungsprozessrecht. 2. Auflage 2006.

Hirsch, Günter, Auf dem Weg zum Richterstaat? Vom Verhältnis des Richters zum Gesetzgeber in unserer Zeit, JZ 2007, S. 853 ff.

Hobbes, Thomas, Leviathan [Leviathan or the Matter, Forme and Power of a Commonwealth Ecclesiastical and Civil, 1651]. Erster und zweiter Teil, übersetzt von Jacob Peter Mayer, Nachwort von Malte Diesselhorst, 2003.

Höffe, Otfried, Immanuel Kant, 5. Auflage 2000.

Höfling, Wolfram, Vertragsfreiheit. Eine grundrechtsdogmatische Studie, 1991.

Ders., Haushalts- und Finanzverfassung in der Krise. Steuerungsschwächen, Fehlanreize, Reformoptionen, Der Staat 46 (2007), S. 163 ff.

Ders., Notlagenlegitimierte Neuverschuldung jenseits der Investitionssummengrenze? – Kritische Anmerkungen zur politischen Destabilisierung des Haushaltsverfassungsrechts, in: Ennuschat, Jörg / Geerlings, Jörg / Mann, Thomas / Pielow, Johann-Christian (Hg.), in Verbindung mit Klaus Stern, Wirtschaft und Gesellschaft im Staat der Gegenwart. Gedächtnisschrift für Peter J. Tettinger, 2007, S. 69 ff.

Ders., Professionelle Standards und Gesetz, in: Trute, Hans-Heinrich / Groß, Thomas / Röhl, Hans Chr. / Möllers, Christoph (Hg.), Allgemeines Verwaltungsrecht – zur Tragfähigkeit eines Konzepts, 2008, S. 45 ff.

Hölkeskamp, Karl-Joachim, Schiedsrichter, Gesetzgeber und Gesetzgebung im archaischen Griechenland, 1999.

Hölscheidt, Sven / Menzenbach, Steffi, Das Gesetz ist das Ziel: Zum Zusammenhang zwischen gutem Verfahren und gutem Gesetz, DÖV 2008, S. 139 ff.

Hönig, Dietmar, Fachplanung und Enteignung. Anforderungen der Eigentumsgarantie an die projektbezogene Fachplanung, 2001.

Höreth, Marcus, Die Europäische Union im Legitimationstrilemma. Zur Rechtfertigung des Regierens jenseits der Staatlichkeit, 1999.

Hoffmann-Riem, Wolfgang, Experimentelle Gesetzgebung, in: Becker, Bernd / Bull, Hans Peter / Seewald, Ottfried (Hg.), Festschrift für Werner Thieme zum 70. Geburtstag, 1993, S. 55 ff.

Ders., Grundrechtsanwendung unter Rationalitätsanspruch. Eine Erwiderung auf Kahls Kritik an neueren Ansätzen in der Grundrechtsdogmatik, Der Staat 43 (2004), S. 203 ff.

Ders., Sozialwissenschaftlich belebte Rechtsanwendung, in: Damm, Reinhard / Heermann, Peter W. / Veil, Rüdiger (Hg.), Festschrift für Thomas Raiser zum 70. Geburtstag am 20. Februar 2005, 2005, S. 515 ff.

Ders., Gesetz und Gesetzesvorbehalt im Umbruch. Zur Qualitäts-Gewährleistung durch Normen, AöR 130 (2005), S. 5 ff.

Ders., Eigenständigkeit der Verwaltung, in: ders. / Schmidt-Aßmann, Eberhard / Voßkuhle, Andreas (Hg.), Grundlagen des Verwaltungsrechts, Band I, Methoden · Maßstäbe · Aufgaben · Organisation, 2006, § 10.

Ders., Kohärenzvorsorge hinsichtlich verfassungsrechtlicher Maßstäbe für die Verwaltung in Europa, in: Trute, Hans-Heinrich / Groß, Thomas / Röhl, Hans Chr. / Möllers, Christoph (Hg.), Allgemeines Verwaltungsrecht – zur Tragfähigkeit eines Konzepts, 2008, S. 749 ff.

Hoffmeister, Frank, Die Wirkweise des europäischen Rechtsstaatsprinzips in der Verwaltungspraxis, in: Calliess, Christian (Hg.), Verfassungswandel im europäischen Staaten- und Verfassungsverbund. Beiträge der Ersten Göttinger Gespräche zum deutschen und europäischen Verfassungsrecht vom 15. bis. 17. Juni 2006, 2008, S. 141 ff.

Hofmann, Hasso, Das Postulat der Allgemeinheit des Gesetzes, in: Starck, Christian (Hg.), Die Allgemeinheit des Gesetzes. 2. Symposion der Kommission „Die Funktion des Gesetzes in Geschichte und Gegenwart" am 14. und 15. November 1986, 1987, S. 9ff.

Ders., Die Grundrechte 1789–1949–1989, NJW 1989, S. 3177ff.

Ders., Die versprochene Menschenwürde. Antrittsvorlesung, 21. Januar 1993, 1993.

Ders., Das Recht des Rechts, das Recht der Herrschaft und die Einheit der Verfassung, 1998.

Ders., Menschenrechte und Demokratie. Oder: Was man von Chrysipp lernen kann, JZ 2001, S. 1ff.

Ders., Die Entwicklung des Grundgesetzes von 1949 bis 1990, in: Isensee, Josef / Kirchhof, Paul (Hg.), Handbuch des Staatsrechts der Bundesrepublik Deutschland, Band I, Historische Grundlagen, 3. Auflage 2003, § 9.

Ders., Der Begriff des Gesetzes in der politischen Theologie von Thomas Hobbes, in: Behrends, Okko (Hg.), Der biblische Gesetzesbegriff. Auf den Spuren seiner Säkularisierung. 13. Symposion der Kommission „Die Funktion des Gesetzes in Geschichte und Gegenwart", 2006, S. 151ff.

Holländer, Pavel, Hypertrophie der Gesetzgebung – Entmachtung der Richter?, in: Schwarze, Jürgen (Hg.), Globalisierung und Entstaatlichung des Rechts. Ergebnisse der 31. Tagung der Gesellschaft für Rechtsvergleichung vom 20. bis 22. September 2007 in Halle, Teilband 1: Beiträge zum Öffentlichen Recht, Europarecht, Arbeits- und Sozialrecht und Strafrecht, 2008, S. 91ff.

Holtschneider, Rainer, Normenflut und Rechtsversagen. Wie wirksam sind rechtliche Regelungen?, 1991.

Honsell, Heinrich, Das Gesetzesverständnis in der römischen Antike, in: Horn, Norbert (Hg.), Europäisches Rechtsdenken in Geschichte und Gegenwart. Festschrift für Helmut Coing zum 70. Geburtstag, Band I, 1982, S. 129ff.

Ders., Die Erosion des Privatrechts durch das Europarecht, ZIP 2008, S. 621ff.

Hoppe, Tilman, Die Europäisierung der Gesetzgebung: Der 80-Prozent-Mythos lebt, EuZW 2009, S. 168f.

Hoppe, Werner, Planung, in: Isensee, Josef / Kirchhof, Paul (Hg.), Handbuch des Staatsrechts der Bundesrepublik Deutschland, Band IV, Aufgaben des Staates, 3. Auflage 2006, § 77.

Horn, Hans-Detlef, Experimentelle Gesetzgebung unter dem Grundgesetz, 1989.

Ders., Die grundrechtsunmittelbare Verwaltung. Zur Dogmatik des Verhältnisses zwischen Gesetz, Verwaltung und Individuum unter dem Grundgesetz, 1999.

Ders., Sicherheit und Freiheit durch vorbeugende Verbrechensbekämpfung – Der Rechtsstaat auf der Suche nach dem rechten Maß, in: ders. (Hg.) in Verbindung mit Häberle, Peter / Schambeck, Herbert / Stern, Klaus, Recht im Pluralismus. Festschrift für Walter Schmitt Glaeser zum 70. Geburtstag, 2003, S. 435ff.

Ders., Verbände, in: Isensee, Josef / Kirchhof, Paul (Hg.), Handbuch des Staatsrechts der Bundesrepublik Deutschland, Band III, Demokratie – Bundesorgane, 3. Auflage 2005, § 41.

Hotz, Reinhold, Methodische Rechtsetzung. Eine Aufgabe der Verwaltung, 1983.

Huber, Ernst R. (Hg.), Dokumente zur deutschen Verfassungsgeschichte, Band 1, Deutsche Verfassungsdokumente 1803–1850, 2. Auflage der „Quellen zum Staatsrecht der Neuzeit", 1961.

Ders., Das Kaiserreich als Epoche verfassungsstaatlicher Entwicklung, in: Isensee, Josef / Kirchhof, Paul (Hg.), Handbuch des Staatsrechts der Bundesrepublik Deutschland, Band I, Historische Grundlagen, 3. Auflage 2003, § 4.

Huber, Eugen, Schweizerisches Civilgesetzbuch. Erläuterungen zum Vorentwurf des Eidgenössischen Justiz- und Polizeidepartements, Heft 1, Einleitung. Personen- und Familienrecht, 1901.

Huber, Konrad, Maßnahmegesetz und Rechtsgesetz. Eine Studie zum rechtsstaatlichen Gesetzesbegriff, 1963.

Huber, Peter M., Demokratie ohne Volk oder Demokratie der Völker? – Zur Demokratiefähigkeit der Europäischen Union –, in: Drexl, Josef / Kreuzer, Karl F. / Scheuing, Dieter H. / Sieber, Ulrich (Hg.), Europäische Demokratie, 1999, S. 27ff.

Ders., Europäisches und nationales Verfassungsrecht, VVDStRL 60 (2001), S. 194ff.

Ders., Das institutionelle Gleichgewicht zwischen Rat und Europäischem Parlament in der künftigen Verfassung für Europa, EuR 2003, S. 574ff.

Ders., Regierung und Opposition, in: Isensee, Josef / Kirchhof, Paul (Hg.), Handbuch des Staatsrechts der Bundesrepublik Deutschland, Band III, Demokratie – Bundesorgane, 3. Auflage 2005, § 47.

Ders., Natürliche Personen als Grundrechtsträger, in: Merten, Detlef / Papier, Hans-Jürgen (Hg.), Handbuch der Grundrechte in Deutschland und Europa, Band II, Grundrechte in Deutschland: Allgemeine Lehren I, 2006, § 49.

Ders., Offene Staatlichkeit: Vergleich, in: von Bogdandy, Armin, ders. (Hg.), Handbuch Ius Publicum Europaeum, Band II, Offene Staatlichkeit – Wissenschaft vom Verfassungsrecht, 2008, § 26.

Hübner, Jürgen, Gesetz und Evangelium bei Luther, in: Bock, Wolfgang (Hg.), Gesetz und Gesetzlichkeit in den Wissenschaften, 2006, S. 87ff.

Hufeld, Ulrich, „Südumfahrung Stendal". Anmerkung, JZ 1997, S. 302ff.

Hufen, Friedhelm, Gesetzesgestaltung und Gesetzesanwendung im Leistungsrecht, VVDStRL 47 (1989), 142ff.

Ders., Über Grundlagengesetze, in: Schuppert, Gunnar Folke (Hg.), Das Gesetz als zentrales Steuerungsinstrument des Rechtsstaates. Symposion anläßlich des 60. Geburtstages von Christian Starck, 1998, S. 11ff.

Ders., Staatsrecht II. Grundrechte, 2007.

Hugger, Werner, Gesetze – ihre Vorbereitung, Abfassung und Prüfung. Ein Handbuch für Praxis und Studium mit einer Einführung von Carl Böhret, 1983.

Ders., Ziel- und Maßnahmenfindung, in: Bundesakademie für öffentliche Verwaltung (Hg.), Praxis der Gesetzgebung – Eine Lehr- und Lernhilfe –, 1984, S. 239ff.

Humboldt, Wilhelm von, Ideen zu einem Versuch, die Grenzen der Wirksamkeit des Staates zu bestimmen [1791], mit einem Nachwort von Robert Haerdter, 2006.

Husserl, Gerhart, Recht und Zeit. Fünf rechtsphilosophische Essays, 1955.

Huster, Stefan, Rechte und Ziele. Zur Dogmatik des allgemeinen Gleichheitssatzes, 1993.

Ihering, Rudolph von, Geist des römischen Rechts auf den verschiedenen Stufen seiner Entwicklung, 1. Teil, 9. Auflage 1955; 2. Teil und 3. Teil in jeweils zwei Abteilungen, 8. Auflage 1954.

Imboden, Max, Das Gesetz als Garantie rechtsstaatlicher Verwaltung, 1954.

Immerfall, Stefan / Schöne, Helmar, Gurkenverordnung und Europamüdigkeit. Zu den Nebenwirkungen einer Integration über Regulation, in: Sander, Gerald G. / Vetter, Rainer (Hg.), Regelungswut in der EU – Wahrheit oder Mythos? Zur Regelungsdichte in Europa anhand ausgewählter Fallbeispiele, 2007, S. 29ff.

Intemann, Jens, Einbeziehung von Dividenden in die Abgeltungssteuer verfassungswidrig?, Der Betrieb 2007, S. 1658ff.

Ipsen, Hans Peter, Gleichheit, in: Neumann, Franz L. / Bettermann, Karl A. (Hg.), Die Grundrechte. Handbuch der Theorie und Praxis der Grundrechte, Band 2, Die Freiheitsrechte in Deutschland, 1954, S. 111 ff.

Ipsen, Jörn, Richterrecht und Verfassung, 1975.

Ders., Gesetzliche Einwirkungen auf grundrechtlich geschützte Rechtsgüter, in: Schuppert, Gunnar Folke (Hg.), Das Gesetz als zentrales Steuerungsinstrument des Rechtsstaates. Symposion anläßlich des 60. Geburtstages von Christian Starck, 1998, S. 85 ff.

Ders., Staatsrecht I. Staatsorganisationsrecht, 19. Auflage 2007.

Ipsen, Knut, „Pouvoir constituant" – relevant für den EU-Verfassungsvertrag?, Europäische Rechtslinguistik, in: Ennuschat, Jörg / Geerlings, Jörg / Mann, Thomas / Pielow, Johann-Christian (Hg.), in Verbindung mit Klaus Stern, Wirtschaft und Gesellschaft im Staat der Gegenwart. Gedächtnisschrift für Peter J. Tettinger, 2007, S. 719 ff.

Irmler, Heinrich, Staatsverschuldung und gesamtwirtschaftliche Entwicklung aus der Sicht der geldpolitischen Praxis, in: Simmert, Diethard B. / Wagner, Kurt-Dieter (Hg.), Staatsverschuldung kontrovers, 1981, S. 203 ff.

Isensee, Josef, Subsidiaritätsprinzip und Verfassungsrecht. Eine Studie über das Regulativ des Verhältnisses von Staat und Gesellschaft [1968], 2. Auflage 2001.

Ders., Das Grundrecht auf Sicherheit. Zu den Schutzpflichten des freiheitlichen Verfassungsstaates. Vortrag gehalten vor der Berliner Juristischen Gesellschaft am 24. November 1982, erweiterte Fassung, 1983.

Ders., Mehr Recht durch weniger Gesetze?, ZRP 1985, S. 139 ff.

Ders., Verfassungsrecht als „politisches Recht", in: ders. / Kirchhof, Paul (Hg.), Handbuch des Staatsrechts der Bundesrepublik Deutschland, Band VII, Normativität und Schutz der Verfassung – Internationale Beziehungen, Demokratie – Bundesorgane, 1. Auflage 1992, § 162.

Ders., Verfassungsrechtliche Würdigung der Schuldengrenze nach Artikel 115 GG – Implikationen der Finanzkontrolle –, in: Müller, Udo (Hg.), Haushaltsreform und Finanzkontrolle, 1997, S. 111 ff.

Ders., Schutz des staatsabhängigen Unternehmens vor Sonderbelastung – Inpflichtnahme der Deutschen Bahn für die bahnpolizeilichen Kosten des Bundesgrenzschutzes, in: Kirchhof, Paul / Lehner, Moris / Raupach, Arndt / Rodi, Michael (Hg.), Staaten und Steuern. Festschrift für Klaus Vogel zum 70. Geburtstag, 2000, S. 93 ff.

Ders., Staat und Verfassung, in: ders. / Kirchhof, Paul (Hg.), Handbuch des Staatsrechts der Bundesrepublik Deutschland, Band II, Verfassungsstaat, 3. Auflage 2004, § 15.

Ders., Menschenwürde: Die säkulare Gesellschaft auf der Suche nach dem Absoluten, AöR 131 (2006), S. 173 ff.

Ders., Gemeinwohl im Verfassungsstaat, in: ders. / Kirchhof, Paul (Hg.), Handbuch des Staatsrechts der Bundesrepublik Deutschland, Band IV, Aufgaben des Staates, 3. Auflage 2006, § 71.

Ders., Staatsaufgaben, in: ders. / Kirchhof, Paul (Hg.), Handbuch des Staatsrechts der Bundesrepublik Deutschland, Band IV, Aufgaben des Staates, 3. Auflage 2006, § 73.

Ders., Recht als Grenze – Grenze des Rechts. Texte 1979–2009, 2009.

Jaag, Tobias, Die Abgrenzung zwischen Rechtssatz und Einzelakt, 1985.

Jachmann, Monika, Steuergesetzgebung zwischen Gleichheit und wirtschaftlicher Freiheit. Verfassungsrechtliche Grundlagen und Perspektiven der Unternehmensbesteuerung, 2000.

Jacob, Joachim, Das Unbehagen des Bürgers an seinen Gesetzen, in: Bundesakademie für öffentliche Verwaltung (Hg.), Praxis der Gesetzgebung – Eine Lehr- und Lernhilfe –, 1984, S. 38 ff.

Jacqué, Jean-Paul, La simplification et la consolidation des traités, Revue trimestrielle de droit européen, 1997, S. 903 ff.

Jaensch, Michael, Die unmittelbare Drittwirkung der Grundfreiheiten. Untersuchung der Verpflichtung von Privatpersonen durch Art. 30, 48, 52, 59, 73b EGV, 1997.

Jahndorf, Christian, Grundlagen der Staatsfinanzierung durch Kredite und alternative Finanzierungsformen im Finanzverfassungs- und Europarecht. Formenstrenge und Gestaltungsspielräume im Haushalts- und Staatsschuldenrecht sowie Reformüberlegungen unter Einbeziehung der Haushaltssysteme Frankreichs und Englands, 2003.

Ders., Besteuerung der Funktionsverlagerung, FR 2008, S. 101 ff.

Janssen, Albert, Über die Grenzen des legislativen Zugriffsrechts. Untersuchungen zu den demokratischen und grundrechtlichen Schranken der gesetzgeberischen Befugnisse, 1990.

Jarass, Hans D., Die Grundfreiheiten als Grundgleichheiten. Systematische Überlegungen zur Qualifikation und Rechtfertigung von Beschränkungen der Grundfreiheiten, in: Due, Ole / Lutter, Markus / Schwarze, Jürgen (Hg.), Festschrift für Ulrich Everling, Band 1, 1995, S. 593 ff.

Ders., Die Kompetenzverteilung zwischen der Europäischen Gemeinschaft und den Mitgliedstaaten, AöR 121 (1996), S. 173 ff.

Ders., Die Widerspruchsfreiheit der Rechtsordnung als verfassungsrechtliche Vorgabe. Zugleich ein Beitrag zum Verhältnis von Sachgesetzgeber und Abgabengesetzgeber, AöR 2001 (126), S. 588 ff.

Ders., Elemente einer Dogmatik der Grundfreiheiten, EuR 1995, S. 202 ff.

Ders., Elemente einer Dogmatik der Grundfreiheiten II, EuR 2000, S. 705 ff.

Ders., EU-Grundrechte. Ein Studien- und Handbuch, 2005.

Ders., Funktionen und Dimensionen der Grundrechte, in: Merten, Detlef / Papier, Hans-Jürgen (Hg.), Handbuch der Grundrechte in Deutschland und Europa, Band II, Grundrechte in Deutschland: Allgemeine Lehren I, 2006, § 38.

Ders. / Pieroth, Bodo, Grundgesetz für die Bundesrepublik Deutschland. Kommentar, 9. Auflage 2007.

Jaspers, Karl, Vom Ursprung und Ziel der Geschichte, 1949.

Jellinek, Georg, Gesetz und Verordnung. Staatsrechtliche Untersuchungen auf rechtsgeschichtlicher und rechtsvergleichender Grundlage, anastatischer Neudruck der Ausgabe von 1887, 1919.

Jesch, Dietrich, Gesetz und Verwaltung. Eine Problemstudie zum Wandel des Gesetzmäßigkeitsprinzipes, 1961.

Jestaedt, Matthias, Demokratieprinzip und Kondominialverwaltung. Entscheidungsteilhabe Privater an der öffentlichen Verwaltung auf dem Prüfstand des Verfassungsprinzips Demokratie, 1993.

Ders., Grundrechtsentfaltung im Gesetz. Studien zur Interdependenz von Grundrechtsdogmatik und Rechtsgewinnungstheorie, 1999.

Ders., Bundesstaat als Verfassungsprinzip, in: Isensee, Josef / Kirchhof, Paul (Hg.), Handbuch des Staatsrechts der Bundesrepublik Deutschland, Band II, Verfassungsstaat, 3. Auflage 2004, § 29.

Ders., Grundbegriffe des Verwaltungsorganisationsrechts, in: Hoffmann-Riem, Wolfgang / Schmidt-Aßmann, Eberhard / Voßkuhle, Andreas (Hg.), Grundlagen des Verwaltungsrechts, Band I, Methoden · Maßstäbe · Aufgaben · Organisation, 2006, § 14.

Ders., Der Europäische Verfassungsverbund. Verfassungstheoretischer Charme und rechtstheoretische Insuffizienz einer Unschärferelation, in: Calliess, Christian (Hg.), Verfassungswandel im europäischen Staaten- und Verfassungsverbund. Beiträge der Ersten Göttinger Gespräche zum deutschen und europäischen Verfassungsrecht vom 15. bis. 17. Juni 2006, 2008, S. 93 ff.

Josephy, Berthold, Der Gesetzesbegriff in den Sozialwissenschaften, in: Elster, Ludwig (Hg.), Jahrbücher für Nationalökonomie und Statistik, 1929, S. 161 ff.

Jouanjan, Olivier, Grundrechte und Konstitutionalismus in Frankreich, in: Wolff, Jörg (Hg.), Kultur- und rechtshistorische Wurzeln Europas. Arbeitsbuch, 2005, S. 373 ff.

Ders., Grundlagen und Grundzüge staatlichen Verfassungsrechts: Frankreich, in: von Bogdandy, Armin / Cruz Villalón, Pedro / Huber, Peter M. (Hg.), Handbuch Ius Publicum Europaeum, Band I, Grundlagen und Grundzüge staatlichen Verfassungsrechts, 2007, § 2.

Kadelbach, Stefan, Bedingungen einer demokratischen Europäischen Union. Ein deutscher Standpunkt, EuGRZ 2006, S. 384 ff.

Ders., Autonomie und Bindung der Rechtsetzung in gestuften Rechtsordnungen, VVDStRL 66 (2007), S. 7 ff.

Kahl, Wolfgang, Vom weiten Schutzbereich zum engen Gewährleistungsgehalt. Kritik einer neuen Richtung der deutschen Grundrechtsdogmatik, Der Staat 43 (2004), S. 167 ff.

Ders., Freiheitsprinzip und Sozialprinzip in der Europäischen Union, in: Bauer, Hartmut / Czybulka, Detlef / Ders. / Voßkuhle, Andreas (Hg.), Wirtschaft im offenen Verfassungsstaat. Festschrift für Reiner Schmidt zum 70. Geburtstag, 2006, S. 75 ff.

Ders., Parlamentarische Steuerung der internationalen Verwaltungsvorgänge, Professionelle Standards und Gesetz, in: Trute, Hans-Heinrich / Groß, Thomas / Röhl, Hans Chr. / Möllers, Christoph (Hg.), Allgemeines Verwaltungsrecht – zur Tragfähigkeit eines Konzepts, 2008, S. 71 ff.

Kamp, Andreas, Die politische Philosophie des Aristoteles und ihre metaphysischen Grundlagen. Wesenstheorie und Polisordnung, 1985.

Kampmann, Brigitte, Staatsverschuldung – Begrenzungskonzepte in der Kritik, 1995.

Kannowski, Bernd, Der Sachsenspiegel im Kontext europäischer Rechtsgeschichte. „Teutsche" und überregionale Aspekte anhand von Bilderhandschriften und Glossen, in: Wolff, Jörg (Hg.), Kultur- und rechtshistorische Wurzeln Europas. Arbeitsbuch, 2005, S. 139 ff.

Kant, Immanuel, Kritik der reinen Vernunft [1781], hg. von Wilhelm Weischedel, 2 Bände, 1974.

Ders., Grundlegung zur Metaphysik der Sitten [1785], hg. von Theodor Valentiner, Einleitung von Hans Ebeling, 2005.

Ders., Über den Gemeinspruch: Das mag in der Theorie richtig sein, taugt aber nicht für die Praxis. Zum ewigen Frieden. Ein philosophischer Entwurf [1793, 1795], mit Einleitung und Anmerkungen, Bibliographie und Registern kritisch hg. von Heiner F. Klemme, 1992.

Ders., Metaphysik der Sitten, Erster Teil: Anfangsgründe der Rechtslehre; Zweiter Teil: Metaphysische Anfangsgründe der Tugendlehre [1797], hg. von Karl Vorländer, unveränderter Abdruck der Vorländerschen Ausgabe von 1922, 1954.

Karpen, Ulrich, Verfassungsgeschichtliche Entwicklung des Gesetzesbegriffs in Deutschland, in: Selmer, Peter / von Münch, Ingo (Hg.), Gedächtnisschrift für Wolfgang Martens, 1987, S. 137 ff.

Ders., Gesetzgebungs-, Verwaltungs- und Rechtsprechungslehre. Beiträge zur Entwicklung einer Regelungstheorie, 1989.

Ders., Zum Stand der Gesetzgebungswissenschaft in Europa, in: Schreckenberger, Waldemar / Merten, Detlef (Hg.), Grundfragen der Gesetzgebungslehre. Aktualisierte Vorträge eines Seminars zur Gesetzgebungslehre (1996) an der Deutschen Hochschule für Verwaltungswissenschaften Speyer, 2000, S. 11 ff.

Ders., Nachträgliche Wirkungskontrolle von Gesetzen, in: Ständige Deputation des Deutschen Juristentages (Hg.), Verhandlungen des fünfundsechzigsten deutschen Juristentages, 2004, Band II/1, Sitzungsberichte – Referate und Beschlüsse, S. 33 ff.

Ders., Gesetzgebungslehre – neu evaluiert. Legistics – freshly evaluated, 2006.

Ders., Gesetzescheck (2005–2007): Empfehlungen zur Qualitätsverbesserung von Gesetzen, ZRP 2008, S. 97 ff.

Ders., Instructions for Law Drafting, EJLR 2008, S. 163 ff.

Kaufmann, Arthur, Rechtsphilosophie, 2. Auflage 1997.

Kaufmann, Erich, Die Grenzen der Verfassungsgerichtsbarkeit, VVDStRL 9 (1952), S. 1 ff.

Kausch, Erhard, Kann das Gesetz klüger sein als der Gesetzgeber? – Überlegungen zu Gustav Radbruchs Auslegungstheorie, in: Baumann, Wolfgang / Dickhuth-Harrach, Hans-Jürgen von / Marotzke, Wolfgang (Hg.), Gesetz, Recht, Rechtsgeschichte. Festschrift für Gerhard Otte zum 70. Geburtstag, 2005, S. 165 ff.

Kellermann, Alfred, Guidelines on Quality of EU Legislation and its Impact on Albania, EJLR 2008, S. 183 ff.

Kelley, Donald R., The human measure. Social thought in the western legal tradition, 1990.

Kelsen, Hans, Allgemeine Staatslehre [1925], 1966.

Ders., Wesen und Entwicklung der Staatsgerichtsbarkeit, VVDStRL 5 (1929), S. 30 ff.

Kerber, Markus C., Der Souverän des Bundesstaatsnotstands. Anmerkungen zur finanzverfassungsrechtlichen Argumentation und finanzwissenschaftlichen Methodik des Bundesverfassungsgerichts in seinem Urteil vom 19. 10. 2006, Der Staat 46 (2007), S. 229 ff.

Kern, Fritz, Recht und Verfassung im Mittelalter, 1953.

Kersten, Jens, Demographie als Verwaltungsaufgabe, Die Verwaltung 40 (2007), S. 309 ff.

Kersting, Wolfgang, Kant über Recht, 2004.

Kestner, Heinrich E., Conspectus prudentiae legislatoriae [Betrachtungen zur Gesetzgebungsklugheit, 1710], in: Mohnhaupt, Heinz (Hg.), Prudentia legislatoria. Fünf Schriften über die Gesetzgebungsklugheit aus dem 17. und 18. Jahrhundert, übersetzt von Adolf Paul, 2003, S. 217 ff.

Kiefner, Hans, Zur Sprache des Allgemeinen Landrechts, in: Dölemeyer, Barbara / Mohnhaupt, Heinz (Hg.), 200 Jahre Allgemeines Landrecht für die preußischen Staaten. Wirkungsgeschichte und internationaler Kontext, 1995, S. 23 ff.

Kielmansegg, Peter Graf, Integration und Demokratie, in: Jachtenfuchs, Markus / Kohler-Koch, Beate (Hg.), Europäische Integration, 1996, S. 47 ff.

Kingreen, Thorsten, Verbot der Diskriminierung wegen der Staatsangehörigkeit, in: Ehlers, Dirk (Hg.), Europäische Grundrechte und Grundfreiheiten, 2. Auflage 2005, § 13.

Ders., Gleichheitsgrundrechte und soziale Rechte, in: Ehlers, Dirk (Hg.), Europäische Grundrechte und Grundfreiheiten, 2. Auflage 2005, § 18.

Ders. / Störmer, Rainer, Die subjektiv-öffentlichen Rechte des primären Gemeinschaftsrechts, EuR 1998, S. 263 ff.

Kinzig, Jörg, Die rechtliche Bewältigung von Erscheinungsformen organisierter Kriminalität, 2004.

Kirchgässner, Gebhard, Gemeinwohl in der Spannung von Wirtschaft und politischer Organisation: Bemerkungen aus ökonomischer Perspektive, in: Brugger, Winfried / Kirste, Stephan / Anderheiden, Michael (Hg.), Gemeinwohl in Deutschland, Europa und der Welt, 2002, S. 289 ff.

Kirchhof, Ferdinand, Private Rechtsetzung, 1987.

Ders., Die Verleihungsgebühr als dritter Gebührentyp. Zugleich ein Beitrag zu ihrer Eignung als Umweltabgabe, DVBl. 1987, S. 554 ff.

Ders., Wege aus der Staatsverschuldung, in: Kirchhof, Paul / Lehner, Moris / Raupach, Arndt / Rodi, Michael (Hg.), Staaten und Steuern. Festschrift für Klaus Vogel zum 70. Geburtstag, 2000, S. 241 ff.

Ders., Verteidigung und Bundeswehr, in: Isensee, Josef / Kirchhof, Paul (Hg.), Handbuch des Staatsrechts der Bundesrepublik Deutschland, Band IV, Aufgaben des Staates, 3. Auflage 2006, § 84.

Ders., Finanzierung der Sozialversicherung, in: Isensee, Josef / Kirchhof, Paul (Hg.), Handbuch des Staatsrechts der Bundesrepublik Deutschland, Band V, Rechtsquellen, Organisation, Finanzen, 3. Auflage 2007, § 125.

Ders., Grund und Grenzen des Grundsatzes der verlässlichen und planbaren Finanz- und Haushaltswirtschaft, in: Depenheuer, Otto / Heintzen, Markus / Jestaedt, Matthias / Axer, Peter (Hg.), Staat im Wort. Festschrift für Josef Isensee, 2007, S. 363 ff.

Ders., Leistungsgrenzen und Finanzierung des Sozialstaats, in: Magiera, Siegfried / Sommermann, Karl-Peter (Hg.), Freiheit, Rechtsstaat und Sozialstaat in Europa. Forschungssymposium anlässlich der Emeritierung von Universitätsprofessor Dr. iur. Dr. rer. pol. Detlef Merten, 2007, S. 101 ff.

Kirchhof, Gregor, Der besondere Schutz der Familie in Art. 6 Abs. 1 des Grundgesetzes. Abwehrrecht, Einrichtungsgarantie, Benachteiligungsverbot, staatliche Schutz- und Förderpflicht, AöR 129 (2004), S. 542 ff.

Ders., Die Erfüllungspflichten des Arbeitgebers im Lohnsteuerverfahren. Freiheit von Arbeitszwang und Berufsfreiheit als Grenzen der Quellenbesteuerung, der Indienstnahme, der Privatisierung – zugleich ein Beitrag zur Grundrechtsdogmatik und zur Deregulierung, 2005.

Ders., Kumulative Belastung durch unterschiedliche staatliche Maßnahmen, NJW 2006, S. 732 ff.

Ders., Grundrechte und Wirklichkeit. Freiheit und Gleichheit aus der Realität begreifen – ein Beitrag zur Grundrechtsdogmatik, 2007.

Kirchhof, Paul, Der allgemeine Gleichheitssatz, in: Isensee, Josef / ders. (Hg.), Handbuch des Staatsrechts der Bundesrepublik Deutschland, Band V, Allgemeine Grundrechtslehren, 1. Auflage 1992, § 124.

Ders., Verfassungsgerichtsbarkeit und Gesetzgebung, in: Badura, Peter / Scholz, Rupert (Hg.), Verfassungsgerichtsbarkeit und Gesetzgebung. Symposion aus Anlaß des 70. Geburtstages von Peter Lerche, 1998, S. 5 ff.

Ders., Der sanfte Verlust der Freiheit. Für ein neues Steuerrecht – klar, verständlich, gerecht, 2004.

Ders. (Hg.), EStG Kompaktkommentar. Einkommensteuergesetz, 8. Auflage 2008.

Kirschen, E. S. / Benard, J. / Besters, H. / Blackaby, F. / Eckstein, O. / Faaland, J. / Hartog, F. / Morissens, L. / Tosco, E., Economic Policy in our time, Band I, 1968.

Kirste, Stephan, Die Realisierung von Gemeinwohl durch verselbständigte Verwaltungseinheiten, in: Brugger, Winfried / ders. / Anderheiden, Michael (Hg.), Gemeinwohl in Deutschland, Europa und der Welt, 2002, S. 327 ff.

Kischel, Uwe, Zur Dogmatik des Gleichheitssatzes in der Europäischen Union, EuGRZ 1997, S. 1 ff.

Ders., Systembildung des Gesetzgebers und Gleichheitssatz, AöR 124 (1999), S. 174 ff.

Ders., Die Begründung. Zur Erläuterung staatlicher Entscheidungen gegenüber dem Bürger, 2003.

Ders., Gleichheitssatz und Steuerrecht – Gefahren eines dogmatischen Sonderwegs, in: Mellinghoff, Rudolf / Palm, Ulrich (Hg.), Gleichheit im Verfassungsstaat. Symposion aus Anlass des 65. Geburtstages von Paul Kirchhof, 2008, S. 175 ff.

Kitterer, Wolfgang, Staatstätigkeit, Staatsfinanzen und Wirtschaftswachstum, in: Henke, Klaus-Dirk (Hg.), Zur Zukunft der Staatsfinanzierung, 1999, S. 183 ff.

Klein, Eckart, Gesetzgebung ohne Parlament? Vortrag, gehalten vor der Juristischen Gesellschaft zu Berlin am 24. September 2003, 2003.

Klein, Hans H., Zur Revision des Grundgesetzes: Erwägungen der Enquête-Kommission Verfassungsreform des Deutschen Bundestages zu einer Neufassung des Art. 80 GG, DÖV 1975, S. 523 ff.

Ders., Verfassungsgerichtsbarkeit und Gesetzgebung, in: Badura, Peter / Scholz, Rupert (Hg.), Verfassungsgerichtsbarkeit und Gesetzgebung. Symposion aus Anlaß des 70. Geburtstages von Peter Lerche, 1998, S. 49 ff.

Ders., Grundrechte am Beginn des 21. Jahrhunderts, in: Merten, Detlef / Papier, Hans-Jürgen (Hg.), Handbuch der Grundrechte in Deutschland und Europa, Band I, Entwicklung und Grundlagen, 2004, § 6.

Ders., Stellung und Aufgaben des Bundestages, in: Isensee, Josef / Kirchhof, Paul (Hg.), Handbuch des Staatsrechts der Bundesrepublik Deutschland, Band III, Demokratie – Bundesorgane, 3. Auflage 2005, § 50.

Ders., Status des Abgeordneten, in: Isensee, Josef / Kirchhof, Paul (Hg.), Handbuch des Staatsrechts der Bundesrepublik Deutschland, Band III, Demokratie – Bundesorgane, 3. Auflage 2005, § 51.

Kleinheyer, Gerd, Das herkömmliche Verständnis der Stände und die kodifikatorische Regelung des Ständerechts im Preußischen Allgemeinen Landrecht von 1794, in: Birtsch, Günter / Willoweit, Dietmar (Hg.), Reformabsolutismus und ständische Gesellschaft. Zweihundert Jahre Preußisches Allgemeines Landrecht, 1998, S. 273 ff.

Klippel, Diethelm, Vernünftige Gesetzgebung. Die Philosophie der bürgerlichen Gesetzgebung im 19. Jahrhundert, in: Speitkamp, Winfried / Ullmann, Hans-Peter (Hg.), Konflikt und Reform. Festschrift für Helmut Berding, 1995, S. 198 ff.

Ders. / Pahlow, Louis, Freiheit und aufgeklärter Absolutismus. Das Allgemeine Landrecht in der Geschichte der Menschen- und Bürgerrechte, in: Birtsch, Günter / Willoweit, Dietmar (Hg.), Reformabsolutismus und ständische Gesellschaft. Zweihundert Jahre Preußisches Allgemeines Landrecht, 1998, S. 215 ff.

Kloepfer, Michael, Gesetzgebung im Rechtsstaat, VVDStRL 40 (1982), 63 ff.

Ders., Der Vorbehalt des Gesetzes im Wandel, JZ 1984, S. 685 ff.

Ders., Öffentliche Meinung, Massenmedien, in: Isensee, Josef / Kirchhof, Paul (Hg.), Handbuch des Staatsrechts der Bundesrepublik Deutschland, Band III, Demokratie – Bundesorgane, 3. Auflage 2005, § 42.

Kluth, Winfried, Die demokratische Legitimation der Europäischen Union. Eine Analyse der These vom Demokratiedefizit der Europäischen Union aus gemeineuropäischer Verfassungsperspektive, 1995.

Knemeyer, Franz-Ludwig, Funktionen der Aufgabenzuweisungsnormen in Abgrenzung zu den Befugnisnormen, DÖV 1978, S. 11 ff.

Ders., Polizei- und Ordnungsrecht. Lehr- und Arbeitsbuch mit Anleitungen für die Klausur, 11. Auflage 2007.

Kniesel, Michael / Poscher, Ralf, Versammlungsrecht, in: Lisken, Hans / Denninger, Erhard, unter Mitwirkung von Rachor, Frederik, Handbuch des Polizeirechts. Gefahrenabwehr · Strafverfolgung · Rechtsschutz, 4. Auflage 2007, S. 1009 ff.

Knobbe-Keuk, Brigitte, Bilanz- und Unternehmenssteuerrecht, 9. Auflage 1993.

Knütel, Rolf, Roms Recht – „und erstaunlich ist es nicht, dass die bedeutendsten europäischen Völker sich der Herrschaft diese Rechts gebeugt haben“, in: Rosen, Klaus (Hg.), Das Mittelmeer – die Wiege der europäischen Kultur, 1998, S. 130 ff.

Ders., Zur Rechtsfindung der Römer, in: Söllner, Alfred / Gitter, Wolfgang / Waltermann, Raimund / Giesen, Richard / Ricken, Oliver (Hg.), Gedächtnisschrift für Meinhard Heinze, 2005, S. 475 ff.

Köbler, Gerhard, Das Recht im frühen Mittelalter. Untersuchungen zu Herkunft und Inhalt frühmittelalterlicher Rechtsbegriffe im deutschen Sprachgebiet, 1971.

Köck, Wolfgang, Gesetzesfolgenabschätzung und Gesetzgebungsrechtslehre, VerwArch 93 (2002), S. 1 ff.

Koenig, Christian, Daseinvorsorge durch Wettbewerb. Wider der Trübung des scharfen Blicks gegen soziale oder kulturelle Misswirtschaft durch das Wettbewerbsopiat von Ausnahmebereichen, in: Depenheuer, Otto / Heintzen, Markus / Jestaedt, Matthias / Axer, Peter (Hg.), Staat im Wort. Festschrift für Josef Isensee, 2007, S. 375 ff.

Ders. / Lorz, Ralph A., Stärkung des Subsidiaritätsprinzips, JZ 2003, S. 167 ff.

Ders. / Schreiber, Kristina, Gewährung von Übergangsfristen à la Bundesverfassungsgericht durch den Europäischen Gerichtshof, DÖV 2008, S. 450 ff.

König, Doris, Die Übertragung von Hoheitsrechten im Rahmen des europäischen Integrationsprozesses – Anwendungsbereich und Schranken des Art. 23 des Grundgesetzes, 2000.

König, Thomas / Mäder, Lars, Bürokratisierung oder Politisierung? Eine Untersuchung der Umsetzungseffekte von europäischen Richtlinien in den Mitgliedstaaten der Europäischen Union im Zeitraum von 1985–2003, 2007.

Kokott, Juliane, Die Staatsrechtslehre und die Veränderung ihres Gegenstandes: Konsequenzen von Europäisierung und Internationalisierung, VVDStRL 63 (2004), S. 7 ff.

Koller, Peter, Das Konzept des Gemeinwohls. Versuch einer Begriffsexplikation, in: Brugger, Winfried / Kirste, Stephan / Anderheiden, Michael (Hg.), Gemeinwohl in Deutschland, Europa und der Welt, 2002, S. 41 ff.

Kopp, Ferdinand O. / Ramsauer, Ulrich, Verwaltungsverfahrensgesetz, 10. Auflage 2008.

Kopp, Hans W., Inhalt und Form der Gesetze als ein Problem der Rechtstheorie, mit vergleichender Berücksichtigung der Schweiz, Deutschlands, Frankreichs, Großbritanniens und der USA, 2 Bände, 1958.

Korinek, Karl, Die Verfassungsgerichtsbarkeit im Gefüge der Staatsfunktionen, VVDStRL 39 (1981), S. 7ff.

Ders., Verständlichkeit als Gebot der Rechtsordnung, in: Depenheuer, Otto / Heintzen, Markus / Jestaedt, Matthias / Axer, Peter (Hg.), Staat im Wort. Festschrift für Josef Isensee, 2007, S. 277ff.

Korioth, Stefan, Maßstabgesetzgebung im bundesstaatlichen Finanzausgleich – Abschied von der „rein interessenbestimmten Verständigung über Geldsummen"?, ZG 2002, S. 335ff.

Ders., Neue und einheitliche Schuldenbegrenzungsregeln für Bund und Länder? – Notwendigkeit und Grenzen der Länderautonomie in der Verschuldungspolitik, KritV 2008, S. 187ff.

Kormann, Joachim, Rechtsstaat und Gesetzesstaat – Konsequenz oder Alternative?, in: Oberndorfer, Peter / Schambeck, Herbert (Hg.), Verwaltung im Dienste von Wirtschaft und Gesellschaft. Festschrift für Ludwig Fröhler zum 60. Geburtstag, 1980, S. 23ff.

Koselleck, Reinhart, Preußen zwischen Reform und Revolution. Allgemeines Landrecht, Verwaltung und soziale Bewegung von 1971 bis 1848, 1967.

Kotzur, Markus, Die Demokratiedebatte in der deutschen Verfassungsrechtslehre, in: Bauer, Hartmut / Huber, Peter M. / Sommermann, Karl-Peter (Hg.), Demokratie in Europa, 2005, S. 351ff.

Koutnatzis, Stylianos-Ioannis G., Grundlagen und Grundzüge staatlichen Verfassungsrechts: Griechenland, in: von Bogdandy, Armin / Cruz Villalón, Pedro / Huber, Peter M. (Hg.), Handbuch Ius Publicum Europaeum, Band I, Grundlagen und Grundzüge staatlichen Verfassungsrechts, 2007, § 3.

Krause, Peter, Die Überforderung des aufgeklärten Absolutismus Preußens durch die Gesetzgebung. Zu den Hemmnissen auf dem Weg zum Allgemeinen Landrecht, in: Birtsch, Günter / Willoweit, Dietmar (Hg.), Reformabsolutismus und ständische Gesellschaft. Zweihundert Jahre Preußisches Allgemeines Landrecht, 1998, S. 131ff.

Ders., Warum und mit welchem Recht sprechen wir von vernunftrechtlichen Gesetzbüchern der Aufklärung?, in: Wolff, Jörg (Hg.), Kultur- und rechtshistorische Wurzeln Europas. Arbeitsbuch, 2005, S. 297ff.

Krebs, Walter, Verwaltungsorganisation, in: Isensee, Josef / Kirchhof, Paul (Hg.), Handbuch des Staatsrechts der Bundesrepublik Deutschland, Band V, Rechtsquellen, Organisation, Finanzen, 3. Auflage 2007, § 108.

Krems, Burkhardt, Grundfragen der Gesetzgebungslehre. Erörtert anhand neuerer Gesetzgebungsvorhaben insbesondere der Neuregelung des Bergschadensrechts, 1979.

Kriele, Martin, Recht und praktische Vernunft, 1979.

Ders., Grundrechte und demokratischer Gestaltungsspielraum, in: Isensee, Josef / Kirchhof, Paul (Hg.), Handbuch des Staatsrechts der Bundesrepublik Deutschland, Band V, Allgemeine Grundrechtslehren, 1. Auflage 1992, § 110.

Kroeschell, Karl, Von der Gewohnheit zum Recht. Der Sachsenspiegel im späten Mittelalter, in: Boockmann, Hartmut / Grenzmann, Ludger / Moeller, Bernd / Staehelin, Martin (Hg.), Recht und Verfassung im Übergang vom Mittelalter zur Neuzeit, I. Teil, Bericht über Kolloquien der Kommission zur Erforschung des Spätmittelalters 1994 bis 1995, 1998, S. 68ff.

Krüger, Herbert, Die Einschränkung von Grundrechten nach dem Grundgesetz, DVBl. 1950, S. 625 ff.

Krüger, Hildegard, Die Verfassungswidrigkeit der lex Schörner (Zugleich ein Beitrag zu Art. 19 Abs. 1 Satz 1 GG), DVBl. 1955, S. 758 ff. und 791 ff.

Krupp, Hans-Jürgen, Staatsverschuldung. Mittel oder Hemmschuh der zukünftigen Wachstums- und Beschäftigungspolitik?, in: Simmert, Diethard B. / Wagner, Kurt-Dieter (Hg.), Staatsverschuldung kontrovers, 1981, S. 71 ff.

Kube, Hanno, Vom Gesetzesvorbehalt des Parlaments zum formellen Gesetz der Verwaltung?, NVwZ 2003, S. 57 ff.

Ders., Finanzgewalt in der Kompetenzordnung, 2004.

Ders., EuGH und Steuerrecht – Steuerrechtliche Probleme bei Ausübung der Grundfreiheiten, in: Dillmann, Meiko / Laier, Matthias / Lammel, Stefan / Reimer, Ekkehart / Schmitz, Matthias M. (Hg.), Europäisches Gesellschafts- und Steuerrecht. Grundlagen, Entwicklungen, Verbindungslinien, 2007, S. 225 ff.

Ders., Rechtliche Gleichheit und tatsächliche Verschiedenheit, in: Mellinghoff, Rudolf / Palm, Ulrich (Hg.), Gleichheit im Verfassungsstaat. Symposion aus Anlass des 65. Geburtstages von Paul Kirchhof, 2008, S. 23 ff.

Kübler, Friedrich, Kodifikation und Demokratie, JZ 1969, S. 645 ff.

Kühling, Jürgen, Grundrechte, in: Bogdandy, Armin von (Hg.), Europäisches Verfassungsrecht. Theoretische und dogmatische Grundzüge, 2003, S. 583 ff.

Kuhl, Thomas, Der Kernbereich der Exekutive, 1993.

Kuhlmann, Bernhard C., Der Gesetzesbegriff beim Hl. Thomas von Aquin im Lichte des Rechtsstudiums seiner Zeit, 1912.

Kullmann, Wolfgang, Antike Vorstufen des modernen Begriffs des Naturgesetzes, in: Behrends, Okko / Sellert, Wolfgang (Hg.), Nomos und Gesetz. Ursprünge und Wirkungen des griechischen Gesetzesdenkens. 6. Symposion der Kommission „Die Funktion des Gesetzes in Geschichte und Gegenwart“, 1995, S. 36 ff.

Kunig, Philip, Das Rechtsstaatsprinzip. Überlegungen zu seiner Bedeutung für das Verfassungsrecht der Bundesrepublik Deutschland, 1986.

Ders., Einzelfallentscheidungen durch Gesetz, Jura 1993, S. 308 ff.

Kunkel, Wolfgang / Schermaier, Martin J. , Römische Rechtsgeschichte, 14. Auflage 2005.

Kussmaul, Peter, Pragmaticum und Lex. Formen spätrömischer Gesetzgebung 408–457, 1981.

Laband, Paul, Das Budgetrecht. Nach den Bestimmungen der Preußischen Verfassungs-Urkunde unter Berücksichtigung der Verfassung des Norddeutschen Bundes [1871], unveränderter Nachdruck 1971.

Ders., Das Staatsrecht des Deutschen Reiches, 5. Auflage, Band I und II: 1911; Band III: 1913; Band IV: 1914.

Ladeur, Karl-Heinz, Das Umweltrecht der Wissensgesellschaft. Von der Gefahrenabwehr zum Risikomanagement, 1995.

Ders., Die Prozeduralisierung der Bestimmung des Gemeinwohls. Zur Anpassung der liberalen Unterscheidung zwischen privaten und öffentlichen Interessen an die Bedingungen der postmodernen Gesellschaft, in: Brugger, Winfried / Kirste, Stephan / Anderheiden, Michael (Hg.), Gemeinwohl in Deutschland, Europa und der Welt, 2002, S. 257 ff.

Ders., Der Staat gegen die Gesellschaft. Zur Verteidigung der Rationalität der „Privatrechtsgesellschaft“, 2006.

Ders., Die Bedeutung eines Allgemeinen Verwaltungsrechts für ein Europäisches Verwaltungsrecht, in: Trute, Hans-Heinrich / Groß, Thomas / Röhl, Hans Chr. / Möllers, Christoph (Hg.), Allgemeines Verwaltungsrecht – zur Tragfähigkeit eines Konzepts, 2008, S. 795 ff.

Ladwig, Bernd, Gemeinwohl und Eigensinn. Eine Auseinandersetzung mit Winfried Brugger und Peter Koller, in: Brugger, Winfried / Kirste, Stephan / Anderheiden, Michael (Hg.), Gemeinwohl in Deutschland, Europa und der Welt, 2002, S. 71 ff.

Laks, André, Form und Inhalt des platonischen Gesetzes, in: Bock, Wolfgang (Hg.), Gesetz und Gesetzlichkeit in den Wissenschaften, 2006, S. 11 ff.

Landes, Hansjörg, Die Gefährdung und Störung des gesamtwirtschaftlichen Gleichgewichts im Grundgesetz und im Stabilitätsgesetz, 1972.

Lang, Joachim, Vom Verbot der Erdrosselungssteuer zum Halbteilungsgrundsatz, in: Kirchhof, Paul / Lehner, Moris / Raupach, Arndt / Rodi, Michael (Hg.), Staaten und Steuern. Festschrift für Klaus Vogel zum 70. Geburtstag, 2000, S. 173 ff.

Ders., Kritik der Unternehmensteuerreform 2008, in: Kirchhof, Paul / Nieskens, Hans (Hg.) unter Mitarbeit von Dürrschmidt, Daniel / Weggenmann, Hans R., Festschrift für Wolfram Reiß zum 65. Geburtstag, 2008, S. 379 ff.

Lange, Christian, Gesetzesfolgenabschätzung auf der Ebene der Europäischen Union, ZG 2001, S. 268 ff.

Lappin, Roland, Kreditäre Finanzierung des Staates unter dem Grundgesetz. Ein Plädoyer gegen den Kreditstaat, 1994.

Laufer, Heinz, Typus und Status des Bundesverfassungsgerichts, in: Bracher, Karl D. / Dawson, Christopher / Geiger, Willi / Smend, Rudolf (Hg.), Die moderne Demokratie und ihr Recht. Modern constitutionalism and democracy. Festschrift für Gerhard Leibholz zum 65. Geburtstag, Zweiter Band: Staats- und Verfassungsrecht, 1966, S. 427 ff.

Laufs, Adolf, Rechtsentwicklungen in Deutschland, 6. Auflage 2006.

Lecheler, Helmut, Das Subsidiaritätsprinzip. Strukturprinzip einer europäischen Union, 1993.

Ders., Von der Kunst der Gesetzgebung, in: Jacobs, Rainer / Papier, Hans-Jürgen / Schuster, Peter-Klaus (Hg.), Festschrift für Peter Raue zum 65. Geburtstag, 2006, S. 205 ff.

Ders., Ungereimtheiten bei den Handlungsformen des Gemeinschaftsrechts – dargestellt anhand der Einordnung von „Leitlinien", DVBl. 2008, S. 873 ff.

Lehner, Moris, Zur Bestimmtheit von Rechtsnormen – am Beispiel einer Entscheidung des Österreichischen VerfGH, NJW 1991, S. 890 ff.

Ders., Einkommensteuerrecht und Sozialhilferecht. Bausteine zu einem Verfassungsrecht des sozialen Steuerstaates, 1993.

Leibholz, Gerhard, Das Bundesverfassungsgericht im Schnittpunkt von Politik und Recht, DVBl. 1974, S. 396 ff.

Leibniz, Gottfried W., Nova methodus discendae docendaeque iurisprudentiae, ex artis didacticae prinicipiis in parte generali preamissis, experientiaeque luce [1667], Nachdruck der Ausgabe von 1748, Vorwort von Gustav Hartmann, Christian L. de Wolf, 1974.

Leisching, Polycarp August, De novo corpore iuris faciendo vana doctorum hominum consilia [Unbrauchbare Vorschläge von Gelehrten über die Schaffung eines neuen „Corpus Juris", 1756], in: Mohnhaupt, Heinz (Hg.), Prudentia legislatoria. Fünf

Schriften über die Gesetzgebungsklugheit aus dem 17. und 18. Jahrhundert, übersetzt von Adolf Paul, 2003, S. 411 ff.

Leisner-Egensperger, Anna, Kontinuität als Verfassungsprinzip. Unter besonderer Berücksichtigung des Steuerrechts, 2002.

Leisner, Walter, Von der Verfassungsmäßigkeit der Gesetze zur Gesetzmäßigkeit der Verfassung. Betrachtungen zur möglichen selbständigen Begrifflichkeit im Verfassungsrecht, 1964.

Ders., Der Abwägungsstaat. Verhältnismäßigkeit als Gerechtigkeit?, 1997.

Ders., Krise des Gesetzes. Die Auflösung des Normenstaates, 2001.

Lenaerts, Koen, The rule of law and the coherence of the judicial system of the European Union, CMLR 44 (2007), S. 1625 ff.

Ders. / Desomer, Marlies, Towards a hierarchy of legal acts in the European Union? Simplification of legal instruments and procedures, European Law Journal, 2005, S. 744 ff.

Leonard, Axel, Die Rechtsfolgen der Nichtumsetzung von EG-Richtlinien. Unter besonderer Berücksichtigung der Staatshaftungs- sowie der Normenerlaßklage, 1997.

Lepsius, Oliver, Die erkenntnistheoretische Notwendigkeit des Parlamentarismus, in: Bertschi, Martin / Gächter, Thomas / Hurst, Robert / Klaus, Petra / Reller, Andreas / Schmithüsen, Bernhard / Steimen, Urs / Widmer, Michael / Wyss, Moritz von (Hg.), Demokratie und Freiheit. 39. Tagung der Wissenschaftlichen Mitarbeiterinnen und Mitarbeiter der Fachrichtung „Öffentliches Recht" Zürich 1999, 1999, S. 123 ff.

Ders., Steuerungsdiskussion, Systemtheorie und Parlamentarismuskritik, 1999.

Lerche, Peter, Übermaß und Verfassungsrecht. Zur Bindung des Gesetzgebers an die Grundsätze der Verhältnismäßigkeit und der Erforderlichkeit, 1961.

Ders., Grundrechtlicher Schutzbereich, Grundrechtsprägung und Grundrechtseingriff, in: Isensee, Josef / Kirchhof, Paul (Hg.), Handbuch des Staatsrechts der Bundesrepublik Deutschland, Band V, Allgemeine Grundrechtslehren, 1. Auflage 1992, § 121.

Ders., Grundrechtsschranken, in: Isensee, Josef / Kirchhof, Paul (Hg.), Handbuch des Staatsrechts der Bundesrepublik Deutschland, Band V, Allgemeine Grundrechtslehren, 1. Auflage 1992, § 122.

Liebs, Detlef, Unverhohlene Brutalität in den Gesetzen der ersten christlichen Kaiser, in: Behrends, Okko / Diesselhorst, Malte / Voss, Wulf Eckart (Hg.), Römisches Recht in der europäischen Tradition. Symposion aus Anlaß des 75. Geburtstags von Franz Wieacker, 1985, S. 89 ff.

Ders., Das Gesetz im spätrömischen Recht, in: Sellert, Wolfgang (Hg.), Das Gesetz in Spätantike und frühem Mittelalter. 4. Symposion der Kommission „Die Funktion des Gesetzes in Geschichte und Gegenwart", 1992, S. 11 ff.

Ders., Römisches Recht. Ein Studienbuch, 6. Auflage 2004.

Ders. / Kummer, Herbert, Recht, in: Krefeld, Heinrich (Hg.), Res Romanae. Begleitbuch für die lateinische Lektüre, 1. Auflage der neuen Ausgabe 2005, S. 46 ff.

Lindner, Josef F., Grundrechtsschutz in Europa – System einer Kollisionsdogmatik, EuR 2007, S. 160 ff.

Link, Christoph, Aufgeklärtes Naturrecht und Gesetzgebung. Vom Systemgedanken zur Kodifikation, in: Birtsch, Günter / Willoweit, Dietmar (Hg.), Reformabsolutismus und ständische Gesellschaft. Zweihundert Jahre Preußisches Allgemeines Landrecht, 1998, S. 21 ff.

Lisken, Hans / Denninger, Erhard, Die Polizei im Verfassungsgefüge, in: dies., unter Mitwirkung von Rachor, Frederik, Handbuch des Polizeirechts. Gefahrenabwehr · Strafverfolgung · Rechtsschutz, 4. Auflage 2007, S. 67ff.

Locke, John, Über die Regierung [Two Treatises of Government. The Second Treatise, 1690], übersetzt von Dorothee Tidow, mit einem Nachwort hg. von Peter Cornelius Mayer-Tasch, 2003.

Löwer, Wolfgang, Zuständigkeiten und Verfahren des Bundesverfassungsgerichts, in: Isensee, Josef / Kirchhof, Paul (Hg.), Handbuch des Staatsrechts der Bundesrepublik Deutschland, Band III, Demokratie – Bundesorgane, 3. Auflage 2005, § 70.

Lorenz, Chris, Geschichtswissenschaft und Gesetze: eine zwiespältige Geschichte, in: Bock, Wolfgang (Hg.), Gesetz und Gesetzlichkeit in den Wissenschaften, 2006, S. 185ff.

Lorz, Ralph A., Interorganrespekt im Verfassungsrecht. Funktionenzuordnung, Rücksichtnahmegebote und Kooperationsverpflichtungen, 2001.

Ders., Autonomie und Bindung der Rechtsetzung in gestuften Rechtsordnungen, DVBl. 2006, S. 1061ff.

Loschelder, Wolfgang, Grundrechte im Sonderstatus, in: Isensee, Josef / Kirchhof, Paul (Hg.), Handbuch des Staatsrechts der Bundesrepublik Deutschland, Band V, Allgemeine Grundrechtslehren, 1. Auflage 1992, § 123.

Ders., Weisungshierarchie und persönliche Verantwortung in der Exekutive, in: Isensee, Josef / Kirchhof, Paul (Hg.), Handbuch des Staatsrechts der Bundesrepublik Deutschland, Band V, Rechtsquellen, Organisation, Finanzen, 3. Auflage 2007, § 107.

Loughlin, Martin, Grundlagen und Grundzüge staatlichen Verfassungsrechts: Großbritannien, in: von Bogdandy, Armin / Cruz Villalón, Pedro / Huber, Peter M. (Hg.), Handbuch Ius Publicum Europaeum, Band I, Grundlagen und Grundzüge staatlichen Verfassungsrechts, 2007, § 4.

Ludwigs, Markus, Rechtsangleichung nach Art. 94, 95 EG-Vertrag. Eine kompetenzrechtliche Untersuchung unter besonderer Berücksichtigung des Europäischen Privatrechts, 2004.

Lübbe-Wolff, Gertrude, Vollzugsprobleme der Umweltverwaltung, NuR 1993, S. 217ff.

Dies., Europäisches und nationales Verfassungsrecht, VVDStRL 60 (2001), S. 246ff.

Lück, Heiner, Über den Sachsenspiegel. Entstehung, Inhalt und Wirkung des Rechtsbuches, 2. Auflage 2005.

Lücke, Jörg, Begründungszwang und Verfassung. Zur Begründungspflicht der Gerichte, Behörden und Parlamente, 1987.

Ders., Die Allgemeine Gesetzgebungsordnung. Zu den verfassungsimmanenten Grundpflichten des Gesetzgebers und der verfassungsrechtlichen Notwendigkeit ihrer gesetzlichen Konkretisierung und Ausgestaltung, ZG 2001, S. 1ff.

Lüdemann, Jörn, Edukatorisches Staatshandeln. Steuerungstheorie und Verfassungsrecht am Beispiel der staatlichen Förderung von Abfallmoral, 2004.

Luig, Klaus, Ungestörter Gebrauch der Freiheit und Erfüllung der Pflichten des Wohlwollens im Privatrecht des Preußischen Allgemeinen Landrechts von 1794, in: Ebel, Friedrich (Hg.), Gemeinwohl – Freiheit – Vernunft – Rechtsstaat. 200 Jahre Allgemeines Landrecht für die Preußischen Staaten. Symposium der Juristischen Gesellschaft zu Berlin 27.–29. Mai 1994, 1995, S. 17ff.

Ders., Das Privatrecht des ALR und seine Stellung unter den Naturrechtsgesetzbüchern der Aufklärung, in: Birtsch, Günter / Willoweit, Dietmar (Hg.), Reformabsolutismus und ständische Gesellschaft. Zweihundert Jahre Preußisches Allgemeines Landrecht, 1998, S. 255 ff.

MacCormick, Neil D., Der Rechtsstaat und die rule of law, JZ 1984, S. 65 ff.

Magdelain, André, Les XII tables et le concept de ius, in: Behrends, Okko / Link, Christoph (Hg.), Zum römischen und neuzeitlichen Gesetzesbegriff. 1. Symposion der Kommission „Die Funktion des Gesetzes in Geschichte und Gegenwart" vom 26. und 27. April 1985, 1987, S. 14 ff.

Magen, Stefan, Zur Interaktion von Recht und sozialen Normen bei der dezentralen Bereitstellung von Gemeinschaftsgütern, in: Stolleis, Michael / Streeck, Wolfgang (Hg.), Aktuelle Fragen zu politischer und rechtlicher Steuerung im Kontext der Globalisierung, 2007, S. 185 ff.

Mager, Ute, Die staatengerichtete Entscheidung als supranationale Handlungsform, EuR 2001, S. 661 ff.

Dies., Einrichtungsgarantien. Entstehung, Wurzeln, Wandlungen und grundgesetzgemäße Neubestimmung einer dogmatischen Figur des Verfassungsrechts, 2003.

Mahrenholz, Ernst G., Verfassungsgerichtsbarkeit und Gesetzgebung, in: Badura, Peter / Scholz, Rupert (Hg.), Verfassungsgerichtsbarkeit und Gesetzgebung. Symposion aus Anlaß des 70. Geburtstages von Peter Lerche, 1998, S. 23 ff.

Maier, Christoph, Gewaltenteilung bei Aristoteles und in der Verfassung Athens. Keine freiheitliche Demokratie ohne multipolare Institutionenordnung, 2006.

Maier, Franz-Georg, Der Gesetzesbegriff in den historischen Wissenschaften, Studium Generale 19 (1966), S. 657 ff.

Maihofer, Werner, Gesetzgebungswissenschaft, in: Winkler, Günther / Schilcher, Bernd (Hg.), Gesetzgebung. Kritische Überlegungen zur Gesetzgebungslehre und zur Gesetzgebungstechnik, 1981, S. 3 ff.

Ders., Europäisches Rechtsdenken heute, in: Horn, Norbert (Hg.), Europäisches Rechtsdenken in Geschichte und Gegenwart. Festschrift für Helmut Coing zum 70. Geburtstag, Band I, 1982, S. 579 ff.

Mandelkern, Dieudonné u. a., Der Mandelkern-Bericht – auf dem Weg zu besseren Gesetzen, in: Bundesministerium des Innern (Hg.), Moderner Staat – Moderne Verwaltung, 2002.

Mangoldt, Hermann von / Klein, Friedrich, Das Bonner Grundgesetz, Band 1, 2. Auflage 1955.

Dies. / Starck, Christian, Kommentar zum Grundgesetz; 3 Bände, 5. Auflage 2005.

Mann, Fritz Karl, Steuerpolitische Ideale. Vergleichende Studien zur Geschichte der ökonomischen und politischen Ideen und ihres Wirkens in der öffentlichen Meinung 1600–1935, 1937.

Marburger, Peter, Die Regeln der Technik im Recht, 1979.

Marsilius von Padua, Der Verteidiger des Friedens [Defensor Pacis, 1324]. Auf Grund der Übersetzung von Walter Kunzmann bearbeitet und eingeleitet von Horst Kusch, Teil I, 1958.

Martini, Mario, Normsetzungsdelegation zwischen parlamentarischer Steuerung und legislativer Effizienz – auf dem Weg zu einer dritten Form der Gesetzgebung?, AöR 133 (2008), S. 155 ff.

Marx, Karl, Zur Kritik der politischen Ökonomie, hg. von Karl Kautsky, 2. Auflage 1907.

Masing, Johannes, Der Rechtsstatus des Einzelnen im Verwaltungsrecht, in: Hoffmann-Riem, Wolfgang / Schmidt-Aßmann, Eberhard / Voßkuhle, Andreas (Hg.), Grundlagen des Verwaltungsrechts, Band I, Methoden · Maßstäbe · Aufgaben · Organisation, 2006, § 7.

Ders., Post und Telekommunikation, in: Isensee, Josef / Kirchhof, Paul (Hg.), Handbuch des Staatsrechts der Bundesrepublik Deutschland, Band IV, Aufgaben des Staates, 3. Auflage 2006, § 90.

Ders. / Wahl, Rainer, Schutz durch Eingriff, JZ 1990, S. 553 ff.

Maunz, Theodor / Dürig, Günter / u. a. , Grundgesetz. Kommentar, Loseblatt, 6 Ordner, Stand: 51. Lfg. 2007.

Maurenbrecher, D. Romeo, Grundsätze des heutigen deutschen Staatsrechts. Systematisch entwickelt, 1837.

Maurer, Andreas, Parlamentarische Demokratie in der Europäischen Union. Der Beitrag des Europäischen Parlaments und der nationalen Parlamente, 2002.

Maurer, Hartmut, Der Verwaltungsvorbehalt, VVDStRL 43 (1985), S. 135 ff.

Ders., Kontinuitätsgewähr und Vertrauensschutz, in: Isensee, Josef / Kirchhof, Paul (Hg.), Handbuch des Staatsrechts der Bundesrepublik Deutschland, Band IV, Aufgaben des Staates, 3. Auflage 2006, § 79.

Ders., Staatsrecht I. Grundlagen · Verfassungsorgane · Staatsfunktionen, 5. Auflage 2007.

Mayen, Thomas, Soll das Recht der Regulierungsverwaltung übergreifend geregelt werden? Rechtsschutz und Verwaltungsverfahren, in: Ständige Deputation des Deutschen Juristentages (Hg.), Verhandlungen des sechsundsechzigsten deutschen Juristentages, 2006, Band II/1, Gutachten, S. O 45 ff.

Mayer, Franz C., Kompetenzüberschreitung und Letztentscheidung. Das Maastricht-Urteil des Bundesverfassungsgerichts und die Letztentscheidung über Ultra vires-Akte in Mehrebenensystemen. Eine rechtsvergleichende Betrachtung von Konflikten zwischen Gerichten am Beispiel der EU und der USA, 2000.

Ders., Die drei Dimensionen der Europäischen Kompetenzdebatte, ZaöRV 61 (2001), S. 577 ff.

Ders., Europa als Rechtsgemeinschaft, in: Schuppert, Gunnar Folke / Pernice, Ingolf / Haltern, Ulrich (Hg.), Europawissenschaft, 2005, § 14.

Mayer, Otto, Deutsches Verwaltungsrecht, unveränderter Nachdruck der 3. Auflage 1924, 1969.

Meder, Stephan, Rechtsgeschichte. Eine Einführung, 2. Auflage 2005.

Medina Guerrero, Manuel, Grundlagen und Grundzüge staatlichen Verfassungsrechts: Spanien, in: von Bogdandy, Armin / Cruz Villalón, Pedro / Huber, Peter M. (Hg.), Handbuch Ius Publicum Europaeum, Band I, Grundlagen und Grundzüge staatlichen Verfassungsrechts, 2007, § 11.

Mehde, Veith, Neues Steuerungsmodell und Demokratieprinzip, 2000.

Meister, Wolfgang, Der Kinderzuschlag für Geringverdiener – ein Beispiel für mangelhafte Abstimmung im deutschen Transfersystem, ifo Schnelldienst 16/2006, S. 12 ff.

Mejer, Otto, Einleitung in das Deutsche Staatsrecht, 2. Auflage 1884.

Mellinghoff, Rudolf, Verfassungsgebundenheit des Steuergesetzgebers, in: Siegel, Theodor / Kirchhof, Paul / Schneeloch, Dieter / Schramm, Uwe (Hg.), Steuertheorie, Steuerpolitik und Steuerpraxis. Festschrift für Peter Bareis zum 65. Geburtstag, 2005, S. 171 ff.

Mengel, Hans-Joachim, Grundvoraussetzungen demokratischer Gesetzgebung. Zur Notwendigkeit einer Prozeßordnung des inneren Gesetzgebungsverfahrens, ZRP 1984, S. 153 ff.

Ders., Gesetzgebung und Verfahren. Ein Beitrag zur Empirie und Theorie des Gesetzgebungsprozesses im föderalen Verfassungsstaat, 1997.

Menger, Christian-Friedrich, Das Gesetz als Norm und Maßnahme, VVDStRL 15 (1957), S. 3ff.

Merten, Detlef, Demokratischer Rechtsstaat und Verfassungsgerichtsbarkeit, DVBl. 1980, S. 773ff.

Ders., Gesetzeswahrheit und Titelklarheit – Konstitutionelle und legistische Probleme –, in: Rüthers, Bernd / Stern, Klaus (Hg.), Freiheit und Verantwortung im Verfassungsstaat. Festgabe zum 10jährigen Jubiläum der Gesellschaft für Rechtspolitik, 1984, S. 295ff.

Ders., Die Rechtsstaatsidee im Allgemeinen Landrecht, in: Ebel, Friedrich (Hg.), Gemeinwohl – Freiheit – Vernunft – Rechtsstaat. 200 Jahre Allgemeines Landrecht für die Preußischen Staaten. Symposium der Juristischen Gesellschaft zu Berlin 27.–29. Mai 1994, 1995, S. 109ff.

Ders., Das Prinzip Freiheit im Gefüge der Staatsfundamentalbestimmungen, in: ders. / Papier, Hans-Jürgen (Hg.), Handbuch der Grundrechte in Deutschland und Europa, Band II, Grundrechte in Deutschland: Allgemeine Lehren I, 2006, § 27.

Mertens, Bernd, Gesetzgebungskunst im Zeitalter der Kodifikationen. Theorie und Praxis der Gesetzgebungstechnik aus historisch-vergleichender Sicht, 2004.

Meßerschmidt, Klaus, Gesetzgebungsermessen, 2000.

Ders., Gesetzgebungslehre zwischen Wissenschaft und Politik. Entwicklungstendenzen der Legisprudenz, ZJS 2008, S. 111ff. und 224ff.

Meyer, Eduard, Geschichte des Alterthums, Band I, Geschichte des Orients bis zur Begründung des Perserreichs, 1884.

Meyer, Georg / Anschütz, Gerhard, Lehrbuch des deutschen Staatsrechts, 7. Auflage 1919.

Meyer, Hans, Demokratische Wahl und Wahlsystem, in: Isensee, Josef / Kirchhof, Paul (Hg.), Handbuch des Staatsrechts der Bundesrepublik Deutschland, Band III, Demokratie – Bundesorgane, 3. Auflage 2005, § 45.

Ders., Wahlgrundsätze, Wahlverfahren, Wahlprüfung, in: Isensee, Josef / Kirchhof, Paul (Hg.), Handbuch des Staatsrechts der Bundesrepublik Deutschland, Band III, Demokratie – Bundesorgane, 3. Auflage 2005, § 46.

Meyer, Jürgen (Hg.), Charta der Grundrechte der Europäischen Union, 2. Auflage 2006.

Meyer-Cording, Ulrich , Die Rechtsnormen, 1971.

Mickel, Wolfgang W. / Bergmann, Jan M. , Handlexikon der Europäischen Union, 3. Auflage 2005.

Möller, Alex (Hg.), Gesetz zur Förderung der Stabilität und des Wachstums der Wirtschaft und Art. 109 Grundgesetz. Kommentar unter besonderer Berücksichtigung der Entstehungsgeschichte, 2. Auflage 1969.

Möllers, Christoph, Staat als Argument, 2000.

Ders., Gewaltengliederung. Legitimation und Dogmatik im nationalen und internationalen Rechtsvergleich, 2005.

Ders., Methoden, in: Hoffmann-Riem, Wolfgang / Schmidt-Aßmann, Eberhard / Voßkuhle, Andreas (Hg.), Grundlagen des Verwaltungsrechts, Band I, Methoden · Maßstäbe · Aufgaben · Organisation, 2006, § 3.

Ders., Die drei Gewalten. Legitimation der Gewaltengliederung in Verfassungsstaat, Europäischer Integration und Internationalisierung, 2008.

Möllers, Thomas M.J., Die Rolle des Rechts im Rahmen der europäischen Integration. Zur Notwendigkeit einer europäischen Gesetzgebungs- und Methodenlehre, 1999.

Möstl, Markus, Die staatliche Garantie für die öffentliche Sicherheit und Ordnung. Sicherheitsgewährleistung im Verfassungsstaat, im Bundesstaat und in der Europäischen Union, 2002.

Ders., Normative Handlungsformen, in: Erichsen, Hans-Uwe / Ehlers, Dirk (Hg.), Allgemeines Verwaltungsrecht, 13. Auflage 2006, S. 547 ff.

Ders., Die neue dogmatische Gestalt des Polizeirechts – Thesen zur Integration eines modernen informationellen Vorfeldrechts in das klassische rechtsstaatliche Gefahrenabwehrrecht –, DVBl. 2007, S. 581 ff.

Mohl, Robert von, Das Staatsrecht des Königreiches Württemberg, Band 1, Das Verfassungsrecht; Band 2, Das Verwaltungsrecht, 2. Auflage 1840.

Mohnhaupt, Heinz, Gesetzgebung des Reichs und Recht im Reich vom 16. bis 18. Jahrhundert, in: Dölemeyer, Barbara / Klippel, Diethelm (Hg.), Gesetz und Gesetzgebung im Europa der Frühen Neuzeit, 1998, S. 83 ff.

Ders., Nachwort: Zu den fünf Schriften über die Gesetzgebung, in: ders. (Hg.), Prudentia legislatoria. Fünf Schriften über die Gesetzgebungsklugheit aus dem 17. und 18. Jahrhundert, übersetzt von Adolf Paul, 2003, S. 459 ff.

Mokros, Reinhard, Polizei und Justiz auf der Ebene der Europäischen Union, Versammlungsrecht, in: Lisken, Hans / Denninger, Erhard, unter Mitwirkung von Rachor, Frederik, Handbuch des Polizeirechts. Gefahrenabwehr · Strafverfolgung · Rechtsschutz, 4. Auflage 2007, S. 1321 ff.

Mommsen, Theodor, Römisches Staatsrecht, Band 1, 2. Auflage 1876; Band 2, I. Abtheilung, 2. Auflage 1877; Band 2, II. Abtheilung, 1875; Band 3, I. Abtheilung, 1887; Band 3, II. Abtheilung, 1888.

Montesquieu, Charles-Louis de Secondat, Baron de, Betrachtungen über die Ursachen von Größe und Niedergang der Römer [Considérations sur les causes de la grandeur des Romains et de leur décadence, 1734]. Mit den Randbemerkungen Friedrichs des Großen, übersetzt und herausgegeben von Lothar Schuckert, 1957.

Ders., Vom Geist der Gesetze [De l'esprit des lois, 1748]. Auswahl, Übersetzung und Einleitung von Kurt Weigand, 2003.

Morgenthaler, Gerd, Freiheit durch Gesetz. Der parlamentarische Gesetzgeber als Erstadressat der Grundrechte, 1999.

Ders., Gleichheit im Rechtssystem – Widerspruchsfreiheit, Folgerichtigkeit, in: Mellinghoff, Rudolf / Palm, Ulrich (Hg.), Gleichheit im Verfassungsstaat. Symposion aus Anlass des 65. Geburtstages von Paul Kirchhof, 2008, S. 51 ff.

Morgenstern, Leopold von, Mensch, Volksleben und Staat im natürlichen Zusammenhange, 2 Bände, 1855.

Morlok, Martin, Informalisierung und Entparlamentarisierung politischer Entscheidungen als Gefährdungen der Verfassung?, VVDStRL 62 (2003), S. 37 ff.

Moser, Johann J., Neues teutsches Staatsrecht. Neudruck der Ausgabe 1766–1782, 1967.

Muckel, Stefan, Kriterien des verfassungsrechtlichen Vertrauensschutzes bei Gesetzesänderungen, 1989.

Mückl, Stefan , „Auch in Verantwortung für die künftigen Generationen". „Generationengerechtigkeit" und Verfassungsrecht, in: Depenheuer, Otto / Heintzen, Markus / Jestaedt, Matthias / Axer, Peter (Hg.), Staat im Wort. Festschrift für Josef Isensee, 2007, S. 183 ff.

Müller, Friedrich, Normstruktur und Normativität. Zum Verhältnis von Recht und Wirklichkeit in der juristischen Hermeneutik, entwickelt an Fragen der Verfassungsinterpretation, 1966.

Ders., Arbeitsmethoden des Verfassungsrechts, in: Thiel (Hg.), Enzyklopädie der geisteswissenschaftlichen Arbeitsmethoden, Teil 11, Methoden der Rechtswissenschaft, 1972, S. 123 ff.

Ders. / Christensen, Ralph, Juristische Methodik, Band I, Grundlagen Öffentliches Recht, 8. Auflage 2002.

Müller, Georg, Elemente einer Rechtssetzungslehre, 2. Auflage 2006.

Müller, Jörg P., Die Verfassungsgerichtsbarkeit im Gefüge der Staatsfunktionen, VVDStRL 39 (1981), S. 53 ff.

Müller-Erzbach, Rudolf, Die Relativität der Begriffe und ihre Begrenzung durch den Zweck des Gesetzes. Zur Beleuchtung der Begriffsjurisprudenz [1912], in: Krawietz, Werner (Hg.), Theorie und Technik der Begriffsjurisprudenz, 1976, S. 201 ff.

Müller-Franken, Sebastian, Maßvolles Verwalten. Effiziente Verwaltung im System exekutiver Handlungsmaßstäbe am Beispiel des maßvollen Gesetzesvollzugs im Steuerrecht, 2004.

Müller-Graff, Peter-Christian, The quality of european and national legislation: the German experiences and initiatives, in: Kellermann, Alfred E. / Azzi, Giuseppe Ciavarini / Jacobs, Scott H. / Deighton-Smith, Rex (ed.), Improving the quality of legislation in Europe. Conference on the „Quality of European and National Legislation", 23, 24 and 25 April 1997 in The Hague, 1998, S. 111 ff.

Münch, Ingo von / Kunig, Philip (Hg.), Grundgesetz-Kommentar, Band 1, Präambel bis Art. 19, 5. Auflage 2000; Band 2, Art. 20 bis Art. 69, 5. Auflage 2001; Band 3, Art. 70 bis Art. 146 und Gesamtregister, 5. Auflage 2003.

Murswiek, Dietrich, Die Ressourcennutzungsgebühr. – Zur rechtlichen Problematik des Umweltschutzes durch Abgaben –, NuR 1994, S. 170 ff.

Nationaler Normenkontrollrat, Kostenbewusstsein stärken. Für eine bessere Gesetzgebung. Jahresbericht 2007 des Nationalen Normenkontrollrates, 2007.

Nell, Ernst Ludwig, Wahrscheinlichkeitsurteile in juristischen Entscheidungen, 1983.

Nettesheim, Martin, Kompetenzen, in: Bogdandy, Armin von (Hg.), Europäisches Verfassungsrecht. Theoretische und dogmatische Grundzüge, 2003, S. 415 ff.

Ders., Demokratisierung der Europäischen Union und Europäisierung der Demokratietheorie, in: Bauer, Hartmut / Huber, Peter M. / Sommermann, Karl-Peter (Hg.), Demokratie in Europa, 2005, S. 143 ff.

Ders., Europäischer Verfassungsverbund? Zwischen Selbststand und Amalgamierung der verfassungsrechtlichen Grundordnungen in Europa, in: Depenheuer, Otto / Heintzen, Markus / Jestaedt, Matthias / Axer, Peter (Hg.), Staat im Wort. Festschrift für Josef Isensee, 2007, S. 733 ff.

Neumann, Franz, Die Herrschaft des Gesetzes. Eine Untersuchung zum Verhältnis von politischer Theorie und Rechtssystem in der Konkurrenzgesellschaft [The governance of the rule of law, 1936], übersetzt und mit einem Nachwort von Alfons Söllner, 1980.

Neumann, Manfred J. M., Inflation und Staatsverschuldung, in: Simmert, Diethard B. / Wagner, Kurt-Dieter (Hg.), Staatsverschuldung kontrovers, 1981, S. 89 ff.

Nitz, Gerhard, Private und öffentliche Sicherheit, 2000.

Nörr, Dieter, Rechtskritik in der römischen Antike, vorgetragen am 12. Januar 1973, 1974.

Noll, Peter, Gesetzgebungslehre, 1973.

Nolte, Georg, Ermächtigung der Exekutive zur Rechtsetzung. Lehren aus der deutschen und der amerikanischen Erfahrung, AöR 118 (1993), S. 378 ff.

Novak, Richard, Gesetzgebung im Rechtsstaat, VVDStRL 40 (1982), S. 40 ff.

Ockham, Wilhelm von, Dialogus [1332–1334]. Auszüge zur politischen Theorie. Ausgewählt, übersetzt und mit einem Nachwort versehen von Jürgen Miethke, 2. Auflage 1994.

Odersky, Walter, Vertrauen in die Rechtsordnungen der Europäischen Union und in die Rechtsordnungen der Mitgliedstaaten, in: Vorstand der Münchener Juristischen Gesellschaft e. V. (Hg.), Einheit und Vielfalt der Rechtsordnung. Festschrift zum 30jährigen Bestehen der Münchener Juristischen Gesellschaft, 1996, S. 273 ff.

OECD, Referenz-Checkliste für die Entscheidungsfindung auf dem Gebiet der Rechtsetzung 1995, in: Bundesministerium des Innern (Hg.), Moderner Staat – Moderne Verwaltung. Der Mandelkern-Bericht – auf dem Weg zu besseren Gesetzen, 2002, S. 85 f. (Anhang).

Oeter, Stefan, Gemeinwohl in der Völkerrechtsgemeinschaft, in: Brugger, Winfried / Kirste, Stephan / Anderheiden, Michael (Hg.), Gemeinwohl in Deutschland, Europa und der Welt, 2002, S. 215 ff.

Ohler, Christoph, Die Kollisionsordnung des allgemeinen Verwaltungsrechts. Strukturen des deutschen internationalen Verwaltungsrechts, 2005.

Olschok, Harald, Entwicklung und Perspektiven des Wach- und Sicherheitsgewerbes auf nationaler und europäischer Ebene, in: Stober, Rolf / ders. (Hg.), Handbuch des Sicherheitsgewerberechts, 2004, S. 13 ff.

Oppermann, Thomas, Nach welchen Grundsätzen sind das öffentliche Schulwesen und die Stellung der an ihm Beteiligten zu ordnen?, in: Ständige Deputation des Deutschen Juristentages (Hg.), Verhandlungen des einundfünfzigsten deutschen Juristentages, 1976, Band I, Gutachten, S. C 49 f.

Ders., Europarecht. Ein Studienbuch, 3. Auflage 2005.

Ders., Von der Gründungsgemeinschaft zur Mega-Union – Eine europäische Erfolgsgeschichte? –, DVBl. 2007, S. 329 ff.

Ders., Die Europäische Union von Lissabon, DVBl. 2008, S. 473 ff.

Ossenbühl, Fritz, Die Kontrolle von Tatsachenfeststellungen und Prognoseentscheidungen durch das Bundesverfassungsgericht, in: Starck, Christian (Hg.), Bundesverfassungsgericht und Grundgesetz. Festgabe aus Anlaß des 25jährigen Bestehens des Bundesverfassungsgerichts, Band I, Verfassungsgerichtsbarkeit, 1976, S. 458 ff.

Ders., Aktuelle Probleme der Gewaltenteilung, DÖV 1980, S. 545 ff.

Ders., Zur Justitiabilität der Finanzverfassung, in: Börner, Bodo / Jahrreiß, Hermann / Stern, Klaus (Hg.), Einigkeit und Recht und Freiheit. Festschrift für Karl Carstens zum 70. Geburtstag am 14. Dezember 1984, Band 2, Staatsrecht, 1984, S. 743 ff.

Ders., Verfassungsgerichtsbarkeit und Gesetzgebung, in: Badura, Peter / Scholz, Rupert (Hg.), Verfassungsgerichtsbarkeit und Gesetzgebung. Symposion aus Anlaß des 70. Geburtstages von Peter Lerche, 1998, S. 75 ff.

Ders., Das Maßstäbegesetz – dritter Weg oder Holzweg des Finanzausgleichs?, in: Kirchhof, Paul / Lehner, Moris / Raupach, Arndt / Rodi, Michael (Hg.), Staaten und Steuern. Festschrift für Klaus Vogel zum 70. Geburtstag, 2000, S. 227 ff.

Ders., Die Not des Gesetzgebers im naturwissenschaftlich-technischen Zeitalter, 2000.

Ders., Der Gesetzgeber als Exekutive. Verfassungsrechtliche Überlegungen zur Legalplanung, in: Erbguth, Wilfried / Oebbecke, Janbernd / Rengeling, Hans-Werner /

Schulte, Martin (Hg.), Planung. Festschrift für Werner Hoppe zum 70. Geburtstag, 2000, S. 183 ff.

Ders., Bundesverfassungsgericht und Gesetzgebung, in: Badura, Peter / Dreier, Horst (Hg.), Festschrift 50 Jahre Bundesverfassungsgericht, Erster Band, Verfassungsgerichtsbarkeit. Verfassungsprozeß, 2001, S. 33 ff.

Ders., Gesetz und Recht – Die Rechtsquellen im demokratischen Rechtsstaat, in: Isensee, Josef / Kirchhof, Paul (Hg.), Handbuch des Staatsrechts der Bundesrepublik Deutschland, Band V, Rechtsquellen, Organisation, Finanzen, 3. Auflage 2007, § 100.

Ders., Vorrang und Vorbehalt des Gesetzes, in: Isensee, Josef / Kirchhof, Paul (Hg.), Handbuch des Staatsrechts der Bundesrepublik Deutschland, Band V, Rechtsquellen, Organisation, Finanzen, 3. Auflage 2007, § 101.

Ders., Verfahren der Gesetzgebung, in: Isensee, Josef / Kirchhof, Paul (Hg.), Handbuch des Staatsrechts der Bundesrepublik Deutschland, Band V, Rechtsquellen, Organisation, Finanzen, 3. Auflage 2007, § 102.

Ders., Rechtsverordnung, in: Isensee, Josef / Kirchhof, Paul (Hg.), Handbuch des Staatsrechts der Bundesrepublik Deutschland, Band V, Rechtsquellen, Organisation, Finanzen, 3. Auflage 2007, § 103.

Ders., Autonome Rechtsetzung der Verwaltung, in: Isensee, Josef / Kirchhof, Paul (Hg.), Handbuch des Staatsrechts der Bundesrepublik Deutschland, Band V, Rechtsquellen, Organisation, Finanzen, 3. Auflage 2007, § 104.

Ders., Satzung, in: Isensee, Josef / Kirchhof, Paul (Hg.), Handbuch des Staatsrechts der Bundesrepublik Deutschland, Band V, Rechtsquellen, Organisation, Finanzen, 3. Auflage 2007, § 105.

Osterloh, Lerke, Staatsverschuldung als Rechtsproblem? Kritisches zum Urteil des Zweiten Senats des BVerfG vom 18. 4. 1989, NJW 1990, S. 145 ff.

Dies., Gesetzesbindung und Typisierungsspielräume bei der Anwendung der Steuergesetze, 1992.

Otte, Gerhard, Die Rechtswissenschaft, in: Weimar, Peter (Hg.), Die Renaissance der Wissenschaften im 12. Jahrhundert, 1981, S. 123 ff.

Ders., Das allgemeine Gesetz und sein Regelungsgegenstand, in: Starck, Christian (Hg.), Die Allgemeinheit des Gesetzes. 2. Symposion der Kommission „Die Funktion des Gesetzes in Geschichte und Gegenwart" am 14. und 15. November 1986, 1987, S. 80 ff.

Pabst, Heinz-Joachim, Das Investitionsmaßnahmegesetz „Südumfahrung Stendal" vor dem BVerfG, UPR 1997, S. 284 ff.

Pache, Eckhard, Dienstleistungsfreiheit, in: Ehlers, Dirk (Hg.), Europäische Grundrechte und Grundfreiheiten, 2. Auflage 2005, § 11.

Ders., Verantwortung und Effizienz in der Mehrebenenverwaltung, VVDStRL 66 (2007), S. 106 ff.

Papier, Hans-Jürgen, Justizgewähranspruch, in: Isensee, Josef / Kirchhof, Paul (Hg.), Handbuch des Staatsrechts der Bundesrepublik Deutschland, Band VI, Freiheitsrechte, 1. Auflage 1989, § 153.

Ders., Subsidiaritätsprinzip versus Zentralismus in Europa. Festvortrag anlässlich des Festaktes zur Eröffnung der Vorlesungsreihe 2007 der Deutschen Rechtsschule an der Universität Warschau am 12. Januar 2007, 2007.

Ders., Leistungsgrenzen und Finanzierung des Sozialstaats, in: Magiera, Siegfried / Sommermann, Karl-Peter (Hg.), Freiheit, Rechtsstaat und Sozialstaat in Europa. Forschungssymposium anlässlich der Emeritierung von Universitätsprofessor Dr. iur. Dr. rer. pol. Detlef Merten, 2007, S. 93 ff.

Ders., Das Subsidiaritätsprinzip – Bremse des europäischen Zentralismus?, in: Depenheuer, Otto / Heintzen, Markus / Jestaedt, Matthias / Axer, Peter (Hg.), Staat im Wort. Festschrift für Josef Isensee, 2007, S. 691 ff.

Ders. / Möller, Johannes, Das Bestimmtheitsgebot und seine Durchsetzung, AöR 122 (1997), S. 177 ff.

Paulus, Christoph G., Rechtlich geordnetes Insolvenzverfahren für Staaten, ZRP 2002, S. 383 ff.

Pauly, Walter, Die Verfassung der Paulskirche und ihre Folgewirkungen, in: Isensee, Josef / Kirchhof, Paul (Hg.), Handbuch des Staatsrechts der Bundesrepublik Deutschland, Band I, Historische Grundlagen, 3. Auflage 2003, § 3.

Peine, Franz-Joseph, Systemgerechtigkeit. Die Selbstbindung des Gesetzgebers als Maßstab der Normenkontrolle, 1985.

Pernice, Ingolf, Grundrechtsgehalte im europäischen Gemeinschaftsrecht. Ein Beitrag zum europarechtsimmanenten Grundrechtsschutz durch den Europäischen Gerichtshof, 1979.

Ders., Maastricht, Staat und Demokratie, Die Verwaltung 26 (1993), S. 449 ff.

Ders., Europäisches und nationales Verfassungsrecht, VVDStRL 60 (2001), S. 148 ff.

Ders., Zur Finalität Europas, in: Schuppert, Gunnar Folke / ders. / Haltern, Ulrich (Hg.), Europawissenschaft, 2005, § 21.

Ders., Theorie und Praxis des Europäischen Verfassungsverbundes, in: Calliess, Christian (Hg.), Verfassungswandel im europäischen Staaten- und Verfassungsverbund. Beiträge der Ersten Göttinger Gespräche zum deutschen und europäischen Verfassungsrecht vom 15. bis. 17. Juni 2006, 2008, S. 61 ff.

Pestalozza, Christian, Gesetzgebung im Rechtsstaat, NJW 1981, S. 2081 ff.

Peters, Anne, Elemente einer Theorie der Verfassung Europas, 2001.

Pfordten, Dietmar von der, Über Gerechtigkeit und Zweckmäßigkeit bei Thomas von Aquin, in: Grote, Rainer / Härtel, Ines / Hain, Karl-E. / Schmidt, Thorsten Ingo / Schmitz, Thomas / Schuppert, Gunnar Folke / Winterhoff, Christian (Hg.), Die Ordnung der Freiheit. Festschrift für Christian Starck zum siebzigsten Geburtstag, 2007, S. 99 ff.

Pico della Mirandola, Giovanni, Oratio de hominis dignitate [1486]. Rede über die Würde des Menschen. Auf der Textgrundlage der Editio princeps hg. und übersetzt von Gerd von der Gönna, 2005.

Pielow, Johann-Christian, Neues zur Rechtsanwendung und gerichtlichen Kontrolle im Wirtschaftsverwaltungsrecht, in: Ennuschat, Jörg / Geerlings, Jörg / Mann, Thomas / Pielow, Johann-Christian (Hg.), in Verbindung mit Klaus Stern, Wirtschaft und Gesellschaft im Staat der Gegenwart. Gedächtnisschrift für Peter J. Tettinger, 2007, S. 103 ff.

Pieroth, Bodo, Rückwirkung und Übergangsrecht. Verfassungsrechtliche Maßstäbe für intertemporale Gesetzgebung, 1981.

Ders. / Schlink, Bernhard, Staatsrecht II, Grundrechte, 23. Auflage 2007.

Dies. / Kniesel, Michael, Polizei- und Ordnungsrecht. Mit Versammlungsrecht, 4. Auflage 2007.

Pietzcker, Jost, Vorrang und Vorbehalt des Gesetzes, JuS 1979, S. 710 ff.

Ders., Zur Nichtanwendung europarechtswidriger Gesetze seitens der Verwaltung, in: Due, Ole / Lutter, Marcus / Schwarze, Jürgen (Hg.), Festschrift für Ulrich Everling, 1995, S. 1095 ff.

Piris, Jean-Claude, The quality of community legislation: the viewpoint of the Council Legal Service, in: Kellermann, Alfred E. / Azzi, Giuseppe Ciavarini / Jacobs, Scott H. / Deighton-Smith, Rex (ed.), Improving the quality of legislation in Europe. Conference on the „Quality of European and National Legislation", 23, 24 and 25 April 1997 in The Hague, 1998, S. 25 ff.

Pitschas, Rainer, Polizeirecht im kooperativen Staat – Innere Sicherheit zwischen Gefahrenabwehr und kriminalpräventiver Risikovorsorge –, DÖV 2002, S. 221 ff.

Ders., Neues Verwaltungsrecht im partnerschaftlichen Rechtsstaat? – Zum Wandel von Handlungsverantwortung und -formen der öffentlichen Verwaltung am Beispiel der Vorsorge für innere Sicherheit in Deutschland, DÖV 2004, S. 231 ff.

Ders., Die Zukunft der sozialen Sicherungssysteme, VVDStRL 64 (2005), S. 109 ff.

Platon, Der Staat [Politeia, ca. 370 v. Chr.], übersetzt und hg. von Karl Vretska, 2000.

Ders., Nomoi [365–348 v. Chr.], Platon. Sämtliche Werke in zehn Bänden. Griechisch und Deutsch. Nach der Übersetzung Friedrich Schleiermachers, ergänzt durch Übersetzungen von Franz Susemihl und anderen, hg. von Karlheinz Hülser, Band 9, 1991.

Plehwe, Dieter, Zahlenpolitik. EU-Recht und nationalstaatliche Gesetzgebung, in: WZB-Mitteilungen, Heft 117, 2007, S. 7 ff.

Plötscher, Stefan, Der Begriff der Diskriminierung im Europäischen Gemeinschaftsrecht. Zugleich ein Beitrag zur einheitlichen Dogmatik der Grundfreiheiten des EG-Vertrages, 2003.

Pöcker, Markus, Das Parlamentsgesetz im sachlich-inhaltlichen Steuerungs- und Legitimationsverbund, Der Staat 41 (2002), S. 616 ff.

Poscher, Ralf, Gefahrenabwehr. Eine dogmatische Rekonstruktion, 1999.

Ders., Die Funktionenordnung des Grundgesetzes, in: Hoffmann-Riem, Wolfgang / Schmidt-Aßmann, Eberhard / Voßkuhle, Andreas (Hg.), Grundlagen des Verwaltungsrechts, Band I, Methoden · Maßstäbe · Aufgaben · Organisation, 2006, § 8.

Preedy, Kara, Die Bindung Privater an die europäischen Grundfreiheiten. Zur sogenannten Drittwirkung im Europarecht, 2005.

Presse- und Informationsamt der Bundesregierung (Hg.), Bürokratiekosten: Erkennen – Messen – Abbauen. Bericht der Bundesregierung 2007 zur Anwendung des Standardkosten-Modells, 2007.

Prokisch, Rainer, Die Justiziabilität der Finanzverfassung, 1993.

Ders., Von der Sach- und Systemgerechtigkeit zum Gebot der Folgerichtigkeit, in: Kirchhof, Paul / Lehner, Moris / Raupach, Arndt / Rodi, Michael (Hg.), Staaten und Steuern. Festschrift für Klaus Vogel zum 70. Geburtstag, 2000, S. 293 ff.

Pühs, Wolfgang, Der Vollzug von Gemeinschaftsrecht. Formen und Grenzen eines effektiven Gemeinschaftsrechtsvollzugs und Überlegungen zu seiner Effektuierung, 1997.

Pünder, Hermann, Exekutive Normsetzung in den Vereinigten Staaten von Amerika und der Bundesrepublik Deutschland. Eine rechtsvergleichende Untersuchung des amerikanischen rulemaking und des deutschen Verordnungserlasses mit Blick auf die in beiden Ländern bestehende Notwendigkeit, sachgerechte und demokratisch legitimierte Normen in einem kostengünstigen und rechtsstaatlichen Grundsätzen entsprechenden Normsetzungsverfahren zu erlassen, 1995.

Ders., Staatsverschuldung, in: Isensee, Josef / Kirchhof, Paul (Hg.), Handbuch des Staatsrechts der Bundesrepublik Deutschland, Band V, Rechtsquellen, Organisation, Finanzen, 3. Auflage 2007, § 123.

Ders., Gerechte Lastenverteilung zwischen den Generationen: Maßnahmen zur Reform des Staatsschuldensrechts und zur Vermeidung eines übermäßigen öffentlichen Defizits im Bundesstaat, DVBl. 2008, S. 946 ff.

Püttner, Günter, Staatsverschuldung als Rechtsproblem. Ein verfassungsrechtliches Plädoyer gegen die Kreditfinanzierung der öffentlichen Haushalt. Vortrag gehalten vor der Berliner Juristischen Gesellschaft am 2. Juli 1980, erweiterte Fassung, 1980.

Ders., Der schwierige Weg der Verfassungsgerichtsbarkeit, in: Wilke, Dieter (Hg.), Festschrift zum 125jährigen Bestehen der Juristischen Gesellschaft zu Berlin, 1984, S. 573 ff.

Puhl, Thomas, Budgetflucht und Haushaltsverfassung, 1996.

Ders., Entparlamentarisierung und Auslagerung staatlicher Entscheidungsverantwortung, in: Isensee, Josef / Kirchhof, Paul (Hg.), Handbuch des Staatsrechts der Bundesrepublik Deutschland, Band III, Demokratie – Bundesorgane, 3. Auflage 2005, § 48.

Ders., Gleichheit und parlamentarisches System – Bindung des Gesetzgebers, der Regierung, der Verwaltung, der Rechtsprechung, in: Mellinghoff, Rudolf / Palm, Ulrich (Hg.), Gleichheit im Verfassungsstaat. Symposion aus Anlass des 65. Geburtstages von Paul Kirchhof, 2008, S. 67 ff.

Quaritsch, Helmut, Souveränität. Entstehung und Entwicklung des Begriffs in Frankreich und Deutschland vom 13. Jh. bis 1806, 1986.

Ders., Der grundrechtliche Status der Ausländer, in: Isensee, Josef / Kirchhof, Paul (Hg.), Handbuch des Staatsrechts der Bundesrepublik Deutschland, Band V, Allgemeine Grundrechtslehren, 1. Auflage 1992, § 120.

Rachor, Frederik, Das Polizeihandeln, in: Lisken, Hans / Denninger, Erhard, unter Mitwirkung von Rachor, Frederik, Handbuch des Polizeirechts. Gefahrenabwehr · Strafverfolgung · Rechtsschutz, 4. Auflage 2007, S. 399 ff.

Radbruch, Gustav, Einführung in die Rechtswissenschaft, 1910.

Ders., Rechtsphilosophie, 3. Auflage 1932.

Ders., Die Natur der Sache als juristische Denkform, in: Hernmarck, Gustaf C. (Hg.), Festschrift für Rudolf Laun, 1948, S. 157 ff.

Raiser, Thomas, Gesamthand und juristische Person im Licht des neuen Umwandlungsrechts, AcP 194 (1994), S. 495 ff.

Randelzhofer, Albrecht, Staatsgewalt und Souveränität, in: Isensee, Josef / Kirchhof, Paul (Hg.), Handbuch des Staatsrechts der Bundesrepublik Deutschland, Band II, Verfassungsstaat, 3. Auflage 2004, § 17.

Rasenack, Christian A. L., Die Theorie der Körperschaftssteuer, 1974.

Redeker, Konrad, Wege zu besserer Gesetzgebung, ZRP 2004, S. 160 ff.

Rehbinder, Manfred, Gesetzgebung in pluralistischen Rechtsordnungen, ZG 1994, S. 125 ff.

Reichold, Hermann, Sozialgerechtigkeit versus Vertragsgerechtigkeit – arbeitsrechtliche Erfahrungen mit Diskriminierungsregeln, JZ 2004, S. 384 ff.

Reimer, Franz, Verfassungsprinzipien. Ein Normtyp im Grundgesetz, 2001.

Ders., Ohne Ansehen der Person? Die Aporie der Gleichheit zwischen Generalisierung und Individualisierung, in: Clausen, Jens P. (Hg.), Iubilet cum Bonna Rhenus. Festschrift zum 150jährigen Bestehen des Bonner Kreises, 2004, S. 215 ff.

Ders., Das Parlamentsgesetz als Steuerungsmittel und Kontrollmaßstab, in: Hoffmann-Riem, Wolfgang / Schmidt-Aßmann, Eberhard / Voßkuhle, Andreas (Hg.), Grundlagen des Verwaltungsrechts, Band I, Methoden · Maßstäbe · Aufgaben · Organisation, 2006, § 9.

Reinhardt, Michael, Wasserrechtliche Richtlinientransformation zwischen Gewässerschutzrichtlinie und Wasserrahmenrichtlinie, DVBl. 2001, S. 145 ff.

Remmert, Barbara, Warum muss es Beamte geben?, JZ 2005, S. 53 ff.

Rengeling, Hans-Werner, Risikoanalyse im europäischen Verwaltungs- und Verfassungsrecht. Dargestellt an Beispielen aus dem Lebens- und Arzneimittelrecht sowie aus dem Chemikalienrecht, in: Depenheuer, Otto / Heintzen, Markus / Jestaedt, Matthias / Axer, Peter (Hg.), Staat im Wort. Festschrift für Josef Isensee, 2007, S. 793 ff.

Ders. / Szczekalla, Peter, Grundrechte in der Europäischen Union. Charta der Grundrechte und allgemeine Rechtsgrundsätze, 2004.

Repgow, Eike von, Der Sachsenspiegel [1224/1225], in hochdeutscher Übersetzung von Paul Kaller, 2002.

Rhinow, René A., Rechtsetzung und Methodik. Rechtstheoretische Untersuchungen zum gegenseitigen Verhältnis von Rechtsetzung und Rechtsanwendung, 1979.

Richter, Klaus, Rechtsbücher: Sachsenspiegel und Schwabenspiegel, in: Wolff, Jörg (Hg.), Kultur- und rechtshistorische Wurzeln Europas. Arbeitsbuch, 2005, S. 119 ff.

Rieckhoff, Henning, Der Vorbehalt des Gesetzes im Europarecht, 2007.

Rinken, Alfred, Demokratie und Hierarchie. Zum Demokratieverständnis des Zweiten Senats des Bundesverfassungsgerichts, KritV 79 (1996), S. 282 ff.

Ritter, Joachim, „Naturrecht" bei Aristoteles. Zum Problem einer Erneuerung des Naturrechts, res publica Band 6, 1961.

Rixecker, Roland / Säcker, Franz J. (Hg.), Münchener Kommentar zum Bürgerlichen Gesetzbuch, Band 1, Allgemeiner Teil. 1. Halbband: §§ 1–240, ProstG, 5. Auflage 2006.

Robbers, Gerhard, Sicherheit als Menschenrecht. Aspekte der Geschichte, Begründung und Wirkung einer Grundrechtsfunktion, 1987.

Robinson, William, Drafting of EU Acts: A View from the European Commission, EJLR 2008, S. 151 ff.

Rödder, Thomas, Unternehmensteuerreformgesetz 2008, Beihefter zu DStR 2007, S. 2 ff.

Röder, Sonja, Der Gesetzesvorbehalt der Charta der Grundrechte der Union im Lichte einer europäischen Wesentlichkeitstheorie, 2007.

Rödig, Jürgen, Zum Begriff des Gesetzes in der Rechtswissenschaft, 1976.

Ders. / Baden, Eberhard / Kindermann, Harald, Vorstudien zu einer Theorie der Gesetzgebung, 1975.

Roellecke, Gerd, Der Begriff des positiven Gesetzes und das Grundgesetz, 1969.

Ders., Gesetz in der Spätmoderne, in: König, Klaus (Hg.), Gesetzgebung und Regierung. Forschungssymposium anläßlich der Emeritierung von Waldemar Schreckenberger am 17. Januar 1998 in Speyer, 1998, S. 9 ff.

Ders., Aufgaben und Stellung des Bundesverfassungsgerichts im Verfassungsgefüge, in: Isensee, Josef / Kirchhof, Paul (Hg.), Handbuch des Staatsrechts der Bundesrepublik Deutschland, Band III, Demokratie – Bundesorgane, 3. Auflage 2005, § 67.

Röttgen, Norbert, Normenkontrollrat: Der Koalitionsvertrag als Wegweiser zu besserer Rechtsetzung und weniger Bürokratie, ZRP 2006, S. 47 ff.

Ronge, Frank, Legitimität durch Subsidiarität. Der Beitrag des Subsidiaritätsprinzips zur Legitimation einer überstaatlichen politischen Ordnung in Europa, 1998.

Rossi, Matthias, Das Diskriminierungsverbot nach Art. 12 EGV, EuR 2000, S. 197 ff.

Roth, Wulf-Henning, Drittwirkung der Grundfreiheiten? in: Due, Ole / Lutter, Markus / Schwarze, Jürgen (Hg.), Festschrift für Ulrich Everling, Band 2, 1995, S. 1231 ff.

Rotteck, Carl von, Staatsrecht der constitutionellen Monarchie. Ein Handbuch für Geschäftsmänner, studirende Jünglinge und gebildete Bürger, Band 1, 2. Auflage 1838.

Rousseau, Jean-Jacques, Vom Gesellschaftsvertrag oder Grundsätze des Staatsrechts [Du contrat social ou principes du droit politique, 1762], in Zusammenarbeit mit Eva Pietzcker neu übersetzt und hg. von Hans Brockard, 2004.

Rüfner, Wolfgang, Grundrechtsträger, in: Isensee, Josef / Kirchhof, Paul (Hg.), Handbuch des Staatsrechts der Bundesrepublik Deutschland, Band V, Allgemeine Grundrechtslehren, 1. Auflage 1992, § 116.

Ders., Daseinsvorsorge und soziale Sicherheit, in: Isensee, Josef / Kirchhof, Paul (Hg.), Handbuch des Staatsrechts der Bundesrepublik Deutschland, Band IV, Aufgaben des Staates, 3. Auflage 2006, § 96.

Rüthers, Bernd, Fortgesetzter Blindflug oder Methodendämmerung der Justiz? Zur Auslegungspraxis der obersten Bundesgerichte, JZ 2008, S. 446 ff.

Rütten, Wilhelm, Das Recht im Spätmittelalter und in der Frühen Neuzeit, in: Lexutt, Athina / Matz, Wolfgang (Hg.), Relationen – Studien zum Übergang vom Spätmittelalter zur Reformation. Festschrift zu Ehren von Prof. Dr. Karl-Heinz zur Mühlen, 2000, S. 30 ff.

Ruffert, Matthias, Entformalisierung und Entparlamentarisierung politischer Entscheidungen als Gefährdungen der Verfassung?, DVBl. 2002, S. 1145 ff.

Ders., Die Globalisierung als Herausforderung an das Öffentliche Recht, 2004.

Ders., Demokratie und Governance in Europa, in: Bauer, Hartmut / Huber, Peter M. / Sommermann, Karl-Peter (Hg.), Demokratie in Europa, 2005, S. 319 ff.

Ders., Rechtsquellen und Rechtsschichten des Verwaltungsrechts, in: Hoffmann-Riem, Wolfgang / Schmidt-Aßmann, Eberhard / Voßkuhle, Andreas (Hg.), Grundlagen des Verwaltungsrechts, Band I, Methoden · Maßstäbe · Aufgaben · Organisation, 2006, § 17.

Rumler-Korinek, Elisabeth, Kann die Europäische Union demokratisch ausgestaltet werden? – Eine Analyse und Bewertung aktueller Beiträge zur „europäischen Demokratiedebatte" –, EuR 2003, S. 327 ff.

Rupp, Hans H., Vom Wandel der Grundrechte, AöR 101 (1976), S. 161 ff.

Ders., Politische Anforderungen an eine zeitgemäße Gesetzgebungslehre, in: Schreckenberger, Waldemar / König, Klaus / Zeh, Wolfgang (Hg.), Gesetzgebungslehre. Grundlagen – Zugänge – Anwendung, 1986, S. 42 ff.

Ders., Die Unterscheidung von Staat und Gesellschaft, in: Isensee, Josef / Kirchhof, Paul (Hg.), Handbuch des Staatsrechts der Bundesrepublik Deutschland, Band II, Verfassungsstaat, 3. Auflage 2004, § 31.

Ders., Bemerkungen zum Individualrechtsschutz gegen die Verfassungswidrigkeit von Rechtsnormen und unterlassenen Rechtsnormen, in: Depenheuer, Otto / Heintzen, Markus / Jestaedt, Matthias / Axer, Peter (Hg.), Staat im Wort. Festschrift für Josef Isensee, 2007, S. 283 ff.

Rupp-von Brünneck, Wiltraut, Verfassungsgerichtsbarkeit und gesetzgebende Gewalt. Wechselseitiges Verhältnis zwischen Verfassungsgericht und Parlament, AöR 102 (1977), S. 1 ff.

Ruppe, Hans G., Der Anspruch auf Normenklarheit im Steuerrecht und seine Durchsetzung im Gesetzgebungs- und Rechtsschutzverfahren, Beihefter zu DStR 2008, S. 20ff.

Ruthig, Josef, Europäische Gesetzgebung, in: Beckmann, Klaus / Dieringer, Jürgen / Hufeld, Ulrich (Hg.), Eine Verfassung für Europa, 2. Auflage 2005, S. 449ff.

Sacharow, Andrej Dimitrijewitsch, Mein Land und die Welt, übersetzt von Hans Müller, 2. Auflage 1975.

Sachs, Michael, Eisenbahnplanung durch Gesetz (Südumfahrung Stendal), JuS 1998, S. 364ff.

Ders., Fragen der Gleichheitsgrundrechte im Recht der Wirtschaft, in: Ennuschat, Jörg / Geerlings, Jörg / Mann, Thomas / Pielow, Johann-Christian (Hg.), in Verbindung mit Klaus Stern, Wirtschaft und Gesellschaft im Staat der Gegenwart. Gedächtnisschrift für Peter J. Tettinger, 2007, S. 137ff.

Ders. (Hg.), Grundgesetz. Kommentar, 4. Auflage 2007.

Sachverständigenrat zur Begutachtung der gesamtwirtschaftlichen Entwicklung, Staatsverschuldung wirksam begrenzen. Expertise im Auftrag des Bundesministers für Wirtschaft und Technologie, 2007.

Sacksofsky, Ute, Umweltschutz durch nicht-steuerliche Abgaben. Zugleich ein Beitrag zur Geltung des Steuerstaatsprinzips, 2000.

Sailer, Wolfgang / Kniesel, Michael, Gefahrenabwehr durch Ordnungsverwaltung, in: Lisken, Hans / Denninger, Erhard, unter Mitwirkung von Rachor, Frederik, Handbuch des Polizeirechts. Gefahrenabwehr · Strafverfolgung · Rechtsschutz, 4. Auflage 2007, S. 151ff.

Salje, Peter, Energiewirtschaftsgesetz. Gesetz über die Elektrizitäts- und Gasversorgung vom 7. Juli 2005 (BGBl. I S. 1970). Kommentar, 2006.

Salzwedel, Jürgen, Schutz natürlicher Lebensgrundlagen, in: Isensee, Josef / Kirchhof, Paul (Hg.), Handbuch des Staatsrechts der Bundesrepublik Deutschland, Band IV, Aufgaben des Staates, 3. Auflage 2006, § 97.

Ders., Das verfassungsrechtliche Bestimmtheitsgebot und umweltrechtliche Verweisungen auf naturwissenschaftliche Begriffe, in: Depenheuer, Otto / Heintzen, Markus / Jestaedt, Matthias / Axer, Peter (Hg.), Staat im Wort. Festschrift für Josef Isensee, 2007, S. 205ff.

Saurer, Johannes, Die Funktionen der Rechtsverordnung. Der gesetzgeberische Zuschnitt des Aufgaben- und Leistungsprofils exekutiver Rechtsetzung als Problem des Verfassungsrechts, ausgehend vom Referenzgebiet des Umweltrechts, 2005.

Savigny, Friedrich Carl von, Vom Beruf unserer Zeit für Gesetzgebung und Rechtswissenschaft, 3. Auflage 1840.

Schaede, Stephan, Gesetz und neues Gesetz bei Thomas von Aquin, in: Bock, Wolfgang (Hg.), Gesetz und Gesetzlichkeit in den Wissenschaften, 2006, S. 61ff.

Schäffer, Heinz, Entwicklungsperspektiven des Rechtsstaates, in: Magiera, Siegfried / Sommermann, Karl-Peter (Hg.), Freiheit, Rechtsstaat und Sozialstaat in Europa. Forschungssymposium anlässlich der Emeritierung von Unversitätsprofessor Dr. iur. Dr. rer. pol. Detlef Merten, 2007, S. 17ff.

Schambeck, Herbert, Der Begriff der „Natur der Sache“. Ein Beitrag zur rechtsphilosophischen Grundlagenforschung, 1964.

Ders., Subsidiarität und europäische Integration. Eine Betrachtung aus österreichischer Sicht, in: Depenheuer, Otto / Heintzen, Markus / Jestaedt, Matthias / Axer, Peter (Hg.), Staat im Wort. Festschrift für Josef Isensee, 2007, S. 707ff.

Schapp, Jan, Die Grenzen der Freiheit, JZ 2006, S. 581 ff.
Scharpf, Fritz W., Demokratietheorie zwischen Utopie und Anpassung, 1970.
Ders., Legitimationskonzepte jenseits des Nationalstaats, in: Schuppert, Gunnar Folke / Pernice, Ingolf / Haltern, Ulrich (Hg.), Europawissenschaft, 2005, § 20.
Scheffler, Urban, Die Marktfreiheiten des EG-Vertrages als Ermessensgrenze des Gemeinschaftsgesetzgebers, 1997.
Schenke, Wolf-Rüdiger, Polizei- und Ordnungsrecht, 5. Auflage 2007.
Scheuner, Ulrich, Gesetz und Einzelanordnung, in: Rechts- und Wirtschaftswissenschaftliche Fakultät der Universität Jena (Hg.), Festschrift für Rudolf Hübner zum siebzigsten Geburtstag, 1935, S. 190 ff.
Ders., Der Bereich der Regierung, in: Rechtsprobleme in Staat und Kirche. Festschrift für Rudolf Smend zum 70. Geburtstag, 15. Januar 1952. Dargebracht von Freunden, Schülern und Kollegen, 1952, S. 253 ff.
Ders., Probleme und Verantwortungen der Verfassungsgerichtsbarkeit in der Bundesrepublik [1952], in: Häberle, Peter (Hg.), Verfassungsgerichtsbarkeit, 1976, S. 194 ff.
Ders., Die Aufgabe der Gesetzgebung in unserer Zeit, DÖV 1960, S. 601 ff.
Ders., Die Erhaltung des gesamtwirtschaftlichen Gleichgewichts. Der verfassungsrechtliche Auftrag zur aktiven Konjunkturpolitik, in: Schiffer, Eckart / Karehnke, Helmut (Hg.), Verfassung, Verwaltung, Finanzkontrolle. Festschrift für Hans Schäfer zum 65. Geburtstag am 26. Januar 1975, 1975, S. 109 ff.
Ders., Die Funktion des Gesetzes im Sozialstaat, in: Recht als Prozeß und Gefüge. Festschrift für Hans Huber zum 80. Geburtstag, 1981, S. 127 ff.
Schiller, Friedrich, Die Gesetzgebung des Lykurgus und Solon [1789], in: Universalhistorische Schriften, hg. und erläutert von Otto Dann, 1999, S. 88 ff.
Schilling, Theodor, Rang und Geltung von Normen in gestuften Rechtsordnungen, 1994.
Schlaich, Klaus, Die Verfassungsgerichtsbarkeit im Gefüge der Staatsfunktionen, VVDStRL 39 (1981), S. 99 ff.
Ders. / Korioth, Stefan, Das Bundesverfassungsgericht. Stellung, Verfahren, Entscheidungen. Ein Studienbuch, 7. Auflage 2007.
Schlette, Volker, Die Konzeption des Gesetzes im französischen Verfassungsrecht, JöR n. F. 33 (1984), S. 279 ff.
Schlosser, Hans, Kodifikationen im Umfeld des Preußischen Allgemeinen Landrechts. Der französische Code civil (1804) und das Österreichische Allgemeine Bürgerliche Gesetzbuch (1811), in: Merten, Detlef / Schreckenberger, Waldemar (Hg.), Kodifikation gestern und heute. Zum 200. Geburtstag des Allgemeinen Landrechts für die Preußischen Staaten. Vorträge und Diskussionsbeiträge der 62. Staatswissenschaftlichen Fortbildungstagung 1994 der Hochschule für Verwaltungswissenschaften Speyer, 1995, S. 63 ff.
Ders., Vom Rechtskundigen zum gelehrten Juristen: Die Professionalisierung des Juristenstandes in Deutschland im Mittelalter, in: Wolff, Jörg (Hg.), Kultur- und rechtshistorische Wurzeln Europas. Arbeitsbuch, 2005, S. 103 ff.
Schmidt, Karsten, Die Zukunft der Kodifikationsidee. Rechtsprechung, Wissenschaft und Gesetzgebung von den Gesetzeswerken des geltenden Rechts, 1985.
Ders., Einheit der Rechtsordnung – Realität? Aufgabe? Illusion?, in: ders. (Hg.), Vielfalt des Rechts – Einheit der Rechtsordnung?, 1994, S. 9 ff.
Ders., Die BGB-Außengesellschaft: rechts- und parteifähig. Besprechung des Grundlagenurteils II ZR 331/00 vom 29. 1. 2001, NJW 2001, S. 993 ff.

Schmidt, Manfred G., Demokratietheorien. Eine Einführung, 3. Auflage 2000.
Ders., Geschichtliche Entwicklungslinien der Demokratie, in: Bauer, Hartmut / Huber, Peter M. / Sommermann, Karl-Peter (Hg.), Demokratie in Europa, 2005, S. 21 ff.
Schmidt, Reiner, Staatliche Verantwortung für die Wirtschaft, in: Isensee, Josef / Kirchhof, Paul (Hg.), Handbuch des Staatsrechts der Bundesrepublik Deutschland, Band IV, Aufgaben des Staates, 3. Auflage 2006, § 92.
Schmidt, Thorsten Ingo, Vielfalt der Hoheitsträger – Einheit des Mehrebenensystems, in: Grote, Rainer / Härtel, Ines / Hain, Karl-E. / ders. / Schmitz, Thomas / Schuppert, Gunnar Folke / Winterhoff, Christian (Hg.), Die Ordnung der Freiheit. Festschrift für Christian Starck zum siebzigsten Geburtstag, 2007, S. 611 ff.
Schmidt-Aßmann, Eberhard, Die Rechtsverordnung in ihrem Verhältnis zu Gesetz und Verwaltungsvorschrift, in: Kirchhof, Paul / Lehner, Moris / Raupach, Arndt / Rodi, Michael (Hg.), Staaten und Steuern. Festschrift für Klaus Vogel zum 70. Geburtstag, 2000, S. 477 ff.
Ders., Wissenschaftsplanung im Wandel, in: Erbguth, Wilfried / Oebbecke, Janbernd / Rengeling, Hans-Werner / Schulte, Martin (Hg.), Planung. Festschrift für Werner Hoppe zum 70. Geburtstag, 2000, S. 649 ff.
Ders., Der Rechtsstaat, in: Isensee, Josef / Kirchhof, Paul (Hg.), Handbuch des Staatsrechts der Bundesrepublik Deutschland, Band II, Verfassungsstaat, 3. Auflage 2004, § 26.
Ders., Das allgemeine Verwaltungsrecht als Ordnungsidee. Grundlagen und Aufgaben der verwaltungsrechtlichen Systembildung, 2. Auflage 2004.
Ders., Verfassungsprinzipien für den Europäischen Verwaltungsverbund, in: Hoffmann-Riem, Wolfgang / ders. / Voßkuhle, Andreas (Hg.), Grundlagen des Verwaltungsrechts, Band I, Methoden · Maßstäbe · Aufgaben · Organisation, 2006, § 5.
Ders., Verwaltungsverfahren, in: Isensee, Josef / Kirchhof, Paul (Hg.), Handbuch des Staatsrechts der Bundesrepublik Deutschland, Band V, Rechtsquellen, Organisation, Finanzen, 3. Auflage 2007, § 109.
Schmidt-Eichstaedt, Gerd, Wirkungsforschung im Recht. Unter welchen Voraussetzungen erfüllen Gesetze ihren Zweck? Kommentierender Bericht zur gleichnamigen Tagung der Volkswagen-Stiftung am 23. und 24. Oktober 1997 im Zentrum für Interdisziplinäre Forschung in der Universität Bielefeld, DVBl. 1998, S. 322 ff.
Schmidt-Preuß, Matthias, Verwaltung und Verwaltungsrecht zwischen gesellschaftlicher Selbstregulierung und staatlicher Steuerung, VVDStRL 56 (1997), S. 160 ff.
Ders., Das Allgemeine des Verwaltungsrechts, in: Geis, Max-Emanuel / Lorenz, Dieter (Hg.), Staat _ Kirche _ Verwaltung. Festschrift für Hartmut Maurer zum 70. Geburtstag, 2001, S. 777 ff.
Ders., Energieversorgung, in: Isensee, Josef / Kirchhof, Paul (Hg.), Handbuch des Staatsrechts der Bundesrepublik Deutschland, Band IV, Aufgaben des Staates, 3. Auflage 2006, § 93.
Schmitt, Carl, Verfassungslehre [1928], unveränderter Nachdruck der 1. Auflage, 4. Auflage 1965.
Ders., Der Hüter der Verfassung [1931], 4. Auflage 1996.
Ders., Unsere geistige Gesamtlage und unsere juristische Aufgabe, Zeitschrift der Akademie für Deutsches Recht 1934, S. 11 f.
Ders., Über die drei Arten des rechtswissenschaftlichen Denkens [1934], 2. Auflage 1993, unveränderte Ausgabe der 1934 erschienen 1. Auflage.

Ders., Vergleichender Überblick über die neueste Entwicklung des Problems der gesetzgeberischen Ermächtigungen (Legislative Delegationen), ZaöRV 6 (1936), S. 252 ff.

Schmitt Glaeser, Walter, Schutz der Privatsphäre, in: Isensee, Josef / Kirchhof, Paul (Hg.), Handbuch des Staatsrechts der Bundesrepublik Deutschland, Band VI, Freiheitsrechte, 1. Auflage 1989, § 129.

Ders., Die grundrechtliche Freiheit des Bürgers zur Mitwirkung an der Willensbildung, in: Isensee, Josef / Kirchhof, Paul (Hg.), Handbuch des Staatsrechts der Bundesrepublik Deutschland, Band III, Demokratie – Bundesorgane, 3. Auflage 2005, § 38.

Schmoeckel, Mathias, Auf der Suche nach der verlorenen Ordnung. 2000 Jahre Recht in Europa. Ein Überblick, 2005.

Schnapp, Friedrich E., Der Verwaltungsvorbehalt, VVDStRL 43 (1985), S. 172 ff.

Schneeloch, Dieter, Besteuerung und betriebliche Steuerpolitik, Band II, Betriebliche Steuerpolitik, 2. Auflage 2002.

Schneider, Dieter, Körperschaftsteuer, in: Neumark, Fritz (Hg.), Handbuch der Finanzwissenschaft, Band 2, Öffentliche Unternehmungen _ Grundlagen der Lehre von den öffentlichen Einnahmen _ Die Lehre von den Steuern _ Nichtsteuerliche öffentliche Einnahmen, 3. Auflage 1980, S. 509 ff.

Schneider, Hans, Über Einzelfallgesetze, in: Barion, Hans / Forsthoff, Ernst / Weber, Werner (Hg.), Festschrift für Carl Schmitt zum 70. Geburtstag dargebracht von Freunden und Schülern, 1959, S. 159 ff.

Ders., Gesetzgebung. Ein Lehr- und Handbuch, 3. Auflage 2002.

Ders., Die Reichsverfassung vom 11. August 1919, in: Isensee, Josef / Kirchhof, Paul (Hg.), Handbuch des Staatsrechts der Bundesrepublik Deutschland, Band I, Historische Grundlagen, 3. Auflage 2003, § 5.

Schneider, Hans-Peter, Verfassungsgerichtsbarkeit und Gewaltenteilung. Zur Funktionsgerechtigkeit von Kontrollmaßstäben und Kontrolldichte verfassungsgerichtlicher Entscheidungen, NJW 1980, S. 2103 ff.

Ders., Entscheidungsdefizite der Parlamente. Über die Notwendigkeit einer Wiederbelebung der Parlamentsreform, AöR 105 (1980), S. 4 ff.

Ders., Artikel 12 GG – Freiheit des Berufs und Grundrecht der Arbeit, VVDStRL 43 (1985), S. 7 ff.

Schneider, Jens-Peter, Effektiver Rechtsschutz Privater gegen EG-Richtlinien nach dem Maastricht-Urteil des Bundesverfassungsgerichts, AöR 119 (1994), S. 294 ff.

Schneider, Karsten, Normativität und Risikoentscheidung. Untersuchung zur Theorie der Rechtsgüterrelation, 2008.

Schneller, Christian, Gewaltenteilung und Rechtsschutz in der objektbezogenen Legalplanung. Anmerkung zum Beschluß des Zweiten Senats des Bundesverfassungsgerichts vom 17. Juli 1996–2 BvF 2/93, ZG 1998, S. 179 ff.

Ders., Objektbezogene Legalplanung. Zur Zulässigkeit von Investitionsmaßnahmegesetzen, 1999.

Schoch, Friedrich, Abschied vom Polizeirecht des liberalen Rechtsstaats? – vom Kreuzberg-Urteil des Preussischen Oberverwaltungsgerichts zu den Terrorismusbekämpfungsgesetzen unserer Tage, Der Staat 43 (2004), S. 347 ff.

Ders., Entformalisierung staatlichen Handelns, in: Isensee, Josef / Kirchhof, Paul (Hg.), Handbuch des Staatsrechts der Bundesrepublik Deutschland, Band III, Demokratie – Bundesorgane, 3. Auflage 2005, § 37.

Ders., Polizei- und Ordnungsrecht, in: Schmidt-Aßmann (Hg.), Besonderes Verwaltungsrecht, 13. Auflage 2005, S. 121 ff.

Schön, Wolfgang, Rechtsmissbrauch und europäisches Steuerrecht, in: Kirchhof, Paul / Nieskens, Hans (Hg.) unter Mitarbeit von Dürrschmidt, Daniel / Weggenmann, Hans R., Festschrift für Wolfram Reiß zum 65. Geburtstag, 2008, S. 571 ff.

Scholz, Rupert, Koalitionsfreiheit, in: Isensee, Josef / Kirchhof, Paul (Hg.), Handbuch des Staatsrechts der Bundesrepublik Deutschland, Band VI, Freiheitsrechte, 1. Auflage 1989, § 151.

Ders., Subsidiaritätsprinzip und zu erneuernde Staatlichkeit, in: Depenheuer, Otto / Heintzen, Markus / Jestaedt, Matthias / Axer, Peter (Hg.), Staat im Wort. Festschrift für Josef Isensee, 2007, S. 295 ff.

Schorkopf, Frank (Hg.) , Der Europäische Haftbefehl vor dem Bundesverfassungsgericht, 2006.

Ders., Grundgesetz und Überstaatlichkeit. Konflikt und Harmonie in den auswärtigen Beziehungen Deutschlands, 2007.

Schreckenberger, Waldemar, Krise der Gesetzgebung?, in: ders. / König, Klaus / Zeh, Wolfgang (Hg.), Gesetzgebungslehre. Grundlagen – Zugänge – Anwendung, 1986, S. 21 ff.

Ders., Die Gesetzgebung der Aufklärung und die europäische Kodifikationsidee, in: Merten, Detlef / ders. (Hg.), Kodifikation gestern und heute. Zum 200. Geburtstag des Allgemeinen Landrechts für die Preußischen Staaten. Vorträge und Diskussionsbeiträge der 62. Staatswissenschaftlichen Fortbildungstagung 1994 der Hochschule für Verwaltungswissenschaften Speyer, 1995, S. 87 ff.

Schröder, Meinhard, Aufgaben der Bundesregierung, in: Isensee, Josef / Kirchhof, Paul (Hg.), Handbuch des Staatsrechts der Bundesrepublik Deutschland, Band III, Demokratie – Bundesorgane, 3. Auflage 2005, § 64.

Ders., Bildung, Bestand und parlamentarische Verantwortung der Bundesregierung, in: Isensee, Josef / Kirchhof, Paul (Hg.), Handbuch des Staatsrechts der Bundesrepublik Deutschland, Band III, Demokratie – Bundesorgane, 3. Auflage 2005, § 65.

Ders., Die Bereiche der Regierung und der Verwaltung, in: Isensee, Josef / Kirchhof, Paul (Hg.), Handbuch des Staatsrechts der Bundesrepublik Deutschland, Band V, Rechtsquellen, Organisation, Finanzen, 3. Auflage 2007, § 106.

Ders., Der Nationale Normenkontrollrat – Ein neuer Schritt zum Abbau von Bürokratiekosten –, DÖV 2007, S. 45 ff.

Schröder, Ole / Würdemann, Christian, Verständlichere Gesetzessprache – Institutionalisierung der Sprachprüfung im Gesetzgebungsverfahren, ZRP 2007, S. 231 ff.

Schroeder, Werner, Das Gemeinschaftsrechtssystem. Eine Untersuchung zu den rechtsdogmatischen, rechtstheoretischen und verfassungsrechtlichen Grundlagen des Systemdenkens im Europäischen Gemeinschaftsrecht, 2002.

Schultze, Harald, Über die Verantwortung von Regierung und Verwaltung für die Gesetzgebung – 25 Jahre Rechtsvereinfachung in Niedersachsen –, DÖV 2007, S. 401 ff.

Schulz, Fritz, Geschichte der römischen Rechtswissenschaft, 1961.

Schulze, Reiner, Geschichte der neueren vorkonstitutionellen Gesetzgebung. Zu Forschungsstand und Methodenfragen eines rechtshistorischen Arbeitsgebietes, Zeitschrift der Savigny-Stiftung für Rechtsgeschichte 98 (1981), Germanische Abteilung, S. 157 ff.

Schulze-Fielitz, Helmuth, Das Parlament als Organ der Kontrolle im Gesetzgebungsprozeß, in: Dreier, Horst / Hofmann, Jochen (Hg.), Parlamentarische Souveränität und technische Entwicklung. 25. Tagung der Wissenschaftlichen Mitarbeiter der Fachrichtung „Öffentliches Recht" vom 5.–8. März 1985 in Würzburg, 1986, S. 71 ff.

Ders., Theorie und Praxis parlamentarischer Gesetzgebung – besonders des 9. Deutschen Bundestages (1980–1983) –, 1988.

Ders., Staatsaufgabenentwicklung und Verfassung. Zur normativen Kraft der Verfassung für das Wachstum und die Begrenzung von Staatsaufgaben, in: Grimm, Dieter (Hg.), Wachsende Staatsaufgaben – sinkende Steuerungsfähigkeit des Rechts, 1990, S. 11 ff.

Ders., Wege, Umwege oder Holzwege zu besserer Gesetzgebung. Durch sachverständige Beratung, Begründung, Folgeabschätzung und Wirkungskontrolle?, JZ 2004, S. 862 ff.

Ders., Grundmodi der Aufgabenwahrnehmung, in: Hoffmann-Riem, Wolfgang / Schmidt-Aßmann, Eberhard / Voßkuhle, Andreas (Hg.), Grundlagen des Verwaltungsrechts, Band I, Methoden · Maßstäbe · Aufgaben · Organisation, 2006, § 12.

Ders., Einheitsbildung durch Gesetz oder Pluralisierung durch Vollzug, in: Trute, Hans-Heinrich / Groß, Thomas / Röhl, Hans Chr. / Möllers, Christoph (Hg.), Allgemeines Verwaltungsrecht – zur Tragfähigkeit eines Konzepts, 2008, S. 135 ff.

Schuppert, Gunnar F., Grenzen und Alternativen von Steuerung durch Recht, in: Grimm, Dieter (Hg.), Wachsende Staatsaufgaben – sinkende Steuerungsfähigkeit des Rechts, 1990, S. 217 ff..

Ders., Das Gesetz als zentrales Steuerungsinstrument des Rechtsstaates, in: ders. (Hg.), Das Gesetz als zentrales Steuerungsinstrument des Rechtsstaates. Symposion anlässlich des 60. Geburtstages von Christian Starck, 1998, S. 105 ff.

Ders., Verwaltungswissenschaft. Verwaltung, Verwaltungsrecht, Verwaltungslehre, 2000.

Ders., Gute Gesetzgebung. Bausteine einer kritischen Gesetzgebungslehre, ZG Sonderheft 2003.

Ders., Verwaltungsorganisation und Verwaltungsorganisationsrecht als Steuerungsfaktoren, in: Hoffmann-Riem, Wolfgang / Schmidt-Aßmann, Eberhard / Voßkuhle, Andreas (Hg.), Grundlagen des Verwaltungsrechts, Band I, Methoden · Maßstäbe · Aufgaben · Organisation, 2006, § 16.

Ders., Die Rolle des Gesetzes in der Governancetheorie, in: Trute, Hans-Heinrich / Groß, Thomas / Röhl, Hans Chr. / Möllers, Christoph (Hg.), Allgemeines Verwaltungsrecht – zur Tragfähigkeit eines Konzepts, 2008, S. 161 ff.

Schwarz, Kyrill-Alexander, Vertrauensschutz als Verfassungsprinzip. Eine Analyse des nationalen Rechts, des Gemeinschaftsrechts und der Beziehungen zwischen beiden Rechtskreisen, 2002.

Ders., „Folgerichtigkeit" im Steuerrecht. Zugleich eine Analyse der Rechtsprechung des Bundesverfassungsgerichts zu Art. 3 Abs. 1 GG, in: Depenheuer, Otto / Heintzen, Markus / Jestaedt, Matthias / Axer, Peter (Hg.), Staat im Wort. Festschrift für Josef Isensee, 2007, S. 949 ff.

Schwarze, Jürgen, Europäisches Verwaltungsrecht. Entstehung und Entwicklung im Rahmen der Europäischen Gemeinschaft, 2. Auflage 2005.

Ders., Der Schutz der Grundrechte durch den EuGH, NJW 2005, S. 3459 ff.

Ders., Der Anspruch auf effektiven gerichtlichen Rechtsschutz im europäischen Gemeinschaftsrecht, in: Grote, Rainer / Härtel, Ines / Hain, Karl-E. / Schmidt, Thorsten Ingo / Schmitz, Thomas / Schuppert, Gunnar Folke / Winterhoff, Christian (Hg.), Die Ordnung der Freiheit. Festschrift für Christian Starck zum siebzigsten Geburtstag, 2007, S. 645 ff.

Ders. / Becker, Ulrich / Pollak, Christiana, Die Implementation von Gemeinschaftsrecht. Untersuchungen zur Gesetzgebungs- und Verwaltungspolitik der Europäischen Gemeinschaft und ihrer Mitgliedstaaten, 1993.

Schweitzer, Michael, Staatsrecht III. Staatsrecht, Völkerrecht, Europarecht, 8. Auflage 2004.

Schwemer, Rolf-Oliver, Die Bindung des Gemeinschaftsgesetzgebers an die Grundfreiheiten, 1995.

Schwennicke, Andreas, Die Entstehung der Einleitung des preussischen allgemeinen Landrechts von 1794, 1993.

Ders., Der Einfluß der Landstände auf die Regelungen des Preußischen Allgemeinen Landrechts von 1794, in: Birtsch, Günter / Willoweit, Dietmar (Hg.), Reformabsolutismus und ständische Gesellschaft. Zweihundert Jahre Preußisches Allgemeines Landrecht, 1998, S. 113ff.

Schwerdtfeger, Gunther, Optimale Methodik der Gesetzgebung als Verfassungspflicht, in: Stödter, Rolf / Thieme, Werner (Hg.), Hamburg · Deutschland · Europa. Beiträge zum deutschen und europäischen Verfassungs-, Verwaltungs- und Wirtschaftsrecht. Festschrift für Hans Peter Ipsen zum siebzigsten Geburtstag, 1977, S. 173ff.

Seer, Roman, Verständigungen in Steuerverfahren, 1996.

Seiler, Christian, Der einheitliche Parlamentsvorbehalt, 2000.

Ders., Der souveräne Verfassungsstaat zwischen demokratischer Rückbindung und überstaatlicher Einbindung, 2005.

Sellert, Wolfgang, Vorwort des Herausgebers, in: ders. (Hg.), Das Gesetz in Spätantike und frühem Mittelalter. 4. Symposion der Kommission „Die Funktion des Gesetzes in Geschichte und Gegenwart", 1992, S. 7ff.

Ders., Aufzeichnung des Rechts und Gesetz, in: ders. (Hg.), Das Gesetz in Spätantike und frühem Mittelalter. 4. Symposion der Kommission „Die Funktion des Gesetzes in Geschichte und Gegenwart", 1992, S. 67ff.

Ders., Einführung, in: Behrends, Okko / ders. (Hg.), Nomos und Gesetz. Ursprünge und Wirkungen des griechischen Gesetzesdenkens. 6. Symposion der Kommission „Die Funktion des Gesetzes in Geschichte und Gegenwart", 1995, S. 7ff.

Ders., Zur Rezeption des römischen und kanonischen Rechts in Deutschland von den Anfängen bis zum Beginn der frühen Neuzeit: Überblick, Diskussionsstand und Ergebnisse, in: Boockmann, Hartmut / Grenzmann, Ludger / Moeller, Bernd / Staehelin, Martin (Hg.), Recht und Verfassung im Übergang vom Mittelalter zur Neuzeit, I. Teil, Bericht über Kolloquien der Kommission zur Erforschung der Kultur des Spätmittelalters 1994 bis 1995, 1998, S. 115ff.

Ders., Rechtsbildung in Deutschland im Zeitalter der Rezeption, in: Wolff, Jörg (Hg.), Kultur- und rechtshistorische Wurzeln Europas. Arbeitsbuch, 2005, S. 181ff.

Sellner, Dieter, Der systematische Ertrag einer Kodifikation für das allgemeine Verwaltungsrecht am Beispiel des Umweltgesetzbuches, in: Trute, Hans-Heinrich / Groß, Thomas / Röhl, Hans Christian / Möllers, Christoph (Hg.), Allgemeines Verwaltungsrecht – zur Tragfähigkeit eines Konzepts, 2008, S. 191ff.

Selmer, Peter, Ökologische Steuerreform, Verfassungsrecht und Bundesverfassungsgericht. Bemerkungen anläßlich der Ökosteuerentscheidung des BVerfG vom 20. April 2004, in: Tipke, Klaus / Söhn, Hartmut (Hg.), Gedächtnisschrift für Christoph Trzaskalik, 2005, S. 411ff.

Sieker, Susanne, Steuergleichheit und Steuergestaltung, in: Mellinghoff, Rudolf / Palm, Ulrich (Hg.), Gleichheit im Verfassungsstaat. Symposion aus Anlass des 65. Geburtstages von Paul Kirchhof, 2008, S. 195 ff.

Sieyès, Emmanuel Joseph Graf (gen. Abbé), Abhandlungen über die Privilegien. Was ist der dritte Stand? [Essai sur les privilèges. Qu'est-ce que le tiers état?, 1789], hg. von Rolf Hellmut Foerster, 1968.

Silberhorn, Thomas, Die Neugestaltung der Beteiligung des Deutschen Bundestages in Angelegenheiten der Europäischen Union, in: Busek, Erhard / Hummer, Waldemar (Hg.), Die Konstitutionalisierung der Verbandsgewalt in der (neuen) Europäischen Union. Rechtliche, politische und ökonomische Konsequenzen der neuen Verfassung der EU, 2006, S. 173 ff.

Simmert, Diethard B. / Wagner, Kurt-Dieter, Einleitung, in: dies. (Hg.), Staatsverschuldung kontrovers, 1981, S. 11 ff.

Simon, Helmut, Verfassungsgerichtsbarkeit, in: Benda, Ernst / Maihofer, Werner / Vogel, Hans-Jochen (Hg.), unter Mitwirkung von Hesse, Konrad / Heyde, Wolfgang, Handbuch des Verfassungsrechts der Bundesrepublik Deutschland, Studienausgabe, Teil 2, 2. Auflage 1995, § 34.

Singer, Jörg, Das Bundesverfassungsgericht und das Zitiergebot – Versöhnung nach einer gestörten Beziehung? –, DÖV 2007, S. 496 ff.

Skouris, Vassilios, Höchste Gerichte an ihren Grenzen – Bemerkungen aus der Perspektive des Gerichtshofes der Europäischen Gemeinschaften, in: Grote, Rainer / Härtel, Ines / Hain, Karl-E. / Schmidt, Thorsten Ingo / Schmitz, Thomas / Schuppert, Gunnar Folke / Winterhoff, Christian (Hg.), Die Ordnung der Freiheit. Festschrift für Christian Starck zum siebzigsten Geburtstag, 2007, S. 991 ff.

Slenczka, Notger, Thomas von Aquin und die Synthese zwischen dem biblischen und dem griechisch-römischen Gesetzesbegriff, in: Behrends, Okko (Hg.), Der biblische Gesetzesbegriff. Auf den Spuren seiner Säkularisierung. 13. Symposion der Kommission „Die Funktion des Gesetzes in Geschichte und Gegenwart", 2006, S. 107 ff.

Smeddinck, Ulrich, Integrierte Gesetzesproduktion. Der Beitrag der Rechtswissenschaft zur Gesetzgebung in interdisziplinärer Perspektive, 2006.

Smith, Gordon, The Structure of Democracy in the United Kingdom and Problems of Development, in: Bauer, Hartmut / Huber, Peter M. / Sommermann, Karl-Peter (Hg.), Demokratie in Europa, 2005, S. 69 ff.

Sobota, Katharina, Das Prinzip Rechtsstaat. Verfassungs- und verwaltungsrechtliche Aspekte, 1997.

Sodan, Helge, Das Prinzip der Widerspruchsfreiheit der Rechtsordnung, JZ 1999, S. 864 ff.

Ders., Die Zukunft der sozialen Sicherungssysteme, VVDStRL 64 (2005), S. 144 ff.

Söhn, Hartmut, Steuervereinbarungen und Verfassungsrecht, in: Osterloh, Lerke / Schmidt, Karsten / Weber, Hermann (Hg.), Staat, Wirtschaft, Finanzverfassung. Festschrift für Peter Selmer zum 70. Geburtstag, 2004, S. 911 ff.

Söllner, Alfred, Einführung in die römische Rechtsgeschichte, 5. Auflage 1996.

Sommermann, Karl-Peter, Zweihundert Jahre Französische Verfassung von 1793: Die Verfassungstradition des Jahres I, Der Staat 32 (1993), S. 611 ff.

Ders., Demokratiekonzepte im Vergleich, in: Bauer, Hartmut / Huber, Peter M. / ders. (Hg.), Demokratie in Europa, 2005, S. 191 ff.

Ders., Entwicklungsperspektiven des Rechtsstaates: Europäisierung und Internationalisierung eines staatsrechtlichen Leitbegriffs, in: Magiera, Siegfried / ders. (Hg.), Freiheit, Rechtsstaat und Sozialstaat in Europa. Forschungssymposium anlässlich der Emeritierung von Unversitätsprofessor Dr. iur. Dr. rer. pol. Detlef Merten, 2007, S. 75 ff.

Spickhoff, Andreas, Das BGB in Europa, in: Diederichsen, Uwe / Sellert, Wolfgang (Hg.), Das BGB im Wandel der Epochen. 10. Symposion der Kommission „Die Funktion des Gesetzes in Geschichte und Gegenwart“, 2002, S. 157 ff.

Spindler, Wolfgang, Verfassungsrechtliche Grenzen einer Rückwirkung von Steuergesetzen, DStR 1998, S. 953 ff.

Staats, Reinhart, Kanon und Kapitaldelikte. Zwei Grundbegriffe im Gesetzesverständnis westlicher Patristik, in: Sellert, Wolfgang (Hg.), Das Gesetz in Spätantike und frühem Mittelalter. 4. Symposion der Kommission „Die Funktion des Gesetzes in Geschichte und Gegenwart“, 1992, S. 28 ff.

Stamatescu, Ion-Olimpiu, Vom Wesen physikalischer Gesetze, in: Bock, Wolfgang (Hg.), Gesetz und Gesetzlichkeit in den Wissenschaften, 2006, S. 169 ff.

Starck, Christian, Der Gesetzesbegriff des Grundgesetzes. Ein Beitrag zum juristischen Gesetzesbegriff, 1970.

Ders., Einführung in die Aufgabenstellung der Kommission, in: Behrends, Okko / Link, Christoph (Hg.), Zum römischen und neuzeitlichen Gesetzesbegriff. 1. Symposion der Kommission „Die Funktion des Gesetzes in Geschichte und Gegenwart“ vom 26. und 27. April 1985, 1987, S. 9 ff.

Ders., Vorwort, in: ders. (Hg.), Die Allgemeinheit des Gesetzes. 2. Symposion der Kommission „Die Funktion des Gesetzes in Geschichte und Gegenwart“ am 14. und 15. November 1986, 1987, S. 5 ff.

Ders., Die Verfassungsauslegung, in: Isensee, Josef / Kirchhof, Paul (Hg.), Handbuch des Staatsrechts der Bundesrepublik Deutschland, Band VII, Normativität und Schutz der Verfassung – Internationale Beziehungen, Demokratie – Bundesorgane, 1. Auflage 1992, § 164.

Ders., Das Bundesverfassungsgericht in der Verfassungsordnung und im politischen Prozeß, in: Badura, Peter / Dreier, Horst (Hg.), Festschrift 50 Jahre Bundesverfassungsgericht, Erster Band, Verfassungsgerichtsbarkeit. Verfassungsprozeß, 2001, S. 1 ff.

Ders., Grundrechtliche und demokratische Freiheitsidee, in: Isensee, Josef / Kirchhof, Paul (Hg.), Handbuch des Staatsrechts der Bundesrepublik Deutschland, Band III, Demokratie – Bundesorgane, 3. Auflage 2005, § 33.

Ders., Soziale Rechte in Verträgen, Verfassungen und Gesetzen, in: Ennuschat, Jörg / Geerlings, Jörg / Mann, Thomas / Pielow, Johann-Christian (Hg.), in Verbindung mit Klaus Stern, Wirtschaft und Gesellschaft im Staat der Gegenwart. Gedächtnisschrift für Peter J. Tettinger, 2007, S. 761 ff.

Statistisches Bundesamt (Hg.), Programm Bürokratieabbau und bessere Rechtssetzung. Einführung des Standardkosten-Modells. Methodenhandbuch der Bundesregierung, 2006.

Staupe, Jürgen, Parlamentsvorbehalt und Delegationsbefugnis. Zur „Wesentlichkeitstheorie“ und zur Reichweite legislativer Regelungskompetenz, insbesondere im Schulrecht, 1986.

Steffani, Winfried, Verfassungsgerichtsbarkeit und demokratischer Entscheidungsprozeß [1968], in: Häberle, Peter (Hg.), Verfassungsgerichtsbarkeit, 1976, S. 374 ff.

Stegmüller, Wolfgang, Der Begriff des Naturgesetzes, Studium Generale 19 (1966), S. 649 ff.

Steinberg, Rudolf, Verfassungspolitik und offene Verfassung, JZ 1980, S. 385 ff.

Stelkens, Paul / Bonk, Heinz J. / Sachs, Michael (Hg.), Verwaltungsverfahrensgesetz. Kommentar, 6. Auflage 2001.

Stern, Klaus, Das Staatsrecht der Bundesrepublik Deutschland, Band I, Grundbegriffe und Grundlagen des Staatsrechts, Strukturprinzipien der Verfassung, 2. Auflage 1984; Band II, Staatsorgane, Staatsfunktionen, Finanz- und Haushaltsverfassung, Notstandsverfassung, 1980; Band III, Allgemeine Lehren der Grundrechte, unter Mitwirkung von Michael Sachs, Halbband 1, Grundlagen und Geschichte, nationaler und internationaler Grundrechtskonstitutionalismus, juristische Bedeutung der Grundrechte, Grundrechtsberechtigte, Grundrechtsverpflichtete, 1988; Halbband 2, Grundrechtstatbestand, Grundrechtsbeeinträchtigungen und Grundrechtsbegrenzungen, Grundrechtsverluste und Grundpflichten, Schutz der Grundrechte, Grundrechtskonkurrenzen, Grundrechtssystem, 1994; Band IV, Die einzelnen Grundrechte, Halbband 1, Der Schutz und die freiheitliche Entfaltung des Individuums, i. V. m. Michael Sachs und Johannes Dietlein, 2006; Band V, Die geschichtlichen Grundlagen des deutschen Staatsrechts, 2000.

Ders., Idee der Menschenrechte und Positivität der Grundrechte, in: Isensee, Josef / Kirchhof, Paul (Hg.), Handbuch des Staatsrechts der Bundesrepublik Deutschland, Band V, Allgemeine Grundrechtslehren, 1. Auflage 1992, § 108.

Ders., Verfassungsgerichtsbarkeit und Gesetzgeber, 1997.

Ders., Die Idee der Menschen- und Grundrechte, in: Merten, Detlef / Papier, Hans-Jürgen (Hg.), Handbuch der Grundrechte in Deutschland und Europa, Band I, Entwicklung und Grundlagen, 2004, § 1.

Ders. / Münch, Paul / Hansmeyer, Karl-Heinrich, Gesetz zur Förderung der Stabilität und des Wachstums der Wirtschaft. Kommentar, 2. Auflage 1972.

Stober, Rolf, Moderne Dimensionen des Sicherheitsgewerberechts, in: ders. / Olschok, Harald (Hg.), Handbuch des Sicherheitsgewerberechts, 2004, S. 1 ff.

Störmer, Rainer, Renaissance der öffentlichen Ordnung?, Die Verwaltung 30 (1997), S. 233 ff.

Ders., Gemeinschaftsrechtliche Diskriminierungsverbote versus nationale Grundrechte?, AöR 123 (1998), S. 541 ff.

Stoll, Peter-Tobias, Sicherheit als Aufgabe von Staat und Gesellschaft. Verfassungsordnung, Umwelt- und Technikrecht im Umgang mit Unsicherheit und Risiko, 2003.

Stolleis, Michael, Geschichte des öffentlichen Rechts in Deutschland, Band 1, Reichspublizistik und Policeywissenschaft 1600–1800, 1988; Band 2, Staatsrechtslehre und Verwaltungswissenschaft 1800–1914, 1992; Band 3, Staats- und Verwaltungsrechtswissenschaft in Republik und Diktatur 1914–1945, 1999.

Ders., Entwicklungsstufen der Verwaltungsrechtswissenschaft, in: Hoffmann-Riem, Wolfgang / Schmidt-Aßmann, Eberhard / Voßkuhle, Andreas (Hg.), Grundlagen des Verwaltungsrechts, Band I, Methoden · Maßstäbe · Aufgaben · Organisation, 2006, § 2.

Ders., Vormodernes und postmodernes Recht. Rechtskolumne, Merkur 2008, S. 425 ff.

Streinz, Rudolf (Hg.), EUV/EGV. Vertrag über die Europäische Union und Vertrag zur Gründung der Europäischen Gemeinschaft, unter Mitarbeit von Christoph Ohler, 2003.

Ders., Europarecht, unter Mitarbeit von Christoph Herrmann, 7. Auflage 2005.

Ders. / Ohler, Christoph / Hermann, Christoph, Der Vertrag von Lissabon zur Reform der EU. Einführung mit Synopse, 2. Auflage 2008.

Streit, Manfred E., Theorie der Wirtschaftspolitik, 6. Auflage 2005.

Sydow, Gernot, Verwaltungskooperation in der Europäischen Union. Zur horizontalen und vertikalen Zusammenarbeit der europäischen Verwaltungen am Beispiel des Produktzulassungsrechts, 2004.

Szczekalla, Peter, Die sogenannten grundrechtlichen Schutzpflichten im deutschen und europäischen Recht. Inhalt und Reichweite einer „gemeineuropäischen Grundrechtsfunktion", 2002.

Ders., Verhältnis zwischen dem Grundrechtsschutz in der EU und in den Mitgliedstaaten, in: Heselhaus, F. Sebastian M. / Nowak, Carsten (Hg.), Handbuch der Europäischen Grundrechte, 2006, S. 36ff.

Ders., Vom Beruf unserer Zeit für eine europäisierte Gesetzgebung – Das Umweltgesetzbuch und seine Einbettung in das Umweltrecht der Europäischen Union, DVBl. 2008, S. 300ff.

Tatarin-Tarnheyden, Edgar, Die Rechtsstellung der Abgeordneten; ihre Pflichten und Rechte, in: Anschütz, Gerhard / Thoma, Richard (Hg.), Handbuch des Deutschen Staatsrechts, Band 1 [1930], 1998, § 38, S. 413ff.

Teubner, Gunther / Fischer-Lescano, Andreas, Regime-Kollisionen. Zur Fragmentierung des globalen Rechts, 2006.

Thier, Andreas, Steuergesetzgebung und Verfassung in der konstitutionellen Monarchie. Staatssteuerreformen in Preußen 1871–1893, 1999.

Thoma, Richard, Die Funktionen der Staatsgewalt: Grundbegriffe und Grundsätze, in: Anschütz, Gerhard / ders. (Hg.), Handbuch des Deutschen Staatsrechts, Band 2 [1932], 1998, § 71, S. 108ff.

Thomas von Aquin, Summa Theologica [1265–1273], vollständige, ungekürzte deutschlateinische Ausgabe, übersetzt und kommentiert von Dominikanern und Benediktinern Deutschlands und Österreichs, philosophisch-theologische Hochschule Walberg bei Köln (Hg.), I-II; Die Sünde, Fragen 71–89, kommentiert von Otto Hermann Pesch, Band 12, 2004; Das Gesetz, Fragen 90–105, kommentiert von Otto Hermann Pesch, Band 13, 1977.

Thomasius, Christian, Lectiones de prudentia legislatoria [Über die Gesetzgebungsklugheit, Vorlesung von 1702], in: Mohnhaupt, Heinz (Hg.), Prudentia legislatoria. Fünf Schriften über die Gesetzgebungsklugheit aus dem 17. und 18. Jahrhundert, übersetzt von Adolf Paul, 2003, S. 95ff.

Thüsing, Gregor, Arbeitsrechtlicher Diskriminierungsschutz. Das neue Allgemeine Gleichbehandlungsgesetz und andere arbeitsrechtliche Benachteiligungsverbote, 2007.

Tichy, Gunther, Konjunkturpolitik. Quantitative Stabilisierungspolitik bei Unsicherheit, 4. Auflage 1999.

Tietje, Christian, Niederlassungsfreiheit, in: Ehlers, Dirk (Hg.), Europäische Grundrechte und Grundfreiheiten, 2. Auflage 2005, § 10.

Ders., Autonomie und Bindung der Rechtsetzung in gestuften Rechtsordnungen, VVDStRL 66 (2007), S. 45ff.

Timmermans, C. W. A., How to improve the quality of Community Legislation: the Viewpoint of the European Commission, in: Kellermann, Alfred E. / Azzi, Giuseppe Ciavarini / Jacobs, Scott H. / Deighton-Smith, Rex (ed.), Improving the quality of legislation in Europe. Conference on the „Quality of European and National Legislation", 23, 24 and 25 April 1997 in The Hague, 1998, S. 39ff.

Tipke, Klaus, Die Steuerrechtsordnung, Band I, Wissenschaftsorganisatorische, systematische und grundrechtlich-rechtsstaatliche Grundlagen, 2. Auflage 2000; Band II, Steuerrechtfertigungstheorie, Anwendung auf alle Steuerarten, sachgerechtes Steuersystem, 2. Auflage 2003.

Ders., Steuergerechtigkeit unter besonderer Berücksichtigung des Folgerichtigkeitsgebots, StuW 2007, S. 201 ff.

Ders., Mehr oder weniger Entscheidungsspielraum für den Steuergesetzgeber?, JZ 2009, S. 533 ff.

Ders. / Lang, Joachim, Steuerrecht, 19. Auflage 2008.

Tocqueville, Alexis de, Über die Demokratie in Amerika [De la démocratie en Amérique, 1835–1840], ausgewählt und hg. von J. P. Mayer, 1985.

Töller, Annette E., Mythen und Methoden. Zur Messung der Europäisierung der Gesetzgebung des Deutschen Bundestages jenseits des 80-Prozent-Mythos, ZParl 2008, S. 3 ff.

Towfigh, Emanuel V., Komplexität und Normenklarheit – oder: Gesetze sind für Juristen gemacht, Der Staat 48 (2009), S. 29 ff.

Tomuschat, Christian, Die staatsrechtliche Entscheidung für die internationale Offenheit, in: Isensee, Josef / Kirchhof, Paul (Hg.), Handbuch des Staatsrechts der Bundesrepublik Deutschland, Band VII, Normativität und Schutz der Verfassung – Internationale Beziehungen, Demokratie – Bundesorgane, 1. Auflage 1992, § 172.

Triepel, Heinrich, Wesen und Entwicklung der Staatsgerichtsbarkeit, VVDStRL 5 (1929), S. 2 ff.

Ders., Vom Stil des Rechts. Beiträge zu einer Ästhetik des Rechts [1947], mit einer Einführung von Andreas von Arnauld und Wolfgang Durner, 2007

Troianos, Spyros N., Das Gesetz in der griechischen Patristik, in: Sellert, Wolfgang (Hg.), Das Gesetz in Spätantike und frühem Mittelalter. 4. Symposion der Kommission „Die Funktion des Gesetzes in Geschichte und Gegenwart", 1992, S. 47 ff.

Trute, Hans-Heinrich, Verantwortungsteilung als Schlüsselbegriff eines sich verändernden Verhältnisses von öffentlichem und privatem Sektor, in: Schuppert, Gunnar Folke (Hg.), Jenseits von Privatisierung und „schlankem" Staat. Verantwortungsteilung als Schlüsselbegriff eines sich verändernden Verhältnisses von öffentlichem und privatem Sektor, 1999, S. 13 ff.

Ders., Das Polizei- und Ordnungsrecht im Spiegel der Rechtsprechung, Die Verwaltung 32 (1999), S. 73 ff.

Ders., Gefahr und Prävention in der Rechtsprechung zum Polizei- und Ordnungsrecht, Die Verwaltung 36 (2003), S. 501 ff.

Ders., Die demokratische Legitimation der Verwaltung, in: Hoffmann-Riem, Wolfgang / Schmidt-Aßmann, Eberhard / Voßkuhle, Andreas (Hg.), Grundlagen des Verwaltungsrechts, Band I, Methoden · Maßstäbe · Aufgaben · Organisation, 2006, § 6.

Ders., Die konstitutive Rolle der Rechtsanwendung, in: ders. / Groß, Thomas / Röhl, Hans Chr. / Möllers, Christoph (Hg.), Allgemeines Verwaltungsrecht – zur Tragfähigkeit eines Konzepts, 2008, S. 211 ff.

Tuleja, Piotr, Grundlagen und Grundzüge staatlichen Verfassungsrechts: Polen, in: von Bogdandy, Armin / Cruz Villalón, Pedro / Huber, Peter M. (Hg.), Handbuch Ius Publicum Europaeum, Band I, Grundlagen und Grundzüge staatlichen Verfassungsrechts, 2007, § 8.

Uerpmann-Wiettzack, Robert, Verkehr, in: Isensee, Josef / Kirchhof, Paul (Hg.), Handbuch des Staatsrechts der Bundesrepublik Deutschland, Band IV, Aufgaben des Staates, 3. Auflage 2006, § 89.

Uhle, Arnd, Parlament und Rechtsverordnung, 1999.

Umbach, Dieter C., Das Wesentliche an der Wesentlichkeitstheorie, in: Zeidler, Wolfgang / Maunz, Theodor / Roellecke, Gerd (Hg.), Festschrift Hans Joachim Faller, 1984, S. 111 ff.

Ders. / Clemens, Thomas (Hg.), Grundgesetz. Mitarbeiterkommentar und Handbuch, 2002.

Unger, Sebastian, Das Verfassungsprinzip der Demokratie. Normstruktur und Norminhalt des grundgesetzlichen Demokratieprinzips, 2008.

Unruh, Peter, Der Verfassungsbegriff des Grundgesetzes. Eine verfassungstheoretische Rekonstruktion, 2002.

Vagt, Hjalmar, Rechtsverordnung und Statutory Instrument. Delegierte Rechtsetzung in Deutschland und Großbritannien, 2006.

Vergottini, Guiseppe de, Gemeinsame Verfassungsüberlieferungen und europäische Verfassung, in: Grote, Rainer / Härtel, Ines / Hain, Karl-E. / Schmidt, Thorsten Ingo / Schmitz, Thomas / Schuppert, Gunnar Folke / Winterhoff, Christian (Hg.), Die Ordnung der Freiheit. Festschrift für Christian Starck zum siebzigsten Geburtstag, 2007, S. 661 ff.

Vesting, Thomas, Die Staatsrechtslehre und die Veränderung ihres Gegenstandes: Konsequenzen von Europäisierung und Internationalisierung, VVDStRL 63 (2004), S. 41 ff.

Ders., Rechtswissenschaftliche Beobachtung des Rechtssystems: Einheitsbildung und Differenzerzeugung, in: Trute, Hans-Heinrich / Groß, Thomas / Röhl, Hans Chr. / Möllers, Christoph (Hg.), Allgemeines Verwaltungsrecht – zur Tragfähigkeit eines Konzepts, 2008, S. 233 ff.

Vierhaus, Rudolf, Das Allgemeine Landrecht für die Preußischen Staaten als Verfassungsersatz?, in: Dölemeyer, Barbara / Mohnhaupt, Heinz (Hg.), 200 Jahre Allgemeines Landrecht für die preußischen Staaten. Wirkungsgeschichte und internationaler Kontext, 1995, S. 1 ff.

Vitzthum, Wolfgang Graf, Der Staat der Staatengemeinschaft. Zur internationalen Verflechtung als Wirkungsbedingung moderner Staatlichkeit, 2006.

Vogel, Hans-Heinrich, Grundlagen und Grundzüge staatlichen Verfassungsrechts: Schweden, in: von Bogdandy, Armin / Cruz Villalón, Pedro / Huber, Peter M. (Hg.), Handbuch Ius Publicum Europaeum, Band I, Grundlagen und Grundzüge staatlichen Verfassungsrechts, 2007, § 9.

Vogel, Klaus, Die Verfassungsentscheidung des Grundgesetzes für eine internationale Zusammenarbeit. Ein Diskussionsbeitrag zu einer Frage der Staatstheorie sowie des geltenden deutschen Staatsrechts, überarbeitete und zum Teil erweiterte Fassung der Antrittsvorlesung, 1964.

Ders., Gesetzgeber und Verwaltung, VVDStRL 24 (1966), S. 125 ff.

Ders., Der Sozialstaat als Steuerstaat, in: Randelzhofer, Albrecht / Süß, Werner (Hg.), Konsens und Konflikt. 35 Jahre Grundgesetz. Vorträge und Diskussionen einer Veranstaltung der Freien Universität Berlin vom 6. bis 8. Dezember 1984, 1986, S. 133 ff.

Ders., Der Verlust des Rechtsgedankens im Steuerrecht als Herausforderung an das Verfassungsrecht, in: DStJG 12 (1989), S. 123 ff.

Ders., Grundzüge des Finanzrechts des Grundgesetzes, in: Isensee, Josef / Kirchhof, Paul (Hg.), Handbuch des Staatsrechts der Bundesrepublik Deutschland, Band IV, Finanzverfassung – Bundesstaatliche Ordnung, 1. Auflage 1990, § 87.

Ders., Rückwirkung: eine festgefahrene Diskussion. Ein Versuch, die Blockade zu lösen, in: Kästner, Karl-Hermann / Nörr, Knut Wolfgang / Schlaich, Klaus (Hg.), Festschrift für Martin Heckel zum siebzigsten Geburtstag, 1999, S. 875 ff.

Ders., Der Finanz- und Steuerstaat, in: Isensee, Josef / Kirchhof, Paul (Hg.), Handbuch des Staatsrechts der Bundesrepublik Deutschland, Band II, Verfassungsstaat, 3. Auflage 2004, § 30.

Ders. / Waldhoff, Christian, Grundlagen des Finanzverfassungsrechts. Sonderausgabe des Bonner Kommentars zum Grundgesetz (Vorbemerkungen zu Art. 104a bis 115 GG), 1999.

Voigt, Moritz, Die XII Tafeln. Geschichte und System des Zivil- und Kriminalrechts wie -prozesses der XII Tafeln nebst deren Fragmenten, 2 Bände, 1966; Band 1, Geschichte und allgemeine juristische Lehrbegriffe der XII nebst deren Fragmenten, Neudruck der Ausgabe von 1883; Band 2, Das Zivil- und Kriminalrecht der XII Tafeln, Neudruck der Ausgabe von 1883.

Volkmann, Uwe, Solidarität – Programm und Prinzip der Verfassung, 1998.

Ders., Die Rückeroberung der Allmende, NVwZ 2000, S. 361 ff.

Ders., Freiheit und Gemeinschaft, in: Merten, Detlef / Papier, Hans-Jürgen (Hg.), Handbuch der Grundrechte in Deutschland und Europa, Band II, Grundrechte in Deutschland: Allgemeine Lehren I, 2006, § 32.

Volkmar, Dieter, Allgemeiner Rechtssatz und Einzelakt. Versuch einer begrifflichen Abgrenzung, 1962.

Voßkuhle, Andreas, Gesetzgeberische Regelungsstrategien der Verantwortungsteilung zwischen öffentlichem und privatem Sektor, in: Schuppert, Gunnar Folke (Hg.), Jenseits von Privatisierung und „schlankem" Staat. Verantwortungsteilung als Schlüsselbegriff eines sich verändernden Verhältnisses von öffentlichem und privatem Sektor, 1999, S. 47 ff.

Ders., Sachverständige Beratung des Staates, in: Isensee, Josef / Kirchhof, Paul (Hg.), Handbuch des Staatsrechts der Bundesrepublik Deutschland, Band III, Demokratie – Bundesorgane, 3. Auflage 2005, § 43.

Ders., Neue Verwaltungsrechtswissenschaft, in: Hoffmann-Riem, Wolfgang / Schmidt-Aßmann, Eberhard / ders. (Hg.), Grundlagen des Verwaltungsrechts, Band I, Methoden · Maßstäbe · Aufgaben · Organisation, 2006, § 1.

Waechter, Kay, Die Schutzgüter des Polizeirechts, NVwZ 1997, S. 729 ff.

Ders., Polizeirecht und Kriegsrecht, JZ 2007, S. 61 ff.

Wahl, Rainer, Die bürokratischen Kosten des Rechts- und Sozialstaats, Die Verwaltung 13 (1980), S. 273 ff.

Ders., Der Vorrang der Verfassung, Der Staat 20 (1981), S. 485 ff.

Ders., Der Vorrang der Verfassung und die Selbständigkeit des Gesetzesrechts, NVwZ 1984, S. 401 ff.

Ders., Forschungs- und Anwendungskontrolle technischen Fortschritts als Staatsaufgabe? – dargestellt am Beispiel der Gentechnik, Gentechnikrecht und Umwelt. 6. Trierer Kolloquium zum Umwelt- und Technikrecht vom 26.–28. September 1990, UTR 14 (1991), S. 7 ff.

Ders., Die Entwicklung des deutschen Verfassungsstaates bis 1866, in: Isensee, Josef / Kirchhof, Paul (Hg.), Handbuch des Staatsrechts der Bundesrepublik Deutschland, Band I, Historische Grundlagen, 3. Auflage 2003, § 2.

Ders., Die objektiv-rechtliche Dimension der Grundrechte im internationalen Vergleich, in: Merten, Detlef / Papier, Hans-Jürgen (Hg.), Handbuch der Grundrechte in Deutschland und Europa, Band I, Entwicklung und Grundlagen, 2004, § 19.

Ders., Europäisierung: Die miteinander verbundenen Entwicklungen von Rechtsordnungen als ganzen, in: Trute, Hans-Heinrich / Groß, Thomas / Röhl, Hans Chr. / Möllers, Christoph (Hg.), Allgemeines Verwaltungsrecht – zur Tragfähigkeit eines Konzepts, 2008, S. 869 ff.

Waldhoff, Christian, Verfassungsrechtliche Vorgaben für die Steuergesetzgebung im Vergleich Deutschland – Schweiz, 1996.

Ders., Grundzüge des Finanzrechts des Grundgesetzes, in: Isensee, Josef / Kirchhof, Paul (Hg.), Handbuch des Staatsrechts der Bundesrepublik Deutschland, Band V, Rechtsquellen, Organisation, Finanzen, 3. Auflage 2007, § 116.

Ders., „Der Gesetzgeber schuldet nichts als das Gesetz". Zu alten und neuen Begründungspflichten des parlamentarischen Gesetzgebers, in: Depenheuer, Otto / Heintzen, Markus / Jestaedt, Matthias / Axer, Peter (Hg.), Staat im Wort. Festschrift für Josef Isensee, 2007, S. 325 ff.

Ders., Anmerkung zu BVerfG, Urteil vom 9. September 2007–2 BvF 1/04 – Staatsverschuldung II, JZ 2008, S. 200 ff.

Ders., Institutionen und Verfassungsgerichtsbarkeit im parlamentarischen System – Zum staatsrechtlichen Werk Klaus Schlaichs, JöR n. F. 56 (2008), S. 235 ff.

Ders. / Dieterich, Peter, Die Föderalismusreform II – Instrument zur Bewältigung der staatlichen Finanzkrise oder verfassungsrechtliches Placebo?, ZG 2009, S. 97 ff.

Walter, Christian, Grundrechtsschutz gegen Hoheitsakte internationaler Organisationen: Überlegungen zur Präzisierung und Fortentwicklung der Dogmatik des Maastricht-Urteils des Bundesverfassungsgerichts, AöR 129 (2004), S. 39 ff.

Walter, Helmut, Möglichkeiten und Grenzen einer rationalen Wachstums- und Strukturpolitik, in: Milde, Hellmuth / Monissen, Hans G. (Hg.), Rationale Wirtschaftspolitik in komplexen Gesellschaften. Gérard Gäfgen zum 60. Geburtstag, 1985, S. 347 ff.

Walz, Wolfgang R., Steuergerechtigkeit und Rechtsanwendung. Grundlinien einer relativ autonomen Steuerrechtsdogmatik, 1980.

Wassermeyer, Franz, Veranlassung und Fremdvergleich, in: Kirchhof, Paul / Jakob, Wolfgang / Beermann, Albert (Hg.), Steuerrechtsprechung, Steuergesetz, Steuerreform. Festschrift für Klaus Offerhaus zum 65. Geburtstag, 1999, S. 405 ff.

Ders., Modernes Gesetzgebungsniveau am Beispiel des Entwurfs zu § 1 AStG, DB 2007, S. 535 ff.

Ders., Funktionsverlagerung – Statement, FR 2008, S. 67 ff.

Wasmeier, Martin, Umweltabgaben und Europarecht. Schranken des staatlichen Handlungsspielraumes bei der Erhebung öffentlicher Abgaben im Interesse des Umweltschutzes, 1995.

Watts, Sir Arthur, The International Rule of Law, GYIL 36 (1993), S. 15 ff.

Weber, Max, Wirtschaft und Gesellschaft. Grundriss der verstehenden Soziologie [1922], 5. Auflage, mit textkritischen Erläuterungen hg. von Johannes Winckelmann, 1. und 2. Halbband, 1976.

Wedemeyer, Heide, Mehrheitsbeschlussfassung im Rat der Europäischen Union. Rechtliche Grundlagen, praktische Umsetzung und ihre Folgen für die Vertretung nationaler Interessen, 2008.

Wehrhahn, Herbert, Das Gesetz als Norm und Maßnahme, VVDStRL 15 (1957), S. 35ff.

Weinzen, Hans W., Fette und magere Jahre: Von Schranken, Bremsen und Rücklagen, DÖV 2008, S. 535ff.

Weiss, Regina, Das Gesetz im Sinne der Europäischen Menschenrechtskonvention, 1996.

Welcker, Carl, „Gesetz", in: von Rotteck, Carl / ders. (Hg.), Das Staats-Lexikon. Encyklopädie der sämmtlichen Staatswissenschaften für alle Stände. In Verbindung mit vielen der angesehensten Publicisten Deutschlands, neue durchaus verbesserte und vermehrte Auflage, Band 5, 1847, S. 695ff.

Welzel, Hans, Naturrecht und materiale Gerechtigkeit, 4. Auflage 1962.

Wendt, Rudolf, Finanzhoheit und Finanzausgleich, in: Isensee, Josef / Kirchhof, Paul (Hg.), Handbuch des Staatsrechts der Bundesrepublik Deutschland, Band IV, Finanzverfassung – Bundesstaatliche Ordnung, 1. Auflage 1990, § 104.

Wenzel, Max, Der Begriff des Gesetzes in der Reichsverfassung, VVDStRL 4 (1928), S. 136ff.

Wernsmann, Rainer, Verhaltenslenkung in einem rationalen Steuersystem, 2005.

Wesche, Steffen, Gegenseitigkeit und Recht. Eine Studie zur Entstehung von Normen, 2001.

Wesel, Uwe, Geschichte des Rechts. Von den Frühformen bis zur Gegenwart, 3. Auflage 2006.

Wieacker, Franz, Vom römischen Recht. Zehn Versuche, 2. Auflage 1961.

Ders., Die XII Tafeln in ihrem Jahrhundert, in: Les origines de la république romaine. Entretiens 13 (1967), S. 291ff.

Ders., Römische Rechtsgeschichte. Quellenkunde, Rechtsbildung, Jurisprudenz und Rechtsliteratur. Erster Abschnitt. Einleitung, Quellenkunde, Frühzeit und Republik, 1988.

Wiederin, Ewald, Grundlagen und Grundzüge staatlichen Verfassungsrechts: Österreich, in: von Bogdandy, Armin / Cruz Villalón, Pedro / Huber, Peter M. (Hg.), Handbuch Ius Publicum Europaeum, Band I, Grundlagen und Grundzüge staatlichen Verfassungsrechts, 2007, § 7.

Wieland, Joachim, Die Konzessionsabgaben. Zur Belastung wirtschaftsverwaltungsrechtlicher Erlaubnisse mit Abgaben, 1991.

Ders., Freiheitsrechtliche Vorgaben für die Besteuerung von Einkommen, DStJG 24 (2001), S. 29ff.

Ders., Abgeltungssteuer, Amnestie und Steuerrechtskultur, in: Brandt, Jürgen (Hg.), Für eine bessere Steuerrechtskultur. Erster Deutscher Finanzgerichtstag 2004, 2004, S. 97ff.

Ders., Modernisierung der Bund-Länder-Finanzbeziehungen, KritV 2008, S. 117ff.

Wieland, Rainer, „Brüsseler Regelungswut"? – Facetten einer politischen Schimäre, in: Sander, Gerald G. / Vetter, Rainer (Hg.), Regelungswut in der EU – Wahrheit oder Mythos? Zur Regelungsdichte in Europa anhand ausgewählter Fallbeispiele, 2007, S. 9ff.

Wieser, Bernd, Vergleichendes Verfassungsrecht, 2005.

Wilke, Dieter, Gebührenrecht und Grundgesetz. Ein Beitrag zum allgemeinen Abgabenrecht, 1973.

Ders., Die rechtsprechende Gewalt, in: Isensee, Josef / Kirchhof, Paul (Hg.), Handbuch des Staatsrechts der Bundesrepublik Deutschland, Band V, Rechtsquellen, Organisation, Finanzen, 3. Auflage 2007, § 112.

Willoweit, Dietmar, Gesetzgebung und Recht im Übergang vom Spätmittelalter zum frühneuzeitlichen Obrigkeitsstaat, in: Behrends, Okko / Link, Christoph (Hg.), Zum römischen und neuzeitlichen Gesetzesbegriff. 1. Symposion der Kommission „Die Funktion des Gesetzes in Geschichte und Gegenwart" vom 26. und 27. April 1985, 1987, S. 123 ff.

Ders., Die bürgerlichen Rechte und das gemeine Wohl. Das rechtspolitische Profil des Allgemeinen Landrechts für die Preußischen Staaten von 1794, in: Ebel, Friedrich (Hg.), Gemeinwohl – Freiheit – Vernunft – Rechtsstaat. 200 Jahre Allgemeines Landrecht für die Preußischen Staaten. Symposium der Juristischen Gesellschaft zu Berlin 27.–29. Mai 1994, 1995, S. 1 ff.

Ders., Die Revisio Monitorum des Carl Gottlieb Svarez, in: Birtsch, Günter / ders. (Hg.), Reformabsolutismus und ständische Gesellschaft. Zweihundert Jahre Preußisches Allgemeines Landrecht, 1998, S. 91 ff.

Wilmowsky, Peter von, Freiheit des Kapital- und Zahlungsverkehrs, in: Ehlers, Dirk (Hg.), Europäische Grundrechte und Grundfreiheiten, 2. Auflage 2005, § 12.

Winkler, Günther, Gesetzgebung und Verwaltungsrecht, in: ders. / Schilcher, Bernd (Hg.), Gesetzgebung. Kritische Überlegungen zur Gesetzgebungslehre und zur Gesetzgebungstechnik, 1981, S. 100 ff.

Wismann, Heinz, Der Begriff des Gesetzes bei Hesiod und den Vorsokratikern, in: Bock, Wolfgang (Hg.), Gesetz und Gesetzlichkeit in den Wissenschaften, 2006, S. 1 ff.

Wißmann, Hinnerk, Verfassungsrechtliche Vorgaben der Verwaltungsorganisation, in: Hoffmann-Riem, Wolfgang / Schmidt-Aßmann, Eberhard / Voßkuhle, Andreas (Hg.), Grundlagen des Verwaltungsrechts, Band I, Methoden · Maßstäbe · Aufgaben · Organisation, 2006, § 15.

Ders., Generalklauseln. Verwaltungsbefugnisse zwischen Gesetzmäßigkeit und offenen Normen, 2008.

Wittram, Reinhard, Das Interesse an der Geschichte, 1958.

Wohlgenannt, Rudolf, Was ist Wissenschaft, 1969.

Wolf, Armin, Gesetzgebung und Kodifikationen, in: Weimar, Peter (Hg.), Die Renaissance der Wissenschaften im 12. Jahrhundert, 1981, S. 143 ff.

Wolf, Erik, Große Rechtsdenker der deutschen Geistesgeschichte, 4. Auflage 1963.

Wolff, Christian Freiherr von, Vernünfftige Gedancken von dem Gesellschaftlichen Leben der Menschen und insonderheit dem gemeinen Wesen zur Beförderung der Glückseligkeit des menschlichen Geschlechts [„Deutsche Politik", 1721], bearbeitet, eingeleitet und hg. von Hasso Hofmann, Bibliothek des deutschen Staatsdenkens, Band 13, 2004.

Ders., Grundsätze des Natur- und Völkerrechts worin alle Verbindlichkeiten und alle Rechte aus der Natur des Menschen in einem beständigen Zusammenhange hergeleitet werden [Institutiones iuris naturae et gentium, in quibus ex ipsa hominis natura continuo nexu omnes obligationes et iura omnia deducuntur, 1754], hg. von Jörn Garber, 1980.

Wolff, Hans J., „Normenkontrolle“ und Gesetzesbegriff in der attischen Demokratie, 1970.

Wolff, Jörg, Kulturhistorische Grundlagen der Europäischen Rechtsgeschichte, in: ders. (Hg.), Kultur- und rechtshistorische Wurzeln Europas. Arbeitsbuch, 2005, S. 9ff.

Wollenschläger, Ferdinand, Grundfreiheit ohne Markt. Die Herausbildung der Unionsbürgerschaft im unionsrechtlichen Freizügigkeitsregime, 2007.

Würtenberger, Thomas, Staatsverfassung an der Wende vom 18. zum 19. Jahrhundert, in: Wendemarken in der deutschen Verfassungsgeschichte. Tagung der Vereinigung für Verfassungsgeschichte in Hofgeismar vom 11.3.–13.3. 1991, Beiheft 10 zu Der Staat, 1993, S. 85ff.

Ders., Der Konstitutionalismus des Vormärz als Verfassungsbewegung, Der Staat 37 (1998), S. 165ff.

Ders., Rechtliche Optimierungsgebote oder Rahmensetzungen für das Verwaltungshandeln? VVDStRL 58 (1999), S. 139ff.

Wyduckel, Dieter, Gesetzgebungslehre und Gesetzgebungstechnik. Aktueller Stand und künftige Entwicklungstendenzen, DVBl. 1982, S. 1175ff.

Zachariä, Heinrich A., Deutsches Staats- und Bundesrecht, Erster Theil, Allgemeine Lehren und Verfassungsrecht der Bundesstaaten; Zweiter Theil, Das Regierungsrecht der Bundesstaaten und das Bundesrecht, 2. Auflage 1854.

Zachariä von Lingenthal, Karl Salomo, Vierzig Bücher vom Staate, Band III, 1839; Band IV, 2. Auflage 1829–1843.

Zacharias, Diana, Verfassungsrechtliche Terminologie und Begrifflichkeit im europäischen Rechtsraum, in: von Bogdandy, Armin / Cruz Villalón, Pedro / Huber, Peter M. (Hg.), Handbuch Ius Publicum Europaeum, Band II, Offene Staatlichkeit – Wissenschaft vom Verfassungsrecht, 2008, § 40.

Zacher, Hans F., Das soziale Staatsziel, in: Isensee, Josef / Kirchhof, Paul (Hg.), Handbuch des Staatsrechts der Bundesrepublik Deutschland, Band II, Verfassungsstaat, 3. Auflage 2004, § 28.

Zaczyk, Rainer, Die Freiheit der Person als Zentrum der Rechtsbegründung – Kritische Anmerkungen zu einer Diskurstheorie des Rechts aus Kantischer Sicht –, in: Siller, Peter / Keller, Betram (Hg.), Rechtsphilosophische Kontroversen der Gegenwart, 1999, S. 51ff.

Ders., Freiheit und Recht – Immanuel Kant zum 200. Todestag, JuS 2004, S. 96ff.

Ders., Zur Einheit von Freiheit und Sozialität, in: Söllner, Alfred / Gitter, Wolfgang / Waltermann, Raimund / Giesen, Richard / Ricken, Oliver (Hg.), Gedächtnisschrift für Meinhard Heinze, 2005, S. 1111ff.

Zahn, Karl-Christian, Gesetz und Einzelakt. Eine Untersuchung über die Bedeutung des Allgemeinen für den Gesetzesbegriff, 1963.

Zeh, Wolfgang, Wille und Wirkung der Gesetze. Verwaltungswissenschaftliche Untersuchung am Beispiel des Städtebauförderungsgesetzes, Bundesimmissionsschutzgesetzes, Fluglärmgesetzes und Bundesausbildungsförderungesetzes, 1984.

Ders., Verwaltungswissenschaftliche Zugänge zur Gesetzgebungslehre, in: Schreckenberger, Waldemar / König, Klaus / ders. (Hg.), Gesetzgebungslehre. Grundlagen – Zugänge – Anwendung, 1986, S. 57ff.

Ders., Kodifikation oder Kommunikation – Rechtssetzung in der Mediendemokratie, in: Merten, Detlef / Schreckenberger, Waldemar (Hg.), Kodifikation gestern und heute. Zum 200. Geburtstag des Allgemeinen Landrechts für die Preußischen Staaten.

Vorträge und Diskussionsbeiträge der 62. Staatswissenschaftlichen Fortbildungstagung 1994 der Hochschule für Verwaltungswissenschaften Speyer, 1995, S. 135 ff.

Ders., Impulse und Initiativen zur Gesetzgebung, in: Schreckenberger, Waldemar / Merten, Detlef (Hg.), Grundfragen der Gesetzgebungslehre. Aktualisierte Vorträge eines Seminars zur Gesetzgebungslehre (1996) an der Deutschen Hochschule für Verwaltungswissenschaften Speyer, 2000, S. 33 ff.

Ders., Parlamentarisches Verfahren, in: Isensee, Josef / Kirchhof, Paul (Hg.), Handbuch des Staatsrechts der Bundesrepublik Deutschland, Band III, Demokratie – Bundesorgane, 3. Auflage 2005, § 53.

Zeidler, Karl, Massnahmegesetz und „klassisches" Gesetz. Eine Kritik, 1959.

Zimmermann, Horst, Ökonomische Rechtfertigung einer kontinuierlichen Staatsverschuldung?, in: Henke, Klaus-Dirk (Hg.), Zur Zukunft der Staatsfinanzierung, 1999, S. 157 ff.

Zippelius, Reinhold, Geschichte der Staatsideen, 10. Auflage 2003.

Zuck, Rüdiger, Wirtschaftsverfassung und Stabilitätsgesetz, 1975.

Zuleeg, Manfred, Demokratie in der Europäischen Gemeinschaft, JZ 1993, S. 1069 ff.

Ders., Der rechtliche Zusammenhalt der Europäischen Union, 2004.

Register

Jus Publicum

Beiträge zum Öffentlichen Recht – Alphabetische Übersicht

Alleweldt, Ralf: Bundesverfassungsgericht und Fachgerichtsbarkeit. 2006. *Band 151.*
Anderheiden, Michael: Gemeinwohl in Republik und Union. 2006. *Band 152.*
Appel, Ivo: Staatliche Zukunfts- und Entwicklungsvorsorge. 2005. *Band 125.*
Arnauld, Andreas von: Rechtssicherheit. 2006. *Band 148.*
Axer, Peter: Normsetzung der Exekutive in der Sozialversicherung. 2000. *Band 49.*
Baer, Susanne: „Der Bürger" im Verwaltungsrecht. 2006. *Band 146.*
Bauer, Hartmut: Die Bundestreue. 1992. *Band 3.*
Baumeister, Peter: Der Beseitigungsanspruch als Fehlerfolge des rechtswidrigen Verwaltungsakts. 2006. *Band 142.*
Beaucamp, Guy: Das Konzept der zukunftsfähigen Entwicklung im Recht. 2002. *Band 85.*
Becker, Florian: Kooperative und konsensuale Strukturen in der Normsetzung. 2005. *Band 129.*
Becker, Joachim: Transfergerechtigkeit und Verfassung. 2001. *Band 68.*
Biehler, Gernot: Auswärtige Gewalt. 2005. *Band 128.*
Blanke, Hermann-Josef: Vertrauensschutz im deutschen und europäischen Verwaltungsrecht. 2000. *Band 57.*
Böhm, Monika: Der Normmensch. 1996. *Band 16.*
Böse, Martin: Wirtschaftsaufsicht und Strafverfolgung. 2005. *Band 127.*
Bogdandy, Armin von: Gubernative Rechtsetzung. 2000. *Band 48.*
Borowski, Martin: Die Glaubens- und Gewissensfreiheit des Grundgesetzes. 2005. *Band 144.*
Brenner, Michael: Der Gestaltungsauftrag der Verwaltung in der Europäischen Union. 1996. *Band 14.*
Britz, Gabriele: Kulturelle Rechte und Verfassung. 2000. *Band 60.*
Bröhmer, Jürgen: Transparenz als Verfassungsprinzip. 2004. *Band 106.*
Brüning, Christoph: Einstweilige Verwaltungsführung. 2003. *Band 103.*
Burgi, Martin: Funktionale Privatisierung und Verwaltungshilfe. 1999. *Band 37.*
Bultmann, Peter Friedrich: Beihilfenrecht und Vergaberecht. 2004. *Band 109.*
Bumke, Christian: Relative Rechtswidrigkeit. 2004. *Band 117.*
Bungenberg, Marc: Vergaberecht im Wettbewerb der Systeme. 2007. *Band 163.*
Butzer, Hermann: Fremdlasten in der Sozialversicherung. 2001. *Band 72.*
Calliess, Christian: Rechtsstaat und Umweltstaat. 2001. *Band 71.*
Cancik, Pascale M.: Verwaltung und Öffentlichkeit in Preußen. 2007. *Band 171.*
Classen, Claus Dieter: Die Europäisierung der Verwaltungsgerichtsbarkeit. 1996. *Band 13.*
– Religionsfreiheit und Staatskirchenrecht in der Grundrechtsordnung. 2003. *Band 100.*
Coelln, Christian von: Zur Medienöffentlichkeit der Dritten Gewalt. 2005. *Band 138.*
Cornils, Matthias: Die Ausgestaltung der Grundrechte. 2005. *Band 126.*
Cremer, Wolfram: Freiheitsgrundrechte. 2003. *Band 104.*
Dammann, Jens: Materielles Recht und Beweisrecht im System der Grundfreiheiten. 2007. *Band 162.*

Hösch, Ulrich: Eigentum und Freiheit. 2000. *Band 56.*
Hofmann, Ekkehard: Abwägung im Recht. 2007. *Band 158.*
Hohmann, Harald: Angemessene Außenhandelsfreiheit im Vergleich. 2002. *Band 89.*
Holznagel, Bernd: Rundfunkrecht in Europa. 1996. *Band 18.*
Horn, Hans-Detlef: Die grundrechtsunmittelbare Verwaltung. 1999. *Band 42.*
Huber, Peter-Michael: Konkurrenzschutz im Verwaltungsrecht. 1991. *Band 1.*
Hufeld, Ulrich: Die Vertretung der Behörde. 2003. *Band 102.*
Huster, Stefan: Die ethische Neutralität des Staates. 2002. *Band 90.*
Ibler, Martin: Rechtspflegender Rechtsschutz im Verwaltungsrecht. 1999. *Band 43.*
Jestaedt, Matthias: Grundrechtsentfaltung im Gesetz. 1999. *Band 50.*
Jochum, Heike: Verwaltungsverfahrensrecht und Verwaltungsprozeßrecht. 2004. *Band 116.*
Kadelbach, Stefan: Allgemeines Verwaltungsrecht unter europäischem Einfluß. 1999. *Band 36.*
Kämmerer, Jörn Axel: Privatisierung. 2001. *Band 73.*
Kahl, Wolfgang: Die Staatsaufsicht. 2000. *Band 59.*
Kaufmann, Marcel: Untersuchungsgrundsatz und Verwaltungsgerichtsbarkeit. 2002. *Band 91.*
Kersten, Jens: Das Klonen von Menschen. 2004. *Band 115.*
Khan, Daniel-Erasmus: Die deutschen Staatsgrenzen. 2004. *Band 114.*
Kingreen, Thorsten: Das Sozialstaatsprinzip im europäischen Verfassungsbund. 2003. *Band 97.*
Kirchhof, Gregor: Die Allgemeinheit des Gesetzes. 2009. *Band 184.*
Kischel, Uwe: Die Begründung. 2002. *Band 94.*
Koch, Thorsten: Der Grundrechtsschutz des Drittbetroffenen. 2000. *Band 62.*
Korioth, Stefan: Der Finanzausgleich zwischen Bund und Ländern. 1997. *Band 23.*
Kluth, Winfried: Funktionale Selbstverwaltung. 1997. *Band 26.*
Kube, Hanno: Finanzgewalt in der Kompetenzordnung. 2004. *Band 110.*
Kugelmann, Dieter: Die informatorische Rechtsstellung des Bürgers. 2001. *Band 65.*
Lang, Heinrich: Gesetzgebung in eigener Sache. 2007. *Band 159.*
Langenfeld, Christine: Integration und kulturelle Identität zugewanderter Minderheiten. 2001. *Band 80.*
Lehner, Moris: Einkommensteuerrecht und Sozialhilferecht. 1993. *Band 5.*
Leisner, Anna: Kontinuität als Verfassungsprinzip. 2002. *Band 83.*
Leisner, Walter Georg: Existenzsicherung im Öffentlichen Recht. 2007. *Band 157.*
Lenze, Anne: Staatsbürgerversicherung und Verfassung. 2005. *Band 133.*
Lepsius, Oliver: Besitz und Sachherrschaft im öffentlichen Recht. 2002. *Band 81.*
Lindner, Josef Franz: Theorie der Grundrechtsdogmatik. 2005. *Band 120.*
Lorz, Ralph Alexander: Interorganrespekt im Verfassungsrecht. 2001. *Band 70.*
Lücke, Jörg: Vorläufige Staatsakte. 1991. *Band 2.*
Luthe, Ernst-Wilhelm: Optimierende Sozialgestaltung. 2001. *Band 69.*
Mager, Ute: Einrichtungsgarantien. 2003. *Band 99.*
Mann, Thomas: Die öffentlich-rechtliche Gesellschaft. 2002. *Band 93.*
Manssen, Gerrit: Privatrechtsgestaltung durch Hoheitsakt. 1994. *Band 9.*
Martini, Mario: Der Markt als Instrument hoheitlicher Verteilungslenkung. 2008. *Band 176.*
Masing, Johannes: Parlamentarische Untersuchungen privater Sachverhalte. 1998. *Band 30.*
Möstl, Markus: Die staatliche Garantie für die öffentliche Sicherheit und Ordnung. 2002. *Band 87.*

Möllers, Christoph: Gewaltengliederung. 2005. *Band 141.*
Morgenthaler, Gerd: Freiheit durch Gesetz. 1999. *Band 40.*
Morlok, Martin: Selbstverständnis als Rechtskriterium. 1993. *Band 6.*
Müller-Franken, Sebastian: Maßvolles Verwalten. 2004. *Band 105.*
Müller-Terpitz , Ralf: Der Schutz des pränatalen Lebens. 2007. *Band 165.*
Musil, Andreas: Wettbewerb in der staatlichen Verwaltung. 2005. *Band 134.*
Niedobitek, Matthias: Das Recht der grenzüberschreitenden Verträge. 2001. *Band 66.*
Odendahl, Kerstin: Kulturgüterschutz. 2005. *Band 140.*
Oeter, Stefan: Integration und Subsidiarität im deutschen Bundesstaatsrecht. 1998. *Band 33.*
Ohler, Christoph: Die Kollisionsordnung des Allgemeinen Verwaltungsrechts. 2005. *Band 131.*
Pache, Eckhard: Tatbestandliche Abwägung und Beurteilungsspielraum. 2001. *Band 76.*
Pauly, Walter: Der Methodenwandel im deutschen Spätkonstitutionalismus. 1993. *Band 7.*
Pielow, Johann-Christian: Grundstrukturen öffentlicher Versorgung. 2001. *Band 58.*
Pöcker, Markus: Stasis und Wandel der Rechtsdogmatik. 2007. *Band 170.*
Poscher, Ralf: Grundrechte als Abwehrrechte. 2003. *Band 98.*
Puhl, Thomas: Budgetflucht und Haushaltsverfassung. 1996. *Band 15.*
Reinhardt, Michael: Konsistente Jurisdiktion. 1997. *Band 24.*
Remmert, Barbara: Private Dienstleistungen in staatlichen Verwaltungsverfahren. 2003. *Band 95.*
Rensmann, Thilo: Wertordnung und Verfassung. 2007. *Band 156.*
Rixen, Stephan: Sozialrecht als öffentliches Wirtschaftsrecht. 2005. *Band 130.*
Rodi, Michael: Die Subventionsrechtsordung. 2000. *Band 52.*
Röben, Volker: Außenverfassungsrecht. 2007. *Band 160.*
Rossen, Helge: Vollzug und Verhandlung. 1999. *Band 39.*
Rozek, Jochen: Die Unterscheidung von Eigentumsbindung und Enteignung. 1998. *Band 31.*
Ruffert, Matthias: Vorrang der Verfassung und Eigenständigkeit des Privatrechts. 2001. *Band 74.*
Sacksofsky, Ute: Umweltschutz durch nicht-steuerliche Abgaben. 2000. *Band 53.*
Šarčević, Edin: Das Bundesstaatsprinzip. 2000. *Band 55.*
Schenke, Ralf P.: Die Rechtsfindung im Steuerrecht. 2007. *Band 169.*
Schlacke, Sabine: Überindividueller Rechtsschutz. 2008. *Band 179.*
Schlette, Volker: Die Verwaltung als Vertragspartner. 2000. *Band 51.*
Schliesky, Utz: Souveränität und Legitimtät von Herrschaftsgewalt. 2004. *Band 112.*
Schmehl, Arndt: Das Äquivalenzprinzip im Recht der Staatsfinanzierung. 2004. *Band 113.*
Schmidt, Thorsten I.: Kommunale Kooperation. 2005. *Band 137.*
Schmidt am Busch, Birgit: Die Gesundheitssicherung im Mehrebenensystem. 2007. *Band 168.*
Schmidt-De Caluwe, Reimund: Der Verwaltungsakt in der Lehre Otto Mayers. 1999. *Band 38.*
Schönberger, Christoph: Unionsbürger. 2006. *Band 145.*
Schorkopf, Frank: Grundgesetz und Überstaatlichkeit. 2007. *Band 167.*
Schröder, Rainer : Verwaltungsrechtsdogmatik im Wandel. 2007. *Band 166.*
Schroeder, Werner: Das Gemeinschaftrechtssystem. 2002. *Band 86.*

Schulte, Martin: Schlichtes Verwaltungshandeln. 1995. *Band 12.*
Schwartmann, Rolf: Private im Wirtschaftsvölkerrecht. 2005. *Band 122.*
Seiler, Christian: Der souveräne Verfassungsstaat zwischen demokratischer Rückbindung und überstaatlicher Einbindung. 2005. *Band 124.*
Siegel, Thorsten: Entscheidungsfindung im Verwaltungsverbund. 2008. *Band 180.*
Sobota, Katharina: Das Prinzip Rechtsstaat. 1997. *Band 22.*
Sodan, Helge: Freie Berufe als Leistungserbringer im Recht der gesetzlichen Krankenversicherung. 1997. *Band 20.*
Sommermann, Karl-Peter: Staatsziele und Staatszielbestimmungen. 1997. *Band 25.*
Stein, Katrin: Die Verantwortlichkeit politischer Akteure. 2009. *Band 181.*
Stoll, Peter-Tobias: Sicherheit als Aufgabe von Staat und Gesellschaft. 2003. *Band 101.*
Storr, Stefan: Der Staat als Unternehmer. 2001. *Band 78.*
Stumpf, Christoph A.: Alternative Streitbeilegung im Verwaltungsrecht. 2006. *Band 149.*
Sydow, Gernot: Verwaltungskooperation in der Europäischen Union. 2004. *Band 118.*
Talmon, Stefan: Kollektive Nichtanerkennung illegaler Staaten. 2006. *Band 154.*
Trute, Hans-Heinrich: Die Forschung zwischen grundrechtlicher Freiheit und staatlicher Institutionalisierung. 1994. *Band 10.*
Tschentscher, Axel: Demokratische Legitimation der dritten Gewalt. 2006. *Band 147.*
Uerpmann, Robert: Das öffentliche Interesse. 1999. *Band 47.*
Uhle, Arnd: Freiheitlicher Verfassungsstaat und kulturelle Identität. 2004. *Band 121.*
Unruh, Peter: Der Verfassungsbegriff des Grundgesetzes. 2002. *Band 82.*
Volkmann, Uwe: Solidarität – Programm und Prinzip der Verfassung. 1998. *Band 35.*
Voßkuhle, Andreas: Das Kompensationsprinzip. 1999. *Band 41.*
Wall, Heinrich de: Die Anwendbarkeit privatrechtlicher Vorschriften im Verwaltungsrecht. 1999. *Band 46.*
Walter, Christian: Religionsverfassungsrecht in vergleichender und internationaler Perspektive. 2006. *Band 150.*
Weiß, Wolfgang: Privatisierung und Staatsaufgaben. 2002. *Band 88.*
Welti, Felix: Behinderung und Rehabilitation im sozialen Rechtsstaat. 2005. *Band 139.*
Wernsmann, Rainer: Verhaltenslenkung in einem rationalen Steuersystem. 2005. *Band 135.*
Windthorst, Kay: Der verwaltungsgerichtliche einstweilige Rechtsschutz. 2009. *Band 183.*
Winterhoff, Christian: Verfassung – Verfassunggebung – Verfassungsänderung. 2007. *Band 155.*
Wißmann, Hinnerk: Generalklauseln. 2008. *Band 173.*
Wittreck, Fabian: Die Verwaltung der Dritten Gewalt. 2006. *Band 143.*
Wolff, Heinrich Amadeus: Ungeschriebenes Verfassungsrecht unter dem Grundgesetz. 2000. *Band 44.*
Ziekow, Jan: Über Freizügigkeit und Aufenthalt. 1997. *Band 21.*

